滨湖水和天　郑成功/摄

合肥年鉴

2010

合 肥 市 人 民 政 府 主 办
合肥市地方志办公室编纂

夏日湖畔 陈辉 摄

合肥市地方志（年鉴）编纂委员会

《合肥年鉴》责任审稿

主　　审　吴存荣　市长
执行主审　杨增权　副市长
副 主 审　孔向阳　市政府秘书长　　项贤峻　市政府副秘书长
分类审稿　各单位领导
特别责任审稿　中共合肥市委保密委员会办公室(市国家保密局)

2010年刊特邀编委

（排名不分先后）

王海霞　杨志梅　沈成富　沈思军　刘　剑　刘　婷　檀　莉　夏向东　孙余洲
梅国胜　叶明才　费广华　杨永华　刘正庆　张向东　邱小江　桑宝庆　张晓亚
张世军　张　炜　杨小燕　王　震　杨　伟　韩　松　陶　军　张　生　顾义勇
陈成朝　刘　耘　王本华　桂宏新　金友华　范兴华

《合肥年鉴》编辑部

主　　编　胡玉兰
副 主 编　徐克虎　黄华华
编　　辑　王惠莹　田　文　赵永军　陶俊生　储茂仁　鲍　甄（按姓氏笔划排列）
彩图策划　王静雅
编　　务　徐景生

党和国家领导人视察合肥

2009年7月6日，中共中央政治局常委、全国人大常委会委员长吴邦国在合肥高新技术产业开发区视察

2009年10月17日，中共中央政治局常委李长春在安徽合力叉车股份有限公司视察

2009年11月29日，中共中央政治局常委、国务院副总理李克强在合肥视察天然气储备公司

党和国家领导人视察合肥

2009年6月18～19日，中共中央政治局常委、中央政法委书记周永康来肥视察

2009年1月31日，中共中央政治局委员、国务院副总理回良玉视察合肥滨湖新区

2009年12月21日，中共中央政治局委员、中央书记处书记、中央组织部部长李源潮在合肥视察

2009年10月30～31日，国务委员、公安部部长孟建柱在合肥市公安局视察

新 闻 图 片

2010年6月7日，省委书记张宝顺（右四），省委副书记、省长王三运（右三）一行调研合肥经济社会发展情况

2010年1月8日，省委副书记、省长王三运（左二）调研合肥创新平台规划建设情况

2010年1月22日，省委常委、市委书记孙金龙（左一）会见日本信浓株式会社社长金子元昭（右一）一行

2009年10月11日，国家人力资源和社会保障部部长尹蔚民（右二）在合肥市政府市长吴存荣（右三）陪同下，视察合肥农民工创业园

2010年3月26日，水利部部长陈雷（右二）在市委副书记、市长吴存荣，副市长江洪（右一）陪同下在合肥考察

新闻图片

2009年4月26日，第四届中国中部投资贸易博览会在合肥开幕

2009年4月26日，台湾新党主席郁慕明(前排左一)在市委副书记熊建辉（前排左二）陪同下参观考察滨湖新区

2009年8月7日，合肥城市轨道交通1号线试验段开工

2009年9月4日，合肥至台北正式首航

2009年10月28日，2009中国（合肥）自主创新要素对接会开幕

新闻图片

2009年12月23日，中国·合肥国有产权转让暨承接长三角产业转移重点项目招商对接会在上海隆重举行

2010年1月10日，中国合肥·深圳投资项目推介会项目签约仪式现场

2010年1月28日，改造后的合肥火车站新站房投入使用

2010年2月28日，合肥市推进皖江城市带承接产业转移示范区建设首批项目集中开工

2010年5月30日，合肥新广电开播庆典在新落成的合肥广电中心广场举行

大建设

在建中的新桥机场效果图

宽敞洁净的出城口道路—合安路

在建中的马鞍山路南北高架

黄山路

潜山路桥

规划建设中的合肥铁路枢纽南环线及南客站效果图

作为合肥经济技术开发区承接转移、借力崛起的经典之作，合肥熔安动力开启了安徽重型装备制造业之先河，图为可驱动10万吨巨轮的首台机

位于滨湖新区的合肥市第一人民医院

京东方合肥六代线项目

大  

建设前的滨湖

建设后的滨湖新区

改造前的坝上街

坝上街旧城改造效果图

长江东大街未修建前场景

建成后的长江东大街

改造前的安纺生活区

改造后的安纺生活区新貌

拆迁前的葛大店

民康 · 葛大店花园

改造中的烟墩

北一环商办新街区

合肥风光

合肥经济技术开发区翡翠湖大学城全景

大东门商务圈

长江路改造后面貌焕然一新

植物园荷花池

三国遗址公园

清风阁

环境优美的肥西县城一角

环境优美的澜溪镇

滨湖新区

逍遥湖

第四届全国体育大会

2010年5月16～26日，第四届全国体育大会在合肥举办。这是新中国成立以来合肥市承办的最高级别、最高水平、最大规模、最具影响力的全国综合性体育盛会。全国体育大会是与全运会相对应的非奥运项目的大型运动会，全运会聚集了我国奥运项目的最高水平，体育大会则是非奥运动项目的顶级盛会，具有很强的参与性、普及性、观赏性、娱乐性、健身性和文化性。按照总体方案设计，四体会以“赛”为主线，在办赛内容上进行创新，融合“展、论、游”等系列主题活动，努力把体育大会办成社会各界积极参与的体育盛典、文化盛会。

中共中央政治局委员、国务委员刘延东宣布第四届全国体育大会开幕

2010年5月16日，第四届全国体育大会在合肥开幕

2010年5月5日，省长王三运视察四体会

2009年5月16日，四体会倒计时一周年

合肥市副市长杨增权在龙舟比赛开幕式致词

第四届全国体育大会

2010年1月17日，全国创新型室外健身器材展示示范园开园

2010年2月19日，竞赛工作会议召开

2010年2月26日，四体会筹办工作动员大会

2010年3月4日，四体会第一次联络员会议

2010年4月30日，筹办工作再动员大会

2010年5月10日，四体会会歌合唱比赛

2010年5月15日，《全民健身计划纲要》颁布实施15周年成就展在合肥举行

2010年5月16日，组委会全体会议暨代表团团长第一次会议召开

蓄势待发

舞动的青春

泳池美人鱼

2010年5月26日，四体会闭幕式

肥　东　县

● 王金山、王三运、孙金龙、吴存荣等省市领导为中盐红四方奠基

● 合肥循环经济园专用铁路建设开工典礼

● 包公铜像

● 合肥循环经济示范园

● 位于合肥东城新市镇的肥东高铁火车站

● 现代牧业转盘挤奶车间

● 国家级农业产业化龙头企业——黑牛集团“双蛋动车”新品上市首发车仪式

● 位于肥东经济开发区的合肥中南光电公司生产车间

● 肥东县委书记、县人大常委会主任杨宏星（左二）向群众发放“新农保”养老金存折

● 肥东县委副书记、县长路军（左一）在青龙厂新四军纪念园调研

● 肥东县白龙镇长王新农村示范点

● 肥东县包公镇敬老院一角

● 肥东县纪念渡江战役胜利60周年文艺演出现场

● 青龙厂新四军纪念园“中共合肥党史馆”“抗日战争纪念馆”正式开馆

● 岱山湖风景区

● 秸秆回收　变废为宝

● 肥东经济开发区

肥 西 县

●“科学发展在肥西”专场文艺演出

● 中国·三河第二届水文化节龙舟赛

●“全民健身 冲刺百强”全县迎新年健身跑

● 2009年安徽青年集体婚礼

● 安徽江汽第一辆“和悦”轿车下线

● 美的生产车间

●官亭新农村一角

●水乡古镇

●中国农村包产到户纪念馆---肥西山南小井庄

●上三路新貌

●紫蓬山敬老院

长 丰 县

●省委副书记、省长王三运，省委常委、市委书记孙金龙在丰乐生态园考察

●省委常委、副省长赵树丛参观长丰南瓜节优质品种展示

●市长吴存荣到长丰调研

●长丰县承接产业转移项目集体开工

●第四届全国体育大会男子高尔夫球赛在元一高尔夫球会举行

●纵贯全县的合淮阜高速

●造甲乡宋岗村新农村建设

● 合肥长丰第二届美食旅游节

● 长丰首届运动会开幕式

● 居民小区

● 鸿路大厦

● 合肥伊利乳业

● 朝阳柴油机有限公司

● 鄂尔多斯羊绒制品有限公司生产车间

合肥北部组团核心区规划图

合肥市瑶海区

中建材合肥光电产业基地项目开工仪式在瑶海工业园区举行

省委副书记、省长王三运在瑶海区慰问一线干部职工

省委常委、市委书记孙金龙在瑶海区调研

合肥市第五届合唱节在瑶海区举行

瑶海区举办大型农民工暨下岗失业人员专场招聘会

● 市委副书记、市长吴存荣考察瑶海工业园区

● 国轩高科、福文科工贸、飞箭节能科技项目签约仪式

● 全新城市综合体开工建设（坝上街旧城改造项目效果图）

● 全市最大的复建点项目——新海家园施工现场

● 新海广场

合肥市庐阳区

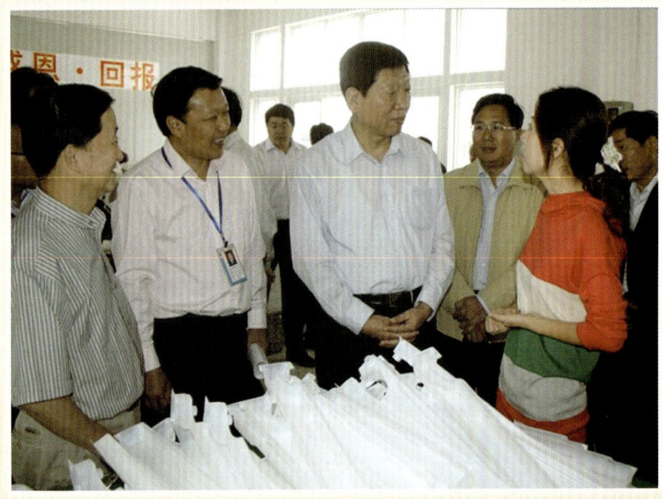
●人力资源和社会保障部部长尹蔚民率国务院督查组来庐阳区百帮创业园督查指导

● 国家民政部基层政权和社区建设司副巡视员曹国英一行考察庐阳区社区建设

●省委常委、市委书记孙金龙深入庐阳工业区调研

● 中铁国际城二期开工典礼盛大举行

● 荷兰籍侨商为庐阳送来致谢锦旗

● 庐阳区加大教育投入，农村学校新貌

● 鲜花簇拥着的庐阳区政府大楼

● 省长王三运慰问庐阳区社区工作者

● 省委书记王金山视察庐阳工业区

● 区长吴劲慰问驻区部队

● 区委书记韦弋参观庐阳区第六届文化艺术节·非物质文化遗产优秀作品展

● 庐阳区举办财富广场楼宇党委百家企业千人健身跑活动

● 庐阳区第六届文化艺术节开幕式——“唱响庐阳”千人红歌会在市人民广场举行

合肥市蜀山区

● 省委书记王金山视察蜀山区高新产业项目

● 省委常委、市委书记孙金龙视察蜀山区网格化管理工作

● 市长吴存荣调研蜀山区疾病防控工作

● 蜀山区现代商务功能定位及空间布局研讨论证会

蜀山新产业园建设远眺

1 行政服务中心便民服务方便快捷

2 金寨南路城中村改造奠基仪式

3 广场文艺演出深入社区

4 社区医疗惠及千家万户

5 商业板块经济发展迅猛

6 机关合唱团参加市合唱节

合肥市包河区

● 合肥铁路枢纽南环线及南客站工程奠基仪式

● 合肥轨道交通1号线试验段在滨湖新区开工

● 区委区政府表彰奖励建设发展先进单位

● 包河区绿色大圩第八届葡萄旅游节开园仪式

● 滨湖新区设施一流

● 建设中的合肥第三代城市综合体——万达广场

● 拆迁恢复点民康・葛大店花园环境舒适

● 群众生活和谐温馨

● 民生工程情系百姓

沁心湖全景

自主创新的高地

——合肥高新技术产业开发区

● 合肥国家科技创新型试点市示范区重点项目开工

● 高新区家电汽车配套项目集中签约

● 合肥荣事达三洋150亿机电产业园奠基

2009年，合肥高新区实现工业总产值396亿元，增长35%；实现工业增加值112.8亿元，增长23.7%；规模以上工业实现高新技术产业产值308亿元，同比增长48%。同年，省政府正式批准合肥国家科技创新型试点市示范区及其总体规划，并决定在示范区建设合芜蚌自主创新综合试验区合肥创新平台。高新区管委会按照省政府的决策部署，迅速行动，制定规划，多渠道筹集建设资金，组织会战，合肥创新平台建设取得突破性进展。

聚集创新资源，打造自主创新高地。截至2009年底，高新区新认定高新技术企业195家，占全市57%，全省30%以上，3家企业跻身福布斯“中国潜力企业榜”200强，上市公司达到10家。现已形成了光机电一体化、电子信息及软件、公共安全、生物医药、新材料、节能环保等成长性高、竞争力强的高新技术产业集群。众多高新技术及产品应用于载人航天、抗震救灾、北京奥运和上海世博。

合肥高新区抢抓皖江城市带承接产业转移示范区等众多政策叠加的难得机遇，以建设国家创新型科技园区为抓手，把引进重大项目和服务企业作为工作主线，加快实施“重点企业发展计划”和“创新型企业培育计划”，力争在引进重大项目、做大做强优势产业集群、加快示范区创新平台建设、激发创新活力上取得新突破，努力把园区建设成为创新动力强劲、高端产业发达、国际化水平较高、创新人才集聚、人居环境优美的现代化科技新城区。

合肥经济技术开发区

● 中共中央政治局常委李长春在合经区视察时考察安徽合力股份有限公司

● 央企对接，成果丰硕

● 绿城·翡翠湖玫瑰园开工典礼

● 熔安动力首台机交机庆典现场

● 生命科技园产品下线庆典

滨湖新区

六大环境

● 交通环境

● 自然环境

● 教育环境

● 医疗环境

● 购物环境

● 休闲环境

六大中心

● 区域性金融商务中心

● 区域性商业居住中心

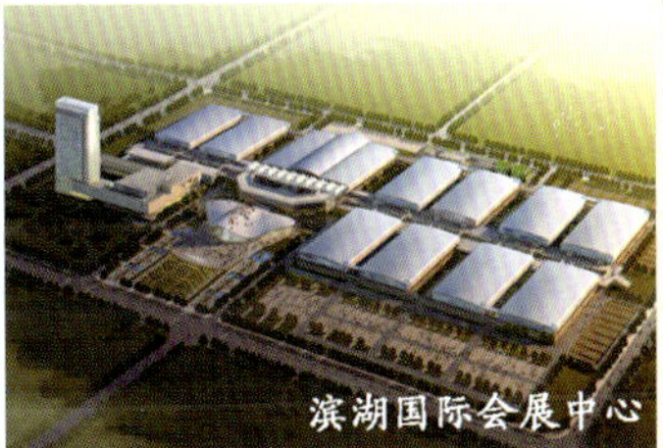

● 区域性旅游会展中心

● 区域性文化体育中心

● 区域性研发创意中心

● 行政办公中心

中共合肥市滨湖新区工作委员会
合肥市滨湖新区建设指挥部
网 址：www.hfbh.gov.cn

合肥市政务文化新区

● 全国政协副主席郑万通视察新区

● 省长王三运视察中博会现场

● 省广电新中心奠基

● 五十中（新区）开工典礼

● 红星·美凯龙开工典礼

● 中博会文艺演出

● 安徽省立医院南区

● 合肥市五十中南区

● 泓瑞金陵大酒店

● 新城国际

● 上海绿地商业配套

● 鸟瞰天鹅湖

合肥市发展和改革委员会

● 市发改委党组书记、主任王厚亮主持召开全市“1346”行动计划项目调度会

● 2009年，市发改委荣获省实施“861”行动计划突出贡献单位一等奖和全省发展改革工作先进单位荣誉称号

● 2009年，在推进与中央企业合作中，市发改委积极履行办公室职责，全市与央企达成合作项目82个，总投资2062.09亿元

● 国家部委皖江城市带承接产业转移调研组来肥调研，确定合肥为皖江示范区核心城市

● 2009年4月13日，总投资175亿元的京东方第6代TFT-LCD生产线项目正式开工

合肥市总工会

● 市总工会党组书记、主席叶和章深入企业开展科学发展观调研

● 启动"双走访、促三保"行动

● 隆重召开合肥市总工会成立60周年大会

● 召开工业园区工会组织建设推进现场会

● 开展2009年"金秋助学"活动

● 举办庆祝建国60周年职工技能大赛

● 市职工大学被授予"全国工会农民工技能培训示范基地"

合肥市审计局

市长吴存荣等领导出席全市审计机关年度总结表彰大会

市审计局局长吴利林受市政府委托向市人大作同级审计工作报告

省审计厅刘战平厅长调研合肥审计工作

市人大开展审计法律法规执行情况检查

启动审计专题攻关活动谋创新促转型

合肥市公安局

忠诚／公正／尚学／奉献

● 中共中央政治局常委、中央政法委书记周永康视察合肥市公安局

● 国务委员、公安部部长孟建柱视察合肥市公安局

● 省长王三运亲切慰问公安民警

● 公安部常务副部长杨焕宁视察合肥市公安局

合肥市粮食局

市粮食局坚持以科学发展观为统领，以确保粮食安全为抓手，以服务农民增收为宗旨，忠实履行职能，各项工作取得了一定的成绩。2003 年以来，市粮食局党组团结进取、锐意改革创新，积极争先创优，在全省率先提出“退城进郊战略”，使合肥市粮食产业步入了快速科学发展的通道，创新粮油供应渠道，在全国省会城市中率先开通网上粮店。为此，市粮食局连年在省粮食局的年度考核评比中被评为“全省粮食系统先进集体”、“全省粮食工作目标考核优秀单位”等多项荣誉，市政府连续 6 年给市粮食局发来贺信。特别是 2006 年 3 月，市粮食局被人事部、国家粮食局授予“全国粮食系统先进集体”称号，这是建国以来市粮食局获得的最高荣誉，全国仅有 5 个省会城市获得此项殊荣。市政府为此下发了表彰通报（合政秘[2006]35 号）。2009 年 9 月，市粮食局又被评为“全省粮食清仓查库工作先进单位”。

● 市委常委、常务副市长张晓麟，率市政府办公厅及相关部门负责人深入合肥粮食一库御景湾大卖场、合肥现代粮食物流园调研，并听取了粮食工作情况汇报。图为张晓麟副市长在听完粮食工作情况汇报后作讲话

● 市委常委、副市长刘烈东（右二）在全国粮食清仓查库期间，深入肥西国家粮食储备库检查工作

● 江洪副市长在全市粮食工作会议上作重要讲话。市政协副主席郭本道（右一）出席会议。市政府李博平副秘书长（左一）主持了会议

● 春节期间，省粮食局孙良龙局长（左二）、刘惠副局长（左三）率省局机关有关人员到合肥市检查粮油市场供应情况

● 江洪副市长深入我市粮食现代物流园调研指导工作。市粮食局罗勇局长（前排左一）陪同

● 八一建军节前夕，市粮食局张世军局长率局机关相关处室人员、市军粮供应站领导慰问驻肥部队官兵

安徽省无线电管理委员会办公室合肥管理处

● 邱小江处长部署全市电信、移动、联通三大运营商的基站管理工作

● 省经济和信息化委员会金寿虎副主任到合肥管理处指导工作

● 获得2009年全市无线电管理工作先进个人和单位代表

● 积极宣传无线电管理，开展清理非法使用对讲机专项行政执法工作

● 在国家司法考试中密切监视各种利用无线电通信作弊信号

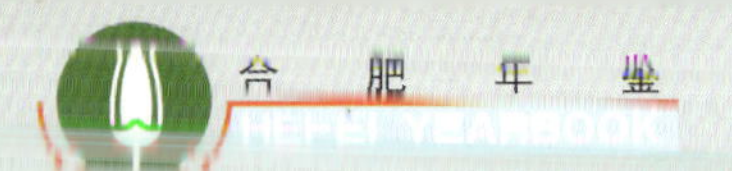

合肥市房地产管理局

● 省委常委、市委书记孙金龙在2009年度局系统总结表彰大会暨全市住房和房地产工作会议上指出：“在合肥向着现代化滨湖大城市迈进的过程中，我市房地产业的发展前景广阔”

● 省住房和城乡建设厅、市领导在局党组书记、局长张炜及滨湖新区负责人陪同下深入滨湖惠园廉租住房现场解决问题

● 市委常委、常务副市长张晓麟在新站区蓝领公寓调研

● 每月两次利用休息日举办专题业务培训学习，旨在加强职工素质，积极应对不断出现的新情况新问题

● 市房产局推行房屋登记官资格考试制度，实现房屋登记制度规范化

● 开展“三大活动”，振奋精神，努力实现房地产业发展新突破

● 积极关注民生，沟通联系渠道，认真对待热线电话和群众咨询

合肥市中心血站

● 原中国红十字会会长彭佩云（中）在省人大副主任朱维芳（左二）省红十字会常务副会长王强（右二）陪同下考察血液中心工作，省血液中心主任王震（右一）介绍中心情况

● 省血液中心王震主任向卢仕仁副市长介绍中心血液保障情况

● 省血液中心王震主任在市民开放日向市民介绍中心工作流程

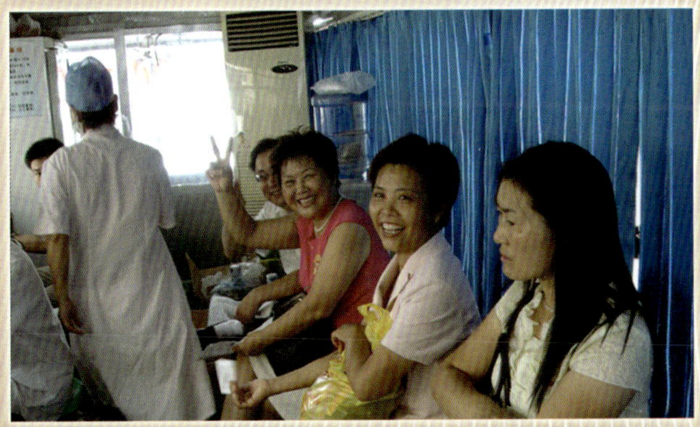

● 流动采血车上的市民献过血后高兴的说“我献血，我健康”

合肥市中心血站成立于1989年7月，于2006年增挂安徽省血液中心牌子，承担合肥地区无偿献血、临床采供血和科研教学任务的公益性事业单位。负责合肥地区省、市、部队及职工医院临床用血及全省血站质量评价及技术指导工作，自《献血法》颁布实施以来，在省、市政府和卫生管理部门的大力支持和领导下，合肥地区的无偿献血工作得到了很快的发展。1998年当年实现了从有偿采血向无偿献血的转变，获得首届“全国无偿献血先进城市”称号。2003年实现了计划献血向自愿无偿献血的转轨。临床用血全部来自自愿无偿献血，采供血近五年从年6-7吨猛增至30吨。献血由献全血稳步向献成分血转化，单采血小板由2005年的300多治疗量快速增加到6000治疗量，持续推进无偿献血从城市向农村延伸。

血站系合肥市首批及第二批3820产业英才设岗单位，输血研究室系省临床医学重点发展学科、合肥市临床医学重点学科。先后承接和参与各级各类科研项目十多项，多次获得省科技进步奖、省卫生科技进步奖、市科学技术奖、市科学技术进步奖等。2007年12月，被正式批准设立中华骨髓库安徽移植配型实验室。填补了全省在移植配型工作上的空白，进一步提高了全省骨髓移植及器官移植的整体水平。

血站积极履行省血液中心职能，配合卫生厅对基层血站进行检查指导及总体质量评价。2010年开始承担对全省血站实验室管理和技术人员开展集中培训和考核任务。定期举办全省血站业务技术更新的研讨培训班；对全省的采供血工作起到积极的引领作用。

● 2010年合肥市中心血站承担全省实验室人员培训和考核，图为参加第一批实验室培训人员合影留念

合肥市文化广电新闻出版局

● 省、市领导陪同全国政协领导参观李鸿章故居

● 省、市领导检查合肥市计算机软件市场

● 辉煌60年——千场电影进农家

● 市文广新局领导检查文化市场

● 新编庐剧《村长娘子》剧照

● 庆祝建国60周年暨合肥市第五届合唱节

合肥报业传媒集团

▲2009年10月24日，新闻出版总署李东东副署长一行到报社视察

▲2009年11月8日，合肥日报创刊仪式

▲2009年11月8日，省委常委、市委书记孙金龙视察合肥日报采编大厅

合肥报业传媒集团拥有《合肥日报》、《合肥晚报》、《江淮晨报》、《今日生活报》、《合肥在线》“四报一网”，其中《合肥日报》是中共合肥市委机关报，创刊于2009年11月8日。集团党报、都市报齐全，已建立起日报、晚报、晨报、周报、手机报、网络等全媒体联动的发展格局。

“任重道远须奋蹄，风正潮平好扬帆”。合肥报业传媒集团利用集团的资源优势，品牌优势，现有基础和发展潜力，按“国内一流，省内领先，合肥特色”标准，打造合肥地区乃至安徽省最大、最全面、最权威的新闻内容提供商和最畅通、最便捷的新闻资讯传播渠道运营商。

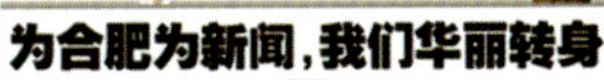

▲2009年11月8日合肥日报创刊号头版

▲2009年10月12日《合肥晚报》改版

▲安徽省重点新闻网站《合肥在线》

▲2009年底《今日生活报》为读者举办圣诞平安夜大型Party

▲2009年10月26日《江淮晨报》改扩版头版

合肥市重点工程管理局

● 新桥国际机场(效果图)

● 长江西路高架桥

● 南北高架一号线

● 合肥国际创新展示馆

● 蔡田铺污水处理厂

合肥市董铺·大房郢水库管理处

● 省委常委、市委书记孙金龙到该处调研防汛工作

合肥市董铺·大房郢水库自成立起就肩负着合肥市城市防洪的主要任务。董铺水库建库52年来经受了18次较大洪水的考验，大房郢水库工程的兴建，更是将合肥市防洪能力由20年一遇提高到100年一遇。

董铺·大房郢水库是合肥市唯一的源水基地，2009年，向合肥市提供优质源水2.7亿m^3左右，向南淝河补充生态水1058万m^3左右。目前达到98万m^3/日供水，两库运行以来已累计给合肥市供给29亿m^3源水，人称合肥的“大水缸”。近年来，管理处每年适时从上游淠史杭干渠引优质源水2亿多m^3，进一步提高了水库的水质，为合肥的大发展、大建设、大环境提供了有力保障。

董铺·大房郢水库目前是合肥市工业、商业及生活在用水源地，董铺·大房郢水库管理处依照《中华人民共和国水法》及《合肥市城市饮用水水源保护条例》严格开展执法管理，确保防洪安全，供水安全，工程安全。同时，管理处广大党员干部群众以科学发展观为指引，大胆改革，勇于创新，深化内部体制、机制改革，不断把库区管理推向新的高度，不负市委市政府的重托和全市人民的信赖。为合肥人民提供更安全、更健康、更周到的服务。

● 副省长花建慧到该处调研防汛工作

● 市长吴存荣视察董铺水库

● 市政府李博平副秘书长调研水库周边环境

大房郢

● 省委常委、市委书记孙金龙等领导视察肥东经济开发区农业产业化发展情况

● 省委常委、副省长赵树丛视察肥东经济开发区农业产业化发展情况

● 县委书记杨宏星陪同省人大常委会副主任郭万清视察肥东经济开发区

● 安徽燕之坊食品有限公司

● 安徽和诚农业开发有限公司

● 安徽新希望饲料有限公司

● 安徽景坤新能源有限公司

● 安徽金光汽车零部件有限公司

● 入园部分知名企业

长丰县房产管理局

工作创新、服务高效的长丰县房产管理局成立于1998年，是县政府主管实施房屋产权产籍管理、房地产开发管理及保障性住房监管等房地产综合职能部门。到2010年，县房产局共有在职职工97人，其中中级职称10人。局机关下设办公室、房地产管理科、房改业务科、开发办4个职能科室及乡镇房管所等11家直属事业单位。

2009年，在全球金融危机大环境下，长丰县房地产业迎难而上，不断利用自身优势，加强引导和鼓励，在逆境下取得可喜的成绩。全县共完成房地产开发投资12.39亿元，同比增长10.7%，远超年初既定4亿元目标；房屋施工面积120.64万平方米，同比增长76.6%；许可预售面积65.64万平方米，同比增长50.5%；全县商品房累计销售备案4407套，同比增长10.6%；商品房累计销售面积40.11万平方米，同比增长6.1%；商品房销售额12.98亿元，同比增长22.5%；全年协征房屋交易契税1504.04万元，协征销售不动产营业税4164万元。房地产开发、销售情况在金融危机大环境下均创历史新高。

长丰县房产管理局通过不断完善自身建设，创新工作思路，2009年被合肥市房地产管理局授予“市房地产系统先进单位”光荣称号。局产权交易监理所和双墩分局荣获县政务服务优质窗口及“青年文明号”殊荣，多名职工被授予“服务之星”称号。

长丰县房产管理局怀着一颗真诚、谦虚的心欢迎社会各界人士前来指导工作，从而不断改进，更上一层楼。

▲ 省委常委、市委书记孙金龙在长丰县委书记聂爱国的陪同下调研长丰房地产市场

▲ 县政协主席曹光忠看望局3·15宣传人员

▲ 局党组书记、局长陶军陪同周建林副县长赴京参加第八届中国国际住宅产业博览会

◀ 陶军局长在全县房地产工作大会上发言

▲ 陶军局长在全市房地产工作大会上受表彰

▲ 局领导班子带领职工向玉树地区捐款

▲ 房地产企业座谈会

▲ 进企业解难题

井 岗 镇

● 省委常委、市委书记孙金龙莅临该镇调研文化产业建设

● 市长吴存荣莅临该镇调研新农村建设

● 蜀山区委书记阮永兴调研农村双置换工作

井岗镇位于合肥市西部，原名蜀山镇，1990年10月，由郊区划出，作为合肥市副县级直辖镇计划单列。1996年，为支持高新区建设，划归高新区管辖。2002年3月，全市行政区划调整，划归蜀山区管辖，更名为井岗镇。现镇域面积27.7平方公里，辖2个村、6个社区和1个省级开发区——合肥蜀山经济开发区（首批全国乡镇企业科技园区），总人口约10万人。

井岗镇区位优越，东望五里飞虹，南接合肥高新区和政务文化新区，西连蜀山新产业园和南岗镇，北临科学岛，位于合肥西城区重要节点，处于高新区、政务文化新区、科学岛和中国（合肥）科学城的连接点和过渡带，产业要素集聚周边；镇内人才荟萃，中科院合肥物质研究院、合肥通用机械研究院等驻镇科研院所、大中专院校20多家；环境优美，南依大蜀山，北濒董铺水库，绿化覆盖率达40%，山水交融，环镇皆绿；交通便利，长江西路穿境而过，合肥火车西站座落其中，合宁高速公路和合淮阜高速公路近在咫尺；历史积淀深厚，党和国家领导人毛泽东、刘少奇、邓小平、杨尚昆曾先后亲临该镇视察。

井岗镇现有工业以电子信息产品、医药、烟草、食品为主导，企业总户数为540户，拥有特色企业65户，其中专利产品10个、著名商标10个、名牌产品6个、国家免检产品4个，从业人员达2.1万人，年销售收入50多亿元，实现税收4.2亿元。

现有农村土地已基本流转，依托农业示范园、红星生态园建设，形成了以园林文化产业、苗木生产、花卉生产、休闲观光农业、设施农业、特种水产养殖为特色的都市型高效农业。

近年来，全镇上下紧抓发展第一要务，经济社会保持又好又快发展的良好态势。2009年，实现地区生产总值49.8亿元；完成税收5亿元；实现财政收入1.7亿元；完成全社会固定资产投资59.5亿元，其中工业投资5.5亿元；完成规模以上工业总产值65.5亿元；农民人均纯收入9148元。招商引资总量14.2亿元，实际到位外资1743万美元。先后荣获全国综合发展水平千强镇、全国文明村镇、全国亿万农民健身活动先进乡镇、全国第二次农业普查先进集体；安徽省首届文明乡镇、卫生先进单位、村务公开民主管理示范镇以及合肥市2005—2007年度先进单位等20多项市级殊荣。2008年和2009年，连续两年荣登合肥市“十强乡镇”第一名。2010年，该镇被国家第六次人口普查领导小组确定为全国唯一试点。

当前及今后一段时期的发展目标是：

——做精东片：二环之内以改善人居环境、强化服务功能、方便群众生活为着力点，加快“城中村”改造，建设高档住宅区和特色商业街，努力打造一批精品社区和商业街区；强化市民素质教育，不断提高城区文明程度，巩固“全国文明村镇”。

——做强中片：多措并举建设蜀山经济开发区和大铺头合肥市城市副中心（西区），以工业园区和商务文化核心区为平台，大力发展楼宇经济、总部经济，做大做强工业和商业，再创“全国综合发展水平千强镇”。

——做美北片：以“双置换”为抓手，结合植物园南扩和森林公园、农业示范园、红星生态园、新农村建设，改善生态环境，开发生态农业旅游，提高农民收入，创建“全国环境优美乡镇”。

中國肥東撮镇

全国重点镇
全国改革发展试点镇

千年古镇——撮镇，两千多年前，因孔子周游列国途经此地时喟然叹曰“地多一撮，书重百城”之典故而得名。总面积116.7平方公里，人口11万，2009年工业总产值49.8亿元，财政收入2.61亿元，是合肥“141”战略东部组团的重要组成部分，肥东县的经济中心，拥揽全国重点镇、全国发展改革试点镇、安徽省环境优美乡镇、安徽省优秀旅游乡镇、安徽省产业集群专业镇、安徽省第一批扩权强镇试点镇等众多殊荣。

撮镇人文底蕴厚重，“昔仲尼，师项橐”的故事传为千古佳话，国家级文物保护单位——渡江战役总前委旧址瑶岗纪念馆就坐落在这里；撮镇区位独特交通便捷，多条铁路、公路和河流纵横交错，穿镇而过；撮镇经济繁荣产业明显，现拥有三个工业园区，入驻企业400多家，规模以上企业近百家，正在筹建中的省级开发区——安徽合肥商贸物流开发区必将带动撮镇经济又一轮新的飞跃。莲池成片、稻浪滚滚、厂房林立、机器轰鸣，自然景色与人文景观相交融，田园风光与城镇风情相辉映更是撮镇的真实写照。

● 省委常委、市委书记孙金龙到撮镇镇调研深入学习科学发展观活动

● 市长吴存荣到撮镇镇检查指导秸秆禁烧工作

● 国家级文物保护单位——渡江战役总前委旧址瑶岗纪念馆

● 华东（国际）建材中心全景

● 生态新农村

中国电信合肥分公司

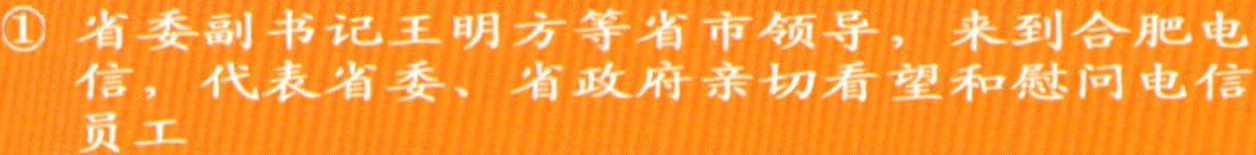

① 省委副书记王明方等省市领导，来到合肥电信，代表省委、省政府亲切看望和慰问电信员工

② 省委常委、合肥市委书记孙金龙听取合肥电信总经理、党委书记王本华的工作汇报，并亲切交谈，描绘合肥市信息化发展蓝图

③ 中国电信集团公司党组书记尚冰在合肥电信视察调研

④ 电信工作人员为用户演示3G业务。3G手机丰富的应用和强大的性能将深刻改变人们的生活

⑤ 合肥电信始终坚持用户至上、用心服务的理念，工作人员热心为广大市民提供服务

中国联通合肥分公司

China unicom中国联通

安徽省委副书记王明方视察合肥联通黄山路营业厅，听取员工介绍联通3G沃品牌产品业务知识

合肥市政府与中国联通安徽省分公司签署信息化战略合作框架协议，市委副书记、市长吴存荣，安徽联通公司副总经理李恒久出席签字仪式

客服人员在介绍3G业务

联通与爱立信共同建立的希望小学.

SANYO 合肥三洋公司

董事长：金友华

企业简介

合肥荣事达三洋电器股份有限公司于1994年2月成立，2004年7月在上海证券交易所挂牌上市，是国内家电外资第一家上市企业。目前公司注册资本为33300万元，各方持股情况为：中方持有33.97%，其中合肥荣事达集团有限公司持有33.57%（已划转合肥国资公司），日方合并持有32.85%，无限售条件的流通股股东持有33.18%。

合肥三洋现拥有三大生产基地，分别位于高新区科学大道的南北两端和南岗科技园。公司已成为中国最大的人工智能模糊控制洗衣机、变频滚筒洗衣机和平台无转盘微波炉生产基地，技术一直在行业保持领先地位。产品现已销往国内各省市自治区，以及亚洲、欧洲、南美和非洲等广大地区，并且返销日本。公司先后被评为“全国优秀外商投资企业”、“中国最具创新力企业”。

公司始终秉承“一切为用户”的服务宗旨，为用户提供一流的产品和周到的服务。公司现拥有灵活的营销和服务体系，已在全国建立了41个分公司、200多个办事处，1000多家技术服务中心、10000多家销售网点。2500多名的正式员工队伍和分布在各地的6000多名营销及服务人员为合肥三洋的发展贡献力量。

2008年，合肥三洋步入创新求变的快速发展阶段，公司上下解放思想，改革突破，明确提出了“3351战略”：三年翻三番，力争2012年销售收入超过100亿，销量进入行业前三名、国际品牌第一位，成为行业“技术领航者、品质卓越者、利税领先者”。2008年以来连续两年主要经济指标同比增长80%以上，行业增长幅度位居第一，市场占有率从过去第十位跃升至行业前三位。2010年继续保持高速增长态势。

● 上海市长参观

● 综合研发中心

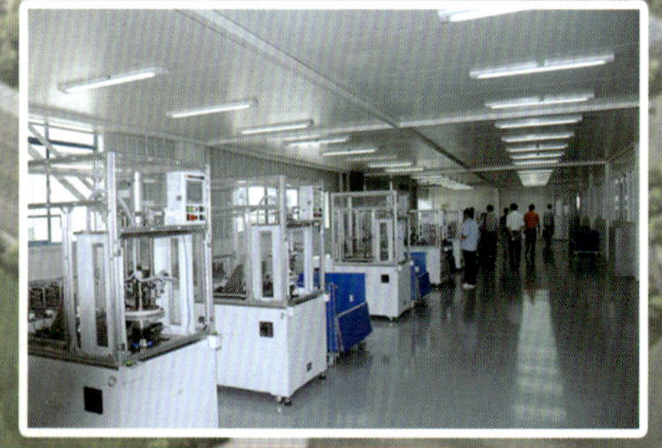

● 先进的变频电机生产线

● 洗衣机

● 微波炉

地址：合肥市高新技术开发区科学大道96号　邮编：230088　电话：0551-5315610　传真：0551-5320313
邮箱：hfsyb@hf-sanyo.com　网址：http://www.hf-sanyo.cn

卓雅企业

ZHUO YA QI YE

卓雅企业下属公司：合肥卓豪特种装饰玻璃工程有限公司 合肥瑶海区卓雅玻璃工艺厂 合肥卓雅建筑装饰材料有限公司

卓雅企业董事长
安徽省广东商会常务理事
合肥市玻璃商会理事
范兴华

企业简介

卓雅企业，成立于1999年，是一家致力于玻璃深加工和工艺玻璃的开发、制作的大型企业，同时在不锈钢制作装饰工程，钢结构工程，大型海鲜池制作安装工程，阳台及楼梯护栏制作安装工程，门窗装饰工程，外墙装饰等领域涉足发展，并取得了长足进步。公司经过十多年的不懈努力，其艺术玻璃在安徽市场独树一帜，享誉盛名。曾为省内外众多大酒店、酒吧、KTV夜总会、大型浴场、房产公司、办公楼宇、大厦幕墙、私人公寓等场所提供过产品及服务。

公司为了更好地立足于安徽，谋发展于安徽，2008年底在长丰三十头征地二十亩，成立了“合肥卓豪特种装饰玻璃工程有限公司”；于2009年成立“合肥卓雅建筑装饰材料有限公司”，在合肥五里庙装饰世界设立豪华展示厅，致力于打造安徽市场门类最为齐全的五金及卫浴产品供应商。2010年，公司开始规划成立“合肥卓雅特种金属门窗有限公司”，利用粤商特有的资源，把广东先进的门窗产品，智能门控引入安徽市场，抢占金属门业的市场制高点，为企业多元化发展奠定坚实基础。

公司秉承“诚信固本，服务培源，质量创优，厚德待人”的企业文化理念。将始终坚持以市场为导向，坚持对技术创新和产品开发的投入，满足客户的个性化需求，与客户及合作伙伴携手，与社会各界一起创造卓雅的美好未来，为社会发展创造更多的价值！

卓雅企业成功案例实景图

● 承接泓瑞金陵大酒店实景

● 承接淮南山南印象售楼部工程实景

● 承接英皇俱乐部实景

玻璃厂址： 合肥市濉溪东路三角线24号铁路工程二处院内（新亚汽车站西200米）
电　　话： 0551—4233218 2111993 传真：0551—2111983
五金展厅： 合肥市五里庙装饰世界F区3栋122号（第一展厅）
电　　话： 0551—3496121 手机：15156039398
金属门展厅： 合肥市五里庙装饰世界F区5栋101-103号（第二展厅）
电　　话： 0551—2787263

卓尔不凡　雅致经典

合肥市测绘设计研究院

合肥市测绘设计研究院是国家测绘局首批批准的甲级测绘资质单位，合肥市高新技术企业，通过ISO9001：2008质量管理体系认证，被安徽省档案局评定为“机关档案工作目标管理”省特级单位。院技术力量雄厚、仪器设备先进，是合肥市从事城市测绘与地理信息系统服务的科研型事业单位。全院100余人，工程技术人员占80%以上，其中高中级技术人员达 50多人。主要业务范围包括：平面与高程控制测量、工程测量、地形测量、地籍测绘、房产测绘、地图编制、摄影测量与遥感、卫星定位测量、城市地理信息服务等。

建院50多年来，合肥市测绘设计研究院坚持“以质量求生存、以科技求发展、以服务求信誉”的宗旨，积极发展测绘高新技术，大力推进城市地理信息系统建设，以优质的服务与雄厚的实力赢得良好的社会、经济效益。近年来多次获得全国城市勘测先进单位称号；多项工程获得省、部级科学技术进步奖，中国城市优秀勘测工程奖。

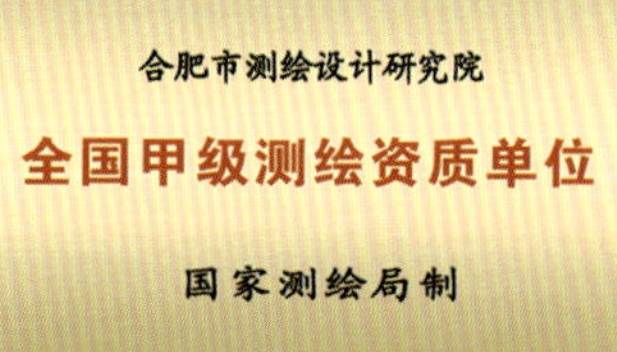

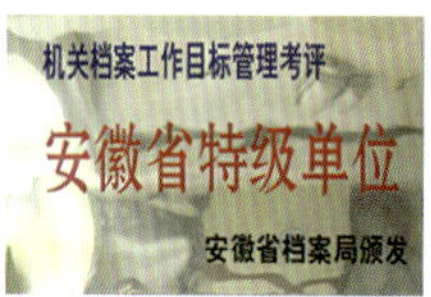

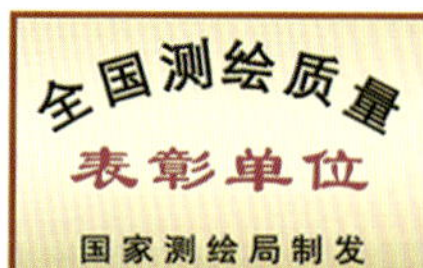

地址：合肥市阜南路136号/邮编：230061/电话：0551-2670392

网址：www.hfwindow.com（合肥之窗） www.hfchy.com（测绘院网站）

城市三维地理信息系统建设

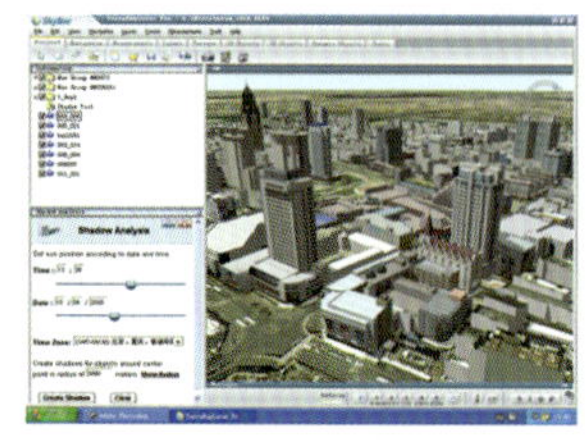

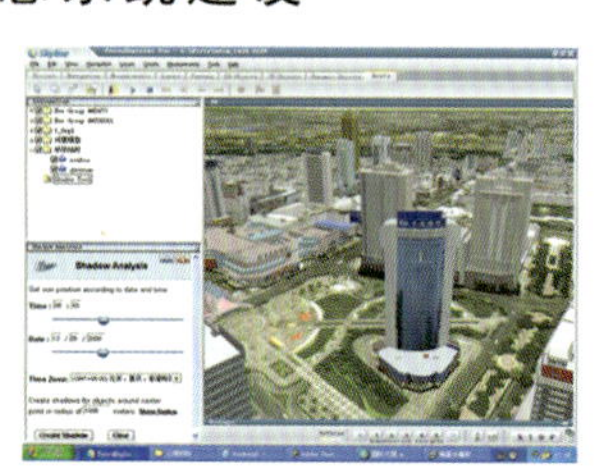

合肥市政务中心

政务新区三维景

合肥市测绘设计研究院承建的“合肥市三维城市规划辅助决策系统”，把城市三维地面模型、数字正射影像以及城市街道、建筑物、市政设施等三维立体模型融合在一起，构造数字化的城市三维景观，为合肥市城市规划决策提供更加科学的依据。系统还可广泛地应用于旧城改造、环境监测、消防安全、旅游交通等领域。

合肥市卫星定位综合服务系统

合肥市测绘设计研究院于2007年建立了“合肥市GPS/GLONASS卫星定位综合服务系统”，系统由5个基准站子系统、1个数据监控中心子系统、数据通讯子系统、用户服务子系统组成，参考站覆盖合肥市域及周边地区约 10000平方公里。该系统的建成，不仅能满足城市测绘的需要、提高测绘工作效率，而且还能满足交通、环境监测、气象预报、地震监测、国土资源等各行业对导航及快速实时定位的需求，为合肥市滨湖大城市建设提供可靠、高效的测绘保障。该项目2008年 2 月获得合肥市科技进步二等奖。

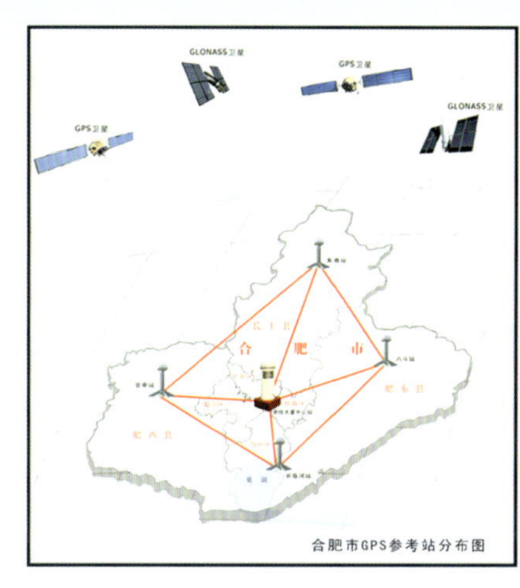

合肥市GPS参考站分布图

“合肥之窗”电子地图网站

“合肥之窗”电子地图公众地理信息网站（www.hfwindow.com），为市民查图问路、公交换乘、自驾出行、商务旅游等日常生活提供方便、快捷的地图帮助。

“合肥之窗”网站首页

“合肥之窗”电子地图

合肥大建设 测绘排头兵

近年来，合肥市测绘设计研究院先后完成了合肥市滨湖新区200余平方公里数字航空摄影与1/1000地形图测绘、合肥市政务文化区规划测绘、金寨路高架桥及其它数百条市政道路工程测量、合肥体育中心精密工程测量等城市重点建设工程测绘工作，为合肥市现代化滨湖大城市建设提供了优质高效服务。

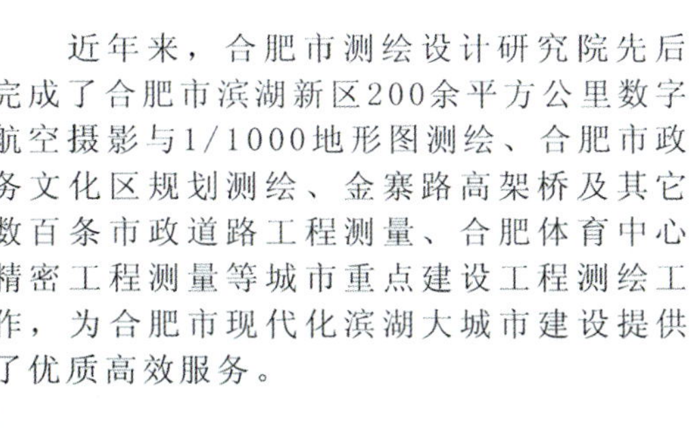

主控机房

测量

道路测绘

为满足社会各界和人民群众的需要，进一步丰富测绘产品，院近年来不断拓展地图产品种类，先后编制了《合肥市区航空影像地图集》、《合肥交通游览图》、《合肥市地图》、《合肥市区影像图》、《合肥之窗—城市多媒体地理信息应用光盘》、《合肥市地名规划专题地图》等图种，受到社会各界广泛好评。

地图产品 服务社会

三维地图

丰富的地图产品

合肥市地方志编纂委员会办公室

● 2010年2月10日，杨增权副市长接受《志苑》杂志独家专访

● 承编《合肥市志》的部分专家、学者

● 2010年3月19日，全市年鉴工作会议在市政务中心举行

● 第四届全国体育大会期间，杨增权副市长向澳门代表团赠送《（嘉庆）合肥县志》

● 七一前夕，市地方志办公室党支部组织参观八里河风景区

● 省地方志办公室主任朱文根、副主任刘成典一行来市志办调研指导工作

编 辑 说 明

《合肥年鉴》是一部反映合肥发展现状和历史进程的大型综合性地方年鉴，是由合肥市人民政府主办，市地方志编纂委员会办公室编纂的。年鉴的宗旨是为党委政府服务，为科学发展服务，为人民群众服务。《合肥年鉴》2010卷，是连续公开出版的第11部。

《合肥年鉴》全面、系统、详实地记载了合肥地区经济、社会发展的基本情况。主要栏目有：特载、专记、大事记、综要、区域经济、政治、经济、金融、文化、社会生活、人物、县区等32个。全书采用分类编辑，主体内容分为类目、分目、条目三个层次，少数条目下设子目。年鉴原则为收录上一年度的内容，“特载”、“图片”时间截至2010年6月。

本着“常编常新”的原则，2010卷年鉴对篇目进行了适当调整，除“特载”、“专记”、“综要”外，增设了“印象合肥”，“区域经济”、“专文”等栏目，重点反映市委、市政府的重要举措、重大成果，突出地方特色和年度特点。

年鉴采用的文稿是由全市各部门、各单位、各县区以及驻肥省、部属相关单位提供，有关数据、资料均由供稿单位审阅、核实。使用的统计数据，以市统计部门公布的数据为准。凡市统计局未予统计和提供的，则以单位提供的数据为准。采用的彩照图片主要由市外宣办、市晚报社、市城乡建委、滨湖新区管委会、市体育局和市摄影家协会提供。

《合肥年鉴》的编纂出版工作得到全市各级领导和各有关部门、单位、各县区及社会各界的大力支持与协助，编纂人员付出了大量细致、艰辛的劳动，在此一并表示衷心的感谢！

目 录

特 载

专 记

综 要

大事记

印象合肥

区域经济

中共合肥市委员会

人民代表大会

人民政府

人民政协

军　事

民主党派　工商联

人民团体

法 治

国土　环境

城市规划、建设和管理

园林 旅游

开发园区

工业经济

信 息 业

农业和农村经济

交通运输　邮政

财税　金融

商贸　服务业

非公有制经济

经济监督管理

教育 科技

文化　新闻

卫生　体育

社会与民生

人物　荣誉榜

县区概况

附 录

索 引

CATALOGUE

Special publication

Special coverage

General Summary

Chronicle of events

Impression of Hefei

Economy of the region

Hefei Municipal Commission of CPC

People's Congress

People's Government

People's Political Consultative Committee

Military

Democratic parties Federation of industry and commerce

People's organizations

Legal System

Territorial resources and environment

Urban planning, construction and management

Forestation, gardening and tourism

Development zones and industrial parks

Industrial economy

IT industry

Agriculture and rural economy

Transportation and post

Finance, taxation and banking

Commerce, trade and services

Non - public sector of the economy

Regulation and supervision of the economy

Education, science and technology

Culture and news

Health care and sports

Society and people's wellbeing

Celebrities and honors

Briefing about the counties and districts

Appendix

Index

（英文翻译　曹建社）

特 载

孙金龙在市委九届十次全体会议上的报告（摘要）
（2010 年 1 月 15 日）

“市委”九届十次全会的主要任务是，坚持以科学发展观为指导，深入贯彻党的十七届四中全会、中央经济工作会议和省委八届十二次全会、全省经济工作会议精神，总结 2009 年工作，分析当前形势，部署 2010 年任务，审议《中共合肥市委关于贯彻落实党的十七届四中全会精神，加强和改进新形势下党的建设的意见》，动员全市广大党员干部群众进一步抢抓机遇，乘势而上，推动合肥经济社会发展再上新台阶。

一、以学习实践科学发展观为动力，促进经济社会平稳较快发展

刚刚过去的一年，是新世纪以来形势极为复杂、发展最为困难的一年。在严峻挑战面前，我们以学习实践科学发展观为动力，认真落实中央和省委、省政府的决策部署，团结带领全市人民积极应对，主动作为，全力以赴保增长保民生保稳定，推动经济社会发展在逆势中奋进，全面超额完成了年初确定的各项目标任务。全年 GDP 突破 2000 亿元，增长 17% 以上；规模以上工业增加值 767.5 亿元，增长 27.2%；全社会固定资产投资 2468.4 亿元，增长 34.3%；社会消费品零售总额 703.67 亿元，增长 19.6%；财政收入 341.91 亿元，增长 13.5%，其中地方财政收入 180.9 亿元，增长 12.4%。在全国省会城市中，合肥市 GDP、规模以上工业增加值等经济指标的增速继续位居前列。

（一）学习实践科学发展观活动进一步深化。按照中央和省委的部署要求，紧扣“坚持改革创新、推进科学发展，加快现代化滨湖大城市建设”的主题，坚持重在武装思想、重在解决问题、重在取得实效，认真组织开展了第二批、第三批学习实践活动。市委常委都建立了联系点，带头学习宣讲、带头深入调研、带头整改落实。注重突出实践特色，把开展学习实践活动与应对危机保增长、与改革创新增活力、与关注民生保稳定、与加强党建强基础等实际工作紧密结合，增强了广大党员干部贯彻落实科学发展观的自觉性和坚定性，解决了一批影响科学发展、群众反映强烈的突出问题。对我市的学习实践活动，中央巡回检查组和省委领导同志都给予了充分肯定，中央学习实践活动办公室还专题转发了我市的经验做法。

（二）应对危机保增长效应进一步显现。面对严峻挑战，我们危中寻机、化危为机，不断增强应对危机的主动性和创造性，做到出手快、出拳重、措施准、工作实，及时出台一系列保增长的政策措施。突出保企业这个核心，集中近 7 亿元专项资金激励企业增产增收增效，选派 200 多名县处级干部驻企服务，举办一系列银企对接会缓解企业资金紧张，搭建多种供需对接平台帮助企业开拓市场，清理百余项涉企收费减轻企业负担。突出项目建设这个着力点，坚持争取政策投入、加强与央企合作、承接产业转移、启动社会投资等多措并举，全力抓好一批打基础、管长远、增后劲的重大项目。全市完成规模以上工业产值 2749.16 亿元，增长 31.4%；新开工项目 3532 个，比上年增加 1390 个；工业投资达到 752.2 亿元，增长 40.4%。注重保增长与调结构相结合，以合芜蚌自主创新试验区建设为载体，壮大高新技术产业，培育战略性新兴产业，加快发展现代服务业。规模以上工业中高新技术产业产值达 1362.2 亿元，实现增加值 363.2 亿元，占规模以上工业增加值 47.3%。金融、物流、旅游、会展等现代服务业发展态势喜人。单位 GDP 能耗及化学需氧量、二氧化硫排放削减量均在省控目标以下。

（三）人民群众生活进一步改善。实施36项民生工程，各级财政投入32亿元，惠及城乡居民400余万人。城镇居民人均可支配收入和农民人均纯收入分别达到17158元、6065元，增长10.1%和13%。推进国家级创业城市建设，开展“牵手返乡农民工”的“春暖行动”，出台帮助大学毕业生就业创业政策。新增城镇就业人数10.96万人，促进下岗失业人员再就业2.97万人，新建农民工创业园10个。不断完善社会保障体系，覆盖面进一步扩大，保障标准持续提高。着力改善群众安居条件，新建、续建廉租住房29万平方米，保障性住房覆盖面不断扩大。

（四）城市综合承载力进一步提升。全年完成基础设施建设投资261.71亿元，新建续建项目455个。铁路、航空、水运等对外交通项目整体推进，长江西路等3条高架路和轨道交通1号线试验段等立体交通项目相继开工，畅通一环、改造二环等路桥改扩建工程全面展开，城市出入口道路改造升级顺利完成，合肥区域性综合交通枢纽地位基本确立，覆盖城乡的快速交通网基本形成。滨湖新区建设快速推进，年内完成投资121.9亿元，国际创新展示馆、渡江战役纪念馆等标志性建筑陆续开工。老城区改造稳步推进，坝上街等一批连片改造项目相继动工。继续做好“水文章”和“绿文章”，进入南淝河的河流综合治理和截污工程进展顺利，一批污水处理厂建成使用，城市污水集中处理率超过85%；新增城市园林绿地1.1万亩，“清洁家园、绿化乡村”活动取得实效。

（五）县域工业化城镇化进程进一步加快。扎实推进全省城乡一体化综合配套改革试验区建设，县域经济实力进一步增强，社会主义新农村建设取得新的进展。预计三县GDP达到470亿元左右，增长18%以上；实现财政收入43.55亿元，增长23.5%。县域工业化水平大幅提升，三县规模以上企业达到756家，实现增加值198.7亿元，增长46.5%；农业产业化进程加快，各类龙头企业销售收入突破300亿元，其中超亿元企业达到50家。城乡基础设施建设统筹推进，交通、市政、公用事业等加快向三县覆盖。万亩土地复垦和宅基地整理、整村推进新农村建设等工作成为全省样板。扩权强县、土地经营承包权流转、综合产权交易、土地“双置换”等制度创新积极推进，农民向社区集中、土地向大户集中、产业向园区集中的趋势更加明显。

（六）改革开放力度进一步加大。开展市级政府机构改革，进一步理顺关系、转变职能。深化国有企业改革，加速美菱、荣事达等国有企业产权退出重组，市属化工企业重组搬迁顺利推进。城市管理体制、文化体制、招投标管理体制等方面改革取得新进展。自主创新试验区建设、节约集约用地试点工作有效推进。效能建设向微观环节延伸，规范行政处罚自由裁量权阳光运行试点有序进行。招商引资再创新高，总量突破1000亿元，增长33%。对外合作不断拓展，合肥经济圈建设扎实推进。经贸交流日趋频繁，成功承办中博会、创新要素对接会、家电博览会等系列展会，合肥在国内外影响进一步扩大。特别是，第四届中博会的成功承办，有力提升了合肥乃至安徽的形象。

（七）各项社会事业进一步发展。加强社会主义核心价值体系建设，扎实开展文明创建活动，抓好重大主题宣传和对外宣传，精心组织庆祝新中国成立60周年活动。优化公共教育资源配置，义务教育均衡发展进入全国先进行列，高考三本以上达线人数首次突破1万人，达线率比上年提高10多个百分点。启动新一轮医药卫生体制改革，扩充优质医疗卫生资源，滨湖医院等3所综合医院建成开诊，甲型H1N1流感和手足口病防控扎实有效。第四届全国体育大会筹备工作进展有序。做好民族、宗教、侨务、对台等工作，荣获“全国民族团结进步模范市”称号。国防动员、民兵预备役建设和双拥工作富有成效。推进依法治市，健全社会稳定预警、风险评估和矛盾纠纷排查化解等工作机制，开展“信访积案化解年”活动，妥善解决历史遗留问题和信访突出问题，在全国信访工作电视电话会议上我市作了经验交流。连续第4次荣获“全国社会治安综合治理优秀城市”称号，再度夺得“长安杯”。

（八）科学执政能力进一步增强。学习贯彻党的十七届四中全会精神，切实加强和改进新形势下党的建设。市委充分发挥总揽全局、协调各方的核心作用，支持市人大及其常委会依法履行职责，支持人民政协履行政治协商、民主监督、参政议政职能，加强同各民主党派、工商联和无党派人士合作共事，支持工会、共青团、妇联等人民团体依照法律和章程独立开展工作。坚持正确的用人导向，深化干部人事制度改革，加强领导班子和干部队伍建设，推进多层次、大规模的干部交流，建立了干部交流轮岗长效机制。开展“固本强基促和谐，科学发展先锋行”主题实践活动，农村、社区、企事业单位和“两新”组织党建工作取得新进展。加强对中央、省市决策部署执行情况的监督检查，扎实开展村居“三资”清理等专项治理，严肃查处违法违纪案件，稳步推进惩治和预防腐败体系建设，营造了风清气正的良好环境。

过去一年，在困难大、挑战多、任务重的复杂局势下，我们能够取得这样的成绩，实属不易。这是省委省政府正确领导、关心支持的结果，是市四大班子和全市上下齐心协力、共克时艰的结果。一年来的努力，充分展现了全市干部群众迎难而上、开拓进取的智慧和勇气，充分展现了500万合肥人民推进科学发展、实现跨越赶超的信心和决心。

二、认清使命与责任，进一步加快跨越赶超步伐

在发展的征途上，紧要处往往只有几步。未来几年，对合肥至关重要。我们发展得好一些快一些，就能赢得全局的主动。现在，合肥“十一五”主要发展目标有望圆满完成。我们应当乘势而上，奋力开拓，进一步加快跨越赶超步伐。这是全市人民的共同心声，是时代赋予我们的庄严责任。

经过多年的打基础、聚能量，特别是“十一五”以来的快速发展，合肥站在了一个新的历史起点上。随着综合实力的显著增强和发展速度的加快，合肥进入了新一轮增长周期的上升阶段。随着工业化水平的提升和城市化进程的加速，合肥跨越赶超有了较为坚实的产业支撑和承载平台。随着有效投入的增加和项目建设的推进，合肥积蓄了跨越赶超的持续后劲。随着对外开放的扩大和集聚辐射功能的显现，合肥跨越赶超的发展活力正在加速释放。更为重要的是，通过这几年特别是应对金融危机的成功实践，我们对合肥发展规律性认识在深化，结合实际创造性工作的经验在丰富，驾驭复杂局面推进科学发展的能力在提升。所有这一切，都为合肥未来发展创造了有利条件。只要我们坚持又好又快发展，合肥必将迎来跨越赶超的光明前景。

合肥是省会，很大程度上体现着安徽的实力，代表着安徽的形象。“十一五”以来，从实施中心城市带动战略到构建合肥经济圈，从合芜蚌自主创新试验区到皖江城市带承接产业转移示范区，省委省政府始终高度关注合肥的发展，关注合肥龙头带动作用的发挥。在全省经济工作会议上，进一步强调“加快推进合肥经济圈建设，着力培育核心增长极”，希望“合肥市要充分发挥省会优势和政策叠加效应，强化龙头意识，积极主动作为，不断增强综合承载能力，带动周边地区加快发展”。这既为合肥发展指明了方向，也寄予着深切的期望。我们一定要深刻认识合肥在安徽崛起进程中的历史责任，不断超越自我，站在高起点，抢占制高点，努力成为引领全省发展的增长极和辐射源，不辜负省委省政府和全省人民的期望。

面对肩上沉甸甸的责任，我们必须正确认识自己，始终保持强烈的忧患意识。以不久前调研的武汉、长沙、郑州、福州、西安为例，经济总量比合肥大，发展速度也不慢，去年增长均在12%以上。同时，发展后劲也比较足，去年固定资产投资不仅总量大，而且增速都超过30%。更值得关注的是，在发展战略性新兴产业方面，武汉要打造8个千亿级产业，长沙要形成4个千亿级产业，郑州要培育5个千亿级产业，南昌要打造3个千亿级产业。“十二五”时期，他们都要开足马力，全力争取更大的发展，其中武汉提出到2015年地区生产总值突破1万亿元，财政收入2000亿元以上，5年累计投资2万亿元。山外有山，天外有天。我们没有丝毫理由沾沾自喜，更不能故步自封，唯有继续保持追赶者的姿态，付出更大的努力，才能在新一轮发展中取得应有的一席之地。

准确把握大势，是谋划未来发展的重要前提。当前和今后一个时期，我们将步入一个经济缓慢复苏的后危机时代，由此带来很多新的变化。经济动力加速向“内”生转变，进入“内需型经济、消费型时代”，为我们加快发展创造了巨大空间；经济支撑加速向“实”体回归，推动制造业实现更高水平的发展，这是我们提升工业化水平的良机；经济结构加速向“高”端升级，着力提高自主创新能力，有利于合肥依托科教优势抢占发展制高点；经济形态加速向“低碳”过渡，低碳经济成为产业发展的方向和市场竞争的手段，这对产业结构较优的合肥是难得的发展机遇。所有这些都为我们迎头赶上时代潮流，实现“弯道超越”，提供了现实的可能。我们务必要把握好形势变化中蕴藏的机遇，见事早、行动快，在转机中乘势而上、跨越赶超。

加快合肥跨越赶超步伐，要确立更高的标准、更高的定位、更高的参照系。未来几年，我们一切工作的主题，就是要实现经济社会又好又快发展，加快跨越赶超步伐。这一时期，要继续做好工业化、城市化两篇大文章，使经济发展再快一些，城市变化再大一些，生态环境再美一些，群众生活再好一些。这一时期，要继续保持经济增速位居全国省会城市前列，经济总量实现争先进位，力争到2015年地区生产总值突破6000亿元，在全国省会城市中位次前移1—2位。围绕实现这一目标，要认真谋划好“十二五”发展规划，指导方针要纲举目张，发展主线要鲜明具体，奋斗目标要开拓奋进，以更好地引领我们前进。每一个地方、每一个部门都要树立争先进位的强烈意识，对各项工作高起点定位、高标准落实，切实把发展的主动权牢牢掌握在我们手中。

加快合肥跨越赶超步伐，是一场新的攻坚、新的攀登。在未来的征途中，我们要坚持既定的目标不放松，坚持成功的做法不动摇。继续做到登高望远，把合肥的发展置于全国乃至全球的发展格局之中去审视，以宽广视野考量一地一域的发展，以现代理念来指导现代化建设，不断提升发展境界。继续做到奋发图强，不放过每一次发展机遇，看准了的事一抓到底，认准了的路坚定不移朝前走，必须做的事顶着压力也要上，必须负的责迎着风险也要担当，不断争创发展新业绩。继续做到敢闯敢试，把中央的精神、省委省政府的要求同合肥的实际紧密结合起来，大胆地试、大胆地闯，不管风云如何变幻，始终专注于办好合肥自己的事。在实际工作中，行动要快，措施要准，落实要狠，成效要实。“快”就是要谋事快决断，工作快上手，项目快推进，问题快解决，争分夺秒抓机遇。“准”就是要抓住关键、突出重点，把握症结、直指要害，力求收到立竿见影的效果。“狠”就是要说了就算，定了就干，不讨价还价，不推诿扯皮，确保言必行、行必果。“实”就是要办实事，求实效，在真干上用力，在细节处见功，确保各项工作实打实地向前推进。总之，我们一定要牢牢把握发展第一要务，抓紧每一年，走好每一步，使合肥变化得更大更好更快，向党和人民交出一份新的满意答卷！

三、努力争创新业绩，夺取“十一五”发展全面胜利

今年是实施“十一五”规划的最后一年，也是谋划“十二五”发展的关键之年。今年各项工作的总体要求是，深入贯彻落实科学发展观，按照中央和全省经济工作会议部署，继续坚持好字当头、又好又快，着力推进自主创新、调整经济结构、深化改革开放、保障改善民生，推动经济发展方式转变和经济平稳较快发展，努力实现地区生产总值、规模以上工业增加值、社会消费品零售总额、地方财政收入、城镇居民人均可支配收入、农民人均纯收入六项经济指标增速位居全国省会城市前列，力争地区生产总值、规模以上工业增加值等主要经济指标增速继续位居全国省会城市首位，为“十一五”发展画上圆满的句号，为“十二五”发展构筑更高的平台。

实际工作中，要继续在强化统筹的基础上，实施非均衡发展策略，以重点突破来引领全局跨越式发展。

（一）加快推进新型工业化进程。工业化是实现现代化的必经阶段和必由之路。强力推进“工业立市”战略，优先加快工业发展，坚持走新型工业化道路，是合肥当前乃至未来相当长时期必须始终坚持的首要战略和工作方针。对合肥来讲，转变经济发展方式主要取决于如何转变工业发展方式。面对国内外形势的发展变化，我们要冷静分析，热情应对，充分发挥合肥的比较优势和后发优势，在培育壮大战略性新兴产业和承接产业转移两大方面，狠下工夫、做足文章。客观地讲，我们能否在经济发展方式转变上迈出更大步伐，关键就看能否在培育壮大战略性新兴产业和承接产业转移上有更大作为。合肥今后能否实现更大发展，关键还是看能否在培育壮大战略性新兴产业和承接产业转移上取得更大突破。

根据合肥现有工业基础和发展态势，着眼未来发展的空间和潜力，我们要提升新型工业化水平，必须进一步优化工业布局，推动工业集聚发展、集约发展，集中力量构筑“两集群”、“两走廊”的产业发展格局。两集群，一个是以合肥循环经济示范园为核心的东部重化工产业集群，一个是以科技创新示范区为核心的西部高新技术产业集群。两走廊，一个是以新站区为主力，涵盖庐阳工业园、双凤工业园和瑶海工业园的北部工业走廊，致力建设新型平板显示产业基地；一个是以经开区为主体、辐射周边的派河工业走廊，全力打造装备制造、汽车、家电等优势产业基地。

立足合肥已有的优势产业和面临的有利条件，

当前的重中之重是要紧紧扣住两个着力点：一是以合芜蚌自主创新试验区建设为切入点，以大企业大项目为支撑，做大战略性新兴产业规模，打造汽车、装备制造、家电、新型平板显示、食品和农副产品加工5个千亿级产业，培育化工、新材料、公共安全、节能环保4个500亿级产业，扶持发展一批百亿企业，力争到2015年全市规模以上工业产值超过12000亿元。二是以皖江城市带承接产业转移示范区建设为切入点，以开发园区建设为依托，尽快落实一批有牵动性的重大产业转移项目，力争到2015年把三大开发区打造成工业产值2000—3000亿元的工业园区，其中经开区工业产值要达到4000亿元。

加快推进新型工业化进程，还要加快产业升级步伐，依托合肥的科教优势和省会城市的特点，培育壮大新材料、新能源、节能环保、公共安全、量子通信等新兴产业，加快发展金融服务、现代物流、服务外包、文化动漫、旅游等现代服务业。同时，要着眼于形成较为完善的产业组织体系，注重加强产业配套能力建设，创造更好的环境，推动中小企业加快发展。

（二）加快推进省会城市化进程。新型工业化和城市化相互联系、不可分割。在现代化建设的过程中，工业化创造供给，城市化创造需求，工业化要以城市化为依托，城市化要靠工业化来推动。中央强调，稳步推进城镇化是扩大国内需求和调整经济结构的重要抓手。按照城乡统筹、布局合理、节约土地、功能完善、以大带小的原则，促进大中小城市和小城镇协调发展。以增强综合承载能力为重点，以特大城市为依托，形成辐射作用大的城市群，培育新的经济增长极。这些都预示着中国的城市化将迎来新的高潮。在这样的发展大势中，作为省会城市，合肥的城市化进程事关全省城市化进程。我们要发挥好中心城市的带动作用，必须加快城市化步伐，提升城市化的水平、质量和规模。

做好城市化这篇大文章，首先要坚持规划先行，提高规划水平，严格执行规划，特别是要坚持过去好的做法，查找存在的不足，本着对历史负责的态度，认真研究城市未来人口发展的边界问题，真正以前瞻性的规划引领城市发展。落实到具体建设中，条件许可的要力求一次性到位，不能将就、不能凑合；条件尚不成熟的一定要预留足够空间，不能再陷入“建了拆、拆了建”的循环中。在坚持高起点规划的前提下，当务之急是要强力推进基础设施建设，切实增强城市综合承载力。一要继续突出“交通先行”，以道路桥梁为核心，进一步完善路网框架。今年，要加快推进高架路、轨道交通、“141”组团内部路网等一批路桥项目，轨道交通1号线要全面开工，长江西路高架桥10月份要建成通车，裕溪路高架与南北高架要基本具备通车条件，着手规划建设连接主城区与城市组团的快速通道。二要继续突出“治污优先”，按照全面截污、全部处理的思路，加大水环境治理力度。在前几年工作的基础上，加大污水管网和污水处理厂建设力度，年内要全面完成入湖河流沿线截污工程，使城市污水集中处理率达到90%以上，逐步将污水处理的出水标准由现在的一级B提高到一级A，真正让巢湖得以休养生息。三要继续突出“绿化提质”，做到路桥等基础设施修到哪里，绿化工作就跟进到哪里，并切实提高绿化质量、品位和管理、养护水平。四要继续突出以人为本，大力推进城中村和危旧房改造。今年，要对四个城区的城中村进行规模化改造，进一步改善人居环境。此外，还要按照城市副中心标准，进一步提高城市组团的规划建设水平。

随着基础设施逐步完善，要高度重视功能开发和业态建设。特别是，要结合优化发展环境、扩大对外开放等工作，积极推进政策创新，拿出一些有突破性的政策措施，广泛吸引国内外投资者，大力发展现代服务业，迅速提升城市业态，不断丰富和完善城市综合服务功能。

随着城市综合实力的增强，要顺应区域经济一体化的发展趋势，扎实推进合肥经济圈建设，加强与圈内城市的基础设施对接，促进产业分工与协作，推动区域市场一体化，推进与阜阳等地结对合作，共同打造安徽崛起的核心增长极。在此基础上，要主动融入国际国内经济大循环，积极拓展新的发展空间，现阶段的重点是要抓好一批基础性项目，加快推进高速铁路、国际机场、港口、航道等重大对外交通工程。

（三）进一步保障和改善民生。发展的目的，是为了改善民生。随着经济的发展，我们要切实加大对民生的投入，不断扩大民生普惠面。今年，重点是要扩大就业，多渠道增加就业岗位，鼓励多种就业方式，重视做好高校毕业生、农民工和困难群众就业工作。要进一步健全完善养老、失业、基本医疗等社会保障制度，抓好医药卫生体制改革、新型农村社会养老保险试点等工作，关心低收入群体的基本保障问题。要把发展社会事业放在重要位置，进一步加大公共投入，带动形成多元化投资机制，加快科教、文化、卫生、体育等社会事业改革发展。认真办好第四届全国体育大会。要注重加强社会管理，完善信访制度，健全社会治安防控体系，强化安全生产工作，提高处置突发公共事件能力。同时，要着力提高民生投入的有效性，改进民生工程管理方式，按照“养事不养人”、“花钱买服务”的思路，探索建立公共服务和公共产品建设新机制。

（四）推动城乡协调发展。三县是合肥现代化滨湖大城市建设的重要组成部分。我们要始终高度重视三县的发展，继续以县域经济突破带动农村经济社会发展，按照城乡统筹的思路推进新农村建设。一是以提高县域工业化水平为先导，进一步壮大县域经济。市里要结合优化城乡产业布局，推动部分城市产业有序向县域转移。三县自身要围绕城市的优势产业，积极发展相关配套产业。当前，要加强县域工业园区基础设施建设，增强对产业的吸纳和承载能力；要大力开展招商引资，吸引更多项目落户县域。通过未来几年的努力，到2015年三县工业总产值都要突破1000亿元。二是以推进农业产业化经营为突破口，加快现代农业发展。要积极引进和培育一批大型龙头企业，带动建立生产基地，推进农业规模化经营。要做大做强农产品加工业，推动产业整合和集聚，打造产业集群。要有序推进土地流转，扶持发展农民专业合作组织，培育更多规模经营主体。同时，要抓好农田水利等基础设施建设，改善农业生产条件。三是以加快农村城镇化发展为切入点，逐步转移农民、减少农民。要结合“十二五”规划编制，完善城镇体系规划，引导产业基础好、发展潜力大的重点镇按小城市进行规划建设。要结合扩权强镇试点，加大对县城和中心中支持力度，整合社会事业和基础设施建设资金，集中投入城镇配套建设。要结合招商引资，注意引进一些劳动密集型产业，加强农民创业园建设，提升城镇吸纳就业能力。今年，要在三县开展农村城镇化建设试点。四是以土地复垦整理为抓手，继续扎实推进新农村建设。重点要做好村庄规划编制，加快农村集中居住区建设，抓好农村危房改造；要加强农村生态建设，实施以生活垃圾处理为主要内容的农村清洁工程，积极开展村庄绿化。今年，要继续实施一批规模化土地复垦整理项目。

（五）促进改革开放向纵深推进。中央提出，要引导产业有序转移，促进区域协调发展。对合肥来说，今年扩大开放将面临更多的机遇。要继续把招商引资作为对外开放的主抓手，作为加快合肥发展的生命线，坚持党政干部带头，动员各方面力量，再掀“大招商”热潮，力争今年招商引资总量达到1300亿元。要发挥领导干部在招商引资中的特殊作用，各县区党政领导班子要继续保持2人以上常年驻点招商。要结合招商引资工作，完善开发园区功能，注重节约集约用地，加紧建设多层集中厂房，依法清理闲置和低效利用土地，确保项目能够早落地、快开工。

解决前进中遇到的问题，最大的希望在改革。今年，要按照中央和省委省政府的部署要求，进一步深化重点领域改革。要继续深化国资国企改革，加快国有资本从竞争性行业退出，积极引进战略投资者，年内丰乐种业等国有企业重组要有实质性进展。要继续深入推进国有事业单位管理体制改革，在实行政事分开、事企分开和管办分离的基础上，改变相关公共资源由各部门分散管理的格局，统一由国资部门代表政府履行出资人责任。要继续推进文化体制改革，力求在市属国有文艺院团转企改制、文化市场综合执法改革、公益性文化单位内部机制改革、广播电视体制改革和培育市场主体等方面取得新突破，确保如期完成省里下达的改革任务。要继续深化市级政府机构改革，稳步推进县、区机构改革。

（六）继续狠抓机关效能建设。优化发展环境，始终是推动合肥又好又快发展的一个基础性、先决性工作。我们必须坚持不懈、持之以恒，在优化环境中不断加快发展，在加快发展中进一步优化环境。要毫不放松地狠抓机关效能建设，结合政府机构改革，推进部门内部职能和业务流程整合优化，力促政务服务再提速。除了与环境关联度较大的重大项目之外，一般工业类项目在3个月之内，商业类项目在4个月之内，要办齐手续、落地开工。要进一步加大制度创新力度，在坚持和完善相关制度的基础上，针对基层和企业反映的实际问题，按照“合法高效”的要求，再推出一批改革举措，最大限度地杜绝“潜规则”，革除各种有形或无形的壁垒，为各类市场主体和人民群众创造一个起点公平、机会公平的竞争平台和制度环境。优化发展环境，一定要敢抓敢管，不怕得罪人。要健全投诉处理机制，对影响发展环境的人和事，对投资者和人民群众反映的问题，一经查实，坚决问责。

今年，全市各方面任务很重。各级各部门要围绕中心、服务大局，找准着力点，推动各项工作实现新发展。要充分发挥人大、政协的职能作用，发挥各民主党派、工商联和无党派人士的作用，调动工会、共青团、妇联等人民团体的积极性，形成推动全市发展的强大合力。要重视抓好宣传思想工作，提高舆论引导水平，加强网络等新媒体管理，营造浓厚的干事创业氛围。要落实稳定是硬任务、是第一责任的要求，做好维护社会稳定的各项工作，确保社会和谐稳定。

四、加强和改进党的建设，为跨越赶超提供有力保证

这次全会的一项重要任务，就是深入贯彻党的十七届四中全会和省委八届十二次全会精神，结合我市实际，研究制定具体贯彻意见。希望同志们集思广益，共同把《意见》（讨论稿）修改好完善好。《意见》审议通过后，各级党组织要认真贯彻落实，确保各项部署落到实处、落到基层。

当前和今后一个时期，我们要以改革创新的精神加强党的建设，紧紧围绕加快合肥跨越赶超步伐这个中心任务，来抓思想、抓班子、抓队伍、抓基层组织、抓党风廉政建设，努力把各级党组织建设成为贯彻落实科学发展观的坚强堡垒，把党员干部队伍建设成为推动科学发展的骨干力量。

（一）加强理论武装，增强党员干部解放思想、与时俱进的创造活力。要认真落实建设马克思主义学习型政党的战略任务，重点抓好学习型领导班子建设，推动各级领导班子和领导干部提高思想政治素质、增强开拓创新能力、提升领导工作水平。各级领导干部要坚持用中国特色社会主义理论体系武装头脑，深入学习实践科学发展观，广泛学习现代化建设所需要的各方面知识，不断提高战略思维、创新思维、辩证思维能力。要促进党员干部继续解放思想，针对合肥进入经济社会转型期的实际，大力倡导“啃骨头”和“打硬仗”的精神，面对矛盾错综复杂的“难区”要敢上，面对前人未曾涉及的“盲区”要敢闯，面对不合时宜条条框框的“禁区”要敢破。要注重提高党员干部的实际工作能力，围绕合肥发展急需的工业、金融、建筑工程等知识，对干部进行培训，重在提高应知应会和动手操作能力。广大党员干部要养成带着问题学习、围绕工作钻研的习惯，多学实务性知识，做懂行的干部，从而确保在工作中能够“快得起来、好得充分”。

（二）加强领导班子和干部队伍建设，造就引领跨越赶超的骨干力量。要树立正确的用人导向，把德才兼备、以德为先用人标准贯彻到选拔任用干部的全过程，注重从完成急难险重任务、关键时刻表现、对待个人名利等方面考察干部的德，也要从履行岗位职责和日常生活表现中鉴别干部的德。要深化干部人事制度改革，进一步完善干部选拔任用机制，更好地把政治上靠得住、工作上有本事、作风上过得硬、人民群众信得过的干部选拔上来。要坚持为发展配班子，突出抓好“一把手”的选配，大胆起用优秀人才，把最强的干部用到关键岗位上。要着眼事业发展，注意培养选拔优秀年轻干部，重视起用开拓创新型的人才，注重选拔熟悉现代经济、科技、法律、城市建设和管理等方面的人才。要加强领导班子自身建设，认真贯彻民主集中制原则，增强班子的活力与合力。要认真落实公务员转任等法规制度，在继续组织好市直机关干部交流的同时，认真研究不同区域之间、不同层级之间，以及机关与企事业单位、群众团体之间的干部交流，使干部队伍充满生机活力。

（三）加强党的基层组织建设，为跨越赶超夯实组织基础。要不断扩大党的工作覆盖面，主动适应经济社会结构的新变化，创新基层组织设置、工作方式和活动内容，努力做到该建的组织要建立健全起来，所有党员都要教育管理起来，组织生活和组织活动要正常开展起来。要加快在非公经济组织和新社会组织中建立党组织，力求成熟一个、组织一个，建立一个、巩固一个，巩固一个、带动一批；暂时不具备建立党组织条件的，也要采取有效方式把党的工作先开展起来。要构建城乡统筹的基层党建新格局，通过组织推动、市场配置等手段，有效整合城乡有关资源，发挥城市基层党组织带动优势，促进城乡基层党组织相互支持、密切协作，实现城乡基层党建工作的全面协调发展。

（四）加强干部作风建设，把跨越赶超任务落到实处。要把提升执行力摆上突出位置，对各项决策部署，不仅要理解得深刻、领悟得透彻，更要善于融会贯通、举一反三，做好“结合”的文章，使普遍的精神具体化。实际工作中，要有当机立断的胆识，有雷厉风行的作风，做到要事快办、急事急办、特事特办、定下来的事马上办；要敢于攻坚，敢于负责，敢于创新，面对矛盾不退缩，面对责任不塞责，面对难题不回避。要大力倡导关注细节的作风，心入基层、情入群众，及时掌握工作进展，找准薄弱环节，拿出解决方案，做到心中有大账、手中出细活，扎扎实实地做好工作。要大力弘扬苦干实干的作风，始终把心思放在干事业上，把精力花在求发展上，把权力用在谋民利上，做到干一行就兴一行、为政一方就造福一方。

要高度重视反腐倡廉建设，认真落实党风廉政建设责任制，在坚决惩治腐败的同时，加大教育、监督、改革、制度创新力度，更加有效地预防腐败。特别是，要围绕管好权、管好钱、管好人，加大制度创新力度，让公共权力的行使以集体决策来阳光运行，让公共资源的转让以公开竞争来阳光操作。要强化制度执行力，加大监督检查和责任追究力度，做到制度面前没有特权、制度约束没有例外。要认真落实中央《关于进一步从严管理干部的意见》，加强经常性教育，健全干部日常管理机制。领导干部不仅要自觉遵守廉洁自律的有关规定，而且要自觉承担起推进反腐倡廉建设的政治责任和领导责任。春节就要到了，要严格按照中央和省委、市委的要求，做到廉洁自律。

当前合肥发展的大好形势，我们要倍加珍惜。展望合肥的美好未来，我们重任在肩。让我们在科学发展观的指引下，在省委省政府的坚强领导下，以与时俱进、奋发有为的精神状态，团结带领全市干部群众励精图治、开拓进取，向着跨越赶超的目标奋勇前进！

吴存荣在十四届人民代表大会第三次会议上的政府工作报告（摘要）

一、2009 年工作回顾

2009 年是合肥发展极不平凡的一年。既是新中国成立 60 周年的大庆之年，也是我们经受国际金融危机重大考验，在逆境中奋力崛起的一年。一年来，在省委、省政府和市委的坚强领导下，全市人民以深入学习实践科学发展观为动力，凝心聚力，化危为机，继续强力推进“大发展、大建设、大环境”，全面贯彻落实中央及省保增长保民生保稳定各项决策部署，再次取得可喜的发展业绩，实现了又好又快的发展，经济总量再上新台阶，城市辐射带动力进一步增强，人民生活不断改善，社会保持和谐稳定，市十四届人大二次会议确定的年度目标任务全面超额完成。预计，全市地区生产总值突破 2000 亿元，增长 17% 以上，省内经济首位度提升至 20% 以上。财政收入 341.9 亿元，增长 13.5%，其中地方收入 180.9 亿元，增长 12.4%。全社会固定资产投资 2468.4 亿元，增长 34.3%。社会消费品零售总额 703.7 亿元，增长 19.6%。城镇居民人均可支配收入 17158 元，农民人均纯收入 6065 元，分别增长 10.1% 和 13%。城镇登记失业率 4.05%。单位 GDP 能耗下降率及化学需氧量、二氧化硫排放削减量均在省控目标以下。

一年来，主要工作有：

（一）积极应对金融危机，保增长举措有力、成效显著

面对国际金融危机的冲击，我们坚定信心，主动作为，紧密结合合肥实际，及时出台了一系列保增长政策措施，有效地化解金融危机的影响，实现了经济回升向好。

集中财力保增长。大力压缩行政性经费，实现公务车辆购置零增加，出国、会议费用分别降低 40.74% 和 8.6%；积极推进市直行政事业单位日常办公用品、宣传、印刷等定点采购，资金节约 13.4%。加大财政资金奖补力度，实行窗口受理、预拨兑现，重点支持工业、外贸企业扩大产销，支持自主创新和新兴产业培育。全年用于支持工业发展资金 26.6 亿元，各类企业均受到支持；免收开发园区、乡镇工业园 2305 家企业各种行政性费用 3.59 亿元；支持科技创新及产业结构优化升级资金 8.86 亿元。

狠抓项目建设保增长。紧抓扩内需政策机遇，累计争取国家及省项目资金 16.2 亿元。全年新开工项目 3532 个，同比增加 1390 个，其中新开工亿元以上项目 193 个，省“861”、市“1346”行动计划项目分别完成投资 765 亿元、721 亿元。全年完成工业投资 752.2 亿元，增长 40.4%；熔安动力首台机下线，海尔冰箱二期、格力电器一期等项目建成投产，京东方六代线、大陆轮胎一期、江汽两万辆客车基地、三洋机电产业园等开工建设。房

地产市场平稳健康发展，全年完成商业及住宅投资539.02亿元，增长10.4%；商品房销售面积1298万平方米，增长40.8%。

全力服务企业保增长。进一步健全联系重点企业及大企业现场办公会等制度，再次选派120名市直机关干部驻企帮扶。加强煤电油运等生产要素的统筹调度，开展工业园区市政基础设施建设的对接服务。搭建大宗工业品、消费品供需对接平台，认真落实家电、汽车摩托车下乡及以旧换新等政策，支持骨干企业开拓市场，全年累计补贴家电及汽车摩托车下乡资金5136万元。

强化银政企合作保增长。积极推介优质企业，完善考核奖励办法，引导金融机构扩大信贷投放，促进银企互利双赢；支持商业银行建立小企业金融服务专营机构；举办季度银企对接会，累计签约项目395个、贷款额175.4亿元；全年新增贷款924亿元，增长35%。鼓励发展股权质押、动产质押、仓单质押等新型融资方式，发行两期、总规模3亿元的"滨湖·春晓"中小企业集合信托计划；三县农村信用社改革全部完成，小额贷款公司试点达19家，典当行发展到40家；发行企业债券40亿元，安科生物、皖通科技成功上市，新华传媒通过上市审核。

（二）坚持创新驱动，工业立市不断取得新进展

深入推进合芜蚌自主创新综合配套改革试验区和科技创新型试点市建设，加快战略性新兴产业培育和主导产业技术改造，大力推进经济发展方式转变和产业结构调整。

强化创新平台建设，优化创新机制，创新能力显著提升。全市规模以上工业企业全部设立研发机构，新增国家级企业技术中心3家、省级12家。新增国家级自主创新产品6个、省级创新型企业23家，专利授权量超过2100件，新认定高新技术企业109家。中国风险投资研究院合肥分院、安徽股权交易所挂牌，各类风险投资公司发展到20家。成立合肥"科技路路通"分中心，建立汽车自动化装备、环保动力能源等产业技术创新战略联盟。示范区及核心区建设提速，"一个中心、三个基地"创新平台建设加快推进，大学科技园、科研孵化基地等项目全面开工。

新兴产业培育加速，主导产业提档升级，工业总量大幅提升，结构不断优化。编制实施电子信息、新材料、软件、节能环保、公共安全等八个新兴产业发展规划。鑫昊PDP显示器、彩虹玻璃基板等项目开工建设，新型平板显示产业基地初见端倪；组建公共安全技术研究院，建设公共安全产业基地。全年高新技术产业产值1400亿元，增长30%；实现增加值约420亿元，占全市GDP比重21%。主导产业技术改造步伐加快。全年工业技改投资351.2亿元，占工业总投资46.7%，安利、应流集团等企业技改项目加快实施，安凯新能源汽车示范推广及马钢（合肥）高炉喷煤改造等工程进展顺利。全市规模以上工业企业达到1761户，增长29%；规模以上工业实现产值2749.2亿元，增加值767.5亿元，增长27.2%；汽车、家电等八大产业增加值增长27.1%，对全市工业增长的贡献率达到68.1%。

坚持"双轮驱动"，促进服务业与工业融合发展，现代服务业亮点纷呈。引进中远物流、普洛斯物流等一批国内外知名物流企业，支持徽骆驼、安泰物流等企业做大做强。启动动漫及软件服务外包产业基地建设，动漫产业快速发展，企业发展到60多家、产值1.5亿元以上；服务外包企业72家，接包合同签约1.9亿美元。引进万达广场等重点项目，加快发展连锁经营、高端百货等新型流通业态，继续推进"农超对接"和"双百市场"工程。汇丰银行、进出口银行、华夏银行、九江银行、中安财险等纷纷落户合肥，合肥国际金融后台基地开工建设。旅游业发展有新突破，创建紫蓬山等3个国家4A旅游景区，中青旅、合肥旅行社晋升"全国百强社"，合肥科教游、乡村游成知名品牌，动漫主题公园成功签约。举办自主创新要素对接会、家电博览会、苗交会等各类大型会展132场，会展经济效应进一步扩大。

（三）统筹城乡发展，县域经济和新农村建设呈现新气象

坚持以城带乡、城乡融合统筹发展。长丰县与新站区共建平板显示产业基地，肥东龙岗开发区整体移交瑶海区，肥西县分别与高新区、经开区联合建设工业园区，县区合作开发取得新突破；完成合水路、合店路一期改造等工程，城乡公用及基础设施对接继续深入推进。全年财政拨付涉农资金5.4亿元，累计发放各类财政补贴农民资金12.7亿元。三县实现GDP 470亿元，增速高于全市约1个百分点，县域经济对全市增长的贡献率达24%。

城乡一体化综合配套改革试点工作扎实推进。扩权强县、土地经营权流转、综合产权交易、“双置换”等改革稳步实施，累计流转土地72万亩，占承包耕地23%。万亩土地复垦、宅基地整理和整村推进新农村建设工程成为全国样板，新增耕地4万亩。“十镇百村”工程市级示范点扩大到152个，缩并自然村1028个，近8万农民转为市民。新增农民专业合作组织230家。“农民向社区集中、土地向规模经营集中、产业向园区集中”的发展格局加快形成。

农村产业结构调整步伐加快。县域工业总量进一步扩大。汽车零部件、现代建材、食品加工等产业加速发展，涌现出鸿路钢构、中南光电、亿恒汽配等一批支柱型企业，县域规模以上企业756家，实现增加值198.7亿元，增长46.5%；县区工业园区及乡镇工业聚集区发展到41个，桃花工业园成为全省首个税收突破10亿元园区，工业对县域经济的贡献率达65%。

现代农业继续加快发展。全市高效特色农业基地超过100万亩，新增农业园区100个、设施农业5万亩、露地蔬菜10万亩、市级以上特色村镇100个，肉、蛋、奶、水产品产量68万吨；新建各类规模养殖场280多个，规模养殖比重达到75%。新认定无公害农产品基地5.8万亩，新增中国名牌产品2个、省著名商标8个。和诚肉鸡深加工、现代牧业、香港宝石集团及粮食物流园区等骨干项目加快建设，全市农业产业化龙头企业实现销售收入突破300亿元。

农村基础设施建设进一步强化。实施40座中小型水库除险加固工程，解决17万人饮水安全问题；完成农村公路建设投资6.7亿元，全市行政村水泥（沥青）路通达率100%，行政村班车开通率98.3%。

（四）推进重大基础设施建设，生态宜居城市建设迈出新步伐

区域综合交通枢纽建设加速推进。铁路大建设如火如荼，合肥火车站改造、宁西复线、合蚌、合福客运专线、南站迁建、铁路枢纽南环线及南客站开工建设，商杭客运专线、华东二通道电气化等项目前期工作顺利推进。新桥国际机场建设工程全面推进。派河熔安动力专用码头建成，合肥港综合码头一期工程进展顺利，巢湖及裕溪复线船闸开工建设。合六路延伸段、疏港公路建成通车，城市出入口进一步通畅便捷。长江西路、裕溪路、南北一号线等三座高架桥及轨道交通一号线试验段全面开工。

滨湖新区建设全面推进，全年完成投资121.9亿元，房建开工面积429万平方米，竣工面积226万平方米；滨湖轮滑场竣工，国际创新展示馆、渡江战役纪念馆、国际会展中心、安徽名人馆等馆群开工建设，成为国家“城市生态建设示范区”。政务文化新区商业、教育等配套功能不断完善，合肥大剧院投入使用，市青少年活动中心主体结构封顶。旧城改造与新区开发同步实施。畅通一环、改造二环等路桥工程加快推进。启动坝上街、粮食二库、十五里河中段片区等改造。实施景观整治工程，重点整治道路42条，建筑2915栋，老旧小区20万平方米，建筑立面280万平方米。

城市生态环境加速提升。坚持大力度投入、高标准建设，加快推进水环境治理。继续实施巢湖沿岸生态环境综合治理，完成湖崩试验段主体工程；完成四里河、板桥河综合治理及二十埠河、塘西河、十五里河主要截污工程，铺设污水管网377公里；建成蔡田铺一期、十五里河污水处理厂，日新增污水处理能力20.2万吨。清溪路垃圾填埋场综合治理工程获“中国人居环境范例奖”。启动城市景观水体治理试点，建立河道生态补水机制，巢湖西半湖及南淝河、十五里河、派河水质日趋改善。加大扬尘污染控制和机动车尾气污染治理力度，全年空气质量优良天数317天，比上年增加56天。危险固体废物处置中心二期工程基本建成。开展四里河、板桥河沿岸、高压走廊等廊道绿化建设，新增城市园林绿地1.1万亩；“清洁家园、绿化乡村”活动取得实效，基本完成外环森林生态长廊二期工程，全市农村植树造林3.3万亩。

市政公用设施逐步完善。新建供水管网400多公里，董铺水源厂扩容改造完工，六水厂一期工程并网运行。新增天然气用户12万户，日最高供气量突破80万立方米。长江中路、长江东大街BRT公交专用道及中央岛式站台投入使用。供电、供气、供热等服务保障能力有新的提高。

（五）深入推进重点领域改革开放，加快发展再添新活力

围绕探索建立大部门体制、建设服务型政府，积极稳妥实施市级政府机构改革。推进市直机关公务员转任立法，建立交流轮岗长效机制。美菱、荣

事达、氯碱、合钢等企业国有产权退出重组加速推进，市属化工企业整合重组深入实施，目标考核、收益收缴、企务公开等国资监管制度有效落实。非公经济较快发展，全年新增私营企业 1.19 万户，注册资本 963.7 亿元。推行绩效预算，强化行政事业单位资产管理，县（区）会计集中核算全面向国库集中支付转轨。文化体制改革取得新突破，合肥报业集团挂牌，《合肥日报》正式创刊。招投标管理体制改革向纵深推进，全年各类交易项目 3334 个，交易额突破 400 亿元，增长 69.9%。工商系统市场管办脱钩工作基本完成。城市管理体制改革稳步推进，建筑垃圾运输车辆密闭改造和生活垃圾一级收运方式改革取得新进展。节约集约用地试点工作有效推进，新一轮土地利用总体规划大纲获批，闲置土地清理和违法用地专项查处取得阶段性成果。

招商引资取得新突破。作为核心城市，积极参与编制皖江城市带承接产业转移示范区建设规划。组建第六批招商小组 391 个，发挥“合肥之友”等招商平台作用，开展“阳光地产”、“阳光市场”及国有产权转让等系列推介活动。大力度开展与央企对接合作，达成在肥投资意向项目 82 个，总投资额 2000 多亿元。全年实现招商引资 1040 亿元，增长 33%；实际到位外资 13 亿美元，增长 8.3%，新落户世界 500 强外资企业 5 户。

对外合作进一步拓展。编制合肥经济圈和合淮同城化总体规划并付诸实施，与南京、南昌、佛山及巢湖、阜阳等地签署区域合作协议。加密国内航线、实现台北直航，开通首尔定期航班，扩大与奥斯纳布吕克市等国际友城的合作交流。

承办第四届中博会取得圆满成功。到会中外客商 3.8 万人，参展境内外企业 1000 多家；签约外资项目 127 个、投资总额 76.1 亿美元，内资项目 356 个、投资总额 1682.4 亿元。被誉为是一次“盛况空前、成果丰硕、精彩纷呈、引人瞩目”的经贸盛会，集中展示了合肥乃至安徽改革开放、加速崛起的新风采。

（六）坚持不懈惠民生，社会事业迈上新台阶

注重民生改善和社会和谐，集中实施 36 项民生工程，各级财政投入资金 32 亿元，惠及城乡居民 450 余万人。

社会保障体系进一步完善。农村低保提标扩面，将 1988 年 10 月前被征地农民全部纳入保障范围；新农合参合率达 97.54%，住院费用补偿提升至 47%；新建、改建乡村卫生服务机构 82 处；“515 敬老工程”覆盖全部乡镇，荣获“中华慈善突出贡献奖”。建成社区示范卫生服务中心和服务站 73 所；35 万在肥高校大学生全面纳入城镇居民医疗保险；向城区 2.8 万名 80 岁以上老人发放高龄津贴；新建、续建廉租住房 29 万平方米，发放补贴 1830 万元，低收入住房困难家庭实现应保尽保。为民服务全程代理网络全面建立，惠民直达工程试点成效明显。

就业再就业工作扎实推进。积极开展创建国家级创业型城市工作，推行农民工培训券制度，新建农民工创业园 10 个；实施“零就业家庭”援助项目，提供就业岗位 1485 个；全年下岗失业人员再就业 2.97 万人，新增城镇就业 10.96 万人。

教育卫生文化体育事业发展加快。实施中小学校舍安全工程，开展义务教育学校绩效工资改革，义务教育均衡发展进入全国先进城市；出台扶持政策，引导学前教育健康发展；推进资源整合，高中教育水平明显提高；强化职教基地建设，合肥职教城签约入驻院校 17 所；合肥学院成为省级示范应用型本科高校，合肥老年大学获全国先进称号。扩充优质卫生资源，市滨湖医院、省心脑血管病医院建成开诊，市二院新区、妇幼保健院东区开工建设；加强重大疫情和传染病防控，甲型 H1N1 流感和手足口病防治工作平稳有效；开展肥西县、庐阳区基层医药卫生体制综合改革试点。流动人口管理、出生人口性别比治理等取得新突破，低生育水平保持稳定。建成 10 个乡镇综合文化站、207 个农家书屋；数字电视整体转换 43 万户，广播电视综合覆盖率 100%。第四届全国体育大会筹备工作进展有序，“全民健身、健康合肥”活动蓬勃开展。

精神文明创建活动扎实推进。开展“不文明行为‘评·议·改’”等系列主题活动，实施交通秩序集中整治；应急和社区网格化管理不断完善，城市管理水平进一步提升。第四次荣获“全国创建文明城市工作先进市”称号。

切实维护社会和谐稳定。严厉打击各种犯罪活动，出台重大事项社会稳定风险评估办法，综治工作向民企、民医、民校拓展，治安防控体系进一步完善，连续四届荣获中国社会治安综合治理优秀城市称号，再次获得“长安杯”。严格落实信访工作

各项制度，扎实开展“信访积案化解年”活动。全面排查整治安全隐患，全市亿元GDP生产安全事故死亡率较去年下降13.6%。民族宗教工作成效显著，荣获全国民族团结进步模范市称号。大力开展国防教育，扎实推进后备力量建设，重视做好双拥共建工作。积极发展妇女儿童、老龄和残疾人事业，圆满完成城市社区两委换届直选，统计、人防、档案、气象、地方志、防震减灾等进一步加强，工会、共青团、文联、科协、社联、侨联、工商联、爱卫会、红十字会等工作取得新成绩。

过去的一年，我们还坚持强化政府自身建设。深入开展学习实践科学发展观活动，紧紧围绕“解放思想求创新，转变职能促崛起”主题，大力弘扬求真务实的工作作风，着力破解制约科学发展的突出问题，努力化解群众反映的难点、热点问题，基本实现了“干部受教育、发展上水平、群众得实惠”的总要求。坚持依法行政，建立政府常务会议学法制度，继续开展规范性文件备案审查及清理，试点推行行政处罚自由裁量权规范行使工作。建立人大代表列席市政府常务会议制度，自觉接受人大依法监督、政协民主监督，全年办理市人大代表议案、建议174件，市政协委员提案417件，办复率均为100%。深入开展小金库治理、村(居)“三资”清理，巩固反腐倡廉制度建设成果。认真落实“双百”制度，推进领导干部任期经济责任审计、大建设项目跟踪审计，圆满完成本级预算执行审计，并对社会公告审计结果。

2009年，是新世纪以来形势最为复杂、发展最为艰难的一年，合肥经济社会发展取得这样的成绩极其不易。这是党中央、国务院，省委、省政府和市委正确领导的结果，是市人大依法监督、市政协民主监督、社会各界大力支持的结果，是全市人民坚持加快崛起信念、锐意改革、顽强拼搏的结果。

回顾过去，成绩固然令人欣慰，但总体来看，发展不足、综合竞争力不强仍是我们面临的主要矛盾。特别是当前，还存在一些亟待解决的突出矛盾和问题，主要是：企业数量偏少、体量不大，后续牵动性大项目不多，战略性新兴产业尚在培育，加速发展的基础有待进一步巩固；土地等资源要素供给矛盾日渐突出；制约科学发展的深层次体制性障碍尚需大力破除；政府职能需要进一步转变，作风不实、服务意识淡漠，形式主义、官僚主义等现象还不同程度地存在。对此，我们将采取更加切实有效的措施努力加以解决。

二、2010年工作目标和主要任务

今年是“十一五”发展的收官之年，做好2010年的经济社会发展工作，对保持合肥加速发展之势，具有十分重要的意义。虽然宏观环境不确定、不稳定因素依然很多，但总体上看，今年的发展形势要明显好于去年，世界经济出现企稳回升的积极迹象；我国经济整体向好态势不断巩固，国家继续实施积极的财政政策和适度宽松的货币政策，在保持经济平稳较快发展的同时，加快经济结构调整、促进经济发展方式转变，在发展中促转变，在转变中谋发展；特别是国家正在加快实施中部崛起战略规划，鼓励自主创新，扩大民生投入，这些都有利于我们进一步发挥优势、抢抓加快发展的机遇。尤其是省委、省政府对合肥的发展寄予厚望，强力推进合肥经济圈、合芜蚌自主创新综合试验区和皖江城市带承接产业转移示范区建设，为我们把握大局、加快发展进一步明确了方向。

就自身而言，经过近五年的大发展，合肥的工业化率达到40%，人均GDP突破5000美元，一大批重大项目相继建成，支撑经济社会持续快速发展的内生动力十分强劲，已处于新一轮经济增长周期的上升期。同时，全市上下业已形成的勇于创新、合力攻坚、加快崛起的昂扬奋进精神，正在成为我们实现“弯道超越”的强大动力。我们有理由对合肥的未来发展充满信心！

2010年政府工作的总体要求：全面贯彻党的十七大，十七届三中、四中全会和中央经济工作会议精神，认真落实省委、省政府和市委的战略部署，深入实践科学发展观，继续坚持被实践证明是行之有效的既定战略和政策，继续保持开拓进取的精神状态，进一步解放思想、深化改革，以重点项目建设为主要抓手，以战略性新兴产业培育和经济发展方式转变为突破口，突出自主创新和结构调整，强化城乡统筹，着力推进社会建设，努力推动经济社会又好又快发展，确保全面完成“十一五”发展奋斗目标。

2010年全市经济社会发展的主要预期目标：地区生产总值增长12%以上；财政收入增长12%；实际利用外资增长10%；社会消费品零售总额增长17%；城镇居民人均可支配收入增长8%；农民人均纯收入增长9%；城镇登记失业率控制在

4.3%以内；人口出生率控制在11‰以内；居民消费价格指数103左右；单位GDP能耗下降率及主要污染物减排量达到省控目标。

实现上述目标，今年要着重做好以下八个方面工作：

（一）继续扩大有效投入，不断增强加快发展的后劲

以国家产业政策为导向，以先进制造业、战略性新兴产业、现代服务业等为主攻方向，继续做大投资总量，优化投资结构，加快重大项目建设，为经济发展提供强有力的支撑。

加快研究、谋划、储备一批牵动性强的大项目，特别是超50亿元，甚至超100亿元的大项目，努力形成持续的投资后劲。进一步健全重大项目调度、重点项目领导分工联系等制度，建立项目审批、用地指标、环境评价绿色通道，加快在建项目进度。集中力量推进京东方六代线、熔安动力、格力电器二期、三洋机电产业园、大陆轮胎一期、中盐化工等重大项目建设；积极推进京东方八代线、巢湖水环境综合治理、长安30万辆微型汽车、江汽重卡及发动机、中烟醋酸纤维、合肥电厂#6机组等重大项目前期工作。实行项目全程跟踪、全面落实、全速推进，确保早落地、早开工、早投产。

坚持多资并举，努力拓宽投资渠道。继续积极利用有利的宏观环境，加大争取中央和省投资力度，发挥好政府投资引导作用。进一步加强与各类金融机构的对接合作，加大金融开放创新力度，综合运用考核激励、风险补偿等多种方式，引导金融机构持续扩大信贷投入。加强后备资源培育，适度扩大企业债券发行规模，支持企业上市和再融资。大力引进境内外创投资本，重点支持处于初创期、种子期的中小企业和科技企业发展。深入推进与央企合作对接，加快推进皖江城市带承接产业转移示范区建设，加强与长三角地区对接，有序承接国内外产业转移。进一步降低准入门槛，积极鼓励引导民间投资，激发民间发展活力。

（二）以自主创新为引领，推进结构调整和发展方式转变

强力推进合芜蚌自主创新综合试验区和科技创新型试点市建设，推动工业结构调整和提质升级，加快科技优势向竞争优势转变，加快推进国家创新型城市试点建设。

强力推进自主创新示范核心区及“一个中心、三个基地”建设。加快资本、人才、技术等创新要素集聚，加快建设科技创新公共服务和应用技术研发中心，全力打造科研、孵化基地和产业基地。创新产学研合作模式，围绕产业技术创新链，加快建设一批产业技术创新战略联盟，突破产业发展的技术瓶颈。大力培育和发展科技中介机构、技术经纪人，开展各类科技创新平台建设。

突出战略性新兴产业的培育和发展。重点支持以京东方为代表的新型平板显示产业，以四创电子、美亚光电、科大立安、量子通信试验网等为代表的公共安全产业，以江汽集团、国轩高科等为龙头的新能源汽车产业，以三洋、格力电器、阳光电源等为代表的节能环保产业，以安科生物、赛真拜通等为代表的生物产业，以及以乐凯、杰事杰等为代表的新材料产业建设。积极组织遴选一批新的重大技术创新和产业化项目，力争尽快突破若干共性关键技术，形成一批极具增长潜力的新兴产业集群。全年高新技术企业和创新型企业发展到710家，产值达到1800亿元，增加值达到550亿元，增长30%以上。

大力推进产业结构优化升级。继续壮大支柱产业。围绕国家产业振兴规划，加快推进汽车、家用电器、装备制造等传统主导产业技术进步，促进产业链向高端发展、向下游延伸，形成以骨干企业为主体，与专、精、特、新中小科技型企业相配套的产业集群。以“双千工程”为抓手，依托信息技术，加快重点行业、重点企业技术改造升级。

积极推进节水型社会建设，大力发展循环经济和以低能源、低污染、低排放为基础的低碳经济，在全社会倡导低碳生活方式。推进节能减排技术应用，组织实施20个工业、建筑、商贸等领域重点节能项目。

（三）扎实推进城乡一体化建设，不断激发县域发展活力

加快制定城乡一体化综合配套改革试点总体方案。发挥县域空间及劳动力等资源优势，强化城乡产业、规划、要素、管理服务统筹，加快城市基础设施向农村延伸，公共服务向农村覆盖，生产要素向农村辐射，促进城乡共同繁荣。

进一步加快县域工业化进程。依托城市大工业，大力发展先进制造业及相关配套产业。突出发展食品及农副产品深加工业，全力开展农业产业化“双千提升行动”。大力推进县区合作共建，完善

工业园区基础设施建设，着力培育县域工业规模企业群，做强园区经济、板块经济。

继续加快农业战略性结构调整。着力建设一批“千棚连建”、“千亩连片”的产业基地；大力推进100个“一村一品”建设，打造一批产值超亿元的特色产业村；实施现代农业“百园示范工程”；积极推进畜牧升级计划和水产跨越工程，继续建设“千区万场”工程，努力形成特色成块、产业成带、集群发展的合肥现代农业产业新格局。

深入推进基层农业社会化服务体系建设。实施“百社示范行动”，农民专业合作组织力争突破1000家，培育2～3家具有全省标杆和引领作用的农民专业合作社。强化农产品质量安全、农资、农民负担监管工作，不断提升服务农业的能力和水平。

以土地综合整治为抓手，推动新一轮万亩土地复耕整理和整村推进新农村建设。完善推进农村土地承包经营权流转规范化管理和服务，流转农村土地100万亩，建设土地流转合作社100家。加快城镇化推进步伐，强化乡镇及村庄规划管理，完善小城镇基础设施建设。加快建设农村公路提级连网延伸工程，继续实施大中型病险水库除险加固、防洪保安和安全饮水工程。积极开展垃圾及污水处理、改厕等项目建设，大力推进秸秆综合开发利用，改善农村生产生活环境。

（四）继续开展大建设，着力增强省会城市集聚辐射功能

以实施合肥经济圈战略和“141”空间发展战略为引领，加快编制城市建设近期发展规划，提升区域整体实力和综合竞争力。

继续强化综合交通枢纽建设。加快推进高铁南环线及合肥高铁站、宁西复线、合蚌、合福客运专线建设，争取商杭客运专线尽快开工，完成合肥火车站改建及北站货场建设。继续加快推进新桥国际机场建设。建成合肥港综合码头一期工程，加快推进巢湖复线船闸、裕溪复线船闸建设工程和合裕航线、派河航道整治工程，积极配合开展引江济巢工程前期工作。进一步完善城市出城口道路建设，开工建设机场高速、合店路（二期）、合白路，完成环巢湖道路路基工程，做好206国道、312国道改建前期工作。继续强化城市畅通能力建设，建成长江西路高架及轨道交通一号线试验段，基本完成裕溪路与南北一号线高架主体工程；完成二环改造、锦绣大道下穿桥建设，加快推进方兴大道与高速互通式出入口工程建设，进一步沟通“141”组团间交通联系；加强城市支线路网建设与改造，促进全市路网向环状加方格网转变。

继续统筹推进四大组团建设，完善基础设施配套服务功能，提升建设品位和文化内涵。坚持“四个优先”，加大滨湖新区建设力度。加快总部经济、金融服务、旅游、会展、文化、商贸等基础设施建设；开展塘西河综合治理及巢湖岸线生态整治，打造滨水生态景观，加快中央公园、滨湖公园等建设。推进政务文化新区综合开发。充分发挥合肥大剧院、体育中心等平台作用，积极引进大型商业、服务业配套设施，建成青少年活动中心。

坚持治理、建设并重，加快生态环境建设。完成二十埠河上游、板桥河上游及支流和十五里河河道的全面截污，推进小仓房、龚响塘二期等污水处理厂及配套管网建设，力争在全国率先实现污水全收集、全处理，基本实现“不让一滴生活污水流进巢湖”目标。推进生态补水工程建设，基本完成董铺水库溢洪道及南淝河生态补水工程。加快城市主干道绿化提质升级改造，初步建成一批园林景观大道。高标准建设城市生态廊道，巩固完善外环森林生态长廊。高品位实施公园景观建设，改造城区老公园，推进大蜀山森林公园建设，尽快启动城市森林公园建设。建设合淮阜、合六叶高速和合宁高铁两侧绿色长廊。出台扬尘污染防治办法和机动车尾气污染管理办法，实施机动车绿色环保标志管理。

继续大力实施民生公用设施建设。加快推进拆迁安置复建点、廉租房等保障性住房建设，加大老城区、城中村、危旧房改造力度，提升市民居住水平。进一步加强水电气热等公用事业和市政基础设施建设，继续坚持公共交通优先，为市民提供高标准的公共服务。

（五）加大体制机制创新力度，培育加快发展的新优势

继续深化市级政府机构改革，切实解决部门及内部职能交叉问题。整合部门职能，稳步推进县区机构改革。推进城市管理体制改革，科学界定市、区两级权限，促进城市建设管理重心下移，强化城市管理。深化财政预算管理改革，加快建立“收支完整、相互衔接、有机统一、保障有力”的政府预算体系。积极稳妥推进工作用车使用管理改

革。继续推进绩效预算评价制度，严格控制一般消费性支出，加大民生等重点支出保障力度。加强政府债务管理，推进政府融资平台与产业融资平台分离改革，进一步降低融资成本和风险，提高融资能力。

全面加强国有资产监管，着力推动国有企业对外合作发展，拓宽国有资产管理领域，增强国有企业核心竞争力。推动国有企业深化内部改革，加快建立健全激励和奖惩机制，提升国有资本运营效率。继续推进事业单位绩效工资改革。继续深化节约集约用地试点市建设，坚持开源和节流并举，严格土地“一张图”管理、用地定额管理和“双向约束”制度，巩固土地清理成果，最大限度地发挥土地利用效益，形成顺畅有序的土地管理新机制。

继续加大招商引资和对外开放力度。突出大产业、大项目，突出自主创新，突出提升城市服务功能，充分利用上海世博会、中国企业500强发布会等平台，强化重点区域、重点产业招商。落实出口退税、出口信用保险补贴、展位补贴等政策，支持企业开拓国际市场。加强区域合作，编制经济圈各项重点专项规划，有序推动合肥经济圈城市对接和互动发展，做好阜阳等皖北地区对口支持工作。继续开展国际友城交流与合作，做好外事、侨务、对台港澳工作。

（六）加快发展现代服务业，提升区域产业层次和综合竞争力

充分利用省会城市和区域中心城市的有利条件，以引进大项目和发展新型业态为重点，推进现代服务业提档升级。

加快区域性金融中心建设。大力实施金融集聚工程，积极引进各类金融、保险机构总部、区域性总部、分支机构和后台服务中心；鼓励发展村镇银行、小额贷款公司等金融组织；加快发展金融租赁、典当、信托等非银行金融机构。整合招投标、文化、知识产权、金融期货、人力资源等要素市场，构建区域特色鲜明、带动辐射力强的要素大市场。完成科技农村商业银行增资扩股，做大做强兴泰控股等地方金融企业。创新银企对接方式，规范担保行业管理，发挥商会、行业协会等作用，推动以行业、产业链、供应链为基础，以核心企业为依托的融资对接活动。

积极推动合肥经济圈文化旅游资源一体化开发，加快实现旅游一卡通和直通车；加快推进动漫主题公园、非物质文化遗产园、三国遗址公园、肥西圩堡群等项目建设，高标准推动安徽名人馆、渡江战役纪念馆建设，进一步打造三河、大圩、丰乐生态园等乡村文化旅游精品；加大培育扶持旅游航空市场力度，力争开通新的国际航线。制定会展业发展规划，推动滨湖国际会展中心建设，加大“国字号”展会争办力度。加快构筑合肥物流枢纽。以建设国家现代物流示范城市为契机，大力发展第三方物流，推动航空、新港、铁路货运枢纽物流园区及城际公路货运站场等重大项目建设，争取设立出口加工区和综合保税物流园区。积极推进国家服务外包示范城市建设，完善促进政策，培育领军企业，促进产业集聚。着力建设动漫产业基地，加快发展出版、文化娱乐、创意等产业。全面提升商贸服务业。继续实施“双进工程”、“万村千乡市场工程”和“新网工程”，加快周谷堆等农贸市场升级改造。大力建设和改造新老城区、中央商务区及一批特色商业街区，推广连锁经营、特许经营和新型业态。加强房地产市场运行分析，规范市场秩序，改善住房供应结构，促进房地产市场平稳健康发展。强化物业管理指导，提升服务水平。

（七）深入实施民生工程，促进社会事业全面发展

继续围绕事关群众切身利益和社会和谐稳定的热点、难点问题，进一步加大民生投入，实施33项民生工程，促进经济社会协调发展。

深入推进国家级创业型城市建设。放宽条件、扩大领域，坚决清理和禁止不合理收费，大力扶持初始创业，建设一批创业园、区、街和创业示范点；以“成长型小企业工程”为依托，大力支持中小企业、非公经济快速发展。加强高校毕业生就业见习基地建设；完善“零就业家庭”和困难群众再就业援助长效机制，全年新增城镇就业8万人。

进一步推进社会保障体系建设。加快完善城镇职工、城市居民、新农合医疗保障制度，积极开展城乡居民医疗保障统筹试点；加快构建养老服务体系，规范散居“五保户”管理，积极开展新型农村养老和社区养老试点；切实做好困难群体、老年群体、优抚群体、残疾人群体等保障工作，对符合申请廉租住房居民实行应保尽保。

大力促进教育卫生事业健康发展。完善中小学

布点规划，适时适度调整下划学校管理权限。大力实施中小学校舍安全工程和农村寄宿制学校建设工程，加大边远薄弱学校建设和改造力度。加快合肥职教城建设和市属职业学校整合力度，扶持发展优质民办教育，着力解决义务教育阶段择校收费、有偿家教及校园周边环境综合治理等问题。大力支持合肥学院建设省级示范应用型本科高校。加快医药卫生体制改革。实施农村乡镇卫生院、村卫生室标准化、一体化、信息化建设，加快社区卫生机构布局调整和“三主三辅”标准化建设；深化基层医药卫生体制改革，全面实施基本药物制度。

继续推进文化事业繁荣发展。制定文化发展规划，建设市博物馆，精心打造一批文艺精品；继续实施“农家书屋”工程，建设一批标准化乡镇综合文化站。加大文化体制改革力度，推进国有文艺演出院团转企改制，完成市广播电视系统整合工作。

积极承办第四届全国体育大会。围绕“赛、展、论、游”四大板块活动，突出“群众体育特点、合肥时代特色”，努力承办一次精彩圆满、令人难忘的体坛盛会。积极备战参赛省第十二届运动会，力争实现运动成绩和精神文明双丰收。

统筹发展其他社会事业。切实做好人口和计划生育工作，稳定低生育水平。加快发展妇儿事业，确保实现“两纲”达标。抓好国防动员和后备力量建设，争创“双拥”七连冠。做好档案、地方志、未成年人保护、红十字会、气象和防震减灾等工作，重视并推动残疾人、慈善等事业发展。认真开展第六次全国人口普查。

（八）继续开展城市文明创建，切实维护社会稳定

深入推进精神文明创建活动。加强市民文明素养教育，弘扬文明新风，倡导文明行为。提升社区公共服务水平，推广社区网格化管理和标准示范社区建设，争创省、国家级和谐社区。扎实推进农村社区建设，力争全市10%以上的农村建制村转变为社区。继续推进“清洁家园、绿化乡村”活动。改进城市管理方式，提升管理水平，深入推进建筑垃圾运输密闭化管理改革，全面整治城市综合环境。

切实加强社会治安综合治理。推进社会矛盾化解、社会管理创新、公正廉洁执法三项重点工作，依法打击各类违法犯罪活动，全力降低三类可防性案件，不断完善社会治安防控体系。继续推进法制城市创建，推行法律援助十项便民措施，争创全国“五五”普法先进城市，全面提升法治化管理水平。加大社会矛盾纠纷排查化解力度，提高突发性群体性事件处置能力。强化安全生产综合监管，严格落实安全生产责任，深入开展隐患排查治理。进一步落实信访工作领导责任制、责任追究制和包案责任制，继续深入开展领导干部定期接访和下行联合接访工作，下大力气解决一批疑难复杂信访问题。以保稳定、促发展、创和谐为主题，进一步加大民族宗教工作力度。提高民防、应急保障能力，扎实推进食品安全专项整治，严格药品安全监管，切实保障人民群众生命安全和身体健康。

2010年是为“十二五”发展奠定基础至关重要的一年，在扎实抓好今年各项工作的同时，我们还要认真谋划，精心组织，加快编制完成“十二五”发展规划。

三、进一步加强政府自身建设

面对发展的新机遇、新要求，政府使命在肩、责任重大，必须进一步增强科学发展的紧迫感和责任感，切实加强自身建设，全面履行政府职能。

一是在进一步提高领导科学发展能力上下功夫。紧紧围绕加快发展这个主题，进一步提高公务员队伍整体素质，坚持做到抓好当前与谋划长远相结合、突出重点与统筹各方相结合、解决实际问题与建立长效机制相结合、关心弱势群体与维护大多数群众利益相结合，不断提高学习能力和科学认识市情能力，不断提高谋划科学发展能力，不断提高服务群众能力，不断提高解决问题能力，不断提高创造性工作能力。

二是在进一步建立长效机制上下工夫。继续推进体制机制创新，以制度巩固成果，用机制规范行为。高度重视人大代表议案、建议和政协委员提案办理工作，自觉接受人大及其常委会的法律监督、工作监督和政协的民主监督。进一步完善依法决策、科学决策、民主决策机制，建立健全重大决策调查研究、征求意见、专家论证、合法性审查、听证、公示等制度。加强和改进政府立法工作，扩大公众参与度，提高立法质量。创新问责机制，强化行政问责制度系统化建设。继续加快“数字合肥”建设，加大信息资源整合共享力度，推进政务信息公开，切实提高管理水平和公共服务能力。

三是在进一步转变职能改进政风上下功夫。深

化行政审批制度改革，继续清理、取消和调整审批事项，强化后续和动态监管，建立行政效能电子监察系统。积极推进行政服务中心标准化建设，深化“两集中”和微观环节改革。深化行政执法体制改革，对部门内设及下属执法机构进行调整归并，规范现有行政执法类事业单位的职能，提高行政执法效能。坚持问政于民、问需于民，解决好人民群众最关心最直接最现实的利益问题。按照轻重缓急和难易程度，倒排解决问题时间表，做到既有近期计划，又有中长期安排。完善督办机制，按照责任分工，明确分管领导、分管部门，确保每一项措施有的放矢、对症下药，不落空、可操作。

四是在进一步加强反腐倡廉上下功夫。坚持标本兼治、综合治理、惩防并举、注重预防的方针，进一步加强执法监察、廉政监察、效能监察、审计监督和纠风治乱工作，加快推进惩治和预防腐败体系建设。加强对重点领域和关键环节的权力制约，特别要加强对领导干部、重点单位和关键岗位的监督和制约。开展商业贿赂专项治理，维护市场秩序和群众合法权益。坚持勤政廉政、自警自励，做遵纪守法的模范，做廉洁奉公的表率，以实际行动取信于民，营造风清气正的政治生态环境。

积极融入长三角　促进合肥新跨越

孙金龙

在上海世博会即将召开之际，合肥、马鞍山等六市受邀参加在浙江嘉兴召开的长三角城市经济协调会第十次市长会议，并被正式接纳为长三角经济协调会的会员城市。这是安徽城市第一次成为长三角“俱乐部”成员，标志着泛长三角已从概念变为现实，是安徽东向发展战略的重大突破，对于进一步贯彻落实胡锦涛总书记视察安徽重要指示精神，在更大范围、更高层次上参与泛长三角的分工和合作，具有重要而深远的意义。

加强泛长三角区域分工与合作势在必行、大势所趋

2008 年初，胡锦涛总书记在安徽视察时要求安徽“要充分发挥区位优势、自然资源优势、劳动力资源优势，积极参与泛长三角区域发展分工，主动承接沿海地区产业转移”。8 月份，国务院出台了进一步推进长江三角洲地区改革开放和经济社会发展的指导意见，明确提出，“积极推进泛长三角区域合作，要进一步加强与中西部地区经济协作和技术、人才合作，带动和帮助中西部地区发展”。此后，在我省的不懈努力和长三角地区积极响应下，泛长三角交流和合作取得实质性进展，加强交流合作已经成为泛长三角区域各地的共识和行动。

促进区域统筹协调发展，需要加强泛长三角区域分工与合作。改革开放以来，各地区都有很大发展，但地区差异也不断扩大，特别是沿海与中西部地区差距越拉越大。长三角地区已经发展成为中国的经济高地，成为推动和带领中国经济增长的重要引擎。但包括安徽在内的长三角周边地区，经济发展相对落后，与长三角地区的差距逐步扩大。逐步扭转地区差距扩大的趋势，促进区域协调发展，是贯彻落实科学发展观的必然要求，关系现代化建设全局，关系社会的稳定和国家的长治久安。上个世纪末以来，党中央、国务院先后实施“西部大开发”、“振兴东北老工业基地”和“中部崛起”战略，所有这些战略目标都是防止区域差异过大，促进区域经济协调发展。实践证明，加强泛长三角区域的分工和合作，充分发挥各地比较优势，才能做到优势互补、形成合力，提高各地区整体抗风险能力，真正形成国际竞争力，推动这些地区的繁荣发展。同时，加强泛长三角区域的分工和合作，客观上要求突破行政区划限制，加快生产要素的自由流动，实现更大范围的资源优化配置，也有利于进一步创新区域合作的体制机制，为全国更大范围的区域统筹协调发展探索有益经验。

提升长三角发展水平和竞争力，需要加强泛长三角区域分工与合作。长三角是我国经济发展最具活力和竞争力的地区，是我国第一大经济圈和世界第六大都市圈。长三角 16 个城市以占全国 1% 的土地、6% 的人口，创造了全国近五分之一的 GDP，贡献了全国四分之一的财政收入，实现了全国三分之一的进出口总额，吸纳了全国二分之一的外商直接投资。但与世界五大城市群相比，长三角面积、人口和经济总量的比重都相对偏小，集聚效应尚未充分发挥。同时，近年来长三角地区资源和环境等方面的约束逐渐显现，已成为阻碍长三角地区可持续发展的突出问题。借鉴国际大城市群的发展经验，提升长三角发展水平和竞争力，必须扩展长三角经济空间，形成一个土地资源丰富、劳动力价格低廉、市场容量大、交通条件好的经济腹地。积极吸纳周边地区参与分工合作，在更大范围、更宽领域、更高层面配置资源，促进长三角城市功能和产业转型，提升原创力、辐射力、带动力，更好地发挥在我国区域经济格局中的主导性地位。

发挥合肥后发优势加快发展，需要加强泛长三角区域分工与合作。近年来，合肥经济社会快速发展，进入了厚积薄发、跨越发展的新阶段。“十一五”期间，全市地区生产总值年均增长17%以上，增速位居全国省会城市前列。2009年，地区生产总值突破2000亿元，达到2102.12亿元，增长17.3%，增速位居全国省会城市第一位。但由于历史、自然、地理等诸多原因，总量不大、发展不足、发展不强仍然是合肥当前的主要矛盾，提升城市辐射力和带动力仍然是合肥当前要解决的迫切问题。长三角有良好的区位优势和经济基础，市场化程度高、对外开放度高，当前正处在产业结构调整和产业战略升级的重要阶段。主动接轨长三角，进一步扩大对外开放，积极参与泛长三角分工与合作，将有助于合肥获得新的发展机遇，有利于合肥更快、更好地融入全球产业链和市场体系，借助长三角国际竞争力的提高，提升合肥经济发展层次与国际竞争能力。

抓住历史性机遇加快融入长三角步伐

合肥被正式接纳为长三角经济协调会的会员城市，这既是加强泛长三角交流合作的需要，也是对合肥近年来又好又快发展的充分肯定，同时也为合肥进一步扩大开放促进发展提供了新的难得机遇。我们要抓住机遇，以更加积极、更加主动、更加开放的姿态，全面接轨长三角、融入长三角，实现合作共赢。

在思想观念上融入。实践证明，思想解放的程度，决定改革的深度、开放的力度、跨越的速度。我们要学习长三角地区与时俱进、敢为人先的思想观念，积极进取、勇于开拓的创新意识，永不停滞、敢于争先的精神状态，积极对接长三角地区比较开放的社会文化与相对成熟的商品经济文化，真正以思想的解放带动创造力的释放，以观念的更新带动工作的创新。

在体制机制上融入。长三角地区是中国改革开放的先行区，已经形成了先进科学的发展理念、开放统一的市场体系、统筹协调的区域发展机制和高效务实的政府服务机制，在推动我国经济体制改革中承担着先行先试的示范和带动效应。我们要以长三角地区先进的发展机制为标杆，借鉴他们的成功做法和经验，加快建设服务型政府，进一步转变政府职能，按照市场经济的运行规律，在招商引资、行政审批、激励机制等方面加大创新力度，营造“亲商、安商、富商”的良好氛围，打造政策最优、服务最好、成本最低、效率最高的发展环境，鼓励和促进一切市场主体竞相发展、加快发展。

在基础设施建设上融入。按照参与长三角区域发展分工的要求，积极做好与长三角交通规划的衔接，加快建设国际机场、高速铁路、高速公路和航道港口等重大基础设施，逐步实行高速公路的联网收费和交通运输管理一体化，全力推进交通、水运、航空、能源、信息等综合基础设施与长三角地区的无缝对接，进一步拉近与长三角核心区的时空距离。推进信息化基础建设，加快构建电子政务、电子商务、公共物流数据库等跨区域、全方位、统一的信息互通大平台。发挥合肥区位交通优势，推进专业物流基地、物流园区建设，加快融入长三角大物流圈。

在产业发展上融入。参与长三角发展分工，关键是主动承接产业转移。要按照产业互补、合理分工、实现共赢的原则，积极寻找对接优势，梳理互动条件，提高产业发展水平和配套能力，加快形成与长三角区域多层面的产业关联，全面融入长三角地区产业分工体系。

在市场体系上融入。以市场为导向，清除妨碍要素流动的政策障碍和市场壁垒，积极推进区域范围内工商、质检、环保、金融、信用、涉外服务等方面的互通互认，加快建设经济区域大通关服务平台，打造城市间人流、物流和商流便捷通道。加快构建开放统一的金融、技术、人才和劳动力等要素市场，逐步实现与长三角各类要素市场的对接与融入，促进要素流动自由化、便利化，实现优化配置。

在全面融入中加快合肥发展新跨越

在全面融入中加快承接长三角及沿海产业转移。推进皖江城市带承接产业转移示范区建设，是党中央、国务院着眼国际国内大局作出的一项重大战略决策，是摆在我们面前的一项光荣而重大的历史任务。合肥加入长三角城市经济协调会，对推进示范区建设，加快承接产业转移，带来了十分有利的条件。我们要以更加积极的姿态、更加有效的措施，在全面融入长三角中，加大承接产业转移的力度。合肥是中部地区距离长三角地区最近的省会城市，具有居中靠东、交通便捷、市场辐射面大的区位优势，产业基础良好、配套水平较高的产业优势，科教资源丰富、研发能力较强的创新优势，商务成本较低、资源保障较好的成本优势，政务效率较高、生态环境优美的环境优势等诸多比较优势，是承接长三角产业转移条件更充分、效益更高、更有前景的地方。我们要准确把握长三角产业转移的规律和特点，充分发挥合肥比较优势，选准产业转移的承接点，增强承接产业转移的针对性和有效性，通过大规模承接产业转移，推动合肥更好更快地发展。当前要抓住上海举办世博会的重大机遇，借助这一广阔平台，把参与上海世博会作为展示形象、聚集资源、扩大开放、深化合作、拓展空间的重要途径，掀起新一轮承接产业、资本转移的热潮。

在全面融入中加快转变经济发展方式。就合肥而言，加快转变经济发展方式的核心是构建现代产业体系，本质是坚持走新型工业化道路，关键是加快产业结构优化升级。全面融入长三角发展分工，就是要以提升产业发展水平为主线，构建以高技术产业为先导、先进制造业为支撑、现代服务业全面发展的产业格局，形成具有国际竞争力的现代产业体系，打造具有国内乃至国际影响力的产业基地。当前，要大力推进优势产业与长三角地区的融合，扬长避短，取长补短，吸纳产业资本、先进技术、高端人才和现代管理模式，提高产业研发能力和制造水平，全力打造装备制造、汽车、家用电器、新型平板显示、食品及农副产品加工等千亿级产业，做大新材料、新能源、公共安全、节能环保等战略性新兴产业规模。推进现有开发园区扩容升级，加紧落实一批重大产业转移项目，培植一些工业产值超千亿乃至数千亿的开发园区。做大做强做优产业转移承接平台。要着力承接上海等长三角核心城市的金融服务、现代物流、旅游会展、文化创意、服务外包、中介服务等现代服务业，全力打造区域性金融中心、商贸物流中心、旅游会展中心、文化创意中心，加快建成全国重要的现代服务业基地。要注重生态建设和环境保护，全面落实节能减排的各项措施，积极发展循环经济和低碳经济，实现经济和环境的协调发展。

在全面融入中加快提升自主创新能力。长三角地区是我国科技资源最为集中，自主创新能力最强、创新体系和服务平台最完善的区域之一。在全力推进国家创新型试点市和合芜蚌自主创新综合试验区建设中，要积极融入长三角区域创新体系，与长三角核心城市和中心城市开展全方位、多层面的交流与合作，大力承接高新技术产业转移，大力吸引科技成果到合肥转化，大力引进资本、技术、人才等各种创新要素，推动创新要素嫁接产业资源，加快合肥市高新技术产业和新兴产业发展壮大。要逐步建立与长三角互融互通的开放型科技成果转化交易服务平台和自主创新服务体系，建立科技资质互认制度，实现创新平台共享和创新要素的全面对接，使合肥自主创新体系尽快成为长三角区域创新体系的重要组成部分。围绕产业技术创新链，支持优势产业和战略性新兴产业的重点骨干企业与上海、杭州、南京等城市知名学府和有实力的国内外研发机构开展产学研合作，组建产学研战略联盟，开展技术攻关，提升产业关键共性技术水平，突破产业发展的技术瓶颈，努力形成核心技术和知名品牌的领先优势。充分借鉴上海等城市孵化产业、促进创业的成功经验和好的做法，加快合肥科技创新公共服务应用技术研发中心和科研、孵化、产业化基地建设，促进科技成果转化和产业化。

在全面融入中加快建立与国际接轨的体制机制。长三角是我国国际化进程最为迅速和国际化程度最高的地区之一。目前世界500强企业中，有逾400家在长三角地区投资，其中一些企业的区域总部、研发中心、采购中心也在此落户。现在，上海浦东综合配套改革试验区正在探索建立和完善与国际通行规划全面接轨的社会主义市场经济体系，在金融、国际贸易等多个经济领域积极推进改革创新。合肥作为内陆省份的省会城市，要用足用活皖江城市带承接产业转移示范区的“先行先试权”，以长三角地区先进的发展机制为标杆，以建立与国际接轨的体制机制为目标，借鉴他们的成功做法和经验，加快建设服务型政府，建立与长三角核心城市等高的体制机制环境。当前，要重点推进行政审批、土地管理、环境保护、能源利用、职业教育、社会保障等重要领域和关键环节的体制改革和机制创新，加快建立高效的行政和社会管理体制，构建规范透明的法治环境，为产业发展提供良好的制度保障。按照国际通行的标准，简化产业投资项目核准、备案管理程度，建立项目审批、用地指标、环境评价绿色通道，加快形成行为规范、运转协调、公正透明、廉洁高效的管理体制和运行机制。着力推进合肥国家节约集约用地试点市建设，创新土地管理和利用模式，满足大规模产业发展用地需求。探索建立与长三角会员城市互通互认的环保确认机制、社会保障转移机制和劳动力转移培训及转岗职工技术培训机制。

在全面融入中加快构建优势互补的区域合作新格局。进人新世纪以来，长三角地区以加强区域合作为基础，加快区域经济一体化进程，共同构建长三角区域发展新优势，取得了明显的成效。要在融入长三角的进程中，不断完善合作思路，健全合作机制，主动与长三角建立多层次的会商机制，积极开展多种形式的交流和合作，与长三角城市共同研究和探索社会主义市场经济体制下促进区域经济合作与交流的新机制，推动与长三角地区的合作取得实质性的成效。要拓展合作领域，创新合作模式。坚持市场为导向、企业为主体、项目为抓手，推动企业在产业、资本等多领域开展合作。在推进经济领域合作的同时，促进区域合作向社会、环境等领域发展，努力构建优势互补、合作共赢的区域合作新格局。

专 记

合肥市机构改革

2009年11～12月，合肥市进行机构改革。这次机构改革着重从转变政府职能、严格机构限额、调整优化组织结构三个方面入手，坚持因地制宜，实事求是的工作思路，充分考虑合肥市市级行政管理的职能任务、产业结构、地域特点、经济与社会发展水平、市场发育程度和人力资源状况，特别是结合省会中心城市发展的特殊需要，按照上下贯通、相互衔接、突出重点、体现特色的原则，有序推进职能整合和机构调整。

【指导思想】 高举中国特色社会主义伟大旗帜，以邓小平理论和“三个代表”重要思想为指导，深入贯彻落实科学发展观，按照建设服务型政府的要求，着力转变职能、理顺关系、优化结构、提高效能，加快形成权责一致、分工合理、决策科学、执行顺畅、监督有力的行政管理体制，为合肥跨越发展和现代化滨湖大城市建设提供体制机制保障。

【基本原则】

1. 坚持精简、统一、效能。按照科学发展观要求，进一步转变政府职能，理顺职责关系，优化组织结构，改进管理方式，完善运行机制，提高行政效能。

2. 坚持统筹兼顾、突出重点。正确处理改革、发展、稳定的关系，在加强对经济社会事务统筹协调的同时，更加注重社会管理和公共服务。坚持以人为本、执政为民，把维护人民群众的根本利益作为改革的出发点和落脚点，着力解决制约城市经济社会发展的体制机制问题。

3. 坚持从实际出发、因地制宜。一方面，尽可能上下基本对应，建立与省级政府相协调的行政组织体系，保持工作衔接，有利于政令畅通；另一方面，突出省会中心城市的功能定位，积极探索符合合肥市特点、责权有机统一的大部门体制，促进全市经济社会协调发展。

【机构改革的主要任务】

（一）着力转变政府职能

加快推进政企分开、政资分开、政事分开、政府与市场中介组织分开，把不该由政府管理的事项转移出去，从制度上更好地发挥市场在配置资源中的基础性作用，更好地发挥公民和社会组织在社会公共事务管理中的作用。

通过推进行政审批制度改革，开展行政审批事项集中清理工作，推进部门内部职能和业务流程整合，规范行政审批行为。加强为企业和公众提供公共服务的职能，着力解决人民群众最关心、最直接、最现实的利益问题，着力解决教育、医疗、就业、社会保障等民生问题。

通过完善行政执法体制、规范行政执行程序，进一步强化相关职能部门执行和执法监督职责，提高城市危机管理能力，增强处置突发公共事件和社会治安综合治理能力，促进社会公平正义与和谐稳定。

通过改进面向基层群众的“窗口”机构管理方式和工作作风，推进依法行政和效能建设，不断提高行政执行力和公信力。

（二）理顺职责关系

切实解决部门职责交叉和关系不顺问题，结合实际确定各部门的职责分工，着力健全部门间协调配合机制，形成工作合力。坚持一件事情原则上由一个部门负责，确需多个部门管理的事项，分清主办和协办的关系，明确牵头部门。

（三）明确和强化责任

把明确和强化责任作为改革的重要内容。按照权责一致、有权必有责的要求，通过“三定”规定，在赋予部门职权的同时，明确相应承担的责任。推进政务公开、绩效评估、行政问责，强化责任追究，切实解决权责脱节问题。

（四）调整优化组织结构

适应经济社会发展需要，调整优化组织结构。加强对农业和农村工作的综合管理与统筹协调，进一步完善服务农业、农村、农民的管理体制。加强对工业的统筹管理和协调服务，加快新型工业化步伐。促进各种交通运输方式相互衔接，发挥整体优势和组合效率，加快形成城乡一体的综合交通运输体系。加快城乡绿化一体化建设。完善商贸服务体系。加强对公务员队伍的集中统一管理，整合人力资源市场，完善就业、劳动权益和社会保障体系。整合医疗管理和药品管理职能，强化食品和药品安全监管，落实食品安全综合监督责任。推进教育、卫生体制改革，将教育、卫生的宏观管理及其机构与微观管理及其机构分离，通过逐步放权和分权，使教育、卫生部门转变为规划、监管和规则制订的行业性的管理部门。加强综合执法体系建设。进一步探索城市管理重心下移问题，加大市级事权、财权下划力度，科学划分市、区两级在城市管理行政执法、市容市貌、环境卫生、园林绿化、市政设施、环境保护、房产物业、国土资源、公安等方面的管理权限。

【具体职能部门的调整】

1. 组建市经济和信息化委员会，为市政府组成部门。将市经济委员会的有关职责、市信息化工作办公室的有关职责，整合划入市经济和信息化委员会。

不再保留市经济委员会、市信息化工作办公室。

2. 将市建设委员会更名为市城乡建设委员会。

3. 组建市人力资源和社会保障局，为市政府组成部门。将市人事局的有关职责、市劳动和社会保障局的职责，整合划入市人力资源和社会保障局。

组建市公务员局，将市委组织部、市人事局承担的公务员综合管理的职责整合划入市公务员局，列入政府机构序列，由市委组织部代管。

不再保留市人事局、市劳动和社会保障局。

4. 原与市人事局合署办公的市机构编制委员会办公室单独设置，仍列市委机构序列。

5. 组建市交通运输局，为市政府组成部门。将市交通局的职责、市建设委员会承担的公共客运交通市场的培育和监督职责、市经济委员会承担的综合运输协调的职责整合划入市交通运输局。

不再保留市交通局。

6. 组建市林业和园林局，为市政府组成部门。将市林业局的职责、市园林局的职责，整合划入市林业和园林局。

不再保留市林业局、市园林局。

7. 重新组建市商务局，为市政府组成部门。将市对外贸易经济合作局的职责、市商务局的职责整合划入市商务局，统一管理全市内外贸工作。

不再保留原市商务局、市对外贸易经济合作局。

将市粮食局由市政府直属工作机构调整为部门管理机构，业务归口市商务局管理。

8. 组建市城市管理局，为市政府组成部门。按照管理要素，整合城市管理资源，将城建系统涉及城市管理的相关机构及其职责划入城市管理局。

不再保留市市容环境卫生管理局（市城市管理行政执法局）。

9. 市房地产管理局不再挂市住房制度改革办公室牌子。

10. 市人民防空办公室由市政府议事协调机构的常设办事机构调整为市政府直属工作机构，挂市民防局牌子。

11. 将市食品药品监督管理局列入市政府直属工作机构，业务上接受上级主管部门和同级卫生部门的指导和监督。相应调整卫生部门和食品药品监督管理部门的职责分工。

12. 将市科技创新型试点市工作领导小组办公室（市自主创新综合配套改革试点工作领导小组办公室）的职责，整合划入市科学技术局。

13. 市财政监督检查局由部门管理机构调整为市财政局内设机构，原级别不变。

经上述调整后，市政府共设置工作部门37个、直属特设机构1个、部门管理机构2个（见《合肥市人民政府机构设置表》）。

市政府办事机构1个：

市政府办公厅。

市政府组成部门24个：

市发展和改革委员会、市经济和信息化委员会、市农业委员会、市城乡建设委员会、市教育局、市科学技术局（知识产权局）、市民族事务委员会（宗教事务局）、市公安局、市监察局（与纪律检查委员会机关合署，不计政府机构个数）、市民政局、市司法局、市财政局、市人力资源和社会保障局、市国土资源局、市交通运输局、市水务局、市林业和园林局、市商务局、市文化广电新闻出版局、市卫生局、市人口和计划生育委员会、市审计局、市规划局、市城市管理局、市环境保护局。

市政府直属工作部门12个：

市外事侨务办公室（政府港澳事务办公室）、市房地产管理局、市体育局、市统计局、市安全生产监督管理局、市物价局、市畜牧水产局、市旅游局、市委、市政府信访局、市人民政府法制办公室、市人民防空办公室（民防局）、市食品药品监督管理局。

市政府办公厅、市政府组成部门和直属工作部门均为正县级。

市政府直属特设机构1个：

市政府国有资产监督管理委员会，为正县级。

部门管理机构2个：

市公务员局，为副县级。市粮食局，为正县级。

市政府直属事业单位10个：

市机关事务管理局（挂中共合肥市委、合肥市人民政府接待办公室的牌子）、市招商局、市重点工程建设管理局、市投融资管理中心（挂市金融工作办公室牌子）、市土地储备中心、市招标投标市场管理委员会办公室、市地震局、市地方志编纂委员会办公室、市残疾人联合会、市住房公积金管理中心。以上机构均为正县级。

市政府派出机构、驻外机构不作变动。

附件：

合肥市人民政府机构设置表

市政府工作机构37个

1	办公厅
2	发展和改革委员会
3	经济和信息化委员会
4	农业委员会
5	城乡建设委员会
6	教育局
7	科学技术局（知识产权局）
8	民族事务委员会（宗教事务局）
9	公安局
	监察局（与纪律检查委员会机关合署）
10	民政局
11	司法局
12	财政局
13	人力资源和社会保障局
14	国土资源局
15	交通运输局
16	水务局
17	林业和园林局
18	商务局
19	文化广电新闻出版局
20	卫生局
21	人口和计划生育委员会
22	审计局
23	规划局
24	城市管理局
25	环境保护局
26	外事侨务办公室（市政府港澳事务办公室）
27	房地产管理局
28	体育局
29	统计局
30	安全生产监督管理局
31	物价局
32	畜牧水产局
33	旅游局
34	市委、市政府信访局
35	法制办公室
36	人民防空办公室（民防局）
37	食品药品监督管理局

市政府直属特设机构 1 个

市政府国有资产监督管理委员会

市政府部门管理机构 2 个

1. 公务员局，由市委组织部代管；2. 粮食局，由商务局管理。

说明： 监察局与纪律检查委员会机关合署，不计政府机构个数；科学技术局与知识产权局一个机构，两块牌子；民族事务委员会与宗教事务局一个机构，两块牌子；外事侨务办公室挂市政府港澳事务办公室牌子；人民防空办公室挂民防局牌子。

增强自主创新能力
建设科技创新型城市

合肥是中部地区科教资源较为丰富的省会城市。2004 年底，经国务院同意、科技部批准，合肥成为全国首家科技创新型试点城市，为合肥这样的后发城市依托自主创新推进结构调整，转变经济发展方式，实现科学发展、奋力赶超提供了重大机遇。五年多来，在以科技部为组长的试点市部际协调小组的具体指导下，在安徽省委省政府的领导下，合肥市委、政府认真贯彻中央关于增强自主创新能力、建设创新型国家的战略部署，坚持依托科技创新推动新型工业化发展，取得了积极的进展和明显的成效。主要体现在：

合芜蚌试验区科技创新公共服务和应用技术研发中心

——经济持续快速增长。2005 年以来，全市生产总值、固定资产投资、规模以上工业增加值、财政收入等主要经济指标增速均居全国 26 个省会城市前三位。2008 年，合肥经济总量由全国省会城市第 18 位上升为第 15 位，财政收入、工业增加值上升至第 13 位。2009 年，合肥市生产总值突破 2000 亿元，增长 17% 以上，增速继续居全国省会城市前列。

——经济结构进一步优化。2009 年，全市实现高新技术产业产值 1400 亿元，增长 30% 以上；实现增加值 420 亿元，占规模以上工业增加值 55%、占 GDP 比重 21%，比重逐年上升。汽车、家电、装备制造、工程机械等主导产业的竞争力进一步提升，其中家电“四大件”产量位居国内城市第一。

——资源节约型、环境友好型社会建设取得新进展。到 2009 年底，已提前完成省下达“十一五”节能减排目标；单位 GDP 能耗分别低于全国、全省平均水平 9% 和 7%；工业污水排放量已降至总排量 11%，重点企业全部“零排放”。2010 年，合肥城市污水处理率将达到 95%，在全国大中城市处于领先水平。基本建立了以节能、节地、节水、低碳、资源综合利用和发展循环经济为重点的经济增长模式，有力促进了生态宜居的现代化滨湖大城市建设。

【大力推进综合配套改革】 在实践中，科技创新必须配套改革，尤其是通过重点领域和关键环节的改革创新，为科技创新和经济发展营造一个活力迸发的体制机制环境。为此，提出把合肥打造成中西部地区乃至全国审批环节最少、服务意识最强、办事效率最高的城市之一，在全市连续开展了“改革创新年”、“效能建设年”等活动，大刀阔斧地对政府管理体制、科技管理投入、行政审批制度、投融资体制、财税管理体制、事业单位、干部人事制度等进行系列改革，推出了一系列创新之举，有些走在了全国前列。2008 年 10 月，安徽省决策以合肥为龙头，建设合芜蚌自主创新改革试验区，合肥市抓住机遇，在巩固和完善已有改革成果基础上，进一步向纵深推进各项改革，着力打破不合时宜的条条框框，破除束缚发展的制约障碍，最大限度地促进创新发展、科学发展。

【不断完善政策支持体系】 为支撑科技创新试点市建设，在国家、省有关政策基础上，合肥市连续出台了一系列具有突破性的政策措施，如：合肥市进一步推进自主创新若干政策措施、自主创新专项基金管理办法、加快新型工业化发展若干政策等。市本级设立 6 亿元的自主创新专项资金，对企业建立技术中心、工程（技术）研究中心，制定国际、国家、行业技术标准，获得国家和省重点新产品，购买科技成果在肥产业化等给予补助和奖励。对重大产业化和自主创新项目的支持实行“一事一议”，在配套等方面加大投入。设立了人才发展专项基金、创新“市长奖”，对科研项目申报实行“三个打破”（打破地域、所有制、隶属关系界限），调动了社会创新积极性。

【突出培育企业创新能力】　坚持把企业推到自主创新的前台，大力实施“科技创新型企业培育计划”，针对处于初创期、成长期等不同阶段的企业，采取分类支持方式。共有200家企业列入培育计划，培育国家创新型企业2户、国家创新型试点企业6户，省级创新型及试点企业39户。各类科技孵化器发展到18家，立足安徽、辐射中部的科技创新公共服务和应用技术研发中心及科研、孵化、产业基地正在启动建设。全市规模以上企业全部设立研发机构，建有各级企业技术中心108家、工程技术研究中心87家，博士后工作站20个。美国微软技术中心等一大批国内外知名科技型企业、研发机构纷纷落户合肥，全市高新技术企业发展到626户。

【以项目带动新兴产业集群发展】　依托国家级高新技术开发区和试点市示范区，着力引进建设一批重大项目，大力推动高新技术产业集聚发展。全市已形成了光机电、电子信息、新材料、生物医药等高新技术主导产业，在语音合成、汽车与工程机械、雷达制造等技术领域达到国内乃至国际领先水平。从2009年开始，按照“大项目－产业链－产业集群－产业基地”的思路，编制实施八个新兴产业规划，全力培育若干千亿规模的战略性新兴产业，抢占平板显示、量子通信、公共安全、新一代移动通讯等产业制高点。京东方六代线、PDP等离子、彩虹玻璃基板等主体及配套项目相继引进，使合肥一举成为同时拥有液晶和等离子面板的平板显示产业基地，并带动了国内相关产业发展。此外，还整合资源，组建公共安全技术研究院，建设公共安全产业基地；大力生产推广节能与新能源汽车，国内首条30辆纯电动公交车专线即将投入营运；启动建设动漫及软件服务外包产业基地，动漫企业发展到60多家。

【建立健全创新融资服务体系】　合肥市出台风险投资损失补偿暂行办法，对投资高新技术企业的风险投资发生损失部分，市财政给予30%的补偿。至年底各类风投、创投公司发展到20多家，注册资本60多亿元。为拓宽高新技术企业融资渠道，每年举办一届自主创新要素对接会，组建了主要为中小科技企业融资服务的“合肥科技农村商业银行”，成立运营安徽股权交易所。2009年，安科生物等3家公司首发上市，全市上市高新技术企业达到20家。2009年以来，为缓解中小科技企业融资难问题，合肥市进一步创新银企对接方式，鼓励金融机构扩大股权质押、知识产权质押融资规模；特别是发行了两期“滨湖·春晓”集合资金信托计划，为全市99家企业提供3亿元的融资支持。

创新无止境，唯有长期坚持才能终有所成。合肥市将坚决贯彻落实中央经济工作会议和这次大会精神，抢抓机遇，更加努力，坚持以企业为主体，提升区域创新能力；坚持以重大项目为抓手，培育壮大战略性新兴产业；坚持以体制机制创新为突破口，激发全市创新活力，继续探索依托自主创新调整结构、转变发展方式的科学发展、可持续发展之路！

民生工程

【概况】　2009年，全市各级各有关部门紧紧围绕深入学习实践科学发展观，牢固树立“发展为上、民生为重”的理念，认真落实省委省政府部署要求，把推进民生工程作为保增长、保民生、保稳定的重要内容，立足快启动早实施，着力抓调度促进度，在工程推进、配套落实、制度完善、政策宣传等方面，做了大量深入细致的工作。36项民生工程进展顺利，取得了实实在在的成果，受到了人民群众的广泛欢迎。

合肥市全年共实施36项民生工程，计划投入资金近32亿元，主要覆盖生活保障、教育培训、医疗卫生、农业农村基础设施、农村文化建设等方面。其中，落实省定28项民生工程需投入资金19.47亿元，截至10月底已实际到位资金19.17亿元；在此基础上，合肥市新增8项民生工程，需投入资金12.55亿元，截至10月底已实际到位资金5.85亿元。全市4160个民生工程建设点，已有3840个完成2009年建设任务，完成率达到92.3%。

2009年，合肥市已全面提前超额完成了全年省、市政府下达的各项目标任务，包括五项民生工程：

【农民工培训】　2009年，合肥市把农民工技能培训列入市政府民生工程，实行农民工技能培训券制度。农民工的技能提高了，不仅有助于农民工找到工作，还能实现稳定就业。截至11月26日，全市人力资源和社会保障系统已培训农民工39332人，完成全年目标任务的111%，其中有31633人取得了合格证，取证率达到81%，也提前超额完成了全年目标。取得职业资格证书或专项能力证书的农民工达到60%以上。

为深化农民工培训工作，合肥再举创新，在全市开展了农民工技能培训“五进”活动，即进企业、进工厂、进工地、进社区、进农村活动，有力地推进了农民工培训工作向纵深发展。合肥农民工培训工作得到了中央学习实践科学发展观活动巡视组、省市指导检查组和市民生办的充分肯定，中央电视台“小崔说事”栏目、新华网、中央人民广播电台、《中国劳动保障报》等各级新闻媒体纷纷进行宣传报道，省内外兄弟城市前来学习，这项工作已成为合肥民生工程的一大亮点。

【居民医保】　合肥城镇居民基本医疗保险是安徽省、合肥市政府的一项重要的民生工程，自2007年7月实施后，居民医保政策不断完善，报销比例不断提高。近年来，合肥市进一步调整政策、强化管理，热情服务，效果显著。全市参保居民达到110.75万人。合肥居民医保启动两年多来，在全国率先实现全覆盖，不断调整和完善政策，较大幅度地提高了参保居民的待遇水平。

合肥市居民医保正在逐步扩大门诊特殊病范围，由原来的1种增加到25种，还提高了基金支付比例和支付限额。近年来，对少年儿童实行政策倾斜，出台优惠政策，例如新生儿可随时参保与其他少年儿童享受同等的医保待遇；将小儿脑瘫治疗纳入门诊特殊病范围，一个年度内基金支付限额为2万元；在校学生、少年儿童及18周岁以下非从业居民在三、二、一级医院住院的基金起付标准，由600元、400元、200元分别降到300元、200元、100元。一年来，合肥新增危重症和儿童疾病常用药191种、一次性医用材料25项。另外新增152种医用材料和341种诊疗项目实行限额内按比例报销。

合肥还建立了持续参保的激励机制，居民连续参保的，每增加一年报销比例提高2个百分点，最高不超过10个百分点。

通过政策调整、强化管理“两手抓”，合肥市基本实现了居民医保和谐发展、基金平稳运行的良好局面。住院基金支付率由上年度的21.2%提高到34.5%，其中一级医院提高到55.6%；目录内费用占医疗费用比例由上年度的56.7%提高到78.4%；医、保、患关系趋于和谐，促进了居民医保和谐健康发展。

随着国家医药卫生体制改革的深化，合肥市将根据国家基本药品目录，扩大居民医保用药范围和诊疗项目范围，提高基金支付比例和基金年支付限额，进一步提高居民医保待遇水平。同时，还将积极探索建立居民医保门诊统筹和市级统筹，配合卫生部门推进合肥医药卫生体制改革，促进社会和谐。

【被征地农民养老保障】　合肥大建设的土地来源中有一部分来自农村征地。2008年5月1日，《合肥市被征地农民养老保障办法》正式实施。这个文件规定，经依法批准，征地需安置的农业人口中年满16周岁以上的人员属于被征地农民养老保障对象。

参加被征地农民养老保障的人员，在男年满60周岁、女年满55周岁时，开始领取被征地农民养老保障金。被征地农民征地时已达到或超过规定年龄的，从实际征地时间的次月起领取被征地农民养老保障金。合肥市被征地农民养老保障的标准是按照城镇居民最低生活保障的标准进行确定的，合肥市区为每人每月260元。该标准随城市居民最低生活保障水平的调整进行调整。

被征地农民养老保障工作自2008年开展以来，全市被征地农民29.1万人已全部纳入养老保障范围，其中6.31万人达到退休年龄已按月领到了养老保障金。实现了应保尽保，并做到及时、足额发放。

合肥市进一步完善政策，针对肥东、肥西、长丰三县一些被征地农民因婚嫁等原因将户籍迁入合肥市区，不能办理养老保障的问题，市劳动局与市财政局联合下文，按照“谁征地，谁承担”的原则，由各县按照被征地农民养老保障有关规定纳入保障。

【未参保集体企业退休人员基本生活保障】

2006年以来，合肥市开展了未参保集体企业退休人员基本生活保障工作。未参加城镇企业职工基本养老保险的集体企业退休人员，是指已经破产倒闭或名存实亡、停产多年，没有缴费能力的城镇集体企业中，符合国家政策规定招用、已达到法定退休年龄（男满60周岁，女工人50周岁，女干部55周岁）并且符合退休条件的固定职工。

合肥对符合政策规定的城镇未参保集体企业退休人员，全部纳入基本生活费补助范围。一是全面开展基本生活保障工作。对全市2718名未参保集体企业退休人员实行基本生活保障，通过银行按月足额发放基本生活费。生活费标准与当地居民低保金标准相同，并与低保金标准同步调整。二是出台政策规定，未参保集体企业退休人员在2008年底前一次性补缴合肥市企业职工养老保险费，可纳入企业职工养老保险范围。年底，全市已有2247人办理了补保手续享受市企业职工养老保险待遇，占被保障总人数的82.6%。三是截至2009年底，全市仍有保障范围人员471人，按月发放生活补贴，建立基础信息库，实行动态管理，确保应保尽保，简化办事流程，热情服务被保障人员。

【零就业家庭就业援助】 2006年以来，全市人力资源和社会保障系统依托社区平台、公益岗位、百帮基地、劳务公司“四大抓手”，扎实开展了零就业家庭就业援助这项市政府民生工程，取得显著成效。全市已摸排出的3796户零就业家庭中已帮扶5085名家庭成员实现就业，其中2009年新出现的33户零就业家庭全部帮扶成功，已安排家庭成员40人就业。全市确保出现一户，帮扶一户，成功一户，稳定一户。

2009年全市共实施民生工程36项，共投入资金32亿元（其中，中央及省14.08亿元，市12.49亿元，县区5.43亿元），惠及群众450万人，为合肥市经济社会又好又快发展，构建和谐合肥作出积极贡献，被省政府授予“全省民生工程组织实施工作杰出奖”。

综 要

合肥概况

合肥是安徽省省会，位于省境中部（北纬31°30′~32°32′、东经116°41′~117°53′之间），地处长江淮河之间、巢湖之滨，是长三角城市群成员，是全省政治、经济、文化、信息、金融和商贸中心，也是全国重要的科研教育基地。合肥对外交通发达，铁路、公路、航空、水运纵横交错，形成立体化交通网络，是全国重要的区域性综合交通枢纽。

合肥是一座具有2200多年历史的古城，因南淝河、东淝河均在此发源而得名。“合肥”之名，已知最早出现在司马迁《史记·货殖列传》中：“合肥受南北潮，皮革、鲍、木输会也。”素有“淮右襟喉，江南唇齿”、“江淮首郡，吴楚要冲”之称，是三国时期魏、吴反复争夺之地，是北宋名臣包拯的家乡，因隋、唐、明、清时为庐州路、郡、府治所而别称庐州，一直是江淮地区重要的行政中心和军事重镇，具有承东启西、接连中原、贯通南北的重要区位优势。市辖肥东、长丰、肥西三县从东、北、西和西南包裹市区。全市东西两端最长距离133公里，南北两端最长距离124公里，东及东北临滁州市及所辖全椒县、定远县，西及西北界六安市及所辖寿县，南及东南连舒城县和巢湖市及所辖庐江县，北接淮南市。

合肥自然环境优美，名胜古迹众多，是著名的国家园林城市、卫生城市、优秀旅游城市和全国城市环境综合整治优秀城市，连续四届获“全国社会治安综合治理优秀城市”称号，连续七届获“全国双拥模范城”称号，连续四次获“全国创建文明城市工作先进市”称号。“包公故里，科教基地，滨湖新城”成为合肥的城市名片。2009年，合肥市获全国推进义务教育均衡发展先进地区、全国节水型城市、全国民族团结进步模范集体、物流中心城市杰出成就奖、全省民生工程组织实施工作杰出奖、全省政务公开工作先进单位、全省依法行政工作先进市、全省人口和计生工作先进市、省“861”行动计划突出贡献单位、省推进与中央企业合作发展工作先进集体、省工业调整振兴工作先进单位、第四届中博会组织工作先进单位、省政协提案办理先进单位、省政府目标管理考核先进单位、省银企对接活动先进单位等多项表彰或荣誉称号，获省厅局级以上单位的表彰达105项。

在国家实施中部崛起的战略进程中，合肥又迎来了皖江城市带承接产业转移示范区、国家创新型试点市、合芜蚌自主创新试验区、合肥经济圈建设等多重政策机遇。合肥人民紧扣“大发展、大建设、大环境”的主题，正加快把合肥建设成为全国重要的先进制造业基地、高新技术产业基地、现代服务业基地和独具魅力的现代化滨湖大城市。

【建置区划】 合肥古为淮夷地。春秋战国时期，先属楚，后属吴、属越，再后又属楚。秦始设郡县，合肥属九江郡。西汉武帝时改淮南王国为九江郡，辖合肥等县。东汉光武帝建武元年（25年），改合肥县为合肥侯国。汉献帝建安五年（200年），废合肥侯国，复改为合肥县，扬州治合肥。南朝宋置南豫州，于旧合肥县地置汝阴县。汝阴县属南豫州南汝阴郡，为郡治。隋文帝开皇元年（581年），改汝阴县为合肥县，合肥属庐州，为州治。此后至清末，合肥一直为庐州府治所。清咸丰三年至十一年（1853~1861年），安徽巡抚治于合肥。民国元年（1912年），庐州府废，合肥县直属安徽省。民国34年（1945年），抗日战争胜利后，安徽省省会由立煌县（今金寨县）迁至合肥。1949年1月21日，合肥解放；2月1日，合肥市人民政府成立，合肥为江淮解放区直辖市。1949

年4月，皖北行署驻地设在合肥，合肥为皖北行署直辖市。1952年8月17日，中央人民政府批准合肥市为省辖市和安徽省省会。

1949年2月1日合肥正式建市时，划市区为第一区、第二区、第三区和第一直辖镇、第二直辖镇。同年4月，两直辖镇合并成立第四区；9月，撤销4个区，分设大东门、车站、西门、北门、南门5个派出所辖区。1951年11月，撤5个派出所，成立车站、东市、西市3个区。1960年3月，改车站区为东市区，原东市区改为南市区。1963年8月，改南市区为中市区。1951年1月，从肥东县和肥西县划进8个乡置郊区，以后几次向四周扩展。1958年7月，肥东县、肥西县、巢县划归合肥市。1961年4月，三县划出。1959年5月，从巢湖周围4个县沿湖地带划出部分农村，设立巢湖（水上）区。1961年4月，巢湖区撤销。1964年10月，划寿县4个区和定远、肥东、肥西县各1个区，共7个区、55个公社，建置长丰县，属合肥市辖。1983年7月，肥东县、肥西县复归合肥市辖。2002年3月，合肥市区划调整，大致以南淝河、板桥河、老环城路、金寨路为界，将原东市区、中市区、西市区、郊区分别调整更名为瑶海区、庐阳区、蜀山区、包河区。2004年6月，长丰县有2个镇和5个乡划归淮南市管辖。

至2009年底，合肥市辖肥东、肥西、长丰3个县，瑶海、庐阳、蜀山、包河4个区，合肥高新技术产业开发区、合肥经济技术开发区、合肥新站综合开发试验区3个开发区。全市共有55个乡镇（其中建制镇36个、乡19个）、39个街道，另有9个街道层次的社区管理委员会（社区服务中心），共有885个行政村、510个社区。全市总面积7055平方公里（含巢湖水面面积233.4平方公里），其中市区面积838.52平方公里，城市建成区面积305平方公里。全市常住人口510万人，其中市区常住人口290万人；年末户籍总人口491.43万人，其中市区人口208.58万人，非农业人口213.7万人。根据2000年第五次全国人口普查统计，合肥市汉族人口占总人口的99.13%，有少数民族43个，少数民族人口为38970人。少数民族中人口最多的是回族，其次为满族。

市辖各县、区、开发区所辖乡镇、街道（社区）名称：

肥东县辖11镇7乡：店埠镇、梁园镇、撮镇镇、桥头集镇、古城镇、石塘镇、八斗镇、白龙镇、元疃镇、长临河镇、包公镇、众兴乡、张集乡、马湖乡、陈集乡、响导乡、杨店乡、牌坊乡。

肥西县辖10镇4乡：丰乐镇、上派镇、桃花镇、花岗镇、山南镇、官亭镇、小庙镇、三河镇、高刘镇、紫蓬镇、严店乡、铭传乡、柿树岗乡、高店乡。

长丰县辖9镇6乡：水湖镇、双墩镇、岗集镇、下塘镇、杨庙镇、吴山镇、朱巷镇、庄墓镇、三十头镇、陶楼乡、杜集乡、造甲乡、左店乡、义井乡、罗塘乡。

瑶海区辖1镇1乡10街道：大兴镇、磨店乡、三里街街道、大通路街道、和平路街道、明光路街道、红光街道、城东街道、东七里站街道、胜利路街道、铜陵路街道、车站街道。

庐阳区辖1镇1乡11街道：大杨镇、三十岗乡、县桥街道、益民街道、光明街道、海棠街道、安庆路街道、亳州路街道、逍遥津街道、三牌楼街道、杏林街道、杏花村街道、双岗街道。

蜀山区辖2镇8街道：井岗镇、南岗镇、稻香村街道、三里庵街道、南七里站街道、五里墩街道、西园街道、琥珀街道、荷叶地街道、笔架山街道。

包河区辖4镇5街道：义城镇、淝河镇、大圩镇、烟墩镇、望湖街道、芜湖路街道、包公街道、常青街道、骆岗街道。

合肥高新技术产业开发区辖4个社区服务中心：农村管理服务中心、天乐社区服务中心、兴园社区服务中心、蜀麓社区服务中心。

合肥经济技术开发区辖5个社区管理委员会：莲花社区管理委员会、海恒社区管理委员会、芙蓉社区管理委员会、锦绣社区管理委员会、临湖社区管理委员会。

合肥新站综合开发试验区辖3街道：长淮街道、方庙街道、七里塘街道。

【自然环境和资源】 合肥市地处江淮丘陵，北起舜耕山南，南至巢湖盆地周围，大部分地域岗冲起伏，垄畈相间，平均海拔20～40米。江淮分水岭横贯市域中部，以南为长江水系，地势由北向南倾斜，沿巢湖一带形成冲积平原，地势平坦，土地肥沃，圩畈绵延；以北为淮河水系，地势由南向北倾斜，大部分为海拔30～50米的台地，沿瓦埠湖、高塘湖周围有小块狭长的冲积平原。合肥市区地势西北高东南低，地貌波状起伏，以侵蚀堆积地形和堆积地形为主，可分为丘陵、缓低岗和平原3个地貌单元，大蜀山平地突起，山峰海拔282米，为市区最高点。湖滨平原位于巢湖北岸，包括大圩、义城等乡镇的圩区。巢湖沿岸海拔仅3～5米，是合肥最低的地方。

合肥地处中纬度地带，属亚热带季风性湿润气候，具有季风明显、四季分明、气候温和、雨量适中、梅雨显著等特征。全市年平均气温15.7℃，年平均降水量940～1000毫米，年日照时间约2000个小时，年均无霜期228天，平均相对湿度为77%。

合肥市境内河流，以江淮分水岭为界，岭南为长江水系，岭北为淮河水系。长江水系主要河流有南淝河、派河、丰乐河、滁河等，除滁河外，均通过巢湖流入长江。淮河水系主要河流有东淝河、沛河、池河等，除池河外，各河流均通过瓦埠湖、高塘湖流入淮河。境内河流特点是集水面积小而分散、河源短水流急。合肥市域范围内较大湖泊有巢湖、瓦埠湖，水域总面积235平方公里。

合肥市多年平均径流量为17.29亿立方米，相应径流深254.6毫米，径流系数0.27。多年平均水资源总量为17.72亿立方米，地表水资源量与降水相似，汛期（5～9月）地表水资源量占全年地表水资源量的76%，来水丰枯变化悬殊。地下水资源量多年平均5.16亿立方米。全市建有大型水库2座、中型水库18座、小型水库550座，总兴利库容超过10亿立方米。市区董铺水库、大房郢水库，为重要的城市饮用水水源，城市可用水资源总量4.07亿立方米。

全市总面积7055平方公里，其中市区838.52平方公里，耕地面积21.6万公顷，农产品品种比较齐全，是农副产品的重要产区。粮食作物以水稻、小麦为主，经济作物主要有油菜、棉花、瓜果蔬菜等。畜禽水产养殖业发达，特色农产品丰富，合肥市有“中国淡水龙虾之都”、“中国坚果炒货之都”的美誉，长丰县是全国十大草莓生产基地县之一。

合肥市境内已发现的矿产资源有铁、磷、白云石、花岗石、石膏、矿泉水等15种，矿产地283处，其中查明资源储量的13种、矿产地280处，已开发利用的矿产有10余种。

合肥市常绿乔木、落叶乔木和灌木树种已知有179种，隶属于59科111属。市树为广玉兰，市花为桂花和石榴花。合肥市鱼种繁多，已知有72种，隶属于10目21科，大部分属于湖泊定居性鱼类，部分属于河湖洄游性鱼类。鸟类已知有154种，隶属于15目37科，其中大部分为留鸟。野生兽类已知有19种，隶属于5目9科，其中啮齿目、食肉目和翼手目占优势。合肥具有鲜明的园林生态环境，城中有园，园中有城，是国家首批命名的3个全国园林城市之一，也是全国优秀生态旅游城市。环城公园长8.7公里，总面积137.6公顷，包括逍遥津公园、杏花公园、琥珀潭景区、西山景区、银河景区、包公园以及若干带状景区，被誉为合肥的“翡翠项链”。市区较大的公园还有东部的花冲公园、瑶海公园、生态公园，西部的大蜀山森林公园、野生动物园、蜀峰湾公园、植物园、墨荷园，南部的徽园以及天鹅湖、翡翠湖、南艳湖和匡河景区。全市城市建成区绿地率达40.21%，绿化覆盖率达45%，人均公园绿地面积12.15平方米，全年空气质量良好天数超过300天，两度获得“中国人居环境范例奖”。

【城池变迁】　合肥有2200多年的建城史，历来是兵家必争的战略要地，也是经济比较发达地区。西汉时，合肥是全国除长安以外的十八大商贸市场之一。合肥“故城”筑在南淝河北岸（水西门外约1公里处）。汉末战乱，合肥城屡遭毁坏，扬州刺史刘馥单骑入合肥空城，建立州治。短短数年就使因战争而几成废墟的合肥成为“恩化大行”、“官民有畜”的江淮巨镇。三国时期，魏吴在此反复交兵。魏青龙元年（233年），满宠在老城西15公里处筑合肥“新城”以御吴。东晋时期，“新城”毁废。南北朝时，梁豫州刺史韦睿攻北魏，决肥水灌合肥城，城溃，迁豫州治所至合肥。隋开皇五年（585年）筑土城（今老城区南半部），即“金斗城”。南宋淮西帅郭振将合肥城向北拓展，建“斗梁城”，使金斗河横贯城中，促进了合肥城市繁荣。元至正年间，红巾军攻合肥，由于城墙毁损日久，守军仓猝建造木栅防守，侥幸退敌。随后佥事马世德牵头主持修筑城墙，周长约4706丈，高2丈，紧要处用砖加固，设6座城门。明正德年间多次修缮，庐州知府徐钰塞旱西门，开水西门，并筑月城。明崇祯年间，张献忠攻城，城墙多处毁损，巡抚史可法令修复。清乾隆年间，总督尹继善、巡抚托庸征用皖属34州县人力、物力，耗白银11.4万两大修庐州府城。解放前夕，城墙内老城区面积为5.2平方公里，实际建成区面积不足2平方公里。城区有泥结碎石、条石道路6.9公里（总面积5.9万平方米）；房屋99万平方米，除少数2~3层砖木结构楼房外，大部分是土墙草顶或砖墙小瓦的平房。大街小巷垃圾成堆，污水横流，一片萧条。

【城市建设】 解放后，中共合肥市委和市人民政府采取以工代赈等办法，组织市民整修街道，加固桥梁，拆除旧城墙，并在旧城墙的基址上修筑环城马路，营造环城林带。1952年，城市建成区面积扩大到9.8平方公里，道路总长度增加到27.2公里。到1957年，城市建成区面积发展到20.7平方公里。此后，合肥城市建设发展缓慢，到1978年，城市建成区面积为50.48平方公里，城市住房紧缺，交通拥挤，供水不足，排水不畅。

中共十一届三中全会后，合肥城市建设步伐加快。1983年，以“旧城改造”为标志，合肥城市建设进入全面发展时期。1986年11月，国务院召开的全国城市建设工作会议肯定了合肥市在城市改造建设中探索出的“统一规划、合理布局、综合开发、配套建设”16字经验。这16个字加上“因地制宜”4个字，被载入1989年颁布的《中华人民共和国城市规划法》。1992年12月，合肥与北京、珠海一起被国家建设部授予全国首批“园林城市”称号。“九五”期间累计完成固定资产投资470亿元，“二环九射”加方格网的城市道路框架基本形成；改造、新建了一批重点旅游景点；城市供水、供电、供气、交通、通讯等基础设施能力增强；城市防洪能力达到20年一遇的标准，城市综合服务功能进一步增强。2001年，合肥城市建成区面积125平方公里；2005年发展到224.74平方公里。

2005年7月起，合肥市开展“大拆违”行动，全面深入查处违法建设，至2006年9月共依法拆除违法建设1300万平方米，新增绿地面积超过200万平方米。2006年2月，合肥市启动大发展、大建设、大环境“三大推动”战略进程，按照“141”城市空间发展战略（1个主城、4个城市外围组团、1个滨湖新区），高起点规划，高标准建设，打造独具魅力的现代化滨湖大城市。至2009年，城市建成区面积达305平方公里，区域综合交通枢纽建设加速推进。合宁、合武高速铁路开通运营动车组客运专线，外环高速公路全线贯通，“一环六射”高速路网正式形成，主城区路网由“十”字型变为“井”字型格局，以市区为中心的“141”一刻钟快速路网形成，通往滨湖新区的全省第一条双向14车道的快速干道徽州大道和全省第一条高架路——金寨路高架投入使用，安徽第一路——长江中路面貌焕然一新。合肥火车站改造、宁西铁路复线、合蚌、合福铁路客运专线、老火车站迁建、铁路枢纽南环线及南客站开工建设。新桥国际机场建设工程全面推进。派河熔安动力专用码头建成，合肥港综合码头一期工程进展顺利，巢湖及裕溪河复线船闸开工建设。合六路延伸段、疏港公司建成通车，城市出入口进一步通畅便捷。市内长江西路、裕溪路、南北一号线等三座高架桥及轨道交通一号线试验段全面开工。

全市噪声达标区覆盖率为76.7%，烟尘控制区覆盖率为90.7%，全年空气质量优良天数317天，比上年增加56天。全市工业废水达标率超过90%，饮用水源水质达标率100%。县级以上医疗机构危险废物处置率100%。城市基础设施大步提升和改善，拉开了城市的框架，提升了城市的环境质量和品位，改善了城市形象。

滨湖新区是合肥“141”城市空间发展战略的重要组成部分，规划范围为南依巢湖，北靠南二环路，西接上派河、合安高速，东临南淝河，总面积约196平方公里。2006年，安徽省第八次党代会明确提出要把合肥市建设成为现代化滨湖大城市。2006年11月15日，滨湖新区建设正式启动。滨湖新区启动区北承合肥老城区，西接经济开发区，向南延伸至滨湖核心区，距巢湖岸线约3.8公里，建设面积3.5平方公里。2007年9月，整建制迁入的寄宿制高中（合肥一中）、初中（合肥四十六中）及小学（合肥师范附小）建成开学；拥有3000床位的三级特等医院——合肥中心医院，28万平方米的滨湖家园拆迁安置工程和36万平方米的滨湖明珠等商住工程投入建设。2009年，滨湖新区完成投资121.9亿元，房屋建设开工面积429万平方米，竣工面积226平方米，滨湖轮滑场竣工，国际创新展示馆、渡江战役纪念馆、国际会展中心、安徽名人馆等馆群开工建设，成为国家“城市生态建设示范区”。

【历代名人】 合肥人杰地灵，从古至今孕育了无数杰出人物，在历史上产生重要影响。政治、军事方面主要有："五代十国"时期吴国缔造者杨行密，北宋著名清官包拯，清初历任刑、兵、礼三部尚书的龚鼎孳以及曾任工、刑、兵、吏四部尚书的李天馥，晚清重臣、洋务派首领李鸿章，台湾光复后首任巡抚刘铭传，清朝两广总督张树声，直隶提督聂士成，北洋军阀皖系首领、国务总理、"中华民国临时执政"段祺瑞，民国初期总理李经羲、龚心湛、贾德耀，辛亥革命时期上将倪映典、吴旸谷、范鸿仙，抗日名将卫立煌、郭寄峤，国民党高级官员吴忠信，革命英烈柯武东、刘敏、徐百川、童宜仙，中国致公党第九届中央主席、第七届全国人大常委、第八届全国政协副主席董寅初等。科技方面主要有：诺贝尔物理学奖获得者杨振宁，著名数学家郑大章、杨武之，中国科学院院士刘盛纲、彭一纲、周本谦、李家洋、吴新智，中国工程院院士王正国、李道增，纽约科学院院士黄德双等。文化方面主要有：晚清诗人龚心容、周光龙、江云龙，民国初期国学大师刘文典，著名历史学家唐德刚，旅美女词人阚家蓂，新金陵画派后期代表人物亚明，著名书法家葛介屏，以诗词曲画见长的张氏四姐妹：张元和、张允和、张兆和、张充和，朦胧诗代表人物之一梁小斌，京剧大师杨宝森，"世界桂冠诗人"李国彝等。

【名胜古迹】　合肥素以"三国故地，包拯家乡"著称于世，两千多年的悠久历史，给合肥境内留下了众多的名胜古迹。

斛兵塘又名站塘，俗称量兵塘，位于市区一环南路合肥工业大学校园内东南角，面积约6.7公顷，相传是三国时曹操为清点人马而挖的一口旱塘。同为三国遗迹的还有教弩台、逍遥津、飞骑桥、藏舟浦、筝笛浦、三国合肥新城等。

在市区东部大兴镇西南侧不到半公里的范围内，曾安葬3位彪炳史册的合肥人：北宋名臣包拯、明朝开国功臣张德胜、清末重臣李鸿章，人称"一里三公"（包孝肃公、张蔡国公、李文忠公）。后包公墓易地重建，李公墓原地修复，蔡公墓因建铁路而消失。遗存的著名古迹还有五代十国时期吴王杨行密墓，包拯少年读书处香花墩，南宋词人姜夔流寓处赤阑桥，明朝庐州知府徐钰所建思惠楼，清初重臣龚鼎孳故宅龚万巷以及其弟龚鼎孚所建稻香楼等。

合肥境内有国家级重点文物保护单位2处，省级重点文物保护单位17处，市（县）级文物保护单位88处。著名的人文景观有：国家4A级旅游景区包公园；"融八皖文化于一体，汇安徽名景于一园"的安徽省最大主题公园徽园；三国古战场逍遥津、教弩台和建立在"三国新城"遗址上的三国遗址公园；晚清军政重臣李鸿章故居和享堂；台湾首任巡抚刘铭传故居；千年水乡三河古镇；荟萃安徽历代杰出人物肖像的安徽名人馆和渡江战役总前委旧址瑶岗等。

古时合肥有"蜀山雪霁"、"淮浦春融"、"巢湖夜月"、"四顶朝霞"、"藏舟草色"、"教弩松阴"、"镇淮角韵"、"梵刹钟声"八处著名景观，统称"庐阳八景"。1995年，经市民推荐、专家甄选，"包河秀色"、"教弩梵钟"、"逍遥古津"、"琥珀流光"、"花园艺苑"、"环城翡翠"、"庐州灯火"、"蜀山春晓"、"吴王遗踪"和"五里飞虹"入选为"合肥十景"。2006年，根据时代变迁和城市建设飞速发展的现实，"包园清风"、"三河古镇"、"李府春秋"、"翡翠环城"、"天鹅湖畔"、"逍遥古津"、"墨荷琼林"、"蜀山览胜"、"科学绿岛"、"瑶岗风云"当选"合肥新十景"。

教弩台俗称"曹操点将台"，位于合肥市淮河路东段北侧。史载三国时期，魏主曹操四次到达合肥，临阵指挥，筑此高台教练兵将，以御东吴。台高4.3米，面积3800平方米，大致呈正方形。台上有屋上井、听松阁两处古迹。屋上井以超过民房屋脊得名，为当时曹军将士饮水之源。听松阁是曹操望敌情、运筹帷幄、纳凉休息之所。周围松拍挺拔，浓荫蔽日。"教弩松荫"后被誉为庐阳八景之一。

中庙坐落在巢湖北岸凤凰矶上，居于旧巢县、合肥县的中间，因此得名。相传庙建于三国吴赤乌二年（239年），供奉主巢湖波涛的太姥（即焦姥），又称太姥庙；后也供奉传为"泰山玉女"的圣妃（即碧霞元君），故也称圣妃庙。此地三面临水，楼台高峙，气势巍峨，有"湖天第一胜境"之誉。由于历代香火旺盛，素有"南九华，北中庙"之说。清时庙有杰阁，有拜殿，有亭，有栏榭。光绪十五年（1889年）李鸿章倡募重修，分前、中、后3殿，70余间。民国27年（1938年），后殿因火灾被毁，仅存前、中两殿及厢房。1986年以来多次整修，再具规模。

明教寺为全国重点寺院，原名铁佛寺，梁武帝时建于教弩台上，唐大历年间（776年前后）重修扩建，定名明教院，至明代改为明教寺。后毁于战火。清光绪十一年（1886 年），太平天国遗老袁宏谟（法名通元上人）云游募化，按原样重建，由佛殿、藏经阁、西厢园三部分组成。佛殿分正殿和后殿，有佛像三十多尊。大雄宝殿飞檐翘角，殿脊高耸一巨大锡葫芦，银光闪耀，显示了威严庄重的建筑特色。寺内钟鼓齐鸣，梵音缭绕，香火旺盛。

“吴王遗踪”位于合肥城北 35 公里的长丰县吴山镇内，史载唐末五代十国时期吴国的建立者杨行密归葬于此，又称“吴山庙”。1995 年，“吴王遗踪”被评为“合肥十景”之一。吴山庙在“文革”中遭破坏，后重建，修复后的庙宇粉墙黄瓦，金碧辉煌，吴王塑像庄严，碑刻隽秀。镇内还存有百花园遗址、贞节牌坊、吴山庙武装起义纪念碑和纪念馆、叶挺将军旧居等。

包公文化园是为纪念北宋著名清官包拯而建，属国家 4A 级旅游景区。整个包公园占地 30.5 公顷，其中水域面积 15 公顷，总体布局为开放式，主要由包公祠、包公墓、清风阁、浮庄等景点组成。

包公祠全称为“包孝肃公祠”，位于包公园内的香花墩上，为明弘治元年（1488 年）由原有小庙改建，名“包公书院”，后毁于战火。清光绪八年（1882 年），李鸿章筹白银 2800 两重建。五开间的正殿正中端坐一座巨大的包公塑像，上方正中匾额“色正芒寒”四字为李鸿章之兄李瀚章所题。东西两厢陈列室有《包拯生平简介》、《香花墩图》、《宋史》和记载包拯事迹的地志书、《包公办案图》、包氏宗谱等。出正殿有一座六角攒尖的“廉泉亭”，亭内有一口名为“廉泉”的古井。

包公墓位于包公祠东，全称为“包孝肃公墓园”，占地面积 3 公顷，园内建筑面积 3000 余平方米，是一座比较完整的古代名臣墓园。墓园外有神墙围护，内有神道贯通。园区建筑古朴典雅，满园苍松翠柏，地势起落有致，与相距不远的包公祠和相邻的清风阁遥相辉映。包公墓园由主墓区、碑廊、附墓区、地下墓室和管理区等组成。

吴复墓石雕群　吴复墓位于肥东县陈集乡秦家湖村，为安徽省重点文物保护单位。吴复（1327 ~1383），字伯起，合肥人，元末随朱元璋起义，屡建战功，封安陆侯，死于普定（今贵州安顺市），追封为黔国公。吴复墓原有享堂、神墙已毁，存有墓前石雕武士 2 人，羊、马、控马人各 1 对，华表 1 对，龟石基座 1 个。整个石雕群均为花岗岩石质，用整石雕凿而成，雕刻方法简练、粗犷，形象准确，刻工精湛，具有元末明初石刻的特色。

李鸿章故居（又称“李府”）位于合肥市淮河路，是较典型的清代江南民居建筑。1999 年秋修竣的李鸿章故居共五进，占地 2500 平方米，建筑面积 1800 平方米。内中陈列反映李鸿章生平的展带，以较为翔实的资料、实物、图片、模型，介绍李鸿章一生的主要事迹以及有关地情资料。

李鸿章享堂位于合肥市合裕路南侧，原有屋四重，连东西花厅、寮房在内共 99 间，其东还有库房、仓房，大门前有照壁。经过“大跃进”和“文革”，其享堂仅存 30 余间。1985 年公布为市级文物保护单位。2003 年修复并扩建，占地 13000 多平方米，建筑面积近 3000 平方米，大体可分为墓园区、享堂和仓房三大部分。

刘铭传故居刘老圩是全国重点文物保护单位，位于肥西县大潜山北麓 2 公里处，是“淮军故里圩保群”的突出代表。原建有房屋数百间，是一处规模宏大的私家圩宅。圩基原址包括水面占地约 6 公顷，圩四周是深壕和石围墙，围墙上配有 5 座碉堡、炮台，金河水绕圩而过。刘老圩正大厅有 3 进，每进 3 间。正厅北面是钢叉楼，楼后的盘亭四面环水，有石桥相连，专为存放国宝“虢季子白盘”而建。

在刘铭传故居附近，还有刘铭传本家、淮军记名提督刘献延营造的刘五房圩子，刘铭传家侄、“铭军”后期统军刘盛休的蟠龙墩圩子，刘铭传孙辈、江苏候补知县刘朝璞的鸽子笼圩子，淮军创始人之一、两广总督张树声所建的张老圩子，张树声之弟、记名提督总兵张树屏所建的张新圩子，淮军将领周盛波、周盛传兄弟所建的周老圩子，以及淮军将领唐定奎、叶志超、潘鼎新、王孝祺等人和他们的家庭所建的大大小小圩子，星罗棋布，方圆百里，形成一个十分壮观的独特建筑群——“淮军故里圩堡群”。

紫蓬山位于肥西县紫蓬镇，距合肥市区仅 18 公里，有“森林大道”与市区相通。紫蓬山国家森林公园方圆近百平方公里，著名的风景名胜有紫蓬山、圆通山、周公山、大潜山，森林生态保持良好。全区拥有森林面积 3500 公顷，各种植物 470 多种，栖息鸟类 120 多种，仅鹭鸟就有 3 万只以上。主要名胜古迹有：始建于三国时期的皖中名刹——西庐寺；西汉名将李陵后代、三国魏将李典之墓；宋抗金名将葛升之墓；太平天国将领、重修西庐寺和明教寺的名僧袁宏谟故居；台湾首任巡抚刘铭传故居——刘老圩，淮军名将张树声、周盛波、唐殿魁的故居——张老圩、周老圩、唐老圩等。著名景观还有：高21米的如来佛像，阿弥陀佛、药师大佛、弥勒大佛摩崖塑像，鸠摩罗什、五百罗汉塑像，以及白云寺、潜山庙、文昌阁、周瑜读书处、洗砚池等。革命史迹有张津烈士墓，中共合肥中心县委及皖西北特委和皖西北独立游击师诞生地、肥西建县初期县府旧址——小梁岗等。景区内山水相依，动静相宜。众多的湖、河、塘、泉，像一颗颗明珠镶嵌在青山之中。紫蓬山自清代开始便有“庐阳第一名山”之美誉，1992年7月被林业部批准为国家森林公园，1998年9月被安徽省政府命名为省级风景名胜区，2001年被国家旅游局批准为“AA”级风景名胜区。紫蓬山是取紫色袈裟和蓬莱仙岛的首字而得名，为“迎紫气，赴蓬莱”之意。

（储茂仁）

国民经济和社会发展综述

【经济概况】 2009年，合肥市实现国内生产总值（GDP）2102.12亿元，同比增长17.3%，总量占全省GDP比重的20.9%，位居全国省会城市第15位；完成规模以上工业增加值767.51亿元，同比增长27.2%；完成财政总收入341.91亿元，同比增长13.5%，其中地方财政收入180.9亿元，同比增长12.4%；实现社会消费品零售总额703.42亿元，同比增长15.8%。全市当年人均GDP达41543元（折合6082美元）。

【产业发展】 2009年，合肥市第一、二、三产业产值分别为108.69亿元、1104.98亿元、888.45亿元，同比分别增长6.2%、22.5%、12.4%，三次产业比重为5.2：52.6：42.2。全市当年规模以上工业企业实现总产值2749.16亿元，实现工业增加值767.51亿元，同比增长27.2%，其中非国有控股企业实现工业增加值484.4亿元，同比增长28.3%；汽车、家电等八大产业工业增加值同比增长27.1%，对全市当年工业增长贡献率达68.1%。全市全年新增规模以上工业企业414户，总户数达1761户。全市当年工业产值逾亿元企业达350户，比上年增加58户。全市当年第三产业特别是现代服务业发展迅速，实现社会消费品零售总额703.42亿元，同比增长15.8%。

【有效需求】 2009年，合肥市完成固定资产投资2468.42亿元，同比增长34.3%，占全省固定资产投资总量的27.8%。按区域分类，城镇以上完成固定资产投资2357.78亿元，同比增长33.9%；农村完成固定资产投资110.64亿元，同比增长42.5%；按产业分类，三次产业分别完成固定资产投资26.8亿元、771.13亿元、1670.49亿元，同比分别增长28.8%、37.8%、32.8%。在第二产业中，完成工业投资752.2亿元，同比增长40.4%，占全社会固定资产投资比重的30.5%，比上年提高1.4个百分点；在第三产业中，完成现代服务业投资1111.41亿元，同比增长29.8%。全市当年三次产业投资占全社会投资比重为1.1：31.2：67.7。全市全年实现社会消费品零售总额703.42亿元，同比增长15.8%，其中汽车类、石油及制品类消费分别增长36.1%和47.4%；城市市场零售额增长19.1%，农村市场零售额增长22.9%。全市外贸当年实现进出口总额64.28亿美元，同比下降16.6%，进出口总量占全省当年进出口总额的41%，其中出口额44.48亿美元，同比下降18.1%，占全省当年出口额的50%。

全市全年招商引资1040亿元，同比增长33%；新批外商来肥投资企业59户，实际到位外资13亿美元，同比增长8.4%；有5户属于世界500强之列的外资企业来肥投资，使全市当年在肥投资、属于世界500强之列的外资企业总数达51家。此外，汇丰银行、进出口银行、华夏银行、九江银行、中安财险也落户合肥。

【重点项目】 2009年，合肥市列入省“861”、市“1346”行动计划项目分别完成投资765亿元、727.5亿元，分别占计划的124.5%和103%，同比分别增长53.6%和11.7%；并推进市里直接调度的44个重大项目建设。在具体重点项目建设方面：1. 实现熔安船用柴油机项目首台机成功下线；2. 合武客运专线和合六路延伸段、疏港公路等城市出入口道路建成并通车；3. 新桥国际机场、合肥港综合码头、派河码头及航道疏浚等工程建设进展迅速；4. 京东方六代线、三洋机电园、大陆马牌轮胎、鑫昊PDP显示器、彩虹高世代液晶玻璃基板、格力压缩机与电机等重大高技术项目和合肥国际金融后台基地项目，以及合蚌客运专线、合肥火车站改造、合肥铁路南站迁建、铁路枢纽南环线及南客站等项目相继开工建设。

【企业上市工作】　2009年，合肥市推动企业上市融资工作：1. 安科生物、皖通科技等企业实现成功上市；2. 皖新传媒通过上市审核；3. 京东方一次完成120亿元股票定向增发工作，其中90亿元用于合肥六代线项目；4. 全市全年累计发行企业债券40亿元；5. 发行“滨湖·春晓”中小企业集合信托债券两期，总规模3亿元；6. 新增典当行40家；7. 支持筹建小额贷款公司36家，其中开业19家，放贷总额22.9亿元；8. 中国风险投资研究院合肥分院、安徽股权交易所实现挂牌经营，全市各类风险投资公司发展到20家。

【自主创新工作】　合肥市推进合芜蚌自主创新综合试验区和科技创新型试点市建设，并推动皖江城市带承接产业转移示范区规划纳入国家战略，另争创国家创新型试点城市，加快培育战略性新兴产业。在创新平台建设工作方面，全市规模以上工业企业均设立研发机构，当年新增国家级企业技术中心3个、省市级企业技术中心35个，新建省级工程技术研究中心15个、省级工程研究中心1个、省级工程实验室7个、高新技术企业109家，并确认6个国家自主创新产品，另拥有省市级创新型企业83家；全年投入工业技改投资351.2亿元，占工业总投资46.7%；政府财政支持科技创新及产业结构优化升级资金8.86亿元。在培育战略性新兴产业工作方面，编制实施电子信息、新材料、软件、节能环保、公共安全等八个新兴产业发展规划，建设国家新型平板显示基地、公共安全产业基地。全市全年实现高新技术产业产值1400亿元，同比增长30%，实现高新技术产业增加值约420亿元，占规模以上工业增加值的54.7%，比上年提高2.4个百分点。

【居民收入】　2009年，合肥市城镇居民人均可支配收入17158元，农民人均纯收入6065元，同比分别增长10.1%、13%。年末城乡居民储蓄存款余额1031.81亿元，比年初增加190.5亿元，同比增长22.6%。全市限额以上商业企业当年实现零售额340.85亿元，比上年增长27.5%。其中，汽车、家用电器、化妆品、金银珠宝类等消费增幅均高于全市平均水平。全市城市居民当年消费价格下降0.9%。

【社会事业】　合肥市推动社会事业的发展。市级财政当年累计投入32亿元，集中实施36项民生工程，惠及城乡居民逾450万人。在教育工作方面，合肥职教城入驻院校17所，合肥学院成为省级示范应用型本科高校，合肥老年大学获全国先进老年大学称号；并实施中小学校舍安全工程，另开展义务教育学校绩效工资改革，使义务教育均衡发展工作进入全国先进城市行列。在医疗卫生工作方面：1. 正式启动全市深化医药卫生体制改革工作；2. 在肥西县、庐阳区开展基层医药卫生体制综合改革试点工作；3. 完成市滨湖、省心脑血管病等医院建设并开诊；4. 开工建设市二院新区、妇幼保健院东区；5. H1N1流感和手足口病防治工作取得成效；6. 全市当年建成73所社区示范卫生服务中心和服务站；7. 全市当年有35万在肥高校大学生被全面纳入城镇居民医疗保险体系；8. 农民住院费用补偿提升至47%；9. 新、改建乡村卫生服务机构82处。在社会保障工作方面：1. 向城区2.8万名80岁以上老人发放高龄津贴；2. 农村低保提标扩面，将1988年10月前被征地农民全部纳入保障范围，新农合参合率达97.54%；3. 新建、续建廉租住房29万平方米，发放补贴1830万元。在就业、再就业工作方面，开展创建国家级创业型城市工作，并推行农民工培训券制度，新建了10个农民工创业园；另实施“零就业家庭”援助项目，提供1485个就业岗位；全市当年实现下岗失业人员再就业2.97万人，新增城镇就业10.96万人，城镇登记失业率控制在4.05%以内。在社会治安综合治理工作方面，获中国社会治安综合治理优秀城市称号，被奖授“长安杯”。在民族宗教工作方面，获全国民族团结进步模范市称号。在文化体育和精神文明创建工作方面，建成乡镇综合文化站10个、农家书屋207个，完成数字电视整体转换43万户，实现广播电视综合覆盖率100%。在创建文明城市工作方面，获“全国创建文明城市工作先进市”称号。此外，合肥市当年成功承办第四届中部投资贸易博览会，分别签约内、外资项目356个、127个，投资总额分别为1682.4亿元、76.1亿美元，其中合肥市签约项目24个，吸引资金200多亿元；另举办自主创新要素对接会、家电博览会、苗交会等各类大型会展132场，也取得良好业绩。

（李书生）

合肥跻身“中国未来十年最具潜力城市”

中国社科院发布的《2010年中国城市竞争力蓝皮书：中国城市竞争力报告》中显示：合肥综合竞争力居22位，5年前移15位。在城市竞争力分项中，社会公平比较、科技服务体系、企业管理能力、行政机构、医疗卫生等7项竞争力跻身全国十强。报告同时从294个城市中，按城市规模分三类同时考虑省区因素等，预测出未来十年最具竞争力的24个城市，合肥跻身二线城市第5名。报告高度评价合肥：“承接转移高歌猛进，全面创新破浪前行。拥有良好的产业基础，在沿海向内陆产业转移的框架下，将成为承接转移的战略要地。合肥引领自主创新，产业不断升级。同时，推动体制创新，实现了政府效能革命”。

【科技创新】 随着合芜蚌自主创新综合配套改革试验区、科技创新型试点市建设的推进，合肥市不断加快战略性新兴产业培育和主导产业技术改造。全市规模以上工业企业全部设立研发机构，新增国家级企业技术中心3家、省级12家。新增国家级自主创新产品6个、省级创新型企业23家，专利授权量超过2100件，新认定高新技术企业109家，各类风险投资公司发展到20家。成立合肥“科技路路通”分中心，建立汽车自动化装备、环保动力能源等产业技术创新战略联盟。新兴产业培育加速，编制实施电子信息、新材料、软件、节能环保、公共安全等八个新兴产业发展规划。鑫昊PDP显示器、彩虹玻璃基板等项目开工建设，新型平板显示产业基地初见端倪；组建公共安全技术研究院，建设公共安全产业基地。全年高新技术产业产值1400亿元，增长30%；实现增加值约420亿元，占全市GDP比重近21%。

【城乡统筹和新农村建设】 合肥市坚持以城带乡、城乡融合统筹发展，重点突出县区合作开发，长丰县与新站区共建平板显示产业基地，肥东龙岗开发区整体移交瑶海区，肥西县分别与高新区、经开区联合建设工业园区。加大对县域经济发展和新农村建设支持力度，全年财政拨付涉农资金5.4亿元，累计发放各类财政补贴农民资金12.7亿元。完成农村公路建设投资6.7亿元，全市行政村水泥（沥青）路通达率100%，行政村班车开通率98.3%。

扎实推进城乡一体化综合配套改革试点工作。扩权强县、土地经营权流转、综合产权交易、“双置换”等改革稳步实施，累计流转土地72万亩，占承包耕地23%。万亩土地复垦、宅基地整理和整村推进新农村建设工程成为全国样板，新增耕地4万亩。“十镇百村”工程市级示范点扩大到152个，缩并自然村1028个，近8万农民转为市民。

【生态宜居城市建设】 2009年，合肥市继续推进重大基础设施建设，生态宜居城市建设迈出新步伐。区域综合交通枢纽建设加速推进。合肥火车站改造投入使用，合蚌、合福客运专线、铁路枢纽南环线及南客站等开工建设。新桥国际机场建设工程全面推进。派河熔安动力专用码头建成，合肥港综合码头一期工程进展顺利，巢湖及裕溪复线船闸开工建设。城市出入口进一步通畅便捷。长江西路、裕溪路、南北一号线等三座高架桥及轨道交通一号线试验段全面开工。滨湖新区建设全面推进，成为国家“城市生态建设示范区”。旧城改造与新区开发同步实施，畅通一环、改造二环等路桥工程加快推进，启动坝上街等重点区域改造工程；实施景观整治工程，重点整治建筑2915栋，老旧小区20万平方米，建筑立面280万平方米。城市生态环境加速提升。继续实施巢湖沿岸生态环境综合治理，完成一批重点河道主要截污工程，建成一批污水处理厂，日新增污水处理能力20.2万吨。启动城市景观水体治理试点，建立河道生态补水机制。加大扬尘污染控制和机动车尾气污染治理力度，全年空气质量优良天数317天，比上年增加56天。开展高压走廊等廊道绿化建设，新增城市园林绿地1.1万亩。

【改革开放】 合肥市改革开放继续以体制机制创新推动经济发展。围绕探索建立大部门体制、建设服务型政府，积极稳妥实施市级政府机构改革。推进市直机关公务员转任立法，建立交流轮岗长效机制。美菱、荣事达、氯碱、合钢等企业国有产权退出重组加速推进，市属化工企业整合重组深入实施。文化体制改革取得新突破，合肥报业集团挂牌，《合肥日报》正式创刊。招投标管理体制改革向纵深推进，全年各类交易项目3334个，交易额突破400亿元，增长69.9%。城市管理体制改革稳步推进，建筑垃圾运输车辆密闭改造和生活垃圾一级收运方式改革取得新进展。

招商引资取得新突破。作为核心城市，积极参与编制皖江城市带承接产业转移示范区建设规划。组建第六批招商小组391个，发挥“合肥之友”等招商平台作用，开展“阳光地产”、“阳光市场”及国有产权转让等系列推介活动。全年实现招商引资1040亿元，增长33%；实际到位外资13亿美元，增长8.4%。编制合肥经济圈和合淮同城化总体规划并付诸实施，与南京、南昌、佛山等地签署区域合作协议。加密国内航线、实现台北直航，开通首尔定期航班，扩大与奥斯纳布吕克市等国际友城的合作交流。

“大建设”再创辉煌

2009年，合肥大建设投资力度之大、开工项目之多、工程进度之快、社会反响之好，再创合肥城市建设历史新高。三年多的大建设，合肥写就壮丽的城建史诗，共完成“大建设”工程780项、在建工程257项，工程总投资930.06亿元，已完成584.25亿元。其中，2006年完成67项，完成投资17.1亿元；2007年完成237项，完成投资98.4亿元；2008年完成211项，完成投资206.4亿元。2009年合肥“大建设”投资力度继续加强：实施了522个项目，总投资704.8亿元，实际完成投资262亿元，再创新纪录。全市全年已完成新建、扩建道路67条、桥梁8座，在建道路56条、桥梁8座，工程总投资达320.4亿元，累计完成投资67.9亿元；桥梁20座（含在建项目中未开工的17座桥梁），投资约8亿元。高架桥、下穿桥、快速路、BRT、轨道交通一号线，路桥建设类型多样；长江西路高架桥、裕溪路高架工程及东二环路南段改造、南北高架一号线工程、“畅通一环”，路桥建设高潮迭起。合肥加快完善现代化滨湖大城市的道路骨干交通网络，立体化交通格局初步形成，“141”组团之间的联系更加密切，城市承载力、集聚力和辐射力明显加强！

水环境整治项目已完成12项、在建27项，工程总投资68亿元，2009年已完成投资15.6亿元。随着南淝河、板桥河、四里河、二十埠河、十五河的全面截污和综合治理，到年底，“不让市区一滴污水进入南淝河”目标即将实现，一条河就是一道绿色长廊，一条河就是一道风景线。

2006年“大建设”开展以来，合肥以综合交通工程、生态环境工程及公用事业工程等为重点，全面推进城市基础设施大建设。年底，已累计完成资金投入459亿元，超过“九五”、“十五”时期城市建设总投资的两倍多。完成730项城市建设工程。其中，路桥工程386项，水电气热等公用事业工程115项，生态环保工程169项，保障性住房和文教卫体公益性项目47项。全市新建城市道路354条（总长665公里），桥梁78座，部分路桥工程合计为一项，总计路桥工程386项；新增园林绿地面积1904.7公顷，城市绿化覆盖率、绿地率、人均公共绿地面积三项指标分别达到43.93%、38.91%和11.44平方米，均超园林城市标准，接近或部分超过生态园林城市标准；新铺设污水管网1027公里，污水日处理能力达75.2万吨，城市污水集中处理率达85%以上，在全国大中城市中名列前茅。

招商引资

【概况】 为积极应对全球金融危机，在危机中寻求招商契机，全市上下主动作为，提前谋划，进一步完善和创新工作机制体制，围绕重点产业、重点区域和重点活动，狠抓落实，全市招商引资呈现出持续较快增长的良好态势。全年累计实现招商引资1040亿元，同比增长33%；实际招商引资总量1163.5亿元。其中，省外资金777.4亿元，外资13亿美元，圆满完成年初确定的1037亿奋斗目标。

【完善招商机制】 在坚持市领导、市直部门、招商小组主动认领招商目标的基础上，建立健全市领导、分管部门与分管部门招商小组合并考核、评价机制，个人领衔、升级接力招商机制，招商小组与区域、专业招商结合机制，项目流转推荐机制，有效招商进一步增强。坚持月通报、季调度制度，加强对签约项目和招商线索跟踪，加快了线索落地和项目推进。完善招商信息管理系统、重要客商信息资源库、招商小组管理信息库、外来投资企业数据库，夯实了招商引资基础工作。

【优化引资结构】 全年工业实际引资428.9亿元，占全市招商引资总量的36.9%，同比增长1.1个百分点。工业八大主导产业到位资金269.9亿元，占工业实际引资总量的62.9%。现代服务业实际引资259.3亿元，占招商引资总量的22.3%，同比增长2.8个百分点。其中，金融业到位76.1亿元，物流业到位15.8亿元。

【重点产业招商】 全年累计引进亿元以上内资大项目158个，实际到位资金182.2亿元，新批合同外资在千万美元以上的外资大项目10个。积极开展重大项目产业链招商，京东方六代线带动了日立PDP、彩虹和中建材TFT-LCD玻璃基板等一批平板显示项目签约，吸引了法国液空、日本住友化学、法国威立雅水务等一批世界500强在内的国内外大型企业入驻。金融招商进展良好，先后有民生银行、汇丰银行、华厦银行、九江银行、中国进出口银行、高特佳、中盈盛达、中金担保等10余家金融机构开业或获批进驻，工总行后台服务中心正式开工。

【重点地区招商】 长三角、珠三角、北京地区实际到位资金657.3亿元，同比增长23%，占全市实际到位省外资金的84.5%。其中，来自北京地区的实际到位资金同比增长51.1%，首次超过浙江省位居第一。

【加强对外合作】 签订合肥-佛山经贸合作框架协议、宁合昌战略对接与合作备忘录，区域经济合作机制化、常态化。利用商会协会、使领馆等资源开展招商，会同英国驻沪领事馆在上海举办了招商推介会。充分利用中博会、对接会、家博会、央企对接会等展会，积极策划项目，主动对接合作。发挥“合肥之友”招商平台，先后在上海、绍兴、深圳、台湾、北京等地举办招商联谊活动。加强境内外招商推介，市级层面举办推介活动61场，县区层面举办推介活动153场。市招商局牵头接待重点客商152批次，上门拜访重点企业81批次。

【夯实队伍建设】 合肥市在组建招商小组、驻外联络处的基础上，从县区选派县级领导赴沿海及先发地区脱产驻点招商。扩大招商顾问队伍，组织招商顾问“合肥一日行”活动，与招商顾问的联系进一步密切。举办招商知识专题培训，招商干部素质进一步提高。

（市招商局综合计划处）

精神文明建设

【概况】 2009年，合肥市精神文明建设工作以科学发展观为指导，以提升城市公共文明指数为目标，扎实推进群众性精神文明创建活动，为合肥加速崛起营造积极向上的人文环境，提供强大的精神动力和思想保障。

市精神文明建设指导委员会办公室（简称市文明办）开展反腐倡廉制度建设巩固年活动，加强宣传，在巩固已有制度建设成果的基础上，把重点向薄弱环节延伸。

【文明城市创建】 合肥市委、市政府、市文明委以公共文明建设为载体，先后部署一系列重要举措，推进文明城市创建工作。7～9月，受中央文明办委托，国家统计局组织所属调查队对全国114个城市公共文明指数进行测评。8月20～22日，合肥市接受公共文明指数检查测评。10月11日，中央文明委公布测评结果，合肥市公共文明指数进入全国省会、副省级城市前15名（省会城市第10名），跻身全国第一方阵。

5月6日，合肥市委常委会议研究和部署创建全国文明城市、迎接城市公共文明指数测评工作。5月27日，市委市政府召开创建全国文明城市工作动员大会。6月9日，市文明委召开城市公共文明指数测评宣传教育工作会议，就做好全市宣传发动工作作出专项部署。6月18日，召开全市文明创建工作会议，为进一步推进城市公共文明建设鼓劲加压。6月25日，市文明委召开深化“文明交通”工作推进会，促进公共文明。7月20日，再次召开全市文明创建工作促进会议。通过多次推进，形成全市动员、全民参与、全社会共同创建的格局。

市文明委部署新闻媒体宣传、公益广告宣传等11项创建宣传工作任务，市直各新闻单位拿出主要新闻版面和时段作专题报道。市文明办在《江淮晨报》上刊载城市公共文明指数知识竞赛试题，印制6万份《关于欢迎广大市民积极反映城市公共文明建设有关问题的公告》、2万份道德模范学习宣传招贴画，张贴到各社区、居民小区和公共场所，提请市民群众关注城市公共文明建设，提高对道德模范的认知率。市文明办与市教育局设计制作

20万张“小手拉大手”答卷。市城乡建设管理部门印制10万份宣传册（画），在全行业尤其是在农民工群体中进行城市公共文明建设宣传教育。市区2800辆公交车车载电视上播放市民文明公约及公共文明指数测评内容。3200辆出租车在车体张贴公共文明建设公益广告，成为流动宣传车。市电信、移动、联通公司向市区手机、小灵通用户发送文明短信70多万条。市辖各区、开发区在公共场所按照20%比例设置公共文明建设公益广告。各级单位利用电子显示屏滚动播出城市公共文明建设公益广告。各区、街道依据全国城市公共文明指数测评内容，创作印制“明白纸”及宣传册60多万份，发送到千家万户，提高市民知晓率。

5月下旬，市文明办委托国家统计局合肥调查队对城市公共文明指数进行测评。测评范围包括4个城区和3个开发区。6月19日，市文明委将测评结果在新闻媒体上公布，接受社会监督和评判。

6月25日，为帮助文明创建基层一线工作人员准确了解和把握城市公共文明指数测评工作要领，市文明办举办公共文明指数测评工作培训班。各县区文明办负责人、乡镇、街道分管领导、社居委主要负责人等近1000人接受培训。

市公安交警加大对机动车、非机动车乱停乱行和行人乱穿行的执法管理力度，确保道路交通安全有序。城市管理部门延长清扫保洁作业时间，对城区主次干道和渣土运输线路全面实行冲洗作业，规范广告管理，遏制店外店现象，规范自行车停放，加大“牛皮癣”整治力度，严格控制各类商业促销宣传，确保市容市貌和环境卫生保持良好状态。市交通运管部门加强出租车行业管理和对驾驶人员教育，美化车容车貌，以一流的服务状态迎接测评检查。市园林管理部门对各公园广场设施、园容园貌进行排查治理，及时维护修复公园广场设施，治理不文明游园现象。市城乡建设管理部门加强对城市基础设施的维护和监管，保障公用设施功能完好。各级工会开展“迎国庆讲文明树新风”职工志愿服务行动，倡导良好社会风尚。市文化部门加强文化市场管理，尤其是加大对网吧的监管力度，严禁未成年人进入网吧，为青少年健康成长营造良好环境。市旅游管理部门加强对宾馆监督检查，促使其提供优质服务。全市公交、客运汽车站、火车站、机场等窗口单位开展形式多样的志愿服务及便民利民活动。

市文明委借助“12345”市长热线电话，受理涉及城市公共文明建设方面的投诉，对市民投诉的问题，严格实行派单销号制，要求各责任单位及时答复、切实整改、反馈结果，以取信于民，提高市民对城市公共文明建设的满意率。

从6月份开始，市文明委组成6个督查小组，每个星期对各区各部门开展一次督查调度，检查情况及时通过会议和简报的形式在全市进行通报。对通报的问题要求相关责任单位迅速拿出整改措施和落实整改方案，限期整改达标。对一些能够解决而又反复出现的问题，属人为主观因素的进行严格问责。

针对中央文明办部署开展的“迎国庆讲文明树新风”活动、道德模范评选表彰和学习宣传、社会志愿服务、未成年人思想道德建设特别是净化社会文化环境、“我们的节日”主题活动、爱国歌曲大家唱活动等重点工作，市文明办精心安排布置，确保各项审核材料内容完整齐全。

【“讲文明树新风”活动】 合肥市围绕迎接第四届中国中部投资贸易博览会和庆祝新中国成立60周年，深入城乡基层开展“讲文明树新风”系列活动，推进文明礼仪宣传、社会志愿服务、窗口行业文明服务、城乡环境和公共秩序整治、文明乡风建设和文化进社区等项工作，形成欢乐祥和的文明氛围。

组织开展“当好东道主，满意在庐州”文明礼仪知识培训和市民素质教育活动，邀请礼仪专家金正昆教授讲授政务礼仪知识，并在全市启动“百场市民综合素质”讲座活动。各县区、开发区和市直各部门广泛利用辖区学校、市民文明学校，运用报告会、演讲会、礼仪知识竞赛等形式，对辖区干部群众开展文明礼仪及市民综合素质教育活动。先后开办市民素质教育讲座1000余场次，10万多市民接受培训。市、区两级文明办共编印15万册“市民文明礼仪知识读本”和“市民文明学校简明教材”，免费发放到市民手中。

开展“百万市民不文明行为评议改”活动，通过组织群众评、发动群众议、教育群众改，使百万市民在自觉参与中逐渐摒弃随地吐痰、乱闯红灯、乱扔杂物等8类不文明行为。

开展“迎中博讲文明树新风”系列群众性文化活动，举办“快乐周末”、“送戏下乡”、征文演讲比赛等各类文化活动，将礼仪知识用歌曲、舞蹈、戏曲、书画、竞赛等形式展现出来，动员广大干部群众积极投身到“迎中博讲文明树新风”活动中去，进一步提升文明素养。

开展“我为中博会添光彩”志愿服务活动，经过层层选拔，确定1200名中博会志愿者，在十几所高校和出租车行业中确定2万余名志愿者，组织志愿者参加8轮“志愿者素质拓展培训”。志愿者秉承“我参与、我奉献、我快乐”的理念，纷纷走上街头，深入社区、学校、企业，向市民宣传志愿服务精神和“迎中博讲文明树新风”等相关知识，提供力所能及的帮助，传播文明，引领风尚。

组织市民广泛学习宣传合肥市2008年表彰的5类10名道德模范，以及2007年合肥市入选的全国道德模范徐辉。开展“百万市民讲道德评模范做好人”活动，层层推荐合肥市参评第二届全国道德模范候选人，统一印制6万份《公告》和3万份《道德模范文明先锋》宣传画，复印第二届全国道德模范评选选票73万张，发放到基层单位和社区，努力使评选过程成为引导群众学习道德模范、争当道德模范的过程。

9月20日是全国第七个“公民道德宣传日”，合肥市广泛开展公民道德宣传教育和实践活动，各县区、市直单位以及城乡基层围绕“迎国庆讲文明树新风、公民道德实践我先行”组织开展形式多样的主题实践活动。认真组织参加“第三届安徽省公民道德论坛”征文活动，全面提升公民道德水平。

广泛开展“我推荐、我评议身边好人”和月评精神文明“十佳事迹”活动，进一步掀起学习、宣传道德模范和身边好人的热潮，涌现一批“中国好人”和全省“十佳事迹”，同时做好身边各类先进典型的挖掘培育工作，及时发现、及时推荐身边的先进典型，努力形成浓郁的“学好人、做好事”的道德风尚。

组织开展第六届“走向文明”文艺巡演，到50个社区进行专场演出，深受居民欢迎。组织全市范围机关单位各行各业举办“红歌会”，大唱经典歌曲、爱国歌曲。

为庆祝新中国成立60周年，在全市组织开展“祝福祖国”文明公益短信创作和传递活动，全市干部群众积极参与，创作出一批优秀作品并广泛开展传递活动，抒发人民群众的爱国热情。

清明、端午两节，开展中小学生经典诵读活动，组织多种形式的文体活动。中秋节，开展创新活动、感人故事和最佳图片评选，促进广大市民对中国传统节日内涵的了解。

推行网格化管理，优化市容市貌。按照不留死角、不交叉重复原则，以城市社区为单位，将全市划分为302个城市管理网格。对每个网格实施定人、定责、定时、定岗、定标准，要求每个网格城管队员成为该区域创建工作的“信息员、宣传员、协调员、服务员、战斗员”，建立创建工作销号台账，全面完成辖区的“净化、序化、美化”职责。同时把区、街道和网格责任人的责任统一到一个网格内，实行责任连带，充分发挥区、街在城市管理中的主体和基础作用，以有效杜绝创建问题回潮反弹。

【“文明交通”活动】 合肥市开展系列“文明交通”活动，着力优化出行秩序。

市文明委印制60万份《致广大市民的公开信》广为张贴，倡导文明交通。灌制600盒录音磁带，出动300多台次宣传车，在市区设立100个街头宣传站点，开展为期10天的文明交通集中宣传教育活动。重点加强对党政机关、企事业单位车辆，公交车、出租车，大中小学生，建筑民工等“四类重点群体”进行文明交通宣传教育。印制30万份文明交通“小手拉大手”答卷发至大中小学生手中，广泛开展“小手拉大手·文明交通伴我行”活动，引导广大学生和家长自觉遵守交通规则。对建筑民工违规的，要求辖区街道（社居委）上门宣告，连续违规2次以上的，建筑施工单位负责人写出书面检查。对公交车、出租车连续2次违规的，要求市公交集团汽车队、出租车公司负责人写出书面检查。要求全市各级党政机关人员带头践行文明交通，为广大市民作表率。

开展认领认管示范路口活动，全市共安排80个示范路口、32条示范路段、85个示范公交站点，引领示范文明交通。2月至5月，共有141个省市区级党政机关、214个国家及省市区级文明单位、56所各类院校和230个企事业单位积极参与认领认管示范路口工作。在工作日早中晚3个时段、周末上下午2个时段，所有认领认管单位轮流安排4人到指定路口执勤，协助交警劝阻纠正不文明交通行为。累计有24万多名机关干部、学生、职工参与文明交通劝导活动。

市公安交警全警动员、全员上路、全面参战，科学安排勤务，实行弹性布警，在高峰站点、平峰巡线的基础上，抽调精干力量成立若干攻坚小分队，严治重管各类交通违法行为。文明交通集中整治期间，市区共查处各类交通违法行为45117起。市文明委以文件通报的形式，对被查处的“四类重点群体”交通违法行为进行曝光，收到较好的教育警示效果。通过文明交通集中整治，市区各类交通违法数量大幅下降，出行环境明显改善。

7~8月份，市文明委部署在主城区内32条主干道涉及到的城区、开发区均确定1名区级党政领导班子成员作为道路秩序管理总负责人。

市文明委部署各区、开发区，在1个星期内对主次干道以及人行道较宽的地方统一施划机动车、非机动车停放标志标线。全市新增机动车停放车位5000多个、非机动车停放车位若干个，进一步规范车辆停放。

【未成年人思想道德建设】 合肥市进一步净化社会文化环境，促进未成年人健康成长。

3月份，全省净化社会文化环境工作会议召开后，市委办公厅、市政府办公厅制定下发《关于进一步净化社会文化环境 促进未成年人健康成长的实施意见》，市文明委印发《合肥市关于进一步净化社会文化环境 促进未成年人健康成长的任务分工》，健全完善净化社会文化环境工作联席会议制度，建立由市文明办牵头，市网宣办、市教育局、市公安局、市文广新局、市卫生局、市工商局等15个部门参加的市净化社会文化环境工作联席会议，办事机构设在市文明办。市文明委还把净化社会文化环境工作纳入到创建文明城市、文明村镇、文明单位等群众性精神文明创建活动之中，纳入到创建未成年人思想道德建设工作先进城市、先进单位活动之中，作为评比考核的重要内容。各县区成立相应的领导机构和工作班子，确保人员、职责、经费落实。全市上下形成党委统一领导、党政群齐抓共管、文明委组织协调、有关部门各负其责、全社会共同参与的领导体制和工作机制。

市公安、文化部门用技术手段坚决堵住淫秽色情等违法有害信息在网吧的传播，依法坚决打击利用网吧制作、下载、复制、发布、传播淫秽色情等有害信息的行为。先后组织开展135次网上有害信息专项清理整治行动，申请封堵境外网站488个，删除淫秽色情信息597条，关闭淫秽色情网站99家，关闭淫秽色情论坛和栏目23块。在打击整治网络淫秽色情的“09亮剑”专项行动及整治互联网低俗之风专项行动中，坚决铲除淫秽色情网站利益链条。累计主侦刑事案件19起，立案17起，移送2起，破案17起，抓获犯罪嫌疑人21人。先后开展“热浪行动”、“天天行动”和集中执法季行动等，重点打击网吧、游戏厅接纳未成年人的违规行为。

在“五老”人员和团员青年中招募志愿者1426名，组建专门的网吧监督员，对网吧实行社会监督，及时制止未成年人进入网吧。开展“请家长向我举报、让未成年人远离网吧、让低俗读物走开”的“一请二让”活动。有关部门紧密协作，坚决取缔“黑网吧”，严防“黑网吧”向城郊结合部和农村地区转移。

建立互联网不良信息举报中心，委托“12345”市长热线电话全天候受理群众举报，广泛接受社会监督。全市各级文明办牵头组织开展文明办网、文明上网活动。市县区、部门联动，始终保持对淫秽色情等违法有害信息的高压态势，及时查处、严厉打击网络淫秽色情活动。坚持以严打促管理，积极主动侦办一批大要案件。市公安局网监支队实行24小时值班巡查，严密监控网上有害信息的传播。厘清网络接入服务商、网络广告商和第三方支付企业的法律责任，切断本地区网络违法犯罪活动利益链，严格互联网服务单位安全监管责任和管理制度、措施，规范互联网服务单位经营管理行为。

5月22日，在滨湖新区合肥师范附小举办安徽省暨合肥市中小学生“向国旗敬礼，做一个有道德的人”网上签名启动仪式。先后组织5万多名青少年学生参加全国百万青少年“我承诺：做一个有道德的人”网上签名活动，占全省青少年参加活动总数的一半以上。

开展净化荧屏声频工作。宣传部门严把片源审查和审片关口，保证播出的电视剧、影片和综艺类节目的思想性与趣味性能做到有机结合，杜绝对未成年人思想道德建设不利的内容播出。每遇重大的节庆日、纪念日，组织积极向上的影视节目，在黄金时段播放，帮助未成年人树立正确的人生观和价值观。

合肥电视台每年播出优秀动画节目500多小时，为广大未成年人提供大量有趣、有益的精神文化产品。其中新闻频道播出的少儿栏目《天天快乐》，获2008年度全国优秀动画栏目最高奖二等奖（一等奖空缺）。

中央电视台少儿频道于2004年1月1日在合肥市开通，同年3月完整转播少儿频道节目。合肥电视台《合肥新闻联播》2009年播出的有关未成年人思想道德建设稿件达140多条。合肥电台开办全国首家故事广播——合肥电台故事广播，每天播出各类青少年教育相关节目近4小时；开办《童话亮晶晶》、《城市在倾听》、《笑谈历史》、《男生宿舍》、《女生宿舍》等节目，以生动活泼方式关注未成年人思想道德建设工作；开办“绿色电波爱心助学行动”故事广播，先后带领听众中的家长代表和儿童代表走进长丰高阎村希望小学等多所农村小学。

市直有关部门联合行动，严禁在中小学校园周围开办电子游艺室、歌舞厅等娱乐场所，禁止在中小学校周围200米以内开办网吧和设立彩票投注站点，禁止在中小学校周围600米以内设立彩票专营场所，及时清理校园周边小报小刊摊点、音像制品店以及容易给学生造成不良影响的洗浴按摩场所和成人用品商店，坚决查缴宣扬色情、暴力的玩具、饰品。

市公安部门在大、中、小学共设立治安岗亭206个，派驻保安员702名，选派法制副校长或法制辅导员698名，安全检查2872次，整改隐患122处，立刑事案件566起，治安案件304起，查处率100%，净化学校周边的治安环境，确保学校周边秩序持续好转。

全市教育系统以中小学校为重点，集中清查学校周边的文化产品零售、租赁摊点、互联网上网服务营业场所，严厉查处危害未成年人健康成长的色情、恐怖、迷信类动漫图片、画册、书籍和音像制品等文化垃圾。全市共清查中小学幼儿园周边经营户4千余家，检查网吧634户次，依法取缔“黑网吧”24家，收缴电脑主机474台，限期整改11户；清理电子游戏机室（电玩城）315家，取缔47个，限期整改75个。

市文化、文联、科协等部门认真组织实施少儿文艺出版精品工程，组织创作生产优秀少儿歌曲、动漫、网络游戏、影视片、出版物等。宣传文化部门加强对少儿文艺和科普作品创作生产的引导，加大政策激励力度，鼓励作家、艺术家、科学家创作出版更多为不同年龄段未成年人喜闻乐见、益德益智的优秀作品，丰富未成年人的精神世界。大型校园剧《一二三齐步走》上演超过1000场，《特殊故事》上演超过600场。话剧《一条围巾》、《丰碑》和戏剧《大眼睛的企盼》、《山那边》等均演出多场。故事广播与科大讯飞联合研制的儿童智能玩具“魔法呱呱“全面上市，将265个精彩儿童故事以及寓教于乐的人生道理融入故事中，陪伴孩子健康快乐成长。创作的58集动画连续剧《黑脸大包公》登陆中央电视台。合肥市第四人民医院开设“3666930”心理咨询热线电话，铺就一条未成年人心理健康的空中桥梁。专门为未成年人心理健康设置《心理大课堂》，每月一期科普讲座，约640人次家长、老师参加听课。共青团与卫生部门联合开展“心理卫生志愿者阳光行动”，招聘28名心理卫生志愿辅导员，举办讲座40余场，听众达3万余人；开展《中学生网络成瘾流行病学调查及分层次干预》课题研究，被团中央确定为青少年和青少年工作研究课题重点项目。全市有市级爱国主义基地13个、区级爱国主义基地12个，对未成年人集体、个人参观全部免费开放。赖少其艺术馆、李鸿章享堂等单位也向未成年人免费开放。市少年儿童图书馆开办全国首家民工子弟图书馆及两所分馆，创办省内首家全英文少儿图书馆，成立省内首家汽车图书馆。开展多项深受少年儿童喜爱的有特色的道德实践活动，丰富青少年课外生活。

（张　明）

2009年度市政府各部门及有关单位获表彰情况

获奖单位	序号	奖项名称	颁奖单位	颁奖时间
市发改委	1	全省铁路建设先进集体	省政府	2010年4月
	2	全省发展改革系统先进单位	省发改委	2009年12月
市经信委	3	全省经济和信息化先进单位、项目谋划和推进重点项目建设先进单位、推进非公有制经济促进中小企业发展先进单位、信息化推进工作先进单位	省经信委	2010年1月
	4	省经信委系统政务信息工作先进单位	省经信委	2010年1月
市城乡建委	5	第四届中博会优秀集体奖	省政府	2009年6月
	6	全省建设系统第二届文明单位	省建设厅	2009年6月
市教育局	7	全国群众体育先进单位	国家体育总局	2009年9月
	8	各市教育局主要工作目标管理考核先进单位	省政府教育督导团、省教育厅	2010年3月
市科技局	9	省科技型中小企业技术创新基金工作先进单位	省科技厅、财政厅	2010年3月
	10	全省科技政务信息报送工作先进单位	省科技厅	2009年12月
	11	高新技术企业认定管理工作先进集体	省高新企业认定管理工作领导小组	2009年12月
市民委（宗教局）	12	全省民族工作先进单位、全省民族宗教信息工作先进集体	省民委（宗教局）	2010年1月
市公安局	13	第四届中博会优秀集体奖	省政府	2009年6月
	14	推进与央企合作发展组织工作贡献奖	省政府	2010年4月
	15	全省卷烟打假先进集体	省委政法委、省烟草专卖局	2009年5月
市监察局	16	农村党风廉政建设工作联系点先进单位	中纪委党廉室	
	17	全省纪检监察信息工作优秀单位	省纪委办公厅	2010年3月
	18	全省规划效能监察工作先进集体	省住房和城乡建设厅、监察厅	2009年6月

获奖单位	序号	奖项名称	颁奖单位	颁奖时间
市民政局	19	全国贯彻实施居民委员会组织法先进单位	民政部	2009 年 12 月
	20	全省爱国拥军模范单位	省委、省政府、省军区	2010 年 1 月
	21	全省和谐社区建设先进单位	省委、省政府	2010 年 2 月
	22	全省村务公开民主管理先进单位	省村务公开工作领导小组	2009 年 10 月
市司法局	23	年度重要工作开展情况民主测评第一名	省司法厅	2010 年 4 月
市财政局	24	全省和谐社区建设先进单位	省委、省政府	2010 年 2 月
	25	全省农村财政管理工作综合考评一等奖	省财政厅	2010 年 4 月
	26	省科技型中小企业技术创新基金工作先进单位	省科技厅、财政厅	2010 年 3 月
	27	高新技术企业认定管理工作先进集体	省高新企业认定管理工作领导小组	2009 年 12 月
	28	全省农村财会人员财政支农政策培训工作考评一等奖、全省 2008 – 2009 年财政补贴农民资金管理和“一卡通”打卡发行工作考核一等奖、全省会计管理工作考核二等奖、政法转移支付资金和项目管理工作考核二等奖	省财政厅	2010 年 1 月
	29	第二次全国经济普查省级先进集体	省第二次全国经济普查领导小组	2010 年 3 月
市人力资源和社保局	30	全国清理整顿人力资源市场秩序专项行动取得突出成绩单位	人社部、公安部、工商总局办公厅	2009 年 6 月
市交通运输局	31	全省交通运输系统先进单位	省交通运输厅	2010 年 1 月
	32	全国公路水路运输量专项调查省级先进单位	省交通运输厅	2009 年 11 月
	33	2009 年农村公路村村通工程考核全省并列第一	省交通运输厅、省民生办	2010 年 6 月
	34	全省农村公路综合检查评比二等奖	省交通运输厅	2010 年 2 月
	35	第二次全国经济普查省级先进集体	省第二次全国经济普查领导小组	2010 年 3 月
市水务局	36	省水利发展目标考核优秀等次	省水利厅	2010 年 1 月

获奖单位	序号	奖项名称	颁奖单位	颁奖时间
市商务局	37	第四届中博会活动组织奖	省政府	2009 年 6 月
	38	全省利用外资统计工作先进单位	省商务厅	2010 年 5 月
	39	全省市场运行监测工作先进单位	省商务厅	2010 年 3 月
市文广局	40	全省广播影视重点工作目标考核最佳奖	省广播电影电视局	2010 年 1 月
	41	市新闻出版局目标管理考核综合优秀等次	省新闻出版局	2010 年 1 月
	42	全省乡镇综合文化站建设考核优秀奖	省文化厅	2010 年 1 月
	43	全省开展农家书屋读书征文活动优秀组织奖	省新闻出版局	2009 年 7 月
市卫生局	44	全省卫生工作目标考核优秀单位、实施卫生民生工程优秀奖	省卫生厅	2010 年 1 月
市审计局	45	全省审计机关“审计创新年”活动先进集体	省审计厅	2010 年 1 月
	46	全省审计系统党风廉政建设先进单位	省审计厅	2009 年 5 月
	47	全省审计信息化工作先进单位	省审计厅	2009 年 12 月
市规划局	48	第四届中博会优秀集体奖	省政府	2009 年 6 月
	49	全省建设系统第二届文明单位	省建设厅	2009 年 6 月
	50	全省规划效能监察工作先进集体	省住房和城乡建设厅、监察厅	2009 年 6 月
市城管局	51	第四届中博会优秀集体奖	省政府	2009 年 6 月
	52	全省建设系统第二届文明单位	省建设厅	2009 年 6 月
市环保局	53	全省环保系统 2009 年度工作目标考核二等奖	省环保厅	2010 年 2 月
市外侨办	54	全国侨办系统先进集体	人社部、国务院侨办	2009 年 12 月
市房产局	55	全国住房城乡建设系统创建文明行业示范点单位	住房和城乡建设部文明办	2009 年 12 月
	56	全省住房保障工作先进单位	省住房和城乡建设厅	2010 年 2 月

获奖单位	序号	奖项名称	颁奖单位	颁奖时间
市体育局	57	全国群众体育先进单位	国家体育总局	2009 年 9 月
	58	2009 年全民健身活动优秀组织奖	国家体育总局	2009 年 12 月
	59	省辖市体育工作考核先进单位	省体育局	2010 年 1 月
	60	2009 年度体育彩票工作先进单位、体育彩票销售特别贡献奖	省体育局	2010 年 1 月
市统计局	61	第二次全国经济普查先进集体	国务院第二次全国经济普查领导小组	2010 年 1 月
	62	全省残疾人就业工作先进集体	省政府残疾人工作委员会	2010 年 4 月
	63	全省统计工作综合考核评比一等奖	省统计局	2010 年 1 月
市安监局	64	全国安全监管监察先进单位	安监总局、国家煤矿安监局	2010 年 1 月
	65	全国安全生产月活动优秀单位	全国安全生产月活动组委会	2009 年 9 月
市物价局	66	全国价格监管服务先进集体	国家发改委	2009 年 12 月
	67	全省价格监管服务先进集体	省物价局	2009 年 12 月
	68	各市价格工作目标任务考核第一名	省物价局	2010 年 2 月
	69	全省价格系统价格政务信息工作先进集体	省物价局	2009 年 12 月
	70	全省价格监测工作先进集体	省物价局	2010 年 3 月
市旅游局	71	第四届中博会优秀集体奖	省政府	2009 年 6 月
	72	2009 年安徽旅游服饰展示会优秀组织奖	省旅游局	2009 年 8 月
	73	“皖北风——百团万人游皖北”活动特别贡献奖	省旅游局	2009 年 12 月
市法制办	74	全国行政复议工作先进集体	人社部、国务院法制办	2009 年 1 月
市人防办	75	全省人防工作目标管理先进单位	省人防办	2010 年 1 月
	76	全省人防宣传报道先进单位	省人防办	2009 年 12 月

获奖单位	序号	奖项名称	颁奖单位	颁奖时间
市国税局	77	全国税务系统先进集体	人社部、国家税务总局	2009 年 12 月
	78	全省国税系统目标管理考核优秀等次	省国税局	2010 年 3 月
	79	高新技术企业认定管理工作先进集体	省高新企业认定管理工作领导小组	2009 年 12 月
市地税局	80	税务系统全国文明单位	国家税务总局	2009 年 3 月
	81	全省残疾人就业工作先进集体	省政府残疾人工作委员会	2010 年 4 月
	82	全省地税系统装备后勤工作先进单位	省地税局	2010 年 1 月
	83	全省地税信息工作先进集体	省地税局	2010 年 3 月
	84	省地税系统税收法制工作先进单位	省地税局	2010 年 4 月
	85	全省国际（涉外）地方税收工作先进单位	省地税局	2010 年 2 月
	86	全省地税系统争先创优优秀单位	省地税局	2010 年 3 月
	87	高新技术企业认定管理工作先进集体	省高新企业认定管理工作领导小组	2009 年 12 月
市工商局	88	全省工商行政管理系统目标考核优秀单位	省工商局	2010 年 1 月
市质监局	89	全省质监系统先进集体	省人社厅、省质监局	2010 年 1 月
	90	全省质监系统目标管理考核优秀单位	省质监局	2010 年 2 月
市行政服务中心	91	全国三八红旗集体	全国妇联	2009 年 9 月
市粮食局	92	全省粮食清仓查库工作先进单位	省粮食清仓查库领导小组	2009 年 9 月
	93	全省市县储备粮落实年活动先进单位	省粮食局	2010 年 3 月
	94	全省粮油信息关注先进单位	省粮食局	2010 年 3 月
	95	全省粮食物流设施建设年活动先进单位	省粮食局	2010 年 3 月
	96	全省粮食产业化工作先进单位	省粮食局	2009 年 12 月

获奖单位	序号	奖项名称	颁奖单位	颁奖时间
市招商局 市地震局	97	第四届中博会活动组织奖	省政府	2009 年 6 月
	98	全省防震减灾工作综合评比第一名	省地震局	2010 年 3 月
市机关事务管理局	99	第四届中博会活动组织奖	省政府	2009 年 6 月
	100	全省机关事务管理和接待系统先进集体	省人社厅、省管局、省接待办	2010 年 1 月
市供销社	101	全省供销社先进市级供销社特等奖	省供销社	2010 年 4 月
市残联	102	全省残疾人就业工作先进集体	省政府残疾人工作委员会	2010 年 4 月
	103	2009 年度残疾人工作先进单位	省残联	2010 年 1 月
市投融资管理中心	104	第四届中博会活动组织奖	省政府	2009 年 6 月
市地方志办公室	105	省辖市地方综合年鉴工作先进单位 第四届全国年鉴编纂出版质量评比综合奖一等奖	省地方志办公室 中国出版工作者协会年鉴工作委员会	2010 年 1 月

党政机关负责人名录

（2010 年 7 月）

一、市级领导

孙金龙　省委常委，合肥市委书记

吴存荣　市委副书记，市政府市长、党组书记

熊建辉　市委副书记，市委党校校长

杜平太　市委常委，市滨湖新区建设指挥部指挥、办公室主任、党工委书记，市巢湖风景名胜区管委会主任、党组书记

安　列　市委常委，市委秘书长

张晓麟　市委常委，市政府副市长、党组副书记

杨思松　市委常委，市委政法委书记

林存安　市委常委，市委宣传部部长

雍成瀚　市委常委，市纪委书记

凌　云　市委常委，市委组织部部长

魏晓明　市委常委，市政府副市长、党组成员

张　进　市委常委，市委统战部部长，市政协党组成员

司久水　市委常委，合肥警备区司令员、党委副书记

刘烈东　市委常委，市政府副市长、党组成员（挂职）

黄同文　市人大常委会主任、党组书记

杜昌寿　市人大常委会副主任、党组副书记

邹吉昌　市人大常委会副主任、党组副书记，市人大法制委员会主任委员

陈　栋　市人大常委会副主任，九三学社中央委员、安徽省委常委、合肥市委主委，省政协常委，合肥一中校长

谢　刚　市人大常委会副主任、党组成员

梁　虹　市人大常委会副主任、党组成员

郭　超　市人大常委会副主任、党组成员

杨增权　市政府副市长

卢仕仁　市政府副市长、党组成员

李　红　市政府副市长、党组成员

江　洪　市政府副市长、党组成员
高维岭　市政府副市长（挂职）

董昭礼　市政协主席、党组书记
汪庭干　市政协副主席、党组副书记
盛志刚　市政协副主席、党组副书记
王世清　市政协副主席，民建安徽省委副主委、合肥市委主委，省政协常委
王明杰　市政协副主席、党组成员
储昭平　市政协副主席，农工党安徽省委副主委、合肥市委主委
李晓梅　市政协副主席，民革安徽省委副主委、合肥市委主委
程晓舫　市政协副主席，致公党中央委员、安徽省委副主委、合肥市委主委，中国科学技术大学图书馆馆长、教授、博士生导师
倪建华　市政协副主席、党组成员
郭本道　市政协副主席、党组成员
杨治茂　市政协副主席、党组成员

丁明德　合肥警备区政治委员、党委书记

孙志刚　市委督查组组长
张长淮　市委党校常务副校长，市政府副秘书长

许　建　市中级人民法院院长、党组书记
满铭安　市人民检察院检察长、党组书记

李　兵　合肥高新技术产业开发区管委会主任、党工委书记

程　瀚　合肥市公安局局长、党委书记

陶登松　合肥学院党委书记
蔡敬民　合肥学院院长、党委副书记
郑永红　合肥学院副院长、党委委员
陈　啸　合肥学院副院长、党委委员
丁　明　合肥学院副院长、党委委员

二、县区

杨宏星　肥东县委书记、县人大常委会主任
路　军　肥东县委副书记、县长
阚延平　肥东县人大常委会副主任、党组书记
杨炳华　肥东县政协主席、党组书记
陈晓波　肥西县委书记、县人大常委会主任
李海鹰　肥西县委副书记、县长
张志林　肥西县人大常委会副主任、党组书记
孙明权　肥西县政协主席、党组书记
操云河　长丰县委副书记、县长
钱久邦　长丰县人大常委会副主任、党组书记
曹光忠　长丰县政协主席、党组书记
汪德满　瑶海区委书记、区人大常委会主任
常业军　瑶海区委副书记、区长
袁贤祥　瑶海区人大常委会副主任、党组书记
郝敬勉　瑶海区政协主席、党组书记
韦　弋　庐阳区委书记、区人大常委会主任
吴　劲　庐阳区委副书记、区长
武永新　庐阳区人大常委会副主任、党组书记
任传英　庐阳区政协主席、党组书记
阮永兴　蜀山区委书记、区人大常委会主任
张　健　蜀山区委副书记、区长
骆克海　蜀山区人大常委会副主任、党组书记
包德中　蜀山区政协主席、党组书记
周善武　包河区委书记、区人大常委会主任
胡启生　包河区委副书记、区长
姚本柱　包河区人大常委会副主任、党组书记
汪世友　包河区政协主席、党组书记

三、市直单位

周阿成　市人大秘书长、市人大党组成员
孙邦林　市人大常委，市人大副秘书长、市人大法制委员会副主任委员、市人大财政经济工作委员会（预算工作委员会）主任
王先进　市人大常委，市人大副秘书长、市人大法制委员会副主任委员、市人大法制工作委员会主任
刘观宝　市人大常委、副秘书长，市人大办公厅主任
董积仁　市人大常委，市人大内务司法工作委员会主任
戴昭运　市人大常委，市人大农业与农村工作委员会主任
阚道英　市人大常委，市人大城乡建设环境与

资源工作委员会主任
刘新生 市人大常委，市人大教育科学文化卫生工作委员会主任
张东平 市人大常委，市人大人事代表选举委员会主任
金小燕 市人大常委，市人大民族宗教侨务外事工作委员会主任
汪 洋 市人大常委会研究室主任

华 艾 市政协秘书长、党组成员
袁文长 市政协常委、副秘书长，办公厅主任
方 勇 市政协常委、副秘书长、经济委员会主任
张文谊 市政协常委、副秘书长、提案委员会主任
石新民 市政协常委、人口资源环境委员会主任
刘正亚 市政协常委、副秘书长，教科文卫委员会主任
刘大银 市政协常委、副秘书长、社会法制委员会主任
戴 健 市政协常委、副秘书长、文史资料委员会主任
汪 杰 市政协常委、民族宗教委员会主任
王俊杰 市政协常委、港澳台侨联络委员会主任，省侨联副主席

王文涛 市委政法委副书记、市综治办主任
陆忠敬 市委政法委副书记、市 610 办公室主任
于正金 市委副秘书长、市委政策研究室主任
蒋 烽 市直机关工委书记
孔向阳 市政府秘书长、市政府党组成员、市政府办公厅党组书记
王予安 市政府副秘书长，市政府办公厅主任、办公厅党组副书记
王厚亮 市发展和改革委员会主任、党组书记
王文松 市经济和信息化委员会主任、党委书记
何 杰 市农业委员会主任、党组书记
常先米 市城乡建设委员会主任、党委书记
方东玲 市教育局局长、党委书记
朱 策 市科技局局长、党组书记，合肥高新技术产业开发区管委会副主任
程耀广 市民委主任（宗教局局长）、党组书记
余小平 市纪委常务副书记，市监察局局长
方东屏 市民政局局长、党委书记
沈自怀 市司法局局长、党委书记兼合肥市上张圩农场党委书记、义城监狱政委
陈 军 市财政局局长、党组书记，市金融工作办公室（市投融资管理中心）副主任
李 平 市金融工作办公室（市投融资管理中心）主任
郭苏梅 市委组织部副部长，市机构编制委员会办公室主任
朱正跃 市人力资源和社会保障局局长、党组书记
王贤泰 市交通运输局局长、党委书记
徐春雷 市水务局局长、党组书记
洪家友 市林业和园林局局长、党组书记
王 节 市委宣传部副部长，市文化广电新闻出版局局长、党组书记，市电视台台长
陈社新 市卫生局局长、党委书记
查 凯 市人口和计划生育委员会主任、党组书记
吴利林 市审计局局长、党组书记
王爱华 市规划局局长、党组书记兼市规划设计研究院党委书记
邓真晓 市委宣传部副部长，市文明办主任，市城市管理局局长、党组书记
李 军 市环境保护局局长、党组书记
蓝 天 市商务局局长、党组书记
李 殊 市体育局局长、党组书记
凌 明 市统计局局长、党组书记
方正杰 市安全生产监督管理局局长、党组书记
张 林 市物价局局长、党组书记
胡宏同 市畜牧水产局局长、党组书记
张世军 市粮食局局长、党组书记
桑林兵 市旅游局局长、党组书记
秦继平 市委副秘书长，市政府副秘书长，市委、市政府信访局局长、党组书记
李 虹 市人民政府法制办公室主任、党组

书记
朱明峰　市政府国有资产监督管理委员会主任、党委副书记
张　琪　市政府国有资产监督管理委员会党委书记
张　炜　市房产局局长、党组书记
周大跃　市人民防空办公室（民防局）主任（局长）、党组书记
马谟荣　市委组织部副部长，市委老干部工作局局长
徐延安　市委台湾工作办公室（市政府台湾事务办公室）主任
高晓光　市政府政策研究室主任、市政府咨询委员会办公室主任
翟新明　市供销社主任、党组书记
董吉华　市档案局（档案馆）局长（馆长）
王家贵　市委党史研究室主任
李　军　市委副秘书长，市委办公厅主任，市机关事务管理局（市委、市政府接待办）局长（主任）、党组书记
张向东　合肥报业传媒集团党委书记、总编辑
孙良鸿　市招商局局长、党组书记
杨　伟　市重点工程建设管理局局长、党组书记
张　立　市地震局局长、党组书记
胡玉兰　市地方志办公室主任、党组书记
李民安　市残疾人联合会理事长、党组书记
高国忠　市国土资源局局长、党组书记，市土地储备中心主任、党组书记
耿延强　市招标投标市场管理委员会办公室主任、党组书记
姚卫东　合肥经济技术开发区管委会第一副主任、党工委书记，市政协常委
李武好　合肥新站综合开发试验区管委会第一副主任、党工委书记
梅国胜　市政务文化新区指挥部办公室主任、党工委书记
朱达利　市政府副秘书长，市行政服务中心常务副主任、党工委副书记
周运启　市政府副秘书长、驻北京联络处（北京招商处）主任
叶和章　市总工会主席、党组书记，市人大常委

吴娅娟　共青团合肥市委书记、党组书记
江　玲　市妇联主席、党组书记
周要武　市科协主席、党组书记
王　浩　市委宣传部副部长，市文联党组书记、副主席
夏毓平　市委宣传部副部长、市社会科学界联合会主席（市委讲师团团长）
汪达升　市委统战部副部长，市工商联党组书记、副主席
汤莉萍　市纪委副书记
张　平　市纪委副书记
李学明　市委组织部常务副部长
胡守祝　市委宣传部常务副部长

孟凡农　市纪委常委、市监察局副局长
刘　浏　市纪委常委、市纪委秘书长
杜亚宏　市纪委常委
舒世勇　市纪委常委
赵鹏程　市纪委常委

刁文静　市仲裁委员会秘书处秘书长

袁开平　市中级人民法院副院长、党组成员、正县级审判员
徐淑萍　市中级人民法院副院长（挂职），安徽大学法学院副院长、教授、博士生导师
唐义干　市中级人民法院副院长、党组成员
陶有军　市中级人民法院副院长、党组成员
宋益群　市中级人民法院纪检组长、党组成员

陈　峰　市人民检察院副检察长、党组成员
黄世斌　市人民检察院副检察长、党组成员
吴作群　市人民检察院副检察长、党组成员
卢　锋　市人民检察院副检察长
王　静　市人民检察院纪检组长、党组成员
童兴芝　市人民检察院政治部主任、党组成员
闫丹慧　市人民检察院党组成员，合肥高新技术产业开发区检察院检察长
黄　欣　市人民检察院党组成员、反贪污贿赂局局长

方　明　市老龄工作委员会办公室常务副主任

四、市委、市人大、市政府、市政协副秘书长

刘锡成　市委副秘书长
曹寿林　市委副秘书长
毛万里　市委副秘书长
司胜平　市委副秘书长

司盛宽　市人大常委、副秘书长
李国玲　市人大常委、副秘书长

项贤峻　市政府副秘书长、办公厅党组成员
刘国华　市政府副秘书长、办公厅党组成员
张维宏　市政府副秘书长、办公厅党组成员
柴修发　市政府副秘书长、办公厅党组成员
李博平　市政府副秘书长、办公厅党组成员
赵立东　市政府副秘书长（挂职）

桑任凤　市政协常委、副秘书长，民革市委副主委
周吉人　市政协常委、副秘书长，民盟市委副主委、省委委员，省民盟法制委员会副主任，市海联会常务理事
高庆云　市政协常委、副秘书长，民建市委副主委、省委委员
韩一民　市政协常委、副秘书长，民进市委副主委、省委委员
金维平　市政协副秘书长、市科协副主席
贾东明　市政协常委、副秘书长，市工商联副主席
李嘉华　市政协副秘书长

五、各民主党派、工商联主委（主席）

李晓梅　民革合肥市委主委
张雪平　民盟合肥市委主委
王世清　民建合肥市委主委
安　岚　民进合肥市委主委
储昭平　农工民主党合肥市委主委
程晓舫　致公党合肥市委主委
陈　栋　九三学社合肥市委主委
陈先保　市工商业联合会主席
汪达升　市工商业联合会党组书记、副主席

大 事 记

1月

1日 2009年合肥市首批15项城建重点工程举行开工典礼。省委书记、省人大常委会主任王金山，省委副书记、省长王三运，省委常委、市委书记孙金龙，省委常委、秘书长詹夏来，副省长倪发科，市委副书记、市长吴存荣，市政协主席董昭礼，市委常委、秘书长安列，市委常委、常务副市长张晓麟，市人大常委会副主任梁虹，副市长李红，市政协副主席王世清等出席典礼。王三运宣布首批工程开工。

3日 世界500强企业ABB公司在肥投资的配电变压器和组件生产项目、安徽合力股份有限公司研发中心等7个新项目，美的集团华凌大冰箱、伟世通汽车零部件等8家企业的重点项目分别在经济技术开发区举行开工、投产仪式。省委常委、市委书记孙金龙宣布项目开工、投产。市委副书记、市长吴存荣，市人大常委会主任黄同文，市政协主席董昭礼，市委常委、秘书长安列，市委常委、常务副市长张晓麟，合肥海关副关长贾江等出席项目开工、投产仪式。

4日 省委书记、省人大常委会主任王金山在省委常委、市委书记孙金龙，省委常委、秘书长詹夏来，省委常委、省总工会主席王秀芳，省委副秘书长、办公厅主任闵光辉，市委副书记、市长吴存荣，市委常委、秘书长安列等陪同下前往瑶海区、肥东县长临河镇看望慰问部分劳动模范、困难群众和五保老人。

省委常委、常务副省长孙志刚一行来肥检查第二次全国经济普查开展情况。

合肥首只海洋生物——小斑鲨在合肥汉海极地海洋世界诞生。

5日 省委常委、市委书记孙金龙在省委办公厅副主任、省委保健委专职副主任沈干和市委副书记熊建辉，市委常委、秘书长安列，市委常委、组织部长凌云，市委常委、合肥警备区政委许立华，市人大常委会副主任杜昌寿，副市长顾斌，市政协副主席倪建华及有关部门负责人的陪同下前往合肥市的社区、农村，企业、驻肥军事院校和金融机构走访慰问劳动模范、困难群众、企业干部职工、军校师生和金融从业人员。

6日 中国人民政治协商会议合肥市第十二届委员会第二次会议在市政务中心大会堂隆重召开。省委常委、市委书记孙金龙，市委副书记、市长吴存荣，市人大常委会主任黄同文，市委副书记熊建辉等和来自全市各条战线的459名委员一起出席开幕式。9日，大会举行闭幕式。增选郭本道、杨治茂为十二届市政协副主席。

7日 合肥市十四届人大二次会议在市政务中心大会堂隆重开幕。375名市人大代表参加大会。市十四届人大常委会主任黄同文主持会议，合肥市人民政府市长吴存荣作市人民政府工作报告。10日，大会举行闭幕式。郭超当选为市第十四届人民代表大会常务委员会副主任。

2009年安徽省首个外资大项目——合肥百货大楼集团股份有限公司与意大利梦尼特公司举行合作签约仪式。省委常委、市委书记孙金龙，副省长文海英，省政府副秘书长、参事室主任邱江辉，省直有关部门负责人王泽平、张光建和市委副书记、市长吴存荣，市人大常委会主任黄同文，市政协主席董昭礼，市委常委、秘书长安列，市委常委、宣传部长林存安，市委常委、副市长魏晓明等出席签约仪式。意大利梦尼特公司执行总裁安德烈·奥依塔那与合肥百大集团董事长郑晓燕代表双方签约。

市委副书记、市长吴存荣会见来肥接洽第四届中部博览会相关事宜的香港贸易发展局华东、华中首席代表钟永喜先生一行。

8日 省委常委、市委书记孙金龙接受包括

《人民日报》等在内的中央、香港主流媒体驻皖新闻单位及省市新闻单位35家媒体记者组成的“保增长促发展·合肥行”的集中采访。市委副书记熊建辉出席，市委常委、宣传部长林存安主持集中采访活动。

“滨湖·春晓”中小企业发展集合资金信托计划正式发行。省委常委、市委书记孙金龙，省银监局局长余龙武，中国人民银行合肥中心支行副行长陶诚，中国工商银行安徽省分行副行长朱文信，省政府金融办副主任何昌顺和市委常委、秘书长安列，市委常委、副市长魏晓明等出席发行仪式并为产品发行鸣锣。市委副书记、市长吴存荣出席并讲话。

市委副书记、市长吴存荣会见来肥进行国际金融危机的影响及对策交流的国家发改委对外经济研究所所长张燕生、国务院发展研究中心发展战略和区域经济研究部部长张军扩一行。

11日 合肥北城文化旅游商务项目招商推介会暨首届生态住宅交易会在长丰县双墩镇境内的合肥北城核心区举行。省委常委、市委书记孙金龙宣布开幕。省旅游局副局长时林华，市委副书记、市长吴存荣，市委常委、秘书长安列，市委常委、常务副市长张晓麟，市人大常委会副主任谢刚等出席开幕式。

14日 省委书记、省人大常委会主任王金山与省十一届人大二次会议合肥代表团成员一起审议省长王三运所作的《政府工作报告》。省委常委、市委书记孙金龙主持会议。

省会经济圈城市交流与合作座谈会在肥召开。省委常委、市委书记孙金龙出席会议并讲话。省发改委主任沈卫国，巢湖市委书记夏望平，安庆市委书记朱读稳，淮南市委书记杨振超，六安市委书记汤林祥，滁州市市长缪学刚先后发言。市委副书记、市长吴存荣主持座谈会。

15日 合肥百大客户年会暨滨湖新区项目推介会。省委常委、市委书记孙金龙出席会议并讲话。市委常委、秘书长安列出席。合肥百大集团董事长郑晓燕致辞。

由芯硕半导体公司研制生产的国内首台拥有自主知识产权的亚微米光刻机举行下线仪式。市委副书记、市长吴存荣，副市长杨增权出席仪式。

16日 “安徽省暨合肥市2009年佳节购物季”活动启动仪式在肥举行。省人大常委会副主任郭万清、副省长文海英、省商务厅厅长于勇、副市长张进以及省市相关部门负责人、企业员工代表等参加启动仪式。

已被列入省、市重点文化工程的长篇电视连续剧《坝上街》在肥西县三河镇举行开机仪式，市委常委、宣传部长林存安，副市长杨增权为开机仪式揭幕。

18日 省委常委、市委书记孙金龙和市委常委、常务副市长张晓麟率领市有关部门负责人前往江汽集团轿车生产基地等工业企业调研全市工业经济发展情况。

19日 省委常委、市委书记孙金龙在市委常委、秘书长安列，副市长卢仕仁等陪同下前往庐阳区百帮创业服务中心、市社会保险征缴中心、市医疗保险管理中心和市就业服务管理中心等地就做好就业和社会保障工作进行调研。

省委常委、市委书记孙金龙在副市长李红的陪同下率市建委、园林局和重点局等部门负责人对长江中路绿化进行专题调研。

20日 合肥供水集团有限公司被中央文明委授予“全国文明单位”光荣称号。

19～20日 中共中央政治局委员、国务院副总理张德江来肥视察安徽叉车集团公司和江淮汽车集团公司。省委书记王金山，省长王三运，国家安监总局局长骆琳，省委常委、市委书记孙金龙，省委常委、秘书长詹夏来，副省长黄海嵩，省政府秘书长方宁，国务院有关部门负责人和市委常委、秘书长安列，市委常委、常务副市长张晓麟等陪同。

21日 合肥解放60周年之际，省委常委、市委书记孙金龙发表电视讲话。

22日 副省长文海英率省商务厅、省工商局、省食品药品监督管理局、省质检局等部门负责人来肥检查部分农贸市场和大型超市。副市长张进陪同。

23日 市委副书记、市长吴存荣率合肥市商务代表团赴日本考察日本大尺寸等离子平板显示器产业发展情况并寻求发展合作的机会。

26日 省委书记、省人大常委会主任王金山前来合肥市看望慰问坚守岗位的一线干部职工，向他们致以节日的问候和新春的祝福。省委常委、市委书记孙金龙，省委常委、政法委书记徐立全，省委常委、省委秘书长詹夏来陪同。

31日 中共中央政治局委员、国务院副总理回良玉在省委书记、省人大常委会主任王金山，省委副书记王明方，省委常委、市委书记孙金龙，省委常委、省委秘书长詹夏来等陪同下来肥视察城市基础设施和滨湖新区建设。市委副书记、市长吴存荣，市人大常委会主任黄同文，市政协主席董昭礼，市委副书记熊建辉，市委常委、滨湖新区建设指挥部指挥杜平太等先后随行。

2月

1日　省委常委、市委书记孙金龙在副市长李红陪同下率市建委、规划局、重点局等部门负责人看望参与合肥“大建设”工程设计的部分单位员工。

省委常委、市委书记孙金龙，市委副书记、市长吴存荣会见来肥察工作的中国航空工业集团公司资本运营部总裁、江西昌河汽车股份公司董事长、党委书记李耀，昌河公司总经理周世宁一行。

省委常委、市委书记孙金龙会见中国南方机车车辆工业集团公司党组副书记、副总裁张军，中国节能公司无锡公司总经理查正发一行。市委常委、常务副市长张晓麟等参加会见。

市委副书记、市长吴存荣在市委常委、副市长魏晓明，副市长杨增权陪同下率市发改委、市创新办、市科技局等8个市直部门负责人前往高新区、合肥昌河汽车有限公司调研自主创新工作暨示范区建设情况。

2日　省委常委、市委书记孙金龙与市政协主席董昭礼，市委副书记熊建辉，市委常委、秘书长安列，副市长张进等一道专程看望各民主党派和工商联负责人。

3日　省委常委、市委书记孙金龙，市委副书记、市长吴存荣会见马钢集团公司总经理、马钢股份公司董事长顾建国，马钢股份公司总经理苏鉴钢一行。市委常委、秘书长安列会见时在座。

4日　合肥市被国家正式批准为中国服务外包示范城市。

市委副书记、市长吴存荣会见来肥考察投资环境的中国华孚贸易发展集团公司副总裁李水龙一行。

市委副书记、市长吴存荣会见来肥考察的日本日立建机株式会社副社长有田胜利和日本日立等离子公司社长由木几夫一行。

5日　芜湖市委书记陈树隆率领70多人组成的市党政代表团来肥考察并举行两市交流座谈会。省委常委、市委书记孙金龙，市委副书记、市长吴存荣，市人大常委会主任黄同文，市政协主席董昭礼、市委常委、滨湖新区建设指挥部指挥杜平太、市委常委、秘书长安列等陪同。

6日　省委常委、市委书记孙金龙会见伊利集团执行董事、副总裁赵成霞一行。市委常委、副市长、统战部长张进会见时在座。

6～7日　市委召开常委中心组理论学习会议。省委常委、市委书记孙金龙主持会议并讲话。市委副书记、市长吴存荣讲话。

9日　市委常委、副市长吴存荣会见西门子（中国）有限公司副总裁王伟国先生一行。

10日　市委、市政府召开“迎中博、讲文明、树新风”动员大会。省委常委、市委书记孙金龙，副省长、第四届中博会组委会副主任、秘书长文海英出席大会并讲话。市委副书记、市长吴存荣主持会议，市委常委、常务副市长张晓麟作动员报告。会上，孙金龙、文海英为“中博会合肥志愿者服务队”授旗。

以人力资源和社会保障部副部长张小建为组长、中国残联常务副理事长王乃坤为副组长的国务院残工委检查组来到合肥市就残疾人事业“十一五”发展纲要执行情况进行检查。副省长唐承沛、副市长卢仕仁等陪同。

11日　全市纪检、组织、宣传、统战、政法工作会议以“五会合一”的形式在肥集中召开。省委常委、市委书记孙金龙出席会议并讲话。市委副书记、市长吴存荣主持会议。

省委常委、市委书记孙金龙会见来肥考察的全国政协常委、全国工商联副主席、万达集团董事长王健林一行。

市委副书记、市长吴存荣会见前来合肥考察的比亚迪股份有限公司副总裁杨龙忠一行。

13日　市委副书记、市长吴存荣在市委常委、副市长方军，市委常委、滨湖新区建设指挥部指挥杜平太，副市长李红以及市规划、房产、建委等部门负责人的陪同下来到滨湖新区考察相关项目及基础设施建设情况。

14日　合肥市第八届梅花节开幕。此次梅花节共展出200个品种、5000余株梅花。

16日　蜀山区三里庵街道竹荫里社区被中央文明委授予“全国文明单位”称号，成为合肥市唯一获此殊荣的社区。

市委常委、常务副市长张晓麟会见来肥考察的以色列驻上海总领事艾雅克先生一行。

17日　由合肥燃气集团负责建设的合肥市天然气利用工程荣获第八届中国土木工程“詹天佑”奖。

省长助理、省创新办主任花建慧来肥就自主创新工作进行调研。市委常委、常务副市长张晓麟，副市长杨增权等陪同。

由最高人民检察院副检察长姜建初率领的中央集中清理执行积案活动领导小组督查组一行来到合肥市中级人民法院检查合肥积案执行清理情况。省人民检察院副检察长刘铁流，市委常委、政法委书记杨思松等陪同。

市委副书记、市长吴存荣率市有关部门负责人前往庐阳区调研全民创业情况。

18日　省委书记王金山在省委常委、市委书记孙金龙，省委常委、秘书长詹夏来的陪同下前往合肥国家经济技术开发区、合肥国家高新技术产业开发区就合肥经济圈建设和保增长、促发展工作进行专题调研。市委副书记、市长吴存荣，市委副书记熊建辉，市委常委、秘书长安列等陪同。

19日　全市民生工程暨财税投融资工作会议召开。市委副书记、市长吴存荣到会并讲话。

合肥新桥国际机场专用公路预可行性研究报告通过专家审查。

市委副书记、市长吴存荣会见参加合肥发电厂#6机扩建工程环境影响报告书技术评估会的国家环保总局环境工程评估中心莫华等8位专家。

23日　省国土资源厅项目入驻滨湖新区签约仪式在肥举行。

省委常委、市委书记孙金龙会见前来合肥考察投资环境的美国（阿波罗）River Garden Parkview LLC公司投资项目执行总裁Jason Krauss先生、香港永亨银行副行长王从宝先生一行。市委常委、常务副市长张晓麟参加会见。

24日　省委常委、市委书记孙金龙分别会见来肥考察的瓦锡兰瑞士公司总裁一行和香港嘉里控股有限公司代表团一行。

国家住房和城乡建设部委托省建设厅组织专家对合肥市城市快速轨道交通建设规划举行评审会。省委常委、市委书记孙金龙、副市长李红以及来自北京、上海、合肥等地的7位专家出席评审会。

26日　市委、市政府召开全市农村工作会议。省委常委、市委书记孙金龙出席会议并讲话，市委副书记、市长吴存荣对全市农业农村工作和城乡一体化发展进行具体部署。

27日　合肥市召开全市市容环境卫生管理和城管执法工作大会。省委常委、市委书记孙金龙出席会议并讲话。

“中国安徽—德国中心”第一届理事会在合肥学院召开。省教育厅厅长程艺，市委副书记、市长吴存荣、副市长杨增权等出席。

28日　市委副书记、市长吴存荣主持召开合肥市建设项目开工督查调度会，对经过市规划委员会审批但至今尚未开工的重点项目及部分房地产项目进行督查和调度。

上海投资项目推介大会暨合肥之友联谊会上海理事会成立大会在上海举行。市政协主席董昭礼，市委常委、常务副市长张晓麟，市政协副主席盛志刚及200多位合肥之友上海理事会成员出席。

3月

1日　合肥市首家驻村劳务基地在庐阳区大杨镇谢岗村挂牌。

3日　合肥市第一人民医院荣获“全国文明单位”称号。

合肥大杨镇被安徽省爱国卫生运动委员会任命为“安徽省卫生镇”。

9日　全市行政服务中心工作会议召开。省委常委、市委书记孙金龙出席会议并讲话。

合肥市政府与中国银行安徽省分行在肥举行《全面战略合作协议》签署仪式。省委常委、市委书记孙金龙出席签约仪式。

10日　江苏省委常委、南京市委书记朱善璐一行来肥考察。省委常委、市委书记孙金龙，市委常委、滨湖新区建设指挥部指挥杜平太，市委常委、秘书长安列，副市长李红等陪同。

安徽省首个成立的城乡联合党委——蜀山区西园街道光明社区党委和井岗镇邓店村党支部举行“联合党委成立仪式”。

12日　合肥市与安徽省江苏商会百名企业家座谈会在肥举行。省委常委、市委书记孙金龙会见与会企业家。

13日　省委副书记王明方在省委常委、市委书记孙金龙的陪同下来到市建委、市财政局、市委组织部专题调研干部人事制度改革工作。

16日　省委召开深入学习实践科学发展观活

动第一批总结暨第二批动员电视电话会议。省委常委、市委书记孙金龙，市委副书记、市长吴存荣，市委副书记熊建辉，市委常委、市人大常委会副主任、市政府副市长、市政协副主席分别在省主会场和合肥分会场出席会议。

17日 省委书记王金山，省长王三运，省政协主席杨多良，省委副书记王明方，省委常委、市委书记孙金龙等领导和省暨合肥市上千名干部群众、部队官兵来到合肥外环森林生态长廊二期工程包河区段合宁高速南侧参加义务植树。

合肥市召开2009年国家科技创新型试点市暨自主创新综合配套改革试点工作领导小组会议。省委常委、市委书记孙金龙主持会议并讲话，市委副书记、市长吴存荣出席会议。副市长杨增权汇报2008年度全市自主创新工作进展情况及2009年度重点工作安排。

省委常委、市委书记孙金龙会见来肥考察的联想控股有限公司常务副总裁吴亦兵。

18日 全市招商引资工作大会召开。省委常委、市委书记孙金龙出席大会并讲话。市委副书记、市长吴存荣主持会议。

省委常委、市委书记孙金龙分别会见汇丰集团总经理、汇丰银行（中国）有限公司行长兼行政总裁翁富泽，国家科技部火炬中心主任梁桂、中国证券业协会副会长邓映翎、深圳证券交易所副总陈鸿桥一行。

省政协副主席方兆本率领省政协调研组来肥调研能源产业发展情况。市政协副主席盛志刚陪同。

19日 省委常委、市委书记孙金龙前往庐阳区双岗街道白水坝危旧房聚居区调研危旧房改造工作。

省委常委、市委书记孙金龙会见上海万德风力发电股份有限公司总裁李勇一行。

20日 江苏省委书记梁保华、省长罗志军率江苏省党政代表团在省委书记王金山、省长王三运的陪同下来肥考察并听取合肥经济社会发展情况汇报。省委常委、市委书记孙金龙陪同考察并主持召开合肥经济社会发展情况汇报会。市委副书记、市长吴存荣等陪同。

团中央书记处书记、全国少工委主任罗梅来肥调研农村少先队工作。团中央少年部副巡视员张哲，共青团安徽省委书记王宏，市委副书记熊建辉，团省委副书记、省少工委主任汪华东及团市委负责人等陪同调研。

21日 “自主创新与区域合作”泛长三角区域青年论坛在肥举行。省委常委、市委书记孙金龙，团中央书记处书记、全国少工委主任罗梅分别致辞。六省市代表团团长签署《泛长三角区域青年交流与合作框架协议》。

总投资约28亿元人民币、建筑总面积近7万平方米的“中环城”项目在合肥经济技术开发区举行启动仪式。省委常委、市委书记孙金龙等出席。

23日 省委常委、市委书记孙金龙率合肥党政代表团前往广东省佛山市进行交流并签订友好往来经贸合作框架协议。佛山市委书记、市人大常委会主任林元和出席签字仪式并讲话。市委常委、常务副市长张晓麟，佛山市政府副市长王玲分别致辞。

四川省内江市市委书记、市人大常委会主任唐利民率内江市党政代表团来肥参观考察。市委副书记、市长吴存荣陪同。

24～25日 省人大常委会副主任张俊一行来肥调研扩大内需促进经济平稳较快发展情况。市委副书记、市长吴存荣，市人大常委会主任黄同文陪同。

26日 省委常委、市委书记孙金龙会见中国人寿资产管理有限公司副总裁王军辉一行。

27日 省委常委、市委书记孙金龙会见人力资源和社会保障部副部长、国家外国专家局局长季允石，国家外国专家局副局长刘延国，经济技术司司长武云茹，文教司司长赵立宪等一行。

市委副书记、市长吴存荣接受“放眼中部看合肥”中部六省巡回采访团近百家媒体集中采访。

市委副书记、市长吴存荣会见前来考察的中国中药学会副会长、东盛集团有限公司董事长郭家学一行。

28日 2009年合肥市工业产品供需对接会举行开幕式。省委常委、市委书记孙金龙宣布开幕。市委副书记、市长吴存荣，市人大常委会主任黄同文，市政协主席董昭礼等到会祝贺。

市委副书记、市长吴存荣在副市长李红等陪同下率领市发改委、规划局、重点局、供电公司等相关部门以及瑶海、包河、庐阳、蜀山4个区政府负责人现场调研大建设工作。

29日 省委常委、市委书记孙金龙在高新区和市直有关部门负责人的陪同下调研合肥公共安全产业发展情况。

30日~4月3日　省委副书记、省长、中博会组委会主任王三运来肥检查中博会筹备情况并召开专题会议研究部署。省委常委、市委书记孙金龙，副省长文海英，市委副书记、市长吴存荣等陪同。

31日　市委常委、宣传部长林存安会见来肥访问的韩国瑞山新闻社社长白承亿一行。

4月

1日　省委常委、市委书记孙金龙会见上海铁路局局长安路生、副局长张憬一行。市委副书记、市长吴存荣参加会见。

1~2日　市委召开常委中心组理论学习会议，省委常委、市委书记孙金龙主持会议。

2日　省人大常委会副主任任海深一行来到肥东县牌坊回族满族乡与蜀山区南岗镇瓦屋回民村视察合肥市民族乡村经济工作。市人大常委会主任黄同文等陪同。

3日　由合肥市政府主办，包河区政府、市滨湖新区建设指挥部办公室、市旅游局联合承办的“精彩中博魅力合肥”第三届“春色滨湖”旅游文化节在滨湖新区开幕。省委常委、市委书记孙金龙宣布旅游文化节开幕。市人大常委会主任黄同文，市政协主席董昭礼等出席。

合肥市被省政府确定为安徽省唯一一家省级信息化与工业化融合试验区。

5日　省委常委、市委书记孙金龙率队在芜湖市委书记陈树隆等陪同下前往芜湖方特欢乐世界进行考察。

合肥市被国家批准为首批国家级创建创业型城市。

6日　22时22分，在合肥市肥东县发生里氏3.5级地震，震中位于梁园镇境内。

8日　江苏省常州市委书记、市人大常委会主任范燕青，市委副书记、市长王伟成率党政和企业代表团一行来肥考察城市建设。省委常委、市委书记孙金龙陪同并在座谈会上讲话。

市委副书记、市长吴存荣会见来肥参观考察的美国驻沪总领事康碧翠女士一行。

9日　全市国有资产监管工作会议在市政务中心召开。省委常委、市委书记孙金龙主持会议并讲话。市委副书记、市长吴存荣出席会议。

以省政府驻广州办事处副主任朱丹为团长、中山大学管理学院副院长徐勇等为副团长的中山大学EMBA联合会企业家代表团一行来肥进行考察并召开合肥市投资环境推介暨与中山大学EMBA联合会企业家交流座谈会。省委常委、市委书记孙金龙出席座谈会并讲话。

全市推进国家节约集约用地试点暨国土资源工作会议在市政务中心召开。省委常委、市委书记孙金龙出席会议并讲话。市委副书记、市长吴存荣主持会议。

10日　十届全国人大常委会副委员长、中国关心下一代工作委员会主任顾秀莲在省委常委、市委书记孙金龙，省人大常委会副主任张俊等陪同下来肥视察关心下一代工作。

省委常委、市委书记孙金龙会见中国民生银行董事、行长洪崎，中国民生银行监事会主席乔志敏，中国民生银行副行长兼董事会秘书毛晓峰一行。

9~10日　省委常委、政法委书记、省公安厅厅长徐立全率警卫、消防、交警等部门负责人来肥检查指导中博会安全保卫工作。

11日　《中国省会经济圈蓝皮书（2008-2009）泛长三角背景下的省会经济圈——合肥、六安、巢湖、淮南及桐城发展报告》在肥首发。省政协主席杨多良出席首发式和论坛。省委常委、市委书记孙金龙出席并讲话。市政协主席、《中国省会经济圈蓝皮书》编委会主任董昭礼致欢迎词。市委常委、常务副市长张晓麟主持首发仪式。

省委常委、市委书记孙金龙在肥东县作“坚持科学发展、加速县域突破”党课报告。

省委常委、副省长赵树丛率省粮食局、省质监局、省农发行、中储粮安徽分公司等相关部门负责人来到肥西县“国家粮食储备库”检查指导粮食清仓查库普查工作。市委常委、副市长刘烈东等陪同。

12日　省委常委、市委书记孙金龙在市委常委、秘书长安列，副市长李红的陪同下来到南淝河、四里河、板桥河等对沿河截污工程现场进行调研。

省委常委、市委书记孙金龙分别会见海关总署副署长孙松璞、康宁显示科技有限公司总裁季可彬、美国应用材料公司高级副总裁兰迪等贵宾。

13日　京东方合肥液晶平板显示器件（TFT-LCD）六代生产线开工仪式在新站综合开发试验区举行。省委书记王金山宣布项目开工，省委常委、市委书记孙金龙，国家发改委高技术司司长綦成元，京东方集团董事长王东升出席开工仪式并分别致辞。市委副书记、市长吴存荣主持开工仪式。

14日　合肥再次增600辆出租车，起步基价暂定为8元。

国土资源部党组成员、副部长贠小苏一行来肥考察节约集约用地试点等工作。省委常委、市委书记孙金龙陪同考察。

凤凰卫视美洲台台长、知名电视人吴晓镛率《水问合肥》专题片摄制组专访省委常委、市委书记孙金龙。

15日　由中央文化体制改革工作领导小组办公室副主任、新闻出版总署党组副书记、副署长蒋建国率队来肥调研文化体制改革情况。省委常委、市委书记、市文化体制改革领导小组组长孙金龙，省委常委、宣传部长、省文化体制改革领导小组组长臧世凯等陪同。

省委常委、市委书记孙金龙会见招商银行行长马蔚华一行。市委副书记、市长吴存荣，省银监局局长余龙武，市委常委、滨湖新区建设指挥部指挥杜平太，市委常委、常务副市长张晓麟等参加会见。

16日　上海市委副书记、市长韩正率领上海市政府代表团在省委书记、省人大常委会主任王金山，省委副书记、省长王三运的陪同下来肥考察。省委常委、市委书记孙金龙，省委常委、常务副省长孙志刚，省委常委、秘书长詹夏来，省政府秘书长方宁及市委副书记、市长吴存荣，市委常委、秘书长安列等领导参加考察。

第十六届全国城市外宣工作协作会暨“潮起中部看合肥百家媒体集中行”采访活动在肥召开。

合肥骆岗机场改扩建工程新航站楼正式启用。

17日　江苏省委常委、无锡市委书记杨卫泽，市委副书记、市长毛小平率无锡市党政代表团来肥考察工业经济发展和城市建设情况。并举行交流座谈会。省委常委、市委书记孙金龙陪同考察并出席座谈会。

省委常委、市委书记孙金龙会见中国人民健康保险股份有限公司副总裁冯祥英一行。市委常委、常务副市长张晓麟等参加会见。

18日　合肥（泉州）投资环境推介会在福建泉州市举行。泉州市人大常委会副主任颜伟劲、泉州市工商联等有关单位负责人应邀出席推介会。市人大常委会主任黄同文，市委常委、副市长刘烈东，市人大常委会副主任邹吉昌、郭超以及市有关单位负责人参加了推介会。

市委副书记、市长吴存荣前往长丰县作题为“实践科学发展观推动城乡经济社会可持续协调发展”的党课报告。

19日　中国共产主义青年团合肥市第十三次代表大会举行开幕式。省委常委、市委书记孙金龙出席大会并讲话。团省委书记王宏到会祝贺并讲话。市委副书记、市长吴存荣，市政协主席董昭礼，市委副书记熊建辉及近千人参会代表出席大会。

清溪路垃圾填埋场综合治理工程获得“2008年中国人居环境范例奖”。

20日　山东省枣庄市市委书记、市人大常委会主任刘玉祥，市政协主席邓滕生率枣庄市党政代表团来合肥市考察城市建设和工业经济发展等情况。省委常委、市委书记孙金龙陪同考察。

21日　由市委宣传部、市委党史研究室、市警备区政治部等单位联合主办的“百万雄师过大江，纪念渡江战役胜利60周年”图片展在肥开展。市委常委、宣传部长林存安，市人大常委会副主任杜昌寿参观图片展。

省委常委、宣传部长臧世凯，省长助理邵国荷，省文化厅厅长杨果、省商务厅厅长于勇等来到合肥体育中心、合肥大剧院检查中博会文艺晚会准备工作和徽商大会的电力供应、安全保卫以及交通保障等情况。市委常委、宣传部长林存安陪同检查。

副市长卢仕仁会见来肥访问的马拉维共和国驻华大使查尔斯·纳蒙对一行。

22日　省政协副主席王鹤龄率省政协经济委员会部分委员来肥就承接产业转移、加快结构调整有关情况进行调研，市委常委、副市长魏晓明，市政协副主席杨治茂出席座谈会。

23日　全市人口和计划生育工作会议召开。省委常委、市委书记孙金龙出席会议并讲话。市委副书记、市长吴存荣主持会议，市人大常委会主任黄同文，市政协主席董昭礼出席。

24日　湖南省委书记、省人大常委会主任张春贤率湖南省党政代表团来肥考察。省委常委、市委书记孙金龙陪同考察并主持召开合肥经济社会发展及滨湖新区规划建设情况汇报会。

湖北省委书记、省人大常委会主任罗清泉，省委副书记、省长李鸿忠率湖北省党政代表团来肥考察。省委常委、市委书记孙金龙，省委常委、纪委书记刘春良，省人大常委会副主任朱先发，市委常委、秘书长安列，市委常委、副市长魏晓明、刘烈东等陪同考察。

山西省委书记、省人大常委会主任张宝顺，省委副书记、省长王君率山西省党政代表团在省委常委、市委书记孙金龙，省委常委、省总工会主席王秀芳，副省长倪发科的陪同下来肥考察指导。市人大常委会主任黄同文，市委常委、秘书长安列，市委常委、副市长魏晓明等陪同。

省委常委、市委书记孙金龙会见华润（集团）有限公司董事长宋林一行。市委副书记、市长吴存荣，市委常委、常务副市长张晓麟等参加会见。

25日 中部论坛合肥会议在肥举行。会议主题是：应对金融危机，加快中部崛起。省委书记、省人大常委会主任王金山主持论坛并作总结讲话，省长王三运出席论坛并发言。

由意大利蒙尼特公司与合肥百大集团等公司共同投资的安徽百大美尔福冷链物流项目在肥西桃花工业园举行奠基仪式。

省委常委、市委书记孙金龙会见意大利拉库里奇市市长阿德里亚诺·托塞罗、副市长维拉里奥·翁戴尔，以及意大利蒙尼特公司董事长莱蒂齐亚·罗扎诺、执行总裁安德烈·奥依塔纳一行。市委副书记、市长吴存荣，省侨联主席、省政府参事室主任邱江辉，市政协主席董昭礼，市委常委、秘书长安列，市委常委、副市长魏晓明，市委常委、副市长刘烈东，市人大常委会副主任邹吉昌等参加会见。

26日 由国家商务部、税务总局、工商总局、广电总局、旅游局、中国贸促会、全国工商联、中国工业经济联合会，山西、江西、河南、湖北、湖南、安徽六省人民政府联合主办的第四届中国中部投资贸易博览会在安徽国际会展中心开幕。中共中央政治局委员、国务院副总理王岐山，菲律宾副总统德·卡斯特罗、全国政协副主席孙家正、香港特别行政区行政长官曾荫权、澳门特别行政区行政长官何厚铧、台湾新党主席郁慕明，中博会主办省份领导王君、吴新雄、郭庚茂、李鸿忠、周强，国家有关部委负责人王太华、全哲洙、盛光祖、刘明康、金人庆、毕井泉、胡振民、林军、石广生、高虎城等出席开幕式。第四届中博会组委会名誉主任、安徽省委书记、省人大常委会主任王金山和商务部副部长高虎城分别致辞。第四届中博会组委会主任、安徽省省长王三运主持开幕式。菲律宾、新加坡、波兰、韩国等国政府政要以及法国、意大利、美国、波兰等国地方政府官员；菲律宾、乌干达、巴基斯坦、波兰、尼日利亚、罗马尼亚、新加坡、乌克兰、德国、俄罗斯、美国等国驻华使领馆大使、公使、总领事、副总领事；世界500强企业及跨国公司负责人；多个国家和地区华侨侨领；兄弟省市区和国内500强企业及行业龙头企业负责人应邀出席开幕式。28日，第四届中国中部投资贸易博览会行闭幕式。

第四届中国中部投资贸易博览会高峰论坛在肥举行。论坛主题是“应对危机、科学发展、加速崛起”。中共中央政治局委员、国务院副总理王岐山出席并发表主旨演讲。

第五届中国国际徽商大会在肥开幕。全国政协副主席孙家正，省委书记王金山，省长王三运，省政协主席杨多良，中央统战部副部长、全国工商联党组书记全哲洙，国务院发展研究中心副主任金人庆，商务部部长助理房爱卿；全国工商联副主席王健林，中国市场协会会长、原国家粮食储备局局长高铁生出席开幕式。王金山致开幕辞，王三运主持开幕式。

省委常委、市委书记孙金龙会见香港特别行政区行政长官曾荫权一行。省港澳办主任李永胜，市人大常委会主任黄同文，市委常委、秘书长安列等参加会见。

省委常委、市委书记孙金龙会见澳门特别行政区行政长官何厚铧一行。省政协副主席张学平，省外办副主任项昌明；市委常委、副市长方军，市委常委、秘书长安列，市政协副主席王明杰等参加会见。

省委常委、市委书记孙金龙会见由全国政协委员、香港中华总商会会长、新华集团主席蔡冠深率领的香港经贸代表团一行。市委副书记、市长吴存荣，市政协主席董昭礼，市委副书记熊建辉，市委常委、秘书长安列，市人大常委会副主任杜昌寿等参加会见。

市委、市政府举行第四届中博会合肥市推介酒会。省委常委、市委书记孙金龙出席推介酒会，市委副书记、市长吴存荣发表致辞，市委常委、常务副市长张晓麟主持。市人大常委会主任黄同文，市政协主席董昭礼，市委常委、秘书长安列，副市长李红参加。

25～26日 全国政协副主席、中国文联主席孙家正来肥视察文化保护与发展工作。省政协主席杨多良，全国政协教科文卫体委员会副主任方兆祥，省委常委、市委书记孙金龙，省政协副秘书长、办公厅主任仲建成，省政协办公厅副主任许晨，市委副书记、市长吴存荣，市政协主席董昭礼等陪同视察。

27 日　省委常委、市委书记孙金龙分别会见法国液化空气公司电子气总经理、中国区副总裁雷洛朗一行，家乐福集团副总裁、大中华区总裁罗国伟一行，日本丸红株式会社常务执行董事、丸红中国有限公司总代表清水教博一行，香港信地集团董事长、总裁吴图平，金鹰商贸集团副总裁邵勇，上海绿地集团副总裁许敬，金鹰房产集团副总裁冯卓明等一行，台湾太平洋资产公司董事长郑明智、台湾大洋百货公司副执行长许越都等，环球嘉年华（北京）投资有限公司董事长张淑华一行，日中经济协会理事长清川佑二一行。

28 日　省委常委、市委书记孙金龙在市政协主席、“合肥之友”联谊会会长董昭礼陪同参观“合肥之友”全国名家书画作品邀请展的参展作品。

省委常委、市委书记孙金龙会见前来参加中博会和国际徽商大会的日中投资促进机构会长丰田章一郎一行。市委常委、常务副市长张晓麟参加会见。

省委常委、市委书记孙金龙会见中国电子科技集团公司党组书记樊友山一行。市委常委、副市长张晓麟，副市长杨增权参加会见。

29 日　合肥市总工会成立 60 周年大会在肥召开。省委常委、市委书记孙金龙，省委常委、省总工会主席王秀芳出席大会并作讲话。市委副书记、市长吴存荣，市人大常委会主任黄同文，市政协主席董昭礼，市委副书记熊建辉等出席大会。市委常委、副市长魏晓明主持大会。

市委副书记、市长吴存荣主持召开市长办公会研究部署人感染猪流感疫情防控工作。

30 日　安徽江淮客车有限公司客车生产新基地建设项目举行开工仪式。市委副书记、市长吴存荣出席仪式并宣布项目开工。市政协主席董昭礼，市委常委、副市长魏晓明，市政协副主席杨治茂等出席仪式。

安徽大学党委书记陆勤毅，党委副书记、校长黄德宽率安徽大学党委理论学习中心组成员一行 30 多人来肥调研并召开市校合作交流座谈会。省委常委、市委书记孙金龙，市委副书记、市长吴存荣，市委副书记熊建辉，市委常委、宣传部长林存安，市委常委、市纪委书记雍成瀚，副市长杨增权等出席会议。

5 月

1 日　以“全球家具建材盛宴，百姓品质生活主张”为主题的首届中国（合肥）家具建材博览会在信地·红星美凯龙全球家居生活广场举行。省政府副秘书长余焰炉，市政协主席董昭礼，省商务厅副厅长张光建，副市长李红等出席开幕式。

5 日　全市市直机关领导干部驻企服务出征动员大会召开。省委常委、市委书记孙金龙出席会议并讲话。市委副书记熊建辉主持会议。

省委常委、市委书记孙金龙前往高新区就动漫产业发展进行专题调研。市委常委、宣传部长林存安等参加调研。

省委常委、市委书记孙金龙会见金佰利（中国）有限公司企业发展部总监佟梅一行。市委常委、常务副市长张晓麟参加会见。金佰利公司成立于 1872 年，是全球最大的纸巾生产厂商和美国第二大家庭与个人护理用品公司。

6 日　省委常委、市委书记孙金龙会见联合利华大中国区主席乔安路一行。

7 日　中央学习实践活动第二巡回检查组组长，全国政协常委，国家工商行政管理总局原局长、党组书记王众孚来肥检查指导学习实践科学发展观活动开展情况。省委常委、市委书记、市委学习实践活动领导小组组长孙金龙向检查组一行汇报了情况，省委常委、组织部长、省委学习实践活动领导小组副组长段敦厚主持汇报会。

8 日　省委常委、市委书记孙金龙作客新华网、中部崛起网、合肥新闻网与广大网友就推动合肥科学发展等话题进行在线交流。

省委常委、市委书记孙金龙率市委政研室、经委、外经贸局、统计局等部门负责人来到合肥经济技术开发区就围绕如何更好地为企业做好服务进行专题调研。

国药控股安徽有限公司在肥挂牌成立。省委常委、市委书记孙金龙，中国医药集团总公司党委书记、总经理佘鲁林为公司揭牌。

原中共中央政治局委员、十届全国人大常委会副委员长李铁映来肥视察并专程察看滨湖新区规划建设情况。省委常委、市委书记孙金龙，省人大常委会副主任胡连松，市委副书记、市长吴存荣，市人大常委会主任黄同文，市委常委、副市长方军，市委常委、滨湖新区建设指挥部指挥杜平太，市委常委、秘书长安列等陪同视察。

10日 安徽煤矿安全监察局综合办公楼复建项目在滨湖新区举行开工典礼。省委常委、市委书记孙金龙宣布项目开工。省人大常委会副主任张俊，副省长黄海嵩，国家煤矿安全监察局科技装备司司长雷长群，省政府副秘书长黄晓武，安徽煤监局党组书记、局长桂来保，省安全生产监督管理局局长程传如，省地震局局长张鹏，省煤炭工业协会会长徐安昆，省经委副主任严琛，市委常委、滨湖新区建设指挥部指挥杜平太、副市长李红等参加开工典礼。

12日 省委常委、市委书记孙金龙会见合肥元一希尔顿酒店总经理马库斯一行。

全省推进农业产业化“532”提升行动现场会在肥召开。省委常委、副省长赵树丛出席会议并讲话，省政府副秘书长程中才主持会议。市委副书记、市长吴存荣致辞，

13日 安徽省蚌埠市委副书记、市长张学群率领蚌埠市政府代表团来肥参观考察并举行交流座谈。市委副书记、市长吴存荣，副市长李红参加座谈会。

14日 副省长黄海嵩在市委副书记、市长吴存荣以及省市有关部门负责人陪同下考察调研合肥工业经济运行情况。

省长助理花建慧来肥主持召开合芜蚌自主创新综合配套改革试验区企业座谈会。副市长杨增权出席座谈会。

15日 省长助理邵国荷来肥就服务外包产业发展情况进行专题调研。省发改委副主任施平，省商务厅副厅长张箭，市委常委、常务副市长张晓麟陪同调研。

16日 第四届全国体育大会倒计时一周年举行发布会。国家体育总局副局长、四体会组委会副主任冯建中，省委常委、市委书记、四体会组委会副主任孙金龙出席发布会并分别致辞。发布会上，举行了四体会组委会揭牌仪式，开启一周年倒计时牌，开通四体会官方网站，揭晓会徽和吉祥物。

18日 合肥市荣获“全国社会治安综合治理优秀城市”称号。

澳门终审法院院长岑浩辉率澳门法院代表团一行在最高人民法院党组副书记、常务副院长沈德咏，省高级人民法院党组书记、院长周溯等陪同下来肥考察访问。省委常委、市委书记孙金龙会见代表团一行。

省委常委、市委书记孙金龙会见思科公司资深总监、中国3.0战略负责人之一Leo Liu（刘俊成）一行。市委常委、秘书长安列参加会见。

省委常委、市委书记孙金龙会见南京市副市长陈刚，南京市政府副秘书长、市经协办主任汪振和一行。市委常委、常务副市长张晓麟参加会见。

19日 市委副书记熊建辉前往滨湖新区和肥东县调研渡江战役纪念馆、青龙厂新四军四支队东进抗日纪念馆建设进展情况。

20日 市委副书记、市长吴存荣在市委常委、纪委书记雍成瀚，市直有关部门负责人的陪同下来到合肥招投标中心就如何深化招投标体制改革，完善监管制度等工作进行调研。

合肥一彩民中得8注福彩东方6+1头奖独揽福彩3700万巨奖。

21日 “中国科协海智计划合肥工作基地”揭牌仪式在合肥经济技术开发区举行，这是中国科协海智计划全国第四个工作基地。中国科协书记处书记程东红，省委常委、省总工会主席王秀芳，市委副书记、市长吴存荣共同为“海智计划合肥工作基地”揭牌。副市长杨增权等参加揭牌仪式。

省委常委、市委书记孙金龙会见前来参加合肥海智基地揭牌仪式的中国科协书记处书记程东红，中国科协海智办负责人及海智专家一行。副市长杨增权等参加会见。

省委常委、市委书记孙金龙会见由深圳市政府党组副书记、市长科技顾问刘应力率领的深圳创新总裁俱乐部企业家考察团一行。

22日 “南京合肥南昌科学发展战略对接与合作座谈会”在南京召开，省委常委、市委书记孙金龙，江苏省委常委、南京市委书记朱善璐，江西省委常委、南昌市委书记余欣荣共同签署《南京合肥南昌科学发展战略对接与合作备忘录》。

省委常委、市委书记孙金龙分别会见台湾力特光电董事长赵寄蓉，中石油昆仑燃气有限公司副总经理、总会计师、合肥中油昆仑燃气有限公司董事长王刚，香港九龙仓集团有限公司副主席周安桥等三批客商。

安徽省暨合肥市“向国旗敬礼、做一个有道

德的人”网上签名寄语活动举行启动仪式，省人大常委会副主任朱维芳，副省长谢广祥，省政协副主席方兆本，市委副书记、市长吴存荣，市人大常委会副主任杜昌寿，市政协副主席王世清等出席仪式。市委常委、宣传部长林存安在会上讲话。

23日 由中国美术家协会、省文联等共同主办的丁杰山水画展在省博物馆开幕。全国政协副秘书长孙怀山，省委常委、市委书记孙金龙，省委常委、宣传部部长臧世凯等出席开幕式并剪彩。

财政部部长助理张通在省财政厅厅长陈先森陪同下来肥考察滨湖新区规划建设情况。市委副书记、市长吴存荣，市委常委、滨湖新区建设指挥部指挥杜平太，市委常委、常务副市长张晓麟等陪同考察。

24日 国土资源部部长、国家土地总督察徐绍史率中国地质调查局副局长王学龙、国家土地督察局南京局局长刘天增、国土资源部利用司副司长冷宏志等一行在省委常委、市委书记孙金龙，副省长倪发科等陪同下来肥考察指导节约集约用地工作。

25日 市委副书记、市长吴存荣主持召开市政府专题会议对秸秆禁烧工作进行研究部署。市委常委、副市长魏晓明、刘烈东，市委常委、副市长、统战部长张进，副市长杨增权、卢仕仁、顾斌及市直相关部门、各县区负责人出席会议。

合肥市举行在肥商会、行业协会“保增长、促发展”座谈会。省委常委、市委书记孙金龙出席座谈会并讲话。市政协主席董昭礼主持会议。

2009合肥首届农超对接会隆重开幕。省委常委、市委书记孙金龙宣布开幕。市委常委、副市长、统战部长张进致开幕辞。

由省政协副主席张学平率领的省政协视察团一行来肥就水环境治理情况进行视察。市政协主席董昭礼、副主席王世清陪同视察。

26日 江苏省镇江市委书记、市人大常委会主任许津荣，市委副书记、市长刘捍东率镇江市党政代表团一行近50人来肥考察经济社会发展及城市基础设施建设情况并举行交流座谈会。省委常委、市委书记孙金龙陪同考察并出席座谈会。市委副书记、市长吴存荣，市人大常委会主任黄同文，市政协主席董昭礼，市委副书记熊建辉等陪同考察或参加座谈会。

27日 省民政厅巡视员、省双拥工委副主任陈文华，省军区政治部副主任、省双拥工委副主任夏贵俊率省双拥工委考核组来肥进行省级双拥模范城考核。省委常委、市委书记、市双拥工作领导小组组长孙金龙会见考核组全体成员。市委副书记、市长、市双拥工作领导小组第一副组长吴存荣，市委副书记、市双拥工作领导小组常务副组长熊建辉，合肥警备区政委、市双拥工作领导小组副组长丁明德等参加会见。

24日 黑龙江省齐齐哈尔市市长刘刚率领齐齐哈尔市政府考察团来肥考察城市建设情况。市委副书记、市长吴存荣，市委常委、滨湖新区建设指挥部指挥杜平太，副市长顾斌陪同考察。

28日 中国·三河第二届水文化节暨传统龙舟赛在肥西县三河镇开幕。省委常委、市委书记孙金龙宣布开幕。市政协主席董昭礼，市委常委、秘书长安列，市委常委、宣传部长林存安，市人大常委会副主任杜昌寿，副市长杨增权，市政协副主席王明杰等出席开幕式。

29日 省委常委、市委书记孙金龙实地考察南淝河水系和水利工程建设情况。

30日 省委常委、市委书记孙金龙在副市长卢仕仁陪同下来到滨湖新区调研市中心医院建设进展情况。

31日 省委、省政府召开全省落实党风廉政建设责任制电视电话会议。省委常委、市委书记、市党风廉政建设责任制工作领导小组组长孙金龙，市委常委、市纪委书记、副组长雍成瀚，市委常委、组织部长、副组长凌云在合肥分会场参加会议。

省委常委、市委书记孙金龙会见来肥考察市中心医院建设情况的上海市卫生局局长徐建光为首的上海市医疗卫生代表团一行。市委副书记、市长吴存荣，副市长卢仕仁等参加会见。

省委常委、市委书记孙金龙来到南门小学并与师生共庆“六一”儿童节。市委常委、秘书长安列，市委常委、宣传部长林存安，市人大常委会副主任郭超，副市长杨增权，市政协副主席、盛志刚等参加。

省人大常委会副主任张俊率队在市人大常委会副主任杜昌寿陪同下前往铜陵新村小学慰问少年儿童。

6月

1日 湖北省咸宁市委书记、市人大常委会主任黄楚平率咸宁市党政代表团来肥考察经济社会发展和城市建设情况并举行交流座谈会。省委常委、市委书记孙金龙出席并讲话。

3日 省委常委、市委书记孙金龙会见来肥就省委办公厅、省政府办公厅《关于解决清理执行积案有关突出问题的通知》贯彻落实情况督查指导工作的省高级人民法院党组书记、院长周溯率领的省集中清理执行积案督查组一行。

省委常委、市委书记孙金龙会见来肥考察的浙江知名企业家圆桌会代表团一行。宾客在肥考察期间，双方召开交流座谈会。市委副书记、市长吴存荣陪同考察。

省委常委、市委书记孙金龙会见日立建机株式会社副社长有田胜利、人事部长广田则夫一行。市委常委、副市长魏晓明会见时在座。

省人大常委会副主任朱先发一行来肥就贯彻执行《中华人民共和国畜牧法》情况进行执法检查。市人大常委会主任黄同文，副主任郭超，副市长卢仕仁出席汇报会或陪同检查。

4日 由国家体育总局自行车击剑运动管理中心主办，省体育局、肥西县人民政府承办的2009年全国山地车锦标赛暨全国青年山地车锦标赛开幕式在肥举行。国家体育总局自行车击剑运动管理中心副主任许海峰，省体育局、省旅游局等省直机关负责人冯潮，市人大常委会主任黄同文，市政协主席董昭礼，副市长杨增权等出席开幕式。市人大常委会主任黄同文宣布开幕。

省委书记王金山在肥会见来皖考察的浙江知名企业家圆桌会代表团全体成员。省委常委、市委书记孙金龙，省委常委、秘书长詹夏来，市委副书记、市长吴存荣，市委常委、秘书长安列，市委常委、常务副市长张晓麟等参加会见。

3~4日 省人大常委会副主任郭万清一行来肥调研金融业发展情况。市人大常委会主任黄同文、副主任谢刚，副市长顾斌出席汇报会或陪同调研。

5日 首届中国（合肥）环保展在安徽国际会展中心隆重开幕。省人大常委会副主任朱先发，副省长倪发科，省政协副主席王鹤龄，市委副书记、市长吴存荣，市委常委、副市长魏晓明，市人大常委会副主任梁虹及环保志愿者等近万人参加开幕式。

合肥市十四届人大常委会第10次会议举行闭幕式，会议决定任命江洪为合肥市人民政府副市长，免去张进市人民政府副市长职务。

副省长唐承沛前来合肥市调研政务公开工作，市委常委、常务副市长张晓麟陪同调研。

8日 省委常委、市委书记孙金龙会见瑞士BM公司美国总工厂负责人鲍勃一行。市委常委、副市长刘烈东参加。据悉，瑞士BM公司成立于1989年，是全球最专业的过山车生产商，已经为日本、韩国、德国、英国等国家的主题公园提供过山车的设计和生产。

省人大常委会副主任张俊率“江淮普法行”检查组一行来肥检查相关工作开展情况，市人大常委会副主任邹吉昌陪同检查。

由市委宣传部、市畜牧水产局、合肥晚报共同主办的雪花啤酒2009第八届中国·合肥龙虾节在安徽省古井体育馆（主会场）开幕，宁国南路龙虾美食街暨合肥市龙虾大王经营店（分会场）同时拉开节庆帷幕。

9日 新华社中央新闻采访中心主任张宿堂率新华社安徽分社社长王正忠等组成的新华社采访团就合肥市在贯彻落实科学发展观、推动改革发展过程中做出的成绩、取得的经验专访市委副书记、市长吴存荣。市委常委、秘书长安列参加采访会。

10日 省委书记王金山来肥专题调研电子信息产业基地建设与发展情况。市委副书记、市长吴存荣，市人大常委会主任黄同文，市政协董昭礼主席，市委副书记熊建辉，市委常委、秘书长安列，市委常委、副市长魏晓明，副市长杨增权、江洪等陪同调研。

数字合肥地理空间框架建设项目评审暨国家测绘局、省国土资源厅、市政府共建共享合作协议签署仪式在肥举行。以中国测绘科学研究院院士刘先林为首的项目评审专家组评审并通过《数字合肥地理空间框架建设工程设计书》。国家测绘局国土测绘司副司长武文忠、省测绘局局长徐铁军和市委常委、副市长方军代表三方签署共建共享合作协议。国家测绘局副局长李维森、市委副书记、市长吴存荣出席仪式并讲话。省国土资源厅党组成员、巡视员杨先静主持签署仪式。

11日 国家发改委副主任穆虹来肥考察重大工业项目建设情况。省发改委主任沈卫国、副主任张天培，市委副书记、市长导吴存荣，市委常委、副市长魏晓明等陪同考察。

市委副书记、市长吴存荣会见前来参加“中国百万人口城市交通系统”项目合肥启动仪式的德国宇航中心交通研究所所长库诺一行。副市长卢仕仁参加会见。

安徽省召开加快推进县域经济发展电视电话会议。市委副书记、市长吴存荣，市委副书记熊建辉，副市长江洪等出席合肥分会场会议

12日 山东省潍坊市委书记、市人大常委会主任张新起率潍坊市党政代表团一行30多人来肥考察城市建设和工业发展情况。省委常委、副省长赵树丛，市委副书记、市长吴存荣，市委副书记熊建辉，市委常委、滨湖新区建设指挥部指挥杜平太，市委常委、秘书长安列等陪同考察。

13日 市委副书记、市长吴存荣会见由中国商业联合会购物中心专业委员会副主任、法国巴黎春天百货公司大中国区总经理柯奕旭率领的国际著名商业企业联合考察团一行。

安徽财政滨湖现代农业综合开发示范区建设推进会在包河区召开。省财政厅厅长陈先森，省农委副主任刘永春，省财政厅副厅长张广寿，市委常委、常务副市长张晓麟，副市长江洪参加会议。

14日 合肥公共安全技术研究院理事会筹备会在肥召开。中科院院士、中国科技大学校长侯建国，市委副书记、市长吴存荣，副市长杨增权出席会议。

16日 省委常委、市委书记孙金龙主持召开秸秆综合利用座谈会，寻求解决“烟雾锁城”现象的治本之策。

省委常委、市委书记孙金龙会见来肥开展专题调研的由中华全国供销总社副主任于培顺，省政协副主席、省委统战部长沈素琍，中国农业银行股份有限公司副行长潘功胜，中国农业发展银行党委副书记、副行长孟献斌，中央组织部调研员卢岐，中央党校教授李鹏等组成的中央党校统筹城乡发展调研组全体成员。市委副书记、市长吴存荣等参加会见。

16日 合肥市召开“法治合肥”创建工作动员大会。省委常委、市委书记孙金龙出席会议并讲话。省司法厅厅长、省“依法治省”领导小组办公室主任孙建新出席会议并讲话。市委常委、政法委书记杨思松主持会议并对创建工作进行具体部署。

省委常委、副省长赵树丛在省长助理邵国荷、副市长江洪及市有关部门负责人陪同下前往长丰县专题调研生猪养殖和市场情况。

17日 省委常委、组织部长、省委学习实践活动领导小组副组长兼办公室主任段敦厚在市委副书记、市委深入学习实践科学发展观活动领导小组常务副组长熊建辉等陪同下来肥调研指导学习实践活动。

18日 由合肥市政府、英国驻沪总领事馆、英中贸易协会共同主办的“活力合肥：投资合作论坛”专题招商推介会在上海举行。市委常委、常务副市长张晓麟出席并致辞，英国驻沪总领事馆有关官员、30家英国公司共46位企业家参加推介会。

农业部副部长陈晓华在省委常委、副省长赵树丛，省农委主任张华建，副市长江洪等陪同下来肥专题调研金融危机影响下农业产业化发展情况。

18～19日 中共中央政治局常委、中央政法委书记周永康在中央政法委秘书长周本顺，司法部部长吴爱英，最高人民法院副院长张军，最高人民检察院副检察长邱学强，公安部政治部主任蔡安季，中央维稳办副主任陆志谦，省委书记王金山，省长王三运，省委常委、市委书记孙金龙，省委常委、政法委书记徐立全，省委常委、秘书长詹夏来等陪同下就保持经济平稳较快发展、维护社会和谐稳定工作来肥视察。市委副书记、市长吴存荣，市人大常委会主任黄同文，市委常委、滨湖新区建设指挥部指挥杜平太，市委常委、秘书长安列，市委常委、政法委书记杨思松等参加。

21日 省委常委、市委书记孙金龙在市委常委、组织部长凌云等陪同下再次到联系点肥东县，检查指导学习实践科学发展观活动，并出席肥东县委常委会学习实践活动民主生活会。

22日 《合肥市节水型社会建设规划》通过由水利部、安徽省专家组成的专家评审。市委副书记、市长吴存荣，副市长江洪等出席规划评审会。

25日 全球三大零售企业之一、特易购（TESCO）集团与安徽博澳置业长江东路商业地产项目签约仪式在肥举行。副省长文海英，省政府副秘书长韩军，省商务厅厅长于勇，省外办主任李永胜参加签约仪式。市委副书记、市长吴存荣在签约仪式上致辞，市委常委、常务副市长张晓麟主持签约仪式。据悉，该集团将斥资3.5亿元人民币在合肥东区打造一个新的商业中心。

25～26日 国家工业和信息化部副部长杨学山来肥调研指导工作。省经信副主任贺凌、吴晓明，市委副书记、市长吴存荣，市委常委、秘书长安列，市委常委、宣传部长林存安，市委常委、组织部长凌云，副市长杨增权，市政协副主席盛志刚

陪同。

26日　合肥市第二人民医院新区、合肥妇幼保健医院东区病房大楼举行开工典礼。省委常委、市委书记孙金龙出席开工典礼并宣布开工。省发改委副主任余群，省卫生厅副厅长李劲风，省财政厅副厅长吴健，市委副书记、市长吴存荣，市委常委、秘书长安列，市委常委、宣传部长林存安，市人大常委会副主任郭超，市政协副主席盛志刚以及有关部门负责人出席项目开工奠基仪式。

由浙江省湖州市委书记、市人大常委会主任孙文友率领的湖州市党政代表团专程来到合肥市考察科技创新和城市规划建设情况。省委常委、市委书记孙金龙，市委副书记熊建辉，市委常委、滨湖新区建设指挥部指挥杜平太，市委常委、秘书长安列，副市长杨增权等陪同考察。

省委常委、市委书记孙金龙会见来肥考察的中国国际工程咨询公司总经理胡希捷一行。

省委常委、市委书记孙金龙会见万科集团董事会主席王石。市委常委、秘书长安列见时在座。

26日　市委副书记、市长吴存荣会见来访的厄瓜多尔驻华大使华盛顿·阿戈和厄瓜多尔昆卡市市长比格多尔·巴乌尔·格兰达·洛贝茨一行。

27日　合肥城市轨道交通有限公司成立大会在肥举行。省委常委、市委书记孙金龙，省交通运输厅厅长梅劲为公司揭牌；省住房和城乡建设厅厅长倪虹，市委副书记、市长吴存荣分别致辞；市委常委、秘书长安列主持仪式。省发展和改革委员会副主任张天培，市人大常委会副主任黄同文，副市长李红，市政协副主席王世清等出席仪式。合肥城市轨道交通有限公司属国有独资公司，由合肥市建设投资控股（集团）有限公司投资设立，与合肥市轨道交通建设办公室合署办公，首期注册资本1亿元，主要从事城市轨道交通建设、运营及沿线相关资源开发。

28日　省委常委、市委书记孙金龙在市委常委、宣传部长林存安，副市长杨增权等陪同下专题调研合肥市民办教育发展情况。

滨湖新区重要的菜篮子工程——“蓝鼎·滨湖假日”项目举行开工仪式。省委常委、市委书记孙金龙，市委常委、滨湖新区建设指挥部指挥杜平太出席仪式。

合肥市民生工程——金寨南路城中村改造项目举行开工奠基仪式。省委常委、市委书记孙金龙，市人大常委会主任黄同文，市委常委、纪委书记雍成瀚以及省、市有关部门和单位负责人出席奠基仪式。

28～29日　江西省吉安市吉安市委副书记、市长王萍率领的政府代表团来到合肥市考察城市建设和经济社会发展情况。市委副书记、市长吴存荣，市委副书记熊建辉，市人大常委会副主任谢刚，副市长李红等陪同。

29日　省委副书记、省长王三运在省委常委、市委书记孙金龙，副省长倪发科，中国科技大学党委书记许武，以及省政府秘书长方宁，省长助理花建慧的陪同下来肥检查指导自主创新和合芜蚌自主创新综合配套改革试验区建设工作。市委副书记、市长吴存荣，市人大常委会主任黄同文等参加。

30日　由中国曲艺家协会、中共合肥市纪律检查委员会、中共合肥市委宣传部等单位主办，合肥百大集团股份有限公司协办的“包公杯”全国反腐倡廉曲艺作品征集活动在京举行启动仪式并召开新闻发布会，中国曲协分党组书记姜昆，市委副书记熊建辉出席会议并讲话，市委常委、市纪委书记雍成瀚就本次活动的主要情况作新闻发布。中纪委宣教室、省纪委、中国曲协、百大集团的有关领导同志和20多位曲艺界知名人士、40多家新闻媒体记者共100多人参加新闻发布会。

以“奋斗的历程，辉煌的成就”为主题的大型党史图片展在肥展出。省委副书记王明方，省委常委、市委书记孙金龙参观展览。市委常委、秘书长安列等陪同。

7月

1日　省委常委、市委书记孙金龙前往合肥蒙达邦德建材科技发展有限公司进行调研。

安徽省首家楼宇党委在合肥庐阳区亳州路街道辖区财富广场挂牌成立。市委常委、组织部长凌云出席成立仪式并为楼宇党委揭牌、授旗。

1～2日　由湖南省长沙市委副书记、市长张剑飞率领的长沙市政府代表团一行20多人来肥考察城市建设、征地拆迁和农村土地流转等情况并召开座谈交流会。市委副书记、市长吴存荣，市委常委、副市长方军，市委常委、滨湖新区建设指挥部指挥杜平太，副市长李红、江洪等陪同。

3日　市委副书记、市长吴存荣前往肥西县检查指导防汛工作。

省政协副主席方兆本来肥调研服务外包工作并召开座谈会，市委常委、常务副市长张晓麟主持座谈会。

6日 中共中央政治局常委、全国人大常委会委员长吴邦国和全国人大常委会副委员长兼秘书长李建国在全国人大法律委员会主任委员胡康生、副主任委员、常委会法工委主任李适时，财政经济委员会主任委员石秀诗、副主任委员闻世震，环境与资源保护委员会主任委员汪光焘，全国人大常委会副秘书长、委员长办公室主任孙伟，农业与农村委员会副主任委员刘振伟，省委书记、省人大常委会主任王金山，省委副书记、省长王三运，省委常委、市委书记孙金龙，省委常委、政法委书记、省公安厅厅长徐立全，省委常委、秘书长詹夏来，省人大常委会副主任任海深等陪同下来合肥市视察。

7日 湖北省委组织部副厅级组织员汪友元率领由湖北省第三期县域经济发展专题研讨班学员组成的考察团来肥考察县域经济发展情况。市委副书记熊建辉，市委常委、组织部长凌云，副市长江洪陪同考察。

8日 合肥荣事达三洋机电产业园奠基仪式在高新区举行。省委常委、市委书记孙金龙出席仪式并宣布项目开工。全国政协常委、中国轻工联合会副会长潘蓓蕾，中国轻工联合会副会长、中国家用电器协会董事长霍杜芳，日本三洋爱科雅公司社长奥俊一郎，三洋电机（中国）有限公司副董事长中村五男，伊莱克斯集团公司拉美区总裁沃特，市委副书记、市长吴存荣，市人大常委会主任黄同文，市委常委、秘书长安列，市委常委、政法委书记杨思松，市人大常委会副主任郭超，市政协副主席杨治茂等出席。

省委常委、市委书记孙金龙会见波兰 Prokom 公司总裁、Bioton 公司监事会主席理查德·克劳泽一行。

9日 省委常委、市委书记孙金龙会见美的集团董事局主席何享健。市委常委、副市长方军参加会见。

全市教育系统“提升素质，科学发展”主题教育活动动员大会在肥召开。省委常委、市委书记孙金龙出席会议并讲话。市委常委、宣传部长林存安主持会议，副市长杨增权对主题教育活动进行具体部署，市人大常委会副主任杜昌寿，市政协副主席盛志刚等出席。

9～10日 市委副书记、市长吴存荣率合肥市党政代表团赴江苏省镇江市考察学习经济社会发展和城市规划建设情况。

市委常委、常务副市长张晓麟会见即将离任的乌拉圭驻上海总领事卡洛斯·伊利卡拉伊一行。

10日 省政协副主席王鹤龄一行来肥调研企业发展情况，市政协副主席杨治茂等陪同调研。

10～11日 市委副书记、市长吴存荣率合肥市党政代表团赴江苏省扬州市学习考察。

11～12日 省委常委、市委书记孙金龙率合肥市党政代表团赴江苏省泰州市学习考察。

11～12日 国家财政部部长谢旭人一行在省委副书记、省长王三运，省委常委、常务副省长孙志刚等陪同下就“家电下乡”、“小金库”治理、财政管理科学化精细化等课题前往肥西县三河、上派等地调研。市委副书记、市长吴存荣陪同调研并主持召开汇报会。

12～13日 省委常委、市委书记孙金龙率合肥市党政代表团赴江苏省南通市学习考察。

15日 全市县区领导干部驻点招商工作座谈会召开。省委常委、市委书记孙金龙出席座谈会并讲话。市委副书记熊建辉主持会议，市委常委、常务副市长张晓麟，市委常委、统战部长张进等出席会议。

万达广场项目开工典礼在肥举行。省委常委、市委书记孙金龙宣布项目开工。全国政协常委、全国工商联副主席、万达集团董事长王健林，省商务厅党组成员、副厅长张箭，万达集团副总裁张诚，中国建筑第二工程局有限公司总经理罗世威，中国银行安徽省分行行长沈肖芜，中国农业银行安徽省分行行长顾正宇，中国建设银行安徽省分行行长白国祥，光大银行合肥分行行长李堂政，市人大常委会主任黄同文，市政协主席董昭礼，市委常委、副市长方军，市委常委、秘书长安列等出席项目开工仪式。

16日 中国风险投资研究院合肥分院暨安徽省股权交易所揭牌仪式在高新区举行。全国人大常委会原副委员长、民建中央原主席成思危，省委书记、省人大常委会主任王金山，省委副书记、省长王三运出席揭牌仪式，并共同为研究院和交易所揭牌。省委常委、市委书记孙金龙，省委常委、秘书长詹夏来，省人大常委会副主任胡连松，省政协副主席、民建安徽省委主委方兆本，以及省政府秘书长方宁，省长助理花建慧等出席。副省长倪发科主持揭牌仪式。市委副书记、市长吴存荣等参加。

国家部委联合调研组组长、国家发改委副主任杜鹰和随行的国家发改委地区司副司长刘苏社等在省委常委、市委书记孙金龙，省委常委、常务副省长孙志刚的陪同下来肥考察合肥京东方六代线项目规划建设情况。

省委常委、市委书记孙金龙会见中铁隧道集团有限公司董事长、党委书记郭大焕一行。

17日　国家部委联合调研组副组长、国家发改委地区司司长范恒山率国家部委联合调研组综合二组在省委副书记、省长王三运，省委常委、市委书记孙金龙，省委常委、常务副省长孙志刚等领导陪同下来肥调研承接产业转移工作。

18日　由环保部环境规划院副院长陆军带队的国家部委联合调研组环境保护组，在副省长倪发科等陪同下来肥调研。市委副书记、市长吴存荣，市委常委、滨湖新区建设指挥部指挥杜平太，副市长李红等陪同。

中国侨联副主席林淑娘率领的中国侨联海外委员考察团60余人来肥考察滨湖新区建设情况。

19日　由工信部规划司副司长刘贤利带队的国家部委联合调研组产业和科技创新组在副省长黄海嵩等陪同下来肥调研。市委副书记熊建辉，副市长杨增权等陪同。

20日　商务部外资司副司长于晓峰率国家部委联合调研组区域合作组在省委常委、市委书记孙金龙，省人大常委会副主任郭万清，省商务厅厅长于勇，市委常委、常务副市长张晓麟，市人大常委会副主任谢刚等陪同下来肥调研承接产业转移工作。

省委常委、市委书记孙金龙会见日本日立等离子显示器股份有限公司社长由木几夫、DAPTECH股份有限公司社长高濑猛一行。市委副书记、市长吴存荣，市委常委、常务副市长张晓麟等参加会见

合肥市召开文明城市创建工作会议，市委副书记、市长吴存荣出席会议并讲话。

21日　市委副书记、市长吴存荣会见麦德龙集团国际事务副总裁贝汉思一行。副市长江洪会见时在座。

淮北市副市长王莉莉率淮北市政府考察团来肥考察教育工作。副市长杨增权主持召开交流座谈会。

27日　合肥市政府与中国电信安徽公司签订战略合作框架协议。市委副书记、市长吴存荣，市委常委、常务副市长张晓麟，副市长杨增权，中国电信安徽公司总经理陶萍等出席签约仪式。

28日　辽宁省委常委、沈阳市委书记曾维率沈阳市党政代表团来肥考察经济社会发展和城市建设情况并举行交流座谈会。省委常委、市委书记孙金龙，市委常委、滨湖新区建设指挥部指挥杜平太，市委常委、秘书长安列，市委常委、常务副市长张晓麟，市委常委、副市长魏晓明，副市长杨增权等陪同考察并出席座谈会。

29日　人民日报社安徽分社成立暨新址落成仪式在肥举行。省委书记、省人大常委会主任王金山，人民日报社社长张研农共同为人民日报社安徽分社揭牌并分别致辞。省委副书记、省长王三运，省委常委、市委书记孙金龙出席。人民日报社安徽分社社长刘杰主持仪式。

30日　中国共产党合肥市第九届委员会第八次全体（扩大）会议在肥召开，全会由市委常委会主持。省委常委、市委书记孙金龙到会讲话，市委副书记、市长吴存荣作工作报告。市委副书记熊建辉等出席。

8月

1日　新的《合肥市市容和环境卫生管理条例》今日实施，条件规定：装修垃圾不能混入生活垃圾，宠物随地大便要立即清除，临街2米以下不能安空调。

合肥市从7月1日起，上调低保人均补差标准：月人均补差市区不低于180元、三县不低于160元。此前，合肥市低保月人均补差标准目标为：市区160元、三县140元。

安徽广播电视新中心奠基仪式在肥举行。省委书记王金山宣布安徽广播电视新中心工程开工。省长王三运，省政协主席杨多良，省委常委、市委书记孙金龙，省委常委、常务副省长孙志刚，省委常委、宣传部长臧世凯，省委常委、秘书长詹夏来，市委副书记、市长吴存荣，市委常委、宣传部长林存安等出席奠基仪式。据悉，安徽广播电视新中心位于合肥政务文化新区怀宁路与祁门路交口，集综合办公、节目制作、传输覆盖、技术保障和后勤服务于一体，是新中国成立以来全省宣传文化系统建设规模最大、投资总额最多、功能最齐全、技术设备最先进、国内一流的广播电视建设工程。新中心占地面积18.2公顷，分两期建设，一期建设26万平方米，投资17亿元，主楼高226.5米，建成后

将成为合肥市最高建筑。演播厅面积高达3600平方米，国内最大的电视演播厅。

3日　市委副书记、市长吴存荣会见澳门汇力兴业集团有限公司董事长吕联选一行。市委常委、副市长刘烈东参加会见。

4日　市委副书记、市长吴存荣会见加拿大驻沪总领事潘乃德一行。

5日　市委副书记、市长吴存荣主持召开第四届全国体育大会筹备工作汇报会。市委常委、常务副市长张晓麟，副市长杨增权出席会议。

市委副书记、市长吴存荣在副市长李红和市财政、交通等有关部门负责人陪同下前往包河区调研，重点解该区工业生产、“城中村”改造、基础设施建设、重点项目推进等情况。

6日　市委、市政府召开全市村（居）集体资金、资产、资源清理暨规范新农村建设动员大会。省委常委、市委书记孙金龙出席会议并讲话。市委副书记熊建辉主持会议，市委常委、纪委书记雍成瀚宣读工作意见；市委常委、常务副市长张晓麟，市人大常委会副主任郭超，副市长江洪，市政协副主席郭本道等出席会议。

市人大常委会主任黄同文前往滨湖新区就塘西河整治等问题进行调研，市人大常委会副主任杜昌寿、陈栋、谢刚、梁虹、郭超陪同调研。

合肥市召开创建国家级创业型城市动员大会。市委副书记、市长吴存荣，市人大常委会副主任谢刚，副市长卢仕仁，市政协副主席杨治茂出席会议。

7日　合肥城市轨道交通1号线试验段开工典礼在滨湖新区举行。省委常委、市委书记孙金龙宣布试验段开工。省发改委主任沈卫国，市委副书记、市长吴存荣分别致辞。合肥城市轨道交通1号线试验段选址于滨湖新区锦绣大道站（含）至云谷路站（不含），全长4.404公里。试验段工程分为四站四区间土建工程。车站设计为地下负一层侧式站，区间覆土满足主要市政管线通过要求，车站及区间均采用明挖法施工。工程概算投资为6.9亿元。

省委常委、市委书记孙金龙主持召开渡江战役纪念馆工程建设进展情况座谈会，听取相关部门工作进展汇报，研究工程建设有关事宜。市委副书记、市渡江战役纪念馆建设领导小组组长熊建辉，市委常委、宣传部长林存安出席座谈会。

省人大常委会副主任任海深率领调研组来肥就贯彻执行《中华人民共和国食品安全法》情况进行调研。市人大常委会主任黄同文、副主任杜昌寿，副市长卢仕仁陪同调研。

8日　正在施工中的合肥市长江中路四牌楼地下人行通道南北向主通道发生塌陷事故，塌陷面积约180平方米，塌陷事故未造成人员伤亡。事故发生后，市委副书记、市长吴存荣，市委常委、秘书长安列，副市长李红立即赶赴现场，协调公安、供水、供电、燃气和施工单位进行现场处置。省委常委、市委书记孙金龙做出三点指示：一、实事求是查明事故原因，是什么就是什么；二、要以最快速度向媒体通报，说明情况，讲清问题；三、采取有力措施，继续推进工程建设，确保施工安全。

省委常委、市委书记孙金龙主持召开专题会议研究处理四牌楼地下人行通道塌陷事故。市委副书记、市长吴存荣，市委常委、秘书长安列，副市长李红及市委宣传部、市建委、公安局、人防办、重点局、交警支队、项目工程承建单位负责人等参加会议。

9日　市委副书记、市长吴存荣做客人民网强国论坛，以拆迁维护群众合法利益、促进社会和谐稳定为题在人民网强国论坛安徽频道演播室与全国网友在线交流。

10日　省委常委、市委书记孙金龙会见中国建筑材料集团公司董事长宋志平、总经理姚燕一行。市委副书记、市长吴存荣，市委常委、副市长魏晓明等参加会见。

11日　副省长文海英在省政府副秘书长韩军，省出入境检验检疫局局长邱栋久，市委副书记、市长吴存荣等陪同下来肥专题调研部分商务进出口企业。

10~11日　由市委、市政府、市政协共同主办的中国合肥·绍兴投资项目推介暨合肥之友绍兴理事会成立大会在浙江省绍兴市举行。市政协主席董昭礼出席活动并讲话。市委常委、常务副市长张晓麟介绍合肥的经济社会发展情况和投资环境。市政协副主席王世清、杨治茂，十一届市政协主席周富如出席活动。本次活动共签约投资项目12个，投资总额达125.5亿元。

12日　省委常委、市委书记孙金龙在市委常委、宣传部长林存安陪同下率市文明办、市容局等部门负责人前往合肥火车站、逍遥津公园门前地下通道、周谷堆市场、曙光商厦和安居苑小区等地对全市文明创建工作进行暗访督察。

省委常委、市委书记孙金龙在市委常委、宣传部长林存安，副市长杨增权等陪同下调研全市城市和流动人口计划生育工作。

省委常委、市委书记孙金龙会见中国人民大学常务副书记牛维麟率领的教授考察团。市委副书记熊建辉，市委常委、秘书长安列，市委常委、组织部长凌云等参加会见。

市委副书记、市长吴存荣在市有关部门负责人陪同下前往新站区专题调研中国（合肥）平板显示产业基地规划建设工作。

11日~12日 省委常委、市委书记孙金龙在市委常委、常务副市长张晓麟的陪同下与蜀山区、滨湖新区建设指挥部及市规划、招商、土地储备等相关部门负责人一道就“合肥1912”项目合作开发，专程赴南京一九一二集团考察。

13日 市委召开第19次常委（扩大）会议，专题听取2009年以来全市投资、招商引资、工业、财税等工作情况汇报。省委常委、市委书记孙金龙主持会议并讲话。

市委副书记、市长吴存荣会见美国纳威司达卡车集团公司董事会常务董事麦克尔·汉默斯一行。市委常委、副市长魏晓明会见时在座。

以安庆市委常委、常务副市长陶方启率领的安庆市代表团来肥参观考察并就投融资管理体制改革以及市建设投资集团的公司机构设置和运营等相关情况进行交流座谈。市委常委、常务副市长张晓麟，市委常委、组织部长凌云等参加座谈会。

14日 省委副书记、省长王三运在省委常委、市委书记孙金龙及省政府秘书长方宁等陪同下来肥专题调研服务外包产业发展情况。市委副书记、市长吴存荣，市委常委、秘书长安列，市委常委、常务副市长张晓麟，副市长杨增权等参加调研。

省委常委、市委书记孙金龙会见彩虹集团公司总经理邢道钦，党委书记、副总经理陶魁，副总经理郭盟权一行。市委副书记、市长吴存荣，市委常委、秘书长安列，市委常委、常务副市长张晓麟等参加会见。会见后，双方举行彩虹合肥高世代TFT-LCD玻璃基板生产线项目签约仪式。

副省长唐承沛一行在省政府副秘书长宓建毅、省发改委副主任刘荣华、省财政厅副厅长黄然、省公安厅副厅长范韶明、省消防总队政委沈林龙、省消防总队总队长刘平的陪同下来到滨湖新区考察。市委常委、滨湖新区建设指挥部指挥杜平太，市委常委、副市长魏晓明，副市长李红等陪同。

15日 来自台湾省桃园县的范振球在合肥蜀山区工商分局领取个体工商户营业执照，合肥首个由台湾居民登记设立的个体工商户正式诞生。

15~16日 省委常委、市委书记孙金龙率领高新区、经开区、政务文化新区、滨湖新区和科大讯飞等政企负责人前往深圳，考察朗亚电子、信利康电子、创维、迈瑞医疗、比亚迪、华润、恒大等一批国内外知名企业进行学习考察。

17日 第四届中国中部投资贸易博览会组委会做出表彰决定：合肥市人民政府、中共合肥市委宣传部、合肥市接待办公室（机关事务管理局）、合肥市对外贸易经济合作局、合肥市招商局、合肥市投融资管理中心（金融办）获得“优秀组织奖”。

18日 中盐安徽红四方股份有限公司在合肥循环经济示范园揭牌，总投资114亿元的“化工航母”——中盐合肥化工基地项目同时开工建设。省委书记、省人大常委会主任王金山宣布项目开工，省委副书记、省长王三运，中国盐业总公司总经理茆庆国为公司揭牌。省委常委、市委书记孙金龙，省委常委、秘书长詹夏来，副省长倪发科，市委副书记、市长吴存荣，市人大常委会主任黄同文等出席揭牌暨开工仪式。

合肥市招商顾问座谈会在肥举行。省委常委、市委书记孙金龙出席座谈会并讲话。市委副书记、市长吴存荣以及市直有关部门负责人、市招商顾问和部分企业代表出席。市委常委、常务副市长张晓麟主持会议。

省委常委、市委书记孙金龙会见诺贝尔奖获得者、美国CBrite公司董事会主席、上海杰事杰新材料有限公司董事会特别顾问艾伦·J·黑格教授，CBrite公司总裁尼尔森、副总裁彭尚文一行。市委常委、常务副市长张晓麟参加会见。

合芜蚌自主创新综合配套改革试验区产权交易市场共同网站正式开通，三地产权交易中心将在一个平台上发布信息，面向国内外进行产权招商，从而合肥、芜湖、蚌埠三地产权交易中心实现“无缝对接”。

合肥汽车客运西站举行启用仪式。2009年2月，因建设长江西路高架桥的需要，原西门换乘中心整体迁至位于长江西路与合淮阜高速公路交叉口北侧的新址，并更名为合肥汽车客运西站。

19日 市委、市政府召开全市中小学校舍安全工程工作会议。省委常委、市委书记孙金龙出席并讲话。市委副书记、市长吴存荣就实施校舍安全工程作具体部署，市委常委、常务副市长张晓麟主持会议，副市长杨增权及校舍安全工程领导小组成员单位负责人出席会议。

20日 合肥市召开农村地区人口和计划生育工作座谈会，市委副书记、市长吴存荣到会讲话。副市长杨增权主持会议。

金寨南路肥西城关段综合改造工程开工典礼在肥西县上派镇举行。市委副书记、市长吴存荣，市委常委、秘书长安列，市人大常委会副主任郭超，副市长李红及省公路局党委书记张久昌出席开工仪式。吴存荣宣布开工。

21日 由皖能合肥发电有限公司、顺达电力设备制造公司自主研制的“DZQ200升级型自升折臂塔式起重机设备”通过专家鉴定，该设备鉴定通过将填补中国大型冷水塔运用塔式起重机和电动提模施工的空白。

21～23日 应浙江省知名企业家圆桌会负责人的邀请，市委副书记、市长吴存荣率市有关部门负责人赴杭州开展招商活动。

24日 世博妇女论坛开幕式暨第七届泛长三角地区妇联主席联席会议在肥举行。全国妇联党组副书记、副主席、书记处书记孟晓驷，2010年上海世博会执行委员会专职副主任钟燕群，省委常委、省总工会主席王秀芳，市委副书记熊建辉，市委常委、组织部长凌云出席开幕式。安徽省妇联主席黄红主持开幕式。

著名电影剧作家沈默君先生遗体告别仪式在肥举行。

巢湖市委书记陈强率巢湖市党政代表团来肥考察城市建设和经济社会发展情况。考察期间，两市举行交流座谈会和《合肥市与巢湖市加强区域合作框架协议》签约仪式。省委常委、市委书记孙金龙出席座谈会并讲话。市委副书记、市长吴存荣向宾客介绍了合肥经济社会发展及推进合肥经济圈建设情况。市委副书记熊建辉主持座谈会。

25日 合肥市政府与中国移动安徽公司签署战略合作框架协议在肥举行。市委副书记、市长吴存荣，安徽移动董事长、总经理徐达出席签约仪式并致辞。市委常委、常务副市长张晓麟，副市长杨增权，安徽移动副总经理王建中出席签约仪式。

省委常委、市委书记孙金龙会见来肥考察投资发展环境的保利置业集团有限公司总裁韩清涛一行。

国家土地督察南京局局长刘天增、副专员周家富一行3人在省国土资源厅执法局局长潘海滨等陪同下来肥督察第九次“卫片”执法检查工作。市委副书记、市长吴存荣主持汇报会，市委常委、常务副市长张晓麟代表市政府汇报全市第九次“卫片”执法检查工作开展情况。

市委副书记、市长吴存荣会见IBM中国区副总裁左洪。副市长杨增权参加会见。

26日 市委召开常委（扩大）会议，进一步传达学习省委省政府加快合肥经济圈建设座谈会精神，研究部署工作推进措施。省委常委、市委书记孙金龙主持会议并讲话。

省委常委、市委书记孙金龙会见中国工商银行股份有限公司副董事长、执行董事、行长杨凯生一行，并就工商银行总行在合肥国际金融后台服务基地新建后台中心项目的有关事宜进行洽谈。市委常委、常务副市长张晓麟，副市长顾斌等会见时在座。

中央文明办授予瑶海区磨店乡“全国创建文明村镇工作先进村镇”光荣称号。

27日 市十四届人大常委会第12次会议通过《合肥市市直机关公务员转任办法》、《合肥市道路交通安全条例》和《合肥市人民代表大会代表建议、批评和意见处理办法》并批准2009年合肥市本级预算调整方案的决议。

28日 由法国液化空气集团、日本住友化学株式会社、法国威立雅水务集团等3家世界500强企业在内投资的13个平板显示产业基地配套项目——中国（合肥）平板显示产业基地首批上游配套项目集中签约在肥举行。省委常委、市委书记孙金龙，省发改委主任沈卫国，省商务厅厅长于勇，省经信委副主任曹晓武，省财政厅副厅长王林建，合肥海关副关长诸葛瑞松，省出入境检验检疫局副巡视员江松，中国建设银行安徽省分行行长白国祥，中国农业银行安徽省分行副行长赵勤等出席签约仪式。市委副书记、市长吴存荣，住友化学电子材料科技（无锡）有限公司董事长宫竹贤一，京东方集团常务副总裁、合肥京东方光电科技有限公司总经理刘晓东分别致辞。市委常委、常务副市长张晓麟主持签约仪式。省委常委、市委书记孙金龙会见前来出席签约仪式的宾客。

省委常委、市委书记孙金龙会见来肥考察的南京一九一二集团董事长、东方企业集团董事长李天成李天成一行。市委常委、常务副市长张晓麟等参加会见。南京一九一二集团，以商业运营、房地产产品和服务为专长，专注于服务业的开拓与发展。

29 日 合肥现代科技馆举行揭牌暨开馆仪式。副省长倪发科，省政府副秘书长余焰炉，市委副书记、市长吴存荣，省科协党组书记、常务副主席周建强，中科院合肥研究院院长王英俭，副市长杨增权，省科协副主席王海彦、梁寿南等出席开馆仪式。

中国科学院、中国科学技术大学在肥召开“城域网络量子通信技术”成果展示暨鉴定会。省委副书记、省长王三运出席并讲话。省委常委、市委书记孙金龙，中国科学院副院长、中科院院士詹文龙出席会议。中国科学技术大学校长侯建国主持鉴定会，副省长倪发科代表省政府致辞。市委副书记、市长吴存荣等领导参加会议。“城域网络量子通信技术”是利用自主研发的量子通信终端和光量子程控开关，发展起来的一种安全的通信技术。

省委常委、市委书记孙金龙前往合肥国家经济技术开发区、瑶海工业园等地调研开发园区建设、产业发展和企业生产经营等情况。

合肥市与中央企业合作发展工作会议在肥召开。市委副书记、市长吴存荣出席会议并讲话，

30 日 2009 中国（合肥）第九届自主创新要素对接会新闻发布会在京举行。新闻发布会由省政府副秘书长余焰炉主持，副市长杨增权作新闻发布。国家科技部、教育部、中科院、知识产权局、中科协等部门领导及京城各大媒体记者出席。

9 月

1 日 省委常委、市委书记孙金龙会见中粮集团总会计师邬小蕙一行。市委常委、副市长魏晓明、刘烈东，副市长顾斌等会见时在座。

合肥市最大的农民征地拆迁恢复点学校——永和学校举行揭牌仪式暨开学典礼，市委常委、宣传部长林存安出席活动。

2 日 省委常委、市委书记孙金龙会见上海市侨商会副会长兼秘书长章兆丰，副会长、鸿熙电子（上海）有限公司副董事长陈仲熙一行。省侨办副主任黄英，市委常委、常务副市长张晓麟，副市长顾斌等参加会见。

省委常委、市委书记孙金龙会见来肥做客《庐州讲坛》的吉林大学教授彭向刚。市委副书记熊建辉，市人大常委会副主任梁虹，副市长杨增权，市政协副主席盛志刚等参加会见。

市委副书记、市长吴存荣会见来肥考察投资发展环境的日本 NEC 电子执行取缔役常务董事加藤正记先生一行。市委常委、副市长魏晓明，NEC 电子营业事务本部长石田守等会见时在座。

3 日 世界银行行长佐利克来到合肥包河区大圩镇考察该镇利用世行贷款加强灌溉农业三期项目情况。省委常委、常务副省长孙志刚，省政府副秘书长张秋保，省财政厅厅长陈先森，市委常委、常务副市长张晓麟陪同。

4 日 合肥直航台北的首个航班今日从合肥骆岗机场起飞，乘坐首个航班的旅客共 126 名，其中以赴台观光游客为主。全程共两小时，

市人大常委会主任黄同文会见来肥考察城市规划和建设情况的以宁莎蓬女士为团长的柬埔寨国民议会第九委员会代表团一行，市人大常委会副主任谢刚陪同考察并会见时在座。

6 日 省委常委、市委书记孙金龙会见江西赛维 LDK 太阳能高科技有限公司董事长彭小峰一行。市委常委、秘书长安列等参加会见。江西赛维 LDK，是目前亚洲规模最大的太阳能多晶硅片生产企业，曾荣获“2006 年中国新材料产业最具成长性企业”称号。该公司于 2007 年 6 月 1 日在美国纽交所成功上市。

由市委宣传部、市直工委、市文广新局主办的“‘歌唱祖国’——合肥市第五届合唱节”开幕式暨首场演出在肥举行，市委副书记熊建辉，市委常委、宣传部长林存安，市人大常委会副主任郭超，副市长杨增权出席开幕式。

7 日 省委常委、市委书记孙金龙会见联合利华全球首席执行官保罗·波尔曼先生，以及联合利华亚非及中东欧地区总裁、全球供应链总裁、大中华区主席一行。市委常委、秘书长安列会见时在座。

7～8 日 国家土地督察南京局副专员周家富率领的安徽检查组在省国土资源厅副巡视员蒋学军等陪同下就第九次“卫片”执法检查查处整改工作情况来肥开展抽查工作。省委常委、市委书记孙金龙会见周家富一行。

8 日 省委常委、市委书记孙金龙会见来肥考察的南京金鹰国际集团董事长王恒一行。市委常委、秘书长安列，副市长江洪等陪同。

省人大常委会副主任朱先发来肥调研创意产业

发展情况。市委常委、常务副市长张晓麟，市人大常委会副主任郭超，市政协副主席盛志刚陪同调研。

9日 省委副书记王明方来到合肥市第三十五中学看望慰问教师并代表省委、省政府向全市和全省广大教师和教育工作者致以节日慰问和崇高敬意。

市委、市政府召开推进与中央企业合作发展工作领导小组会议，讨论研究《合肥市推进与中央企业合作发展总体工作方案》。省委常委、市委书记、市推进与中央企业合作发展工作领导小组组长孙金龙主持会议并讲话。

10日 合肥市第五十中学（新区）项目入驻政务文化新区举行开工典礼，省委常委、市委书记孙金龙出席开工典礼并宣布项目开工。市政协主席董昭礼，市委常委、秘书长安列，市委常委、宣传部长林存安等出席，副市长杨增权致辞。该项目总投资约1.13亿元，含48个全日制班级，总建筑面积约2.8万平方米，主要由办公楼、教学楼、综合体育设施等组成。

省委常委、市委书记孙金龙会见来肥考察访问的由日中经济协会副会长三木繁光率领日中经济协会代表团一行。

10~11日 合肥经济圈五城市（合肥、六安、巢湖、淮南、桐城市）人大工作研讨会首次在肥召开。省委常委、市委书记孙金龙会见参会人员。

浙江省绍兴市委副书记、市长钱建民率绍兴市代表团来到合肥考察并举行座谈会。市委副书记熊建辉主持座谈会。市委常委、常务副市长张晓麟，副市长顾斌陪同考察；市政协副主席杨治茂出席座谈会。

“2009广东省揭阳市经贸洽谈暨轻工产品（合肥）展销会”在安徽省古井体育馆开幕。

11日 国家安全监管总局党组成员、中央纪委驻总局纪检组组长周福启率国务院安委办督查组前来合肥市检查指导工作。省委常委、市委书记孙金龙会见了督查组成员。

9~11日 由广东省揭阳市委书记、市人大常委会主任陈弘平，市委副书记、市长陈奕威率揭阳市党政代表团来肥考察经济社会发展和城市建设情况，并开展经贸活动。两市举行交流座谈会。省委常委、市委书记孙金龙出席座谈会并讲话。市委副书记熊建辉主持座谈会，市委常委、常务副市长张晓麟介绍合肥经济社会发展情况。

合肥市获得中国轻工业协会、中国家电联合会授予“中国家电基地”荣誉称号，合肥成为全国第十个“中国家电产业基地”。

省委常委、副省长赵树丛专程来合肥调研H1N1甲型流感防控工作。市委常委、常务副市长张晓麟，市委常委、宣传部长林存安，副市长杨增权陪同调研。

12日 由云南省人大十届常委会常务副主任牛绍尧率领的云南省政府滇池水污染防治专家督导组30余人来到合肥市专程考察巢湖水环境治理工作。省委常委、市委书记孙金龙会见专家督导组。

14日 合肥市获得“2009全国十大最具投资潜力城市”殊荣。

15日 中石油昆仑燃气公司与合肥燃气集团完成滨湖新区城市燃气所有业务的交接工作。

16日 省委常委、市委书记孙金龙在京拜访中国五矿集团公司并与中国五矿集团公司党组书记、总裁周中枢，中国五矿邯邢冶金矿山管理局党委书记、教授级高工魏书祥等进行交流

副市长杨增权会见前来参加第16届中国豆腐文化节暨2009中国（淮南）国际工商领袖峰会的以色列国驻华大使安泰毅、以色列驻沪总领事艾雅克。

17日 市政协主席董昭礼会见来访的台湾徽商经贸文教交流协会陶君亮先生一行。

18日 由中国建筑装饰协会和合肥市人民政府共同主办的第九届中国（合肥）建筑装饰及材料博览会在安徽国际会展中心隆重开幕。中国建筑装饰协会秘书长王毅强，省政协副主席郑牧民，市人大常委会副主任杜昌寿，副市长李红，市政协副主席王世清等到场祝贺。

合肥市首个由政府部门牵头组织成立的“蜀山区酒后代驾”联盟，当日成立，起步价拟设为30元/车·次。

19日 中国·合肥老城区改造项目央企推介会在京举行。省委常委、市委书记孙金龙出席会议并讲话。市委常委、滨湖新区建设指挥部指挥杜平太，市委常委、秘书长安列，市人大常委会副主任梁虹，市政协副主席王世清等出席。市委常委、副市长刘烈东主持推介会，副市长李红在会上介绍合肥经济社会发展情况和投资环境。华润集团华润置地合肥有限公司董事、总经理黄森，中国水利水电建设集团公司副总经理王彤宙分别发言。

新华社副社长鲁炜一行在新华社安徽分社社长

王正忠，市委常委、宣传部长林存安的陪同下来肥考察。

民盟合肥市委成立50周年纪念大会在肥举行。省人大常委会副主任朱维芳，省政协副主席刘光复、张学平，市政协主席董昭礼，市委常委、统战部长张进，市民主党派负责人李晓梅、安岚、储昭平、程晓舫及省市有关部门负责人等出席会议。会议由省旅游局副局长、市民盟主委张雪平主持。

20日　上海铁路局合肥铁静苑二期安居工程开工。省委常委、市委书记孙金龙出席开工仪式并宣布项目开工。上海铁路局局长安路生，市委常委、常务副市长张晓麟分别致辞。合肥铁静苑二期工程是上海铁路局在合肥建设的四个安居工程之一。项目总建筑面积6万多平方米，可解决706户职工的安居问题。

22日　省委常委、市委书记孙金龙主持召开市委常委扩大会议，传达学习党的十七届四中全会和省委常委扩大会议精神，研究部署贯彻落实工作。

合肥市庆祝人民政协成立60周年座谈会在肥召开。省委常委、市委书记孙金龙出席会议并讲话。1949年时任中共合肥市委书记、首届市政协主席的李广涛同志应邀出席。会议由市政协主席董昭礼主持。

23日　省委常委、市委书记孙金龙，市政协主席董昭礼，市委常委、秘书长安列，市人大常委会副主任邹吉昌，副市长卢仕仁等登门看望慰问老红军和离休干部。

省委常委、市委书记孙金龙分别会见香港金马投资控股（集团）有限公司董事局主席、北京中金创展公司董事长马钟鸿一行。佳通集团董事局主席林德祥一行。纳威司达发动机集团总裁艾瑞科·泰克一行。

24日　全国政协副主席郑万通在全国政协教科文卫体委员会副主任方兆祥，省委常委、市委书记孙金龙，全国政协常委苏士澍，全国政协委员王成喜，全国政协办公厅研究室副主任翟有林，省政协秘书长王启敏等陪同下来肥视察。市政协主席董昭礼，市委常委、滨湖新区建设指挥部指挥杜平太等参加考察。

根据省委统一安排，省委常委、市委书记孙金龙率省委副秘书长、省委督查组组长张世平，省委副秘书长、省委督查室主任张杰，省委组织部副部长陈松林，省财政厅厅长陈先森，省人力资源和社会保障厅副厅长邱诚，省委老干部局副局长汪文庆等，登门或来到病房，走访慰问老同志、老红军。

合肥市“歌唱祖国”歌咏大会暨第五届合唱节闭幕式在合肥大剧院举行。省委常委、市委书记孙金龙，省委常委、宣传部长臧世凯，市委常委、秘书长安列，市委常委、政法委书记杨思松，市委常委、统战部长张进，市人大常委会副主任陈栋、梁虹，副市长江洪，市政协副主席李晓梅、程晓舫等观看演出。市委常委、宣传部长林存安致辞。

25日　由《墨尔本日报》、中国之星媒体集团、台海文化传播事业有限公司、美国《华商报》、美国纽约海外电视台、世界名人网、《中美邮报》、《世界艺术家杂志》、《华兴报》、《留学生新闻》、《华人周报》、日本亚洲通讯社、YVChina华人电台、《坤甸日报》、《棉兰早报》、《棉兰讯报》、《世界周刊》、《世界地产》等18家海外知名华文媒体负责人组成的海外华文媒体参访团见面会在肥举行。省委常委、市委书记孙金龙出席见面会。

省委常委、市委书记孙金龙会见中国大唐集团公司党组成员、副总经理杨庆一行。市委常委、秘书长安列，市委常委、副市长魏晓明、刘烈东，大唐集团安徽分公司总经理朱同斌等会见时在座。

26日　由省直工委、省委宣传部、省体育局、省旅游局、合肥市政府联合主办的省暨合肥市机关“迎国庆、健身跑”活动在省体育场隆重举行。省委书记、省人大常委会主任王金山，省委副书记、省长王三运，省委常委、市委书记孙金龙，副市长杨增权等出席启动仪式。

合肥市举行迎国庆“中博会，我们一起走过”系列主题活动颁奖晚会。省委副书记、省长王三运，省委常委、市委书记孙金龙，省政府副秘书长韩军及市政协主席董昭礼等出席颁奖晚会，并观看演出。

安徽省地方志办公室主办的安徽地方志成果展览暨“60华诞60华章”安徽60件标志性大事评选颁奖及明信片预售仪式在肥举行。此次成果展分图片展、实物展和地情咨询三部分。17个地市各设图片展板四幅、地情咨询台一个。展板内容为市情版、修志版、综合版和成果版。地情咨询为现场解答、资料赠阅等。省人大常委会副主任朱维芳，省政协副主席赵韩，副市长杨增权参加开幕式。

由广东中盈盛达担保投资股份有限公司等发起，联合安徽国际徽商交流协会、省政府驻广州办事处、安徽省广东商会推出的“新徽商共同成长计划”举行启动仪式。省委常委、市委书记孙金龙，佛山市委书记、市人大常委会主任林元和，安徽国际徽商交流协会会长吴昌期，省政府驻广州办事处主任朱丹，安徽省广东商会顾问徐景仁，中盈盛达董事长姜绪荣、总裁吴列进等一起推动“新徽商共同成长指标光环”启动装置。

省委常委、市委书记孙金龙会见来肥考察的香港天浚集团有限公司董事长杨衍圣一行。市政协原主席周富如会见时在座。

28日 王庆平烈士事迹陈列馆开馆暨合肥市青少年爱国主义教育基地揭牌仪式在合肥市庆平希望学校举行。

副市长杨增权率市体育局、文广局、旅游局、政府新闻办负责同志赴京向国家体育总局汇报第四届全国体育大会筹备工作进展情况和四体会开闭幕等单项工作方案。国家体育总局群体司司长盛志国等有关领导出席汇报会

29日 华润纺织（合肥）有限公司正式开业。省委常委、市委书记孙金龙，华润集团党委副书记、总经理乔世波，合肥海关副关长诸葛瑞松，省国资委总会计师江燕，市委常委、秘书长安列，市委常委、常务副市长张晓麟等出席开业典礼。

合肥市被国务院授予“全国民族团结进步模范集体”称号。

市政协主席董昭礼赴长丰县调研经济社会发展情况和北城区的规划建设情况。

30日 合肥滨湖国际会展中心暨安徽名人馆项目在滨湖新区举行开工典礼。省委书记、省人大常委会主任王金山宣布开工。省委副书记、省长王三运发表讲话。省委常委、市委书记孙金龙等出席开工仪式。市委副书记、市长吴存荣主持。

10月

1日 省委常委、市委书记孙金龙，市委副书记、市长吴存荣，市委常委、秘书长安列，市委常委、政法委书记杨思松，副市长卢仕仁、李红等前往基层看望慰问坚持节日加班的干部职工。

2日 安徽大学党委书记、校长黄德宽教授等申报的《古文字谱系疏证》获第五届高等学校科学研究优秀成果奖——人文社会科学语言学著作类一等奖。

4日 省委常委、市委书记孙金龙会见珠海格力集团有限公司董事长朱江洪、珠海格力电器股份有限公司总裁董明珠。市委副书记、市长吴存荣，市委常委、副市长魏晓明等参加会见。

5日 由省旅游局与合肥市人民政府联合举行的“百团万人游皖北”活动在肥举行。市委副书长、市长吴存荣，副市长杨增权等出席启动仪式。

7日 南北高架一号线和裕溪路高架工程开工典礼在包河区举行。省委常委、市委书记孙金龙，市人大常委会主任黄同文，市委常委、常务副市长张晓麟，市委常委、政法委书记杨思松，市委常委、宣传部长林存安，市政协副主席王世清等出席。市委副书记、市长吴存荣讲话。市委常委、秘书长安列主持开工典礼。副市长李红致辞。南北高架一号线是连接老城区与滨湖新区的东部南北向交通走廊，裕溪路高架工程是连接老城区与东部组团的东向快速通道。

8日 水利部副部长鄂竟平在水利部水电局局长田中兴，省水利厅党组书记、厅长纪冰，省水利厅党组成员、纪检组长高玉宝，省水利厅党组成员、总工程师金问荣，市委副书记、市长吴存荣，市委常委、滨湖新区建设指挥部指挥杜平太等陪同下来肥考察。

9日 合肥幼儿师范学校新校区开学典礼在合肥职教基地举行。市委副书记、市长吴存荣出席典礼并宣布新校区正式开学。省教育厅副厅长江春，市委常委、宣传林存安部长，市人大常委会副主任郭超，副市长杨增权出席开学典礼。合肥幼儿师范学校新校区占地35.1公顷，一期工程建设已投入2.49亿元，建筑总面积达84127平方米，首期可容纳3500名学生学习生活。

10日 “安徽鲁班杯”2009年全国航空航天模型锦标赛在肥开幕。国家体育总局副局长冯建中，英雄航天员费俊龙、聂海胜，总参军训和兵种部副部长董文久，副省长倪发科，解放军炮兵学院院长任富兴、政委张志辉，省长助理花建慧，市委副书记、市长吴存荣，教育部体卫艺司司长杨贵仁、国家体育总局航空无线电模型运动管理中心主任李正梅、省体育局局长冯潮出席开幕式。副市长杨增权出席并讲话。

安徽首座城市综合体项目信地·城市广场二期项目启动。市委副书记、市长吴存荣，市政协主席董昭礼，市委副书记熊建辉，市委常委、政法委书记杨思松，市委常委、统战部长张进，副市长李

红，汕头市委副书记郭大钦及银行金融界人士共同出席开工仪式。信地·城市广场二期项目总建筑面积逾22万平方米，总投资超9亿元，物业类型涵盖LOFT公寓、宜商宜居的现代商务公寓、高端写字楼、四星级公寓式酒店、时尚商务酒店、4万平方米餐饮休闲步行街区。

14日 合肥市召开深化医药卫生体制改革动员工作会议，制定出《医药卫生体制改革2009－2011年重点工作实施方案》。

16日 第三届全国文化纪念品博览会暨2009中国图书馆图书设备采购大会在安徽国际会展中心开幕。

18日 合肥一环路内1565个临时停车泊位在当日起全面收费。不同路段、不同车型，将实行计时收费与计次收费相结合的方式，同时划定夜间10个小时的免费停车时段。

22日 市委常委、常务副市长张晓麟会见中国光大集团公司副总经理、光大金控资产管理公司总裁吴少华一行。

23日 位于濉溪路柏百景湾桦景轩小区4号楼D单元402室发生爆炸，爆炸造成八部电梯(其中D单元一台完全报废)、162樘门损坏，365樘门、窗框需更换，约1600平方米玻璃破损等。后经警方调查，该爆炸事件系住户韩某某释放天然气意图自杀引发。

24日 2009年全国农机产品订货交易会暨第十三届中国国际农业机械展览会在安徽国际会展中心开幕。省委常委、市委书记孙金龙，农业部原副部长、中国奶业协会会长刘成果，原国内贸易部副部长、中国物流与采购联合会会长陆江，农业部农业机械化管理司司长宗锦耀，省农业机械管理局局长项安琪，副市长江洪等出席开幕式。副省长唐承沛宣布展览会开幕。市委常委、常务副市长张晓麟致辞。

由中国美术家协会、市政府、省文化厅、省文学艺术界联合会主办，市委宣传部、市文学艺术界联合会、省文物局、省博物馆等单位共同承办的经典回顾与现代思考·中国画学术系列活动在肥开幕。中国文联副主席、中国美协主席刘大为，省委副书记王明方，省人大常委会副主任郭万清，省政协副主席张学平，市政协主席董昭礼，市委常委、秘书长安列，市委常委、宣传部长林存安，市委常委、副市长魏晓明等参加开幕式。

28日 由科技部、教育部、中国科学院、国家知识产权局、中国科协、世界科技城市联盟(WTA)和安徽省人民政府共同主办的2009中国(合肥)自主创新要素对接会在安徽国际会展中心隆重开幕。省委书记、省人大常委会主任王金山宣布对接会开幕，省委副书记、省长王三运，省委常委、市委书记孙金龙，市委副书记、市长吴存荣，市人大常委会主任黄同文等出席开幕式。副省长倪发科主持开幕式。科技部副部长张来武，国家知识产权局副局长鲍红，中国机械工业集团公司副总经理王松林，中国建材集团公司副总经理马建国，解放军军事医学科学院副院长陈学如，国家有关部门领导，省外有关城市、省内各市代表团，20多个世界科技城市联盟会员城市和合肥海外友好城市，部分高等院校、科研院所和国家大型企业的代表，海内外企业家、投资商代表，国际友人及华人华侨代表等共5000多人应邀出席开幕式。本次大会以“创新、交流、合作、发展”为主题，分设11个大型专项展示交易区，推出数千个科技成果项目，并将举办人才博览、项目对接、主题论坛、签约仪式、成果发布等一系列活动。

连接滨湖新区和巢湖的重要公路大桥——环巢湖道路跨南淝河大桥建设工程举行开工仪式。

30日 合肥熔安动力总装车间落成暨首台机交机庆典仪式在肥举行。省委书记、省人大常委会主任王金山，省委常委、市委书记孙金龙、市人大常委会主任黄同文，市政协主席董昭礼等共400多人参加庆典仪式。

省委常委、市委书记孙金龙会见中国光大集团董事长、中国光大银行董事长唐双宁。

省委常委、市委书记孙金龙会见由全国人大代表、深圳市总商会会长、深圳市海王集团股份有限公司董事长张思民率领的深圳市总商会合肥考察团一行。市委常委、副市长刘烈东参加会见。

11月

2日 合肥市召开坝上街及粮食二库综合改造省、市级产权单位拆迁动员会。市政协主席董昭礼出席会议并讲话，副市长李红主持会议。

4~5日 市委常委、副市长刘烈东赴香港招商并出席恒大集团上市仪式。

6日 由国家林业局和安徽省人民政府共同主办，国家林业局国有林场和林木种苗总站、安徽省林业厅和合肥市人民政府具体承办，安徽林木种苗总站、合肥市林业局、肥西县人民政府、安徽中实会展公司执行承办的2009中国·合肥苗木花卉交易大会在肥西县举行开幕式。国家林业局副局长张建龙，省委常委、市委书记孙金龙，省委常委、副省长赵树丛，省人大常委会副主任朱先发，市委委副书记、市长吴存荣参加开幕式。

8日 全国最年轻的省会城市市委机关报——《合肥日报》当日创刊发行。省委常委、市委书记孙金龙宣布《合肥日报》创刊。省委宣传部常务副部长叶文成，省新闻出版局局长郭永年、副局长徐发成，市人大常委会主任黄同文，市政协主席董昭礼，市委常委、政法委书记杨思松，市委常委、宣传部长林存安，副市长杨增权等出席创刊仪式。市委常委、秘书长安列主持。

中央新闻单位驻皖记者站联合会、市委宣传部、市新闻工作者协会联合举办庆祝第十个记者节联谊会。人民日报社安徽分社社长刘杰，市委副书记、市长吴存荣先后致辞。省委宣传部副部长张宗良，光明日报安徽记者站站长李陈续，市委常委、宣传部长林存安，市人大常委会副主任郭超，副市长杨增权，市政协副主席盛志刚等出席联谊会。

9日 合肥市举行纪念市人大常委会设立30周年座谈会。省委常委、市委书记孙金龙出席座谈会并讲话。市委副书记、市长吴存荣，市人大常委会主任黄同文，市政协主席董昭礼等出席。座谈会由市人大常委会副主任杜昌寿主持。

市委副书记、市长吴存荣会见中国节能投资公司副总经理陈曙光一行，副市长李红参加会见。

10日 马鞍山市委书记郑为文，市委副书记、市长周春雨率领的马鞍山市党政代表团来到合肥市考察经济社会发展和城市建设情况。省委常委、市委书记孙金龙，市委副书记、市长吴存荣，市人大常委会主任黄同文，市政协主席董昭礼，市委常委、滨湖新区建设指挥部指挥杜平太，市委常委、秘书长安列，市委常委、副市长刘烈东陪同考察。

11日 中国·合肥重点建设项目（大型施工企业）推介会在京举行。会上，中煤矿山建设集团公司、中建七局二公司、中铁二十四局安徽公司、中铁十局三公司等企业与合肥市签署了“又好又快推进签约项目建设服务承诺书”。省委常委、市委书记孙金龙出席推介会并讲话。市人大常委会主任黄同文，市委常委、常务副市长张晓麟，市政协副主席王世清等参加推介会。市委常委、秘书长安列主持。副市长李红介绍合肥建设与发展情况。

省委常委、市委书记孙金龙在北京会见日本三洋电机株式会社副社长本间充一行。市委常委、常务副市长张晓麟参加会见。

市委副书记、市长吴存荣在市委常委、组织部长凌云陪同下赴第三批学习实践活动联系点——长丰县下塘镇进行调研。

13日 由中国食品工业协会、合肥市人民政府、安徽省农委、中国食品工业协会坚果炒货专业委员会共同主办的第四届中国坚果炒货食品节暨2009全国坚果炒货食品配料、包装、机械设备展在安徽国际会展中心开幕。市委副书记、市长吴存荣出席开幕式并讲话。中国食品工业协会秘书长沈篪，省农委副主任许伟，省商务厅副巡视员李庭信，市委常委、副市长刘烈东，市委常委、统战部长张进，市人大常委会副主任郭超，市政协副主席王世清等出席开幕式。

14日 中纪委驻人力资源和社会保障部纪检组长袁彦鹏率领中央第十检查组来肥检查中央新增投资项目落实情况并召开合肥市中央新增投资项目落实情况汇报会。市委副书记、市长吴存荣出席会议，市委常委、常务副市长张晓麟汇报项目落实情况，省政府副秘书长张秋保主持会议。

省委常委、市委书记孙金龙会见前来参加滨湖医院开诊仪式的中国科学院院士、中国军事医学科学院原院长吴祖泽一行。市委常委、常务副市长张晓麟，市委常委、宣传部长林存安，市人大常委会副主任郭超，副市长卢仕仁，市政协副主席盛志刚等参加会见。

14~15日 全国教育科学“十一五”规划教育部重点课题“有效推进区域教师专业化发展”经验交流会暨第八届年会在肥召开。中国教育学会副会长陶西平，安徽省教育厅总督学李明阳，副市长杨增权等出席会议。

合肥滨湖新区塘西河再生水厂工程等八个项目开工仪式在肥隆重举行。省委常委、市委书记孙金龙出席开工仪式并宣布项目开工。市委副书记、市长吴存荣致辞，市人大常委会主任黄同文，市政协主席董昭礼等出席仪式。

合肥市属最大的特大型三级甲等综合医院——合肥市滨湖医院举行开诊庆典仪式。省委常委、市委书记孙金龙出席庆典仪式并宣布开诊。卫生部原副部长、中国医院协会会长曹荣桂，中国科学院院士、中国军事医学科学院原院长吴祖泽，上海市卫生局局长徐建光，市委副书记、市长吴存荣分别致辞。

中国五矿集团五矿矿业（合肥）基地在滨湖新区举行开工仪式。省委常委、市委书记孙金龙出席开工仪式并宣布项目开工。

16日　以“创新·创业·发展”为主题的第十一届中国国际高新技术成果交易会在深圳市开幕。省委副书记、省长王三运在副省长文海英、省政协副主席王鹤龄、省长助理花建慧，省直有关部门负责人的陪同下到安徽展馆，巡视展区展示情况并在合肥展区了解参展项目情况。市委副书记、市长吴存荣，副市长刘烈东陪同。

市委副书记、市长吴存荣在深圳会见华孚控股集团有限公司董事长孙伟挺一行。

18日　省委常委、市委书记孙金龙在市委常委、秘书长安列的陪同下率领市有关部门负责人前往长丰双凤经济开发区就学习实践科学发展观、加快县域经济社会发展和城市副中心建设等情况进行调研。

省委常委、市委书记孙金龙会见海航集团董事局董事、海航实业控股有限公司执行董事长谭向东一行。

19日　省委常委、市委书记孙金龙，市委副书记、市长吴存荣率合肥市党政代表团赴阜阳学习考察共商结对合作事宜并举行结对合作座谈会。阜阳市委书记、市人大常委会主任宋卫平，阜阳市委副书记、市长孙云飞，阜阳市政协主席孟庆银等出席座谈会并陪同考察。市委常委、秘书长安列，市委常委、常务副市长张晓麟，市委常委、组织部长凌云等参加座谈和考察。

20日　由中国烹饪协会、省商务厅、省旅游局、市政府、省烹饪协会共同主办的第四届中国（合肥）徽菜美食旅游节在安徽国际会展中心隆重开幕。省委常委、市委书记孙金龙出席开幕式并宣布开幕。

合肥市举行第六水厂一期15万立方米/日工程并网运行仪式，这标志着合肥市日供水能力将达到132万立方米。市委副书记、市长吴存荣，市人大常委会主任黄同文，市委常委、秘书长安列，副市长李红，市政协副主席倪建华以及省住房和城乡建设厅副厅长曹剑等出席并网运行仪式。

市人大常委会召开新闻发布会，公布新制定的《合肥市市直机关公务员转任办法》。通过立法的形式将公务员转任工作制度化、法制化，这在全国还是首创。该办法将于2010年1月1日起实施。

21日　国家水利部副部长矫勇率国家水利部调研组来肥考察“引江济淮”工程途经江淮分水岭规划线路、滨湖新区规划建设及巢湖沿岸生态环境综合治理情况并听取工作汇报。省委常委、市委书记孙金龙主持汇报会并陪同在滨湖新区考察。

省委常委、市委书记孙金龙在市委常委、副市长魏晓明，副市长李红的陪同下率市直有关部门负责人前往庐阳工业区和包河工业区　进行调研并召开座谈会听取汇报。

省委常委、市委书记孙金龙会见由中央企业团工委书记、中央企业青联主席许高峰率领的央企青联经贸考察团。团省委书记王宏，市委常委、副市长魏晓明、刘烈东参加会见。

22日　中央学习实践活动领导小组办公室指导协调二组副组长、全国工商联研究室巡视员黄文夫一行来肥调研非公有制经济开展学习实践活动的情况。

23日　省委常委、组织部长、省委学习实践科学发展观活动领导小组副组长兼办公室主任段敦厚前往合肥市九久夕阳红老年护理院进行调研并召开合肥市第三批深入学习实践科学发展观活动新社会组织座谈会。市委副书记熊建辉，市委常委、组织部长凌云等陪同调研并参加座谈会。

安徽省滁州市委书记、市人大常委会主任韩先聪，市委副书记、代市长江山率滁州市党政代表团来肥考察经济社会发展和城市建设情况。省委常委、市委书记孙金龙，市委副书记、市长吴存荣，市人大常委会主任黄同文，市政协主席董昭礼等陪同。

市委副书记熊建辉会见柬埔寨奉辛比克党青年协会主席谢塞先生一行。市委常委、组织部长凌云参加会见。

合肥市获得“中国物流中心城市杰出奖”。

24日　市委副书记、市长吴存荣会见IBM全球企业咨询服务政府行业总裁西茨·迪卡斯特一行。市委常委、副市长刘烈东参加会见。

中央文明委第八督查组在国家工商总局个体司巡视员潘海民、文化部文化市场司副巡视员付燕梅的带领下来肥检查出版物市场、网吧督查社会文化环境净化工作并召开座谈会。省委宣传部副部长郎涛，省文明办主任贺懋燮，市委常委、宣传部长林存安，副市长杨增权等陪同督查。

市委副书记、市长吴存荣会见来访的比利时驻沪总领事乔志一行。

25日 优秀共产党员、模范基层干部沈浩同志先进事迹巡回报告会在肥举行。省委常委、市委书记孙金龙会见报告团全体成员。市委常委、宣传部长林存安，市委常委、组织部长凌云参加会见。

省委常委、市委书记孙金龙会见高新区家电汽车配套项目签约企业代表。市委常委、副市长魏晓明，市委常委、副市长刘烈东会见时在座。

海汇假日酒店举行2009奇彩圣诞点灯仪式暨“希望工程”捐助活动，副市长杨增权参加活动。

26日 中国工商银行（合肥）后台中心举行开工典礼。省委常委、市委书记孙金龙宣布开工，中国工商银行执行董事、副行长张福荣出席开工典礼并致辞。工行安徽省分行行长朱文信主持，市委常委、常务副市长张晓麟致辞。市委常委、滨湖新区建设指挥部指挥杜平太，市委常委、秘书长安列，副市长顾斌等出席开工典礼。

市委副书记、市长吴存荣会见来肥参加第三届中国（合肥）国际家用电器博览会的美的电器董事局主席方洪波一行。

27日 由省政府、中国国际贸易促进会共同主办，合肥市政府、滁州市政府、芜湖市政府和中国贸促会安徽省分会联合承办的第三届中国（合肥）国际家用电器博览会在安徽国际会展中心开幕。省委常委、市委书记孙金龙，中国贸促会会长、中国国际商会会长万季飞，中国轻工业联合会会长步正发，副省长文海英，省政协副主席刘光复，中国轻工业联合会副会长潘蓓蕾，滁州市委书记、市人大常委会主任韩先聪共同推动启动杆。

市委副书记、市长吴存荣会见出席第三届中国（合肥）国际家用电器博览会的中国轻工业联合会会长步正发、副会长潘蓓蕾，中国家电协会理事长霍杜芳，中国机电进出口商会副会长王贵清，中国家电研究院院长郦旭卫等贵宾。

合芜蚌自主创新综合配套改革试验区人大工作座谈会在肥召开。市人大常委会主任黄同文致辞，副主任杜昌寿主持座谈会。蚌埠市人大常委会副主任何金良、江德玲，芜湖市人大常委会副主任董群，合肥市人大常委会副主任郭超以及三市科技局负责人出席会议并作交流发言。副市长杨增权介绍合肥市科技创新工作情况。

阜阳市委书记、市人大常委会主任宋卫平，市委副书记、市长孙云飞率阜阳市党政代表团来肥考察经济社会发展和城市建设情况并举行合肥市与阜阳市结对合作框架协议签字仪式。省委常委、市委书记孙金龙出席签字仪式并致辞。市委副书记、市长吴存荣，市人大常委会主任黄同文，市政协主席董昭礼，副市长杨增权、李红等陪同或出席签字仪式。吴存荣、孙云飞分别代表两市在协议上签字。

29日 中共中央政治局常委、国务院副总理李克强在省委书记、省人大常委会主任王金山，省委副书记、省长王三运，省委常委、市委书记孙金龙等陪同下来肥视察。

安徽第一支基因重组人胰岛素注射液在合肥经济开发区合肥生命科技园举行产品下线仪式。副省长倪发科，合肥海关关长赵龙池，市委副书记、市长吴存荣，省卫生厅副厅长杜昌智，省食品药品监督管理局副局长宣庆生，市委常委、副市长魏晓明等出席仪式。

30日 美亚广电研发中心楼·安徽三建工程有限公司、浙商创业大厦B楼·安徽凯源建设集团有限公司、安徽省消防灭火救援指挥中心·安徽华力建设集团有限公司、新站总部经济大厦·中天建设集团有限公司、金色名郡1#、2#楼项目·江苏省苏中建设集团股份有限公司、新华优阁·广厦建设集团有限责任公司、安徽科大讯飞语音产业基地研发中心大楼·中建三局第一建设工程有限责任公司、富通商务港一期工程·中建八局第三建设有限公司、安徽飞龙大厦·浙江宝业建设集团有限公司、安高广场·安徽建工集团有限公司荣获首届“十佳”文明建筑工地。

30～12月1日 以省人大常委会副主任任海深为组长的在皖全国人大代表视察组来肥视察推进自主创新和巢湖水环境治理情况。

12月

1日 市委在市政务中心召开合肥市社情民意座谈会。省委常委、市委书记孙金龙，市委副书记、市长吴存荣，市政协主席董昭礼出席座谈会并讲话。市委副书记熊建辉主持会议。

省委常委、市委书记孙金龙在市委常委、常务副市长张晓麟，副市长卢仕仁的陪同下率队前往肥西县调研民生工程实施情况。

中央学习实践科学发展观活动第三巡回检查组副组长、广西壮族自治区人大常委会副主任吴恒来肥检查指导第三批学习实践科学发展观活动进展情况。

3日 财政部副部长王军来肥专题调研京东方合肥液晶平板显示器件（TFT-LCD）六代生产线项目。省财政厅厅长陈先森，市委副书记、市长吴存荣，市委常委、常务副市长张晓麟，副市长顾斌陪同调研。

市委宣传部、市文联、省书画院和省美术家协会联合主办的“笔墨风格——当代中国画名家邀请展”在省博物馆开幕。省政协副主席田唯谦，市政协主席董昭礼，省文联党组书记庄保斌出席开幕式。市委常委、宣传部长林存安，市人大常委会副主任郭超，市政协副主席盛志刚等参加开幕式。

市政协主席董昭礼会见省委宣传部副部长、省社会科学院院长陆勤毅，省社会科学院副院长宋蓓一行，双方就启动《合肥经济圈蓝皮书》调研事宜进行磋商。

4日 市委副书记、市长吴存荣在市民政、财政、社保等有关部门负责人陪同下前往庐阳区调研民生工程建设情况。市委常委、常务副市长张晓麟，副市长卢仕仁参加调研。

5日 省暨合肥市2009年“12·4”全国法制宣传日大型广场宣传活动在和平广场隆重举行。省委常委、政法委书记徐立全，省人大常委会副主任张俊，副省长唐承沛，省政协副主席李宏塔，市委常委、政法委书记杨思松，副市长卢仕仁，市政协副主席王明杰等出席并为“合肥法治广场”揭牌。省司法厅厅长、省依法治省领导小组办公室主任孙建新主持活动仪式。

纪念“12·5国际志愿者日”大型广场志愿服务行动暨第四届体育大会志愿者招募启动仪式在肥举行。省体育局副局长高维岭、团省委副书记王琦、市委副书记熊建辉、市人大常委会副主任邹吉昌、副市长杨增权、市政协副主席王世清出席活动。

7日 市委、市政府召开公共安全产业暨量子通信技术产业化座谈会。省委常委、市委书记孙金龙主持会议并讲话。市委副书记、市长吴存荣，市委常委、秘书长安列，市委常委、常务副市长张晓麟，市委常委、副市长魏晓明出席座谈会。中国工程院院士、中国电子科技集团公司第38所所长、合肥公共安全研究院院长吴曼青，中国科技大学校长助理朱长飞，中科院合肥物质科学研究院副院长、合肥公共安全研究院副理事长梅涛，中国科技大学教授潘建伟，中国电子科技集团公司第38所副所长宗伟，市直有关部门负责人参加会议。

市委召开常委会议，决定追授吴刚同志“全市优秀共产党员”称号，并在全市广泛开展向吴刚同志学习活动。省委常委、市委书记孙金龙主持会议并讲话。据悉，2009年10月11日17时18分，共产党员、肥东县撮镇镇安监办主任兼旅游办主任吴刚同志在单位加班时，因工作劳累过度突发脑溢血，经抢救无效，于当天20时20分逝世，年仅44岁。

8日 以省政协主席杨多良为组长，省委副秘书长、办公厅主任闵光辉为副组长的省委第三考核组来肥对市委市政府推进惩治和预防腐败体系建设暨落实党风廉政建设责任制情况进行检查考核并召开情况汇报会。省委常委、市委书记孙金龙主持会议，并代表市委班子作惩防腐败体系建设暨落实责任制工作报告；市委副书记、市长吴存荣代表市政府班子作惩防腐败体系建设暨落实责任制工作报告。

省委常委、市委书记孙金龙会见马来西亚阿莫那集团公司执行总经理哈米德一行。市委常委、滨湖新区建设指挥部指挥杜平太等参加会见。

市人大常委会主任黄同文在副市长卢仕仁等陪同下来到长丰县调研民生工程实施情况。

9日 中华全国供销合作总社党组书记、理事会主任李成玉一行来肥考察供销合作社改革发展和城市建设情况。省委常委、市委书记孙金龙，副省长倪发科，市委常委、滨湖新区建设指挥部指挥杜平太，副市长江洪等陪同。

合肥首批446套廉租房——“滨湖惠园”一期项目举行公开摇号仪式。

10日 市委副书记、市长吴存荣会见来肥参加第十七届全国省级党报总编辑会议的中国记协党组副书记、书记处书记高善罡一行。市委常委、宣传部长林存安，市人大常委会副主任郭超，副市长杨增权陪同。

11日 由日本国驻上海总领事馆、日本国际交流基金会、市外事侨务办公室和市文联共同主办，合肥·久留米友好美术馆承办的“日本人偶展”在肥开展。

12日 省委常委、市委书记孙金龙在市委常委、秘书长安列，市委常委、副市长魏晓明，副市长李红等陪同下前往新站区调研中国（合肥）平板显示产业基地建设进展情况。

合肥市行政服务中心、合肥市妇幼保健所被授予全国三八红旗集体荣誉称号，合肥市规划局局长王爱华、中国联合网络通信有限公司合肥市分公司副总经理武红霞、安徽华恒生物工程有限公司董事长郭恒华、庐阳区妇联主席潘崇珍被授予全国三八红旗手荣誉称号。

13日 福建省漳州市市长陈冬率漳州市政府考察团来肥考察经济社会发展和城市建设情况。市委副书记、市长吴存荣，市委常委、滨湖新区建设指挥部指挥杜平太，副市长李红陪同。

14日 由市委党校、市“大建办”联合举办的合肥市建筑工程基本知识培训班在肥开班。省委常委、市委书记孙金龙出席开班仪式并作动员讲话。市委常委、秘书长安列主持，副市长李红等出席。来自全市“大建设”一线的近200名干部职工参加开班仪式。

15日 省委常委、市委书记孙金龙会见中国建设银行行长张建国一行。市人大常委会主任黄同文，市委常委、常务副市长张晓麟，副市长顾斌等参加会见。

省委常委、市委书记孙金龙会见中国机械工业集团公司中海工程建设总局局长王新生一行。副市长李红等参加会见。

合肥市召开渡江战役纪念馆文物资料征集工作会议。市委常委、宣传部长林存安出席会议。

第四届全国体育大会筹备工作培训会在肥召开，副市长杨增权主持培训会。原国家体育总局竞体司司长、全国体育大会创始人之一的吴寿章副主席，大型体育赛事管理方面的专家、中体竞赛管理集团总裁刘亚群，上海体育学院教授、综合性运动会筹备组织领域专家刘清早，中体产业集团办公室主任段越清女士分别给参会人员做了报告。

16日 安徽省政府与中国中钢集团公司在肥签署战略合作协议。省委副书记、省长王三运，中钢集团公司总裁、中钢股份有限公司董事长黄天文，省委常委、市委书记孙金龙等出席签约仪式。

国家农业部党组书记韩长赋来肥考察指导工作前往肥东县石塘镇油菜高产示范片实地察看油菜生长等情况。省委副书记王明方，省委常委、市委书记孙金龙，省长助理邵国荷，省政府副秘书长程中才，省农委主任张华建，省农委副主任刘永春、王华，省畜牧兽医局局长董卫星，市委常委、秘书长安列，副市长江洪等陪同考察。

广东省云浮市委书记、市人大常委会主任王蒙徽率云浮市党政代表团来肥考察经济社会发展和城市建设情况并举行交流座谈会。省委常委、市委书记孙金龙，市人大常委会主任黄同文，市委常委、滨湖新区建设指挥部指挥杜平太，市委常委、秘书长安列，市委常委、宣传部长林存安，副市长李红等陪同考察或出席座谈会。

合肥市节水型社会建设试点启动仪式在肥举行。国家水利部副部长胡四一，省委常委、市委书记孙金龙，省水利厅厅长纪冰，市委副书记、市长吴存荣，副市长江洪等出席启动仪式。

省长助理、省创新办主任花建慧来肥调研自主创新工作，市委副书记、市长吴存荣出席自主创新工作汇报会。

17日 省委常委、市委书记孙金龙会见华夏银行总行行长樊大志一行。市委常委、秘书长安列，副市长顾斌等参加会见。

18日 大蜀山森林公园被安徽省林业厅批准并设立为“大蜀山省级森林公园”。

19日 合肥市2009年全社会用电量突破100亿千瓦时。这也是合肥市年度用电量首次过百亿大关，合肥也成为全省第一座购网电量过百亿的城市。

20日 省委常委、市委书记孙金龙会见中国铁建股份有限公司党委书记、董事长李国瑞一行。市委常委、常务副市长张晓麟，市委常委、副市长刘烈东等参加会见。

省委常委、市委书记孙金龙会见中国光大（集团）总公司副总经理、光大金控资产管理公司总裁吴少华。市委常委、常务副市长张晓麟，副市长顾斌会见时在座。

2009中国（合肥）泛长三角区域经济合作洽谈会暨合肥经济圈与长三角经济圈合作论坛在肥举行。省人大常委会副主任郭万清，省政协副主席方兆本，国家农业部政策法规司司长张红宇，省政府参事室党组书记、主任邱江辉，省社科联党组书记、常务副主席徐东平，副市长江洪，市政协副主席盛志刚等出席开幕式。

21日 中共中央政治局委员、中央书记处书记、中央组织部部长李源潮在省委书记、省人大常委会主任王金山，省委副书记、省长王三运，省委常委、市委书记孙金龙等陪同下来肥视察。中央组织部常务副部长沈跃跃，中央组织部办公厅主任邓声明，中央办公厅调研室局长施仁德等随行。

安徽省与中央企业调整结构合作发展会议在安

徽国际会展中心举行。国务院国资委主任、党委书记李荣融出席会议并讲话，受省委书记王金山委托，省委副书记、省长王三运主持会议并讲话，副省长黄海嵩作情况说明。市委副书记、市长吴存荣代表合肥市发言。

22 日 由彩虹团体公司投资建设的彩虹（合肥）高世代液晶玻璃基板项目在新站综合开发试验区举行开工仪式。省委书记、省人大常委会主任王金山宣布项目开工，省委常委、市委书记孙金龙主持开工仪式。

省委常委、市委书记孙金龙会见中国铝业公司党组书记、总经理熊维平一行。中国铝业公司副总经理、党组成员吕友清，安徽省能源集团有限公司党委书记、总经理白泰平，市委常委、秘书长安列等会见时在座。

省委常委、市委书记孙金龙在上海会见上海银行董事长、党委书记宁黎明一行。市人大常委会主任黄同文，市政协主席董昭礼，市委常委、秘书长安列，市委常委、常务副市长张晓麟，市政协副主席盛志刚等参加会见。

23 日 2009 中国·合肥国有产权转让暨承接长三角产业转移重点项目招商对接会在上海隆重举行。省委常委、市委书记孙金龙，上海市副市长艾宝俊出席对接会并讲话。市委副书记、市长吴存荣主持会议。

24 日 省委常委、市委书记孙金龙会见珠海格力电器股份有限公司董事长朱江洪、总裁董明珠一行。市委常委、秘书长安列参加会见。

24 ~25 日 市委召开中心组理论学习会议。会议主题是：学习贯彻中央经济工作会议和全省经济工作会议精神，谋划明年及“十二五”时期的发展。省委常委、市委书记孙金龙主持会议并讲话。市委副书记、市长吴存荣出席会议并讲话。

25 日 省委常委、市委书记孙金龙在市委常委、宣传部长林存安等陪同下参观渡江战役纪念馆部分征集文物。

市委副书记、市长吴存荣会见日本富士机械制造株式会社所属东阳机械株式会社会长楼一良一行。市委常委、副市长魏晓明参加会见。

26 日 省委常委、市委书记孙金龙在市委常委、副市长魏晓明等陪同下前往中国电子科技集团公司第 38 研究所和安徽四创电子股份有限公司调研公共安全产业发展情况。

市委副书记、市长吴存荣会见中国信达资产管理公司信息技术部总经理缴远一行。副市长顾斌参加会见。

28 日 绿城·翡翠湖玫瑰园项目在合肥经济开发区举行开工仪式。省委常委、市委书记孙金龙出席开工仪式。市人大常委会主任黄同文宣布项目开工。

30 日 省委常委、政法委书记、省公安厅厅长徐立全来肥检查“两节”期间人员密集场所的消防安全工作。省消防总队政委沈林龙、总队长刘平，市委常委、政法委书记杨思松陪同检查。

31 日 合肥高特佳创业投资有限责任公司揭牌仪式在肥举行。省委常委、市委书记孙金龙出席并揭牌，市委副书记、市长吴存荣，省政府金融办副主任何昌顺，省科技厅副厅长王洵等出席。副市长顾斌，深圳市高特佳投资集团有限公司董事长、合肥高特佳公司董事长蔡达建分别致辞。

（鲍　甄）

印象合肥

建国60周年合肥经济社会发展情况综述

2009年，是新中国成立60周年。在人类漫漫历史长河中，60年不过是短暂一瞬，但对于勤劳智慧的合肥人民来说，合肥已从新中国成立之初的"百业待兴"演绎出新世纪的"欣欣向荣"。特别是进入新世纪，合肥人民坚持"抢抓机遇，深化改革，建设现代化滨湖大城市"的发展思路，以"好"字为先、"快"字当头的发展理念，谱写了合肥发展史上一曲曲盛世华章。

合肥这个当年经济总量不足亿元、城市面积5平方公里、人口6万人的江淮小邑，已逐渐成长为经济总量超过1660亿元、市域总面积达7047平方公里、常住人口过500万人的中部城市中的一颗璀璨明珠。

一、国民经济迅速壮大，综合实力由弱变强实现跨越

（一）经济总量大幅跨越。1949年，合肥生产总值只有0.9亿元。1952年突破亿元，达到1.4亿元，到1978年增加至12.58亿元，改革开放后，经济总量迅速扩张，1994年越过100亿，2003年超过500亿元，到2006年一举突破千亿元，提前4年实现GDP"千亿元规划"，2008年GDP总量再上台阶，达到1664.8亿元，是1949年的248倍，年均递增9.8%，预计2009年GDP将突破2000亿元。GDP总量占全省比重由1952年的6.1%提高到1978年的11.1%、2008年的18.8%，2009年将超过20%。总量在省会城市中位居第15位，较1978年前进4位，较2005年前移3位。

（二）人均GDP连续翻番。人均GDP由1949年的49元上升至1978年的408元，1987年人均GDP首次超过千元，2002年突破1万元，2006年超过2万元，2008年迅速提高到34482元，折合美元达到4963美元。扣除价格因素，人均GDP分别于1986年、1994年提前实现比1980年翻一番和翻两番的战略目标，2000年又比1994年翻了一番。2008年与1949年相比，人均GDP增长了93.8倍，翻了6.6番，年均增长8%。2009年人均GDP超过4万元，提前11年完成党的"十七大"提出的2020年人均GDP比2000年翻两番的目标。

（三）财政实力显著增强。经济的快速发展，促进了社会财富的积累，带来了财政实力的显著增强。1952年，全市财政收入不足300万元，仅有228万元，经过26年的缓慢增长，1978年增加到3.69亿元，1993年超过10亿元。1994年国家实行分税制，地方财政获得了激励机制，财政收入于1996年、1997年连跨20亿元和30亿。进入新世纪，特别是2006年以来，全市经济发展焕发出新的生机，财政实力明显增强。2004年财政收入首破百亿元大关后，2007年、2008年连续突破200亿元和300亿元，2009年达到341.91亿元，是1952年的1.71万倍，年均增长14%。

二、经济结构调整优化，产业结构由传统迈向现代

（一）产业结构实现重大转变。新中国成立之初，合肥经济结构比较单一，主要以农业为主。1949年，农业和工业比例为98.7：1.3，1957年调整为58.6：41.4。伴随着经济增长和经济规模扩大，经济结构优化加快。改革开放后，三次产业结构由1978年的28.5：49.6：21.9调整为2008年的6.3：50.2：43.5，第一产业比重逐年下降，二、三产业比重日渐提升，产业结构实现了由新中国成立之初的以第一产业为主向"二一三"再向"二三一"转变升级。

（二）农业和农村面貌焕然一新。新中国成立之初，合肥农业以种植业为主。1978年，家庭联产承包责任制迅速扭转了农村经济长期停滞不前的局面。近10年来，国家出台一系列强农惠农政策，农业经济和农业面貌显著改善。2009年，全市粮食总产量190.4万吨，是1949年的4倍，年均增长2.4%，农业总产值由1949年的1.3亿元增加至185.8亿元，年均增长5.7%。行政村水泥（沥青）路通达率100%，行政村班车开通率98.3%。

（三）工业经济完成了“化蛹成蝶”的蜕变。1949年，合肥工业仅5家，工业产值只有166万元。如今，合肥已拥有35个工业行业、200多个工业门类、2000多种大类产品，工业企业数从1949年的5户增加至1.89万户，并已形成汽车、装备制造、家用电器、化工及橡胶轮胎制造、新材料、电子信息及软件、生物技术及新医药、食品及农副产品深加工等八大重点支柱产业。2009年，钢材产量239.48万吨，是1978年的22.6倍；发电量81.5亿千瓦时，是1978年的14.6倍；汽车、叉车、橡胶轮胎等异军突起，分别增长123.9倍、155.2倍和112.4倍；彩色电视机、电冰箱、洗衣机、空调器等产品产量也迅猛扩张，彩色电视机由1985年的3万台增加到2009年的315.3万台，家用电冰箱由1980年的14台增加到2009年的1270万台；洗衣机由1981年的2000台增加到2009年的992万台；房间空调器自“七五”投产以来，产品产量已达516万台。2009年，工业增加值将突破800亿元，是1978年的60多倍，年均增长15%左右。

（四）市场供应从匮乏迈向充裕。1949年，全市社会消费品零售总额仅2563万元，人均消费量只有14元。改革开放的春风，吹醒了昔日的商业都会，流通领域实现了由“卖方市场”向“买方市场”的转变，周谷堆、长江批发市场、红旗建材市场、合肥汽配城等工业品、农副产品大型批发市场脱颖而出；百货大楼、商之都等一批现代化大型百货商场拔地而起，形成了布局合理、功能完善的商贸流通框架。现已形成布局合理、功能完善的商贸流通框架。特别是“十一五”以来的三年，社会消费品零售额以年均22%的速度递增，快于改革开放以来年均增速4.1个百分点。2009年，全市实现社会消费品零售总额703.4亿元，是1949年的2473倍，年均增长13.9%。

1984年，合肥利用外资正式拉开帷幕。至2009年，合肥先后与180多个国家（地区）建立经贸往来，引进30多个国家（地区）2000多家外商投资企业，联合利华、ABB、日立、三洋等25家境外世界500强企业来合肥投资。2009年，实际到位外资13亿美元，其中外商直接投资8.57亿美元；外贸进出口总额达64.3亿美元，是1995年的42.3倍。

（五）交通邮电百花齐放。经过60年坚持不懈的努力，合肥已形成了空运、海运、铁路、公路互相衔接的立体交通网络。交通运输货运量由1978年的520万吨增至2008年的9536万吨，年均增长10.2%；客运量由1069万人次增至10844万人次，年均增长8%。2008年底，合肥民用汽车拥有量达23.7万辆。电信业发展突飞猛进，人们的交流方式已由改革之初的以信件、电话、电报为主要方式发展为移动电话、传真、电子邮件、数据传输等多种先进快捷的交流方式，本地电话用户由1978年的不到5千户，发展到2008年的126万户，增长269倍；计算机互联网用户、移动电话从无到有迅速扩大，分别发展到2008年的43.8万户和268.5万户，是2000年的6.4和8.4倍；邮电业务总量80.4亿元，是1978年的670倍。

三、基础投入与日俱增，城市面貌从疮痍走向繁华

（一）城市建设成就巨大。新中国成立之初，合肥的建成区只有5平方公里，城市道路长度仅为7公里。经过“一五”、“二五”及“调整时期”的建设，到1965年扩大到50平方公里，城市道路长度达到154.6公里。文革时期，城市建设几乎处于停滞状态。上世纪80年代起城市大建设步伐开始加快，90年代初，市委、市政府做出“开放开发、再造新合肥”的重大决策，合肥迎来第二次城市建设高潮，城市空间东扩、南移、西拓，拉大了城市框架。1995年，省第六次党代会和八届人大会议提出“安徽需要大城市，首先要把合肥建成现代化大城市”，自此城市建设高潮迭起，一环、二环建成通车，五里墩、美屯和金屯立交桥凌空飞架，成为城市亮丽的风景线。2005年7月，一场全国闻名的“大拆违”战役在合肥打响，拆除各类违法建设1380万平方米，实现“零补偿、零冲突、零事故”。合肥市强力推进大建设，大力实施“141”组团规划，拉开了现代化滨湖大城市的基础框架。至2008年底，已新建改建道路192条、桥梁99座，道路长度达2074公里，建成区面积扩大到268平方公里。

（二）市政设施日新月异。新中国成立初期，市政建设几乎一片空白。1956年，合肥有了第一条公交线路，公交车7辆；1978年，公交车辆增加到147辆。到2008年底，城市公共运营车辆达2652辆，出租车发展到7291辆。1954年，合肥建成第一个日供水能力6000立方米的水厂，此后又先后建成二水厂、三水厂、四水厂、清溪路水厂，城市供水能力进一步提高，优质水供水比例大大提高。2008年，供水普及率达100%，饮用水源水质达标率100%，供水总量达2.8亿吨。液化石油气供气量由1978年的18吨增加到2008年的5.5万吨，年均增长30.7%，天然气年供气量1.7万立方米。

（三）人居环境美丽宜人。1949年6月，合肥辟建第一座人民公园——逍遥津公园，改革开放后，城市园林绿化重新得到重视。包河景区、银河景区等组成的环城公园像一条绿色的翡翠项链把老城区环绕起来，形成了城在园中、园在城中、城园交融、园城一体的城市园林格局。2006年以来，合肥先后建成的天鹅湖公园、翡翠湖公园、生态公园、外环森林生态长廊等已成为市民娱乐休闲的好去处。2008年，人均公共绿地面积9.5平方米，公园42个，建城区绿化覆盖率达35.2%，与1978年相比年均增长1.9%、10.7%和提高17.2个百分点，凸显了园林城市特色，改善了城市生态人居环境。围绕现代化滨湖大城市确立的生态宜居目标，城市环境综合整治取得显著成效。2008年工业废水排放总量比2000年减少四分之三，工业固体废物综合利用量由2000年的101万吨提高到2008年的242万吨，工业废气治理设备处理能力达1001.2万标立方米/时，城市污水集中处理率达到90%以上。

四、科教文卫全面发展，社会事业从匮乏走向统筹发展

（一）科技事业硕果累累。1978年全国科学大会召开，中国科学技术大学、中科院合肥分院等国家级科研院所相继迁建庐州，奠定了作为全国重要科教基地的基础。1997年，合肥被国家确定为技术创新试点城市，加入世界科技城市联。2004年，被国家科技部批准为全国首家国家级科技创新型试点城市。2008年，省委、省政府决定建设合芜蚌自主创新综合配套改革试验区。合肥拥有“全超导托卡马克装置”等4个国家大科学工程、“国家同步辐射实验室”等3个国家级重点实验室，省部级重点实验室达37个，中国科学院和中国工程院院士40人。拥有专业技术人员39.15万人，科技活动人员3.4万人。

（二）教育事业欣欣向荣。新中国成立后，合肥仅有中学9所，小学13所，在校中小学生约6000人。改革开放后，全市不断加快推进教育改革和发展，推进优质教育资源均衡发展，社会力量办学快速增长，出现了中外合资办学、异地机构来肥办学的良好势头。2008年，合肥拥有各类高等院校56所，各级各类学校总数1649所，拥有专任教师数6.17万人，在校生总数144.98万人。免除53.5万中小学生义务教育阶段学费，外来务工子女定点学校增加到77所。

（三）文化事业生机盎然。新中国成立初期，合肥文化生活比较贫乏。改革开放后，相继建立或修缮了长江剧院、解放电影院等三家剧院和四家电影院。1993年，举办首届中国相声节获得巨大成功。1999年6月，历时17年，总量550万字的合肥市第一部新方志《合肥市志》编纂完成并正式出版发行。跨入新世纪，国际会展中心、奥体中心、赖少其艺术馆等标志性文化、会展设施相继建成。2008年，完成各类专业文艺演出441场，年底已拥有图书馆7个，总藏书量384.9万册，群众艺术馆、文化馆8个。

（四）卫生事业长足发展。1949年，合肥仅有中西医诊所66个，病床30张，医生70人。1978年，卫生机构发展到709个，病床6324张，医生4004人，平均每千人拥有卫生技术人员由1949年的不到0.1人发展到3.3人。2008年，医疗卫生机构达到715个，卫生技术人员2.7万人，病床位2.3万张，每千人拥有床位增加到4.7张，拥有卫生技术人员增加到5.5人，人均寿命由新中国成立之初的35岁提高到78岁。

五、民生工程纵深推进，人民生活从贫困迈向总体小康

（一）居民收入大幅增长。60年来，随着合肥市经济建设的不断发展，城乡居民的收入水平逐步提高。特别是改革开放30年，城乡居民的收入大幅增加。居民储蓄存款余额由1952年的124万元增加到2009年的1031.81亿元；农民人均纯收入由1949年的40元上升到2009年的6065元，增长了150.6倍；城镇居民人均可支配收入由1990年的1556元提高到2009年的17158元，增加10倍。

（二）生活水平蒸蒸日上。城乡居民收入的增加，为改善和提高生活水平奠定了物质基础，人民生活质量发生了翻天覆地的变化。2008年，城镇居民恩格尔系数为39.6%，比1980年下降20.4个百分点；城乡居民人均居住面积分别达到19.4和32.9平方米，依次比1978年的增加13.9和24.4平方米；城镇每百户居民拥有彩电、空调达到130.3和126.3台；拥有冰箱、洗衣机、电脑97.9、94.9和55.2台；拥有汽车5.2辆。在农村居民中，耐用消费品拥有量也大幅增加，2008年末农村平均每百户居民拥有电视机108.7台、洗衣机41.5台、电冰箱65.5台，分别为1989年的2.0倍、11.9倍和36.4倍。

（三）社会就业、劳动保障日臻完善。2009年，城镇居民医疗保险参保率达到100%，城市低保实现应保尽保；农村合作医疗参合率达97.5%，农村低保覆盖面不断扩大，基本实现应保尽保。全社会劳动者人数超过300万人，基本消除了城市"零就业"家庭，受到国务院表彰。

统计图表看合肥60年巨变

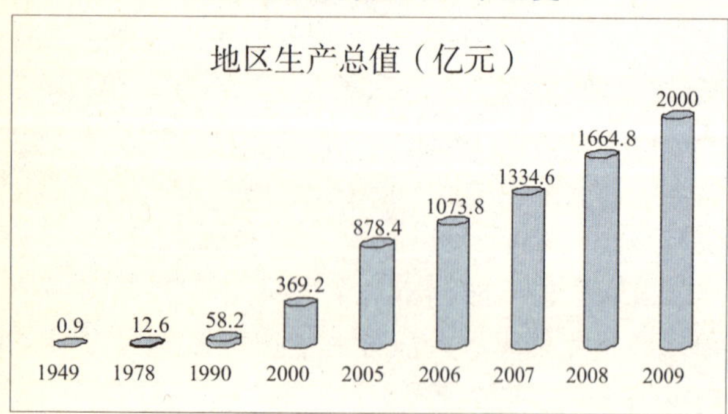

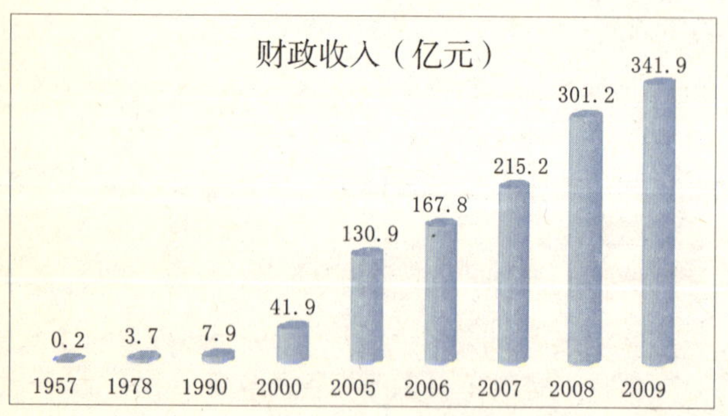

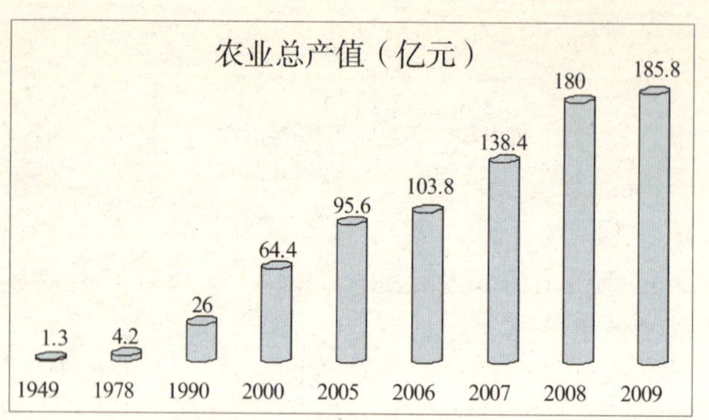

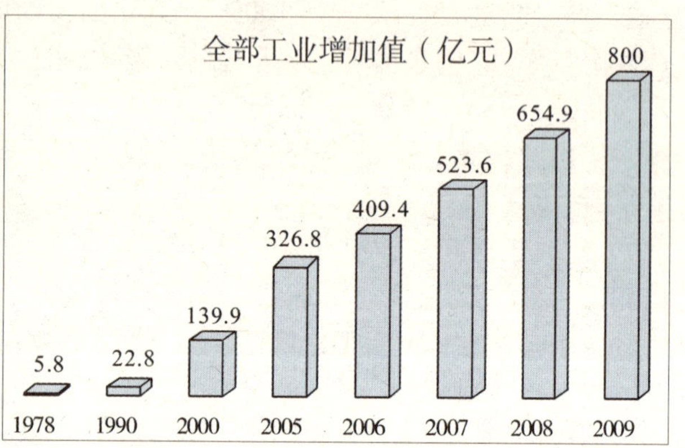

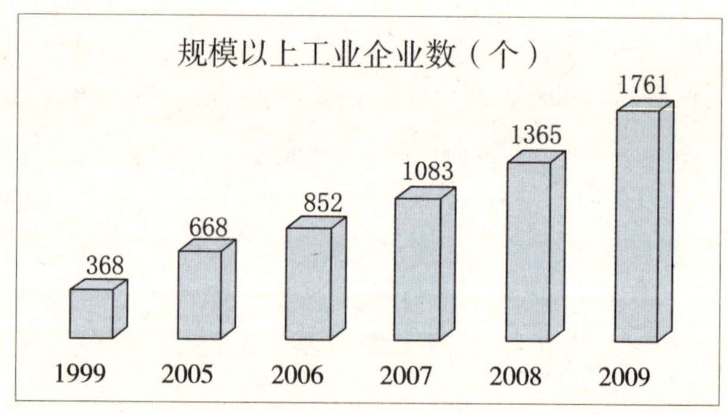

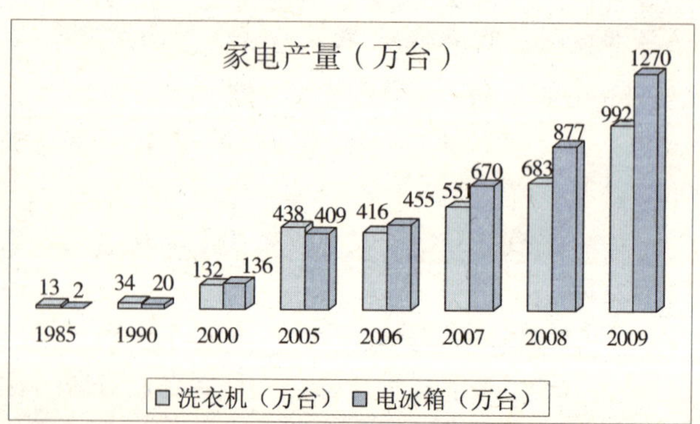

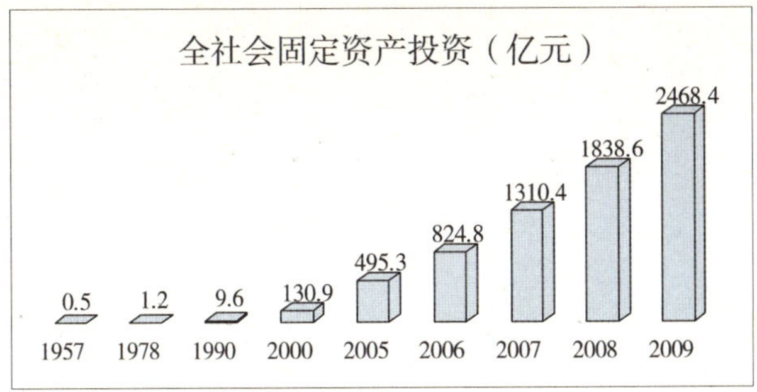

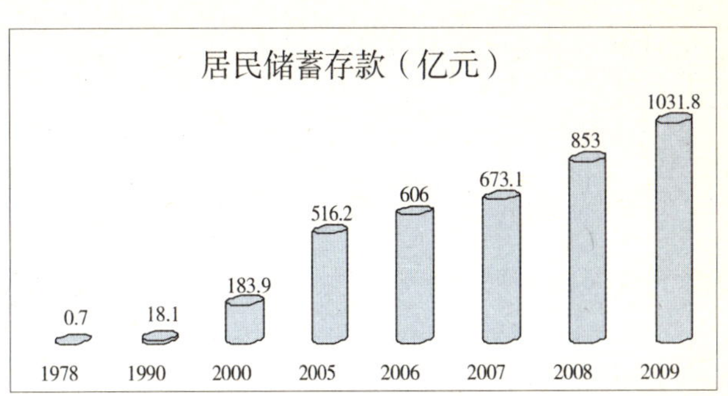

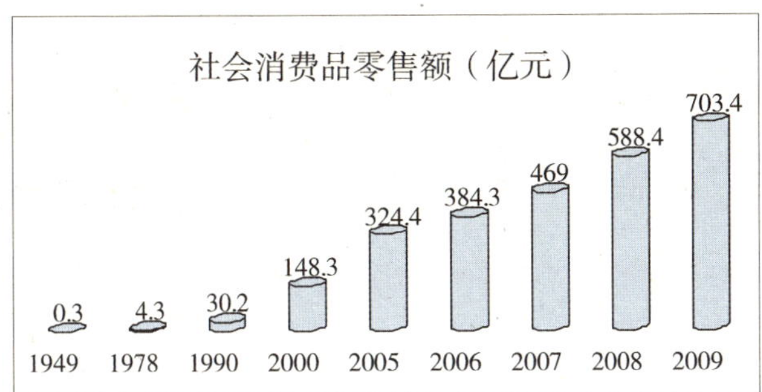

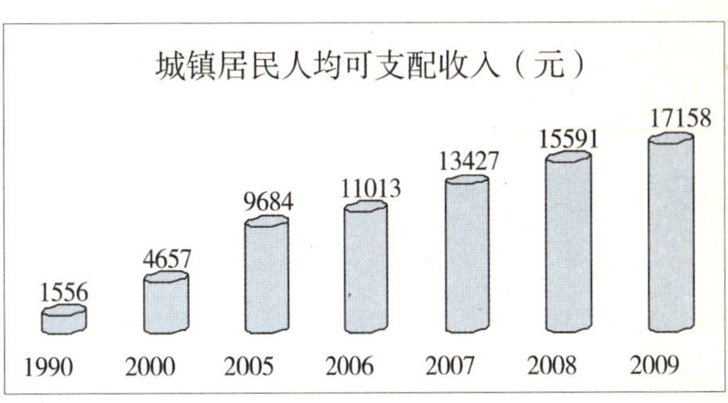

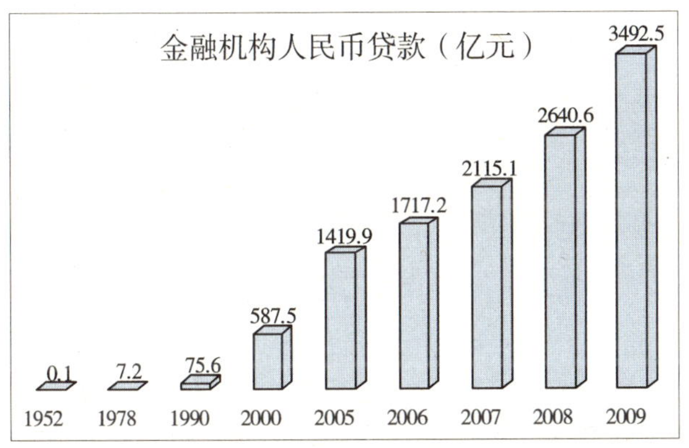

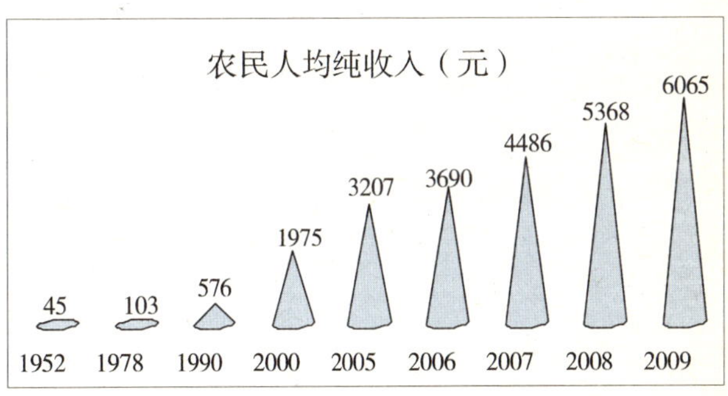

合肥主要指标及与全国、全省比较

2009 年合肥主要经济指标完成情况

	单 位	2009 年	2008 年	2009 年比 2008 年增长%
地区生产总值	亿元	突破 2000	1664. 84	17 以上
财政收入	亿元	341. 91	301. 21	13. 5
其中：地方财政收入	亿元	180. 90	160. 94	12. 4
规模以上工业增加值	亿元	767. 51	606. 29	27. 2
建筑业总产值	亿元	1062	828. 65	28. 2
全社会固定资产投资总额	亿元	2468. 42	1838. 64	34. 3
其中：工业投资	亿元	752. 20	535. 78	40. 4
房地产投资	亿元	670. 36	565. 47	18. 5
社会消费品零售总额	亿元	703. 42	588. 36	19. 6

	单位	2009年	2008年	2009年比2008年增长%
海关进出口总额	亿美元	64.28	77.08	-16.6
其中：出口	亿美元	44.48	54.30	-18.1
实际利用外资	亿美元	13	12	8.3
金融机构人民币存款余额	亿元	3735.31	2725.68	38.2
其中：居民储蓄	亿元	1031.81	852.83	22.6
金融机构人民币贷款余额	亿元	3492.53	2640.61	35.9
城镇居民人均可支配收入	元	17158	15591	10.1
农民人均纯收入（预计）	元	6065	5368	13.0
城镇居民消费价格指数	%	99.1	106.4	-0.9

1-11月份全国、全省及合肥主要经济指标

	单位	合肥		安徽		全国	
		实绩	增长%	实绩	增长%	实绩	增长%
GDP *	亿元	1392.68	16.9	7200.5	12.9	217817	7.7
财政收入	亿元	311.58	14.5	1401.12	14.8	63393.1	9.2
其中：地方财政收入	亿元	164.43	18.1	766.77	18.1	29328.2	12.1
规模以上工业增加值	亿元	695.95	27.3	3552.95	21.7	—	10.3
全社会固定资产投资	亿元	2274.49	31.3	8029.9	41.4	168634	32.1
其中：工业投资	亿元	696.39	37.4	3342.33	36.5	70456	25.7
房地产开发	亿元	617.66	16.2	1479.8	24.3	31271	17.8
社会消费品零售总额	亿元	635.73	19.5	3163.37	18.8	112733	15.3
进出口总额	亿美元	57.86	-18.6	138.8	-25.5	19640	-17.5
其中：出口	亿美元	40.17	-20.5	79.3	-24.3	10710	-18.8
实际直接利用外资	亿美元	7.55	-1.8	35.0	11.7	778.94	-9.9
金融机构人民币存款余额	亿元	3908.14	44.6	13289.8	31.1	592720	28.2
其中：居民储蓄	亿元	996.43	18.4	6553.3	18.0	253869	16.5
金融机构人民币贷款余额	亿元	3493.02	35.9	9220.1	36.2	395885	33.8
城镇居民人均可支配收入 *	元	13148	10.2	10606	8.4	12973	10.5
农民人均现金收入 *	元	5053	12.8	4001	10.3	4307	9.2
城镇居民消费价格指数	%	98.7	-1.3	98.8	-1.2	99.1	-0.9

注：*为1-9月数据，全国及全省固定资产投资不含农村个体投资。

2005 年、2008 年合肥主要经济社会发展指标（一）

	单位	2005 年	2008 年	2008 年比 2005 年年均增长%
一、综合				
年末总户数	万户	137.24	148.98	2.8
年末总人口	万人	455.70	486.74	2.2
其中：非农业人口	万人	184.91	210.00	4.3
地区生产总值	亿元	878.41	1664.84	17.6
第一产业	亿元	52.50	105.20	7.5
第二产业	亿元	407.73	834.92	22.6
其中：工业	亿元	326.81	654.92	23.2
第三产业	亿元	418.18	724.72	13.7
二、财政、金融、居民收入				
财政收入	亿元	130.88	301.21	32.0
其中：地方财政收入	亿元	57.64	160.94	40.8
财政支出	亿元	73.41	207.18	41.3
金融机构人民币各项存款	亿元	1521.85	2725.68	21.4
其中：居民储蓄	亿元	516.16	852.83	18.2
金融机构人民币各项贷款	亿元	1419.87	2640.61	23.0
全部职工工资总额	亿元	75.79	145.64	24.3
全部职工人均工资	元	17794	29786	18.7
其中：在岗职工	元	19027	30603	17.2
城镇居民人均可支配收入	元	9684	15591	17.2
农民人均纯收入	元	3207	5368	18.7
三、农业、工业、交通、邮电				
农林牧渔业总产值	亿元	95.59	180.04	9.2
规模以上工业增加值	亿元	288.03	606.29	24.7

2005 年、2008 年合肥主要经济社会发展指标（二）

	单位	2005 年	2008 年	2008 年比 2005 年年均增长%
邮电业务总量	亿元	44.29	80.37	22.0
货物运输量	万吨	6133.68	9536.07	15.8
旅客运输量	万人次	7120.40	10844.27	15.1

	单位	2005 年	2008 年	2008 年比 2005 年年均增长%
四、投资、建筑业				
全社会固定资产投资总额	亿元	495.27	1838.64	54.8
其中：工业投资	亿元	89.46	535.78	81.6
房地产开发	亿元	190.29	565.47	43.8
建筑业总产值	亿元	309.74	828.65	38.8
五、内外贸易、外向型经济				
社会消费品零售总额	亿元	324.39	588.36	22.0
进出口总额	亿美元	41.83	77.08	22.6
其中：出口	亿美元	27.95	54.30	24.8
实际利用外资	亿美元	4.07	12.00	43.4
六、教育、卫生				
普通高等院校在校学生	万人	24.21	32.54	10.4
普通中等专业学校在校学生	万人	5.64	8.15	13.1
卫生机构床位数	张	15364	22820	14.1
卫生技术人员	人	18700	26700	12.6
七、公共服务、环保				
自来水供应总量	万吨	20713	27973	10.5
煤气天然气供应总量	万立方米	6230	16599	38.6
液化石油气供应总量	吨	32790	54928	18.8
全社会用电量	亿千瓦时	65.58	94.32	12.9
工业固体废物综合利用量	万吨	185.7	242.27	9.3

2005 年以来合肥国民经济和社会发展主要比例指标

单位：%

	2005 年	2006 年	2007 年	2008 年
城乡人口结构	100	100	100	100
市镇人口	55.8	57.6	60.2	62.4
乡村人口	44.2	42.4	39.8	37.6
三次产业社会劳动者比例	100	100	100	100
第一产业	36.5	31.8	25.8	24.3
第二产业	26.8	22.7	36.4	37.5

	2005 年	2006 年	2007 年	2008 年
第三产业	36. 7	45. 5	37. 8	38. 2
地区生产总值产业结构	100	100	100	100
第一产业	6. 0	5. 8	5. 9	6. 3
第二产业	46. 4	47. 5	48. 9	50. 2
第三产业	47. 6	46. 7	45. 2	43. 5
农林牧渔业结构	100	100	100	100
农业	49. 3	48. 6	48. 8	47. 6
林业	2. 3	2. 6	2. 5	2. 3
牧业	37. 7	38. 1	37. 4	39. 8
渔业	9. 4	9. 5	9. 0	8. 0
农林牧渔服务业	1. 3	1. 2	2. 3	2. 3
固定资产投资相当于 GDP 比例	56. 4	76. 8	98. 2	110. 5
财政收入相当于 GDP 比例	14. 9	15. 6	16. 1	18. 1
财政支出相当于 GDP 比例	8. 4	9. 6	9. 9	12. 4
进出口总额相当于 GDP 比例	39. 0	35. 4	31. 8	31. 6

2005 年以来合肥主要经济指标占全省比重

单位:%

	2005 年	2006 年	2007 年	2008 年
年末总人口	7. 0	7. 1	7. 2	7. 2
地区生产总值	16. 3	17. 5	18. 1	18. 8
规模以上工业增加值	19. 1	20. 3	19. 7	18. 6
工业产品产量				
彩色电视机	72. 6	74. 2	71. 2	81. 0
家用电冰箱	77. 1	72. 6	74. 3	77. 6
家用洗衣机	99. 1	95. 5	97. 0	98. 3
合成洗涤剂	51. 7	55. 3	56. 4	51. 0
卷烟	16. 5	24. 4	24. 4	24. 4
成品钢材	6. 8	7. 8	9. 0	10. 3
轮胎外胎	100. 0	100. 0	100. 0	100. 0
塑料制品	36. 5	39. 7	42. 5	45. 7

	2005 年	2006 年	2007 年	2008 年
烧碱	57.9	46.9	45.1	43.0
汽车	53.9	44.1	39.3	41.2
农业总产值	5.8	6.4	6.7	7.4
农产品产量				
粮食产量	5.9	6.3	6.0	6.2
棉花产量	4.3	4.9	4.4	5.1
油料产量	12.5	12.2	12.7	13.8
肉类总产量	8.2	9.3	9.4	9.9
水产品产量	6.5	7.1	5.9	6.1
全社会固定资产投资总额	19.6	23.3	25.7	27.1
社会消费品零售总额	18.4	18.9	19.5	19.8
财政收入	19.9	20.6	20.8	22.7
财政支出	10.5	11.2	10.8	12.7
年末在岗职工人数	12.5	13.6	14.3	14.7
全部职工工资总额	15.3	16.8	17.0	17.0
普通高校在校生人数	41.1	41.1	40.5	40.3
医院、卫生院个数	8.0	8.4	8.5	9.0
卫生技术人员	11.3	12.3	13.0	14.8
其中：医生	11.6	12.5	12.6	13.5

2005 年、2008 年合肥主要人均指标与全省、全国比较

单位：元

	2005 年			2008 年		
	合肥	安徽	全国	合肥	安徽	全国
生产总值	19512	8670	14053	34482	13229	22698
第一产业	1166	1559	1720	2179	2114	2567
第二产业	9057	3583	6701	17293	6168	11036
第三产业	9289	3528	5633	15010	4947	9095
财政收入	2907	1012	2428	6239	1976	4629
财政支出	1631	1099	2603	4283	2419	4713
全社会固定资产投资	11001	3885	6809	38116	10120	13006

	2005 年			2008 年		
	合肥	安徽	全国	合肥	安徽	全国
社会消费品零售额	7206	2720	5153	12186	4421	8190
进出口额（美元）	929	141	1091	1596	305	1934
在岗职工人均工资	17794	15334	18364	30603	26363	29229
城镇居民人均可支配收入	9684	8471	10493	15591	12990	15781
农民人均纯收入	3207	2641	3255	5368	4202	4761
居民储蓄存款余额	11466	5408	10819	17664	8419	16448

2005 年、2008 年合肥主要指标增速与全省、全国比较

单位:%

	2005 年			2008 年			2008 年比 2005 年年均增长		
	合肥	安徽	全国	合肥	安徽	全国	合肥	安徽	全国
年末总人口	2.5	0.9	0.6	1.6	1.0	0.5	2.2	1.1	0.5
地区生产总值	17.0	11.6	10.4	17.2	12.7	9.0	17.6	13.1	11.1
第一产业	1.0	1.7	5.2	7.3	6.2	5.5	7.5	5.2	4.7
第二产业	22.6	17.1	11.7	21.7	16.4	9.3	22.6	17.7	12.1
其中：工业	23.5	18.2	11.6	22.7	18.3	9.5	23.2	19.4	12.2
第三产业	13.9	10.8	10.5	13.3	11.0	9.5	13.7	11.4	11.7
财政收入	24.2	26.1	19.9	40.0	28.2	19.5	32.0	26.4	24.7
财政支出	28.7	18.5	19.1	56.3	30.5	25.4	41.2	32.2	22.6
社会消费品零售总额	15.1	13.3	12.9	25.5	23.4	21.6	22.0	18.9	17.3
进出口总额	19.2	26.5	23.2	23.4	28.3	17.8	22.6	30.9	21.7
其中：出口	27.6	31.9	28.4	26.3	28.8	17.2	24.8	29.8	23.4
实际直接利用外资	28.7	25.9	-0.5	18.6	16.4	21.6	43.4	71.8	14.3
全社会固定资产投资	36.4	31.7	26.0	40.3	33.3	25.5	54.9	39.2	24.9
城镇居民人均可支配收入	12.5	12.8	11.4	16.1	13.2	14.5	17.2	15.3	14.6
农民人均纯收入	11.0	5.7	10.8	19.7	18.1	15.0	18.7	16.7	13.5
居民储蓄存款余额	20.3	18.0	18.0	26.7	24.2	26.3	18.2	17.2	15.6

县区主要经济指标

2009 年县区主要经济指标完成情况（一）

单位：亿元,%

	地区生产总值＊		财政收入		其中：地方财政收入		规模以上工业增加值	
	实绩	增长	实绩	增长	实绩	增长	实绩	增长
全　市	1392.68	16.9	341.91	13.5	180.90	12.4	767.51	27.2
瑶海区	111.86	14.1	5.08	10.8	3.43	18.4	46.14	6.1
庐阳区	177.30	17.1	12.84	3.7	7.65	14.3	38.11	35.1
蜀山区	152.83	17.1	8.98	6.7	6.38	21.2	58.77	20.9
包河区	213.59	15.6	15.45	32.4	9.58	33.3	79.15	17.8
高新区	127.19	26.8	8.11	31.9	3.83	29.6	110.13	24.9
经开区	203.20	20.8	13.17	27.2	5.46	28.7	222.48	21.2
新站区	60.11	9.4	5.50	20.9	4.20	23.6	13.84	14.7
长丰县	76.72	17.4	10.02	29.6	6.23	28.1	44.21	40.1
肥东县	114.53	16.9	13.36	14.0	9.22	13.5	60.86	43.4
肥西县	124.88	20.5	20.16	27.5	10.20	21.1	93.67	52.2

注：＊为1－9月份数据。

2009 年县区主要经济指标完成情况（二）

单位：亿元,%

	全社会固定资产投资		其中：工业投资		社会消费品零售总额	
	实绩	增长	实绩	增长	实绩	增长
全市	2468.42	34.3	752.20	40.4	703.42	19.6
瑶海区	281.28	30.4	82.14	33.9	43.58	25.5
庐阳区	290.02	28.8	59.05	34.2	175.83	18.5
蜀山区	380.76	30.8	44.52	40.9	99.42	22.1
包河区	464.87	32.8	80.01	28.9	112.00	27.0
高新区	158.66	36.6	68.01	34.5	15.66	15.7
经开区	248.43	41.9	104.40	29.6	16.53	16.7
新站区	132.59	5.0	54.61	100.4	157.10	12.0
长丰县	148.86	48.0	81.05	53.2	18.69	22.0
肥东县	158.49	58.7	84.67	65.2	34.06	23.1
肥西县	204.46	47.6	93.75	26.4	30.54	23.3

注：蜀山区投资数据已含政务区。

2005 年、2008 年三县主要经济指标

单位：%

	2005 年			2008 年			2008 年比 2005 年年均增长%		
	长丰	肥东	肥西	长丰	肥东	肥西	长丰	肥东	肥西
年末总人口（万人）	76.99	106.4	97.04	79.89	110.9	92.47	1.2	1.4	-1.6
地区生产总值（亿元）	38.82	71.76	69.02	98.10	150.9	153.6	20.8	18.5	20.2
第一产业	12.61	18.87	14.97	30.87	33.14	27.65	11.0	8.1	7.0
第二产业	13.02	29.28	30.57	46.54	76.08	85.50	36.0	25.9	28.7
其中：工业	9.01	23.21	24.22	37.33	63.13	72.72	41.7	27.8	31.7
第三产业	13.19	23.60	23.48	20.69	41.66	40.43	11.9	16.4	15.7
人均生产总值（元）	5023	6736	7120	12279	13607	17204	19.7	17.0	22.4
财政收入（亿元）	2.45	5.34	7.26	7.73	11.72	15.81	46.7	30.0	29.6
其中：地方财政收入	1.66	3.04	3.25	4.86	8.12	8.42	43.2	38.7	37.4
财政支出（亿元）	4.65	6.39	6.27	12.22	17.22	15.85	38.0	39.2	36.2
农业总产值（亿元）	23.32	34.75	29.39	53.20	60.07	52.15	10.7	8.6	6.7
粮食产量（万吨）	47.31	53.88	47.95	59.37	65.76	53.95	7.9	6.9	4.0
油料产量（万吨）	8.32	14.79	9.81	6.94	12.70	10.41	-5.9	-5.0	2.0
棉花产量（吨）	4242	3282	5415	5657	5062	7352	10.1	15.5	10.7
肉类产量（万吨）	6.83	9.61	12.50	11.02	10.03	10.90	17.3	1.4	-4.5
水产品产量（万吨）	2.52	4.20	3.63	2.58	4.04	3.28	0.8	-1.3	-3.3
社会消费品零售额（亿元）	8.44	15.77	13.07	15.16	28.44	24.51	21.6	21.7	23.3
全社会固定资产投资（亿元）	21.55	28.63	25.12	98.56	112.5	137.2	66.0	57.8	76.1
农民人均纯收入（元）	2565	3134	3173	4600	5379	5412	21.5	19.7	19.5
在岗职工平均工资（元）	13525	16343	15220	24573	28143	27256	22.0	19.9	21.4
居民储蓄存款余额（亿元）	18.98	36.77	27.52	30.88	61.07	51.68	17.6	18.4	23.4

2005 年以来三县主要经济指标占全市比重

单位：亿元、%

	2005 年		2008 年		2009 年	
	总量	占全市比重	总量	占全市比重	总量	占全市比重
地区生产总值合计	179.60	20.4	402.56	24.2		
长丰县	38.82	4.4	98.10	5.9		
肥东县	71.76	8.2	150.88	9.1		
肥西县	69.02	7.9	153.58	9.2		
规模以上工业增加值合计	45.58	15.8	149.91	24.7	198.74	25.9
长丰县	6.13	2.1	31.22	5.1	44.21	5.8
肥东县	18.76	6.5	53.17	8.8	60.86	7.9

	2005 年		2008 年		2009 年	
	总量	占全市比重	总量	占全市比重	总量	占全市比重
肥西县	20. 69	7. 2	65. 52	10. 8	93. 67	12. 2
社会消费品零售总额合计	37. 29	11. 5	68. 11	11. 6	83. 29	11. 8
长丰县	8. 44	2. 6	15. 16	2. 6	18. 69	2. 7
肥东县	15. 77	4. 9	28. 44	4. 8	34. 06	4. 8
肥西县	13. 07	4. 0	24. 51	4. 2	30. 54	4. 3
全社会固定资产投资合计	75. 30	15. 2	348. 27	18. 9	511. 82	20. 7
长丰县	21. 55	4. 4	98. 56	5. 4	148. 86	6. 0
肥东县	28. 63	5. 8	112. 48	6. 1	158. 49	6. 4
肥西县	25. 12	5. 1	137. 23	7. 5	204. 46	8. 3
财政收入合计	15. 05	11. 5	35. 26	11. 7	43. 55	12. 7
长丰县	2. 45	1. 9	7. 73	2. 6	10. 02	2. 9
肥东县	5. 34	4. 1	11. 72	3. 9	13. 36	3. 9
肥西县	7. 26	5. 5	15. 81	5. 2	20. 16	5. 9
农民人均纯收入（元）						
长丰县	2565	80. 0	4600	85.		
肥东县	3134	97. 7	5379	100		
肥西县	3173	98. 9	5412	101		

2005 年以来三县主要经济指标在全省 61 个县的位次

	2005 年	2006 年	2007 年	2008 年
生产总值				
长丰县	35	27	14	9
肥东县	2	3	3	3
肥西县	3	2	2	2
规模以上工业增加值				
长丰县	19	15	10	12
肥东县	6	4	3	4
肥西县	3	1	2	2
社会消费品零售总额				
长丰县	46	45	44	43
肥东县	15	12	11	10
肥西县	28	25	23	18
固定资产投资				
长丰县	12	10	6	8
肥东县	8	7	2	3
肥西县	10	5	1	1

	2005 年	2006 年	2007 年	2008 年
财政收入				
长丰县	18	17	15	12
肥东县	6	6	6	6
肥西县	2	2	2	2
农民人均纯收入				
长丰县	37	32	24	23
肥东县	15	14	11	11
肥西县	12	13	10	10

县域经济及乡镇考核评价结果

2005 年以来全省综合十强县考核评价中三县位次

	2005 年	2006 年	2007 年	2008 年
长丰县	11	24	16	15
肥东县	8	9	7	7
肥西县	7	3	4	5

2008 年全省一类县考核评价中三县位次

	位次
长丰县	12
肥东县	7
肥西县	1

全市十强十快乡镇

	2007 年十强乡镇	2008 年	
		十强乡镇	十快乡镇
市　区	井岗镇	井岗镇	大杨镇
	淝河镇	淝河镇	烟墩镇
三　县	岗集镇	桃花镇	白龙镇
	双墩镇	店埠镇	小庙镇
	上派镇	上派镇	桃花镇
	撮镇镇	小庙镇	紫蓬镇
	店埠镇	岗集镇	包公镇
	三河镇	双墩镇	吴山镇
	小庙镇	三河镇	店埠镇
	三十头镇	桥头集镇	三十头镇

（市统计局）

合肥市荣誉

全国首个也是唯一一个科技创新型试点市
全国首个节约集约用地试点市
世界科技城市联盟（WTA）会员城市
中国服务外包基地城市
中国服务外包示范城市
国家动漫产业基地
国家级汽车及零部件出口基地城市
加工贸易梯度转移重点承接城市
全国科技进步先进市
全国投资环境50优城市
全国十大经商成本最低城市
跨国公司眼中最具投资价值的中国城市
全国经济增长最快20强城市
全国科技兴贸重点城市
全国专利工作试点城市
全国制造业信息化重点城市
全国城市信息化试点城市
国家知识产权示范城市创建市
全国文明城市工作先进城市
全国社会治安综合治理“长安杯”
全国首批园林城市
全国优秀生态旅游城市
全国十大最具投资潜力城市
全国推进义务教育均衡发展工作先进地区
全国民族团结进步模范集体

区域经济

国务院批准实施《皖江城市带承接产业转移示范区规划》

【安徽提出设立承接产业转移示范区设想】2008年初，胡锦涛总书记来皖视察时指示，安徽“要充分发挥区位优势、自然资源优势、劳动力资源优势，积极参与泛长三角区域发展分工，主动承接沿海地区产业转移，不断加强同兄弟省份的横向经济联合和协作。”胡总书记站在区域协调合作发展的战略高度，提出了安徽要积极参与泛长三角分工合作的重大课题。

为贯彻落实总书记的指示精神，安徽省委、省政府高度重视，在2008年全国“两会”期间进行谋划，7月上旬，邀请国家发改委来安徽省调研，调研组在认真调研和重复论证的基础上，提出在安徽设立承接产业转移示范区的设想。2008年10月，安徽省政府向国务院上报了《关于设立皖江城市带承接产业转移示范区，积极推进泛长三角区域合作的请示》。2009年1月，国务院领导同意了国家发改委关于设立皖江城市带承接产业转移示范区有关问题的请示。

2009年2月起，国家发展改革委会同安徽省和国务院有关部门正式启动皖江城市带承接产业转移示范区规划编制工作。2009年12月，规划稿经国家发改委主任办公会审议通过后报送国务院。2010年1月12日，国务院批准实施《皖江城市带承接转移示范区规划》。

【设立皖江城市带承接产业转移示范区的意义】 设立示范区，是顺应国内外产业转移新趋势，建立承接产业转移新模式的客观需要。改革开放以来，特别是进入新世纪以来，中西部地区承接产业规模明显扩大，招商引资工作取得重大进展，促进了地方经济的发展。但总的来看，产业承接的质量还不高，地方比较优势没有得到充分发挥，重复建设、恶性竞争不时出现，可持续发展受到影响，迫切需要从国家层面选择重点区域，加强引导，探索科学承接产业转移的新模式，促进产业承接转移有序开展，为其他区域提供示范。这个历史性的任务光荣地落到了安徽身上。因此，要站在国家的战略意图层面，在建设示范区的过程中，充分发挥政府的推动作用。加强政策和规划引导，严格执行产业准入标准、坚决转变传统的产业承接方式，积极优化要素资源配置，提高资源节约集约利用水平，发展循环经济、低碳经济和战略性新兴产业，加快经济结构的战略性调整步伐，建设成为科学承接产业转移的示范区，为中西部地区提供大规模承接产业的新模式。

其次，设立示范区，是加快中部地区崛起，推动区域协调发展的重要途径。设立示范区，不是仅仅为了承接国内外产业转移，实现量的扩张，从根本上讲，是深入实施中部崛起战略、推动区域协调发展的重大举措。通过科学承接产业转移，引导生产要素合理流动与优化配置，可以充分发挥中部地区比较优势，集聚发展要素，壮大产业规模，加快发展步伐，同时为东部地区腾出更大的发展空间，推动产业结构升级，提升发展质量和竞争力，更好地辐射和带动中西部地区发展，促进资源要素优化配置和区域经济布局调整，形成东中西良性互动、优势互补、相互促进、协同发展的新格局。

再次，设立示范区，是更好地发挥皖江城市带综合优势，推动安徽又好又快发展的现实要求。皖江城市带基础较好、条件优越。通过大规模承接产业转移，积极参与泛长三角区域发展分工，有利于安徽加快构建现代产业体系，转变发展方式，推进经济转型，加速新型工业化和城镇化进程，实现跨越式发展。按照规划，示范区要建设成为全国重要的先进制造业和现代服务业基地，到2015年，地区生产总值比2008年翻一番以上，重点承接产业加快发展。到那时，示范区的经济规模将快速扩大，实力将大大提升，对全省经济发展的贡献度将进一步提高。

另外，设立示范区，是应对复杂多变的国际经济形势，保持全国经济平稳较快发展的重大举措。为应对国际金融危机，国家采取了一系列的政策措施，确保" 保增长、保民生、保稳定" 的调控目标得以实现。设立皖江城市带承接产业转移示范区，通过有序承接国内外产业转移，可以进一步优化产业布局，稳定扩大就业，激发内需潜能，拓展区域发展空间，增强经济发展动力和后劲，夯实全国平稳、可持续发展基础。

【规划范围】 皖江城市带承接产业转移示范区，规划范围为安徽省长江流域，主要包括合肥、芜湖、马鞍山、铜陵、安庆、池州、巢湖、滁州、宣城九市全境和六安市的舒城县、金安区，共59个县（市、区），辐射安徽全省，对接长三角地区。2008年规划区人口3058万人，地区生产总值5818亿元，分别占安徽省的45%和66%。

皖江城市带承接产业转移示范区建设总体要求

一是着力深化泛长三角分工合作，推动区域联动发展。二是着力优化资源配置，探索科学承接新途径。三是着力打造产业承接平台，增强产业承载能力。四是着力加快自主创新，提升产业发展水平。五是着力加强资源节约和环境保护，促进产业发展与生态文明建设相协调。六是着力保障和改善民生，推进基本公共服务均等化。

皖江城市带承接产业转移示范区的四大定位

立足安徽，融入长三角，联结中西部，积极承接产业转移，不断探索科学发展新途径，努力构建区域分工合作、互动发展新格局，加快建设长三角拓展发展空间的优选区、长江经济带协调发展的战略支点，引领中部地区崛起的重要增长极。具体包括四大战略定位，即合作发展的先行区、科学发展的试验区、中部地区崛起的重要增长极、全国重要的先进制造业和现代服务业基地。

【示范区到2015年的发展目标】 规划主要从定性和定量两方面提出了到2015年的发展目标。一是综合实力明显提升，地区生产总值比2008年翻一番以上，人均生产总值超过全国平均水平；二是产业结构优化升级，三次产业协调发展，农业基础地位稳固，非农产业比重进一步提高；三是开放合作不断加强，区域合作机制进一步健全，全方位对外开放格局基本形成，基础设施、市场体系、体制机制等与沿海发达地区全面对接；四是公共服务日趋完善。教育、卫生、文化、体育等社会事业加快发展，基本公共服务水平明显提高；五是人居环境更加良好，资源利用效率持续提高，节能减排效果明显，生态环境保持良好。规划还对2020年的目标进行了展望，到那时，皖江城市带将建成全国具有重要影响力的城市带。

【高水平打造承接产业转移载体】 产业承接园区建设。园区是产业转移的有效载体，也是建设资源节约型和环境友好型产业转移模式的重要抓手。规划通过三个途径来高水平打造承接产业转移载体，促进项目集中、产业集群、资源集约，增强产业承接能力。一是按照布局优化、特色突出、用地集约、产业集中的原则，加强现有开发园区管理，加快转型升级，将开发园区建设成为承接产业转移的重要平台。二是适应产业大规模、集群式转移趋势，充分发挥长江黄金水道的作用，依托中心城市，突破行政区划制约，高水平规划建设承接产业转移集中区，高起点承接沿海地区和国外产业转移。三是通过合作共建开发园区、创新合作共建方式、建立利益分享机制，创新园区合作共建机制。

【产业空间格局】 皖江城市带承接产业转移示范区将构建“一轴双核两翼”的产业空间格局，“一轴”包括安庆、池州、铜陵、巢湖、芜湖、马鞍山6个沿江市，这是承接产业转移的主轴线；“双核”指合肥、芜湖，这是安徽省目前乃至今后一个时期经济发展最具活力和潜力的两大增长极，是承接产业转移的核心区域；“两翼”包括滁州和宣城市，着力打造承接沿海地区特别是长三角产业专业的前沿地带。

【产业承接发展重点】 产业承接发展重点。围绕产业升级和培育新的经济增长点，积极吸纳资本、技术、人才、品牌等要素，明确了皖江城市带构建现代产业体系的方向。重点从振兴装备制造业，加快提升原材料产业，加速壮大轻纺产业，着力培育高技术产业，积极发展与长三角联系紧密的现代服务业，建设现代农业等方面提出了产业承接发展的重点。

附：

《皖江城市带承接产业转移示范区规划》

2009年1月，国务院正式批复《皖江城市带承接产业转移示范区规划》。作为首个获批复的国家级承接产业转移示范区，皖江城市带承接产业转移示范区是国家实施区域协调发展战略的又一重大举措，对于探索中西部地区承接产业转移新途径和新模式、深入实施促进中部地区崛起战略具有重要意义。

《规划》明确将皖江城市带承接产业转移示范区定位为合作发展的先行区、科学发展的试验区、中部地区崛起的重要增长极、全国重要的先进制造业和服务业基地。规划期为2009～2015年，重大问题展望到2020年。到2015年，示范区地区生产总值比2008年翻一番以上，三次产业协调发展，实现与长三角分工合作、优势互补、一体化发展，成为在全国有重要影响力的城市带。

皖江城市带包括合肥、芜湖、马鞍山、铜陵、安庆、池州、巢湖、滁州、宣城九市，以及六安市的金安区和舒城县，人口3058万人，2008年国内生产总值5818亿元，区域经济发展水平高，消费潜力巨大。皖江城市带加工产品的50%以上为长三角配套，汽车、家电等产业所需零部件70%左右来自长三角。

皖江城市带区位优势明显，是长三角向中西部地区实施产业转移和辐射的最佳区域，具有产业基础好、要素成本低、配套能力强等综合优势。安徽省近年来在开发皖江、加快融入泛长三角中做了大量富有成效的工作，积累了宝贵的经验，具备探索科学承接产业转移、为中西部地区提供示范的客观条件。

2005～2008年，皖江城市带实际利用外资额年均增速达到43%，分别比全国、长三角、中部地区平均增速高27.8、25.4和15.4个百分点。同期，皖江九市利用省外境内资金年均增长达65%，2008年达到了2163.9亿元，其中来自长三角的资金占55%，皖江城市带已成为与长三角联系最为密切、承接产业转移较多的区域之一。

在产业结构方面，皖江城市带承接产业转移示范区将明确把装备制造业、原材料产业、轻纺产业、高技术产业、现代服务业和现代农业作为重点发展的六大支柱产业，并以现有的产业园区为基础，推动园区的规范、集约、特色化发展，突破行政区划制约，在皖江沿岸适宜开发地区高水平地规划建设承接产业转移的集中区，以适应产业大规模、集群式转移的趋势。

为保障《皖江城市带承接产业转移示范区规划》的顺利实施，使这一区域战略尽快落实见效，示范区将在投资、财税、金融、土地、对外开放等各方面得到中央和地方政府必要的政策支持。如在规划期内，中央财政将加大对示范区的转移支付力度，支持示范区的基础设施、自主创新和环境建设，积极探索开展跨境贸易人民币结算试点等。

根据《规划》，皖江城市带承接产业转移示范区将依托现有的产业基础，继续发挥区位和资源优势，在空间布局上以沿长江一线为发展轴，以合肥和芜湖两市为“双核”，以滁州和宣城两市为“双翼”，构筑“一轴双核两翼”产业分布的新格局。《规划》还提出，皖江城市带承接产业转移示范区还将加快技术创新升级，强化技术创新要素支撑，构建企业主体、市场导向、政府推动、产学研结合的开放型区域创新体系，促进产业承接与自主创新相融合。

合芜蚌自主创新综合配套改革试验区

自党的十六届四中全会提出“中部崛起”这一重大战略以来，中部各省已经形成了东西互动、优势互补、相互促进、区域经济协调发展的新格局。作为中部六省面向东部沿海发展先进省份的“桥头堡”，安徽发挥居中靠东优势，在“东张”“西望”中创造合力，走出了具有安徽特色的创新崛起之路。2008年10月中旬，合芜蚌自主创新综合配套改革试验区正式起航。2010年5月，国家科技部正式下文，批准安徽省建设合芜蚌国家高新技术产业带。国家科技部要求，安徽省要加快战略高新技术和前沿应用技术研究，增强创新载体的支撑能力，完善支撑高新技术产业发展的公共技术服务体系。要加大政策扶持力度，优化体制机制，积极营造促进高新技术产业发展的良好环境，推动合芜蚌高新技术产业带成为创新资源集中集聚、区域产业增值增效、优惠政策先行先试的示范载体。科技部在文件中表示支持合芜蚌国家高新技术产业带建设，力争让其成为全国示范。这就意味着该高新技术产业带建成后，将有望成为安徽省继合芜蚌自主创新综合试验区之后又一获国家批准的自主创新示范区。

长江、淮河把安徽分成了三块，因为地形、民情、人文各方面的条件都不一样，三块之间的发展非常不平衡。安徽的城市都比较小，在全省难形成一个中心，大家都倾向于按照皖北、江淮之间、沿江把安徽划分为三个板块，三块各有各的特点。蚌埠是皖北地区“两淮一蚌”重工业走廊的一个分支，在全省发展的大格局当中凸现了区域领头羊作用，省委省政府对蚌埠寄予了很大的期望和期待；合肥是省会中心城市，是全国唯一的科技创新型城市，是科技部支持的重点；芜湖是沿江的龙头城市，在改革、开放、发展方面走在全省前面，芜湖的奇瑞是公认的自主创新的一个旗帜。

【创新资源】合肥、芜湖和蚌埠三市创新资源比较丰富，科技实力比较强，为开展试点提供了基本的依托。

区域内聚集了中国科学技术大学、中科院合肥物质科学研究院、合肥工业大学，中国电子科技集团第38、40、41研究所，水泥设计研究院，通用机械研究所，华东光电技术研究所等一大批高层次的大学和科研单位。

在汽车及工程机械产业方面，拥有芜湖奇瑞、合肥江淮汽车、合力叉车等自主品牌。奇瑞被称为是“中国自主创新的一面旗帜”，2007年轿车出口量居全国第一。在资源深加工方面，蚌埠丰原集团运用玉米粉直接发酵生产柠檬酸专利技术，已形成年加工360万吨玉米的生产能力，柠檬酸系列产品产量和市场占有率稳居世界第一位。在秸秆生产燃料乙醇研发上，也取得阶段性突破。芜湖海螺集团掌握了世界上最先进的日产万吨新型干法水泥生产技术，成为亚洲最大的水泥生产企业。在语音合成方面，合肥中科大讯飞的语音合成核心技术代表了世界最高水平，在多语种语音合成、口语评测等技术上也取得了突破性进展。

通过自主创新改革试验区的纽带作用，把三个板块的中心城市串在一起，把全省统一起来，这是统筹全省区域协调发展的大战略，同时也是对安徽省情深化认识的结果。如果这三个市的经济社会发展颇有成效的话，对所属区域的发展将是一个有力的推动，对整个安徽省的发展也将是一个极大的推动，这是确定合芜蚌综合改革配套实验区的初衷。

“合芜蚌综合配套改革试验区”先行先试，三城市主攻方向各不同。合肥的目标是建成全国最具创新活力的区域之一，建成全国重要的高新技术产业基地、先进制造业基地、现代服务业基地，在安徽加快发展、奋力崛起中发挥龙头带动作用；芜湖围绕核心技术和关键领域，将建设为全国自主创新的示范引领区，重要的科技成果转化基地，国内一流的高新技术产业集聚区，具有国际竞争力的先进制造业基地；蚌埠通过六大产业自主创新，建设成为高科技创新基地、高新技术产业化基地、高素质人才集聚基地，跨入创新型城市行列。

【加速发展新兴产业】　合芜蚌试验区七大新兴产业新增规模以上工业企业500多户，实现产值同比增长30%，对工业增长贡献率达到8.4%；高新技术产业实现产值和增加值同比均增长33%，分别占全省高新技术产业的56%和55%。初步形成以合肥、芜湖为主发展新能源汽车产业，合肥、蚌埠、芜湖为主发展太阳能光伏产业，合肥、蚌埠为主发展生物质能产业，合肥、芜湖为主发展新材料产业，合肥为主发展电子信息、生物医药、公共安全产业的格局。

一、转变发展方式

投资结构进一步优化 2009年，合芜蚌试验区呈现工业项目固定资产投资增速高于全社会固定资产投资增速7.1个百分点，制造业投资增速高于工业项目固定资产投资增速4.4个百分点，技改项目投资增速高于制造业项目投资增速12个百分点。

重大科技项目加速转化 2009年，合芜蚌试验区企业共转化各类科技成果500多项，开发新产品2000多项，新产品实现产值同比增长近40%。奇瑞、江淮相继推出一系列新品整车，安凯推出的纯电动客车成为上海世博会指定用车，合肥锻压开发的大型数控薄板冲压液压机达到国际先进技术水平。

承接产业转移走向高端 2009年，合芜蚌试验区引进利用省外资金2000多亿元，其中来自长三角地区的资金超过50%。京东方液晶显示器件、华谊煤基多联产精细化工、熔安动力大型船用柴油机、新兴铸管精品铸管生产线、玉柴联合动力重型车用发动机等一批高端大投资项目落户合芜蚌试验区。

二、提升创新能力

专利申请量大幅度增长 2009年，安徽省专利申请量达10943件，超出上年全年申请量，同比增长68%，增幅居全国第1位；获专利授权5506件，同比增长77%，增幅居全国第4位。其中合芜蚌试验区专利申请量占全省55%，授权量占全省64%。

高端领域研发优势凸现 合芜蚌试验区量子通信、语音合成、全超导核聚变等高端领域研发继续稳居世界领先水平。

承担国家专项取得突破 合芜蚌试验区启动建设以来，组织30个单位，69个项目（课题），参与国家10个民口及部分军口重大科技专项的实施(其中有60项已立项，9项进入实质性评审阶段)。在这些项目中，合芜蚌3市占90%以上。

企业创新能力显著增强 合芜蚌试验区有6家企业列为国家级创新型企业。企业自主创新出现5个70%以上：即70.6%的科研机构设在企业，73%的科技活动人员在企业，71.9%的R&D经费来源于企业，75.3%的省级科技攻关项目由企业为主体承担，72%的省级科技成果出自企业。

三、创新资源集聚

企业集聚不断强化 合芜蚌试验区启动建设以来，各类载体新集聚科技型企业300多家；引进国内外高科技企业一百余家。目前，汽车产业已集聚1000余家零配件企业。

人才集聚不断强化 2009年，合芜蚌试验区共引进各类高端人才3000多名，同比增长近50%。中科大微尺度物质科学国家实验室、奇瑞汽车有限公司被批准为国家级海外高层次人才创新创业基地。中国科学院、中国工程院在安徽省设立了院士工作办公室。

资金集聚不断强化 省及合芜蚌3市财政安排创业（风险）投资引导资金4亿元，引导新建创业投资公司12家，注册资金达35亿元；今年合芜蚌试验区财政科技投入占财政支出的比重达2.5%，全社会R&D投入占GDP的比重达1.9%。

合芜蚌自主创新综合试验区已占据全省高新技术产业发展的半壁江山。2009年，规模以上高新技术产业实现产值2157亿元，比上年增长34.8%，占全省规模以上高新技术产业产值的55.2%。

附：

中共安徽省委安徽省人民政府关于推进合芜蚌自主创新综合配套改革试验区工作的若干政策措施（试行）

皖发【2008】18号

(2008年10月14日)

为推进合芜蚌自主创新综合配套改革试验区（以下简称试验区）工作，提出以下政策措施。

一、进一步提高产业核心竞争力

1、对试验区创新型产业相关核心技术、重大装备研发项目，或重大引进技术、装备的消化吸收再创新项目，给予最高1000万元资助；获得国家拨款的，给予国家拨款额50%、最高1000万元资助。

2、对试验区创新型产业中具有自主知识产权、有望形成爆发性增长的新兴产业和规模巨大的支柱产业的重大项目，在资金支持上一事一议、特事特办。

3、对省外高新技术企业、创新型企业来试验区落户，投资创新型产业链缺失环节或薄弱环节的，给予其实际到位投资额10%、最高500万元奖励。

具备上市条件的省外高新技术企业、创新型企业总部迁至试验区注册上市，并将其上市募集资金的70%（1亿元以上）在试验区投资的，奖励500万元。

4、对新认定的国家级工程（技术）研究中心、企业技术中心、工程实验室、重点实验室、检测中心、创新咨询中心、军转民研发机构等，给予一次性50至500万元奖励，已认定并考核优秀的，给予一次性30至300万元奖励。新认定的省级上述机构，给予一次性20至200万元奖励，已认定并考核优秀的，给予一次性20至100万元奖励。

5、对试验区内高新技术企业、创新型企业各项行政性收费的省、市留成部分，实行免征。对新创办的科技型企业，实行零收费。创新型企业所缴纳企业所得税新增部分的省、市留成部分，3年内全额奖励企业。

6、经认定的高新技术产品和重点新产品，从认定之日起所缴纳增值税新增部分的省、市留成部分，3年内全额奖励企业。

7、中央在皖科研院所实行转企改制的，按规定免征企业所得税和科研开发自用土地、房产的城镇土地使用税及房产税有关政策到期后，相应税收的省、市留成部分，2年内全额奖励企业。

8、主持制定国际标准、国家标准和行业标准的企业，给予最高50万元奖励。被认定为国家知识产权示范企业的，给予20万元奖励。

二、加快推进科技成果产业化

9、在试验区建设的高新技术产业化项目，国家批准的，给予国家拨款额50%、最高1000万元资助；省级批准的，给予项目总投资10%、最高1000万元资助。获国家批准或认定的高技术产业基地、高新技术产业基地等以自主创新为主题的各类产业基地，省政府给予产业基地所在市政府100至1000万元奖励，用于产业基地建设。对创新型项目，优先保障土地供应。

10、在试验区新建公共技术研发平台、检测实验平台、信息情报平台、技术转移平台和咨询服务平台，给予最高500万元资助；按市场化运营的，根据服务绩效考核结果，自开业起3年内，每年择优给予运营费用20%的资助。

11、高校、科研院所科技成果，由企业购买或成果单位自行在试验区内首次实施转化并实现产业化的，给予20至200万元的资助。

12、国内外知名创新咨询机构在试验区设立分支机构或者海外留学人员新创办创新咨询机构，在试验区购、建自用办公用房的，酌情给予一次性资助；租用办公用房的，自开业起3年内，每年按房租额的50%给予资助。在试验区设立的创新咨询等现代服务业专业孵化器，经省级认定的，比照享受科技企业孵化器的相关优惠政策。

13、对试验区按市场化运营，独立从事信息业、咨询业和技术服务业的创新服务机构及产业集群服务机构，根据服务绩效考核结果，自开业起3年内每年择优给予运营费用20%的资助。

14、经认定的省级以上科技企业孵化器和国家大学科技园内的在孵企业缴纳的各项税收省、市留成部分，5年内全额奖励企业。

三、切实加强科技创新投入和金融支持

15、省政府设立合芜蚌自主创新综合配套改革试验区专项资金，用于落实本政策措施各类项目资金、资助、奖励等支出。从2008年起，省级财政每年安排专项资金5亿元。设立省创业风险投资引导资金。省政府从2008年起连续5年每年安排1亿元资金，积极吸纳银行资金、创业风险投资机构资金及其他各类资金参与，争取资金总额达到10至20亿元。通过阶段参股、跟进投资、风险补偿等方式，引导各类创业风险资金投向初创期的科技型企业。

16、省每年公布一次自主创新产品目录。对自主创新产品参与政府采购的给予优惠，以价格为主的招标项目，自主创新产品价格高于一般产品的，给予5%至10%的价格扣除；以综合评标为主的招标项目，给予自主创新产品总分值4%至10%的加分。对符合先进技术发展要求的试制品和首次投向市场的自主创新产品，实行政府首购制度。对重大自主创新产品和服务，实行政府订购制度。

17、落户试验区的各类创业风险投资机构，因投资未上市科技型中小企业、在执行国家相关税收优惠政策后仍有风险亏损的，给予风险亏损额30%、最高1000万元资助。

18、建立健全适应科技型、创新型中小企业特点的信贷管理体系。支持金融机构和担保机构联合开展知识产权质押、股权质押、动产质押等新型质押贷款。鼓励试验区各市设立担保公司、小额贷款公司。担保公司、小额贷款公司为科技型中小企业担保或贷款发生风险亏损的，给予风险亏损额30%、最高1000万元资助。

19、高新技术企业、创新型企业因上市补交的企业所得税、土地出让相关税费的省、市留成部分，全额奖励企业。支持高新技术企业发行企业（公司）债券，鼓励优质科技型中小企业发行集合债券。

四、激励创新创业人才发挥更大作用

20、高校、科研院所等单位的科技人员携带科技成果在试验区创办企业的，给予公司注册资金50%、最高200万元资助；6年内保留其编制，保留期间要求返回的，由原单位按原职级待遇安排。留学回国和民间科技人员来试验区创办企业的，给予同等额度的资助。在试验区设立高校师生创业资金，鼓励高校教师、学生创业。

21、试验区内高新技术企业、创新型企业和创业风险投资机构的高层技术、管理人员，年薪10万元以上的，实际缴纳的个人所得税省、市留成部分，全额奖励个人创新创业。

22、改革职称评价办法，强化实际贡献和创新能力的考核。高校、科研院所从事技术开发、科技成果转化或中介服务的科技人员，取得显著经济社会效益的，可作为评定专业技术资格的重要依据。评聘农业专业技术职务时，拥有品种权视同专利权。

23、对企业聘请国外知名科学家、高端技术专家、创新咨询专家来试验区工作的，一次性给予聘用费50%、最高50万元资助。24、国有及国有控股的创新型企业，可比照执行国有高新技术企业股权激励试点政策，对企业科技和管理人员进行股权激励。

五、其他

25、本政策措施适用于在试验区各市开展创新活动的企事业单位和个人，其他市与试验区确定的创新型产业相关的重大科技专项、高新技术产业化项目等，纳入本政策支持范围。

26、本政策措施有关实施细则、合芜蚌自主创新综合配套改革试验区专项资金使用管理办法，另行制定。

合肥经济圈

【概述】 自2005年上半年起，合肥市的经济驶入“快车道”。此后4年，合肥GDP增速一直保持在15%以上。2009年上半年，合肥实现地区生产总值835.2亿元，同比增长16%，分别高于全国、全省平均增幅8.9和4.2个百分点，增速在全国26个省会城市和省内继续位居榜首。合肥依靠着自身实力不断壮大，挣脱了周边一些城市经济圈如南京城市经济圈、杭州城市圈、中原城市圈的挤压，区域影响力和在全国城镇体系中的地位不断提升。为此，安徽省有关专家相继提出建设“合（肥）六（安）巢（湖）经济圈”、“省会经济圈”等若干概念。省有关部门和合肥、六安、淮南、巢湖等市也为经济圈概念的提出和启动作出了各种努力。直到2009年8月21日，安徽省委、省政府下发的《关于加快合肥经济圈建设的若干意见》中，“合肥经济圈”概念命名才更加清晰，中心城市带动、促进区域协调发展的战略理念才真正明确了“合肥经济圈”的未来发展方向。“合肥经济圈”包括合肥、淮南、六安、巢湖4市及桐城市等周边地区，土地面积约3.86万平方公里。“合肥经济圈”从以合肥为区域对外开放的龙头城市，发展成为中国泛长三角的重点城镇群，与武汉城市圈、中原城市群、昌九城镇群、长株潭城市群等竞争合作，实现中部崛起战略。

合肥居皖之中，连接江淮，贯通东西，不仅是联结皖北、皖中、皖南三大板块，促进全省区域协调发展的关键环节，也是提升整体竞争能力，加速实现安徽崛起的重要支点。2009年实现地区生产总值2102亿元，同比增长17.3%；完成固定资产投资2468亿元，同比增长34.3%；实现规模以上工业增加值767亿元，同比增长27.2%；财政收入341亿元，同比增长13.5%。GDP连续六年增幅在17%以上，连续三年主要经济指标的增幅位居中部省会城市前列。经济首位度达到20.3%，财政收入占全省的四分之一。

【合肥经济圈蓝图】 《合肥经济圈城镇体系规划（2008年－2020年）》公示（以下简称《规划》）。根据该《规划》，预计到2020年，“合肥经济圈”总人口约为2400万人，城镇人口约为1580万人，国内生产总值预期将达1.8万亿元。

按照《规划》，“合肥经济圈”将形成1小时通勤圈和生活圈，核心圈层实施“公交化”发展策略。通过各项交通基础设施建设，未来合肥、淮南、六安、巢湖、桐城5市中心城区通达运输通道的平均时间将控制在20分钟以内，肥东、肥西、长丰、凤台、含山、庐江、舒城等县县城中心通达运输通道的平均时间将控制在15分钟以内。

“合肥经济圈”将率先在全省实现基本养老保险区域统筹目标，提高社会保障统筹层次，推进5市间社保制度协调配合和社保关系无缝转移、接续。同时，完善社会福利设施覆盖范围，实现5市、县、街道、乡镇都拥有一所综合性社会福利机构或社会福利服务中心。

“合肥经济圈”的居民将享受到更好的医疗和福利。至2020年末，“合肥经济圈”内所有城市将建有急救网络，城市所在地社区卫生服务网络覆盖率达100%，县所在地社区卫生服务网络覆盖率达90%，城市健康教育覆盖率达100%，农村健康教育覆盖率达85%；对于老龄化社会的来临，“合肥经济圈”内所有城市将大力建设为老年人服务的老人公寓、养老院等康体养老设施。发展以老人福利服务为重点，兼顾以孤残儿童、残疾人托养康复和残疾人就业为主要内容的社会福利设施，建成以国家兴办的福利机构为示范、其他多种所有制形式的福利机构为骨干、社区福利服务为依托、居家供养为基础的社会福利服务网络。

根据《规划》，“合肥经济圈”至2020年将形成“一区、五轴、三带、多组团”的城镇空间布局结构体系。“一区”是聚合“合肥经济圈”区域发展的“心脏”，是指合肥市中心城区、淮南市中心城区、六安市中心城区、巢湖市中心城区、桐城市中心城区以及环巢湖地区等组成的城镇密集区。“五轴”构筑“合肥经济圈”区域发展的“骨架”，是指东西向合巢芜发展轴、合宁发展轴、合六发展轴三条，南北向合桐安发展轴、合淮蚌发展轴两条。“三带”是形成“合肥经济圈”区域发展的“动力”，指沿江发展带、沿淮发展带和环巢湖发展带。“多组团”为支撑“合肥经济圈”经济发展的功能组团，包括大力推进三河－杭埠－同大、水湖－曹庵－杨公、谢集－八公山风景区－寿春、凤台－毛集－袁庄等城镇组团建设等。

合肥经济圈至2020年将形成“一心、四翼、多极、九点”的中心等级体系。“一心”是指合肥市“141”范围，包括合肥市中心城区、肥东店埠镇、肥西上派镇、长丰双墩镇等作为“中心城市”。“四翼”是指市中心城区、桐城市中心城区为“中心城市和副中心城市”。“多极”是指包括肥东、肥西、长丰、舒城、寿春、霍邱、霍山、金寨、无为、庐江、和县、含山、凤台等13个县域性的城关镇，建成地方的政治、经济、文化、商贸中心和交通枢纽，这些是“优先发展城市”。“九点”是指新桥空港城发展活力点（高刘－炎刘）、三河－杭埠—同大发展活力点、长临河－忠庙发展活力点、郑蒲－二坝发展活力点、叶集发展活力点、冯井钢城发展活力点、下塘（合肥重工业基地）发展活力点、袁庄（安徽淮南煤化工基地）发展活力点和双港－新渡（包装印刷产业基地）发展活力点。

“合肥经济圈”将成为安徽省的核心增长极和创新极，从而带动全省社会经济的跨越式发展。按照《规划》，到2015年，“合肥经济圈”的经济规模将持续提高，占全省比重由2008年的36.37%提高到45%以上。到2020年，“合肥经济圈”国内生产总值预期达1.8万亿元，年均增长14%以上。其中，合肥9000亿元、六安3000亿元、巢湖3000亿元、淮南2400亿元、桐城600亿元。

《规划》还明确了近期将推进一批重大建设计划，其中包括：合淮同城化，建设滨湖新区，推进产业一体化发展、交通一体化建设，开展巢湖流域、淮河流域、淮南采煤沉陷区综合治理，“合肥经济圈”和大别山全面生态保育，全面发展县域经济，构筑“合肥经济圈”区域空间信息平台等。

另外，合肥经济圈内合肥、巢湖、六安、淮南、桐城拟建立五市旅游合作组织，作为5市旅游合作的议事、协调机构，并定期召开5市旅游局长联席会议，讨论重大合作事宜，探索区域内旅游业一体化的方法和路径。经济圈内城市还拟率先实行旅游一卡通，对圈内团体游客，部分景点实行门票半价。同时，5市将共同编制精品旅游线路，将各市历史、文化、生态休闲等优质资源串联成线，尽可能将5市更多的景点纳入二、三日游范畴，形成内容丰富、形式多样的市际和省际旅游观光线路，把“合肥旅游经济圈”打造成华东旅游休闲度假中心和全国有影响的旅游目的地。

【合肥经济圈其他城市衔接】

六安市：六安市位于安徽西部，大别山北麓，俗称“皖西”，是大别山区域中心城市。现辖金安、裕安两区和寿县、霍邱、金寨、霍山、舒城五县，以及省级六安经济技术开发区和叶集改革发展试验区。全市159个乡镇、8个街道、85个城市社区、2846个村民委员会。总面积17976平方公里。总人口705.9万人。有29个民族，以汉族人口为主，少数民族占0.7%，以回族居多。2009年，全市生产总值（GDP）584亿元，其中，第一产业增加值138.4亿元、第二产业增加值237.7亿元、第三产业增加值207亿元；财政收入52.1亿元。

巢湖市：巢湖市位于皖中，濒临长江，因湖得名，是一个古老而年轻的城市，有文字记载的历史约4000多年，古称“居巢”、“南巢”等。现辖庐江、无为、和县、含山四县和居巢区。全市总面积9423平方公里，总人口454万。巢湖区位优越，交通便捷。地处合肥、芜湖、南京“金三角”腹地，长江流经巢湖市182公里，合九铁路及合宁、合巢芜、沪蓉高速公路穿境而过，可依托合、芜、宁三个航空港和万吨级芜湖外贸码头直达世界各地。

2009年全市生产总值530亿元，年均增长12.5%；财政收入52.48亿元，年均增长27.2%，财政收入占生产总值比重为9.9%；规模以上工业增加值为167亿元，年均增长25.5%；固定资产投资为451.9亿元，年均增长38.5%；社会消费品零售总额为179.3亿元，年均增长17.3%；进出口总额为4.1亿美元，年均增长36.9%。

淮南市：淮南市市境位于淮河中游，安徽省中部偏北，地处东经116°21′21″－117°11′59″与北纬32°32′45″－33°01′14″之间，东与滁州市属凤阳、定远县毗邻，南与合肥市属长丰县接壤，西南与六安市属寿县、霍邱县相连，西及西北与阜阳市属颍上县，亳州市属利辛、蒙城县交界，东北与蚌埠市属怀远县相交，东与滁州市属凤阳、定远县搭界。最东端位于孔店乡东河村以东与定远县交汇之窑河河面，最西端位于凤台县尚塘乡侯海孜以西与利辛县接壤处，最南端位于孙庙乡庙塘村以南瓦埠湖水面，最北端位于茨淮新河主航道中心线凤台县与蒙城、利辛县交汇处。全市总面积2596.4平方公里，其中市区面积1566.4平方公里，凤台县面积1030平方公里。建成区面积95.77平方公里。2009年完成地区生产总值508.8亿元，按可比价格计算，比上年增长13.7%。其中，第一产业增加值41.8亿元，增长6.1%；第二产业增加值

319.4 亿元，增长 15.8%；第三产业增加值 147.6 亿元，增长 11.6%。三次产业比例为 8.2：62.8：29.0。按常住人口计算，人均地区生产总值 22169 元（按 2009 年底汇率基准价计算约合 3247 美元）。全年财政收入 75.0 亿元，比上年增长 24.7%，其中地方财政收入 37.3 亿元，增长 24.6%。财政支出 68.0 亿元，增长 33.4%。其中教育支出 10.4 亿元，增长 11.7%；社会保障和就业支出 18.8 亿元，增长 74.0%；医疗卫生支出 5.0 亿元，增长 45.2%；科学技术支出增长 116.0%；文化体育与传媒支出增长 50.1%；交通运输支出下降 11.9%。

桐城市：桐城位于安徽省中部偏西南，地处长江经济协作区腹地，全市总人口 75 万，市区常住人口 12 万。国土面积 1644 平方公里，耕地面积 52.3 万亩，其中水田 47 万亩，旱地 5.3 万亩，湖泊水面 16.7 万亩。地势自西北向东南，山地、丘陵、平原依次呈阶梯分布，属亚热带气候区，气候温和，雨水充沛，四季分明，宜林、宜农、宜牧、宜渔。境内矿藏丰富，初步探明的有石墨、矾、花岗石、大理石、铜、铁等 10 余种，受国家保护的珍稀动物有金钱豹、穿山甲、水灵猫、水獭、江豚、白鹤、巨蜥等，珍稀植物有银杏、金钱松、鹅掌楸、杜仲等，药用植物多达 200 余种。2009 年全市实现地区生产总值 115 亿元，增长 15%。财政收入 8.6 亿元，增长 18.5%。固定资产投资 91.4 亿元，增长 37.3%。社会消费品零售总额 30.8 亿元，增长 19.3%。城镇居民人均可支配收入 11500 元，增长 10%。农民人均纯收入 6288 元，增长 10.4%。

（赵永军）

中共合肥市委员会

综　　述

2009年，是新世纪以来形势极为复杂、发展最为困难的一年。在严峻挑战面前，市委以学习实践科学发展观为动力，认真落实中央和省委、省政府的决策部署，团结带领全市人民积极应对，主动作为，全力以赴保增长保民生保稳定，推动经济社会发展在逆势中奋进，全面超额完成年初确定的各项目标任务。全年GDP为2102.12亿元，增长17.3%；规模以上工业增加值767.51亿元，增长27.2%；全社会固定资产投资2468.42亿元，增长34.3%；社会消费品零售总额703.42亿元，增长19.6%；财政收入341.91亿元，增长13.5%，其中地方财政收入180.9亿元，增长12.4%。主要经济指标增速继续位居全国省会城市前列，GDP连续三年、规模以上工业增加值连续两年增速第一，加速崛起态势更加明显。

（一）学习实践科学发展观活动进一步深化。按照中央和省委的部署要求，紧扣“坚持改革创新、推进科学发展，加快现代化滨湖大城市建设”的主题，坚持重在武装思想、重在解决问题、重在取得实效，认真组织全市4061个单位、9317个基层党组织、22.93万名党员参加第二批、第三批学习实践活动，完善各类规章制度1.3万多项，其中新建4200项、修订7100项、废止2500项。注重突出实践特色，把开展学习实践活动与应对危机保增长、与改革创新增活力、与关注民生保稳定、与加强党建强基础等实际工作紧密结合，增强了广大党员干部贯彻落实科学发展观的自觉性和坚定性，解决了一批影响科学发展、群众反映强烈的突出问题。

（二）应对危机保增长效应进一步显现。面对严峻挑战，不断增强应对危机的主动性和创造性，做到出手快、出拳重、措施准、工作实，及时出台一系列保增长的政策措施。突出保企业这个核心，集中近7亿元专项资金激励企业增产增收增效，选派200多名县处级干部驻企服务，举办一系列银企对接会缓解企业资金紧张，搭建多种供需对接平台帮助企业开拓市场，清理百余项涉企收费减轻企业负担。突出项目建设这个着力点，坚持争取政策投入、加强与央企合作、承接产业转移、启动社会投资等多措并举，全力抓好一批打基础、管长远、增后劲的重大项目。全市完成规模以上工业产值2749.16亿元，同比增加656.27亿元，增长31.4%；新开工项目3532个，比上年增加1390个；工业投资达到752.2亿元，增长40.4%。注重保增长与调结构相结合，以合芜蚌自主创新综合试验区建设为载体，壮大高新技术产业，培育战略性新兴产业，加快发展现代服务业。规模以上工业中高新技术产业产值达1362.2亿元，实现增加值363.2亿元，占规模以上工业增加值47.3%。金融、物流、旅游、会展等现代服务业发展态势喜人。单位GDP能耗及化学需氧量、二氧化硫排放削减量均在省控目标以下。

（三）人民群众生活进一步改善。实施36项民生工程，投入财政性资金32亿元，惠及城乡居民450万人。城镇居民人均可支配收入和农民人均纯收入分别达到17158元、6065元，增长10.1%和13%。推进国家级创业型城市建设，开展“牵手返乡农民工”的“春暖行动”，出台帮助大学毕业生就业创业政策。新增城镇就业人数10.96万人，促进下岗失业人员再就业2.97万人，新建农民工创业园10个。不断完善社会保障体系，覆盖面进一步扩大，保障标准持续提高。着力改善群众安居条件，新建、续建廉租住房29万平方米，保障性住房覆盖面不断扩大。

（四）城市综合承载力进一步提升。全年完成基础设施建设投资261.71亿元，新建续建项目455个。铁路、航空、水运等对外交通项目整体推进，长江西路等3条高架路和轨道交通1号线试验段等立体交通项目相继开工，畅通一环、改造二环等路桥改扩建工程全面展开，城市出入口道路改造升级顺利完成，合肥区域性综合交通枢纽地位基本确立，覆盖城乡的快速交通网基本形成。滨湖新区建设快速推进，年内完成投资121.9亿元，国际创新展示馆、渡江战役纪念馆等标志性建筑陆续开工。老城区改造稳步推进，坝上街等一批连片改造项目相继动工。继续做好“水文章”和“绿文章”，进入南淝河的河流综合治理和截污工程进展顺利，一批污水处理厂建成使用，城市污水集中处理率超过85%；新增城市园林绿地1.1万亩，“清洁家园、绿化乡村”活动取得实效。

（五）县域工业化城镇化进程进一步加快。扎实推进全省城乡一体化综合配套改革试验区建设，县域经济实力进一步增强，社会主义新农村建设取得新的进展。三县GDP510.63亿元，增长21.2%；实现财政收入43.55亿元，增长23.5%。县域工业化水平大幅提升，三县规模以上企业达到756家，实现增加值198.7亿元，增长46.5%；农业产业化进程加快，各类龙头企业销售收入突破300亿元，其中超亿元企业达到50家。城乡基础设施建设统筹推进，交通、市政、公用事业等加快向三县覆盖。万亩土地复垦和宅基地整理、整村推进新农村建设等工作成为全省样板。扩权强县、土地承包经营权流转、综合产权交易、土地“双置换”等制度创新积极推进，农民向社区集中、土地向大户集中、产业向园区集中的趋势更加明显。

（六）改革开放力度进一步加大。开展市级政府机构改革，进一步理顺关系、转变职能。深化国有企业改革，加速美菱、荣事达等国有企业产权退出重组，市属化工企业重组搬迁顺利推进。城市管理体制、文化体制、招投标管理体制等方面改革取得新进展。自主创新试验区建设、节约集约用地试点工作有效推进。效能建设向微观环节延伸，规范行政处罚自由裁量权阳光运行试点有序进行。全市招商引资1040亿元，增长33%。对外合作不断拓展，合肥经济圈建设扎实推进。经贸交流日趋频繁，成功承办第四届中博会、自主创新要素对接会、家电博览会等系列展会，合肥在国内外影响进一步扩大。特别是第四届中博会的成功承办，大大提升了合肥乃至安徽的形象。

（七）各项社会事业进一步发展。加强社会主义核心价值体系建设，扎实开展文明创建活动，抓好重大主题宣传和对外宣传，精心组织庆祝新中国成立60周年活动。优化公共教育资源配置，义务教育均衡发展进入全国先进行列，高考三本以上达线人数首次突破1万人，达线率比上年提高10多个百分点。启动新一轮医药卫生体制改革，扩充优质医疗卫生资源，滨湖医院等3所综合医院建成开诊，甲型H1N1流感和手足口病防控扎实有效。第四届全国体育大会筹备工作进展有序。做好民族、宗教、侨务、对台等工作，荣获“全国民族团结进步模范市”称号。国防动员、民兵预备役建设和双拥工作富有成效。推进依法治市，健全社会稳定预警、风险评估和矛盾纠纷排查化解等工作机制，开展“信访积案化解年”活动，妥善解决历史遗留问题和信访突出问题。连续第4次荣获“全国社会治安综合治理优秀城市”称号，再次被确认为“长安杯”。

（八）科学执政能力进一步增强。学习贯彻党的十七届四中全会精神，切实加强和改进新形势下党的建设。市委充分发挥总揽全局、协调各方的核心作用，支持市人大及其常委会依法履行职责，支持人民政协履行政治协商、民主监督、参政议政职能，加强同各民主党派、工商联和无党派人士合作共事，支持工会、共青团、妇联等人民团体依照法律和章程独立开展工作。坚持正确的用人导向，深化干部人事制度改革，加强领导班子和干部队伍建设，2009年市委常委会对120余名市管干部任用进行票决。推进多层次、大规模的干部交流，在国内首创公务员转任立法，建立了干部交流轮岗长效机制。开展“固本强基促和谐，科学发展先锋行”主题实践活动，农村、社区、企事业单位和“两新”组织党建工作取得新进展。全市共有4516个新经济组织建立党组织，市属23家新社会组织全部建立党组织。加强对中央、省市决策部署执行情况的监督检查，扎实开展村居“三资”清理等专项治理，严肃查处违法违纪案件，稳步推进惩治和预防腐败体系建设，营造了风清气正的良好环境。

【重要文件】 1月5日，市委市政府印发《关于推进农村改革发展加快城乡一体化进程的实施意见》（合发〔2009〕1号）。强调新形势下推进农村改革发展，要全面贯彻党的十七届三中全会和省委八届九次全会精神，深入贯彻落实科学发展观，进一步强化“县强才能市强”的理念，大力实施“县域突破”战略，坚持工业反哺农业、城市支持农村和多予少取放活的方针，坚持以产业化提升农业、以工业化富裕农民、以城镇化繁荣农村，不断推进农村改革和制度创新，不断扩大农村对外开放，加快推进工业化、城镇化和农业产业化，加快推进社会主义新农村建设，加快构建城乡经济社会发展一体化新格局，推动农村经济社会又好又快发展。文件提出，到2020年全市农村改革发展的目标任务是，农民人均纯收入达到1.7万元，城乡经济社会发展一体化新格局基本形成，成为全省城乡一体化发展先行区、现代农业示范区和新农村建设样板区。

2月23日，市委市政府印发《关于深化农村为民服务全程代理制的实施意见》（合发〔2009〕5号）。强调深入推进农村为民服务全程代理制，是促进合肥市农村改革发展的重要举措，是贯彻党的十七大和十七届三中全会、落实科学发展观、构建和谐社会的具体体现，是推进政府职能转变、转变干部作风、密切干群关系的必然要求。

2月25日，市委市政府印发《关于开展城乡一体化综合配套改革的决定》（合发〔2009〕7号）。合肥市已被省委、省政府正式批准为全省城乡一体化综合配套改革试点市。要统一思想认识，以强烈的政治责任感和历史使命感推进城乡一体化综合配套改革工作；要突出工作重点，扎实推进城乡一体化综合配套改革各项工作；要创新体制机制，为顺利推进城乡一体化综合配套改革增添动力和活力；要加强组织领导，确保城乡一体化综合配套改革的各项任务落到实处。

3月17日，市委印发《关于开展深入学习实践科学发展观活动的实施意见》（合发〔2009〕9号）。强调科学发展观，是中国经济社会发展的重要指导方针，是发展中国特色社会主义必须坚持和贯彻的重大战略思想。全市各级党组织和广大党员干部要深刻认识开展学习实践活动的重要意义，围绕“坚持改革创新，推动科学发展，加快现代化滨湖大城市建设”的主题，积极投身到学习实践活动中来。文件明确了学习实践活动的指导思想、基本原则和目标要求，提出要通过学习实践活动，着力解决保增长保民生保稳定、发展能力、民生、体制机制和党性党风党纪五大问题，为建设现代化滨湖大城市，推进合肥又好又快发展奠定坚实的思想基础、政治基础和组织基础。

4月3日，市委市政府印发《关于开展国家节约集约用地试点的实施意见》（合发〔2009〕12号）。强调各级各部门要充分认识节约集约用地的重要性和紧迫性，增强节约集约用地的使命感和责任感，按照建设资源节约型、环境友好型社会的要求，探索节约集约用地的新途径。文件从创新制度、完善政策、建立标准、严格考核、加强领导、广泛宣传等方面制定了30条细化措施，提出通过3~5年的努力，把合肥建设成为全国节约集约用地和土地管理制度改革的示范窗口和试验基地，使节约集约用地成为合肥市的“城市文化”和“城市名片”。

6月21日，市委印发《关于加强和改进人大工作的意见》（合发〔2009〕19号）。文件指出，人民代表大会制度是中国共产党领导、符合国情、体现社会主义国家性质、保证人民当家作主的根本政治制度。文件要求，要始终坚持人大工作正确的政治方向，支持和保证人大及其常委会依法行使立法权、监督权、重大事项决定权、选举权和任免权等各项职权，支持和保证各级人大代表依法履行职务，切实加强各级人大常委会的自身建设，进一步加强和改进党对人大工作的领导，充分发挥人大及其常委会在推动科学发展、构建和谐合肥、加快现代化滨湖大城市建设中的重要作用。

10月13日，市委市政府印发《关于深化医药卫生体制改革的实施意见》（合发〔2009〕24号）。文件强调，加快推进医药卫生体制改革，是适应全市人民日益增长的医药卫生需求、保障人民健康和改善民生的必然要求，是完善社会主义市场经济体制的重要环节，是保增长、保民生、保稳定的重要举措，是贯彻落实科学发展观、构建和谐合肥的重要保障。文件明确了深化医药卫生体制改革的指导思想、基本原则和改革目标，强调通过完善覆盖全市城乡居民的基本医疗保障制度、健全基层医疗卫生服务体系、促进基本公共卫生服务均等化、全面执行国家基本药物制度、加快推进公立医院改革试点、积极推进中医药事业发展、创新机制、加强领导等措施，确保医药卫生体制改革顺利实施。

11月2日，市委市政府印发《合肥市人民政府机构改革实施方案》（合发〔2009〕25号）。文件强调，根据党的十七大、十七届二中全会精神和中央、省政府机构改革的有关文件要求，实施合肥市政府机构改革，进一步转变职能、理顺关系、优化结构、提高效能，加快形成权责一致、分工合理、决策科学、执行顺畅、监督有力的行政管理体制，为合肥跨越发展和现代化滨湖大城市建设提供体制机制保障。文件就机构改革的指导思想、基本原则、主要任务、“三定”规定的制定要求、县区政府机构改革以及机构改革的配套政策措施、组织实施的方法步骤等方面工作作了规定。

12月10日，市委印发《关于追授吴刚同志“全市优秀共产党员”称号并在全市开展向吴刚同志学习活动的决定》（合发〔2009〕26号）。文件指出，2009年10月11日下午17时18分，共产党员、肥东县撮镇镇安监办主任兼旅游办主任吴刚在单位加班，因工作劳累突发脑溢血，经医院抢救无效，于当日20时20分不幸猝世，年仅44岁。为弘扬吴刚同志的优秀品质和精神风范，引导激励全市广大党员干部学习先进，市委决定追授吴刚同志“全市优秀共产党员”称号，并在全市开展向吴刚同志学习活动。

【重要会议】 2月3日，市委召开常委（扩大）会议。会议传达学习回良玉副总理在安徽视察期间的重要讲话精神，号召全市广大干部群众化关怀为动力，进一步统一思想，凝心聚力，真抓实干，全力推进经济社会平稳较快发展，不断开创现代化滨湖大城市建设新局面。

2月11日，市委召开全市纪检、组织、宣传、统战、政法工作会议。会议强调，要把保增长、促发展作为2009年各项工作的首要任务，纪检、组织、宣传、统战、政法战线要认清形势、围绕中心、服务大局，通过卓有成效的工作，为推进合肥经济社会跨越式发展和现代化滨湖大城市建设提供更加坚强有力的政治保证。

2月24日，市委召开常委（扩大）会议。会议学习贯彻省委书记王金山在合肥调研时的重要讲话精神。会议强调，全市广大党员干部群众要认真学习、深刻领会、深入贯彻，切实增强推动合肥经济圈建设的责任感和使命感，积极主动地推动合肥经济圈建设，为全省改革发展大局作出新的更大贡献。

2月26日，市委市政府召开全市农村工作会议。会议深入贯彻党的十七届三中全会、中央农村工作会议、全省农村工作会议和市委九届七次全会精神，总结2008年全市农业农村工作，安排部署2009年主要工作任务。会议强调，要进一步增强做好农村各项工作的信心，以农民增收为核心，以社会主义新农村建设为战略任务，以发展现代特色农业为基本方向，加快发展县域工业，大力发展高效规模农业，突出加强农村基础设施建设，全面发展农村社会事业，深入推进新农村建设，切实抓好惠农政策的落实，努力推进城乡经济社会科学发展、和谐发展、加快发展。

3月18日，市委召开全市深入学习实践科学发展观活动动员大会。会议深入学习贯彻党的十七大、十七届三中全会精神，传达贯彻中央、省委深入学习实践科学发展观活动第一批总结暨第二批动员会议精神，对合肥市深入学习实践科学发展观活动进行动员部署。会议强调，全市各级各部门要紧密结合各自实际，传达学习贯彻好会议精神，认真筹备组织开展好学习实践活动，以良好的精神状态和扎实的工作作风，把各个阶段、各个环节的工作做好，确保学习实践活动取得实实在在的成效。

4月9日，合肥市召开全市推进国家节约集约用地试点暨国土资源工作会议。会议回顾总结2008年全市国土资源工作，对推进国家节约集约用地试点和做好2009年工作进行动员和部署。会议强调，国土资源工作要进一步认清形势、明确方向，更好地围绕中心、服务大局，紧密联系合肥实际，创造性地开展工作，千方百计保障经济发展和城市建设的合理用地需要。要扭住重点、突破难点，深入推进国家节约集约用地试点市工作，为全国节约集约用地当好示范、提供借鉴。

5月5日，合肥市召开全市市直机关领导干部驻企服务出征动员大会。会议强调，选派干部要按照省委八届十次全会提出的“保企业就是保发展，就是保后劲”的方针，更好地帮助企业解决实际问题，加快项目建设，全力增产增收增效，确保经济继续平稳较快发展，确保全面超额完成全年目标任务，为合肥未来发展进一步打牢基础，为全省实现“抓赶超”目标多做贡献。

6月16日，市委市政府召开第四届中博会合肥市总结表彰大会。会议传达学习省委书记王金山、省长王三运关于第四届中博会的重要讲话精神，认真总结承办中博会的成功经验，表彰为第四届中博会作出突出贡献的先进单位，对进一步巩固和扩大中博会成果作出部署。会议强调，全市上下要大力弘扬宝贵的中博会精神，加快推进合肥经济社会跨越式发展和现代化滨湖大城市建设。

7月30日，市委召开九届八次全体（扩大）会议。全会的主要任务是：深入学习实践科学发展观，贯彻省委中心组理论学习会议精神，围绕年初省委、省政府确定的“抓赶超”工作要求，认真总结上半年工作，研究部署下半年任务，动员全市各级党组织和广大党员干部群众，全力做好保增长保民生保稳定的各项工作，确保全面超额完成全年各项目标任务，为全省发展大局作出新的更大贡献，以优异成绩迎接新中国成立60周年。

8月6日，合肥市召开全市村（居）集体“三资”清理暨规范新农村建设动员大会。会议强调，各级各部门要按照党的十七届三中全会、省委八届九次全会对农村党风廉政建设提出的新要求，紧密结合合肥市实际，以开展村（居）集体“三资”清理暨规范新农村建设工作为着力点，求真务实，真抓实干，认真抓好农村党风廉政建设，为开创合肥市“三农”工作新局面，推进社会主义新农村建设，加快现代化滨湖大城市建设作出新的更大贡献。

8月26日，市委召开常委（扩大）会议。会议传达学习省委省政府加快合肥经济圈建设座谈会精神，研究部署工作推进措施。会议强调，要紧密结合合肥实际，深入思考、精心谋划、加快推进合肥经济圈建设，更加紧密地与圈内城市携起手来，共同培育加速安徽崛起的核心增长极。

9月2日，合肥市召开全市投资工作会议。会议深入学习贯彻省委省政府加快合肥经济圈建设座谈会、省委中心组理论学习会议精神，分析研判当前形势，研究部署年内抓投资促发展等重点工作，动员全市上下进一步强化“发展为上、投资为本”的理念，继续坚持“好”字优先、“快”字当头、“细”中见效，努力扩大有效投入，确保完成全年目标任务，为全省实现“抓赶超”目标作出更大贡献。

9月9日，合肥市召开推进与中央企业合作发展工作领导小组会议。会议进一步学习贯彻全省与中央企业合作发展座谈会和工作会议精神，听取近期全市推进与中央企业合作发展工作情况汇报，讨论研究《合肥市推进与中央企业合作发展总体工作方案》，全面部署合肥市与中央企业项目对接工作。

9月12日，市委召开常委（扩大）会议。会议学习贯彻全省维护稳定工作座谈会精神，进一步研究部署近期各项维稳工作。会议强调，各级各部门要进一步强化政治意识、大局意识、责任意识和忧患意识，牢固树立稳定压倒一切的思想，把维稳工作这根弦绷得紧而又紧，确保全市社会大局和谐稳定，以优异成绩迎接党的十七届四中全会胜利召开，迎接新中国成立60周年。

9月22日，市委召开常委（扩大）会议。会议传达学习党的十七届四中全会和省委常委扩大会议精神，研究部署贯彻落实工作。会议强调，各级各部门要把学习贯彻党的十七届四中全会精神，作为当前和今后一个时期的首要政治任务，按照省委《关于认真学习贯彻党的十七届四中全会精神的通知》要求和省委常委扩大会议的部署，迅速掀起学习贯彻的热潮，奋力开创合肥科学发展和党的建设新局面，以优异成绩迎接新中国60华诞。

10月22日，市委召开常委（扩大）会议。会议传达学习中共中央政治局常委李长春视察安徽重要讲话和省委书记王金山在省委中心组理论学习会议上的重要讲话精神，结合合肥实际，讨论研究贯彻落实意见。会议强调，要把学习贯彻党的十七届四中全会精神与贯彻落实中央领导同志重要讲话精神紧密结合起来，按照省委的部署要求，进一步理清工作思路，找准工作重点，加快自主创新步伐，深化文化体制改革，不断提升合肥核心竞争力和发展软实力，让现代化滨湖大城市形神兼备。

12月7日，市委召开常委（扩大）会议。会议传达学习中共中央政治局常委、国务院副总理李克强视察安徽重要讲话和省委中心组理论学习会议精神，结合合肥市实际，研究贯彻落实工作。会议强调，当前和今后一个时期，全市上下要按照中央领导和省委的要求，紧密结合实际，创造性地开展工作，努力在科学发展上迈出更大步伐。各级各部门要紧紧抓住年内有效工作时间，以冲刺的姿态，进一步倒排时间、落实责任，加大工作推进和督查力度，确保年度目标任务全面超额完成。

12月14日，市委召开常委（扩大）会议。会议传达学习中央经济工作会议和省委中心组理论学习会议精神，分析全市投资、招商引资、工业经济运行和财税工作情况，研究当前和明年基本发展思路。会议强调，学习贯彻中央经济工作会议和省委中心组理论学习会议精神，既要着眼明年，又要兼顾长远。各级干部要继续保持主动作为的工作状态，善于在转机中抓住机遇，在转机中谋求“弯道超越”。通过扎扎实实地开展工作，为“十一五”发展画上圆满的句号，确保“十二五”发展在更高平台上起步，确保合肥未来发展更加主动。

【市委常委中心组理论学习会议】 2月6至7日，市委召开常委中心组理论学习会议，孙金龙主持会议并作总结讲话。会议深入学习贯彻胡锦涛总书记在全党深入学习实践科学发展观活动动员大会和纪念党的十一届三中全会召开30周年大会重要讲话精神，学习贯彻中央经济工作会议和全省经济工作会议精神，学习贯彻回良玉副总理视察安徽重要讲话精神，围绕学习实践科学发展观，促进经济平稳较快发展，进一步解放思想，振奋精神，开拓创新，排难而进，继续保持全市经济社会又好又快发展的良好势头。

4月1至2日，市委召开常委中心组理论学习会议，孙金龙主持会议并作总结讲话。会议围绕“坚持改革创新，推动科学发展，加快现代化滨湖大城市建设”的主题，深入学习中央和省委领导同志关于深入学习实践科学发展观活动的重要讲话精神，进一步解放思想、实事求是、改革创新，切实增强贯彻落实科学发展观的自觉性和坚定性，进一步把全市广大干部群众的积极性、主动性和创造性引导到科学发展、和谐发展和跨越发展上来，真正把科学发展观贯彻落实到全市经济社会发展的各个方面。

4月21日，市委召开常委中心组理论学习会议。会议邀请吉林大学行政学院教授、博士生导师彭向刚给全市机关和企事业单位500多名领导干部作了一堂题为“全面落实科学发展观、大力建设服务型政府”的报告。

5月20至21日，市委召开常委中心组理论学习会议，孙金龙主持会议并作总结讲话。会议进一步学习贯彻省委八届十次全会精神，交流前一阶段市委常委专题调研成果，紧密联系当前实际，讨论研究保增长、保民生、保稳定的具体措施，确保全面超额完成全年各项目标任务，为实现省委、省政府提出的“抓赶超”目标作出新的更大贡献。

12月24至25日，市委召开常委中心组理论学习会议，孙金龙主持会议并作总结讲话。会议深入学习贯彻中央经济工作会议和全省经济工作会议精神，紧密联系实际，总结2009年合肥市经济工作，分析当前经济形势，讨论谋划2010年及“十二五”时期的发展。会议听取了赴西安、福州、长沙、南昌、武汉、郑州、太原7位考察调研组组长的发言以及市发改委、经信委、城乡建委、财政局、统计局5个市直部门的交流发言。会议强调，各级各部门要深入学习领会中央和全省经济工作会议精神，切实把思想行动统一到中央和省委省政府的决策部署上来，创造性地开展工作，确保合肥发展一年更比一年好，为安徽加速崛起作出新的更大贡献。

【领导视察调研活动】 2009年1月20日，中共中央政治局委员、国务院副总理张德江来合肥市视察安全生产工作。张德江强调，要充分认识做好安全生产工作的极端重要性，深入贯彻落实科学发展观，扎实开展“安全生产年”活动，全面加强安全生产各项工作，标本兼治，狠抓落实，着力抓好重点行业和重点企业的安全管理，促进安全生产形势稳定好转，确保人民群众生命财产安全。

1月31日，中共中央政治局委员、国务院副总理回良玉来合肥视察城市基础设施和滨湖新区建设，并深入企业，走访农户。回良玉强调，安徽要在中部崛起，在全国树立应有的地位和形象，首先要继续推进城镇化，其中关键是要把合肥做大做强做美，使其更有凝聚力和吸引力，更有辐射力和带动力。要找准合肥在全国的位置，继续加快把合肥建成现代化滨湖大城市，进一步提升省会城市的首位度，发挥中心城市的辐射带动作用。

2月18日，省委书记王金山深入到经济技术开发区、高新技术产业开发区，实地考察江汽集团研发中心、熔安动力、杰事杰新材料、捷敏电子、联亚制衣、兆科药业、三洋电器等一批企业，就合肥经济圈建设和保增长、促发展工作进行专题调研。王金山强调，要在经济总量上不断实现新突破，继续保持当前强劲发展势头，力争把合肥建成与长沙、郑州甚至武汉相媲美的中心城市，为全省争先进位、加速崛起作出更大贡献。

3月13日，省委副书记王明方深入市城乡建委、市财政局、市委组织部，专题调研干部人事制度改革工作。王明方强调，要切实抓好深入学习实践科学发展观活动，切实抓好提高推进科学发展能力这个干部队伍建设的根本任务，切实抓好干部人事制度改革，切实抓好加强党性修养，弘扬优良作风，优化政治生态等基础建设。

4月10日，十届全国人大常委会副委员长、中国关心下一代工作委员会主任顾秀莲来合肥市视察关心下一代工作。顾秀莲强调，关心下一代工作是国家的基础工程，民心工程。做好这项工作，是为了孩子健康成长，是为了培育中国特色社会主义合格的建设者和接班人。要坚持以科学发展观统领关心下一代工作，努力做到“急党政所急，想青少年所需，尽关工委所能”。

6月10日，省委书记王金山来肥专题调研电子信息产业基地建设与发展情况。王金山强调，结构调整是科学发展的必由之路，是应对危机的根本之策。打造核心竞争优势，重在提高自主创新能力；实现又好又快发展，重在继续扩大有效投入；保持持续发展后劲，重在不断优化软硬环境。希望合肥进一步自我加压，顺势而为，迎难而上，以全局的胸怀办好合肥的事情，以开放的心态谋划合肥的建设与发展，为推进科学发展、加速安徽崛起作出新的更大贡献。

6月18至19日，中共中央政治局常委、中央政法委书记周永康就保持经济平稳较快发展、维护社会和谐稳定工作深入滨湖新区、企业车间、街道社区、乡村农户和各级政法单位视察。周永康强调，要结合国情，加大调解工作力度，加强新时期群众工作，最大限度增加和谐因素，最大限度减少不和谐因素；实现社会长治久安，关键是要统筹抓好硬道理与硬任务，把维护稳定的第一责任落到实处；各级政法机关要切实加强政法队伍思想政治、业务能力、纪律作风建设，为推动跨越发展、加快崛起进程、建设平安安徽提供良好法治服务和有力司法保障。

6月29日，省委副书记、省长王三运来肥检查指导自主创新和合芜蚌自主创新综合配套改革试验区建设工作。王三运强调，合肥要进一步贯彻落实胡锦涛总书记关于安徽在自主创新方面要有更大作为的指示精神，正确处理好试验区与试点市的关系，将两者有机统一起来，推进自主创新不断迈上新台阶；正确处理好承接产业转移与发挥省会城市辐射作用的关系，在产业培育、产业承接、产业选择中，更好地为全省发展服务；正确处理好硬实力与软实力的关系，在做大总量、做强实力的同时，抓好文化、创意、教育、服务、旅游等产业的发展，以增强省会城市的综合服务能力，提升省会城市的品位和形象。

7月6日，中共中央政治局常委、全国人大常委会委员长吴邦国深入滨湖新区和合肥京东方TFT－LCD六代线项目建设工地、乐凯工业园、通用机械研究院、阳光电源公司、合肥工大高科信息技术公司等地视察。吴邦国强调，国际金融危机对世界各国经济都造成了严重影响，世界经济结构、产业结构正处在大调整、大升级之中，金融危机带来了挑战也带来了重大机遇。我们一定要认清形势，趋利避害，在保持经济平稳较快发展的同时，着力做好结构调整、产业升级这篇大文章，立足当前、着眼长远，化危机为机遇，变市场压力为结构调整动力，努力实现经济发展方式的转变。

7月9至13日，孙金龙、吴存荣率领合肥市党政代表团赴江苏省镇江、扬州、泰州和南通四个城市，考察经济社会发展和城市规划建设情况，认真学习借鉴四市在改革发展中创造的好经验、好做法，进一步开阔眼界、解放思想、拓宽思路，推动合肥更好更快发展。考察团成员深刻体会到，当前和今后一个时期，我们压倒一切的中心任务，就是要坚持以科学发展观为统领，千方百计抢抓机遇、加快发展。

8月14日，省委副书记、省长王三运来肥专题调研服务外包产业发展情况。王三运强调，服务外包产业与当前保增长、长远增后劲密切相关，对加快结构调整，发展第三产业，促进科教事业发展，解决大学生就业创业，提高经济社会开放度，具有非常明显的多元效应。合肥要依托国家的政策机遇，依托安徽科研和人才资源优势，依托国家科技创新型试点市、合芜蚌自主创新综合配套改革试验区、皖江城市带承接产业转移示范区和中国服务外包示范城市等多元平台，依托安徽、合肥越来越好的区位，进一步加大工作力度，加快发展速度，把服务外包产业发展推向一个新台阶。

10月17日，中共中央政治局常委李长春深入合肥市农村、企业、科研院所和高等院校，视察文化建设、经济建设、城市建设和自主创新等工作情况。李长春指出，近年来，合肥的城市面貌发生了巨变，主要经济指标增幅位居全国省会城市前列、水平不断争先进位，城市发展很快、管理井井有条。建设公共文化服务体系，要向基层倾斜，向农村倾斜，优先安排关系群众切身利益的文化惠民项目，保障群众基本文化权益，丰富基层文化生活，让人民群众最大限度地享受文化发展的成果。

10 月 30 至 31 日，国务委员、公安部部长孟建柱深入合肥市滨湖新区、居民社区、公安基层单位、高新技术企业和科研院所，视察经济社会发展、公安工作情况。孟建柱充分肯定了合肥公安工作和公安队伍建设取得的成效和经验，并强调，合肥非常重视公安工作，在把握改革发展稳定三者关系，加强平安建设方面，投入了大量的财力，决心很大，经验很多，有些具有普遍意义。

11 月 19 日，孙金龙、吴存荣率合肥市党政代表团赴阜阳学习考察，贯彻落实省委省政府关于在合肥等市县与皖北三市六县之间开展结对合作的重大决策部署，共商结对合作事宜。双方认为，两市结对合作，各展所长，有利于最大限度实现优势互补，合作共赢，共同发展。孙金龙强调，合肥当前正处在工业化、城市化快速发展的新阶段，开展同阜阳的结对合作，对于加快自身发展也是一个重大机遇。可以在“建立两地定期交流机制，开展开发园区之间的结对合作，合作推进城市基础设施建设，合作推进医院等民生工程建设，开展农业产业化合作，共同推动‘农副产品进超市’工作，开展联合招商，开展定向招工、定向培训，开展教师培训、医师进修，开展干部双向挂职锻炼”等 10 个方面，展开结对合作，拿出具有可操作性的方案，尽快付诸实施。

11 月 29 日，中共中央政治局常委、国务院副总理李克强深入合肥市能源供应调度单位、社区居民家中、巢湖生态治理现场和科研院所视察。李克强强调，要在确保安全的前提下大力增加能源生产，科学调度，保障供应，维护经济稳定运行。要本着对人民群众生产生活高度负责的精神，切实保证群众生活用电、用气等需要。加强环境保护，既有利于提高生态环境质量、改善人民生活，也有利于扩大国内需求、优化经济结构、转变发展方式。要统筹经济发展与环境保护，加大环保投入与建设力度，发展绿色经济、循环经济、低碳经济，实现经济效益、社会效益与生态效益的统一。要搞好统筹规划，完善政策法规，以节能增效和生态环保为切入点，推进结构调整，提升发展水平和可持续发展能力。

12 月 21 日，中共中央政治局委员、中央书记处书记、中央组织部部长李源潮来肥视察。李源潮强调，近年来，合肥经济社会发展和城市建设都很不错，在产业发展上形成了独特的优势，特别是大家电产量已经跃居全国第一；在城市建设上也形成了鲜明的特色。城市化是未来发展的强大动力，要继续研究好城市的规划问题，把规划执行好；进一步加大城市绿化力度，不断提升生态环保水平。同时，要加大宣传力度，提升合肥的知名度和美誉度。

（市委办公厅秘书一室）

纪检监察

【概况】 2009 年，全市各级纪检监察机关以科学发展观为统领，围绕中心、服务大局、服从发展，紧密结合合肥实际，注重以创新的思路和举措推进党风廉政建设和反腐败工作。打造廉政特色品牌，组织开展“包公杯”全国反腐倡廉曲艺作品征集活动；推进执法监察，加强对科学发展重大决策部署贯彻执行情况的监督检查；坚持纠风治乱，着力解决损害群众利益的突出问题。加强基层党风廉政建设，开展“三资”清理和村居“廉勤监督委员会”建设。坚持依纪依法、文明和谐办案，严肃查处招投标评标专家受贿案、建设工程领域安徽国路公司案、司法领域肥东县法院执行局受贿窝案等，有力震慑了腐败分子。坚持制度建设，着力抓好反腐倡廉制度建设巩固年活动，深入推进惩治和预防腐败体系建设，全市反腐倡廉建设取得明显成效。

【惩治和预防腐败体系建设】 坚持标本兼治、综合治理、惩防并举、注重预防的方针，紧密结合合肥实际，制定了《关于惩治和预防腐败体系建设 2008 –2012 年工作的意见》。注重把惩防体系年度工作任务与党风廉政建设责任制分工任务一并部署，采取定期听取汇报、年中督查指导、年底考核评比等有效措施，确保各项工作任务的完成。组织各县区、开发区和三十多个牵头责任单位进行座谈调研，了解惩防体系各项工作推进情况、存在问题，进一步研究对策措施，并在此基础上形成详实的调研报告，既全面总结合肥市惩防体系建设工作成就，又对下一步提出意见和建议。年底结合省委惩防体系建设领导小组布置的自查工作任务，对年度工作资料进行了认真的整理和完善，顺利通过了省委考核组的检查考核。

【党风廉政建设】 合肥市首次实行由市委常委和党员副市长带队，开展全市党风廉政建设责任制考核工作，分11个考核组对各县区、经济技术开发区和市发改委、规划局、招投标中心领导班子及其成员2008年度执行党风廉政建设责任制情况进行重点考核。通过考核，全市119个领导班子及其成员贯彻落实党风廉政建设责任制及领导干部廉洁自律优良率均在85%以上。为从源头上预防农村基层违法违纪问题的发生，从8月起，在全市范围开展为期一年的村（居）集体“三资”清理工作，在自查自纠中，全市共发现违规违纪问题1123个，已纠正违规违纪问题870个，村（居）已拿出具体整改措施819项。以抓好村（居）廉勤监督委员会建设为平台，认真组织实施廉政承诺、诫勉谈话和村民质询询问等制度。肥东在全县340个村（居）实现廉勤监督委员会全覆盖，并赋予廉勤委对村务公开、财务收支、资产资源、人事任免、重要事项、效能作风等“六监督”职责，有效地防范了村（居）干部违纪违法行为的发生。11月23日，中央电视台《新闻联播》在“深入开展学习实践科学发展观活动”专题报道中，对肥东县这一做法进行了报道。

【廉洁自律】 认真贯彻《中共中央办公厅、国务院办公厅关于党政机关厉行节约若干问题的通知》精神和党政机关厉行节约“八项要求”，组织督查组开展专项督查活动，共查处违反厉行节约规定的党员干部8人，其中纪律处分7人，组织处理1人。合肥市厉行节约、反对铺张浪费做法先后被《人民日报》、《中国纪检监察报》、《安徽日报》、《安徽商报》等媒体报道，产生了广泛的社会影响。认真贯彻执行中央《国有企业领导人员廉洁从业若干规定》和《关于进一步加强街道社区党风廉政建设工作的意见》，国有企业、街道社区党风建设和反腐倡廉工作得到加强。组织开展公务人员投资入股、违规经商办企业专项清理工作，清转关闭企业35户，清理违规参股人员637人次，涉及投资入股资金1.96亿元。

【查办案件】 全年各级纪检监察机关共接受信访举报1793件（次），受理初核线索384件，新立案361件，结案363件（包括2008年结转案件），其中市纪委自立案件10件，初核查实后移送检察机关29件、公安机关1件，完成市领导和省纪委批转的信访报结件16件。通过办案挽回直接经济损失1.14亿元。市纪委先后查处7名电梯招投标评标专家受贿案、市博发土产日杂有限公司董事长朱宝钙受贿案、建设工程领域的安徽省国路高速公路有限公司案、司法领域肥东县法院执行局受贿窝案等，有力震慑了腐败分子。7名评标专家受贿案被《检察日报》评为2009年十大反腐典型案例。同时，各县区办案工作取得较大突破，肥西县纪委查处了县房产局局长廖胜利和县房产局开发办主任孙昌玉收受贿赂案。瑶海区纪委查办了区林业局局长朱庆华在大建设项目的拆迁安置中以虚假材料骗取拆迁补偿费一案。长丰县纪委通过查办案件，追回该县双凤工业区在拆迁安置过程中多分配的住房超过10000平方米，价值1728万元。

【纠风治乱】 合肥市加强教育乱收费的治理工作，出台实施《合肥市2009年治理中小学乱收费工作意见》，查处教育乱收费案件5起。认真治理基层医药购销和医疗服务中的不正之风，推行“药品统一招标、统一配送”工作，推进医疗器械集中采购，努力解决群众“看病难、看病贵”等问题。严肃查处涉农乱收费和拖欠农民工工资问题，清理各类评比达标表彰活动394项，取消294项。将政风行风评议工作向涉企处室延伸、向基层站所延伸，将市政府所属52个部门的95个涉及行政执法的处室和166个市区基层公安所队、工商行政管理所、社区卫生服务站纳入评议对象。3月3日，省委《安徽信息》以《合肥市积极探索加强政风行风评议工作有效途径，切实增强评议工作成效》为题，专题向省委王金山、王明方、刘春良、詹夏来等领导报送相关信息，省委副书记王明方，省委常委、市委书记孙金龙先后对此作重要批示。在合肥电台开办政风行风热线节目，全年共有26个单位主要负责人走进直播间，接听群众热线电话，现场为群众解决问题87个。全面推进政务公开和公用企事业单位办事公开制度，升级“合肥市政风行风热线系统”，在“中国·合肥”门户网站建立“政民直通车”，累计在线办理群众、企业举报、投诉、咨询和建议13752件，办结率达93%以上。

【效能建设】 市纪委监察局领导班子成员全年走访企业监测点和行业商会20多家，通过走访企业，委局领导认真听取各企业和商会负责人关于企业生产经营情况的介绍，进一步了解企业在生产经营过程中遇到的问题和经济发展环境的总体状况，并对企业面临的现实困难给予积极的帮助和协调解决，受到了企业员工的充分肯定和好评。加大投诉受理工作力度，强化效能监察，推进效能革命深入进行，努力营造优良的政务环境和投资发展环境，着力推进全市经济社会平稳较快发展，工作成效显著。全年受理各类投诉140件。其中，市本级受理62件，直接处理有关责任人5名，为政府和投资者挽回经济损失1117万元。此外，通过“政民直通车”平台受理网上投诉6000余件。与《安徽商报》联办《百姓问政》专栏105期，经过栏目曝光监督，涉及黑网吧、赌博机、渣土车管理、临时停车收费等群众反映强烈的突出问题得到解决。

【执法监察】 市纪检监察局加强对中央预算内投资和国债资金使用情况的有效监管，确保首批106个中央投资项目100%开工、地方配套资金100%落实、监管100%覆盖、问题整改100%到位。牵头完成了全市602宗国有土地使用权出让专项清理工作，对87.3亿元土地出让金的管理使用进行审核，严肃查处一起违规挪用出让金问题。会同有关部门，先后组织开展国有采矿权出让、工业园区闲置土地清理以及第九次土地“卫星遥感图片”执法监察，先后对103宗违法用地问题进行跟踪督办，立案调查38宗，严格追究23名责任人的责任。对全市工程建设领域突出问题专项治理8个方面38项任务作出具体部署并认真开展督查。进一步加强对环境保护、节能减排、救灾款物管理、民生工程等工作的监督检查。认真组织开展招投标监督管理、房地产领域违规变更规划调整容积率、公路建设工程、新农村建设、安全生产等专项执法监察活动。全年共追究相关责任人32人，有力地保障了全市大建设顺利推进。

【源头治理】 积极配合有关部门深化体制机制改革和制度创新，大力推进行政审批制度、财政管理体制、土地管理模式、城市建设管理体制、招投标、投融资等12项制度创新，通过规范工作程序，优化工作流程，促进公开透明，既创造了良好的政风环境，又有效地遏制了重点领域和重要环节容易出现的腐败问题。继续扩大行政权力阳光运行试点范围，加强试点成果的宣传，强化权力必受监督的意识。健全干部选拔任用监督机制，匡正选人用人风气，严肃查处违规违纪用人行为。深化司法体制和工作机制改革，强化对司法活动的监督，严肃查处执法、司法人员贪赃枉法、徇私舞弊的行为。完善国库集中收付运行机制，严格执行“收支两条线”规定。认真开展“小金库”专项治理工作，积极会同财政、审计等部门组成3个督查组，对市直12个重点单位工作开展情况进行督查，专项治理阶段共对全市70个单位进行重点检查，共清理出“小金库”58个，涉及金额1012万元。

【宣传教育】 市纪委与中国曲艺家协会联合开展“包公杯”全国反腐倡廉曲艺作品征集活动，共征集稿件1123篇，稿件题材广泛、曲种众多，涵盖了评书相声、鼓曲唱曲、曲艺小品等40多个曲种，参与作者来自各行各业，年龄跨度从19岁到80多岁，创造了中国曲协成立60年来征稿活动稿件数量和曲种两个历史之最。此次活动受到中央纪委、省纪委领导的高度肯定和大力支持。深入总结、及时宣传全市反腐倡廉建设成果，全年在《人民日报》、《经济参考报》各发稿一篇，在《中国纪检监察报》发稿38篇。同时人民网、新华网刊发、转载稿件数百篇，清风阁网站点击率稳步上升。在全市集中宣传9名勤政廉政先进典型，编发《反腐倡廉教育资料》12期，先后组织28批次6600多人到警示教育基地接受教育，邀请著名廉政研究专家做客“庐州讲坛”，开展“书记讲党课”活动，受教育人数逾万人。继续以包公祠、芜湖路为载体，通过举办廉政书画展、组织廉政教育活动、设置公益广告标牌等形式，不断丰富廉政文化品牌建设内涵，为申报全国首批廉政文化教育基地创造条件。深入开展廉政文化“六进”活动，首次命名34家单位示范点。在户外楼宇、公交车体、街道宣传栏、机关办公墙等广泛设置廉政公益广告，继续丰富和扩大廉政宣传教育的载体。

【制度建设】 在2008年开展的反腐倡廉制度建设年的基础上，将2009年作为全市反腐倡廉制度建设巩固年，并以查找廉政“风险点”为抓手，将工作重点向基层延伸、向薄弱环节延伸、向新的工作项目和领域延伸。全年各地、各单位共排查廉政“风险点”2940个，建立完善制度430多项，有效地从源头上防治了腐败。同时加强制度建设督查和评估，印发《合肥市反腐倡廉制度建设成效督查评估方案》，推进制度建设工作力度、制度整体完善程度、制度制定质量、制度执行落实、群众和社会综合评价、特色工作开展情况等六个方面开展制度的评估，保证制度的科学性、合理性和实用性。3月19日，省委《安徽信息》“要情专报”向省委常委、省纪委书记刘春良专题报送《合肥市开展反腐倡廉制度建设巩固年活动》信息，受到刘春良书记的高度关注，并作重要批示，从而推动全省反腐倡廉制度建设成果巩固工作全面展开。《中国纪检监察报》、《安徽日报》先后对此进行报道。

【调查研究】 坚持工作与调研相结合，组织开展集约节约土地、规范行政处罚自由裁量权试点以及规范招投标管理等专项工作的深入调研，撰写调研报告58篇，为市委、市政府决策和全市开展反腐倡廉建设提供了第一手资料和依据。组织开展委局领导班子集体调研活动，由委局领导带队，先后赴市土地局、市城市管理行政执法局、市招管办等有关单位，对集约节约土地、规范行政处罚自由裁量权试点以及规范招投标管理等项工作开展集体调研活动，为市委、市政府决策和全市开展反腐倡廉建设提供了第一手资料和依据。全年系统调研成果和论文质量进一步提高，研究成果转化为决策依据达到55%。《合肥市属国有企业反腐倡廉建设调研报告》荣获合肥市优秀调研成果三等奖。全年上报省纪委调研信息24条。

【重要会议】 2月11日，召开市纪委九届四次全会，省委常委、市委书记孙金龙在会上作重要讲话。

6月30日，“‘包公杯’全国反腐倡廉曲艺作品征集活动”在北京召开新闻发布会，中国曲协副主席、分党组书记姜昆，合肥市委副书记熊建辉出席会议并讲话。中央纪委宣教室、安徽省纪委、中国曲协、合肥百大集团的有关领导和20多位曲艺界知名人士、40多家新闻媒体100多人出席了新闻发布会。

8月6日，市委、市政府召开全市村（居）集体“三资”清理暨规范新农村建设动员大会，省委常委、市委书记孙金龙出席会议并作重要讲话。

10月29日，清华大学廉政与治理研究中心主任、中国监察学会常务理事任建明博士应邀作客《庐州讲坛》第58讲，为全市领导干部作题为《四中全会精神和反腐败工作借鉴与前瞻》专题报告。12月8至11日以省政协主席杨多良带队对市委、市政府2009年度推进惩治和预防腐败体系建设暨落实党风廉政建设责任制情况进行检查考核。

【自身建设】 全市纪检监察机关扎实开展深入学习实践科学发展观活动，认真组织学习王瑛同志先进事迹活动。6月份，全市首批60名纪检监察干部赴清华大学学习。继续开展机关学习讲座制度，先后邀请清华大学、省委党校教授和市建委、地税局、审计局、第二人民医院领导、专家以及机关相关厅室主任，举办专题讲座8次。加强对新的《公务员职务任免与职务升降规定（试行）》进行学习研究，严格按照任免程序和规定，加大干部的交流选拔任用。认真贯彻落实中央纪委9号、10号文件精神，联合市委组织部、市编办、市监察局、市财政局下发《关于加强县级纪检监察机关的实施意见》，有力推动了全市县级纪检监察机关领导班子、干部队伍和经费装备建设，为推进县（区）级和农村基层党风廉政建设提供了必要条件和组织保证。

【受表彰情况】

合肥市纪委 中纪委表彰的农村党风廉政建设工作先进联系点

市纪委监察局 2008年度全省纪检监察依信息工作优秀单位

市纪委监察局 全省纪检监察法规工作先进单位

市纪委监察局 第四届中博会大会接待工作先进单位

市纪委 2008年度全市保密工作目标管理考核优秀单位

监察局 全省政府信息公开工作先进集体

“4·29”专案组 全省纪检监察系统办案工作集体二等功

纠风室 全市政府信息公开工作先进集体

纠风室 全市依法行政工作先进集体

信访室 全市信访系统先进集体

（王良明）

组织工作

【概况】 2009年，在市委的坚强领导下，全市各级组织部门紧扣“保增长、保民生、保稳定”这一主题，始终保持高度的政治责任感、饱满的精神状态和扎实的工作作风，高起点谋划、高水平实施、高效率推进各项工作。突出学习实践活动这一重中之重，全方位深化干部交流、年轻干部培养、高层次人才队伍建设、干部监督管理等重点工作，大胆创新、勇于突破。干部教育培训、基层组织建设和组织部门自身建设等基础工作，常抓常新、统筹推进，全市组织工作在推动合肥又好又快发展的实践中阔步前行，结出了丰硕成果，谱写了新的篇章。

中央政治局委员、书记处书记、中组部部长李源潮，中央第二和第三批学习实践活动巡回检查组以及省委书记王金山等领导对合肥市学习实践活动开展给予充分肯定，中央学习实践活动办多次刊发合肥市特色做法。合肥市干部人事制度改革、县区委书记队伍建设、年轻干部选拔培养、干部监督管理、国有企事业领导人员队伍建设等多项工作，在全省会议上作重点交流发言。中组部、省委组织部高度关注合肥市全方位推进干部交流工作，中组部《组工通讯》、《安徽信息·要情专报》专题刊发合肥市干部交流的做法，并向全国、全省推介。省委副书记王明方亲临合肥市调研指导干部人事制度改革工作并给予高度评价。与此同时，合肥市积极探索“市场党建”、“楼宇党建”、“项目党建”以及“律师协会”、“会计师协会”新社会组织党建等一系列创新举措，受到中组部和王明方、段敦厚等省委领导的高度关注，要求总结经验，加大推广力度。

【学习实践活动扎实开展】 按照中央和省、市委统一部署，合肥市共有4061个单位、9317个基层党组织、22.93万名党员分两批参加深入学习实践科学发展观活动。市委组织部先后分两批抽调150名干部组成市委学习实践活动领导小组办公室和指导检查组、巡回检查组。组织召开不同层面的经验汇报会、交流现场会、工作推进会116次，下发指导性文件158份，编发简报236期，为学习实践活动的顺利进行，发挥了积极的促进作用。各参学单位紧扣“坚持改革创新，推进科学发展，加快现代化滨湖大城市建设”这个主题，坚持重在武装思想、重在解决问题、重在取得实效，把开展学习实践活动与应对危机保增长、改革创新增活力、关注民生保稳定、加强党建强基础等实际工作紧密结合起来。市委先后开展了“十场论坛增信心、百家单位找差距、千名干部抓招商、万名党员促发展”和“固本强基促和谐，科学发展先锋行”等大型主题实践活动；面向全省发放6000份“共建新滨湖、齐心谋跨越——我为合肥科学发展建言献策”首日封；举办“科学发展在基层”大型图片巡回展等活动，努力把学习实践活动焕发出来的强大思想动力，凝聚转化为共谋发展的强大合力。把解决突出问题贯穿始终，采取“条块归口”、“结对互动”、“职能联动”、“建立台账”、“盘点销号”、“批次联动”等方式，解决突出问题4369个。全市出台保“三保”措施2887个，为群众办好事办实事10259项。活动取得了显著成效，基本实现了党员干部受教育、人民群众得实惠、科学发展上水平的目标要求。人民日报、人民网、新华网、凤凰卫视、中安在线等国家和省级媒体刊发合肥市报道3400多篇，在人民群众和社会各界引起强烈反响。开展的第二批学习实践活动满意度测评中，群众“满意”和“比较满意”达100%。

【干部培训】 为适应现代化滨湖大城市建设对干部知识结构和整体素质的要求，按照“突出重点、按需定教、分类培训、注重实效”的工作思路，扎实推进大规模培训干部工作，全年市一级共培训干部5000余人。坚持贴近中心、贴近干部，精心设计内容，创新理论知识、现代技能和综合素质训练“三位一体”模式，认真抓好中国特色社会主义理论体系培训，以学习实践科学发展观为主要内容，全年共举办主体班次8期，完成上级46个班次、115名学员的选调工作。围绕应对金融危机、促进全市经济社会发展和领导干部履职成长的需要，认真开展企业家工商管理和领导高级研修班、依法行政研修班、公务员创新能力培训班、企事业单位后备干部培训班等各类专题班26期。率先牵头举办“合芜蚌自主创新综合配套改革试验区”专题研讨班1期，培训三市干部近70人，探索出一条整合外市资源、联合进行办学的有效途径。紧抓全省干部教育网络培训试点市契机，创新培训方式，积极推行干部教育网络培训，这项工作已推进到市直各单位和县区试点单位，在线学员近1000人。

【骨干队伍建设】 合肥市骨干队伍建设紧扣发展，导向鲜明。从县区各选派一名常委或政府副职带队，赴沿海先发地区驻点招商；组建第6批专业招商队伍，1100多名党员干部走上招商一线。选派第二批120名县处级领导干部进驻市重点企业开展服务。按照市委部署，做好机构改革领导班子和干部调整配备工作，提出原市经委、市人事局、市劳动和社会保障局等13家机构改革单位的班子配备党组织设置意见，共任命班子正副职61人。以扩大民主为基本方向，首次面向全国公开选调合肥晚报社和市科技农村商业银行等企事业单位“一把手”。着眼“县域突破”，调整配备肥东、瑶海、庐阳、包河5名党政正职，邀请部分人大、政协代表委员参加民主推荐。配合省委组织部考核组，对除瑶海、包河2名新任职以外的5名县区委书记进行集中考核，邀请400余名“两代表一委员”进行民意调查。对在现工作单位任职不满2年的拟提拔人选考察对象，到其原工作单位进行延伸考察。制定出台《中共合肥市委常委会关于讨论任用市委管理干部实行票决制的实施办法（试行）》，先后对70名市管干部的任用进行了票决。注重年轻干部实践锻炼，完善年轻干部双向挂职机制，双向交流4人到利辛县、寿县和肥东、肥西两县挂职。选派4名民主党派、工商联机关干部到区直部门、街道挂职。大力实施“121”后备干部建设工程，组织召开年轻干部践行科学发展观座谈会，选派3名市直机关干部到信访部门挂职，3名开发区财政局长到市建投公司挂任总经理助理，努力建设一支推进合肥科学发展的新生力量。扎实做好女干部、党外干部和少数民族干部的培养选拔工作，充分发挥各个年龄段干部的积极性、主动性和创造性。各县区也结合本地实际，大力加强干部队伍建设。

【干部交流】 合肥市干部交流工作紧扣促进合肥跨越式发展这一全局，坚决破除干部工作壁垒和体制性条块分割，大力实施“活力工程”，全方位推进城乡之间、地区之间、部门之间干部有序交流，优化资源配置，激发干部活力。深入推进县处级干部结构性交流。针对县区领导班子中熟悉经济工作成员较少、结构不甚合理的状况，先后从市直部门和企业等交流36名熟悉经济工作、具有较强驾驭能力和开拓精神的优秀年轻干部充实到县区党政领导班子。出台《市管县处级领导干部交流工作的意见》，对任职8年以上的19名市直部门领导班子成员，进行跨区域、跨部门交流。至2009年底，县区党政班子交流任职面达71.5%，市直部门班子成员交流任职占调整面的78%。

统筹推进科级干部跨区域交流。合肥市在国内首创公务员转任立法，打通市直与县区双向交流通道，一次选拔14名35岁以下市直机关优秀年轻干部到县区工业园区任职。从县区直机关和乡镇街道负责人中，交流5名基层工作经验丰富的同志到市直机关任中层正职。出台《关于城区乡镇、街道党政正职交流工作的意见》，在全省首次成功组织实施了10名街道、乡镇书记跨区交流，占城区街道、乡镇书记总数的25%，并同步推进城区乡镇、街道党政正职区域内的轮岗交流。探索垂直管理部门与地方干部之间的相互交流，先后从市地税、国土、供电等部门交流数名县处级干部到地方任职。在市国土部门与市直单位以及县区之间一次性双向交流18名科级干部，有力促进了不同条块间干部的沟通和融合，激发了广大干部干事创业的积极性。

【干部监督管理】 合肥市把“源头抓起是对干部最好的保护，从严管理是对干部最大的爱护”作为干部监督管理的核心理念，着眼于干部“想干事、会干事、干成事、不出事”，坚持正面教育、事前监督、超前防范。抓好领导干部日常监督，注重加强领导干部思想政治建设、规范用人用权行为等方面的培训，开展形式多样的警示教育。严格纪律约束，完善领导干部年度考核和集中报告个人事项制度。2009年初，由市委常委和党员副市长带队，对县区领导班子开展了党风廉政建设责任制考核和市管干部年度考核相结合的“双考核”。进一步扩大领导干部任期内经济责任审计比例，全年共对12家单位主要负责人进行经济责任审计。预防和整治用人上的不正之风，认真贯彻中央和省委有关部署，在市委和县区委全面推行“一报告两评议”工作。坚持任前公示制度，加大“12380”举报电话受理力度。严格执行中组部有关要求，加强后备干部集中调整中拉票行为的监督治理，并出台相关规定。推进体制机制创新，制定出台《合肥市干部选拔任用工作全程纪实暂行办法》、《关于干部提任听取纪检监察机关意见的实施办法》等制度性文件，起草《关于拟提拔市管干部考察对象报告个人有关事项暂行办法》、《合肥市干部选拔任用工作“一报告两评议”实施办法》等规范性文件。继续在肥西县推行“科学规范和有效监督县（市）委书记用人行为”调研试点工作，形成一批理论成果、制度成果和实践成果。通过各项制度的制定和落实，有力活化了干部监督管理机制，进一步培育了风清气正的政治生态。

【人才队伍建设】 市委组织部认真履行牵头抓总职责，围绕科技创新试点市和合芜蚌自主创新综合配套改革试验区建设，拟定《合肥市引进创新创业领军人才暂行办法》，修订《合肥专业技术拔尖人才选拔、管理办法》等，进一步完善人才工作制度体系。以创新型人才队伍建设为重点，针对高层次领军人才这一“短板”，大力引进海外人才和创新团队，合肥市2名海归人才入选2009年国家级海外高层次人才引进“千人计划”，在安徽入选的6名海归人才中统揽创业类人选。建立中国科协“海智计划”合肥基地，吸引一批海外高层次人才来肥创业。加大柔性引才力度，首次引进院士专家咨询服务团、中国人民大学教授服务团等高层次团队来肥开展科技咨询服务。从北京大学、中国人民大学、南京大学等，第二批引进11名博士生来肥挂职。组织清华大学、合肥工业大学、安徽农业大学50名研究生开展社会实践和科技服务活动。加大本土高层次人才培养力度，深入实施“3820”产业英才建设工程，积极与中欧国际商学院合作，对全市近百名企业高管进行培训，继续与合肥工业大学联合举办MPA公共管理硕士班，选拔105名专业技术拔尖人才。长丰县每年财政拨付500万元专项经费，用于人才的引进、培养和奖励。通过积极的政策引导和优质高效的服务，大大激发了各类人才投身创新实践的热情，全市上下鼓励人才干事业、支持人才干成事业的氛围日益浓厚。

【基层党建工作】 合肥市基层党建工作城乡统筹、同步提升。以第三批学习实践活动为契机，以“四大工程”为载体，坚持统筹城乡发展抓基层、打基础。大力实施堡垒工程，在全省率先开展“把党支部建在市场上、建在楼宇里、建在项目上”等系列主题创建活动，积极推广在农民专业合作社、专业协会、产业链和外出务工经商人员相对集中点建立党组织的做法，组织81个市直机关与42个村、39个社区党组织开展结对共建活动，党组织建设取得突破性进展。全市共有4516个新经济组织建立了党组织，其中824家规模以上非公企业全部单独建立了党组织，规模以下非公企业实现了对有党员企业的全覆盖；建立108个流动党员管理服务站、46个驻外党组织；市本级23家新社会组织全部建立了党组织，真正做到了哪里有党员，哪里就有党组织。

大力实施先锋工程，在全市范围内广泛开展向沈浩、吴刚同志学习活动，深化党员先锋岗、党员攻关组、双培双带、双向带动、结对帮扶等活动，强力推进为民服务全程代理工作，党组织和党员在群众中的公信度进一步提高。大力实施暖心工程，开展师德医德“大讨论”、“百日竞赛”等活动，健全完善党内激励、关怀、帮扶机制，举办“合肥福彩在行动、关爱特困老党员”公益活动。随着“四大工程”的深入推进，基层党组织“推动发展、服务群众、凝聚人心、促进和谐”的作用进一步彰显。

【自身建设】 合肥市各级组织部门积极疏通与社会互动共振的渠道，破除群众和社会各界对组织部门的神秘感。深化拓展“讲党性、重品行、作表率”活动，大力开展“组织部长下基层”活动、年轻组工干部“成长历练在一线”活动，建立健全与干部谈心谈话、组织部长接待日、组织工作情况通气、相关工作部门联席会议等制度。在“组织部长下基层”活动中，市委组织部领导班子成员分别与各级各类干部谈心谈话共735人次。市本级及各县区共有117名组工干部参加基层历练，并与近200户困难党员群众结成长期帮扶对子。大力推进组织部专网应用系统建设，实现组织系统信息无障碍交换、共享。在《合肥晚报》创建“党建园地”专版。对《合肥组工》内刊、《合肥组工信息》、合肥组工网、合肥先锋网、《时代报告》电视栏目等宣传资源进行全面改版整合，突出“群众希望了解的”和“需要群众了解的”这个重点，积极敞开言路，及时报道组织部门的重大决策部署、重要工作动态，大力宣传组织工作改革创新的新思路、新举措，鼓励党员、干部、群众了解、评价和监督组织工作。全市组织工作的透明度显著提升，社会影响力进一步提高。

（王克钱）

宣传思想工作

【概况】 2009年是极不平凡的一年，大事喜事多、敏感节点多，国际国内环境复杂多变、经济金融形势极其严峻。在市委、市政府的坚强领导下，全市宣传思想战线高举科学发展大旗，紧紧抓住深入开展学习实践科学发展观活动的重大契机，把科学发展观的要求落实到宣传工作的每一个领域、每一个层面、每一个环节，在“抓三保”的科学发展实践中经受了考验，在庆祝新中国成立六十周年的豪迈赞歌中接受了检阅，在成功应对重大挑战、完成重要任务中发挥了重要作用，为合肥跨越发展、科学发展提供了强大的思想文化保证。

【扎实推进理论武装工作】 理论武装工作坚持学以致用、学用结合，扎实推进学习实践科学发展观活动。市委常委中心组率先垂范，突出“三保”首要任务，坚持以科学发展观为指导，及时研究解决全市经济社会发展中的重大问题。建立健全学习旁听、联络沟通、动态报告及考核评价等制度，着力抓好各级党委中心组学习。积极推进“理论政策下基层”，组织市属新闻媒体在重要版面、重要时段开设“深入开展学习实践科学发展观活动”专题专栏，紧扣学习实践活动的阶段性重点，及时刊发中央和省市委的决策部署，继续办好“理论苑”专版，举办理论广播系列讲座，开展“学习实践活动群众谈”系列报道。进一步做好“理论政策下基层”工作，以“推进科学发展、加速安徽崛起”为主题，深入社区、农村开展227场次宣讲活动，听讲干部群众近6万人次。加强对合肥经济社会发展重大理论和实践问题的对策性研究，召开“合芜蚌自主创新综合配套试验区理论研讨会”和全市理论社科界庆祝新中国成立60周年理论座谈会，发行出版了《聚焦自主创新——合芜蚌试验区建设的探索与思考》一书。在研究合肥、宣传合肥方面，社科理论特约研究员仅在安徽日报就推出2期理论专版，10篇理论文章，产生了积极的社会反响。

全市宣传思想工作务虚会

【哲学社会科学繁荣发展】 哲学社会科学首次发布规划课题，45项课题立项，涵盖了合肥市政治、经济、社会、文化建设等方面。市社科联召开成立30周年纪念大会，举办了系列纪念活动。开展“第六届社科成果奖”评比和第五届社科普及月活动，促进哲学社会科学繁荣发展。加强学会管理，促进学会发展，新成立了市包公精神传承研究会、市老新闻工作者协会、市道学文化研究会等3家学会。

【主题宣传精彩纷呈】 紧紧围绕以庆祝新中国成立60周年这一主题，开展“合肥大跨越”、“科学发展·2009精彩回顾”、庆祝滨湖新区建设三周年、提高城市公共文明指数、合肥皖江城市带承接产业转移示范区核心城市建设、“迎国庆、保安全、促和谐”交通消防安全主题宣传月、滨湖医院开诊等数十个重大主题的策划和集中宣传工作，凝聚了民心，鼓舞了干劲，促进了发展。

【舆论引导水平不断提高】 市委宣传部坚持正确舆论导向，加强新闻宣传管理，建立健全重大新闻事项报告、重大敏感问题舆论监督选题预报、新闻通气会、新闻发布会审批、新闻违规违纪登记、新闻阅评、新闻责任追究等制度，对新闻宣传做到准确、及时、可控、有效。建立健全突发新闻事件的应急体系，出台了《关于认真落实舆情信息报告制度和24小时值班制度的通知》以及《合肥市突发事件新闻处置应急办法》。加大网上舆情监测，针对论坛、博客中的有害信息，及时跟帖，成功、快速地处置了滨湖品阁3G事件、栢景湾燃气爆炸事件、“投放出租汽车运力”等舆论引导工作，切实维护了改革发展稳定大局。同时，充分发挥主流媒体舆论引导的权威性，发布权威信息，放大正面声音，牢牢把握舆论引导主动权，妥善处理涉肥负面舆情和错误报道。按时足额完成年度党报党刊征订任务。

【对外宣传提升合肥美誉度】 紧紧围绕市委市政府科学发展、加速崛起的工作大局，开展主题外宣。一是“中博会”主题外宣盛况空前。紧紧抓住中博会的重大机遇，邀请中央、海（境）外、省级主要媒体开展“华东地区30家晚报总编看合肥”、“潮起中部看合肥百家媒体集中行”等集中采访活动，进行全方位、立体式报道。据不完全统计，省级以上媒体刊发合肥市中博会相关报道11000多篇（条），新闻专版37个。仅此一项，就超过2008年外宣发稿量的2/3。二是“保增长、促发展”主题外宣提神鼓劲。以合肥又好又快的发展态势为主题，以京东方等龙头企业为载体，以领导专访、系列报道等为主要形式，邀请中央主流媒体来肥采访，加强对外宣传，增强信心，凝聚人心，展示加速崛起形象。特别是《人民日报》、《经济日报》同于10月22日在头版头条位置，闪亮报道了合肥坚持自主创新、促进产业升级的“成绩单”，生动展示了合肥自主创新从“小盆景”做成“大风景”的“路线图”。三是“科学发展看合肥”系列主题外宣声势浩大。围绕“推进科学发展、加速实现崛起”主题，邀请新华社来合肥进行专题采访，新华社《内参》、《半月谈》、《瞭望》等社办报刊以及新华网以7种语言，向境内外强势宣传合肥近年来科学发展的突出成就。成功举办了“科学发展看安徽·合肥行”全国著名网络媒体大型采访活动，人民网、新华网以及新浪、网易等近30家全国重点网站刊发稿件200余篇。四是“治理水环境、扮靓合肥城”主题外宣效应显著。按照水环境治理7项内容，对合肥市水环境治理进行集中采访，在《人民日报》、《安徽日报》、《新安晚报》、新华网、人民网、中安在线等中央和省级媒体，推出市委、市政府主要领导专访以及刊发《合肥“水”文章实践科学发展观》，对合肥水环境治理进行全面报道和展示。全年在中央、境外和省级主要新闻媒体刊发报道30000余篇（条），其中境外主要媒体3200余篇；省级以上媒体刊发合肥宣传专版215个，其中在境外媒体86个，显著提升了合肥的知名度和美誉度。

【完善大外宣格局】 对外宣传贯彻落实“一岗双责”，强化外宣“一盘棋”意识，坚持横向联合和纵向联动，整合各方资源，形成外宣合力。成功举办第16届全国外宣协作会，倡议签署《“塑造城市形象”外宣联盟合肥宣言》，组织“聚焦中部崛起”系列采访活动，110余家城市媒体刊发宣传合肥稿件500余篇。精心制作了中英文版《中国合肥》宣传册，《中国·合肥》宣传片等外宣作品。进一步完善外宣考核奖励制度，扩大外宣顾问会范围。加强网络宣传阵地建设，出台了《合肥市关于进一步加强网络文化建设和管理的贯彻意见》，推动网络宣传管理向纵深发展。省委常委、市委书记孙金龙，市长吴存荣先后作客新华网、中部崛起网、合肥新闻网、人民网强国论坛，与广大网友就推动合肥科学发展等话题进行在线交流，网友参与踊跃，跟贴近200万条。

【形势政策宣传广泛持久】 2009年全国“三下乡”启动仪式在肥西县成功举办，累计捐赠款物420余万元。联合市直30个部门，在长丰双墩镇隆重举行了“三下乡”集中活动，参与群众近万人，向长丰群众捐赠物资总价值658余万元。组织举办了11场“科学发展在身边”巡回演讲活动，4000余人次聆听了报告。在全市范围组织了1600多名党委（总支、支部）书记参加第七届“书记讲党课”竞赛活动。大力宣传沈浩、吴刚同志先进事迹。

【推进未成年人思想道德建设】 市委宣传部认真贯彻中央和全省净化社会文化环境促进未成年人健康成长工作会议精神，出台了《关于进一步净化社会文化环境促进未成年人健康成长的实施意见》，健全完善了净化社会文化环境工作联席会议制度。先后组织网吧集中检查10次，检查网吧1020家次。查处违规网吧51家，立案调查21件，办结案件21件，抓获犯罪嫌疑人21人。开展135次网上有害信息专项清理整治行动，申请封堵境外网站488个，删除淫秽色情信息597条，关闭淫秽色情网站99家，关闭淫秽色情论坛和栏目23块。依法整治出版物市场和校园周边环境。集中清查学校周边的文化产品零售、租赁摊点、互联网上网服务营业场所，严厉查处危害未成年人健康成长的色情、恐怖、迷信类动漫图片、画册、书籍和音像制品等文化垃圾，全市共清查中小学、幼儿园周边经营户4千余家，清理报刊点58个，清理音像销售部10个，清理电子游戏机室（电玩城）315家。积极推进青少年爱国主义读书教育活动。

【学习型城市建设全面深入】 市委宣传部全年共举办15讲规格高、规模大、反响好的《庐州讲坛》，不断加强对“教育讲坛”、“市民讲坛”等各类论坛、讲坛的指导。开展了《合肥市图书馆对策与研究》调研活动，推动市图书馆采用“中心馆——分馆”模式的加快发展，着力构建覆盖广泛的“全民读书体系”。

【文化体制改革稳步推进】 合肥市先后两次召开市文化体制改革领导小组专题会议，就2009年的改革工作、经营性文化单位转企改制、新闻媒体改革、公益性文化单位内部三项制度改革等方面进行了明确部署，确保在2010年底前全面完成试点市改革任务。报业传媒集团筹建工作取得积极进展，《合肥日报》正式创刊发行；组建合肥市舞美中心，筹建合肥演艺集团，文化市场综合执法工作取得重大进展。合肥市的改革经验与成果入选“全国文化体制改革经验100例”。

【文化产业大步前进】 在全市先后征集文化产业项目近400个，113个新项目纳入市文化产业项目库，投资总额近500亿元。组织参加第四届中博会暨第五届徽商大会、第三届全国文化纪念品博览会暨2009中国图书馆图书设备采购大会和第二届中国国际动漫创意产业交易会。中博会和动漫交易会期间，共签约文化产业项目12个，投资总额近90亿元，引进外资近86亿元。滨湖乐活项目，投资总额约10亿美元，创本届大会签约项目投资之最。合肥国家动漫产业基地、合肥大剧院、中环艺术馆等一批重点文化项目进展顺利。总投资10亿元的百乐门国际名品项目已开工建设；滨湖新区已规划12个重大文化项目，计划投资230亿元，其中安徽名人馆、渡江战役纪念馆、合肥博物馆、城建规划展馆、塘西河水街土楼、轮滑场、华谊兄弟传媒电影院线等项目正在加紧建设。

【文化精品硕果累累】 庐剧《村长娘子》和动画片《黑脸大包公》获得省第十一届“五个一工程”优秀作品奖，58集动画连续剧《黑脸大包公》已入选2009－2010年度国家文化出口重点项目。长篇电视连续剧《坝上街》完成了后期制作。国家重大历史题材美术作品《生死印》（油画）被中国国家博物馆永久收藏。举办了“经典回顾与现代思考·中国画学术系列活动”、“漓江画派中国画名家作品展”、“宇宙心印·刘国松绘画－甲子展”、“殷承宗钢琴独奏音乐会”、章红艳琵琶音乐会、大型舞剧《牡丹亭》等一系列精品艺术活动，提高了城市文化品味，提升了市民文化素养。

【群众性文化活动丰富多彩】 围绕“庆祝新中国成立60周年”举办了第二届“庐州放歌——百场文艺下基层”、第五届合唱节、第五届“幸福家园”社区广场文化周及第十五届新春文化庙会等活动，精心策划30余场“快乐周末”广场文化活动。举办“2009·休闲娱乐文化节”和“2009合肥时尚文化节”活动，培养了本土休闲娱乐文化市场。举办各类公益性艺术展览70多个，接待参观群众约50万人次，为广大人民带来了高品质的艺术享受。

【文明创建扎实高效】 市委宣传部先后围绕“迎中博”和庆祝新中国成立60周年，全市免费向市民发放15万册“市民文明礼仪知识读本”和“市民文明学校简明教材”，设置大型文明创建公益广告牌426块。启动“百场市民综合素质”讲座活动，先后开办讲座1000余场次，10万多市民接受培训。组织开展“百万市民不文明行为评议改”、“我推荐、我评议身边好人”和月评精神文明“十佳事迹”活动，掀起学习、宣传道德模范和身边好人的热潮。加强爱国主义教育基地建设，瑶岗渡江战役总前委旧址和大蜀山烈士陵园被中宣部列为全国爱国主义教育基地。组织开展文化进社区、爱国歌曲大家唱及“我们的节日”、“祝福祖国”文明公益短信传递等活动。加强市容市貌“网格化”管理，将全市划分为302个城管网格，对每个网格实施定人、定责、定时、定岗、定标准。开展“规范交通秩序，推进交通文明”集中整治活动，市区共查处各类交通违法行为45117起，建立主干道交通秩序管理责任制，规范车辆停放。开展认领认管示范路口活动，党政机关、文明单位、院校和企事业单位认领认管80个示范路口、32条示范路段和85个示范公交站点。建立健全了领导责任制、市民义务监督员巡查机制、市民投诉监督机制、新闻媒体监督机制、督查考评机制，推行创建一把手工程。推进机构改革，市市容局不再保留，而组建城市管理局。在全国公共文明指数测评中，合肥市在114个参评城市中排名靠前，位于全国省会、副省级城市前15名（省会城市第10位），跻身全国第一方阵。省委、省政府、省文明委向市委、市政府致电祝贺，省委书记王金山、省委副书记王明方作出重要批示，给予充分肯定。

（江　胜　文　坤）

统战工作

【多党合作】 2009年，市委统战部以抓好多党合作有关制度的落实为重点，贯彻落实好中央两个5号文件精神，积极探索民主党派、无党派人士参政议政的有效途径，进一步推进合肥市多党合作的规范化、制度化、程序化建设。全年协助市委或受市委委托组织召开民主协商会、座谈会、通报会等近10次，就政府工作报告、市委全委会工作报告、重要人事安排等充分听取民主党派、工商联及无党派代表人士的意见和建议，为党委、政府科学决策、民主决策提供依据。调整交朋友名单，积极协助市委领导与党外人士开展交朋友活动，增进相互了解和沟通。注重发挥特约人员对政府工作部门和司法机关的民主监督作用，推荐了5位党外人士担任特约监察员。市级层面共有30余位党外人士担任各类特约人员。各民主党派、工商联积极参政议政，撰写的21篇调研报告涉及经济社会发展的诸多方面，受到相关领导和部门的高度重视。

【民族宗教工作】 市委统战部深入走访调研民族乡、村和少数民族企业，支持民族乡、村发展经济社会事业，民族生态园、民族文化广场、奶牛养殖场、反季节大棚蔬菜等带有民族特色的项目相继建成或正在建设。开展城市民族工作调研，探索做好流动人口中少数民族群众工作经验。支持牌坊回族满族乡开展建乡15周年庆祝活动。2009年合肥市被评为全国民族团结进步先进集体，受到国务院表彰。充分发挥爱国宗教团体作用，组织宗教界开展慈善活动，引导宗教界积极参与构建和谐社会。市各宗教团体共捐献爱心款、物160多万元。民族宗教工作“三支队伍”建设进一步加强，乡、镇、街道新任统战委员、民族宗教助理员全部轮训一遍。

【非公经济人士工作】 市委统战部协助市领导联系重点非公企业，促进非公经济发展和非公经济人士健康成长。协助市政府主要领导召开民营企业家座谈会，听取意见和建议。开展第三届“优秀中国特色社会主义事业建设者”评选表彰活动，遴选出1名受全国表彰、4名受省级表彰和57名受市级表彰的非公经济代表人士。认真抓好招商引资工作，市委统战部全年引进资金6166万元。加强对市工商联党组的领导，调整充实市工商联领导班子。推动建立非公经济人士评价体系，探索建立非公经济相关数据统计制度，充分发挥工商联在非公经济人士参与政治和社会事务中的主渠道作用。

【港澳台工作】 市委统战部积极协调各级对台、侨务工作部门加强与台胞、台属、归侨侨眷的联系，热情做好服务，利用春节、中秋节等重大节日，以座谈会、各类参观考察等活动为载体，增强中华民族的凝聚力。妥善安排第六届台湾青年安徽夏令营在合肥的参观活动，增进两岸青少年的感情。中博会期间高规格接待港澳台人士，接待工作均受到市委、市政府表彰。在台湾遭受台风灾害期间，及时组织民营企业捐款捐物，其中合肥华泰集团捐赠500万元新台币。加强政协委员队伍建设，增补2名澳门籍人士为市政协委员，发挥他们在合肥市经济社会发展和增进与港澳联系等方面的积极作用。

【党外干部工作】 市委统战部协助市委认真做好党外干部培养、选拔和安排工作。继续实施《2007－2011年全市统一战线干部教育培训规划》，选送11名副县以上党外干部到各级党校和社会主义学院学习。拓宽培训渠道，首次在中央社会主义学院开办统战工作理论培训班，提升理论培训的层次。推进党外干部挂职锻炼工作，选派民主党派、工商联机关4名优秀年轻干部到区直部门、社区街道挂职锻炼。加大党外干部实职安排力度，提请市委安排1名党外人士担任市教育局副局长，全市科级以上党外干部达140余人。加强社团组织建设工作，积极筹备并完成合肥中华职教社的重组换届任务，选举产生新一届职教社领导班子。

【统战理论及宣传】 市委统战部深入开展统战理论研究，向省委统战部报送参评理论研究课题共9篇。其中两个课题被省委统战部、省统战理论研究会列为重点课题。加大统战宣传力度，在加强与各新闻媒体联系的同时，围绕国庆60周年开展系列宣传活动，进一步扩大统战工作的社会影响。加大信息工作力度，全年编发《统战工作信息》18期，向中央、省委统战部的信息报送实现了新的突破。

【社区统战工作】 市委统战部在试点工作的基础上，继续推进全市社区统战工作，开展深入调研工作，市委办公厅转发了《市委统战部关于加强城市社区统战工作的意见》，对发挥统一战线在社区建设中的积极作用提出了明确要求。经过各区委统战部和有关试点街道、社居委的共同努力，城市社区统战工作积累了有益的经验，初步形成社区为统一战线成员服务、统一战线成员为社区服务的“双向服务”局面。

（邓仁增）

政研工作

【文稿起草】 市委政研室在市委办公厅等有关部门协助下，完成了市委主要领导在市委九届八次全会、九届十次全会上的工作报告，春节后在市委中心组理论学习会上的讲话等一系列重要讲话。参与《市委领导班子学习实践科学发展分析检查报告》及《整改意见》的起草，撰写了市委主要领导的一系列署名文章和发言材料。

完成了一系列重大课题的研究任务。皖江城市带承接产业转移示范区建设，是建国以来安徽省第一个上升到国家层面的重大战略。根据省发改委和市委、市政府主要领导要求，在有关部门的配合下，突击完成了合肥承接产业转移示范区规划研究报告，为国家发改委和省政府制定皖江城市带承接产业转移示范区规划，提供了基础性的材料和依据。围绕加快推进省会经济圈建设，积极配合省委政研室做好《加快省会经济圈建设若干意见》的起草工作。承担撰写了《关于省会经济圈建设情况汇报》。

负责起草市委《关于贯彻党的四中全会精神，加强新形势下党的建设的意见》。起草了《关于推进农村改革发展加快城乡一体化进程的实施意见》和《合肥市统筹城乡综合配套改革实验区建设实施方案》。完成《合肥公共安全产业发展规划(2009－2017)》。另外，每月对市委书记的主要活动和重要讲话进行汇编并刻录成光盘，为领导和有关处室提供工作方便。

【调查研究】 坚持“三个结合”，不断提高调研成果的质量和层次。一是与市委常委调研活动相结合。结合合肥市经济社会发展实际，精心设计了一批重点调研课题，供各常委参考，为市委常委调研活动做好协调服务。同时作为孙金龙书记调研课题的牵头单位，完成了《合肥与武汉、长沙经济社会发展比较研究》。参与完成吴存荣市长《合肥市承接产业转移若干问题研究》和熊建辉副书记《加快构建合肥城乡一体化发展新格局研究报告》。二是与服务市委决策相结合。跟随市考察组赴芜湖、马鞍山、深圳市宝安区、佛山市顺德区考察，完成《深圳市宝安区、佛山市顺德区机构改革考察情况汇报》、《芜湖、马鞍山城市一体化工作考察报告》。开展了“合肥创业环境专题调研”，在深入调研、分析研究的基础上形成了调研报告。三是与合肥市经济社会发展中的热点、难点相结合。联合市科技局、创新办，成立调研组，开展“上海杨浦区建设知识创新城区”的调研，形成调研报告。围绕合肥市大社区建设问题，认真开展相关研究工作，形成调研报告。加强对民生问题和文化产业的调研，开展对合肥市返乡农民工创业、驻肥高校大学生创业、百帮创业园建设发展情况、动漫产业及演艺业发展等专题调研，并形成调研报告。这些调研成果为市委、市政府领导掌握情况、指导工作、进行决策提供了依据，有些成果直接进入市委决策，形成市委、市政府的有关文件和讲话。此外，在组织协调市委常委开展重点课题调研的同时，将常委调研成果整理汇编成册。

【《合肥工作》】 按照指导性、综合性、时效性、权威性的办刊要求，注重提高办刊质量，不断扩大《合肥工作》的影响力。突出“准确、深度、大气、及时”，认真做好编辑和发行工作，全年共出刊12期。《合肥工作》中“本期关注”主要有“县区委书记谈新年新发展”、“加快推进合肥经济圈建设”、“加快现代化滨湖大城市建设”、“促进全民创业 ”、“做好土地整治整村推进试点工作”、“贯彻市委九届八次全会精神”、“加快推进合芜蚌自主创新综合配套改革试验区建设”、“深入贯彻十七届四中全会精神”、“深化文化体制改革”等。2009年《合肥工作》的编印工作受到国内同行的好评，分别获得了全国城市党委政研系统联席会和全国城市党刊研究会颁发的“全国优秀党刊”光荣称号。

《决策参考》围绕领导决策需求，重点刊登带有全局性、前瞻性和研究性的调研报告和研究文章，全年共编发13期。在有关部门配合下，完成了2009年《合肥市情手册》的编写工作。

【调研网络建设】 充分发挥党委政研室调研龙头作用，搞好对全市调研工作的组织协调。2009年是全市调研网络建设的第七个年头，调研网络成员单位已发展到40多家。市委政研室开展了2007－2008年度全市优秀调研成果评选，共收到参评调研报告139篇。经过初评、专家复评、领导审定，评选出一等奖4篇、二等奖12篇、三等奖24篇。召开全市优秀调研成果表彰会。将获奖调研报告汇编成书。建立了县区、市直政研室主任联系会议制度，定期召开会议，交流沟通信息。牵头组织网络成员单位赴西藏等地考察。

发挥专家学者的智力资源优势，实行开放式调研，是提高调研质量的一个重要途径。充分利用合肥高校、科研机构多，人才密集，智力资源丰富的优势，注意加强与专家学者的联系和交流，借助外脑，参与重大课题的研究。2009年，市委政研室尝试联合高等院校和科研机构，在全市范围内开展重点课题委托调研。共拿出20个课题，内容涉及科技创新、城乡统筹、社区建设、现代服务业等方面，公开向社会发布信息，开展课题委托调研。

（邢邦德）

市直机关工委工作

【思想建设】 2009年，市直机关工委坚持把中国特色社会主义作为思想建设的重要内容，开展学习实践科学发展观活动，学习党的十七届四中全会精神，全国、全省机关党的建设工作会议精神。继续推进学习型机关建设，通过举办各类培训班，“机关课堂”专题讲座，开展交流调研、召开座谈会及“每天读书一小时、每月阅读一本书”等活动，努力搭建思想建设平台。利用工委网站、《合肥机关党建》及“机关党讯”等载体及时宣传、交流市直机关学习贯彻党的十七大，全国、全省机关党建工作会议和市委九届七次全会精神情况，深化思想建设效果。与市纪委、市委组织部、市委宣传部联合举办了第七届“书记上党课”活动。

围绕庆祝建国六十周年、纪念合肥解放六十周年开展形势政策教育。9月，举办了市直机关庆祝新中国成立60周年“歌唱祖国、唱响合肥”合唱比赛。

【组织建设】 市直机关工委年内共指导16个机关党组织进行换届选举。做好党员发展工作，当年新发展党员95人、预备党员转正304人，接转党员组织关系1700多人次，收缴党费2712445.1元。

加强党员教育管理，建立市直机关党员信息库。制定下发《关于建立健全党内激励、关怀、帮扶机制的意见》，建立了市直机关生活困难党员台账。春节前，多方筹措资金6万元，对22个单位的84名生活困难党员进行慰问帮扶。举办学习贯彻十七届四中全会精神党务干部培训班。

“七一”前夕，对近年来在贯彻落实科学发展观活动中涌现出的35个基层党组织，88名优秀共产党员，48名优秀党务工作者进行表彰，为52名入党50年以上的老党员颁发了证书。

【党风廉政建设】 深入开展廉政勤政教育，加强机关党风廉政建设。组织学习宣传第十七届中央纪委三次全会、省纪委十一届四次全会和市纪委九届四次全会精神。组织开展“我为反腐倡廉制度建设建言献策”活动、“廉政文化进机关”活动，在《合肥机关党建网》开通举报电话和电子信箱。年内审理查结1起党员违纪案件，给予违纪党员开除党籍处分。

【党建活动】 为贯彻落实市委九届七次全会精神，发挥机关党组织推动发展的作用，在机关党组织中广泛开展“四服务”（服务企业、服务项目、服务基层、服务改革）活动。组织开展机关党组织与城乡基层党组织结对共建活动，81个市直机关党组织分别与村或社区党组织签订共建《协议书》。

为充分发挥机关党员干部在创建文明城市中的表率示范作用，组织召开市直机关单位和机关公职人员积极投身文明创建工作动员会，制定下发了《关于机关单位和公职人员严格遵守道路交通法规的通知》。向全市机关发放10000余份文明指数测评调查问卷，发出3000余份争创全国文明城市倡议书。11月，为贯彻落实全国、全省机关党的建设工作会议精神，组织召开全市机关党的建设工作会议。

加强对县区直工委指导，围绕谋划年度工作、学习实践科学发展观活动、学习贯彻全国、全省机关党的工作会议精神，全年共组织召开三次县区直工委座谈会。

开展对外学习交流，先后组织参加全国部分城市机关党建论坛、华东经济区十八城市机关党建交流座谈会、全省机关党建工作交流会，组织机关党建研究会会员开展调研考察。

【群团工作】 2009年，机关群团组织在和谐机关建设中，通过改进工作方式和创新活动内容，积极开展工作。市直工会年内共指导7个机关单位进行换届，新组建了上张圩农场工会。继续推进“建家”升级赛活动，不断丰富“建家”活动内容。开展争创学习型职工活动，指导6个单位建立“职工书屋”。组织开展庆“五一”市直机关登山比赛和扑克牌升级赛。

市直团工委积极开展“推优”和“青年文明号”创建工作，新创建省市级青年文明号集体4个，重新考核认定省市级青年文明号集体25个。

市直妇工委围绕增强组织功能，举办知识讲座、开展“巾帼文明岗”创建活动，不断开拓服务机关女性的平台。举办庆“三八”女职工保龄球比赛，组建了市直机关女子健美表演队。

为充分展示市直机关广大干部职工朝气蓬勃、积极进取的精神风貌，积极推进全民健身运动和体育事业发展，9月，市直工委举办了合肥市市直机关第三届运动会。运动会上共有79个机关单位的2600人次参加了10个大项56个小项的角逐，经过历时11天的比赛，共决出了奖牌305个，个人及团体前八名307个，涌现出9个优秀组织奖代表团和21个体育道德风尚奖代表团。

（汪　伟）

机构编制管理

【机构改革】　2009年，合肥市按照建设服务型政府的要求和精简、统一、效能、权责一致、从实际出发、依法行政的原则，11月2日上午，召开市政府机构改革动员大会，正式拉开机构改革工作帷幕。在学习借鉴外地经验的基础上，结合实际，制发了《合肥市人民政府机构改革实施方案》和五个配套政策。

这次机构改革着重从转变政府职能、严格机构限额、调整优化组织结构三个方面入手，坚持因地制宜，实事求是的工作思路，充分考虑合肥市市级行政管理的职能任务、产业结构、地域特点、经济与社会发展水平、市场发育程度和人力资源状况，特别是结合省会中心城市发展的特殊需要，按照上下贯通、相互衔接、突出重点、体现特色的原则，有序推进职能整合和机构调整。

为推进信息化和工业化融合，加快新型工业化步伐，合肥市将市经济委员会、市信息化工作办公室整合成立市经济和信息化委员会；为加强对公务员队伍的集中统一管理，整合人力资源市场，完善就业、劳动权益和社会保障体系，组建市人力资源和社会保障局，成立市公务员局；为促进各种交通运输方式相互衔接，发挥整体优势和组合效率，加快形成城乡一体的综合交通运输体系，组建市交通运输局；为加快城乡绿化一体化建设，推进生态宜居的园林城市建设，组建市林业和园林局；为完善商贸服务体系建设，推进全市内、外贸发展战略，加快粮食等重要商品流通体制改革，重新组建市商务局，将市粮食局由市政府直属工作机构调整为部门管理机构；为加强综合执法体系建设，积极探索城市管理新模式，组建市城市管理局；为进一步理顺职责关系，整合行政资源，市卫生局与市食品药品监督管理局合署办公。同时，还对市人防办、市财政监督检查局及部分议事协调机构进行适当的优化调整。经优化调整后，市政府共设置工作部门36个、直属特设机构1个、部门管理机构2个，共39个部门，比改革前的44个部门减少了5个。

（范文通）

保密工作

【概况】　2009年，全市各级保密工作部门（组织）和保密工作者坚持以邓小平理论和“三个代表”重要思想为指导，深入学习实践科学发展观，紧紧围绕全市中心工作，按照中央和省、市委保密委工作部署，以开展党政机关保密工作大检查为重点，突出抓好党政领导机关、涉密人员和计算机信息系统保密管理，圆满完成全年保密工作任务，各方面工作都取得新进展、新成效。市保密局荣获“2009年度全省保密工作目标管理考核优秀单位”。

【党政机关保密检查】　5月下旬，根据中保委、省委保密委统一部署，全市各级保密委员会（领导小组）认真学习贯彻中央和省委领导同志重要批示精神，按照不漏“一人、一机、一盘、一网”的保密检查要求，对本地区、本单位的计算机、办公网络、移动存储介质使用、涉密载体清理、保密承诺书签定和相关制度建设等情况进行全面自查、重点抽查、整改查处。市委保密委先后召开3次会议传达学习、动员部署、分析研讨大检查工作。107家单位向市委保密委报送了自查报告，约4000名县处级以上领导干部和涉密人员听取了有关文件会议精神的传达，共自查涉密与非涉密计算机9000台、移动存储介质1789个。7月中旬，中保委第三检查组对合肥市委办公厅进行认真细致的抽查。在全市自查和中保密委抽查基础上，市委保密委检查领导小组从市有关部门抽调技术人员，组成2个检查组对市委、市人大、市政府、市政协办公厅等18家市直单位进行重点抽查，共检查涉密计算机45台、非涉密计算机455台、涉密移动存储介质20个、非涉密移动存储介质39个、涉密网络2个、办公网络6个。

2009年，为加强地理信息市场保密管理和做好国庆60周年期间安保工作，市保密办（局）先后配合市国土资源局、市信息化办开展了地理信息市场专项治理和迎国庆网络信息安全保密专项检查工作。

【保密管理】 为加强新时期领导干部和涉密人员保密管理、提高涉密人员保密意识、强化保密法律义务，市委组织部、市国家保密局、市人事局、市劳动和社会保障局联合组织开展全市保密承诺书签订工作，全市共签订保密承诺书3991人，其中厅级41人、县处级862人、科级及有关公务员2381人，工勤人员606人，离退休人员42人。市保密局当年多次对市直部分单位的定密工作进行保密业务指导，提请外地保密部门密级鉴定4起。重点加强高考、中考期间和国家司法考试保密管理工作，派员参与市高招委指挥部现场办公，配合市委组织部、市人事局、市财政局、市司法局、市教育局、市社会劳动和保障局等单位组织的各类涉密考试保密管理20余次。组建许可的合肥地区国家秘密载体定点复制单位保密工作协作组，开展保密检查和年审工作，使所承制的国家秘密载体228项9098197份，均未发生一起泄密事件。坚持泄密事件零报告制度，受理和查处举报事件3起，督促有关单位对全市党政机关保密检查中发现违规问题的相关责任人依法依纪严肃查处。2009年，市委办公厅、市政府办公厅出台《关于进一步加强市直单位保密工作的通知》，着力加强和改进市直机关保密工作。市委保密办（局）对全市8个协作组进行重新调整，137家单位纳入规范管理和协作组活动范围，全年协作组活动近30次。印发《关于学习贯彻〈国家秘密载体销毁管理规定〉的通知》，加强对国家秘密载体销毁环节的安全保密管理，全年共集中回收、定点销毁各类废旧文件、资料达457.23吨。

【宣传教育】 全市各级保密部门（组织）以组织签订保密承诺书为契机，重点开展对领导干部和涉密人员的保密宣传教育活动，并向各级党政机关和涉密人员发放《党政机关工作人员保密须知》1872册。市及县区党校、人事部门把保密教育纳入22个班次，受训学员1655名，其中县处级72人、初任公务员及军转干部306人。市保密办（局）举办保密业务知识培训班一期，对各县、区委保密办（局）负责人，市直各单位计算机信息系统分管领导或管理人员共151人进行了保密形势教育、计算机信息系统保密管理业务知识和技能的培训。组织开展全市保密工作论文评选活动，共征集作品53篇，对11篇优秀论文进行奖励。在全省开展保密法制宣传公益广告作品征集评选活动中，合肥市8件作品获奖，市国家保密局荣获优秀组织奖。

【保密技术】 4月，全市普遍开展涉密计算机登记备案工作，共备案涉密计算机574台。市保密局对新增和重新调整的24台涉密计算机实行有效监控。先后3次分别对在市翡翠宾馆召开的全省密码工作会议和市委政法委组织的省、市领导干部观看绝密级保密教育录像片会场及市级领导办公环境进行保密技术检查检测，落实保密技术防范措施。

2009年，市保密局、市经信委、市公安局、市安全局联合转发《关于加强3G移动终端使用保密管理的通知》。配合省专用通信局积极做好市级领导红机电话迁移、维护服务工作。陆续协助相关单位配备涉密计算机28台，电脑密码柜27个，文件粉碎机14台，计算机干扰器3台，“优盾—USB”移动存储介质管理工具一套。

【调研工作】 全市保密系统结合开展深入学习实践科学发展观活动，就加强保密工作自身建设进行深入研讨。市委保密办（局）领导班子及成员形成调研报告3篇。市保密局对县区贯彻落实省两办《关于加强新形势下县级保密工作的意见》进行专题调研和探讨。协调指导肥东县举办第十届县区（开发区）保密工作研讨会，提交保密工作经验材料12篇。（方开明）

档案管理

【概况】 2009年，在市委、市政府的正确领导和省档案局的监督指导下，市档案局坚持以科学发展观为指导，紧紧围绕全市中心工作，在档案资源体系建设、档案利用体系建设、档案法制建设、档案宣传工作、档案队伍建设方面取得显著进步，围绕中心、服务大局成效显著，推动了全市档案工作迈上新台阶。国家档案局局长杨冬权对合肥市档案事业发展给予充分肯定和高度赞扬，全市档案事业呈现又好又快发展的新局面。

【档案资源体系建设】 各级档案行政管理部门深入开展档案资源体系建设，抓档案收集工作，丰富馆藏，建立覆盖人民群众档案资源体系。

开展档案管理模式改革工作、推进档案资源整合。根据省委省政府办公厅档案管理模式改革有关文件精神和市领导指示，结合全市专业档案管理现状，遵循“因档治宜、资源共享”的原则，制定了《合肥市档案管理模式改革实施方案》，推动档案资源整合，最终实现由国家综合档案馆集中统一管理国家档案资源。

加强现行文件中心工作、大力接收政务信息。建立健全八个已公开现行文件中心并成为政务信息公开场所，配置计算机、打印机等设备。制定政务公开信息交送办法，明确政务信息报送范围、报送时间，规范政务信息接收。全年仅市档案馆就接收政务信息2630件。

加快电子文件中心建设，做好电子文件接收工作。数字档案馆二期建设招标已结束，正在进行施工准备。在一期建设的基础上，建立市直60个单位的“分布式档案室”为“电子文件中心”，实现馆室互联，电子文件可在线归档，提高档案接收进馆工作的效率。

做好机关文书档案接收和散存散失档案征集工作，全市八个国家综合档案馆共接收99900余卷（件）档案进馆。仅市馆就征集《寻找记忆中的合肥》等散存散失档案4500件。按照档案接收的相关规定和《合肥市档案征集暂行办法》，督促引导县、区档案行政管理部门做好收集工作。

【档案利用体系建设】 各级档案行政管理部门加大档案鉴定和开放力度、创新档案利用体制机制和方式、拓展档案服务领域，逐步完善方便人民群众的档案利用体系。

做好档案利用中心建设，把握中央新增项目投资机遇、开展全市档案馆规划编制工作，推动全市档案馆基础设施更新。在各级领导的支持下，县级综合档案馆建设规划编制工作如期完成，长丰县、肥东县、肥西县以及包河区如期完成申报，并顺利通过省发改委和省档案局审核。

各级综合档案馆不断创新档案利用的体制机制、改进档案利用方式。按照《档案法》等相关法律法规，加大馆藏形成满30年档案的鉴定和开放力度，尽快做到应开放的档案资料全部开放；完善利用制度，简化利用手续，居民持有效证件即可查阅开放档案。市、县、区馆藏档案文件级条目著录工作成果丰硕，馆藏档案数字化、信息化检索利用工作取得新成绩，利用档案信息网、新闻媒体发布开放档案信息。市馆扫描70万页档案，实现电子文档取代纸质文档提供利用，提高了利用效率。

全年接待档案利用人员9000人次，提供利用档案50000卷、复制证明材料11921张。为工资改革、经济土地纠纷、拆迁补偿等提供原始凭证，为百姓解决实际问题、维护其切身利益，创造良好的社会效益，赢得群众高度赞誉。编研成果丰硕、利用效果显著，编写《记忆中的合肥》、《甲子岁月六十华章—肥东建县六十周年剪影》、《肥西辉煌60年》等书籍，其中《记忆中的合肥》得到领导的一致好评。肥西桃花镇新农村档案工作得到中组部科学发展观巡视组的高度赞赏。巢湖沿岸生态环境综合治理工程档案工作也获得省局重大建设项目档案检查组的充分肯定。

【档案服务】 各级档案行政管理部门围绕工业立市、新农村建设、政府机构改革等中心工作，积极开展服务，得到领导肯定和支持，省委常委、市委书记孙金龙亲笔致信档案系统，勉励其再创佳绩。

围绕“工业立市”发展战略做好企业档案工作。主动与合钢等企业联系，上门做好服务，规范处置合钢档案7.3万余卷。启动对53家改制企业档案整理抢救工作，档案总量预测达15万卷（件）。整理工作正紧张有序进行着，已整理完成11家企业共计13183件/册档案。

做好新农村建设档案，大力推进新农村建设档案管理和服务机制试点工作，根据省档案局《关于开展创新新农村建设档案管理和服务机制试点的通知》要求，在市辖三县四区中均设立试点乡、村，积极争取各级党委、政府的重视和支持，其中长丰县把新农村建设档案纳入县目标考核。三县四区新农村建设档案管理和服务机制七家试点单位，全部通过档案工作目标管理省级以上认定，圆满完成工作任务。

市局会同市委组织部、市人事局、市编办联合下发了《关于在政府机构改革中加强档案管理的通知》，规范市政府机构改革中涉及变动部门的档案，为机构改革顺利开展做好服务。

做好“学习实践科学发展观活动”档案处置

工作，为完整、及时收集学习活动过程中形成的档案资料，与市学习实践活动领导小组办公室联合下发了《关于做好深入学习实践科学发展观活动文件材料收集归档工作的通知》，确保全市学习实践活动形成的档案安全进馆。

【档案法制建设】 各级档案行政管理部门加大制度建设、清理行政职能、开展标准化建设和达标认定工作、加大执法力度，确保档案工作有规有序、稳定健康发展，推动档案工作法制化进程。

加大制度建设、统筹规划发展，市委市政府制发《关于进一步加强档案工作的意见》和《重大活动档案管理暂行办法》，统筹规划了全市民生档案、新农村建设档案、重大项目建设档案工作，为档案工作指明方向。各县区从自身实际出发相继转发、制发一系列规章制度，规范引导辖区档案工作。

进一步清理行政职能和审批事项，以“学习实践科学发展观”活动为契机，按照档案法规和各级档案行政管理部门三定方案，全面推行行政执法责任制，进一步清理各项规章制度和审批事项，理清机关工作职能，纠正工作缺位、错位、越位等现象，使各级档案部门行为规范、运转协调、公正透明、廉洁高效。

加强机关文件材料归档标准化建设，按照《机关文件材料归档范围和文书档案保管期限规定》标准，组织开展市直单位机关档案室文件材料归档范围和保管期限修订工作。通过培训、组织专家修改审定等方式，市直机关单位基本完成文件材料归档范围和保管期限表的修改制定。

开展目标认定工作，档案工作目标认定是对档案部门工作的综合考评，各级档案行政管理部门加强档案工作监督指导力度，做好认定工作，促进档案工作整体水平提升。全市新增13家单位档案工作达到省级以上目标管理认定，其中有2家达到省特级标准。

加大执法检查力度，各级档案行政管理部门把档案执法检查纳入制度化、经常化和规范化的轨道，采取自查和抽查相结合的方式开展档案工作检查。全市全年查处1件档案违法案件，妥善处理纠纷，维护法律尊严。肥东县针对一些关系民生的热点、难点问题开展专项执法检查，切实维护公民合法权益。

【档案宣传】 通过创建档案宣传队伍、创新档案宣传方式、举办展览、开展主题宣传活动，扩大宣传效果，使社会了解档案事业发展，优化档案工作环境。市局牵头组建档案信息员队伍，自办《档案简讯》和“合肥档案信息网”，各县区档案行政管理部门创办门户网站，宣传档案法律法规和全市档案工作。

积极利用报刊、电视台、网络等媒体平台进行宣传，《中国档案报》、《国家档案信息网》、《合肥电视台》等多家新闻媒体对合肥市档案工作予以报道或转载，省级以上媒体对合肥市档案工作宣传报道近30篇。其中合肥电子文件异质备份策略研究工作得到国家局赞扬，并通过国家级立项，这是合肥科研领域“零”的突破，省级以上媒体给予广泛宣传。合肥工作吸引了国家局杨冬权局长、杨继波副局长先后前来调研、推广合肥经验，合肥市档案工作影响力进一步提升。

依托爱国主义教育基地、举办各种展览，宣传档案工作。市局充分挖掘馆藏资源，开办档案固定展览、网上专题展览、协办合肥市三大推进成就图片展，在建国60周年国庆前夕，市局主动邀请学生、市民、机关干部参观爱国主义教育基地展厅。肥东县举办了建县60周年图片展。通过开展多种展览活动，把档案馆变成社会教育的课堂。各级档案行政管理部门从自身实际出发，开展丰富多彩的主题宣传活动。庐阳区参加2009年“江淮普法行”大型广场法制宣传活动，包河区以“公开信”的形式向该区有关单位宣传《档案法》，蜀山区与相关单位联合设点、开展档案法制宣传，瑶海区开展“档案宣传月”活动。 （代贵红）

党史研究

【概况】 2009年，合肥市党史研究工作成果显著，市委党史研究室被省委党史研究室授予2009年度全省党史部门先进集体称号。省委常委、市委书记孙金龙两次听取市委党史研究室主要负责人关于渡江战役文物征集工作的汇报，先后参观了市委党史研究室举办的党史图片展和渡江战役文物征集成果展。

【编撰党史图书】 《中共合肥地方史》第二卷（1949－1978）初稿于11月底完成。《合肥改革开放30年》年初由中共党史出版社正式出版。

至此，市党史一、二、三卷已形成了完整的资料体系。

《抗战时期合肥市人口伤亡和财产损失》一书是在前两年系统调研的基础上，正式编纂出版。该书用确凿的证据充分证明日本帝国主义在侵华战争中给中华民族和世界和平带来巨大灾难，深刻揭露日本侵略者的战争罪行。以史为鉴，教育广大人民不忘国耻，增强爱国主义情感，推进全面建设小康社会都具有重要的意义。同时，市委党史研究室按中央党史研究室和省委党史研究室的要求，报送了合肥调研成果，作为全省4个市之一，列入全国首批统一出版计划。

为进一步做好革命遗址遗迹保护工作，进行革命传统教育，开发红色旅游资源，市委党史研究室在上年普查的基础上，编印出版了《丰碑——合肥市革命遗址遗迹辑存》。该书按照历史人物事件的先后顺序，分区域收录了合肥地区新民主主义革命、社会主义革命和建设以及改革开放新时期的革命遗址遗迹39处。该书作为一本珍贵的合肥地方党史资料，既是对革命先烈的告慰和纪念，对社会主义建设者奉献精神的弘扬，也是对发展红色旅游事业的有益推动，更是对广大人民群众尤其是青少年进行爱国主义、革命理想和革命传统教育的好教材。

《合肥市社会主义时期党史专题资料辑存》是市委党史研究室的同志历时3年，在各县区和市直有关单位的支持下，在多方搜集材料的基础上编纂而成的。全书共分29个专题，包括党、政、群，工业、农业、商业和科技教育等社会主义建设的各方面内容，约20万字，16幅图片。该书主要是为编写《中国共产党合肥地方史》第二卷，搜集、保存合肥市社会主义革命和建设时期的文献、档案、图片资料，更好地研究中国共产党领导合肥人民进行社会主义革命和建设的丰功伟绩服务。

【渡江战役文物资料征集】 市委党史研究室围绕渡江战役纪念馆筹建，主要开展了三个层次的工作：首先是配合省委党史研究室编撰《渡江战役纪念馆陈列细目》，此项工作于年初完成，并于8月份得到中央党史研究室批准。二是根据中央党史室已批准的陈列细目，征集各类图片、资料，用于展出，预计需各类图片资料550幅左右，已征集500多幅，已基本具备布展条件。三是继2008年征集文物文献300余件之后，2009年又征集文物文献300余件，使布展文物初具规模。4月，市委党史研究室举办了纪念渡江战役胜利60周年文物征集成果展，产生了广泛影响。

【宣传教育】 “七一”至“十一”期间，开展了“党史宣传月”活动。为庆祝中国共产党成立88周年和建国60周年，6月30日至7月2日，9月20日至10月15日，市委党史研究室分别在市政务中心和滨湖新区举办了《光辉的历程——中共合肥历史图片展（1926—2009）》，并召开了纪念“七一”座谈会。在国庆节前，还在滨湖家园社区开展送书进社区活动，有《走进滨湖新时代》、《合肥改革开放30年》、《合肥大拆违》、《中共合肥历史》等由市委党史研究室编写的书。为纪念建国和合肥解放60周年，市委党史研究室还与市电视台共同制作了专题片《解放合肥》，并于10月19日举行全国联播首发式，产生了广泛影响。

市委党史研究室继续坚持每两月编印一期《合肥党史研究工作简报》。办好党史网站，明确人员负责网站管理，及时更新充实内容，使之成为合肥市党史宣传教育的重要窗口。同时，还配合新四军研究会做好青龙厂新四军四支队纪念馆建设，支持瑶岗总前委纪念馆建设。

【加强县区党史队伍建设】 按照市委常委会议精神和省委办公厅转发《省委党史研究室关于加强和改进新形势下县级党史工作的意见》的要求，市委党史研究室制定了岗位目标责任制，并在年中、年底先后组织对县区党史工作进行督查。

（张　晔）

涉台事务

【概况】 中共合肥市委台湾工作办公室（市人民政府台湾事务办公室）按照全国对台工作会议精神及“和平统一、一国两制”的战略方针，在国内外经济形势发生深刻变化之际，认真落实市委市政府工作部署和要求，把“为经济建设服务、为招商引资服务、为台资企业服务、为台胞台属服务、为祖国统一服务”作为工作重点，大力开展对台交流、对台宣传、对台经贸活动、对台上层人士联络等工作，努力克服困难走出去，大力开展对台招商引资工作，努力促进全市对台工作又好又快的发展。

台湾海峡交流基金会董事长江丙坤向吴存荣市长赠送礼品

【对台招商引资】 市台办积极响应市委市政府号召，全力开展对台大招商活动，坚持以“走出去”、“请进来”的方式开展招商引资工作，在组建市政府驻昆山（苏州）联络处、第五批招商小分队基础上，参加了第六批招商小分队，全身心地投入到招商引资和为台资企业服务工作中，坚持真心服务、真诚相待、热忱接待，共同发展，促进双赢，全力打造招商引资的平台，使一批在肥台资企业增资扩股，洽谈项目尽快落户。盛州医用包装材料科技（中国）有限公司注册资本1600万美元，总投资4000万美元的项目开工；安徽新合兴水泥销售有限公司注册资本200万美元、总投资320万美元；龙帝国酒店管理公司试营业，总投资1.5亿元人民币；联强国际集团安徽运筹中心在合肥正式签约，总投资2000万美元；合肥统一公司增资1000万美元，增加乳制品生产线；合肥百乐门国际名品广场正式开工奠基，注册资本750万美元，总投资1.5亿美元；晨兴汽车零部件公司追加投资600万美元。此外，还有城市花园咖啡、贝贝壹餐饮公司、巴贝拉餐饮公司等7家台资企业落户合肥，总投资8300多万美元。由市台办负责的市政府驻昆山（苏州）联络处顺利完成两年引资1亿元人民币任务。台资在肥企业已达400多家，总投资近10亿美元。台资企业在合肥市经济社会发展中发挥越来越重要作用。

【对台经贸交流】 2009年，市台办主动走出去开展招商达12批次，拜访台资企业高管近200多位。先后奔赴长三角、珠三角等地，拜访台资企业、台商协会以及中联办澳门台务部、澳门闽台总商会等，考察20多家台资企业，结识一批有意到合肥投资的台商。积极参加各地台商协会的各类活动，主动融入全国副省级城市对台工作研讨会等各类活动中。分别全程安排并陪同市委副书记熊建辉、市政协副主席盛志刚等领导赴上海、苏州等地考察台资企业，多次带领经开区、高新区、肥西等县区赴上海、厦门、沈阳、东莞等地举办招商引资推介会，并邀请台商来肥参观考察。

合肥不断优化的投资环境也吸引更多台商来肥参观考察。全年共邀请台商、外商和台湾上层人士来肥达28批次480人次。台湾肯博纺织工业有限公司、苏州盛州橡塑胶公司、台湾万旭电子公司、联强国际集团、三亚碧城房地产公司、台湾电机电子工业同业公会汽车电子产业联盟以及富士康赛博数码广场董事长、康师傅华东区总经理、台湾大洋百货郑明智董事长、国民党中央委员海中天先生等分别来肥考察投资。全国台湾同胞投资企业协会会长座谈会会议在合肥召开期间，参会代表参观了合肥的城市建设、部分台资企业，全面考察了合肥市经济社会发展情况和投资环境。

【重要活动】 市台办坚持把会展经济作为推介招商引资的平台。在合肥举办第四届中博会、自主创新要素对接会、家电博览会等会展期间，邀请中央人民政府驻澳门联络办、澳门闽台总商会等22人，以及台湾新党主席郁慕明、国民党中常委台湾威京集团主席沈庆京、台湾富士康集团、赛博集团事业群董事长张瑞麟等台湾上层及台资企业高管来肥参加活动，推介合肥重大招商项目，促进项目尽快落户。邀请台湾电电公会理事长、华邦电子公司董事长焦佑钧先生一行参加中博会。

【合肥—台北空中直航】 市台办积极主动与省台办、国台办联系，并代市政府拟定了《关于申请将合肥骆岗机场列为台湾包机直航点的请示》。通过多方努力，在4月26日第三次南京“江陈会”上宣布了合肥市为两岸包机新增直航点。9月4日，合肥与台北正式实现首航，为合肥与台湾间的交流与合作搭建了空中桥梁。合肥市与台湾的经贸、交流、旅游等互动也由此揭开新篇章。

【对台交流】 市台办紧抓两岸发展的新形势，创新思路，开拓新的交流渠道和交流领域，把合台交流交往向着大交流、大合作、大发展方向迈进。全年办理赴台考察公务商务交流团达24批185人、专业人士56人，因私赴台探亲等人员达600多人。与台湾经贸、文化、教育等社会各界进行广泛的交流与合作，协助合肥之友联谊会在台湾成立“合肥之友联谊会台湾分会”，提高了合肥市赴台交流与合作的规模与层次，拓宽了交流渠道。

市台办全年邀请台湾电子、经贸、青少年、食品等行业12批500人来肥参观考察。其中，台湾新党主席郁慕明、台湾中国广播公司董事长、中国国民党中评会主席团主席赵守博、台湾高雄市议员王龄娇、台湾旅行商业同业公会总会理事兼大陆委员会副召集人许淑玲等先后率团来访。市台办全程接待并安排了中央统战部与全国台联共同举办的台湾大学生夏令营安徽分营、台湾青年学生徽文化夏令营合肥参访活动。原国民党中央委员、“台湾风情周”发起人李茂荣先生组团两次考察合肥。6月，由市台办、市旅游局、市政协港澳台侨委员会、市台协会、庐阳区区政府与“台湾风情周”共同举办了“台湾风情周·两岸嘉年华”系列活动，让合肥市民领略了原汁原味的台湾庙口文化、夜市文化和各色美食小吃，让合肥人未出家门就享受到一场台湾文化休闲的盛宴。

【对台宣传】 市台办充分利用报纸、电台、电视、网络等媒体开展对台宣传工作。以“合肥台办网站”为立足点，及时转载报道海峡两岸动态，对台工作法律法规、介绍合肥市情、招商引资政策等，通过网站不断扩大与外地台办的工作交流和信息沟通。全年发表相关涉台报道近50篇（次）。其中，中央电视台、安徽电视台、合肥电视台、市广播电台涉台新闻共30（篇）次；《安徽日报》、《合肥晚报》、《安徽商报》、《安徽市场报》、《新安晚报》、新华网、新浪网、中国台湾网等知名网站也纷纷转载台办的各类稿件。机关出《合肥对台工作》简报18期，全面系统宣传、报道了合肥对台工作动态。市台协会换届后，指导协会与《工商导报》联合制作每两周一期的《皖台视窗》栏目也成为对台宣传工作的新阵地。

把入岛宣传作为对台宣传工作的重点，注重与岛内有影响的媒体合作，积极宣传两岸和平统一政策，确保来肥台湾媒体采访工作圆满顺利。先后4次接待台湾东森电视台《HELLO中国》栏目采访组、台湾中天电视台《台湾脚逛大陆》栏目组。台湾东森电视台等岛内媒体精心制作的合肥市现代化滨湖城市建设蓝图、城市生态保护、高新技术产业和文化产业发展等专题片在岛内播放，反响明显。

【服务台商】 市台办严格按照中央和省有关文件精神，及时协调处理各类涉台投诉。全年受理投诉案件47件，办结46件，1件协调中，办结率97.9%，满意率100%。在肥台胞台商对台办的服务很满意，涉台投诉协调工作也受到省委省政府督察组和省台办的充分肯定。

认真落实台胞台属政策，2009年接待台胞台属来信来访40多件（次），市台办帮助他们解决了各种困难和要求，维护了台胞的正当权益。如帮助台胞朱保友协调其房屋拆迁事宜；受海协会委托帮助在台同胞办理王静等身份验明及证明手续；办理4位台属寻亲事宜；协助台属刘光明交通事故处理等。

【市台湾同胞台资企业协会】 9月18日，合肥市台湾同胞投资企业协会第三次会员暨换届大会在市政务中心召开，大会选举产生了新一届理事会和监事会，合肥市福客多快餐食品有限公司董事长吴安国当选第三届会长，安徽尚展模具工业有限公司总经理陈文赞、合肥老树咖啡董事长罗志富当选常务副会长。

市台协会自成立以来，完善各项规章制度，立足服务会员、服务合肥市经济建设、推动合肥与台湾的经济交流和合作，扩大与全国友会的联系和交流。在服务会员方面，为在肥台商提供相关法律政策、经济信息的咨询；沟通台商与政府及有关部门的联系；反映会员有关意见、建议和要求；帮助会员解决工作与生活中的困难，维护会员及在肥台胞的合法权益等方面做了大量的工作。全力宣传推介合肥，积极为合肥的招商引资当好宣传员、服务员、招商队员。多次陪同市领导及有关部门赴“长三角”、“珠三角”等地开展招商引资工作，邀请台商来肥考察。引导在肥台资港资企业奉献社会爱心。其中，旺旺集团合肥公司向市儿童福利院、敬老院捐赠价值38.2万元旺旺产品。安徽菲华房地产公司董事长、合肥百乐门置业公司董事长、港商侯其涛先生捐资近80万元的两所希望小学在金寨县槐树湾乡与果子园乡顺利落成。赢得了市委市政府及社会各界的广泛赞誉。（陈　鸿）

老干部工作

【概况】 2009年，全市老干部工作部门在各级党委、政府和组织部门的坚强领导下，深入学习实践科学发展观，认真贯彻落实全国、全省老干部局长会议精神，进一步落实离休干部各项待遇，不断推进离退休干部党支部建设和思想政治建设，积极发挥广大离退休干部的作用，开展形式多样的活动，维护老干部队伍的稳定，为服务保增长、保民生、保稳定的大局做出了积极贡献。特别是为纪念新中国成立60周年开展的大学习、大宣传、大调研、大走访、大检查“五大活动”成效显著。在全国、全省离退休干部“双先”事迹表彰大会上，合肥市有1个离休干部党支部被授予“全国先进离退休干部党支部”称号，有6个离退休干部党支部被授予“全省先进离退休干部党支部”称号，有14名离退休干部被评为全省离退休干部先进个人。市关工委被中国关工委评为“全国宣传工作先进单位”。在全国老年教育“双先”表彰大会上，合肥老年大学荣获“全国先进老年大学”称号，有4人被评为“全国先进老年教育工作者”。

【政治待遇】 全市各级各部门继续坚持和完善参观考察、情况通报、走访慰问、联系老干部等制度，进一步落实老干部各项基本政治待遇，从政治上关心老干部。市委组织部、市委老干部局联合下发《关于进一步加强离退休干部“两项建设”的意见》。积极发挥市县区老干部党校的作用，加强对离退休支部书记和部分老干部党员思想骨干的培训工作。在包河区开展“就近学习、就近活动、就近得到关心照顾、就近发挥作用”的“四就近”试点工作。1月4日，市委、市政府举办全市老干部系统经济形势报告会。4月23日，市委组织部、市委老干部局举办全市老干部系统深入学习实践科学发展观专题报告会。11月20日，市委组织部、市委老干部局举办全市离退休干部党支部书记暨老干部局（处）长培训班。各级老干部工作部门以离退休干部党支部建设为核心，组织离退休干部党员参加学习实践科学发展观活动，学习党的十七大、十七届四中全会精神，通过各种形式，向离退休干部宣传政策，引导他们正确认识和判断形势，切实把思想统一到中央和省市委的重大决策部署上来，形成保增长、保民生、保稳定和推动合肥跨越发展、弯道超越的强大合力。在纪念新中国成立60周年期间，合肥市积极参加全省老干部系统红歌会、门球赛、台球赛、知识竞赛等系列活动，成绩斐然。

【慰问老干部】 省市领导全年登门走访慰问了市老红军、老干部35人，慰问住院老干部165人，市委组织部、市委老干部局走访慰问老干部180人。各县区市直各单位都开展了普遍的走访慰问活动。省委、省政府向全省离休干部发放慰问信，颁发“中华人民共和国成立60周年纪念章”，省、市、县（区）和离休干部所在单位分别向离休干部发放了慰问品和慰问金。

【生活待遇】 全市各级组织部门和老干部工作部门将落实离休干部生活待遇作为老干部工作的基本任务，高度重视、常抓不懈。市离休干部“三个保障机制”进一步完善，在各级财政等部门的大力支持下，离休干部“两费”得到了较好的落实。同时，认真贯彻中央六部委《关于离休人员待遇有关问题的通知》、中组部等三部委《关于提高部分离休干部护理费标准和扩大发放范围的通知》、中组部《关于提高部分离休干部医疗待遇的通知》等文件精神，将离休干部补贴水平提高到占同职级在职人员津贴补贴的90%，分别提高抗日战争时期和解放战争时期参加革命工作的离休干部护理费标准，使440名抗日战争时期参加革命工作的县处级及以下离休干部享受了副市级医疗待遇。认真贯彻省委组织部等四部门《关于调整我省离休干部无工作遗属生活困难补助标准的通知》精神，为离休干部无工作遗属每人每月增加200元的生活困难补助。市委市政府采纳市委老干部局建议，同意市直机关单位比照省直单位标准执行3%住房提租补贴政策。

【调研宣传工作】 各级老干部工作部门重点围绕贯彻落实中组发［2008］10号文件精神，对完善离休干部医药费保障机制、建立困难离休干部帮扶机制等问题展开调研。全年共上报省委老干部局调研报告16篇，其中有8篇被省委老干部局评为“优秀调研报告”。利用党报、党刊及电视、广播等主流媒体，以人物访谈、系列节目、专栏介绍等多种形式，宣传老干部工作方针政策，宣传老干部“双先”事迹，宣传各级党委、政府、有关部门和社会各界关心、重视、支持老干部工作的典型事迹，营造了尊重、关心、照顾老干部和重视、理解、支持老干部工作的良好社会舆论氛围。10月25日，《合肥晚报》以《夕阳无限好，不惮近黄昏》为题，用两个整版介绍了合肥老干部工作情况。10月下旬，《合肥晚报》连续用三个半版介绍了合肥市关心下一代工作开展情况。据不完全统计，“大宣传”活动开展期间，市“两台一报”共35次报道了市委老干部局组织开展有关活动的情况，引起了良好的社会反响。

市委老干部局全年共编辑《合肥老干部工作》7期、《老干部工作情况反映》25期，报送各类信息90多条。信访工作按照“变被动接访为主动下访、变要求答复为座谈约访、变迁就照顾为思想交锋、变一般性接待处理为妥善解决问题”的新思路，多方促进离休干部合理诉求的有效解决，老干部队伍保持和谐稳定。

10月22日，市委组织部、市委老干部局在庐阳区政府大礼堂隆重举行全省老干部“双先”事迹报告会，邀请受到全国、全省表彰的离退休干部先进个人和先进离退休干部党支部“双先”事迹宣讲报告团来合肥市宣讲。

【发挥阵地作用】 合肥市关心下一代工作在继承中创新，在创新中发展。青少年爱国主义等七项教育活动稳步推进，“双创建”活动扎实开展。成功举办了第十七次全国部分城市关心下一代工作研讨会，整个会议实现了中国关工委、省关工委、与会36个城市代表和市委“四个满意”的工作目标。合肥老年大学实施“22844”工程，各项改革扎实推进，规模档次不断提高。全市现有省级老年大学示范校7所，市级示范校36所，老年大学（学校）和空中远程教学点251所（个），固定校舍面积1.5万多平方米，非固定校舍面积近2.2万平方米，在校学员达3.8万人，历届毕业学员近5.5万人。市老年大学现招收学员6500多人次，课程设置分8大系43个专业共135个班级。

各级各单位不断加大对老干部活动中心（室）建设的投入，全面改善老干部活动场所的软硬件设施，为老干部学习、活动创造了良好的环境。市财政安排51万元，用于市老干部活动中心的维修改造、健身器材的采购。自肥西县兴建一栋老干部活动中心后，肥东县投入2000万元新建一栋9000平方米的老干部活动中心和老年大学教学楼。蜀山区投入200万元将一栋1100平方米的大楼改造成老干部活动中心，使老干部学习、活动场所的条件得到进一步改善。

（文忠明）

党校教育

【教育培训】 市委党校坚持教育紧密贴近市委、市政府中心工作，积极融入合肥市经济社会发展的办学思路，围绕着合肥大发展、大建设开展培训，进一步优化培训模式。积极开展培训需求调研，牢固树立以人为本、按需培训的理念，成立《新时期干部培训需求及党校教学科研改革问题研究》课题组，在深入调研广泛征求意见的基础上，增加了工业立市、合肥生态环境治理、大建设基本知识培训等实用性课目，形成了中国特色社会主义理论体系、合肥市情研究、领导干部实用知识及人文知识为主要培训内容的教育培训体系，全年共开设各类教学专题158个。不断创新培训方式方法，组织各类主体班次400余人次分赴国内清华、人大、复旦等著名高校进行“两地办学”，开展拓展训练、军训、警示教育、学员论坛等特色鲜明的教学活动，大力推进体验式、研究式和案例式教学的使用。坚持外请报告制度，全年共请领导、专家和教授作报告40余次。完善教学管理，出台《中共合肥市委党校关于外请教师的若干规定》等制度。坚持开展新专题竞试讲制度，把专题竞讲与全校性的理论学习结合起来，由全校教职工进行点评和打分，有力促进了教学水平和质量的提高。先后组织开展2次大规模教学竞讲、1次全市党校系统优秀教学比赛，参加竞讲新专题数达到49个，创造了历史新高。同时强化学员管理，认真执行省委党校制定的《学员党性教育考核办法》和《合肥市党政领导干部学时学分制管理办法（试行）》，对学员在校期间的综合表现进行量化考核，学风建设有了新的加强。

学校培训规模进一步扩大。全年共举办主体班次11期，培（轮）训各级各类干部1018人。其中，合芜蚌自主创新综合配套改革试验区专题研讨班、社区两委培训班等都是首次承办。坚持“教育质量第一”的办学方针，努力适应党校函授教育面临的新形势，积极探索继续教育新的出路，招收专本连读学员139人、在职研究生157人，在职研究生报名数、注册数均名列全省学区第一。

党校坚持主体班培训、继续教育培训、联合办班齐头并进，在保证主体班持续发展、继续教育稳步前进的前提下，重点拓展与社会各界、省市部门及企业的联合办班力度，实现了诸多行业培训的突破。全年共举办各类培训班59期，培训各类人员7800余人次。安徽省干部教育网络培训合肥分中心挂牌党校，具体承办全市干部教育网络培训，各类培训市场进一步得到拓宽。

【科学研究】 党校坚持科研为教学服务，为市委、市政府决策服务，为干部教育培训服务的目标，积极拓宽科研的新路子。全年主办或参与规模较大的科研会议、学术交流活动10余次，如组织召开合肥市情研究会2009年会、合芜蚌自主创新理论研讨会；鼓励教研人员积极参与华东地区党校系统学报与科研工作会议、省社科界第四届学术年会、全省党校系统2009～2010年度重点课题研讨交流会等各类学术会议，不断加强与党校系统以及相关社会科研院所的联系与沟通。

课题研究立足于校情、市情，紧紧贴近合肥市经济社会发展和党校的实际进行。围绕着合肥大建设，开发一些实战性的课题，如《贯彻落实科学发展观，推进合肥大建设》、《建设水文和谐的魅力合肥》、《做好合肥绿文章，建设生态园林城》、《跨越之路—合肥市道路巨变的思考》以及《合肥市软环境建设》等。同时，发挥校委带头研究作用，建立校委课题研究制度，围绕党校发展开展研究，形成了6篇质量较高的调研成果。

全年获省社联、省党校、市社科规划等立项课题近20项。完成校委牵头重点研究课题7项。公开发表论文40篇，其中国家级以上3篇。入选“省社会科学界纪念新中国成立60周年理论研讨会”等大型理论研讨会论文共计20余篇。入选合肥市情研究会2009年会论文计20篇。获全省党校系统、市社会科学成果奖、全市党校系统、市情研究会优秀成果奖以及全市优秀调研成果奖共计22项。

【管理服务】 学校不断完善和创新具有党校特色的管理和服务模式，使得管理和服务整体水平大大提高。注重用人管理，突出“赛马不相马”的用人机制，坚持“用发展衡量实绩，凭实绩任用干部”，打牢岗位管理基础。坚持制度管理，用制度管人管事，梳理、完善和修订如《关于生活服务中心实行目标责任管理的暂行办法》等各种规章制度10余项。强调激励管理，采取进修、奖励等各种措施把政策向业绩好的同志倾斜，先后选派17人次参加国家行政学院、党校系统师资培训班、国内著名高校以及主体班学习培训和进修。进一步增强服务意识，坚持把“服务于市委市政府、服务于社会、服务于学员、服务于教职工”作为工作的基本出发点，围绕着市委、市政府中心工作开展培训和科研，切实增强了服务于党委决策和合肥大发展、大建设的意识。在研究生招生、对外联合办学、市情研究会等方面积极、主动走出去，增强了主动服务意识。通过努力，市情研究会会员单位较之往年增加了10多家。为校园广大教职工住户接通了天然气，改善了教职工办公条件，增强了为职工服务意识。进一步提升服务能力，提升办学承载能力。兴建了可一次性容纳近千人就餐的学员食堂和一幢新学员宿舍楼，为学员房间配置了微机和网络，办学条件进一步完善。学校加强信息化建设，建起数字资源服务器，重新构建了数字图书管理平台、全文数据库检索平台和图书阅览局域网，建立安徽省干部在线教育平台，完成了前期全市近3000名干部的在线学习试点任务。

【业务指导】 市委党校不断加大对县区党校的业务指导力度，积极宣传、指导、督促、检查各县区党校贯彻落实《中国共产党党校工作条例》和全省党校工作会议精神，推动全市党校系统的整体建设和发展。组织开展全市党校系统优秀教学比赛，将县区党校纳入同台竞技，有力地促进了县区党校教学水平的提高。多次督促、指导和协调肥西、长丰两所县级党校创申中专体制工作。两所党校已于年底通过省级评比验收，将成为中专体制规格的县级党校。同时加大对城区党校规范化办学的督促检查，城区各党校也在积极采取措施，争取达到规范化办学要求。 （朱金宏）

人民代表大会

合肥市人民代表大会常务委员会

【市十四届人民代表大会第二次会议】 合肥市第十四届人民代表大会第二次会议于2009年1月7~10日举行。会议听取和审议了合肥市人民政府工作报告、合肥市2008年国民经济和社会发展计划执行情况与2009年计划草案的报告、合肥市2008年预算执行情况与2009年预算草案的报告、合肥市人大常委会工作报告、合肥市中级人民法院工作报告、合肥市人民检察院工作报告、会议选举了1名市人大常委会副主任。通过了关于六项工作报告的决议。

【市十四届人大常委会会议】 市十四届人大常委会第八次会议于2月26日举行，会议通过了《合肥市人大常委会2009年工作要点》、《合肥市人大常委会关于规范闭会期间市人大代表小组活动的意见》。

市十四届人大常委会第九次会议于4月28~30日举行，会议通过了关于修改《合肥市人民代表大会及其常务委员会立法条例》、《合肥市市容和环境卫生管理条例》和《合肥市科学技术进步条例》的决定。听取并审议了关于《农产品质量安全法》执法检查情况的报告、关于国有企业改革改制情况的报告、关于旅游工作情况的报告。审议并同意了《关于将合肥京东方项目45亿元资本金融资本息列入相应年度财政预算的议案》、《关于以投资建设与转让收购模式建设合肥国家科技创新型试点市示范区基础设施工程项目的议案》。

市十四届人大常委会第十次会议于6月5日举行，会议听取并审议了关于保增长、促发展政策和措施落实情况的报告、关于开展“法治合肥”创建活动的报告。

2010年5月28日，全国十六城区人大工作研讨会第三十三次会议在合肥市举行

市十四届人大常委会第十一次会议于6月24~26日举行，会议审议了《合肥市学前教育管理条例（草案）》、《合肥市市直机关公务员转任办法（草案）》、《关于修改〈合肥市城市绿化管理条例〉的决定（草案）》、《合肥市道路交通安全管理条例（修订稿草案）》。听取并审议了关于2008年市级财政决算的报告、关于2008年市级财政决算的审查报告。通过了关于批准2008年市级财政决算的决议。审议了关于2008年市级预算执行和其他财政收支的审计工作报告。

市十四届人大常委会第十二次会议于8月26~27日举行，会议通过了关于修改《合肥市市直机关公务员转任办法》、《合肥市道路交通安全条例》、《合肥市人民代表大会代表建议、批评和意见处理办法》的决定；听取并审议了关于上半年国民经济和社会发展计划执行情况及财政预算执行情况的报告、关于调整合肥市本级预算议案的说明、关于调整合肥市本级预算议案的审查报告；通过了关于调整合肥市本级预算议案的决议。听取并审议了市中级人民法院关于全市法院审理企业破产案情况的报告、关于企业破产案件审理情况的调研报告。

市十四届人大常委会第十三次会议于10月29~31日举行，会议通过了《合肥市学前教育管理条例》、修改了《合肥市城市绿化管理条例》和《合肥市人民代表大会常务委员会议事规则》、《合肥市人民代表大会常务委员会组成人员守则》、《合肥市人民代表大会常务委员会任免地方国家机关工作人员办法》。审议了《合肥市劳动用工管理条例（修订稿草案）》、关于《合肥市劳动用工管理条例（修订稿草案）》审查意见的报告。听取并审议了关于《审计法》执法检查情况的报告、关于市十四届人大二次会议代表议案和建议办理情况的报告、关于反腐倡廉建设工作的报告、关于机构改革方案的报告。听取并审议了市人民检察院关于全市检察院公诉工作情况的报告。

市十四届人大常委会第十四次会议于12月17日举行，会议听取并审议了关于2008年市级预算执行审计中查出问题整改情况的报告、市人大常委会工作报告（草案），通过了表彰先进市人大代表小组、优秀市人大代表的决定。通过了市人大常委会公告确认补选或增选的8名市十四届人大代表的代表资格、关于召开市十四届人大三次会议的决定和会议议程（草案）、日程（草案）。

市十四届人大常委会第十五次会议于12月31日举行，会议通过了关于建立协助人民法院执行工作机制的决定。听取并审议了关于调整合肥市本级财政预算议案的说明、关于调整合肥市本级财政预算议案的审查报告。通过了关于批准合肥市本级财政预算调整方案的决议、市十四届人大三次会议各项建议名单和选举办法（草案）。

【立法工作】 市人大常委会突出科技领域立法，加强社会领域立法，努力为全市经济社会发展创造良好的法制环境。一年来，制定了《合肥市学前教育管理条例》、《合肥市市直机关公务员转任办法》、《合肥市道路交通安全条例》，修订了《合肥市科学技术进步条例》、《合肥市城市绿化管理条例》和《合肥市市容和环境卫生管理条例》，对《合肥市劳动用工管理条例》进行了初审。

常委会坚持“科学、民主立法”提高立法质量。提请审议程序化，将专家库专家从12名增加到20名，并明确今后所有法规须经专家论证后才能提交二审；提请表决规范化，所有法规须经法制委员会统一审议后方能提请表决；立法过程透明化，一审前多渠道开展调研，包括征求政协委员意见建议，一审后将草案在合肥晚报等媒体全文刊登征求公众意见；专项立法专业化，对专项立法成立专业代表立法小组，充分听取专家型人大代表对法规草案的意见建议。

【检查监督工作】 市人大常委会把解决影响和制约科学发展的实际问题作为执法检查的重点，先后对《农产品质量安全法》、《审计法》进行执法检查，促进了法律法规的落实和经济社会平稳较快发展。

市人大常委会围绕年初确定的重要事项，听取和审议了2008年市级财政决算、预算执行和其他财政收支情况的审计报告、2009年上半年国民经济和社会发展计划、预算执行情况的报告、国有企业改革改制情况、保增长促发展政策和措施落实情况、旅游工作情况、代表议案建议、机构改革方案、法院审理企业破产案情况、检察院公诉工作情况等12个专项工作报告，有力支持和促进“一府两院”依法行政、公正司法。一年来，常委会在听取和审议“一府两院”有关专项工作报告后，共发出审议意见书5件，分别要求“一府两院”在规定时限书面报告办理情况。同时常委会还围绕重点工业项目建设、民营经济发展情况等工作进行视察。对全市人大工作、旅游工作、合肥经济圈建设、《合肥市城市饮用水水资源保护条例》贯彻执行情况等进行了调研，促进相关工作依法有序地开展。

【重大事项决定】 市人大常委会围绕中心，服务大局，认真履行重大事项决定权。先后作出关于批准合肥市2008年市级财政决算、关于调整2009年合肥市本级预算议案的决议，关于开展“法治合肥”创建活动和建立协助人民法院执行工作机制的决定。同意关于将京东方项目资本金融资本息列入相应年度财政预算的议案和《关于以投资建设与转让收购模式建设合肥国家科技创新型试点市示范区基础设施工程项目的议案》。

【发挥代表作用】 市人大常委会围绕提高组成人员和人大代表履职能力和水平，先后对常委会组成人员和代表小组组长进行集中培训。拓宽代表知情知政渠道，举办政情通报会，建立市人大代表列席市政府常务会议制度。认真组织和指导闭会期间代表活动，出台规范和加强闭会期间代表小组活动的意见，对代表小组活动内容等作出明确规定。积极开展走访代表月活动，首次采取跨选举单位联系走访的形式，认真听取代表的意见和建议，并及时转交有关部门办理。坚持有计划安排人大代表列席常委会会议，参与常委会立法、执法检查、视察和调研，发挥人大代表依法履职，促进合肥市经济发展和构建和谐社会的重要作用。

【督办代表议案和建议】 常委会对市十四届人大二次会议确定的4件议案和138件建议及时转交市政府及有关部门办理。坚持议案建议督办制度，对全部议案和一批重点建议由主任会议成员领衔督办，组织代表开展议案建议办理情况的视察，促进了办理工作。

【宣传工作】 常委会始终把人民代表大会制度和宪法法律法规作为宣传重点。同时重点宣传人大代表中的先进典型，注重开展纪念新中国成立60周年、地方人大常委会设立30周年、庐州环保世纪行、合肥经济圈人大工作研讨会、合芜蚌自主创新试验区人大座谈会等重大活动的宣传报道。进一步提高《合肥人大》办刊质量和“人大试点”栏目的制作水平，加强《合肥人大信息》为主要载体的信息宣传，市人大信息工作首获全省人大系统信息工作第一名。

【人事任免】 常委会坚持党管干部原则与人大依法任免的有机统一，为合肥经济社会发展提供组织保障。1月7～11日，市十四届人民代表大会第二次会议选举郭超为市人大常委会副主任。

2月26日，市十四届人大常委会第八次会议任命：徐艳阳为合肥市中级人民法院民事审判四庭庭长；王艳为合肥市中级人民法院执行庭副庭长；金峰为合肥市中级人民法院执行庭副庭长；宋长城为合肥高新技术产业开发区人民法院副院长；方涛为合肥高新技术产业开发区人民法院审判委员会委员、审判员；鲍杰、张厚勇、王莉、程亚娟、王丽、姚海峰、张利、梁征8名同志为合肥市中级人民法院审判员。免去：程洛发的合肥高新技术产业开发区人民法院副院长、审判委员会委员、审判员职务；宋长城的合肥高新技术产业开发区人民法院民事审判二庭庭长职务；徐艳阳的合肥市中级人民法院民事审判四庭副庭长职务；金峰的合肥市中级人民法院刑事审判二庭副庭长职务。

6月5日，市十四届人大常委会第十次常委会议决定任命：江洪为市人民政府副市长；通过关于接受张进辞去市人民政府副市长职务请求的决定。任命：翟荣年、周会明、闫丹慧为市人民检察院检察委员会委员。免去：万幸林的市人民检察院检察委员会委员、检察员职务；戚明甫、徐汉城、张显荣、洪家宽、唐大根、赵成桂的市人民检察院检察员职务。

6月24～26日，市十四届人大常委会第十一次会议决定任命：朱策为市科学技术局（知识产权局）局长；王节为市文化广电新闻出版局局长。任命：苏仕球为市人民检察院检察委员会委员、城郊地区人民检察院检察长。免去：王节的市科学技术局（知识产权局）局长职务；姚卫东的市文化广电新闻出版局局长职务。

8月26～27日，市十四届人大常委会第十二次会议决定任命：常先米为市建设委员会主任；陈军为市财政局局长；李军为市环境保护局局长。任命：曹海清为市中级人民法院刑事审判一庭副庭长；胡权明为市中级人民法院刑事审判二庭副庭长；赵生升为市中级人民法院民事审判一庭副庭长；凌岩为市中级人民法院民事审判四庭副庭长；贾晓云为合肥高新技术产业开发区人民法院副院长、审判委员会委员、审判员；李魁为合肥高新技术产业开发区人民法院民事审判一庭庭长；刘亚鹏为合肥高新技术产业开发区人民法院民事审判二庭庭长；马箭为合肥高新技术产业开发区人民法院民事审判三庭庭长；李群、尹刚、李铭、刘正红为合肥高新技术产业开发区人民法院审判员；王勇为合肥高新技术产业开发区人民检察院副检察长、检察委员会委员；王华乾、徐利亚、钟会、张清、王平、张庆虹为合肥高新技术产业开发区人民检察院检察委员会委员；李进为合肥城郊地区人民检察院副检察长、检察委员会委员；王新民、尤伟军、丁亮为合肥城郊地区人民检察院检察委员会委员；张树东、张晓华、洪星、陈德君、郭玲、李新枝、龚兵、邓诗海、张敏、张曙云、赵毅、高原、耿喜梅、黄娟为市人民检察院检察员；张雷为市人民检察院检察员、合肥城郊地区人民检察院检察委员会委员。通过了关于任命殷韬奇、刘兆祯、童霞、汤陈、葛刚、沈鹏飞、姚灿、朱礼文、杨云、杜杨、樊文娟、许丽丽、胡文玲、陶源、王纪平为合肥高新技术产业开发区人民法院人民陪审员的决定。决定免去：张长淮的市建设委员会主任职务；李武好的市财政局局长职务；路军的市环境保护局局长职务；吴劲的市对外贸易经济合作局局长职务。免去：杨皖的市中级人民法院民事审判一庭副庭长职务；杨守源、于永利的市中级人民法院审判员职务；许道钧的合肥高新技术产业开发区人民法院审判员职务；谢定才的合肥高新技术产业开发区人民检察院副检察长职务；徐利亚的合肥城郊地区人民检察院副检察长、检察委员会委员职务；冯勇、汪建华的市人民检察院检察员职务。

10 月 29 ~ 31 日，市十四届人大常委会第十三次会议决定任命：王文松为市经济和信息化委员会主任；朱正跃为市人力资源和社会保障局局长；蓝天为市商务局局长；洪家友为市林业和园林局局长。任命：张勇为市中级人民法院审判员；免去其市人民检察院检察员职务。

12 月 31 日，市十四届人大常委会第十五次会议决定任命：高维岭为市人民政府副市长。

（刘观宝　秘书处）

人民政府

综　　述

2009年，合肥市经受了国际金融危机的重大考验，在逆境中奋力崛起。全市地区生产总值达2102.12亿元，增长17.3%，省内经济首位度提升至20.9%。财政收入341.9亿元，增长13.5%，其中地方收入180.9亿元，增长12.4%。全社会固定资产投资2468.4亿元，增长34.3%。社会消费品零售总额703.4亿元，增长19.6%。城镇居民人均可支配收入17158元，农民人均纯收入6065元，分别增长10.1%、13%。城镇登记失业率4.05%。单位GDP能耗下降率及化学需氧量、二氧化硫排放削减量均在省控目标以下。主要经济指标增速继续位居全国省会城市前列。工业经济继续平稳加快发展，全年完成工业投资752.2亿元，增长40.4%；全市规模以上工业企业达到1761户，增长29%；规模以上工业实现产值2749.2亿元，增加值767.5亿元，增长27.2%；汽车、家电等八大产业增加值增长27.1%，对全市工业增长的贡献率达到68.1%。县域经济发展势头强劲，三县实现GDP470亿元，增速高于全市1个百分点，对全市增长的贡献率达24%。农村产业结构调整步伐加快，现代农业继续加快发展。现代服务业亮点纷呈，启动动漫及软件服务外包产业基地建设，加快发展连锁经营、高端百货等新型流通业态，汇丰银行、中安财险等纷纷落户合肥，合肥国际金融后台基地开工建设。成功举办自主创新要素对接会、家电博览会、苗交会等各类大型会展132场，会展经济效应进一步扩大。房地产市场平稳健康发展，全年完成商业及住宅投资539.02亿元，增长10.4%；商品房销售面积1298万平方米，增长40.8%。注重民生改善和社会和谐，集中实施36项民生工程，各级财政投入资金32亿元，惠及城乡居民450余万人。积极开展创建国家级创业型城市工作，推行农民工培训券制度，新建农民工创业园10个；全年下岗失业人员再就业2.97万人，新增城镇就业10.96万人。

全市教育卫生文化体育事业发展加快。实施中小学校舍安全工程，开展义务教育学校绩效工资改革，义务教育均衡发展进入全国先进城市；出台扶持政策，引导学前教育健康发展；推进资源整合，高中教育水平明显提高；强化职教基地建设，合肥职教城签约入驻院校17所。扩充优质卫生资源，市滨湖医院、省心脑血管病医院建成开诊，市二院新区、妇幼保健院东区开工建设；加强重大疫情和传染病防控，甲型H1N1流感和手足口病防治工作平稳有效；开展肥西县、庐阳区基层医药卫生体制综合改革试点。流动人口管理、出生人口性别比治理等取得新突破，低生育水平保持稳定。建成10个乡镇综合文化站、207个农家书屋；数字电视整体转换43万户，广播电视综合覆盖率100%。第四届全国体育大会筹备工作进展有序，“全民健身、健康合肥”活动蓬勃开展。

精神文明创建活动扎实推进。应急和社区网格化管理不断完善，城市管理水平进一步提升，第四次荣获“全国创建文明城市工作先进市”称号。切实维护社会和谐稳定，连续四届荣获中国社会治安综合治理优秀城市称号，再次获得“长安杯”。严格落实信访工作各项制度，扎实开展“信访积案化解年”活动。

【政府常务会】　2009年，合肥市政府召开常务会议24次，涉及重大决策、政策法规、民生工程建设等共222个议题。政府常务会议由市长召集和主持，由市长、副市长和秘书长组成，参加人数均超过组成人员半数。

政府常务会议的主要任务：一是传达贯彻党中

央、国务院、省委、省政府和市委的重要指示、决定；二是讨论报请省政府审批或者市委研究的重要事项；三是讨论市政府年度立法计划，讨论通过提请市人大常委会审议的地方性法规草案、议案和专项工作的报告，讨论通过由市政府制定和发布的行政规章；四是讨论提请市人民代表大会审议的政府工作报告、国民经济和社会发展五年规划及年度计划、财政年度预决算等重要报告；五是讨论决定重大预算外资金安排；六是讨论决定城市发展总体规划、专业经济规划、年度城建项目计划，大型国有及国有控股企业重组、破产、设立等，以市政府名义对外签约事项以及重大活动等事项；七是讨论决定各县、区政府和市政府各部门、各直属机构请示、报告的重要事项；八是通报和讨论市政府工作中其他重要问题和重大事项。

政府常务会议的主要特点：一是全力促进经济社会发展。2009 年，面对国际金融危机复杂多变的经济形势，市政府常务会议全面履行政府职能，根据经济发展和形势变化需要，10 次召开政府常务会研究保增长政策措施，涉及议题 13 个；14 次研究民生工程建设及社会事业发展，涉及议题 30 个；7 次研究维护社会稳定方面内容，涉及议题 9 个；13 次召开会议共 21 个议题研究修订完善政策措施，形成了“新型工业化”、“科技创新”、“现代农业”、“现代服务业”等一系列较为完善的政策体系，支持促进合肥市经济加快发展。

二是坚持依法行政。市政府继续坚持重大事项集体决策制度，对于政府工作报告、国民经济和社会发展计划、财政预算、地方性法规议案等重要事项，在广泛调研论证基础上，坚持政府常务会议充分讨论，集体决策。同时，市政府还建立了常务会学法制度，分季度安排，由法制办牵头邀请律师为市长、副市长、秘书长、副秘书长上法律课，积极推进依法行政工作。

三、主动接受监督。坚持政府常务会议邀请监察、法制及政府其他有关部门的主要负责人列席。2009 年，市政府还首次建立人大代表列席政府常务会议制度，对人民群众普遍关心、涉及人民群众切身利益的重大议题，主动邀请人大代表参加会议，保障公民的知情权与监督权，提高工作透明度。同时，坚持邀请安徽日报、合肥日报、合肥晚报、合肥电视台等媒体记者列席政府常务会议制度。

【承办中博会】 作为第四届中博会的承办城市，合肥市以此为契机，动员全市上下强力推进城市基础设施完善建设和城市文明创建工作，精心做好安全保障、客商接待及新闻宣传等各项筹备工作，成功筹办了一次“盛况空前、成果丰硕、精彩纷呈、引人瞩目”的经贸盛会，被誉为是合肥乃至安徽历史上最具影响力的一次展会，在境内外产生较大影响，合肥的承办工作受到省委省政府的通报表彰。本届中博会得到了党中央、国务院的高度重视和亲切关怀，中共中央政治局委员、国务院副总理王岐山，全国政协副主席孙家正莅临大会。菲律宾副总统德·卡斯特罗等诸多政要、驻华使节和 8 个国家省州市区郡 40 位地方政府官员出席会议。全国 26 个省（市、区）、12 个副省级市、88 个地级市及香港、澳门特别行政区分别组团参会，为安徽历史之最。经贸合作成果丰硕，合肥市签约 24 个项目，涉及高新技术、环保、物流、城市开发等领域，投资总额 18.19 亿美元。各项专题活动丰富多彩，大会围绕促进经济社会平稳较快发展大局，以扩大内需和促进就业为重点，共举办 11 场重大活动，22 场专题活动。展览展示精彩纷呈，国内 21 个省（市、区）、境外 17 个国家和地区的 1000 多家企业参展，参观人数逾 25 万人次。

【央企对接】 8 月以来，合肥市积极响应省委、省政府的战略决策部署，抢抓与央企合作发展的重大机遇，全力推动项目对接。市政府成立了市主要领导任组长的合作发展工作领导小组，并分别确定一名市委常委、副市长负责领导小组及驻京日常工作。同时将推进与央企合作发展的“重头戏”和落脚点放在各个县、区和开发区，重点突出项目策划，全力做好项目服务。全市与央企合作项目共达 82 个，总投资 2062.09 亿元，其中合同项目 11 个，总投资 293.75 亿元；协议类项目 23 个，总投资 845.3 亿元；意向类项目 48 个，总投资 923.04 亿元。已经或即将开工建设和经营的彩虹、中建材液晶玻璃基板、华润高档织物面料、中外运合肥物流园扩建等 40 个项目。

【政府自身建设】 合肥市继续深化效能建设，出台《合肥市行政许可（审批）并联办理实施办法》，加强部门协调，提高执行率。认真开展反腐倡廉制度建设巩固年活动，加大从源头上防治腐败工作力度，查找廉政“风险点”2940 个，在投融资、招投标、土地管理等方面已建立新制度

441 个。广泛开展民主评议政风行风活动，将评议工作向涉企处室延伸、向公共服务行业延伸、向基层站所延伸，把市政府所属 52 个部门的 95 个基层处室纳入评议范围。

加强政务公开工作机制，建立“政民直通车”，全市 1306 家单位发布了政府信息公开指南。坚持依法行政，建立政府常务会议学法制度，继续开展规范性文件备案审查及清理，试点推行行政处罚自由裁量权规范行使工作。建立人大代表列席市政府常务会议制度，自觉接受人大依法监督、政协民主监督，全年办理人大代表议案、建议 174 件、政协委员提案 417 件，办复率均为 100%。认真落实审计“双百”制度，推进领导干部任期经济责任审计、大建设项目跟踪审计，圆满完成本级预算执行审计，并对社会公告审计结果。

【创新政府管理方式】 2009 年，全市深入开展学习实践科学发展观活动，紧紧围绕“解放思想求创新，转变职能促崛起”主题，大力弘扬求真务实的工作作风，着力破解制约科学发展的突出问题，努力化解群众反映的难点、热点问题，基本实现了“干部受教育、发展上水平、群众得实惠”的总要求。加强效能建设，出台《合肥市行政许可（审批）并联办理实施办法》，加强部门协调，提高执行率。认真开展反腐倡廉制度建设巩固年活动，加大从源头上防治腐败工作力度，查找廉政“风险点”2940 个，在投融资、招投标、土地管理等方面已建立新制度 441 个。广泛开展民主评议政风行风活动，将评议工作向涉企处室延伸、向公共服务行业延伸、向基层站所延伸，把市政府所属 52 个部门的 95 个基层处室纳入评议范围。

建立“政民直通车”，加强政务公开工作机制。全市 1306 家单位发布了政府信息公开指南。坚持依法行政，建立政府常务会议学法制度，继续开展规范性文件备案审查及清理，试点推行行政处罚自由裁量权规范行使工作。

合肥市建立人大代表列席市政府常务会议制度，自觉接受人大依法监督、政协民主监督，全年办理人大代表议案、建议 174 件、政协委员提案 417 件，办复率均为 100%。认真落实审计“双百”制度，推进领导干部任期经济责任审计、大建设项目跟踪审计，圆满完成本级预算执行审计，并对社会公告审计结果。

（市政府秘书一室）

2009 年度市政府目标管理考核情况

市政府目标管理各责任单位以深入学习实践科学发展观为动力，继续强力推进“大发展、大建设、大环境”，全面贯彻落实中央及省保增长保民生保稳定各项决策部署，经济社会发展继续保持又好又快发展态势，全面完成了年初确定的各项工作目标任务，多项指标实现新跨越，城市辐射带动力进一步增强，人民生活不断改善，社会保持和谐稳定。2009 年度市政府目标管理考核结果：

一、优秀责任单位

肥西县人民政府
包河区人民政府
经济技术开发区管委会　市城乡建委
市经信委　市财政局
市科技局　市公安局
市人力资源和社会保障局　市畜牧水产局
市旅游局　市统计局
市房产局　市人口和计生委
市政府法制办

二、良好责任单位

肥东县人民政府　长丰县人民政府
蜀山区人民政府　庐阳区人民政府
瑶海区人民政府　高新技术产业开发区管委会
新站综合开发试验区管委会　市发改委
市农委　市国资委
市教育局　市民委（宗教局）
市监察局　市卫生局
市民政局　市司法局
市环保局　市规划局
市交通运输局　市水务局
市商务局　市林业和园林局
市文化广电新闻出版局　市体育局
市审计局　市物价局
市城管局　市国土资源局
市粮食局　市人防办（民防局）
市招商局　市地震局
市信访局　市质监局
市工商局　市国税局
市地税局　市食品药品监管局
市安监局　市外事侨务办公室
市行政服务中心

政府法制工作

【推进依法行政】 为了加强对全市依法行政工作指导和督促，市政府办公厅印发了《2009年度市政府推进依法行政工作安排》，将有关具体任务分解并落实到各工作部门。3月份，市政府法制办印发了《2009年度依法行政工作考核标准》；7月份，组织召开全市政府法制工作会议；9月份，组织召开第六次县区政府法制工作交流会议；12月下旬，组织对县区政府和市直部门等51个单位年度依法行政工作进行了评议考核。

【建立基层依法行政工作示范点】 市政府法制办提请市政府制定了《2009年度合肥市依法行政示范工作方案》。市法制办又报经市政府同意，确定长丰县为规范性文件制定示范点、蜀山区荷叶地街道和长丰县三十头镇为基层依法行政示范点、庐阳区为依法决策示范点、卫生局为规范行政自由裁量权示范点、公安局为行政复议示范点。市政府法制办对示范点工作提出具体要求，年终对依法行政示范点工作进行考核，并进行认真总结及推广。

【建立市政府常务会议学法制度】 为提高市政府领导法学水平和依法行政意识，市政府法制办根据国务院《关于加强市县政府依法行政的决定》起草了《合肥市人民政府常务会议学法制度（草案）》，该《草案》经市政府常务会议讨论通过，并由市推进依法行政领导小组发文实施。《合肥市人民政府常务会议学法制度》对市政府常务会议学法作了明确规定：常务会议学法采取有关议题开始前学法和专题学法等方式进行。有关议题开始前学法，原则上每一季度不少于1次。专题学法每年安排不少于1次，主要结合学习型城市建设，通过庐州讲坛等多种方式开展。学习法律的重点主要包括国家、省实施依法治国方略、推进依法行政的方针政策、规范政府共同行为的有关法律、法规、规章等内容。2009年度，市政府第35次、43次、49次常务会议分别学习了《国务院关于加强市县政府依法行政的决定》、《物权法》、《合同法》等法律法规。该项制度在合肥市县区政府及市政府有关部门得到贯彻实行。

【法律法规学习培训】 5月份，市法制办与市委组织部、市委党校联合对各县区和市政府各部门分管政府法制工作的领导进行专题培训。通过“合肥政府法制网”、《法制日报》、《安徽日报》、《合肥晚报》、《合肥工作》、《合肥宣传》等多种形式开展宣传，积极营造推进依法行政工作的良好氛围。截至12月底，在中央级媒体登稿2篇，省级媒体登稿20篇，市级媒体登稿10篇，编辑《合肥政府法制》4期。

【开展法律知识测试】 为不断提高全市行政执法人员的业务能力和执法水平，根据《纲要》及《决定》的要求，合肥市建立和完善了行政执法人员测试制度。2009年度，分四次对全市行政执法人员进行业务能力测试，测试对象包括三县四区、市直各部门在岗的行政执法人员，参加测试的人员由市政府法制办从执法人员名册中随机抽取，测试内容涵盖公共行政法律知识和各部门专业执法知识，试卷由系统自动生成，自动判卷，测试的效能与公正性得到了极大提高。这一制度的实施，创新了行政执法人员的管理模式，促进行政执法人员学法积极性，有力促进了行政执法队伍整体素质的提高。

【立法工作】 全年提请市人大审议地方性法规草案7件、完成市政府规章8件，立法质量进一步提高。在继续坚持法规、规章和重要规范性文件草案公开征求意见以及专家论证制度的同时，逐步推行立法草案征求意见的立法说明制度（注释文本的说明同步公示）、意见建议采纳情况反馈制度，做好与媒体的沟通，转变宣传方式，注重公众意见的采集。

【建立规范性文件管理制度】 为维护法制统一，保证政令畅通，市政府法制办组织有关部门对2008年12月31日以前出台的市政府规范性文件进行清理，清理结果已于2009年1月12日市人民政府第26次常务会议审议通过。市政府常务会议要求规范性文件每年清理一次，并实行目录管理，规范性文件目录予以公布，凡未经确认并公布的规范性文件，今后一律不得实施。并对规范性文件实用期和制定程序作出强调。

市政府法制全年办完成市政府及办公厅交办的98件规范性文件草案的审查任务，备案审查县区政府及市直部门报送的63件规范性文件。将合肥市发布的8件政府规章及其他规范性文件，按照规定的程序、格式报送国务院、省政府等单位备案。

【行政执法争议协调工作】 为加强行政执法

争议协调，保证政令畅通，提高行政执法效能，市政府法制办起草了《合肥市行政执法争议协调规定（草案）》，该《草案》经市政府常务会议讨论通过，并发布实施。该《规定》要求政府法制工作机构根据行政执法部门的提请，或者根据同级人民政府的指示，处理行政执法争议。并就协调的范围、协调程序、协调的期限及责任追究等作出具体规定。市法制办牵头组织开展有关协调业务培训，并制作了行政执法争议协调相关文书格式文本。市政府法制办已协调处理行政执法争议多次。

【创新案卷评查工作模式】 2009 年 10 月，组建了合肥市行政执法案卷评查组，聘请了安徽美林律师事务所主任褚道成律师等 28 位同志为合肥市行政执法案卷评查组成员，参与全市性的行政执法案卷评查工作。市政府法制办组织开展了行政执法案卷评查活动，评查的行政执法案卷包括各行政执法主体制作的行政处罚、行政许可、行政复议案卷，加强行政执法监督力度，创新案卷评查工作模式。在各县区、各部门自查自评的基础上，市法制办随机抽取了部分行政执法案卷，并组织市行政执法案卷评查组成员分别对抽取的案卷进行评查，评选出全市“十佳行政处罚案卷”、“十佳行政许可案卷”、“十佳行政复议案卷”。

【拓宽行政处罚权范围】 为加大城市管理力度，提高城市管理效率，市政府法制办在深入调查研究的基础上拟草了《关于增加我市城市管理领域相对集中行政处罚权种类的请示（草案）》，该《草案》经市政府常务会讨论通过并报经省政府批准。省政府同意合肥市在城市规划区范围内，环境保护、公共卫生、文化市场和工商行政管理方面的部分行政处罚权集中由城市管理执法局统一实施。由市法制办牵头组织调研，梳理执法依据，研究切实可行的试点工作实施方案，待市政府批准后实施。

【规范行政处罚自由裁量权】 2009 年度，市政府法制办在各执法部门出台行政处罚自由裁量权量化标准的基础上，狠抓量化标准的实施工作。为进一步推进全市行政执法部门规范行使行政处罚自由裁量权工作，实现行政处罚权阳光运行，从源头预防行政执法权力滥用，优化经济社会发展环境，市政府决定在市建委、环保局、卫生局、城管执法局开展规范行政处罚自由裁量权阳光运行试点工作。四部门组织力量重新梳理行政处罚依据，科学确定违法行为裁量阶次，细化量化处罚标准，并建立信息系统，实现网上运行，建立本部门网上行政处罚系统、行政执法监察子系统，把违法行为裁量阶次和量化处罚标准录入网上行政处罚系统软件。

【行政复议工作】 市政府法制办全年处理行政复议案件 48 件，已结案 40。在受理的 31 件复议案件中，已下达行政复议决定 23 件，其中维持 11 件，撤销 1 件，终止 9 件，驳回 1 件，调解 1 件，维持率为 48%，及时高效办理行政复议案件。在复议案件审理过程中，重视证据材料的审查采纳，必要时进行实地调查、举行听证或召开行政复议委员会进行审理，对在法律程序、法律依据等焦点问题存在较大争议的案件，邀请法院审判员、法学教授、资深律师等进行论证。

5 月，市政府法制办提请市政府成立了行政复议委员会，并出台相关议事规则，对重大疑难行政复议案件采取会议审理的方式进行集体审查。为规范行政复议调解和解程序，市政府法制办印发了《合肥市行政复议案件调解和解暂行规定》，对调解和解案件的类型、程序、调解书内容及效力作出相关规定，对行政争议的有效化解，促进和谐执法，起到了积极作用。

在复议案件审理过程中，重视证据材料的审查认定，必要时进行实地调查或举行听证，对存在争议的问题邀请各方面专家进行论证，确保案件质量。注重协调与沟通，对初步认定为违法或不当的行政行为，及时与被申请人进行沟通，协调行政机关主动改正所作具体行政行为，有效化解矛盾，真正做到定纷止争。同时，积极开展行政首长出庭应诉试点工作，有效化解行政纠纷。行政首长出庭应诉，体现了行政机关对行政案件的高度重视，同时也是对法律和行政相对人的尊重，得到了人民法院和行政相对人的一致好评。市政府法制办被评为全国行政复议工作先进单位，受到了人事部和国务院法制办公室的表彰。

【处理涉法事务】 市政府法制办积极组织联系法律顾问为市委、市政府的重大决策及其他涉法事务提供法律咨询和论证，完成了对市土委会 2006 年以来 165 件议决事项的合法合规性审查。对第四届全国体育大会委托承办协议、合肥大剧院委托经营合同等 27 份重要合同文本进行细致的审核，就有关涉法事务认真研究并出具法律意见书

53 份，为领导依法正确决策提供了法律保障。

（顾发明）

公务员管理

合肥市公务员局成立于2009年11月2日。其主要职能是主管全市公务员综合管理工作的市政府部门管理机构，由市委组织部代管。

【公务员招录】 坚持“公开、公平、公正”的原则和“凡进必考”的考试录用制度，精心组织实施公务员（国家机关工作人员）的考试录用工作。2009年是合肥市公务员招录人数最多的一年，共招录705人，其中警察职位592人，报考人数达20527人。在公务员考务工作中，积极探索公开、公平、公正的新举措。如在体能测试中邀请市人大代表、政协委员和社会监督员现场监督，开放考生家长观摩区；在面试中首次使用现场面试成绩通知单等创新方法，受到考生与社会的好评，也得到省人社厅领导的表扬。

【公务员培训】 以“2009年合肥市培训年”活动为抓手，积极开展公务员创新能力培训、县域经济发展（合肥）培训、档案人员岗前培训、统计专业技术人员继续教育等培训。重点抓好公务员四类培训，建立以初任培训、任职培训、更新知识培训和专业知识培训为主体，学历教育、公共技能培训为辅助的公务员培训体系。先后对126名新录用的公务员实施初任培训，对50名新任科级领导职务公务员进行任职培训。围绕第四届中博会客商接待服务工作，开展“迎中博、讲文明、树新风”公务员礼仪培训。在市直机关首次大规模开展公务员拓展训练，连续举办6期、培训公务员370人。进一步加强面试考官队伍建设，培训面试考官204人。

【制度创新】 在全国首个建立科级以下公务员交流轮岗的法制化、常态化的地方立法——《合肥市市直机关公务员转任办法》。该办法将进一步推进和规范公务员交流轮岗工作，使合肥市公务员交流轮岗工作迈入法制化轨道，建立公务员交流轮岗的长效机制。出台了《合肥市市直机关从基层选调公务员办法（试行）》。该办法将适时面向全国公开择优选调一批基层公务员充实到市直有关单位，有利于优化公务员队伍结构。

【公务员登记】 健全完善全市公务员电子和《职位管理册》台账，全面更新了市直政府机关39家单位公务员职位管理册。建立完善了公务员日常登记制度。对3家新列入参公单位的人员、科级非领导职数进行审核审批。妥善办理了县、区147名公务员登记审批。完成了市直政府机关和四个城区区直、街道机关共504名公务员的登记审批。

【军转安置】 公务员局对市区接收安置的计划分配的74名营职以下及专业技术干部采用“考试考核、积分划线、一次性双向选择、保底计划安置”的新举措，受到部队、接收单位以及军转干部的欢迎。结合人才资源开发规划，改进培训课程，将合肥市经济、招商引资等相关知识和拓展训练纳入培训内容，开展2008年度计划分配军转干部岗前培训。组织开展先进模范集体和个人评选推荐工作。其中，合肥市1名同志荣获“全国军转安置工作先进个人”，6名同志被表彰为全省模范军队转业干部，4名同志被表彰为全省先进军转工作者，市委组织部等4个集体被表彰为全省军转安置工作先进单位。

【维稳工作】 市公务员局协助市维稳办、信访局做好“6·17”、“6·22”、“6·26”企业军转干部聚集上访处置工作，有效地维护了合肥市稳定。全年共接待企业军转干部来访50余人次，按时办结各类信访件22件。 （方 亮）

信访工作

【概况】 2009年，全市信访形势总体平稳，信访渠道保持畅通，信访秩序持续好转，信访总量基本持平。1～12月份，群众去省上访585批1225人次，其中集体访36批418人次；进京正常访121批204人次，进京非正常访76批128人次，其中集体访4批29人次；来市上访1423批9283人次，其中集体访347批7381人次。受理群众来信2536件，其中市委、市政府领导阅批760件，占群众来信总量的30%，办结率100%。受理中央联席办、国家、省信访局转办信访案件143件，按期结案率98.6%，年终结案率99.3%。

群众信访的主要特点：一是征地拆迁安置矛盾仍比较突出；二是房地产开发引发的矛盾存在较大隐患；三是“三农问题”信访量有所上升；四是

企业改制遗留问题案结事未了；五是农民工讨薪、涉外劳务以及违规办证、违规办学等引发的上访时有发生；六是上访老户择机上访、缠访闹访、息诉息访难；七是上访老户、涉法涉诉问题所占比例较大；八是军队退役人员的利益诉求活动频繁。

【做好重要敏感时期信访工作】 全国、全省“两会”期间，市信访局集中排查交办60件重点信访隐患和30个上访老户问题。第四届“中博会”期间在原来排查的基础上又排查交办50个信访隐患；国庆60周年庆祝活动期间集中交办26个影响稳定的群体性事件突出隐患、11个涉法涉诉信访隐患、40个集体访隐患、20个个体访隐患，件件落实领导包案，件件落实稳控措施。省“两会”期间，合肥市驻省接访劝返工作组在安徽大剧院、省人大会议中心、华云宾馆附近第一时间成功劝返化解上访20批24人次，实现了“零记录”。全国“两会”期间，全市没有发生进京集体上访、异常上访事件。第四届“中博会”期间，没有发生群众非正常上访。国庆60周年庆祝活动期间，合肥市仅发生1批1人次进京非正常上访，实现了“两无两下降”（无进京集体上访、无极端上访事件，进京非正常上访明显下降、去省来市集体上访明显下降）工作目标，省联席办、省信访局对合肥市国庆期间信访工作非常满意、给予充分肯定，并给市委、市政府发来感谢信，对市信访局进行了表彰。

【领导干部开门接访】 合肥市继续坚持每周三上午市党政领导干部轮流排班到市人民来访接待室接待群众来访。在此基础上，市联席会议根据中央、省统一要求，下发《关于进一步做好县（区）委书记接待群众来访工作的通知》，提高重视程度，加大接访密度，强化工作力度，全市各乡镇（街道）每天安排1名党政领导干部接待群众来访，县（区）每周安排2次、市每周安排1次党政领导干部接待群众来访，市、县（区）直部门领导干部同步安排接待群众来访。市党政领导干部全年主持信访接待48次，接待来访群众127批288人次，解决信访事项105件。各县区领导共接待来访群众1403批5379人次，解决信访事项841件。受理市长信箱电子邮件5726件，同比下降7.2%，办结率100%。

【开展下行联合接访活动】 合肥市切实转变工作方法，变群众上访为干部下访，组织相关部门负责人深入信访矛盾较多的瑶海工业园区等基层单位，主动约见信访事项当事人，关口前移，及时有效化解信访矛盾。全国“两会”期间，市委、市政府组织4个督导检查工作组，深入12个县区单位，对31个影响稳定突出问题包案处理、带案下访。第四届“中博会”期间，市里又组织3个下访督查组，对17个重点信访隐患跟踪下访，督查督办，解决问题。国庆60周年庆祝活动期间，市维护稳定工作领导小组、市联席会议组织5个督查组，由市四大班子分管领导带队，对市交办的97个重点信访隐患跟踪进行督查督办。

【解决疑难信访问题】 通过信访听证、领导包案、挂牌督办、重点调度等多种形式，多管齐下，下大力气解决一批案情复杂、久拖未决的疑难信访问题，减少信访“存量”。市委常委、政法委书记杨思松，市政府副市长卢仕仁、李红分别主持召开重点信访事项督查汇报会，对19个集体访、15个重点涉法涉诉信访隐患、26个拆迁安置方面重点信访事项、15个劳动和社会保障方面重点信访事项进行重点调研，有力推动了“事要解决”。建立全市涉访特困救助资金，市本级100万元，三县四区、三大开发区计660万元，对涉访特困人员实施救助，促进“息诉息访”。市信访局每季度召开全市信访形势分析会，及时分析形势，研究解决突出问题。组织召开贺克凤等信访事项听证会，使问题得到圆满解决。及时向市委、市政府专题汇报重点信访隐患，促进了1988年10月1日以前失地农民、原三线军工企业家属工和部分集体企业职工反映的社会保障问题信访诉求的妥善解决。

全年受理复查复核信访事项148件，办结126件，办结率85%，其中支持信访人诉求8件、部分支持诉求4件、不予支持诉求114件。

【开展“信访积案化解年”活动】 根据中央、省统一部署，成立专门组织，明确专人负责，扎实开展“信访积案化解年”活动。召开专题会议，对省联席办交办的28件信访积案、市本级排查的33件重点信访隐患进行集中交办。对所有省、市交办以及县区、开发区自行排查63件共124件“信访积案”，按照“一个问题、一名领导、一套班子、一个方案、一抓到底”的模式，实行“四包”，即包掌握情况、包思想教育、包解决化解、包息诉息访，专人负责，一包到底。通过领导包案、复查复核、公开听证、特困救助、依法教育等形式，促进“案结事了”、“息诉息访”，实现信访积案100%办结、80%以上信访人员息诉息访。

【开展信访工作责任目标考核】 市信访工作领导小组授予庐阳区、肥西县、长丰县、蜀山区、经开区、高新区、市委政法委、市人社局、市房产局、市公安局特（巡）警支队等10个单位为“2009年度全市信访工作目标管理优秀单位”称号；授予肥东县元疃镇、瑶海区大通路街道、新站区信访局、蜀山区稻香村街道、包河区烟墩街道、市人大信访办、市公安局信访科、市国资委宣教处、市人民来访接待室、市城乡建委信访办、市规划局信访办、市交通运输局信访办、市经信委信访处、市工投公司、市公交集团等15个单位“2009年度全市信访工作优秀基层单位”称号；授予陈家宏等100位同志“2009年度全市信访系统优秀信访工作者”称号。

【编发各类信访信息】 市信访局全年报送《信访信息》37期62条、《合肥信访工作情况》23期、《信访重要情况专报》25期，总信息达150条，向省信访局及市领导及时反映合肥市信访工作动态。 （葛鑫生）

外事 侨务

【为经济建设服务】 合肥市外事侨务办公室发挥外事侨务渠道优势，积极组织参与各类会展和推介会。十月份，组织合肥市代表团随同省政府代表团访问德国下萨克森州，并在友好城市奥斯纳布吕克市成功举办“合肥专题投资推介会”。参与承担由市政府、英国驻沪总领事馆、英中贸易协会共同在上海主办的“活力合肥·投资合作论坛”对英国企业招商推介会，近30家英国企业共46位企业家出席此次推介会。配合荷兰驻沪总领馆在肥举办的“荷兰商机面向合肥”荷兰商机推介会，组织招商局、规划局、外经贸局、环保局、发改委、经济技术开发区等单位负责人以及20多家本地企业的代表参加了推介会。

市长吴存荣会见比利时驻沪总领事乔志

因公出国（境）审批工作突出为发展经济服务，对执行经贸、招商等任务的出访团组继续“绿色通道”审批快速服务，并将其范围扩大到全市企业团组。全年因公出国（境）团组实际出行130批295人次，其中执行经贸交流合作任务的103批249人次，执行出国（境）培训任务的27批32人次，执行以上两项任务的合计120批269人次，分别占出访总数的86.3%和85.4%。

【重要来宾接待工作】 市外侨办全力以赴，承担了规模宏大的第四届中博会和第九届中国（合肥）自主创新要素对接会重要海外客人的邀请接待任务。对接会期间，邀请接待包括WTA秘书长、芬兰驻沪总领事、英国友城贝尔法斯特市议员等15个代表团60余人，组织对口洽谈等重要活动20余场次，达成了一批合作项目或意向：合肥市与美国富兰克林郡签署交流合作的备忘录，两市将在旅游、环保、机场物流、区域经济可持续发展等领域开展合作，实现区域繁荣和共同发展；澳门特区政府代表团与科大迅飞达成使用科大迅飞语音软件推动普通话教育项目；美国纽约安徽同乡会与合肥市第一人民医院达成合作完成中心医院建设项目；香港诺林投资有限公司拟在蜀山区、肥西县、肥东县投资新型服务业项目；贝尔法斯特市议员吉姆先生拟进口牙科医疗器械、木材加工和机床工具；芬兰Allu公司与合肥市环保部门就污水污泥治理开展合作等。

参加邀请接待菲律宾副总统、香港特首、澳门特首、美国俄亥俄州代表团、缅甸贸促会代表团以及海外华文媒体、乡友行等12个重要团组200余人，参与组织和参加重要活动30多场次，组织实地考察参观和对口洽谈30场次，同时还协助其他单位接待了13个国内外来访团组。

【邀请接待高层外宾和经济组织】 除中博会期间邀请或接待的高级来访团外，还邀请接待了布隆迪保卫民主力量党主席热雷米·恩让达库马纳为团长的高级代表团、西门子（中国）有限公司副总裁王伟国一行、埃及外交部长助理帮办兼外交学院副院长希沙姆·哈利勒率领的埃及外交官代表团、刚果劳动党政治局委员艾诺克·恩格马先生率领的刚果劳动党中高级干部考察研修班等几十批高访团和重要团组来肥访问。

邀请日中经济协会代表团、德国KWS种子公司董事会主席、缅甸国际贸易促进会主席、香港嘉里控股有限公司代表团等考察团组50余批次及美国、西班牙、智利等国使领馆商务领事等来肥访问，考察投资环境，促成一批投资合作项目或达成意向：世界最大种子公司之一的KWS种子公司合肥研发中心已落户高新区；假日（澳大利亚）投资集团拟在肥西县投资新型服务业；市一院整形美容分院与韩国崔德浩外科整形医院在整形美容领域开展合作；省建筑设计院、市规划建筑学会与智利建筑事务所协会北京办事处开展合作；南京侨鸿国际集团拟在瑶海区投资等。

参加接待汇丰银行（中国）有限公司行长兼行政总裁翁富泽、康宁公司董事长季可彬（James Clappin）和美国应用材料公司高级副总裁兰迪（Randy Allen）等一批重要团组，参与合肥京东方六代线项目及配套项目的有关活动等。

【加强出国（境）管理工作】 认真执行中办、中纪和安徽省有关因公出国（境）管理文件的精神，切实加强因公出国（境）团组审核审批工作，严格控制团组和人员出访热点国家及地区；严禁无实质内容的一般性考察及营利性“双跨”团组出访。紧密结合合肥市实际情况，拟定领导干部出国（境）请假制度、出访回国（境）报告制度、重点访问考察国家与地区制度以及市直机关原则不组团、出访经费先行审核等制度，进一步完善和规范合肥市因公出国（境）管理工作制度。

全年因公出国（境）批次和人次比往年大幅度减少。2009年初拟定市级出访团组19个，截至11月底，实际派出市级出访团组15个。全年办理审批（含报省政府审批的）147批329人次，较上年减少85人次。

【扩大对外交往】 合肥市组团参加安徽－德国下萨克森州结好25周年系列庆典活动，促成王三运省长率安徽省经贸代表团赴合肥市友城奥斯纳布吕克市访问，出席合肥市在奥市工商会举办的合肥专题投资推介会，考察了在安徽投资最早的下州企业之一的西伟德公司。另外，积极组织参与安徽－下州结好25周年的系列活动，包括组织参加两省州结好25周年图片展。

与合肥市友城智利首都圣地亚哥市合作，促成安徽省设计研究院、市规划建筑学会和智利建筑协会在合肥举办的“当代智利建筑研讨会”。智利国际品牌委员会发展署协调员帕特瑞夏·诺达女士、智利建筑师协会建筑师主管法南多·马林先生等就智利经济现状、当代建筑等作主题演讲。

美国哥伦布市国际友好城市协会会长芭芭拉·普兹娜女士率团于中博会期间访问合肥，与合肥市有关部门就旅游市场开发、固体废物管理及水环境治理、物流运输、机场运营管理、少儿教育培训和区域经济可持续发展方面的交流与合作进行深入交流和探讨。随团访问的富兰克林郡保拉·布鲁克斯郡长还应邀在中博会“可持续发展论坛”作主题发言。

协助市教育局与美国友好城市哥伦布市、日本友城久留米市等城市开展中学师生交流、小学生足球赛等活动，促进合肥市中小学提高教师教学科研水平。友好合作城市韩国瑞山的新闻社访问团应邀访问合肥，与合肥晚报社就加强两市媒体间交流合作进行了探讨。

拓展与德国罗斯托克市、意大利都灵市、菲律宾甲美地省依木斯市的联系，商讨在加强相互交流与合作基础上建立城市友好合作关系。通过厄瓜多尔驻华大使馆，促成厄瓜多尔昆卡市市长访问合肥，推进中铁四局等企业在昆卡市合作项目的开展。

【加强与驻华使馆领馆的联系合作】 市外侨办进一步加强与各国使领馆的联系，邀请接待了马拉维驻华大使、以色列驻华大使，美国、加拿大、以色列、澳大利亚、比利时、芬兰、乌拉圭等国驻沪总领事等16批76人次来访。

积极参与各国使领馆的多种活动，合作举办一些有意义的活动，以密切联系，提升合肥影响力。2月，参加新西兰新任驻沪总领事招待酒会；3月，配合西班牙驻沪总领馆在合肥举办“西班牙建筑设计师和中国建筑设计师经验交流会”；7月，配合美国驻沪总领馆在肥举办“合肥厨师交流暨美国食品鉴赏会”；12月，与日本驻沪总领馆在合肥久留米美术馆共同举办“日本偶人展”。

【参加科技城市联盟（WTA）高科技交易会】 市外侨办组团参加有11个国家和地区75个代表团参加的第六届世界科技城市联盟（WTA）高科

技交易会。合肥市代表团专门设计制作宣传展板4块在大会展出，发放介绍合肥科技实力和进步情况的宣传彩页100余份，合肥市中英文对照外宣材料300份及三大开发区宣传材料200份，很好地宣传了合肥。

【大力拓展侨务资源】 为充分利用沿海省市丰富的侨务资源，启动“外省籍侨商合肥行活动”，通过以侨引侨的方式吸引更多侨企来肥投资。选择了侨企资源丰富的福建省开展活动，与福建省及福州、厦门等市侨办、侨企商会联系，组织侨务工作团登门拜访，邀请多批闽籍侨商访问团考察合肥。此外，邀请香港福清同乡联谊会访问团和香港诺林地产考察团来肥考察投资环境，取得了良好的效果。全国知名侨企——融侨集团投资的全资子公司安徽融侨金辉置业有限公司已于5月成功竞得位于合肥城市核心热点地块，拟投资30亿元进行开发。

市外侨办积极服务侨资企业，深入侨资企业开展调研，了解侨业发展情况及存在的困难和需要解决的问题，协调有关部门予以解决。在市领导的亲自关心下，西班牙华龙集团在新城开发区的开发项目已成功解决了拆迁难题。全年接待侨务来访100多人次，来信来电70余件，处理侨务信访案件20余例；为各类侨务对象出具各类身份证明材料65件，办理归侨侨眷证30余份，办理华侨回国定居15人次。走访慰问归侨侨眷、港澳同胞眷属20多户，发放困难救济金、慰问金共计31400元。全年争取侨务捐建小学教学楼项目两个，资助贫困大学生17名，资助贫困小学生200名，合计金额64万元人民币。

（曹建社）

民族宗教事务

【概况】 2009年，在市委、市政府的正确领导下，市民委（宗教局）和各级民族宗教工作部门围绕合肥市工作大局和全省民族宗教工作重点，以“保稳定、促发展、创和谐”为主题，加大工作力度，促进了少数民族和民族乡村经济社会又好又快发展，保持了民族宗教领域的稳定。民族宗教工作取得的成绩，受到了上级有关部门充分肯定。在第五次全国民族团结进步表彰大会上，市政府被国务院授予“全国民族团结进步模范集体”荣誉称号；合肥市新晟天工贸易有限公司完永林被授予“全国民族团结进步模范个人”荣誉称号。在全省民族团结进步表彰大会上，中共蜀山区委、合肥桂和农牧渔有限公司等5个单位和个人分别受到省政府表彰。市民委荣获2009年度全省民族工作先进集体、全省民族宗教信息工作先进集体，还全面完成年度单位招商任务，荣获市文明单位、市双拥合格单位和市卫生先进单位等荣誉称号。

【加大对民族乡村的扶持力度】 省、市民族部门扶持市民族乡、村项目26个，落实少数民族发展资金148万元。全市辖有民族乡村的县区全部配套安排少数民族发展资金，并在原有基础上大幅度提高。

市民委积极争取各级各部门和社会各界的支持。市政府办公厅下发了《合肥市民委兼职委员单位职责》，确定民委委员单位对口扶持民族乡村方案。市直有关部门领导带队，深入对口扶持的民族村调研并落实扶持项目和措施。

【宣传培训工作】 结合迎接建国60周年，9月份，在全市开展民族团结进步宣传月活动，民族宗教部门与党委宣传部联合制定宣传月实施方案。市和县区、乡镇（街道）积极行动，采取各种行之有效的措施，广泛开展党的民族理论、民族政策、民族法律法规以及民族知识的宣传教育活动，采取把宣传党的民族政策同检查党的民族政策贯彻落实情况结合起来；同表彰民族团结进步的先进典型结合起来；同帮助少数民族办实事结合起来，使“两个共同”（共同团结奋斗、共同繁荣发展）和“三个离不开”（汉族离不开少数民族、少数民族离不开汉族、各少数民族之间也互相离不开）的思想观念深入人心，进一步营造全社会关心、理解、支持民族工作，维护民族团结的良好氛围。

国庆期间，合肥市召开庆祝新中国建立60周年“民族团结，宗教和谐”座谈会。全市宗教界开展以“祝福祖国”为主题的群众性爱国主义教育活动。市民委还先后组织全市民族宗教界人士赴贵州、海南、滨湖新区、科学岛等参观。

10月，与市委组织部、统战部联合在武汉中南民族大学举办全市少数民族人才培训班，先后举办一期全市伊斯兰教人士培训班，全市宗教界人士培训班，全市民族宗教干部培训班。全年市本级共培训“三支队伍”300多人，还选派了多名干部和民族宗教界人士参加国家和省里举办的各类培训班。各县区也分别组织各类培训班，开展培训工作。指导宗教团体对教职人员开展培训工作。市基督教两会从全国两会请老师来授课，市佛协结合讲经比赛开展培训活动。拟订并提请市民族宗教工作领导小组下发了《市民族宗教工作“三支队伍”培训规划（2009—2012年）》。

【推进宗教活动规范化】　宗教部门定期到宗教活动场所检查《宗教事务条例》的落实情况。认真指导帮助佛教、天主教和基督教、伊斯兰教做好除夕、圣诞节、斋月期间，以及宗教节日庆祝活动中的安全防范工作。对已取缔的非法宗教活动场所加强监督检查，防止死灰复燃。依法取缔、制止了多起违法宗教活动。

【创建活动】　市民委组织开展“和谐民族乡村”及“和谐寺观教堂”创建活动。结合合肥市实际，制定下发创建活动实施方案，并积极推进创建活动深入开展，涌现出肥东县花滩“和谐民族乡村”，以及合肥明教寺、合肥基督教堂、蜀山区南岗清真寺三个“和谐寺观教堂”等一批先进典型。指导宗教界继续发扬优良传统服务社会，全市宗教界发挥独特优势，开展慰问困难群众、孤寡老人等社会公益慈善活动。

【维护民族宗教领域稳定】　“国庆”60周年及中博会期间，合肥市开展民族宗教领域的矛盾纠纷排查工作，对矛盾和纠纷进行梳理，化解隐患，落实了责任。加强值班和领导带班，密切关注动态，加强分析预警，及时、妥善处置了特殊时期密集出现的矛盾和纠纷。

“7·5”事件发生后，民族宗教部门及时向宗教界人士和信教群众通报事实真相，强烈谴责打砸抢烧严重暴力犯罪活动，宣传“团结稳定是福，分裂动乱是祸”的道理，全市各族群众充分相信党和政府维护社会稳定的能力，高度警惕，严密防范，从自己做起，从身边事做起，不信谣、不上当，自觉维护社会稳定，自觉维护民族团结。各级民族宗教部门加强值班，深入宗教团体和活动场所走访，密切关注动态，及时处理有关问题。各清真寺广泛开展以维护民族团结、坚决反对暴力为主题的宣传活动，教育引导信教群众维护民族团结、社会稳定。

合肥市注重发挥民族宗教界人士和广大群众在处理突发事件方面的重要作用，维护稳定深入民心。民族宗教工作干部坚持到现场了解动态，掌握信息，积极调解、处理，做好说服教育工作。市及县区也总结、创造了比较好的处置办法。全年妥善处理了多起突发的矛盾和纠纷。

【管理和服务】　市民委（宗教局）注重加强与民族宗教界上层人士沟通交流，尽可能地帮助民族宗教界解决一些实际困难和问题。如帮助协调解决外来少数民族人员子女上学难，帮助解决佛教的开福寺建设、肥东牌坊清真寺修缮、基督教堂建设及献堂典礼、天主教堂迁建选址等问题。强力推进涉及少数民族群众的三项民生工程。将清真牛羊肉定点屠宰、清真餐饮、清真寺修缮三项民生工程列为工作的重点，得到市委、市政府的大力支持。市财政拿出专项资金，用于扶持清真餐饮企业。招商引进有上百年历史的安庆马盛兴清真饭店来肥开办一家清真饭店，可同时接待300名食客。市政府安排73万元经费修缮合肥清真寺，并将项目纳入政府招标工程。清真牛羊肉定点屠宰已落实一家民营企业。

【调研工作】　市民委（宗教局）领导班子成员经常深入到基层，深入民族乡村、农户和宗教活动场所，就经济社会发展、民族团结、宗教和睦等方面进行专题调研，为进一步做好民族宗教工作提供决策依据。就西部少数民族大量涌入内地城市务工经商开拉面馆，在融入过程中不断发生矛盾纠纷问题，联合公安部门赴西安、兰州两地进行调研和考察学习，召开了城市民族工作座谈会；选择部分高校作为重点，对宗教工作情况和信教情况抽样调查，撰写了合肥城市民族工作调研报告和加强合肥市清真寺管理的调研报告，以及高校宗教工作情况调研报告等等。多个调研成果已被上级有关部门采用，有力推动了工作的深入开展。在省民委开展的调研成果评比中，合肥市一篇调研报告获得一等奖、一篇获得三等奖。　（孙　斌）

地方志工作

【概况】　2009年，市委调整充实了地方志办公室领导班子。市方志办在新的领导班子的带领下，进一步增强责任意识和大局意识，建立健全管理制度，大力推进编鉴修志及各项工作。市志编纂取得了阶段性成果，到年底，印制出300多万字的《合肥市志》合成本。《合肥年鉴》（2009卷）在第四届全国年鉴编纂出版质量评比活动中获综合一等奖；在全省年度综合考核中，市志办被评为安徽省地方志系统年鉴工作先进单位。

【市志编纂】 《合肥市志》（1986～2005）编纂工作始于2004年4月。2005～2007年，《合肥市志》专业志基本完成了志稿的编写任务。2009年9月初，新的领导班子上任后，积极推进修志工作，认真梳理编纂进展情况，明确市志编纂工作思路和工作计划，积极争取市政府对市志工作的重视。12月15日，市长吴存荣主持召开市政府第49次常务会，听取了续修《合肥市志》的工作汇报。会议认为，修志是对城市历史的承载和延续，是一项认识过去、服务现在、开创未来的事业，理应得到全社会的关注。常务会同意调整地方志编纂委员会成员，由市长吴存荣担任编委会主任；要求以市政府办公厅名义发文，协调尚未启动或尚未定稿的承编单位尽快完成任务；有关经费市财政予以保障。会后，市政府办公厅先后下发了《关于商请驻合肥市的中央和省属单位承编〈合肥市志〉有关内容的函》和《关于做好合肥市志志稿资料的核实与补充工作的通知》，要求各有关承编单位认真做好市志志稿及“图片”、“大事记”、“人物”等资料的收集和补充工作。2010年1月，《合肥市志》进入总纂阶段。为顺利开展市志总纂工作，根据市政府常务会议要求，按照《合肥市志》编纂大纲的安排，市志办进一步明确责任分工，建立有效的工作机制，扎实有序地推进市志总纂工作。

【年鉴编纂】 《合肥年鉴》以做好“三服务”，即为党委政府服务，为科学发展服务，为人民群众服务为宗旨，全面反映合肥经济社会年度发展情况，突出记载市委、市政府一年来坚持以科学发展观为指导，进一步解放思想，坚定信心，推动合肥经济社会更好更快的发展历程。年鉴在保持体例结构基本稳定的情况下，对个别栏目和有关内容进行了调整充实。在“综要”栏目设立了“自主创新”、“三县经济发展”、“县区工业园区建设”及“三农情况”“滨湖大城市建设”等条目专题。既有反映全市基本情况的条目，也有突出反映市委市政府的创新举措、重大成果的动态条目，比较全面地记述了全市各行各业各单位的发展变化和取得的突出业绩。

《合肥年鉴》已成为了解市情的资料书、支持决策的参考书、资政利民的工具书。在第四届全国年鉴编纂出版质量评比活动中获综合一等奖，框架设计一等奖，条目编写一等奖和装帧设计二等奖。

【读志用志】 9月26日，市志办组织参加了纪念建国六十周年安徽省地方志成果展，展览分为科教基地、地方志工作、开发资源、丰硕成果四个部分，内容丰富、图文并茂，吸引了社会各界广泛关注。积极发挥地方志资政、资商、资业作用，及时为新上任的市领导呈送《合肥市志》、《合肥年鉴》、地情书等资料300余本，在网站开辟栏目，向公众提供合肥老地名来历等有关市情介绍，向档案局、图书馆、企事业单位提供志书、年鉴及地情书。

【研究成果】 2009年，市志办在安徽省地方志办公室主办的《治皖一叶》上刊发方志研究文章8篇，在《志苑》杂志上刊发地情资料及论文8篇，15篇地方志报道被《合肥晚报》刊用。

【旧志整理】 市志办组织人员对《庐州府志》和《香花墩志》进行点校。《庐州府志》为嘉庆七年（1802年）由庐州知府张祥云主修，孙星衍编纂。全书为54卷图1卷，内分沿革志、山川志、古迹志、城署志、人物志和大事志等，反映出当时庐州府所辖的合肥、巢湖、庐江、舒城、无为的情况。

【县区修志工作】 全市10部县、区志的编纂工作进展顺利。《肥西县志》、《庐阳区志》已通过评议，正在修改打磨并准备送审。《长丰县志》《合肥新站综合开发试验区志》已准备印刷出版。新修《合肥高新技术产业开发区志》、《合肥经济技术开发区志》、《合肥市蜀山区志》、《包河区志》已完成初稿编撰，准备组织评审，《瑶海区志》、《肥东县志》的志稿正在修改完善。

合肥市地方志编纂委员会
关于调整合肥市地方志（年鉴）
编纂委员会成员的通知

（合志编〔2009〕2号）

各县、区人民政府，市政府各有关部门：

合肥市地方志编纂委员会"合编〔2005〕3号"文件调整了市地方志（年鉴）编纂委员会成员。鉴于政府机构改革后的实际状况和有关人事变动，经2009年12月15日市政府第49次常务会议研究，同意再次调整合肥市地方志编纂委员会成员。调整后的成员名单如下：

主　任：市长

副主任：副市长（分管地方志工作）

市政府秘书长

市地方志办公室主任

委　员：市委办公厅主任

市人大常委会办公厅主任

市政府办公厅主任

市政府副秘书长（协助分管副市长工作）

市政协办公厅主任

市纪委秘书长

合肥警备区参谋长

市委组织部常务副部长

市委宣传部常务副部长

市委统战部副部长

市委政法委副书记

市机构编制委员会办公室主任

市委保密委员会办公室主任

市发展和改革委员会主任

市经济和信息化委员会主任

市农业委员会主任

市城乡建设委员会主任

市国有资产监督管理委员会主任

市教育局局长

市科技局局长

市公安局局长

市民政局局长

市司法局局长

市财政局局长

市人力资源和社会保障局局长

市交通运输局局长

市水务局局长

市林业和园林局局长

市文化广电新闻出版局局长

市卫生局局长

市人口和计划生育委员会主任

市审计局局长

市环境保护局局长

市商务局局长

市体育局局长

市统计局局长

市人民政府法制办公室主任

中国人民银行合肥中心支行行长

市国家税务局局长

市地方税务局局长

市工商行政管理局局长

合肥高新技术产业开发区管委会主任

合肥经济技术开发区管委会主任

合肥新站综合开发试验区管委会主任

市总工会主席

市工商业联合会党组书记、副主席

肥东县县长

肥西县县长

长丰县县长

瑶海区区长

庐阳区区长

蜀山区区长

包河区区长

特此通知

合肥市地方志编纂委员会

二〇〇九年十二月三十一日

市行政服务中心

【基本情况】 2009年，市行政服务中心（以下简称“中心”）在市委、市政府的正确领导、各窗口和热线成员单位的积极配合下，牢固树立“发展为上、投资为本，环境比投资更重要”的理念，深入学习实践科学发展观，改革微观环节，改进服务方式，规范并联审批，推行服务热线首接负责制，探索标准化服务建设，圆满完成各项工作任务。全年接待办事、咨询群众40多万人次，办理行政许可（审批）事项27.9万件，办结率98.9%，即办率85.1%；组织联合办理和现场踏勘576次，办理项目586个。全年受理热线电话25.27万件，在对8429件办理结果回访中，满意率92%。先后接待来自全国各地考察团队30多批次，荣获“全国三八红旗集体”、合肥市第十一届文明单位等光荣称号。

【更新服务理念】 “中心”结合学习实践科学发展观活动的开展，广泛开展学习调研、分析检查活动，倾听投资者心声，了解人民群众需求，强化为投资者服务、为基层服务、为人民群众服务的意识，将群众是否满意作为检验工作成效的标准。激发全体工作人员始终保持廉洁务实、积极进取的工作状态，营造勤奋工作、赶超先进的良好工作氛围，在增强服务能力、改善微观环节、提升服务水平等方面广泛形成共识，主动解决投资者和人民群众反映的突出问题 7 个，为企业和公众办实事 91 项。

【改善服务细节】 “中心”积极做好与滨湖新区的互通、联动，实行无缝对接。制定与滨湖项目相关的办事指南，凡是在滨湖落户项目的审批，指定专人负责，保证项目在第一时间内完成审批手续。在并联审批中，对建设项目、教育类和国企改革类项目即到即办，尤其是对落户开发区和工业园区的项目开辟“绿色通道”，全程跟踪服务。同时，按照问计于基层、问计于服务对象的要求，定期与企业和办事群众沟通，不断改进服务细节。全年共收到锦旗 38 面，各类感谢信、表扬意见共 100 余次。

【完善服务功能】 为落实政府一系列优惠政策，“中心”积极配合有关部门，将工业项目减免、高新技术扶持、汽车以旧换新等政府奖补资金申报纳入窗口办理，全年申报项目 5431 个，奖补资金 9.05 亿元，这些奖补资金的金额和具体流向均在“中心”大屏进行公示。为进一步方便人民群众，“中心”积极促成公积金在大厅设立办理窗口，并提供各项保障服务。公积金除贷款以外的所有业务均已在窗口正常运作，深受群众好评。按照省市要求，在窗口增设信息公开申请受理点，接受公众的信息公开申请并给予办理。并在市政务公开网及时公开各项应公开信息，确保公众的知情权。

【转变管理方式】 “中心”2009 年被列为国家级公共服务标准化建设试点单位，按照试点要求和进度安排，细化试点方案，明确责任单位和完成时间，稳步推进试点工作。自 7 月 10 开始，“中心”对窗口办事情况进行手工登记，对每日办件汇总分析、跟踪回访，取得较好成效。在此基础上，对办事登记系统进行深入调研，提出了实施方案、需求报告和建设方案。按照市行政权力公开运行的要求，邀请专家对“中心”现并联审批系统进行评估，提出升级完善的意见和方案。继续强化窗口日常督查和双月考评机制，及时掌握窗口情况，全年共收到服务评议卡 575 张，满意率 99 %。进一步规范窗口部门领导到窗口工作情况，全年窗口部门领导在“中心”签到累计 894 人次。

【强化服务时效】 “中心”一是强化热线统一受理，完善热线服务机制；出台《首接负责制实施办法》，制定了首接负责制、统一政府服务热线号码等 5 个实施细则；对受理、办理、督办等环节进行细化和规范。二是强化督查督办，全年共立案督办 264 件，召开现场协调会 113 次，审核反馈单 43475 件；在限时办结的基础上，严把反馈质量关，对办理质量不高的事项退回重办，全年共对 424 个（次）办理质量不高、电话无人接听、未履行首接或协同责任的成员单位进行了通报。三是主动服务中博会、大建设、景观整治、文明创建等，充分发挥 12345 事前征求意见、过程进行监督、事后听取评价的作用，积极做好政策宣传、咨询解答、矛盾化解工作。四是服务民生，充分发挥 12345 互联互动的平台优势，及时发布停电停水停气、道路封闭、公交线路调整、有线电视信号中断等信息，减少群众投诉，降低行政成本。五是认真贯彻落实《领导干部接听服务热线制度》，全年市领导接听 18 批 23 人次，接听电话 135 个，所反映问题全部解决；注重征集群众意见和建议，提前公告成员单位接听主题，部门专题接听 38 批 201 人次，接听来电 1002 个。六是积极参与城市网格化管理系统建设，在学习调研的基础上，参与网格化建设方案的制定，积极做好实施的准备工作。

【加大招商引资及宣传力度】 “中心”组建第六批招商小组。按照市委、市政府统一部署，积极发掘潜在的招商资源，多方寻找外来投资信息，主动和有投资意向的投资人联系，协助投资人完善各项报审材料，为企业提供从设立到落地的全程服务，圆满完成全年招商任务。继续加强对外宣传，配合“中博会”宣传工作，在《香港文汇报》“合肥大超越”进行专题宣传。分别与合肥电视台和《江淮晨报》联办专栏 183 期和 300 期，省、市其他新闻媒体编发各类报道 336 篇。其中“12345 政府服务热线”电视专栏荣获“安徽省广播电视新闻奖十佳名栏目”。

【推进县区“中心”建设】 合肥三县四区行政服务中心，在县区党委政府领导下，各项工作稳步推进，服务功能不断完善，服务机制不断创新，服务范围不断延伸，微观环节改革不断深入，服务效能大幅提升。三县四区行政服务中心全年共办结各类事项 108 万余件，为优化投资环境，推动县域经济发展、维护社会稳定做出重要贡献。

（李银发）

招投标工作

【概况】 合肥市招管办和合肥招投标中心自2006年12月25日正式挂牌成立以来，在市委、市政府的正确领导和省、市相关部门的大力支持下，招投标工作呈现出持续、快速、和谐发展的良好势头。2009年，是全市招投标工作发展具有里程碑意义的重要的一年。一年来，市招管办深入贯彻落实科学发展观，传承并弘扬招投标改革创新精神，围绕中心、服务大局，实施“二次创业”，努力打造“合肥模式”的招投标品牌，积极推进合肥市公共资源交易工作创新发展，取得阶段性成效。

2009年，全市公共资源市场化配置工作不断推进，交易手段不断创新，交易范围和区域逐步扩大，交易制度、交易秩序和内部管理日趋完善。规范顺利地完成了建设工程、政府采购、产权交易和土地拍卖四大类交易活动，取得了良好的政治、经济和社会效益。全年进场交易项目3334个，较2007年、2008年分别增长31.42%、19.93%；中标金额414.03亿元，较2007年、2008年分别增长54.2%、69.88%，创招投标统一市场运行以来新高。进场交易项目和交易规模两项指标超过全省16地市总和，居中部六省省会城市前列，位于全国省会城市上游。其中建设工程和政府采购中标金额179.85亿元，产权交易和土地出让成交金额234.19亿元。一年来，通过全市统一的招投标平台节约资金和增值资金累计143.23亿元。

【保障重点建设项目】 在保障全市大建设项目顺利实施过程中，招投标工作克服时间紧、任务重等种种困难，开拓工作思路，创新工作方法，相继完成长江西路高架、裕溪路高架、南北高架一号线、轨道交通试验段、渡江战役纪念馆、新桥国际机场、国际会展中心、安徽名人馆、国际创新馆等重大项目，以及各开发区、工业园区、滨湖新区的工业项目、交通水利、基础设施、生态环保和民生工程等重点项目。2009年完成大建设项目741个，中标金额120.07亿元，与控制价相比，节约资金58.81亿元，节约率32.88%。

【拓展政府采购领域】 政府采购顺利完成全市2009~2010年重点建设工程中钢材、水泥、沥青、管材等大宗材料首次进场集中批量采购，节约资金1.64亿元，有力保障了重点项目的建设进度和工程质量。首次开展2009年度市直单位日常办公用品试点政府采购，节约财政资金133.81万元，节约率13.4%。顺利完成中博会召开前的灯饰亮化、景观整治、交通标识、鲜花采购等工作，节约资金2.13亿元，保障了中博盛会顺利召开。完成职教城污水处理厂运营权、合肥大剧院和奥体中心经营权等公益性项目经营权招标，取得良好的社会效益。全年政府采购完成项目1534个，交易金额突破30亿元，节约资金9.96亿元，节约率24.8%。

【扩大产权市场】 合肥市积极拓展产权交易业务，开辟外地市场，努力打造“朝阳”产业。与上海联合产权交易所签署战略合作协议，融入泛长三角区域产权共同市场；建立合蚌芜产权联合交易市场，并开通同体网站；与联合国南南技术产权交易所展开了合作，挂牌成立南南技术产权交易所安徽工作站；首次开展市府广场、逍遥津地下通道户外广告使用权招租，《合肥晚报》和《合肥日报》广告经营代理权招标；完成安徽古井集团40%股权转让，产权交易市场对外影响力得到进一步提升。全年共完成200宗产权交易项目，挂牌底价33.35亿元，合同成交额36.66亿元，增值率9.91%。

【土地市场日趋繁荣】 合肥土地交易市场对多元投资主体的吸引力持续增强，吸引了全国众多知名房地产公司来合肥投资，打造品牌，土地交易市场日趋火暴。全年成交土地242宗（含165宗工业用地），总成交价197.53亿元（含29.06亿元工业用地），增值51.96亿元，增值率35.69%。单价拍出了2274万元/亩的最高出让价格。全年经营土地交易总量居中部六省省会城市第一。

【制度建设和制度创新】 市招管办和招投标中心以“制度巩固年”为契机，始终坚持一手抓整治规范、一手抓长效机制建立。起草并经市政府下文发布了《关于进一步加强招标投标监督管理的意见》、《小额零星项目定点招标和快速通道暂行规定》，创新并丰富了市政府126号令的实施内容；与市监察局、建委、公安等部门联合制定《合肥市招标投标违法案件联动管理办法》、《关于治理建设工程项目挂靠行为的实施办法》等16个规章制度，从严规范各个环节招投标行为。实践证明，这些规章制度的出台，对规范招投标活动，消除

“潜规则”空间，树立“公开、公平、公正”的阳光平台形象，发挥了重要作用。

北京市建设工程招标办组团来肥考察调研招投标市场

【健全完善有效最低价中标制度】 按照国际通行惯例和国家有关法律法规，合肥招投标中心在建设工程项目和政府采购通用货物上全面贯彻执行有效最低价中标制度，在此基础上，着重在保证“有效性”上下功夫。为防止投标人盲目低价中标并在中标后巧立名目变相提高合同价款，或在施工过程中偷工减料，影响工程质量，中心联合监管部门和业主单位，建立中标单位风险包干制度，承担全部低价风险责任，强化风险主体。严格评审制度，加强评标专家责任，对投标报价明显降幅过大，或投标报价不符合造价要求的，采取一票否决；健全失信惩罚机制，对恶意低价抢标或中标后放弃中标资格的，进行严格惩处和打击，予以记入不良记录、公开曝光等处罚；建立设计赔偿制度，设计单位和设计人员对因设计原因造成的失误，赔偿全部经济损失。近年来，通过实施有效最低价评审，产生了一大批优质建设工程，如：徽州大道南段获2008年度国家“鲁班奖”；金寨路高架桥工程荣获2009年度国家优质工程奖；在2009年度全省“黄山杯”评审中，合肥高新股份公司信息安全研发楼、市民主党派机关综合办公楼、滨湖新区寄宿制高级中学12#教学楼和滨湖新区初中办公实验楼等项目均获殊荣。

【推进信息化建设】 信息化建设是提高招投标效率，预防招投标腐败的重要手段。2009年，全新改版合肥招投标中心网站，丰富内容，充实信息，现日均点击率已达5万人次，居市直单位门户网站前列。开辟招投标网上报名系统，实现“绿色招投标”。建立投标单位会员库，将投标人的资信、业绩等基本信息录入数据库，并将会员库使用与市场准入、招投标、资格审查等业务活动有机结合起来，有效遏制串标、围标行为。建立网上电子监察、评标专家自动抽取和名单密封打印、电子辅助评标、投标交费网上支付和结算等系统，实现“不找市长找市场，不找关系找平台，不找人员找网络”的新招投标模式。2009年底，会员库已有正式成员单位2000多家，有2823个项目实行网上招投标。

【完善监管体制】 加强对专家及专家库管理，建立起跨地区和跨行业的专家库，整合各类专家4000多人，建立项目专家咨询委员会和资深专家库制度，实行重大建设项目专家评委异地抽取，联合市纪委、检察机关将7名受贿的专家评委绳之以法。深入治理招投标微观环节，经多轮次的风险点排查，共梳理出20环节35个风险点，制定相应防范措施，堵塞了漏洞，防止跑风漏气。市招管办会同市建委、重点局，在5月、10月两次对在招投标过程和工程建设过程中存在的严重违约和不良行为的24家违规企业给予处罚，并通过多家媒体公开曝光。

【优化招投标流程，规范招投标行为】 信息发布阶段，所有项目招标公告除在合肥招投标中心网站发布外，还在国家、省级信息网站、《新安晚报》、《合肥晚报》同时统一发布交易信息，有效扩大了信息覆盖面，提高了竞争力。报名阶段：建立投标人基础会员库，全面推行网上招投标，严格信息保密，限制和杜绝任何单位和个人打探、泄漏投标报名信息的可能。招标文件制作阶段：制定适合各行业特点的分门别类的招标文件标准文本，减少招投标各方的自由裁量权，也有效杜绝招标文件中出现的同类项目、同样问题对投标人资质及所需提供资料的内容、格式要求不一致的现象。在开评标阶段：新聘请不同行业，不同背景的37名“大众评委”作为特邀监督员，强化招投标市场监督体系。在合同签订阶段：全面推行《项目合同》、《廉政合同》，在规定地点，规定人员，规定时间，现场签订合同，现场公证。加强标后监管，对招投标中违法违纪案件，综合运用行业监管、纪检监察、审计、公安、检察等职能，跨部门联合执法，使工作重心向标后监管延伸。另外，还制定了针对招投标中心内部工作人员的责任追究办法，强化招投标工作人员廉洁自律、依法办事的意识。

【提高招投标品牌的市场影响力】 8月9日，

《中国纪检监察报》头版以《让权力退出 靠制度运行》为题，全文介绍了合肥招投标体制改革和机制制度建设。8月13日，《安徽日报》焦点新闻专栏以《权力集中，程序严密，监管有力——阳光招标封堵“灰色地带”》介绍合肥市招投标管理体制改革创新做法和成效并配发评论。12月25日《安徽日报》、《合肥晚报》专版介绍合肥招投标改革3周年成果，使合肥模式的招投标改革成为全省的标杆

市招管办积极开展对外推介活动。11月，会同市建委等相关部门在北京成功举办“合肥重点建设项目推介会”后，12月，在上海成功承办了“中国·合肥国有产权转让暨承接长三角产业转移重点项目招商对接会”，活动达到了预期效果，取得圆满成功。2009年以来，合肥招投标市场影响力不断扩大。北京、广州、南京、深圳、沈阳、长沙、南昌等城市组团50多批次来合肥市进行招投标调研交流，学习合肥模式。规范有序的招投标活动吸引了如河南平顶山市、芜湖市、六安市、宿州市、铜陵市等外地市和中央、省部属的重点建设项目，来合肥招投标中心进行开评标活动。一些非市属投资项目、非政府投资的民营项目、社会项目、招商引资项目，如格力电器工业园、合肥三洋南岗机电产业园、新站开发区为京东方配套的鑫昊电子和彩虹电子项目、中科大综合楼等建设项目纷纷进合肥招投标中心。

【健全县区招投标平台】 随着全市招投标体制改革实践的深入开展，三年来，各县域招投标体制改革工作也取得新突破。长丰、肥西、肥东相继建立了县域内统一的招投标管理机构，建立了统一的操作平台，建立健全规章制度，创新操作办法，建立起全市统一的“阳光”招标市场，开辟全市招投标工作新局面。长丰县建立乡镇招投标中心，扩大招标区域。肥东、肥西县两县都在上年成立并健全了招管办和招投标中心的组织机构和运作体制，建立功能齐全的开评标场所，制定内部管理制度和业务流程等规章。2009年，三县共完成建设工程、政府采购项目1460个，成交金额19.08亿元，节约资金2.36亿元，呈现集中进场、统一监管、严格执法、闭合管理的显著特点，为县域经济发展做出积极贡献。

各城区、开发区、工业园区以及滨湖新区、政务区不断加快市场化建设步伐，改革创新，完善制度，依法招标意识逐步增强，按照市政府126号令“应进必进”的规定，对限额以上招标项目都进入合肥招投标中心公开交易，对限额以下的项目也能在辖区内依法开展招投标活动，有效巩固和扩大招投标改革成果。

为加快区域平台建设，按照市委、市政府关于招投标体制改革的总体要求，先后到县区、开发区、工业园区等进行工作调研，现场服务，解决困难和问题。加强对各县区招投标机构的业务指导和技术支持，从人员培训，信息化建设，到专家系统无缝对接等给予全力支持，进一步完善县区级招投标监管机构和市场服务功能，为市县同步发展，同步提升，服务县区发展，做出积极努力。

【合肥要素大市场建设】 在滨湖新区规划建成占地170亩、建筑面积达20万平方米的要素大市场涵盖招投标、人才劳动力、房地产交易、文化艺术动漫版权、金融证券期货以及环境能源交易、股权交易等公共交易资源市场。同时将利用合肥省会中心城市的有利资源，逐步整合省及合肥、芜湖、蚌埠市要素交易载体，实时连接上海、天津等地产权交易市场，构建具有区域特色、带动全省、辐射泛长三角、全国领先的区域性要素市场集聚平台，将分属不同行业、部门的要素市场通过整合纳入平台，统一监管，增强区域综合能力，建成全国规模最大的资本要素大市场。

（市招管办）

机关事务管理

【概况】 2009年，市机关事务管理局以科学发展观为统揽，围绕“全省一流、全国领先”的目标，积极探索机关事务管理工作的新路子、新办法，机关事务管理和公务接待工作迈上新的台阶。局机关先后荣获全省机关事务管理和接待系统先进集体、市级文明单位、市级卫生先进单位、市级消防先进单位、市信息工作先进单位、市保密工作目标管理考核先进单位及中华全国总工会颁布的“全国职工书屋示范点”等荣誉称号。

【机关后勤管理】 商务中心完善服务功能，引入火车票代理点和摄影摄像工作室。坚持对两家职工餐厅的每日例行巡查、每周防疫检查、每半月食材检查、每月满意度测评、每季度油烟管道安全

检查，确保餐饮安全和服务质量。对物业公司实行动态监管，做好政务中心大楼卫生保洁、绿化养护工作。加强市委、市政府宿舍区的管理服务，及时组织对宿舍区内危房鉴定、修缮，实时跟踪监管宿舍区改造施工现场，保质保量完成小区改造工作。强化资产监管，对资产处置实行全程网络化流程管理，对接待用品全面实行微机化管理。

【安全稳定工作】　加强政务中心大楼和民主党派综合楼设施设备的检测检修，确保设施设备安全运转。全年组织4次消防安全全面检查，消除消防安全隐患。全面清查政务中心“一卡通”，核销废卡，消除安全隐患。加强公务用车管理，强化安全、文明行车意识，全年安全行车150万公里无重大责任交通事故。高度重视维稳工作，制定应急预案，确保政务大楼“门前清”。

【公共机构节能】　在获得2008年度全市节能目标超额完成奖的基础上，市机关事物管理局继续探索创新，建立全市公共机构节能联络员制度，成立市公共机构节能工作领导小组，举办节能宣传展、制发宣传手册，开展《节约能源法》、《公共机构节能条例》和能源资源消耗统计软件集中培训。继续会同物业管理公司及节能企业，制定论证市政务中心大楼节能技术改造方案，获得国务院贯彻《公共机构节能条例》检查组一致好评。

【公务接待】　接待工作强化精品意识和成本意识，建立责任制和责任追究制。签订廉洁从业责任书，坚持定点接待，严格接待标准，使接待经费的结算规范化、制度化，有效控制了接待成本，提高了接待服务水平，出色完成第四届中博会、央企对接会等80余批重大招商、会展、考察活动接待工作。安徽省人民政府授予市机关事物管理局第四届中博会活动组织奖、中博会组委会授予该局第四届中博会优秀组织奖。

（童　立）

人民政协

中国人民政治协商会议合肥市委员会

【概况】 2009年，市政协在中共合肥市委的领导下，全面贯彻落实科学发展观，牢牢把握团结和民主两大主题，自觉服从和服务于全市“保增长、保民生、保稳定、促发展”工作大局，组织广大政协委员和政协各参加单位，认真履行政治协商、民主监督、参政议政职能，通过全委会全面协商、常委会议专题协商、专委会对口协商等形式，为市委、市政府科学决策提供了智力支持，围绕“三保一促”主动作为，献计出力，体现了人民政协的独特优势和重要作用，为合肥跨越式发展与和谐社会建设作出了积极贡献。

中国合肥·广州投资项目推介暨合肥之友广州理事会成立大会

【市政协第十二届二次会议】 市政协第十二届二次会议于2009年1月6~9日在市政务中心大会堂召开，来自全市各条战线的459名委员参加了会议。会议听取和审议了《市政协第十二届委员会常务委员会工作报告》，听取和讨论了政府工作报告，讨论了关于合肥市2008年国民经济和社会发展计划执行情况及2009年计划草案的报告、关于合肥市2008年财政预算执行情况和2009年财政预算草案的报告、市中级人民法院工作报告、市人民检察院工作报告，审议了《市政协十二届二次会议提案审查情况报告》，会议表彰了24件优秀提案。会议增选郭本道、杨治茂为十二届市政协副主席，通过《市政协十二届二次会议决议》。48位委员和政协参加单位代表就加快试点市示范区建设、发挥人力资源优势参与泛长三角区域合作、加大农村村庄综合整治与改造力度、文化产业发展、加强县（区）政府投资项目建设管理等，作了口头或书面发言。

【政协常委会议】 市政协十二届五次常委会议于1月9日在梅山饭店北楼二楼群贤厅召开。会议听取市政协十二届二次会议大会秘书处关于小组讨论情况综合汇报；通过增选十二届市政协副主席候选人名单；通过市政协十二届二次会议选举办法（草案）、选举监票人名单（草案）、会议决议（草案）、会议提案审查情况报告。

市政协十二届六次常委会议于4月1日在市政务中心10号会议室召开。全国政协常委、省政协副主席刘光复和全国人大代表、市委副书记、市长吴存荣分别传达全国政协十一届二次会议精神和十一届全国人大二次会议精神，会议通报了市政协2009年工作要点以及围绕“三保一促”开展政协委员创实绩、展风采活动的实施意见。

市政协十二届七次常委会议于7月9日在市政务中心10号会议室召开。会议听取了市委副书记、市长吴存荣关于合肥市2009年上半年经济社会发展及现代服务业发展情况的通报；听取了市政协“加快发展我市现代服务业”调研各课题组调研报告的汇报；审议通过了《关于加快发展我市现代服务业的建议》。

市政协十二届八次常委会议于9月25日在市政务中心10号会议室召开，会议听取了市委常委、政法委书记杨思松关于合肥市维稳工作情况的汇报；听取了市政协和肥东、肥西、长丰县政协调研组关于加强农村基础设施和环境建设调研报告的汇报；审议通过了《第十二届市政协常委会关于加强农村基础设施和环境建设，促进我市新农村建设深入发展的建议》、《政协合肥市委员会关于加强对政协委员履职服务与管理的暂行办法》和《政协合肥市委员会关于进一步发挥界别作用的意见》。会议还就学习贯彻中共十七届四中全会和人民政协成立60周年大会精神进行部署。

【政治协商】　市政协通过全委会议全面协商、常委会议专题协商、主席会议重点协商、专委会对口协商以及各民主党派、工商联、无党派人士座谈会等形式多样的协商活动，紧紧抓住事关全市发展大局的重要问题，坚持以科学发展观为统领，切实促进科学发展与和谐发展。市政协把“现代服务业发展”和“农村基础设施建设”确定为全年重点调研课题。围绕这两大课题，组成专题调研组，由各位主席分别带队，市、县（区）政协上下联动，历时几个月，深入基层、深入群众，广泛集中委员和各界人士的智慧，形成相关调研报告13份。市政协十二届七次常委会和八次常委会先后围绕“现代服务业发展”和“农村基础设施建设”开展专题协商，分别形成《第十二届市政协常委会关于加快发展我市现代服务业的建议》和《第十二届市政协常委会关于加强农村基础设施和环境建设，促进我市新农村建设深入发展的建议》，共提出37条建议，提交市委、市政府决策参考，为合肥市现代化滨湖大城市建设发挥积极的促进作用。各专门委员会分别围绕应对国际金融危机影响、市工业经济发展、农民专业合作组织发展、医疗卫生、食品安全、第四届全国体育大会筹备等方面工作，主动邀请市直有关部门负责同志为委员介绍情况，通报工作。邀请市直有关部门的同志参加专门委员会组织的视察、考察、专题调研等活动。对重要的参政议政成果，均以调研、视察报告的形式，及时送达相关部门参考。

【民主监督】　市政协各专门委员会组织委员对合肥市闲置土地清理工作、妇女儿童维权工作站管理和服务情况、“法治县区”创建活动、农村医疗卫生、食品安全、以及关心老年人、残疾人、低保户等弱势群体等工作进行视察，积极了解民情，反映民意，集中民智，促进了多项民生问题的解决。12月30日，市政协社会法制委员会组织部分委员召开专题座谈会，就合肥市规范行政处罚自由裁量权阳光运行试点工作提出建议。参加会议的委员们踊跃发言，提出了很多富有见地、十分中肯的建议。通过新闻媒体进一步发挥政协民主监督作用，创新《政协论坛》制作方式，全年共制作播出《政协论坛》电视节目26期，许多百姓关注的《学前教育》、《关注加气难》、《关注停车难》、《解放合肥》等节目，收视率位居同类节目前列，受到广大群众的好评。

【参政议政】　12月1日，市委召开合肥市社情民意座谈会，10位委员围绕合肥经济社会发展大局和人民群众普遍关心的热点难点问题作了口头发言。座谈会采取现场互动的形式，市直各有关部门负责人与政协委员展开了面对面的交流。12月8日，市政府召开政协委员议政会，江洪副市长通报了合肥市现代服务业发展以及农村基础设施和环境建设情况，10位政协委员围绕“加快发展现代服务业”和“加快农村基础设施和环境建设”两个专题，分别就如何加快市科技中介服务体系建设、促进合肥市旅游业发展、加强合肥市周边城镇金融服务推进新村建设、改善农村土地承包经营权流转状况、加强农村居民饮水安全工程建设等问题发表了意见和建议。两次会议共有41位委员作了书面发言。市委、市政府主要领导主持会议，高度肯定了市政协富有成效的工作和政协委员为“三大推进”作出的贡献，要求相关部门认真研究委员提出的意见、建议，充分加以采纳。市政协与省政协联合开展的城市清真饮食情况调研，提出了发展合肥清真餐饮业的具体意见和建议。政协还组织力量对合肥市学前教育问题进行了深入调研，建议尽快出台《合肥市学前教育管理条例》，将合肥市学前教育的规范发展纳入法制化轨道。调研成果受到了高度重视，市有关领导对此作出批示。《合肥市学前教育管理条例》已经市人大常委会通过，报省人大常委会。

【服务发展】　为更好地动员广大政协委员围绕“三保一促”工作作贡献，市政协专门制定了《关于围绕“三保一促”开展政协委员创实绩、展风采活动的实施意见》，组织委员开展“三进”（进企业、进社区、进乡村）活动，主动走访企业或居民，听取企业和基层群众意见，及时以提案或社情民意反映等形式，向市委、市政府献计献策，推动合肥应对国际金融危机的政策、措施的贯彻落实。同时，鼓励和支持政协委员在本职岗位上争当表率，在加快企业发展、推动自主创新、开展招商引资、促进民生改善、服务城乡建设、维护社会稳定等方面争做模范建设者，以实际行动服务全市工作大局。为集中经济企业界人士智慧和力量共克时艰，5月25日，市政协与市工商联联合主办了在肥商会、行业协会“保增长、促发展”座谈会，40多家在肥商会、行业协会的负责人与市领导谈心交心、共话发展，围绕如何应对金融危机、共克难关，共提出了21条具体建议，受到市委、市政府的高度重视。继续开展走访委员企业活动，市政协领导分别带队，深入瑶海钢构、通联木业、华林模具、国强钢材交易市场等委员所在企业走访，协调解决企业在建设和发展中遇到的实际问题，受到委员企业家的一致好评。市政协联合六安、巢湖、淮南和桐城四市政协及省社科院的力量，共同就泛长三角背景下的合肥经济圈发展问题进行广泛深入的调查研究，编辑出版了中国省会经济圈蓝皮书《泛长三角背景下的省会经济圈——合肥、六安、巢湖、淮南及桐城发展报告》。在此基础上，隆重举办了蓝皮书首发式暨高峰论坛，中国社科院专家、省及兄弟城市的领导汇聚合肥，共商推动区域经济发展大计，从理论和实践两个方面探讨推动合肥经济圈参与泛长三角区域分工与合作，产生了广泛的影响。

【合肥之友联谊会】 市政协积极发挥合肥之友联谊会宣传合肥、招商引资的平台作用，先后成功举办了中国合肥·上海投资项目推介会和中国合肥·绍兴投资项目推介会，成效显著。其中在绍兴市举行的招商引资活动中，来自浙江各地180多名企业家参加了会议，共签约投资项目12个，总投资额125.5亿元。第四届中国中部投资贸易博览会期间，成功举办了合肥之友全国名家书画作品邀请展，邀请知名书画家160多名，在安徽国际会展中心展出作品160多幅，为中博会增添了色彩，提升了合肥人文品位，受到省市领导和广大参展者的称赞。2009年，合肥之友北京、上海、绍兴、台湾理事会相继成立，已发展会员2200人。政协领导带队招商、政协委员积极招商、政协机关小分队招商，已经形成机制，进一步密切了与合肥各方友人的联系，为推动合肥加快发展增添了助力。市政协第四批招商小组共引进13个项目，总投资额内资23.67亿元人民币，外资1.38亿美元，实际到位资金内资6588万元人民币，外资2940万美元，超额完成了市里下达的招商引资任务，被评为合肥市优秀招商小组。市委、市政府主要领导对政协招商引资工作分别作出重要批示，对政协利用“合肥之友”平台，在招商引资中发挥的作用和取得的成效给予充分肯定。

【提案工作】 2009年，全体政协委员和市各民主党派、工商联、各人民团体、政协各专门委员会共提交提案410件，经审查立案400件，各承办单位对送达交办的提案已全部办复。未立案的10件提案，征得提案人同意，分别转作委员来信和社情民意反映处理。中共合肥市委、市政府领导高度重视政协提案的办理工作，省委常委、市委书记孙金龙对市政协呈送的“关于在经济大调整中抢抓机遇，促进我市经济结构调整，实现企业转型升级的建议”等一批提案给予了充分肯定，并指出“其中不少建议可以采纳”。提案承办单位把提案办理作为发现问题、接受监督、改进作风、推动工作的契机，积极采纳提案建议，使提案在推动合肥市科学发展、促进社会和谐中发挥了积极作用。2009年，市委常委批办16件提案，市长、副市长领办11件提案，政协主席、副主席督办12件提案以及政协各专门委员会督办8件提案。十二届二次会议以来，市政协继续坚持将提案工作的“三化”建设作为重要工作来抓，出台了《政协合肥市委员会重点提案产生和办理暂行办法》，从制度上确保重点提案得到重点办理。依据《提案工作条例》有关规定，首次开展了政协各专门委员会督办重点提案工作，使提案工作作为全局性工作得到进一步体现。召开了全市政协提案工作经验交流会，专题研究提案工作“三化”建设。市政协11位主席就11件重点提案分别进行了督办，内容涉及积极应对国际金融危机冲击、推进经济结构调整、促进农业、农村经济全面发展、深化城乡医疗卫生体制改革、加强公民素质教育，推进依法治市，建设服务型政府等方面，有力促进了提案的办理落实。

【社情民意反映】 年初，市政协办公厅向全体政协委员、老委员和政协各参加单位印发了《2009年社情民意征集要目》。整理报送《社情民意》42期，围绕“学有所教、劳有所得、病有所医、老有所养、住有所居”等民生建设的热点、难点问题，及时把群众的诉求、愿望向市委、市政府反映，为党委、政府了解民意、体察民情、集中民智、解决民需提供参考，受到市领导的高度重视。市领导及相关部门对部分信息及时作出批示和回复，有力地促进了问题的解决。全年共接受群众来信来电来访30余人/次，及时向政府有关部门转达人民群众反映的意见、建议，帮助协调解决问题。

【团结联谊工作】 团结联谊是人民政协的一项重要工作。市政协坚持团结和民主两大主题，充分发挥政协联系广泛的优势，努力为加快全市经济社会发展凝聚人心、集聚力量。重视发挥党派团体的作用，坚持市政协领导走访制度，加强与民主党派、工商联、各人民团体和无党派人士的联系，积极创造条件让他们在全委会议、常委会议等会议充分发表意见和建议。联合党派团体开展调研、视察等活动，努力为他们参政议政搭建平台、创造条件。探索发挥界别作用的有效途径，出台了《政协合肥市委员会关于进一步发挥界别作用的意见》。9月份，市政协组织开展了界别月活动，各界别以服务“三保一促”为主题，结合本界别的特点，开展了调研、视察、座谈研讨、咨询讲座等一系列活动，使政协界别优势得到了较好的发挥。密切同各级政协组织的联系与合作，主动争取省政协的指导和支持，认真配合省政协完成来肥调研、视察等各项工作。市政协领导经常深入县（区）政协沟通情况，听取意见。举办市、县（区）政协主席会议，市、县（区）政协秘书长主任会议等，交流经验，促进工作。邀请县（区）政协领导列席市政协会议，与县（区）政协联合开展视察、调研，发挥全市政协组织的整体合力。认真做好兄弟城市政协领导和同志来肥考察的接待工作，既交流了工作，又宣传了合肥、扩大了影响。2009年是新中国和人民政协成立60周年。为此，市政协举办了一系列庆祝活动。9月22日，合肥市庆祝人民政协成立60周年座谈会在市政务中心隆重召开，省委常委、市委书记孙金龙出席会议并作重要讲话。1949年时任中共合肥市委书记、首届市政协主席的李广涛同志应邀出席。来自市各党派、工商联、各人民团体、无党派人士及各族各界人士济济一堂，共同回顾了人民政协60年光辉历程及合肥市政协成立以来所取得的光荣业绩，共庆人民政协60周年华诞。走访在肥台胞、台属、归侨侨眷和部分在肥台资、侨资企业，关注六家畈侨乡建设发展情况，加强与港澳台侨人士的联系。市政协主要负责同志多方协调，推动民族宗教界人士提案的办理和落实。通过调研、视察、走访等活动，进一步密切与民族宗教界人士的联系。协助党委政府做好民族宗教工作，先后组织民族宗教界人士开展“六十周年看合肥”、首届民族宗教界“和谐杯”保龄球比赛以及“喜迎六十华诞，畅谈民族团结进步”座谈会等活动。召开老委员联谊会五届二次大会，组织老委员考察滨湖新区建设。举办了《甲子沧桑—人民政协事业与合肥》图片展和《和谐盛世—政协委员摄影作品展》，编辑出版人民政协事业与合肥六十年图志，通过这些工作，进一步弘扬团结民主两大主题，推动各界人士大团结、大联合，共同致力于合肥跨越式发展和现代化滨湖大城市建设。

【制度建设】 2009年市政协制定出台了加强政协工作和委员管理一系列制度，出台了《关于加强对市政协委员履职服务与管理的暂行办法》、《关于进一步发挥界别作用的意见》、《关于进一步加强与市各民主党派、工商联联系的意见》、《关于进一步加强与县区政协工作联系的实施意见》、《关于加强市政协建言献策工作的意见》、《关于重点提案产生和办理暂行办法》，体现了政协工作的制度创新，促进各项工作规范化、制度化。

【“四型”机关建设】 市政协机关组织开展“学习型、服务型、创新型、和谐型”机关建设，切实提高政协机关服务委员、服务发展的能力和水平。依托机关党建联系点，组织机关党员干部开展“进工厂、进农村、进社区”活动，充分发挥党组织战斗堡垒作用和党员的先锋模范作用。按照市委的统一部署和要求，开展为期半年的深入学习实践科学发展观活动，紧密结合机关党员干部思想和工作实际，突出政协特色，狠抓关键环节，严格按步骤实施，圆满完成了各项任务。市政协机关优化工作流程，努力开拓创新，增添政协工作的新活力。结合深入学习实践科学发展观活动，完善加强机关建设24项工作流程和制度，进一步提升服务政协会议和活动的能力。优化市政协门户网站版面，增加栏目，丰富内容。市政协机关还组建了活动兴趣小组，进一步营造机关的凝聚力。通过编发《政协经纬》、《合肥政协》、《学习简报》、《资料剪辑》等学习资料，为委员和机关同志学习提供指导。全年有关市政协履职情况的平面媒体宣传报道近200篇，在《政协经纬》上专门开辟了“委员风采”栏目，重点宣传政协委员围绕“三保一促”在本职岗位和政协工作中的突出业绩。创办了《建言献策》这一新平台，使委员履职成果直接送达市领导参阅，开辟了委员参政议政“直通车”。结合庆祝人民政协成立60周年，制作了《辉煌六十年》专题片，并在合肥晚报上策划宣传专版。人民日报、人民政协报以及省市新闻媒体，对市政协围绕“三保一促”履行职能的情况进行了报道。通过加大宣传力度，进一步扩大了政协工作的影响，提升了政协组织的形象。2009年，市政协机关被评为合肥市双拥合格单位、合肥市文明单位、中博会接待工作先进单位、选派工作先进单位。市政协机关离退休干部党支部被省委表彰为“先进离退休干部党支部”。

（龚翠兰）

军 事

合肥警备区

【概述】 2009年，合肥警备区在省军区党委和合肥市委市政府的正确领导下，坚持深入学习实践科学发展观，按照“承前启后保持连续性、与时俱进增强开创性”的工作思路，着眼使命任务，强化窗口意识，努力打造第一班，凝心聚力抓工作，部队和后备力量建设呈现稳步发展的良好势头。

坚持把深入学习实践活动作为重大政治任务，紧紧围绕“党员干部受教育、科学发展上水平、履行使命见成效”目标要求，按照“学习理论求深化、实践运用抓转化、检验成效看变化”的思路，高起点筹划，高标准推进，高质量落实。警备区学习实践活动领导小组先后7次召开会议，传达学习上级精神，研究工作，部署任务。坚持把强化理论武装贯穿学习实践活动全过程，按照“四联系”的学习方法，组织理论学习，警备区领导带头授课辅导，全体党员自觉通读“四本书”，阶段转换均安排2天时间学习理论，党委书记亲自组织集中补课。肥东县人武部建立了“六项学习制度”，包河区人武部注重“三抓”，庐阳区人武部搞好“三个结合”，肥西县、长丰县、瑶海区、蜀山区人武部利用社会课堂体会感悟。两级班子成员深入基层调查研究，认真分析查找问题，结合工作撰写了39份调研报告，提出了符合科学发展观要求的新思路和新举措。紧贴警备区实际，大力开展解放思想和打造过硬“第一班”讨论，组织网上体会交流，官兵职工在思想碰撞中催生了新理念，在讨论辨析中形成了新共识。认真组织召开专题民主生活会，在广泛征求各方意见建议的基础上，紧密联系个人思想、党委自身建设和单位全面建设实际，认真总结经验教训，深入查找突出问题，深刻剖析原因症结，研究制定整改措施，形成了有质量的分析检查报告。坚持把解决问题贯彻始终，立言立行、边整边改，建立完善了一批制度机制，着力解决影响制约警备区和民兵预备役建设科学发展的一些突出问题。学习实践活动群众满意率达97%。多次接受军区、省军区的检查，均获得好评。省军区《简报》先后4次转发了此做法。突出抓好党的十七届四中全会精神学习贯彻，扎实组织培育当代革命军人核心价值观主题教育，建立健全长效机制，总结宣扬了干休五所主管护师周琪的先进事迹。狠抓经常性思想教育落实，进一步增强官兵高举旗帜、听党指挥、履行使命的坚定性和遵规守纪的自觉性。周琪同志被省军区表彰为践行当代革命军人核心价值观先进个人，并荣获“全国三八红旗手”荣誉称号。

结合形势任务，广泛开展战备形势教育，不断正规战备秩序。认真贯彻省军区“淮北会议”精神，着眼非战争军事行动能力提升，修订完善了14类112份专项应急方案预案，完成了“紧急出动和机动演练机制”试点任务。肥东县民兵水电抢修和安全警戒分队与东航肥东场站进行了对接训练，庐阳区和包河区完成了防化洗消分队演训任务，特别是瑶海区、蜀山区民兵双25高炮分队实现了“当年列装、当年组训、当年命中拖靶”的目标。围绕重要目标警戒组织民兵应急力量进行了演练，省军区转发了这个做法。突出抓好首长机关训练，严格按纲施训，首长机关组织指挥能力进一步提高。瑶海区人武部、长丰县人武部部长朱雷、瑶海区人武部参谋王勇分别被省军区表彰为军事训练先进单位和个人。按照“三时一体”的要求，巩固深化“四个一”成果，以7支一体化营（队）为重点，抓好作战力量编组和调整。在全市4个开发区、2个工业园设立了武装部和23家民营企业建立了民兵组织，国防动员准备进一步推进。合肥工业大学武装部被省军区表彰为先进单位。扎实抓好征兵工作，严格组织体检政审，加大廉洁征兵检查力度，圆满完成年度兵员征集任务。特别是女兵公开征集受到社会各界广泛关注，成功处置了一起残疾人无理群访。廉洁征兵工作受到总部巡查组的充分肯定，军区《政工情况反映》刊发了此做法。张庆华参谋长荣获“全国征兵工作先进个人”。

深入学习贯彻党的十七届四中全会和军委6号文件精神，坚持以学习实践活动为牵引，以能力建设和先进性建设为主线，以岗位练兵活动为抓手，扎实开展打造过硬“第一班”活动。警备区党委常委围绕“带头勤奋学习、带头恪尽职守、带头维护团结、带头廉洁自律、带头坚持原则、带头务实创新”亲自备课，亲自辅导。两级党委班子对照“六个带头”要求，认真分析检查党委班子建设中存在的问题，研究整改落实措施，班子成员和干部队伍学用理论、查纠问题、提高能力、坚强自身、树立形象的紧迫感明显增强。认真落实党委中心组学习制度，改进学习方法，加大检查督促，党委“一班人”理性思考的能力得到不断提高。党委中心组理论学习受到军区检查组的充分肯定。针对两级党委班子调整面较大的实际，大力加强民主集中制建设，不断增强党委班子科学决策、民主决策、依法决策的能力。军区《政工简报》刊发了这一做法。重新修订完善了《岗位练兵三年规划》和三个年度计划，对53名指挥军官进行了全面考评，组织全区干部参加年终综合考评，促进了岗位练兵活动深入开展。认真贯彻省军区“淮南会议”精神，坚持从领导干部特别是主官严起，不折不扣地执行《若干规定》，省军区转发了我们的做法。突出抓好党风廉政建设，集中开展“三个带头”教育，认真组织“六个专项治理”活动，对违规违纪问题不手软、不迁就，敢于较真碰硬，进一步纯正了部队风气。包河区人武部被省军区表彰为先进单位。

认真贯彻省军区党委全会精神，坚持落实安全管理十项制度规定，突出“人、车、枪、弹、密、酒”等安全防范重点，扎实开展条令条例集中学训和暑期百日安全竞赛活动。深刻汲取友邻单位车辆亡人事故教训，定期开展教育整顿，深入查找安全隐患和事故苗头，加强预测预防，堵塞安全漏洞。对全区22台常用车辆安装了GPS定位系统，组织11名持有地方驾照的干部参加省军区统一考核，集中收缴了17名干部职工的地方驾驶证。给每位家属印发了《关注安全、珍爱生命》一封信，人人签订安全保证书。狠抓保密规定落实，给机关干部配发工作专用U盘和移动硬盘，印发《严密防范网络泄密“十条禁令”》卡片，集中收缴2000余份军事刊物和会议资料。对120台涉密电脑、132个移动存储介质安装了保密系统，与110名干部职工签订《军人家庭上国际互联网保密与“四反”工作责任书》。坚持每周不少于一次对全区进行安全检查，及时利用交班会、干部大会、视频会议进行讲评，较好地促进了安全工作的落实。长丰县人武部、蜀山区人武部部长李宿平分别被省军区表彰为安全管理工作先进单位和个人。

按照《全面建设现代后勤纲要》，注重效益抓管理，服务基层抓保障。修订完善后勤配套保障方案计划，开展保障力量编组训练。严格财经管理，认真落实资金、账户、票据管理制度，强化预算编报和执行监控。深入开展资源节约活动，提高经费物资使用效益。加强有偿服务的监管，租金逐年增加，肥东县人武部坚持原则，依法收回五星大酒店违规租赁承包合同，维护了部队形象和经济利益。加快警备区新营区建设步伐，完成了专家会审、土地证办理、设计批复和报审报建等工作；长丰县人武部新建办公楼去年7月底正式投入使用。

认真贯彻《纲要》精神，警备区党委常委按照定点联系、挂钩帮带计划，扎实抓好人武部和小散单位的蹲点指导，基层规范化建设水平得到提高。积极开展“六个一”、“五个一”活动，先后组织了130名专武干部集训，肥西县、长丰县人武部分别组织了民兵营（连）长轮训，专武干部和民兵营（连）长素质进一步增强。及时指导干休五所开展第三批学习实践活动，跟进掌握情况，搞好学习保障，坚持送学上门，协调解决困难，省军区《简报》转发了这个的做法。深入贯彻落实省军区干休所建设座谈会精神，扎实开展“争创和谐军休家园”活动，强化组织功能，纯洁内部风气，加快“三个中心”改建整修步伐。省军区转发了此做法。

坚持以争创全国双拥模范城“七连冠”为抓手，发动官兵职工和民兵预备役人员为构建和谐合肥、平安合肥做贡献。认真落实党管武装制度，定期召开会议，研究解决武装工作重大问题和实际困难，长丰县人武部党委第一书记聂爱国荣获军区“党管武装好书记”称号。深入开展全民国防教育，组织双拥和国防知识竞赛，开展“好军嫂”评比活动，不断增强领导干部和人民群众的国防意识。9月下旬，利用“庐州讲坛”，邀请国防大学孟祥青教授，给全市处以上领导干部作我国安全形势报告。9月28日，协调市委邀请省军区部门以上领导参观视察合肥市近年来建设发展成果，进一步密切了军政关系。认真贯彻省军区《扶贫参建工作三年规划》，组织民兵预备役人员开展技术培训，建设经果林，帮助群众致富。总结宣扬了肥东县马湖乡民兵营长陈长贵的先进事迹。积极参加维护社会稳定工作，协助地方政法部门成功化解了一起企业军转干部集会，受到市委、市政府的好评。

【加强首长机关训练】 以《军事训练条例》和新一代《陆军军事训练与考核大纲》为依据，按照“学用法规、依法治军、按纲施训、强化技能”原则，采取统分结合、上下同步，集中辅导、分部组训的方法步骤，围绕“六会六能”目标，加大“一学四练”强度，深化使命课题研练，着力提高战术素养、关键业务技能和组织指挥能力。主要进行了新大纲及训练法规、非战争军事行动知识、信息化知识、军事思想理论、军用文书、识图用图、战术标图、军兵种知识及主要武器装备操作、轻武器射击等内容的学习训练，参加了省军区组织的省军区系统职能定位和任务界定大讨论，进行了非战争军事行动研讨，并依据方案进行了室内战术作业。9月份，两级首长机关组织民兵水电抢修、供电抢修、医疗救护、防化防疫、消防等分队及应急分队，共计300余人，与公安、武警密切协同，进行了合肥市防空防灾综合演练。全年组织了轻武器射击、军事理论、体能训练考核，优良率达90%以上。

【突出民兵分队应急应战训练】 按照“三时一体”的要求，贯彻“战、训、用”一致的原则，以民兵一体化营（队）为重点，狠抓应急应战骨干分队的针对性应用训练。围绕提高城市防空、重要目标防卫、军兵种保障能力，重点抓好民兵应急、通信、工兵、防化分队的专业应用和协同训练，积极适应遂行多样化军事任务需求，在完成专业基础训练的同时，突出抓好了以森林防火、反恐维稳、水上抢险为主要课题的非战争军事行动训（演）练。全年，组织民兵分队先后进行了森林防火演练、抗洪抢险演练、警备区机关警戒防卫演练、仓库军警民联训联防演练；紧紧围绕国庆60周年这一重要时间节点，组织了民兵重点营（队）拉动点验等演训活动。共参训5057人，其中，作战队伍2841人，维稳救援队伍955人，勤务保障队伍711人，其他队伍550人，占全年训练任务数的116%；共组织1期共130人的专武干部集训，7期共420人的民兵营长集训；共消耗弹药87664发，炮弹600发。

【组织军兵种民兵分队对接训练】 根据上级指示要求和年度军事训练安排，5月7日至21日，在抓好军兵种分队动员力量编组的基础上，围绕平时应急、战时应战需要，肥东县人武部在东航肥东场站组织机场水电抢修分队和安全警戒分队及部分教练员，共计115人，采取以军带民的方式，按照机场水电抢修分队、安全警戒分队工作任务和混编方案组织针对性训练，切实提高了快速动员和成建制支援保障部队遂行任务能力。

【新装备训练成效显著】 为切实把新装备训起来、用起来，警备区在对新装备进行认真清查和训练预备期组织部分新装备训练骨干集训的基础上，加强与野战部队、生产厂家和院校的联系沟通，组织人员编写训练教案，蜀山区人武部编制的《RCG402F光电伪装干扰系统操作与使用》多媒体教学片，获得南京军区优秀电教教材三等奖。庐阳区、包河区人武部完成了FCX01A型多功能洗消车组和FYC04A型淋浴车的训练任务，并组织了综合演练，提高了技战术应用训练水平。7、8月份，邀请双25高炮相关生产厂家，共计11名技术专家来肥指导训练，并从全区范围内挑选20名高炮专业骨干充实人员编组，进行了为期30天的集中训练。随后，参加了省军区组织的“皖防—2009”实兵实弹战术演练。演练中，部队严格按照防空作战的要求，从集结、机动、宿营、占领阵地、实弹射击的全过程，从难从严全面摔打部队，先后进行了单炮试射和班、排、连对低空航模拖靶的体验和考核射击，全区共参演94人，动用各种车辆11台，双25高炮6门，取得了“当年列装、当年组训、当年命中拖靶”的好成绩。

【深化维修保障能力建设】 合肥警备区针对双25高炮、火控系统、光电伪装干扰、防化洗消车等新装备维修人才短缺的实际、协调省军区和有关厂家逐步建立起“部队发现问题、机关受理问题、厂家解决问题”的长效机制。积极协调省军区业务部门争取增加送训人员指标，抓好维修保障队伍建设。同时，结合训练、实弹射击等重大任务，组织新装备维修保障训练，积极探索野战条件下新装备维修保障的方法和路子，实现由单装向整装、整装向全系统拓展，尽快提高维修保障能力。

【开展报废弹药销毁处理】 合肥警备区严格执行弹药质量的转级报废，按照计划认真组织清查核对品种和数量，凡在报废范围内的，做好转级手续办理，严格拟制销毁处理工作方案，制定风险评估报告和相关专项计划，对发射药安定性差和生产年份早的报废弹药优先上报处理，确保报废弹药储存保管和销毁处理的安全。加强组织领导，规范工作程序，确保销毁工作安全圆满，积极协调地方治安支队、交警支队，落实安全运送警戒任务。

【国防教育和率兵参建工作】 年初以来，警备区坚持“两手抓”的工作指导方针，以合肥市争创全国双拥模范城“七连冠”为抓手，发动官兵职工和民兵预备役人员为构建和谐合肥、平安合肥做贡献。认真落实党管武装制度，经常向地方党委政府汇报武装工作，积极争取领导支持。各县（区）定期组织召开议军会和国动委会，研究解决武装工作重大问题和实际困难，长丰县委书记聂爱国被军区表彰为“党管武装好书记”。深入开展全民国防教育，利用过军事日、举办形势报告会、征兵宣传等方法，增强各级领导干部和人民群众的国防意识。9月下旬，利用“庐州讲坛”，邀请国防大学孟祥青教授，给全市处以上领导干部作安全形势报告。为密切军地关系，增进相互了解，9月28日，警备区协调市委邀请省军区部门以上领导参观视察了合肥市近年来建设发展成果，进一步密切了军政关系。认真贯彻省军区《扶贫参建工作三年规划》，组织民兵预备役人员开展技术培训，建设经果林，采取多种方法帮助群众致富。总结宣扬了肥东县马湖乡小陶村民兵营长陈长贵带领村民科技致富、建设社会主义新农村的先进事迹。

【组织后备力量建设情况调研】 年初，根据省军区指示要求，警备区结合合肥市近年来后备力量建设实际，深入7个县（区）人武部、13个乡镇（街道）、5个省（市）级经济开发区（工业园区）就合肥市后备力量建设基本形势、地位与作用、指导思想与原则、创新发展的基本思路、基层武装部建设、军地齐抓共管后备力量建设的意见建议等六项问题进行了细致调查论证。并形成了高质量的书面报告报省军区司令部。9月1日，总参动员部白自兴部长赴合肥市进行工作调研，专题听取了合肥市后备力量建设调研情况报告，并给予了充分肯定和高度评价。

【提高民兵编组质量】 合肥市积极适应经济社会发展形势，深入贯彻“宁国会议”精神，按照“哪里有高素质人员就在哪里选编兵员”的原则，牢固确立“小建制、大范围”的观念，依据编兵潜力，系统整合区域内可编资源，严密做到组织跟着兵员走。整组中，各县、区均优选了1－2个科技含量较高、军民兼容性较强、规模较大、效益较好、兵员充足、党组织健全的民营企业作为编兵单位，将民兵编组积极稳妥地向民营企业延伸，不断增强民兵队伍生机活力。并充分利用省会城市高新企业集中、军事专业对口人才集聚、军民通用技术及装备资源丰富的优势，将民兵组织积极向“三区”拓展，向行业系统、高等院校、科研院所转移。据统计，合肥市共在23家民营企业、37所高等院校、9个科研院所、9个经济开发区或工业园区、高新技术开发区建立了民兵组织；在4个开发区（高新、经济、新站、肥东经济开发区）、2个工业园（双凤、桃花）设立了武装部。从而，进一步优化了合肥市民兵队伍的民兵组织结构，提高了民兵队伍的科技含量和整体素质。

【应急救援力量建设试点】 针对非战争军事任务需要，结合辖区特点，2009年警备区在继续深化民兵重点分队“一体化”建设成果的基础上，突出抓好地震救援、水上抢险、森林防火、应急除险四支非战争应急救援力量建设试点。地震救援力量（614人）：采取跨区抽组和集中编组相结合的方式，以肥东县、长丰县和瑶海区为主组建了2个地震救援大队建设试点，每个大队按“一部四队”要求（队部、医疗救护、人员搜救、机械保障、治安保障分队）编成，并协调落实了一批组合手动破拆工具、扩张钳、镐、锤等地震救援物资器材；水上抢险力量（350人）：以三县和蜀山区为主进行了建设试点，重点建设水上抢险、堵口突击队、路桥工程保障、铁路护路四支分队建设，协调落实了各应急分队遂行任务所需的冲锋舟、救生衣、信号灯、麻袋等装备、物资和器材，并按省军区要求进行了游泳、冲锋舟操作、水上搜救、水上排险等课目训练；森林防火力量（290人）：依据肥东县、肥西县、蜀山区境内山林覆盖面较广实际，上述三个单位根据实际，调整组建了森林防火分队、清理分队和预备队，并协调当地林业部门落实了一批风力灭火器、油锯、高压水枪、铁扫帚等专用灭火设备；应急除险力量（493 人）：以肥东县、肥西县、庐阳区和包河区为主进行了建设试点，重点组建了巡堤除险、公共卫生事件处置、防暴维稳、安全生产事故等应急救援大队。并结合实际，突出建实警戒、搜救、运输、抢险、维稳、医疗等分队力量，切实合理调整编实人员，落实了一批警棍、盾牌、烟雾弹、铁锹、常用救护药品等装备器材。各试点单位结合任务特点并认真开展“四个一”活动，即：组织一次深入调研，把任务需求和所需的专业种类、力量规模、组织布局、所需装备、兵员潜力等情况弄清楚；拟定了一套试点方案，把组织领导、工作思路、方法步骤、有关要求弄清楚；撰写了一份高质量的试点报告，认真进行工作回顾和理性思考，总结梳理经验做法，把差距不足弄清楚；筹划了一次实兵演练，结合年度民兵训练，组织民兵分队选定相关课题进行一次针对性模拟训练和实战化演练，检验试点力量成效和非战争军事行动应急处置能力。

【抓好现役部队预编预备役人员调查核对】 警备区依据省军区下发的军兵种预编人员和军区退伍专业技术兵名单，下大力抓好调查核对工作。年初，利用春节民工返乡等时机，要求所属县、区街道（乡镇）武装部采取逐一上门核查、发函取证、手机联络等方法，按退役时间、政治面貌、现实表现、原服役部队、原从事的专业种类、工作单位、详细家庭住址、联系方式等八个内容登记了 560 名军兵种预编人员和军区退伍专业技术兵个人信息，建立了本人、家庭、邻居、村或居委会、外出打工单位、与其联系密切人的固定电话和手机等“六种联系方式”。对 69 名因户口外迁、地址不详等查不到的，要求有关单位出示详细调查证明，并注意在相同或相近专业人员中遴选“替补”，补齐缺编专业岗位，确保一旦有事，能够替补上阵、满足急需。

【士官征招】 2009 年士官招收工作，经全市上下各级广泛宣传发动，符合应征条件报名青年共有 263 名，实际进站体检人数 206 人，体检合格 117 人，政审合格 93 人，涉及全市 31 所各级各类高等院校 15 类 40 个专业，按程序审批定兵 76 人。截至 8 月 9 日，全部与省征兵办交接完毕。一是各级高度重视，组织领导得力。为确保士官招收任务顺利完成，市、县两级政府分管领导高度重视，市征兵领导小组组长、市政府卢仕仁副市长亲自主持召开了“市征兵领导小组扩大会议”，深入分析士官招收工作中存在的问题和矛盾，对高标准做好士官招收工作提出了明确要求。市征兵办公室主任、警备区张庆华参谋长先后 3 次带机关有关人员到各县、区和重点院校进行检查督导，召开 4 次招收士官工作业务会，集中分析招收形势、研究解决存在的突出问题。县、区人武部受领任务后，均及时召开了工作会议，分解细化招收任务，积极与各任务院校多方联系，研究部署招收工作具体安排。二是多种方法并举，增强宣传实效。从年初开始，各级兵役机关和地方宣传、教育、高校等有关单位主动协调配合，早筹划、早部署，依据今年招收士官工作的变化和要求，采取分片包校、分工包班，利用电视、电台、报纸、张贴海报、开辟橱窗、印发手册、校园广播、校网宣传、设站咨询等形式，有计划、有步骤地推进士官招收宣传工作。并注重发挥高校党团组织、学生会和辅导员的作用，通过打电话、发信函、编短信等办法，深入细致地宣传发动，不断拓展宣传发动的覆盖面。同时，注重宣传发动与解答实际问题相结合，积极帮助他们算好依法服役参军报国的“政治账”、应征入伍与在地方就业工资待遇相比的“经济账”、在部队锻炼成长终身受益的“前途账”，提高宣传教育效果。三是突出工作重点，搞好协调配合。招收士官工作涉及军地多个部门，组织协调比较复杂。为此，兵役机关充分发挥了牵头协调作用，周密制定计划，跟踪指导落实。相关部门和人员主动参与，主动履职，创新工作方法，增强服务意识，及时帮助解决问题。在招收体检工作中，我们及时会同地方卫生部门，指导相关医院，在相关学校开设报名初检站，对基本符合招收条件的应招青年进行目测初检，并根据目测初检情况，择优确定上站人员，在此基础上，专门设立体检站，抽选经验丰富的“老手”进行封闭式体检，确保了体检的质量。在招收政审环节，针对应届毕业生政审点多线长、时限性强，而且户口迁转比较敏感等特点，按照《应征公民政治审查工作规定》有关要求，严格标准和程序，按要求填写《直接招收士官入学前和就读返乡期间政治表现情况调查表》，同时，对历届毕业生，严格实行村（居委会）、乡镇（街道）、县（区）三级政审和区域联审制度，杜绝将有劣迹的人员招到部队。并认真落实应届毕业生优先报名、优先体检、优先政审、优先定兵等优惠政策，开辟绿色通道，坚持阳光操作，确保公平公正。

【高校应届毕业生征集】　2009年是全面开展高校应届毕业生征集工作的第一年，为高标准完成今年冬季高校应届毕业生征集任务，警备区结合实际，把做好高校应届毕业生预征工作作为市、县两级党委、政府和军事机关学习实践科学发展观活动的重要内容，组织市、县两级党委、政府和军事机关有关人员，学习领会总部文件精神，深入一线调查研究，认真分析征集形势，及时传达部署任务，切实把各级的思想统一到总部的要求上来。经全市各级共同努力共完成了全市53所各级各类高校2998名大学生的预征对象确定工作，对全市报名应征的985名应征大学生，经体检、政审合格558人，实际批准入伍547名（另11人因其他原因本人放弃入伍），占总批准入伍2521名新兵数的21.7%，其中党（团）员542名，占批准入伍新兵数的21.2%。并于6月上旬，严密组织了合肥工业大学、安徽大学、安徽农业大学等9所驻肥高校领导、有关人员参加的2009年高校应届毕业生预征工作座谈会，国家教育部就业指导中心张凤有副主任、省教育厅杨德林副厅长、南京军区司令部军动部葛永宏副部长、省军区司令部马新民副参谋长到会指导并作了重要讲话。

【廉洁征兵工作】　2009年冬季征兵工作，合肥市深入贯彻落实全国廉洁征兵工作电视电话会议精神，及时组织征接兵人员学习上级《关于进一步加强廉洁征兵工作的通知》，人人签订廉洁征接兵责任书。明确提出严防“二传手”、“兵托”和索贿受贿行为，严禁警备区机关干部私自打招呼、递条子，对违反规定的严肃查处。并通过新闻媒体公布了廉洁征兵举报信箱和举报电话，专门印发了5000余份《廉洁征兵监督卡》，市征兵纪检监察组坚持全时值班，及时处理信访举报，深入各县（区）、乡镇（街道）进行明查暗访，对廉洁征兵工作实行全过程、全方位监督，始终保持违规违纪行为露头就打的高压态势。12月初，总政纪检局戴朴雷副局长率总部、军委纪委廉洁征兵检查组到合肥市进行为期一周的检查督导，对合肥市廉洁征兵工作做法和成效给予了充分肯定。

【女兵征集公开透明】　合肥市全面贯彻推行女兵征集调整改革，面向社会公开公布征集条件、面向适龄女青年公开接受普通报名、面向应征青年公开公布应征女青年初检初审结果、面向全市公开公布征集结果。全市共征集新女兵56名，征集新兵中，党员30名，占53.5%；大专及以上学历54名，占96.4%。一是认真组织政策学习，切实把握征集规定。工作伊始，市征集领导小组、警备区首长高度重视，坚持用《女兵征集工作试行办法》统一思想，加强领导，成立了由警备区、公安、教育、卫生、纪检等单位人员组成的合肥市应征女青年报名站，及时在合肥市“一报两台”（合肥晚报、电视台、广播电台）等主要媒体发布了《合肥市2009年冬季女兵征集公告》，明确了女兵征集条件、程序方法及报名时限、地点、要求等。市征兵办并集中组织了女兵征集人员认真学习了《女兵征集工作试行办法》、《安徽省女兵征集工作实施细则》等政策规定，开展了女兵征集的条件、标准、规定、要求等业务培训，切实使工作人员准确掌握女兵征集的标准条件、程序方法。二是严格执行标准要求，严密组织初审初检。针对合肥市高校密集、女青年参军积极性高、报名时限短的特点，市征兵办按照《试行办法》、《实施细则》、《关于做好女兵初审初检工作的通知》中明确的条件、标准、规定，对3201名应征女青年的户籍、学历、年龄、政治面貌及身体素质等进行了严格初审初检，坚持做到所有要素量化评分、所有分值当场公布。共拒绝了55名不符合在合肥报名的女青年参加应征，并及时做好解释说明工作。并按照“要素量化、排序择优”原则和警备区首长指示的“经得起各级检查、经得起历史检验”要求，征兵办对得分为217—183分的113名应征女青年《报名及审核评定表》及相关证件重新进行了核验，对确定为前100名送检女青年，按规定及时在《合肥晚报》进行了公示。市纪检监察部门并全程参与，共查证1封举报信、1个举报电话，接访家长20余名。三是积极形成工作合力，确保新兵政审质量。按照省征兵办《关于做好应征女青年政治审查工作的通知》要求，市征兵办积极协调有关院校保卫部门、村（居）委、乡镇（街道）、派出所、县区征兵办政审组通过合力联审、网上验证、原籍调查、多方走访等方式，完成了56名应征女青年的政治审查工作，对1名在校大学生因考试作弊问题按规定取消政审合格资格，确保了征集新兵的政治素质。同时，积极协调院校、人武部给确定入伍的高校应届毕业生和高职（专科）毕业班学生及时补办了《应届毕业生预征对象登记表》、《应征入伍高校毕业生补偿学费代偿国家助学贷款申请表》；协助接兵部队共同对入伍女兵做好思想引导工作；积极宣传政策规定、主动帮助家长做好落选女青年的思想稳定工作。

【开展两级党委班子岗位练兵活动】 警备区两级党委依据新《大纲》和指挥军官考评体系，提出了“细化训练内容、量化措施规定、强化指挥素质、深化问题研讨、固化运行机制、优化练兵环境”的思路，重新修订了“一个规划、三个计划”（岗位练兵三年规划，年度练兵计划、周三晚上集中授课辅导计划和个人自学自训计划），在“四个结合”、“两个建立”上下了一些功夫，即：结合学习实践活动，组织班子成员认真学习党的创新理论，提高理论素养和政策水平；结合首长机关训练，熟悉掌握新装备的技战术性能，对近年来军事演练、执行急难险重任务进行复盘检讨；结合周三晚学习、专武干部集训、民兵训练、到人武部和干休所检查指导，进行理论授课、业务辅导、面对面帮带，增强练兵的针对性有效性；结合指挥军官考评，把岗位练兵作为班子成员述职的重要内容，纳入群众满意度测评。建立完善登记统计制度，按照新大纲规定的课目要素，归口司令部负责训练档案登记统计；建立健全激励机制，规定团级班子成员单课目考核不合格的限期补考，年度考核不达标的取消评功评奖资格，不列为后备干部，使岗位练兵活动逐步走上“系统化、规范化、经常化”的路子，干部队伍能力素质有所提升，肥西县人武部副部长姜伟参加省军区组织的副部长集训，获得个人总分第二名的好成绩。

【组织指挥军官考评】 根据省军区统一部署，着眼深入学习实践科学发展观、有效履行新的历史使命要求，在警备区党委首长的正确领导下，自2009年2月起，警备区陆续对8个正团级单位和警备区机关正营职以上干部进行了考评。此次考评，把范围扩大到正营职以上干部，共考评53人，考评结果为优秀的23人，称职的30人，优秀率43%。其中考评指挥军官（人武部部长、政委和副部长兼军事科科长）19人，优秀9人，称职10人，优秀率47%。警备区党委首长对抓好指挥军官考评高度重视，及时召开党委会，听取政治部的情况汇报，对考评工作进行了专题研究部署。为加强组织领导，警备区成立了由司令员、政委任组长，参谋长、政治部主任、后勤部部长任成员的指挥军官考评领导小组。领导小组下设考评组，由政治部郑兆礼主任任组长，司令部郭家强、政治部丁秀雅、后勤部杨俊方3名同志参加，负责指挥军官考评工作的筹划准备和组织实施，并对考评组成员进行了学习培训，使考评组成员成为掌握考评标准的带头人和明白人。在考评过程中，严格按照《指挥军官考评实施办法》，采取个人述职、民主测评、个别谈话、实绩分析、综合评定的方法进行，确保了整个考评过程规范有序。通过考评，使大家认清了自身的差距，找到了努力方向，促进了岗位练兵活动的深入。

【后勤保障理论研究】 2009年，警备区后勤着眼军事斗争准备“常态化”要求，深刻理解当前形势任务变化，为有效履行新世纪、新阶段使命任务，不断提升遂行非战争军事行动后勤综合保障能力，重点围绕非战争军事行动后勤快速动员、迅及行动、精确保障等课题展开了深入研究和探讨，完成学术文章4篇，为完成多样化军事行动即时后勤动员提供理论上的依据，研究成果《非战争军事行动内陆省军区后勤动员工作研究》被《国防后备力量建设通讯》刊登。

肥东县人武部

【概述】 2009年度，肥东县人武部在警备区党委首长、机关和县委县政府的正确领导和指导下，以深入开展学习实践科学发展观活动为契机，紧紧围绕军事斗争常态化准备，认真学习党的十七届四中全会精神，全面贯彻落实科学发展观，党委“一班人”创新学习强素质，求真务实抓工作，凝心聚力干事业，团结协作谋发展，振奋精神创一流，创造性地抓好工作落实，各项工作都取得了明显成绩。一是立足岗位练兵，进一步增强了党委班子凝聚力和战斗力。结合学习实践活动注重抓好党委中心组“四个专题”的理论学习和讨论。开展打造过硬“第一班”大讨论，“三个带头”和培育当代革命军人核心价值观教育活动。把学习实践“七项”制度变为党委中心组带机关理论学习活动的长效机制，使理论学习成为一种常态、一种自觉行为。以党委岗位练兵为平台，自觉把个人素质能力的提高融入实践活动之中，完善修订了党委岗位练兵实施计划和措施，干部建立了个人自学计划。紧贴完成多样化任务，突出业务技能、信息化知识和组织指挥训练，采取互助互学，弥补“短板”，共同提高。实践中把党员干部党性锻炼和个人修养贯穿于岗位练兵的全过程，既提高了个人的能力素质，又加强了单位风气建设，实现了工作的“同频共振”。二是突出重点抓准备，军事工作成效持续提升。坚持党委议训，以军事斗争准备牵引全面建设，加强了战备值班，进一步完善了战备设施。按照任务要求，县政府、人武部联合下发了《2009年民兵整组计划通知》，按照整组计划方案进行了有序点验，基干民兵到点率达90%以上，专业对口率达80%以上，退伍军人率占56%以上，较好地解决了组织交叉、一兵多编的问题，提高民兵编组质量。民兵工作向辖区的民营企业进行了拓展，县开发区武装部举行了挂牌仪式，循环经济工业园成立了武装部。依据上级赋予的训练任务，与阚集场站、954油库进行了对接，签订对接训练备忘录，进行了民兵海军勤务保障大队六个专业分队的训练，并与驻军机关业务部门进行联合考核验收，参训民兵分队训练成绩总评良好。通过抓军地民兵对接训练，进一步摸索军地领导抓好对接训练的路子和方法，较好地形成了训练的长效机制。四是严格制度落实，安全管理工作稳步健康发展。部党委坚持安全形势分析制度，把安全发展贯穿单位全面发展的各个方面和全过程。认真执行警备区“十项”硬性规定，依据条令条例并结合自身实际，硬化、细化了一系列管理措施，规范了战备、训练、工作、生活四个秩序，建立了门卫哨兵制度，完善了营院安全管理措施。突出重点人员、车辆和保密载体的管控，保密工作较好地坚持了每天一收、每周一讲、每月一查、每季一议的“四个一”制度。加强安全“警示”教育，把“四反”工作纳入安全保密教育之中，与干部职工家属签订了安全保密责任书，开展了“家庭助廉，共筑安全”活动，与县直有关部门建立了“三情”信息通报制度，开展群防群治，综合治理活动，实现了全年安全无事故。五是坚持党管武装制度，率兵参建工作扎实推进。县委、县政府领导在抓经济建设的同时，不忘抓好武装工作，召开了县委常委议军会，人武部开展的大项活动，县领导主动参加，较好地坚持了军地走访制度和到人武部办公制度，话国防解难题，为后备力量建设发展创造了良好氛围。县人武部在抓好军事斗争准备的同时，积极支持地方经济和社会建设。部领导主动当好县委县政府的军事参谋，进一步密切了军政军民关系。六是完善征兵措施，以廉洁征兵保证兵员质量。在年度征兵工作中，以确保质量、确保廉洁、确保安全为目标，用科学发展观指导征兵工作，科学统筹，加强党委对征兵工作的领导。深入宣传发动，开展征兵工作宣传“十个一”活动；规范征集程序，要求做到“两公示”、“三张榜”、“四清楚”、“五不定”、“六优先”；完善廉洁措施，做到了“一堵二立三督查”。圆满地完成了年度征兵任务。

【民兵应急分队建设】 肥东县人武部在2009年度的民兵整组工作中，为提高民兵分队应对多种安全威胁、完成多样化军事任务能力，达到“三时一体”的要求，根据上级指示精神，压缩了部分普通步兵分队，增加了抗震救灾、抗洪抢险、森林防火、维稳处突等民兵应急专业分队，结合民兵整组检查进行人装结合式拉动点验，并全面组织开展专业训练，确保形成应急救援战斗力，为积极参与自然灾害、事故灾难救援和增强公共突发事件救急的实际能力，为建设“平安和谐肥东”作出了积极贡献。

【参建工作形成特色】 2009年以来，肥东县人武部积极响应县委、县政府号召，组织发动民兵积极参与全县“蓝天碧水”、“造林绿化”工程建设。先后组织民兵300余人次，投入600余工时，完成了马湖乡小陶村60亩国防林造林绿化任务，较好地发挥了民兵在经济社会发展和生态环境建设中的主力军作用，受到了当地党委、政府和人民群众的广泛赞誉。

【国防教育】 为增强国防教育效果，2009年肥东县人武部结合征兵宣传工作，以形式多样的文艺活动延伸国防教育效果。一方面，协调县委宣传部、县政府文化局组成文艺小分队，把国防政策法规和新时期军队建设成就编成歌舞、小品、喜剧、相声、快板等文艺节目，深入各基层单位巡回演出，以潜移默化的方式增加了广大干部群众对国防的了解和国防情感，使他们提高了关心与支持国防建设的热情；一方面，组织应征青年到瑶岗渡江战役纪念馆，进行传统革命教育，大大激发了适龄青年携笔从戎、参军报国的热情。

【“六个首次”确保兵员质量】 2009年度冬季兵员征集，肥东县征兵领导小组的定兵方式格外引人关注，以“六个首次”首次公开透明定兵；首次实行票决制定兵；警备区领导首次参加县区定兵工作；接兵部队首次集体列席定兵会议；首次严格按照学历高低删选兵员；新闻媒体首次全程监督。保证了征兵工作公开、公正、公平，既确保了兵员质量过硬，又受到了上级首长机关的好评与赞誉。

【纪念渡江战役胜利60周年】 为纪念渡江战役胜利60周年，缅怀先烈，追溯历史，发扬光荣革命传统，增强全民国防观念。人武部协调有关部门开展纪念系列活动于2009年4月在肥东县瑶岗纪念馆和县城和平广场，举办了老战士座谈会、文学笔会和广场文艺演出活动，抚今追昔，深切缅怀为了民族解放和人民幸福义无反顾、前仆后继的革命先烈。热情赞颂改革开放30年来，祖国取得的伟大成就。社会各界和人民群众对伟大的渡江战役有了更深的认识。

【肥东县委出台《关于加强新形势下党管武装工作的实施意见》】 为继承和发扬党管武装的优良传统，积极适应新形势新任务的要求。根据《中共中央、国务院、中央军委关于加强和改进新形势下民兵预备役政治工作的意见》（中办发［2006］13号）和《中共安徽省委、省政府、省军区关于加强和改进新形势下全省民兵预备役政治工作的实施意见》（皖发［2007］13号）精神，依据任务要求，肥东县委出台了进一步加强新形势下党管武装工作的实施意见。《意见》重点从强化国防观念，增强做好党管武装工作的责任感使命感；坚持制度落实，切实加强对武装工作的正确领导；着眼任务要求，努力提高党管武装工作的质量；加强配合支持，积极为武装工作创造良好氛围四个方面26条为基层武装工作进行了规范，进一步确保了国防后备力量建设稳步持续发展。

【肥东瑶岗纪念馆被评为首批国家国防教育基地】 肥东瑶岗渡江战役纪念馆建立20多年来，纪念馆共接待观众600多万人次，已成为全国重点文物保护单位、全国青少年爱国主义教育基地、南京军区青年官兵革命传统教育基地、安徽省爱国主义和国防教育基地、首都大学生社会实践基地、“中国红色旅游十大景区”之一。县人武部积极协助纪念馆申报国家国防教育基地。2009年5月，国家国防教育办公室的领导来肥东为瑶岗纪念馆进行了考察，给予充分的肯定。目前，瑶岗渡江战役纪念馆已被评为首批国家国防教育基地。

肥西县人武部

【概述】 2009年，肥西武装工作深入贯彻落实科学发展观，紧紧围绕“三级”党委扩大会议精神，以军事斗争常态化准备为重点，抓准备促发展，抓队伍促提高，抓安全保稳定，全面建设整体推进，履行使命任务能力得到提高。思想政治建设得到加强。科学发展观学习实践活动组织有序，主题教育活动效果明显，打造“过硬第一班”大讨论措施管用，建设奋发有为的党委班子初见成效。优化民兵组织结构，加大一体化建设力度，加强国防动员潜力调查，建立信息系统档案。突出“练指挥、练谋略、练协同、练队伍”，加强应急作战队伍建设，完成了民兵营长集训、民兵分队抗洪抢险演练，受到了各级的充分肯定，被警备区评为军事训练先进单位。深化安全发展理念，突出重点，摁住关键，人武部年度安全无事故。围绕应急作战需求，加大后勤准备力度，后勤保障能力得到了较大提高。积极参与和谐社会建设，注重发挥民兵队伍在完成急难险重任务中的突击作用，成建制组织民兵完成了“麦秆禁烧活动”、维护“中国中部花博会”“三河龙舟节”等安保任务，围绕肥西县“全省创一流、全国争百强”战略，组织干部职工和民兵开展扶贫帮困、植树造林和美化环境等活动，率领广大民兵积极投身社会主义新农村建设。

【能力建设】 民兵分队建设紧紧围绕落实“三时一体”目标要求，优化编组结构、精确定位人员、编实编强力量，在深化民兵力量一体化建设的同时，注重把专业救援力量、抢险救灾力量和应急除险力量编实编强。在易于快速收拢集结的国道、高速公路、铁路沿线和合肥新桥机场沿边地域抽组了应急除险分队；在易发生山林火灾的紫蓬山地域和山南镇抽组了森林防火分队；在易发生内涝和洪灾的丰乐镇、三河镇抽组了水上抢险分队；在县城上派镇抽组了地震救援分队；在县医院抽组了医疗救护分队。采取征用、购买、请领的方式拓展装备器材的保障途径。3月25日上午，在县政府礼堂对五支新抽组的遂行非战争行动任务的民兵分队365人进行了集中拉动点验，这次拉动点验应到

365 人，实到 365 人，到点 100%。警备区首长、县委、县政府领导参加了点验大会。

【扎实组织民兵营长集训】 5 月 10 日至 19 日，肥西县人武部按照“学理论、打基础；训业务、促提高”的思路，采取集中授课，共同研究，先进基层武装部长传授经验等方式，组织了 60 名新任职民兵营长集训。主要进行了条令条例、政策法规、民兵整组、民兵军事训练组织与实施、民兵预备役的登记统计的方法及征兵工作等业务知识的学习。5 月 18 日组织了新任民兵营长业务知识考核，总评良好以上。

【民兵分队参加地方建设】 5 月 28 日晚，根据县委、政府的统一部署，肥西县人武部组织 14 个乡（镇）普通民兵 636 人参加了禁烧秸秆巡查行动，制止秸秆焚烧 32 起。同时各乡（镇）均成立了民兵巡逻小分队，负责区内秸秆焚烧的宣传教育和监控巡查，有效有力地参加了肥西县三个文明建设。

5 月 28 至 29 日，根据三河镇政府的请求，人武部派出了由姜伟副部长带队的 30 人“水文化节”民兵综合保障小分队。在负责龙舟赛信号枪管理使用的同时，主动配合地方公安人员值勤巡逻、维护秩序。民兵分队值勤人员的良好形象得到了各级的好评。

【抗洪抢险演练】 为提高民兵分队的应急能力，肥西县人武部依照实案于 7 月 8 日下午在肥西县城以南派河右岸大堤组织了 3 支民兵分队 126 人进行了民兵分队抗洪抢险演练。演练分岸上课目和水中课目两个部分，岸上课目演练主要进行了机械化固堤打桩、人工固堤打桩、装载输送填料和加固崩岸滑坡大堤；水上课目演练主要进行了冲锋舟水上快速通过障碍、打捞落水人员和转移受困群众等课目。整个演练贴近实际，程序清楚，内容完整。警备区首长、县委、县政府主要领导到现场观摩。

【开展“五个一、四个一”建设试点】 根据省军区、警备区统一部署，县人武部于第四季度利用两个月时间，分别在桃花镇、官亭镇组织开展了县人武部、专武干部“五个一”和民兵营连长“四个一”先行试点。试点坚持以后备力量建设有关法规政策为依据，以开展专武干部“五个一”、民兵营连长“四个一”活动为抓手，大力加强基层建设和“一线指挥部”建设，重点解决专武干部、民兵营连长职责意识不强、能力素质不高和部分单位“五个一”、“四个一”活动落实不到位、组织不规范等问题，不断推进后备力量建设科学发展。通过试点，达到规范组织形式、规范内容标准、规范保障办法等目标，推动了基层武装部软硬件设施和战备训练秩序建设。

长丰县人武部

【概述】 2009 年，县人武部在警备区党委和县委、县政府的正确领导和关心支持下，坚持深入学习实践科学发展观，按照“抓班子、带队伍、抓基层、打基础、抓安全、保稳定”的工作思路，着眼使命任务，军地合力抓落实，不断全面提升完成多样化军事任务的能力和素质，军事斗争准备和人武部全面建设呈现出稳步发展的良好势头。一是强化理论武装，思想政治建设坚强有力。着眼武装头脑、指导实践、推动工作。严格落实学习制度，突出岗位自学，注重学习成果的转化，高标准做好民兵预备役政治工作。深入开展学习实践科学发展观活动，扎实开展培育当代革命军人核心价值观教育、“三个带头”教育和打造过硬“第一班”大讨论教育活动。积极开展经常性思想工作，认真做好民兵预备役政治工作。二是完成多样化军事任务力量建设有新的发展。针对形势任务变化，着眼军事斗争常态化准备，顺应经济社会发展形势，在继续深化民兵重点分队“一体化”建设成果的基础上，围绕“三时一体”目标要求，狠抓组织整顿工作落实。三是完成多样化军事任务能力有新的提升。强化本部首长机关训练，依据《军事训练与考核大纲》，围绕“一学四练”积极开展岗位练兵活动，机关干部的组织指挥能力业务水平得到明显提升；突出抓好专武干部训练，落实每月一次的全县专武干部例会制度，采取以会代训的方式，集中组织武装工作知识和专业技能的学习训练。民兵完成非战争军事行动能力得到进一步提高。四是基层武装部建设得到新的加强。按照“抓基层、打基础、促规范”的基层工作思路，依据《基层武装部和民兵营（连）部规范化建设三年规划》，全面推进基层规范化建设，巩固基层规范化建设成果。积极开展“六个一”、“五个一”活动，全县专武干部和民兵营（连）长素质进一步增强。五是兵员征集质量有新的提高。按照省军区提出“三个确保”的要求，针对征集对象主体调整变化的实际，确立了早动员、早准备的指导思想，严格征兵中的每个环节，及时解决征集过程中出现的问题和矛盾，确保了征兵任务的圆满完成。六是党管武装坚强有力，双拥参建工作有新的成果。始终坚持落实党管武装的根本原则和制度，及时协调解决军事斗争准备中遇到的重难点问题，在战备建设、民兵整组、军事训练、征兵、基层正规化建设、专武干部调整配备等方面，县委、县政府都出台了针对性操作性强、符合长丰实际的措施和办法，以政策制度来保证工作落实。坚持组织基层武装部第一部长述职、表彰基层武装工作先进单位和个人，充分调动了广大专武干部的积极性，更进一步促进了党管武装工作的落实。县委书记、人武部第一书记聂爱国同志受到南京军区的表彰，荣获2009年度“党管武装好书记”称号。

【县委议军会】　3月5日，县委书记聂爱国主持召开县委常委专题议军会，县委常委汤传信、张俊平、李永骧、王永红、韩先思人武部长朱雷参加会议，县政府程林、王权、甄茂云、沈梅农、张仑、李红及县委组织部、人事局、发改委、财政局、建设局、民政局、北城办，县委办、政府办等单位领导列席会议。会议首先传达了警备区党委扩大会议精神，会议听取了2008年县武装工作情况和2009年武装工作意见，会议在充分肯定2008年人武部全面建设和军事斗争准备所取得成绩的同时，着重指出，2009年是深化学习贯彻十七大精神，在新的起点上推进军事斗争准备和部队全面建设深入发展的重要一年。要以深入学习实践科学发展观为主线，大力加强思想政治建设；以军事斗争准备为龙头，加紧推进基层战备规范化建设，扎实抓好军事训练落实和国防动员工作，高质量完成年度征兵任务，全面提高完成多样化军事任务能力；以能力建设和先进性建设为重点，大力加强党委班子和干部队伍建设；以安全稳定为底线，进一步加大从严治军力度；以构建和谐社会为目标，深入开展双拥和扶贫参建活动。同时出台了《关于加强民兵一体化营（连）党组织建设意见》、《关于民兵预备役政治工作职责分工的意见》、《关于进一步加强专职人民武装干部队伍建设的意见》3个文件，建立了伤残复退军人救助基金（35万元）。

【民兵整组】　针对形势任务变化，着眼军事斗争常态化准备，顺应经济社会发展形势，在继续深化民兵重点分队“一体化”建设成果的基础上，围绕“三时一体”目标要求，夯实民兵核心军事能力和遂行非战争军事行动能力的组织基础，狠抓组织整顿工作落实，确保民兵分队遂行非战争军事行动能力的提高。通过整组，全县共组建基干民兵16个分队，共计5029人，基本达到了结构优化、布局合理、人员落实的要求。水湖镇、下塘镇、庄墓镇和双凤开发区完成了地震救援分队和水上抢险分队编组试点任务。双凤开发区在伊利乳业和鸿路钢构建立了民兵组织，有力地拓展民兵组织建设范围。罗塘乡和下塘镇在接受省军区民兵整组检查验收中受到充分肯定和好评。

【专武干部及民兵营长培训】　人武部把专武干部训练作为提高训练质量的突破口，落实每月一次的全县专武干部例会制度，采取以会代训的方式，集中组织武装工作知识和专业技能的学习训练。不仅拓宽了专武干部视野，同时提高了他们开展武装工作能力。并紧紧贴近非战争军事行动的需要，提高民兵训练的针对性和应用性，5月，依托市民兵训练基地，组织民兵重点分队训练和民兵营长集训，带队的专武干部认真组织，积极参训，参训的民兵营长，严格要求，刻苦训练，顺利地通过人武部组织的考核验收，民兵完成非战争军事行动能力得到进一步提高。

【扶贫参建】　以争创安徽省双拥模范县为抓手，发动干部职工和民兵预备役人员为构建和谐长丰、平安长丰做贡献。按照县里统一安排，人武部分别与杜集乡东黄村和水湖镇丰峡村建立“扶贫联系点”和“新农村建设示范联系点”，走访慰问三十头镇三房岗村9户困难家庭，部机关干部坚持“一对一”结对资助造甲乡7名贫困学生，每人每年资助500元现金和学习用品，并与庄墓镇8名贫困留守儿童结对。春节前专门拿出近2万元看望特困群众和老复退军人，并走访慰问长丰籍团以上领导干部家庭。植树节期间，组织干部职工、驻军单位和民兵预备役人员近百人，在岗集镇建造“八一林”和“民兵林”，义务植树100余亩。自全县开展“清洁家园，绿化乡村”活动以来，人武部先后3次组织本部人员、驻军单位、民兵预备役和即将入伍的新兵共200余人次，走进乡村街道，清理卫生，美化乡村。

【冬季征兵】　2009年，长丰县冬季征兵工作在县政府的领导下，按照省军区提出确保兵员质量、确保廉洁征兵、确保征兵安全的要求，针对征集对象主体调整变化的实际，确立了早动员、早准备的指导思想，重视抓好征兵准备工作，严格征兵中的每个环节，采取多种形式加大宣传力度，落实体检负责制，严格政审责任制，坚持集体定兵，坚持“四优先”原则，及时解决征集过程中出现的问题和矛盾，圆满完成了343名新兵征集任务，所征新兵中，高中以上文化程度的占88.9%，应届高中毕业生占68.8%，新兵质量较往年有明显提高。县征兵办公室、双墩镇和岗集镇武装部部长范成贵同志被省政府、省军区表彰为征兵先进单位和征兵先进个人。

（合肥警备区）

武警合肥市支队

【概况】 2009年，合肥市支队坚持以科学发展观为指导，以《基层建设纲要》为依据，认真贯彻总队党委“三个转变”、“三个大抓”决策部署（“三个转变”，即：把重硬件、轻软件转变到既重硬件更重软件上来，把管理教育重战士、轻干部转变到既重战士更重干部上来，把重集中抓、轻经常建转变到既重集中抓更重经常建上来。“三个大抓”，即：大抓基层党支部建设、大抓经常性基础性工作质量、大抓落实经常性基础性工作的基本功。）按照“四于”要求，（“四于”，即：支队作为省会支队、旅级支队和多年的先进支队，在工作标准上要高于其他单位，在自我要求上要严于其他单位，在发展速度上要快于其他单位，在建设质量上要优于其他单位。）始终保持清醒头脑，盯住“两个确保”不放松，坚定发展不动摇，圆满完成以执勤处突反恐为中心的各项任务，确保内部和谐稳定，部队建设呈现出整体推进、持续发展良好态势。支队被武警部队表彰为“基层建设先进单位”和连续18年预防事故案件工作先进单位，连续5年被总队评为先进支队。支队机关被总队评为“正规化执勤一级支队机关”，支队司令部、后勤部分别被评为“先进支队司令机关”和“先进支队后勤机关”，第二大队被评为基层建设先进大队。十二中队被评为基层建设标兵中队，四中队、九中队、肥西县中队、一中队、长丰县中队被评为基层建设先进中队。128名个人立功受奖。

【完成中心任务】 支队结合部队担负任务实际，从严落实训练大纲，科学组训，依法施训，注重贴近任务、实战需要，突出“五训”、“五练”，即：干部常训、骨干强训、反恐特训、专勤专训、夜间必训；练体能、练技术、练战术、练心理、练指挥，筑牢了官兵技战术基础。参加武警部队狙击手集训暨竞赛活动中，获得优异成绩。扎实开展勤务教育整训，解决了执勤过程中“常见病、多发病”。共成功处置群体性上访事件48起、武装押运勤务37起、武装押解勤务54起、专机警卫9起。配合公安机关参与合肥市街面巡逻，出动兵力17900余人次，车辆1410余台次，抓获犯罪嫌疑人50余人。圆满完成火车站春运执勤、“中博会”安保、司法部组织的两起调犯专列过皖期间安全警戒、省市两会安保等重大临时性勤务68起。十一中队成功处置1起看护对象企图咬舌自杀事件。五中队分别成功制止1起袭击哨兵和上访人员自焚事件。合肥市中队成功处置1起犯罪嫌疑人暴力冲监事件。长丰县中队成功制止1起犯罪嫌疑人集体闹监事件。

【部队建设】 支队认真学习贯彻《党支部工作条例》和武警部队基层党支部建设座谈会精神，按照“七治”要求，即：先进单位治满、中间单位治平、后进单位治短、特色单位治偏、专业单位治单、小散单位治散、机关单位治软，对基层党支部建设情况进行综合分析、分类排队，制定帮建计划，实施重点帮扶，基本实现均衡发展、相互赶超目标。以开展经常性基础性政治工作大检查为契机，深入检查年度政治工作落实情况，及时发现存在问题和薄弱环节，研究制订改进和加强措施，推动经常性基础性政治工作落实，夯实部队建设基础。实施“三管四防”举措，即：按照规定管，结合实际管，坚持和谐管；思想上防松、作风上防散、工作上防疲、生活上防躁。突出抓关键的人、敏感的枪、常犯的酒、重点的车、难处的关系和危险的保密等“六个重点问题”治理，确保秩序正规、安全稳定。以培养基层按纲建队明白人、实干家为抓手，在长丰县中队召开贯彻落实新《纲要》观摩会，集中组织基层主官研讨，解决存在突出问题，推动基层正规化建设。

全年在中央级媒体刊发稿件105篇、武警部队网站57篇、总队网站610篇、总队简报转发经验材料15篇，支队被总队评为2009年度新闻宣传工作先进单位和网络新闻信息“优秀组织奖”一等奖。政治部创作小品《当兵合同》荣获全军优秀创作一等奖。

【提高综合保障能力】 支队及时修订完善后勤应急保障预案，组织开展野战炊事、战地救护、宿营保障、紧急拉动等后勤课目训练，提高专业兵素质。全面推广八中队资产管理试点经验，加大资产管理力度，提升后勤各项管理工作水平。投入553万元用于基层营房改造和“四项设施”配套建设，为官兵营造良好学习、工作、生活环境。挑选有特长人员组建“110”维修服务小分队，先后97次深入基层维修各类设施692件，帮助基层节约各类维修经费14万元。抓好甲流防控，完善防控预案，落实防治措施。严格财务管理制度，规避经济风险，有效防止资金流失和网上银行被盗。认真抓好水、火、电、气、毒安全防范，保证官兵生命安全。

【党委班子建设】 支队集中开展“加强党性修养，振奋革命精神”学习教育活动，统一思想，锤炼党性，振奋精神。严格落实中心组理论学习制度，先后在军内外报刊上发表理论研讨文章38篇。研讨文章《崇尚荣誉：进一步把政治教育引向纵深》获总队优秀课题研究成果三等奖。严格落实总队党委坚持“三个转变”、落实“三个大抓”要求，第一季度，党委常委围绕贯彻落实科学发展观深入部队开展学习调研，人人写出有质量的调研材料，并汇编成册，为党委实施科学决策和指导提供第一手资料。认真贯彻党委工作条例和民主集中制原则，科学统筹，求真务实，始终把工作重点放在抓经常打基础上，既确保任务圆满完成，又推进部队建设稳定发展。班子成员之间和睦相处、和衷共济、和谐融洽，上下满意，官兵信服。先后提拔使用的29名营职干部和50名连排职干部，部队上下反映很好。

【慰问官兵】 1月16日上午，总队罗忠安政委在总队副总队长李军祥、政治部副主任李发华等领导陪同下，到支队新训一、四中队，看望慰问新兵，向全体新兵致以节日问候。

1月23日上午，省人大秘书长汪国才、副秘书长董介林率省人大领导，到六中队看望慰问支队官兵。

7月31日下午，安徽省委常委、副省长孙志刚在安徽总队总队长朱永和、政委罗忠安陪同下，亲切看望驻安徽省政府支队五中队全体官兵，并与中队官兵合影留念。

【城市武装巡逻】 为确保人民群众生命和财产安全，维护正常社会秩序，支队成立20多个巡逻小组，常年在合肥市庐阳区、蜀山区、包河区和瑶海区四个区重要路段、商业场所集中区域以及治安复杂、案件高发地段，与公安机关紧密配合，采取乘车巡逻与徒步巡逻相结合方式，疏导交通、解危救难、震慑和打击各类违法犯罪行为，为合肥地区社会 稳定，构建“和谐合肥、平安合肥”奠定基础。

【临时勤务】 1月25至31日支队出动30名官兵，圆满完成中共中央政治局委员、国务院副总理回良玉在合肥视察期间临时驻住地警卫任务。3月24日，支队派出12名官兵圆满完成中央军委委员、总装备部部长常万泉专机警卫任务。4月25日，支队派出30名官兵圆满完成中央政治局委员、国务院副总理王岐山专机警卫任务。4月24至26日，支队出动5名官兵圆满完成“中博会”期间，台湾新党主席住地警卫任务。5月16日，支队出动150名官兵，圆满完成司法部“9005”专列停靠肥东县撮镇站安全警戒任务。7月7日，合肥市支队派出45名官兵，圆满完成中共中央政治局常委、全国人大常委会委员长吴邦国安全警卫任务。8月29日，支队出动80名官兵，圆满完成“2009特步巨星巡回演唱会”现场安全保卫任务。

【信息建设】 2月6日，合肥市信息化工作办公室组织专家对合肥市支队信息化建设项目进行验收。验收专家组经过认真的研究讨论认为，支队应急软件系统从调研到设计、开发，以及上线运行，整体建设实施过程中，每个步骤都按照合理、详实的计划进行，在功能和技术两个方面都达到创新性与领先性预期效果，系统各项指标、参数测试合格，各项功能均符合设计方案要求。

【开展“达‘四千’、创标兵”活动】　支队党委依据《军队基层建设纲要》和《支队（团）落实〈纲要〉三十条》，立足基层建设发展实际，研究制定《武警合肥市支队基层建设“达‘四千’、创标兵”指要》，提出坚持按纲抓建，达到“七个一流”、实现“三个确保”、争创标兵支队总体目标，即：有一流的干部队伍和人才队伍，有一流的执勤处突能力，有一流的部队风气，有一流的正规化管理水平，有一流的硬件设施，有一流的内部关系，有一流的士气，确保部队政治坚定和思想道德纯洁，确保以执勤处突为中心的各项任务圆满完成，确保部队安全稳定和集中统一。

（武警合肥市支队政治部组织科）

人防　民防

【体制创新】　合肥市结合实际探索两防一体化新体制，实现人防、民防、应急管理“三办合一”，被誉为全国人防系统“五大创新模式”之一。2009 年，合肥市人防办（民防局）继续深入推进“三办合一”创新体制，进一步建立健全市、县区、街道、社区四级应急组织保障体系，市人防办（民防局）纳入政府应急救援机制，与市应急办共同作为市应急管理工作领导小组统一指挥下的执行机构，共同负责全市应急管理体系建设和应急处理综合协调。各县区按要求先后在人防、应急管理机构增挂民防局牌子，实现一个机构、三块牌子。街道、乡镇成立民防办公室，对应县区应急办、人防办、民防局，确定专人负责，在社区建立了民防工作小组，按照统一规范、实用有效的要求开展工作。市三大开发区参照县区做法，确定相应工作机构和工作人员。实现了人员整合，市委正式任命市人防办主任兼任市应急办第一副主任，市应急办副主任兼任市人防办副主任，并抽调人防专业人员充实市应急指挥调度中心。各县区政府办公室主任兼任应急、人防和民防负责人，设专职负责人和必要的工作人员，社居委主任兼任民防工作小组组长。10 月下旬，副市长卢仕仁在国防大学举办的全国人防领导干部和市长培训班上介绍了合肥市“三办合一”的经验和做法。特别是在新一轮合肥市政府机构改革中，人防办（民防局）由原来的议事协调机构改为政府工作部门，并保留了民防局牌子，人防办（民防局）的地位、职能、作用得到明显提升。

【人防工程建设】　合肥城市建设的飞速发展，为人防工程建设提供了历史性机遇。紧紧围绕合肥“三大推进”的总要求，不遗余力地改进服务，提高效率。在国际金融危机的特殊背景下，合肥市人防工程建设逆势而上，取得跨越式发展。全市申报民用建筑项目、应建防空地下室面积、已完工面积为 2008 年前的总和，占全省人防工程面积近一半。

【民防教育宣传】　全市社区建立了 207 个社区民防应急避难场所。人防办（民防局）组织了 185 场次形式多样的民防应急知识竞赛，参加竞赛达 29000 人次；组织了 106 场民防应急知识专题讲座。开展 489 场次不同规模的拉动演练；组织了 142 场青少年参观人防（民防）展和消防展活动，免费向中小学生发放民防教育读本，印制 120 万份公共安全知识手册发放给市民，开展 981 场次不同层次、不同规模的“关注民生、平安生活”进社区、进乡镇活动，把人防民防宣传教育渗透到千家万户，从城市向农村延伸。

与合肥电视台联合举办了首届全市人防、民防、应急知识电视大赛，采取初赛、复赛、决赛的形式，共有 5 万余人参加。12 月 26 日决赛时，向全市进行电视转播，收视率达 28%，收看群众约百万人。在合肥电视台开设的“平安空间”专题，每周播出 20 分钟。在《合肥晚报》开设专版，每月出一期人防民防应急知识专版。市人防办（民防局）全年在各类媒体共刊用、播发稿件 960 篇。其中，在中央媒体用稿 76 篇，省级以上媒体用稿 318 篇，被省人防办评为人防民防宣传先进单位。

【人防专业队伍建设】　合肥市建立了人防应急专家库，按照自然灾害、社会安全、公共卫生、安全生产四大类别，特邀 40 多名具有副高以上技术职称的专家学者进行基本信息备案，主要为全市人防应急工作提供决策建议，对人防应急等重大理论和实践问题开展调研，对重大突发公共事件进行分析研判，定期开展人防应急管理工作培训及相关学术交流与合作。

在整编、充实原有抢险抢修、医疗救护等人防专业队伍的基础上，根据新的任务需要，借助部队军事力量，与市武警支队联合组建了人防武警应急抢险大队；与市消防支队联合组建了人防民防应急救援大队；与水务、民兵预备役部队组建了民防特种救援大队、高新技术专业队、电梯救援专业队和潜水救援专业队等，全市人防应急专业队伍已达468支、人员达11064人。

合肥市人防办（民防局）把建设民防志愿者队伍建设作为民防工作向基层社区延伸的一个重要内容。市成立民防志愿者总队，各县区成立民防志愿者支队，乡镇（街道）成立民防志愿者中队，规定每个民防志愿者中队人员不少于20人，并分期分批集中对民防志愿者进行社区应急处置、宣传教育、自救互救等方面知识技能的培训和演练。

【防空警报试鸣和应急救援演习】 9月18日，合肥市人防办（民防局）会同市政府应急办举行了全市防空疏散演练和防灾应急救援演习。此次防空疏散演习重点涉及包河区政府机关、蜀山区工业园蜀新苑小区、合肥学院、肥西县政府机关，防灾演习设点在武警指挥学院操场。演习内容分为交通危化品泄漏事故应急处置和高层火灾应急救援。市人防、安监、交通、公安、消防、环保、民政、市政、卫生、质监、气象、供电、燃气、供水和应急办等部门400余人参与了演练。安徽省委常委、常务副省长孙志刚、省军区副司令员向孝民，国家人防办副主任李扬、副局长柳庆森，省人防办主任黄亚洲及合肥市副市长卢仕仁等省市相关领导在现场观摩演习。

【人防地下工程建设】 省歌舞剧院广场及地下停车库工程按照“人防工程建设与市政建设相结合”的建设思路，充分开发利用地下空间，最大限度地提高土地利用价值，有效节约了土地资源。该工程10月中旬开工建设，建筑面积2285m^2，占地面积2563m^2。地上广场景观设计，包括铺装、景观环境、水池、小品等，绿地面积787m^2，绿化覆盖率为21%，拥有17个停车位。地下平时作为停车库，有63个车位。工程紧靠有“合肥第一形象大道”之称的黄山路，作为开放式园林休闲广场，既符合市委市政府要把黄山路建成园林大道的远景规划，又为附近的居民提供了休闲锻炼的场所，真正体现人防工程“平战结合、以人为本”的理念。同时也有效缓解了园林广场周边停车难问题，改善了该片市区居民的生活质量，营造出宜人的城市休闲赏景环境。

（李　建）

民主党派　工商联

中国国民党革命委员会合肥市委员会

【概况】　2009年，中国国民党革命委员会合肥市委员会（以下简称“市民革”）发展新党员36人，党员总数达480人，其中具有中级以上职称的353人，具备研究生以上学历的22人，平均年龄为54.26岁。市民革下辖2个总支、21个基层支部。党员主要分布在教育、文化、科技、医药卫生等界别。根据民革中央及民革安徽省委员会的要求，在原有组织发展对象的基础上，重点增加社会和法制专业人员（从事社会保障、社会服务、法律工作）。

【思想建设】　市民革历来将思想建设放在各项工作的核心地位，努力建设高素质的参政党。2009年，市民革把深入学习贯彻科学发展观作为一项重要政治任务，认真贯彻落实民革中央和民革安徽省委精神，知行并举，注重实效。

2月份，制定《民革合肥市委会深入学习贯彻科学发展观工作方案》，成立深入贯彻实践科学发展观领导小组。4月份，举办“深入学习贯彻科学发展观、认真履行参政议政职能”报告会。9月份，组织党员聆听民革中央在肥举行的“学习贯彻科学发展观”辅导讲座。将深入学习科学发展观与坚持走中国特色社会主义道路、搞好政治交接学习教育活动相结合，与纪念新中国成立60周年和中国共产党领导的多党合作制度确立60周年相结合，与庆祝合肥民革成立50周年相结合，与加强自身建设和更好地履行职能发挥作用相结合，做到理论联系实际、学以致用、用以促学。

以纪念合肥民革成立50周年为契机，开展系列纪念活动，增强民革党员的自豪感和使命感，激发党员积极投身多党合作和民革事业的积极性。5月份，召开“纪念民革合肥市委会成立五十周年”座谈会。6月2日，《团结报》刊登庆祝民革合肥市委成立50周年专版。《合肥民革参政议政成果选集》于6月编辑印制完毕。6月14日，市民革召开合肥民革成立50周年庆祝大会，民革安徽省委及中共合肥市委、市政府、市政协等领导出席大会，会前放映专题片《合肥民革辉煌50年》。12月，《合肥民革成立50年》画册定稿。市民革党员还积极参加“合肥民革成立50周年”征文活动。

【参政议政】　市民革主要领导经常参加中共合肥市委、市政府、市政协举办的各种形式的座谈会、通报会、议政会、社情民意座谈会，参与重大问题的讨论和协商，并发表意见和建议，有的被党委、政府等有关部门采纳。市民革主委积极参加省、市政协组织的考察学习活动，并多次代表省民革、市政协率队调研，为安徽省、合肥市的经济和社会发展献计出策。主要领导还经常深入基层，调查民情，了解民意，关注民生，带头撰写提案和社情民意反映，有不少建议被民革中央、省政协、市政协采纳。

市民革党员中的各级人大代表、政协委员积极履行职能。省人大十一届二次会议上，提交1条建议。省政协十届二次全会上，提交1件集体提案、7件个人提案。市人大十四届二次会议上提交建议11件（含联名建议）。市政协十二届二次全会上，提交大会发言1篇、集体提案5件（占集体提案总数的17.9%）、个人提案52件（占市政协个人提案总数的14%）。其中有2件集体提案和7件个人提案分别得到市有关领导的批阅、领办、督办。集体提案《促进合肥市政务文化新区发展的几点建议》被多家网站转载，陶克扬的个人提案《关于金融危机中政府在拉动地方经济与内需上应有更大作为的建议》受到吴存荣市长的高度重视。该提案和蒲海茵的提案《关于实施生活垃圾分类回收，提高资源再生利用率的建议》被评为优秀个人提案。桑任凤的提案《关于杜绝公款出国旅游的建议》在《江淮时报》2009年11月10日第三版刊登。在9月份召开的全市民主党派暨工商联2008年调研成果表彰大会上，市民革调研报告获二等奖1篇、三等奖3篇。

市民革党员全年共提交社情民意反映145份，筛选上报100余份，被民革中央采用3篇、省政协采用4篇、中共安徽省委统战部采用1篇、省民革采用21篇、市政协采用17篇，其中有11篇得到市领导批办，向《新安晚报》、《合肥晚报》等新闻媒体反映的有10篇，其中有一些得到落实解决。在安徽省民革参政议政工作会上，市民革被授予“2008年度反映社情民意工作先进集体二等奖”，有11篇民情反映受到省民革的表彰和奖励。

【促进祖国和平统一工作】 市民革认真组织学习胡锦涛同志在纪念《告台湾同胞书》发表30周年座谈会上的重要讲话，学习中共中央对台政策，同时发挥民革联系广泛的优势，在党员及所联系的台商台胞中积极广泛宣传两岸和平统一工作的重要性。

4月份，接待著名爱国将领冯玉祥将军的儿媳、原大连舰艇学院院长冯洪达将军的夫人余华心女士。9月份，市民革与市政协港澳台侨委员会、中共合肥市委统战部和市台办共同主办台情报告会，邀请南京大学台湾研究所所长、教授、博士生导师，国内著名的海峡两岸关系研究专家崔之清教授做“台湾政局和两岸关系”报告。11月份，包河区直支部与四方集团支部的党员专程赴舒城县探望黄埔军校18期毕业生、抗日英雄王启超。市民革主要领导还经常参加市政协港澳台侨委员会举行的各种活动，向所联系的海外人士宣传祖国统一方针，沟通感情，增进友谊。

【社会服务】 市民革社会服务专委会本着发挥优势、突出特色、尽力而为、注重实效的原则，组织党员中的专家学者围绕服务社会主义新农村建设，积极开展“三下乡”活动，为推动农村改革发展贡献力量。

5月份，组织民革医务界专家前往肥西县三河镇进行义诊。11月份，组织民革教育界党员分别对肥西县农兴中学、肥东县护城中学、长丰县双墩中学进行送教下乡活动，带去新的教学理念，深受师生欢迎。妇女专委会还结合自身工作开展社会服务活动。“三八节”组织女党员慰问九久夕阳红老年城的300余位老人，给老人带去保健书籍和蛋糕等慰问品；“六一”儿童节，带着食品、饮料等礼物到合肥市庆龄幼儿园看望小朋友。市民革还积极联系外资企业安徽佳通轮胎公司继续对合肥市辖3县4区500名贫困家庭中小学生开展捐助。台胞企业家龚维宁先生继续在肥西县高店乡和铭传乡捐助家乡教育，资助200名贫困学生，向肥西县铭传乡中心学校捐赠价值2万元的图书。至年底，市民革累计联系捐款120余万元。

（陈晓松）

中国民主同盟合肥市委员会

【概况】 中国民主同盟合肥市委员会（以下简称“市民盟”）全年发展新盟员27名，共有盟员678人，下辖3个总支部、36个基层支部、2个直属小组。成员主要分布在合肥市的教育、文化、科技、卫生、金融、法律等界别。主委张雪平，副主委周吉人、李广海、唐小平。

【参政议政】 市民盟通过中共合肥市委社情民意座谈会、市政府政协委员议政会、市政协会议以及市政协和市电视台联合主办的《政协论坛》等平台，就全市经济社会发展中的一些重大问题发表意见和建议，认真履行参政议政职能。市民盟各级人大代表、政协委员紧紧围绕全市中心工作和人民群众普遍关心的热点、难点问题，深入实际，调查研究，以议案、提案等多种形式，反映社情民意，为促进全市经济社会和谐发展建言献策。

在年初的市人大和市政协会议上，市民盟及民盟各级人大代表、政协委员共提交议案、提案40余件，有3件提案获市政协优秀提案奖。其中，市民盟提交的《加快乡村旅游发展步伐，促进我市社会主义新农村建设》和《规范办园行为，加快发展我市幼儿教育》2篇调研报告，均获合肥市民主党派、工商联专题调研成果评比二等奖，市民盟获组织奖。

2009年，市民盟围绕教育和旅游工作组织开展2项专题调研，撰写了《加大圩堡文化保护和开发力度，打造我市特色旅游精品》和《营造和谐社会环境，呵护教师身心健康》2篇调研报告，并在此基础上形成2份市政协大会发言和2份市政协提案。其中大会发言《加大圩堡文化保护和开发力度，打造我市特色旅游精品》，受到中共合肥市委、市政府领导和与会人员的肯定和较高评价，《新安晚报》、《合肥晚报》、《合肥日报》、《江淮晨报》、《大江晚报》、《江淮时报》，以及《新民网》、《腾讯网》、《中安在线》、《合肥在线》等新闻媒体对此作了报道。

市民盟组织盟员深入基层，调查研究，通过多种渠道，积极反映社情民意。配合市政协在市电视台举办一期关于合肥市房地产话题的《政协论坛》。组织盟员撰写了8篇社情民意材料，其中市第八中学支部吴成法撰写的《关于改进合肥市高中招生政策的建议》、《谈谈现行高考中需要解决的有关问题》以及市第四十二中学支部梁邦屏撰写的《关于区、街中小企业发展的建议》，分别被中共安徽省委统战部主办的期刊《安徽统战信息》采用。包河区支部翟春燕撰写的《关于进一步完善幼儿园“禁书令”的建议》和《关于禁止初中、小学按成绩排名的建议》，经市民盟推荐均被选为中共合肥市委书记主持召开的社情民意座谈会发言材料，被《合肥晚报》、《安徽商报》、《新安晚报》、《安徽市场报》以及合肥电台、电视台等多家新闻媒体报道，产生良好的社会影响。

【社会服务】 市民盟依托各专门委员会和各支部、直属小组，发挥自身优势，组织开展一系列社会服务活动。

5月17日，在第十九个“全国助残日”到来之际，市民盟组织法律界盟员参加由民盟安徽省委、安徽省残联和市民盟共同举办的“扶残助残”法律知识讲座。美林律师事务所主任、合肥市政府特邀行政执法监督员、合肥市法制讲师团专家褚道成等参加本次活动，并现场解答相关法律咨询。

6月14日，市民盟依托市第一人民医院支部，组织外科、心血管内科、小儿科、五官科、皮肤科、妇产科、中医科等科室医疗专家12人，前往长丰县岗集镇开展“送医下乡”义诊活动，并向当地卫生院赠送一批医疗书籍。

市民盟响应民盟中央号召，采取上下联动等措施组织盟员开展扶贫支教活动。7月14～16日，配合民盟省委组织4名优秀中青年盟员教师，在清风苑宾馆对来自界首市和六安市城北乡的60多名中小学教师进行为期2天的集中培训。8月15日，依托民盟瑶海区总支部，在瑶海区磨店乡庆平希望学校举行“农村教育烛光行动”启动仪式，并对磨店乡120余名中小学教师进行短期培训。民盟省委、瑶海区政府、区政协、中共瑶海区委统战部、区教育局、磨店乡等有关部门领导参加了本次活动。

【自身建设】 9月16日，市民盟在市政务中心阳光大厅举办庆祝中华人民共和国成立60周年、民盟合肥市委员会成立50周年合肥民盟书画摄影展，市政协副主席王明杰、中共合肥市委统战部副部长束道银、市委宣传部副部长、市文联党组书记王浩等出席开幕式。书画摄影展为期3天，参展的120余幅作品，内容丰富，题材广泛，受到广泛好评。市民盟从中挑选近百幅作品，编辑出版《合肥民盟书画摄影集》，增进社会各界对合肥民盟的了解。

9月19日，与民盟省委联合召开庆祝建国60周年、人民政协成立60周年、民盟安徽省委成立55周年和民盟合肥市委成立50周年庆祝大会。民盟省市有关领导和市各民主党派、工商联负责人以及省、市基层盟组织盟员代表近400人出席会议。一场大型文艺演出也同期举办，近百名盟员登台表演。《安徽日报》、《合肥晚报》、《工商导报》以及省市电视台等新闻媒体对此均作了报道。

市民盟在三八妇女节、重阳节等传统节日期间，组织部分女盟员和全市离退休老盟员参观考察合肥大建设等活动，感受大建设给合肥带来的巨大变化。

市民盟先后接待民盟中央副主席张士坤以及常州、郑州、成都和泉州等城市民盟考察组40多人次，加强与外省市民盟组织交流合作。

2009年，市民盟被民盟中央授予“中国民主同盟盟务工作先进集体”称号。

根据民盟省委统一部署和合肥市《各民主党派市委会关于开展领导班子建设活动座谈会纪要》精神，市民盟认真组织开展领导班子建设活动，坚持将学习贯穿于整个活动过程，将学习、应用、整改相结合，召开各种类型座谈会、谈心会、民主生活会，深入基层调查研究，广泛听取各方面的意见和建议，认真查摆自身问题，并针对梳理出来的问题，及时制定实施相关整改措施，将领导班子建设不断推向深入。

市民盟注重加强新盟员的教育培训工作。7月

24日，市民盟在机关会议室举办“2007、2008年度新盟员培训会”，对60余名新盟员进行一次民盟章程和民盟历史以及统战理论等方面的知识培训，增进他们对民盟组织的情感，增强参政党成员的使命感和责任感。

市民盟坚持实行组织发展与后备干部队伍建设相结合、保持民盟特色与有利于参政议政工作相结合、发展与巩固相结合的组织工作原则，全年发展27名政治素质和业务水平较高的同志加入民盟组织，全市盟员总数达678人。

（张西瑞）

中国民主建国会合肥市委员会

【概况】 2009年，中国民主建国会合肥市委员会（以下简称“市民建”）发展新会员36名，平均年龄37岁；其中研究生学历6人、大学学历16人、大专学历14人；市政协委员1人；中级以上职称7人；女会员11人。市民建下辖4个总支部（19个基层支部）、1个老龄委员会、5个直属支部。至2009年底会员总数为536人，平均年龄51.6岁；大专以上学历435人，占会员总数的81.2%；中级以上职称270人，占会员总数的50.4%；其中女会员199人，占会员总数的37.1%。

会员中，担任全国人大代表1人；省人大常委1人，省政协常委1人；市人大常委1人、市人大代表1人；市政协副主席1人、市政协常委3人、市政协委员20人；区人大副主任1人、常委1人、人大代表5人，区政协副主席3人、常委5人、区政协委员26人。其中，担任厅局级领导职务2人、县处级领导职务5人、科级职务28人。市特邀监察员（党风党纪）7人、检察员3人、审计员2人、市检察院第三届特约执法监督员2人、政风行风监督员8人、招投标监督员1人。

【参政议政】 市民建及其各专门委员会围绕中共合肥市委、市政府的中心工作，坚持“精选题，选准题”的原则，突出重点，扎实开展调研，共形成11篇调研报告，其中转化为省政协提案7件、省政协大会发言3件、市政协提案10件、市政协大会发言3件。

在12月份举行的社情民意座谈会、市政协委员议政会上，市民建提交发言稿6篇，其中2篇被作为口头发言、4篇作为书面发言。议政会上的口头发言《合肥市农村土地承包经营权流转状况调研的思考与建议》，得到吴存荣市长肯定，并作为市政协《建言献策》第一期内容报市政府。市民建邀请新闻媒体参与到调研成果转化应用过程中，拓宽成果转化应用渠道。在2008年度市民主党派工商联专题调研成果和组织工作评选中，获一等奖1篇、二等奖2篇，市民建获优秀调研组织奖。另有2篇调研成果被选入民建中央对外联络委员会参政议政文集，市民建获全省民建2009年参政议政工作先进集体称号，民建会员任众被评为全省民建参政议政先进个人。

在市政协十二届二次会议期间，市民建和民建会员政协委员共提交41件提案，占总提案的10.7%，其中《关于和高等院校、科研院所进一步密切合作的建议》被选为中共合肥市委常委批办提案；《关于再议解决中小企业融资难问题的建议》被选为市长领办提案；《关于让传统“菜篮子”走向现代化的建议》和《关于开通市区通往三国遗址公园旅游直通车的建议》被选为市政协主席督办提案；《关于新农村建设必须把培养新型农民放在突出地位的建议》和《关于再议解决中小企业融资难问题的建议》2篇提案被评为优秀提案。

在省政协十届二次会议上，市民建的《关于农家店建设存在的问题及建议》和主委王世清的《关于支持我省汽车品牌企业发展的建议》2份提案被评为优秀提案。

市民建全年共编印《社情民意》20期，得到省、市领导批示的有10件。其中《整合声音资源　创新声音产业　打造全球音谷中心的建议》、《企业的合法权益应得到及时有效的维护》由中共安徽省委常委、合肥市委书记孙金龙作出批示；《关于加快污泥焚烧项目建设的建议》和《关于推广绿源环保设备的建议》由中共合肥市委副书记、市长吴存荣作出批示；《关于调整科大等高校周边公交路线以及班次的建议》等5篇由副市长李红作出批示；《加强食品卫生监督　让老百姓吃上放心食品》由副市长卢仕仁作出批示；《建议引进内蒙古奶牛性别控制技术提高乳业效益》和《关于加快我市生活垃圾焚烧发电项目建设的再建议》被省政协选用。

【社会服务】　市民建领导关心支持企业发展，先后走访通联木业、伟宏钢构、强劲石材等6家会员企业，帮助解决发展中的问题；高温季节慰问安徽涉外经济学院新区建设工地的农民工，并送去价值3000多元的消暑食品。在中共合肥市委、市政府的重视和市民建的支持下，安徽涉外经济学院新校区如期投入使用。市民建领导帮助协调安徽友谊房地产有限公司置换土地资金问题，协调中绿房地产有限公司补办税务登记证。市民建机关干部积极参与"送温暖、献爱心，慈善一日捐"活动，共捐款1400元。

在市民建的号召和组织下，会员张燕向庐阳区三十岗乡敬老院捐赠15台空调；会员曹雁冰、吴正超向三十岗乡敬老院捐赠6万多元购置4台大型太阳能热水器、2台大型洗衣设备；会员张有升向三十岗乡敬老院捐赠100套床上用品。在市民建的联系协调下，南京千盛医疗设备有限公司向肥西、长丰、岳西三县共捐赠13台尿沉渣分析仪，总价值884万元。为庆祝建国60周年，市民建企业家联谊会出资3万元赞助"合肥市十佳美丽老人"李怀尧举办工笔画展。市民建与会员学校联合开展助学工程，安徽涉外经济学院和华夏旅游学校为贫困学生实行减免或全免学费就学措施。市民建主要领导帮助弱势群体排忧解难，帮助解决烟墩镇57户个体户拆迁问题、铁二村居民廉租房问题。

【招商引资】　市民建主动参与招商引资工作，招商小组积极寻找优质客商资源和联系意向客户，接待美国"赛科信安"合肥代理王国民先生商谈投资生产研发存储光纤交换机项目，接待北京瑞恩钻饰名店薛震、蔡民先生来合肥考察投资，联系安徽森科新材料有限公司商谈关于新型材料推广。联系安徽双源生物能源科技公司计划投资19.5亿元兴建太阳能微风发电项目、安徽环球工程咨询有限公司计划投资5100万元建设年产5万头生猪养殖场项目进入落实阶段。

【自身建设】　在思想建设上，市民建认真开展学习贯彻科学发展观活动。4月份召开十一届十五次主委会，成立学习贯彻科学发展观活动领导小组，制定《民建合肥市委会深入学习贯彻科学发展观活动实施方案》。召开政治交接学习教育活动表彰大会，总结政治交接学习教育活动的成果和经验，通报表彰5个基层支部。5月，举办深入学习贯彻科学发展观中青年骨干会员培训班，邀请中共合肥市委党校教授作学习贯彻科学发展观专题辅导报告。

在组织建设上，市民建扎实开展领导班子建设活动。9月，在十一届十七次主委（扩大）会议上，成立领导班子建设活动领导小组并制定《民建合肥市委会开展领导班子建设活动实施方案》。10月，召开领导班子建设活动中心组学习会，市民建领导班子深入基层组织调研，听取意见和建议。11月，召集民建市委委员、企联会、老委会代表召开座谈会，广泛征求意见和建议。11月底，召开领导班子建设活动一阶段小结暨二阶段工作安排会议。12月，召开领导班子建设活动主委副主委谈心会，市民建领导开展批评和自我批评。活动开展中，不断创新形式，召开市民建提高合作共事能力座谈会，主动接受中共党组织的监督。在会内网站上刊登《民建合肥市委会领导班子建设活动征求意见调查表》。编发多期《民建市委会领导班子建设活动简报》。市民建对领导班子进行调整充实，增补张怀科为副主委、许文峰为常委，菅青、吴东斌、张崎琼、刘中南为委员。7月，民建合肥市政务文化新区直属支部成立，陈正奎任支部主任。制定实施《民建市委会基层组织工作考核办法》，从考核对象、考核内容、考核方式、考核结果运用等方面，对基层组织工作作出详细规定。

市民建开展丰富多彩的活动，激发会员的爱国爱会热情。三八节组织女会员游览聚星湖景区，清明节组织老会员游览海洋公园，重阳节举行"庆重阳、谈发展、话合肥"茶话会。9月，为庆祝新中国成立60周年暨多党合作制度确立60周年，举行隆重的纪念活动。10月，接待蚌埠、淮南两市民建组织交流研讨。12月，举行"庆新年　迎接新会员"茶话会。各基层组织也开展了形式多样的活动。庐阳总支部组织会员赴含山、和县考察，赴皖合公司调研，年底举行迎新会。瑶海区总支举行心理咨询讲座，走访会员企业并组织相关学习活动。蜀山区总支召开工作会议和庆祝新中国成立60周年座谈会。政务文化新区直属支部和高新区直属支部也分别召开座谈会、联谊会。

在宣传工作方面，市民建在中央、省、市新闻媒体上刊登宣传稿件30多篇，会内刊物《合肥民建》出刊4期，会内网站与会刊围绕学习贯彻科学发展观、庆祝建国60周年和领导班子建设活动三大主题开辟专栏。为迎接新中国成立60周年和人民政协成立60周年，编印出版《民建市委会政治交接学习教育活动资料汇编》和《社情民意汇编》。市民建获2009年全省民建新闻宣传组织一等奖，李磊被评为全省民建宣传工作先进个人。在中共中央统战部开展的纪念新中国成立60周年征文活动中，会员陈正奎撰写的《一次终生难忘的重点提案办理协商会》被选用并刊登在《团结报》上。市民建选送的《浅谈参政党会内监督制度建设的几点益处》和《科学发展观视域下的统一战线工作》两文获中共安徽省委统战部理论研究优秀成果三等奖。

全市民建会员在各自工作岗位上取得良好成绩。会员柯大林当选民建中央画院艺术委员会副主任，张崎琼被评为由国家商务部、国资委、工商总局、质量技术监督局联合评选的“首届安徽行业领军人物”，潘宗荣创办的合肥通联木业公司获“安徽省名牌”称号，唐长文创办的家宝建材公司在第四届中国中部投资贸易博览会期间被国际徽商协会选入优秀企业名录，傅云霞负责的“企业文化整合”项目获中国机械工业协会颁发的“第十五届管理现代化创新成果”一等奖。

（李　磊）

中国民主促进会合肥市委员会

【概况】　中国民主促进会合肥市委员会（以下简称“市民进”）下辖6个总支部委员会、41个支部委员会（小组），2009年发展新会员19名，共有会员537人，平均年龄51岁。会员中具备大学本科以上学历的占83.2%、中高级职称的占78.4%。会员中教育界占81.93%，文化艺术界占0.93%，新闻出版界占0.74%，医药卫生界占3.72%，新社会阶层占4.28%，科学技术界占1.11%，政府机关、党派机关、公有制经济界等占14.18%。市民进会员中，有省人大代表1人、省政协委员2人（其中常委1人）、市政协委员16人（其中常委4人）、县（区）人大代表2人（其中常委1人）、县（区）政协委员17人（其中副主席1人，常委5人），有6名会员担任党风党纪监督员、特约行政执法监督员、机关效能建设监督员等各类社会特约职务。

【参政议政】　在2009年中共合肥市委社情民意座谈会上，市民进提交社情民意5件，其中杨晓的《办好社区医疗卫生服务，让群众“看得起病”、“看得好病”》作为大会口头发言，陈杰的《大建设中包河区教育发展存在的问题及对策》、韩一民的《合理布局合肥市农产品批发市场》、王少泉的《坚持以人为本，积极引导扶持推动我市幼教事业科学发展》、毛晓斌的《关于合肥市高中招生在合肥九中等第二批次省级示范高中实行均衡派位的建议》作为大会书面交流材料。

在省“两会”上，市民进的省人大代表、省政协委员共提交议案提案5件。郑小能副主委的议案《关于支持高校毕业生到农村就业的建议》在《新安晚报》全文刊登。市政协十二届二次会议上，市民进政协委员共提交提案22件，其中大会发言材料3件、集体提案4件，内容涉及交通、城建、教育、经济、文化、社会法制、社会保障等。韩一民副主委代表市民进作大会口头发言《合理分担机制，进一步完善“中职”资助政策》；市民进的提案《我市农村土地改革以及需要应对的问题》和《关于我市农村低保制度的调查与思考》作为大会书面交流材料；安岚主委提交的提案《关于加强城市农村土地流转和实行集约经营的建议》由中共合肥市委常委、常务副市长张晓麟批办；韩一民副主委提交的关于《关于建立滨湖新区主题性公园的建议》由中共合肥市委常委杜平太批办。

市民进提交的提案《关于进一步完善我市农村低保制度的建议》获市政协十二届二次会议优秀提案奖。韩一民的调研报告《挖掘合肥老厂房文化价值》获合肥市各民主党派工商联专题调研成果一等奖，并在《江淮时报》全文刊登。宋玉荣的调研报告《关于我市农民低保制度的调查与思考》和杨晓的调研报告《让群众“看得起病”“看的好病”是政府部门的神圣职责》分别获专题调研成果三等奖。

2009年，市民进承担民进安徽省委布置的“农村职业教育改革与发展”和“长江流域保护”两项专题调研，撰写了《大力发展职业教育，加快技术先进技能人才培养基地建设》和《加强湿地管理与保护，实现人类与自然和谐发展》两篇调研报告。市政协委员陈远杰参加市政协关于加快发展现代服务业的调研课题，取得阶段性成果。

【社会服务】　市民进围绕保增长、保稳定、保民生、促发展大局，开展社会服务工作。

服务合肥市工业发展、投资环境建设。会员周勇投资6000万元在双凤经济开发区建设绿色食品加工基地。韩一民作为嘉宾参加合肥《政协论坛》录制工作，讨论关于合肥出租车乘坐难问题。会员姚大全作为嘉宾代表招商队员参加《政协论坛》，讨论合肥招商引资工作。

服务新农村建设，参与教育、文化事业建设。7月份，市民进及民进庐阳总支部共同为庐阳区三十岗乡文化站捐赠10000元用于购置书籍资料和文化设施。10月份，在市民进带领下，会员周勇向三十埠中学捐助价值10000元的教学用品。

服务社会稳定和民生工程，开展法律咨询、心理咨询等活动。定点、定期为农村乡镇敬老院提供医疗保健服务。市民进成立法律服务小组，开通法律服务热线，在网站和会刊上开通法律专栏，与相关机关、企事业单位、学校、街道、社区等建立长期联系，不定期进行义务法律咨询或法律知识专题讲座，逐步建立义务法律服务长效机制。

在市民进的鼓励和带动下，会员积极参与社会服务工作，在做好本职工作的同时，为社会和经济发展做出自己的贡献。会员辛国芳响应政府“送温暖”倡议，多次采购棉衣、药品、图书送往皖西贫困山区，积极帮助农民工和残障人员到自己创办的公司就业。会员张大洲继上年去四川松潘支教后，2009年又义务承担培训松潘县年轻教师的工作。会员杨旭红关注弱势群体，热心公益事业，受到多方面表彰。会员万云涛带领法律服务小组，每年开展义务法律咨询活动，积极参加市民进组织的社会服务活动。

在汶川大地震一周年之际，市民进响应由中央宣传部等5部门发出的“关心灾区孩子成长，捐赠优秀少儿读物”倡议，向四川省松潘县教育局捐赠价值1500元的图书，让灾区孩子感受祖国大家庭的关爱和温暖。

【自身建设】 市民进全面开展学习贯彻科学发展观活动，召开动员大会，举办专题学习活动，邀请省市领导作专题报告，规定每周学习时间，召开各类会议，组织会员认真学习。

下半年，市民进开始为期一年的领导班子建设活动。成立活动领导小组，并将班子建设活动范围扩大到常委。多次召开理论学习会和座谈会，传达省市重要文件精神。市民进领导班子成员深入基层，先后走访民进包河总支、庐阳总支和瑶海总支等支部，听取会员对搞好党派自身建设所提出的意见和建议。开展领导班子建设问卷调查活动，从中发现问题、查找不足，改进工作。

经市民进五届九次常委扩大会讨论决定对基层组织进行换届，绝大部分基层支部的换届工作已完成。

市民进推进机关建设，制定机关学习制度，购置相关书籍，规定每周学习时间，全面建设学习型机关，提高机关人员的工作能力和服务水平。在工作中进一步完善各项日常工作制度，对机关办文办会制度进一步规范；加快机关办公信息化建设，构建机关网络办公平台，实现全机关各类资源、档案的共享。完善基层支部网络联系方式，建立基层支部主任网络群。补充完善、时时更新会员档案，逐步实现会员档案和机关档案电子化。利用电子邮件、网络短信、网络电话进行会议通知、文件传达，逐步实现机关日常工作信息化、数字化，节约资源，提高效率。

9月底，市民进以“歌颂祖国，共创辉煌”为主题举办“庆祝新中国成立60周年暨人民政协成立60周年诗歌演唱会”，取得广泛的社会影响。

市民进机关、市直总支获“2009年民进安徽省社会服务先进集体”称号，会员王少泉、辛国芳、杨大松、周勇、张大洲获“2009年民进安徽省社会服务先进个人”称号。

（韩一民　王　伟）

中国农工民主党合肥市委员会

【概况】 2009年，中国农工民主党合肥市委员会（以下简称“市农工党”）严格按照《关于进一步做好民主党派组织发展工作座谈会纪要》和《中国农工民主党组织发展工作规程》要求，做好组织发展工作，发展一批学历高、有一定社会影响的优秀人士，全年发展党员17名。截至年底，全市共有农工党员590人，其中医药卫生界占63%、文艺界占7.1%、教育界占5.8%，党员数量稳步增长，人才优势得到加强。经组织推荐，文艺支部获农工党中央“先进基层组织”称号，市农工党组织部长获农工党中央“优秀组织工作者”称号。

【参政议政】 市农工党全年组织开展“推进

志愿服务活动”、“加强中小学生体质健康工作”、“农村留守妇女现状”和“基层医疗机构和用药现状”等4项专题调研，分别由主委和副主委带队，组织部分常委、骨干党员，成立4个调研组，深入基层广泛调研。调研组精心组织调研考察活动，先后赴团市委、市教育局、长丰县政府、含山县政府等单位参加座谈会，组织召开市文明办、市慈善协会、合肥学院、新华学院、合肥电力集团、恒润社居委等30多家单位负责人调研会议，组织召开市辖3县4区40家社区卫生服务中心、服务站负责人调研座谈会，发放回收200多份有效调查问卷，赴市第二十八中学、第五十中学、大杨小学实地考察，远赴广州、深圳团市委座谈学习，搜集大量第一手材料，掌握最新信息，听取和集中各方面意见和建议。专题调研在征求相关部门和主委、副主委、常委意见后，形成调研报告，完成当年专题调研工作。在全市统战系统调研总结表彰中，市农工党的“合肥市湿地资源情况调查和研究”、“合肥市未成年人犯罪预防工作情况调查”专题调研分获一、二等奖。

继续开展具备科研价值的专题调研，推动调研成果的转化、深化工作。组织召开“合肥市湿地资源情况调查和研究”专题调研报告专家鉴定会，由省市10余名湿地资源专家对调研成果进行论证。该项成果通过专家鉴定，被认为达到省内该项研究最高水平，建议申报该项调研成果为市科研课题。

在市政协十二届二次会议上，市农工党和农工党政协委员共提交提案46件，涉及经济发展、城建、教育、就业、交通、环保等热点问题。其中农工党市委“关于中共合肥市委、市政府可委托民主党派就有关问题考察调研的建议”、林莉秘书长“关于进一步规范合肥市驾培市场的建议”分列为市领导阅批提案和市政协专委会督办提案，“关于中共合肥市委、市政府可委托民主党派就有关问题考察调研的建议”被评为市政协优秀提案。

年底，组织4篇建言材料参加中共合肥市委社情民意座谈会和市政协委员议政会，其中林莉秘书长的建议“花冲公园旧货市场宜疏不宜堵，打造合肥的潘家园”、科技支部李玲的“关于有效招投标最低价的几点建议”分别作了口头发言，得到市领导和主管部门的正面回应和答复。组织两篇材料参加市政协十二届三次全会发言交流，市一院总支张晓红代表市农工党作“重视推进志愿服务活动，彰显城市品格和人文精神”的大会发言。组织征集有较高质量的社情民意信息20多篇，有多篇材料被上级组织和报刊杂志采用刊登。其中祁强副主委“实行公办医院管办分离的建议”刊发在《人民政协报》上，并被省政协“社情民意”专刊采用。市传染病院支部黄其菊“建议国家早抓预防学生麻疹病工作的建议”和农工党市委“关于重视民主党派调研工作的建议”分别被农工党中央、省政协“社情民意”专刊和《工商导报》采用刊登。

【社会服务】　市农工党组织党员开展送医送药、送戏下乡、义诊、法律咨询和捐赠等多种形式的社会服务活动。

3月份，合肥学院支部全体成员参加本院新区的植树活动，挥锹培土，为新校园增添绿意。4月份，市农工党机关和蜀山区支部党员来到金寨革命老区，参观山区小学，捐助书本、药品，瞻仰烈士陵园。5月份，市农工党经济专委会举办融资政策知识讲座，邀请市发展和改革委员会总工程师牛和湘为20余名农工党员企业家讲课，解答融资方面的政策咨询。同月，市第八人民医院支部组织党员赴肥东路社区建立居民健康档案，接待居民70余户，填写健康档案表200余份。9月份，庐阳区支部20余名农工党员赴省未成年犯管教所组织开展健康检查和心理咨询活动，现场为50多名未成年犯健康体检，解答健康咨询，邀请心理咨询师为未成年犯提供心理咨询、开展心理游戏，并捐赠价值500元的励志书籍。10月份，蜀山区支部牵头组织企业界、教育界、宗教界人士30多人赴颍上县三十埠儿童福利院，捐赠蒸馒头机、洗衣机、食品等物品价值2万余元，捐款近万元，其中农工党市委机关个人捐款1300元、蜀山区支部党员捐款4600元。11月份，市农工党结合“国际科学和平周”活动，组织20余名农工党员医疗专家、律师和书法家赴蜀山区南岗镇开展为民义诊、送法律、写春联活动，活动持续2个半小时，受惠群众100余人。12月份，新成立的市妇幼保健所支部赴长丰县吴山初级中学为中学生健康体检，为留守儿童的监护人举办营养知识讲座。作为市农工党法律援助站之一的金亚太律师事务所除日常接待群众法律咨询之外，还受理了2起法律援助案件，免费担当诉讼代理人，维护当事人合法权益。部分农工党员还积极开展疾病预防和健康知识讲座活动，市第一人民医院总支农工党员副主任医师、博士刘尚全先后两次在安徽医科大学、市委老干部局开展糖尿病预防知识讲座，听众达400余人；市口腔医院支部汪向东、张磊作客市电视台“我爱健康”栏目，为合肥观众介绍牙病防治知识。

【自身建设】　按照农工党省委、省市统战部门的布置和要求，市农工党组织开展市级领导班子建设活动，制定《农工党合肥市委关于开展市级民主党派领导班子建设活动的实施方案》，成立活动领导小组和办公室，召开支部主委、市委委员及机关人员座谈会，就班子建设问题征求意见和建议，完成第一阶段工作任务。

市农工党召开农工党合肥市委成立50周年纪念大会，重温农工党的光荣历史和优良传统，回顾农工党市委成立以来各项工作成就，调动全体党员的积极性和自豪感。结合新中国建国60周年、人民政协建立60周年和多党合作制度确立60周年，组织开展纪念征文、摄影征集和“我是一名农工党员”主题征文活动，汇总整理近十年市农工党在参政议政方面的主要成果，编辑出刊“我是一名农工党员”、“农工党合肥市委参政议政文集”两本专辑，充分展示农工党合肥市委的工作成绩和农工党员的精神风貌，对全体农工党员进行一次优良传统教育，进一步巩固多党合作的理想和信念。市公共卫生支部农工党员姚敬业因病去世后留下遗嘱，要求将眼角膜及遗体捐献给安徽省红十字会，表现出一名老农工党员的高尚人格和大爱情怀。

（卞华玉）

中国致公党合肥市委员会

【概况】　2009年，中国致公党合肥市委员会（以下简称“市致公党”）发展党员7人，平均年龄36.9岁，其中高级职称1人、女党员2人，从外地转入党员1名。市致公党下设1个总支部、6个支部及参政议政、社会服务、海外联谊3个专门委员会。截至年底，全市共有党员123人，平均年龄42.5岁，其中大专以上学历115人，占党员总数的93.5%；高级职称52人。党员分布在高等教育、普通教育、职业教育、医疗卫生、文化艺术、新闻出版、法律、金融、司法、非公有制经济、政府机关等界别。

【参政议政】　市致公党和致公党政协委员建言献策，向市政协共提交集体提案2件、个人提案14件，与市其他6家民主党派联合提交提案1件。其中集体提案《打造合肥市软件产业链，促进合肥市国民经济又好又快发展》获市政协优秀集体提案奖。市致公党也被市政协评为优秀提案先进单位。

市致公党全年开展多项调研活动，共形成6篇调研报告，分别是：《继续完善三国遗址公园建设，促进城市文化和园林旅游事业发展》、《加强老年活动场所建设，丰富老年人精神文化生活》、《关于在合肥市建立脐血库的调研》、《提振农民专业合作组织发展 促进农民收入大幅度提高——关于我省农民专业合作组织发展情况的调研》、《关于建立我市科学化政府采购管理体系的思考》、《合肥市家政服务业调研》。在合肥市民主党派工商联专题调研工作表彰会上，市致公党2008年的调研报告《打造合肥市软件产业链，促进合肥市国民经济又好又快发展》和《我市社区文化建设》，分获专题调研成果二等奖和三等奖。

【社会服务】　市致公党持续开展“四个一工程”（即每年培训一批弱势群体人员、慰问一次敬老院、帮扶一户困难侨眷、资助一批困难学生），蜀山区支部在颐和佳苑小学开展活动，给身残志坚的学生送去慰问金、学习用品及生活用品，并向学校捐赠价值2000余元的书籍，在西园街道举办“美在社区”摄影知识讲座。庐阳区总支部筹集资金继续开展向三十岗乡敬老院送温暖活动，年底对总支部4位生活困难的老党员进行慰问。由市致公党员创办的安徽兴鹏科技学校为223名贫困学生减免学费16万余元，并将培训下岗失业人员及农民工列为学校的一项重要工作，配备最优秀的教师，开足课时，确保教学质量。市致公党员创办的合肥神行太保文武学校为贫困学生减免学费20万余元。年底，包河区支部看望慰问了肥西紫蓬山敬老院40多位孤寡老人。

【海外联谊】　5月，市致公党副主委盛吉琛随致公党中央神武功夫艺术团赴巴西、巴拉圭举办慰问侨胞演出，并担任艺术团副团长，合肥神行太保文武学校承担主要演出任务。出访期间，艺术团在巴西圣保罗市、巴拉圭首都亚松森市和东方市共演出5场，受到当地侨胞热烈欢迎，并受到巴拉圭总统及夫人的亲切会见和高度赞誉。此次出访演出旨在慰问侨胞，团结广大海外侨胞，共同致力于中国的现代化建设事业和祖国统一大业，推动世界和平，并大力传播中国文化，以增进与世界各国人民的交流和友谊。

8 月，合肥神行太保文武学校应美国匹兹堡市中文学校邀请，盛吉琛校长率 5 名教练和 2 名艺术家赴美国匹兹堡市进行夏令营教学活动，弘扬传播中华武术和艺术。在此期间，合肥神行太保文武学校代表团赴拉斯维加斯参加“国际中国武术锦标赛”，并夺得 4 枚金牌。

10 月，合肥神行太保文武学校在美国匹兹堡市创办的“神行太保北美中国（功夫）文化中心”正式开学，受到美国各界高度评价，在当地产生积极影响，报名入馆的学员络绎不绝。

【自身建设】 2 月，市致公党对机关 3 名工作人员进行考核，并勉励他们不断进步，更好地为党员服务，为统战工作服务。3 月，市致公党对市委会领导班子及两位副主委 2008 年履职情况进行测评。

继续开展政治交接学习教育活动，市致公党被致公党安徽省委员会授予“政治交接学习教育活动先进集体”荣誉称号。根据致公党中央和安徽省委员会统一部署，在中共合肥市委统战部协助下，从 2009 年 8 月开始，市致公党开展为期 1 年的领导班子建设活动。主委程晓舫带领两位副主委深入基层，听取支部负责人的意见和建议。11 月中旬，致公党安徽省委员会谢广祥主委调研市致公党领导班子建设活动，并给予充分肯定。市致公党还开展了“我为金融危机献一策活动”，并以建国 60 周年为契机，在全市致公党党员中广泛开展爱国主义教育。

成立庐阳区总支委员会和合肥学院支部，庐阳区总支部成立第一支部和第二支部。新的基层组织的成立是市致公党加强基层建设，更好地发挥民主党派职能和作用的一项重要举措。

继续发挥“一刊一站”（指《合肥致公》杂志和机关网站）的作用，把“一刊一站”作为市致公党宣传工作的阵地和联系党员的纽带。加大在媒体上的宣传力度，在《团结报》、《工商导报》、《安徽统战》等报刊上刊登多篇宣传作品。

（程菊香）

九三学社合肥市委员会

【概况】 2009 年，九三学社合肥市委员会（以下简称“市九三学社”）发展新社员 19 人，其中具备高级职称的 6 人、博士 1 人、省人大代表 1 人、女社员 8 人，平均年龄 35.2 岁。市九三学社下设瑶海、庐阳、蜀山、包河 4 个区基层委员会、1 个机关直属小组、16 个支社和科技经济、教育医卫、妇女、老年 4 个专门委员会。截至 2009 年 12 月，社员总数 295 人，平均年龄 53.4 岁。其中具备高级职称的 158 人，占社员总数的 53.4%；女社员 116 人，占 39.2%。市九三学社社员中担任九三学社中央委员 1 人、九三学社省委委员 2 人（常委 1 人）、省人大代表 1 人、省政协常委 1 人、市人大代表 3 人（市人大副主任 1 人、常委 1 人）、市政协委员 18 人（常委 4 人）、县区人大代表 4 人（县人大副主任 1 人）、区政协委员 16 人（常委 4 人）。

市九三学社有 1 人任市科学技术协会专职副主席，有 2 人任副区长，有 12 人分别被省市区纪检监察、法院、教育、审计、招投标等部门聘为特邀（约）监督人员。

【参政议政】 市九三学社 2007 年的调研报告《提高合肥首位度，打造省会经济圈》和 2008 年的调研报告《加强区（县）政府投资项目管理的建议与对策》获 2007～2008 年全市优秀调研成果三等奖，由市九三学社社员、市统计局总统计师金佩执笔的《重点家电汽车产业生产情况的调研报告》获一等奖。市九三学社调研报告《加强区（县）政府投资项目管理的建议与对策》获 2008 年度市民主党派、工商联专题调研成果一等奖；《加快构建我市农业科技创新体系，不断增强现代化农业科技含量》获二等奖，该文获省九三学社参政议政招标课题成果三等奖；市九三学社获“优秀组织奖”。

2009 年，市九三学社赴长丰县、阜阳市颍州区、颍上县、当涂县等地，专题调研新型农村合作医疗运行情况，赴北京市昌平职业学校调研职业教育发展状况，形成《新医改环境下，我省新型农村合作医疗的发展与思考》和《以科学发展观为指导，加速推进职教大省建设》两篇调研报告。

市九三学社各级人大代表、政协委员全年提交议案、提案50多件。其中，市九三学社领衔的7个民主党派联名提案《关于公务用车改革的建议》作为市政协一号提案，由中共安徽省委常委、市委书记孙金龙阅批；市九三学社的《关于加强政府投资项目管理的建议》作为常务副市长领办提案；王保俊的《关于构建和谐城市公交，为市民提供优质出行服务的建议》作为市政协副主席督办提案。市九三学社的《关于新农村合作医疗的几点建议》和孔祥云的《关于开发设计合肥旅游纪念品的建议》作为市政协专委会督办提案。《关于新农村合作医疗的几点建议》、《关于构建和谐城市公交，为市民提供优质出行服务的建议》和许桂宝的《关于彻底根治渣土车违章运输，提升省会城市文明形象的建议》等3件提案被评为市政协十二届二次全会优秀提案。

市九三学社向省九三学社报送信息43篇，在全省位于前列。其中被九三学社中央采用3篇、省政协采用5篇、中共安徽省委统战部采用6篇、省九三学社采用30篇，多篇信息被市政协和中共合肥市委统战部采用。在6月份召开的九三学社安徽省宣传、信息工作会议上，市九三学社获“信息工作先进集体”荣誉称号，范恒碧、黄胜明、戴绍平获“信息工作先进个人”荣誉称号。

11月3～5日，九三学社中央第四届“九三论坛”在杭州举行，主题是“加快推进省直管县改革”，市九三学社社员戴绍平的论文《安徽省省直管县研究》被收录论文集中。

12月2日，中共合肥市委召开社情民意座谈会，市九三学社副主委许桂宝作题为《关于城市“二次供水”中存在的问题与建议》的口头发言，王卉作《对供电服务提出的几点建议》的书面发言，引起媒体和社会关注。12月8日，市政府召开议政会，市九三学社《进一步解决中小企业融资难的建议》作为书面发言。

【组织建设】　市九三学社在组织建设上坚持“集体领导、民主集中、个别酝酿、会议决定”的指导思想，小事常沟通，大事提交社全委（扩大）会或主委办公会研究决定。在组织发展上注重考察政治素质，严格执行发展程序，严把入社关。2月23日、5月15日、9月21日，市九三学社分别召开六届十次、十二次、十三次全委扩大会议研究组织发展问题。

市九三学社注重提高领导班子成员的“四种能力”（即政治把握能力、参政议政能力、组织领导能力和合作共事能力），特别是政治把握能力。根据《各民主党派合肥市委会关于开展领导班子建设活动座谈会纪要》精神，制定《九三学社合肥市委开展领导班子建设活动实施方案》，开展领导班子建设活动，分三个阶段进行：第一阶段（2009年8～10月）为学习调研阶段，第二阶段（2009年11月至2010年4月）为检查分析阶段，第三阶段（2010年5～8月）为整改落实、总结交流阶段。

9月8日，中共合肥市委统战部组织召开全市各民主党派领导班子建设活动座谈会，形成《各民主党派合肥市委会关于开展领导班子建设活动座谈会纪要》。9月18日，市九三学社召开六届十三次全委（扩大）会议，通过《九三学社合肥市委开展领导班子建设活动实施方案》。9月27日，市九三学社领导班子参加中共合肥市委统战部组织的“迎国庆、看合肥、话发展”活动。11月4日，召开主委扩大会议，对领导班子建设活动第一阶段所做的工作进行分析总结。11月21日，召开六届十四次全委（扩大）会议，学习中共十七届四中全会精神，向参会人员征求对市九三学社领导班子建设的意见和建议。

市九三学社重视对社员和机关人员的培训。3月23～27日，范恒碧参加中共安徽省委统战部在省社会主义学院举办的全省市级民主党派专职干部培训班学习。4月，檀莉、何庆瑞参加中共安徽省委统战部在中央社会主义学院举办的为期两周的全省党外实职领导干部学习培训。6月，市九三学社安排信息员、机关人员参加九三学社中央宣传部宣教处、办公厅信息中心负责人作的宣传、信息工作专题辅导，派员参加中共合肥市委统战部举办的信息员培训班学习。8月，举办新社员培训班，对近30名新入社社员进行统战理论和社章、社史知识培训。11月，组织机关人员参加全市公务员创新能力培训。

市九三学社鼓励社员在各自岗位上建功立业。1月7日，省市九三学社领导赵韩、周元菊、陈栋等参观安徽瑶海钢结构公司，赞扬社员、该公司董事长凌红兵在抗震救灾中做出的突出贡献。2009年，社员王瑛被授予市“三八”红旗手称号；张丽当选合肥首届十大“庐州玫瑰”；谢中平、巢惠民、何普泉、唐敏主持或参与的项目分获市科技进步二、三等奖；戴绍平获2009年度全国产学研合作“先进个人”；凌默依的《能源、电力生产与节能减排》，获中国电机工程学会优秀科普作品宣传品类二等奖。

11月，瑶海区基层委员会、蜀山区一支社被省九三学社授予2009年度“先进基层组织”称号。

【开展活动】 市九三学社为纪念新中国成立60周年、人民政协成立60周年和多党合作制度确定60周年组织开展一系列活动。2月20日，召开六届十次全委（扩大）会议，认真学习《省各民主党派深入学习贯彻科学发展观座谈会纪要》精神。3月23日，组织社员参加社中央贺铿副主席的“世界金融危机和我国宏观经济问题”专题报告会。4月11日，组织社员参加由中国国民党革命委员会合肥市委员会主办的“深入学习科学发展观，认真履行参政议政职能”报告会。5月13日，为纪念“5·12”四川汶川特大地震一周年，邀请安徽建筑工业学院教授作“地震与抗震防灾基本知识”讲座。5月15日，召开六届十二次全委（扩大）会议，制定《九三学社合肥市委深入学习贯彻科学发展观实施意见》。8月30日，组织社员参加省九三学社举办的建社64周年纪念大会，参观“安徽九三学社风采”大型图片展。9月2日，组织机关人员参加“台湾政局和两岸关系”报告会。9月21日，主委陈栋及机关人员参加市民主党派机关工会组织的“庆国庆，看合肥”活动。组织社员参加省九三学社、中共合肥市委统战部开展的国庆征文等活动，报送各类征文9篇。

市九三学社通过开展形式多样的活动，增强组织凝聚力。3月，组织社员游览马鞍山。5月，蜀山区基层委员会和机关直属小组联合组织社员赴江苏华西村、沙家浜参观考察。8月，包河区基层委员会组织社员参观大圩葡萄示范园。9月3日，市九三学社组织全体社员参观建设中的滨湖新区。10月，庐阳区基层委员会组织社员赴湖州南浔和海宁盐官参观；包河区基层委员会组织社员游览苏州、无锡等地；蜀山区基层委员会组织社员参观肥西县三岗苗木花卉基地。11月，为迎接第21届“国际科学与和平周”，市九三学社组织离退休老同志，参观中国科学技术大学国家同步辐射实验室、火灾科学国家重点实验室和合肥微尺度物质科学国家实验室。12月，瑶海区基层委员会召开年度总结会议，并组织社员参观合肥职教基地。

【社会服务】 市九三学社以《九三学社合肥市社会服务工作发展规划》为指导，开展形式多样的社会服务工作，专门成立社会服务部。

4月，组织专家赴枞阳县雨坛乡开展“三下乡”活动，免费送医药、农业科普和法律知识，义诊病人500多人次，免费发放价值数千元的药品和近千份的农业科普手册，还为该乡敬老院十多位老人免费体检。

10月，开展2009年度“百名专家乡村学堂讲科普”活动，社员刘珉燕、焦倩倩、戴绍平、金萍、金运松、凌默依、张其旺等7名专家分赴市辖4区3县的7所中小学，为近4000名学生讲授航空、法律、机械发明、环保、呼吸道疾病的预防、电力与节能减排、设计等相关的科普知识。

10月26日，省、市九三学社赴合肥市九久夕阳红老年护理院开展义诊慰问活动，为老人们进行健康检查，赠送价值近5000元的围裙、棉袜等生活用品和优质水果、饼干等食品作为重阳节礼物。

11月27日，省九三学社召开基层组织工作暨“讲科普”活动经验交流及表彰大会，对2009年度先进基层组织和2008～2009年度“百名专家乡村学堂讲科普”活动先进集体和先进个人进行表彰，市九三学社获“先进集体”称号，孔祥云获“先进工作者”称号，瑶海区基层委员会和蜀山区一支社被授予“先进基层组织”称号。

（范恒碧）

合肥市工商业联合会

【概况】 2009年，合肥市工商业联合会（以下简称“市工商联”）共有会员17957人（户），比上年新增568人（户）；县级工商联7个、办事处1个，乡镇、街道、工业园区基层分会94个；团体会员56个，其中行业协会、异地商会、市场商会42个；原工商业者老会员214人。

【参政议政】 市工商联会员中共有全国、省、市人大代表、政协委员124人，各类政风、行风监督员22人，他们积极参政议政，就经济和社会发展建言献策。在市政协十二届二次全委会上，市工商联界别的委员向大会提交提案11件，内容涉及经济、城建、投资环境等各个方面。根据提案办理的要求，市工商联主办第370号提案《关于拓宽个私企业融资渠道的建议》，与市经委、财政局会办第287号主席督办提案《关于政府应进一步加大对中小型民营企业扶持力度的建议》，与市委组织部会办第369号提案《关于合肥市委设置职能部门对民企经理人进行管理的建议》。

市工商联协助市人大、市政协开展“民营企业发展情况暨投资发展环境”调研活动，反映非公经济的意见和建议，呼吁解决非公企业经营中遇到的困难和问题。组织工商联界别政协委员召开参政议政座谈会和开办参政议政培训班各一次，通过《信息快报》把委员、代表和企业家们的意见、建议反映给市四大班子主要领导和分管领导。11月份组织企业家代表参加吴存荣市长召开的座谈会并提出改进政府工作、推动民营经济发展的具体意见和建议。

【服务会员】　市工商联健全组织，壮大队伍，引导行业协会健康发展。先后组建阜亳商会、木业商会等商会，完成宁波商会、永康商会、钢贸商会等4家商会的换届及周年庆典活动，指导、帮助有关商会建成华东建材城、五金国际商贸城、华东汽配大市场、温商产业园等。

面对严峻的经济、金融形势，市工商联深入近百家会员企业调查研究，围绕“金融危机背景下，我市非公企业现状、机遇与挑战”、“关于在全市开展全民创业活动”和“关于龙头企业在农业产业化过程中如何发挥拉动作用的思考”等课题开展调研，为党委政府及时出台对民营企业的扶持政策提供事实依据。

5月，市工商联与市政协共同组织召开“保增长、保民生、保稳定、促发展”座谈会，号召非公有制企业不停产、不裁员，并就企业在金融危机中如何抢抓机遇推动发展提出明确指导意见。9月，市工商联成立由3人组成的非公有制经济组织深入学习实践科学发展观活动指导小组，确定华泰集团、安徽中汽集团、安徽同济建设集团等10多个企业作为重点指导联系点。指导小组深入走访企业，积极反映企业意见，帮助抓好学习实践活动和党建工作，使非公有制经济组织学习实践活动有序开展，以点带面推进学习实践活动。10月、11月分别迎接中央非公经济巡回指导组的联合检查并获得高度评价。

全年组织开展政策报告会、时事报告会、法律维权讲座、经营管理培训等40余场次，编印“服务非公经济发展相关政策汇编”800余份。组织“银企对接会”，协助部分银行推出“五户联保”、“动产质押”等信贷政策，帮助企业融资贷款达数亿元。帮助富园汽车车厢公司、恒春玻璃公司、精通汽车贸易公司、合肥燃气集团等数十家企业协调解决生产和发展中的运输、销售、土地产权等方面的实际困难，促进企业健康发展。

合肥仲裁委合肥市总商会仲裁办事处正式成立并成功运转一周年，为会员提供高效、便捷的仲裁服务。市工商联在加强仲裁办事处自身建设的同时，利用这一平台为会员企业协调经济纠纷30多起，向合肥仲裁委移送案件2起。这些仲裁活动为在行业协会商会及会员企业中推广仲裁法律制度起到良好的示范效应。

【招商引资】　市工商联围绕服务合肥“大发展、大建设、大环境”的主题，开展招商引资工作，全年完成6000多万元的招商引资任务。结合自身特点，实施“主要领导负责，充分发挥行业协会、异地商会和会员企业的资源优势，以商引商，促进项目与资金对接”的招商办法。市泉州商会、市绍兴商会、市温州商会、市福州商会等商会、协会在招商引资活动中起到积极的推动作用。

【光彩事业】　市工商联引导会员企业投身光彩事业，在做好光彩项目、捐资助学、赈灾救危等方面做出卓越成绩。众多民营企业家受到表彰，刘庆峰被表彰为全国优秀社会主义事业建设者；吴图平、吴伟、吴秀杰、姚和平被表彰为省级优秀社会主义事业建设者；万玉康、曹昌仁、王木水等57位企业家被表彰为合肥市优秀社会主义事业建设者。全年光彩项目涉及国企改造、城乡道路建设、学校建设、旅游资源开发等，为当地经济发展起到积极的推动作用。安徽应流集团捐资20万元在黑石渡镇建立“应流老年公寓”，并计划每年出资15万元以上作为公寓运行费用。安联电脑集团向金寨县花石中心学校捐赠价值20多万元的电脑网络教室一座，向合肥警备区等军事单位捐赠电脑10多台。华泰集团、新华集团分别在舒城、巢湖、滁州等地兴建光彩小学，科大讯飞捐赠数万台智能语音教学设备给县区贫困小学，海汇集团为一名患白血病的学生捐献善款2万元。9月，市工商联组织安徽黑白广告公司等数十家会员企业赴四川松潘慰问。华泰集团、安联电脑集团等一批会员企业向台湾台风灾区捐献大量物资款项。

【对外交流】　市工商联进一步拓展对外交流工作。先后接待长沙市工商联、哈尔滨市经济合作发展局、澳门金业同业公会等6家单位来合肥考察学习、交流工作。先后组织民营企业家赴韩国、日本等地考察学习，赴山东参加“齐鲁行”考察洽谈，赴江苏盱眙、贵州贵阳及省内阜阳、滁州等地开展工作交流等活动。加强与全国各地工商联联席会议单位友好往来，与周边的南昌、郑州、武汉、长沙等地工商联加强工作信息通报，互赠商会刊物，交流探讨新形势下工商联工作。应邀参加“2009中国成都国际商会论坛”。第四届中国中部投资贸易博览会在合肥举办期间，市工商联圆满完成接待美国加州代表团任务。

各行业协会商会也通过多种渠道与外地相互学习交流，汽配商会、建材商会、餐饮协会、炒货协会等通过办会展、文化节活动等形式与境内外同行进行广泛的交流与合作。

（杨贤成）

人民团体

合肥市总工会

【概况】 2009年，全市各级工会以学习实践科学发展观为动力，紧紧围绕工作中心，坚定不移地走中国特色社会主义工会发展道路，贯彻“组织起来、切实维权”的工作方针，以促进保增长、保民生、保稳定为首要任务，奋力而为，彰显特色，工会工作不断创新发展。市总工会先后被全国总工会评为“全国工会财务工作先进单位”，被省总工会评为“全省工会目标责任制考核工作特等奖”，被市委、市政府命名为“第11届合肥市文明单位”。

【开展“双走访、促三保”行动】 市总工会积极应对金融危机，开展千名工会干部“走访企业、走访职工，促进保增长、保民生、保稳定”行动。截至年底，1140名各级工会干部走访企业3300个，深入车间4200个、班组4700个，走访职工21000人。先后举办就业招聘会68场，为企业招聘15081职工，开展职工培训16135人（次）；制定《合肥市困难职工帮扶中心小额贷款贴息实施办法》，按照企业最高50万元、个人最高30万元标准，给予2～3年的银行同期贷款利息补贴，为36个企业和个人的1000多万元小额贷款提供贴息服务；结对帮扶企业409个，协调解决企业各类发展问题152个。300多家企业与职工开展“共同约定行动”，主动承诺不裁员、不降薪，稳定职工岗位，有效保障职工合法权益与企业平稳发展。紧扣保持经济平稳较快发展的首要任务，组织动员广大职工开展“同舟共济保增长、建功立业促发展”竞赛，1.2万家企业参赛，围绕企业发展目标和发展重点，开展挖潜增效、增收节支5000余项，收集合理化建议上万条。

【设立“合肥市职工技术创新成果奖”】 为充分调动广大职工在创建合肥国家科技创新型试点市、合芜蚌自主创新综合配套改革试验区建设中的创新活力，在市总工会的大力推动下，市政府设立“合肥市职工技术创新成果奖”，并将其列入合肥科技创新型试点市建设的重要内容。《合肥市职工技术创新成果奖励暂行办法》已经市政府研究同意，以政府办公厅名义印发全市贯彻实施，这在全国尚属首次。扎实开展职工技术创新和“节能减排，我为合肥做贡献”活动，充分发挥职工技协组织作用，全年开展节能减排5800项，技术攻关、技术协作4000项，推广新技术、新工艺、新材料620项，技术开发60项，技术咨询960项，技术服务1350项，技术转让35项。市总工会与市科技局等联合举办职工技能大赛，15000多名职工参赛，选树了一批具有示范带动作用的职工技术能手、技术标兵和金牌职工。

【举办庆祝合肥市总工会成立60周年系列活动】 2009年举办了庆祝合肥市总工会成立60周年系列活动，充分展示新时期广大工会干部的新形象，鼓舞各级工会干部和广大职工的工作热情，有力地促进工会各项工作的创新发展。省委常委、市委书记孙金龙，省委常委、省总工会主席王秀芳亲临庆祝市总工会成立60周年大会，并发表热情洋溢的讲话，市委常委全部出席。按照“隆重、热烈、喜庆、节俭”的原则，先后举办“光辉的历程、奋进的足迹”图片展、工会事业发展座谈会、五一游园等活动，编印全面反映市总工会60年光辉历程的纪念册、个性化邮折、优秀征文作品集等，主题明确、特色鲜明，进一步增强工会组织影响力，提升工会组织形象。

【制定《合肥市工会2009年—2012年发展纲要》】 《合肥市工会2009年—2012年发展纲要》经市委常委会专题讨论通过后，由市委办公厅转发全市贯彻落实。《纲要》创新性地提出“组织起来促发展，切实维权讲服务，突出重点办实事，体现特色创品牌”的基本发展思路，确立“在全国工会系统创一流，在全省工会系统争第一，努力打造活力工会、实力工会、魅力工会”的总体发展目标，成为全市工会工作创新发展的行动指南。根据《纲要》，加强工会基层组织建设，召开工业园区工会组织建设推进现场会，重点推进工业园区工会组织建设。出台《关于进一步做好农民工加入工会组织工作的意见》。2009年，基层工会组织4478家，覆盖单位11100多个、工会会员60多万。在合肥投资世界500强企业及中国外企500强企业工会组建率达91%，职工入会率95%。大力推进星级“职工之家”建设，召开合肥市纪念全国基层工会开展建设“职工之家”活动25周年大会，表彰命名23家四星级“职工之家”、15家五星级“职工之家”。加强职工民主管理工作，出台《合肥市区域（行业）性职工代表大会操作规范（试行）》，切实保障小型企业职工的民主权利。认真做好民主评议领导人工作，出台《合肥市企事业单位职工代表大会民主评议领导人工作实施意见》，719家单位开展民主评议工作，评议领导干部3578人；5967家单位开展民主管理工作，其中2390家单位实行厂务公开制度，24家单位开展借鉴ISO9000标准，建立厂务公开民主管理质量体系试点工作，65家单位建立区域（行业）性职代会制度。加强劳动关系和谐企业建设，2645家企业建立平等协商、集体合同制度；签订区域性、行业性集体合同306个，覆盖企业1443家；256家企业签订工资协议；签订女职工权益保护专项集体合同1464份；劳动争议调解组织组建率达86%。合肥市职工法律援助志愿团接待职工来访410人（次），免费提供法律咨询295人（次），代写法律文书22份。加强维护职工队伍稳定工作，积极参与企事业单位改革改制工作，依法维护职工利益。严把改制程序关，市总工会先后参与15户大企业改制工作，对涉及职工切身利益的具体问题充分表达工会主张。

【职工素质工程】 以合肥市职工大学被全国总工会评为“全国工会农民工技能培训示范基地”为契机，建立健全三级培训网络，搭建全市上下联动的整体教育培训新格局，即：深入推进4年培训4万名技术职工活动；全面开展3年对企业工会主席100%轮训；全力帮助企业工会结合实际开展职工技能培训，推动规模以上企业建立自身独立培训体系。制定下发《合肥市创建全国文明城市工作实施意见（2009年—2011年）》，全年日常组织对窗口单位各类暗访、督查22次，保持在创建“全国文明城市”考评中零失分。开展窗口行业单位优质服务星级达标、窗口单位职业装展示、全市创建文明行业十年成果图片展，纪念合肥市创建文明行业十周年。成立合肥市职工志愿者服务支队，开展职工志愿者服务展示周行动，组织5000余人（次）“上街头、进校园、进社区、进企业、进工地”。推进“职工书屋”建设，新建合肥燃气集团等4个全国工会“职工书屋”示范点、36个省级工会“职工书屋”和100个市级工会“职工书屋”。丰富职工文体活动，市工人文化宫政务新区活动中心投入使用，全年接待职工5万余人次。近百名农民工歌手参加第3届农民工歌手大奖赛。“五一”前夕开展工人阶级宣传月活动。庆祝新中国成立60周年大型职工书画展展出作品450多幅。举办职工乒乓球大赛，39支代表队、300余名职工运动员参赛，为历年来规格最高、参与面最广的职工乒乓球赛事。

【帮扶职工送温暖】 2009年元旦、春节期间，各级工会通过集中发放、上门慰问、送温暖热线救助等形式，慰问困难企业56家、困难劳模、困难职工1万多户，发放款物420多万元。“金秋助学”活动资助困难学子1300人，发放资助款130万元。职工互助保障工作全年发放赔付及慰问款40多万元，近300名职工受益。包河区工会等将帮扶窗口延伸至街道，合肥经济技术开发区、高新技术产业开发区、新站开发实验区先后成立困难职工帮扶站，进一步健全三级帮扶网络，实现帮扶网络全覆盖目标。三级困难职工帮扶中心（站）日常接待来访6266人，向2625人提供大病、生活救助，发放款物300万元。做好全国劳模和省（部）级困难劳模补助发放工作，向365位省（部）级困难劳模发放补助金67万元，向811名合肥市困难劳模发放生活补助金97万元；开展健康讲座、参观、体检疗养等劳模服务活动。圆满完成10万农民工帮扶活动各项目标任务，全年开展对农民工政策宣传、创业指导、职业介绍等就业服务52130人（次），技能培训26135人（次），维权服务和生活帮扶13693人（次）。组织培训首批110

名家政服务员进北京工作。成立职工电影放映队，深入“大建设”重点工程工地，为农民工免费放映电影百余场。积极开展为农民工送政策、送文化、送技能活动，指导基层工会建立500多个农民工业余学校，促进农民工素质有效提升。深入开展“安康杯”竞赛，773家单位、5612个班组、15.28万职工参赛。开展夏季“送清凉”和冬季“促安全”活动，举办“安全在我心中”职工演讲比赛。全年参与安全生产事故的调查处理29次，依法维护伤亡职工的合法权益。

（周咏亮）

共青团合肥市委员会

【夯实团的基层组织建设】 2009年4月，共青团合肥市委召开第十三次团代会，高票选举产生新一届委员会，为未来5年共青团工作指明了方向。在市委组织部支持下，出台《关于充分发挥共青团合肥市第十三次代表大会代表作用的意见》，对加强团的组织建设、发扬团内民主、发挥团代表作用进行积极探索。各级团组织迅速掀起“立足新起点、创造新业绩”，学习贯彻落实市第十三次团代会精神的高潮。全面贯彻落实团中央加强基层团组织建设文件精神，制定实施《团市委机关干部抓基层团组织联系点工作制度》，明确要求机关专职团干部每人确定1个县（区）团（工）委或直属团组织，作为团的工作联系点，建立联系点工作月交流制度，挖掘一批不同战线的基层共青团工作先进典型。开展共青团十大难题研讨活动，找准工作中存在的问题和不足，积极探索基层团组织建设新途径、新方式，开展团支部书记直选、楼宇团建、大学生村官团支部建设、基层团委书记公推直选等创新试点工作。尝试推行乡镇、街道基层团组织格局创新试点工作。按照上级团组织要求，派遣3名领导班子成员分别驻点基层团委帮助工作。继续加强对青年联合会、青年企业家协会、青年农民协会、学生联合会、少先队工作委员会等青少年组织的引导，以队伍建设为根本，充分发挥青年组织在经济社会发展中的作用。

【深化青少年思想道德建设】 团市委通过座谈会、报告会、研讨会等多种形式，认真组织团员青年学习贯彻团中央十六届二中全会、团省委十二届三次全会、团市委九届八次、九次全委会等会议精神，坚持用最新理论武装青年。结合深入学习实践科学发展观活动，广泛开展各类主题教育活动，切实增强团干部和团员青年贯彻落实科学发展观的自觉性和坚定性。联合市委组织部，积极筹备举办共青团干部贯彻落实科学发展观理论培训班，全面深化广大青年学习实践活动的成果。以庆祝建国60周年、纪念“五四”运动90周年、中国少先队建队60周年为契机，动员各级团组织广泛开展青年红歌会、时代青年对话会、青少年才艺展、合肥历史大讲堂、新团员入团宣誓、党史团史教育等一系列形式多样、内容丰富的主题教育。广泛开展“我与共青团”主题征文、首届“合肥市十佳（优秀）中学生”评选，举办“墨彩绘中华”少儿书画大赛、“迎中博、讲文明、树新风”少先队主题社会实践、“歌唱祖国庆六一”少年儿童文艺汇演。精心举办庆祝建国60周年“中博会，我们一起走过”大型颁奖晚会等系列主题活动，大力弘扬时代主旋律，切实加强青少年思想道德建设。

【大力促进青年就业创业】 2009年，团市委将协助政府促进青年就业创业，作为工作重中之重。开展“青年创业小额贷款”需求情况问卷调查及创业青年座谈，充分了解创业青年的实际需求，客观分析当前青年创业遇到的各种困难，制定具体工作实施方案。加强与合肥科技农村商业银行、市国正资产经营公司等金融机构和市中小企业信用担保公司、市创新信用担保公司等机构合作，当年共青团系统联系发放青年创业小额贷款共计6180万元、364人贷款。依托市青年就业（创业）服务中心、市团校和基层团组织，开展城乡青年技能培训3814人。参与举办“共青团服务大学生就业公益性专场招聘会”，组织104家企业参展，提供2000多个岗位。推进“共青团青年就业创业见习基地”建设，建立首批市级见习基地63个，提供见习岗位1701个，成功对接上岗1300人。评选合肥市第7届优秀青年企业家，大力宣传青年创业典型。积极响应号召，主动报名组建团市委第六批招商小分队，全年完成招商引资7900万元。结合“安全生产月”活动，启动第2届“青年安全生产示范岗”评选，在青年职工中开展岗位练兵、技术比武、导师带徒、“QC”小组等活动，全面提升青年职工队伍素质。选树各类优秀青年典型，推报合肥市青年职工参加“全国青年岗位能手”和

"全国青年安全生产示范岗"评选并获表彰。引导各行各业青年立足岗位，拼搏奉献，成长成才，勇做推动合肥率先发展、科学发展的生力军和先锋队。

【切实维护青少年合法权益】 团市委积极推进《安徽省未成年人保护条例》的修订工作。继续深化在全国首创的未成年人刑事案件社会调查制度，组织志愿社会调查员，对2009年以来13起未成年人刑事案件中的37名未成年人的非涉案情况进行社会调查。创新维权岗工作品牌，全面开展第六批市级优秀"青少年维权岗"评选表彰工作；加快"12355"青少年服务台建设，做好维权电话热线接听接访工作；继续推动社区矫正工作，教育、感化、挽救失足青少年。广泛动员社会力量，积极营造青少年成长的良好氛围，组织心理咨询志愿者赴安徽省未成年人犯管教所，对12名未成年缓刑人员及其家长进行心理辅导；组织8名素质高、有爱心的女志愿者到该所，与8名缺少家庭关爱的未成年劳教人员结对。联合市青联开展青联委员走进该所捐书活动。深入贯彻团中央、团省委、市委市政府文件精神，落实"真情助困进万家"活动，走访慰问结对帮扶困难户，扎实推进2009年度"百家团委助百户"捐赠事宜，筹集捐款61920元，结对帮扶207个困难家庭。连续第9年开展"青年文明号"济困助学，收到捐款12.8万元，结对救助427人。全市"青年文明号"累计收到70.98万元捐款，结对救助3051名经济困难家庭子女就学。连续第5年开展"爱心照亮求学路"关心和帮助经济困难大学生助学活动，共资助509名大学生，发放助学款101.8万元。

【加强团干部队伍建设】 团市委不断将效能建设推向深入。适应新时期团工作要求，对网站进行全新改版，以信息化推动机关效能建设。切实加强团省委OA系统建设，新增基层团组织单位115家、用户近200名。结合第二批学习实践活动，对机关整体制度进行全面梳理，为打造高效快捷的团市委机关奠定基础。按照德才兼备标准选配基层团干部，在乡镇、街道、企业等基层团组织中，试行公开选拔、竞争上岗、民主选举等团干部选配新方式，扩大团的基层民主。加强团干部协管力度，完善共青团工作的党团联合考核评价机制，认真落实团干部应当享受的各项待遇，有计划、有步骤地做好团干部的转岗输送工作。抓好基层团干部的集中培训，以流动团校、短期培训班和专题学习研讨班等方式，加强机关、企业、农村和"两新"组织团干部的培训工作。认真学习贯彻胡锦涛总书记与团中央新一届领导班子和团十六大部分代表座谈时的重要讲话精神，在团干部中大兴调查研究之风、求真务实之风、热忱服务之风、艰苦奋斗之风、清正廉洁之风，努力打造一支政治坚定、作风扎实、自律严格的团干部队伍。全面落实团的工作基层联系点制度，努力形成全团抓落实、全团抓基层的良好局面。

【积极投身和谐社会建设】 团市委积极组织动员各级团组织和志愿者服务团队，扎实开展"便民服务、医疗卫生、法律援助、交通劝导"等一系列主题鲜明的志愿服务。尝试开展志愿者走进工业园区、大学生志愿者服务基层等专项特色工作。通过网络、媒体、报纸面向社会公开招募"中博会"、"对接会"、"家博会"志愿者，采用专家讲座、专题培训、集中授课等形式，对志愿者进行系统培训，精心挑选近2000名来自国内外的志愿者，直接为众多中外嘉宾提供热情、细致、周到的服务，累计服务时间达7万小时。6月，团市委被省政府授予"第四届中国中部投资贸易博览会优秀集体奖"荣誉称号。紧密围绕社会主义新农村建设，动员和组织广大团员青年、少先队员和志愿者，广泛开展"清洁家园，青年争先"活动。积极发挥少年宫、市直幼儿园等团属青少年教育基地的作用，加快滨湖新区少年宫分校、政务区少儿活动中心的建设步伐，推进市青少年文化活动中心规划建设，不断开辟青少年文化建设的新阵地。采用多种形式，不断加强农村改厕知识的宣传，积极推进农村改厕工作纳入合肥市民生工程。全年完成农户新建或改建三格式无害化卫生厕所4711户。深化保护母亲河行动，精心实施中日青年合肥生态绿化示范林四期项目，规划造林120公顷。大力推进大蜀山森林公园认建认养活动，举办省暨合肥市青少年义务植树和"魅力蜀山·合肥风韵"系列美术作品展。

（杨大伟）

合肥市妇女联合会

【概况】 2009年，合肥市妇联全面落实科学发展观，团结带领广大妇女积极投身经济社会建设，先后获得“安徽省三八红旗集体”、“安徽省实施妇女儿童发展纲要先进集体”、“合肥市文明单位”、“合肥市双拥合格单位”、“第四届中国中部投资贸易博览会接待工作先进单位”等称号。

【世博妇女论坛开幕式暨第7届“泛长三角”地区妇联主席联席会议】 8月23－25日，合肥市成功举办世博妇女论坛开幕式暨第7届“泛长三角”地区妇联主席联席会议。会议突出上海世博会主题，聚焦金融危机背景下，女性经济参与和城市发展、实现女性与城市经济同步发展等有关国计民生、意义深远的议题，举行“巾帼创业与妇女发展”论坛，沪苏浙皖3省1市44个市（区）妇联主席及女企业家协会会长百余人在合肥共话发展，通过了建立“泛长三角”地区妇女发展合作机制、推动女性经济社会同步发展的《合肥宣言》。会议为“泛长三角”地区妇女组织在更大范围、更宽领域、更深层次上的合作搭建了重要平台，并与世博妇女论坛开幕式（上海世博会在安徽省举办的唯一一场论坛）同时召开，为宣传安徽、推介合肥，加快“泛长三角”地区妇女事业与经济社会协调发展做出历史性贡献。全国妇联副主席、书记处书记孟晓驷、上海世博会执行委员会专职副主任钟燕群出席会议。

【实施妇女创业行动】 市妇联紧紧抓住创业就业这个党委政府工作的重点、社会关注的热点和妇女期盼的焦点，力推妇女创业就业；与市财政局、市人力资源和社会保障局、人民银行合肥中心支行联合发文《关于完善小额担保贷款财政贴息政策 推动妇女创业就业工作》，举办妇女小额贷款工作培训班，培训基层妇女干部、女致富带头人、女经纪人近200人；举办各类妇女实用技术培训班322期，培训43861人；针对农村留守妇女、失地女农民、进城务工妇女，举办家政、新型农民及农民工等培训，培训“皖嫂”740人；面向“农家乐”旅游业，专题培训旅游业者150余名；举办各类招聘会77场，近万名女性达成就业意向；市妇联家政服务中心和“4050”帮扶中心共推荐就业2000多人（次），1000余名妇女实现就业。建立20个“女大学生创业实践基地”，聘请一批企业家当创业导师，为女大学生就业提供服务。促成全国首家女企业家为投资人的合肥高新区巾帼小额贷款有限公司成立，首批启动“巾帼百万免息贷款”项目，为创业女性提供资金扶持。召开“保增长·谋发展·庆三八”银企对接座谈会，50多位女企业家与合肥科技农村商业银行、贷款公司等金融机构融资签约。市妇联驻企业服务组扎实开展帮扶工作，推动安徽江淮起重运输机械有限公司建设成为国家重点企业及全省最大的专业起重机生产基地。

【实施妇女维权行动】 针对社会转型期出现的新情况、新问题，市妇联在开展“五五”普法、“三八”维权月、禁毒防艾滋病等常规工作的基础上，以集中推进和长效推进的举措，实现维权工作新突破。4月召开维护妇女儿童合法权益联席会议，推动市辖所有县区成立维权联席会议，形成市县（区）二级维权大格局。开展维权示范点创建，首批命名13个维权工作示范县（区）、示范社区（村），基层妇女儿童维权工作得到进一步规范。与公安机关紧密配合，加大对拐卖妇女儿童、家庭暴力等违法犯罪活动的打击力度，广泛建立家庭暴力投诉站（点）。成立合肥市妇女儿童维权律师团，规范妇女维权律师事务所和维权站（点）工作制度，妇女维权值班律师增至18人，每周两天在市妇联坐班接待。健全基层妇女维权网络，三级妇联现有维权工作者1237人。把市妇联信访渠道纳入“12345”市长热线和市政府“政务直通车”，全力维护社会稳定。8月召开合肥市第3次妇女儿童工作会议，市政府办公厅出台《关于实施“五项工程”解决“两纲”重难点问题的意见》，下拨专项资金为“两纲”达标、促进妇女儿童发展提供切实保障。在全市层层举办“实施维权行动·促进社会和谐”维权知识竞赛，掀起学法、用法的新高潮，合肥市荣获全省总冠军。参与国家发改委“借鉴澳大利亚经验，完善公共服务体系”合作项目，举办《社会性别平等与社会性别纳入主流战略》讲座，各县区妇联、公共服务部门、市直有关部门参加培训。

【实施妇女文明行动】 通过大评选、大宣传，吸引、教育、组织、凝聚广大妇女参与文明行动，促进社会和谐。首届十大“庐州玫瑰”评选活动，经过社会各界热情推荐、广泛参与和媒体深入采访报道，表彰老百姓评选出来的来自基层10位平凡而优秀的“庐州玫瑰”，展示女性在和谐家庭、和谐社区、和谐社会建设中的风采，投票达数万张；“杰出（功勋）母亲”评选活动结合国庆60

周年和母亲节主题，寻找为新中国建立和合肥发展建设作出卓越贡献的“功勋母亲”，老革命冯战、渡江英雄马毛姐、独臂英雄丁晓兵母亲等9人当选；“八一”期间评选表彰为国防建设作出贡献的20名“好军嫂”及10户拥军模范家庭，弘扬家庭美德和爱国拥军优良传统；围绕“清洁家园、绿化乡村”中心工作开展“巾帼美化家园”行动，共评比市、县、乡（镇）、村“美在农家”示范户10.2万，推动文明城市、文明乡村建设。集中宣传建国60年妇女典型和事迹，国庆前夕推出《合肥晚报·妇女发展成就专版》，在淮河路制作宣传专栏，集中展示优秀妇女事迹和妇女工作。广泛开展群众性精神文明活动，举办“争创巾帼文明岗、优质服务迎中博”专题讲座；倡导节俭婚庆新风尚，传播婚育文化新理念，举办“情定五一·爱到金婚”2009年金婚盛典；开展“迎国庆、讲文明、树新风”新生活·新女性大讲堂、“我和我的祖国”家庭读书及国庆钢琴音乐会、文艺演出等活动，进一步激发妇女儿童的爱国热情。全年共有20个单位、73人分别被评为合肥市“三八红旗集体”和“三八红旗手”称号。

【实施妇女关爱行动】 各级妇联充分发挥上联党和政府、下联基层妇女群众的桥梁纽带作用，并借助政府的政策优势、社会的资源优势、媒体的舆论优势，关爱妇女儿童，促进社会和谐。推动免费婚检纳入合肥市“提高妇女儿童健康水平”民生工程。市妇联与民政局联合举办“合肥福彩在行动、关爱昔日红旗手”、“百万爱心、福洒江淮”等公益活动，为昔日“三八红旗手”和贫困学生送去政府和社会的关爱。开展“粉红丝带”活动，为上万名妇女免费提供乳腺、妇科病普查。建立合肥市妇女儿童心理健康指导中心，开通全市首条女性心理关怀电话热线——“美丽心情”公益热线“2316668”，为妇女提供心理上的疏导和关心。实施留守流动儿童关爱工程，争取政府专项资金，组织市妇女儿童工作委员会成员单位与“儿童之家”长期结对关爱，目前共建留守流动“儿童之家”87个。举办第3届“恒爱行动——为孤残儿童编织爱心毛衣”等活动。大力实施“春蕾计划”，2009年募集捐款20.7万元，资助特困女童128人，兴建合肥市第1所春蕾小学，动员社会力量捐助数百名贫困女大学生。

【加强妇联组织建设】 市妇联认真开展学习实践科学发展观活动，班子成员分别就妇女创业就业、留守妇女现状、基层妇联组织建设和维护妇女儿童合法权益等方面开展专项调研，推动出台一系列涉及妇女发展、维权等方面的意见和措施，提高了工作的针对性。积极参与基层组织建设“创新奖”评创，村妇代会主任进“两委”比例达92%，市直妇工委、妇委会增至73个。

（赵晓晖）

合肥市科学技术协会

【创建中国科协海智计划合肥工作基地】 按照“省市共建”运作模式，在各方共同努力下，2009年5月21日，“中国科协海智计划合肥工作基地”揭牌。合肥市科协按照职责和分工，积极开展海智基地的联系和服务工作。组织开展赴长春、北京海智基地的考察调研，并与之建立良好合作关系；启动海智基地海外创业项目载体——合肥经济技术开发区创新创业园（双创园）建设工作；依托国家级合肥高新技术产业开发区留学生创业园，建立“合肥海智基地高新项目综合基地”，延伸合肥海智基地服务范围；接待“海智专家安徽行”美国凯思比海外创业投资公司董事长李大西一行、美中创新科技促进会会长马启元一行等多个海智团队来合肥的考察和项目洽谈对接，合肥海智基地与美国中国留学生创业协会等23个海外科技社团及400余名海外高层次专家建立联系；累计接待17个海外科技社团的46名高层次专家实地考察和项目对接，签订11份合作协议，7名高层次人才和5个高科技项目已落户合肥。合肥海智基地工作被列入安徽省合芜蚌自主创新综合配套改革试验区15项重点工作之一、合肥市《2009年合肥国家科技创新型试点市及合芜蚌自主创新综合配套改革试验工作要点》，海智工作取得了阶段性成效。

【完成2009年度合肥市自然科学优秀学术论文评选】 为鼓励科技创新，加强学科学术建设，促进合肥市科学技术的繁荣发展和科技人才的成长提高，检阅自然科学的优秀学术成果，市科协开展2009年度合肥市自然科学优秀学术论文评选，共评选出优秀学术论文127篇，其中，一等奖21篇，二等奖42篇，三等奖64篇，并将优秀者推荐至安徽省科协、省科技厅、省人事厅，参加省级自然科学优秀论文的评审。

【启动“5612”工程】 根据科技部、中国科协等七部委联合发文《关于动员广大科技人员服务企业的意见》，安徽省人民政府办公厅转发省科技厅等部门《关于动员广大科技人员服务企业实施意见的通知》文件精神和要求，市科协积极响应，组织动员广大科技人员深入企业服务，开展“金桥工程”、“厂会协作”、“企业创新方法培训”等活动，做好成果转化、科技咨询、技术培训、项目对接等工作，大力促进科技与经济有机结合，提高企业自主创新能力和科学管理水平。指导、帮助和服务合肥安达电子公司按时按质完成中国科技馆新馆2200多万元工程任务，承建的4个主题展厅93件（项）展品全部通过验收，并对公众开放；为合肥市义昂禽业有限公司“年产500万羽土鸡苗孵化场项目”提供技术服务；为安徽红四方股份有限公司、合肥四方磷复肥有限公司开展“生态抗旱保水复合肥生产工艺研究”、“生产工艺参数实时监控系统”等多项技术咨询和服务；组织科技人员为合肥市公路桥梁工程有限责任公司提供“冲击压实技术在国省干线水泥混凝土路面改造中的应用”技术服务等。

【加强科普资源建设和宣传力度】 2009年，合肥市科协狠抓落实《关于进一步加强科普基层基础工作的实施方案》，加强科普“五个一”工程建设，即一个基层组织、一个科普图书室、一个科普宣传栏、一个科普志愿者队伍、一个科普宣传员，为加强科普网络建设和基层设施建设提供了制度保障。108个乡镇、街道科普活动室统一挂牌，城区拥有科普画廊8600米，乡镇、村委会拥有科普画廊（综合宣传栏）4100米。所有街道、乡镇、社居委、村委会配备科普志愿者队伍和科普宣传员。

市科协组织力量编发大型展板6套300块：《心理健康》、《发明发现》、《身边被误解的科学》、《节能减排》、《科学引领发展》、《贯彻全民素质纲要》；设计印发《地震知识》、《科学防治甲流》等科普挂图3套4.2万张；编辑印发图文并茂的《身边被误解的科学（二）》、《关注亚健康》、《节能减排》、《保护生态环境》科普图书4本，累计5万多册；举办各类科普报告、讲座、培训30多场（次）。

在中国科协科普中心和合肥电台、合肥电视台的支持下，2009年科普宣传工作取得突破性进展。在市电台开设《科技万象》栏目，每周两次，每期10分钟，全年104期；在市电视台开设《科普大篷车》栏目，每期20分钟，全年52期，极大地丰富了科普宣传内容。

【农村、城区科普】 2009年继续深入开展“送科技下乡”活动。参加全市统一组织的长丰县双墩镇“三下乡”，捐赠农技协发展经费2万元，现场进行100块展板的展教，“科普大篷车”开到现场，20件科普展品吸引众多群众。科协系统全年开展送科技下乡40多场（次），农业专家参与服务200多人（次）。

市科协会同市财政局开展“科普惠农兴村计划”项目的推荐评审工作，共推选6家单位（个人）参加全国的项目申报，肥东县梁园镇养猪协会、肥西县喜洋洋生态农庄、肥西县高松分别被评为全国“科普惠农”先进单位和先进个人，分别获得20万元或5万元奖励基金；联合设立合肥市科普惠农表彰基金，拿出24万元，奖励肥西县农村专业技术协会联合会等12个先进单位。

全国科技活动周和全国科普日等大型科普活动精彩纷呈。每年5月第3周是全国科技活动周，每年9月第3周是全国科普日，已经成为全国性的科普品牌。2009年各级科协系统共制作科普展板10套1000多块，开展科普展板巡展、系列科教进社区，将生命健康、节能环保、科学生活等科技知识和方法送到社区，开展科普宣传，提高居民科学素质。

【青少年科普】 举办合肥市第24届青少年科技创新大赛，共收到参赛作品2000多件，十余万名中小学生参与活动。经过层层选拔，151项作品进入决赛（包括科技实践项目10个、教师项目10个），涉及数学、物理、化学、微生物学、生物化学、植物学、动物学、环境科学、医药与健康科学、工程学、计算机科学、社会科学等12个学科。最终决出一等奖23项，二等奖22项，三等奖47项。

2009年合肥市（首届）青少年电脑机器人竞赛3月28－29日在合肥一中体育馆成功举办。大赛分为小学、初中、高中3个组别进行，设立8个项目，来自全市三县四区30多所学校160支代表队近400多名选手和50多名教练员参加。其中小学组52支、初中组77支、高中组31支。

11月12日上午，第7届青少年科技创新市长奖颁奖大会隆重举行，合肥一中高三学生方宇、张芪和高一学生徐沁怡（原合肥市四十五中学生）接过由吴存荣市长亲笔签名的获奖证书和奖杯。大会表彰27名优秀科技辅导员。

合肥市代表队在全国第9届青少年电脑机器人竞赛中，最终获得4金9银5铜的优异成绩。其中三十八中FLL代表队和四十二中VEX代表队，分别获得FLL工程挑战赛和VEX工程挑战赛初中组一等奖冠军，代表中国队参加2010年美国世界锦标赛；一中足球代表队获得足球比赛高中组一等奖季军；三十八中VEX代表队获得VEX工程挑战赛初中组一等奖季军。这4支队伍获得4枚金牌。

【学会建设】 2009年新成立合肥市抗癌学会、心理咨询师学会、乳腺病学会、赏石盆景根艺学会，填补了这些学科领域的空白。

【学术交流】 为繁荣学术思想，促进学科建设和科技人员成长提供服务，市科协申报并承办2009年安徽省科协年会合肥分会场、主题为“城市规划与可持续发展，用科学发展观指导合肥现代化滨湖大城市规划建设”的活动；抗癌、图书馆、公路等学会举办各类论坛、学术报告会、讲座等学术交流，邀请张裕恒院士、英国朴次茅斯大学工学院院长、博士生导师提姆·古德赫德、智利建筑师帕特里西娅、美国国会图书馆亚洲部主任、俄亥俄大学图书馆馆长李华伟博士、台湾资深心理咨询专家黄秋蓉等海内外专家、学者来合肥市开展学术交流和研讨，举办各类论坛、学术报告会、讲座等学术交流；组织科技人员撰写论文，参加中国科协年会、中部崛起论坛等国家和部分省市的各类论坛和学术会议，并作大会交流；珠算心算协会完成《珠算与点钞》、《儿童珠心算简易教学法》两种教材修订再版工作，启动《幼儿珠心算》1套共4册编写工作；公路、物理等学会开展学术论文资料的征集、汇编、交流、评比和表彰，向省市科协、学会和有关专业刊物推荐优秀论文，丰富了合肥市自然科学成果宝库。

【编纂《合肥科学技术专家名录》系列丛书】 为贯彻市委、市政府“工业立市、科技兴市、人才强市”的战略部署，市科协启动《合肥科学技术专家名录》系列丛书编纂工作，由合肥人物研究会承担丛书的资料征集和具体编辑工作。《医药卫生卷Ⅰ》、《医药卫生卷Ⅱ》出版发行，两卷共收录合肥地区医药卫生领域1500多名科技专家的资料，卷Ⅰ和卷Ⅱ已全部发放至乡镇、社区卫生服务机构，对全市基层卫生系统的建设、管理、交流和增强服务能力作出贡献，受到卫生行政主管部门和基层单位赞誉。名录《工业卷》的编撰工作启动。

【合肥科技馆】 2009年，合肥科技馆共接待观众近20万人（次），其中免费接待农村中小学生、60岁以上老人和残疾人等特殊观众5万人（次）。3楼人体测试和数学展区改造为人体奥秘展区，紧扣“认识我们的身体”这一主题，新增人体奥秘类新展品40余件。其中有三分之一的展品是完全自主创新的首创展品，其余展品融入大量的自主创新和改进。展品的档次和吸引力大幅提升，获得观众们一致好评，已成为科技馆开馆多年而观众流量不减的活力之源。该馆还与《安徽商报》、安徽电视台等单位联合举办“日月谈——到科技馆听讲解看日食，共享天文盛宴”、“家长学堂”和“新安读书月”等科普活动，深受广大市民喜爱。合肥科技馆获得首届全国讲解员大赛团体第1名、个人第4名、中国科协“科技馆活动进校园”项目试点工作二等奖、合肥旅游“最佳特色旅游奖”、“中国自然科学博物馆协会先进集体”等荣誉称号，并先后通过科普示范基地、爱国主义教育基地考评审核。

【推动科技成果转化为现实生产力】 合肥科学技术咨询中心承接“四技”（技术转让、技术开发、技术咨询、技术服务）服务合同700多项，实现合同金额4000多万元，创税300余万元。当年组织申报“节能高精度恒温恒湿系统的研究”等“金桥工程”27项，获省科协批准立项。

为贯彻落实安徽省委、省政府《关于合芜蚌自主创新综合配套改革试验区的实施意见》，安徽省创新办联合省教育厅、团省委、省科协，共同举办全省首届创新创业大赛，合肥科学技术咨询中心积极组织成员单位选项参加，“皖桑系列新品种的育成及示范推广”和“利用闭花授精突变体8m30抑制转基因水稻基因漂流”获得优秀项目奖。

【《生物学杂志》】 2009年完成6期《生物学杂志》编辑、出版、发行工作。根据中国科技信息研究所2010版《中国科技期刊引证报告》，《生物学杂志》2008年度各项指标普遍高于上年同期水平。成立第5届编审委员会，建立和完善编委专家数据库，编委达50多人，阵容强大，覆盖全国大部分地区，学科领域更加细分和全面。2009年加入中国科学技术期刊编辑学会。入选中国科学引文数据库（CSCD）。该杂志获得安徽省优秀期刊二等奖、2009年第4届华东地区优秀期刊奖，扩大了在国内外的学术影响和品牌知名度。

2009年中国·合肥科学家企业家讲坛一览表

举办日期	主　　题	演讲人
1月18日	《让孩子在感恩心态中快乐成长》	合肥安慧文化传播有限公司讲师　唐路美
2月28日	《获诺贝尔奖的凝聚态物理学》	中国科技大学教授、物理学会　张裕恒院士
3月28日	《公共关系与危机处理》	安徽人民出版社副总编、编审 李道平
4月12日	《购物中心业态组合管理》	安徽元一时代广场总经理　王辉
4月18日	《十个忠告助解家教难题》	武汉大学教授　周运清
5月30日	《企业管理智慧：迎战风险，创造价值——〈企业内部控制基本规范〉解读及操作实务》	高级会计师　杜杰
8月14日	《当前经济走势分析与企业人力突围》	虎克企业管理咨询有限公司总经理、博士 张嘉伟
8月28日	《开启身体健康的金钥匙》	阳光森林国际健康机构董事长　林海峰
9月12~13日	《发明问题解决理论》	东北大学机械工程与自动化学院工业设计研究所所长、副教授、博士 赵新军
9月26日	《科学、技术 & 创新：给年轻人一个机会》	荷兰“孩子与科学”基金会总裁、博士 理查德·迪克·外夫
10月12日	《中国外交和我亲历的外交岁月》	中国前驻瑞典大使　吕凤鼎
10月18日	《摄影实践》	安徽省摄影家协会副主席、合肥市摄影家协会主席　张永富
11月11日	《仁心仁术篇——教您如何成为人力高手》	虎克企业管理咨询有限公司总经理、博士 张嘉伟
12月9日	《打造高效的研发体系》	汉捷研发管理咨询有限公司董事长、总经理 胡红卫

（周志荣）

合肥市社会科学界联合会
（中共合肥市委讲师团）

【纪念市社科联成立30周年】　市社科联成立于1979年12月，历经初创奠基（1979年－1989年）、探索调整（1990年－2004年）和全面发展（2005年－2009年）三个阶段。2009年初，市社科联组织征集资料编印纪念画册，12月召开纪念大会，回顾市社科联30年发展历程、社科研究、学术成果、社科普及、学会建设、对外交流等成就，研究部署未来发展目标任务，表彰一批社科工作先进集体和先进个人。在全国大中城市社科联第20次工作会议上，合肥市社科联第4次蝉联

“全国优秀社科联”称号，王东征和孙旸被评为全国优秀社科工作者。

【合肥市第六届社科成果评奖】 1998年，合肥市社科成果首届评奖，已举办6届，共表彰优秀成果216项。2009年是合肥市第六届社科成果评奖年度，经过社会公示并报市政府批准，16项作品获奖，其中，一等奖2项、二等奖4项、三等奖10项。市社科联还评选表彰“合肥市社科界2007年-2008年度优秀社科成果”24项。

合肥市第六届社科成果奖作品

一等奖

1、《决策与思考》

（著作，安徽科技出版社，出版时间：2008年10月，主编：市政府研究室 高晓光、吴明、王猛、王建国、张健、徐浩瀚）

2、《合肥工业经济研究》

（内部研究报告，成果转化：市委、市政府相关文件，写作时间：2008年11月，作者：市政府研究室 欧浩军、夏飞、余璞、许健、邓业锋、王辉）

二等奖

1、《合肥市文化产业发展态势分析及策略研究》

（论文，发表：《中国外资》2008年第8期，作者：合肥学院 汪文忠）

2、《合肥市生活垃圾产量预测研究》

（论文，发表：《技术经济》2007年第2期，作者：合肥学院 汪浩、吴克、司武飞、俞志敏）

3、《完善地方财政收入制度的几个问题》

（论文，发表：《中央党校学报》2008年12月第12卷第6期，作者：市哲学学会 吴妍妍）

4、《“为仁由己”与社会和谐》

（论文，发表：《光明日报》2008年1月5日，作者：合肥学院 詹向红）

三等奖

1、《合肥市现代服务业发展研究报告》

（论文，发表：《中共合肥市委党校学报》2007年第3期，作者：市经济学学会 魏从兰、瞿辉、薛海斌）

2、《科学发展观引领下的“合肥路径”》

（论文，发表：《中国信息报》2008年12月4日，作者：市哲学学会 韩枫）

3、《关于新农村建设的十点思考》

（论文，收录：安徽科技出版社出版的《县域经济突破与新农村建设》，出版时间：2007年1月，作者：市哲学学会、市社科联 王海泉、孙旸）

4、《建立农村公共产品持续增长机制的研究——以合肥市所辖三县为例》

（论文，发表：《特区经济杂志》2008年第11期，作者：合肥学院 史明瑛、朱德开）

5、《我国科普网站发展现状、问题及对策探析》

（论文，发表：《未来与发展》2008年第5期，作者：合肥学院 苏冰、史玉民）

6、《一枕黄粱——蒋冯阎中原大战》

（著作，安徽人民出版社，出版时间：2008年12月，作者：市教育学会 毛洪亮）

7、《培育农村经纪人是发展农村经济的重要抓手》

（论文，发表：《乡镇经济杂志》2007年第9期，作者：市哲学学会 陆俊昌 、德舜 、顺安、王伟）

8、《中国特色社会主义理论的形成和嬗变》

（论文，发表：《科学社会主义》杂志2008年第2期，作者：合肥学院 邵一江、张立驰）

9、《合肥群众文化五十年》

（著作，中国文联出版社，出版时间：2007年1月，作者：市群众文化学会 刘浩等）

10、《筚路蓝缕 以启山林——浅谈邓石如楷书之开创性取法及意义》

（论文，发表：《青少年书法》2007年第4期，作者：市文联 陈智）

【合芜蚌自主创新理论研讨会】 根据2009年-2010年社科规划课题指南，2009年初，合肥市社科联主动联系芜湖、蚌埠两市社科理论界，组织相互调研，8月27-28日联合举办“推进合芜蚌自主创新综合配套改革试验区建设”理论研讨会。三市领导和省市社科理论界专家学者70多人参加研讨。会议共收到论文和专题调研报告58篇。市社科联把本次研讨成果汇编成《聚集自主创新——合芜蚌试验区建设的探索与思考》一书，2009年11月由安徽科技出版社出版发行。9月举办合肥市社科理论界庆祝新中国成立60周年座谈研讨会。12月在省社科联第4届学术年会上，合肥市推荐30多篇文章参加，在评出的一等奖、二等奖、三等奖和选编的论文集中，均有合肥作者入选。

【举办安徽人文讲坛】 “安徽人文讲坛”作为安徽省暨合肥市社科知识普及的重要形式，自2006年以来已开讲42场，充分发挥了社会科学认识世界、传承文明、创新理论、资政育人、服务社会的良好作用。2009年，讲坛地址由合肥市图书馆迁至安徽省图书馆，全年共进行12讲。

2009年安徽人文讲坛简表

时 间	主 题	演讲人
1月11日	《科学发展观的人文意蕴》	安徽大学哲学系教授 许俊达
2月8日	《明清徽商对农村发展的贡献及其启示》	安徽师范大学皖江学院院长 王世华
3月8日	《传统和谐文化与当代幸福人生》	安徽大学哲学系主任、教授、博士生导师 李霞
4月12日	《首任台湾巡抚刘铭传与台湾近代化》	安徽省社科联研究员、历史学博士 安徽历史文化研究中心主任 翁飞
5月10日	《从出土商至战国青铜器看安徽古代文明之花》	安徽大学党委书记、考古学及博物馆学教授 陆勤毅
6月14日	《从中国传统文化看什么是科学发展观》	上海师范大学马克思主义学院院长、哲学系教授 张允熠
7月12日	《〈孔雀东南飞〉与中国古典文学中的女性悲剧形象》	安徽省文学学会会长 安徽省评论家协会副主席 唐先田
8月9日	《渡江战役与安徽全境解放》	安徽省政协常委、 安徽省关心下一代工作委员会常务副主任 聂皖辉
9月13日	《安徽社会科学60年启示录》	安徽省社会科学界联合会党组书记 徐东平
10月11日	《从世博会场馆风格看建筑中的〈周易〉元素》	安徽省政府参事室副主任 安徽省文史研究馆副馆长 张立志
11月8日	《汉字的魅力》	安徽大学校长、中国文字学会会长 黄德宽
12月13日	《沧桑治淮五百年》	安徽大学徽学研究中心主任 卞利

【特约研究员理论新成果】 市社科联坚持实施“社科研究课题指南”发布制度，成立“合肥市中国特色社会主义理论体系研究中心”，组建合肥市社科理论特约研究员队伍。2009年，特约研究员共出十项理论新成果。

合肥市社科理论特约研究员发表理论文章一览表

发表报刊	发表日期	文章标题	作者
《安徽日报》	2月23日	《以理论创新为改革发展提供理论指导》	刘梅天
《安徽日报》	2月23日	《坚持第一要义 提振发展信心》	魏从兰
《安徽日报》	2月23日	《构建社会主义和谐社会的三个支点》	夏元荣
《安徽日报》	2月23日	《深刻认识和把握改革发展的根本目的》	高晓光

发表报刊	发表日期	文章标题	作者
《安徽日报》	6月1日	《保增长：落实科学发展观的当前要务》	江浩、王立群
《安徽日报》	8月31日	《合芜蚌创新的三个着力点》	孙自铎
《安徽日报》	8月31日	《增强芜湖中小企业创新能力对策》	卜晓勇
《安徽日报》	8月31日	《区域自主创新平台建设的构思》	王林宪
《安徽日报》	8月31日	《打造蚌埠创新型产业集群的思考》	张娜
《安徽日报》	8月31日	《加快推进合芜蚌试验区建设研讨会综述》	宋雁冰

【新增社科团体】 2009年4月18日，合肥市包公精神传承研究会和合肥市老新闻工作者协会分别召开成立大会，包训安、丁梦林当选为会长。11月22日，合肥市道学文化研究会召开成立大会，魏世廉为会长。合肥市社科团体已发展到76个。

【举办第二届公祭包孝肃公大典】 2009年10月10日上午，为了纪念包拯诞辰1010周年，由合肥市包公精神传承研究会、包河区包公街道联合发起举办了“第二届公祭包孝肃公大典”，全国40多个城市200多名包拯后裔来到故乡合肥，相聚包河公园，共同祭祀先祖。省人大常委会副主任郭万清、武警合肥市支队队长刘长涛、市纪律检查委员会副书记汤莉萍、市监察局副局长唐明德、市委宣传部副部长郑家余、市社科联副主席夏元荣、合肥学院教授许有为（《合肥环城公园碑记》、《包公园碑记》、《清风阁碑记》作者）、市包公精神传承研究会会长、包公第36代后裔包训安等出席开幕式。

此次祭祀人数多，场面大，不同口音、同一祖先的包公后裔，身着统一的祭祀服装，在包公祠照壁前，按照地区与长辈在前、晚辈在后的顺序列队，包训安手捧祭祀鲜花，引领祭祀队伍，在戏剧扮相的王朝、马汉、张龙、赵虎四大护卫开道下，从包公祠门口出发，一路步行缓缓来到包公墓享堂前，再由长辈先磕头祭拜、供奉花篮、摆放供品，所有到场的祭祀人员整冠理衣，庄严肃立，鞠躬行礼，追念铁面无私、一身正气的先祖包公。这场规模宏大、影响力深远的祭奠活动吸引了众多市民和游客观看，许多人情不自禁加入祭祀的队伍，一时间成为包公园令人瞩目的场面。

首届中国·合肥包公节同时在包公园开幕。

【表彰先进集体和先进个人】 市社科联在纪念成立30周年之际，表彰一批为合肥市哲学社会科学作出突出贡献的先进集体和先进个人。

十佳学会：市税务学会、市审计学会、市工商学会、市规划学会、市哲学学会、市干部教育研究会、市新四军历史研究会、市教育学会、市图书馆学会、市公共关系学会。

优秀学会工作者：童承全、夏有才、韩晓明、阮幼生、储祥林、陈小中、王宪杰、陆梅、李卫文、李泽友、方有昆、刘浩、刘善铭、汪同滨、刘保国、崔启根、郑训贵、潘林松、程纯洁、戴煌、朱荣、朱晓庆、庞祝、陈德良。

优秀社科工作者：戴健、高晓光、魏从兰、周先彬、邵一江、郑德舜、王晖、许俊国、张建春、杨道文、焦福斌、郝明、芮成清、李瑞鹤。

（刘　骏）

合肥市文学艺术界联合会

【纪念建国60周年系列文艺活动】 围绕庆祝新中国60华诞这一主题，合肥市文联多次组织艺术家实地采风，召开创作研讨会，征集艺术作品。先后举办纪念建国60周年散文大赛，收到稿件80余篇，在《未来》杂志上刊发40多篇，广受关注。国庆节期间，由市委宣传部和该会共同主办的“红船颂”全国中国画名家作品邀请展在亚明艺术馆展出，汇萃刘大为等著名画家绘制的红色主题创作作品60幅，吸引了全省各地艺术爱好者5000多人（次）参观。举办“祝福祖国”合肥市庆祝新中国成立60周年摄影成就展，集中展示130多幅历年来荣获市级以上艺术类、新闻类、行业类等奖项的作品。

【经典回顾与现代思考——中国画学术系列活动】 由中国美术家协会、合肥市人民政府、省文联、省文化厅联合主办，市委宣传部牵头，市文联等8家单位联合承办的“经典回顾与现代思考——中国画学术系列活动”，10月24日在安徽省博物馆隆重开幕，中国文联副主席、中国美协主席刘大为、安徽省委副书记王明方等领导，与来自全国、全省200多位著名理论家、画家、近千名观众出席开幕式。中央和省市40多家新闻媒体和主流网站专题采访和报道。此次活动共举办“三个展览”：“经典回顾——新安画派经典作品展”、“现代思考——全国中国画作品邀请展”、“现代思考——安徽中国画作品邀请展”；出版“两本画册”：《新安画派作品集》和《全国中国画作品邀请展、安徽中国画作品邀请展作品集》；出版“两本论文集”：《当代中国画研究论文集》和《近现代中国画研究论文选集》；邀请中国美协、中央美术学院、中国美术馆、中国艺术研究院、国家画院、中国美院和全省各地共200多位专家学者汇聚合肥，举办“经典回顾与现代思考——中国画继承与创新大型研讨会”，观众络绎不绝，全国、全省文艺界、新闻界反响热烈，好评不断。专家和媒体共同表示，这是一次弘扬中华文化，倡行文化自觉的高水平、前沿性、有特色的重大文化活动，其学术议题和艺术主张在当代中国画坛的辐射效能深远。

【近现代江淮书风研究取得阶段性成果】 由市委宣传部、市文联主办，市书法家协会承办的近现代江淮书风研究活动，聚集了诸多专家和理论精英，针对18世纪至今300年来的安徽书法断代史进行认真挖掘、梳理和研究，提纯成果于36篇论文之中，汇集成书，完成32万字的统稿工作，并交付出版社出版印刷。

【组织十七城市作家看合肥、写合肥】 为进一步宣传合肥市“三大推进”（“大发展”、“大建设”、“大环境”）取得的丰硕成果，扩大省城的影响力和辐射力，2009年7月，市文联举办“全省十七城市作家看合肥、写合肥”活动，邀请全省各市的作家参观滨湖新区、政务文化新区和江汽集团，多方面展示了合肥的新形象和新的发展成果，全省各大媒体进行了详细报道。《未来》杂志将已收到的27篇作品汇编成《国庆专刊》。

【精品创作成果丰硕】 2009年，市文联下属艺术门类在全国、全省展赛事上，共获金奖12个、银奖10个、铜奖11个、优秀奖、入围奖41个。

由张国琳领衔创作的国家重大历史题材美术作品《生死印》，用艺术的手法再现了中国农村改革发源地——凤阳县小岗村大包干的历史瞬间，并由国家博物馆永久珍藏。该项主题创作群体有固定画家近10人，采风足迹遍布皖北。6月召开《生死印》作品展示和研讨会，为全市重大主题创作积累了经验，赢得荣誉。在第11届全国美展、第3届全国书法“兰亭奖”、第7届中国音乐“金钟奖”安徽赛区大赛、第5届小荷风采全国展演等各类赛事中，各相关文艺家协会组织推荐的作品全部获得佳绩。

【影视专家观评《坝上街》】 由市委宣传部组织创作拍摄，作家裴章传参与编剧的电视连续剧《坝上街》杀青，样片审查通过。2009年6月25日举办观评会，影视专家们对之给予高度评价，称其“表现主题深而不瘦，人物塑造真而不浅，表现手法新而不俗”。

《坝上街》是一部全景式反映合肥改革开放30年奋斗史的电视连续剧，剧情纵横全省，具有鲜明的地域特色。本剧因选材精当，从小处切入，大处着眼，剧本创作完成后，即获中共中央宣传部、安徽省委宣传部的高度重视，并被列为重点文化工程项目。中央电视台影视部也给予相当关注，初剪毛片进京，曾邀请北京百位专家、学者和圈内人士观评，均对这部电视剧甚为看好。

【散文诗集《野火与柔情》出版】 安徽省作家协会会员、《未来》杂志社编辑王贤友的散文诗集《野火与柔情》，2009年8月由中国文联出版社出版。诗集收入作者发表在《诗刊》等省内外报刊散文诗作品88首，计18万字，是合肥市首部编年体散文诗集，以再现农村人文风貌和展示新农民人性为基调，被誉为“为无声者发出声音”的作品集。

【文化惠民活动】 2009年，市文联进一步探索创新丰富文化惠民活动的内容和形式。亚明艺术馆和合肥－久留米友好美术馆举办各类公益性展览70多个，接待观众约30万人（次）；市书法家协会组织书法家义务为民写数千幅春联；国庆节期间，市电影工作者协会送电影下基层1千多场。各类公益性惠民活动有：中国画名家学术邀请展、甘肃李宝峰师生画展、走进松潘——安徽支援四川松潘抗震救灾重建家园摄影纪实展、新年新禧名家书画展、全国青年书法家作品展、马波生画展、刘新安中国画展等，为广大群众带来高品质的艺术享受。

市曲艺家协会围绕“打造平安合肥，共建和谐家园”，创作了融思想性和趣味性为一体的曲艺节目，圆满完成30场平安合肥巡演。同时创作宣传科学发展观、创建文明城市共建和谐的节目，并在七区三县巡回演出50场。为丰富群众业余文化生活，经过精心准备，“笑在庐州”相声剧社于9月进行首场演出，力争打造合肥的笑工场和相声园地。

市音乐舞蹈家协会在工人文化宫举办舞蹈培训班，安排青年舞蹈家免费为专业和业余舞蹈爱好者传授知识、编创舞蹈，提高他们的业务水平。

【艺术交流】 市文联推出安徽省—日本高知县第13届书法联展、日本人偶展、广西“漓江画派”中国画邀请展、天津霍春阳画展、嘉兴凌大纶、李同安绘画展、“笔墨风格”当代中国画名家邀请展、“漓江画派”中国画作品邀请展等。

在海峡两岸实现“三通”（两岸空运直航、海运直航与直接通邮）第1年的新形势下，亚明艺术馆抢抓机遇，与武汉、重庆、宁夏文博机构联合策划，举办“宇宙心印”——台湾刘国松绘画一甲子展。

（陶　媛）

合肥市归国华侨联合会

【概况】 2009年，合肥市归国华侨联合会以中国侨联提出的“调研创新年”为载体，创新思路，求真务实，服务广大归侨侨眷和海外侨胞，分层面组织归侨侨眷代表、侨界人大代表、政协委员和侨资企业代表开展座谈，广泛倾听侨声民意。在已经建立肥西县、包河区、蜀山区基层侨联组织的基础上，市侨联继续奔走呼吁，与尚未建立基层侨联组织的县区领导商谈，争取及早建立，即使没有建立专门组织，也有专人负责侨联工作，延伸了侨联组织的工作手臂和力度。

【开拓工作新领域】 市侨联抓住新一代华侨华人在世界范围内迅速成长，在经济、科技、文化等领域形成强大力量的特点，着力把海外工作、新侨工作提高到新位置。2009年先后接待中国侨联海外委员、美国亚美商业发展中心（纽约中心）、厄瓜多尔等海外华侨华人考察团十几批200多人（次）。通过与这些海外精英的联谊、交流，宣传推介合肥，以吸引更多的外来资金、先进技术、先进的管理经验，为经济建设大局服务。

“澳门归侨总会”、“香港侨友社”在澳门回归祖国10周年之际，举办“2009年华侨、华人聚濠江”联谊大会，旅居世界各地的华侨华人纷纷参加，市侨联领导参加了这次侨界盛会，与新朋老友广泛接触，使大家深入了解“一国两制”的成功实践，进一步增强合肥市与香港、澳门交流与往来，促进经贸发展奠定更牢固基础。

【招商引资】 2009年市侨联完成7000万元招商引资任务，同时开拓新思路，再接再厉，加大为归侨侨眷、侨资企业服务的力度，投入更大的热情办侨事、联侨心，以侨海关系拉动更多的外商前来参观考察投资，让外资有信心扎根合肥发展；与已在合肥设立办事处的浙江乔治白服装有限公司多次磋商，努力争取该公司再建新厂，为服装业增添新品牌；另与中恒置业公司不断联系，促成其增大投资。

（梁明慧）

合肥市红十字会

【概况】 2009年，合肥市红十字会在完成第6届理事会筹建的基础上，正式理顺管理体制，独立建制。作为政府人道主义领域的助手，市红会依据《中华人民共和国红十字会法》赋予的职责，着力于加强组织能力建设和基础建设，积极探索和构建符合组织特点的工作机制，拓展人道救灾、救助、救护工作领域，努力扩大社会影响，不断推进红十字事业健康发展。

【积极筹集捐助款物】 全年共筹集和接收各类捐款147万元。其中市本级接受捐赠113万元，省红会下拨救助款34万元；接受企业捐助“温暖中国行定点医院”价值500万元的高强度聚焦超声肿瘤治疗设备1套；接受企业捐赠乡镇中心卫生院价值51万元的彩色超声波诊断仪、红外乳腺治疗仪、超声波臭氧雾化妇科治疗仪各1套；接受企业捐助价值6.76万元消毒片，配合政府做好预防甲型 H1N1 流感工作，用于环境和饮水的消毒。

【救灾救助】 元旦、春节期间共筹集价值 12 万元物资，配合市委、人大、政府、政协为三县特困受灾群众开展“红十字博爱送温暖”活动，受益群众 2378 人（次）；认真落实结对帮扶敬老院工作，支援肥西县高店乡长镇敬老院 2 万元液晶电视机、洗衣机、轮椅、助听器等物资，用于改善敬老院基础设施；为台湾风灾提供募捐救助 5.21 万元；为贫困生提供企业定向捐赠的 100 万元助学金；完成澳门红会捐助的灾后民房重建项目，新建博爱卫生院 1 所、重建民房 9 户。

【为社会提供公共服务】 市红十字会组织开展高危行业驾驶员应急救护知识培训，与 11 所驾校签订合作办学协议，建立职业培训和救护培训相结合的办学机制，全年完成 22549 名初级卫生救护员培训。同时，对公安武警消防官兵及保安、电力部门、外资企业、酒店、学校等行业，开展初级救护知识的普及和培训，提供应急避险、自救互救等常用急救知识及技能的传授服务。

【构建基层组织体系】 积极推进学校红十字青少年组织建设工作，联合市教育局下发《关于推进学校红十字会工作的意见》，举办全市学校红十字会组织发展培训班，启动学校红十字会组织发展和模范学校创建工作。为加强基层组织建设，筹建应急救护、医疗救助、健康关怀等 6 支具有特色的志愿服务队伍，共招募志愿者 200 余人。围绕国庆 60 周年主题，统一部署“迎国庆、讲文明、树新风”系列志愿服务活动，参加服务 159 人（次），服务时间达 1043 小时，对 2500 名眼疾患者进行免费爱心义诊，为 33 名特困户眼疾患者开展白内障摘除人工晶体植入手术；组织对 500 余名群众开展卫生救护、防病和艾滋病知识宣传。

【宣传普及应急救护知识】 市红十字会联合市教育局，组织 26 个学校 3 万多名初、高中学生，参加红十字青少年防灾避险知识竞赛，以试卷答题、竞赛抢答、应急演练等多种形式，宣传普及应急救护知识，并举行知识竞赛颁奖活动。积极参与省暨合肥市政府共同举办的“5·12”防灾减灾日咨询宣传，与省红十字会、省交通广播电台共同举行“9·12”世界急救日大型宣传活动，普及防灾避险知识，发放宣传资料 2000 余份；组织红十字会志愿者现场演示急救技术五项技能操作表演，有效强化社会公众安全意识，提高了红十字会的知名度和社会影响。 （市红十字会办公室）

合肥市残疾人联合会

【概况】 2009 年，合肥市各级残联组织坚持以科学发展观为统领，围绕“服务民生，促进发展，维护稳定”的宗旨，克难攻坚、勇于创新，统筹推进各项工作，努力实现残疾人事业和谐发展，在康复教育、劳动就业、社会保障和基层组织建设等重点领域，取得一系列新进展、新成绩。在安徽省残联组织的系统年度考核中，市残联再次获得“全省残联系统目标管理综合考评先进单位”、“安徽省残疾人就业工作先进集体”、“全省残联系统信访维稳工作先进单位”等称号，并被市政府授予“全市民生工程实施工作优秀组织奖”。

【基本信息调查】 2009 年 4 月，合肥市投入 250 万元，在全省乃至全国率先开展残疾人基本信息调查，统计、卫生、民政、公安等部门全程参与，并按照“全市统一部署、部门分工协作、县区分级负责、各方共同参与”的原则组织实施。调查内容涵盖调查对象的残疾状况、家庭成员、经济收入、特长爱好、社会保障、康复需求等 48 项信息。全市共组织调查员、统计员和陪调员 4000 余人进村入户调查，历时半年。全市联网的残疾人基本信息数据库基本建立，为今后提高残疾人工作的服务和管理水平、出台新的残疾人普惠政策，更有针对性地做好残疾人工作提供了可靠的客观依据。

【涉残民生工程及助残惠残项目】 市委、市政府高度重视涉残民生工程，将贫困重度残疾人生活特别救助、贫困白内障患者复明手术、社区残疾康复机构建设 3 个项目，纳入对县（区）政府的民生工程目标考核。市财政投入 381 万元，免费帮助 4.6 万名贫困残疾人进行核残评定；向 24849 名贫困重度残疾人发放救助金 1037 万元；免费为 1201 名贫困白内障患者动手术，使他们重见光明；肥东县、庐阳区、包河区被全国残疾人康复工作办公室授予“全国白内障无障碍县（区）”荣誉称号。全市建成 50 个具有康复训练和指导功能的残疾人康复站；向 1000 多名精神病患者提供住院和药品补贴；为 700 名下肢重度残疾人配发轮椅和辅助用具。市残联还充分利用残疾人呼叫服务热线平台，建立与残疾人沟通的桥梁，提供各种服务，做到“真联系、真服务、真解决、真见效”。会同市有关部门，稳步推进残疾人出行无障碍；投入40万元，对300多户残疾家庭进行了无障碍改造。支持社会机构开展各项残疾人惠残服务活动，并鼓励残疾人互助帮扶。加强与各级志愿者协会的联系，深入开展“红领巾助残”、“青年志愿者助残”等活动。经济技术开发区积极探索志愿者助残新形式，成立“星火志愿者服务队”，发展志愿者近百人，以“一助一”、“多助一”的形式为残疾人服务。合肥市被省委宣传部授予“第6届安徽省青年志愿者行动项目奖”。此外，市残联投入20多万元，创办精神病康复服务工疗站和心怡康托养服务中心。

【就业培训】 2009年全市征收残疾人就业保障金8000多万元，其中市本级征收3800万元。各级财政投入1500余万元支持残疾人就业扶贫工作，为3563名残疾人免费提供职业技能培训；扶持2600名城镇残疾人灵活就业；连续5年举办合肥市残疾人职业技能比赛；为500户农村贫困残疾人家庭进行危房改造；帮助2800户农村残疾人实现了脱贫。通过实施彩票公益金助学、中西部地区盲童入学、在校贫困残疾大学生救助等助学项目，共资助85名大学生、43名中专生、160名义务教育阶段学生实现就学心愿。肥东县筹集58.6万元，为586名有就业能力的残疾人，每人提供创业资金1000元，连续5年开展“百头小牛进农户”残疾人扶贫项目，得到中国残联充分肯定。长丰县投入45万元，扶持300名残疾人就业；在新农村建设示范点投入76万元，帮助152户残疾人家庭实施危房改造；同时抓住“安徽省扩大农村危房改造试点”契机，争取100户贫困残疾人危房改造进入试点范围。肥西县残联积极进取，在年度“贫困重度残疾人生活救助”、“万人就业工程”、“农村贫困残疾人危房改造”等项目考核中均名列前茅。

【基层组织建设及维权】 瑶海区政府出资购买的区残疾人综合服务中心正式投入使用，包河区残疾人康复中心进入内部装饰阶段，肥西县、庐阳区残疾人综合服务设施建设通过政府立项。市辖各县区还分别结合实际，通过多种方式，积极开展残疾人协助理员选聘工作，截至2009年底，全市已配备残疾人专兼职协助理员500名，其中乡镇（街道）已全部配齐协理员，残疾人工作的触角进一步向基层延伸和覆盖，有效地增强了残疾人基层组织代表、服务残疾人，维护残疾人群体稳定的功能。残疾人信访维稳工作取得明显成绩，尤其是在残疾人正三轮车主长效管理中，各级残联按照市联席会议要求，坚持做到“兑现政策、促进就业、落实包保、强化执法”不动摇，成功地将依法取缔转化为关爱车主的特殊民生工程。合肥市依法取缔正三轮车非法营运的做法得到中国残联充分肯定，并在全国推广。

【文体工作】 市两级残联充分利用报刊、电台、电视台、网站等宣传媒体，努力营造有利于残疾人事业发展的社会舆论氛围。1年来，残联系统在市级以上新闻媒体发稿400余篇，市残联和合肥人民广播电台主办的“我坚强、我快乐”征文比赛在国内引起热烈反响。各类残疾人协会交流活动不断扩大。合肥人民广播电台残疾人专题栏目《共有一片蓝天》、合肥电视台手语新闻、市图书馆、市少儿图书馆盲人有声读物阅览室，已成为各类残疾人了解社会、融入社会的重要渠道。残疾人群众性文体活动蓬勃开展，特殊奥林匹克活动取得明显进展。市残疾人艺术团的舞蹈节目《柳、妞、扭》获得第7届全国残疾人艺术汇演铜奖。

（王丹峰）

法　治

政法工作

【概况】　2009年，合肥市连续16年荣获“全国社会治安综合治理优秀城市”，再次被确认为“长安杯”，城市建设中维护稳定工作在全国介绍经验。安徽省统计局调查显示：合肥市公众安全感达94.88%，分别高于全国、全省1.58、0.68个百分点。全年群体性事件发生起数和人（次）同比分别下降59.74%、50.84%，全市社会和谐稳定。

【服务经济发展】　全市政法部门把服务经济社会又好又快发展作为政法工作的首要任务、检验政法工作成效的首要标准。市委政法委出台了《关于全市政法部门促进经济平稳较快发展的意见》，统一部署开展服务企业、服务重点项目、服务大建设、服务社会主义新农村、服务科技创新型城市、服务市场经济环境等“六项服务工程”。市直政法部门充分发挥职能作用，各县区委政法委结合工作实际，积极主动组织开展服务经济平稳较快发展的各项活动。

【“平安合肥”建设】　市政法部门坚持“保平安与创平安、抓基层与打基础、抓广泛与促深入”相结合，全面深入推进“平安合肥”建设。深入推进乡镇、街道综治工作中心建设，合肥市社会治安综合治理委员会在肥东县召开基层综治工作中心建设现场会，制定《合肥市基层综治工作中心检查评比标准》，截至年底，94个乡镇、街道建立了综治工作中心。深入推进社会矛盾排查化解，突出抓好重点工程、重点项目、金融领域、企业改革、征地拆迁等方面矛盾排查化解工作，全年化解矛盾纠纷8488起，防止群体性上访301起。深入推进流动人口服务管理，采集51.21万流动人口、12.19万户出租房屋信息，对30多万建筑工地务工人员进行实名登记，在医保、就业、培训等方面拓展《暂住证》服务功能。深入推进基层平安创建，推进综合治理进民企活动。市综治委出台“三类可防性案件”（入室盗窃，入室抢劫，撬盗机动车、电瓶车）考评办法，对全市87个“三无”小区（无主管单位、无物业管理、无人防）进行综合治理。深入推进社会治安防控体系建设，建立党政领导干部综合治理工作实绩档案制度，推广社区“楼栋长”、乡村“巡逻队”等群防群治措施，加强街面和基层动态防控体系建设。市见义勇为奖励基金会对20位见义勇为先进个人（集体）进行表彰，大力宣传和弘扬见义勇为行为。

【执法监督】　市委政法委出台《关于建立合肥市执行工作长效机制的意见》，明确30个部门执行协助义务，积极做好清理执行积案工作，组织开展专项整治，全年清理执行积案7511起，清结率100%；组织开展为期半年的信访积案化解活动，有效解决了一批信访积案。积极做好对重点案件的协调处理，市委政法委全年召开案件协调会46次，协调处理重点案件87起，重点协调处理工商系统、公交系统、建筑系统等重大涉法涉诉案件。探索建立涉法涉诉案件专家论证会制度、季度分析通报制度、听证会制度、司法救助专项资金制度、重点案件协调会商制度等。出台《合肥市政法烟草联合打假实施办法》，做好政法、烟草部门联合打假工作，全年查获涉烟违法案件1892起，涉案金额818万元，卷烟市场净化率达95%。（刘会权）

公　安

【全力做好援疆维稳工作】　2009年，新疆“7·5”事件发生后，合肥市公安局牢固树立全国

“一盘棋”思想，分3批派遣300名民警赴新疆执行维护社会秩序稳定任务。在9个多月共283天里，合肥援疆民警昼夜坚守在乌鲁木齐市“7·5”事件的重灾区，积极协助当地公安机关开展巡逻查控、清查抓捕、应急处突、要害守护等各项工作，共出动警力26700余人（次），抓捕、移送各类违法犯罪嫌疑人364人，其中确定为“7·5”事件犯罪嫌疑人36人。同时积极做好为受伤的群众义务献血、捐款捐物、救助解困、抢险救灾等工作，受到社会各界慰问73次，收到感谢信18封、锦旗22幅，受到公安部领导多次表扬。因工作成绩突出，合肥援疆特警队先后受到周永康、王乐泉、孟建柱等领导同志接见和赞扬，为安徽公安、合肥公安赢得了荣誉。王金山、王明方、孙金龙、徐立全、吴存荣等省市领导先后作出重要批示，对合肥援疆民警给予充分肯定。

合肥援疆民警事迹分别被中央电视台、《人民日报》海外版、新华社、《环球时报》中文版及海外版、人民网、新华网等40多家媒体宣传报道100余篇（次）。援疆特警队指挥员李志广被授予“全国公安机关爱民模范”荣誉称号，在人民大会堂受到胡锦涛、温家宝、李长春、周永康等中央领导亲切接见。

【刑事犯罪侦查】 市公安局持续开展“严打”整治斗争，保持对各类违法犯罪活动的主动进攻态势，共破获各类刑事案件16480起，同比上升5.8%；抓获各类犯罪嫌疑人6345人，刑事拘留4585人、逮捕4085人、移送起诉5087人，同比分别上升7.2%、11%、21.4%和18.7%；抓获各类网上逃犯3075人。加强命案侦破工作，破获现行命案55起，破案率达91.7%。破获八类案件1090起，同比上升23.3%。持续开展“打黑除恶”专项行动，共摸排涉黑涉恶线索73条，打掉恶势力团伙44个，一审判决320人。严厉打击“两抢一盗”等侵财型犯罪，破获此类案件13262起。加强大要案件攻坚，成功侦破“10·9”入室抢劫杀人案等一批有影响力的案件。

全市刑事案件发案总体平稳，严重影响群众安全感的八类主要刑事案件发案数，占刑事案件比例为4.1%，处于全国较低水平。

【经济犯罪侦查】 市公安局不畏艰辛，力排干扰，成功侦破了一大批大要案件，其中有公安部挂牌督办的全国首例克隆POS机诈骗案、“4·22”特大制售假发票案、省公安厅挂牌督办的“8·16”特大传销案等。受理各类经济犯罪案件498起，立案440起，破案349起，经侦案件涉案价值2.2亿元，挽回经济损失5092.5万元，抓获违法者236人、逃犯88人。

【毒品查禁】 市公安机关成功破获公安部挂牌督办的“2·18”特大非法买卖易制毒化学品案等一批重特大案件。破获毒品刑事案件294起，抓获涉毒犯罪嫌疑人315人，同比分别上升22.5%和35.7%；查处涉毒行政案件503起，同比上升48.2%；行政处罚涉毒违法嫌疑人571人，同比上升95.7%。缴获毒资135.72万元，侦破涉毒犯罪案件11起，抓获毒品犯罪嫌疑人16人。

3月31日，市公安局破获“2·18”公安部毒品目标案件，一举抓获犯罪嫌疑人9人，成功摧毁1个跨广东、四川、湖南等地非法买卖羟亚胺犯罪网络，沉重打击了制贩、走私易制毒化学品犯罪分子的嚣张气焰。中央及省、市几十家媒体予以报道，公安部、省公安厅发来贺电通报表扬。

【出入境管理】 2009年，市公安局批准公民出国（境）10.4万人（次），比上年同期增长16.1%。其中，批准公民出国（境）34355人（次）、赴港澳67042人（次）、到台湾2885人（次），分别比上年同期减少11.9%、增长33.8%、增长332.5%。出国人员下降主要是受国际金融危机、甲型H1N1型流感和出国劳务实行备案制的影响；赴港澳人数的上升，主要是因为港澳自由行实施后旅游人员的增加；赴台湾人数上升的原因，主要是赴台直航的开通。

办理外国人签证1438人（次），同比增长2.1%，其中，外国人访问签证156人、旅游（探亲）签证411人（次）、居留许可签证871人（次），分别比上年同期减少18.3%、增加10.8%、增长3%；办理各类台湾签注332人（次），同比减少2.9%，其中，台湾居民来往大陆签注234人（次）、居留签注98人（次），一次有效台胞证7人（次），同比增加2.2%、减少13.3%、增加75%。

常住境外人员1309人，同比增加10.8%；临时入境境外人员29196人（次），同比增加85%；涉外单位、“三资”企业371家，同比增长11.4%。共查处“三非”案件22起，同比增加83.3%；涉外刑事案件1起，同比减少50%；处理涉外事件10起，与上年持平。

【公共交通管理】　市公安局以打击公交站点、车辆及长途汽车、站内扒窃犯罪活动为重点，集中优势警力对繁华场所、路段、大型活动区域进行高密度集中反扒。开展“迅雷”、“春雷”、“猎鹰”等系列反扒专项行动22次。全年接各类报警11179起，追缴赃款赃物总价值41.62亿元；立刑事案件1322起；破刑事案件663起，其中外省、区、市案件75起。破扒窃案件650起，受理行政案件149起，查处146起，其中纠纷调处128起。抓获各类违法者756人，其中逃犯8人，刑事拘留208人，治安拘留461人，转送起诉15人，转逮捕18人，转监视居住5人，转劳动教养24人，查获犯罪团伙7个。

【治安管理】　完善治安防控体系和街面巡控机制，建立起以市公安局指挥中心为“龙头”，特警、巡警为主体，交警、武警和机关警力为辅助，治安辅助力量为补充的勤务联动机制，构建由78台巡控车分层、分时段网格布警、多警种联动布防的立体化巡逻防控格局，实现了“点对点、扁平化、可视化”指挥调度。2009年通过巡控工作，抓获刑事拘留以上犯罪嫌疑人数占刑拘总数的29.9%，破获刑事案件数占现行案件破案总数的16%。加强治安卡口、监控和智能交通系统建设。在重点交通路段、出城道口、高速入口，建成32处治安卡口。建设各类监控中心42个、前端监控点2000余个；党政机关、金融、企事业单位、居民小区等已建技防系统930个，安装监控摄像机28135个、入侵探测器22450个；开通市公安局到市辖三县的可视调度系统；推广安装一批周界报警、电子巡查、闭路电视监控等系统；2007年以后竣工的居民小区，技防设施安装率达97.8%。

深入推进群防群治工作。以社区民警为主体，广泛发动社会力量，指导、督促辖区单位落实安全防范措施。全面推进“三无”小区整治工作，共梳理出“三无”小区620个，由属地政府落实力量进行整治，已消除87个。积极争取市综合治理部门的重视支持，出台《合肥市乡镇街道三类可防性案件考评暂行办法》，将可防性案件高发，纳入对区县、街道乡镇的“一票否决”项目。加强行业场所管理，建立完善旅馆、网吧等行业场所日常巡查和督导机制，当年旅馆业信息系统采集旅客信息606.6万条，通过此系统抓获各类逃犯340人，同比分别上升57.8%、76.2%，合肥市旅馆业管理工作始终位居全省第一。查处治安案件15.1万起，治安拘留7878人，劳教578人，治安案件查处数和拘留数同比分别上升110.77%、126.38%。先后对治安问题突出的16个地区、路段及41个“三无”小区进行挂牌整治。部署开展社会治安整治、扫黄禁赌、打击组织强迫妇女卖淫等全市性、区域性整治行动近200次，清查各类场所2548家，取缔无证场所567家，查处涉黄涉赌案件423起，处理违法犯罪者1265人，销毁赌博游戏机13654台；抓获扒窃者756人，追缴赃款赃物价值41.62万元，同比分别上升0.93%、21.09%。

【道路交通管理】　市公安局积极建立完善道路交通安全源头宣传教育、新闻媒体公开曝光、交通文明劝导、重点路段认管等制度，发动全社会力量参与道路交通管理。严查重处各类交通违法行为57.7万起，扣留机动车8964余辆，累计72.6万分；受理一般程序交通事故693起，302人死亡，730人受伤，直接经济损失314.4万元。其中，发生一次死亡3人以上特大交通事故3起，11人死亡，分别比上年下降50%和54.2%。全市机动车保有量达45.8万辆，同比增长24.7%；机动车驾驶员60.7万人，同比增长15.4%。

积极推进智能交通系统，全市建有视频监控502处、交通流量及事件检测124处、“电子警察”179处、雷达测速11处、智能卡口16处、交通诱导屏15处，长江中路、金寨路、徽州大道、芜湖路、望江路等实现交通信号联网控制，长江中路、黄山路、繁华大道等实现交通信号特勤控制。通过“电子警察”、违法抓拍等非现场执法30.5万起，占城区交通违法行为查处总量的64.3%；通过电视监控、智能卡口等协查协破交通肇事逃逸案件58起、刑事案件89起、治安案件182起。

【互联网安全监察】　完善24小时网上巡查机制，先后开展网上有害信息专项清理行动100余次，巡查信息22万条，处置有害信息近2万条，关闭非法网站及栏目100多个，及时妥善处置“4·6”肥东地震、高新区“半亩田”酒店事件等一批突发事件，确保了稳定和谐的网络环境。严厉打击涉网违法犯罪活动，关闭淫秽色情网站105家、涉黄手机网站500多个，破获公安部督办“3·9”网络赌博、“5·11”传播淫秽物品等一批案件。

【信息化建设与应用】　市公安局充分利用近年来公安信息化建设成果，积极构建信息化支撑下的“大情报”体系，实现对公安信息化技术和信息资源的综合利用、深度应用，提升公安机关核心战斗力，为各项工作提供了强有力支撑。

（一）注重平台建设。建成并推广应用48个业务系统，实有人口等基础工作全部实行信息化管理。建立完善警用地理信息系统、情报信息分析研判系统和“一键通”系统等10个综合性应用平台，实现系统关联和资源共享。完成监管综合信息管理系统、现场勘验信息系统和重点人员动态管控系统建设。对旅馆业管理、协同办案、110接处警、智能核查比对平台、高危人群管控平台等系统进行升级改造，拓展系统功能。

（二）注重机构建设。建立三级联动、分层研判的情报信息研判机构和专门分析研判力量。市局情报处负责指导、督促全局情报信息工作，开展综合分析研判；各分县局和支队情报信息中心负责开展区域性、专业性分析研判；基层所队信息警务室负责情报信息源头采集、更新维护、日常汇总和上级研判成果应用，向民警点对点发布即时性指令。

（三）注重机制建设。从市公安局到基层所队都建立日研判、周会商、月例会的情报信息会商制度，随时关注警情变化，研究对策措施。

（四）注重成果转化。对指导基层实战的指令和预警信息，直接通过情报信息平台或在公安网页专栏发布，基层单位网上签收、网上反馈。

（戚丹凌）

消 防

【概况】 2009年，全市消防部队共接警3799起，其中火警1393起，抢险救援2406起，出动消防车5486辆（次）、消防官兵42852人（次），抢救被困412人，疏散2142人，抢救财产价值1.2亿元，火灾起数同比下降4%，直接财产损失下降15.96%，火灾形势持续保持稳定。合肥市消防支队被市委、市政府授予“中博会安全保障先进单位、特别贡献奖”；被公安部消防局授予“国庆六十周年消防安全保卫工作先进支队”；2个基层单位被公安部消防局评为先进集体，3人被公安部消防局评为先进个人；35人荣立个人三等功，216人记嘉奖。包河区大队党委分别被公安部消防局、省消防总队党委表彰为“全国公安消防部队先进基层党组织”和“全省先进基层党组织”，支队12名同志被评为全省优秀共产党员。

【夯实灭火救援基点】 市消防支队开展实战练兵，实地测试掌握车辆器材装备数据，组织开展练兵考核和灭火演练。突出操法创新和编程训练，积极开展打造铁军灭火实战演练，8人立个人三等功，35人被总队记嘉奖。圆满完成公安部消防局高层建筑、公众聚集场所、地下建筑灭火救援准备、战训工作和信息化建设专项检查考验。先后成功处置肥西二甲苯槽车泄漏、肥东高速公路液化气槽车侧翻泄漏等8起事故和肥东皖邦塑业有限公司火灾、长丰麦威包装材料有限公司厂房火灾和合肥周谷堆农产品批发市场“11·17”火灾。

【后勤保障】 2009年，骆岗等8个消防站相继投入使用，消防站建设增幅达75%。市政消火栓的数量也得到同步发展，新增市政消火栓2082个，达到4634个，增幅显著。消防事业费达6416万元，其中正常业务经费1617万元，较上年增长59%。投入1800万元购置1辆78米登高平台消防车。合计投入3000多万元，为开发区新消防站购置14辆消防车。在专项装备经费480万元的基础上，争取市财政再次追加184万元，用于购置特勤器材。与“中博会”组委会协调，一次性投入28万元购置8支背负式细水雾水枪，用于室内场馆的消防安全保卫工作。为打造铁军和迎接公安部消防局战训考核检查，一次性投入430万元购置器材装备配备给打造铁军和各基层中队。

【执法检查】 以新《消防法》宣传贯彻为主线，市消防支队完善执法规范化建设，每月召开执法例会，开展执法自查，规范消防行政处罚自由裁量权。加强业务学习，开展新《消防法》知识竞赛，提高执法队伍素质。安装网上办事大厅，调整相关审批流程和受理窗口各告知事项，充实窗口受理服务人员力量，办理消防设计审核项目595个、消防设计备案抽查项目549个，其中抽中项目332个；消防竣工验收项目386个，消防竣工备案抽查项目38个，其中抽中项目7个。检查10600个单位，督促整改一般火灾隐患2332处、重大火灾隐患20处，罚款330.52万元，查封5处严重危害公共安全的场所，没收假冒伪劣消防产品1754件，对31名消防违法行为责任人实施行政拘留。狠抓建筑装修材料见证取样，抽样送检2962组，责令60家使用不合格装修材料的建设单位更换材料，从源头上控制住火灾隐患。积极推进公安派出所消防监督管理工作的落实，组织召开公安分局长、派出所所长及专兼职消防民警参加的全市公安派出所消防工作会议，各级消防机构培训派出所民警3000多人（次）。以宣传普及新《消防法》为重点，制作2000多块消防公益广告画。专门制作防火教育专题片，作为酒吧、KTV等歌舞娱乐场所的开机视频。联合安徽电视台摄制9集消防知识普及节目。协助省消防总队举办“火警大冲关”等全民消防大体验活动。印制3万份新《消防法》，向市民免费发放。

【周谷堆批发市场火灾扑救】 2009年11月17日晚20时许，合肥市最大的“菜篮子”周谷堆批发市场干货区突遭火袭，市消防支队紧急调动10个消防中队、28辆消防车、240余名消防官兵现场灭火。经过近3小时苦战，大火基本被扑灭，干货区约1500平方米、36间门面房过火，无人员伤亡。

当晚20时09分，周谷堆批发市场干、调、禽蛋交易B区2号大棚西头剧烈燃烧，部分大棚墙壁被烧穿，冒出几十米高的火舌和浓烟，并向周边区域蔓延，对周边建筑形成严重威胁。先行到达的消防官兵迅速架设水枪阵地阻止火势蔓延，指挥中心迅速调集蜀山、五里墩、高新区、特勤一中队、特勤二中队等消防力量增援。支队全勤指挥部随警出动，第一时间赶到现场部署灭火力量。晚21时许，在强大水流的作用下，大火很快被控制在B区二号大棚内。晚23时许，大火基本被扑灭，至18日6时许，残火全部被扑灭。 （蔡国亮）

检 察

【概况】 2009年，合肥市检察机关共办理各类案件8586起，其中，受理提请批准逮捕3485起，受理审查起诉3556起，查处职务犯罪75起。全市两级检察院全部获得“合肥市第11届文明单位”称号。长丰县检察院、市检察院公诉处被安徽省检察院荣记集体二等功，长丰县检察院、肥东县检察院获得“全国先进基层检察院”称号。

【履行刑事检察职能】 全市两级检察院坚持从保障社会和谐稳定、维护人民群众权益出发，切实履行批捕、起诉职责，全年共受理提请批准逮捕的犯罪嫌疑人4150人，同比上升19%；受理移送审查起诉3556起6229人，同比分别上升17%和27%。经审查，批准逮捕3659人，同比上升16.6%；提起公诉2763起4684人，同比分别上升13%和21%。严厉打击严重危害社会治安的各类刑事犯罪。批准逮捕黑恶势力犯罪和毒品犯罪嫌疑人322人，提起公诉336人；批准逮捕故意杀人、绑架、强奸等严重暴力犯罪嫌疑人99人，提起公诉99人；批准逮捕抢劫、抢夺、盗窃、诈骗等多发性侵财犯罪嫌疑人1571人；批准逮捕制假售假、偷税漏税、非法经营等严重破坏社会主义市场经济秩序犯罪嫌疑人44人。认真贯彻“宽严相济”的刑事司法政策。对涉嫌犯罪但无逮捕必要，或犯罪情节轻微、社会危害较小的，依法不批准逮捕341人、不起诉75人。积极推进量刑建议、刑事和解、轻微刑事案件快速办理机制，办案效率明显提高。进一步完善未成年人犯罪案件办理方式，贯彻教育、感化、挽救的方针，落实诉前、诉中、诉后帮教工作，取得了良好的社会效果。

【依法查办和积极预防职务犯罪】 市检察机关把查办和预防职务犯罪摆在突出位置，坚持标本兼治、综合治理、惩防并举、注重预防的方针，反腐败斗争取得新的进展。全年共立案侦查职务犯罪案件75起108人，通过办案为国家挽回经济损失3800余万元。大力查办“大案”、“要案”38起63人。其中，查处县处级干部职务犯罪4人，查处百万元以上大案5起。深入查处“窝案”、“串案”32起53人。集中开展治理商业贿赂、工程建设领域突出问题、查办涉农职务犯罪等专项工作，共查处工程建设、土地出让等领域的商业贿赂犯罪案件31起39人，查处侵吞征地补偿款、“五保户”养老金等涉及“民生”案件21起31人。依法打击渎职侵权犯罪，全年共立案查处12起18人。

市检察机关努力从源头上预防和遏制腐败现象的发生，编辑《警惕，发生在身边的腐败》教育读本，向31家行政部门和13家国有企业赠阅。开展“送法下乡”活动，举办涉农职务犯罪法律讲座17场，发送法律书籍2200本，加强对涉农职务犯罪的预防。在新桥机场建设工地，树立图文并茂的预防职务犯罪警示牌，加强对重点工程的专门预防。提供行贿犯罪档案查询427次，查询1246家单位、1189人，为社会诚信体系建设发挥作用。

【强化诉讼监督】 坚持打击犯罪与保障人权并重，对应当立案而不立案的，依法监督侦查机关立案138起147人；对不应当立案而立案的，依法监督侦查机关撤销案件5起5人；对应当逮捕而不提请逮捕、应当起诉而未移送起诉的，决定追捕167人、追诉143人；对不构成犯罪，或因事实不清、证据不足的17位当事人，作不起诉处理；对认为确有错误的刑事裁判，依法提出抗诉5起。认真开展刑事审判法律监督专项活动，检查各类案件113起163人，进一步强化对刑事审判的法律监督。充分发挥检察技术对法律监督职能的保障作用，全年共办理司法鉴定、技术性证据审查、技术协助等检察技术案件1376起。

积极开展民事审判和行政诉讼监督。依法对认为确有错误的民事行政裁判，提请省检察院抗诉29起；向市中级法院提出抗诉15起，市中级法院已审结14起，其中13起以改判、发回重审和调解等方式结案。认真开展释法说理与息诉和解工作，办理申诉和解案件9起，对66起不立案、不抗诉案件做好息诉工作。努力推进业务创新，办理督促起诉、支持起诉案件40起。庐阳区检察院在办理1起申诉案件中，督促合肥百大集团提起民事诉讼，追回国有资产200多万元。

着力履行刑罚执行和监管活动监督职能。依法查办发生在监管场所虐待被监管人的犯罪案件2起2人；发出规范监管秩序检察建议书7份。加强对罪犯减刑、假释、暂予监外执行的监督，参加136名罪犯保外就医审理会，出席11名罪犯的减刑、假释听证会，审查减刑材料1933份、减刑裁定1375份，发现并纠正不当呈报减刑4起。

扎实开展控告申诉检察和矛盾纠纷化解工作。两级检察院受理来信来访1206件，受理刑事申诉案件82起。其中，两级院检察长共接待群众来访420人（次），督办处理信访案件93起。

（张本庆）

审　　判

【概况】 2009年，合肥市两级法院新收各类案件40070起，结案40630起，同比上升28.2%和13.8%，结案率98.7%，均创历史新高。市中级人民法院新收案件7035起，结案7114起，同比分别上升23.3%和4.5%，为全省各级法院之首。审判一线法官人均结案90起，为历年最高。收结案步入良性循环轨道。市中院获得全省信息化先进法院、全省司法宣传先进法院、市级文明单位、社会治安综合治理先进集体等一批荣誉，蜀山区法院被评为国家级先进集体，市中院民事审判三庭荣立全省法院集体一等功，蜀山区法院、肥西县法院刑事审判庭荣立全省法院集体二等功。

【打击犯罪】 全市两级法院积极参与“平安合肥”建设。严厉打击严重刑事犯罪，审结“6·23”合肥大学城命案、淮河路步行街“7·10”故意杀人案、环城公园抢劫杀人案等多起备受社会关注的重大案件，在全省率先使用网络视频同步直播方式审理刑事案件，营造安定有序的社会治安环境。推进反腐败斗争纵深发展，审结原马鞍山市副市长吕金宝、原市政府副秘书长李先璋、原合肥市城建房地产开发公司董事长、总经理汪强等经济犯罪案件。净化社会空气，公开惩处全省最大网络赌博等“黄、赌、毒”案。加强司法人权保护，对4名被告人依法宣告无罪，对652起经济困难的案件当事人，实行缓、减、免交诉讼费201.5万元。

【服务经济发展】 全市法院共审结买卖、借贷、金融、房地产、破产、知识产权等与经济发展密切相关的民事案件8756起，解决争议标的额23.8亿元。市中院制定出台《关于应对金融危机服务“三保”的实施意见》、《关于加强司法建议工作的意见》、《公司强制清算案件的有关规定》。积极贯彻落实市委、市政府加快经济结构调整和产业升级的相关政策，妥善处理江淮化肥总厂、安徽氯碱化工集团等国有企业破产案件14起。坚持“扶持、引导、帮助”原则，运用诉讼调解、司法重整、执行和解等方法，审理涉企业案件434起，盘活、挽回企业经济利益3.13亿元。精心审理一批社会牵涉面广、涉及人员众多、影响社会稳定的案件，例如曙光商厦承包经营权、邵氏电脑城合同纠纷等投资案件，提升合肥法治环境。慎重审理涉及保险、银行、证券等金融案件517起，保障金融安全。积极支持“大建设”，妥善审理各类建设工程纠纷801起。服务国家第一个科技创新型试点市和合芜蚌自主创新试验区建设，依法审理各类知识产权案件266起。其中，安徽饭店假冒名牌赔钱、70多家网吧成为被告、“富硒康”为知名商标特有名称、KTV侵权系列案、“金种子”告“杜康”等6起案件，入选2009年“安徽十大知识产权案”，1起植物新品种侵权案件入选“中国十大知识产权案例”。妥善审理涉外商事案件17起，为历年最多。

【促进社会和谐】 全市法院共审结劳动争议、拆迁安置、房地产纠纷、婚姻家庭、邻里纠纷、侵害赔偿等传统民事案件26722起。维护社会稳定，审慎处理人数众多、矛盾易于激化的安徽华源发展有限公司800余名职工改制安置纠纷、蜀山区新产业园200余户村民拆迁安置纠纷、安徽大陆集团与88名购房户的买卖合同纠纷等一批群体性事件。保护劳动者利益，规范用工行为，审结拖欠工资、工伤保险等劳动争议案件2509起。关注百姓生活，审结涉及梦园、金色池塘、元一滨水城等生活小区的物业纠纷、“一元钱空调公交车”公益诉讼等案件1237起。服务新农村建设，审结土地承包经营权、征收补偿费发放、农民工追讨工资等涉农案件2027起。制定《审理交通事故损害赔偿案件适用法律若干问题的指导意见》，审结交通事故损害赔偿等与居民出行息息相关的案件2850起。调处医患纠纷，审结涉及省立医院、安徽医科大学附院、合肥心血管医院等医疗纠纷案件202起。开展法官“进企业、进社区、进农村、进学校、进家庭”活动，贴近社会需求，促进家庭和睦、社会和谐。

【案件执行】 两级法院严格按照中央和省市委的部署，开展集中清理执行积案，2007年12月31日前受理的有财产可供执行案件360起全部执结，标的额5.27亿元。7500余起无财产执行案件得到妥善解决。狠抓新案执行，执结新案8012起，标的额13.08亿元，执行积压案件大幅度下降。注重执行效果，稳妥执行涉及国家药监局、江汽集团、徽商集团、国风塑业公司、安凯汽车股份有限公司、安徽安粮国际发展有限公司、安徽高速经贸有限公司等政府机关和企业案件，成功执结涉及多方利益、标的额2.4亿元、社会矛盾尖锐的“三荣大厦”案。执行工作长效机制建设取得重大进展，市人大常委会通过了安徽省首个《建立协助人民法院执行工作机制的决定》，建立与公安、土地、工商、房产、银行等部门的执行联动机制。

2009年合肥市中级人民法院十大案例

“7·10”淮河路步行街杀人案

【案情简介】 被告人朱云雨因怀疑前女友郝某某与合肥长江艺苑画室经营者霍某某关系不正常，遂心生怨恨。2009年7月10日上午10时许，朱云雨携带尖刀来到淮河路步行街金都商城3楼长江艺苑画室，以代他人咨询学画为幌子，寻找霍某某。因霍外出，其妻俞某某邀请朱云雨至画室办公室内等候。11时40分许，霍回到画室办公室，朱云雨即持刀捅刺霍，在现场的霍妻及其女儿、侄儿亦遭捅刺，导致4人当场死亡。

【法院裁判】 被告人朱云雨在闹市区公然作案，连杀4人，影响极其恶劣，严重影响了社会稳定和谐。一审判处朱云雨死刑，剥夺政治权利终身。对于暴力性犯罪案件，合肥法院始终保持高压态势，坚持“从严从快”方针，惩罚罪犯绝不手软，最大限度地维护人民群众的生命财产安全。

9月14日，安徽省高级法院对此案进行二审，当庭作出裁定，驳回朱云雨上诉，维持原一审判处其死刑、剥夺政治权利终身的判决。

安徽省最大网络赌博案

【案情简介】 2007年4月，夏兆胜、王晓晨等人以“信谊置业有限公司”的名义，共同在互联网上设立网站，以代购国家彩票为名，借用国家公开发行的福彩、体彩等多种彩票种类、规则和开奖结果，自行设定较高中奖额度，以网站形式私自设置赌庄，并在“支付宝”、“财富通”、“快钱”等网上支付平台开设账户，供参赌人员下注和派发奖金。至2008年6月21日，夏兆胜等人涉案赌资金额7933万元，非法获利1154万元。

【法院裁判】 随着经济的发展和科技的进步，新的犯罪类型层出不穷，犯罪手段也更趋于隐蔽化。被告人夏兆胜等人为获取非法利益，在计算机网络上设立赌博网站，招引他人接受投注，其行为构成开设赌场罪，同时，夏兆胜等人开设赌场犯罪，招引投注人员众多，数额特别巨大，情节严重，故判处夏兆胜有期徒刑4年，并处罚金80万元；判处其他被告人 1 – 3 年不等的有期徒刑，并处相应罚金。

“三荣大厦”执行案

【案情简介】 合肥三荣房地产有限责任公司（后更名为合肥辉豪房地产有限责任公司）投资开发位于淮河路步行街与含山路交叉口的三荣大厦（后更名为“怡和大厦”）。2003 年 5 月，辉豪公司与另 3 名自然人股东投资成立合肥怡和锦江国际大酒店有限责任公司。在经营过程中，由于资金链断裂，发生多起经济债务纠纷，案件经法院处理后，债权人向法院提出强制执行申请。这是涉及全省三级法院的系列执行案件，其中涉及省高院 1 起、市中院 12 起、区法院 41 起，涉案标的高达 7000 多万元。

【执行情况】 本案涉案金额巨大，涉及人数众多，社会影响重大。由于三荣大厦实行产权式酒店的经营方式，600 多户业主与三荣公司的产权纠缠交织，如果强行分离处理，将大大减损房产本身的价值。进入执行程序后，经过三级法院的沟通与协商，合肥中院将该 54 起案件合并进行处理，及时果断地采取保全措施，对三荣大厦进行查封，并积极争取各方面支持，动员各方面力量，经过 1 年多艰苦努力，最终促成新债权人对辉豪公司的债权进行全面收购，同时达成以物抵债协议，将法院查封的全部房产抵偿给新债权人。

氯碱化工破产案

【案情简介】 债权人合肥市工业投资控股有限公司，因为债务人安徽氯碱化工集团有限公司代偿亚洲银行、国家开发银行贷款债务，以及向安徽氯碱化工集团有限公司提供资金，用于支付职工身份置换金等费用，而向氯碱集团追索欠款近 4.65 亿元未果，2009 年 5 月 4 日，向合肥中院申请对安徽氯碱化工集团有限公司进行破产清算。

【法院裁判】 法院在成功召开破产债权人会议及通过破产变价方案后，全面清理氯碱集团 3.8 亿元资产与 6.8 亿元负债，安置职工 1480 余人。氯碱集团破产清算一案，创下了合肥法院破产审判历史上“受理标的最大”、“法律关系最复杂”、“涉及职工人数最多”、“改革问题最突出” 4 个最高记录，圆满处理好该案是贯彻落实“保增长、保民生、保稳定”的生动体现。

合肥邵氏电脑城合同纠纷案

【案情简介】 2005 年，浙江商人倪建海等来到合肥投资，成立安徽快乐大本营科技发展有限公司，通过拍卖程序出资 4000 多万元，收购原红旗百货大楼并取得房产证。安徽快乐大本营科技发展有限公司因种种原因，与原红旗百货大楼的承包人合肥邵氏电脑公司发生纠纷，进而诉至法院，要求合肥邵氏贸易有限责任公司、合肥邵氏电脑有限责任公司、邵五岳等 3 被告，支付委托管理费 220 万元、赔偿损失 100 万元，返还所占用的原告所有的位于长江路 238 号红旗大楼房产，并立即从该大楼搬离。

【法院裁判】 本案涉及承包、租赁、资产转让、股权回购等相关事实，法律关系错综复杂，并涉及在该大楼中两百多家租赁户的权益。法院创造性地引入第三方参加调解，最终化解了矛盾，使邵氏电脑城中租赁户们的经营得以平稳过渡，外来投资者的合法权益得到充分保护。

卡拉 OK 侵权案

【案情简介】 2009 年 7 月初，北京天语同声信息技术有限公司和中音传播（深圳）有限公司两家权利人公司，将合肥市阿波罗音乐茶饮、快乐老家音乐茶饮、欧风街钱柜餐饮娱乐有限公司等 5 家卡拉 OK 经营场所告上法庭，要求被告停止使用侵权的音乐电视作品，并分别赔偿经济损失 12 万余元。

【法院裁判】 《著作权法》虽然已颁布多年，但目前音像行业侵权现象极为严重，如果直接一判了之，最终结果也只是将个案了结，之后权利人还需要再通过司法程序完成诉求保护，将造成司法资源的极大浪费和讼累。本案在法院的主持下，原、被告相继达成侵权补偿调解协议，并逐步达成年费收取协议，给省内乃至全国处理音像制品侵权案件起到很好的示范作用。

烟花爆竹经营许可案

【案情简介】 天长村民赵某、裴某和来安村民范某看中元旦、春节的烟花爆竹市场，准备进行烟花爆竹经营，各自向安徽省安监局申请办理相关经营许可证。省安监局以材料不齐全、不符合规定为由，做出不予受理的决定。3 人遂向法院提出行政诉讼，请求撤销省安监局的不予受理通知书。

【法院裁判】　行政诉讼，俗称“民告官”案件。作为国家的审判机关，人民法院依法对行政机关的具体行政行为进行司法审查，裁判具体行政行为的合法性，在支持其依法行政的同时，对违法行政行为进行纠偏，维护行政相对人的合法权益，推动依法、高效的行政管理。法院经审理认为，省安监局虽然告知申请人需要补正的内容，但没有依法向原告出具《补正告知书》，而是直接作出不受理通知书，缺乏法律依据。判决撤销省安监局的不受理通知书，责令该局针对3原告的申请重新作出行政处理决定。

黎姿肖像权侵权案

【案情简介】　2007年底到2008年，合肥协和医院在安徽省内多条长途客车及公交车上，散播印有香港明星黎姿肖像的广告，内容为未经批准的性病和妇科病非法医疗广告，该医院之前曾经屡次因发布虚假医疗广告而被行政处罚。接到举报和投诉后，黎姿起诉至法院，认为合肥协和医院的虚假医疗广告给其带来严重精神伤害，也给其所属公司形象和运营带来负面影响，请求法院判令该院停止侵权，并赔偿经济损失和精神抚慰金等。

【法院裁判】　合肥协和医院在未经授权的情况下以营利为目的，非法使用黎姿肖像，侵犯了其肖像权，应依法承担责任。判令该院停止侵权，在安徽省级报刊刊登向黎姿赔礼道歉的声明；一次性赔偿黎姿精神损害2万元和差旅费、公证认证费、翻译费12万元及经济损失10万元。

曹维兵等88户业主申请执行案

【案情简介】　曹维兵等88户业主，因安徽金大陆集团合肥置业有限公司开发的金桥湾小区配套设施不完善、物业管理用房面积不足、车位少为由，向合肥市仲裁委员会提出仲裁申请，要求金大陆公司予以赔偿。当事人自愿达成调解协议，安徽金大陆集团合肥置业有限公司自愿赔偿88位业主每人6300元，并承担500元仲裁费。市仲裁委员会分别作出88份《仲裁调解书》，对调解协议的效力予以确认。《仲裁调解书》生效后，因安徽金大陆集团合肥置业有限公司未能及时履行赔偿义务，曹维兵等88户业主向法院申请进行强制执行。

【执行情况】　受理案件后，合肥中院立即成立阵容强大的执行组，由6名执行法官、4名法警和2名书记员共同参与办理此案。在认真研究案情后，执行人员执行“外围查清、内部攻坚”的方案。在执行人员卓有成效努力下，执行通知书送达后仅5天，被执行人即履行了全部给付义务。

吕金宝受贿案

【案情简介】　1997年4月至2008年11月，吕金宝在担任安徽省马鞍山市金家庄区区长、区委副书记、区委书记、区人大常委会主任、市人民政府副市长期间，利用职务上的便利，在金家庄区旧城改造、企业改制及其分管的农业、水利、交通、人防等工作中，通过为开发企业获得工程、落实优惠政策、获取财政资金支持等途径，为有关单位和个人谋取利益，多次以接受他人提供的赌资、装潢款、感谢款等名义，收受财物折合人民币156万元、美元9500元。

【法院裁判】　被告人吕金宝身为国家工作人员，利用职务上的便利，为他人谋取利益，非法收受他人贿赂，其行为构成受贿罪。判处被告人吕金宝有期徒刑12年6个月，并处没收个人财产15万元。

2009年合肥市中级人民法院审理各类案件情况表

案件类型	累计新收（起）	收案同比（起）	累计结案（起）	结案同比	结案率	结案率同比	未结	未结同比	占案件总量比重
刑事案件	360	-3.2%	360	-10.9%	100%				7.4%
民事案件	3799	27.9%	3846	12.8%	98.8%	1.5%	47	50%	77.7%
行政案件	175	-16.3%	177	-24.4%	98.3%	0.4%	3	-40%	3.6%
诉讼案件	4334	22.1%	4383	8.3%	98.9%	1.3%	50	-49.5%	88.7%

案件类型		累计新收（起）	收案同比（起）	累计结案（起）	结案同比	结案率	结案率同比	未结	未结同比	占案件总量比重
诉讼案件中	一审	663	5.9%	711	-9.4%	95.6%	4.9%	33	-59.3%	13.6%
	二审	3592	24.2%	3596	11.5%	99.6%	0.2%	14	-22.2%	73.5%
	再审	77	140.6%	76	90%	98.7%	-1.3%	1	-1.6%	
复查		122	2.5%	122	-7.6%	100%				2.5%
执行		428	47.1%	459	-19.3%	94.8%	3.8%	25	-55.4%	8.8%
国家赔偿		3	0.00	2	-33.3%	66.7%	-33.3%	1		0.1%
案件合计		4887	23.3%	4966	4.5%	98.5%	1.7%	76	-51%	100%
减刑假释		2148	4.8%	2148	4.8%	100%	0.00	0	0.00	
合计		7035	17%	7114	4.6%	98.9%	0.9%	76	-51%	

（张　利）

司法行政

【监狱劳教工作】 合肥义城监狱、市劳教所以确保监管安全为中心，全面贯彻落实“首要标准”。在不断健全场所安全稳定工作防控机制、排查机制、应急处置机制和责任追究长效机制的基础上，义城监狱开展为期3个月的罪犯行为养成集中整顿教育，整治狱内改造秩序；市劳教所组织开展“大检查、大排查、大谈心、大关心”活动，消除安全隐患。在贯彻落实“首要标准”方面，义城监狱、市劳教所大力加强思想道德教育、法制教育、文化教育、职业技术教育，举办心理健康教育课堂化教学观摩比赛，充分发挥心理矫治在改造矫治中的重要作用；注重加强场所文化建设；积极开展防灾减灾宣传教育。甲型流感暴发后，市监狱、劳教所积极采取巡诊、设立发热病人诊室等有效措施，做好疫情的防控工作。义城监狱、劳教所持续安全稳定。义城监狱被安徽省监狱管理局授予“连续十年防逃工作先进单位”称号。

【普法依法治理工作】 合肥市高规格启动“法治合肥”创建工作，2009年6月16日召开动员会，省委常委、市委书记孙金龙和省司法厅厅长孙建新等领导出席会议并作重要讲话。7月10日前，各县区全部召开高规格动员会。此后，市司法局对“法治广场”、“法治一条街”和“法治合肥”公益广告牌建设等具体任务进行细化，出台具体标准，保障“法治合肥”创建的落实。12月5日，“合肥法治广场”在和平广场建成揭牌。

省委常委、省委政法委书记徐立全，省人大常委会副主任张俊，省政协副主席李宏塔，合肥市委常委、政法委书记杨思松为法治广场揭牌

高水平办好农民工普法学校。为把在全国首创的农民工普法学校办成合肥普法工作的重要特色和品牌，市司法局多次和有关单位协商，使农民工普法学校在办学规模、教材、师资队伍建设等方面有新发展。一是扩大办学规模，把农民工普法学校向合肥经济技术开发区、高新技术产业开发区、新站综合开发试验区和庐阳工业园区、包河工业园区、瑶海工业园区、肥西桃花工业园区推广，凡使用农民工超过100人以上的企业都要办农民工普法学校；二是编写《农民工普法教材》，共分12讲，

每月1课，循环使用；三是统一“合肥市农民工普法学校”校牌，统一尺寸、统一式样、统一悬挂位置；四是分批对农民工普法学校兼职教员组织培训。全市农民工普法学校达1000家，每个农民工普法学校都获赠普法教材200本。

高标准推进普法依法治理基础工作。6月，通过举办全省首场法制讲座、开展“6·7”大型广场活动、摄制普法专题片等方式，深入开展“江淮普法行”。同时组织普法志愿者广泛开展“法律六进”（法律进机关、进乡村、进社区、进学校、进企业、进单位），抓好“3·15”国际消费者权益日、“6·26”国际禁毒日、“12·4”中国法制宣传日等节点的主题法制宣传，为经济社会发展创造良好的法治环境。肥西县在“民主法治示范村”中开展“学法中心户”活动；庐阳区司法所长庞策自编《农民普法歌》，唱响三十岗乃至全市。命名表彰市级以上“民主法治示范村（社区）”291个，其中省级27个，国家级5个。

【律师行业】 市司法行政系统组建服务“三农”、“中博会”、中小企业、招投标、房地产业、破产清算、土地清理、个体民营企业等8个法律服务团，当好政府和企事业单位的参谋助手。积极引导律师参政议政和参与市领导涉法涉诉信访接待。明确市直律师事务所对县域律师事务所实行“五帮一”，加强和改进对县域律师的教育培训，在评先评优方面对县域律师给予倾斜。以纪念律师制度恢复30周年为契机，组织首届“十佳律师事务所”、“十佳律师”、“十佳公益律师”评选，举办律师红色歌曲歌唱比赛，组织纪念律师制度恢复30周年文艺汇演，组织律师参加各级各类论坛，推荐律师事务所和律师参加全省首次律师事务所综合实力评价，8家律师事务所入选全省律师事务所综合实力“50强”。2009年，全市律师办理各类案件21119起，担任法律顾问1586家。市司法局组织律师陪同领导接访368人（次），参与接访事项2351起。

【公证行业】 围绕农村土地流转等工作，探索服务“三农”的有效途径和方法；围绕重点项目，积极做好承包合同、合作协议等法律文书的公证，促进合同的依法履行。组织中安、衡正公证处对市辖3县公证处进行结对帮扶，加强业务交流和培训，帮助县域公证处建立健全内部管理制度和公证质量保证体系。组织“首届公证论坛”和公证员演讲比赛，推动法律服务行业良性循环发展。公证行业共办理公证业务56570件，实现业务收入1413万元。

【“148”法律服务】 开展“中小企业法律服务年”活动，举办法律讲座，发放法律服务连心卡，搭建律师与企业“点对点”对接服务的互动平台；与市妇联共同开展“三八妇女权益保障法律咨询”；与《工商导报》联合开展系列法律咨询；与《安徽商报》“好赞社区”合作开展网上消费维权，保障社会公平正义。市司法局“148”指挥中心全年接听咨询电话14430人（次），接待来访5616人（次），开展法律服务咨询29场（次）。

【司法鉴定行业】 不断加强司法鉴定机构管理，建立健全内部管理制度；开展司法鉴定案卷评查，促进鉴定机构之间学术交流；开展内部规范年活动，规范鉴定机构执业行为，探索建立司法鉴定诚信档案；组织开展司法鉴定培训教育；积极推出便民措施，上门为行动不便的残疾人服务。司法鉴定机构办理案件9260起，业务收入810万元。

【基层法律服务】 发挥贴近农村、了解农民、服务便捷的优势，积极为农民办实事、解难事。基层法律服务所担任法律顾问6578家，代理法律事务1607件，代写法律文书2724件，解答法律咨询16307人（次），避免和挽回经济损失4571万元。

【法律援助】 2009年3月，市司法局将公证纳入到法律援助范围；7月，在42家市直律师事务所设立法律援助便民服务站，开启全国先河。市法律援助中心在合肥监狱成立法律援助工作站，在全市开展“法律援助便民服务”主题活动，全面推行法律援助十项便民措施，进一步扩大法律援助覆盖范围。全年接待来电、来访12000余人（次），办理法律援助案件1150起，为困难群众挽回经济损失2000万元。

【人民调解】 积极贯彻“调解优先”的原则，及时把矛盾纠纷解决在基层、化解在萌芽。继续深化各县区之间的联防联调工作，建立健全合肥与淮南、滁州、六安、巢湖四市“1+4”联防联调机制，有效维护合肥与毗邻接边地区的社会稳定，服务省会经济圈建设。长丰、肥东、肥西三县司法局主动与毗邻接边县（区）司法局签订协议书，建立组织，深化联防联调工作。全年共调处纠纷8488起，防止群体性上访301起，制止群众性械斗314起，防止和避免民间纠纷转化为刑事案件209起518人，防止和避免因民间纠纷引起自杀56起59人。

【帮教安置和社区矫正】 市司法局结合“进万村大服务”活动，对帮教安置和社区矫正对象全面开展一次走访、摸排，开展“手牵手，三帮一”活动；对帮教对象进行分类管理，掌握他们的现实生活情况和思想状况，切实做到衔接到位、管理到位、帮教到位，杜绝脱管漏管现象发生；力所能及地为帮教对象解决实际困难，最大限度地减少重新违法犯罪。截止到2009年底，累计接收社区矫正对象1113人，目前正在矫正者656人，未发现脱管、漏管和重新犯罪现象；接收安置帮教对象952人，其中安置672人，落实“低保”133人。

【司法所规范化建设】 围绕全面提高基层司法所履行职责的能力，市司法局继续把夯实基层基础作为各项工作的重中之重，贯彻落实安徽省司法厅司法所建设第二个五年周期工作规划，全面提高司法所履行职责的能力；修订《市级优秀司法所综合评定实施细则》，加强日常考核，开展市级优秀（模范）司法所创建，5家司法所被评为市级优秀司法所；严格筛选、确定14家司法所参加第二批省级示范司法所创建，其中13家司法所被评为省级示范司法所；举办为期5天的司法所长培训班，提高他们履行职责能力。

【信息化建设与应用】 市司法局在全省率先完成四级网的升级改造和应用，为全省推广四级网改造提供了范例；认真做好公证综合管理信息系统的版本定型与推广，并在省司法厅信息化建设现场会上成功展示；制定2009年至2010年信息化建设规划与方案，全面建成司法行政综合管理与服务平台；完成市司法局门户网站的升级改版工作，更加突出网上办事和与公众的互动功能。

（马家柱）

国土　环境

国土资源管理

【概况】　合肥市国土资源局抓住学习实践科学发展观机遇，以开展国家级节约集约用地试点为契机，各项工作成绩显著，有力推动全市经济社会跨越式发展和现代化滨湖大城市建设，被国土资源部评为“全国保增长保红线行动成效显著单位”，获54公顷农用地转用指标奖励。长丰县被省政府列为全省农村土地使用制度综合改革试点县，被省国土资源厅授予“全省国土资源执法模范县”。

【保障发展】　市国土资源局通过“点供”、独立选址、违法用地补办、城乡建设用地置换、已批未供土地指标置换等方式，全年共报批土地5134公顷，远远超过下达的800公顷年度用地计划，较好地保障建设和发展。

【保护耕地】　市国土资源局印发《合肥市各县区人民政府耕地保护责任目标考核细则》和《关于加强基本农田保护宣传工作的指导意见》。重点抓基本农田保护各项制度落实，做到基本农田保护责任到农户、到田块，有效地保证市域内基本农田面积不减、标志配备到位。

【节约集约用地】　市国土资源局发动闲置土地清理、已批未供土地清理、违法用地清理“三大战役”，出台《合肥市闲置土地处置办法（试行）》，清理闲置土地447公顷，收回已批未供土地约467公顷。出台《关于开展国家节约集约用地试点的实施意见》。组织编制《滨湖新区节约集约用地专项规划》、《新站区节约集约用地专项规划》。召开节约集约用地试点1周年新闻发布会。国家级开发区节约集约用地评价在全国名次靠前。

【规划管理】　市级土地利用总体规划修编大纲第一批得到国土资源部批准，县级土地利用总体规划修编大纲全部得到省政府批复，全面转入规划成果编制阶段。通过规划修编，基本农田调减12420公顷，建设用地总量增加14500公顷，其中城市建设用地总量增加13534公顷，相当于135平方公里，为全市未来15年的发展留足空间。

【土地执法】　市国土资源局开展第九次“卫片”执法检查，顺利通过国土资源部的检查验收。集中开展2009年度违法用地查处整改，所有违法用地，做到案件查处到位、手续完善到位、拆除复耕复绿到位。印发《合肥市国土资源系统违法用地发现报告制度》和《合肥市国土资源系统违法用地发现报告制度问责规定》，建立违法用地信息报送机制和部门发现、政府查处的共同责任机制。

【土地市场】　市国土资源局拓宽信息公告范围，做到中央媒体和地方媒体、内地媒体和沿海媒体，同时同步发布信息，市场受众数量和层次增加。在北京、厦门、上海、绍兴、泉州、深圳、杭州等地举办推介会，其中在北京举办老城区改造项目央企对接会影响最大。土地市场成为全市市场开放先进样板。坚持做到“政府拆迁、政府安置、净地拍卖”，净地出让率基本达到100%。全年经营性土地出让金价款205.1亿元，其中市辖区168.47亿元，创历史新高。

【土地整治】　市国土资源局完成首批4个整村推进试点项目的验收，总规模4178公顷，涉及209个自然村、5062户、17137人，建设新村9处，新增耕地570公顷。3个新项目开工建设，总规模2795公顷，涉及53个自然村、3193户、11260人，规划建设新村6处，可新增耕地327公顷。“整村推进”在促进城乡统筹、农民增收等方面走出新路，被誉为土地整治工作中的“合肥经验”。

【矿产管理】　市国土资源局完成桥头集等4个重点矿区的资源开发整合，肥东龙泉山地区18

家矿山关闭。《合肥市矿产资源总体规划（2008～2015年）》通过审查。完成343家矿山企业的储量检测。“两权”专项清理工作取得积极成效。完成高陡边坡和中小学校舍安全地质灾害隐患排查、鉴定，复查重要地质灾害隐患点61处，确认新增隐患点33处。

【地质环境】 滨湖新区三维地质结构调查成果应用于人防工程和市容环卫设施建设等诸多方面。完成年度地质灾害防治和汛期地质灾害气象预警预报工作。完成矿山地质环境保护规划编制工作。开展滨湖新区地质资料集群化、产业化试点前期工作。

【基础工作】 市国土资源局启动建设土地管理“一张图”工程。开展第二次土地调查成果上报国家待批，基本农田上图提前完成。开展“数字城市”试点。供应土地4000余公顷，其中工业用地1267公顷，基础设施用地1334公顷，保障性住房用地380公顷。办理城镇土地抵押登记729宗，为企业融资250.51亿元。办理城镇住房土地使用证7.4万本。完成农村集体土地登记发证试点工作。完成74家测绘资质单位年度注册审核工作。

（赵无名）

土地储备管理

【概况】 2009年，合肥市土地储备中心丰富“大合肥、大储备”战略内涵，按照“以规划为龙头、以招商为先导、以拆迁为根本、以项目为抓手”的工作思路，以“干干净净做人、干干净净上市”的工作准则，大力推进改革，土地储备实现又好又快发展，土地储备协调社会事业均衡发展、促进产业经济结构调整的作用得到显化。全年库存和实施收储土地174宗1934公顷，是上年储备土地库存量的1.7倍；成交储备土地45宗181公顷，同比增长114.5%；成交总价108.95亿元，同比增长167.2%。

【土地储备战略】 市土地储备中心为扭转土地储备实力不强、范围狭小、产品单一、市场调控能力弱等不利局面，谋求事业的长远发展，确立“大合肥、大储备”的发展战略。首先是做大做强土地储备平台，土地储备总量达到1334公顷，上市土地成交总额突破百亿元，创历史最好成绩。其次是扩充土地储备的空间范围，储备业务从四个行政区延伸到各开发区和政务文化新区。第三是丰富收储类型，扩大产品内容。探索并建立协议，联合和实物相结合的土地收储模式，在很大程度上集合各方力量，共同做好土地储备。同时，收储内容涉及工业企业改制、教育医疗土地资源整合、军事用地置换等多个领域，对工业经济发展壮大和园区基础设施建设提供积极支持，上市18家企业71公顷土地，盘活资产46.64亿元；上市园区土地80公顷，盘活资产42.27亿元。“大合肥、大储备”发展战略在强化土地一级市场、集约节约利用和合理配置土地资源、协调社会事业全面均衡发展等方面发挥出越来越重要的作用，已被全市上下广泛接受，土地储备工作“一盘棋”的良好局面正在形成。

【土地储备基础】 市土地储备中心对库存储备土地进行调查摸底和分析研究，并形成数万字的《合肥市土地储备中心土地储备情况调研报告》，不但找出长期以来困扰土地储备工作的结症和瓶颈，而且提出解决问题的办法和促进土地储备事业健康稳定发展的设想，明确当前及今后的主要工作方向，受到市委、市政府高度肯定。2009年3月，为摸清家底，市土地储备中心又对储备土地资产重新进行盘点，对财务运行状况进行检查，深入剖析资金风险隐患，提出消化库存、消减融资规模的具体措施，减轻土地储备资金压力，加快储备土地熟化和上市。

【土地储备制度】 市土地储备中心在总结以往工作经验的基础上，先后组织编制《合肥市土地储备业务流程》、《合肥市土地储备中心财务制度》、《土地上市资料移交程序》、《储备土地测绘规定》、《储备土地测绘工作实施细则》、《储备土地评估管理办法》、《储备土地价格评估工作实施细则》和《储备土地移交看护规定》等一系列规定。进一步优化业务流程，规范操作程序，改善工作作风，提高行政效能和服务质量，为土地储备事业健康稳定发展提供制度保障。

【管理措施】 市土地储备中心从提高队伍整体素质入手，在实践工作中着力提高干部职工解决问题的主动性，要求土地储备工作人员不但要勤于思考，善于沟通，熟于政策，精于策略，还要有与时俱进、开拓创新的精神和时不我待、只争朝夕的意识，始终以“干干净净做人、干干净净上市”

为工作准则，做时代发展的排头兵，做攻坚克难的先行者，做广大群众的服务员。在具体项目操作上，力求精细，实行分区负责、任务到人、责任到人的管理体制，使项目运作周期明显缩短，上市速度大大加快。对于重点城市建设项目更是精益求精、精心运作，采取明确时限，倒排工期，逐点销号的方式，破解项目实施过程中所遇到的一切困难。

对于项目运作中出现的阻碍，深入调研，及时沟通，找准病因、对症下药，以最有效、最快捷的途径解决问题，以最科学、最合理的方法推动项目上市。房屋拆迁一直是困扰城市建设和储备土地项目的最大难题，市土地储备中心严格遵循市委、市政府既定方针，与各区政府、市直各部门围绕服务民生、改善城市面貌、完善城市功能，加强政策研究，加强协调沟通，初步形成权责明晰、协调一致、上下联动的拆迁安置新机制，并在美菱冰箱厂、梅山新村改造、杜岗城中村改造、劳动村改造、文明村改造等项目实施中取得显著成效。在水源保护区内储备土地保护性开发问题上，市土地储备中心根据保护区内城中村脏乱差、污染状况严重和储备土地开发利用的实际，会同市规划局、建委、法制办等部门实地调查研究，认真研读法律，创新思维、创新举措，积极建议，为市政府重新划定水源保护区和确立对水源保护区内土地实施保护性开发提供政策和技术依据，获得良好的社会、经济、环境综合效益，不但使133公顷储备土地资源能得到合理利用，而且也通过实施保护性开发，达到逐步减排和提升市政配套设施水平的根本目的。

通过引入经营顾问团队，对房地产市场进行深度研究，准确把握市场行情，批量推出“大中小”相结合的精品地块，扩大市场受让面，活跃竞争氛围，加快资产流通，重振市场信心，终使全市得以从容应对房地产市场波动。通过引入工程管理机制，力争“净地”、逐步“熟地”、强化“热地”，使土地储备逐步由“生地”储备向“净地”、“熟地”和“热地”储备模式转化，改变过去“原料”供应商的角色，初步建立起“半成品”加工和“成品”生产模式，不但提高储备土地上市速度和质量，也减轻开发企业负担，缩短项目建设周期。通过引入规划设计协作团队，对储备土地进行必要的规划研究和方案设计，使产品更加符合城市功能定位和市场需求，使土地利用更加集约高效，使土地供应更加公开透明，使企业掌握土地信息的渠道更加快捷方便。

【信息发布】 市土地储备中心把储备土地信息发布工作提到关系土地储备生死存亡的高度，把土地推介和项目招商作为首要任务来抓。首先，加强储备土地动态信息系统建设，及时维护、及时更新，详细反映入库土地的动态变化，使项目进展情况一目了然，使意向投资企业能够准确把握拿地商机，储备土地“一张图”工程初显成效。

土地推介有声有色、形式多样，成果丰硕。参加“中国地交会”，并在人民大会堂金色大厅举办“魅力合肥投资热土”推介会，此举引来众多关注，受到国土资源部、住房和城乡建设部以及主流媒体和社会各界的一致好评。组织参加杭州的“浙商大会”和厦门的“第十三届中国国际贸易投资洽谈会暨首届中国国际地产投资交易会”，并与市国土资源局、规划局、房地产管理局等部门配合，在北京成功举办“魅力合肥·阳光地产——中国·合肥老城区改造项目央企推介会”。这些会展所产生的轰动效果和辐射效应，对扩大合肥影响、宣传合肥、招商引企都起到重要作用，使大连万达、中铁集团、中建集团、华润置地、保利集团、梅园置业、淮矿地产、融侨金辉、深圳建业、中煤矿山等一大批央企和具备雄厚实力的海内外优质客商来肥寻求商机或扩大投资。

创新招商宣传手段，努力扩大土地储备影响。第四届中国中部投资贸易博览会举办前夕，市土地储备中心利用景观整治的有利契机，在美化、绿化街景的同时，将储备土地信息、招商联系电话公布在新修的围墙上。此创新之举，不但取得良好的招商推介效果，而且还博得社会一致好评。市土地储备中心牢固树立“全员招商、大招商、招大商”的工作理念，涌现出一批感人事迹。全年超额完成市政府下达的年度招商引资任务，工商注册项目7个，任务完成率140%；实际到位资金2.525亿元，任务完成率316%。

【资金筹措】 土地和资金是土地储备的两大基本要素。受全球金融风暴和国内经济形势下行压力影响，国家密集出台积极的财政政策，央行放宽银根，取消商业银行贷款规模限制，几次下调贷款利率。市土地储备中心及时抓住这一难得机遇，积极筹措土地储备资金，合理规划信贷规模，扩大土地储备范围，做大、做强土地储备。充分利用政府土地储备贷款优势和良好银行合作关系，经与各商业银行多轮谈判，分别采取提前还贷、以贷还贷、申请利率置换等方式，将原借贷合同约定执行利率调整为现行利率。该项措施为政府节约储备土地贷款利息成本1000多万元。在资金使用和管理上力求精细，努力控制成本投入，把资金风险降到最低。通过加强土地储备资本运作，逐步减少库存储备土地的资金占用。通过加快上市土地成本结算，缩短资金流通周期，控制储备土地贷款规模，减轻财政资金压力。通过建立成本“协审”机制和核算机制，有效控制土地储备资金支出，防范土地储备运作和资金风险。

【学习实践科学发展观】　市土地储备中心紧紧抓住学习实践科学发展观活动这一契机，通过上党课、召开民主生活会、解放思想大讨论、体会交流等多种形式，有力推动活动的深入开展。班子成员充分发挥表率、示范、引导作用，努力做到“五个带头”，即带头进行深入学习，带头开展专题调研，带头进行分析检查，带头谋划工作思路，带头解决问题、完善制度。结合学习实践科学发展观活动，合肥市土地储备中心党组成员就各自分管工作确立专题，从土地储备工作发展思路、征地拆迁、土地融资等方面开展课题研究，针对问题有的放矢地采取有效措施予以攻克，不但使学习活动落到实处，而且也有力促进工作进展。

（市土地储备中心）

环境保护

【概况】　2009年，合肥市环境保护局积极围绕中心，充分发挥职能，努力转变工作理念，创新工作方法，全面完成年度目标任务，荣获全省环保系统目标任务考核二等奖，被省人事厅、省环保厅授予全省环保系统先进集体，蝉联市文明单位、卫生先进单位和双拥合格单位，被国家环保部表彰为全国环保系统档案工作先进集体，晋升档案管理省一级单位，被合肥市政府授予中博会保障工作先进单位称号。

【环境质量】　合肥市环境质量总体稳定。其中，巢湖西半湖水质总氮、总磷分别较上年下降12.2%和41%，南淝河、十五里河水质较上年持平，派河水质有所好转。城市空气质量优良天数317天，优良率86.8%，分别较上年增加56天和15.2%，主要污染指标可吸入颗粒物下降18%。城市饮用水源地水质稳定在Ⅲ类以上，达到规定要求。四类功能区昼夜等噪声级均低于标准值。电磁辐射环境质量良好。

【污染减排】　合肥市主要污染物化学需氧量排放量32295吨，较上年下降0.82%；二氧化硫排放量31441吨，两项指标均控制在省下达的排放量内，连续第4年完成减排目标任务。减排机制进一步完善，市政府成立以主要领导担任组长的节能减排领导小组，与市政府签订节能减排目标责任书的单位由21家增加到27家。减排统计、监测、考核体系逐步建立，重点污染源均实现在线监控，污染减排“一票否决”制已经纳入到评先创优活动中。工程减排力度加大，龚响塘、蔡田铺、肥东县、长丰县等污水处理厂减排效益明显，十五里河、望塘二期等污水处理厂逐步发挥减排作用，马钢（合肥）公司通过淘汰3台老烧结机大幅度减少二氧化硫排放量。

【水污染防治】　合肥市105家重点污染源纳入有效监管，工业废水达标排放率95%以上。制定《关于进一步加强河道巡查工作的实施意见》，市环保局主要领导带队定期巡查督查沿河环境，提请市政府印发《关于限期整治南淝河、十五里河及派河沿岸环境的通知》，各县区积极开展“截排口、清垃圾、拆搭建、清河道”行动，共清理河道沿岸垃圾3500多吨，河道沿岸环境进一步改善。出台巢湖蓝藻防控预案，建立蓝藻预警机制，斥资80万元购置4艘蓝藻打捞船，在高温季节打捞藻水混合物8万吨。巢湖流域水污染防治规划“十一五”规划加快实施，省委常委、市委书记孙金龙专题听取进展情况汇报，全市项目完成12个，项目完成率70%，在建项目正在建设。

【环评和“三同时”】　合肥城市总体规划（2006—2020年）环境影响评价正式启动，环评编制工作委托中国环科院和安徽省环科院开展，进展情况顺利。当年，全市共有2007个项目通过各级环保部门审批，京东方六代线、铁路南站迁建等关系全市经济发展大局的重大项目环评顺利通过审批，拒批涉及饮用水源或高污染项目21个。集中开展2006年以来项目“三同时”专项清理工作，简化验收环节，全年共验收建设项目539个，较上年增长54%，一大批建设项目污染治理工程与主体工程实现同步设计、同步建设、同步投用，建设项目“三同时”被动的局面得到初步的扭转。

【环境监察】 合肥市环保局注重环境监察基础工作，市级及肥东县、长丰县环境监察机构通过标准化验收，市级征收到账排污费3074万元，较上年增长6.1%。组织开展“两高一资”、涉砷涉铅、钢铁、污水处理厂、垃圾填埋场、畜禽养殖、尾矿库及造纸、化工等行业专项整治行动，通过成立机构、制订方案、加强稽查、严格处罚等措施，排查企业4100多家次，立案查处环境违法企业164家。按照全国及省统一部署，重点开展重金属专项检查，排查涉铅、镉、汞、铬和类金属砷企业13家，未发现环境违法行为。污染源在线监测装置安装数达92家134台套，运行良好率保持在95%以上。

【环境信访】 合肥市环保局共受理环境投诉6808件，其中噪声污染4314件，占63%；大气污染2130件，占31%。落实领导干部信访接待日和局领导包案制度，完善市区两级信访调查处理机制，规范接听、处理、反馈工作流程，扎实做好环境纠纷调处化解工作。环境信访查处率和回复率100%，办结率98%。针对群众反映的热难点问题，安排104万元启动高新区餐饮业、宁国路餐饮业、经开区紫云花园等7个油烟和噪声污染治理项目。

【危险废物管理】 合肥市环保局加强医疗机构环境监管，12家重点医疗机构通过环保“三同时”验收，8家医疗机构安装在线监测装置，责令18家设施运转不规范的医疗机构进行整改，280家医疗机构医疗废物纳入监管范围，医疗废物集中处置率达到95%。摸底调查300多家固废产生企业，建立基础工作档案。年转移处置危险废物近4000吨。合肥危险废物处置二期工程建成运行，危废处置能力大幅提升。

【辐射环境管理】 合肥市环保局联合市卫生局首次举办辐射环境法规知识培训班，全市120家医疗机构申领辐射安全许可证。审批环境影响登记表149件，多次配合省环保厅开展涉源单位专项检查，及时收贮废弃放射源，全市放射源环境处于安全可控状态。

【“百镇千村万户工程”创建】 庐阳区三十岗乡、肥西县柿树岗乡创建省级环境优美乡镇，三十岗乡东瞿村、撮镇镇电站村等7个村庄创建为省级生态村，全市省级环境优美乡镇、省级生态村数量分别达到6个和20个。肥西县荣获省级“十佳”环境优美县称号。是年，安徽省农村环境保护暨生态创建现场会在合肥市召开，与会人员考察包河区大圩镇、潜溪山庄两个示范点。

【机动车排气污染防治】 合肥市环保局组建机动车排气污染管理办公室，开展迎中博冒黑烟机动车专项整治行动，治理尾气排放超标车辆45台。《机动车排气污染防治管理办法》经多轮调研修改，已进入立法层面。机动车环保合格标志管理自10月1日起实施，当年底共发放环保合格标准230个，核发赴北京、上海等地机动车绿色环保检验合格标志72个。

【环境监测】 合肥市环保局共获取环境监测数据55万多个，发布环境空气日报、预报365期，完成水质月报12期、季报4期，编制《合肥市2008年度环境质量报告书》、《合肥市地表水20年环境状况分析报告》等环境分析报告。市环境监测中心站目前具备水、气、声、土壤、生物、辐射、机动车尾气等400多项指标的监测能力，成为全省唯一的市级辐射类实验室认可单位。新增5个空气质量自动监测子站，使全市空气质量自动监测子站数达到10个。圆满完成肥西小庙二甲苯泄露等应急监测任务，被市政府表彰为“5·19”二甲苯运输泄露应急处置工作先进单位。

【环保专项资金】 合肥市环保局争取中央及省环保补助资金11820万元，其中中央流动资金11318万元，中央农村环境保护专项资金100万元，省环保专项资金300万元，省级环保补助资金（市本级）102万元，被市表彰为“争取上级资金先进单位”。安排市本级环保专项资金三批共1846万元，用于污染减排、农村环境保护、环保新技术应用和信访投诉污染治理等41个项目，直接带动环保投资9405万元。收集企事业单位污染治理项目146个，农村环境综合整治项目129个，充实完善环保项目库。

【中国（合肥）首届环保展和第十三届世界湖泊大会】 2009年6月5日，由安徽省环保厅与合肥市政府主办，合肥市环保局牵头承办的中国（合肥）首届环保展隆重开幕，省市主要领导出席活动开幕仪式，3万多人前来参观学习，50个总投资达23亿的巢湖污染防治项目得到推介。举办水环境治理高峰论坛，合肥、六安、巢湖和淮南四市签订环保合作协议。当年11月3日，合肥市代表巢湖流域参加在湖北武汉举行的第十三届世界湖泊大会，作《加快水环境治理 让巢湖休养生息》的主旨演讲，并组织巢湖水环境治理的专题展览，向国内外专家学者展示巢湖水环境治理的最近进展。

【学习实践科学发展观】 2009年，合肥市环保局紧紧围绕“推进科学发展，加强环境监管，落实污染减排，服务合肥崛起”的主题，深入开展学习实践科学发展观活动，坚持一手抓学习深入，认真完成“规定动作”，一手抓实践结合，精心设计和做好“自选动作”，通过加强组织领导、深化理论学习、突出实践特色，形成推进全市环保工作的“五个共识”，提出“加强一个建设，健全四项管理，抓好六项工作”的新思路，整改14个方面的重点问题，制定或修改完善14项制度，推动环保事业的科学发展。整个学习实践活动满意率为96.23%，比较满意率3.77%。

（孔　健）

城市规划、建设和管理

城市规划

【概况】 2009年，合肥市规划局在市委市政府的坚强领导下，深入学习实践科学发展观，继续解放思想，坚持“好”字当头，“快”字为先，不断创新突破，奋力拼搏进取，圆满完成年度各项目标任务，在引领合肥跨越式发展和加快现代化滨湖大城市建设中，充分发挥“龙头”作用。

【规划引导】 合肥市规划局根据全市经济社会跨越式发展的新形势新需要，及时对新一轮城市总体规划成果进行修订完善，加快报批进程；围绕全省发展战略，组织编制合肥经济圈规划、合淮同城化总体规划和合肥国家科技创新型试点市示范区核心区控制性详细规划及产业发展等相关规划。积极开展合芜蚌自主改革配套试验区、皖江城市带承接产业转移示范区的规划研究；积极推动37项专项规划进入规划评审和审批阶段，完成第一批“四线”划定工作。开展控制性详细规划的梳理和组织编制工作，实施合肥市规划管理单元划分，城市重点地段、开发热点地区基本实现全覆盖，完成铁路南北站控规的组织编制和规委会审定工作；坚持城乡统筹，完成47个乡镇的总体规划和村庄布点规划编制工作。

【规划保障】 合肥市规划局围绕打造区域综合交通枢纽，开展合蚌客专、蚌福联络线与合福铁路的选线论证工作，参与铁道部对沪汉蓉南环线的可研审查，办理南环线用地报批选址意见书。编制高铁站区域交通组织规划，配合铁道部开展合肥南站建筑概念设计方案征集工作。组织编制合肥站综合交通枢纽交通规划与城市设计，积极推动南货场搬迁及北货场建设项目，调整相关路网，完善片区规划。

大手笔推进城市道路建设。围绕“六纵六横”快速路网和主城区“井字型”的骨干路网布局，配合市轨道办完成国家发改委与建设部对全市轨道交通线网规划与近期建设规划的审查工作，对轨道1号线与马鞍山路高架桥，轨道2号线与长江西路高架桥的衔接开展大量论证，划定轨道2号线五里墩立交以西段规划控制红线，开展滨湖新区单轨交通规划方案研究工作，编制合六叶高速北侧机场施工专用通道规划方案，形成机场快速路方案。完成长江西路高架桥工程、裕溪路高架桥工程、南北高架1号线及其市政配套工程、环湖路东延、文忠路、黄山路、来安路、石塘路等重要道路的方案论证与审查。办理长江西路高架桥工程、裕溪路高架桥工程、南北高架1号线及其市政配套工程、二环东路、畅通一环工程、环湖路、黄山路东延工程、玉兰大道、职教三路、职教四路、关井路、曹冲路、铜陵路、来安路、文忠路、石塘路、绩溪路、休宁路、创业大道、青弋江路等主要道路选址用地拆迁手续。完成东南部路网、森林公园、十五里河片区、北部货场地区路网规划研究及调整工作。完成芜湖路至南二环路段跨南淝河桥选址工作和南北高架1号线北延线位规划方案论证工作。组织开展2009年城市支路网建设计划编制、滨湖新区立交控制规划编制和人行设施设置间距研究工作。

加快推进市政基础设施建设。文化、体育、宾馆业、社区配套设施建设等专项规划已通过专家评审，教育、卫生、住宅等专项规划已通过规委会审议，抗震减灾、广电、滨湖新区人防及地下空间开发利用等规划完成初步审查，城市防洪、燃气、供热专项规划、滨湖新区市政设施的综合规划得到完善。围绕水环境治理，推动实施董铺水库溢洪道扩建及南淝河生态补水工程，加快开展塘西河及巢湖岸线生态整治，打造生态廊道和滨水景观。继续加大污水处理设施建设力度，按照“全收集、全治理”的总体思路，积极协调二十埠河、十五里河等河道截污工程、河道综合治理方案以及在征地、拆迁中出现的问题。对市排管办提出的中心城区28处积灌问题，科学确定排涝工程技术方案及排涝设施布局方案。完成科学城～经开区污水转输管、望塘二期污水处理厂、小仓房污水处理规划、选址、用地、拆迁和配套管网建设等手续。针对老城区用电紧张的问题，开展宿州路220KV变电所、梅山路110KV变电所，以及东怡、美菱变电所的选址和路径方案研究，积极探索在老城区用地资源紧张情况下，结合开发项目同步配套市政设施集约节约用地的新途径。配合“大建设”，出台地块开发开闭所配套建设的规划文件，将开闭所、环网柜及箱变布点纳入东、西高架道路建设方案。按照集约节约、共建共享的原则，落实一批移动通讯基站、消防站、垃圾转运站、公共厕所、道班房的选址、用地、方案的规划审批，对循环经济园垃圾焚烧发电项目进行规划选址。

滨湖新区规划建设创新发展。申报全国生态建设示范区取得重大进展，滨湖新区城市生态规划及建筑节能设计初步完成，开展生态湿地污水处理系统、主题公园、生态湿地建设以及总部经济区、金融后台服务基地、中小学教育配套调研，组织编制塘西河水环境治理方略，滨湖新区单元控规新模式继续完善。配合滨湖新区对启动区的部分道路红线和绿线进行调整和细化，增加道路交口扩大等内容，完善塘西河体育公园及中心湖蓝线、绿线。编制安徽滨湖现代农业综合开发示范区建设规划。优化滨湖新区整体路网规划成果，完成塘西河沿线景观设计，落实塘西河水街公园、体育公园、文化公园、市民公园等五大主题公园，有效地促进塘西河沿线项目的落地。结合重点建设区域和重点项目，组织编制滨湖新区控制性规划及核心区城市设计，配合市人防办组织编制滨湖新区地下空间开发利用规划，开展金融后台服务基地、主题公园和生态湿地、中小学教育配套、汽车大市场调研。全力推进渡江战役纪念馆、安徽名人馆、博物馆等一批标志性馆群和综合型大型文化设施建设，提升生活、商业等配套服务水平，进一步集聚人气。

新农村规划建设稳步推进。积极参与城乡统筹规划方案的起草工作，制定《合肥市村庄规划编制工作方案》，确定城、乡（镇）、村庄的布点和重大基础设施主要走向及公共设置基本布局及规模，完成47个乡镇的总体规划和村庄布点规划编制工作。制定《合肥市乡、村庄规划管理暂行规定》，并经市政府批准实施。开展三县和城乡结合部8家开发楼盘县证换市证工作，开展全市第一批4个土地整理项目的乡村建设规划许可证发证试点工作。举办乡镇建设基础知识和城乡规划政策法规培训班，对各县区分管领导、乡镇街道领导及基层规划建设管理人员约330余人进行培训。

【规划管理】 合肥市规划局不断完善城乡规划法规体系。完成2008年以前的局规范性文件清理公布工作，修订《合肥市城市管线工程规划建设管理办法》，制定《合肥市乡、村庄规划管理暂行规定》、《关于〈合肥市城市规划管理技术规定〉若干条款的说明》、《合肥市控制性详细规划管理暂行办法》、《关于建筑面积审核有关问题的暂行规定》、《关于加强经营性用地容积率管理的暂行规定》。制定出台《合肥市规划局2009年普法计划》，组织参加市普法办在市府广场“法律江淮行”活动，与市司法局普法办联合组织举办《中华人民共和国城乡规划法》知识竞赛活动，充分利用报纸、网站、电视等多媒体宣传工具，组织开展《城乡规划法》宣传活动。

推进阳光规划，探索建立起一体化规划审批服务监查新机制。推行规划预先服务和“阳光服务卡”制度，开展规划卫星遥感督查，制定《关于开展政府城乡规划信息公开工作的实施意见》、《合肥市建设项目规划听证程序规定》、《合肥市规划局建设项目社会稳定风险评估实施办法》，不断提升审批服务效能。强力推进项目建设，深入实施规划“一书一表一图”督查制度，对2007年以来237个市规委会主任办公会审定方案的开发项目进行督查。全年共办理《建设项目选址意见书》206份，核发《建设用地规划许可证》324份、《建设工程规划许可证》1577份、《建设工程规划核实合格证》项目1621项，查处和界定违法建设15起，办结省、市人大和政协提议案、建议82件，办理信访件1811件次，办理行政诉讼案件4起。

信息化建设不断加强。改造升级规划管理信息系统，加快实施全市城乡规划管理信息共享平台建设，自主研发的《合肥市三维城市规划辅助决策系统》项目达到国内领先水平。

扎实开展对房地产开发中违规变更规划、调整容积率问题专项治理工作。2009年4月10日，住房和城乡建设部、监察部下发《关于对房地产开发中违规变更规划、调整容积率问题专项治理的通知》，为开展好全市的专项治理工作，市政府成立由市长为组长，国土、建设、房产等单位为成员的领导小组，加强对专项治理工作的领导。制定并印发《关于开展对房地产开发中违规变更规划调整容积率问题专项治理的工作意见》，及时汇总材料，建立台账，通过电视、广播、报刊、网络等媒体公布专项治理举报电话和电子举报邮箱，畅通举报渠道。

【景观整治】 合肥市规划局在“中博会”召开前，完成全市42条道路的整治，共整治建筑2915栋，立面粉刷面积280万平方米，新增绿地296块共计66万平方米，拆除、透空或美化围墙7.3万平方米。“中博会”后，完成长江东大街的景观整治工作，实施五里墩立交桥周边42幢楼房的“平改坡”试点，开展东一环景观整治总体设计和评审工作，推进城市外环生态绿色长廊、蜀山森林公园、高压走廊三期、十五里河河道等生态绿化建设。

【招商引资】 合肥市规划局积极开展招商引资工作，成立24个招商小分队，并确定专人作为招商引资联络员，具体承办本部门的招商引资工作。全年共落实招商到位资金4.06亿元，超额170%完成目标任务。参加市里组织的泉州、上海、绍兴等重大招商活动，通过召开专题推介会等多种形式，系统宣传合肥城市总体规划、市域基础设施规划、经济发展情况和投资优惠政策，推介招商项目，尽力让客商了解合肥，愿意投资合肥。9月份，合肥市在北京召开老城区项目与央企对接会，市规划局承担央企客商的邀请任务，邀请中国城建、中国水利水电建设集团、中国铝业总公司、航天科工集团等61家中央企业和37家国内外知名房地产企业共170位嘉宾参会。 （汪　晖）

城市建设

【概况】 2009年，合肥市共实施大建设工程539项，工程总投资761.03亿元。截至年底，完成工程286项，完成投资284.87亿元；新建、扩建道路67条、桥梁8座，在建道路56条、桥梁9座，建成道路总长130.93公里；完成水环境治理项目12项、在建25项，完成投资17.15亿元，新增雨污水管网587公里，南淝河上游及其支流市区段截污管全部建成，实现污水全面截流；建成并运行十五里河等6座污水处理厂，新增污水日处理规模18.7万吨；完成绿化面积614公顷；完成水电气热电等公用事业工程44项、文教卫体等公益性项目19项、保障性住房及复建点工程13项。

城市路桥建设

【合水路出城口道路改造】 工程起点为金龙路，终点为凤麟路，全长10.08公里，设计道路等级为城市Ⅰ级主干路，设计时速60公里/小时。路面设计标准：沥青路面使用年限15年。工程总投资49173.42万元。该项目于2009年5月开工建设。

【望江西路（长宁大道~石莲路）】 工程起点石莲路，终点为长宁大道，全长约0.89公里，设计道路等级为城市Ⅰ级主干路，设计时速60公里/小时。路面设计标准：沥青路面使用年限15年。工程总投资5024.72万元。该工程于2009年8月开工建设。

【当涂支路（南淝河路~巢湖路）】 路段全长约0.77公里，为城市支路，规划红线宽24米。当涂支路位于合肥市老城区东部，邻近东二环路，规划线形基本为南北走向，道路标准段断面为：5米慢行一体（含树池）+14米机动车道+5米慢行一体（含树池）=24米。

【东风路（金寨路~清平路）】 路段全长约0.44公里，位于合肥市老城区南部，紧邻南二环路，规划线形基本为东西走向，为城市支路。道路规划红线宽15米，道路标准断面为：3米人行道+9米车行道+3米人行道=15米。

【滨河路（东二环路~龙栖路）】 路段全长约6.7公里，为城市支路，规划红线宽23米，北侧绿线10米，南侧绿线至南淝河边。道路断面为：双向四车道：4.5米人行道+14米机动车道+4.5米人行道=23米。

【徽州大道南延工程】 徽州大道是合肥市城市道路路网的重要交通动脉，是一条连接主城区与规划滨湖新城的城市主干道。路段为南北走向，起点为东流路（南二环路），二期预实施终点为规划中的珠江路，全长13.6公里，道路红线宽80米，两侧绿带以合宁高速公路为界，以北每侧各20米，以南每侧各50米。全线道路规划红线宽为80米，中心设置10米宽BRT专用道，主路为双向8车道，BRT专用道与主路之间设3米绿化带，两侧辅路分别为单向双车道，主路与辅路之间设3米绿化分隔带。

【关井路】 关井路经过职教一路、职教二路、职教路、职教三路、职教四路后，终点至大众路与关井路交口处，路线全长约2.83公里。城市Ⅰ级次干道，规划红线30米，本次实施24米，沥青砼路面。该工程于2009年9月开工建设。

【职教三路】 职教三路经过两条规划路、前江路、学府路、学府一路、学院路、学院一路、学院二路、学林路、学林一路、关井路、战北路、天台路，终于天池路与职教三路交口处，全长约5.47公里，为城市Ⅰ级次干道，规划红线30米，本次实施24米，沥青砼路面。该工程于2009年9月开工建设。

【职教四路】 职教四路起于磨陈路，路线由北向南前进，经过两规划路、前江路、学府路、学府一路、学院路、学院一路、学院二路、学林路、关井路、天柱路、战北路、天台路、天池路，终于包公大道与职教四路交口处，全长约6.08公里，城市Ⅰ级次干道，规划红线30米，本次实施24米，沥青砼路面。该工程于2009年9月开工建设。

【长江西路高架桥工程】 长江西路高架快速路西起市委党校门前，东至五里墩立交，全长6.4公里，规划道路红线宽60米。全线相交道路共20条，其中规划快速路1条、主干道5条、次干道3条、支路11条，另相交铁路1条。全线路段设置4条平行式上匝道，4条平行式下匝道，与西二环交口设部分互通立交一座。长江西路高架快速路设计为双向6车道，桥梁总宽25.5米，设计车速60～80公里/小时，地面辅道为双向6车道，设计车速为50公里/小时。桥梁上部结构标准跨径为30米，跨越路口处跨径加大至40～50米，采用双向预应力大悬臂连续箱梁，造型优美舒展，与城市景观相融合。该工程于2009年8月开工建设。

【南北高架一号线工程】 南北高架一号线是连接城市主城区至滨湖新区的一条重要通道。路线总体为南北走向，自合肥火车站至滨湖新区环湖北路，全长20.5公里，连接市区至一环、中环、二环以及合肥环城高速，在合肥市综合运输网络中具有十分重要的意义。本次实施的为南北高架一号线工程（中段），工程北起马鞍山路与芜湖路交口以北140米，马鞍山路环城水系桥南侧，南至已建的包河大道下穿合肥环城高速立交桥北侧，接环城高速包河大道出入口，全长6.5公里。南北高架一号线沿线连接合肥市一环（屯溪路）、中环（望江路）及二环路（东流路），对外连接至包河大道城市出入口，可快速连接环城高速公路，同时是合肥市主城区连接滨湖新区的主要通道。南北高架一号线工程的建设对于完善合肥市路网骨架结构、缓解中心城区的交通压力、推进城市梯度发展、加快滨湖新区的城市建设将起到积极的推动作用。该工程于2009年11月开工建设。

【裕溪路高架工程】 裕溪路高架位于合肥市东部，是连接市区至一环、二环以及合巢芜高速公路的重要交通要道，在市综合运输网络中具有重要意义。裕溪路高架西起一环畅通工程裕溪路立交桥，东至已建的合马路城市出入口，向东可延伸至合宁高速肥东龙塘出入口，全长7.0公里。裕溪路高架沿线连接合肥市一环（屯溪路）、中环（铜陵路）及二环路（当涂路），对外连接至合马路城市出入口，可快速连接合宁高速公路，是合肥市主城区连接东部组团的主要通道。该工程于2009年11月开工建设。

【大建设证照确认】 合肥市城乡建设委员会作为市大建设证照确认小组的牵头单位，按照市委、市政府“两级审核，三榜公示”、“公示一批，审核确认一批”的原则，及时地对各区拆迁房屋证照进行复核确认，保证大建设的政策统一和公平补偿。截至2009年12月31日，市大建设证照确认小组已累计确认面积215.96万平方米，确认补偿经费36.38亿元。其中2009年审批的大建设拆迁项目审核确认面积66.81万平方米，确认补偿经费5.72亿元。

（李　瞳　万　琳　宣秋华）

市政基础设施

【市政设施养护】 合肥市政工程管理处全年新接收道路7条、桥梁29座，新增路灯15462盏，新建景观照明3.05万套（米），管养设施总面积达到1349.59万平方米，比上年增长12.97%。安排各类设施巡查6.78万人次，周期性养护维修沥青、砼路面及人行道29万平方米，平侧石、树池石4.65万米；维修路名牌748块、无障碍标志牌780块；防腐并维修电信桥、商之都桥、蒙城路桥、沪汉蓉桥、阳北路立交桥桥体1.41万平方米，结合肥东3.5级地震，实施震后桥梁通道安全隐患排查，确保处于受控状态；全年处理路灯故障5300处、修复损坏线路31公里、维修路灯3.5万盏（次）、全市灯饰和路灯综合亮灯率达到98%；精心做好五里墩立交桥、机场路、花园街、南淝河D段33万平方米的园林绿地管养，累计栽、移、补植乔、灌木4.2万株，补植地被930平方米，修剪乔、灌木2.78万株，使可绿化覆盖率达100%；完成养护投资共计约11156万元。实施五里墩立交桥维修等18项市政大修工程，完成投资15817万元。受理各类破、占道路行政许可审批252项，受理率和办结率双双保持100%。查纠、函告行政执法部门查处占道洗车362起，受理窨井投诉1940件，应急处置窨井盖2565个。所辖三个社会停车场全年停车达到40万次，使用率保持在85%以上

【市政设施大修工程】 合肥市政工程管理处开展路面大修工程，对潜山南路、潜山北路、怀宁路、蒙城路、科学岛路等15条道路进行大修，完成砼、沥青路面摊铺5.14万平方米；开展人行道大修工程，对大通路、桐城路、绩溪路、宁国路、固镇路等16条道路8.41万平方米的人行道进行改建；同步完成交通厅人行桥、寿春路桥、德胜门桥、沪汉蓉桥、龙潭桥5座城市桥梁检测，进行铜陵路桥、阜阳北路立交桥桥面铺装层维修，对长丰路桥、铜陵路桥等10座桥梁伸缩缝进行改造，并对市府广场、逍遥津、科大、南七和姚公庙5处7座地下人行通道进行维修整治；对植物园路、九华山路东延段、包河大道高速出入口、琥珀山庄4条道路的路灯进行改造建设，共安装路灯276柱；完成投资共计约2277万元。

【五里墩立交桥大修工程】 合肥市政工程管理处根据市政府部署，重点组织实施五里墩立交桥大修工程。围绕尽快贯通一环的要求，合肥市政工程管理处与设计、施工、监理单位组成“四位一体”综合管理模式，强化组织推进，将原两段式连续施工调整为三段式平行作业，总工期计划减少为110天，同步督促施工单位增加人员装备投入，实行24小时密集施工，交叉作业，立体推进，施工进度明显加快。当年10月27日，一环路方向完成维修并实现通车，比计划工期提前半个月；交叉作业的第二阶段加速推进，合作化路由北向南方向B3匝道桥当年11月23日实现通车。本次加固维修主要工程量包括桥面沥青铺装层摊铺3914平方米；桥面砼浇筑4155立方米，桥面植筋229746根；裂缝修补9954米；空心板梁更换67块；支座更换1400个；粘钢加固2111平方米；引道维修21000平方米；伸缩缝更换463米。

【实施“亮化、节能”工程】 合肥市政工程管理处为配合合肥大建设，协助完成长江西路高架、南北高架一号线、裕溪路高架等三项重大建设项目的景观照明和功能照明设计工作。重点结合迎接第四届“中博会”，圆满完成道路景观整治亮化工程建设，通过召开22次调度会，又好又快推进，实现“中博会”前竣工亮灯，共实施44条道路75个路段596栋楼体、城区13座人行天桥和一环路沿线已建成14座桥梁的亮化项目，总计安装各类景观灯具3.05万套（米）。大力推进城市照明领域节能减排，向国家发改委上报《合肥市城市道路绿色照明改造方案》；选择在安庆西路、天长路等7道路部分路段试用或选用LED路灯600盏、节能电柜10台、大功率电子镇流器288套；同步争取道路照明用电政策支持，协调省市物价、电力部门，从当年7月开始实行分时电价，有效节约路灯电费支出；改进提升路灯监控手段，安装GPRS通讯服务器5台，整体转换GPRS终端230台，完成铜陵南路、市府广场、徽州大道等处视频监控点线路敷设，同步做好400个控制终端数据更新、维护，调试完善路灯微机监控系统，城市照明智能化监控进一步加快。

【窨井治理】 合肥市政工程管理处开展全天候窨井投诉受理工作，全年共受理道路窨井盖缺失报告1940起，出车2000余台次，行驶8万余公里，处置无盖窨井2565个，实现窨井致人“零重伤”和“零死亡”。为积极开展道路窨井盖问题源头治理，参与制定《安徽省城市检查井盖地方标准》，上报《合肥城市道路检查井主要问题汇报》，联系市重点工程建设管理局制定《道路检查井设施施工工法》、《合肥市大建设路桥项目检查井施工管理办法》。重点组织井盖沉陷、噪音专项整治活动，整治噪音井盖9000余个，改造沉陷窨井1300余座。坚持窨井盖管理联席会制度，先后召开联席会议5次，组织窨井管理、产权单位赴北京

考察学习“五防”井盖生产和应用情况。先后在玉兰大道、东一环和二环路改造中使用“五防”井盖，在滨湖新区和巢湖南路、南二环路等道路上试用钢纤维井盖。

（孙振礼）

水环境治理

【城市河道管理】 合肥市排水管理部门重点对南淝河、板桥河、十五里河等城市河道设施进行维护管理，对市区段长40公里已建河道堤进行全面的检查、维护，对毁坏堤防、护坡、平台进行修复，全年共清扫、清捞、清运河道堤岸护坡、水面等垃圾3125立方米；对南淝河进行6次生态补水，补水量1757.3万立方米，检修南淝河灯饰3219盏，新增阜阳路桥、亳州路桥灯饰749盏。

【城市污水集中处理率】 合肥市建成并运行十五里河、望塘二期等6座污水处理厂，新增污水处理规模18.7万吨/日，全市污水处理总能力达75.2万吨/日，城市污水集中处理率达85%以上。全市王小郢、望塘、朱砖井、经开区、蔡田铺、塘西河、职教城、科学城、十五里河、野生动物园等10座污水处理厂共处理污水2.3亿吨，COD削减量4.7万吨，COD减排量3385吨。

【再生水回用】 合肥市再生水处理厂生产再生水613.5万吨（2009年5月份停止运行）。补给包河、银河、雨花塘、琥珀潭、黑池坝、杏花公园等环城水体。

【污泥处置】 合肥市污泥处置中心处置污水处理厂污泥9.8万吨，日均处置污泥268.49吨，保障王小郢等城市污水处理厂的正常运行。

【城市排水设施管理】 合肥市排水管理部门清疏雨、污水管网713公里；清捞排水检查井、收水井46016座（次）；更换、维修、补盖各类排水井盖、座、箅2050个（套）；巡视管网长度累计约47万公里，排涝泵站排涝165.08万立方米；处理排水冒溢296起；清淤26座泵站前池、进水渠、集水井，清运污泥4123吨，养护、维修33座排涝泵站、14座污水泵站机械设备5509台次。

【排水许可】 合肥市排水管理办公室共办理排水行政并联审批92项，办理排水接管170项，办理排水许可证（含临时）18件，办理城市防洪设施范围内非防洪工程建设许可4项。

【排水管道建设】 合肥市新增排水管网587公里，其中雨水管网210公里、污水管网377公里。截止2009年底，全市雨水管道长度达2087公里，污水管道长度达1616公里。

【水环境治理工程】 合肥市新建、续建水环境治理工程项目20个，概算投资41亿元。截止当年底，已完成6个续建项目，2个新建项目，在建项目11个，待建项目1个。

【望塘污水处理厂二期工程】 望塘污水处理厂二期工程设计规模10万吨/日，总投资2.18亿元，采用氧化沟+V型滤池工艺，该工程于2009年10月建成运行。

【十五里河污水处理厂一期工程】 十五里河污水处理厂一期工程设计规模5万吨/日，总投资2.11亿元，采用氧化沟工艺，于2009年10月建成投入运行。

【蔡田铺污水处理厂一期续建工程】 蔡田铺污水处理厂一期续建工程设计规模2.5万吨/日，总投资3338万元，该工程于2009年8月建成投入运行。

【职教城小型污水处理厂工程】 职教城小型污水处理厂位于瑶海区磨店乡职教园内，设计总规模1万吨/日，工程计划分二期建设。一期工程并入陶冲污水处理厂，设计处理规模0.5万吨/日，总投资1640万元，采用生物脱氮除磷加深度处理工艺，该工程于2009年9月建成投产。

【野生动物园小型污水处理厂工程】 野生动物园小型污水处理厂位于大蜀山南麓，312国道边，设计处理规模0.2万吨/日，总投资977万元，采用ETS生态处理工艺，该工程于2009年8月建成投产。

【小仓房污水处理厂工程】 小仓房污水处理厂位于繁华大道以北、巢湖路以西、哈尔滨路以南、泰山路以东合围范围内，设计总规模60万吨/日。其一期工程设计处理规模10万吨/日，概算投资3.9亿元，采用氧化沟工艺，该工程于2009年6月开工建设，计划2010年4月建成投产。

【塘西河再生水厂工程】 塘西河再生水厂位于庐州大道与方兴大道交叉口西北侧，塘西河南岸，设计处理规模3万吨/日，总投资1.47亿元，采用A/A/O+MBR膜反应池处理工艺，出水水质达国标GB18918－2002一级A标准。该工程于

2008 年 11 月开工建设，计划 2010 年 5 月建成投产。

【三十岗泵站工程】 三十岗泵站位于三国遗址公园以东 300 米，环湖北路以南，占地面积 1000 平方米，日提升污水 1700 吨，主要收集三十岗乡区域的污水，该泵站的建设有效地保护董铺水库的水源不受污染。

【冲心泵站工程】 冲心泵站位于科学北路以东 200 米，环湖北路以南，占地面积 1000 平方米，日提升污水 3500 吨，主要收集董铺岛区域的污水，该泵站的建设有效地保护董铺水库的水源不受污染。

【集训基地泵站工程】 集训基地泵站位于公安驾校以西 200 米，老合瓦路以北，占地面积 1200 平方米，日提升污水 1200 吨，主要收集公安驾校区域的污水，该泵站的建设有效地保护大房郢水库的水源不受污染。

【城市防洪】 根据合肥市气象局提供的 8 个站点雨量资料，合肥市市区平均累计降水 797.6 毫米（最大站点滨湖 1003.5 毫米），较往年少 1 ~2 成。其中汛期（5 ~9 月份）降水 442.2 毫米（最大站点滨湖 546.5 毫米）。2009 年汛期降水主要集中在 5 、6 、7 三个月，6 月 28 日合肥市西南部十五里河一带，最大降水量达 110.1 毫米，其中 16 时 ~17 时 1 小时内集中降雨 97 毫米，超过历史极限值（1974 年 8 月 12 日 1 小时降水 72.1 毫米）。南淝河最高水位达 10.01 米。汛期合肥市共发生 6 次 25 毫米以上的集中强降水过程，城市部分低洼路段和危旧小区相继出现短时积水内涝现象。2009 年汛期，全市共出动各类巡查小分队、应急抢险队 3000 余人次，投入各类巡查、抢险车辆和机械设备 700 台/次，处理不同程度路面积水 200 处（次），24 座泵站开机排涝，累计开机（单机计算）739.98 小时，排出积水 310 万立方。

（陶有忠）

热　电

【供热设施】 合肥市热电集团有限公司新增集中供热用户 14 家，新增负荷 260.72 吨/小时，其中制冷负荷 73.28 吨/小时，工业负荷 4 吨/小时。新增用热面积 202.98 万平方米。为配合市大建设和重点招商项目需求，升级管网系统。全年投资 6120 万元新建、改建、扩建供热管网 18.86 公里。截至年底，主支管网长度达到 235 公里以上。合肥众诚热电二期建成 3 台 75 吨/小时循环流化床锅炉，配套 1 台 12MW 和 1 台 6MW 背压式汽轮机发电机组；合肥天源热电三期建成 2 台 75 吨/小时循环流化床锅炉，配套 2 台 6MW 背压式汽轮机发电机组，现均已具备对外供汽条件，新增对外供汽能力 300 吨/小时。集团自有热源对外供汽能力达到 770 吨/小时。合肥发电厂 5#机组进行热电联产机组改造，改造完成后对外供汽能力达到 130 ~150 吨/小时。

【环境保护】 合肥市热电集团有限公司加大供热机组环保设备技改力度，全年实现减排二氧化硫 2023.42 吨，减排粉尘 274.66 吨，减排氮氧化物 1909.51 吨。其中集团公司下属合肥天源热电污泥焚烧设备通过环保验收，该设备日污泥处理能力可达 120 吨/小时，全年焚烧污泥 24400 吨，并获得安徽省环境保护局授予的“安徽省首届十佳环境友好型企业”称号。

【改进服务】 根据市委关于“供热工作事关民生、事关千家万户，一定要把供热信息向老百姓公开”的批示，合肥市热电集团有限公司在 2009 ~2010 年供热季中，与合肥市主要媒体通力合作，开通供热服务专栏，向社会及时公布全市供热运行情况。正式对外公布使用集团统一服务热线 962666，实现服务电话统一接听、统一答复，解决服务多头受理问题。增加服务支撑系统建设投入，建设热力费收费系统和服务信息系统，收集完善用户信息，提高服务反应能力，开通招商银行、中信银行的委托代缴费业务，增加广大用户缴费渠道，方便市民。集团公司升级热网监测系统软件，增加热网监测的覆盖面和监测内容。实现远程监测的用户为 228 家，占用户总数的 68.5%。

【创新发展】 合肥市热电集团有限公司根据上级对公用事业企业的最新定位，对全年的工作思路进行认真谋划。一手抓民生保障，一手抓企业经营管理，努力做到“两手抓，两不误”。贯彻市国资委关于主辅分离，民营资本退出辅业的相关政策，清算关闭合肥安能暖通设备有限公司，全力以赴做好热源和管网建设，提升热源供应能力；加强服务投入和服务资源整合，提升服务能力，争取政策支持，改善资本结构，提出并深入推行“管理年和效益年”活动，深化内部管理，降低生产、输配和管理成本，优化工程设计，加强项目管理，降低建设成本，调整市场发展战略，优先发展常年优质用户，增加运行效益。

【安全管理】 合肥市热电集团有限公司贯彻“安全第一、预防为主、综合治理”的安全工作方针。抓基础建设，完善安全网络、安全工作机构、安全制度建设和人员配备，保证安全经费投入，签订安全生产责任书，明确各级安全责任。抓安全节点的梳理和落实，将集团安全工作范围划分为生产输配站房设备安全、工程施工现场安全、行政办公安全、人员安全等，分工落实，明确不同时段安全工作重点，如“两节”、“两会”、“中博会”、国庆60周年等重大事件供热安全保障，不定期面向集团各个层面进行安全培训，引导集团上下从工作的每个细节入手增强安全意识和能力，加强特种设备操作人员管理，建立特种设备操作人员安全教育培训机制，建立集团内部突发事件应急处理预案并演练，提高故障处置能力。

【学习实践科学发展观】 合肥市热电集团有限公司深入开展学习实践科学发展观活动，以“坚持改革创新，提升运营能力，促进现代化滨湖大城市建设”为主题，以领导班子和党员干部为重点，围绕“党员干部受教育、科学发展上水平、人民群众得实惠”的总要求，紧密联系集团公司实际，将学习实践活动作为推进工作、解决问题的重要抓手。通过组织调研、召开座谈会、发放征求意见表、设置意见箱等多种形式，广泛征求员工对集团生产经营、市场发展、内部管理、用户服务、工程设计和建设、员工素质等6个方面的意见和建议，并进行整改落实。

【党风廉政建设】 合肥市热电集团有限公司与合肥市人民检察院合作开展检企共建预防工作，通过检察机关与企业之间加强沟通交流，加强教育培训等方法保护企业人员，成立相应的组织和协调机构，为预防职务犯罪提供组织和制度保证。举办形式多样的教育活动，组织广大党员干部观看廉政教育影片，邀请市人民检察院职务犯罪预防处长进行党风廉政建设专题讲座等。推动企务公开，接受员工监督。制订下发《合肥热电集团企务公开管理规定》，从组织、落实上促进企务公开工作的完善。主要公开就职工关心的多项问题。坚持职代会制度，维护职工合法权益。注重收集职工群众的建议和意见，发挥沟通领导和职工之间的桥梁作用，统一思想，鼓舞干劲。深化创建文明行业活动，塑造企业新形象。文明创建工作开展得更加具体，先后成立创建文明城市工作领导小组和行风建设领导小组，继续深化创建文明行业活动，建立考核机制，加强对窗口部门的监督管理，重点做好对营业大厅的日常检查，开展文明施工、文明工地、文明班组等创建活动。组织员工参与干道路口交通秩序维护。

（戴国辉）

供　　水

【概况】 合肥市供水集团共完成供水量2.7793亿立方米，同比增长7.59%；管网水压力合格率99.8%，出厂水压力合格率99.3%，管网水水质综合合格率99.98%，出厂水水质合格率100%，管网维修及时率100%。合肥市第六自来水厂并网通水后，日供水能力达132万立方米，全年日均供水量达80余万立方米，最高日供水量97.1万立方米，创造历史新高，全年累计101天刷新2008年日最高供水量87.1万立方米的纪录。水源全部使用董铺水库优质源水，确保全市人民喝上优质放心水。全年新发展用户11.9万户，全市水表总数达61.9万只。

【供水管网建设】 合肥市供水集团全年实际完成投资3.05亿元，完成管道工程项目295项计394公里；其中，投资1.27亿元完成长江西路、南北高架、东二环、包河大道、望江西路等38项计85公里的市政供水管道工程铺设任务；投资375万元完成江淮供氧、医药站2家破产特困企业供水管网的改造，总长达3.78公里；完成1.4亿元用户投资项目255项计305.3公里的管道工程。截至年底，合肥市（含肥西、双墩）口径100毫米以上的自来水管道总长达2585公里，同比增长25.48%。

【供水设施】 合肥市供水集团注重加强供水配套设施建设。六水厂一期工程建设并网通水，六水厂一期15万立方米/日工程项目累计完成投资3.9亿元，2009年11月20日正式并网供水，使合肥市日供水能力再次提升。六水厂一期工程的建成，优化了全市水厂布局，减轻二、三水厂长期超负荷生产压力，填补省城北部地区没有水厂的空白，从根本上解决合肥市北部组团及新站区、瑶海区等东部地区的供水水量、水压不足等问题，为京东方、彩虹和乐凯等重大项目的建设施工用水提供可靠保障。重点项目重点服务到位，市供水集团为配合新桥机场建设需要，投资970万元从三十岗乡至高刘镇铺设供水管道15公里，保障机场建设用水；投资2060万元新建紫蓬山加压站，同时敷设供水管道约20公里，彻底解决紫蓬山风景区、工业园及安徽文达信息职业技术学院、安徽外国语职业技术学院和徽商职业学院等用水难题。

六水厂一期工程建成后并网通水

【供水管理与服务】 合肥市供水集团新增设站西路客户服务中心，实行水费缴纳、业务受理、业务咨询、低保退费和IC卡充值等“一站式”服务；与合肥移动通讯公司签订水费代收协议，300多个移动网点代理水费缴纳业务。新增兴业银行代收水费，已扩充至12家银行。缴水费方式已实现营业网点缴费、委托代扣水费、电话银行缴费、网上银行缴费、自助终端缴费、营业窗口缴费、预存缴费、“合肥通”卡缴费、移动公司代理网点缴费等9种。开发水费语音查询系统，企业网站增设网上查询业务，居民足不出户即可查询水费。市供水集团坚持每半月在《合肥晚报》等新闻媒体上公布水质信息；定期主动上门为用户提供水质检测等服务，让用户放心、安心用水；开发用户报装系统，提高用户水表报装工作效率。市供水集团对工业投资项目及团体报建项目等业务办理程序再次精简，由4个流程精简为3个，整个业务办理时限由7个工作日缩短为5个。

【获得荣誉】 合肥市供水集团荣获“合肥市第十一届文明单位”、“安徽省2007~2008年度守合同重信用单位”、“全省建设系统思想政治工作先进单位”、“合肥市质量管理奖”等近20项荣誉称号。

（李婷婷）

节　　水

【国家节水型城市复查】 2009年10月21日，国家住房和城乡建设部、国家发改委召开“全国节水型城市”复查评审会。合肥市顺利通过复查，继续保持“全国节水型城市”光荣称号。

【城市节水宣传周活动】 合肥市节水办开展城市节水宣传周活动，在5月10日至16日开展的全国城市节水宣传周活动期间，在市中心地区放置节水宣传彩虹门、彩球标语50个，在市府广场设置宣传点，发放新修订的《合肥市城市节约用水管理条例》及其他宣传资料1万份，节水器具1千套（件）。

【开展“节水进校园”宣传活动】 2009年4月24日上午，合肥市节水办与巢湖路小学联合举办合肥市2009年“节水进校园”宣传活动，在学生中开展节水征文评奖活动。节水办免费向学校提供3套沟槽式厕所自冲水箱节水装置和20个节水龙头，帮助学校进行公厕节水改造，年可节水2000立方米。

【节水器具管理和推广】 2009年5月12日，合肥市节水办在合肥工业大学生活小区，开展“节水器具进小区”活动，为居民家庭免费赠送节水型马桶配件、节水龙头220套（件），节水宣传手提袋100个。全年推广使用、指导单位改装节水器具5000套（件）。

【管网检测与水平衡测试】 合肥市节水办共指导10家企业、单位完成水平衡测试；上门为基层指导查漏87家，堵漏后年节约水量152.4万立方米。

（韩　闯）

燃　　气

【燃气安全供应】　合肥市燃气集团有限公司从人员思想稳定、设备完好率、消防可靠性、人员安全性等多个方面，扎实做好安全管理工作，确保天然气设施运行良好，无泄漏和安全隐患，圆满地完成60周年大庆和中博会期间的燃气安全保障工作，并荣获“中博会保障工作先进单位”荣誉称号。加强日常的安全管理和雨雪等非常时期的应急保障和LNG的应急储备，确保全市天然气管网和用气更加安全，平稳渡过11月中旬全国大中城市面临的“气荒”局面。当年11月29日，中共中央政治局常委、国务院副总理李克强在视察燃气集团时对合肥的供气保障工作给予充分的肯定。

【燃气工程建设】　合肥市燃气集团有限公司抢抓机遇，紧随市大建设的步伐，各项燃气工程项目有序推进。全年共新建、续建道路97条，铺高中低压管网317公里，全市建成中低压管网达到2061公里。液化天然气（LNG）工程完成主体工程及35KV主供电源配电站等配套工程的施工建设，在雨雪天气中发挥应急保障作用；川气东送工程完成门站3.4公顷土地勘界技术报告和相关工程的地质勘探工作，落实门站站址、次高压管线路由，完成环境、安全、防洪、地质灾害评估。新桥机场配套天然气工程通过项目评审，项目规划实施影响评估审查、土地初审、预审等工作，全年完成固定资产投资1.62亿元。天然气利用工程荣获第八届中国土木工程“詹天佑”奖。

【信息建设】　合肥市燃气集团有限公司信息化建设促进企业基础管理，用户服务效能、安全生产调度的优化和提升，使城市燃气管理与服务迈入全国同行业先进行列。当年9月，集中央调度系统、蓝焰呼叫系统、综合营业厅于一体的燃气综合服务楼正式投入使用，实现对管网、调压设施和大客户用气量的实时监控、实时传输。实现用户报修网上派工的高效服务手段，完成地理信息系统、综合分析报表管理系统的开发与应用，搭建高效的业务操作平台。实现合肥燃气运营管理与服务的现代化、信息化，大大提高服务质量。档案信息化建设方面，完成公司文件、图纸等资料的电子化转换，具备授权机制下的网络调阅功能，档案管理水平提高。

【燃气市场】　燃气管网建设紧紧围绕合肥市空间发展规划，配合城市道路重点工程项目建设展开，推进开发区、工业园区燃气管网建设，加大管网向周边县、乡镇的辐射范围。截止2009年底，全市燃气居民用户达到56万户，工商团体户达到2076户。

【开通数字图书馆】　2009年9月28日，安徽省首家企业数字图书馆——合肥燃气集团有限公司分馆正式开通。这是合肥燃气集团学习型组织建设的又一新举措，利用合肥市图书馆现有丰富的馆藏数字资源平台，实现文化资源共享，为广大职工提供一个快捷方便的学习平台，为专业技术人员开通一条获取更多信息和知识的新途径。

【燃气服务】　合肥市燃气集团有限公司继续秉承“让用户办顺心事，用放心气”的服务宗旨，以满足用户需求为目标，不断更新服务观念，创新服务模式，努力构建用户满意的特色服务。通过开展“燃气安全进万家”冬季安检、行风监督员意见征询会、“寻找燃气热心人”、第九届“双十佳”评选、服务文化论坛、“蓝焰热线”10周年座谈会等多种渠道和载体广泛听取意见和建议，不断改进和优化服务，取得显著成效，取得全市行风测评第一的好成绩，荣获省消协授予的“诚信单位”称号 。

【压缩天然气】　合肥市建设CNG加气站8座，加装CNG出租车1112辆，使全市加气站数量达28座，CNG车辆7675辆，日用气量达28万立方米（见合肥市已建成CNG加气站情况一览表）。

2009年合肥市已建成的CNG加气站一览表

序号	单位名称	供气类型	站名	站址	能力/天（立方）
1	安徽省天然气开发公司	压缩母站	龙塘母站	肥东龙塘乡（合裕路）	6万
2	中石化安徽合肥分公司	油气站	林店油气站	蒙城北路	1.5万
3		油气站	合欢油气站	西二环与合欢路交口	1.5万
4		加气子站	合六路加气站	长江西路大蜀山北则	1.5万
5	合肥施凯公交天然气公司	加气子站	科学大道加气站	科学大道	1.5万
6	安徽中油洁能燃气公司	加气子站	龙塘加气站	合马路（大兴集东）	1.5万
7	安徽安源燃气有限公司	加气子站	安源加气站	肥西县桃花工业园	1.5万
8	肥东县诚信燃气有限公司	标准气站	公交气站	肥东县东环路	2万
合计； 压缩母站1座（扩建）、站标准1座、油气站2座、加气子站4座；供气能力17万立方米					

（孙莹菲　晋传银）

村镇建设

【全省农村清洁工程试点镇村】　安徽省建设厅从省新农村建设“千村百镇示范工程”中选取20个镇、30个村作为农村清洁工程试点。合肥市肥西县三河镇及茶棚村、上派镇三岗村、山南镇小井庄村、肥东县撮镇镇及建华村、包河区大圩镇新民村等7个镇村被村列为全省农村清洁工程试点。清洁工程试点工作对完善农村环境卫生基础设施，建立农村垃圾收集和清运长效机制，整治农村环境卫生，改善农村人居环境，促进新农村建设具有重要意义。

【农村危房改造】　中央扩大农村危房改造试点，安排40亿元对中西部地区农村危房改造给予补助，安徽省共有20个县（区）被列为危房改造试点，共完成2.49万户农村危房改造任务。合肥市长丰县农村危旧房改造工程是国家在安徽省20个重点扶贫县危房改造项目之一，获中央补助资金450万元，首批计划改造900户，涉及14个乡镇，其中五保户600户，低保户300户。

【《合肥市农民集中居住区建设管理暂行规定》颁发】　2009年，为加强合肥市农民集中居住区的建设管理，保证建设工程的质量和安全，维护农民合法权益，根据《中华人民共和国建筑法》、《中华人民共和国城乡规划法》、《中华人民共和国招标投标法》和国务院《建设工程质量管理条例》等相关法律、法规制定颁发《合肥市农民集中居住区建设管理暂行规定》。

【全省扩权强镇试点镇】　安徽省委省政府在全省选择部分经济实力较强、发展潜力较大的镇实施扩权强镇试点。合肥市三河镇、小庙镇、花岗镇、高刘镇、撮镇镇、桥头集镇、岗集镇、下塘镇、三十头镇被列为全省扩权强镇试点镇。

（宋新力）

住房建设与房地产管理

【概况】　合肥市房地产管理局坚持以科学发展观为统领，谋创新与促发展相结合，抓管理与重民生相结合，房地产市场监管和住宅产业化有效拓展，住房保障和人居环境成效显著，依法管理、提速增效的服务理念得到强化，求真务实、爱岗敬业的行业队伍素质提升，房地产业保持健康发展势头，与合肥大建设和跨越式发展相呼应、相促进，有力体现城市集聚功能和辐射带动力。

【住房保障】 合肥市房地产管理局坚持“广覆盖、保基本、可持续”工作原则，以解决城镇家庭特别是低收入家庭住房困难问题为首要任务，住房保障配套政策和相关制度不断完善，保障资金筹措到位，保障工作运作规范。根据国务院和省政府有关规定，合肥市廉租住房保障资金采取多种渠道筹措：1. 住房公积金增值收益在提取贷款风险准备金和管理费用之后全部用于廉租住房建设；2. 土地出让净收益中用于廉租住房保障资金的比例不得低于10%；3. 年度财政预算安排的廉租住房保障资金；4. 廉租住房租金收入；5. 社会捐赠及其他方式筹集的资金，全年市本级筹措廉租住房保障资金7.17亿元，其中市级配套资金已达5.5亿元，满足合肥市的廉租住房保障使用。一方面，对低收入住房困难家庭应保尽保，市廉租住房在收入方面确定的申请标准线为家庭人均月收入540元以下，是合肥市低保家庭收入标准的2.1倍，高于省规定低收入标准的确定线（为当地低保家庭收入标准的1.5～1.8倍）。全市共完成廉租住房保障户数6960户，完成市政府与省政府签订的2009年度民生工程目标任务的218%，完成省住建厅等三厅委下达合肥市廉租住房保障目标的118%。全年发放廉租住房补贴1437万元。另一方面，狠抓保障住房项目建设，全年新开工建设廉租住房18.4万平方米，完成省下达计划任务的261%。全市在建廉租住房项目15个、建筑面积29.2万平方米、6284套。滨湖惠园一期446套廉租住房率先交付使用，并以公开摇号方式确定实物配租家庭，部分家庭开始入住。滨湖惠园和丁香家园经济适用住房小区建成，总建筑面积14万平方米、2340套。制定实物配租廉租住房后期管理的《实施意见》，确定租金标准，具体标准为：套型朝南的每月每平方米1.10元，套型朝北的每月每平方米0.90元。孤老病残等城市低保家庭，免收廉租住房保障面积标准内的租金。

【人居环境】 市区年末实有房屋建筑面积11122.36万平方米，住宅占六成以上，私有住宅近九成。人均住宅建筑面积38.55平方米，户均106平方米，同期分别增加23%和18.6%，市民居住水平得到改善。住宅产业现代化进程有力推进。审核上报滨湖时代广场等15个为全省节能省地环保型住宅建设试点项目；安高·城市天地等2个项目通过国家2A级住宅性能认定；全国第一个城乡结合部“电气安全节能示范点”——肥东县建华新村项目初步建成，并由中科协等部门授牌确认。积极推进城市危旧小区改造，不断加快老旧小区整治步伐。全年完成砂轮新村、龚大塘等5个老旧小区整治，面积20万平方米，投入资金1245万元，受惠人口超过1.17万，整治后的区域环境焕然一新。白蚁防治和安全鉴定等工作稳步推进，集中完成全市中小学校舍安全鉴定7.9万平方米，在确保校舍安全工作中发挥重要作用。

【房地产市场】 合肥市房地产管理局积极应对金融危机的挑战，适时出台《关于促进房地产市场平稳健康发展的若干意见》、《合肥市已购公有住房上市交易管理暂行办法》，制定《合肥市商业设施分割销售管理暂行规定》、《关于调整合肥市享受优惠政策普通住房价格标准的通知》等相关政策，采取切实有效举措，科学引导房地产投资稳步增长。受各项“救市”政策与宏观经济面好转和通胀预期等综合因素影响，商品房成交放量，环比大幅上涨，全市房地产企业开发投资总额为601.34亿元，其中住宅建设投资432.77亿元，同比分别增长25.82%和26.27%，占地区投资总量的27.2%。全市经营性用地共成交77宗，成交总面积383.6公顷，同比增长105.66%；成交金额168.47亿元，同比增长178.36%。全市房地产企业购置土地总面积406.02万平方米，同比增长63.72%；完成开发土地504.39万平方米，同比增长14.46%，土地成交活跃。全市商品房累计完成施工面积4594.16万平方米，其中商品住房3659.06万平方米，分别同比增长15.7%和15.28%，竣工面积1228.38万平方米，其中商品住房990.01万平方米，分别同比增长30.62%和26.62%。全市新开工面积为1895.63万平方米，同比增长3.65%。其中：商品住宅项目新开工面积1506.19万平方米，同比增长4.33%；办公楼项目新开工面积93.21万平方米，商业用房项目新开工面积139.97万平方米。全年市区商品住宅销售备案户均建筑面积98.39平方米，单套建筑面积在90平方米以下的占成交总套数46.33%，144平方米以下的普通商品住宅占总套数的93.28%，市场结构较为合理。销售备案的市区商品住宅中，销售单价在4000元/平方米以下的占成交总套数的36.58%，4000～5000元/平方米占总套数的42.99%，5000元/平方米以上的占总套数的

20.43%，普通商品住房占总成交量九成以上。全市商品住宅销售量位居直辖市和省会城市第11位，同比增幅位居第11位；销售均价位居第15位，同比增幅也位居第15位；商品住宅销售量、增幅均居中部6省会第2位，仅次于长沙。完成房屋抵押融资金额329.8亿元，全行业上缴税收36.6亿元，占地方税收收入30.7%，房地产业和建筑业上缴税收累计占全市地税收入的47.4%，支柱产业作用明显。

【开发监管】 合肥市房地产管理局为加强全市商品房市场监管，掌握开发经营运行情况，保持房地产市场平稳健康发展，开始探索预售资金监管形式，连续开展两次房地产开发项目专项调查和督查活动。对全市529个在建、在售房地产开发项目进行实地调查，重点查看各房地产开发项目土地、规划、施工、预售等各项报建手续是否按规定办理，以及2005年以来取得的土地开发情况，项目目前开发、销售进度情况，商品房开工、预售计划等信息。积极宣传“国十一条”等国家出台的一系列调控措施及全市商品房预售管理的有关规定，动员企业加快项目建设速度，加大推盘力度，扩大市场供应量。下发《关于全市房地产开发项目专项督查工作的通知》，由原九个调查组负责原调查区域，通过核查项目的建设、销售进度、网上备案比对等方式，对未及时申请预售和未售出情况的373个项目进行专项督查，重点遏制捂盘惜售、囤积房源、散布虚假信息、扰乱市场秩序等违法违规行为。督查中发现83个项目存在销售方面的问题，督查组要求企业立即整改，对个别涉嫌违规企业进行约谈，就整改情况记入企业诚信记录，规范房地产开发经营行为。房地产市场监测和市场分析不断加强，市场趋势得到及时把握和应对。重点时段及时出台保持市场稳定的政策措施，采取重要情况通气发布、强化资质管理、清理违规行为。做好宣传引导，以及对企业进行约谈告诫等办法，稳定投资和消费预期，规范市场运作。积极有效推动和开展银企之间、行业之间的对接，对保持市场平稳、实现行业良性发展起到明显作用。

【物业与中介】 合肥市房地产管理局物业管理队伍和管理覆盖面不断壮大，并与文明创建、计生等工作实现有机配合，下发《关于合肥市物业服务行业创建全国文明城市工作实施意见》，对各住宅小区（大厦）、农贸市场文明城市创建提出具体意见。全年新增物业管理面积1000余万平方米，全市物业服务企业累计增加到550家。对申报“合肥市物业管理优秀住宅小区（大厦）”的22个物业项目进行考评，其中绿城百合公寓、置地投资广场等12个项目被评为2009年度合肥市物业管理优秀住宅小区（大厦），予以通报表彰。积极探索新形势下物业管理的新思路和新办法，进行前期物业招投标管理体制改革，出台《合肥市前期物业管理招标投标实施细则》，规定前期物业管理招标投标统一由合肥市招标投标中心组织实施，明确新建住宅小区物业项目验收的具体办法。组织进行房地产中介市场秩序清理整顿。将符合有关规定的26家估价机构及165名估价师情况在合肥市政府信息公开网公示，广泛接受社会各界和新闻媒体的监督。严格“基准房价”核定备案，修订《存量房买卖合同》，减少“阴阳合同”。房屋租赁协管机制不断健全，对62.8亿元二手房交易资金进行托管，保障交易资金安全和存量房市场健康发展。积极组织行业招商，全国19+10城市开发协作会第四届专业会、省七届住交会、第二届中国合肥住博会成功举办，实现合作共赢，与央企合作等工作成效突出。一批涉及行业和市场发展的难题得到有效破解，出台《关于加强合肥市房产测绘及成果管理的通知》、《关于进一步规范房地产估价管理行为的通知》等一系列办法标准，房屋维修资金使用管理工作也取得实质进展。

【行政效能】 合肥市房地产管理局以抓管理来实现依法规范，全面梳理和解决遗留问题，集中力量消除积案，实现工作轻装上阵；严格规范行政，明晰和落实工作责任，最大限度压缩“自由裁量权”，不办一个人情证，不搞一分钱的税费（收入）人情减免，并向社会公开承诺；大力健全制度，探索和组建专门的行政督查、信访处置、新闻宣传等工作体系，使各项工作在常态化管理中不断深入，和谐有序的工作局面得到维护。对房产登记发证行为和税费、收入情况实行月度全面督查，对重点领域和重点岗位工作情况严格抽查、复核。积极主动与财税等部门沟通情况、互帮互查，认真履行协税护税义务。权属登记全年完成各类房屋登记13.3万件，交易额稳步抬升、屡创新高。商品房销售备案面积1481.12万平方米，其中住宅1303万平方米（13万余套），同比分别增长63%和65%；存量房成交面积258.93万平方米，其中住宅214.39万平方米，2.3万余套，同比分别增长67.67和94.81%。狠抓提速增效，对房地产产权登记和行政审批的办理流程、申报资料以及审批程序进行全面梳理、修改和完善。把审批事项、行政确认，集中到行政服务中心窗口统一受理，出台《关于实行房屋登记工作限时办结制度的通知》，制定新的《行政审批指南》和《房屋登记指南》，统一要件收取，统一工作要求，最大程度上方便群众，防止随意行政，也保证公平、公正；实行限时办结，规定各类行政审批、许可的办结时间，并把群众申办各类房屋登记工作时限由原来法定时间15至30个工作日统一压缩到7个工作日内，抵押登记5个工作日内办结，执行情况良好。现在各类房屋登记当日办结数量已占到15%以上，三日内办结的占65%，五日内办结的占98%，除大批量代办外，基本没有超时办结的情况；打破部门界限，打破办证地域限制，引入竞争激励机制，切实方便群众和投资者；针对一线部门和具体环节的有关问题，出台《“不能办”事项登记报告制度》，并在全市率先推行；严格首问责任，明确和细化工作标准、流程和工作责任，大力推进行政公开，向社会全面承诺。

【队伍建设】 合肥市房地产管理局新任局领导班子狠抓房地产行政效能建设、素质教育、工作作风和服务意识，提出以构建“靓丽房产、阳光房产、法制房产、和谐房产、效率房产、创新型房产”为目标，努力倡导和打造房产部门新形象。为保障服务提速增效，大力倡导学习型组织建设，从抓作风建设和健全机制入手，广泛开展“大学习、大检查、大突破”活动，提振干群精神。为严格规范服务行为和标准，建立长效机制，出台《督查工作暂行办法》和《信访工作暂行办法》等文件规定，开展优质服务、美化环境流动红旗评比活动，全面提升管理和服务水平；重视业务培训，开设每月两次的房产论坛，提高人员能力素质；以复合人才培养为重点，全面推行系统内重点岗位人员轮岗交流，盘活队伍，激发职工干事业的热情，队伍凝聚力和战斗力得到增强；扎实开展深入学习实践科学发展观活动，发展思路进一步明晰，思想进一步解放，解决一批长期以来影响和制约科学发展的具体问题。注重加强党建和党风廉政、文明创建，争先创优的成果得到巩固。房地产管理系统连续获得全国住房城乡建设系统创建文明行业示范点、全省住房保障工作先进单位，被市政府授予“2009年度民生工程实施工作优秀组织奖”、“2009年度全市先进窗口”，房地产管理局瑶海分局、房地产管理局产权监理处喜获建设系统“全国青年文明号”等殊荣。举行房屋登记官考试，标志市开始推行房屋登记官制度。

（杨晓飞）

省市领导调研合肥市住房保障工作

合肥市开始推行房屋登记官制度

长丰县房产管理局

长丰县房产管理局成立于1998年，位于环境优美的水湖镇水湖公园旁。县房产局是县政府主管实施房屋产权产籍管理、房地产开发管理及保障性住房监管等房地产综合职能部门。县房产局共有在职职工97人，其中中级职称10人。局机关下设办公室、房地产管理科、房改业务科、开发办4个职能科室及乡镇房管所等11家直属事业单位。2009年，为了进一步开拓存量房市场，成立存量房资金托管中心，大大完善了工作职能。

长丰县房产管理局深入贯彻落实科学发展观，按照全市“大建设、大发展、大跨越”的奋斗目标，紧紧围绕长丰县“三年倍增、跻身十强、全面达小康”的总体战略部署，解放思想、锐意进取，加强县域房地产市场健康稳定发展，着力保障性住房建设、产权产籍管理、各项制度建设和日常管理，全力服务长丰县房地产业，不断取得突破，打造出一支“工作创新、服务高效、廉洁务实”的房管队伍。

在全球金融危机大环境下，长丰县房地产业迎难而上，不断利用自身优势，加强引导和鼓励，在逆境下取得可喜的成绩。全县共完成房地产开发投资12.39亿元，同比增长10.7%，远超年初既定4亿元目标；房屋施工面积120.64万平方米，同比增长76.6%；许可预售面积65.64万平方米，同比增长50.5%；全县商品房累计销售备案4407套，同比增长10.6%；商品房累计销售面积40.11万平方米，同比增长6.1%；商品房销售额12.98亿元，同比增长22.5；全年协征房屋交易契税1504.04万元，协征销售不动产营业税4164万元。房地产开发、销售情况在金融危机大环境下均创历史新高。

长丰县房产管理局通过不断完善自身建设，创新工作思路，2009年被合肥市房地产管理局授予“市房地产系统先进单位”光荣称号。局产权交易监理所和双墩分局荣获县政务服务优质窗口及“青年文明号”殊荣，多名职工被授予“服务之星”称号。

（陈劲松）

建筑业管理

【概况】 2009年，合肥市建筑业总产值突破1000亿元，其中，外埠施工产值200多亿元，预计实现增加值近200亿元、上缴地税18亿元。建筑业企业达到1300多家（其中一级企业115家），从业人员43.76万人，35家建筑业企业进入全省50强行列。承办的中国·合肥重点工程项目（大型施工企业）推介会圆满成功，总产值全国100强企业中52家应邀参加。2009中国（合肥）建筑装饰建材博览会成功举办，参展单位195家，完成交易额6.2亿元。举办建材产品供需对接会，供需双方950家企业参加，现场签约项目金额达7亿元。举办工程机械产品供需对接会，10家重点工程机械设备生产企业进行产品推介，125家建安施工、市政施工、房地产开发企业参会。农民工权益得到充分、有效维护，全年受理拖欠农民工工资183起、涉及农民工4214人、金额2803.82万元，受理工程款纠纷84起、金额4.93亿元，全部得到妥善解决。

【建筑业队伍】 全市建筑业企业总数已达1401家，其中一级资质116家，占全省一级企业总数的60%，二级资质252家，三级资质597家，不分级企业23家，劳务企业286家，设计施工一体化企业139家。全市的建筑业企业数量基本适度，专业类别基本齐全，资质级别结构日趋合理。合肥市建筑施工从业人数达到43.76万人。全年共有4118人申报建造师注册。其中，申报一级建造师注册594名，二级建造师注册3524名，全年共发放建造师注册证书、执业印章4363名。其中，发放一级注册证书的875名，发放二级注册证书3488名。全年完成410名监理工程师的初始、变更、延续注册初审、报批工作，完成对520名监理员的变更工作。截止当年11月底，全市共有注册监理师1068名，省级监理师547名，注册造价工程师1051名，已经注册建造师总数为11302人，其中一级注册建造师2224人，一级临时建造师437人；二级注册建造师3093人，二级临时建造师5548人。

【建筑业企业资质督查】 合肥市城乡建设委员会制定出台《合肥市建筑业企业监督检查实施办法（试行）》，并在同年6～8月份开展资质动态监督检查的基础上，全面对2008年12月31日前取得资质的全市1243家建筑业企业资质开展集中监督检查工作。1115家企业上报网上信息和纸质材料，有128家企业未参加本次监督检查。最终检查结论为合格1088家，基本合格9家，不合格3家，15家企业申请注销资质。

【外地施工企业专项督查】 2009年5月，合肥市城乡建设委员会牵头组织开展对外地进肥建筑业企业市场行为进行专项检查工作。通过随机对59家进肥企业的抽查，对存在违规行为的11个单位和14名的个人依法做出相应处理，并在全市范围予以通报。

【监理企业专项督查】 2009年7月，合肥市城乡建设委员会牵头组织开展对全市的监理企业市场行为进行专项监督检查工作。共抽查28家监理企业，其中外地进肥监理企业18家，并对存在违规行为6个单位做出六个月内不得在肥承接新的行政处罚，对6名不履责的项目总监记不良行为记录。

【建筑质量安全监督】 合肥市质量安全监督站共监督工程2670项，面积3022万平方米，受理质量投诉348件，其中新增工程1204项，面积1299.21万平方米，竣工工程1172项，面积955.44万平方米；监督工程中，塔吊741台，人货电梯571台，爬架38台，深基坑58个，高大模板27个；全年共开展各类质量安全专项检查17次，发现质量安全隐患2343条，避免较大质量安全事故的出现。

【安全生产百日会战】 合肥市城乡建设委员会自2009年10月~2010年1月开展为期百日的安全生产“百日会战”，以“确保‘零死亡’、力争‘零事故’”为目标，以“隐患整改”为核心，分三步走陆续实施对工业园区建设工程、防范高处坠落事故、防范触电事故、防范建筑起重机械伤害事故等多项安全生产专项整治。会战期间，全市共召开专项动员会、安全警示会20余次，参会人员6000多人次；印制招贴画、工作手册3万余份，悬挂横幅标语5千多条，发出专题宣传稿件95篇；组织80次大规模的督查、暗访，检查工程项目2310个，排查隐患5709条，目前已落实整改5282条，整改率达92.5%；对现场存在严重安全隐患的137个工地做出停工整改处理；处罚各方责任主体144家、责任人38人。百日会战不仅有效遏制安全生产事故多发、频发的态势，保护人民群众生命财产安全，而且为全市大建设创造安全稳定发展的良好环境。

【新建建筑节能减排】 合肥市城乡建设委员会发布实施《合肥市太阳能利用与建筑一体化实施细则》；编制完成《合肥市居住建筑节能检验评定导则》、《合肥市深基坑开挖与支护实施细则》、《合肥市建筑节能居住、公建65%设计标准实施细则》、《合肥市居住建筑围护结构节能应用技术规程》、《合肥市建筑节能工程施工质量验收规范实施细则》等相关技术标准。被财政部、住房和城乡建设部批准为首批全国可生能源建筑应用示范城市，积极组织申报国家太阳能光电建筑应用示范工程，第一批7个项目，全部进入国家项目库，其中两个光电项目（阳光电源和合肥大剧院）已获批准。全市累计建设节能建筑5581平方米，占现有建筑总量的38.45%，其中当年新建节能建筑面积1619平方米，累计可再生能源建筑应用面积建筑1330万平方米。新建建筑节能50%设计标准执行率100%，施工图审查合格率98.5%，施工执行率100%，施工合格率97.5%，新型墙材占墙材总产量的80%。

【淘汰小轮窑】 2009年，合肥市全年共淘汰52座18门以下小轮窑，市区18门以下小轮窑提前一年半淘汰完毕，至此，合肥市区18门以下落后小轮窑走入历史。全年共实现回收土地约413公顷，减少黏土砖产量28.5亿块标砖/年，减少耕地黏土资源消耗207公顷/年，节约能源25.94万吨标煤/年，减少SO_2排放约5200吨/年。

【煤矸石烧结砖专项治理】 2009年5月，合肥市墙改办组织开展煤矸石烧结砖专项治理活动，开展对获证煤矸石烧结砖企业的“飞行盲检”，对煤矸石掺量不达标的企业要求停产整顿、进行曝光，一个月内不得向市场销售产品。

（王荣村　路克锦　宣秋华）

城市管理

【环境管理】 合肥市城市管理局按照“强基础、求变革、保重点、重细节”的工作思路，大力开展环境卫生“净化”行动。抓好基础工作，对全市重点路段、重点场所增加清扫保洁力量，清扫保洁范围“墙到墙”。先后调整道路清扫1800万平方米，全市主次干道全面实施白天保洁、夜间冲洗。开展地毯式清查，全面清理盲区死角460多处。加大地下通道管理力度，配备环卫设施，落实专人清扫和管理，实行定期清洗，彻底改变地下通道脏乱差现象。

推进生活垃圾一级收运方式变革。市政府专门出台文件，对此项工作进行全面部署，并将其纳入到政府目标管理考核之中。市属各区安排两个生活小区和五条道路积极开展试点工作，努力推进生活垃圾收集机械化、密闭化。其中滨湖新区和蜀山区试点工作取得明显成效，为此项工作的全面推进和建立与之相适应的生活垃圾转运系统，积累有益的经验。

推进建筑垃圾运输密闭化，全面加强渣土运输

“两点一线”管理。城管局与市交警等部门联合行动，开展水泥搅拌车、运料车、渣土车辆等“三车”整治工作，有效地遏制渣土车污染环境和扰民现象。同时及时组织力量清理污染路面，实行工地出入口硬化管理，落实车辆进出冲洗制度，与建委等部门联责联动，从源头上控制渣土污染。根据市政府常务会议精神，启动建设垃圾运输管理资质化、密闭化工作，集中3个月时间，对渣土运输车辆进行密闭改造，安装GPS定位系统，积极探索密闭化以后渣土运输管理新措施。

推进环卫作业市场化。扩大道路清扫、绿化保养一体化管理，在生活垃圾清运、道路清扫、垃圾处置等方面引入市场新机制，增强作业管理活力。

积极推进环卫作业管理社会化。认真贯彻新修订的《合肥市市容和环境卫生管理条例》，积极推进市容环境卫生管理责任区制度，督促社会单位切实履行好城市管理的责任与义务，引导社会力量参与城市管理工作，大力推进“牛皮癣”清理、摊位管理、清扫保洁、垃圾清运公司化、社会化。庐阳区、瑶海区、经济开发区在摊群点、牛皮癣社会化方面进行有益探索并取得明显成效。

抓好生活垃圾处理无害化。加强龙泉山垃圾处理场管理，强化监控，做好垃圾渗滤液达标排放工作。做好节能减排，加快处理场沼气发电项目建设，经过努力顺利实现并网发电。加大调研，积极推进生活垃圾处理费征收方式变革。

推进环境卫生管理人性化。坚持把与人民群众生活息息相关的环卫设施建设放在重要位置，新建垃圾转运站15座、道班房13座、公厕21座，开工建设粪便无害化处理厂，一批样式新颖、功能完善的公厕等环卫设施不仅成为街头一道风景，而且为改善人居环境提供硬件支撑。完善公厕导向系统，制作市民出行方便地图，开通公厕语音查询系统，方便群众入厕，着力打造生活最方便的城市。继续引导社会单位公厕对外开放，缓解公厕数量不足的难题。

【市容管理】 合肥市城市管理局按照由平面向立面提升，由治乱向提档推进的工作思路，大力开展街面序化和立面美化工作。实施经营性户外广告公开招标拍卖，实行户外广告统一管理。开展户外广告规范设置工作，拆除和改造严重影响市容景观、有安全隐患的大型户外广告牌186块，结合中博会、文明创建和其他重大活动，认真做好大型公益活动的户外宣传工作，完善户外广告和店招标牌审批程序，建立中心统一受理、部门并联审批、市广告管理委员会集体审定制度，推进城市空间资源市场化工作。抓好规划与收储工作，启动户外广告招标拍卖工作。全市首批户外广告拍卖总价82.7万元，为推进户外广告管理公开化、市场化迈出坚实的一步。

加大沿街立面整治力度，规范店招标牌设置。对主次干道高楼建筑的沿街立面进行清理，清理沿街无序设置的店招标牌和张贴零乱的商业橱窗广告，清理沿街违规店招标牌2431块，拆除或改造部分重要道路的店招标牌1277块，清理横幅400余条。坚持标本兼治，清查整治破损霓虹灯939处，整治率达98%，并形成长效管理机制。

完善“牛皮癣”清理标准，提高清理水平和质量。采取暂停制癣者通讯工具和网上消号等多种措施，蜀山区推行群众举报有奖，经开区引入专业清理队伍，积极推进清理工作社会化和市场化。全年清理沿街“牛皮癣”60余万处，暂停制癣者通讯工具276部。

加大查处力度，规范街面秩序。依托城管网格，做到源头发现，及时报告，全面加大对违法建设、破墙开店、损绿毁绿、侵占市政公用设施查处力度，取缔占道洗车和侵占盲道，整治车辆乱停乱放；规范摊点管理，疏堵有度，各区积极探索，稳步推进，引导摊点到指定的地点，按规定时间经营，为规范摊点管理积累有益的经验。全市共查处行政执法案件3943起，拆除违法建设707处，面积76673平方米，整治车辆乱停放8700多台次，劝阻乱晾晒行为10000余次，劝离流浪乞讨人员150多人。

【城管执法】 合肥市城市管理局大力推进执法规范化，着力提升执法水平。建立健全城管执法相关制度。出台执法队伍规范化建设实施意见及建设标准，将队伍规范化建设与规范自由裁量权、与硬件设施完善、与日常管理有机结合起来，完善规范自由裁量权网格化管理、队风队纪等相关制度。

大力推进大队、中队标准化建设。县区执法大队全部达到规范化建设标准，各执法中队按文件要求，逐年实现达标任务。坚持以硬件促软件，加大投入力度，各区大力改善执法队伍的办公环境和执法手段，加强管理，创新机制，健全各项规章制度，制定科学、具体的工作操作标准，着力提升执法队伍的整体素质和执法手段，从源头上规范执法行为。坚持以督察促整改，全面加大督察力度，开展执法风纪暗查，坚决查处执法不规范、不文明现象。

加强新招录人员的培训，优化队伍整体结构。合肥市公开招考的100名大学生城管执法队员中有11名硕士。按照分级管理、分类培训的要求，组织新招录人员上岗前培训，重点是加强专业培训、岗位培训和更新知识培训，不断完善执法队员的知识结构、能力结构。新招录的100名大学生城管，全部分配到基层一线进行锻炼，高学历城管队员优化执法队伍整体素质，也给执法队伍建设带来生机和活力。

【管理机制】 合肥市城市管理局积极推进督查考评综合体系建设。修改和完善市容环境卫生管理和城管执法考核办法，出台专门文件，将此项工作纳入到政府目标管理考核，初步建立起城市管理的高位监督和科学考核机制。坚持以检查考核为抓手，推进管理工作常态长效；坚持以网格化为检查单元，通过随机抽查，检查各区的作业管理水平；依据城管指挥中心自动生成数据，检查各区城管事件处理效率与水平，二者平均成绩作为检查结果在媒体上公布；坚持领导督查、业务督查、执法督查相结合，开展高强度、高密度的督查工作，及时督促各区及相关责任单位整改存在的问题，做到重点时段有保障，薄弱时段跟得上，管理区域无盲点，整改问题不放松。完善网格化管理责任制，健全网格责任人工作标准和督查考核标准，建立责任倒查和末位淘汰制度，网格责任人的主动性日益增强，在违法建设，损绿毁绿等重大事件上及时发现率明显提高，城管事件重复投诉率降低。完善市、区城管指挥中心平台，与网格责任制相互呼应，形成快速发现、快速处置、及时反馈、科学考核的管理机制。

住房公积金管理

【概况】 2009年，合肥市住房公积金管理中心认真贯彻《住房公积金管理条例》，围绕促增长、重民生、保稳定的工作大局，按照“规范管理，提升服务，防范风险”的总体要求，突出重点，狠抓落实，促进合肥市住房公积金事业又好又快的发展。截止到年底，全市累计归集住房公积119.51亿元，余额58.48亿元；累计使用住房公积金达130.9亿元，其中累计发放个人住房公积金贷款44546户、共70亿元，个贷余额45亿元；累计为全市提供廉租房建设补充资金1.36亿元。

【业务措施】 合肥市住房公积金管理由于受金融危机的影响，在房地产市场不景气的情况下，为促进房地产市场的发展，减轻职工购房所需资金的压力，使更多职工得到公积金的扶持，及时采取应对措施。调整贷款政策，降低贷款门槛。根据资金使用率和房市走向，对贷款政策及时进行调整，申请办理住房公积金个人购房贷款额度由最高20万元的限额调整为最高35万元，还贷能力系数由0.35调整为0.5。调整提取办法，在支付首付款后可以提取住房公积金，减轻职工购房的压力。对特困家庭、患大病的职工可以提取个人住房公积金等。

【归集业务】 合肥住房公积金管理中心积极开展公积金业务的扩面和归集工作。以舆论宣传为抓手，积极做好政策解答和宣传，扩大制度的影响力。加强工作的针对性，全面排查和确定建制重点，集中力量，选定大型企业和企业集聚的开发园区进行重点推进，加强与工会等部门的联络和互动，合力推进企业建制工作。完善年度调整，全年为1640家单位办理年度调整，占正常缴存单位的53.3%。单位月汇缴总额达到22308万元，比上年末增加4317万元，增长18.5%。妥善处理来信来访，全年共接待处理有记录的来访、来信共200余件，办结率100%。及时化解来访者心中的矛盾。开展行政执法，提高执法工作刚性，维护职工合法权益。结合日常投诉、举报案件，对被投诉、举报企业进行重点走访和检查，全年共走访企业191家，送达自查通知书4份，督促企业整改、建制。全年新开户420个单位，新增缴存人数21429人，企业建制工作取得成效。

【贷款业务】 合肥市住房公积金管理中心着力推进政策性住房金融制度建设。扩大贷款规模。当年初对住房公积金贷款额度进行调整，加强对委贷银行的考核，完善贷款综合目标管理考核办法。住房公积金贷款在去年大幅下降的情况下，实现贷款规模快速增长，全年共计发放贷款6258户，支持购房面积66.59万平方米。

加强楼盘项目管理。全面实施楼盘管理办法，共完成贷款楼盘审查72个，贷后跟踪46个，初步实现风险控制从单一的逾期风险向楼市、楼盘风险控制的转变。

建立与开发企业定期沟通制度，提升贷款服务水平。通过“走出去，请进来”的方式，加强与开发企业的交流，与开发企业代表座谈，广泛听取对管理中心工作的意见和建议。对开发企业进行贷前培训，此举促进贷款服务意识的强化。

强化贷款风险管理。通过建立完善资产控制、银行和管理中心催收控制、住房公积金个人账户控制、开发企业保证金控制五种风险防范联动机制，通过建立贷后跟踪调查预警制度，及时防范和化解贷款风险，确保资金安全。全年贷款逾期率只有0.6‰，远远低于建设部和财政部确定的标准值1.5‰。

【信息化建设】 合肥市住房公积金管理中心信息化建设迈出新步伐。新系统按计划完成并投入使用，住房公积金管理实现“独立核算，实时记账”新的管理模式。实现数据切换联网。根据住房公积金业务发展规模和业务创新特点，按照数据集中、用户信息集成、实时联网监控的要求，努力推进全市范围内的城域网建设，三个县域管理部于当年11月完成联网和数据切换，实现数据共享，管理中心的核算主体地位得以体现。增强信息服务功能，完善住房公积金网站服务系统。缴存信息可以实时反映。职工个人（含三县职工）可以方便地在网上查询个人信息。简化办事流程。各项业务的办理流程得到简化，广大缴存单位和缴存职工办理业务的效率得到明显提高。新系统提供的公积金提取、转移业务“一门清”服务，深受广大缴存职工称赞。

【监督机制】 合肥市住房公积金管理强化监督，实行阳光操作。凡是政策调整和重大事项都要经过管委会集体研究决策，接受管委会决策监督。报送报表和工作报告，接受审计、财政部门监督，全年编制各类报表18份，向省厅编制报送的报表24份。严格落实《住房公积金财务管理办法》、《住房公积金会计核算办法》和《管理部资金管理暂行办法》，建立三级资金授权审批制度，对资金运作岗位进行合理分工，实行操作环节相互制约；接受社会和行风政风评议监督，聘请监督员，设立意见箱、意见簿，公布举报投诉电话，开通网上投诉渠道，印发民意问卷调查表，主动邀请新闻媒体、职工代表进行座谈，广泛听取群众意见和建议，保障职工权益。通过拓宽监督渠道，提高工作透明度，确保资金管理使用的安全。

【社会服务】 合肥市住房公积金管理中心坚持把创新服务作为提升服务质量的出发点和落脚点，不断完善服务机制，提高服务水平。下半年，贷款、提取业务量突增，造成大厅常常人满为患，为了缓解窗口业务受理的压力，及时对大厅工作人员进行弹性调配，抽派各部门业务素质过硬的同志支持窗口服务，增设临时窗口缓解压力；增设对公业务柜台，做好批量业务受理工作。对单位集中办理事项，采取集中预约受理，以缩短职工个人排队等候的时间，为了方便退休老职工办理住房公积金提取，增设退休提取专柜，体现更加人性化的服务。将贷款初审前置化，通过开发商帮助购房职工合理安排贷款计划和预审，既节省贷款职工的时间和精力，又提高了管理中心大厅工作人员的工作效率。坚持实行管理中心领导班子成员和中层干部每天轮流接听服务热线电话，及时掌握业务动态，以便正确决策。全年共接听电话咨询2万多人次，处理市长热线100多件，书面或网上答复主任信箱400多件。

【提升素质】 住房公积金能否管理好、使用好、服务好，关键在于员工的整体素质高不高。市住房公积金管理中心在干部职工队伍建设上，坚持外塑部门形象，内强职工素质，不断强化学习培训，提高素质，规范行为。通过采取请进来、走出去等办法，把全体员工轮训一遍。先后聘请教授、专家等传授业务知识、培训业务骨干。利用召开务虚会的形式组织中层干部到外地参观学习，加强与外界的交流，借鉴先进的管理经验。认真落实干部职工交流轮岗制度。多岗位、全方面锻炼，提升干部职工的业务能力和组织协调能力，培养员工从单一操作型向复合多能型方向转变，提高管理队伍的专业素质。市公积金管理中心党组十分重视提高班子成员和中层干部的执行能力，狠抓执行能力的提升，确保市委市政府的决策部署转化为全体干部职工的实际行动。

（黎平静）

园林　旅游

林业与园林

【概述】　合肥市林业局与园林局合并组建合肥市林业和园林局。合肥市林业和园林局按照“统筹城乡绿化发展，建设生态文明”的总体要求，全力推进生态宜居，累计完成人工造林1935公顷，新增城市园林绿地735公顷，新增苗木花卉面积1830公顷，新植乔木74335公顷。当年2月底，合肥园林城市顺利通过国家园林城市复查专家组的复查。“中博会”期间，合肥市良好的绿化风貌受到各级领导和外地嘉宾的好评。三国遗址公园荣获“国家4A级旅游景区”称号，合肥西南地区综合改造、大蜀山森林公园西扩工程荣获“安徽人居范例奖”，外环森林生态长廊建设获全省绿色长廊建设一等奖，大蜀山森林公园获批省级森林公园。

【重点工程】　合肥市林业和园林局完成外环森林生态长廊二期长80公里、共910公顷植树造林任务，总长106公里的外环森林生态长廊基本建成。全市新建和完善绿色长廊571.1公里。加快大蜀山森林公园绿化建设，共栽植乔灌木300多个品种共28万余株，基本形成森林生态景观。完成三国遗址公园金虎台主体工程和蜀峰湾公园北湖区建设。肥东县完成中日友好林四期120公顷造林绿化；肥西县建成人民西路城市广场；长丰县基本建成占地9.6公顷的城北公园；高新区完成绿化建设项目38个，总投资3700万元；经开区建设2公顷磬苑游园；新站区建成站北带状公园，启动漕坊公园、站北高压走廊绿化项目。

【道路绿化】　合肥市林业和园林局完成新建锦绣大道、包河大道、云谷路、文忠路、蒙城北路（庐阳产业园段）等25条道路绿化，栽植法梧、香樟、银杏等各类乔木40万株，面积约110万平方米。升级改造徽州大道、繁华大道15.5公里路段绿化，初步建成“园林景观大道”。对和平路、青阳路、高刘路等13条路道路绿化进行改造升级。在道路红线外两侧“找地建绿”600多处，绿化面积97万平方米。完成金寨路高架桥、四里河立交桥等10处垂直绿化，栽植攀援植物6万株。在长江中路、南一环、合安路等多处节点试种北京月季花。

【滨河廊道建设】　合肥市林业和园林局积极做好“水”文章，大力实施滨河生态廊道建设，完成四里河沿岸36公顷和板桥河沿岸163公顷绿化。实施政务区匡河和滨湖新区塘西河沿岸30公顷廊道绿化。

【乡村绿化】　合肥市林业和园林局积极开展“清洁家园、绿化乡村”活动，全市启动行政村数604个、自然村数1916个，新增庭院绿化45851处、道路绿化2134公里、成片造林315公顷，重点加快4个整村推进项目区绿化，乡村绿化面貌得到初步改善。

【社会绿化】　合肥市属各县、区、开发区累计完成绿化投入12亿元，在推进重点绿化项目建设的同时，加强道路等附属绿化建设。发动社会绿化，全市创建市级花园单位13个。

【森林资源保护】　合肥市林业和园林局基本控制有害生物灾害，全年测报准确率达95.87%，成灾率为1.6‰，种苗产地检疫率达93.28%，无公害防治率达84%。巩固退耕还林成果，实施森林质量提升行动计划，改善林分质量。完成第七次森林资源清查，准确掌握近年来全市森林资源消长状况。开展“绿盾三号”专项行动，全年查处行政案件80余起，清查非法征占用林地38处。全年未发生大的森林火灾。

【园林绿化】　合肥市林业和园林局以迎接城

市公共文明指数测评为契机，不断加强公园、广场和道路绿化带维护管理和文明创建工作。制定《园林绿化养护管理年度纲要》，开展春、秋季道路绿化养护会战和专项整治，共补植乔灌木73.6万株，施肥30吨，浇水喷淋1.5万车次。对花冲公园“宠物市场”和东门小花园算命摊点等“三老”问题实行综合长效治理。开展公园广场设施专项整治活动，公园设施完好率达96%以上。成立“园林绿化考核办”和“园林绿化督查中心”，加强城市绿化养管考核和绿地资源保护。完善基层应急管理机制建设，积极应对当年6月上旬大风和11月中旬雪灾等突发性灾害天气，保绿化、保畅通、保安全。

【绿色产业】　合肥市成功举办2009中国·合肥苗木花卉交易大会，会展期间总交易额达5.22亿元。苗木花卉标准化生产已初见成效；积极打造森林旅游业，涌现出肥东白马山旅游度假村、肥西老母鸡家园、长丰双墩丰乐生态园等一批生态旅游基地；紧跟大建设、实施大绿化，园林绿化施工、监理、养护市场快速崛起。据不完全统计，在肥从事绿化的企业200多家，年产值超过20亿元。

【依法行政】　合肥市林业和园林局制定林业项目验收和奖补操作规程，认真核验各县区申报的近200个林业项目，兑现奖补资金557.4万元。从招投标入手，将绿化施工质量、工期、苗木品种规格及奖惩措施等量化指标和具体要求写入标书中，严格监督。建立绿化养护招标、考核、验收制度，首次将芜湖清水花木公司、广州市政设计院等5家单位记入“不良记录”。按期就位绿化企业138家。修订出台《合肥市城市绿化管理条例》，出台《合肥市蜀山风景区管理办法》，均于2010年2月1日起正式施行。制定林业技术规范和《合肥市大建设项目配套绿化工程建设流程》。优化项目审批流程，取消“绿化许可手续发放前必须签订施工协议”环节，对符合许可条件的直接办理绿化变更许可手续。

【绿化科研】　合肥市林业和园林局开展林木无公害防治研究。推广应用无球悬铃木，完成西二环路悬铃木高接换头。加强节约型绿化研究，试点并推广绿色照明、太阳能、立体绿化、喷滴灌等节能节地节水型绿化。积极开展落叶枯枝就地堆肥处理试验，推动绿化废弃物循环利用。对全市重点绿化规划项目进行调查研究并建库贮备。

【体制改革】　合肥市林业和园林局积极推进林权改革，基本完成集体林权制度改革确权发证工作，全市共审核录入林地53764宗，发证户数54900户，发证面积41270公顷。推进集体林权制度配套改革，以林权作抵押贷款1050万元，林权流转面积1774公顷，流转金额达6638万元。完成园林系统第一批经营性事业单位改革扫尾工作，特别是园建公司改制经过3次评估4次挂牌，于当年5月完成。完成局属12家绿化企业与母体脱钩工作，实行事企分离、独立核算。按照鼓励和自愿的原则，对园林系统符合条件的162人办理提前退休手续。按照“重心下移、事权划转”要求，研究制定园林管理体制改革意见，上报市政府待批。

（朱来喜　张　静）

旅　游

【概况】　合肥市旅游局以发展旅游经济为中心，以打造“安徽旅游中心城市、长三角观光休闲度假基地、国际滨湖旅游目的地”为目标，以引进特大项目为突破口，努力克服金融危机、甲型流感等多重不利因素影响，提振信心、危中寻机，旅游业呈现逆市上扬、又好又快的发展态势。全市旅游经济实现总量进位、增幅领先的目标，全年共接待国内游客1711.96万人次，同比增长27.68%；入境旅游人数20.03万人次，增长35.7%；旅游总收入172.78亿元，同比增长30.44%，三大主要旅游经济指标增幅领先中部省会城市。

【旅游发展】　合肥市旅游局围绕“141”城市发展战略，适应现代化滨湖大城市建设的新形势，修编《合肥市旅游发展总体规划》、《合肥市加快旅游业发展三年行动计划（2010—2013）》。为提炼合肥城市品牌，全面提升旅游城市形象，开展合肥旅游形象宣传语征集活动，引起社会各界的广泛关注和积极参与，收集到宣传语1万余条。7月28日，举办纪念邓小平黄山谈话系列活动，吴存荣市长亲自参加合肥市举办的纪念邓小平同志“黄山谈话”30周年专家座谈会；9月13日，分管副市长主持召开合肥旅游推进会，首次对县区旅游工作进行目标管理绩效考核，促进全市县域旅游经济的发展。

【旅游项目】 合肥市旅游局建立旅游项目库，坚持分类管理、分类入库的原则，分级别、分区域、分类型确定各级项目库的投资规模和投资强度。入库旅游项目总数达到190个，其中前期储备项目41个，当年新开工项目34个，续建项目69个，完工项目46个。加大招商引资力度，赴北京、天津、厦门开展旅游招商推介活动，全市旅游大项目招商引资工作取得新突破。动漫主题公园项目正式签约，该项目总投资80～100亿元；滨湖乐活世界项目签约，总投资10亿美元。中国（合肥）非物质文化遗产园、渡江战役纪念馆、安徽名人馆项目开工，滨湖“土楼”项目结构封顶。

【旅游景区】 肥西县三河古镇顺利启动国家5A旅游景区创建工作，列入全省创建计划；紫蓬山森林公园、三国新城遗址公园和岱山湖成功创建国家4A级旅游景区，国家4A旅游景区翻了一番，达到10家，全市纳入统计的旅游景区（点）达到32家。

【乡村旅游】 合肥市旅游局围绕“中国生态旅游年”的主题，突出“喜迎中博，乐在农家，生态合肥”主题，举办第三届乡村旅游节，共推出春色滨湖旅游节、长丰草莓节、大圩葡萄节等28项丰富多彩的乡村游活动，设计七条旅游线路。加快项目建设，新增10处四星级、五星级农家乐，德兰堡生态农庄、寿子湖畔等农家乐旅游项目建成，全市星级农家乐达到121家。

【航空市场】 合肥市旅游局贯彻《关于加大扶持力度培育重点旅游航空市场的通知》文件精神，设立3000万元旅游航空专项培育资金，航线航班培育取得明显成效。当年3月30日，合肥～首尔航线开通，成为安徽省第一条真正意义上的定期国际航线；9月4日，合肥～台北直航航线正式开通，合肥～新加坡航线前期工作取得积极进展。新增、加密部分国内航线航班，积极主动与机场、东航安徽分公司方面协调沟通，确保合肥～上海航线每天2班往返，方便合肥与长三角之间客商往返；新开昆明～合肥～哈尔滨、合肥～福州～海口、合肥～南宁等航班；多条空中航线航班加密，合肥至北京每天增至9班、合肥至广州每天增至7到8班，合肥至昆明、厦门每天增至4到5班。

【旅游品牌】 合肥市旅游局积极整合包公文化、三国文化、佛教文化、淮军文化、科教文化五大文化旅游品牌，推出数十条特色、精品旅游线路。向武汉等中部地区推出合肥名胜古迹游、皖中名城名山游等精品旅游线路。配合省局“皖北风—百团万人游皖北”大型活动，组织20多辆大巴、100辆自驾车、1000多名游客赴皖北六市二县旅游，促进皖北经济发展。面向全国中小学生和青年游客推出合肥科教特色游。市政府专题召开合肥科教游专题协调会，中科大、合肥等离子所、中电集团38所、科大讯飞、江淮汽车厂等院校、科研院所、场馆以及相关单位和旅行社就深化科教游内涵，完善接待设施，培养讲解人员，建立健全常态接待机制进行研究座谈。面向市民推出乡村旅游，满足市民节假日休闲游、近郊游的需求。

【市场营销】 合肥市旅游局注重旅游市场的营销。举办“合武动车组万人游合肥”活动，组织全市媒体、旅行社等一行40余人，前往武汉召开2009“合武城际高铁”万人游合肥旅游推介会。组织开展“合武城际高铁”万人游合肥欢迎仪式，1300余名游客参加首游活动。加强旅游航空市场的开拓，坚持航线开拓到哪里，旅游推介就延伸到哪里，抓住合肥～台北直航的契机，组织旅游推介团搭乘首航航班赴台湾，推介以合肥为中心的安徽旅游线路和产品，寻求与台湾旅行商的务实合作。联合航空企业赴沈阳开展旅游推介，开拓北方旅游市场，促销合肥～沈阳航线。旅行社、航空公司、新闻媒体联合赴韩国首尔开展一系列促销活动，取得初步成效。加强合肥整体形象宣传，首次在上海火车站策划一系列宣传活动。围绕合武动车开通，在武汉媒体投放一系列宣传推广。积极参与组织“皖北风～百团万人游皖北”活动，落实安徽省委、省政府关于加快皖北旅游发展的战略性部署，充分发挥旅游中心城市的链接、带动作用，推进皖北旅游更好更快地发展，协助省旅游局组织20多辆大巴、100辆自驾车、1000多名游客组成的旅游团参加活动启动仪式。

【节庆活动】 合肥市旅游局共组织各类旅游节庆活动118场次。4月3日，在滨湖新区举办的“精彩中博魅力合肥”第三届“春色滨湖”旅游文化节活动，本次活动仅开幕式就招来芜湖、淮南、六安以及合肥本地的2000多名游客参加合肥一日游；安排巢湖“十大湖鲜”菜肴评选、绿色大圩第七届菜花节、巢湖文化展演等共计10项游客参与性强的专题旅游活动；推出3条“一日游”精品线路、4条“半日游”精品线路，以满足不同游客的多重需要。7月18日，举办的“合、淮两市市民互游暨合淮旅游专线车开通启动仪式”，合淮两市旅行社各组织10辆旅游大巴车总共近700人参加当天的开通仪式。9月14～18日，举办“中国南方城市旅游协作体第十一届年会”，来自全国12个省市18城市的旅游局长们在合肥举行“中国南方旅游城市协作体第十一届年会”。组织、安排“十一”旅游黄金周共计37项系列活动，为全市广大市民营造一个欢乐祥和的假日氛围。

【市场监管】 合肥市旅游局加快旅游业市场主体创建工作，不断提升接待能力。加强创建工作力度，元一希尔顿酒店、天鹅湖大酒店通过五星级评定，正式挂牌，使全市星级酒店达到46家；安徽中青旅、合肥旅行社晋升“全国百强社”，新增旅行社21家，旅行社总量达到145家。举办旅游饭店业服务技能大赛。全市26家旅游饭店共133名参赛选手参加技能大赛，促进各饭店积极提升业务水准和服务质量。加大旅游市场监管力度。积极宣传贯彻新颁布的《旅行社条例》和《旅行社条例实施细则》。对旅游企业的安全生产情况和规范经营加大检查力度；查处一起非法经营旅游业务案件，开出《旅行社条例》实施以来的第一张罚单。

（陈　溦）

开发园区

合肥高新技术产业开发区

【概况】 2009年，合肥高新区完成地区生产总值171.6亿元，实现工业总产值396亿元，实现工业增加值112.8亿元，完成固定资产投资158.7亿元，同比分别增长20.2%、35%、30.3%、36.6%；完成全口径财政总收入22.28亿元，同比增长39.59%，其中一般预算收入8.11亿元，同比增长31.91%；实现社会消费品零售总额15.66亿元，同比增长15.7%。

合肥高新区当年完成的建设项目创“市优质结构工程”奖2项、“黄山杯”工程奖3项、“琥珀杯”工程奖3项、市首届“十佳工地”奖3项，完成的浙商创业大厦项目获“全国建筑施工安全质量标准化工作工地”称号。

此外，合肥高新区当年将工委、管委会机构精简到26个，对干部以岗位管理代替身份管理，开展竞争上岗和双向选择，并推进薪酬管理制度改革，实行同岗同酬、优岗优酬的政策。

合肥高新区当年获“全国精神文明建设工作先进单位”和“合肥市文明单位”称号。

【基础设施建设】 2009年，合肥高新区开工建设基础设施项目及配套设施138个，完成投资19亿元，其中投资基础设施项目6.3亿元。

在道路建设方面：1. 全面开工建设王咀湖环湖路网、潜水东路、创新大道南延段、惠民路、康乐东路等12条总长约15公里的道路，建成通车里程11.5公里；2. 完成望江西路（玉兰大道－二环路）快车道改造工程，实现通车。

在水、电、气设施建设方面：1. 新建供水管道约22公里，全面建成西部组团10万吨/日自来水加压泵站并投入使用，该泵站具备3万吨/日加压能力。另启动7万吨水源管工程建设，其中长江西路（十里店路－香樟大道）和望江西路（香樟大道－玉兰大道）两段长约3.4公里水源管基本建成；2. 建成110千伏潜水变电站、110千伏柏堰园变电站和110千伏银杏路变电站并投入使用；3. 新建电力排管281公里（单根计算），并新建10千伏供电线路18.8公里，另改造10千伏架空线路7.7公里；4. 新建燃气管道7.67公里；5. 新建雨污水管道1.15公里。

在绿化、亮化工程建设方面：全区当年完成绿化总投资约2800万元，新开工建设绿化项目33个，零星绿化20处，新增公共绿地面积65万平方米，栽植各类苗木约250万；并实施长江西路（高新区段）、西二环路（高新区段）、大蜀山电视发射塔道路亮化和景观整治工程。

【招商引资】 2009年，合肥高新区引进企业逾50家，引进项目144个。其中，1亿元以上项目38个，外资项目9个，合同利用外资6170.42万美元，同比增长69.3%；内资项目135个，到位资金24.6亿元，同比增长29.5%；并引进海归创业团队，注册成立15家公司；另签约6个由央企投资建设的项目，总投资86.8亿元；还成功签约柏堰科技园二期10平方公里合作开发项目。

在引进的重点项目中，有总投资100亿元的中南动漫主题公园项目和总投资近30亿元的苏州禾盛等10个家电及汽车配套项目。

【工业经济与项目建设】 2009年，合肥高新区完成规模以上工业总产值388.4亿元，完成工业增加值110.1亿元，同比分别增长35.7%、30%；拥有规模以上工业企业207户，同比新增41户，其中亿元以上企业47户，同比新增8户；规模以上工业企业实现高新技术产业产值308亿元，同比增长30%，占全区工业总产值的80%；完成工业投资68亿元，同比增长34.5%；区财政扶持企业发展资金1.41亿元。

合肥高新区当年全面建成柏堰科技园基础工程

及配套设施，其家电产业集群实现工业产值180.3亿元；并基本建成南岗科技园路网工程及配套设施；另建成阳光电源500千瓦太阳能光伏电站实行并网发电，该站是中部地区最大的太阳能电站；还开工建设大陆轮胎、三洋150亿元机电产业园、格力变频电机及压缩机、原创动漫园和渲染平台及软件服务外包产业基地等重大项目。

【科技创新平台建设与科技创新】 2009年，合肥高新区全面开工建设“一中心三基地”合肥科技创新平台（科技创新公共服务和应用技术研发中心、科研集群基地、科研孵化基地、产业化基地），一期工程占地22公顷，总建筑面积55万平方米。此外，完成科大讯飞、美亚光电综合研发楼等项目的结构封顶工程。

在提升企业科技创新能力方面，该区当年新增国家重点高新技术企业3家（累计12家），新增省级科技创新型试点企业5家，新增市科技创新型企业29家；有11家企业入选全省首批技术服务先进型企业之列，占全省拥有此类企业总数的60%；经重新认定的高新技术企业有195家，占全市拥有此类企业总数的60%；合肥通用机械研究院、工大高科、美亚光电公司等成为国家科技创新型试点企业；并有4家企业成为全国企事业知识产权试点单位，新增专利（著作权）授权逾600项。该区当年新增省级企业技术中心3家，新增省级工程技术研究中心8家，新增市级企业技术中心2家；有4个产品入选国家首批自主创新产品（全省有9个产品）；有14个项目获省2009年科技进步奖，有101项产品被认定为省高新技术产品，有12个项目获市2009年度科技进步奖，有75个项目获国家科技部中小企业技术创新基金支持；有2人入选中组部“千人计划”。此外，公共安全技术研究院落户合肥高新区。

在创新服务体系建设方面，该区当年出台并实施鼓励海外高层次人才创业，以及支持软件、动漫和服务外包产业、企业上市的政策；另成立国元科技担保公司、安徽高科创业投资公司（注册资本3亿元）、科投风险投资基金（注册资本3亿元）、科技中小型企业创业引导基金（5000万元）、公共安全产业投资基金（注册资本2.5亿元）等公司，还发行“高新·时雨”科技企业银信合作理财产品。此外，新增小额贷款公司2家。中国风险投资研究院合肥分院、安徽省股权交易所及汇智创业风险投资公司等当年也落户合肥高新区，安科生物、皖通科技等公司的股票实现成功上市，合肥高新创业园成为全省首批4家“科技路路通”创新服务站之一，留学生创业园被认定为“中国科协海智计划合肥工作基地”。全区科技企业孵化器全年新增毕业企业44家。

【规划与土地管理】 2009年，合肥高新区完成18.5平方公里区域范围调整方案，并报省政府转报国务院审批；另完成示范区雨水、给水、供电、供热、管线等综合专项规划11项；还审批总体和单体设计方案148个，发放建设工程规划许可证副本196本，规划验收138项（涉及建筑面积253万平方米）。

该区当年获批新增用地近194.65公顷，出让土地55宗近125.8公顷，出让金总额逾16.83亿元。其中，工业用地51宗近100公顷；经营性用地4宗，面积近26.04公顷。并成功争取省政府专项用于示范区建设100公顷“点供”用地指标。此外，办理单位土地登记103宗，面积近230公顷；完成土地抵押登记69宗，面积逾383.73公顷，融资金额22.24亿元；办理个人土地登记3852本。

【环保工作】 2009年，合肥高新区完成全区污染源普查工作，拒批因环保不过关的投资项目逾20个，其中亿元以上项目2个；并强化环境监管，实行“三同时”（指建设项目中环境保护设施必须与主体工程同步设计、同时施工、同时投产使用）制度验收58个工程。全年重点排污企业达标率为100%，单位GDP能耗下降8%，化学需氧量、二氧化硫排放削减量均未突破控制指标。该区的天源热电公司被评为省首届十佳环境友好型企业。

该区当年完成科学城小型污水处理厂的土建、安装工程；并完成安装和验收进入该区污水流量计仪器的工作；另在集中供热范围内，禁止新建燃煤、燃重油锅炉，在辖区内推广使用天然气等清洁能源和生物能源。

【民生工程与社会事业】 2009年，合肥高新区实施民生工程20项（其中，省定16项，市定4项），安排资金3871.61万元。其中，中央及安徽省资金570.81万元，合肥市资金1869.46万元，高新区资金1431.34万元，区财政配套资金到位率143.33%。在社会保障工作方面，有5418人被纳入征地农民养老保障体系，发放养老保障金352.87万元；有1685户被纳入城市最低生活保障体系，月发放低保金37.9万元；有21022人参加城镇居民医保；给困难群众发放医疗救助112万元，人均获医疗救助约4000元；并完成城西桥敬老院一期改扩建工程。在劳动就业工作方面，组织2800名企业在岗农民工接受技能培训；新增就业3227人，有1419人被征地农民实现再就业；在5个实现了充分就业的社区中，就业劳动力8941人，就业率达94%；城镇登记失业率控制在3%以内。在统筹城乡发展工作方面，完成土地流转逾567公顷，拆除房屋40万平方米；并完成永和家园一期、滨湖苑一期合计2500套的房屋分配工作，有4700多人迁入新居；另完成永和家园二期、惠民小区一期、柏堰雅苑二期项目的结构封顶工程；还完成廉租房永和公寓一期工程2万平方米建设任务；建成村村通水泥路7.8公里；投入300万元进行农村水利建设，完成三个村的电网改造工作；兑现各类涉农资金和家电下乡补贴资金350万元。在卫生工作方面，新建蜀南庭院、永和家园社区卫生服务中心，做好手足口病和甲型H1N1流感等疾病的防控工作。在教育工作方面，建成并使用城西桥学校、永和学校，全面兑现教师绩效工资，小学适龄儿童入学率、巩固率、毕业升学率100%，初中学生巩固率99%。在人口计划生育方面，设立人口文化宣教中心，依法依纪严肃处理虚假挂户、计生“两非”问题，人口出生政策符合率98.6%。在文明创建工作方面，开展“迎中博讲文明树新风”、志愿者服务以及“走向文明”文艺进社区活动。在社会治安工作方面，严厉打击各类违法犯罪活动，效果良好。在信访工作方面，排查信访矛盾隐患，开展大接访活动，化解和处置信访和执行积案，被市委市政府授予“信访工作目标管理优秀单位。”

此外，该区当年在安全生产、城市管理、公检法、工商、税务、质监、消防、交通安全、食品安全和工程建设等领域也取得积极成果。

（刘　洁）

合肥经济技术开发区

【概况】 2009年，合肥经济技术开发区完成地区生产总值279.5亿元，实现规模以上工业增加值222.5亿元，完成综合财政收入51.38亿元，同比分别增长19.4%、21.2%、46.7%；完成固定资产投资248.4亿元，同比增长41.9%，其中投资工业104.4亿元，同比增长29.6%。

该开发区当年汽车及零部件、家电电子、装备制造、日用化工、食品加工等五大支柱产业累计完成工业产值765.4亿元，占全区工业产值总量的95.5%，拉动全区工业增长的贡献率达94.8%；新增规模以上工业企业28户，其中新增亿元以上工业企业10户；海尔、日立、联合利华三个工业园实现销售额逾百亿元；杰事杰等8家科技创新企业被合肥市政府命名为“合肥市创新型企业”；并新增省级企业技术中心2家，新增省级高新技术产品19项，新认定高新技术企业8家。截至年底，该区有高新技术企业59家，有国家级企业技术中心2家，有省级企业技术中心9家。

在编制开发区规划和培育新兴产业工作方面，该区当年编制开发区《城市总体规划（2006－2020)》，并参与编制《合肥市西南组团规划》等规划，使开发区与滨湖新区、老城区、政务新区和肥西县上派镇等衔接，另与肥西县签署扩大合作开发协议，将合作范围扩展至派河以南59.5平方公里区域。此外，加强对新兴产业的培育工作，推动船舶、微电子、新材料和生物医药等重点产业和骨干企业发展。这方面的成功事例，央视《新闻联播》和《经济日报》头版头条均作了披露。

合肥经济技术开发区当年被国家工信部批准为首批“国家新型工业化产业示范基地”之一。

2009年，在经济观察报、中国区域经济学会联合举办的首届“中国最具投资潜力开发区”评选活动中，合肥经济技术开发区名列中国最具潜力十强国家级开发区第五位，居中西部各国家级开发区之首。

【基础设施建设】 2009年，合肥经济技术开发区推动基础设施建设：1. 围绕打造派河港和南部物流区，推进铁路专用线、派河航道整治等工程；2. 累计投资11.59亿元，高标准建设市政公用设施，完成莲花路改造工程，并推进莲岗高压线入地工程，另完善供电、供水、燃气、热力、通讯、污水等管网工程，还新增绿化面积53.3公顷；3. 建成派河熔安动力专用码头并投入使用；4. 完成重点路段沿线及会展中心周边亮化工程。

【招商引资】 2009年，合肥经济技术开发区改革招商机制，调整招商责任和考核机制，设立上海、广州、厦门招商办事处，组建32支招商小分队，拓展招商渠道和信息，签约建设美的采购中心、航嘉电子、东维太阳能、康尔信等重点项目；

并利用中博会、资本对接会等平台，加强产业链招商，在中博会上签约6个项目，获32.8亿元投资；另全面推进与央企的招商合作关系，签约11个项目，获193.5亿元投资。

该开发区当年累计完成招商引资95.73亿元，同比增长12.76%。其中，外资3.36亿美元，市外资金到位72.89亿元。

【土地使用和项目建设】 2009年，合肥经济技术开发区用集约方式节约和利用土地，把依法行政与服务发展有机结合，坚持“以用为先”的方针，加大建设用地置换力度，并开展闲置和低效利用土地清理工作，翡翠湖近33.47公顷的商业地块拍卖价为每公顷7800万元。

该区当年对协议落地项目进行驻点全程跟踪、一盯到底，督促项目按协议开工建设、按时投产。全年投资约80亿元，开工建设30个新项目。截至年底，该区列入市“1346”行动计划项目40个，累计完成投资约73.35亿元；列入省“861”行动计划项目33个，累计完成投资约52.11亿元。截至年底，海尔冰箱二期、华凌大冰箱等项目建成并投产，另实现首台熔安动力机交付使用，还实现安徽首支人工重组胰岛素成功下线。

在发展服务外包产业和科技孵化器工作方面，开工建设机械工业第一设计院、利星行等项目。在发展现代物流、总部经济、服务外包等现代服务业工作方面，国药控股安徽物流中心、医药健康产业园等相继入驻。在发展会展经济工作方面，举办中博会、自主创新对接会、农机会、家电博览会等大型会展逾40场。在为成熟产业发掘项目工作方面，打造大学城、翡翠湖、南艳湖等商业资源品牌，推动中环城、百乐门、澳中财富等服务业项目建设。

【民生工程与社会事业】 2009年，合肥经济技术开发区坚持以人为本，投入7922万元，实施19项民生工程。主要成就如下：1. 完成廉租房一期工程建设，临湖社区二期工程实现封顶；2. 做好拆迁安置工作，并规范回迁安置资格公示制度，完成安置房2541套建设，安置人员4115人，另发售解困房352套，解决住房困难家庭实际需求；3. 完成塘西河流域7个安置小区和2所学校的雨污分流改造工作；4. 新增就业1.6万人；5. 使祖居居民的人均可支配收入提高到逾1.18万元；6. 落实基本生活、医疗等保障政策，累计发放各项补助资金近2000万元；7. 使汇林园等7个小区、5913户居民用上天然气。

该开发区当年推进社会事业。在卫生工作方面，完成社区卫生服务机构规范化建设，制定重大疾病防控应急预控，防控甲型H1N1流感和手足口病，并开展食品安全专项监督检查，全年无重大食品安全事故发生。在计划生育工作方面，创新流动人口管理模式，稳定低生育水平，并成功突破2例跨省性别比案件。在文化建设工作方面，成功举办“第三届社区文化节”，吸引207家单位、10余万观众参与，效果良好。在稳定社会秩序方面，开展矛盾纠纷排查和信访积案化解工作，做好社会治安综合治理、安全生产等工作，确保了政治大局的稳定。

（合肥经济技术开发区发展研究中心）

合肥新站综合开发试验区

【概况】 2009年，合肥新站综合试验区坚持走发展新兴工业、现代商贸业、现代服务业之路，完成地区生产总值98.27亿元，完成规模以上工业总产值45.3亿元，完成规模以上工业增加值13.84亿元，同比分别增长10.7%、11.12%、14.7%；完成社会固定资产投资132.59亿元，同比增长4.96%，其中工业性投资54.51亿元，同比增长100.4%；完成财政收入5.5亿元，同比增长32.27%，其中税收收入5.15亿元，同比增长24.7%。

该区当年获第三届中国国际家用电器博览会先进单位称号，有9项工程获市优质工程“琥珀杯”奖，其中3项工程获省优质工程“黄山杯”奖。

【基础设施建设】 2009年，该试验区累计完成政府性投资3.9亿元，在建道路19.45公里，在建房建工程20.08万平方米。在项目供地方面，取得征地同意批复203公顷，同比增长122.2%；并供给京东方六代线、彩虹高世代玻璃基板等16项工程土地近123.27公顷，同比增长46.8%；另供给经营性土地用地逾1.53公顷，成交单价达7800万元/公顷。该试验区当年加紧建设平板显示八代线一期路网、淮南路E段、天水路、九顶山路、万罗山路、三星路、铜陵北路E段临时道路等工程，以及兴海苑C区、新站总部经济大厦、蓝天公寓一、二期工程等项目。在市政配套设施管理工作方面，完成编组站以南30平方公里范围的市政道路、排水、路灯、交通设施的管理和维护工作，并完成生态公园、站前广场、胜利广场和34条道路绿化计66.3万平方米绿化养护任务。

【招商引资】 2009年，该试验区参加国家、省市举办的各类博览会、展销会，多方式开展招商引资活动，实现招商累计实际到位资金75.5亿元，同比增长47%，其中实际到位外资1511万美元。在围绕平板显示产业基地展开的产业链招商工作方面，首批集中签约引进的有13个配套项目，以及京东方六代线、鑫昊PDP、彩虹玻璃基板、乐凯偏光片等具有高产值、高税收、高科技含量的核心项目。

【平板显示产业基地建设】 2009年，该试验区推动重要基地建设：1. 该试验区管委会与长丰县人民政府签订《合肥新站综合开发试验区与长丰县合作发展修订协议》，将合作范围增至约57平方公里，该试验区将此区域用于平板显示产业基地建设；2. 中国（合肥）平板显示产业基地总体规划通过市规委会审批，并完成该产业基地启动区及路网用地报批、八代线及路网配套项目用地报批工作；3. 完成京东方、鑫昊PDP、彩虹等15家工业企业施工水、电和装饰，以及约146.7公顷场地平整工程；4. 按期完成京东方110千伏输变电工程，实现京东方六代线主体厂房工程封顶，并建设鑫昊PDP、彩虹玻璃基板等项目。

【现代服务业】 2009年，该试验区的现代商贸服务业以“商圈经济”发展为依托，开发高品位、大影响的商业及服务业项目，如信地城市广场二期、中绿广场二期工程等。该试验区站前路安徽服饰第一街、临泉中路商业街等商业街区的120家限额以上批零、住餐业企业实现零售额55亿元，全区12个亿元市场实现销售额170.1亿元，同比分别增长75.7%、8.8%；汽车、食品、服饰、家具及建筑材料等成为拉动消费的主体。该试验区全年完成社会消费品零售总额157.1亿元，同比增长12%，占市社会消费品零售总额的22.3%，总量位居全市第二。

【投、融资工作】 2009年，该试验区实施投、融资体制改革，有效整合资产，推进投、融资平台建设，通过项目贷款、债券和其他方式融资50.6亿元；同时科学创新思路，降低融资成本，在全市县区级融资平台中融资成本相对较低。

【社会事业】 2009年，该试验区累计投入资金6604万元（资金到位率100%），建设18项民生工程，获市民生工程优秀奖。在干部队伍建设和人才培养方面，推行机关人事机构与收入分配制度改革，并创新干部任用方式，实行绩效考核，通过举办专场招聘会、组织参加人才博览会、开展专题培训讲座等方式，推进人才队伍建设。在教育工作方面，强化管理，创建特色学校，推进教育均衡优质发展，长淮新村小学获市特色学校称号。在卫生工作方面，开展社区卫生服务中心标准化、规范化建设，并获市卫生先进单位称号。在计划生育工作方面，强化落实目标管理责任制工作，加大宣传力度，提高政策知晓率，依法行政，实施综合治理。在社会保障工作方面，及时开展失地农民养老保障和城市低保的无缝对接工作，对辖区内城市低保对象中已领取被征地农民养老保障金的人员，全部清退出城市低保，全年低保金总支出为758万元，累计发给34602人（次），累计月人均补差221元；长淮、七里塘街道获市低保工作规范化建设合格单位称号。在环境保护和节能减排工作方面，完成年减排目标，能耗同比下降4%。在回迁安置工作方面，拆迁房屋建筑面积约76万平方米，同比增长242.3%；回迁安置房屋1849套，面积约14.53万平方米，同比分别增长41.1%、34.1%。此外，该区当年在完善信访制度建设、和谐社区建设、安全生产等方面也取得了积极进展。

（合肥新站综合开发试验区管委会办公室）

合肥市政务文化新区

【概况】 2009年，合肥政务文化新区累计完成固定资产投资100.53亿元，同比增长24.2%。其中，投资重点工程和基础设施建设26.66亿元，投资公用建筑和开发项目73.87亿元，同比分别增长1.1%、36.14%。该区全年新开工建设面积173.92万平方米，竣工面积72.07万平方米。

该区当年强化建设项目的监督和服务工作，确保项目早落地、早开工、快建设。在具体项目建设方面：1. 合肥大剧院整体工程于11月全面竣工，12月底正式开业首演；2. 用2天时间完成东流路“白加黑”改造工程；3. 人民日报社安徽记者站综合楼于7月竣工交付使用；4. 绿轴南段1号、2号车库工程基本完工。此外，完成市青少年活动中心工程主体结构封顶工程，陶然居、森林海、COCO-PARK等开发项目建设也取得积极进展。

【招商引资】 2009年，合肥政务文化新区坚持“发展是第一要务，招商引资是第一要务的第一要事”的理念，充实招商队伍，明确招商重点，实施“大招商，招大商”，通过股份引资、公益投资、委托管理等方式，广开招商门路，探索资源换项目、资产换资金、政策换发展的招商引资新路子，形成境内、境外招商并举，资源、资产并举，引资、引智并举的格局，成功引进省广电新中心、新地中心、红星美凯龙等5家开发企业和单位前来投资。全年招商引资到位内资28.44亿元，实际到位外资3010万美元，出让土地25公顷。

【环境建设】　2009年，合肥政务文化新区坚持“环境优先”、“生态优先”，明确把环区河道北段、科技绿轴湖南段作为环境建设的重点，细化任务，明确责任：1. 天鹅湖灯光秀、画舫游船在国庆期间投入运行；2. 完善天鹅湖、匡河公园等景观区域的维护管理，全面做好清扫保洁和市政设施管养，实现新区绿化、美化、亮化整体环境的再提升；3. 整合全区综合环境的生态优势，整体申报“中国人居环境范例奖”，并获批准；4. 准备综合开发天鹅湖、匡河等旅游资源，先后赴上海、南京、苏州等地进行考察调研，初步形成运作方案；5. 与蜀山区对接，成功引进合肥五十中（新区）、西园新村小学等中小学教育品牌，实现了一流硬件设施与优质教育品牌的“强强联合”。其中，五十中南区、西园小学南区开学，五十中（新区）开工建设。

【房价与地价】　2009年，合肥政务文化新区的楼市出现每平方米“破6000元”的价格，该区投资公司开发的“陶然居”、“森林海”等住宅项目前景看好，其中“森林海”项目自10月25日正式对外推出，首日开盘即接待客户逾500人（次），成交200组；位于天鹅湖西侧的低密度住宅用地ZWQTB—034在9月9日的土地拍卖会上，经101次举牌竞价，最终以7680万元/公顷成交，总价逾10.8亿元；创下了当时合肥单宗住宅类用地价格的最高纪录。此外，该区金寨路与习友路交口的待开发地块经过长达32轮的叫价后归属合肥城建，总价11.7亿元，刷新了该区地价记录。

【文化提升】　2009年，合肥政务文化新区建设的合肥大剧院、赖少其艺术馆等成为全市最有品位的文化艺术场馆。合肥大剧院通过公开招标的形式，成功引进北京剧院管理有限公司，明确“委托经营、市场运作、业主监管”的运营管理模式，每年100场的演出将全面激活新区文化产业和旅游业发展。合肥体育中心借鉴合肥大剧院委托运营模式，中体产业集团股份有限公司从4家资本雄厚和管理经验丰富的企业中竞得合肥体育中心未来9年运营管理权，也带来明显效益。

【内部管理】　2009年，合肥政务文化新区在组织架构变革、运行机制流程优化、管理体系塑造健全等方面进行改革，新区指办和投资公司整合归并成6个职能部门，组织架构与建设、运营、管理职能匹配，原有的岗位精简为77个，形成了定岗定责、一岗多责、一部多档的良性机制；并按照公开透明、阳光操作的原则，通过资格审查、笔试、面试、演讲答辩、综合考评等程序，选用14名优秀人才；另发挥常年法律顾问的作用，效果良好。

（合肥政务文化新区办公室）

合肥滨湖新区

【概况】　2009年，合肥滨湖新区坚持“四个优先”，投资130亿元，全面推进各项建设，新开工建设面积428.91万平方米。在征地拆迁安置工作方面，按照“依法用地、有情拆迁、保障建设”的要求，组织实施拆迁大会战，拆迁面积约124.8万平方米，涉及经开区、烟墩镇、义城镇约5500户、17055人。全年缴付土地补偿款和社保基金18.2亿元，建成并交付40万平方米拆迁安置小区——滨湖家园二期、滨湖和园，在建拆迁安置房--滨湖康园一、二期、滨湖欣园156万平方米。

在基础设施建设方面，新建、续建南京路、福州路、万泉河路等道路，建成20.38公里；并完善市政配套设施，建成11万伏变电所1座，另全面开工建设滨湖11万伏第二变电所、22万伏变电所、垃圾中转站、塘西河再生水厂、塘西河河口闸站枢纽工程等项目；还对亮化工程投资1000万元，完成滨湖惠园、一中、四十六中等30幢单体亮化工程建设。

在公共设施及文化项目建设方面，新建成并如期开学滨湖第二小学（2万平方米，招生规模2160人）、师范附小滨湖世纪城小学（3万平方米，招生规模3000人），新区总的招生规模扩大到近2万人；并启动建设区社区服务中心（建筑面积约1.3万平方米，包括商业、街道办事处、邮局、电信局、银行等服务机构）、合肥一中、四十六中体育馆、滨湖轮滑场、国际创新展示馆、渡江战役纪念馆、合肥滨湖国际会展中心、安徽名人馆等。

在园林绿化建设方面，全面实施道路绿化、塘西河生态廊道、防护林、苗圃建设，在春季投资2.88亿元，新增绿化乔木44万株、灌木330万株、竹类130万杆。

【招商引资】 2009年，合肥滨湖新区通过组织参加北京、深圳推介会、第四届中博会等活动，推出项目，吸引客商投资，入驻项目11个。1～11月份，招商引资实际到位资金总额为46.13亿元，同比增长19.5%。该区全年经营性土地出让逾142.73公顷，获土地出让金29.62亿元，是上年的5倍；经营性住宅用地平均地价升到3129万元/公顷，新开工建设面积428.91万平方米，入驻各类企业缴纳税金9.6亿元，同比分别增长75.15%、67.4%、231.03%。

（滨湖新区建设指挥部办公室）

合肥瑶海工业园区

【概况】 2009年，合肥瑶海工业园区实现地区国内生产总值33.48亿元，实现工业总产值68.89亿元，完成税收1.44亿元，完成固定资产投资82.55亿元，同比分别增长18.7%、63.7%、24%、32.7%；完成固定资产投资84.4亿元。

【企业发展和项目建设】 2009年，合肥瑶海工业园区新增规模以上工业企业26家，总数达70家。其中亿元以上企业新增3家，总数达11家；新增限上商业企业7家，总数达13家。

该园区当年在建项目142个，开工建设服装加工区A3、D3号2.4万多平方米标准化厂房项目；并加快方桥新镇、文淦苑、天水苑三大复建点建设；另实现复建房竣工交付面积11万平方米，新开工面积25万平方米。

【招商引资】 2009年，合肥瑶海工业园签约引进凯泉泵业、南亚机械、特步服饰、中建材玻璃基板、好百年物流园等投资逾亿元重大项目11个。其中10亿元以上项目2个，分别是总投资55亿元的中建材TFT玻璃基板项目和总投资32亿元的好百年物流园项目。

合肥瑶海工业园当年完成招商引资37.8亿元，协议引进内资、外资分别为36.5亿元、1755万美元，同比分别增长72.6%、17.2%。

【土地使用与拆迁】 2009年，合肥瑶海工业园区新增建设土地征用指标90.36公顷，并开展闲置和低效用地清理整顿工作，开工、续建5个项目，使用土地9.2公顷，另调整供地4宗逾20.97公顷，置换土地2宗6公顷，收储土地8宗近8.87公顷，收回土地2宗逾18.3公顷。

合肥瑶海工业园当年推进征地与拆迁工作：1. 完成职教三路、职教四路、文忠路、关进路等4条市“大建设”道路工程的征地拆迁工作；2. 方桥新镇复建点交付房屋1227套，总面积9.6万多平方米。

【民生事业】 2009年，合肥瑶海工业园推进民生事业：1. 为9271名失地农民办理养老保险，为11842人办理医疗保险；2. 为城市210户（次）户低保保障户发放保障金118.65万元，为农村215户（次）低保保障户发放保障金38.93万元；3. 集中供养五保老人14人，发放春节慰问金逾3.4万元；4. 救助大病家庭106户，发放救助资金56.85万元；5. 启动10个社区“农家书屋”工程；6. 投资1800万元建设的园上园小学开工。

（合肥瑶海工业园管委会办公室）

合肥庐阳工业区

【概况】 2009年，合肥庐阳工业区完成规模以上工业产值76.2亿元，完成规模以上工业增加值20.5亿元，完成全社会固定资产投资49.72亿元，完成工业投资29.09亿元，同比分别增长27.6%、28.4%、20.74%和24.89%。全年新签工业项目入园协议22个，总用地面积近33.67公顷，计划总投资12.16亿元，上市摘牌房开项目3个，总用地面积逾13.33公顷，总投资约11亿元。在新引进的项目中，宝利丰宝马4S店、安徽动力电缆有限公司特种和高压电缆、合肥依立腾公司服饰生产及总部研发中心等10个项目实现开工建设。

【基础设施建设】 2009年，合肥庐阳工业区实施基础设施建设，在建道路2.7公里，并配套实施供水、供电、供气、弱电、照明、绿化和人行道板铺设等工程建设；另全面实施中央投资国债项目污水管网工程，完成工程施工监理招投标工作的在建污水管网工程有5条，总长3418米；还分步实施荣城南苑续建、荣城北苑经济适用房、廉租房、拆迁恢复楼、铝厂集资房等项目建设，其中铝厂集资房一期12栋完成竣工并交付使用，其余工程均进入一期主体施工阶段。此外，完善园区规划，重点建设蒙城北路和阜阳北路道路景观工程。

【招商引资】 2009年，合肥庐阳工业区策划、包装、储备关联性强、产业链长、成长性好、附加值高的项目，宝利丰、动力电缆、天维仪表等项目入驻开工。全年新签19个入园协议工业项目，协议外资500万美元。

该工业区全年累计完成招商引资逾17.76亿元，同比增长5.5%。其中，境内市外资金逾17.76亿元，同比增长8.69%；境外资金36.26万美元。

【融资】 2009年，合肥庐阳工业区推动融资工作，联系徽商银行、合肥农业科技银行和市投融资中心，并利用资产抵押、市偿债资金和财政担保方式，为工业区建设发展提供资金保障。截至12月份，该工业区贷款额度6.7亿元，其中放贷6.21亿元。在土地出让金收缴工作方面，全年收缴土地款3833.74万元，并办理市财政土地出让金返还4306.8万元。在工程结算和审计工作方面，全年审计工程项目26个，送审金额8018.65万元，核减金额1339.66万元，压缩了工程建设成本。在协税护税工作方面，拓展税源，对工业区承建工程项目进行全面清理，全年代扣代缴工程营业税675.74万元。

【拆迁】 2009年，合肥庐阳工业区推进拆迁工作，专门成立拆迁工作领导组，明确专人、职责，并定期召开拆迁协调会议，解决拆迁过程中遇到的难点和问题，实际拆迁面积近11万平方米。

【社会事业与内部管理】 2009年，合肥庐阳工业区推进社会事业。在计划生育基础管理工作，制定和实施《2009年度人口与计划生育目标管理责任书》，并与社居委干部签订责任状，明确分工，强化责任，把计生工作做到群众家中，同时兑现计划生育奖励经费。在就业和再就业工作方面，通过开发公益性岗位、支持自主创业、发展民营经济等方式，创造就业岗位，全年安置就业人口逾千人。在社会保障体系建设方面，真正实现城市低保应保尽保；并通过规范管理、公开操作，农村低保在提标扩面后实现不增反减，低保户数由上年度的150多户降至100户以内；另将个体、灵活就业人员纳入医保范围，全年实现居民医保参保4713人，社会保障的受益人群和补助水平均有大幅度提高。在教育事业方面，建成六安路小学分校并交付使用，对辖区中小学布局进行规划调整。在卫生工作方面，加强疾病预防控制和公共卫生体系建设，提升医疗服务水平。此外，在文明城市创建、安全生产、市政管理、后勤服务、资产管理和运作等方面，均取得积极成果。

合肥庐阳工业区当年制定《庐阳工业区管委会机构设置及岗位职责（试行）》，完善内部机构设置，出台机关内部日常考勤管理办法等，在注册审批、在建项目、后期运营等三个服务环节，实现对企业的全程优质高效服务。

（合肥庐阳工业区管委会办公室）

合肥龙岗综合经济开发区

【概况】 2009年，合肥龙岗综合经济开发区完成工业总产值逾30.79亿元；完成社会固定资产投资21.28亿元，其中完成基础设施投资3.249亿元；实现经营（销售）收入101.48亿元；完成外贸进出口2181万美元；完成两税收入逾2.19亿元。其中，国税收入6909万元，地税收入近1.5亿元。

该区当年受理辖区内各类房屋产权登记1732件。其中，受理商品房初始登记发证1346件，二手房登记发证276件。全年实现规费收入56.8万元，协助征收契税1016万元等。

【基础设施建设】 2009年，合肥龙岗综合经济开发区推进各项基础设施及配套建设，投入约4000万元；恢复楼建设投入约3000万元。在道路建设方面：1. 完成站前路二十埠河支河桥梁工程；2. 通达路改造工程竣工通车；3. 完成站前路东段1200米的道路工程；4. 完成龙岗路中段（长江东路－临泉东路）道路基层工程；5. 完成牡丹路（长江东路－站前东路）、勤劳路（王岗路－牡丹路）、王岗路（长江东路－临泉东路）、站前东路西段（二十埠河－龙岗路）污水管网工程。在拆迁恢复楼建设方面：1. 龙腾家园一期13幢4.4万平方米的拆迁恢复楼竣工；2. 龙腾家园二期拆迁恢复楼建设，3幢竣工，4幢进入装饰阶段；3. 窦桥4、5号拆迁恢复楼9000平方米竣工；4. 店岗拆迁恢复楼7幢2.6万平方米竣工。此外，实现马岗小学新校区教学楼1.6万平方米B、C两标段竣工，完成龙岗街道游园工程的土方、池塘改造、道路、绿化等项目。

该开发区当年完成道路建设1.9公里，完成污水网工程建设4.97公里，完成恢复楼建设11万平方米。

【招商引资】 2009年，合肥龙岗综合经济开发区与7家企业签约建设项目。它们分别是：合肥市世茂橱柜有限公司，项目投资总额3000万元，征地1公顷用于生产整体橱柜等产品；合肥永顺纸业有限公司，项目总投资3200万元，征地1.1公顷用于建设年产3.2万吨砂管纸生产线；林敏照明有限公司，项目总投资8750万元，征地约逾2.33公顷用于建设节能LED灯具生产项目；安徽高升教育咨询服务有限公司，项目总投资5000万元，用于建设合肥高升学校高中部项目；上海派蒙特景观照明科技有限公司，项目总投资3575万元，用于建设节能LED灯具生产项目；合肥华祥汽配有限责任公司扩建项目，建设内容为高级轿车维修美容、汽配销售。

该开发区当年完成招商引资实际到位资金19.04亿元。其中，完成省外到位资金10.34亿元，市外省内到位资金4.76亿元。全年办理商业用地挂牌成交4宗，总计成交面积逾16.47公顷，成交金额为逾4.25亿元。并为区内逾30家工业企业办理免收费手续，计减免金额逾267.84万元。其中，办理减免上缴省级以上金额逾214.12万元，办理减免上缴市县免收金额近53.72万元。

【拆迁】 2009年，合肥龙岗综合经济开发区完成二十埠河综合治理工程和大众路50万伏高压走廊工程拆迁工作，完成拆迁面积约4万平方米。此外，临泉路及华都房地产和二十埠支河等项目的拆迁工作也接近完成。

【社会事业】 2009年，合肥龙岗综合经济开发区推动社会事业发展。在安全生产工作方面，开展安全生产大检查和烟花爆竹专项整治活动，排查和消除安全隐患126处，查缴烟花爆竹逾150件，并治安拘留2人。在民政工作方面，对全区119名农村低保对象发放补助资金；并核定城镇低保户17人，发放救助资金37256元；另给五保户发放供养资金5.22万元；还为烈士遗属、残疾军人、老复员军人、带病回乡退伍军人发放优扶金12.469万元。此外，给辖区337名水库移民发放直补资金20.22万元。在计生管理工作方面，该区2008年10月至2009年9月人口出生率17‰，出生政策符合率98.1%，出生人口总性别比104.87。在信访工作方面，接待群众来访182批585人（次）。其中，个体来访128批150人（次），集体来访54批435人（次）；接待去京上访2批2人（次），去省上访2批27人（次），去市上访1批22人（次）；受理转办件合计309件。其中，省长、市长、县（区）长热线和信箱以及政民直通车276件，县转信访件33件；办结省长、市长、县长热线和信箱信访件275件；办结县转信访件33件；另办理开发区领导交办件4件，全部办结。在社会保障方面，办理农村合作医疗保险7544人，办理新农合外院住院报销195人（次），并发放住院补助费逾43.64万元；为193名退休人员办理养老金领取资格认证工作；为19名“4050”就业困难人员办理就业困难人员申报手续资格认证；为65名失业人员办理资格认定；为辖区内6422名失地农民办理养老保障审批工作；为3498人（次）城镇居民办理医疗保险参保工作，完成率175%。

（合肥龙岗综合经济开发区管委会办公室）

合肥蜀山经济开发区

【概况】 2009年，合肥蜀山经济开发区完成GDP26.6亿元，完成工业产值50.8亿元，同比分别增长17%、19%；完成固定资产投资56亿元，其中工业投资24.7亿元，同比分别增长36.5%、37%。该开发区全年新开工项目26个，其中工业项目19个，主要是安徽中兴继远信息技术有限公司、安徽中人药业有限公司等投资建设的。

该开发区全年开展就业培训和招聘工作，组织720人（次）参加就业培训、460人（次）参加专场招聘会，新增城镇就业320人；并扩大各项基本保障涵盖面，将95%以上、60岁以上无劳动能力和收入的群众纳入低保救助范畴；另开展计划生育基本信息核查和流动人口摸底清理工作，进行计生双月考核工作，均取得良好效果。

【招商引资】 2009年，该开发区推进招商引资工作，引进高新技术产业、商贸、商住、现代物流等新型产业；特别是引进生物医药、电力电器、新材料新能源等高科技企业板块，使科技“孵化器”晋级为“省级孵化器”；另重点引进占地较少、工期较短、产出较大的项目，提高土地的集约利用率，并成功引进安徽蓝希检测设备有限公司等前来投资。

该开发区全年引进28个项目，其中供地项目10个，标准厂房建设项目6个，孵化器建设项目

12 个；引进市外资金 24.3 亿元，同比增长 52%，其中省外资金 18.6 亿元，同比增长 32%。

【基础设施建设】 2009 年，该开发区推进基础设施建设：1. 建筑面积 15.9 万平方米的二期复建点工程竣工；2. 建成开福路、雪霁路等 6 条道路 5.5 公里，扩展空间 4.7 平方公里，并新开工建设万泽路、蜀峰路、甘泉路、雪霁北路、科学家路等道路道排工程；3. 实施绿化、亮化、美化工程，对区域内企业、小区、道路和永久性绿地实行系统整合，绿化面积逾 25 万平方米。

（合肥蜀山经济开发区管委会办公室）

安徽长丰双凤经济开发区

【概况】 2009 年，安徽长丰双凤经济开发区实现工业产值 101 亿元，同比增长 68.6%，其中规模以上企业实现工业产值 90.4 亿元，同比增长 68%；完成工业增加值 25.8 亿元，同比增长 69.7%，其中规模以上企业完成工业增加值 23.5 亿元，同比增长 70%；完成固定资产投资 42.1 亿元，同比增长 50.4%，其中完成工业投资 27 亿元，同比增长 35%；完成“1346”项目固定资产投资 11 亿元；完成财政税收 3.224 亿元，同比增长 38.8%。

该开发区全年新增规模以上企业 21 家，新增产值逾亿元企业 5 家，全区产值逾亿元企业达 12 家。

【招商引资】 2009 年，该开发区在招商工作方面，按照“领导招大商，办事员收集信息”的思路，主要领导亲自外出招商，分管领导一门心思专注招商，并派出招商队伍外出招商，新签约逾千万元项目 38 个，新签约逾亿元项目 8 个；另完善项目服务工作，实行全程领办、代办机制，促成签约项目早开工，开工项目早投产，全年新开工项目达 29 个，新投产逾千万元项目 27 个。

该开发区当年完成招商引资到位内资资金 36.1 亿元，同比增长 45%，其中省外项目到位资金 25.5 亿元，同比增长 40%；工业项目到位资金 27 亿元，同比增长 56%；新引进项目到位资金 15.6 亿元，同比增长 50%；实际到位外资资金 770 万美元，同比增长 3 倍。

【基础设施建设】 2009 年，该开发区推动基础设施建设：1. 对阜阳北路（长丰段）和魏武路实施拓宽改造，魏武路快速车道通车，阜阳北路实现半幅通车；2. 投资 61 万元，7 天修建一条宽 14 米、长 300 米的凤祥路；3. 投资 82 万元，完成凤霞路等 3 条道路的路灯安装工程，亮化道路 2.5 公里；4. 投资约 520 万元，完成 3 条 10 千伏供电专线及鸿路供电专用线路建设，总长度约 20.6 公里；5. 投资约 300 万元，完成凤霞南路等 3 条道路约 3500 米的供水管网和 69 个消防栓工程建设；6. 实现燃气管道全覆盖，年底前全部淘汰燃煤锅炉。

【为企业服务】 2009 年，该开发区扶持企业做大做强：1. 通过开展两委领导（开发区工委、管委）包联企业制度，实行网格化保姆式服务，主要领导亲自调度，将企业反映的每一个问题落到实处，予以解决；2. 在阜阳北路改扩建期间，成立沿线重点企业保障服务组，确保给企业及时供电、供水；3. 帮助金奥环保等企业扩大产品销路，效果良好；4. 为企业融合到位资金 2.32 亿元（不含大建设资金 2.1 亿元）。

【土地清理与项目引进】 2009 年，该开发区推进土地清理工作，纳入土地清理范围项目 104 个，总占地面积逾 477.13 公顷。截至年底，收回（或企业同意收回）23 个项目土地近 47.87 公顷。同时，通过“边清理，边招商”的方式，利用清理收回的土地成功引进 4 个新项目，占地逾 10.45 公顷，协议投资 3.3 亿元。

【社区建设】 2009 年，该开发区推动社区建设：1. 建设安置楼凤梅四期、徐桥苑四期 30 栋楼，总建筑面积约 22 万平方米，完成全部主体工程，加紧施工室内工程；2. 完善三大社区配套设施，包含凤梅、凤霞社区的幼儿园、超市、农贸市场、社区管理中心及商业服务设施建设，面积约 2.5 万平方米；3. 为 1200 名拆迁群众提供就业岗位。

（安徽长丰双凤经济开发区管委会办公室）

工业经济

综　　述

2009 年，合肥市实现生产总值（GDP）2102.1 亿元，同比增长 17.3%；实现工业增加值 840.5 亿元，同比增长 24.2%，占 GDP 比重的 40%，对 GDP 增长的贡献率为 56.3%。

合肥市 1761 户规模以上工业企业当年完成工业总产值和增加值分别为 2749.2 亿元和 767.5 亿元，按可比口径计算，增加值同比增长 27.2%；完成新产品产值 462.2 亿元，同比增长 30%；完成出口交货值 130.2 亿元，同比下降 12.5%；工业品产销率为 95.6%，同比下降 0.1 个百分点；企业用电量为 72.9 亿千瓦时，同比增长 9.7%。

合肥市当年新增规模以上工业企业 414 户，拥有完成工业产值逾亿元的企业 350 户，同比增加 58 户，完成工业产值占全市工业总产值的 85%。其中，完成工业产值逾 10 亿元的企业有 36 户，完成工业产值逾百亿元的企业有 2 户。

表 1　2009 年合肥市各月份工业生产情况表

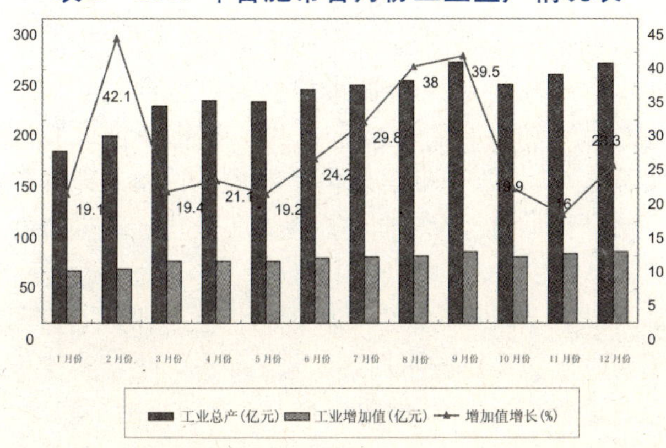

表 2　2009 年合肥市各县区规模以上工业生产情况

县、区、开发区名称	工业总产埴（亿元）	增长（%）	工业增加埴（亿元）	增长（%）
瑶海区（含龙岗开发区）	200.7	0.7	46.1	6.1
庐阳区	131.1	34.1	38.1	35.1
蜀山区	148.1	27.8	58.8	20.9
包河区	292.0	21.4	79.2	17.8
高新区	388.4	35.7	110.1	24.9
经开区	801.4	26.6	222.5	21.2
新站区	45.3	11.1	13.8	14.7
长丰县	168.7	41.4	44.2	40.1
肥东县（不含龙岗开发区）	210.2	52.7	60.9	43.4
肥西县	366.3	60.7	93.7	52.2

从产业结构看，合肥市当年完成第一产业增加值为 108.69 亿元，完成第二产业增加值为 1104.98 亿元，完成第三产业增加值为 888.45 亿元，同比分别增长 6.2%、22.5%、12.4%。按全市当年户籍人口计算，人均 GDP 达 41543 元，比上年增加 7061 元。全市经济结构保持“二三一”格局，三次产业结构比例为 5.17：52.57：42.26，与上年相比，第二产业比重提高 2.4 个百分点。

合肥市全年完成轻工业产值和增加值分别为 1074.6 亿元和 314.9 亿元，按可比口径计算，完成工业增加值同比增长 36.1%，分别高于全市平均水平和重工业增长速度 8.9 和 14.1 个百分点；完成重工业产值和增加值分别为 1555.5 亿元和 452.6 亿元，完成工业增加值同比增长 22%；轻、重工业增加值比例为 41：59。

表 3　2009 年合肥市生产总值及三次产业分布情况

指标	绝对数（亿元）	增长（%）
一、生产总值（GDP）	2102.1	17.3
其中：第一产业	108.7	6.2
第二产业	1105.0	22.5
#工业	840.5	24.2
第三产业	888.5	12.4
二、规模以上工业总产值	2749.2	31.2
其中：轻工业	1074.6	46.5
重工业	1674.6	23.0
三、规模以上工业增加值	767.5	27.2
其中：轻工业	314.9	36.1
重工业	452.6	22.0

从经济类型看，合肥市股份制企业当年完成工业产值和增加值分别为 1743.6 亿元和 462 亿元，按可比口径计算，完成工业增加值同比增长 34.2%，分别高于全市平均水平和 2008 年 7 和 2.2 个百分点，完成工业增加值占全市工业产值的比重为 60.2%，比上年提高 8.6 个百分点，拉动全市工业增长 19.5 个百分点，对全市工业产值增长的贡献率为 71.8%，分别比上年提高 4 个和 12.9 个百分点。

表 4　2009 年合肥市各种类型工业企业情况

指　标	单位	工业总产值（亿元）	增长（%）	工业增加值（亿元）	增长（%）	企业数（个）
全市规模以上工业	亿元	2749.2	31.2	767.5	27.2	1761
1、国有企业	亿元	220.7	17.2	87.8	16.0	41
2、集体企业	亿元	25.7	29.2	7.2	23.0	31
3、股份合作企业	亿元	13.7	31.8	3.9	35.9	10
4、股份制企业	亿元	1743.6	37.8	462.0	34.2	1428
5、外商及港澳台商投资企业	亿元	713.9	21.9	198.3	17.9	177
6、其他企业	亿元	31.5	23.7	8.3	28.1	74

从经济效益看，合肥市规模以上工业企业当年实现主营业务收入 2279.6 亿元，实现利润 115.1 亿元，实现利税 205.6 亿元，同比分别增长 25.5%、80.6%、52.6%；工业经济效益综合指数达 289.7%，同比提高 27.8 个百分点。

合肥市当年生产电冰箱、洗衣机、空调器和彩电 3096.7 万台，同比增加 1071.4 万台，增长 52.9%；生产排量小于或等于 1.6 升的轿车产量达 6.1 万辆，增加 5.2 万辆，同比增长 5.8 倍。

表 5　2009 年合肥市部分工业重点产品产量生产情况

产品名称	计量单位	2009 年产量	2008 年产量	同比增长（%）
卷烟	亿支	290.5	283.6	2.4
化肥	万吨	28.3	21.9	29.0
橡胶轮胎外胎	万条	1461.6	1219.3	19.9
钢材	万吨	239.5	177.7	34.8
叉车	万台	3.7	3.8	-2.3
挖掘机	台	10625	11475	-7.4
汽车	万辆	39.1	25.4	53.9
#轿车	万辆	6.9	1.7	3.1 倍
家用电冰箱	万台	1270.1	924.7	37.4
空调器	万台	519.3	181.1	1.9 倍
洗衣机	万台	992.0	706.0	40.5
彩色电视机	万台	315.4	213.6	47.6
#液晶（LCD）电视机	万台	144.2	13.7	9.5 倍
发电量	亿度	81.5	59.7	36.4

合肥市当年制定和实施《合肥市 2009～2012 年信息化发展规划》、《合肥市促进信息化发展的若干意见》、《关于合肥市信息资源整合共享的实施意见》和《合肥市信息化和工业化融合试验区实施方案》，推动市信息化发展战略转型，即从单一信息化项目建设转向信息化和工业化建设融合发展；从单一政务系统使用转向信息资源整合共享；从单一电子政务转向电子政务与信息产业、电信运营基础设施建设协调发展。截至年底，全市安排信息业投资 67 亿元，组成包含 174 个项目的项目库，内容涵盖电子家电、汽车、机械制造及新材料等八大支柱行业。

合肥市当年被省政府信息化工作办公室批准为

全省唯一的“信息化和工业化融合试验区”。

【工业投入】 2009年，合肥市完成全社会固定资产投资2468.4亿元。其中，投资工业752.2亿元，同比增长40.4%，占全社会固定资产投资的比重为30.5%；投资工业技改351.2亿元，占投资工业资金总量的46.7%。

表6 2009年合肥市各县区、开发区（工业园区）完成工业投资情况

	工业投资（亿元）	同比增长（%）
瑶海区（含龙岗开发区）	82.1	33.9
瑶海工业园	58.7	54.3
庐阳区	59.1	34.2
庐阳产业园	29.1	24.9
蜀山区	44.2	41.2
蜀山产业园	23.1	31.8
包河区	80.0	28.9
包河工业园	43.6	29.8
高新区	68.0	34.5
经开区	104.4	29.6
新站区	54.6	100.4
长丰县	81.1	53.2
双凤开发区	26.5	8.9
肥东县（不含龙岗开发区）	84.7	65.2
肥东经济开发区	24.8	35.2
肥西县	93.8	26.4
桃花工业园	29.4	16.1
全市总计	752	40.4

合肥市当年通过与央企对接合作，签约20个项目，总额553.6亿元。全市全年新开工工业项目1079个，其中亿元以上项目106个；完成工业项目1191个，其中亿元以上项目151个。

表7 2009年合肥市十大工业投产达产项目一览表

序号	项目名称	企业名称	项目建设内容	项目总投资	实际完成投资	形成年产值
1	日立挖掘机技改项目	日立建机（中国）有限公司	年产1.5万台高效节能型挖掘机建设项目	20.00	18.00	30
2	格力空调生产项目	格力电器（合肥）有限公司	格力空调生产基地，总建筑面积60万平方米的厂房、仓库及配套等。	12.00	15.37	100
3	合力工业园工业车辆生产基地项目	安徽合力股份有限公司	新建大型装运项目、桥箱项目、电动车辆项目、门架项目、覆盖件项目等	19.00	14.11	50
4	美的冰洗工业园一期、二期项目	合肥荣事达洗衣设备制造有限公司	美的电冰箱、洗衣机工业园厂房建设、设备购置等	11.70	12.52	70
5	年产10万辆轿车基地项目	江汽股份公司	新建车身冲压车间，新增3条冲压生产线、一套C系列轿车车身模具和焊接生产线，改造车身涂装、汽车总装生产线	10.35	11.12	36.41
6	鸿路钢结构项目	安徽鸿路钢结构（集团）股份有限公司	住宅钢结构生产厂房一、二、三期工程建设	12.75	10.04	5.64
7	合锻大型数控压力机及小吨位叉车项目	合肥锻压集团	征地52公顷；新建机加工厂房及机压机综合加工厂房等；建设综合仓库、污废水处理站等辅助生产及配套工程；新建研发大楼；添置大型数控龙门铣等设备。	10.00	8.96	10
8	高精度电子铜箔、换位导线项目（一期）	合肥铜冠国轩有限公司	高精度电子铜箔项目产品应用于PCB行业和锂电池行业，建筑物面积3万多平方米，主要设备均为日本进口；换位导线项目产品应用于大型变压器行业，主要建筑物面积2.5万平方米。	10.00	7.77	20
9	110～800千伏电压等级的电力变压器一期建设项目	天威保变（合肥）变压器有限公司	占地面积440亩，建筑面积为91237平方米，固定资产投资6亿元人民币，拥有各类先进设备100多套，主要生产110～800千伏电压等级的电力变压器。	12.00	7.33	20
10	美菱高新产业园项目	合肥美菱股份有限公司	一期、二期工程达产后，将形成年产冰箱200万台的生产能力。	4.62	5.30	78

【工业行业】 2009年，合肥市有34个工业行业，其中有11个行业完成的产值逾百亿元，这11个行业累计完成工业产值和增加值分别为2301亿元和615.4亿元，占全市工业产值和增加值的比重分别为83.7%和80.8%，按可比口径计算，增加值同比增长30.1%，对全市工业增长的贡献率达87%。

表 8 2009 年合肥市 34 个工业行业主要指标表

行业名称	单位	工业总产值	工业增加值	主营业务收入	实现利润	实现利税
电气机械及器材制造业	亿元	642.3	171.7	488.6	32.4	49.7
交通运输设备制造业	亿元	399.4	87.0	343.3	8.0	19.8
专用设备制造业	亿元	211.6	62.3	150.6	13.1	15.1
电力、热力的生产和供应业	亿元	155.4	55.6	147.6	7.1	12.1
通用设备制造业	亿元	153.9	43.1	135.7	6.6	9.6
化学原料及化学制品制造业	亿元	148.6	37.5	125.9	3.4	8.4
金属制品业	亿元	137.4	40.4	118.7	5.8	8.1
黑色金属冶炼及压延加工业	亿元	128.0	26.9	114.6	3.1	5.2
农副食品加工业	亿元	117.4	31.6	113.4	3.1	4.8
塑料制品业	亿元	105.7	30.2	90.5	0.7	2.5
通信设备、计算机及其他电子设备制造业	亿元	101.4	29.1	73.8	5.8	7.8
非金属矿物制品业	亿元	78.7	22.9	68.9	1.9	4.3
橡胶制品业	亿元	61.5	15.8	51.6	5.1	6.7
烟草制品业	亿元	46.8	29.1	46.4	4.6	31.0
印刷业和记录媒介的复制	亿元	34.0	11.8	29.9	1.6	2.2
纺织业	亿元	29.2	7.8	23.9	0.5	0.7
饮料制造业	亿元	26.7	10.3	18.3	3.4	4.5
食品制造业	亿元	26.0	6.6	27.7	1.9	3.3
造纸及纸制品业	亿元	25.6	7.2	18.5	1.5	1.9
纺织服装、鞋、帽制造业	亿元	22.4	6.3	13.9	0.7	0.9
医药制造业	亿元	19.6	7.8	13.7	1.5	2.3
家具制造业	亿元	18.3	5.6	14.6	0.5	0.8
仪器仪表及文化、办公用机械制造业	亿元	12.8	4.8	10.6	1.5	2.0
工艺品及其他制造业	亿元	8.3	2.8	7.7	0.5	0.6
皮革、毛皮、羽毛（绒）及其制品业	亿元	8.1	2.3	7.1	0.2	0.3
水的生产和供应业	亿元	6.7	3.6	5.2	0.3	0.5
燃气生产和供应业	亿元	6.7	2.0	6.4	0.1	0.3
石油加工、炼焦和核燃料加工业	亿元	5.6	1.8	3.9	0.0	0.1
文教体育用品制造业	亿元	5.0	1.7	4.9	0.0	0.0
木材加工及木、竹、藤、草制品业	亿元	3.1	1.0	2.3	0.1	0.1
有色金属冶炼及压延加工业	亿元	2.6	0.7	1.3	0.0	0.0
非金属矿采选业	亿元	0.5	0.1	0.0	0.0	0.0
黑色金属矿采选业	亿元	0.0	0.0	0.0	0.0	0.0
废弃资源和废旧材料回收加工业	亿元	0.0	0.0	0.0	0.0	0.0

注：按 2009 年完成工业总产值降序排列。

【重点产业】　2009 年，合肥市八大工业产业完成产值和增加值分别为 1933.5 亿元和 530.3 亿元；完成增加值同比增长 27.1%，高于上年 5 个百分点，拉动全市工业增长 18.5 个百分点，对全市工业增长的贡献率达 68.1%。

在汽车产业方面，合肥市当年初步形成能生产轻型汽车、汽车底盘、商务车、豪华大客车、微型车、轿车等较为完备的汽车生产体系，产品品种、规格比较齐全，研发、生产基本配套，拥有江汽、安凯、昌河等骨干企业，完成工业总产值 393.3 亿元，完成工业增加值 84.7 亿元，同比分别增长 47%、37.7%。

在装备制造业方面，合肥市当年拥有工程机械、通用设备（锻压机床、建材机械、电工机械、轻工机械、电机及潜水电泵、机械基础件等）、电工电器、仪器仪表、化工机械、环保机械等六大类行业，并拥有熔安动力、日立建机、合力叉车、合肥 ABB、天威保变、合肥锻压等具有较强竞争优势和行业带动作用的龙头骨干企业，完成工业总产值 443.8 亿元，完成工业增加值 128.4 亿元，同比分别增长 15.1%、12%。

在家用电器制造业方面，合肥市当年构建了从研发、零件制造、整机组装、物流、售后服务为一体的完整产业链，成为全国家电产品品种齐全、品牌集中的地区，并云集了海尔、美的、三洋、长虹、格力等国内知名家电企业，生产冰箱、洗衣机、空调和彩电四大件 3097 万台（套），完成工业总产值 554.2 亿元，完成工业增加值 148 亿元，同比分别增长 71.6%、58.7%；冰箱、洗衣机的年产量居全国同行业前三位，拥有全国逾 20% 的家用电器市场份额，被中国轻工业联合会和中国家用电器协会授予“中国家电产业基地”称号。

在化工及橡胶轮胎产业方面（包括化学原料及化学制品制造业、化学纤维制造业、橡胶制品业三个大类，以及塑料人造革、合成革制造一个中类），合肥市当年形成橡胶加工、盐化工、煤化工、日用化工、精细化工等门类比较齐全的产业基础，并拥有佳通轮胎、联合利华、中盐红四方、丰乐农化等重点骨干企业，完成工业总产值 218.5 亿元，完成工业增加值 55.8 亿元，同比分别增长 18.8%、26.1%。

在食品及农副产品加工业方面，合肥市当年主要产品为粮油、肉制品、奶制品、饲料、各类坚果炒货、软饮料等，初步形成炒货、种业、食品加工、农产品加工、家禽养殖加工、饲料加工等为主体的产业基础，完成工业总产值216.9亿元，完成工业增加值77.6亿元，同比分别增长24%、15.7%。

在新材料产业方面，合肥市当年基本形成了以塑料型材、管材、墙体材料、化学建材、金属材料、装饰装修材料、新型建材等为主体的产业基础和以新型建筑材料、化工新材料、纳米材料、粉末冶金材料等为主体的门类比较齐全的产业链，并拥有国风集团、罗宝建材、杰事杰、开尔纳米等大型骨干企业，完成工业总产值32.4亿元，完成工业增加值9.1亿元。

在电子信息及软件产业方面，合肥市当年初步形成了以科大迅飞、安徽四创为龙头的信息设备制造、软件研发、信息系统集成等企业集群，拥有软件及计算机信息系统集成企业逾40家，完成工业总产值54.9亿元（未包括家电），完成工业增加值19亿元，同比分别增长2.2%、9.8%。

在生物医药产业方面，合肥市当年形成了以化学制药、生物制药、中成药、中药饮片、卫生材料、医疗器械等为主体的产业基础，拥有神鹿双鹤、安科生物、华威药业、兆科药业等影响力企业，完成工业总产值19.6亿元，完成工业增加值7.8亿元，同比分别增长7.1%、13.2%。

此外，合肥市的平板显示、节能环保、公共安全等新兴产业当年均取得良好的经济效益。

表9 2009年合肥市工业8大重点产业发展情况

2009年	工业总产值			工业增加值			企业数（个）	从业人数（万人）
	绝对值（亿元）	增长（%）	占全市工业比重（%）	绝对值（亿元）	增长（%）	占全市工业比重（%）		
一、全市规模以上工业	2749.2	31.2	100.0	767.5	27.2	100.0	1761	29.9
其中：全市工业八大产业	1933.5	33.3	70.3	530.3	27.1	69.1	982	17.9
1、汽车产业	393.3	47.0	14.3	84.7	37.7	11.0	131	3.6
2、装备制造业	443.8	15.1	16.1	128.4	12	16.7	408	5.0
3、家用电器制造业	554.2	71.6	20.2	148.0	58.7	19.3	55	3.5
4、化工及橡胶轮胎制造业	218.5	18.8	7.9	55.8	26.1	7.3	114	1.5
5、新材料产业	32.4	-26.0	1.2	9.1	-12.9	1.2	32	0.4
6、电子信息及软件产业	54.9	2.2	2.0	19.0	9.8	2.5	62	1.1
7、生物医药产业	19.6	7.1	0.7	7.8	13.2	1.0	31	0.3
8、食品及农副产品加工业	216.9	24.0	7.9	77.6	15.7	10.1	149	2.5

【重点企业】 2009年，合肥市完成工业产值逾亿元企业有350户，同比增加58户，完成工业产值2337.5亿元，同比增长33.2%，净增工业产值583.2亿元，占全市净增工业产值的89.2%。其中，格力电器、海尔电冰箱、福达中板和长虹实业等4户企业全年累计完成工业产值193.8亿元，同比增加134.5亿元，占全市完成工业产值增量的20.6%。

合肥市当年完成工业产值逾10亿元的企业有36户，比上年增加5户；完成工业产值逾20亿元的企业有25户，比上年增加3户；完成工业产值逾50亿元的企业有9户，比上年增加4户；完成工业产值逾100亿元的企业有2户，分别是江汽股份和格力电器集团公司，同比增加1户。其中，江汽股份集团公司完成工业产值达227.3亿元，是合肥市首家年工业产值逾200亿元的工业企业。

表 10　2009 年合肥市完成工业产值逾 50 亿元的企业生产情况

企业名称	2009 年产值（亿元）	2008 年产值（亿元）	同比增减产值（亿元）	同比增长（%）
安徽江淮汽车股份有限公司	227.3	139.6	87.7	62.8
格力电器（合肥）有限公司	119.8	37.0	82.8	223.4
合肥美菱集团控股有限公司	85.6	62.7	22.9	36.7
日立建机（中国）有限公司	83.0	75.1	7.9	10.6
合肥荣事达电冰箱有限公司	73.4	42.0	31.4	74.9
联合利华（中国）有限公司	70.9	58.1	12.8	22.1
安徽省电力公司	62.4	45.7	16.7	36.5
安徽省电力公司合肥供电公司	58.4	48.2	10.3	21.3
安徽佳通轮胎有限公司	54.9	49.1	5.8	11.8
合　计	835.7	557.4	278.3	49.9

【高新技术产业】　2009 年，合肥市推进高新技术创新型试点市和合芜蚌自主创新综合试验区建设，增强了高新技术自主创新能力，高新技术产业初步形成了产学研政资介有效结合的运行机制，形成了社会化、网络化的科技创新服务体系，科技对产业发展支撑作用日益明显。合肥市的江淮汽车、合力叉车、格力电器、合肥锻压、熔安动力、杰事杰、乐凯等企业当年完成高新技术项目建设并投产，另推进合肥京东方等实施高新技术项目建设；科大讯飞、华东（安徽）电子工程研究所、海尔信息、皖通科技、四创电子、海特微波、捷敏电子、佳通轮胎、神鹿双鹤、安科生物、兆科药业等高新技术企业均取得良好业绩。合肥市当年新认定高新技术企业 109 家，高新技术企业增加到 626 户，占省高新技术企业总数近 40%，实现高新技术产业产值逾 1440 亿元，实现高新技术增加值占规模以上工业增加值的 54.7%，占全市 GDP 比重的 21%，高新技术产业产值和增加值当年增幅分别居华东和中部地区首位、全国前列。截至年底，全市拥有各级企业技术中心 101 家。其中，国家级 9 家、省级 61 家、市级 31 家；全市全年各级企业技术中心获研发经费达 24.2 亿元，研发投入强度达 3.3%；全市企业技术中心当年完成专利申请 604 件；累计完成重大创技术新成果 300 多项，其中逾 60% 达到国内领先水平；完成新产品新技术 183 项，其中 135 项是行业共性、前瞻性技术；有 33 个企业技术中心生产的 73 个新产品通过省级新产品确认，有 14 家企业与高校和科研院所建立了产学研合作联盟。

【工业园区】　2009 年，合肥市 10 个省级以上开发园区完成规模以上工业产值 1868.9 亿元，完成工业增加值 504.2 亿元，分别占全市相应比重的 68%、65.7%；完成固定资产投资 930 亿元，其中投资工业 466.1 亿元，分别占全市相应比重的 37.7%、62%；完成财政收入 133.1 亿元，占全市财政收入的 38.9%；完成税收 102.7 亿元；并为 38.65 万人解决了就业问题。

表 11　2009 年合肥市省级以上开发园区生产情况

县区工业园区名称	工业总产埴（亿元）	工业增加埴（亿元）	增长（%）	工业投资（亿元）	增长（%）
双凤工业区	90.3	23.4	53.3	26.5	8.9
新城开发区	63.5	17.8	57.4	24.8	35.2

县区工业园区名称	工业总产埴（亿元）	工业增加埴（亿元）	增长（%）	工业投资（亿元）	增长（%）
桃花工业区	179.0	39.8	29.8	29.4	16.1
瑶海工业园（包含龙岗开发区）	65.8	13.9	54.5	58.7	54.3
	25.0	6.7	-32.8	3.9	-5.2
庐阳工业园	84.4	22.9	30.1	29.1	24.9
蜀山产业园	43.7	13.4	56.0	23.1	31.8
包河工业园	82.1	19.9	13.9	43.6	29.8
高新开发区	388.4	110	24.9	68	35
经济开发区	801.4	222.5	21.2	104	29.6
新站开发区	45.3	13.8	14.7	54.5	100

【县域工业】 2009年，合肥市市辖三县累计完成规模以上工业产值和增加值分别为745.2亿元和198.7亿元，占全市相应的比重分别为27.1%和25.9%，比上年分别提高2.6和1.3个百分点；按可比口径计算，完成工业增加值同比增长46.5%，高出全市平均增幅19.3个百分点，比上年提高15.5个百分点，拉动全市工业增长10.4个百分点，对全市工业增长的贡献率达38.1%，比上年分别提升3.2和10.6个百分点。

合肥市辖三县当年工业增速均高于全市县区工业增速平均水平逾10个百分点，尤其是肥西县完成工业产值和增加值分别为366.3亿元和93.7亿元，成绩显著。

【非公经济】 2009年，合肥市加强对发展非公经济的指导和政策协调，完善服务内容，通过放宽市场准入，推进全民创业。截至年底，全市拥有私营企业5.3万户，注册资金950亿元，较上年新增私营企业1.16万户；有个体工商户9.9万户，注册资金41亿元；有外资企业1021户，新增132户。全市当年非公经济实现工业增加值逾1110亿元，比上年增长18%，占全市GDP比重的53%。

【节能降耗】 2009年，合肥市实现万元GDP能耗下降率达6%；有38户重点耗能企业实现万元产值能耗为0.16吨标煤，同比下降19.27%；对50个重点节能及资源综合利用项目完成投资额29.13亿元；市级财政投入2100万元用于节能资金。此外，全市当年列入全国“千家节能行动企业”的2户企业在2009年度实际节能量为34732吨标准煤；列入安徽省“百家节能行动”的13户企业在2009年度实际节标煤为51998吨标准煤。

【组织银企对接】 2009年，合肥市推动银企对接工作：1. 建立政府与在肥金融机构联席会议制度，并采取政府和人民银行联合推荐模式，先后分5批推介1294户优质中小企业，其中715户获贷款37亿元；2. 组织融资小分队与各工业园区实行对接，协调帮助185户中小企业解决信贷资金3.85亿元；3. 举办银企对接活动，全年举行52场（次），有1815户企业参加，签约项目395个，签约金额175.4亿元，落实各类贷款112.2亿元。

【企业营销对接】 2009年，合肥市要求重大工业项目建设、设备及生产资料采购应尽可能使用当地产品。全年签约152个项目，合同金额61.6亿元；并落实家电、汽车摩托车下乡及以旧换新等政策，支持骨干企业开拓市场，累计补贴家电及汽车摩托车下乡所需资金5136万元。

【落实企业减负政策】 2009年，合肥市落实企业减负政策：1. 加大落实省“五缓四降三补贴”（对暂时无力缴纳社会保险费的困难企业，在一定时间内允许缓缴养老、医疗、失业、工伤和生育5项社会保险费。在规定期限内，降低城镇职工基本医疗保险、失业保险、工伤保险、生育保险4项社会保险费率，使用失业保险基金为困难企业稳定岗位支付社会保险和岗位补贴，使用就业专项资金对困难企业开展职工在岗培训给予补贴）政策的力度，缓缴养老、医疗保险费2.2亿元；2. 减少失业、生育、工伤保险费9473万元；3. 支付岗位、培训补贴1.16亿元；4. 帮助符合条件的53户破产企业和19户困难企业核销欠缴的养老保险费

2.8亿元；5. 帮助特殊困难企业依法办理延期缓缴税款6.2亿元；6. 开展行政事业收费和工业园区免收费清理工作，为2041家工业企业的投资项目办理3631项项目，免收费计2.74亿元。

供　电

【概况】　2009年，合肥供电公司完成购网电量104.55亿千瓦时，同比增长12.8%；线损率不超过省电力公司规定指标；市场占有率累计值达98.39%，位居全省同行业第一。市辖肥东、肥西、长丰三县供电公司当年完成供电量29.52亿千瓦时，同比增长31.63%。合肥地区全年网供电最高负荷227.26万千瓦，同比增长20.3%。市委市政府当年两次通报表彰合肥供电公司，合肥供电公司获“合肥市第十一届文明单位”称号。

【电网规划与建设】　2009年，合肥供电公司推进电网规划与建设工作：1. 该公司编制的《合肥市十二五城配网规划》通过国家电网公司审查，其编制的《合肥市十二五地区电网规划》和《合肥市十二五农网规划》通过省电力公司审查；2. 投资基建和技改19.45亿元，完成500千伏众兴变电站及其他25项电网建设项目，新增主变电容量309万千伏安，新投运423公里长110千伏及以上线路；3. 完成19项迎峰度夏技改和大修项目，以及18条重载和满载配网线路负荷调整工作；4. 做好省智能电网建设试点工作。该公司编制的《公司2009－2011年智能电网建设试点规划方案》通过省电力公司评审，建成的220千伏植物园变电站作为全省首座数字化变电站投入运行。

【安全管理】　2009年，合肥供电公司强化安全基础管理工作，落实各级各类人员安全生产责任，全面提高安全生产意识和水平，主要采取如下措施：1. 分专业、分岗位对1928人（次）进行安全生产规章制度方面的培训和考核；2. 完善安全生产管理制度，分层面修改和补充23项相关内容；3. 加强安全缺陷管理，提高设备运行诊断的效果，将安全隐患的排查、治理、整改纳入常态的信息化管理，实现闭环；4. 开展“三查一整改”（查制度、查管理、查隐患、落实整改）、“四控两突破”（作业安全过程控制、作业质量过程控制、隐患排查治理过程控制、迎峰度冬过程控制；重点突破线路防外破问题、重点突破配电网建设和管理问题）百日行、安全风险“百问百查”等活动，加强工作现场的安全管控工作；5. 落实需求侧（客户端）安全管理措施，排查出高危和重要用户用电隐患231条，并及时加以整改；6. 强化安全应急管理，完成迎峰度夏、多发强对流天气以及“中博会”、建国60周年庆典时的安全保电任务；7. 加强基建、交通安全管理，正确处理工程建设项目中安全、质量、进度的关系，加强交通安全管理，该系统全年未发生交通安全事故。

【优质服务】　2009年，合肥供电公司开展优质服务：1. 重视做好高危企业及重要客户、重大活动的安全供电保障工作；2. 配合做好市大建设、大发展所需的各项供电服务工作，保障政府重点工程和“家电下乡”活动的供电需求；3. 开展“邓玲工作法”劳动竞赛，提高公司窗口人员服务质量；4. 建立客户经理服务制，为客户提供全过程跟踪服务，并对服务项目终身负责；5. 加强与各类企业的战略合作，实行“一企一策”个性化服务方略；6. 主动接受政府监管和社会监督，开展行风建设活动，走访政府和重要客户，全面查找、整改服务问题；7. 推出特色服务，履行社会责任，开展以帮扶“弱势群体”家庭用电为主题的专项活动，乡镇供电所组织进村入户活动，为“家电下乡”做好配套服务。

【农电管理】　2009年，合肥供电公司落实农电发展战略规划，加强对农电安全的统一监督管理，推行城乡一体化管理工作。在安全生产方面，实现农电“七无”（不发生人身死亡和重伤事故、不发生电网事故、不发生设备损坏事故、不发生火灾事故、不发生生产交通事故、不发生恶性误操作事故、不发生该企业负同等及以上责任的农村触电死亡事故）安全目标。在生产管理方面，实现综合电压合格率98.655%和农网供电可靠率99.8%，以及变电站、调度、修试、线路规范化建设自验收100%达标。在标准化管理方面，开展供电所作业组织专业化工作，市辖三县供电公司成立13个配电抢修中心，有49个乡镇供电所全部成立配电班和营抄班，实现了营配分开。此外，市辖三县供电公司下属供电所和客户服务中心全面达到标准化管理的合格标准，长丰公司岗集供电所通过国家电网公司标准化示范供电所验收。在农网建设方面，投资1.1亿元，实施农网完善工程。并完成新农村电气化3镇44村的建设目标。另投资7233万元，改善农村中低压电网结构，提高供电可靠性和电能质量。

【企业管理】 2009年，合肥供电公司推进企业管理工作：1. 建立健全《工作规则》等各项管理制度，规范工作秩序；2. 实行集约化管理，优化配置资源，推进机关机构调整和人员定编工作；3. 深化财务预算管理，健全内控机制，提升财务运营效率和效益；4. 成立物流服务分中心，调整业务流程，理清管理链条，科学调配物资资源；5. 理顺城郊供电管理体系，成立新城客户服务中心，规范用工制度，解决遗留问题；6. 理顺主业与多种经营的关系，整合业务划分；7. 完善科技创新体系，全年有11项科技成果获省电力公司科技奖，有2项成果获群众性创新一等奖，有5项专利成果获国家知识产权局颁发的专利授权证书；8. 抓好SG186信息化工程的应用和推广，实现ERP系统在市县公司层面全面上线，SG186工程各业务应用系统也成功实现上线运行，均通过国家电网公司验收。

工业企业选介

安徽江淮汽车集团有限公司

【概况】 2009年，安徽江淮汽车集团公司销售各类汽车32.3万辆，同比增长55%，增速高于行业平均水平8.8个百分点。其中，销售乘用车12.34万辆，销量同比增长112%，增速高于行业平均水平58.9个百分点；销售商用车19.85万辆，占总销量的61.7%，同比增长32.9%，增速高于行业平均水平4.5个百分点；实现销售收入236亿元，实现利润6.6亿元，同比分别增长31%、368%。

截至年底，该集团公司拥有江淮汽车、安凯客车两家上市公司和江淮专用车公司等十三家全资、控股子公司，形成江汽、客车、重工和零部件四大业务板块和物流、三产两项事业的发展格局，拥有总资产180亿元，汽车年综合生产能力50万辆，拥有员工逾2.5万人。

在企业管理方面，该集团公司以质量文化总揽全局，以质量管理“三层次理论”为指导，从“理念、体系标准、工具方法”三个层面系统提高质量管理的职业化水平，完善质量保证体系，抓好质量攻坚工作，使产品质量稳中有升；并通过推进采购成本合理化、加强研发及工艺工程阶段成本管理等措施，实行全员、全方位的降低成本工作。

【技术创新】 2009年，安徽江淮汽车集团公司以合肥总部企业技术中心为核心，加强与两个海外设计中心、三个产学研实体和国内外战略合作伙伴的有机协同，并优化总部技术中心的产品研发流程体系，提升研发体系协同开发的能力和效率。该集团公司当年有22个整车产品通过省级新产品认证，重点新产品和悦MPV及和悦轿车完成产品设计、试验验证并量产上市；新能源客车实现商品化，纯电动客车销量占国内市场逾70%份额；新能源轿车研制出功能样车。该集团公司全年专利申报数为354项。其中，发明专利25项，受理和授权数分别为160项和191项；专利申报总数累计达980项。

【品牌建设】 2009年，中国人民解放军总装备部承认安徽江淮汽车集团公司具有“装备承制单位资格”。该集团公司生产的江淮格尔发重卡底盘改装的安徽省彩车“江淮和畅”通过天安门广场，体现了格尔发重卡优异的性能。

安徽江淮汽车集团公司当年生产的江淮轻卡获“2009中国汽车风云榜——最受消费者喜爱的商用车”称号，是国内轻卡行业中唯一获奖品牌，同时江淮瑞风获“2009中国汽车风云榜——MPV风云大奖”；上市仅一年的江淮同悦轿车获2009年度中国高档紧凑型车细分市场APEAL魅力指数第一名，这是该集团公司生产的拥有的自主品牌轿车首次在J. D. POWER的评价中赢得桂冠。

马钢（合肥）钢铁有限责任公司

【概况】 2009年，马钢（合肥）钢铁有限责任公司生产生铁128.43万吨、转炉钢145.07万吨、钢材142.99万吨；生产烧结矿217.23万吨、焦炭31.50万吨，比上年分别增长9.61%、3.16%；完成销售收入45.60亿元；实现利税4.16亿元，比上年增长101%，其中利润2.46亿元，比上年增加近2.4亿元。该公司当年拥有职工近6000人，占地近228公顷，具有年产200万吨钢的实际生产能力。

该公司当年被中国质量协会冶金工业分会吸收为“中国质量协会冶金工业分会会员单位”，并获人力资源和社会保障部、中国钢铁工业协会联合授予的“全国钢铁工业先进集体”称号。

【节能减排】 2009年，马钢（合肥）钢铁有限责任公司进行行业交流的42项主要经济技术指标，有27项优于行业平均水平，有4项达到行业先进水平。其中，吨铁毛焦比401.84千克，比上年降低47.98千克，处于行业同类领先水平；吨钢钢铁料消耗1104.41千克，比上年降低10.79千克；吨钢设备费用86.16元，比上年下降42元；吨钢可比能耗763.73千克标煤，比上年下降38.96千克；吨钢耗新水2.05立方米，比上年降低0.85立方米，居行业领先水平；全年排放COD（化学需氧量）31.3吨，比上年下降35.9%；全年排放二氧化硫4435吨，未超标。

【新产品开发】 2009年，马钢（合肥）钢铁有限责任公司组织Φ28钢筋的恢复生产及试制非微合金化生产HRB400盘螺产品等工作，钢轧厂试轧∮12毫米高线盘螺获成功，实现了∮12毫米螺纹由棒材轧机生产转移到高线生产的技术进步，为释放棒材产能创造了条件。

安徽科大讯飞信息科技股份有限公司

【概况】 2009年，安徽科大讯飞信息科技股份有限公司实现营业收入3.07亿元，实现利润总额8740万元；拥有资产总额7.28亿元，拥有员工985人，其中硕士以上161人，占总数的逾16%。

【品牌建设】 2009年，该公司成为中国最大的智能语音技术提供商，在语音合成、语音识别、口语评测等多项技术上拥有国际领先的成果，并组织制定中文语音技术国家标准，另在2009年获全球英文合成大赛第一名，还获2009国际语种识别大赛桂冠。

【市场占有】 2009年，该公司形成的中文语音产业链初具规模，占有国内中文语音技术逾60%的市场份额，占有国内语音合成产品逾70%的市场份额，在电信、金融、电力、社保等主流行业的国内市场占有份额逾80%，拥有开发伙伴逾500家，成为业界公认的“语音产业国家队”。

合肥华泰集团股份有限公司

【概况】 2009年，合肥华泰集团股份有限公司完成工业产值26.07亿元，实现主营业务收入25.95亿元，实现利税3.06亿元，其中上缴税收1.64亿元。该集团公司当年注册资本1.8亿元，拥有资产资金近27.8亿，拥有从业人员逾9000名，发展成为以休闲食品、农业产业化、房地产等业务为支柱的综合性企业集团。

【品牌建设】2009年，该集团公司树立“创世界知名品牌，建世界一流企业”的目标，成为国家农业产业化重点龙头企业、中国食品工业百强企业之一、中国农产品加工企业50强之一，位于安徽民营企业百强前三强之列，是国内最大的炒货企业。该集团公司拥有的“洽洽”品牌是“中国驰名商标”，也是安徽省最具价值的5枚驰名商标之一。

合肥海尔工业园

【概况】 2009年，合肥海尔工业园实现销售收入143.01亿元，完成利润5.03亿元、税收4.71亿元、工业总产值143.91亿元，同比均呈上升趋势；生产冰箱208.3万台，生产洗衣机220.1万台，生产空调90.1万台，生产彩电244.6万台。

合肥海尔工业园当年发展成中西部地区最大的海尔家电生产基地，拥有海尔信息产品有限公司、空调器有限公司、洗衣机有限公司、冰箱有限公司、物流有限公司，以及生产特种钢板、塑胶等10家配套企业；主导产品彩电、洗衣机、空调、冰箱年设计生产能力均逾200万台（套），产品出口到世界各地的123个国家和地区。其生产的海尔洗衣机和冰箱是中国第一批“世界名牌”产品，海尔品牌被评为“中国名牌”。

【开拓海外市场】 2009年，合肥海尔工业园生产的海尔彩电出口额以400%的速度递增，居国内同行业第一。海尔彩电在美国获免检销售的待遇；海尔空调在塞浦路斯占据销售第一的市场份额，在美国销售份额超过日本、美国、韩国等知名国际大品牌空调；海尔洗衣机在全球范围内先后与VDE、GE、梅赛德斯奔驰、宝洁等著名国际化机构、企业展开大规模协作，全面提升产品品质，出口量位居全国同行业第一，在伊朗占据销售第一的市场份额；海尔冰箱作为中国冰箱行业唯一一个世界名牌产品，从规模上跃居为世界第一。

【物流管理】 2009年，合肥海尔工业园物流业拥有覆盖全国物流网络资源的物流系统、最高的物流行业管理运作经验和解决物流问题方案的能力，并应用世界最先进的SAP（ERP和BBP）物流执行系统，另利用现有网络开展社会化服务，成为世界一流的物流增值服务提供商。

安徽佳通轮胎有限公司

【概况】 2009年，安徽佳通轮胎有限公司实现工业总产值55亿元，生产各类轮胎产量1462万条，实现出口18亿元，实现利税总额6.4亿元。该公司当年拥有员工逾7000人，生产的佳通轮胎远销欧美、中东等80多个国家和地区，并与国内外80多家汽车企业建立了稳定的配套业务关系。

【品牌建设】 2009年，该公司先后通过国际、国内多家认证机构的产品和体系认证，标志着公司生产的产品达到国际先进水平，被中国外商投资企业协会评为“全国优秀外商投资企业”，并获“全国履行社会责任贡献突出奖”。

【内部管理】 2009年，该公司在集团内推行KPI考核体系，实行的绩效考核制度科学、专业；并设立成本绩效中心，降低生产中的成本浪费；另在全公司范围内开展QC活动和CR活动；还成立节能领导小组，开展节本降耗，均取得良好效果。

安徽合力股份有限公司

【概况】 2009年，安徽合力股份有限公司实现营业收入31.11亿元，实现利税总额2亿元，实现利润总额1.42亿元；销售叉车35167台，在全国叉车行业中排名第一，在国内叉车总体市场占有率达27.8%。该公司是国家火炬计划正式安排的重点高新技术企业，拥有行业中唯一的国家级企业技术中心，是中国规模最大、产业链最完整的工业车辆研发、制造与出口基地，是中国工业车辆自主创新、自主品牌、自主营销的行业龙头企业。

【技术改造】 2009年，该公司以合肥合力工业园为中心，兼顾各子公司进行技改。其中，对合力工业园完成技改投资2.96亿元，建成桥箱事业部三期、门架事业部、综合后勤服务区、V法铸造件二期、木模及废钢库等项目并交付使用，另开工建设技术中心、砂铸、薄板件等重点项目。

【品牌建设】 2009年，该公司推动品牌建设。其“合力、HELI”品牌先后获“中国叉车第一品牌”、“中国叉车行业最具影响力品牌”及国家商务部“重点培育和发展的出口名牌”、“中国驰名商标”等称号；并被中国质量检验协会用户委员会评为“全国用户满意产品”，获“全国用户满意服务”和“全国用户满意企业”称号。合力商标在世界上70多个国家实现成功注册。

日立建机（中国）有限公司

【概况】 2009年，日立建机（中国）有限公司生产挖掘机和起重机10179台，实现产值83亿元，实现利税5.4亿元，实现利润4.3亿元，上交各项税金2.8亿元，完成固定资产投资3亿元。

该公司当年拥有正式职工逾2000人，是专业化生产具有世界先进水平高品质的液压挖掘机的大型外商投资企业，并扩大了轮式起重机的生产。

【品牌建设】 2009年，该公司推动品牌建设，先后获：中国机械工程销售收入百强企业之一，中国建设银行AAA级信用企业，合肥市诚信纳税十佳单位之一，中国进出口500强企业之一，安徽省50强企业之一，中华人民共和国合肥海关AA级企业、高新技术企业，合肥市税收10强工业企业之一等称号，是中国最著名的挖掘机生产厂家之一。

中盐安徽红四方股份有限公司

【概况】 2009年，中盐安徽红四方股份有限公司（含托管企业）合计完成工业总产值20亿元，同比下降12.91%；实现主营业务收入22.6亿元；中盐红四方主体公司实现利润4051万元。该公司当年主要产品产量与上年相比均有较大幅度增长。

【技术改造】 2009年，中盐安徽红四方股份有限公司（含托管企业）重点实施长丰复合肥15万吨/年装置改造、海丰精化产品装置搬迁生产、纯碱增上Φ2800煅烧炉等20多项技术改造项目，均带来良好的经济效益。

【品牌建设与企业管理】 2009年，中盐安徽红四方股份有限公司（含托管企业）注重发挥“红四方”主品牌优势，同时做好“江淮”、“黄山”、“淝河”、“海伟事”等辅助品牌的推广和维护工作。

在企业管理方面，该公司通过实施“三标一体”（质量、环境、职业健康安全三个管理体系一体整合认证）认证，全面系统规范企业内部管理，并全面落实“九个1%和一个10%”（确保管理费用在上年的基础上降低10%，采购费用在全年正常采购额的基础上降低1%，销售价格在全年正常售价的基础上再上涨1%，工程审计审减总额相当于全年销售收入的1%，争取税收政策总额相当于全年销售收入的1%，争取劳动人事政策总额相当于全年销售收入的1%，争取安全环保和循环经济政策总额相当于全年销售收入的1%；争取其他相当政策总额相当于全年销售收入的1%等月标的全面实现）的管理理念，向管理要效益。

（徐朝霞　余金凤　刘爱兵）

信 息 业

信息化推进

【信息化基础设施建设】 2009年，合肥市对移动通信网和宽带互联网实施扩容升级，优化城市基础网络性能。截至年底，全市拥有固定电话用户为159.56万户，比上年减少6.93万户；拥有移动电话户数为308.11万户，比上年增加39.63万户；拥有基础电信运营企业计算机互联网用户数41.21万户（与上年统计口径不同），同比增长50.6%；实现电信业务收入96.16亿元，同比增长25.2%；并推动无线数字城市的WLAN（无线局域网）向热点覆盖区域拓展；另全面启动第三代移动通信网络建设；还在全省率先开通拥有自主知识产权的第三代移动通信标准TD－SCDMA网络。

【移动通信基站建设】 2009年，合肥市在滨湖新区16个移动通信基站建设中，遵循“统一规划、统一环评、分步实施、在符合规定标准的情况下实现资源整合”的原则，开创“一塔四平台三家共享”的移动通信基站共建共享新模式，解决了过去移动基站各家运营商分散建设、重复浪费、规划不合理的问题；并通过政府引导、市场运作的方式，协调电信、移动、联通3家运营商，明确了每个基站建设的责任主体和产权。

【电子政务建设】 2009年，合肥市推进电子政务建设，完善财政资金信息化项目建设方案、硬件配置和资金支付等管理流程，并优化信息化项目方案编制、资金审核、建设成效等管理方法，另通过面向全社会公开征集方案的方式，实现优中选优，提高了项目的参与度和竞争性。此外，合肥市制定和实施《合肥市信息化项目硬件配置标准》，并完善《合肥市信息化项目专项资金使用管理办法》，把资金先行支付的政策调整为中标单位先垫资建设，待项目建成并验收后再支付的政策；另启动建设电子政务项目12个，涉及公安警卫、电子监察、卫生应急、财税监管、人防指挥、参政议政、数字档案、司法行政、教育等多个领域，其中由信息化专项资金列支1182.3万元。

【社会信息化工程】 2009年，合肥市推动社会信息化工程：一是组织开展“四体会”信息管理系统研发、技术保障预案编制等工作；二是以社区、农村信息化工程为抓手，加快社区信息化服务平台和示范点建设；三是拓展“信息田园”农村综合信息服务平台应用，强化新农村建设与信息技术的融合工作；四是加强“中国·合肥”门户网站及网站群的更新维护工作，增强“中国·合肥”门户网站的对外宣传和服务功能，拓展公众参与和沟通的互动渠道。在由国家工业和信息化部主办的第八届（2009）中国政府网站绩效评估中，“中国·合肥”门户网站位列全国315个地级市以上城市第16名。

【信息化培训】 2009年，合肥市重点加强对公务员的信息化培训工作，与组织人事部门共同组织多期信息化与电子政务培训，完成对111个部门（县区）市直部门、不同侧重点的信息技术应用培训工作；并先后举办信息网络安全、业务系统操作、数据库系统、邮件系统知识等多次专业技术培训，提高了公务员的信息化水平；另注重借助运营商、新闻媒体等社会力量，向市民展示各行业信息化应用成果，普及信息化知识，取得了积极效果。

（于　静）

电　信

【概况】 2009年，中国电信合肥分公司移动业务用户市场份额翻了一番，无线宽带用户增加进度实现全省第一，宽带用户数量保持全省第一，并完成第四届中部博览会的通信保障和全国四体会期间的通信保障筹备工作。

合肥市政府与中国电信安徽公司当年签订战略合作框架协议，中国电信合肥分公司贯彻协议精神，推进政企信息化、企业（商业）信息化、农村信息化、民生信息化等八大信息化建设，并分别成立专项项目组，快速部署落实相关工作。

2009年，合肥电信分公司被国家文明委确定为全国文明单位，被安徽省授予“安徽省创建学习型企业先进单位”称号，被合肥市授予“合肥市五一劳动奖状”。

【网络建设】 2009年，合肥电信分公司初步建立全业务经营服务体系，新增移动基站、WLAN热点和室分系统的建设量分别较上年底增长1.7倍、2倍和4.4倍以上；并完善IT支撑全面强化计费账务和信控管理工作，创新开发外挂程序完善系统功能，为营销服务提供保障；另推进3G建设，使3G网络全面覆盖合肥市市区、市辖三县县城、所有乡镇，以及高速、高铁沿线和风景区等；还建设WLAN，使网络覆盖所有三星级以上宾馆、各大中专院校、机场、车站，以及各类娱乐场所，这样通过C网和WLAN相结合形成了比较完善的高速移动通信网络。

【服务客户与社会】 2009年，合肥电信分公司服务客户与社会：1. 全业务服务指标达标率100%，服务重点难点问题的解决率达95%；2. 先后完成10000号与省客服平台的业务整合试点工作；3. 成立客户服务中心，强化服务监督考核职能，并整合外呼营销和VIP客户服务人员队伍；4. 开展“温暖行动”等差异化服务和维系挽留工作；5. 开展“倾听客户声音”等活动，主动发现和改进客户服务缺陷，提升服务指标。

【服务滨湖新区建设】 2009年，合肥电信分公司做好滨湖新区通信基础设施建设：编制《合肥电信滨湖新区综合规划》，进行电信的局所、管道等基础设施的规划，以及分区域、分阶段的建设工作；做好电信局所建设，新区区域内有6个模块局、19个接入点、2个数据汇聚点，具有3.8万用户的通信处理和宽带接入能力；配合滨湖新区的市政道路无杆化建设，修建徽州大道等28条道路的通信管道，合计72.4管程公里；狠抓滨湖新区3G建设。该分公司完成负责建设的3个落地塔建设工作，使滨湖新区所有基站建设完毕，改善了滨湖新区3G网络的覆盖质量。

在为电信重点项目落地做好支撑工作方面，该分公司做好滨湖新区入驻企业的接应、通信保障等工作：做好浦发银行后援基地项目信息化支撑工作；做好工总行后台中心项目通信保障工作。

（合肥电信分公司综合管理部）

中国联合网络通信有限公司合肥市分公司

中国联通合肥分公司成立于2001年，2008年根据国家电信改革要求完成与合肥网通的融合重组，成立中国联合网络通信有限公司合肥市分公司。十年来，合肥联通从无到有，从小到大，有2G移动业务、3G移动业务、宽带、固话及视频、voIP、IP TV等基础电信业务和增值业务。

合肥联通作为中国联通设在合肥的分支机构，拥有员工600多人，大专以上学历占员工总数的90%。2009年，拥有用户80余万，年平均主营业务收入近5亿元，年上缴利税近1800万元，为社会提供就业岗位2000余个。公司具有良好的社会声誉，连续获市级“文明单位”、“合肥市文明行业”称号、全国“巾帼文明岗”、“创建文明城市先进单位”、“质量管理放心单位”、“合肥市诚信维权信得过单位”、“合肥市消费和谐服务单位”等多项总部、省、市级荣誉。

合肥联通坚持“打造精品网络，奉献一流服务，追求永恒改善”的质量方针，为广大用户提供更加稳定、功能更强的网络通信服务。2009年，投资近2亿元完成了WCDMA一期工程建设，圆满完成3G试商用、正式商用、IPHONE上市“三部曲”，开启了3G时代；2010年3月完成了三期WCDMA覆盖工程，全力完善和优化深度覆盖，机场、火车站等交通枢纽、政府等重要办公枢纽、星级宾馆的通信网络覆盖能力与通信质量实现了长足提升，形成2G/3G双平面移动通信网的无缝覆盖。

公司在服务创新上不断探索，使客户服务越来越趋向专业化和精细化，更具特色服务和用心服务，除拥有主营业厅、大型卖场、合作营业厅、专营店、普通代理点、便民缴费站等近700个各级分销网点外，还从单一的柜台销售发展到网上销售、电话销售，用户足不出户便可在网上更改和办理业务。

作为合肥市基础网络通信运营商，合肥联通关注民生，勇于承担社会责任，履行与合肥市政府签订的战略合作协议，参与合肥“大建设”，“村村通”、“建设信息高速路”等活动，助力合肥信息化。近两年来，完成了奥运通信保障任务、历届徽商大会通信保障、中博会等重要会议、事件的通信保障。2010 年作为四体会独家通信服务提供商，为大会提供了优质的通信服务。

无线电管理

【概况】 2009 年，安徽省无线电管理委员会办公室合肥管理处（以下简称“合肥无管处”）优化设台审批程序，办理申请无线电通信组网单位 71 个，新增无线电台（站）682 个。其中，新增超短波中级台 10 个，新增移动电台 509 个，新增数传电台 30 个，新增船舶电台 5 个，新增 GSM 基站 38 个。全市当年办理无线电电台执照 1768 个。无线电频率占用费收缴做到应收尽收，完成百万元的年度收费任务。

截至年底，市管无线电设台单位逾 330 家，拥有各类无线电台站 11636 个。其中，批准设置的 GSM 基站 1869 个，CDMA 基站 207 个，小灵通 PHS 基站 2200 个，广播电视发射台逾 120 个，短波、超短波固定专业台网逾 110 个，移动电台 3106 个，无线数据电台近 600 个，集群通信电台逾 3000 个，双向通信卫星地球站逾 20 个，雷达、微波站 170 个，以及其他各类台站逾 200 个。据不完全统计，全市拥有 GSM、CDMA 移动电话用户近 400 万户，拥有小灵通用户 12 万户。

【清理违法使用对讲机活动】 2009 年 6 月，合肥无管处组织成立由民航、公安、城管等 10 多个成员单位负责人参加的市清理违法使用对讲机专项行政执法活动领导小组，通过宣传走访、检查登记、行政执法三个阶段，对全市 100 多个违章设台的物业公司和酒店宾馆进行清理整顿，查封违章电台 30 多部，并核发无线电电台执照 368 个，另有 50 多个违规设台单位补办了无线电频率和台站使用审批手续。

【促进 3G 建设】 2009 年，合肥无管处促进市第三代移动通信（3G）建设，通过加强监测，全面保障 3G 无线电频率电磁环境安全，并规范基站管理，提高审批效率，取得良好效果。

【考试监管】 2009 年，合肥无管处受市人事局、司法局、大招办等部门委托，对在合肥地区举行的高等教育、研究生、公务员、司法、大学四六级、会计师、医师资格等专业考试中，出动专业人员和监测车辆逾百人（次），查处无线电通信作弊事件多起，并现场抓获作弊人员，缴获部分作弊通讯工具。

【查处无线电干扰事件】 2009 年，合肥无管处排查无线电干扰民航事件 12 起，保障了民航通讯安全；并依靠“四站一车”（四个固定监测站和一个移动监测车）监测系统和先进的无线电设备，成功查处了合肥联通公司、合肥众品商贸公司、合肥百货大楼等单位发生的多起严重的无线电干扰事件，有效地维护了空中电波秩序。

（安徽省无线电管理委员会办公室合肥管理处）

农业和农村经济

综　　述

2009年，合肥市积极应对全球金融危机的冲击，有效化解各种自然灾害的影响，深化农业内部结构调整，推进新农村建设，试点开展农村改革，全市（含市辖3县）农业和农村经济继续保持较快发展势头，呈现农业丰产、农民增收、农村繁荣的良好局面。粮油生产连续6年实现增产丰收，全年粮食总产量190.4万吨，比上年增长2%；油料总产量31.6万吨，增长7.5%。全市实现农业增加值112亿元，同比增长6.6%。全市农民人均纯收入6065元，同比增长13%，连续4年实现增长超千元。

【县域经济】 合肥市辖各县坚持走工业强县富民之路，发展县域新型工业，推进市县合作共建工业园区。2009年，全市县域规模以上企业达756家，实现增加值198.7亿元，比上年增长46.5%，对全市工业增长的贡献率达38.1%。县域生产总值达470亿元，同比增长18%；县域财政收入43.55亿元，增长23.5%。县域生产总值、工业增加值和财政收入均高于全市平均增幅。

【现代农业】 合肥市加强农业基础建设，开展高产攻关创建活动，农业综合生产能力大幅提高。2009年，全市粮食总产量达190.4万吨，蔬菜总产量达100万吨，肉奶蛋水产品总产量70万吨，均创历史新高。农业区域化布局、规模化种养、标准化生产加速显现，长丰县8000公顷草莓、肥西县1.33万公顷苗木花卉和合铜路15公里蔬菜园艺产业带、环巢湖水生蔬菜产业集群等一批高效规模农业园区基本建成，规模特色农业基地面积达6.67万公顷，形成一批千亩连片、千棚连栋、万亩水生的果蔬生产基地。新建各类规模养殖场280多个，规模养殖比重达75%。

合肥市以培育主导产业和农民增收为目标，实施“百村示范、千村推进”示范工程。全市拥有市级以上“一村一品”专业示范村达225个，其中2009年新增112个，拥有省级以上“一村一品”专业示范村11个，“一村一品”农业人均纯收入高于全市平均水平21.5%。肥西县苗木花卉、长丰县大棚草莓、肥东县生猪养殖、长丰县和肥西县家禽养殖、环巢湖水生蔬菜成为“一村一品”集中连片发展的集聚区，对扩大基地规模、提升产业档次、放大示范效应，及推动现代农业特色成块、产业成带、集群发展的作用日趋显现。

农业生态示范园

【农业产业化】 市级以上龙头企业达243家，新增60家，出现一批效益好、上规模的农业龙头企业集群。农产品加工业产值达454亿元，位居全省各市第一；加工业增加值跃居全市八大产业第二位。销售收入超亿元的龙头企业达55家，新增15家。安徽和诚公司2亿只肉鸡加工、万润公司200万头生猪屠宰加工、现代牧业2万头奶牛牧场项目基本建成，生产加工能力全球领先。肥东新城工业区被认定为全国农产品加工示范园。新增“三品”（无公害农产品、绿色食品、有机农产品）认证85个，新增省著名商标8个，“丰大”牌商标被认定为中国驰名商标。全市农民专业合作组织发展到817家，新增230家，增长39%；其中农民专业合作社400家，增长150%，新增市级示范社29家、省级示范社9家，徽之皇蔬菜专业合作社成为引领全省农民专业合作社信息化规范化建设的示范社。全市农民专业合作组织发展速度和质量位居全省前列。

【农业标准化】 全市共建立市级以上标准化生产基地80个，其中国家级8个、省级12个，基地面积达3.33万公顷。农业“三品”（无公害农产品、绿色食品、有机农产品）认证总数达281个，2009年新增85个，占省下达任务数的425%。建立地方标准43项，其中省级标准4项。加大农残抽检力度，全市各级蔬菜农残抽检样品总数达1万多个，平均合格率达96.5%；其中部级抽检4次，平均合格率达96.8%。合肥市农产品检验检测中心、长丰县农产品检验检测室建成并将投入使用，农产品质量安全检测能力得到进一步增强。市辖3县基层农技服务体系改革和农业综合行政执法改革全面启动，推动基层农技服务和农产品质量安全监管上台阶。

【农村发展环境】 合肥市2009年实施的36项民生工程中，有33项泽惠农村，农村公共服务能力有新的大幅提升。城市道路、公交、供水、污水管网等基础设施加速向市辖3县延伸，合六路南岗段、合店路一期、合水路改造等城市出入口道路建成通车，金寨南路直达肥西花木城。完成835.8公里“村村通”公路建设任务，提前1年实现所有行政村“村村通水泥路”。新解决17万农民安全饮水问题。完成3个乡镇、44个中心村新农村电气化改造建设。农村通信、广播电视、宽带网络实现行政村全覆盖。新建、改扩建农村中小学17所、村镇卫生院（室）82个。新建10个乡镇综合文化站、200所农家书屋和34处农民体育健身工程。建成“万村千乡”市场工程农家店408家。农村社会保障实现提标扩面，在城区试点城乡并轨。新型农村合作医疗制度进一步完善，全市参合农民达222万人，参合率达97.6%。实现“515敬老工程”（注：合肥市“二十八项民生工程”之一，即在“十一五”时期，用5年时间，力争筹资1亿元左右，加快农村敬老院建设，实现全市农村五保对象集中供养和集中居住率达到50%以上的目标）乡镇全覆盖。开展各种类型的农民转移就业培训，新增就业8.5万人。

【新农村建设】 合肥市土地整治和整村推进新农村建设成为全国样板，被誉为“合肥模式”。第二批3个“整村推进”项目相继开工，总面积达2800公顷，受益49个自然村、10304人，项目实施后新建6个新型农村社区，新增耕地328公顷。各县、区结合自身实际，实施40多个“增减挂”项目，推动“产业向园区集中、农民向城镇集中、土地向规模经营集中”。推进“文明乡村”创建活动，300多个村庄面貌发生明显改变。加快推进新市镇建设，5.3万农民转变为城镇居民。全市城镇化率提升到64.1%，较上年提高1.7个百分点。

【城乡统筹综合配套改革】 合肥市鼓励各县区先行先试，组织开展农村土地经营承包权流转、农村综合产权交易、土地“双置换”改革和新型农民养老保险等4项改革试点。建立土地流转的政策支撑、规范服务、工作制度、纠纷调处和风险保障5大体系。全市已流转土地面积达4.8万公顷，占承包耕地总面积的23%。基本完成集体林权制度改革确权发证工作。进一步放开放活，推进长丰县下塘镇、肥东县撮镇、肥西县三河镇等9个乡镇扩权强镇试点。加速金融体制改革，新成立小额贷款公司20家，累计发放贷款5亿元。合肥市在全省率先成立高规格的城乡统筹工作委员会，组织编制《合肥市城乡一体化综合配套改革试验总体方案》。 （朱婷婷）

种植业

【概况】 2009年，合肥市（含市辖3县）粮食、油料、棉花、蔬菜瓜果产量全部实现新突破。全市粮食总播种面积27.83万公顷，总产量190.4万吨，分别较上年增长0.8%和2%，是2003年（总产量104.4万吨）之后粮食生产连续6年增长，创历史最高水平。主要粮食作物水稻单产7620公斤/公顷，总产达152万吨，均超历史最高纪录，优质率从2003年的75%提高到96%；小麦播种面积5.26万公顷，单产5256公斤/公顷，总产27.7万吨，总产超历史最高纪录，优质率由2003年的70%提高到90%；玉米播种面积1.07万公顷，总产6.8万吨，分别较上年增长5%和7.9%，优质率达90%。全市油料作物总播种面积13.47万公顷，总产 31.7 万吨，分别比上年增长 12%、1.6%。全市棉花种植面积 1.9 万公顷，比上年减少 6.78%，总产 1.89 万吨，比上年增长 1.28%。全市蔬菜种植面积 4.8 万公顷，总产 99.88 万吨，分别较上年增长 6.58% 和 8.54%。瓜果种植面积 1.6 万公顷，总产 35.72 万吨，分别较上年增长 4.7% 和 10.9%。蔬菜瓜果面积、总产增量是前两年的总和。

【粮油高产攻关】 合肥市重点实施省部级粮油示范区面积达 5.7 万公顷（部级示范区面积 4000 公顷），其中水稻 2.13 万公顷、小麦 1.33 万公顷、油菜 2.2 万公顷、花生 667 公顷。全市拥有 500 亩（注：15 亩为 1 公顷）以上种植大户 43 户，其中千亩以上种粮大户 7 户。此外 20 亩以上、50 亩以上、100 亩以上、300 亩以上规模种植户分别达 10637 户、1178 户、582 户和 100 户，规模种植面积达 3 万公顷。农业部推荐的 69 个超级稻品种推广种植达 20 个，推广超级稻面积 7.2 万公顷，品种包括丰两优 4 号、丰两优香 1 号、新两优 6 号、D 优 527、国稻 1 号、II 优 98 等。各类示范区中，肥西县创水稻全市最高单产 11175 公斤/公顷，长丰县创小麦全市最高单产 7140 公斤/公顷，肥东县创油菜全市最高单产 3030 公斤/公顷。

【蔬菜瓜果生产】 全市新建规模以上露地蔬菜示范小区 2085 公顷，设施栽培小区 94.6 公顷（不含草莓），水生蔬菜基地 1356 公顷，伏缺蔬菜基地 60 公顷，蔬菜总面积达 3596 公顷，瓜果总面积 1.6 万公顷，实现历史性突破。蔬菜瓜果产业集聚效应明显，围绕“稳粮、扩菜、强畜、兴果、重加工”现代农业产业发展思路，实施现代特色农业“35116”工程建设，推动环巢湖流域水生蔬菜产业带、肥西合铜路 15 公里蔬菜园艺产业带、肥东店白路高效种养一体化产业带、长丰 1.33 万公顷草莓产业集群，及包河大圩蔬菜园艺、牛角大圩休闲农业、造甲宋岗蔬菜草莓、肥西高刘大葱基地、吴山车左冬南瓜基地等一批万亩蔬菜产业园区建设。环巢湖流域水生蔬菜产业带新增 1353 公顷，总面积 3333 公顷。肥西县合铜路新增露地、水生菜种植面积 667 公顷；高刘大葱种植面积新增 143 公顷，总面积 667 公顷。肥东县店白路新增大棚蔬菜 77 公顷。包河区东大圩、牛角大圩新增露地、水生菜种植面积 640 公顷。长丰县冬南瓜种植面积新增 147 公顷，造甲乡新建露地菜种植面积 973 公顷，全县新增设施草莓种植面积 1667 公顷。

【农业产业化】 全市 812 家农民专业合作经济组织中，拥有蔬菜瓜果类专业合作组织 180 家，植保专业合作组织 58 家。全市 243 家市级以上农业产业化龙头企业中，拥有蔬菜瓜果类龙头企业 37 家，粮油加工类龙头企业 46 家。农产品“进超市”、“进上海”“进市场”活动深入开展。合肥农交会期间共组织市内外 60 余家企业对接座谈。会同商务部门组织 40 多家农业产业化龙头企业和生产基地与超市开展农超对接，全年农产品进超市销售额达 70 多亿元。组织全市 20 多家农产品生产企业与上海徽商集团在安徽（上海）第十届农交会期间开展合肥名特优新农产品上海网络销售，拓展农产品销售新途径，开业之初销售额即突破 200 万元，势头良好。协调合肥铭传农业发展公司、肥东丰宝食用菌等众多企业进驻合肥周谷堆农副产品批发市场开展产品销售。

【争取项目与项目奖补】 市辖 3 县 4 区全年共争取中央各部委项目 93 项，争取项目资金支持 56253.74 万元；争取省级各部门农业项目 127 项，争取资金 4148 万元，推动 3 县标粮工程、肥东江淮水稻优质技术集成示范项目、肥西土壤有机质提升试点、肥西巩固退耕还林基本口粮田建设项目、长丰县农产品质检站项目等一批重点农业项目实施。

2009 年，全市共实施市级种植业项目 13 类 353 个，共计奖补资金 2965.3 万元。其中露地蔬菜 12 个，奖补 1220 万元；水生蔬菜 11 个，奖补 543 万元；设施栽培 7 个，奖补 472 万元；种粮大户 43 户，奖补 43 万元；制种基地 3 个，奖补 27.3 万元；伏缺菜基地 7 个，奖补 90.5 万元；省部级粮油示范区 73 个，奖补 151 万元；标准化示范基地 37 个，奖补 82.5 万元；地方标准 20 项，奖补 6.2 万元；自主新品种研发品种 10 个，奖补 13 万元；合作共建供肥蔬菜基地 5 个，奖补 100 万元；农产品“三品”认证 85 个，奖补 70 万元；蔬菜大棚受灾达 40 多处，补助 100 万元。

【农资市场监管】 合肥市开展“春风 50”、“秋风 40”、夏季农资打假百日行动、农产品质量安全执法年活动。市县共组织相关培训班 9 期，培训人员 1624 人次，包括对 150 多名无公害农产品内检员进行专项培训，开展送农资等“七送”下乡进村活动。全市共出动执法人员 1356 人次，检查全市农资市场420个次、经营户2770个次和农产品生产企业、基地、农民专业合作经济组织207家次，抽检农资产品2532个，查处不合格农药1320公斤、劣质肥料40余吨、违法种子2600公斤，其中高毒农药甲胺磷80公斤、1605农药40余公斤，处罚违法行为152起，结案143起，下达处罚金额37.7万元，已收处罚金28.6万元。其中市本级立案查处14起，处罚金额11.6万元，已到位9.3万元。

【科技服务】 全市各类农作物病虫草鼠害的防治面积达124万公顷次，综合防治率达126.7%，较上年提高6.4个百分点。拥有专业化防治合作组织58个、机防队员4362人、机动喷雾器3916台，专业化防治面积17.5万公顷次，较上年提高30%。围绕苗情、墒情、病虫情“三情”监测，在全市建立省市级监测点23个。全市农作物没有发生重大病虫危害，肥西县、长丰县争创全国病虫专业化统防统治示范县。

开展测土配肥统测统配，配方施肥总量达8.05万吨，肥料综合利用率提高3.5个百分点，开展蔬菜测配个性化服务，免费为38万农户提供测土配方施肥服务，全市测土配方施肥总面积达19万公顷。

开展农业科技进村入户“百千万”行动，组织全市100个专家，对口联系100个行政村，指导服务1000个种植大户，辐射带动全市1万个种植户，开展结对帮扶技术指导服务。

实施种植业示范项目100项，建立粮油高产攻关创建示范、超级稻高产栽培示范、机械免耕直播示范、大棚蔬菜共建技术研究示范、蔬菜瓜果新品种展示示范等各类农业示范区100个，核心示范区总面积达6.6万公顷。

【支农惠农政策】 全市粮食直补、农资综合直补、良种补贴、良种挂钩补贴、农机购机补贴、粮油生产大县补贴、政策性农业保险补贴等7项补贴总数达4.58亿元，亩均补贴140.62元，人均补贴169.33元，分别是实施补贴之初2004年的7.03倍和7.36倍。肥东、肥西、长丰三县分获粮油生产大县奖金2317万元、2029万元和2367万元。全年各级财政累计政策性保险补贴5811.52万元，投保面积552.28万元，平均参保率88.77%，分别较上年增长32.2%、50%和48个百分点，各项农业保险赔付款达1754.12万元。长丰县在全省首创草莓“信贷+保险”新模式。 （朱婷婷）

畜牧业

【概况】 2009年，合肥市（含市辖3县）畜牧业经济持续稳定增长，没有发生重大动物疫情和畜产品质量安全事故，全市畜牧业经济呈现“产量增长，规模扩张，加工升级，结构优化”的良好态势。全市实现肉、蛋、奶产品总产量56万吨，出栏生猪224万头、家禽1.18亿只，存栏奶牛2.48万头，分别比上年增长12%、7.2%、12.4%和50%。奶牛存栏和家禽出栏位居全省各市第一，产业综合生产能力、市场竞争能力和持续发展能力显著提升，畜牧业经济综合发展水平居全省首位。

【项目建设】 全市在建千万元以上畜牧业投资项目17个，总投资39.2亿元，发展内在动力明显增强。世界最大的肉鸡屠宰厂——和诚公司2亿只肉鸡屠宰加工项目建成投产。亚洲最大的奶牛养殖场——现代牧业（肥东）有限公司2万头奶牛牧场项目进展顺利。大项目带动大投入、大企业培育大产业的发展格局初步形成。

【动物防疫】 市畜牧水产局紧扣“零疫情”的防控目标，开展春秋两季集中免疫行动，全面落实以强制免疫为主的综合防控措施，有效防止了重大动物疫情和染人的发生。全市累计领发高致病性禽流感等各类强制免疫疫苗8883.8万毫升，疫苗领发数量再创历史新高。免疫家禽1.5亿多只、家畜350多万头，免疫进度快，防控效果好，疫情形势稳，合肥市被评为全省动物防疫工作先进市。

【无疫区建设】 市畜牧水产局严格标准，规范操作，通过重点加强基础设施、机构队伍和规章制度建设，建立完善市县乡3级体系配套、职能分工明确的动物疫病控制、动物防疫监督、动物疫情监测及动物防疫屏障体系。肥西县、长丰县动物防疫监督所和动物疫病预防控制中心建设任务全面完成，11个区域性乡镇动物防疫监督分所建设有序推进，其中建成9个、在建2个。市动物疫病预防控制中心和动物防疫监督所业务用房基本完工，市外来动物及动物产品报验站项目全面启动，基础设施不断改善，队伍素质稳步提升，防控能力明显提升。

【畜产品安全监管】 市畜牧水产局组织实施

夏季监管百日行动、生鲜乳收购站专项整治等系列执法活动，加强从生产到消费的一体化监督和系统化管理，畜产品质量安全水平稳步提高。共出动执法人员7500人次，检查养殖场、农贸市场、超市、屠宰场等各类场所4800家次，依法查处和纠正违法经营畜产品行为为510起，没收销毁各类问题肉品5.9万公斤，有效杜绝了重大畜产品质量安全事故的发生。活禽经营市场专项整治受到国家农业部、卫生部、工商总局、林业局联合检查组的高度评价。

（陈　鑫）

水产业

【概况】　2009年，合肥市坚持“以养为主、综合开发”的渔业发展方针，促进渔业经济增长方式的转变和渔业产业结构调整，发展特色渔业、科技渔业、生态渔业。全市水产养殖面积2.53万公顷，比上年增长4.1%；实现水产品产量12.6万吨，同比增长14.8%；繁育水产苗种15.4亿尾，同比增长8%；渔业经济产值16.3亿元，同比增长13.4%。市政府出台《关于推进水产跨越工程的实施意见》，提出从扶持水产大县建设、推进产业布局、发展苗种产业、培育专业合作经济组织等方面，加快合肥水产业发展，促进农业产业结构调整，增加农民收入，推进社会主义新农村建设。明确推进水产跨越工程的发展目标：全市水产业发展主要经济指标3年上台阶，10年翻一番，在水产大县建设、产业化经营、市场开拓、苗种产业发展和资源养护等方面实现跨越式发展。

【渔业投入】　国家、省、合肥市共投入渔业扶持资金518万元，奖励合肥市特色水产品基地。其中市本级财政投入360万元，长丰县凤还巢农业生态园、肥东县管湾鳜鱼繁育场、肥西县天晟水产养殖专业合作社等60家新建龙虾、鳜鱼、黄鳝特色水产养殖繁育企业获得最高达20万元的奖补。奖补资金总额同比增长300%。

以肥西县廖渡黄鳝综合养殖合作社为代表的一批特色渔业企业得到政策扶持和市县渔业主管部门的技术支持，该社新增网箱黄鳝5000箱，总数达2万箱，年产黄鳝67万公斤，带动肥西县5个乡镇500多户农民从事网箱黄鳝养殖，培育了规模养殖大户40余户，销售收入突破7000万元。

【健康养殖】　市畜牧水产局开展渔业科技服务年活动，制定《合肥市渔业科技服务年活动方案》，围绕龙虾、鳜鱼、黄鳝等主推品种和龙虾池塘健康养殖，龙虾稻田、林间生态养殖，鳜鱼规模繁育，黄鳝网箱养殖，龙虾加工，优质渔用饲料配制及使用，水产养殖病害防治、水产养殖水质调控技术等主推技术，在全市范围内组织开展6项渔业科技服务年标志性活动。全市举办各类培训班30期，培训水产从业人员6000人次，发放各类技术资料1万份。

推进水产健康养殖地方标准制定实施，全年向社会发布《无公害鳜鱼池塘养殖技术规程》、《鳜鱼苗种繁育技术规程》、《无公害黄鳝网箱池塘养殖技术规程》、《无公害水产品渔药使用技术规范》等4项技术规程。

【龙虾产业】　全市龙虾养殖面积超过1万公顷，养殖捕捞总产量达5万吨。

由合肥市委宣传部、市畜牧水产局、合肥晚报社联合主办的第八届“中国·合肥龙虾节”于6月8～14日在安徽省古井体育馆隆重举行，合肥“中国淡水龙虾之都”知名度进一步提升。由市畜牧水产局主办的第三届中国合肥龙虾经济论坛成果丰硕，吸引了台湾、浙江等地众多客商前来签约，成功洽谈了11个高品质项目，合同金额达1.51亿元。

【质量安全】　全年新增无公害水产品产地10个、无公害水产品7个。全市无公害水产品认证达41个，产地认定面积4000公顷，产品认证2万吨。

深入开展水产苗种专项整治行动。通过宣传发动、普查登记、执法检查、药残抽检等步骤的工作，全面规范和整治苗种的生产和管理，取得阶段性成效。全市符合水产苗种生产许可证发证条件的水产苗种场持证率达到100%；未发现水产苗种繁殖培育过程中违法使用氯霉素、硝基呋喃类、孔雀石绿和性激素等违禁药物的行为。

加强水产品质量抽检，完成农业部对合肥市的3次水产品质量例行监测抽检，抽检合格率100%。

【渔政管理】　市畜牧水产局坚持“安全第一、预防为主、综合治理”方针，全面落实渔业安全生产责任制，全面启动机动渔船检验工作，认真开展渔业安全生产大检查，有效遏制渔业安全事故的发生，实现渔业安全生产零死亡，维护渔民群众的生命、财产安全和渔区的社会稳定，促进合肥市渔业持续、稳定、健康发展。

中央财政当年下达合肥市渔船燃油补助费用18.9万元。市辖3县畜牧水产局严格按照《渔业石油价格改革财政补贴实施方案》，造册登记，张榜公示，全部发放到渔民手中。

（刘　磊）

水　务

【概况】　2009年，合肥市围绕建设现代化滨湖大城市战略，坚持城乡统筹，坚持改革创新，坚持依法治水，加强民生水利、生态水利、资源水利、工程水利建设，继续推动由传统水利向现代水利转变的进程。

【民生水利】　病险水库除险加固工程于2007年正式启动，截至2009年底，列入国家计划的2007年8座、2008年12座病险中、小型水库除险加固工程全部完工，其中5座中型水库、11座小型水库通过竣工验收；列入省级2008年以前计划的85座水库全部完工，其中50座通过竣工验收；列入2009年国家计划的3座中型水库、11座重点小型水库和列入省级计划的26座小型水库于2009年9月底前开工，100%完成年度目标任务，总体形象进度为50%。全市病险水库除险加固工程累计完成投资28240万元，其中国家投资12625万元、省级投资11328万元、市级投资3010万元、县（区）自筹1277万元。

农村饮水安全工程当年兴建管网延伸工程19处、地表水源式水厂1处、辐射井式小型集中供水工程3处，完成投资8436万元，解决农村17万人饮水安全问题。

贯彻落实大中型水库后期移民扶持政策，移民直补资金及时、全额发放到位，移民扶持项目按计划组织实施，库区和移民安置区保持稳定。

【生态水利】　巢湖沿岸生态环境综合治理工程963米湖崩试验段治理主体工程全部完工；亚洲银行贷款项目于2008年7月开工，按计划进行防浪平台填筑、湖崩治理、堤岸加固和桥梁、涵闸等交叉建筑物施工，至2009年底累计完成投资11423万元。

合肥市西南部生态补水工程建设任务基本完成，已具备生态补水功能，11月上旬成功进行生态补水试运行。王嘴水库除险加固及水体扩容工程已完成土方21万立方米。董铺水库溢洪道扩建及南淝河生态补水工程于年内开工。派河河道治理一期应急工程于2008年7月开工，完成12.7公里河道疏浚任务，实现500吨级船舶通航的阶段性目标。派河河道治理一期先行实施工程，于10月底开工，工程项目主要有堤防加固1处、退建2处及河道清淤。巢湖湖区航道派河口至施口段初步设计于2009年9月获得批准，批准总投资7610.92万元，已完成规划选址、环境影响评价和建设资金计划落实等各项准备工作。完成全市中小河流整治规划，并通过省水利厅审查。

【农田水利基本建设】　全市农田水利基本建设修复水毁工程48处，新增防渗渠道264公里，加固堤防39公里，疏浚河道44.8公里，清淤渠道652公里，新建或改建小型水源工程865处，治理水土流失面积6平方公里，完成土石方1410万立方米。肥西县获得全省农田水利基本建设第十四届“江淮杯”评比二等奖。实施大型灌区续建配套与节水改造工程。完成滁河干渠滑坡治理、大蜀山分干渠（肥西段、蜀山区）除险加固、小蜀山分干渠5处滑坡治理等工程，滁河干渠金大郢等6处滑坡治理、滁河干渠姚庙滑坡治理、大蜀山分干渠蜀山区段续建配套与节水改造等项目已下达投资计划，滁河干渠宋小郢等渠下涵除险加固等项目前期工作有效推进。

【防汛抗旱】　3月上旬开始，各地按照市防汛抗旱指挥部统一要求，开展汛前检查，查排一般隐患32处。按照分级管理、分级负责的原则，明确了546座大中小型水库防汛行政责任人和技术负责人，并在媒体上公布。修订完善防汛抗旱预案、大中型水库控制运用计划、瓦埠湖蓄洪区防汛预案，编制了沿巢圩区333公顷以上圩口防汛抢险预案。按照分级负责的原则，组建防汛抢险队伍，储备防汛物资。丰乐河堤防出现险情后，迅速有效开展险情处理工作，柳湾圩邓小湾段除险完成土方开挖1074立方米、干砌石护坡950立方米、碎石铺垫1187立方米，挖除白蚁3处，填塘固基压实土方1.5万立方米；三河桥庵段滑坡治理完成抛石固脚2490立方米，平台填筑以及填塘固基土方2.52万立方米。董铺水库泄洪涵洞除险加固工程在确保防汛安全和供水安全的前提下，加强调度，严格管理，顺利完成泄洪涵洞洞身浇筑、启闭设备安装、土方填筑等主题工程。南淝河泄水闸下游河道整治工程完成宋小郢段抛石固脚和部分护砌土方整修。

【城乡供水】 市水务局认真贯彻执行《合肥市城市饮用水水源保护条例》，加大城市饮用水水源保护区环境整治力度，持续改善董铺、大房郢水库库区周边环境，董铺、大房郢水库水质长期保持Ⅱ类标准。春节后，全市各地积极开展抗旱保苗工作，按期完成抗旱浇灌任务。克服工程建设影响，先后分4次实施向董铺、大房郢水库补水，共计补水2.08亿立方米。完成城市供水1.92亿立方米，其中南淝河生态补水1500万立方米。自5月中旬起，全市水务部门、水管单位积极行动，坚持引、提、蓄、节“四水”并举，广辟水源，全力保障农业灌溉用水需求。全市引淠史杭水1.7亿立方米，提外水0.25亿立方米，动用蓄水4.1亿立方米，累计为农业灌溉提供6.05亿立方米。

【节水型社会建设试点】 自2008年合肥市被水利部确定为全国节水型社会建设试点市以来，市水务局编制了《合肥市节水型社会建设规划》，提出节水型社会建设组织机构、相关部门职责及任务分解方案。2009年12月26日，举行合肥市节水型社会建设试点启动仪式。

（管小庆）

交通运输 邮政

交通运输

【概况】 合肥市交通运输局继续推进交通基础设施建设，着力构建综合运输体系。市公路交通部门全年完成公路建设投资17.87亿元（不含高速公路），重点实施城市出城口道路和农村公路建设工程。合宁高速公路大陇段扩建工程全面完工，安徽高速历史上第一条八车道高速公路正式建成通车，新桥国际机场高速公路可行性研究报告获省发改委批复，城市出城口道路建设快速推进，合六路延伸段（南岗公路）、合店路（一期）工程先后建成通车，开工建设合水路，快车道已完工通车，续建的疏港公路主车道已具备通车条件。总长856米的南淝河大桥开工建设，环巢湖道路前期工作基本完成。全市农村公路总里程突破8100公里，比省政府计划提前一年实现“村村通水泥路”目标。合肥市公交场站建设继续纳入大建设范围，全年合肥市总投资4000余万元，共完成长江西路农机校站，龙岗、义兴保养场车身车间，瑶海保养场一期等项目，完成长江东大街、高刘路、始信路、丽水路、花园路等首末站及瑶海保养场二期的立项、规划、选址等，长江东大街站已开工建设。水运建设完成投资5.1亿元，合肥港综合码头一期工程、南淝河水上交管工程按计划推进，熔安动力自建的派河专用码头和派河中下游河道综合治理一期应急工程已经完成，巢湖复线船闸按期开工建设。总投资近5亿元的合肥火车站改造工程正式启动，该项目主要建设内容为站房立面改造，站房大厅扩建、售票厅扩建、候车空间平面功能调整，站房进站天桥及出站地道改造以及电力、暖通等配套改造等，总投资95亿元的合肥铁路枢纽南环线及南客站项目也于当年11月开工建设。机场建设方面，新桥国际机场建设项目顺利推进，总投资8818万元的合肥骆岗机场改扩建工程于当年4月中旬在“中博会”开幕前完成项目建设。

市公路运输部门完成公路客运量1.5亿人次、客运周转量100.19亿人公里、公路货运量1.37亿吨、货运周转量347.8亿吨公里，分别比上年增长16.8%、20.1%、29%、38.6%。城市公交年总行驶里程达18274.02万公里，年客运总量60458.12万人次，日均客运量165.64万人次，同比分别增长2.86%、1.6%、2%。铁路全年完成旅客发送量1346.49万人次，货运量90.99万吨，其中合肥火车站发送旅客1266.18万人次，发送货物87.97万吨，合肥火车西站发送旅客803059人次，发送货物30216吨。全市地方铁路专用线完成装车7541车/442485吨，卸车99419车/60645590吨。水路全年完成港口吞吐量1169.72万吨；完成非税收入1666.42万元，占年计划的104.13%。合肥骆岗机场全年完成旅客吞吐量320.6万人次，货邮吞吐量2.8万吨，分别比上年同期增长26.9%和17.9%。东航安徽分公司累计完成旅客运输量264.9万人次，货邮运输量25646.9吨，其中合肥地区始发航班旅客运输量476911人次，货邮运输量3579.6吨。

【公路建设】 2009年9月27日，合宁高速公路大陇段扩建工程完工，标志着安徽高速历史上第一条八车道高速公路正式建成通车，合宁高速公路大蜀山至陇西立交段扩建工程全长43公里，技术标准为双向八车道高速公路，新增服务区和管理分中心各1处，总投资19亿元。合肥新桥国际机场高速公路可行性研究报告获省发改委批复，合肥新桥国际机场高速公路是连接新桥国际机场与合肥市的快速通道，路线起于新桥机场，经独松郢至南岗与合六叶一级公路相连，全长约17.64公里，起点新桥机场，终点合六路南岗段。起点段1.5公里和终点段2.44公里，采用城市快速路标准建设，红线宽度75米；中段13.7公里采用设计速度100公里/小时，路基宽46.5米，六车道全封闭的高速公路标准，项目投资估算约11.53亿元，计划2010年开工建设。出城口道路建设快速推进，合六路延伸段（南岗公路）、合店路（一期）工程先后建成通车，开工建设合水路，快车道已完工通车，续建的疏港公路主车道已具备通车条件。总长856米的南淝河大桥开工建设，环巢湖道路前期工作基本完成。截至当年底，市交通运输局承担的出城口大建设项目，已建成合安路、合六路、合马路、合水路、合店路（一期）和疏港道路，出城口道路建设共计完成投资37750万元，与上年同期相比增加18.08%。农村公路建设完成村村通水泥路956.6公里、县乡道改造工程150公里，全市农村公路总里程突破8100公里。自2005年以来，全市累计新建通村水泥路3346公里，比省政府计划提前一年实现“村村通水泥路”目标。市交通运输局研究制定《合肥市村村通水泥路延伸工程实施方案》，着手于农村公路提级延伸联网工程的准备工作。

【公路养护】 市公路管理局共完成公路养护投资4107.6万元，超额完成省公路管理局计划34.7%，市辖区公路路况得到改善。春季养护、改善标准化路肩116公理；完成省公路管理局计划项目G206合安路、S105合马路、S101合相路、S315桃杨路的大中修工程，累计完成投资1462万元；在X044小路预防性养护施工试验中，率先运用沥青还原剂封层技术（SBR），在S315桃杨路同步碎石封层施工工艺得到广泛应用；桥梁养护突出预警机制，先后按计划对S101合相路梁园桥大修、路口桥改建、X008合水路葛桥拱桥加固、合淮路侯集桥改建、G206合安路桃溪桥A桥改建；先后对X026石长路、X045花双路实施安保工程，完成投资226.47万元；公路绿化突出覆盖率，坚持推广路基标准断面和公路绿化平台模式，辖区管养道路宜林路段基本实现绿化全覆盖；合资路段突出行业监管职能，全年共计下发监管通知单20份；6300多平方米的X008合水路破碎板维修。

市交通运输局出台《合肥市农村公路日常养护管理考核办法》等3项制度，加强和规范农村公路养护管理工作，建立农村公路养护管理长效工作机制。市地方公路管理处全面推进和落实农村公路管理养护体制改革，全市57个乡镇均建立农村公路管养站（所），做到农村公路管理养护“机构、人员、经费”三落实。在全省率先施行农村公路管理养护示范乡镇创建工作，有20个乡镇通过考核达到示范乡镇标准，初次创建率达36%。全年农村公路管理养护完成投资4815万元，养护工程14个共计32.5公里，其中大修22.8公里、中修9.7公里。改建桥梁1座，小修县道52公里、乡村道46.3公里；全年县乡公路技术状况分值为68，乡村公路好路率为81.6%，同比提高2.5个百分点。

综合养护机养护沥青路面场景

【路政管理】 市公路管理局全年制止清除公路红线控制区内乱搭乱建250多处，制止公路打场晒粮865处，计4398平方米；发布预警信息5914条（其中A类547条、B类5367条）；受理各类涉路许可488件，办结488件，办结率100%；上门送法50余次，散发宣传单5000多份。G206合安路花岗段、S315桃杨路山南段、S311乌曹路陆桥段、X008合水路左店段等穿集镇路段路域环境得到有效整治。完成合肥市区绕城高速（G4001）、三县区域高速干线路网连接线的高速公路命名和编号更换工作；不断优化路政许可网上受理操作规程；超限治理强化部门联合，巡查车辆安装GPS定位及摄像系统，建立治超IDP数字交互平台系统，路政内外网全面开通，实现系统内数据共享。市地方公路管理处全年查处路政案件123起；处罚超限车辆558辆，劝止465辆；检查桥梁380座，消除路桥安全隐患31处，整改不规范安全标志

441 处，增补县乡道安全标志 2218 块，“村村通”水泥路设置安全标志 4500 块，漆划县道标线 8 条 104 公里；依法拆除违章墙体 10 米、违法建筑 1 处，清理道路堆放物 13682.6 平方米、种植物 676 平方米。

全省首家不停车检测治超站 G312 合六路合肥西治超检测站于 1 月份投入使用；G206 合安路合肥南国家 I 类治超检测站于 5 月底建成并投入使用，并在全省率先采用高速预检、精检、复检技术；全省首个利用原二级公路收费站改造的 S101 合相路肥东北治超检测站于 6 月 15 日投入使用；肥东县撮镇治超检测站，纳入省道 S105 合马路亚行建设项目，建设方案已通过立项评审；充实调整流动治超点执法人员，初步形成固定治超检测站与流动治超点合理搭配的治超网络；配备各类治超车辆 12 台，3 个固定治超检测站全部实现检测、处理数据实时传输，全方位科技治超系统初步建立。截至 12 月底，共查处超限车辆 42336 台次，转（卸）载车辆 3057 台，转（卸）载货物 31666.48 吨。

【公路客运】 全市完成公路客运量 1.5 亿人次、客运周转量 100.19 亿人公里，分别比上年增长 16.8%、20.1%。全市新建农村客运站 4 家、候车亭 110 个、招呼站 140 个，新增 13 个行政村通班车，全市 882 个行政村已开通农班车，通达率 98.55%，形成以城乡道路网络为依托、县城为中心、重点乡镇为节点、城乡相连、村镇相通、安全经济便捷的农村客运网络，同时为提升农村客运服务质量，及时配合发放冷线财政补贴资金，确保村村通班车“开得通、留得住、有效益”。班线公司化改造稳步推进，合肥至阜阳班线 34 台客车、合肥至淮北班线 16 台客车完成公司化改造，省、市际班车公司化经营比率达 41%，并全面实现二级以上客运站封闭化管理和联网售票与资金结算工作。在调研和摸底的基础上，有计划地与邮政等部门协作，在邮政、商场、酒店、宾馆、社区等处规划设置客票售票点，着力完善客运票务信息查询、网上订票售票、自助售票、电话售票等多元化售票模式。小件快运网络在合肥汽车站成功试运营，旅游客运快速健康发展，服务质量不断提高，乘客满意度不断提升。纳入全市公路运输枢纽总体规划的 9 个客运站场开工可研和环境影响报告书通过省级评审，合肥汽车客运枢纽站、客运西站完成初步设计。西门换乘中心搬迁工作顺利完成，南门换乘中心过渡站房投入使用。现有 8 个二级以上客运站全部实现封闭化管理，全年站内未发生安全责任事故。

【公路货运】 全市完成公路货运量 1.37 亿吨、货运周转量 347.8 亿吨公里，分别比上年增长 29%、38.6%。市交通运输管理部门根据供求关系变化，采取积极调控措施，从严把关，控制货运企业盲目增加，向社会公告不再审批新增危货企业，危货运输企业由 25 家削减到 23 家。按照国家有关要求，加强危险货物运输车辆动态监管，现有危货车辆全部安装 GPS 卫星定位系统，GPS 实时监控效果明显提高，有效地保障危货运输安全。开展从业人员培训工作，全年共举办培训班 16 期，培训从业人员 1516 人次，确保持证上岗率 100%；组织企业负责人参加上级主管部门安全培训 289 人次，有效保证从业人员素质的提升。为应对突发事件的发生，制定多项应急和保障预案，全年共组织骨干企业投入应急资金 78 万元，保障人员 1357 人次，营运车辆 562 台次，发送安全短信 35000 多条，紧急调拨成品油 2 万余吨、天然气 10 万余方，保障全市工农业生产和市民生活需求。

【出租汽车管理】 合肥市有序投放 600 台江淮宾悦牌出租汽车，实行公车公营，采取单班运营，起步价为 8 元/2.5 公里；按照市政府安排和部署，将肥东县 277 台“县内客运”小汽车转换为合肥市出租汽车，有效地缓解社会普遍反映的“打的难”问题；为维护驾驶员和乘客双方利益，市交通运输管理部门在调研论证的基础上，及时免费调整全市出租汽车计价器等时费，引导出租汽车到主城区营运；根据《合肥市出租汽车管理办法》等相关文件精神，先后对全市出租汽车经营者和出租汽车企业进行质量信誉考核和出租汽车审验工作；监督续签《合肥市出租汽车服务管理合同》6462 份，对审验合格的出租汽车核发《运营证》，并按合同约定收取经营权有偿使用费 6483 万元，收取公车公营出租汽车履约保证金 7520 万元，合同续签率、车辆审验率、经营权有偿使用费缴纳率均达 100%。为鼓励加快出租汽车更新，批准 212 台出租车延长 2 年经营权使用期，全年更新出租汽车 1100 多台；采取积极措施，巩固出租汽车经营权转换成果，全年公开转让出租汽车经营权175台，更新税控计价器1832台。全年开展出租汽车驾驶员职业资格培训8841人次；举办48期违规、违章驾驶员培训班计2865人次；对129台个体出租车车主和驾驶员进行二期集中培训教育；举办25期新上岗、转岗驾驶员和车主职业培训计2140人次，从而使从业人员文明服务意识、卫生创建意识明显提升。为弘扬正气，共表彰“见义勇为、拾金不昧”先进个人15名。采取多项措施，加强出租汽车坐垫套管理，使出租汽车坐垫套“隔日清洗，随脏随换”的目标常态化、制度化和规范化。及时足额发放中央财政燃油补贴资金1102.6万元。合肥市区共有出租汽车公司7家，车辆7718台（新增600台、个体128台），出租汽车驾驶员19800余名。

【机动车维修（检测）】 市交通运输管理部门以规范二类以上机动车维修企业经营行为为重点，从严打击超范围经营等违法行为。结合《汽车维修业开业条件》，严把准入关，加大管理力度，引导行业健康有序发展，全年共许可4家一类维修企业、29家二类维修企业。全市形成布局合理、技术先进，以一类企业为骨干、二类企业为基础、三类企业为补充的多层次、多门类、多形式的机动车维修市场新格局。积极引入国际质量认证体系，加强汽车维修行业标准化建设。鼓励机动车维修企业连锁经营，提供网络化、品牌化服务。实施“合肥市机动车维修行业信息联网管理系统”项目建设，实现行业管理部门与维修企业、检测站之间的数据共享和实时监管。加强自律教育，提高汽车维修和汽车检测质量，确保车辆行驶安全，市区3家汽车综合性能检测站已完成图像监控联网工作，96333紧急救援网络初步形成并发挥重要作用。全市共有一类维修企业52家，二类维修企业227家（含三县42家），三类维修企业253家。

【汽车驾驶员培训】 市交通运输管理部门督促驾校继续加大基础设施建设，完善办学条件，全年新增4公顷标准电子化培训场地，硬化7800平方米训练场地。认真开展质量信誉考核、诚信驾校、优秀教练员评比表彰工作，共评出6所诚信驾校和88名优秀教练员，同时严厉打击教练员违规教学行为，启用教练员“黑名单”制度，强化对教练员的监管，促进教练员队伍素质不断提升。严格教练车先申请后购车制度，确保驾校按要求、按培训规模购置车辆，强化基础档案管理，升级更新和规范使用IC卡管理系统，规范新闻信息发布制度，落实考试合格率、违章肇事率排行榜制度，从而使培训质量逐年提升。全年共培训驾驶员6.9万人，比上年增长15%。

【交通科技应用】 市公路交通行业全面完成市政府下达的节能减排目标任务，市营运车辆尾气排放合格率100%；95%以上的出租汽车进行“油改气”，全年节省燃料费用近3亿元，市交通运输局获得“合肥市节能目标完成奖”；客运行业广泛应用清洁能源和节油技术，全年节油达351万公升；合水路出城口道路采用老路面混凝土破碎再生利用技术，节约工程资金1000多万元。新技术应用进一步推广，4项科技成果获首届安徽省公路学会交通科技进步奖。信息化建设加强，客运联网售票系统、网上办事系统运行良好，公众出行服务系统被列入省厅信息资源整合项目，驾培行业IC卡管理系统进行升级改造；建设“合肥市机动车维修行业信息联网管理系统”，在全省率先完成市级3家汽车综合性能检测站图像监控联网工作；600台宾悦出租汽车安装GPS并投入试运行。

【公共交通】 合肥市共有公交营运车辆2561台（折合2846.2标台），营运线路114条，线路长度1835.2公里。年总行驶里程18274.02万公里，与上年相比增长2.86%。年客运总量60458.12万人次，同比增长1.6%。日均客运量165.64万人次，同比增长2%。在营运管理方面结合大建设稳步推进公交线网优化，以降低老城区公交线路重复系数，扩大公交服务覆盖面，全年共向工业园区和新建区域调整、延伸线路26条，新开线路8条，暂停线路8条，公交线网结构逐步完善；为应对大建设期间公交线路改道频繁给市民乘车带来的不便，合肥市公交集团加强现场管理，采取“大站快车”、“区间掉头”等方式灵活调度，全年共临时调整线路216条次，涉及线路106条；汲取外地公交车辆燃烧事故教训，对300余台空调车进行推拉式车窗改造，公交安全疏散性能得到增强。实行空调公交车分季节收费的票价，增强公共交通的吸引力；启动新能源公交车示范推广，30台纯电动公交车投放到连接合肥市政务区与滨湖新区的18路线，18路公交线成为全国第一条纯电动大巴公交线路。合肥市公交场站建设继续纳入大建设范围，全年总投资4000余万元，共完成长江西路农机校站，龙岗、义兴保养场车身车间，瑶海保养场一期等项目，完成长江东大街、高刘路、始信路、丽水路、花园路等首末站及瑶海保养场二期的立项、规划、选址，长江东大街站已开工建设。建成长江中路、长江东大街公交专用道及9座快速公交系统（BRT）中央岛式站台，其中国购广场、安农大、三孝口、飞凤街、四牌楼、小东门、东方商城7座岛式站台已投入运营，1路、3路、116路共116台12米双侧开门BRT车辆进入中央岛式站台运营。

长江中路公交专用道及快速公交系统（BRT）中央岛式站台

【合肥火车站客货运输】 合肥火车站积极应对合武客运专线动车组开行、国庆安保、站房改造、站场大规模施工的考验，完善安全管理机制，强化职工队伍管理，提升客货经营理念。抓住合武线和哈尔滨、乌鲁木齐、青岛等方向客车开行契机，大力加强客流组织，创新售票方法，加大席位复用和票额共用力度，推广联程、往返和异地票发售，强化客流旺季旅客运输组织，客运市场不断拓展，同时针对合宁、合武客运专线开通新要求，专门成立动车服务班组。运输安全方面突出客运专线、动车组、接发列车、调车作业、危险品运输、货物装载加固、客站改造和劳动安全重点，不断深化安全隐患排查和专项整治，顺利实现行车安全900天和第二个安全年的奋斗目标。全站累计完成运输收入88021万元，比上年增长23.76%。累计发送旅客1266.18万人次，比上年增长25%，增幅位居上海铁路局第一，货物发送87.97万吨。推进重点物资运输规范化、制度化，有力保证关系国计民生的重点物资运输和专特军运任务，被安徽省人民政府授予第四届中部博览会“优秀集体”荣誉称号。

【合肥火车西站客货运输】 合肥火车西站从拓宽营销渠道入手，结合票务调度业务实行24小时不间断售票，并在春运期间积极向上级主管部门申请增加3个售票汉卡并投入使用，同时加强合肥市及周边企事业单位、院校、宾馆酒店、旅行社等客运市场走访活动，摸摆客流信息，建立客户档案，积极与省、市交通电台及平面媒体建立联系，宣传车次、运行时间的变化情况，定期发布客流、票务、营销信息，方便旅客购票需求。客运方面以“和谐之旅、精彩世博”客运服务质量年活动为契机，改造出站通道等一批客运服务设施，加强客运人员的礼仪及服务技巧培训，提高服务质量。该站注重服务品牌的创立与拓展，以全国“五一”劳动奖章获得者服务明星刘明亮为亮点，推出服务特色，在候车大厅设立有困难找明亮的“明亮服务台”，专门为旅客提供解答疑难、电话咨询等服务，扩大合肥西站在广大市民中的知名度和影响力。货运方面发挥合九线、宁西线、合武客运专线三线交会于此，周边环合肥经济开发区、高新技术开发区、科学城三个国家级产业园的区位优势，充分利用合九线机制改革后路局直管优势，优化运输组织，加快货运装、卸、排，确保提升运输效率，科学有效使用车源，杜绝计划落空和车源浪费现象。全站累计发送旅客803059人次，发送货物30216吨。

【合武铁路动车组开行】 2009年4月1日7时50分，合肥至汉口D3081次动车组列车准点驶出合肥火车站，标志着合（肥）武（汉）铁路客运专线动车组正式开行，它与已开通运营的合（肥）宁（南京）铁路客运专线联结，构成长三角地区通往中南区域的最短路径。合武铁路客运专线东起合肥站，西至汉口站，全线356公里，为国家一级双线电气化铁路，是国家东西向铁路干线沪汉蓉快速通道的重要组成部分。合武铁路客运专线从2005年9月正式开工，经过铁路部门3年多紧张施工建设，于2008年10月全线铺通。随着合武铁路客运专线动车组的开通，华东和中南地区间的时空距离大大压缩，上海、南京、合肥、武汉等城市的城际交通进入“动车时代”，其中合肥至汉口最快1小时55分可达，压缩5小时40分；南京至汉口最快2小时50分可达，压缩7小时56分；上海至汉口最快4小时45分可达，压缩4小时41分。

【地方铁路运输】 2009年3～10月合肥市地方铁路管理局进行事改企改制，11月挂牌为合肥市地方铁路投资建设有限公司，归属市发改委工业投资控股公司领导，不再承担市地方铁路行业管理职能。改制期间，局重点抓全市地方铁路及专用线的运输安全管理，举办各专用线单位安全员、道口看守和装卸管理人员安全生产学习班，全市82名人员参加培训，对各专用线进行安全工作检查，对有安全隐患的单位进行整改。改制后市地方铁路投资建设有限公司拥有18公里铁路专用线一条、货场一个，货场及装卸设备设施齐全，有一支专业的铁路运输装卸和铁路建设施工队伍，管理体系完整，还拥有出售全国火车票、飞机票网点一个。9月开工承建合裕路高架桥道口工程，项目工程费用1200万元，承建的市循环园专用铁路于9月10日开工，该专用铁路由淮南线桥头集站（K121+376）南端接轨，经双山村、上油坊村设交接站，再经下油村、大李村、小刘村和大谢村进入园内物流区，在园区设一个工业站和一个综合性货场，线路全长9公里，铺轨长度19公里，投资1.6亿元，预计2010年底建成。在建的市经济技术开发区铁路专用线，位于肥西县至市经济技术开发区，自合九线竹西站南端接轨引出，终止于金源热电厂，全长10.18公里，设一个接轨站、一个货运站，总投资1.4亿元。全市地方铁路专用线装车7541车/442485吨，卸车99419车/60645590吨，其中，18公里专用线装卸21209车/1315419吨，全年运输生产安全无事故。

【地方海事（港航管理）】 合肥市地方海事（港航管理）局一手抓水运基础设施建设，一手抓行业管理，规范执法行为。南淝河水上交管工程建设顺利推进，该工程将安全管理与航道疏浚、堤防、排涝、绿化综合治理，成为合肥市城市交通管理体系的有机组成部分，整个工程包括电子监控、巡航救助基地和海事监督点、航道标识建设。工程在该航道上设置二十个助航标志、三个锚地、三个交通管制区（动态执法大队基地）、二十个电子监控点，组建VHF通讯指挥系统，实时监控辖区水上交通状况，最大限度掌控水上交通安全主动权。港口航道管理方面，该局编制的《合肥港总体规划》顺利通过省政府和交通运输部审批；并对派河熔安码头、店埠河皖港码头、南淝河东华码头及东港码头的岸线使用、初步设计、施工图设计、招标报备、开工报备等实施许可管理，规范辖区码头建设秩序；完成对省港航投资集团、创一投资公司等10家港口经营许可实施审查、核发工作，逐步规范港口经营许可管理秩序，配合省地方海事局对环巢湖道路跨南淝河大桥、店埠河105国道大桥、合武高速铁路跨南淝河大桥、合武高速铁路跨店埠河大桥等8座桥梁通航净空实施行政许可工作，组织开展辖区跨河建筑物、航标、航道碍航物等专项调查。该局规范水运市场，对全市水路运输（服务）企业和在册营运船舶开展2009年度行业年审工作，在限期内未按规定核查的，按规定给予相应处罚直至取消经营资格；完成运管费的退费及欠费清缴工作；认真做好辖区运输企业的筹建、开业及扩大经营范围等申报工作；加大对长江干线船型标准化的宣传工作，制定船型标准化工作宣传方案，积极宣贯船型标准化相关政策，下发宣传手册205份、致船东公开信600份。严格船舶船员管理工作，结合辖区船舶情况，建立严格的登记制度，明确登记责任和范围，对船舶登记的受理、审核、和审批的程序进行严格规定。辖区运力总量573852载重吨，比上年增长20%；全年完成港口吞吐量1169.72万吨；完成非税收入1666.42万元，占年计划的104.13%；完成水运建设投资5.1亿元，创历史新高。

保障辖区水上交通安全，维护通航秩序

【合肥骆岗机场客货运输】 安徽民航机场集团公司认真贯彻落实民航安全生产各项要求，以大力提升安全品质为要素，以推进机场安全管理体系（SMS）建设为主线，着力克服航空运输快速发展给安全生产带来的压力和困难。相继出台和修订《合肥骆岗机场安全管理体系建设实施方案》、《合肥骆岗机场风险管理手册》等规章，积极开展安全生产大检查、安全业务培训、安全生产技能岗位竞赛等活动，先后组织航空器消防灭火、特种车应急处置、非法干扰应急处置、离港系统应急处置、候机楼识爆排爆等一系列安全生产实战演练，有效增强航空安全综合服务保障的整体能力。合肥新桥国际机场建设项目继2008年12月19日正式启动开工仪式以来，整个工程项目已全面铺开，初步计划在2012年内完成由骆岗机场到新桥机场的转场任务。此外总投资8818万元的合肥骆岗机场改扩建工程于当年4月中旬在“中博会”开幕前完成项目建设，解决困扰合肥机场多年超负荷运转的瓶颈问题。合肥机场每周始发的计划航班比上年同期增加53班，全年共新增国际、国内航线13条，合肥至北京、广州、深圳、厦门、昆明等重点城市的航线航班进一步加密，合肥~韩国首尔的国际定期航线、合肥~台北两岸航线的成功首航和良好运营，标志着合肥航空口岸实现历史性的突破，合肥机场旅客吞吐量首次突破300万人次大关，全年完成320.6万人次，货邮吞吐量实现2.8万吨，分别比上年同期增长26.9%和17.9%，增幅位居华东民航省会机场首位。截至当年底，合肥机场连续21年保证航空安全无事故，空防安全连续实现第50个安全年，圆满完成第四届中博会、全国农业产业化交易会、中国（合肥）国际家用电器博览会、安徽省与央企对接会等一系列大型会议的航空运输服务保障工作。

【东航安徽分公司客货运输】　东航安徽分公司在保障安全的基础上，紧扣市场谋划经营，新增合肥、长沙、贵阳等5条航线，并成功开通合肥台北航班，取得良好的经济和社会效益。先后举办“东方假期”、东航电子商务网站、东航集团客户信息平台、客户热线95530等培训工作，调整售票方式，将坐等销售改进为上门服务，在合肥~台北航班初步实行客户经理制，拓展会员发展渠道，加强会员维护，设立大客户服务室，密切关注安徽地区省市主要政府机关、社团和各大企事业单位等高品质客户群，抽调业务骨干，进行专门服务，当年11月6日成功举办“东航产品推介会暨集团客户答谢会”，有效提升东航品牌影响力和知名度。中博会期间，东航安徽分公司开展“金牌服务迎中博”系列活动，圆满完成中博会保障任务，被安徽省人民政府授予安徽省“第四届中国中部投资贸易博览会优秀集体奖”。东航安徽分公司共执飞航线52条，其中国内航线44条（合肥出港的航线共10条），国际航线8条，执管MD-90飞机（麦道90）飞机9架，A320（空客320）飞机7架，平均飞机在册日利用率7.2小时，正班载运率66.5%，正班客座率为70.8%，共安全飞行42030小时/26391架次，顺利实现安全飞行25周年。全年累计完成运输飞行时间41589小时，总周转量2.94亿吨公里，旅客运输量264.9万人次，货邮运输量25646.9吨。其中，合肥地区始发航班旅客运输量476911人次，货邮运输量3579.6吨。

【合肥至台北首航】　2009年9月4日，东航安徽分公司顺利开通合肥至台北定期直航航班，该航班由A320机型执行，班期为每周五一班，飞行时间约2小时，起降机场分别是合肥骆岗机场和台北桃园机场。为保障合肥至台北顺利开航，东航安徽分公司提出“及早筹划、周密安排、各司其职、齐心协力”，确保开航成功，周密推进包括班期、时刻、机型的确定，航线、适航等方面审定和各项业务准备，机组编排和证件办理，市场宣传推广等主要筹备工作，在首航航班上，安排双机长飞行，东航“凌燕”乘务示范组身着唐装为旅客提供优质服务。直航前皖台两地往来大多乘坐东航航班经由香港中转，合肥直航台北航班的实现，使旅途时间从4小时以上缩短为2小时左右，皖台两地之间经贸往来和旅游观光将更加便捷。

表1 2009 年合肥市公路里程到达数一览表（不含省管高速公路）

公路性质	里程（公里）	按技术等级（公里）					按路面等级（公里）				晴雨通车里程（公里）	可绿化里程（公里）	已绿化里程（公里）	养护里程（公里）
		等级公路				等外公路	有铺装路面		简易铺装路面	未铺装路面				
		一级	二级	三级	四级		沥青混凝土	水泥混凝土						
全市	8434.04	91.58	517.65	1093.47	6427.112	304.25	34.359	4675.079	1123.343	2601.258	8181.64	8181.64	8141.19	8145.139
国道	161.218	51.217	110.001				12.72	134.635	13.863		161.218	161.218	158.88	148.858
省道	172.355	34.882	137.473				10.34	60.294	101.721		172.355	172.355	171.239	147.813
县道	1383.77	5.461	270.176	723.83	384.303		3.618	621.16	647.909	111.081	1383.77	1383.77	1383.77	1383.77
乡道	2431.081			252.073	2144.762	34.246		2172.581	42.339	216.161	2431.081	2431.081	2431.081	2431.081
专用公路	37.4				37.4				1.4	36	37			37.4
村道	4248.219			117.569	3860.64	270.01	7.681	1686.409	316.111	2238.016	3996.217	3996.217	3996.217	3996.217

表2 2009 年合肥市公路客运业情况一览表

客运量（万人次）	客运周转量（万人公里）	客运站（个）			班线客运企业（个）			班线数（条）		
		一级	二级	三级	一级	二级	三级	省际	区际	区内
15044	1001917	3	7	5	2	12	1	171	162	161

表3 2009 年合肥市公路货运业情况一览表

货运量（万吨）	货运周转量（万吨公里）	货运站（个）			货运企业（个）				车辆总吨位（吨）
		一级	二级	三级	一级	二级	三级	危货企业	
13665	3477943	0	0	3	0	1	4	23	176402

表4 2009 年合肥市汽车维修（检测）行业情况一览表

汽车修理厂（家）			汽车检测站（家）			全年检测车辆（辆次）	从业人员（人）
一类	二类	三类	一级	二级	三级		
55	224	372	6	0	0	187180	4995

表5 2009 年合肥火车站、火车西站主要运输指标完成情况一览表

项　目	旅客发送量（万人次）	货物发送量（万吨）
总　计	1346.49	90.99
合肥火车站	1266.18	87.97
合肥火车西站	80.31	3.02

表 6　2009 年合肥港码头泊位现状一览表

	序号	码头名称	结构形式	主要用途	前沿水深（米）	泊位数（个）	靠泊吨级（DWT）	占用岸线长度（米）	占用陆域面积（万平方米）	通过能力（万吨）
南淝河港区		合计				110		5969	54.61	1713
	1	城东码头	重力式	散货	2.0	2	300	150	0.21	20
	2	柳荫塘 1 号码头	重力式	散货	2.0	2	300	100	0.15	20
	3	柳荫塘 2 号码头	重力式	散货	2.5	2	300	200	0.8	30
	4	红光码头	重力式	散货、件杂	2.5	6	300	220	2.21	65
	5	双圩葆莱码头	重力式	散货	2.5	5	300	175	1.39	75
	6	双圩双龙码头	重力式	散货	2.5	1	300	40	1.03	15
	7	通达码头	重力式	散货、件杂	2.5	5	500	380	4.29	75
	8	市港航局孤岛码头	过驳平台	成品油	2.5	1	500	80	1.70	10
	9	双圩河下码头	重力式	散货、件杂	2.5	2	300	75	0.40	20
	10	合钢河下码头	重力式	散货	2.0	2	300	80	0.13	20
	11	合钢老码头	重力式	散货	2.5	2	300	100	1.1	40
	12	东岗码头	重力式	散货	2.0	2	300	50	0.13	20
	13	市港航局大兴集码头	重力式	散货、成品油、化工品	2.5	5	500	360	3.1	70
南淝河港区	14	长江油库码头	重力式	成品油	2.0	1	300	85	0.8	15
	15	建华码头	过驳平台	成品油	2.0	1	300	60	0.04	10
	16	五里庙码头	重力式	散货	4.0	13	500	455	6.07	260
	17	皖江船厂码头	重力式	散货	4.0	2	500	102	0.9	30
	18	黄巷码头	重力式	散货	2.5	3	300	105	1.1	45
	20	创一码头	重力式	散货	3.0	12	500	428	6.66	180
	21	立煌码头	重力式	散货	3.0	4	500	160	2.3	60
	22	新港码头	重力式	散货、化工品	3.0	5	1000	614	6.8	75
	23	关镇码头	重力式	散货	3.0	8	500	330	5.3	160
		小计				86		4349	46.61	1315

	序号	码头名称	结构形式	主要用途	前沿水深（米）	泊位数（个）	靠泊吨级（DWT）	占用岸线长度（米）	占用陆域面积（万平方米）	通过能力（万吨）
派河港区	24	市港航局上派码头	重力式	散货、件杂	2.5	2	300	300	0.6	20
	25	南郢村码头	板桩式	散货	3.0	7	300	460	2.14	140
	26	城关码头	重力式	散货	2.8	1	300	30	0.88	10
	27	田埠码头	重力式	散货	3.0	1	300	60	0.74	20
	28	宋圩码头	重力式	散货	2.8	2	300	200	0.77	40
	29	肥西航运公司码头	重力式	散货	3.0	1	300	100	0.19	20
	30	王郢码头	板桩式	散货	3.0	2	300	60	0.29	40
		小计				16		1210	5.61	290
店埠河港区	31	市港航局撮镇码头	重力式	散货、件杂	2.0	3	300	220	0.96	28
	32	王咀码头	重力式	散货	3.0	1	300	50	0.05	20
		小计				4		270	1.01	48
丰乐河港区	33	王祠码头	重力式	散货	2.5	2	300	60	0.44	20
		小计				2		60	0.44	20
临湖港区	34	滨湖码头	重力式	散货	3.0	2	300	80	0.94	40
		小计				2		80	0.94	40

表7　2009年合肥市航道状况一览表

单位：（公里）

序号	航道名称	航道起讫点	航道里程	航道定级	现状等级	是否通航	备注
1	合裕线航道	屯溪路桥——中庙	41.2				
	（其中：）	屯溪路桥——当涂路桥	2.6	Ⅳ	Ⅵ	否	受橡皮坝影响目前该段航道暂不通航。
		当涂路桥——312国道南淝河大桥	7.3	Ⅳ	Ⅳ	是	
		312国道南淝河大桥——施口	16.9	Ⅲ	Ⅲ	是	
		施口——中庙	14.4	Ⅲ	Ⅲ	是	
2	店埠河航道	通济桥——三汊河口	15.6				
	（其中：）	通济桥——合裕公路桥	7.2	Ⅵ	Ⅵ	否	
		合裕公路桥—三汊河口	8.4	Ⅴ	Ⅵ	是	
3	南淝河航道	阜阳路桥—屯溪路桥	3.3	Ⅵ	Ⅵ	否	

序号	航道名称	航道起讫点	航道里程	航道定级	现状等级	是否通航	备注
4	派河航道	合安公路桥—下派河口	18.3	Ⅲ	Ⅵ	是	
5	丰乐河航道	三河粮站——三河口门	13.7	Ⅴ	Ⅵ	是	
6	巢湖湖区航道	51.4					
	施口——下派河口航道	施口——下派河口	14.0	Ⅴ	Ⅴ	是	
	三河口门——施口航道	三河口门——施口	17.7	Ⅴ	Ⅵ	是	
	中庙——下派河口航道	中庙——下派河口	19.7	Ⅲ	Ⅴ	是	该航道为规划的江淮运河一段。
7	大潜山干渠航道	双墩集——罗管庙	99.0	Ⅵ	Ⅵ	否	
8	瓦东干渠航道	下塘集——新民坝	39.9	Ⅶ	Ⅶ	否	该航道全长约67公里，其中39.9公里在我市辖区内。
9	潜南干渠航道	五十埠节制闸——骚古井	43.7	Ⅷ	Ⅷ	否	
说明	1、全市航道总里程为326.1公里，其中：实际通航里程130.4公里； 2、大潜山干渠航道、瓦东干渠航道、潜南干渠航道由于是季节性航道，目前实际处于断航状态； 3、位于南淝河上游的南淝河航道、合裕线航道一段（屯溪路桥——当涂路桥）由于受橡皮坝影响，目前也处于不通航状态； 4、以上数据为2003年第二次全国内河航道普查数据。						

表8　2009年合肥地区航空运输业主要运输指标完成情况一览表

项　目	旅客吞吐量（万人次）	货邮吞吐量（吨）
合肥骆岗机场	320.6	28000
东航安徽分公司（合肥地区始发航班）	47.7	3579.6

撰　稿：

张　涛　李　明　杨滨滨（合肥市交通运输局）
杨　明　唐　莉（合肥市交通运输管理处）
万志军（合肥市公路管理局）
吴　枫（合肥市地方公路管理处）
李以平（合肥公交集团有限公司）
洪一安（合肥火车站）
方庭波（合肥火车西站）
金少堂（合肥市地方铁路投资建设有限公司）
贯贤巨（合肥市地方海事局）
许　静（东航安徽分公司）
管大龙（安徽省民航机场集团公司）

邮　政

【概况】　2009年，合肥市邮政局累计实现业务收入逾3亿元，同比增长8.05%。在邮务类业务方面，实现板块业务收入同比增长1.69%，占邮政总收入的43%；实现函件专业收入占邮务类收入的48%。并通过引入BIU（商业智能团队）理念，创新数据库商函发展模式，开发数据库商函业务，同比增长12.6%；开发账单业务涉及28家客户，同比增长45.8%；另通过开展邮政贺卡揭标竞赛活动开发重点项目，实现2010年邮政贺卡业务同比增长逾50%；还成功开发“争分夺秒·抢幸运”福彩幸运卡业务。此外，实现集邮专业完成业务收入占邮务类总收入的22%。该局全年制作个性化邮票6万版，制作形象年册23585本；并做好生肖贺岁邮品和建国60周年邮品的销售；另盘活集邮库存商品。在报刊专业业务方面，实现收入同比增长11%，占邮务类业务总收入的18%；并抓好买断包销、重点突破、都市畅销类报刊收订工作，完成2010年报刊大收订工作，同比增长11.5%；另推动邮政零售报刊业务，以“四报四刊”（四报：《参考消息》、《体坛周报》、《南方周末》、《环球时报》；四刊：《青年文摘》、《读者》、《知音》、《故事会》）为抓手，做好全市200家农家书屋报刊选配工作。在电子商务专业方面，实现业务收入同比增长34.2%。在包裹专业方面，实现业务收入同比增长5.6%。此外，新增储蓄短信14万户，实现在网用户达22万户，位居全省同行业第二；并实现速递短信、汇兑短信开办总量均居全省同行业第一；另确保机要专业保持通信质量全红，真正做到万无一失。

在代理金融业务方面，市邮政局全年累计完成收入同比增长19%，占邮政总收入的25%。对负债类业务，邮储余额增幅在全省同行业排名第一；对中间业务，实现人民币理财业务量在全省同行业排名第二；对商易通项目，完成业务量绝对值在全省同行业排名第一；对卡业务，全年累计结存活动卡户数同比增加7.5万户，全年签约淘宝绿卡7575张。在存款结构调整方面，活期比重达35.35%，较上年提高1.48个百分点。此外，规范代理保险业务，网点营业人员保险资格持证率达96%。

市邮政局当年在速递物流业务方面，完成业务收入同比增长9.4%，占邮政总收入的31%；完成速递专业业务收入同比增长8.5%。其中，实现国际业务收入毛利润同比增长逾30%，实现国内业务收入同比增长35%。在长三角区域，实现邮政业务和电子商务市场占有率大幅上升，实现网购业务市场占有率达17.45%，并新增签约客户422家，同比增长59%；另成功开发39家同城金融票据业务客户。在“家家购物”业务方面，妥投高招录取通知书17万件。在物流分销业务方面，实现收入同比增长62%。在分销业务方面，加强专业化管理，成立分销配送部。此外，实现“思乡月”项目业务收入同比增长65%，并推动“徽乡茶”和“徽商酒”等项目也取得良好经营效果。

该局当年获市文明单位称号。

【邮政服务质量】 2009年，市邮政局开展“改善服务质量提升服务水平”百日专项整治活动，落实首问负责制和邮件查询赔偿规定，健全完善服务质量监督检查体系架构，确保中国邮政集团公司邮政营业窗口邮件交寄“八条禁令”（下列物品一律禁止交寄：1. 易燃、易爆及其仿制品；2. 毒性、腐蚀性、放射性物品；3. 枪支弹药、军用、警用械具，管制刀具及其仿制品；4. 生化制品、传染性物品和各类麻醉药物；5. 危害国家安全和社会政治稳定以及淫秽的出版物、宣传品、光盘制品等；6. 各种妨害公共卫生的物品；7 各种活体动物；8. 国家法律法规、行政规章规定的其他禁寄物品）的落实；并完成国庆60周年庆典的邮政通信安保任务。该局当年邮政服务质量用户满意度达91.64分，高于全国（省）邮政平均水平。

【邮政基础设施建设】 2009年，市邮政局重视邮政基础建设：1. 投入资金逾500万元，加大城市邮政网点的装修改造和农村邮政网点的升级改造工作；2. 将新建的滨湖新区西藏路邮政支局和迁移经济开发区的莲花邮政所投入使用；3. 在南七建成市第一个集邮品专营店；4. 对杜集、义井、小庙、丰乐等农村邮政网点进行标准化改造，全部投入使用；5. 完成对市辖三县邮政局的城关邮政投递站和县区7个邮政农家店的标准化装修改造工程并投入使用；6. 通过盘活资产，调整关闭了百花井等6个效益不好的邮政网点。

【邮政信息化应用】 2009年，市邮政局贯彻省邮政公司《关于整体推进信息化应用，提供现代邮政服务的意见》：一是建立客户信息共享系统，发挥11185客服平台的综合作用，抓好邮政客户管理系统的应用工作，并将商函、速递、“211”、集邮、报刊等专业的客户资料整合在一个平台上，实现信息共享，为经营管理和营销细分提供分析依据；另用信息化手段，为收寄校园包裹搭建电子化邮政支局处理平台；还在全市92个邮政网点开通了电子商务平台。二是推广使用OA办公自动化系统，节约企业成本，提高办事效率。三是完善提高信息系统的功能，全市15个邮政投递站（含市辖三县邮政局）在全省率先实现内部业务处理信息化。四是加强车辆卫星定位系统（GPS）管理，提高揽收的响应时间，控制车辆无效运转，节约油料，降低了企业运营成本。

【邮政网络运营和维护】 2009 年，市邮政部门用网络信息化手段改造传统业务：1. 推行邮政系统信息化的切换上线，使信息化覆盖和贯穿邮政各项工作环节和作业流程；2. 实现分销连锁配送信息系统成功上线，提升了分销业务信息化水平；3. 在农村电子化邮政支局所的终端上安装邮政速递生产作业系统，简化作业流程，提高了投递信息反馈率和及时率，降低了运营成本，此项改革创新在省内其他邮政市局也得到推广。

此外，该局当年新增邮政通信生产用汽车、摩托车、电动车 99 辆，新增 ATM 等设备 200 多台/套，调整利旧设备 60 多台/套。

【项目营销】 2009 年，市邮政局以市场开拓、客户开发为依托，实施项目带动经营战略，成功实施省、市管重点营销项目 21 个。其中，“送喜专家”、“思乡月”、“徽乡茶”、“211”、“家家购物”、“中小企业商函拓展”等市管项目取得良好经营效果，并实现“账单上台阶”、“储蓄短信”等业务收入同比增长 20%。

【开发“211”、会展庆典市场】 2009 年，市邮政局通过开展“两区一商”（两区，开发区和工业园区；一商，商品集散地）深化年活动，促进“211”（两区，开发区和工业园区；一商，商品集散地；一楼，写字楼）、会展庆典市场开发，累计新开发客户 195 家，业务收入良好。

此外，该局做好其他相应工作：1. 成立包河工业园、瑶海工业园两个项目组，并合并成立楼宇会展综合开发项目组；2. 延伸拓展县域市场，成立 8 个县域工业园区项目组；3. 推进省会会展、庆典市场开发，为第四届中博会、首届中国农交会、第四次少代会等会展提供集邮礼品、门票制作、临时邮局服务；4. 定向开发省立医院 110 周年、百大集团 50 周年、国家开发银行 10 周年等 22 家客户周年庆典邮品；5. 与省住房与城乡建设厅合作开发“国庆”节日贺卡，实现了合肥邮政节日贺卡“零”的突破。

【“幸运邮天下”合肥地区选手选拔活动】 2009 年，央视《购物街》举办“幸运邮天下”项目推荐宣传安徽选手选拔活动在合肥进行。市邮政局承担合肥地区选手选拔活动的前期准备、现场布置、场上服务和提供后勤保障等工作。该次推进选拔活动举行 7 场。其中，合肥 3 场（省级专场），阜阳和宣城各 2 场（地市专场）。在肥的世界 500 强企业三洋公司等、安徽 JAC 公司和“合肥老母鸡”等公司代表约 135 人，分别受央视和市邮政局的邀请参加活动。这项“幸运邮天下”项目活动是央视和中国邮政合作推出的项目，每位参加者必须是“幸运邮天下”幸运卡明信片的寄递者；并在选拔选手的同时，通过现场有奖互动游戏活动，与《购物街》栏目的购物宝贝进行零距离接触，令参与者实现与节目亲密接触的愿望。

【合肥开展万种邮发报刊免费阅读体验周活动】 2009 年 10 月 18 日上午，由市委宣传部、省邮政报刊发行局、市邮政局联合举办的“2009 全国合肥邮发报刊免费阅读体验周”活动启动仪式在市琥珀山庄黑池坝广场举行，活动历时一周。活动期间举行报刊展示、有奖竞答、娱乐互动、现场收订、优秀刊物免费阅读、现场咨询等多种形式，重点推介党报党刊和畅销报刊，并针对校园师生开展送校园类报刊目录和推介校园类阅读报刊活动；另免费赠阅校园类报刊，鼓励和引导市民踊跃订报订刊。

【发行“创建文明新安徽”明信片】 2009 年，省文明办、省体育彩票管理中心、市邮政局在市邮政大厦举办“创建文明新安徽”贺年明信片的首发仪式，并现场向参加仪式的人员发放部分明信片。此次发行的“创建文明新安徽”贺年明信片共 55000 枚，一套五枚，效果良好。

【员工培训】 2009 年，市邮政局举办各类形式的员工培训班 27 期，有 1266 名员工参加了培训。在培训中，对信息技术人员进行 Java2 软件开发培训班，提高了其软件开发水平和整个团队的业务能力；并强化对营业人员服务礼仪，以及金融业务人员、新入局人员、新聘邮政速递业务揽投人员和新入职大学生的岗前教育培训工作。该局当年有 559 名在岗 A 类员工获职业资格证书，持证率为 87%；有 593 名 C 类员工获职业资格证书，持证率为 45.46%。

（甘宝贵）

财税 金融

财 政

【概况】 2009年，合肥市财政工作紧紧围绕市委、市政府的中心工作及年初全省、全市财政工作会议部署的各项任务，采取有效措施，应对复杂多变的经济形势，充分发挥财政职能保增长，组织财政收入，加强和规范支出管理，稳步推进各项改革，促进财政经济平稳较快发展，为全市经济和社会各项事业的健康协调发展提供强有力的调控手段和财力支持。全市财政一般预算收入完成341.91亿元，为预算的103.42%，比上年增长13.51%，实现3年翻了一番多，综合实力迈上新台阶。其中地方收入完成180.9亿元，为预算的107.01%，同比增长12.4%。财政支出完成245.86亿元，为预算的98.82%，同比增长18.67%。财政净结余3.9亿元。

【收入管理】 全市各级财税部门克服复杂多变的宏观经济环境，坚持依法理财，加强税源服务与管理，充分挖掘新的税收增长点，努力增加财政收入。按照“强存量，找增量，堵漏洞”的要求，健全税源工作组织体系，加强税源责任主体意识，建立上下联动的税源管理体系，构建市、县（区）、乡镇（街道、园区）、村（社居委）四级纵向联动的协税护税网络。

年初开始，市财政局领导分片包干，在全市范围内开展大规模的企业生产经营及纳税情况调查研究，对重点税源企业逐户登门了解，加强重点税源分析与监控。围绕年初市人大会议确定的目标，建立收入计划分月调度机制，逐县区逐月细化、分解收入任务。收入结构进一步优化，税收收入完成315.35亿元，占财政总收入的比重达92.23%，比上年提高1.17个百分点，收入质量不断提高。县域财政收入快速增长，区域财政同步协调发展，县区财政收入全年完成112.67亿元，增长20.68%，高于市本级增幅10.39个百分点。

【支出管理】 市财政部门结合实际，调整支出结构，严控一般性支出，保障重点支出，促进“三大推进”战略的实施，保证“三农”、教育、医疗卫生、社会保障和就业、科学技术等重点支出和民生支出的资金需要。2009年，全市科技、医疗卫生、工业商业金融等事务、农林水事务、文化体育与传媒、教育支出分别为8.81亿元、11.4亿元、31.75亿元、13.03亿元、1.83亿元、30.05亿元，均比上年有大幅增长。

在加大投入支持经济发展和保障重点支出的同时，贯彻落实中央厉行节约的八项要求，堵塞支出漏洞，量化经费缩减指标，结合对“小金库”治理，开展专项督查，压缩行政性经费。制定出台党政机关厉行节约的若干规定，继续压缩公用经费，全年实现车辆购置零增长，市本级出国经费、车辆购置费、会议费支出分别较上年压缩40.74%、41.4%、8.6%。

【保增长促发展】 面对国际金融危机的冲击，市财政部门坚持“工业立市”不动摇，及时出台《关于促进工业经济平稳较快发展的奖励政策》，整合专项资金，对企业增产增效进行奖励，鼓励企业增产增效。全年用于支持工业发展方面的资金总量达26.6亿元，其中兑现新型工业化专项资金7.1亿元、自主创新专项资金5亿元、现代农业专项资金1亿元。通过“一企一策”、“一事一议”等形式，重点支持规模以上工业企业加快发展，推动合肥格力、京东方、熔安动力、鑫昊等离子、大陆轮胎等一批重大项目落地开工，增强全市经济持续发展的后劲。

加快金融中心建设，完善金融组织体系建设，实施金融集聚工程，推进银政企对接，设计推出

2.5亿元“滨湖·春晓”中小企业发展集合资金信托计划，破解中小企业融资难问题。全面清理涉企行政事业性收费，整顿规范涉企经营性服务收费，为开发园区和乡镇工业聚集区2305家企业免收行政事业性收费4261项，免收费总额3.59亿元，比上年增长26.4%。

通过国有企业土地出让、产（股）权转让投入10.5亿元支持企业改制发展。落实社保政策，对困难企业实行社保基金“三降二缓一补贴”。推进家电与汽车（摩托车）下乡工作，全市累计补贴各类家电下乡产品98710台（件），汽车、摩托车下乡产品15040辆，补贴金额5136万元。贯彻落实中央扩大内需的各项政策，实现项目开工、配套资金落实及项目督查整改“三个100%”。不断增加“三农”投入，加大涉农资金整合力度，全年拨付涉农资金5.4亿元，重点支持新农村建设和现代农业发展。全面构建惠农补贴资金“一卡通”管理和发放长效机制，全年累计发放各类财政补贴农民资金12.67亿元。

加大上级资金争取力度，全年争取中央和省财政转移支付资金28.34亿元，比上年增加6亿元；争取中央转贷地方债券资金3.78亿元。

【支持民生工程】 市财政部门推进合肥市36项民生工程实施，加强牵头协调，做细实施方案，严格资金管理，实行“阳光”操作，确保资金规范有序发放。加大对任务执行过程中的目标控制，建立民生工程项目库，对各项目完成情况进行动态管理。全年36项民生工程投入资金32亿元，其中中央及省14.08亿元、市12.49亿元、县区5.43亿元。

进一步完善社会保障体系，加大就业援助，实施就业培训，鼓励自主创业，稳定就业形势。加大农村五保供养对象基本生活保障力度，建立城市低收入家庭住房困难保障机制，完善被征地农民养老保障制度。全年共拨付社会保障和就业资金5.21亿元，比上年增长16%。坚持教育优先发展，推进义务教育经费保障机制改革，贯彻落实义务教育阶段教师绩效工资相关政策，确保政策兑现到位，全年共拨付资金8.2亿元。推动全市教育资源整合，进一步优化全市教育布局，推进教育均衡发展。平稳推进全市医疗卫生体制改革，做好政府投入的测算工作。深入调研社区卫生服务体系建设，探索建立医药储备制度，提高重大疫情灾情的应急能力。全年共拨付医疗卫生资金3.87亿元，比上年增长41.61%。按照特事特办、急事急办的原则，及时拨付甲型H1N1流感防治应急保障资金300万元。推进平安合肥、和谐合肥建设，全年共安排公共安全方面支出17.53亿元，比上年增长22.73%。支持保障性安居工程建设，安排廉租房建设资金1.5亿元，拨付廉租住房租金补贴1830万元。多渠道筹集资金，支持城乡基础设施建设，市本级全年融集“大建设”资金180.43亿元，其中财政性资金46.1亿元，支持轨道交通1号线、长江西路高架、裕溪路高架等城市建设重点工程。

【行政事业单位财务管理】 市财政部门推行绩效预算，进一步提高预算编制的科学性和实效性。全面推进县区会计集中核算向国库集中支付转轨改革。深化政府采购改革，扩大政府采购范围，稳妥推进市直行政事业单位定点印刷、定点宣传、日常办公用品定点采购，全市共完成政府采购预算133.81亿元，资金节约率13.4%。

改变财政奖补资金兑现方式，实行财政奖补资金窗口受理，三榜公示，做到起点公平、过程公平、结果公平，建立科学、公正、阳光的财政支持经济发展资金运行机制。

改革市直机关会议费管理办法，采取“分类管理、会前审批、核定总额、会后结算、超支不补”的方式，进一步控制和精简会议。着眼“四个结合”，扎实做好“小金库”专项治理工作。全市“小金库”专项治理自查自纠阶段共发现存在问题单位61户，涉及金额1679万元。加强行政事业单位资产管理，探索建立资产管理与预算管理有机结合的机制，统一收缴市直行政事业单位808本“两证”和508份租赁合同文本原件。

进一步健全和完善财政监督工作体系，提高财政监督效能，规范财政执法行为。加强债务管理，推进政府债务信息化系统建设，对债务人、债务期限、债务还款情况、债务余额进行动态监管，有效防范政府债务风险。

【队伍建设】 自3月份开始，市财政局党组带领全局14个党支部、30个部门和200多名党员干部，以“推进科学理财，服务跨越发展，加快建设现代化滨湖大城市”为主题，扎实开展学习实践科学发展观活动，顺利完成各项任务，取得预期效果，把科学发展观转化为谋划发展的正确思路、促进发展的政策措施和推动发展的实际能力，真正实现党员干部受教育、科学发展上水平、人民群众得实惠。

开展“能力建设年”活动，不断提高财政干部学习能力、创新能力、谋划能力、执行能力、服务能力、自律能力，努力使干部整体素质提升到一个新的水平。

推进文明创建工作，加强机关行为文化建设和职业道德建设，凝聚财政事业发展动力。加大财政宣传力度，营造良好的财政工作氛围和舆论环境。持续完善ISO9001质量管理体系，不断优化财政财务工作流程，顺利通过质量管理体系第三次认证复评。

推进党风廉政建设和反腐倡廉工作，做好“风险点”排查工作，完善内控制度，从源头上预防和治理腐败。

市财政局全年获得多项上级及有关部门表彰奖励（见下表）。

合肥市财政局2009年度受上级及有关部门表彰奖励情况表

获奖名称	表彰单位
第四届全国精神文明建设工作先进单位	中央精神文明建设指导委员会办公室
科技型中小企业技术创新基金实施十周年先进单位	科学技术部、财政部
第十一届合肥市文明单位	市委、市政府
全省财政票据管理工作先进单位	省财政厅
2008年全省部门决算工作评比二等奖	省财政厅
2009年全省财政总决算工作评比二等奖	省财政厅
国库管理改革工作一类表彰	省财政厅
2008年度会计专业技术资格考试管理工作优秀奖	省财政厅
2008年度全省农村财政管理工作综合考评一等奖	省财政厅
全省两税征管规范管理年活动考核一等奖	省财政厅
2008－2009年财政补贴农民资金管理和“一卡通”打卡发放工作一等奖	省财政厅
2008年度企业财务快报工作先进单位	省财政厅
2009年度外商投资企业财政财务管理工作一等奖	省财政厅
2009年企业所得税税源调查优秀单位	省财政厅
2008年县级部门预算改革工作考核二等奖	省财政厅
2008年财政支出进度考评表彰奖励	省财政厅
2008年年度预算执行分析工作二等奖	省财政厅
全省农村财会人员培训考核一等奖	省财政厅
2008年度全省社会保险基金报表评比三等奖	省财政厅、省人社厅
安徽省高新技术企业认定管理工作先进集体	省高新技术企业认定管理工作领导小组
2008年度政策性农业保险试点工作先进单位	省政策性农业保险试点工作领导小组办公室
2008年度全省农村财政决算评比一等奖	省财政厅农村局

获奖名称	表彰单位
2009 年度合肥市卫生先进单位	市爱国卫生运动委员会
2008 年度合肥市对外宣传工作先进单位二等奖	市委对外宣传领导小组
2008 年度合肥市会展工作先进单位	市会展经济发展工作领导小组
第三届中国（合肥）国际家用电器博览会先进单位	中国（合肥）国际家用电器博览会组委会
2007－2008 年度公文交换工作先进单位	市委办公厅　市政府办公厅
2008 年度全市党委系统信息工作先进单位	市委办公厅
2008 年度政务信息工作先进单位	市政府办公厅
2008 年争取上级资金工作先进单位	市政府办公厅
2008 年度合肥市双拥合格单位	市拥军优属拥政爱民工作领导小组办公室

（朱纪忠　张世奎）

国家税务

【概况】　2009 年，合肥市国家税务局共组织入库税款 180 亿元，比上年增收 23.5 亿元，增长 15.1%。全年国税收入首次超过太原市，总量位次上升到中部省会城市第四位，增速升至中部省会城市第一位，全年增值税、消费税“两税”收入规模首次突破百亿元。

市国税局抓住重点税源企业，对部分税收严重下滑的重点税源企业进行实时跟踪。全系统监控的 261 户重点税源企业全年入库各税 128.4 亿元，占全部入库税款的 71%。

扩大核定征收范围，对长期异常申报的小规模纳税人推行增值税核定征收，稳步扩大所得税核定征收面。全年共核定征收入库税款 8442 万元，同比增长近 70%。

规范所得税预缴管理，对批发、零售等中小型商业企业，一律按最低预缴所得率实行所得税预征管理。全市批发和零售企业亏损申报面比上年同期下降 40%。

加强非居民税收控管，在全省首次成功扣缴境外金融机构融资所得税、境外企业境内银行存款利息所得税和境外演出团体演艺所得税。全年组织入库非居民企业所得税 1.64 亿元，同比增长 108%。

转变稽查工作重点，探索集约化稽查工作模式，加强稽查工作收入职能。全年共查补入库税款 2.9 亿元，加收滞纳金 1958 万元，为完成组织收入任务作了有力补充。

【落实政策】　市国税局落实安徽省国税局关于促进全省经济平稳较快增长的 52 条意见，实施“丰源工程”，全年共办理各项税收优惠 53.47 亿元。

在调控经济运行方面，全面落实有关鼓励高新产业发展、支持企业技术创新等政策，及时办理高新技术和软件产品减免退税。全年推荐认定高新技术企业 109 户，办理软件产品减免退税 1.04 亿元。在促进对外贸易方面，落实国家出口退税率多次调整政策，对出口退税单证审核实行限时流转，对大额退税业务开辟“绿色通道”实行集中特办。全年办理出口退免税 34.52 亿元，总量连续 3 年居中部省会城市之首。

在引导生产消费方面，严格执行成品油和卷烟消费税调整政策，全面贯彻落实购置 1.6 升以下排量乘用车，暂按 5% 的税率征收车辆购置税政策。全年办理 1.6 升排量以下乘用车 33754 辆，累计减征车辆购置税 1.2 亿元。

在支持企业发展方面，落实新办企业税收优惠政策，全面实施增值税转型政策，扶持成长性企业发展。全年办理各类企业所得税减免 2.7 亿元，落实增值税转型政策各类企业已申报抵扣进项税额 12.17 亿元，为企业度过金融危机难关提供政策支持。

【依法治税】 市国税局严格按照依法治税总体要求，完善处罚制度，减低执法过错，开展执法检查，牵头发票整治，组织税法宣传，不断提升依法治税水平。

进一步修订完善《合肥市国家税务局规范税务行政处罚自由裁量权实施办法》，从4大类30个方面，对税收违法行政处罚自由裁量权限进行细化、量化。

运行税收执法考核子系统和税收执法管理辅助系统，按月对各单位税收执法状况进行通报和排名，认真研究出错率较高的指标，切实解决存在问题。2009年，全系统申辩调整前的执法过错行为发生率同比下降三分之一。

对全系统2008年下半年之后的税收征管、组织收入、政策落实、集中审批以及“小金库”清理等工作，组织开展综合性重点检查。针对检查出的19类问题，迅速制定整改方案，逐条整改落实，最大限度地消除潜在执法隐患。

牵头全市发票违法犯罪专项打击活动，协同财政、地税、公安等部门，精心组织开展一系列发票整治工作，成功破获公安部挂牌督办的“4·22”出售非法制造发票案，缴获总面额达760.12亿元的假发票345万余份。该案件入选国家税务总局公布的全国十大发票违法典型案件。

深入开展税法宣传，组织第18个税收宣传月活动，试点“税务学校”，集中开展税收知识培训。整合“12345”服务热线电话，作为市直部门第一家，在“中国·合肥”网站在线为纳税人宣传解读各项税收政策。

【税收管理】 市国税局坚持以税源管理为核心，进一步推进税收管理的科学化、精细化和专业化，有效提高管理的质量和效率。

完善纳税人户籍管理，借助“合肥市企业信息共享平台”，定期开展户籍巡查、重点街道抽查和交叉互查，全面开展漏征漏管户清理工作，全年新增1万余户，税务登记增减率增幅位居全省各市第一位。

加强个体税收管理，联合乡镇、街道、市场管理部门等建立协税护税网络，加大对个体工商户的清理和委托代征力度，并对个体税收任务实行单列考核。全年共入库个体税收9312万元，增幅达20.8%。

完善征管基础数据管理，依托数据质量预警系统，对各类数据实行全程监控和实时预测，全年共校验基础数据84万余条，一般纳税人和小规模纳税人3个月连续异常申报率分别由年初的21.2%和26.77%降到年底的20.88%和14.47%。同时，设立专兼职数据质量分析员，对数据质量不高或容易出错、反复出错的重点指标及时跟踪分析，定期发布征管指标增加环比和全省极值指标，提高指标分析的直观性和可比性。

加大纳税评估力度，相继开展医药销售、汽车贸易、典当等行业以及所得税重点户的评估检查，试点借助税务师事务所等社会资源参与纳税评估。全年累计评估补税2.4亿元，为前3年评估补税额的总和。市国税局对合肥大步汽车贸易有限公司的纳税评估案例入选全国税务系统“百佳行业纳税评估模型”。

【纳税服务】 市国税局通过规范服务场所、拓展服务方式、简化服务流程、健全服务保障，进一步优化纳税服务。

加强办税大厅硬件建设，按规范化的要求逐步对全市办税服务厅进行改造，着重把办税服务厅统一划分为5大功能区，并增设智能排队叫号系统、政策“温馨提示”小卡片等，从细节上尽可能为纳税人提供更加规范、方便的办税环境。

全面推行行政集中审批，将一般纳税人认定、专用发票审批等22项行政审批及许可事项交由行政审批小组专门办理，审批环节大幅度精简，做到随时受理、随时调查、及时审批。实现网上一体化办税，在全国首家实现网上认证、抄税、申报、比对、扣款、清零解锁的网上一体化办税。全市有18000余户企业开通网上办税一体化，每月网上认证票量25万份，约占认证总票量的三分之二。

完善服务质量保障机制，及时、全面、准确地公开税收法律法规以及办税程序、办税结果和监督方式等信息。全年开展14场纳税人满意度调查和纳税服务质量回访活动，认真解决纳税人提出的服务态度等6个方面的问题，逐步建立客观、公正的纳税服务评价体系。不断规范投诉举报的受理、转办、处理和反馈，保障纳税人监督投诉、陈述申辩和获得法律救济的权利。

【队伍建设】 市国税局深入开展学习实践科学发展观活动，制订下发贯彻落实11项工程二期建设实施意见，增强党员干部坚持科学发展的自觉性和坚定性。加大领导班子建设力度，完成全系统科级领导干部竞争选拔工作，对部分基层单位领导班子开展巡视考核。加强干部教育培训工作，探索“菜单式”培训方法，全年共开办各类业务培训班7期，对全系统三分之一的干部进行脱产培训。2009年，全系统共有21人获得省级“岗位能手”称号，总数在全省各市排名第四位。深入开展反腐倡廉制度建设巩固年活动，全面排查廉政风险点，开展制度建设评估，制定、完善发票审核审批管理办法等4项制度。开展税务文化建设，打造“国税讲坛”品牌栏目，举办“迎国庆·唱红歌·扬清风”文艺汇演等系列文化活动，开展全系统“最有影响六件事”评选，组织老干部钓鱼比赛和干部职工户外拓展活动。推进廉政文化示范点创建工作，全系统建成4家“市级廉政文化示范点”。规范内部行政管理，提速下发会议纪要和各类通报，落实财务制度，严格招投标管理，完善机关食堂市场化运作，切实将6项费用支出压缩在规定范围以内。开展机关党组织与农村党支部结对共建活动，组织党员开展向结队村特困群众捐助帮扶活动。

（马　林）

地方税务

【概况】　2009年，合肥市地方税务部门组织入库税费收入172.27亿元，比上年增收24.03亿元，增长16.2%。其中，地方税收入119.26亿元，同比增收17.2亿元，增长16.8%，2007～2009年三年平均增幅居中部省会第一；五项社会保险费收入43.12亿元，同比增收6.39亿元，增长17.4%。

【税收征管】　市地税部门对照省地税局考核标准和细则，推进现代化分局创建，17个基层分局通过市局创建考核验收，4个单位接受省局验收。开展为期两个月的零散税源清理检查，清理查处个体漏征漏管户、行政事业单位和民办非企业单位8248户，查补税款1.1亿元。加强普通发票管理，完善发票真伪查询，开展用票情况专项检查，严厉打击发票违法犯罪行为，成功查处“4·22”特大倒卖假发票案件，1462户违规用票单位受到处理。对非居民企业所得税实施源泉扣缴；深入开展反避税案件调查，查结全省地税系统近年来最大一宗反避税案件。提高技术服务和保障水平，加强各类软件应用培训，对征管系统历史数据进行集中清理迁移，系统功能进一步优化。

【税种管理】　市地税部门学习贯彻营业税暂行条例，加强重点工程、重点项目营业税跟踪管理。严格自开票纳税人资格认定与审验，加强“票表比对”，货运业入库税款同比增长3成。严格“二手房”新政执行，依托“二手房”征管软件加强环节控制，“二手房”交易环节入库税款1.5亿元。贯彻《土地增值税清算管理规程》，加强项目管理，提高清算水平，土地增值税同比增长3成以上。报经省政府批复同意对个人出租房实行综合征收。与交警、海事部门配合，加强对保险机构代收代缴车船税的督查，启动船舶车船税委托代征工作。继续推进餐饮娱乐业所得税核定征收，行业贡献所得税同比增4成。推广运用个人所得税扣缴软件，1735户28.5万人实行全员全额明细申报，16.8万人收到单位分送或邮局寄送的个人所得税完税证明。

【依法治税】　市地税局制定出台《税务行政审批工作规程》，加强对具体行政行为的审核把关，开展税收执法综合督查，严格规范性文件前置审查和备案制度，围绕抓收入、抓薄弱“两条主线”组织开展税收专项检查，推行“原查负责制”，提高检查质效，全年通过稽查检查序列查补入库税款4.57亿元，复核重大税务行政审批项目11户，审结重大涉税案件11起，审核纠正具体执法错误146个。继续推进政务公开示范点建设，不断扩大税收宣传，组织开展广场宣传咨询、个税完税证明邮寄送达、送税法进企业、进校园活动、车船税知识广播有奖问答等活动。

【税收服务】　市地税部门加强75户企业“一对一”纳税服务，落实促发展、调结构、减负担、稳就业等各项税收减免抵和社保费缓降政策，1.1万户企业和个人享受到政策优惠，税费政策的定向调控作用进一步发挥。组织开展12场面向纳税人的软件操作实务培训，网上申报扩面效果明显，户数达1.2万户，全年税费总量的46%通过网上申报入库。引入办税服务质量评价体系，通过网银技术提供网上支付转账便捷服务，在大厅试行错峰申报、预约服务、POS机刷卡缴税等举措，减少纳税人排长队现象。涉税咨询服务的回复率、时效性进一步提高，全年“12366”服务热线电话累计受理回复各类纳税咨询、发票真伪查询等共计16.4万件，通过互联网回复各类在线咨询1800

余件。

【队伍建设】 市地税局深入开展学习实践科学发展观活动，制定实施《学习日制度》，加强业务学习和培训，采取“1+1”方式组织全系统税收人员执法资格暨全员业务考试。制定实施《关于控制岗位责任风险预防职务违法犯罪的实施意见》，开展岗位风险自我防范。组织工作人员走进反腐倡廉警示教育基地——蜀山监狱接受警示教育。推进廉政文化建设，获合肥市首批“廉政文化进机关示范点”称号。继续开展“一件事一千字”活动，推进效能建设向基层延伸。纪念建党88周年和建国60周年，开展“迎国庆爱国歌曲大家唱”活动，获全省地税系统文艺汇演一等奖。文明创建工作成绩突出，在第十一届市级文明单位评选中，市地税局及所属各单位均被评为“文明单位”。

（钟发明）

货币信贷运行

【概况】 2009年，合肥市银行业金融机构贯彻落实适度宽松的货币政策，围绕“保增长、保民生、保稳定”战略部署，加大信贷投放力度，优化信贷结构，支持全市经济平稳较快发展。12月末，全市金融机构本外币各项存款余额3761.4亿元，比上年同期增长37.9%，增幅提高16.2个百分点；全年新增1036.8亿元，同比多增544.9亿元。本外币各项贷款余额3528.8亿元，同比增长34.5%，增幅较上年同期提高8.9个百分点；全年新增924.0亿元，同比多增372.5亿元。全市金融机构全年实现净利润83.4亿元，较上年增长22.3%。

【存款】 12月末，全市银行业金融机构人民币各项存款余额3735.3亿元，同比增长38.1%，增幅较上年同期提高15.9个百分点；全年新增1032.1亿元，同比多增537.7亿元。各项存款的快速增长，为金融机构扩大有效信贷投放提供了充足的资金来源。

企业存款增长高位运行，企业资金较为充裕。12月末，人民币企业存款余额1909.0亿元，同比增长44.3%，增幅较上年同期提高25.2个百分点；全年增加600.8亿元，同比多增389.3亿元。其中，活期存款增加382.9亿元，占企业存款增量的63.7%，占比较上年同期提高37.8个百分点。企业存款活期化现象明显，反映企业对经济前景较为看好，生产经营和投资活动较为活跃。

表1:2009年12月末安徽省及合肥市人民币存款增长情况

	安徽省	合肥市
各项存款余额(亿元)	13306.5	3735.3
各项存款同比增速(%)	29.2	38.1
各项存款新增(亿元)	2996.1	1032.1
其中:企业存款新增(亿元)	1297.7	600.8
储蓄存款新增(亿元)	971.6	190.5
各项存款新增占全省比重(%)	-	34.4%

储蓄存款分流明显，居民投资意愿增强。资本市场和房地产市场回暖，受之带动，居民的投资意愿增强，储蓄存款尤其是定期储蓄增速持续回落，活期化趋势明显。12月末，人民币储蓄存款余额1031.8亿元，同比增长21.0%；全年增加190.5亿元，同比多增10.8亿元。全年活期储蓄增量占储蓄存款增量58.9%，较上年同期提高31.4个百分点。

【贷款】 12月末，全市银行业金融机构人民币各项贷款余额3492.5亿元，同比增长35.0%，高于全省平均水平1.3个百分点；全年新增922.9亿元，同比多增375.0亿元。2009年，人民币各项贷款增速曾连续6个月达40%以上，因第四季度增长乏力且2008年12月各项贷款余额基数较高，全年增速有所回落。各项贷款的快速增长，有力地支持了合肥市经济企稳回升。

表2：2009年12月末安徽省及合肥市人民币贷款增长情况

	安徽省	合肥市
各项贷款余额（亿元）	9289.4	3492.5
各项贷款增速（%）	33.7	35.0
2009年各项贷款新增（亿元）	2338.7	922.9
其中：短期贷款新增（亿元）	542.0	189.5
中长期贷款新增（亿元）	1665.6	726.4
票据融资新增（亿元）	131.4	7.3
各项贷款新增占全省比重	-	39.5%

合肥市各项贷款增速在中部六省省会城市中位

居第五，位次较第三季度末后移；各项存款增速38.2%，位居中部六省省会城市第二；余额存贷比为93.5%，增量存贷比为89.4%，分列中部六省省会城市第二位和第三位，表明合肥市吸引了大量外来资金。

2009 年 12 月末中部六省省会城市人民币存贷款情况

单位：亿元

城市	各项存款				各项贷款				比率	
	余额	全年增量	同比增长（%）	位次	余额	全年增量	同比增长（%）	位次	余额存贷比	增量存贷比
长沙	5278	1458	38.2	1	5079	1383	48.5	1	96.3%	94.8%
武汉	8615	2045	31.1	5	7167	1801	33.6	6	83.2%	88.1%
太原	5892	1409	29.8	6	4157	1230	46.3	2	70.5%	87.3%
郑州	6540	1626	33.0	3	4922	1310	36.3	4	75.3%	80.5%
南昌	3264	794	32.1	4	2394	782	37.0	3	88.7%	98.6%
合肥	3735	1032	38.1	2	3493	923	35.0	5	93.5%	89.4%

【信贷运行】　2009 年，全市银行业金融机构中长期贷款快速增长，与合肥市“大建设”进程相吻合。12 月末，人民币中长期贷款余额为2454.7 亿元，同比增长 41.0%，较上年同期提升9.2 个百分点；全年新增 726.4 亿元，同比多增299.2 亿元。其中，基本建设贷款余额 1121.2 亿元，全年新增 263.3 亿元，同比多增 63.4 亿元，推动了市政建设、公共事业等领域的发展。

短期贷款稳定增长，较好地满足了企业的流动资金需求。12 月末，全市短期贷款余额为 952.1 亿元，同比增长 24.2%，较上年同期提高 10.5 个百分点；全年新增 189.5 亿元，同比多增 92.3 亿元。同时，各银行加大金融产品和服务创新力度，积极发展贸易融资、保理等其它表内业务和银行承兑汇票、保函、信用证等表外业务，以满足企业多样化的融资需求。2009 年全市银行业金融机构新增各类表内、表外信贷业务 94 亿元。

票据融资逐步回落，发展趋于理性。2009 年初，由于企业流动资金紧张、商业银行绩效考核压力及套利空间放大等原因，合肥市票据业务总体规模迅速扩张，在产生积极作用的同时也带来潜在的金融风险。下半年，随着贴现票据的集中到期和套利空间的逐步缩小，票据融资逐步回落。12 月末，合肥市人民币票据融资余额 84.9 亿元，同比增长9.7%；全年增加 7.3 亿元。分季度看，第一季度票据融资增加 121.7 亿元，第二季度票据融资增加33.7 亿元，第三季度减少 129.7 亿元，第四季度减少 17.6 亿元。

合肥市金融机构贷款利率水平季度走势图

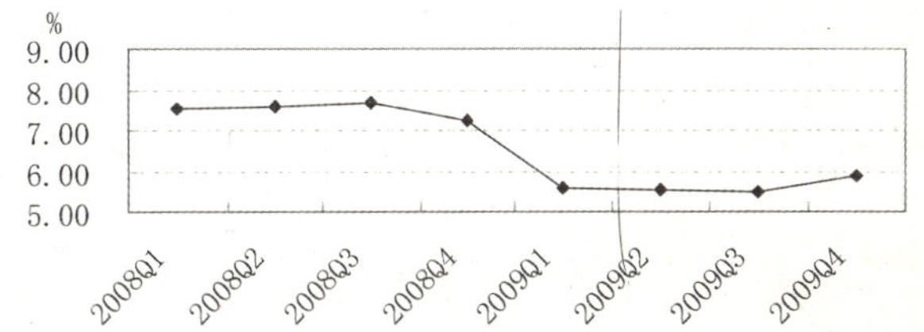

非法人金融机构是贷款投放的主力军。2009 年末，合肥市股份制银行、国有商业银行、政策性银行各项贷款比年初分别增加 350.2 亿元、276.2 亿元、195.6 亿元，分别占全市增量的 37.9%、29.9%、21.2%。城市商业银行和农村合作金融机构分别增加 39.0 亿元、29.2 亿元。

企业贷款利率环境有明显改善。2009 年金融机构对企业人民币贷款加权平均利率为 5.61%，较上年下降 1.51 个百分点，企业利息负担有所减轻。分季度看，人民币贷款利率水平在 2009 年呈低位运行态势。

分企业类型贷款利率区间看，2009 年大、中、小型企业利率贷款利率分布在［0.9，1］区间的占比分别为 95.6%、69.57%、66.23%，分别比上年提升 10、2.78、25.04 个百分点，大中小型企业均有所改善，尤其是小型企业基准和下浮利率占比上升幅度较大，说明小型企业融资环境有较明显改善。

【信贷结构】　合肥市各金融机构按照中国人民银行信贷政策要求，加大对“三农”、中小企业、消费以及民生工程的支持力度，信贷投放结构继续优化，充分体现“调结构、促民生”的意图。

小企业、个体工商户和农户得到支持。12月末，合肥市小型企业人民币贷款余额290.7亿元，较年初增加54.6亿元，增长23.1%；个体工商户贷款余额73.1亿元，较年初增加21.3亿元，增长41.1%；农户贷款余额29.7亿元，较年初增加5.3亿元，增长21.7%。

全市各金融机构认真履行社会责任，加大对弱势群体的支持力度。12月末，全市下岗失业人员小额贷款余额0.4亿元，累计发放468笔贷款，合计3472万元；全年助学贷款累计发放人数达5.4万人，累计发放3.6亿元。

在国家一系列促进消费的政策引导和房地产市场回暖带动下，合肥市消费信贷增势强劲。12月末，全市金融机构个人消费贷款余额627.5亿元，同比增长62.1%；全年新增242.0亿元，同比多增141.1亿元。消费信贷的主要构成为住房贷款，汽车贷款余额22亿元，占比仅3.5%，还有很大的增长空间。

在适度宽松的货币政策和“大建设”的背景下，房地产行业成为金融机构信贷投放的重要渠道，全年房地产贷款都呈强劲的增长势头。12月末，合肥市房地产贷款余额784.6亿元，同比增长70.5%，比上年同期提高49.6个百分点。全年房地产贷款新增324.5亿元，同比多增245亿元。12月末，合肥市房地产开发贷款余额177.4亿元，同比增长73.8%，比上年同期增幅提高74.1个百分点。全市全年房地产开发贷款新增75.3亿元，同比多增75.7亿元。在新建商品房和二手房交易额大幅增加、政府一系列优惠购房政策的推动下，合肥市金融机构个人住房贷款放量攀升，各月增幅都远远高于上年同期水平。12月末，合肥市个人住房贷款余额564.3亿元，同比增长72.8%，比上年同期提高40.5个百分点。全市全年个人住房贷款新增237.8亿元，同比多增158亿元。

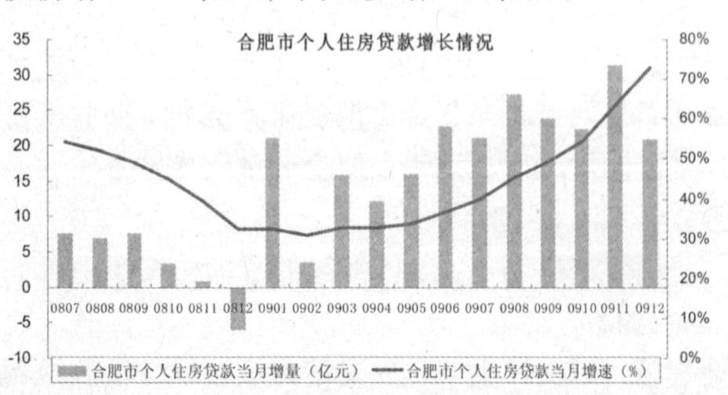

金融机构资产质量和盈利状况进一步提高。2009年，合肥市金融机构不良贷款余额45.56亿元，较上年末下降13.54亿元；不良贷款比率为1.22%，较上年末下降1.06个百分点。2009年全市金融机构实现净利润83.4亿元，较上年增长22.3%。

【存在问题】 合肥市金融运行总体呈现“总量增加较快、结构逐步优化”的特点，但从局部来看，还存在以下问题需要关注：

1. 中长期贷款增加导致期限错配风险。金融机构中长期贷款增势迅猛，全年中长期贷款增量为726.4亿元，占全部新增贷款的78.7%；在企业存款和储蓄存款中，同期定期存款新增额占比仅为37.4%，信贷资金来源和使用结构不相匹配，大量短期负债被用作长期资产的来源，资产负债的流动性水平降低。一旦出现储蓄存款减少或发生“挤提”，可能会诱发流动性风险，发生支付危机。

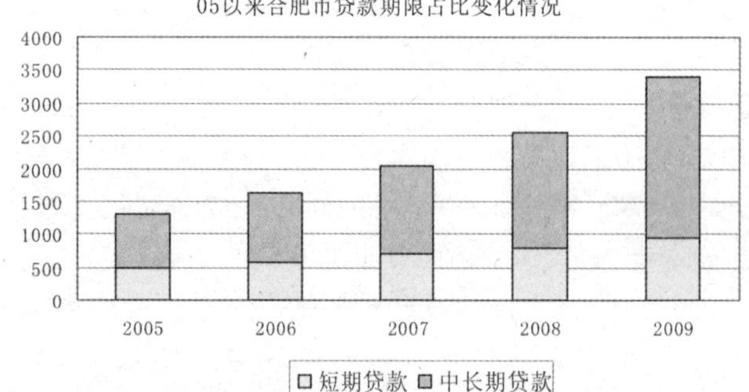

2. 直接融资比例偏低，实体经济对银行信贷依赖较大。在直接融资方面，合肥市全年通过发行企业债筹集50亿元，占同期全省企业债发行量的31.2%；全市无企业发行短期融资券及中期票据，而全省2009年发行短期融资券和中期票据分别为20亿元、54亿元。相比较而言，合肥市企业通过直接融资方式比重较少，对银行间接融资依赖较明显。

3. 信贷投放大幅增加的同时，信贷资产质量需要关注。全市金融机构大规模的信贷投放，为顺利完成保增长任务发挥了积极作用。但经济运行中的一些不利因素，如工业品产销率继续低位运行、对外经济形势依然低迷、投融资平台运作的规范性有待提高等，又对信贷资产质量产生不利影响。在防范信贷风险方面，仅靠金融机构自身的力量远远不够，非常需要得到政府支持。

（中国人民银行合肥中心支行）

银行业监督管理

【概况】 2009 年，合肥市银行业金融机构贯彻落实科学发展观，抢抓发展机遇，呈现出各项业务稳步发展、质量效益大幅提升的良好态势。至年底，合肥市共有政策性银行、大型国有商业银行、股份制商业银行、邮政储蓄机构、外资银行、城市商业银行、农村商业银行、农村合作金融机构、金融资产管理公司、信托公司、财务公司、村镇银行等 12 大类银行业金融机构，设有营业网点 489 个。合肥市银行业金融机构资产和负债均突破 5000 亿元，分别为 5334.76 亿元和 5169.56 亿元，比上年同期分别增长 40.69%、40.04%；所有者权益高速增长，达 165.20 亿元，增速高达 64.60%。年末本外币各项存款余额为 3761.4 亿元，比年初增加 1036.8 亿元，增幅 37.9%；本外币各项贷款余额 3528.8 亿元，比年初增加 923.99 亿元，增幅 34.5%；按贷款质量五级分类口径计算，不良贷款余额比年初减少 13.54 亿元，不良率比年初下降 1.06 个百分点。

【落实宏观调控政策】 中国银行业监督管理委员会安徽监管局（以下简称“安徽银监局”）围绕“防风险、促发展、调结构、提高监管有效性”这一主线，坚持科学监管和依法监管，建立完善监管政策传导机制。督促指导合肥市银行业机构认真贯彻落实国家宏观调控政策及银监会监管新政，推动银行业贯彻落实“宽严相济”的信贷监管政策和“有保有压”的信贷政策。保大项目，保国家产业政策扶持的项目；保中小企业发展，稳定和扩大就业；保农业发展，促农民增收；保扩大消费，促经济结构调整。对不符合环保政策、不符合产业政策、救助无望的项目或企业坚决不发放贷款，从而促进合肥市银行业安全、高效、稳健运行，有力支持了合肥经济社会平稳快速发展。

【促进银行业科学发展】 安徽银监局提请市政府重视和关心银行业发展工作，全面总结银行业发展成果和存在的问题，进一步推进合肥市银行业做大做强，促进地方经济又好又快发展。

努力防止不良贷款大幅快速反弹，建立辖内法人客户风险监测报告制度，对不良贷款额 5000 万元以上的客户进行持续跟踪，强化双向问责和分类监管。引导银行业金融机构高度关注政府平台公司贷款风险和票据业务风险，推动其建立科学的绩效考核体系，抑制不合理的业务拓展冲动，并防范银行同业间的不正当竞争。实现辖内银行业不良贷款持续“双降”。

坚持标本兼治，推动防范案件风险的长效机制建设。针对案件风险排查情况和案件防控形势，及时召开全省银行业案件防控和安全保卫工作大会，合肥市支行以上高级管理人员及重要岗位人员全部参会。及时组织开展辖内银行业金融机构案件风险排查，督促银行业金融机构结合实际建立案件风险持续排查制度，抓好内控机制、业务流程、员工队伍建设，逐步建立健全案件风险防范长效机制。

【提高监管有效性】 安徽银监局改进联动监管方式，建立健全并有效运行现场检查、风险提示、监管评级、行政许可和行政处罚重大监管意见集体会商制度，促进科学决策和部门信息共享、协作互动。全年共派出 535 个检查组，检查各类机构 1966 家，涉及金额（业务量）6923.53 亿元，发现各类违规问题 2000 多项，采取行政强制措施 2 起，取消高级管理人员任职资格 1 起，责令银行业机构对 2166 名责任人进行处理。

改进准入监管方式，逐步将准入监管与公司治理、内部控制、风险管理、服务质量等 4 方面相挂钩。注重加强对董事及高级管理人员履职监管和履职培训，加强对银行业金融机构股东主要是控股股东、参股大股东的资金来源、关联交易等方面的监管。

改进非现场监管方式，探索并表监管模式，实施非现场监管走访制度，运用压力测试、预警模型等技术，加大风险提示和预警的频率和力度，探索建立平台公司贷款风险预警和信息共享机制，及时汇总分析并通过监管例会、监管会谈等方式通报平台公司融资及负债等情况，适时进行风险提示，提高非现场监管的持续指导能力。2009 年初，在银监会系统率先实现客户风险监测预警系统零起点、全覆盖。

改进现场检查方式，针对贷款投放量迅猛增长和不良贷款反弹压力增大的情况，率先将是否执行“五个真实性”要求作为研判信贷投放质量的重要参考和检查重点，即检查银行是否努力发现真实的信贷需求、获取贷款申请的真实文件、确保信贷资金的真实投放、监督信贷资金的真实使用、严格区分贷款的真实形态，有力提升了监管实效，收到良好效果。

主动向合肥市委、市政府建言献策，拓展银政企合作空间，为银行业监管与发展创造更为有利的环境，提升银行业监管部门的知名度和公众形象，受到了合肥市有关领导好评。

【完善银行业体系建设】 安徽银监局秉承“创新思维、谋合作之路、推进金融产业化发展，助力泛长三角地区经济发展”的宗旨，与各方展开金融创新合作，不断完善银行业体系，促进泛长三角金融合作的深化。民生银行合肥分行、汇丰（中国）银行合肥分行正式开业，华夏银行合肥分行、九江银行合肥分行筹建工作稳步推进，工商银行总行、建设银行总行、浦发银行总行等已通过或规划在合肥设立异地综合中心、服务中心，交通银行安徽省分行、招商银行合肥分行等也积极向其总行争取在合肥设立业务审批中心等全国性或区域性的次营运中心。

为贯彻落实中央“一号文件”关于农村金融改革的有关精神，安徽银监局加大合肥市农村金融体制改革的步伐，推动安徽长丰科源村镇银行与国元农业保险公司联手合作开展“信贷+保险”新业务，按照商业可持续、积极稳妥、准入挂钩、严格监管的原则，在全国贫困县长丰县设立村镇银行，有效改善了当地的农村金融服务。

【增强银行业社会责任】 安徽银监局建立中小企业集群监测制度，促使银行创新中小企业信贷模式和产品。联合省财政厅等多个部门分别就小企业、个体工商户和农户金融服务工作有关金融、财税政策、抵押登记、融资收费等7个方面出台优惠政策，形成一套完善的扶持“小个农”融资政策体系。探索实行中小企业信贷差别化监管，指导辖内银行业机构结合自身实际，设立各种形式的中小企业信贷专营服务机构，支持合肥市经济平稳较快发展。

推进改善县域金融服务，进一步落实《安徽省县域银行业服务创新试点工作指导意见》，支持各银行在县域增设分支机构和网点，扩大县域网点的覆盖面；引导银行业金融机构创新信贷方式，尝试开办农房抵押贷款、青年创业贷款和林权质押贷款业务；督促农业银行推行“三农”事业部模式，进一步加大对“三农”的金融支持力度；在深入调研的基础上，引导银行业金融机构采取有效措施，为农民工就业、增收致富及时提供资金支持。

从讲政治、讲大局的高度出发，抓矛盾、查风险、排隐患，建立维护稳定工作首问责任制，严格执行“不隔夜”报告和“即时报备”制度，坚持重大事项“双线”报送制度，有效遏制了非法集资活动的蔓延，较好地维护了合肥市经济金融秩序和社会的稳定，得到中国银监会和合肥市委、市政府充分肯定。

全面展示银行团队外部形象，向社会公开发布《安徽银行业发展报告》，广泛宣传银行业改革发展成果，增进社会对银行业及监管部门的了解。加强对银行业经营和监管工作的宣传，增强与金融消费者沟通。全年共接待新闻媒体采访30余次，各类媒体共报道银监局新闻50多条（次），产生较好的舆论宣传效果。

（陆　勇）

中国银行安徽省分行

【概况】 2009年，中国银行安徽省分行（合肥地区）（以下简称“合肥中行”）坚持“扩规模、调结构、做品牌、练内功、降成本、上水平”方针，加快业务发展，加强基础建设，年末本外币各项存款新增96.65亿元，增长50%；本外币各项贷款新增80.43亿元，增长60.36%；实现中间业务收入1.56亿元；实现净收入9.6亿元；实现净利润2.49亿元。资产质量保持稳定优良水平。

【存款业务】 合肥中行坚持“存款立行”的经营理念，通过改进服务、加强创新，推动各类存款稳定增长。全辖推广实施客户领养工程，完善三级财富管理体系，扩大个人中高端客户群；加强银企、银政合作，争揽代发工资、代分红和代发补偿拆迁款业务，拓展第三方存管、基金定投产品市场，增加低成本负债资金沉淀。加强公司存款源头营销，抓好存款大户、非税收入、业务产品和资本市场“四个渠道”，利用结算、对公理财、对公网银、企业年金等业务和产品，为客户制定综合金融服务方案，满足客户个性化需求；做好贷款派生存款的增存和稳存工作，加大对“无贷户”存款的营销力度，提高行政事业单位存款占比。深化与金融机构的业务关系，积极营销农信社、证券公司等新客户，争取注资、验资、资本金、保证金等专项资金，努力拓展金融机构存款。

【支持经济建设】　合肥中行积极参与合肥“大发展、大环境、大建设”战略进程，加大贷款投放力度，支持城市基础设施建设、交通、电力、汽车、机械装备、房地产等诸多领域，2009年在合肥地区新增公司贷款占比达26.21%。加快推广中小企业业务新模式，推动合肥等地区中小企业发展。结合市场发展趋势，拓展以住房、汽车为重点的零售贷款业务，在合肥地区举办多场大型零售贷款营销宣传活动，取得良好效果，满足百姓日益增长的消费需求。

【中间业务】　合肥中行将中间业务作为经营战略转型的重点，巩固传统中间业务市场份额，扩大竞争优势，利用合肥加快发展现代服务业的有利环境，加快新业务、新产品推广工作，完善产品体系，推动中间业务持续快速增长。

在个人中间业务方面，推出“出国留学金融服务”、“中银汇兑”等特色品牌，举办形式各样的出国留学推介会、客户联谊会等互动活动；开展与出国服务机构战略合作，推广在特定柜台集中办理多项业务的综合服务模式，促进个人中间业务快速发展。公司中间业务方面，在稳定传统“三贷”的基础上，做实财务顾问业务；开拓现金管理等新兴业务市场。在银行卡业务方面，不断改善用卡环境，加大联名卡、公务卡、城市主题卡等产品研发与市场拓展力度，创新营销模式，实现规模与效益同步增长。在国际结算业务方面，抓住经济回暖、出口增长的契机，开展信用证、保函、保理等高附加值产品营销，多项业务实现新突破。在金融机构业务方面，加强与保险公司合作，深化双赢合作体制。

【风险控制】　合肥中行面对复杂变化的经济形势，加大结构调整，完善监控体系，及早预警风险，前瞻性地做好风险应对。推广和应用先进的风险管理技术，建立政策制度库、审批标准库和经典案例库，扎实做好信用风险管理基础工作，切实防范授信业务风险。以“三道防线”建设、基层建设、案件治理为重点，全面加强内部控制。推广基层机构自查流程、问题整改库和非现场稽核系统，加大对重点环节、重点岗位、重点人员和重点时段的监督检查力度，提升各级机构识别风险和防范风险的能力。健全会计监管体系，更新和升级事后监督、对账管理、结算项目收费等系统，严密防范会计操作风险。开展公司贷款、个人住房贷款、财务管理、柜面业务等领域的稽核检查，以及电子银行、零售贷款、基层机构内部控制等专项稽核。开展合规竞赛和“合规建设推进年”活动，培育良好合规文化，全行整体内控环境进一步优化。

（中国银行安徽省分行营业部）

中国工商银行安徽省分行营业部

【概况】　2009年，中国工商银行安徽省分行营业部（以下简称“省工行营业部”）贯彻“扩内需、调结构、保增长”的宏观经济政策和上级行各项工作部署，有效应对经济金融形势变化，推进改革创新，深化服务与管理，全年保持快速发展态势，主要业务继续保持合肥市同业市场第1位。在中国工商银行一级分行营业部经营绩效和业务发展考评中列第3位，绩效等级比2008年末提高3个位次。

全年实现风险拨备前利润17.80亿元，风险拨备后利润17.58亿元，比上年分别增加0.83亿元和1.90亿元，增幅分别为4.90%和12.09%。不良贷款余额和占比均下降。

年末从业人员2014人，含在岗职工1776人、柜员合同工6人、劳务派遣人员232人。年末人均资产3880万元，人均拨备前利润88.38万元，人均中间业务收入18.77万元。

年末各类网点总数73个，其中一级支行20个、直通式管理二级支行6个、二级支行44个、储蓄所2个，拥有全省第一家财富中心、10家贵宾理财中心、30个理财网点、31个金融便利店。自助银行总数达70个，建成全省首家银亭，自助设备总数超过210台。

【业务发展】　省工行营业部全年存贷款总额超过1200亿元，经营规模稳步扩大。年末各项存款余额749.67亿元，较年初增加168.11亿元，增幅为28.91%。人民币各项存款在全省同系统、全市4家国有商业银行和全市商业银行中占比分别为32.5%、42.84%和21.55%，均居首位。年末各项贷款余额524.24亿元，较年初增加110.08亿元，增幅为26.58%。人民币各项贷款余额在全省系统、全市4家国有商业银行和全市商业银行中占比分别为34.8%、42.36%和22.87%，均居首位。

全年实现中间业务收入3.78亿元，同比增加9098万元，增幅为31.80%，占全省工行系统31.6%，比上年提高1.8个百分点。

电子银行全年累计交易额3.36万亿元，中高端渗透率达28.3%、离柜率达51.3%。银行卡发卡量在市内中国工商银行、中国农业银行、中国银行、中国建设银行、招商银行5行中增量占比为56.36%。信用卡消费额37.85亿元，增幅达84%，其中分期付款3.45亿元。新开结算账户6804户，净增结算账户5422户，在全省占比分别为31%和33%，均居同业第1位。新开外汇资本金账户17户，外汇存款净增1.09亿美元，国际结算同业占比上升3.4个百分点，上半年在全国90个国际业务重点二级分行中综合绩效排名第8位。

【经营措施】 省工行营业部实施“立足合肥，服务全省，做优、做强、做大”的发展战略，以保证可持续的盈利增长为目标，以加快提升核心竞争力为主线，以加快创新和改进服务为抓手，进一步突出发展重点，优化经营结构，加强风险控制，有效促进竞争发展能力和风险管理水平的提高。

加大对地方经济支持力度，重点加大对铁路、高速公路、电力、煤电化、城市基础设施建设，以及钢铁、水泥、建材、有色金属等行业重点客户的贷款支持力度。以流动资金贷款改造为契机，继续推动国内贸易融资业务健康发展。加快推动票据业务创新发展，推行票据业务全辖受理、集中审查的模式。锁定合肥市销售收入100强、纳税100强等重点客户，扩大与担保公司合作范围，拓展优质小企业信贷市场。稳健、适度发展房地产信贷业务，发展个人按揭贷款业务和个人汽车、个人消费和个人经营贷款业务。

巩固各项存款稳定增长基础，明确储蓄存款的基础性地位不动摇。抓住代发工资源头，重点做好第一季度旺季营销活动。创新个人理财业务，以理财产品销售带动和促进储蓄存款低成本稳定增长。发展负债及替代型业务，促进公司存款稳定增长。抓好机构和同业存款，调整优化投资结构，扩大资金营运业务收入。通过高效、精细运作，实现内部资金运用效益最大化。

适应市场变化趋势和客户个性化服务需求，围绕重点领域、热点市场和高端客户需求，加快新业务和新产品的推广应用。发挥中间业务、业务与产品创新、客户经理管理等委员会的牵头职能作用，加大创新力度。实行重点创新项目名单制管理，落实责任部门和责任人，重奖创新有功人员，确保创新工作取得实效。巩固传统结算业务市场，拓展新兴和高端结算业务市场，开展与各类机构、同业客户的深度合作，加快投行业务创新，拓展电子银行业务，推进本外币业务一体化经营，确保每年国际结算量都实现超常规发展，有效提升发卡和商户质量，促进分期付款业务规模收入同步增长。

组织开展服务大提升活动，做好第四届中国中部投资贸易博览会期间的金融服务工作，在全辖统一开展“客户接待日”和服务体验月活动，推行支行负责人“坐堂”办公，组织参加“政风行风”评议活动。20家支行再次被评为“合肥市文明单位”。

【改革创新】 省工行营业部继续深化体制和机制改革。基本完成法人客户分层营销的客户划分工作，实现法人信贷业务流程再造的部门职能转变。顺利完成监督体系改革阶段性工作任务，成立运行风险监控中心，做好信贷业务无纸化电子审批工作，有序推进报表集中管理工作。

利用总行出台的一系列信贷新产品，项目贷款发放额再创历史新高，达97.34亿元。对合肥市城市基础设施项目发放贷款33.15亿元，铁路项目发放贷款22.62亿元，高速公路项目发放贷款24.22亿元。对合肥经济技术开发区、政务文化新区、高新技术开发区和新站开发试验区等开发区建设投放贷款10亿元。设计构建“小企业集合保证池”，开展面向优质小企业的担保贷款业务。开立NRA账户30户，实现专户理财业务的突破，办理全省首笔黄金积存业务。投入使用“通用无卡收单系统平台”、“有线电视MIS交费系统”等科技创新项目。

【内控管理】 省工行营业部加强党风廉政建设和案件防范长效机制建设，推进全行内控体系建设，加强反假、反诈骗、反洗钱工作力度，做好核算质量、运行管理、案件防范等项工作，深入开展专项安全检查，全行实现安全运营。

做好风险防控工作，推进内控文化建设，有效控制各类风险，确保全行资产质量保持稳定。加强信贷风险管理，在支持扩内需促增长中把好贷款质量关，加大信贷结构调整力度，加大对重点项目和重点客户的信贷支持力度，加强对押品价值和保证担保的管理。规范业务操作，提高工作质量和工作效率，完成信贷前提条件核准与信贷作业监督一体化流程再造。加快清收不良贷款，努力提高信贷资产质量。全面推广应用业务运营风险管理系统，实现第24个“安全年”工作目标。

【队伍建设】 省工行营业部继续完善财务资源配置的激励约束机制，提高费用资源的使用效率，进一步优化渠道建设和重点业务领域的投入。推进干部管理体制改革，以管理类岗位为重点，完善班子量化考评办法和管理类岗位退出办法，拓宽员工晋升渠道。做好全行员工岗位职级体系建立工作，规范员工在序列间流动的管理模式和办法，实行动态的岗位职务管理。加快薪酬管理制度建设，完善工资日常管理办法、员工考勤休假制度、带薪休假制度、岗位交流工资等级及档次调整等配套制度办法。

发挥文明创建活动对全行改革和业务发展的助推作用，提升服务水平，增强竞争力。履行社会责任，做好安徽省及合肥市行风建设及行风评议工作，提升社会形象和美誉度。在合肥市文明行业创建工作中，继续位于窗口行业前列。

完善行务公开制度实施办法和职代会规程，形成规范的内部信息交流制度，注重引导、发挥干部员工的首创精神和民主管理积极性。组织开展庆祝建党88周年系列党建活动，加强后备干部的选拔和培养，对全年新提拔的副科级以上干部开展集体廉政教育，组织开展反腐倡廉警示教育活动。举办第四届员工业务技能比赛，组织全辖柜员岗位技能达标测试活动。坚持以人为本，为员工办实事，重视、关心内退和离退休人员，不断提高员工福利待遇，使经营发展成果惠及全体员工，营造企业和员工一起成长进步的良好环境。

（梁　婷）

中国农业银行安徽省分行营业部

【概况】 2009年，中国农业银行安徽省分行营业部（以下简称“省农行营业部”）坚持质量、规模、效益协调发展，加大市场营销力度，加强基础管理，主要经营指标继续保持较好发展态势。年末，本外币各项存款余额253.6亿元，比年初增加42亿元，比上年同期多增15.4亿元；各项贷款余额152.1亿元，较年初增加25.5亿元，同比多增26.2亿元，存、贷款存量和增量均居全省农业银行系统第一位。全年累计发放各类贷款109亿元。不良贷款实现双降。实现拨备后利润5.9亿元，人均创利47万元。

【经营措施】 省农行营业部以资金组织工作为立足点，拓展筹资市场，促进存款稳步增长。重点抓好首季存款“开门红”，从组织领导、营销宣传、渠道服务、考核奖励等多方面重点突出存款营销核心指标，引导全行围绕旺季抓好资金组织工作。第一季度各项存款净增42.5亿元。认真抓好阶段性存款冲刺活动，分层次、分阶段组织“激情仲夏·金彩生活”金融综合营销活动和第四季度业务冲刺等活动。发挥网点网络优势，拓展系统性、行业性的代收代付业务，组织对公存款。

以信贷投放为重点，加强资金管理，促进资产有效投放。突出抓好重点类贷款的运作和投放。精心维护交通运输、电力、房地产和城建等传统行业合作关系，深度挖掘合作价值。全年重点客户贷款增量占全部贷款总增量的77%。突出抓好新客户、新项目拓展，抓住合肥市大力推进自主创新、产业结构调整和经济转型升级的有利时机，培育和充实优质客户群体。突出抓好个人资产业务，以个人住房贷款为重点，以中高端客户群体为重点营销对象，持续优化个人信贷结构。

以中间业务发展为目标，缩小指标差距，发展银行卡业务、外汇业务、电子银行业务、代理保险业务、第三方存管和基金业务、投行业务等新兴中间业务。把银行卡产品营销作为中间业务发展的龙头，实施全员营销。坚持本外币一体化经营策略，采取“重点突破、全面推进”的营销策略，成功营销一批外汇业务大户。

以不良贷款清收为抓手，加大清收处置工作力度。按照“四先四后、三急三缓”的处置策略，打好清收攻坚战。委托资产清收额居全省农业银行系统领先地位。

以提高经营效益为核心，有效配置资源，实现收益最大化。按照“战略引导、价值激励、公开透明、适度调控”的原则，制定费用管理实施细则，优化财务资源配置，提高成本管理水平，推动产品、网点、渠道和收入结构的优化调整。按照“量入为出、量力而行”的原则安排费用计划，提高使用效益。

探索新模式，服务提升“三农”水平。实施县域蓝海战略对惠农卡和农户小额贷款业务资源和费用“四项匹配”，探索多样化批量发卡营销模式，有效解决农户抵押物缺乏的问题，加大惠农卡与小额农户贷款捆绑销售力度。

以网点转型为契机，加快转型步伐，有效提升全行金融服务水平。启动网点文明标准服务导入活动，全行通过专业公司导入和本行内训师培训人数达782人次。全辖68个营业网点中，所有37个城区营业网点和3个县支行营业间实施了网点转型，网点效益和社会形象得到有效提升。加强对自助设备调整与维护，提高设备使用效率。

【内部管理】 省农行营业部加强内控建设，确保稳健运行。坚持“内控优先”方针，以防控各类风险为关键，实施内控管理精细化，严防各类案件发生，实现全年安全无事故。

加强操作风险的管理，对各项业务流程中的受理、审核、交易操作、核对等加以明确细化，对业务操作的风险点、薄弱环节严格把关和控制。加强会计管理体系建设，着力提高业务风险“机控”水平，提高全行临柜业务操作风险防控水平。加强信贷管理工作，严格信贷客户的准入机制，对客户盈利能力和风险程度进行测算，做到有进有退。充分应用信贷管理系统的在线监控、决策支持功能，发挥信贷独立审批人和风险经理的重要作用，加强信贷业务的风险控制与管理。提高案件防控能力，明确各级领导干部的案件防范责任，组织开展警示教育、案件专项治理活动，切实增强制度执行力和合规经营意识，进一步夯实防范风险和案件的基础。实行现场监管与非现场监管相结合，加强对重点环节、重要事项的监督控制，有效化解业务经营中的风险隐患。保持案件高压态势，充分发挥纪检监察职能，实行标本兼治，用法制手段规范全行业务经营行为。

省农行营业部深化人事改革，激发经营活力。通过接收分配新入行大学生和以社会化用工形式招用劳务派遣柜员，注入新的发展动力。加大人才培养和干部选拔力度，干部选拔任用工作逐步走上规范化和制度化的发展轨道。着力完善“支行行长目标责任制考核、机关部室绩效计分卡考核、客户经理考核、大堂经理考核、会计主管考核”等多位一体的矩阵式考核评价体系，发挥杠杆和导向作用，加快业务经营集约化程度，资源配置进一步趋于科学化、高效化。

省农行营业部以企业文化建设大讨论为契机，丰富和发展企业文化建设。以文明单位创建为抓手，全面提升精神文明建设水平，增强全行的向心力和凝聚力，为业务发展创造良好的内部环境。2009年，省农行营业部获第三届中国农业银行“学习型组织先进单位”、安徽省农业银行文明单位、安徽省劳动竞赛先进单位、安徽省模范职工之家以及合肥市“支持地方经济建设和企业发展”先进单位等荣誉称号。

（王莉莉）

中国建设银行安徽省分行

【概况】 2009年，中国建设银行安徽省分行（以下简称“省建行”）调整经营结构，加快产品创新，不断优化服务，支持地方经济建设，承担社会责任，服务于民生。连续第四年被安徽省人民政府授予金融同业最高奖项“最佳贡献奖”。年末全口径存款余额1730.2亿元，较年初新增379.1亿元，其中一般性存款余额为1668.4亿元，新增344.6元。年末各项贷款余额1041亿元，新增305.5亿元。实现税前利润25亿元，增长18.8%。

【信贷投放】 省建行响应省委省政府加速崛起战略，主动与在皖企业“抱团取暖”，积极从总行争取资源，加大对省内经济的信贷支持。全年累计投放贷款超过700亿元，较上年同期多增300余亿元。增幅在全国建设银行系统所有38家分行中位居第一。

重点支持关系国计民生的重大项目，分别与合肥市及省内各地市政府签订银政合作协议。共签订银企战略合作协议和各项重要协议金额达1400亿元。先后与合肥、芜湖、铜陵等市政府签订银政合作协议金额达580亿元。重点支持省内交通、水利、城市基础设施等重点项目，支持奇瑞汽车、海螺水泥等一批有影响的优质客户。

加强对中小企业信贷扶持力度，累计投放小企业贷款近3000户，年末中小企业贷款余额317亿元，当年新增127亿元，增幅67%。率先在省分行单设一级部——中小企业金融服务部，对滁州等13家二级分行也分别设立一级部建制的有关机构。完成18家“信贷工厂”的组建；196个对公网点均开办小企业金融服务业务。通过建立小企业特色专业支行，调整信贷审批权限，优化业务流程，加大产品宣传，不断创立小企业知名品牌。以小企业创新产品试点行为平台，联贷联保、动产质押等7项小企业新产品取得零突破，其中小企业《动产质押优化创意方案》获总行产品方案创意奖一等奖。

加大个人类贷款投放，全年个人类贷款新增在中部六省分行及长三角分行中位居第一。支持普通住房建设和百姓购房，截至2009年末，全行个人贷款余额突破300亿元，成为系统内第12家个人贷款余额突破300亿元的一级分行，当年贷款新增超过110亿元。

【产品创新】 省建行在加大信贷投入的同时，不断加强产品创新，帮助企业直接融资近50亿元。承销2009年安徽省企业发行的第一笔短期融资券业务；成功发行基础设施建设股权投资类理财产品；成功发行全国系统内首单小企业集合理财产品；牵头设立皖江城市带承接产业转移投资基金。被总行列为全国小企业产品创新试点行，自主研发的小企业组合贷款产品，获总行产品创意一等奖。推出的国内保理、联贷联保、动产质押等小企业信贷新产品，有效破解小企业贷款担保难问题，方便小企业融资。

在全国金融同业中率先推出“公积金接力贷款”新产品，降低居民住房按揭贷款利息成本，有效提高住房公积金使用效率，让公积金缴存职工特别是中低收入职工，充分享受到公积金信贷优惠。

【客户服务】 省建行树立“以客户为中心”的服务宗旨，推行“上级行为下级行，中后台为前台，前台为客户，全行为客户”的“四为”服务理念，持续优化业务流程，深入转换经营机制，行风建设取得明显成效。获全国级青年文明号8个、总行级青年文明号31个、总行级文明单位4个、中国银行业协会表彰的文明规范示范单位3个。所辖马鞍山湖东路支行获得由中国银行业协会命名表彰的“中国银行业文明规范服务百佳示范单位”荣誉称号。在安徽省政风行风评议中综合服务质量获得高度评价。

完善服务机制，压缩管理层级，实行专业化分工，提高效能建设，改造业务流程，加大中后台业务集中力度，释放机关人员，充实一线。定期组织机关部门和支行网点就服务效能进行双向测评打分。分别建立大型、中型、小型公司业务专门的服务机构和团队。加强个贷中心、理财中心、财富中心、信用卡中心、造价咨询中心、电话银行等专业机构团队建设。持续开展“抓服务、讲合规、促发展”等主题系列活动，加强员工廉洁从业教育和监督检查。定期开展员工不良行为排查、业务检查、岗位交流，引导全行员工守法诚信，廉洁从业。省建行在中部六省、长三角分行以及安徽银行同业中，不良贷款率保持最低。连续多年没发生重大案件和责任事故，也没有一起进京上访事件发生。省建行及其相关负责人先后被中纪委、省纪委授予“先进单位”和“先进个人”荣誉称号。

提供高效服务渠道，推进网点建设，提升服务质量，千方百计满足百姓金融服务需求。在前两年投资2.4亿元、装修改造319个营业网点和理财中心基础上，2009年又投入8000多万元装修改造83个网点。

针对不同客户群体，开发、销售预期收益不等的理财产品，为百姓理财提供个性化服务。2009年全行共销售基金、国债、黄金、保险等百姓理财产品近百亿元。

实行服务价格、流程公示，注重提升渠道服务质量和效率，为客户提供人工、自助、电话银行、网上银行等多渠道优质服务，赢得客户、媒体好评。在省公安厅、省银监局组织的全省银行业金融机构安全评估中，省建行及所有二级分行均被评为“优秀”等级，列省级银行业金融机构第一。经“北大纵横管理咨询公司”对全国40个中心城市银行客户竞争力综合评估，在合肥地区选择的7家商业银行服务质量、自助设备、内部环境、柜面管理等方面综合得分，省建行排名第一。

倾听客户意见，持续改进服务。全行持续深入开展各类专项“客户之声”以及“内部流程用户之声”调查，收集客户意见。在所辖营业网点显著位置公布“95533”热线电话以及其他投诉电话，设立客户投诉登记簿，随时接受客户投诉并进行整改。对客户实行限时承诺服务。推行“客户接待日”、“行长接待日”制度，全年接待客户315人次。

【履行社会责任】 省建行面向社会公开招聘，为近300人提供就业岗位。对口支持郎溪县发展，先后为该县修建公路、信贷支持、捐建学校和办公用品，为淮南、六安等地的困难学校捐款捐物。近年累计向雪灾、地震等灾区捐款400余万元。在全省持续开展“贫困英模母亲资助”和“成长计划”，每年资助数百名母亲、儿童及中国科技大学、安徽大学等高校贫困学生，总计金额700多万元。2009年5月，省建行被省民政厅、省慈善协会、省红十字会联合授予“爱心慈善企业”荣誉称号，是4家国有大型银行安徽省分行中的唯一获得该项称号的。

积极投入社会主义新农村建设，认真做好联系点——黄山宏村的帮扶工作，近两年为其落实捐款30万元，并帮助其成功申报省级小城镇建设试点。积极争取和落实安徽繁昌建信村镇银行的设立，为支持安徽新农村建设注入新的活力。

（中国建设银行安徽省分行办公室）

交通银行安徽省分行

【概况】 2009年，交通银行合肥分行正式更名为交通银行安徽省分行。截至年末，省分行本部（合肥地区）本外币资产规模为374.18亿元，较年初增加85.26亿元，增幅29.51%；人民币各项存款余额341.21亿元，较年初增加77.26亿元，增幅29.27%；人民币各项贷款余额233.14亿元，较年初增加68.01亿元，增幅41.18%。资产质量继续保持优良，全年实现经营利润6.96亿元，人均创利102.95万元。

【业务拓展】 根据经济金融形势变化，交通银行安徽省分行及时调整策略，围绕“在确保质量的前提下，通过规模的快速扩张实现效益的有效增长”的经营思路，加快各项业务发展。

公司业务抢抓“保增长”政策实施机遇，加大对地方经济支持力度。省分行本部年末人民币对公贷款余额185.49亿元，较年初新增40.66亿元。发挥在短券、信托、中期票据等业务团队优势，投行业务收入较2008年翻了一番；“蕴通财富”对公理财渐成规模，为安徽省信用联社操作20亿元对公理财，为交通银行系统内金额最大一笔；在汽车、钢铁、机械制造等行业形成比较完善的供应链行业服务方案。

充分发挥要素功能，构建零售业务常规增长平台。加快以储蓄存款、零售信贷业务月增目标为引领的客户群建设步伐。年末，省分行本部储蓄存款余额81.36亿元，比年初增长16.68亿元，增幅25.79%，市场占比提升0.19个百分点。本部有15家支行实现储蓄存款月增500万元以上的目标。在做好住房和商铺按揭的同时，以成立“小企业信贷服务中心”为抓手，加快“展业通”业务发展，年末零售信贷余额53.33亿元，市场占比持续提升。完善个人客户分层服务体系，加快中高端客户“沃德财富”、“交银理财”、“快捷理财”品牌推进。代理保险销售收入快速增长。

应对不利外部环境，在国际业务方面相继开办中信保项下应收账款买断、国内信用证等新业务。与香港分行合作，在安徽地区率先开办四方协议项下结构性组合产品业务。认真执行外汇管理政策，全年实现平稳合规运行。

在电子银行业务方面，推进各项重点产品的宣传推广和交叉销售。加强电子渠道建设，强化柜面引导，电子分流率提升至54.23%。加大网上银行业务拓展，成功开通瑞景商业、安徽少年儿童出版社B2C网上支付业务。加快手机银行推广。省分行电子银行部连续3年被总行评为“十佳电子银行团队”。

【风险管理】 交通银行安徽省分行加强授信业务管理，持续开展存量授信风险排查，加强对集团客户、关联客户授信管理和监控，防范集中性风险，组织开展贷后管理达标工作。在交通银行总行授信业务三维度综合评价中，连续3个季度位列全行第一。加大不良资产清收，全年共清收对公不良资产3804.36万元，对私不良资产199.04万元。组织授信从业人员学习，及时将最新的授信知识纳入到学习培训范畴，促进队伍知识结构的更新和综合素质的提升。

加强会计核算管理，紧扣重点风险环节，努力提升会计管理水平，确保业务安全稳健运行。扎实推进“会计达标示范行”创建工作，合肥长丰路支行获总行级称号，另有4家支行获省分行级称号。充分运用现场与非现场检查工具，建立起风险常态化管理机制。

深入进行业务全流程管理，组织开展内控评级上台阶活动，以总行内部评级A级行标准为目标，检查整改近两年内外审各类检查问题，完善管理，内控管理水平进一步提升。加大降本增效力度，资源配置得到优化。加强系统运行保障，提升反洗钱工作水平，深入开展“平安交行”活动，加强反腐倡廉警示教育和员工异常行为管理，实现分行安全运营无事故。

【队伍建设】　交通银行安徽省分行进一步推进支行建设，将2009年支行建设的整体思路、目标、措施统一到推动零售业务跨越式发展上来。按照“省辖行系列、异地支行架构”的新模式，细致做好与总行和监管部门的沟通协调，快节奏高标准完成铜陵分行筹建。全年新建2家沃德服务理财中心，完成4个支行的搬迁改造工作，新设离行式自助区21家，网点布局更加合理。依托日益浓厚的“世博”（中国2010年上海世界博览会）气氛，积极开展多渠道的品牌宣传，美誉度进一步提升。

深入开展“责任交行、责任人”主题教育活动和党员领导干部述学活动，进一步坚定干部员工“责任立业、创新超越”的企业文化信念，提高领导干部引领发展的能力。加大员工培训力度，合理配置人力资源。

省分行连续两年获安徽省政府颁发的“劳动竞赛先进单位”荣誉称号；营业部成功入选“中国银行业服务百佳示范单位”。在总行开展的廉政文化宣传作品征集活动中，省分行本部有2人次、3件作品获奖；在首届交通银行职工运动会上，省分行获银、铜牌各1枚，并获“道德风尚奖”；省分行本部还被评为总行级“模范职工之家”；三孝口支行获全国妇联表彰的“巾帼文明岗”荣誉称号。

（交通银行安徽省分行办公室）

徽商银行合肥分行

【概况】　2009年，徽商银行合肥分行各项业务继续保持良好发展态势。至年末，各项存款余额突破500亿元，达505.69亿元，较年初增加51.89亿元。其中，对公存款余额突破400亿元，达406.1亿元，较年初增加33.48亿元；储蓄存款余额99.59亿元，较年初增加18.41亿元；全年累计发放贷款241.98亿元，年末各项贷款余额310.79亿元，较年初增加39.34亿元；年末不良贷款余额2.01亿元，不良贷款率0.65%；全年实现经营利润12.29亿元，较上年增加0.64亿元，创历史新高。

【业务经营】　徽商银行合肥分行成立重点项目营销工作领导组，加大对省市重点机构客户的营销力度，先后与一大批重点客户签订全面合作协议，挖潜新的存款增长点，促进对公存款稳定增长。调动辖属支行开展储蓄业务营销的积极性，通过加强业务宣传、提升服务质量、做好客户维护工作等多种方式，促进储蓄存款实现快速增长。

加强总、分、支行上下联动，抢抓国家4万亿投资机遇和省市一系列重大投资项目，本着“早谋划、早启动”原则，加大对省内重点项目和客户的资产业务营销，取得显著成效。及时开展到期贷款的衔接工作，确保对公存量客户的有效维护，顺利完成存量到期对公授信的衔接工作，实现公司贷款业务持续稳定增长。坚持以打造“中小企业伙伴银行”和“市民银行”为目标，拓展小企业和个人贷款业务。至年末，小企业贷款余额达61.26亿元，较年初新增9.34亿元；个人贷款余额达72.96亿元，较年初新增9.67亿元。

国际业务克服金融危机的不利影响实现逆势增长，新增3家外汇经营网点，并加大对省内龙头进出口企业的营销，全年实现国际结算量6.96亿美元，结售汇量4.8亿美元，创历史最好水平。电子银行业务加强营销管理，开展各类营销活动，拓宽服务渠道，促进电子银行业务快速发展，全面完成总行下达的各项任务指标。票据业务加大营销力度，加强与传统重点客户的业务联系，创新产品应用，丰富服务手段，促进票据业务稳健发展，全年累计办理票据直贴业务金额134.78亿元，实现票据收益2950万元；各项新兴业务稳步发展，贸易融资业务、投资银行业务、同业业务均取得突破性进展，有效提升了综合服务水平。

【风险管控】　徽商银行合肥分行加强授信业务管理，坚持“区别对待，有保有压”的原则，在合理安排信贷投放的同时，着力优化资产结构，防范业务风险。加强风险预警，提高风险早期识别能力，加强对逾期贷款的监测和控制。加强放款中心建设和管理，进一步规范业务操作，注重从源头控制风险，促进业务高效有序运转。加强贷后管理，开展各类业务的专项和常规检查，全面摸清资产质量，及时排查风险隐患。加强不良贷款管理，加大考核与问责力度，综合运用多种手段，推进不良贷款清收处置工作，全年共清收不良贷款4000多万元。

加强合规管理教育，组织对全行合规风险进行评估和识别，召开“合规管理专题研讨会”，举办合规风险管理培训，开展内控知识竞赛，组织全员职业操守考试并签订《合规承诺书》，增强全员合规意识；成立综合检查领导小组，整合全行检查资源，制定统一的检查计划，有针对性地开展各项检查工作，有效落实整改，加大违规问责力度，进一步规范业务操作，防范各类风险，促进全行业务合规开展。

【机构网点建设】 徽商银行合肥分行按照机构发展规划，推进机构网点建设，新增1家营业网点，实施4家支行的迁址工作，完成多家网点的装修改造工作，进一步优化网点布局，提升网点形象。加快自助银行建设步伐，全年新增7家在行式自助银行、7家离行式自助银行区（点）。截至年末，在全市范围内共设立37家营业网点、17家在行式自助银行、13家离行式自助银行、12个离行式单点自助区。

【队伍建设】 徽商银行合肥分行加强人力资源管理，不断健全选人用人机制，积极引进市场人才，充实员工队伍，优化队伍结构，有效缓解人力资源紧缺问题。拓宽干部选用渠道，做好中层干部的选拔和调整工作，将优秀员工充实到管理队伍中，增强队伍活力。加强条线队伍建设，稳步推进客户经理制实施，持续开展支行市场部经理轮训工作，提升员工队伍素质，探索建立优胜劣汰的用人机制，充分发挥激励约束作用，进一步提高全行工作效能和整体市场竞争力。

加强培训制度和体系建设，完善培训考核激励机制，按照全年培训计划，结合业务需求，持续开展业务培训工作，全年举办培训34期，累计培训2600多人次。组织员工参加银行业从业人员资格考试和各类资格认证考试，举办各类业务培训，员工业务知识得到全面充实、综合素质不断提高。

坚持“以人为本，全员参与”，加强企业文化的宣传和推广，树立和巩固良好的企业品牌形象。开展各种竞赛活动、文艺活动，组织不同类型的员工座谈会，激发员工积极性、创造性和团队精神，努力营造积极向上的企业文化氛围。

结合实际深入贯彻落实科学发展观，开展形式多样的学习、调研和讨论活动，加强领导班子建设和党建工作，促进全行科学发展。

（裴　斐）

合肥科技农村商业银行

【概况】 合肥科技农村商业银行于2007年2月14日挂牌成立，是以“服务地方、服务中小企业、服务市民、服务三农”为市场定位的地方性股份制商业银行。下设20个支行、52个分理处，共有72个营业网点，在职员工707人，其中40%员工具有本科及以上学历，具有中级以上职称的占20.6%。

截至2009年末，全行各项资产总额达196.9亿元，是成立之初的2.63倍；各项存款余额166.1亿元，是成立之初的3.89倍；各项贷款余额95.4亿元，是成立之初的3.04倍。3年累计压降不良贷款1.87亿元，核销呆账8925万元，年末不良贷款余额1.83亿元，不良率由成立之初的12.33%降至1.92%。3年共实现税前利润3.66亿元，上缴税收1.9亿元，累计税前增提拨备1.9亿元。拨备覆盖率达111.13%，资本充足率10.45%，全面完成市人民政府国有资产监管部门下达的各项目标任务。

【支持地方经济发展】 合肥科技农村商业银行主办或参与“合肥市2009年科技型企业融资恳谈会”、“合肥市‘保增长、谋发展、庆三八’银企座谈会”等20余场银企对接活动，接受数百家企业的融资咨询，与32家企业签订战略合作协议，协议金额3亿余元。

注重与政府部门合作，支持扩大内需保持经济增长。先后与市农业委员会联合下发《关于支持新农村建设加强金融服务的实施意见》，支持农村中小企业发展；与团市委、市农委联合下发《关于开展合肥市农村青年创业小额贷款扶持的实施意见》，并设立大杨支行、滨湖支行为“青年创业特色支行”，支持农村青年和返乡农民工创业。

发挥对全省农村合作金融机构影响优势，克服资本金不足的劣势，为地方建设提供融资支持。组织参与了合肥市第一人民医院南区——合肥市中心医院建设工程、长江西路高架快速路综合建设工程、合肥市长江东大街建设工程、北城龙湖路东段及配套工程、合肥国家科技创新型试点市示范区核心区基础设施工程（二期）项目等5个项目银团贷款，合同总金额达16亿元，已发放贷款15

亿元。

【金融服务】　合肥科技农村商业银行注重与专业担保公司合作，拓宽和改善小企业担保抵押方式，着力帮助中小企业解决“担保难”问题。与15家担保公司签订合作协议，促成担保公司担保贷款余额10.6亿元。

加快信贷产品研发，在小企业特色金融产品“天翼”的基础上，相继开发出股权质押贷款、经营性物业抵押贷款、工业园区标准厂房购置贷款等融资品种，形成以“天翼”为品牌的一系列小企业金融产品体系。

设立小企业特色支行，以点带面，带动全行小企业信贷业务快速发展。

在风险可控的前提下简化有关手续和流程，建立“绿色通道”审批制度，解决小企业融资急的问题。

面对金融危机，开展金融服务“家家到”活动，坚持做到“三多”——多调研、多跟进、多雪中送炭。共走访存量客户670户（含个人）、政府部门52家次、重点产业园区33次，营销潜在客户149户；对存量客户新增授信14.1亿元，对新营销客户授信14.6亿元（含银团）。

（杜　平　钟兆惠）

中国光大银行合肥分行

【发展概况】　2009年是中国光大银行合肥分行建行10周年，全行各项业务健康、快速发展。注重发展行业重点客户，填补行业、区域空白点，公司业务取得较大进展。全面加大对中小企业的拓展力度，推动中小企业模式化经营，有效缓解企业融资难问题，促进中小企业的发展。开展社区宣传营销活动，宣传营销具有相对优势的理财产品及其他特色业务，取得良好效果。年末各项存款余额177.4亿元，较年初增加65.1亿元，增长57.98%；一般存款余额162.8亿元，较年初增加53.1亿元，增长48.36%。年末贷款余额126.2亿元，较年初增加29.5亿元，增长30.44%；贷款日均134.4亿元，较年初增加37.6亿元，增长38.79%。全年实现账面利润2.75亿元，超额完成计划任务。实现资本收费后利润1.59亿元，完成计划的134.44%。年末全行不良贷款余额4214万元，较年初减少1106万元；不良贷款率0.33%，较年初下降0.22个百分点。不良贷款率和不良贷款额持续双降。分行获安徽省“2009年度金融工作突出贡献奖”、安徽省“2009年度小企业金融服务先进单位”等荣誉称号。

2009年，中国光大银行合肥分行完成迁址开业工作，完成省内第一家异地机构芜湖分行的筹建开业工作，并新建合肥市合作化路支行和稻香楼支行两家同城网点。合肥分行实际意义上从“合肥市分行”向“安徽省分行”转变。

【“阳光服务”】　中国光大银行合肥分行贯彻总行“阳光服务年”活动部署，围绕发展抓服务，抓好服务促发展，倡导“领导为员工服务、二线为一线服务、全行为客户服务”的理念，努力建立持续改进服务的长效机制，促进全行服务水平不断提升。

抓住安徽省经济发展的历史机遇，突出发展主题，加快发展，全面提升光大银行在安徽的影响力。坚持内控与效益优先，进一步加强内控建设，培育合规文化；在业务发展上有所为有所不为，经过比较分析，没有达到一定综合收益的业务不做。加强对公业务与对私业务、表内业务与表外业务、传统业务与创新业务的联动。进一步促进管理体制和经营机制的完善，进一步夯实基础、优化结构，促进各项业务可持续发展，进一步促进社会形象的提升，进一步促进和谐银行建设。

【内部管理】　中国光大银行合肥分行成立中小企业业务部和阳光财富中心，全面加强中小企业和VIP客户的营销推动工作；成立公司业务市场营销委员会，进一步加强对公司业务重点客户的营销管理和组织协调，解决各经营单位在营销过程中存在的争议。

针对金融危机影响下的经济不确定性，重点加强对行业、区域和企业的动态分析，及时把握宏观经济走向和行业企业变化，制定符合实际的区域营销策略，并通过定期重检适时加以调整。加强审查审批工作，把好授信准入关口，加强过程管理，完善预审制度，坚持风险经理平行作业，将风险防控关口前移。按月组织召开风险预警会议，讨论解决业务发展中出现的预警事项，增强防范化解风险的前瞻性。

通过内外并举的方式，加强队伍建设。制定《员工招聘管理实施细则》，明确招聘条件、流程，

严格人才引进机制，为持续健康发展积蓄动力。组织制定《2009年度员工年终考核方案》、《行员待岗管理办法》，并交职代会讨论通过，继续推行公开竞聘的选人用人机制，开展定岗定编，重新调整岗级系数，通过分配、用人机制的调整，鼓励更多的人去从事营销。重视员工的思想教育和专业培训工作，为新行员、柜面员工、客户经理讲课，促进员工思想观念转变，增强员工加强学习、努力工作的紧迫感。

（中国光大银行合肥分行办公室）

上海浦东发展银行合肥分行

【概况】 2009年，上海浦东发展银行合肥分行（以下简称“合肥浦发银行”）着手转变经营机制和增长方式，加强风险管理和内部控制，各项业务快速发展，机构建设步骤紧密，经营效益持续提高，圆满完成年初确定的“双百亿”（贷款和一般存款均突破百亿元）发展目标，实现大幅度跨越。截至年末，合肥浦发银行本外币各项存款余额133.79亿元，本外币各项贷款余额106.45亿元。

合肥浦发银行抓住政策机遇，推进机构建设，扩大服务网络。全年建成合肥高新区、庐江路2家同城支行和铜陵、淮南2家异地支行，开始谋划全省机构布局。截至年末，合肥浦发银行成长为一家辖属6家同城机构、2家异地机构、11个自助银行，拥有200名员工，各项业务快速稳健成长，资产负债初具规模的新兴股份制商业银行。

合肥浦发银行分别被安徽省政府、合肥市政府评为2009年度金融工作先进单位，获“安徽省金融工作突出贡献奖”和“合肥市2009年银行业支持地方经济发展一等奖”。

【经营发展】 合肥浦发银行创新发行中小企业集合信托理财，与合肥高新技术开发区财政部门、合肥市中小企业担保公司三方合作，发行“高新时雨”信托理财产品，集群式开发优质科技新企业。该业务在全行同业为首创，借政府财政补贴、担保公司担保结合直接融资的产品结构，降低中小企业融资成本，为银行甄选出优质科技型成长企业，实现“银企政”三赢局面。针对合肥市新出现的小额贷款公司授信业务，合肥浦发银行认真研究其特点，制定新的审查审批流程、会计核算科目、评级授信管理办法，获得总行授权试点，并率先实现对小额贷款公司的投放。树立“大托管”经营理念，创立托管品牌，实现负债业务增长和中间业务收入双向贡献，成为唯一与徽商银行签约个人理财产品的托管银行。

【支持经济建设】 作为总部在上海的全国性股份制商业银行，合肥浦发银行发挥区域经营优势，贯彻落实总行中部区域发展战略，积极支持承接长三角产业转移，深入研究安徽经济发展特点和所处发展阶段，将国家经济结构调整与自身信贷结构优化及业务发展战略紧密结合，跟进安徽经济发展的重点和热点，拓展省内重点经济区域的重点客户，并支持城市基础设施建设。牵头组织合肥市“一号项目”——熔安动力船用低速柴油机银团项目，银团融资24亿元。响应国家发展改革委员会关于开展各级政府引导基金工作的号召，适时承接长三角资本转移，探索创新金融方式，筹划通过提供政府引导基金吸引风险投资资本进驻合肥市，支持成长型中小企业发展。以产品为抓手，为合芜蚌自主创新综合配套改革试验区建设提供融资顾问服务，推出多银行集团资金管理业务。通过实施一系列客户营销举措，取得全行多银行资金管理第一单的突破。

第四届中国中部投资贸易博览会在合肥举办期间，在合肥市委、市政府的支持和关心下，合肥浦发银行积极协调和争取，浦发银行总行综合中心项目正式签约入驻合肥。该项目位于合肥市滨湖新区，是滨湖新区建设国际金融后台服务中心的重大项目之一，用地总面积6.13公顷，总建筑面积约9万平方米，项目总投资额超过10亿元。项目规划集总行异地数据备份、集中作业、客服服务和档案管理4大中心于一体。为响应市政府建设现代化滨湖大城市的号召，经总行批准，合肥浦发银行决定将本部办公大楼搬迁至滨湖新区，项目预期

2014 年建成。

【履行社会责任】　合肥浦发银行在业务快速发展的同时，围绕对股东、客户、员工、商业伙伴、社区、环境等利益相关者承担责任和义务开展工作，努力维护社会利益，创建商业伦理标准，实现银行与社会、自然环境的协调发展。为支持合肥市政府河道改造、环境建设工作，在信贷资源稀缺的情况下，向合肥市建设投资控股（集团）有限公司发放 8 亿元项目贷款，用于合肥市区河道改造项目，为合肥市“母亲河”南淝河的整治和清洁提供资金支持。提出建设绿色低碳银行构想，以“绿色就在你身边”为主题，开展全行“志愿者活动日”活动，号召员工为环保节能贡献力量。

（汪　斌）

投融资管理

【概况】　2009 年，合肥市金融工作办公室（市投融资管理中心）（以下简称“市金融办”）贯彻落实“保增长、扩内需、调结构”方针，指导协调各金融机构进一步完善金融服务，丰富金融产品，推进银政企对接，加快企业上市步伐，加强投融资管理，支持全市经济平稳较快发展。年末，全市本外币存、贷款余额分别为 3761.4 亿元、3528.8 亿元，比上年同期分别增长 37.9% 和 34.5%，存贷比为 93.8%，保持高位运行。全年贷款规模、增速均高于上年同期水平；金融系统资产总额增加 1754.03 亿元，同比增长 46.3%；利润总额增加 17.1 亿元，同比增长 32.4%；金融业增加值达 115.79 亿元，占 GDP 的 5.5%；筹集城市基础设施建设资金 180.43 亿元，同比增长 30%。

【服务经济建设】　市金融办加强与金融机构合作，保证大建设资金需求。自 2008 年与金融机构开展全面战略合作至 2009 年底，共签署贷款协议 1408 亿元，启动 432.7 亿元贷款项目，累计放款 134.74 亿元。在继续做好与徽商银行 28 亿元偿债基金合作的基础上，引导开发区与徽商银行达成 20 亿元的信用贷款合作意向，其中合肥经济技术开发区、合肥新站综合开发试验区与徽商银行签订总额 6 亿元贷款合同。

开展银企对接，引导金融机构加大对中小企业融资支持力度。3 月 31 日，组织召开全市首季银企对接会，43 个金融机构与 1000 个中小企业对接。6 月 28 日，以县区为单位，依托行业协会、商会，组织 1200 多个有融资需求的优质中小企业，连续召开 10 场银企对接会。7 月 28 日，组织召开民生银行与中小企业、商户融资对话会，全面推介民生银行“商贷通”新产品，扩大中小企业和商户融资覆盖面。银企对接累计签约项目 395 个，贷款额 175.4 亿元。

组织发行两期、总规模 2.5 亿元的“滨湖·春晓”中小企业发展集合信托资金计划。获得支持的 99 户中小企业税收增长 15.7%，净利润增长 16.5%，安排就业增长 20.8%。

推动中国工商银行安徽省分行营业部与市中小企业信用担保公司联合开展“集合保证池贷款”，中国建设银行开展中小企业联贷联保、动产质押贷款等，民生银行开展以微小企业、商户为贷款对象的“商贷通”，徽商银行开展仓单质押等。

创新金融支持农业发展方式，缓解农民贷款难问题。启动长丰草莓生产“信贷 + 保险”试点工作，为 122 户提供 1826 万元的信贷保险。

【完善金融体系】　合肥市加强金融招商工作，引进各类金融机构区域性总部、分支机构和后台服务中心等落户设立。引进民生银行、汇丰银行、华夏银行、九江银行、进出口银行。跟踪服务上海银行、宁波银行、温州银行等金融机构来合肥市投资发展。加大与央企对接力度，推进合肥科技农村商业银行增资扩股和中安财产保险公司落户设立。引进并成立安徽省中经信用担保有限公司、安徽省中盈盛达担保投资有限公司，注册资金分别为 3 亿元、1.5 亿元。推进国际金融后台服务基地建设，中国工商银行后台服务中心于 11 月 26 日开工建设，中国建设银行总行后台服务中心、上海浦东发展银行后援基地即将开工建设，与中国农业银行总行、中国银行总行、中国邮政储蓄银行和招商银行等金融机构达成合作意向。

加快推进地方金融机构改革，支持农村信用社改革转制为农村商业银行。肥东县和长丰县挂牌成立农村合作银行，肥西成立农村商业银行。加快发展村镇银行等新型农村金融组织，丰富农村金融市场，协助推进湖州银行、石嘴山银行分别在肥东、肥西设立村镇银行。

推进小额贷款公司试点工作，做好全市小额贷款公司的初审、报批和监管工作。截至 12 月底，全市小额贷款公司申报40家（其中开业19家），注册总资本为25.17亿元，累计放贷31.31亿元，有效缓解中小企业融资难问题。

编制合肥区域性金融中心建设总体规划，推进区域金融中心建设。集中产业资本、人力资本、金融期货资本、科技文化等各种经济文化要素，纳入统一综合性交易平台集中交易，积极参与“泛长三角”分工与合作，服务皖江城市带承接产业转移示范区建设。

【推进资本市场发展】 合肥市加快推进企业上市，制定企业上市路线图，帮助企业解决申报审批中存在的问题，进一步完善与证监部门的沟通联络机制，加快推进上市步伐。2009年，合肥市主板的新华传媒、中小板的皖通科技分别通过证监部门发审会，安科生物作为首批28家企业之一成功登陆创业板，成为全省第一家成功登陆创业板的企业，于10月30日在深交所正式挂牌上市。全市上市企业达21家，募集资金202亿元，在证监部门备案的拟上市企业10家。

引导县区、企业合理发行企业债券，降低融资成本。市建设投资控股（集团）有限公司、海恒集团、鑫城国有资产公司分别发行20亿元、10亿元、10亿元企业债券。

发展创业（风险）投资，每年设立政府创业投资引导资金1亿元。2009年新建立汇智、高特佳两家创业风险投资基金，市政府参股1.1亿元，吸引社会资金近3亿元，投资全市范围内处于种子期、成长期和成熟期的创业型企业。英国火花创业创投基金、公共安全生产基金扎实推进。中国风险投资院合肥分院正式成立，吸引30多家风险投资机构入驻。

【担保行业管理】 合肥市制定出台《关于加强县区国有担保机构管理工作的指导意见》，指导各县区进一步明确国有担保机构发展目标和任务，对现有机构进行整合，壮大实力，提高促进小企业融资能力。召开全市担保机构座谈会，研究讨论成立担保行业协会，规范担保机构与银行业务合作。会同中国人民银行合肥中心支行开展担保机构信用评级工作，为担保机构发展提供良好环境。

【推进银政企合作】 合肥市有关领导经常走访金融机构，进一步密切政府与金融机构及相关金融监管部门的联系。组织金融机构和市直相关部门赴上海、宁波、杭州考察，了解学习先发地区灵活运用金融资源、创新金融工具、支持经济发展的先进举措，为做好金融经济工作提供借鉴。组织召开全市金融工作大会，表彰为经济社会发展做出突出贡献的32家金融机构，市政府、中国人民银行合肥中心支行及中国银监会安徽监管局发出《加强银政企合作 助推跨越式发展》的联合倡议，支持中小企业发展，降低融资成本，17家银行负责人在倡议书上签名。承办第四届中国中部投资贸易博览会2009皖港企业投融资论坛和2009年自主创新要素对接会科技创新融资平台和金融产品展。2009皖港企业投融资论坛获安徽省政府和中博会组委会颁发的“活动组织奖”和“优秀组织奖”。加强金融工作宣传，在合肥电视台、《合肥晚报》、《江淮晨报》等媒体上就全市金融业发展情况、政府举措等进行为期1个月的系列报道。

【政府债务管理】 市金融办组织开展政府债务信息化管理系统建设，实现对全市政府投资项目资金筹集、使用以及债务的全面统计分析，防范政府债务风险。

加强政府债务管理制度建设，制定实施《合肥市政府债务管理暂行办法》，力求达到政府“举债有度、用债有效、还债有信、管理有力”的债务管理目标。

积极开展调研，撰写《关于全市2009年上半年融资能力及债务风险分析报告》和《关于我市县区资金筹集及政府债务情况的汇报》，为市政府决策提供参考。

（合肥市金融工作办公室综合计划处）

合肥市国有资产控股有限公司

【概况】 合肥市国有资产控股有限公司（以下简称“市国资公司”）是合肥市国有资产监督管理委员会授权经营的综合性国有资产营运主体。市国资公司以“金融服务、实业支撑、引导带动、创新突破、协同增效”为发展战略，开展产业引导型的投融资活动，带动社会资本投资兴业。主业包括以信用担保、资产管理、风险投资、典当、小额贷款等为主的金融服务业和以3家上市公司为主的实业运营。实业行业有家用电器、汽车及零部件、新型材料等现代制造业，房地产业以及环保产业等。

至2009年末，市国资公司有全资子公司13家，包括：合肥市创新科技风险投资有限公司、合肥市创新信用担保有限公司、合肥市国正资产经营有限公司、安徽白帝集团有限公司、合肥市梅山饭店有限公司、合肥物资集团有限责任公司、合肥荣事达集团有限责任公司、安徽国风集团有限公司、合肥城市教育投资发展有限公司、安徽省金丰典当有限公司、合肥市吴山固体废物处置有限责任公司、合肥市电影发行放映有限公司、合肥市国投建设发展有限公司；控股子公司3家，包括：合肥城建发展股份有限公司、合肥荣事达三洋电器股份有限公司、合肥信息投资有限公司。其中合肥城建发展股份有限公司、合肥荣事达三洋电器股份有限公司和安徽国风塑业股份有限公司（国风塑业公司为国风集团子公司）3家为上市公司。市国资公司为安徽江淮汽车有限公司第二大股东，还持有建信信托有限责任公司、光大银行、徽商银行和合肥科技农村商业银行等金融性股权。市国资公司年末总资产达125亿元、净资产31亿元。全年实现主营业务收入47亿元、净利润2.4亿元。

【国企改革】　继完成合肥市57户企事业单位改革任务后，市国资公司继续推进国企改革，加强授权资产经营管理，突出主业，精简辅业，建立健全考核评价体系，促使企业规范、快速发展。

完成合肥三洋公司33.57%国有股权的划转工作，基本完成荣事达集团产权改革任务。推进国风集团第二步改革，理顺国风集团管理体制，建立健全各项管理制度并严格执行，为该集团下一步发展奠定基础。全面完成10户电影文化企业改制工作，对长江剧院、解放电影院、光明影都、长淮影院、合肥市电影公司等7家国有电影文化企业进行资产重组，组建合肥市电影发行放映有限公司。推动合肥市市政工程办公室的改制转企工作，组建市场化经营新体——合肥市国投建设发展公司。完成43片生活区移交辖区管理工作，支付各类移交费、改造费合计550余万元，移交进度位列全市同行业首位。

【金融服务业】　面对国际金融危机的严峻考验，市国资公司努力创新服务品种，提高服务效率，缓解中小企业融资困境，为支持中小企业持续发展和合肥市“大建设”作出贡献。在创新服务品种方面，开展信托产品担保、中小企业互助式担保基金；实施“青年创业小额贷款”项目；推动市政府设立的创业投资引导基金的运作，并成功组建汇智创业投资有限公司；率先在行业内开展机械设备质押、票据质押、上市公司股权质押以及非上市公司股权质押；试行工程担保等。在提高服务效率方面，采取降低费率、优化服务流程、缩短办理时限、提供更加全面周到的服务等做法，成效显著。市创新信用担保公司获得国家中小企业发展专项补贴1030万元，居全省第一位，并被全国担保机构负责人联席会议评为“应对金融危机中支持中小企业表现突出的担保机构”；市国正资产经营公司实现利润总额突破2000万元，并完成母公司交办的改制任务；市创新科技风险投资公司实现利润总额2487万元，完成全年计划的177%；市信息投资公司实现利润总额1151万元；金丰典当公司在全省123家典当行中获得综合运营质量排名第二的好成绩；市国投建设公司改制当年实现工程担保累计出保15753万元；市国正小额贷款公司累计发放贷款6亿元，扶持各类客户200户；国家开发银行贷款平台新增签约金额31.67亿元，新增放款14.78亿元。

【实业运营】　市国资公司以合肥三洋、合肥城建、国风塑业等上市公司为主要抓手，加大生产、销售和投资力度，加强项目建设进度，支持全市经济增长。合肥三洋开展营销创新、技术创新和管理创新，经营业绩创历史最好成绩，全年实现销售收入20.2亿元、净利润2.06亿元，同比分别增长86.73%和79.79%。合肥城建重组中房合肥公司，加大项目建设，着力开拓销售渠道，全年实现合同销售金额近13亿元，回笼资金11.68亿元，主营业务收入7.48亿元，同比增长76%；净利润1.08亿，同比增长30%；销售房屋面积28万平方米。国风塑业加强市场营销，严格控制成本，全年实现销售收入超过12亿元，资金回笼超过14亿元。

【重点项目】　7月，设计年产值150亿元的合肥三洋机电产业园正式开工建设。该产业园一期投资12.5亿元，预计2010年6月竣工投产。一期建成投产后，每年将新增340万台波轮洗衣机、80万台滚筒洗衣机以及1000万台变频电机的生产能力。全部建成后，合肥三洋产业园将成为年产值150亿元，集产品研发、制造、销售和出口为一体的现代化大型综合家电制造基地。作为市危险废物集中处置建设项目国债资金国有资本投资主体和项目建设单位，市国资公司督促有关方面规范操作、快速推进。吴山固废二期各单体项目均通过验收，即将投产。同时，为市重点招商引资项目“京东方”做好环保配套服务。

市物资集团建设的年产10万立方米高密度纤维板项目属于合肥市“1346”行动计划和“121”重点项目，被省、市两级政府确定为农业产业化龙头企业。该项目已完成投资总额的90%以上，主厂房和辅助房全面建成，生产线主体设备全部安装到位，即将进入设备调试及试生产阶段。

（合肥市国有资产控股有限公司办公室）

合肥兴泰控股集团有限公司

【概况】　合肥兴泰控股集团有限公司（以下简称“兴泰控股”）是合肥市大型国有独资公司，坚持发展地方金融业，完善地方金融服务体系，并以建设成为金融控股公司为发展目标。兴泰控股先后投资银行、证券、保险、信托、基金、融资租赁、典当、股权交易、资产管理、担保等10个金融和准金融业态，控股、参股了11家金融和准金融机构，并培育了徽商银行、建信信托等省级和中央级别的金融企业。兴泰控股作为金融控股公司，被纳入中国人民银行监测对象。成立近8年来，兴泰控股实现国有资产增值超过20亿元（见下图），为合肥市经济和社会发展提供资金超过600亿元。截至2009年末，兴泰控股总资产237亿元，净资产31.4亿元，全年实现利润3亿元，金融资产占总资产比例超过87%，金融主业突出，促进经济发展作用明显。

兴泰控股净资产增长趋势图

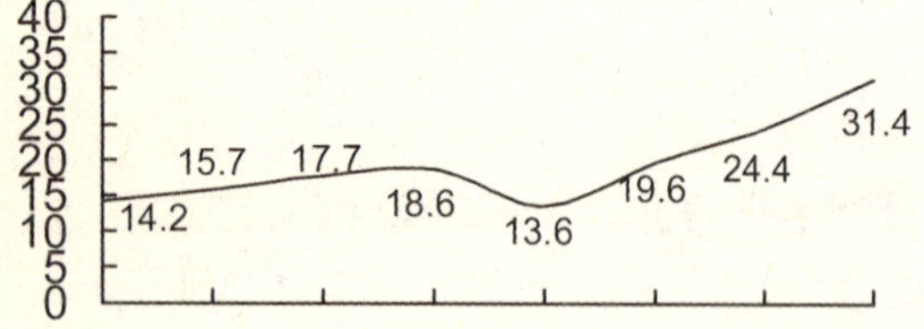

【中小企业融资】　兴泰控股在实现自身快速发展，推动相关企业改革的同时，以金融创新为媒介，充分发挥多金融平台的优势，强化对中小企业的资金支持。

原兴泰信托在做好自身战略重组的同时，与市金融工作办公室、市财政局等单位合作，先后发售两期“滨湖·春晓”集合资金信托计划，募集资金3亿元，开创由政府牵头、信托公司和担保公司介入、相关部门通力协作的全新融资业务模式。兴泰信托与包河区政府签署合作协议，发行中小企业集合资金信托计划，筹集资金6000万，获合肥市2009年度“信托、证券、保险支持地方经济发展优秀奖”。

兴泰租赁坚持创新、合作的理念，推出厂商租赁、“联保、互保”等新业务品种，联合担保公司、小额贷款公司等中介机构，全年共为合肥市42户中小企业及招商引资项目提供资金2.09亿元，获合肥市2009年度“租赁、典当业支持地方经济发展优秀奖”。兴泰典当全年共向中小企业及个体工商户投放资金7650万元。“兴泰卡”业务自开办以来，受到中小企业欢迎，累计提供短期融资近4亿元。

合肥科技农村商业银行通过参加银企对接会、自主创新要素对接会等活动，与数十家企业签订战略合作协议，发放的担保贷款余额达10.6亿元。该行还通过银团贷款、金融服务“家家到”等活动，为市中小企业贷款余额达46.76亿元，为市基础设施工程项目发放贷款15亿元。该行获合肥市2009年度“银行业支持地方经济发展一等奖”。

兴泰资产管理公司不断拓展业务领域，通过委托贷款等方式，为合肥市中小企业筹措资金2000万元。

【企业改革】　兴泰控股继续承担美菱集团、5户集体企业、兴泰信托战略重组等改革任务，以实际行动支持地方企业改革与发展。兴泰控股累计为合肥市国有和集体企业支付改革成本3亿元。

2月20日，中国银监会批复同意中国建设银行增资控股兴泰信托。8月3日，更名后的建信信托公司完成工商变更，并召开第一次股东大会和一届一次董事会。重建后的建信信托，以其40多亿元的净资产位列全国信托公司前列，并为合肥市增加了一家全国性的金融机构。

2008年，根据市委市政府及市国有资产监督管理委员会的统一安排，兴泰控股承担了美菱集团改革的重担，当年即顺利完成1800多名职工国有身份的置换。2009年，在市委市政府的直接领导下，市国资委会同兴泰控股，就美菱集团产权转让问题，先后与国内外数十家意向受让方进行沟通、谈判。在金融危机爆发、原意向方美国CNAG公司无法履约的情况下，兴泰控股迅速调整工作思路，立足现实，制定新的产权转让方案。在广泛招商的基础上，通过国有产权公开挂牌、商务谈判，最终与美菱股份达成产权转让协议。此次合作不仅为合肥市招商引资 1.132 亿元，还将彻底改变美菱品牌长期分置的局面，对进一步保护和发展美菱品牌、增强美菱股份公司整体实力、促进合肥家电产业基地建设都具有重要的意义。

根据上级部署，兴泰控股全面完成宏图房地产、宏图物业公司、东方装饰公司、东方家具厂的改革工作。合肥东风化工厂进入破产清算阶段，改革取得突破性进展，下一步的工作重点是资产退出。

【三大产业发展】 随着合肥市商业银行、合肥兴泰信托有限责任公司相继重组脱离兴泰控股，兴泰控股的“商业银行体系 + 投资银行体系”发展战略受到较大影响。新形势下，兴泰控股在坚持“金融控股公司”的发展目标下，实施“一主两翼”新战略（见下图），即以“金融为主业，以房地产和资产管理为补充，三大板块共同推进”。一方面壮大现有金融企业，新设金融机构；另一方面通过整合资源，发展房地产和资产管理两大产业，延伸金融服务和金融产品，清理处置历史沉淀的不良资产，从而服务和壮大金融主业。

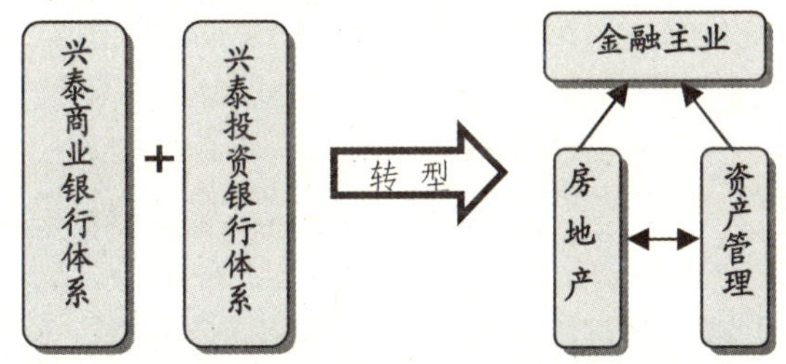

在金融业方面，信托业务稳健发展，租赁及典当业务快速推进，银行业务运行平稳，股权交易市场加速筹建。2009 年，尤其是上半年，随着兴泰信托增资扩股的继续推进，该公司一方面在保证稳定、防控风险的前提下，努力开展各项业务工作，积极拓展业务规模，推进业务创新；另一方面不断调整内部的各项工作，适应新形势下公司发展的要求，实现在增资扩股期间公司持续平稳运行。兴泰租赁全年签约 82 笔，投放金额 3.52 亿元，实现利润 2686 万元。兴泰典当积极应对行业形势下滑等不利因素，通过发掘潜力、加强营销，全年累计投放 8170 万元，实现利润 550 万元。兴泰租赁还与光大银行等金融机构合作，通过“应收租赁款保理”等新型融资方式，盘活租赁资产，加强在租资产的流动性，增强公司的营运能力。截至 2009 年末，合肥科技农村商业银行各项资产达 196.9 亿元，各项存款余额达 166.1 亿元，各项贷款余额 95.4 亿元，实现利润 1.82 亿元，整体发展态势强劲。随着徽商银行完成增资扩股，池州九华农村商业银行经营规模和经济效益不断提升，兴泰控股所持上述银行的股权增值潜力较大，收益可观。2009 年初，安徽省股权交易所（以下简称“安交所”）与天津股权交易所（以下简称“天交所”）经过多次接洽，达成全面合作协议，成为天交所在安徽省的唯一分市场。在省科技创新工作办公室、省金融工作办公室支持下，安交所考察了 OTC 交易市场和私募股权交易所，为建设区域股权交易市场积累经验，并引入战略投资者，将注册资本增至 950 万元。

在房地产业方面，在复杂的外部形势下，兴泰控股所辖地产和物业公司苦练内功，加强管理，积极营销，共实现利润 5035 万元。兴泰控股正式启动房地产业整合重组工作，资源整合快步推进。

在资产管理业方面，兴泰资产管理公司是资产管理板块的操作平台，一方面加大不良资产清收力度，探索投资理财、担保等业务领域，不断夯实发展基础，服务兴泰控股金融主业；另一方面，承担部分新划入企业改革工作，支持地方国有经济又好又快发展。截至 2009 年末，该公司资产总额 2.3 亿元，净资产 1.3 亿元，全年清收不良债权 1435 万元，成效显著。

（陈　锐　戚　威）

合肥市建设投资控股（集团）有限公司

【融资概况】 2009 年，合肥市建设投资控股（集团）有限公司（以下简称“市建投公司”）利用央行加大对铁路、公路、城建等重点行业信贷投放的有利时机，积极与各金融机构合作，全年通过各种渠道融入到位资金 132.95 亿元。利用宽松的货币政策和资金充裕的时机，与国家开发银行沟通，将以往年度因资金规模有限而调剂放款的短贷、联合贷款进行长期项目贷款置换。在确保大建设资金需求以及与金融机构合作不受影响的前提下，合理制定还款计划，使融资结构得到有效优化。努力降低财务成本，提高资金使用效益，全年融入资金相对银行同期贷款利率节约利息1517.5万元；通过改变城投一期企业债券担保方式预期增加收入472.5万元/年；通过间歇性资金理财，全年共获取收益7400万元。

【大建设资金拨付】 市建投公司进一步规范资金申报、拨付程序，加强资金计划审核力度，严把资金拨付关，确保大建设资金合理、及时、足额、安全支付到位。根据市大建设工程进度和资金调度计划，全年累计拨付大建设资金49.40亿元，资金保障率100%，为大建设工程顺利进展提供及时有力的资金保障，做到不拖欠施工单位一分钱、不拖欠农民工一分钱、不产生一笔逾期贷款。

进一步规范建设程序，全过程参与大建设项目投资控制。及时办理市政道桥、环境改善、水利工程、道路绿化改造等41个项目的开工审批手续，收集整理大建设项目立项、可行性研究、环境评价及初步设计等相关批复文件。参与大建设项目前期工作，先后参与南北高架一号线、长江西路高架、裕溪路高架等68个项目评估、方案审查等工作，以及四里河、板桥河等20余个项目工程协调、合同评审及工程变更审查工作，对资金来源、管理程序、投资控制和资金拨付等提出意见和建议，为市政府相关部门科学决策提供有效参考。做好政府收益性项目方案比选、投资分析，就小仓房污水处理厂一期工程及合肥经济技术开发区污水处理厂二期工程、污泥干化焚烧、垃圾焚烧发电等项目提出投资、建设等合理化建议，为促进合肥城市建设出谋划策，得到市政府采纳并付诸实施。

【国有资产经营管理】 市建投公司认真履行职责，加强授权范围国有资产经营管理工作。按照所属企业责任目标考核办法规定，开展所属企业2008年度责任目标考核工作，核定2009年所属企业经营目标、工资总额、领导班子年薪。为集中资源和人力做好投融资工作，提出对所属企业资产管理及公司自建项目建设管理等职能的精简方案，完成客运公司辅业资产处置工作。结合所属企业资产与人员的实际情况，推进所属企业国有产权出让工作，成功转让市政设计院、建筑设计院、皖能合肥发电有限公司、国际花卉、市园林建设公司的国有产权。

【改制企业生活社区移交】 市建投公司承担市建工集团、二建总公司、客运公司、公交集团、市政工程总公司5户改制企业生活区共74片、10867户向市辖4区和合肥新站开发试验区、合肥经济技术开发区所属26个街道的移交工作。因本次移交的改制企业生活区建成时间较长、资产质量差、经营性资产较少、配套设施不完善，移交难度极大。市建投公司从落实市委市政府决策、支持国企改革、为民办实事等角度出发，耐心与各街道协商沟通，努力推动所属改制企业生活区移交工作。截至年底，完成移交生活区53片共6031户。

【重大项目建设投资】 市建投公司作为政府投融资平台之一，在担负大建设资金筹措任务的同时，贯彻市委市政府的决策部署，努力落实重大项目投资，发挥国有企业在重大项目投资上的支柱作用。

京东方项目是合肥市乃至安徽省高科技领域有史以来投资规模最大的项目，总投资175亿元，对于促进合肥产业经济跨越式发展具有重要意义。市建投公司积极努力，促成落实资金30亿元，并通过京东方股票定向增发的方式，吸引社会投资60亿元。在确保足额募集项目资本金的基础上，节约市属资金60亿元。此举是重大项目投融资方式的大胆创新，不仅避免了对京东方项目的直接投资，有效降低了投资风险，缓解了财政压力，也为将来通过资本市场退出投资提供机制保障，有效保障了资金安全，以资本运营的方式探索招商引资的新路子。

为进一步改善城市交通压力，解决交通民生难题，加速合肥跨越式发展，根据市委、市政府关于"保民生、保投资"的工作要求，市建投公司落实合肥轨道公司注册资本金，开展项目融资，配合市重点项目建设管理局加强工程项目施工管理。合肥轨道1号线试验段于2009年8月7日开工，项目施工进展顺利，各项工作稳步有序推进。

为进一步加快合肥市创业（风险）投资机构发展，促进合肥市产业结构升级，根据市政府要求，市建投公司所属科融公司作为政府引导基金出资单位，出资与深圳市高特佳投资集团有限公司共同发起设立合肥高特佳创业投资有限责任公司。

【招商引资】 市建投公司积极开展土地招商工作，成功引入世界500强企业中铁集团投资项目，并先后引进上海浦东发展银行后援基地项目、安徽省煤炭工业监督管理局办公楼复建项目等，实际引进到位资金1.2亿元。

【自建项目】　市建投公司承担的自建项目有森林公园项目、望湖城项目，及市委市政府交予的东方商城拆迁恢复楼、省直单位公寓楼及办公楼、坝下区等项目。自建项目业务量大且涉及面广，通过统筹部署、合理分工，确保建设工作有序开展。顺利完成森林公园国有土地560户征地拆迁居民回迁安置及坝下区集体土地征地拆迁报批工作。根据市委市政府要求，完成森林公园征地拆迁安置及三期复建点规划设计等相关资料向大杨镇政府移交工作。加快推进森林公园控制规划调整以及湖景小学等项目前期及工程建设管理工作。

【内部管理】　市建投公司在做好党建、党风廉政建设、干部队伍建设等工作的同时，加强制度建设，开展“制度落实年”活动，使制度的整体功能和应有作用得到充分发挥。加强节约型企业建设，全年经费预算总额及行政性经费支出均较上年大幅下降。加强学习型企业建设，倡导读书活动，营造良好的学习氛围和风尚。加强企务公开工作，对绩效考核、年薪收入、干部选拔任用等方面进行公开公示，接受监督。

（陈小蓓）

保险业监督管理

【安徽省保险业发展概况】　2009年，安徽省保险业主体结构进一步优化，业务发展平稳较快，业务结构继续改善，保障能力日益增强。全省共有保险公司36家，其中财产险公司19家、人身险公司17家；综合性保险公司32家，农险、信用险、健康险、养老险等专业性保险公司各1家。全省保险业累计实现保费收入357.2亿元，位居全国第11位、中部第3位。财产险保费收入达87.6亿元，位居全国第11位、中部第2位；人身险保费收入达269.6亿元，位居全国第12位、中部第4位。全省保费收入比上年增长20.5%，位居全国第9位、中部第1位。财产险保费收入同比增长37%，位居全国第1位；人身险保费收入同比增长15.9%，位居全国第12位、中部第1位。

财产险方面，非车险业务同比增长58.9%，高于车险业务增速27.3个百分点，其中，农业险和工程险发展尤为快速，增幅分别高达224.2%和150.4%。车险业务保费收入67.6亿元，在财产险中占比下降3.2个百分点；农业保险实现保费收入9.98亿元，占比11.4%，成为财产险中第二大险种。

人身险方面，投资型产品大幅萎缩，投连险、万能险业务同比分别下降63.4%和15.4%；保障型产品大幅增长，健康险和意外险业务同比分别上升29%和25.1%，均高于人身险增速。

全省保险业全年累计赔款与给付91.7亿元，从业人员13万人，年均增加弹性就业岗位1万多个，上缴营业税金4.8亿元，为全省提供3.5万亿元以上财产损失与社会责任类、6000亿元以上人身健康与意外类的风险保障，为人民群众教育、养老等积累了827亿元以上的长期寿险准备金。

【服务经济建设】　2009年，省内相继遭遇冰冻灾害、强降雨、“莫拉克”台风、暴雪等灾害。保险业密切关注灾情进展状况，建立灾情报告制度，督促公司充实理赔力量、提高理赔效率，全力做好抗灾救灾工作，切实履行保障功能。全省保险业全年累计赔款与给付91.7亿元。

全省保险业机构稳步发展国内信用保证保险，发挥杠杆作用，促进银行发放消费贷款，于2009年8月推出面向普通群体、无抵押的小额消费贷款保证保险，在合肥市内支持银行放贷100多万元，解决了部分中低收入者借贷困难的问题。加大对出口企业的信用保障和贸易融资支持力度，全年出口信用险对外贸出口支持金额突破15亿美元，比上年同期增长61.9%，为企业提供保险项下融资便利1.5亿美元，同比增长26%。

促进新兴产业发展，推进合肥国家高新区科技保险试点，支持合芜蚌试验区高科技产业发展，全年累计为相关科技企业提供18.5亿元的风险保障；支持服务外包产业发展，引导保险业推进保险产品创新和服务，开办适合服务外包企业的各类财产保险和人身保险，加强对创新型、成长型、外向型服务外包企业的保险支持。

【服务民生工程】　全省保险业机构贯彻落实省政府办公厅《关于开展政策性农业保险试点工作的实施意见》要求，进一步规范政策性农业保险承保与理赔工作，不断扩大政策性农业保险试点区域和范围。2009年，全省政策性农业保险试点险种扩大到8个，试点地区覆盖到省辖17个市及皖垦集团，承保各类农作物471.67万公顷、牲畜205万头次，累计提供207亿多元的风险保障，已决赔付4.2亿元，受益农户近150万户次。推出水稻天气指数保险、草莓信贷保险等一系列新型特色农业保险产品，特色农产品保险发展到20多个，林业保险工作在原来基础上启动。

稳步推进农村小额人身保险试点。研究制定全省农村小额人身保险试点工作实施方案，建立试点工作联席会议制度，推进小额保险产品和服务创新，实现保费收入2782.24万元，为65.8万人提供风险保障金104.32亿元。

参与医保体系建设，探索商业保险机构参与新医改的有效途径和方式，全年共有8家寿险公司、5家产险公司在省辖16个市53个县（区、市）开展医保相关业务，承保人数达416.17万人次，合同承保的保费18790.86万元，委托管理的医保基金4164.5万元。

【服务安全生产】 全省保险业机构规范推进安全生产责任保险，出台安徽省安全生产责任保险试点工作指导意见，确定巢湖、阜阳、六安3市为试点市，非煤矿山、危险化学品、烟花爆竹等为试点领域，逐步开展安全生产责任保险。

推进快处快赔中心建设，出台进一步加强交通事故快速处理保险快速理赔工作的通知，明确以交通管理部门为主，快处工作领导小组、业务指导小组和中心办公室三级负责制度，理顺管理体制，统一全省17个市快处快赔中心运行模式。2009年全省各中心共接案69993笔，估损金额6895万元，结案6229万元，案均现场处理时间21.86分钟，案均结案时间2.59天。

认真做好信访工作，规范信访工作流程，落实人员责任，畅通信访渠道；建立信访事项交叉审核办理制度，分类办理，确保信访件定性准确、按时办结；健全应急处置预案，增强突发事件的应急处置能力。2009年安徽保险业无重大群体性事件发生。

【监管举措】 2009年，中国保险业监督管理委员会安徽监管局（简称“省保监局”）加大保险市场整顿力度，组织开展全行业自查自纠和大规模现场检查，重点整治车险和银保市场。全年共派出83个检查组、294人次，对84家机构进行现场检查，共对22家机构、44名个人实施73项行政处罚，促进市场秩序好转。开展打击假保单、假机构、假赔案“三假”工作，会同省公安部门，建立全省打击保险领域违法犯罪工作联席会议制度，维护保险市场正常秩序。全省共查处打击假赔案1000余起（移送公安机关40余起）、假保单1起，减损800余万元。

完善派驻监管工作制度，按照“分片分批，全省覆盖，阶段负责，长期关注”的原则，将全省分为北、中、南3个区域，分别成立派驻监管组，以推动各市行业互查为主线，以保障全省保险市场平稳健康发展和保护保险消费者利益为目标，以督促自查自纠、推动结构调整、强化行业自律为重点，开展派驻监管工作。全年共派出3批共36名干部，对全省17个市开展派驻监管工作，确保市场监管不留死角和真空。

开展分类监管，分别制定产险公司、寿险公司、中介机构分类监管实施方案，科学评价各主体的内控建设和风险状况；研究制定地区分类监管指标体系，对全省17个市进行监测与评价，根据测评结果将全省保险市场划分“关注地区”、“一般地区”、“典型地区”，为开展相关监管工作提供依据。

提高监管工作透明度，建立政府信息公开制度、舆情监测制度以及新闻发言人制度，通过媒体、网络、新闻发布等方式向媒体和公众宣传解答保险行业动态、监管政策以及相关热点问题，提高监管公信力。

发挥行业协会作用，改革协会组织架构及选举制度，加强协会自身建设；推动签订和完善各类自律公约，组织开展行业互查，充分发挥协会自律职能。2009年，各市协会共派出67个互查组、349人，对120家产险公司三级机构、123家寿险公司三级机构进行互查，互查面分别占全省产、寿险三级机构总数的72.7%和87.2%，取得较好效果。

【合肥市保险业发展概况】 2009年，合肥市共有32家保险市场主体，其中财产保险公司18家，人身保险公司14家。全市保险业实现保费收入53.75亿元，比上年增长13.99%，其中财产险收入16.25亿元、人身险收入37.5亿元。全年赔款支出9.65亿元，同比增长11.5%。

【合肥市保险行业协会】 2009年，合肥市保险行业协会组织全市18家产险公司制定并签署《合肥市财产保险行业自律公约》，进一步规范合肥市财产险业务的市场行为；签署《合肥市摩托车、拖拉机交强险承保自律公约》，并在新闻媒体上公布交强险拒保行为举报电话。合肥市14家寿险公司签订

《合肥市银行代理人身保险业务自律公约》，组织召开银保业务座谈会，进一步规范银保市场经营行为；统一制作《人身保险投保提示》，在营业场所、银邮、车站等代理网点张贴，防范保险消费误导；向社会公布举报投诉电话，维护消费者利益，提升保险业公平、公正服务的社会形象。

推动交通事故快速处理保险理赔服务中心建设，合肥市全年成立2个交通事故快速处理保险理赔服务中心，建立集机动车事故处理、保险理赔、维修保养等“一站式”服务。南北快处中心共处理事故案件达22900余起，较好地缓解了事故车辆对交通的压力，客户对中心的服务态度、理赔速度普遍表示满意，充分体现便民、高效、规范、诚信的服务原则。

组织农村保险代理人资格考试，经过严格筛选、审核，共组织6场农村网点营销员资格考试，参考人员1102人，促进了“三农”保险发展。

构建信息共享平台，建立协查机制，将各公司提交的可疑事故车辆信息以统一制式的协查通报形式发送至所有会员公司，并将查询结果收集整理后反馈给请求协助的公司，有效降低商业车险理赔共享查询系统未正式运行之前可能发生的风险隐患。

（中国保监会安徽监管局办公室）

中国人寿保险股份有限公司合肥市分公司

【发展概况】 2009年，中国人寿保险股份有限公司合肥市分公司（以下简称“中国人寿合肥分公司”）业务稳步发展，完成年度各项经营指标，晋级“2A公司”。全年共实现股份总保费14.11亿元，占全省同业的九分之一，年末在合肥市人寿保险市场的份额为39.77%，产品品质也有大幅提升。公司获2009年度全省同系统队伍建设奖、“示范柜面”、业务管理金奖、客户服务银奖和信息技术银奖等奖项。

全年为68万多人次提供保障服务，保障金额达454亿余元，及时兑现各类赔付2.1亿元。全年缴纳各类税收800余万元，提供3000多个就业岗位。率先开展农村小额人身保险试点，在肥东、肥西、长丰3县为6300多名农民提供总额8700余万元的保险保障。继续为安徽省“两会”代表共1619人提供总额达3.4亿元的意外保险。向合肥市“贫困母亲”赠送每人3万元的人身意外保险。向合肥市见义勇为先进个人赠送10000元保险金，并与市见义勇为奖励基金会签订《合肥市见义勇为受表彰先进个人保险合同》。

【客户服务】 中国人寿合肥分公司推进国寿金、钻鹤卡发放，全年共发放国寿鹤卡66000多份。严格执行中国保监会“柜面服务规范”和公司“柜面服务标准”，全年开展一系列客户服务活动：“关爱客户、真情回访”大抽奖，“6·16”客户节“牵手中国人寿、共享美好生活”大型公园游园，金、钻鹤卡客户免费体检、医院预约挂号服务，“牵手国寿，健康生活”姚明杯趣味篮球赛，“诚信·沟通·维权客户服务月”等活动。在中国质量万里行检查中获得95分，位列全国第二名。

（中国人寿保险股份有限公司合肥市分公司）

中国人民财产保险股份有限公司合肥市分公司

【概况】 2009年，中国人民财产保险股份有限公司合肥市分公司（以下简称“中保财险合肥市分公司”）实现保费收入57913.22万元，较上年同期增长8.1%，占市场份额38%，为地方经济建设承担2000多亿元的风险保障；支付各类赔款3.78亿元，综合赔付率为95.85%；缴纳各类税收5167.7万元（含代扣车船使用税2432万元）。

【经营举措】 中保财险合肥市分公司实施“树效益第一，立科学发展”方针，加强内部管理和客户服务，注重队伍建设，促进企业稳健发展。

加强车险经营考核管理，完善承保管理规定及续保业务管理办法等，与各业务单位签订当期业务盈亏责任状，确保提高业务质量。推进车队业务差异化经营，对专管专营业务的保费收入、赔付率等相关指标实行动态监控，动态调整承保政策，促进提升盈利能力，对4S店实行规模、效益与配件价格联动的差异化管理模式，对专业车队经营进行分级、分类管理，并实行差异化承保的费用政策。加强数据分析，逐步推进车险精细化管理。根据客户群与险种盈利情况，实行承保及费用差异化组合承保方案，适时动态调整承保政策，促进管理向精细化转型。加强过程管控，提高制度执行力。借助信息技术手段，将制度控制融入于系统控制，加强考核监控，提高承保政策的执行力度。借助行业协会平台，降低展业成本，提高保费充足率。

坚持拓展与管控相结合，推进非车险业务有效发展。建立承保数据分析系统，增加承保风险管控点，建立非车险黑、灰名单数据库。推行小额业务见费出单制度，动态监控应收保费情况。发掘客户需求，加大展业的纵深度。针对客户资源，对较好的业务摸底排队，在确保巩固的基础上深入挖掘。

加强理赔管控，提升理赔质量与效率。加强基础管理，建立和完善各项理赔管理制度。制定相关效率指标，即理赔质量与量化考核办法，建立理赔月报告制度、日通报制度，着力解决查勘、立案及简易案件的定损、理算效率等关键问题，确保各项管控重点环节落实到位。着力提高理赔运行效率，配置数据专管员，将查勘率、定损立案的及时性纳入考核中，促进各项数据良性转变，实现案件处理率100%。加强未决案件清理和管理工作，努力做到“五结合”，即集中清理与常态管理相结合、赔案注销与回访确认相结合、未决清理与估损调整相结合、未决清理与加快关键案件处理相结合、未决清理与解决历史遗留问题相结合，摸清家底，确保数据真实性。

加强风险关键点管控，在人伤案件管理方面先后制定《医疗审核管理办法》和《车险人身损害赔偿理赔规定》，确定《车险人伤案件伤亡估损标准》，并在随后的医疗跟踪中进行动态修正，医疗费用核减比例达18.04%。在诉讼案件管理方面加强律师动态管理，对因聘用律师工作失误造成超赔的，按照《聘请法律顾问合同》约定，追究相关责任人赔偿责任；加强调查取证和重新鉴定工作，鉴定结果变更率达40%以上；清理法院执行划拨案件，追回重复划款50万元。在加强理赔流程和环节管控方面开展打击假案骗赔工作，防止利益漏损。全年共查处涉嫌假案40余起，有效堵塞超赔金额的发生。制定《机动车辆保险代索赔管理办法》，除部分长期合作、信誉良好的维修企业和4S店外，禁止修理厂和中介机构代办索赔；实行赔款零现金支付；加强赔案调查工作力度，对存疑案件及时调查取证，全年受理调查案件912起，挽回经济损失415万余元，有效避免超额赔付，堵塞跑冒滴漏现象。

【内部管理】　中保财险合肥市分公司实施精细化财务管理，优化财务资源配置，提高费用使用效率。制定差异化费用资金下拨办法，使有限的财务资源向有效益的险种倾斜，向有效益的业务单位倾斜，促进结构调整。制定经费预算及费用报销管理办法，有效降低机关运行成本。对预算指标分月监控，实行关键性费用刚性控制，尤其对关键性费用变动异常的，财务中心进行专项点评并对责任部门和相关业务单位实行问责制。建立财务定向管理和巡查制度，对各业务单位实行财务分片管理制度，重点加强对业务单位合规经营检查力度，防范财务违规事件的发生。

围绕增强凝聚力、战斗力、竞争力的目标，探索创建具有自身特色的企业文化。着力提高员工业务技能，开展以知识竞赛和业务技能竞赛为内容的岗位练兵活动。举办各种形式的文艺演出、体育比赛、演讲比赛等，陶冶员工情操。推进争先创优活动，公司营业一部被省总工会授予“安徽省工人先锋号”称号，三支公司经理被合肥市总工会授予“合肥市五一劳动奖章”。组织“建言献策”活动，引导员工创新思路，提出有关发展管理的意见和建议，找出解决问题的可行性措施。在内部网络开辟论坛，设置员工意见信箱，为员工开辟建言献策的言论通道。实施关爱计划，千方百计地为员工办实事、办好事，为员工送去生日礼物，实施探视生病员工的制度，节日期间向员工送去慰问和祝福。构筑合规文化，提升公司管理层对合规经营的重视程度，建立内部控制及风险管理体系，加强对员工行为规范与风险合规教育。

（中国人民财产保险股份有限公司
合肥市分公司办公室）

中国平安人寿保险股份有限公司安徽分公司

【发展概况】　1992年9月29日，中国平安保险公司以代理人的身份进驻安徽，1994年7月28日升格为中国平安保险公司合肥分公司，2004年11月更名为中国平安人寿保险股份有限公司安徽分公司（以下简称“平安人寿安徽分公司”）。2009年，平安人寿安徽分公司调整经营结构，业务稳步增长。实现总保费收入32.7亿元，员工超过1万人，拥有客户量148.4万人，理赔金额6580万元。

实现个险新单规模保费48467万元，比上年同期增长34.4%，其中10年期以上保费占82%。个人健康险业务实现保费收入3.1亿元，占37.47%的市场份额，居第一位。长期险业务实现保费收入20.61亿元，占38.12%的市场份额。长期储蓄型产品、健康保障型产品发展迅速，业务整体保险保障功能进一步凸显。

【服务经济社会建设】 平安人寿安徽分公司以持续发展为宗旨、以改善民生为目标，服务当地经济社会建设，保障客户利益。2009年底，共有员工12000余人，其中当年通过举办校园招聘、社会大型招聘等形式新招聘员工1200余人，增加了社会就业。全年缴纳税金4663万元，其中营业税及附加1612万元、个人所得税2024万元、预缴企业所得税945万元、其他税种83万元，支持地方经济发展。

平安人寿安徽分公司履行企业公民职责，热心公益慈善事业，努力回报社会。2009年6月在关注贫困母亲捐赠活动中，组织党员、干部和员工捐款、捐物合计金额14000多元。公司捐资10万元用于省内5所希望小学建设及维护工作。7～9月，在蚌埠市潘集平安希望小学开展为期3个月的“新农村 新希望”义务支教活动，支持乡村教育建设。

【客户服务】 自2007年起，平安人寿安徽分公司在行业内首推“P－STAR五星级服务”标准，为客户提供主动、简单、及时、方便、可靠的服务。2009年做出“信守合约，为您寻找理赔的理由”服务承诺：对属保险责任、超过30日结案的个人寿险理赔案件，支付保险金超期给付利息，并对所有新老保单一视同仁。此举为行业内首创，有效解决客户理赔难的问题。针对多起特大交通事故、“6·21”爆炸事件等突发情况，及时启动重大理赔应急预案，第一时间做好理赔后续服务，履行“让每个家庭拥有平安”的诺言。2009年，公司被安徽省消费者协会授予“诚信单位”称号，中国质量万里行对公司中心门店的客户服务给予“优等”评定。获安徽优质生活榜金融榜“最佳寿险服务机构”、2009年品牌战略行动“品牌贡献奖”等称号。

（中国平安人寿保险股份有限公司安徽分公司）

中国平安财产保险股份有限公司安徽分公司合肥营业总部

【发展概况】 2009年，中国平安财产保险股份有限公司安徽分公司合肥营业总部（以下简称“合肥平安财保公司”）发挥商业保险在社会经济建设中经济补偿、社会管理、资金融通的作用，在加快自身发展的同时，努力为当地经济社会发展服务。

全年实现保费收入29165.74万元，共缴纳各项税金3192.37万元，市场份额达21%，位居安徽省同系统第一。全年招收50多名新员工，其中85%以上为应届大学毕业生，为缓解就业压力作出努力。

积极参与、主动介入合肥市扩大内需、增加投资的总体发展形势，相继为合蚌铁路、熔安动力、合肥市长江路改造工程、皖维高新和佳通轮胎等一批重点工程和大型企业提供优质保险服务。

【履行社会责任】 自2005年起，合肥平安财保公司为全市所有中小学生提供保险保障，累计赔付金额超过329万元。在承保校方责任险的过程中，不断积累经验，逐步完善服务体系，并结合市场实际情况开展多项因地制宜的服务活动。与合肥市教育局建立联系人制度，保持长期密切的对口联系，保证承保理赔顺畅及时。每年不定期对全市中小学校、幼儿园进行实地风险查勘，撰写《风险查勘报告》，为校园提供防灾防损知识和信息。联合消防、交通部门不定期组织安全教育进校园活动，以生动的讲解帮助学生了解日常安全知识，提高自我保护意识。

【客户服务】 合肥平安财保公司开通“95512”中国平安财产保险全国统一客户服务热线电话，提供全天候全年无休假服务，受理各类业务报案、产险业务咨询、查勘调度、事故救援、客户投诉、电话销售、电话回访等。

中国平安财产保险在全国率先实现车险网上全国通赔，客户在中国大陆任何地方出险，都可以通过当地中国平安财产保险的分支机构获得同投保地一样快捷和专业的理赔服务，为客户有效节约50%以上的索赔时间。

制式化投诉管理。客户对中国平安车险业务承保、理赔处理、产品设计、业务管理规定、员工服务态度、专业技能等有任何意见或建议，只要拨打“95512”热线电话，投诉管理系统将100%解决。当客户车辆因事故或抛锚无法行驶时，只需拨打“95512”热线电话，公司负责联系提供全天候专业汽车救援服务。

（王　玮）

中国太平洋人寿保险股份有限公司合肥中心支公司

【概况】　中国太平洋保险公司成立于1991年5月，是中国三大保险公司之一，2007年12月25日A股上市时，公司总资产超过2300亿元，内外勤员工24万人，在全国设有520个分、支公司和3000余个营销服务部，是中国机构设置最完整的保险公司之一。2000年，被标准普尔公司评为世界保险200强公司第45位。2000~2005年，连续6年被授予“国际质量信誉钻石奖”。2003~2005年连续3年被清华大学中国企业研究中心、中国质量协会和中国标准化研究院顾客满意度测评中心评为“中国最满意的保险公司”。2006年7月15日，在第三届中国服务质量论坛上，获“第三届中国服务质量论坛诚信金鼎”。2007年获“全国服务质量无投诉（投诉解决）用户满意单位”称号。2008年1月获“中国保险业最受信赖寿险公司”称号和“中国保险行业最具影响力品牌”称号。

中国太平洋人寿保险股份有限公司合肥中心支公司（以下简称“太保人寿合肥支公司”）为太平洋寿险安徽分公司所辖的地市级中心支公司，为股份制企业，前身为安徽分公司营业部，2008年6月经中国保监会批准为中心支公司，辖1个支公司、2个县级营销服务部、5个乡镇级营销服务部，业务范围涵盖全市，管理人员54人，业务人员315人（其中个险营销员255人）。经营的人身保险业务分意外伤害保险、健康保险和人寿保险，投保方式分为团体与个人两种，销售渠道分为个险营销、直销、银行保险三种。

【业务发展】　太保人寿合肥支公司坚持“诚信天下、稳健一生、追求卓越”的经营理念和“用心承诺、用爱负责”的服务理念，以抓效益为中心，各项业务稳健发展。全年累计实现规模保费9460万元，其中个人营销新保保费515.08万元、短期意外险564万元（其中团体意外险526.07万元）、团体健康险83.45万元、团体年金保险627.6万元，银邮代理保费收入3509.75万元，其中核心业务1327.4万元；续期保费收入4198.02万元，二期继续率为83.5%，三期及以上继续率为76.2%。全年理赔累计给付774万余元。

太保人寿合肥支公司加强基础管理，打破既往农村“小单”多销的观念，着力开展各县级机构及合肥城区业务，引导销售“大单”，提升保费规模。全年个人险实现保费452.08万元，基础人力252人，有效人力52人，队伍趋于稳定，保费稳步提升。

以团体意外险和年金险为主，加大大项目销售力度，加强业务品质及风险管理，在主动放弃高风险业务的前提下实现业绩提升。2009年团体险实现保费489万元，超额完成全年任务指标。

1月，承保交通银行安徽省分行为员工投保的信恒年金险260万元、管理式健康险260万。9月，承保安徽省电力公司为员工投保的意外险266万余元。

【客户服务】　太保人寿合肥支公司制定印发《员工行为规范》，规范员工服务行为。2月2日，及时将30万元理赔款送到遭意外身亡的投保人朱某家人手中。3月14日，在合肥逍遥津公园参加“3·15”保险客户权益大型服务咨询活动，为客户提供“明白消费 维护权益 和谐发展”为主题的咨询服务。4月27~28日，参加第四届中国中部投资贸易博览会现场金融机构宣传活动。5月13日，组织员工赴敬老院开展服务活动。9月，向客户宣传停止销售《安贷宝意外伤害保险（A）款》等115个险种及改造《乘客人身意外伤害保险》等14个产品。10月28日，将20万元理赔款送到遭意外身亡的投保人孙某家人手中。12月，对单证填写及有关流程进行规范，有效保证承保的时效性。

（中国太平洋人寿保险股份有限公司合肥中心支公司）

中国太平洋财产保险股份有限公司安徽分公司

【概况】　2009年，中国太平洋财产保险股份有限公司安徽分公司（以下简称“太保财险安徽分公司”）以“合规、效益，实现可持续价值增长”为发展目标，确立“效益为先、兼顾规模；合规经营、稳健增长；精细管理、齐抓共管”的经营思路，进一步转变经营观念和发展方式，推动公司可持续价值增长。全年实现保费收入7.2亿元，比上年增长15.76%，全年为机构和个人承担超过2267亿元风险保障。

【经营管理】 太保财险安徽分公司全面实施车险精细化管理，发展非车险尤其是非车险核心业务。加强车险业务经营的过程分析和管理控制，制定科学的关键岗位考核激励机制，实行“一司一策”分类指导，加强对员工培训和对各地市机构业务经营的现场调研、督导和推动。全年实现车险业务平稳增长，非车险业务尤其是内涵价值高的核心业务快速增长，业务质量和关键经营指标稳步提升，业务结构进一步优化，可持续发展基础进一步巩固。

发挥保险保障功能，服务经济社会发展。推进县域保险发展，为县域经济抵御风险能力、保障农村经济的稳定性提供有力的支持和保障。积极参与大项目建设服务工作，承保的项目涉及电力、能源、交通、化工、制造等重要行业和领域，为重大基础设施建设、重大投资项目、大中型企业提供全面、系统的风险保障服务，在财产、货运、工程、人身意外等方面提供完善、充足的保障。推进服务民生工程的责任保险等业务，拓宽服务领域，参与社会管理，维护社会稳定。与省、市安全生产监督管理局、消防支队合作，发展安全生产责任保险、火灾公共责任保险、锅炉等特种设备责任保险业务。

【客户服务】 太保财险安徽分公司深入开展诚信服务建设，树立负责任的品牌形象。坚持“用心承诺，用爱负责”的理念，加强诚信教育，培育诚信文化，在全系统开展企业核心文化要素建设和“做一位负责任的太保员工”活动，开展新《保险法》和《保险从业人员行为准则》的学习、宣传和贯彻活动，增强员工诚信意识。发挥制度的约束力，签订合规经营责任书，定期组织合规经营专项检查，使诚信者受褒奖、失信者受惩罚。

着力提高服务水平，建立窗口标准化服务规范，实行“95500”客户服务热线省级集中，成立分公司客户服务部，集中受理客户的报案、咨询、投诉等业务，加强客户回访力度。完成理赔管理的省级集中，建立理赔标准化服务流程、专业化服务队伍。加强防损减灾工作，建立应急预案，提高大灾理赔服务能力。在“2009年中国（合肥）品牌战略行动”活动中，因对社会负责任、公司价值持续增长，获“品牌安徽（合肥）贡献奖”，在《江淮晨报》“2009优质生活榜——金融榜”评选中获“最佳产险服务机构”称号。

（丁之龙）

证券期货业

【上市公司及股票发行融资概况】 截至2009年底，合肥市共有20家上市公司（包括过会待发的皖新传媒），其中沪市主板公司8家、深市主板公司7家、中小板公司4家、创业板公司1家；纯A股公司18家、A+H股公司1家、A+B股公司1家。

上市公司年末总股本为101.74亿股，比上年末增长10.02%；总资产947.27亿元，同比增长45.42%；归属于上市公司股东的权益合计438.99亿元，同比增长46.59%。

上市公司通过首发、公开增发、公司债等方式全年募集资金126.35亿元，其中皖通科技、安科生物分别通过首发募集资金3.78亿元、3.57亿元，国元证券通过公开增发募集资金99亿元，皖通高速通过发行公司债募集资金20亿元。

【上市公司经营情况】 合肥市上市公司全年实现营业收入575.45亿元，较上年增长24.58%。其中营业收入同比增长超过50%的有4家公司，营业收入同比下降的有2家公司。

营业成本合计为439.98亿元，比上年上涨20.98%，增幅略小于同期营业收入的增幅（24.58%）；平均销售毛利率为23.54%，略高于上年的21.26%。20家上市公司中，销售毛利率超过30%的公司有6家，销售毛利率低于5%的公司有2家。

销售、管理、财务三项期间费用总额为79.18亿元，较上年增长30.09%，期间费用率也由上年的13.18%增至13.76%。上市公司的资产减值损失合计为5.16亿元，较上年的2.51亿元大幅上涨105.58%。

归属于股东的净利润合计为37.83亿元，较上年增长53.89%，其中3家公司净利润增幅超过90%。

经营活动产生的现金流量净额合计为154.47亿元，比上年增长2113.65%，每股经营性现金流量净额由上年的0.08元大幅增加至1.52元。

平均每股收益为0.37元，比上年增长

37.04%，其中14家公司每股收益同比增长、6家公司每股收益同比下降。平均净资产收益率由上年的8.21%增至8.62%。

【合肥市证券市场及证券经营机构概况】 截至2009年末，合肥市有证券营业部30家（含华安、国元证券及异地券商营业部），客户数51.8万户，全年累计交易量6509亿元，营业收入7.9亿元，利润总额5.4亿元，比上年同期3.3亿元增加64%。

国元证券全年实现净利润9.72亿元，比上年同期增长85.66%；净资本和净资产分别为127.88亿元和150.47亿元，两项指标均进入全国券商行业排名前六位。公司全年总交易量达12344亿元，同比增长115%，市场排名由上年底的第29位上升至第24位。

华安证券全年实现利润总额10.77亿元、净利润8.05亿元，同比均增长近2倍。公司净资产34.85亿元、净资本25.51亿元，均较年初增长约50%，公司资本规模创造历史最好水平。华安证券经纪业务实现代理客户交易额6407亿元，较上年同期增长77.39%。全年平均全国市场占有率约为0.5298%，比上年有一定幅度增长，居于全国证券公司平均水平。

【合肥市证券市场监管】 中国证监会安徽监管局以“维护稳定、营销管理、合规管理、现场检查”为重点，做好合肥市的证券市场监督管理工作。

以“维护稳定”为基础，确保辖区市场平稳运行。抓好信息技术安全工作，召开维稳座谈会，组织人员对合肥市部分营业部信息技术安全工作进行专项检查。按照中国证监会统一部署，圆满完成机构网络与信息安全事件应急演练工作。继续加强新闻宣传引导、舆情监督和信访投诉处理工作。

以《证券经纪人暂行规定》为指导，规范经纪业务营销秩序。为提高证券经营机构负责人和相关人员的认识和对政策的理解，邀请会机构部参与法规起草的专家在合肥举办了一次经纪人制度进行专题培训。指导省证券期货业协会起草《安徽证券期货业协会证券经纪业务营销行为管理办法（试行）》，对合肥市营业部签订自律公约，加强自律组织对合肥市经纪业务营销行为的管理。对华安证券、国元证券、联合证券合肥营业部、申银万国合肥营业部报备的经纪人制度实施材料进行审核和现场检查。

以合规管理为重点，促进华安、国元两家证券公司规范经营。完成对华安证券和国元证券的合规管理工作的现场验收工作；对华安、国元两家公司压力测试机制及测试情况进行摸底。召开4次合规总监联席会议，确保及时、准确掌握公司最新动态。

以创业板为动力，推动适当性管理和投资者教育。通过多印发文件、召开创业板工作专题座谈会等形式帮助各证券经营机构正确把握监管意图和政策导向，并就进一步做好创业板的开户和投资者适当性管理工作提出明确要求。

通过现场检查、专项检查等多种手段，推动各项日常监管工作。开展股指期货中间介绍业务、经纪业务规范性情况、银行基金代销业务情况、“老鼠仓”等检查工作。

【合肥市期货市场及期货经营机构概况】 2009年，合肥市期货市场总体保持健康快速发展态势。投资者开户数快速增加，至年末期货投资者开户数31519户，较年初9090户增长247%。期货保证金和期货代理交易额持续大幅度增长，至年末全市客户保证金余额14.68亿元，较年初余额5.07亿元增长190%；全年期货累计代理交易额46894亿元，较上年14270亿元增长228%。期货公司资产运行质量和经济效益良好，至年末3家期货公司资产总额达18.51亿元，净资产3.79亿元，净资本3.55亿元，实现利润5066万元。各公司经营状况继续好转，相关监管指标持续满足监管要求。期货公司规范经营，进一步完善法人治理结构和风险控制机制，增强研发力量，提高员工整体素质，增加信息系统投入，综合竞争力得到增强。

至年底，全省共有3家期货公司，即安徽徽商期货经纪有限公司、国元期货有限责任公司和华安期货有限责任公司，注册资本金分别为3000万元、1亿元和2亿元，注册地均在合肥市。有4家省外期货公司在合肥市设立期货营业部，分别是江苏弘业期货经纪有限公司合肥营业部、江苏国联期货有限责任公司合肥营业部、深圳海航东银期货有限公司合肥营业部和黑龙江三力期货经纪有限公司合肥营业部。

【合肥市期货市场监管】 中国证监会安徽监管局采取多项措施，维持合肥期货市场稳定，引导辖区期货经营机构建立维稳长效机制，市场秩序良好，2009年未发生任何突发事件。

加强期货保证金监管，保护投资者合法权益。按照保证金安全存管和开户实名制等有关要求持续检查，督促期货经营机构认真做好客户保证金安全运行，未发生任何客户透支、穿仓预警或其他禁止性行为。

按照《期货公司风险监管指标管理试行办法》等要求，持续组织开展期货公司净资本监管工作，督导合肥市各期货公司真实、准确、完整填报月度风险监管报表，组织人员对公司监管报表各项目数据的真实性、准确性和完整性进行实质性审核。合肥市各期货公司净资本等风险监管指标待续达标，符合监管要求。

按照中国证监会统一部署和要求，持续督促合肥市期货公司加强信息系统建设，提高信息系统安全性和稳定性，不定期对期货公司信息系统安全状况进行专项检查，组织应急演练。各期货经营机构信息系统运行稳定，未发现重大安全隐患。

合肥市各期货公司建立健全内控机制和管理制度，执行力正不断加强，高管人员及主要业务部门负责人基本配置到位，高管人员法律意识和社会责任意识明显增强，未发现机构或高管人员有任何违法违规行为。

按照中国证监会统一部署，对合肥市期货公司和营业部进行综合性现场检查。从检查结果情况来看，各期货经营机构总体情况良好，期货保证金安全运行，客户开户实名制得到落实，自有资金规范运作，净资本持续达标，公司内控机制和管理制度发挥作用，营业部管理严格，未发生重大违规行为或风险隐患。

按照《期货公司分类监管规定（试行）》、《关于期货公司分类监管首次评价工作有关问题的通知》和《期货公司首次分类评价操作指引》的要求，对合肥市3家期货公司开展分类评价，提出各期货公司初评结果，上报中国证监会。

持续督导、推动合肥市各期货经营机构开展投资者教育活动。期货经营机构采取多种形式和多种载体广泛深入地开展期货投资者教育活动，使广大投资者增强风险意识，对期货知识及操作技能有了较为全面的了解和提高，也使越来越多的社会公众对期货市场有了客观的认识，取得了较好的社会效果。

【证券期货业执法】 根据中国证监会要求，安徽监管局办理涉及合肥地区的协查案件4件。办理案件的类型涉及虚假陈述、内幕交易、操纵股票交易价格等。

根据新的“打非”（打击非法经营）形势需要，推动安徽省“打非”协调小组增加省委宣传部、省经济和信息化委员会、省广播电影电视局、省新闻出版局等4家单位为成员单位，进一步修订完善《省“打非”工作机制》。

会同省公安厅、合肥市公安局等有关部门查处非法证券投资咨询业务、非法代理转让未上市公司自然人股份案件8件，有效净化了辖区资本市场环境。

2009年5月，会同省委宣传部、省公安厅等10家单位联合开展“防范和打击经济犯罪宣传周活动”，以“打击非法转让自然人股份”和“打击非法黄金期货”为主题，制作两期电视专题片。与安徽门户网站“中安在线”联合举办“打非”网络宣传活动，制作一期“打非”专题访谈节目，借助电视、广播、报刊和网络等媒体，普及有关证券期货知识和相关法律法规，提高投资者自我保护意识和辨别能力。

【行业普法和反洗钱工作】 2009年12月4日，安徽监管局组织推动合肥市的上市公司、证券期货经营机构开展“12·4”全国法制宣传日活动，围绕“加强法制宣传教育，服务经济社会发展”主题，结合创业板的推出，从创业板相关制度建设、风险提示等方面普及创业板知识，将法制宣传与投资者教育工作紧密结合，取得良好效果。

组织开展驻合肥市的证券期货经营机构反洗钱调研活动，通过问卷调查和现场走访的形式，掌握其建立健全反洗钱内控制度、执行反洗钱有关规定情况，为下一步更好地开展反洗钱协作监管奠定基础。

（中国证监会安徽监管局办公室）

商贸　服务业

商业贸易

【概况】　合肥市商务局按照省商务厅的工作部署，切实践行科学发展观，积极应对国际金融危机冲击，按照实施先进制造业和现代服务业“双轮驱动”的要求，以“发展大商贸、建设大市场、搞活大流通、构筑大商圈”为中心，以现代商贸、会展经济、物流产业为重点，以“扩消费、拉内需、保增长、促发展”为主线，不断完善市场体系和保障市场供应，认真做好招商引资、项目建设、商业改革、社区商业等重点工作，着力发展新兴产业、提升商业档次、增强辐射能力。按照市委、市政府《关于加快现代服务业发展的意见》，积极构筑区域商贸物流中心和会展中心，力促全市现代服务业又好又快发展，全年实现社会消费品零售总额703.4亿元，同比增长19.6%，占全省的比重为19.9%，比上年提高0.1个百分点。增幅高于全国4.1个百分点，在中部省会城市名列第二，仅次于长沙0.1个百分点。

【扩大消费】　合肥市商务局认真贯彻落实国家、省、市关于搞活流通、扩大内需的政策措施，千方百计扩大消费。引导商贸企业调整经营结构和方式，组织开展佳节购物季、中博会产品大酬宾、名品促销会等灵活多样的商业促销活动，不断挖掘市场消费潜力，提振市场消费信心。充分发挥商业流通主渠道作用，促进工农业产品销售，先后组织举办大宗消费品对接会和农超对接会，签约金额达到44.1亿元。围绕全市家电、汽车等支柱产业，大力推动家电下乡和汽车以旧换新工作，开设全市汽车以旧换新联合服务窗口及时办理补贴，备案家电下乡销售网点785个，实现家电下乡产品网上销售额超过2亿元。建立30多家重点商贸企业服务联系制度，帮助企业排忧解难，切实贯彻落实《合肥市加快发展现代服务业的若干政策》，及时办理各项企业奖补资金，帮助企业开拓市场。

【商业投资】　合肥市商务局始终坚持以开放的理念促进商业发展，一手抓招商引资，一手抓项目建设。组织县区商务部门和商贸企业到发达地区学习考察和招商引资，借助会展平台邀请国内外知名企业来肥考察、投资。派遣人员进驻北京和滨湖新区，积极推进央企对接和滨湖招商工作。建立健全全市大型商业项目资料库和协调联系制度。全市5000平方米以上商业投资项目82个，累计完成投资82亿元。实施项目负责制，促进大型在建商业项目早建成、早开业。乐购超市、安徽五金机电商贸城、泓瑞金陵大酒店、同庆楼会宾楼和华润苏果徽州大道购物中心等相继开业，滨湖世纪城金源购物中心顺利封顶，合肥万达广场、信地城市广场二期等一批大项目加快建设，全市商业业态和布局更加合理，建设力度和发展步伐加快。

【商业改革】　合肥市商务局注重改革创新。围绕生猪、酒类等行业监管，启动全市商务综合执法改革，积极申报全国商务综合执法试点，并获批准。推进生猪定点屠宰场（厂）资源整合和标准化建设，编制完成全市生猪定点屠宰场（厂）设置规划，整合精简原有场（厂）点，新建两家县级标准化屠宰场（厂），推动定点屠宰场（厂）标准化、规模化经营。以庐阳区“全省城市商贸服务业发展示范区”试点为抓手，推进老城区商业网点改造和升级换代，着力打造全省商贸服务业第一强区。通过兼并、重组、股份制改造和政策引导等各种方式，推进商业企业经营体制和经营模式改革，大力发展连锁经营和电子商务，促进商贸企业做大做强。

【城乡市场】　合肥市商务局在全力做好滨湖新区和政务文化新区商业业态开发的同时，重点加强社区商业配套建设，扶持多种便民业态发展，创建国家级商业示范社区2个，共创建国家级商业示范社区9个。加大国家级主食加工配送中心试点城市建设力度，实施早餐工程，新建食品配送中心2家、早餐连锁门店20家、新批早餐车270辆。基本建成全市统一商贸信息综合服务平台，启用全市35114家政服务信息平台。认真做好农贸市场新建和改造工作，改造和新建农贸市场7家。促进专业批发市场发展，全市37家亿元市场成交总额达800亿元，其中成交额达百亿的市场3家，成交额达50亿元的市场4家，成交额达10亿元以上的市场11家；安徽省徽商钢材市场、合肥周谷堆农产品批发市场、安徽信地大市场进入全国百强市场行列。继续深入实施"万村千乡"市场工程，建成农家连锁店730家，总数达到1313家；实现农家店乡镇覆盖率100%，行政村覆盖率70%以上；实现商品配售率农资农家店80%以上，日用消费品农家店50%以上。

【市场供应与监管】　合肥市商务局贯彻落实国家、省、市关于做好市场供应工作的精神，完善供应渠道，健全监管网络，平抑市场物价，保障市场供应和居民食品消费安全。加强肉、菜、食用油、成品油等重要商品的市场监测和应急储备，抓好中博会与六十周年国庆等重大展会和节庆期间的市场供应、监管和应急工作，开展食品安全周等宣传活动。实施"三绿工程"，加强定点屠宰和肉品市场等食品安全监管，实现蔬菜抽检合格率98%，定点屠宰率99%，"放心肉"上市率99%，出厂肉品检验合格率100%。加强市场整规工作，充分发挥市整规办的综合协调功能，完善各部门联动机制，集中开展各类市场专项整治行动，加快商业诚信建设步伐，维护竞争有序的市场秩序。

【会展经济】　合肥市商务局加大全市会展工作指导力度，整合会展资源，完善办展环境，创新各项管理体制，制定出台会展业奖励政策。加大全国性展会争办力度，扶持培育全国有影响的会展品牌，鼓励各县区各部门举办特色展会，做好展会协调服务工作。围绕"扩大内需、促进发展"这一主题，共举办各类展会132场，比上年增长10%；总展出面积136.5万平方米，比上年增长25%。规模超过2万平方米以上的展览会15场，其中规模超过6万平方米展会共3场，分别是第四届中国中部投资贸易博览会、2009全国农机产品订货交易会和中国安徽国际汽车展。展会涉及环保、婚庆礼仪、苗木花卉、医疗器械、工业装备、科教、美食旅游、汽车、家电、农机、磷肥、自行车、农产品、粮油、建筑材料、文化艺术等众多门类。会展业的快速兴起，有力地促进全市支柱产业和第三产业的发展，完善城市基础设施建设，提升城市知名度和美誉度，对全市经济发展拉动作用十分明显。会展拉动第三产业收入增长约25亿元，比上年增长27%，对社会消费品零售总额增长的贡献率达20%，综合经济拉动效益已达到1：9。

【新兴产业】　合肥市商务局以"全国流通领域现代物流示范城市"建设为契机，做好全市物流业规划编制工作，围绕合肥新港、空港物流和铁路枢纽等重大项目建设，抓好物流的配套发展。积极引进国际国内知名物流企业来肥投资，合肥百大与国际知名冷链物流设备专业公司意大利梦尼特公司合作的物流项目已经签约，宝供物流基地、中徽邮政物流、中外运二期等物流基地已开工建设或投入使用，物流产业逐渐成为与先进制造业相互融合、共同发展的新经济增长点。规范发展成品油、拍卖、典当等特种行业，编制完成全市加油加气站布点规划，开工建设滨湖新区等一批加油加气站项目。新增拍卖企业3家、新批典当企业11家，全年实现拍卖成交额61.3亿元、典当贷款总额29.1亿元，为解决商业中小企业融资难问题发挥积极作用。

【学习实践科学发展观】　合肥市商务局按照市委深入学习实践科学发展观活动领导小组的统一安排部署，围绕"深入学习实践科学发展观，促进全市商务经济又好又快发展"主题，认真开展学习实践活动。在每个学习阶段都充分做好思想动员工作，保证全局上下思想统一、行动一致，及时发现问题、改正不足，为学习实践活动顺利开展奠定良好基础。加强组织领导，制定学习方案，保证各阶段工作重点突出，环环相扣，循序渐进，扎实开展。保证学习时间，创新学习形式，紧密结合商务实际，使各项学习活动服务于商务工作需要。组织、引导全体党员干部按照要求学，联系实际学，带着问题学，坚持深入调研，学以致用。通过理论学习、集体讨论、深入调研、检查分析、查找改正等各个阶段的学习活动，全局党员、干部立足本职岗位，认真分析影响商务工作科学发展的突出问题，深入探讨促进商务工作科学发展的新思路、新认识、新措施，在推动思想解放、创新体制机制、改善工作作风等方面达成共识，为实现商务经济平稳较快发展打下扎实基础。 （刘航航）

对外经济贸易

【外贸进出口】 合肥市对外经济贸易局累计实现进出口总额64.3亿美元，同比下降16.6%，好于全省平均水平6个百分点，进出口、出口总额在中部省会城市位居第二。全市出口44.5亿美元，同比下降18.1%，进口19.6%亿美元，同比下降13%。市属企业累计实现进出口35.7亿美元，同比下降21.6%，其中出口25.1亿美元，同比下降19.6%，进口10.6亿美元，同比下降26.1%。全市进出口从当年初开始逐月大幅下滑的势头，自三季度开始得到有效揭制，截至当年12月份，合肥地区进出口额首次实现单月同比正增长，当月实际进出口总额6.4亿美元，同比增长6.5%，其中出口实现4.3亿美元，同比增长14.2%。年出口额在1000万美元以上的18类列名商品中，电力设备、洗衣机、纺织品、体育用品等五类商品实现同比5.2~106%的不同幅度增长，而橡胶轮胎、电冰箱、货运车辆、叉车等十余类大宗商品均出现较大幅度减少。出口额在2000万美元以上的15家重点企业中，联亚制衣、合肥水泥研究设计院年出口额同比分别增长116.3%和25.5%，其他13家企业均出现不同程度的下降。

【贸易促进】 合肥市对外经济贸易局为帮助企业应对危机，克服困难，坚持多措并举，通过制定落实扶持政策、深入企业调研帮促、开展政策宣讲培训、及时申报兑现政策资金、加强企业品牌培育和各类认证等基础工作，组织企业利用境内外各种展会拓展市场和客户等一系列措施，使全市涉外经济企业在调结构、促发展中有新的提高。

组团参展参会。春秋两季广交会，全市222家企业参展，实现成交5.63亿美元，组织38家企业参加华交会，成交971.3万美元，全市30余家企业参展第十二届高交会，21个项目参加“安徽省自主创新项目推介暨产业转移对接会”，签约6个项目，其中内资项目5个，投资额67.9亿元，外资项目1个，投资额1.47亿美元。全市企业参加北京汽博会、乌洽会、西博会、中博会、以及沙迦中国商品展、南非商品展、俄罗斯汽车展、印度中国商品展、菲律宾机电产品展等境内外展销会，对开拓市场和发展新的客户起到不同程度的效果。

宣传培训。市对外经济贸易局分别在三县四区三大开发区举办“外经贸促进政策培训宣讲会”，全市150余家企业500多名业务人员参加培训，使各项促进扶持政策在企业层面得到了解和应用。召开20余家当年新备案开展进出口经营的企业座谈会，了解掌握各企业生产经营情况，帮助业务人员了解掌握对外经营相关政策。组织24家重点出口企业近100名业务员参加后配额时代应对国际绿色贸易壁垒培训班，帮助企业分析欧美纺织品服装零售商采购趋势、生态立法、检测和质量控制以及生态认证等，提高企业出口产品质量意识。组织涉外企业参加外经贸局与香港贸发局联合举办的“透过香港走向国际”研讨会、省商务厅举办的“机电产品拓展国际市场培训班”、省出入境检验局召开的“商检知识和政策宣讲会”、商务部举办的“人才强商业务专题培训班”等，帮助企业在市场开拓、业务知识、政策应用、人才培养等多方面得到提升。发挥贸促会在国际贸易中的桥梁和纽带作用，第三届中国中部城市贸促联盟年会于2009年6月5日在合肥举行，商务部、国家贸促总会、省分会、中部六省市贸促支会、国际商会代表、部分周边省份贸促会代表及企业会员代表共计100余人参加，按照“友谊、合作、共赢”的联盟发展思路，会议就如何充分发挥中部城市贸促联盟的作用，更好的开展区域合作交流，推动中部区域经济发展展开讨论。

政策支持。市对外经济贸易局帮助企业申报进口贴息、优化结构资金、机电及高新出口产品研发项目资金、出口名牌建设、境外认证、中小企业国际市场开拓等各类专项资金，江汽、科大讯飞、华凌冰箱、美菱、丰乐香料、安利合成革、荣事达、华源生物等100余家企业计兑现政策资金897.9万元，待拨付315万元，申报待批808万元。15家企业产品获批2010~2011年度“安徽省出口名牌”。

【技术合作】 合肥市对外经济贸易局新签合同80份，合同额5.35亿美元，完成营业额12.2亿美元，外派劳务9641人，分别占全省的比重为46%、52%、76%和67%，月末在外劳务15184人。新批6家境外投资企业1家境外机构，总投资599万元，其中中方投资568万元，实际对外投资

330 万美元。受金融危机影响，对外承包工程项下新签大项目减少，由于上年结转合同的执行，营业额增幅较大。全市对外承包工程项下新签合同份数为36 份，比上年增加80%，但合同额仅为5.28 亿美元，比上年同期减少 57%。新签合同额最高项目是省外经建援建赞比亚恩多体育场项目，合同额为5800 万美元。合肥水泥院与俄罗斯签订的2.54 亿美元的水泥熟料生产线项目，中铁四局与安哥拉签订的7.04 亿美元的房建项目如期实施，当年对外承包工程项下营业额较上年同期增长38%。合肥水泥院、省建工集团、中铁四局、省外经建、东华公司五家骨干外经企业完成营业额 10.27 亿美元，占全市对外承包工程业务总量的 94%，同比提高 5 个百分点。科研院所完成营业额 3.82 亿美元，占全市总量 35%，其中，合肥水泥研究院完成营业额 3.7 亿美元，继续位居全省外经企业之首。对外承包工程项下外派人员增幅突出，对外劳务合作项下人员外派大量减少，全市共外派 9641 人，其中对外承包工程项下派出 8501 人，占88%，比上年同期增长 34%，而对外劳务合作项下外派的劳务人员受金融危机影响大大减少，仅派出 1140 人，比上年同期下降 48%。对外投资主体较少、总量较低、规模偏小，全年对外投资额仅 469 万美元，只占全省 5%，五家新批境外企业中总投资额超百万美元的仅一家。境外劳务纠纷频发。由于受全球金融危机的影响，部分国家尤其是中东地区国家受其影响显著，部分工程因资金短缺，纷纷停工或延缓，一些先前签订的合同无法正常履约，造成大批工人出境后无工可务，或合同条款与实际条件出现较大偏差，雇主拖欠工资，从而引起大规模的劳资纠纷。市外经贸局积极按照商务部等七部委的统一部署和市政府常务会议精神，会同公安、工商等七部门在全市开展清理整顿外派劳务市场秩序专项行动，印制集中整治通告，制作电视专题节目。全年共处理影响较大的劳务纠纷十四起，其中涉及百人以上的3 起，分别是安徽致宸公司、合肥谊久建筑劳务有限公司和合肥毅胜国际劳务公司，十人以上的有7 起，主要有华煤集团合肥分公司、安徽港湾劳务的纠纷等。同时还积极协同市信访局做好国庆期间的维稳工作，布置各县、区、开发区及各外经企业做好劳务纠纷隐患排查工作，代拟《合肥市境外劳务纠纷和突发事件应急处理预案》，并报市政府常务会讨论，为处置外派劳务纠纷和突发事件提供制度支持，确保外派劳务方面的社会稳定。市外经贸局还充分利用国家及省里的促进政策，积极指导企业和肥东县、肥西县申报“走出去”促进资金，合肥地区共获促进资金1272.19 万元，其中市级外经贸主管部门 10 万元，县外经贸主管部门获得 20 万元，市属企业和省部驻肥企业获得 1242.19 万元。申报并获得国家境外营销网络补助资金 195 万元。

【利用外资】　合肥市对外经济贸易局新批外商投资企业 59 户，同比下降 28%，其中独资企业 31 户，合资企业 16 户、合作企业 1 户、股份制企业 1 户。投资总额 9.43 亿美元，同比下降 35%，注册资本 4.88 亿美元，同比下降 45%，合同外资 4.44 亿美元，同比下降 42%。全市实际利用外资 130027 万美元，同比增长 8%，其中，外商直接投资 85746 万美元，同比增长 11%；外商其他投资 24159 万美元，同比增长 1%；对外借款 20122 万美元，同比增长 8%。全市工业实际利用外资 58638 万美元，同比增长 34%，占全市的 45%；城市基础设施及房地产实际利用外资 31686 万美元，占 24%（其中房地产实际利用外资 12210 万美元，占 9%）；服务业实际利用外资 38872 万美元，占 30%；农业实际利用外资 831 万美元。外商投资领域拓展成为 2009 年利用外资的新亮点，全年共有 5 家境外世界 500 强企业在合肥注册 6 家企业，分别为美国沃尔玛、英国特易购、德国大陆轮胎、日本住友化学、法国液化空气集团，在合肥落户的境外世界 500 强企业已达 25 家。新站开发区京东方项目带动 8 个外资配套项目落户，总投资达 1.36 亿美元，其中两个项目为境外 500 强企业投资。高新区引进的农业科技研发项目，科沃施农业科技研发（安徽）有限公司，由全球第四大种业企业欧洲杂交谷物育种有限公司独资设立，是该公司设立在合肥市的“中国研究中心”，主要从事玉米良种、能源作物、有机农产品基础研究、应用研究、高科技研究以及试验。该项目填补外商在合肥市及安徽省投资研发中心的空白。当年 12 月，经省商务厅批准在合肥新站开发区新设中外合作安徽中古友谊眼科医院有限公司，该医院由安徽省立友谊医院与古巴国家医疗服务中心合作设立，投资总额 988 万美元。医院设有预防保健科、眼科、麻醉科、医学检验科、病理科、医学影像科、急诊医学科、肿瘤科等，该项目填补合肥市及安徽省医疗领域利用外资的空白。继东亚银行合肥分行、首创安泰人寿保险公司安徽分公司在合肥市开业之后，汇丰银行在合肥设立分行也获批，即将投入运营。外资投资来源地不断增加，较上年同期，新增德国、澳大利亚、新西兰、古巴、丹麦、罗马尼亚、瑞士、加拿大8个国家（地区）。截至当年底，来合肥市投资的国家（地区）达55个。随着全国经济迅速回暖，外商投资在全年也呈现出逐步回升的走势，从下半年开始，新批外资项目明显增加，7~12月新批项目达到44个，占75%，下半年企业增资达4510万美元占全年85%。9月份有4家工业企业增资，增资额达到3279万美元。

【项目推进】 国家级汽车及零部件出口基地、加工贸易转移承接基地建设稳步推进；合肥出口加工区项目已进入海关总署正式审批程序，国家商务部、建设部、工商总局、质检总局、税务总局、外汇管理局等六部委已复函海关总署明确表示支持合肥设立出口加工区，有望在2010年批复并开工建设；市对外经济贸易局积极利用中博会、徽商大会、家博会、创新要素对接会等各种重大活动平台，精心筹备、大力推进各类重大招商引资项目，取得丰富成果；促成德国大陆轮胎、日立等离子项目等注册并开工建设；全力协调、服务、推进特易购、沃尔玛项目的注册开业；新站开发区京东方项目引进8个外资配套项目；协助联合利华合并广州、山东公司；引进农业科技研发项目“KWS中国研究中心”、中外合作安徽中古友谊眼科医院有限公司，填补合肥市在相关领域利用外资的空白。

【第四届中博会】 2009年4月26~28日，第四届中博会隆重在合肥市召开。合肥市外经贸局作为第四届中博会合肥市筹备工作领导小组办公室，具体承担承办地政府大量的工作，先后协调落实组织分工、场馆建设、道路交通、安全保卫、客商接待、会务安排、新闻宣传、服务外包大会、市长论坛等多项工作任务，直至中博会顺利开幕。大会得到党中央、国务院的高度重视和亲切关怀，中央政治局委员、国务院副总理王岐山，全国政协副主席孙家正莅临大会；商务部等34个国家部委局和有关单位作为主办或支持单位积极参与、大力协助；全国22个省（市、区）、12个副省级城市及香港、澳门特别行政区纷纷组团参会。到会中外客商3.8万人，其中境外客商8500余人，来自82个国家和地区。大会还吸引众多中外500强及大型跨国公司纷至沓来，世界500强及大型跨国公司302家到会，其中世界500强115家、中国区以上高管126人。国内500强124家到会、总部高管165人。合肥市邀请参会客商达1300人。境外参会客商分别来自世界10多国家和地区。有100多家世界500强、跨国公司高层率团参会。到会商团组200多个，其中外国政府、境外友城、商协会、跨国公司、中小企业等重点客商团组30多个，参观会展人数达25万人次。第四届中博会取得丰硕的经贸成果，中部六省共签订外商直接投资项目127个，投资总额76.1亿美元，引进外资63.7亿美元；签订吸引内资项目356个，投资总额1682.4亿元，引进资金1449.0亿元。安徽省65个，投资总额954.6亿元，引进资金830亿元，签订内贸合同1.24亿元。其中，合肥市共签约项目24个，涉及高新技术、环保、物流、城市开发等领域，其中外资项目15个，投资总额18.19亿美元，协议外资16.45亿美元；内资项目9个，投资总额83.84亿元，引进外来资金80.54亿元。合肥市还在网上推介项目300余个，编印重点招商项目册推介项目66个。由合肥市负责承办的“可持续发展市长论坛”、服务外包系列活动及2009皖港投融资论坛等专题活动，取得良好效果。可持续发展市长论坛围绕“聚焦中国，转危为机”这一主题，百位境内外市长代表、20家跨国公司代表等近300人，共同探讨在全球金融危机形势下，中国城市和跨国企业如何联手转“危”为“机”，实现城市可持续发展。服务外包系列活动充分利用参会的20家跨国公司、国内重点服务外包十强企业客商资源，大力宣传和推广安徽服务外包产业优势，积极推介中国服务外包示范城市—合肥，为本地服务外包企业走向国际舞台搭建一个沟通与交流的平台。第四届中博会在全球金融危机的大背景下，围绕应对危机，促进发展这一主线，展示中部六省开放发展奋力崛起的整体形象，表达中部六省化危为机的坚定信心，向世界传达昂扬向上的“中部信心”，也在合肥社会经济发展的进程和举办国际性盛会史册中留下浓墨重彩的一页。 （毛荣幸）

粮食收购与销售

【粮食收购】 合肥市粮食局积极做好粮食最

低收购价收购工作，执行国家粮食最低收购价政策，在午季小麦收购中，全市共腾空仓容40万吨，落实收购库（站）点55个，协调省农发行收购资金4亿元，收购最低收购价小麦14.98万吨。在秋粮收购中，敞开收购，以质论价，优质优价，不压级压价、抬级抬价和“打白条”，共收购最低收购价中晚籼稻19.7万吨。落实油菜籽托市收购政策，争取政策支持，指定6家企业敞开收购油菜籽。

【储备粮管理】 合肥市粮食局完成市级储备粮规模，完成省政府下达的目标任务，市级储备食用油计划得到落实，市级小包装油脂储备通过验收。完善市政府粮食应急预案，提高预警预测能力。

【粮食清仓查库】 按照国务院和省、市政府的统一部署，市县两级粮食部门认真履行职责，按照“有仓必到、有粮必查、有账必核、查必彻底”的原则，合肥市粮食局通过工作准备、县级自查、市级普查、省级复查、国家抽查和汇总整改6个阶段，全面完成各项工作任务，在国家抽查组、暗访组和省粮食局检查验收中，取得优秀成绩。清查结果表明，全市粮食库存数量真实，质量良好，储存安全。市粮食局被评为全省粮食清仓查库工作先进单位，市粮食局五位同志被评为先进个人，肥西县粮食局被评为全国粮食清仓查库工作先进单位。

【改革与稳定】 合肥市粮食局全力支持坝上街改造项目，组成工作组，进驻粮食二库，指导拆迁工作，按时按质地完成粮食二库7万吨粮食移库工作，当年8月15日，粮食二库整体迁入合肥现代粮食物流园，提前完成拆迁工作，有力地支持合肥大建设。解决市属粮食企业改革遗留问题稳步推进，按照市政府批准的《解决市属粮食企业改革遗留问题的方案》的有关要求，发挥职代会的作用，充分维护职工切身利益。粮食三库依法实施破产，全系统企业改革遗留问题已基本解决，定岗定员，减员增效工稳步推进。按照年初确定的控亏目标，积极指导粮食系统各企业转变经营方式，降低经营成本，提高经济效益，全市粮食购销企业实现销售收入6.3亿元，盈利1666万元，位居全省前列，肥东县粮食局综合经济效益位居全省之首。

【各项活动】 合肥市粮食局开展“物流设施建设年”和“粮食产业提升年”活动，做大做强合肥粮食现代物流园，向国家和省上报合肥粮食二库30万吨高大平房仓和合肥粮食一库5万吨油罐的建设项目，合肥军粮供应站军粮仓库开工建设，一个具有辐射全省的粮食物流园已初现规模，成为全市粮食经济的新亮点。推进第四期新农村科学储粮示范工程，争取省粮食局40多万元资金，对721户进行科学储粮示范，有效地减少农户粮食产后损失。抓好粮食产业化工作，积极开展粮食产业化活动年活动，全年落实粮食订单面积15.9万公顷。鼓励支持金润米业、丰大集团和燕之坊等龙头企业做大做强。开展《粮食流通管理条例》颁布实施五周年暨科技周宣传活动，省粮食局和市粮食局局在安徽剧院广场联合举办《条例》有关知识有奖竞答和普及粮油知识宣传活动，组织专家讲解植物油科技知识，向广大市民散发相关宣传资料1000多份。深化效能建设，巩固粮食流通服务年活动成果，开展“八个送上门”活动，服务粮食生产者、经营者和消费者。抓好党风廉政建设，推进“主题教育”活动深入开展，在局机关及局属企业开展廉政“风险点”排查活动，认真组织开展建章建制活动，明确岗位职责，强化纪律约束和责任监督追究制度。坚持以人为本，关注信访人员基本诉求。制定“维稳”风险评估方案，受到市政府领导和维稳办的好评，政法委内部刊物全文刊登市粮食局的风险评估方案，全年信访件结案率为100%，息访率为100%，创建和谐稳定发展环境。共青团工作得到加强，深入开展青年文明号创建活动，做好第七届优秀青年企业家评选推荐工作，努力探索团建工作新模式，在合肥市金润米业公司成立全市粮食系统第一个团组织，局团委在全市考核中荣获特等奖。深入开展学习实践科学发展观活动，贯彻市委“规定动作”不走样、“自选动作”有特色的要求，围绕全局“五个方面突出问题”，深入查找原因和制定解决措施。形成《领导班子分析检查报告》和《整改落实工作实施方案》，编发《学习实践科学发展观专题调研选编》集中反映学习实践成果。召开满意度测评，满意度为100%，受到市委“学习实践活动”第十一指导检查组的好评。　　（合肥市粮食局办公室）

供　　销

【概况】 合肥市供销社紧紧围绕市委、市政府和省供销社工作会议的部署要求，以科学发展观为统揽，坚持服务“三农”宗旨不动摇，积极参与社会主义新农村建设，着力实施农村现代流通体系建设，不断加快“新网工程”建设，继续发展和完善各类专业合作社，切实发挥自身优势，提升壮大供销社实力，继续深化改革，加快发展，求真务实，扎实工作，各项工作均取得较好成绩。据统计，全年共实现商品销售总额35.18亿元，较去年同期增长14%；实现利润总额1350万元，较同期1152万元，增加198万元，增幅为17%；其中，市社直属各企业实现利润688万元，较去年同期580万元，增加108万元，增幅为19%。

【农村合作经济组织】 合肥市供销社加强农村合作经济组织建设。继续规范发展专业合作社。积极做好专业合作社的工商注册登记检查工作，引导基层供销合作社组建新的专业合作社，探索基层合作社与专业合作社融合发展的路子，指导全系统组建专业合作社30家。实施“千社千品”富农工程，推动专业合作社开展标准化生产和品牌化经营。支持、鼓励各级供销合作社和社有企业以多种形式投资参股专业合作社，加强供销合作社与专业合作社之间的产权连接。引导专业合作社与龙头企业双向入股，做好专业合作社与龙头企业、城乡市场及大城市超市的对接，把专业合作社建设成为农产品流通企业、大型连锁超市直接的采购基地。全系统已有20家农民专业合作社产品进驻家乐福、好又多和北京华联等大型超市。在2009年11月举办的中国·安徽（合肥）农业产业化交易会上，市供销社积极组织选送肥西县廖渡黄鳝专业合作社、长丰县三园蔬菜专业合作社等合作经济组织农副产品参展。参展产品受到参观市民和客商的青睐，多家展品当时即与客商签订供货协议书。其中，“廖渡”牌黄鳝在交易会上与中能欧陆（北京）国际贸易有限公司签订1000万元的供销协议。加快行业协会建设，强化服务功能。指导肥西县供销社成立全系统首家县级农村合作经济组织联合会，指导长丰县供销社在全县成立3家农民专业合作经济组织联合社。推进综合服务社建设，大力开拓农村市场。市供销社系统把农村综合服务中心建设作为服务“三农”的重要平台，把发展农村社区综合服务社作为自身发展新的增长点，以“永达大厦”为龙头，把现代超市业态引向农村，抢占农村商品流通市场。不断拓展农村社区综合服务社经营服务范围，实行“一店多能，一网多用”，开展多元化综合服务，促进当地农业社会化服务体系建设。全系统试办乡村永达直营超市3个、发展乡镇连锁超市20个、改造村级农家店60个，以新型的购物环境，快捷便利的服务，物美价廉的商品供应，引领农村的时尚和消费，重塑供销社在新农村流通市场的新形象。

【新网工程】 合肥市供销社在新网工程建设方面。加快建设和完善农资连锁经营网络体系，积极组织抓好化肥等农资货源的落实，全年共销售各类化肥22.16万吨，农药2234吨，农地膜999吨，有效促进农业生产稳定发展，确保农民持续增产增收。加快再生资源回收利用网络体系建设。2009年5月1日，《合肥市再生资源回收利用管理办法》正式出台，不仅为全市再生资源回收行业的规范管理提供政策依据，同时也为再生资源回收利用体系建设的不断深入和完善创造极为有利的条件，切实解决回收行业无照经营、污染环境、偷盗销赃、逃避监管及无序竞争等问题。全年投资新建和改造绿色回收亭（站）100个，通过自筹、政府相关部门支持和招商引资等方式筹集资金，筹建再生资源集散交易市场。逐步完善建设日用品配送中心。结合各乡镇实际情况，按照由易到难、分步实施的原则，统筹规划科学布局网点。继续以“永达连锁超市”为依托，分别在长丰陶湖、柘塘、左店、罗集、三十头和肥东店铺开设加盟店6家，所有店面均建立销售信息网络，加强各连锁店之间的联系，确保各类商品在最短时间内有效调配和配送，配送半径达70公里，配送率达70%。配送品种更是丰富多样，涉及烟酒、食品、副食品、日用百货、五金交电等8000种。建设烟花爆竹安全经营网络。认真把握政策法规，整合社会资源，充分发挥主观能动性，增加花色品种，扩大经营网点，努力拓展烟花爆竹批发零售业务，发挥主渠道作用。在以博发土产公司为龙头，按照统一形象、统一配送、统一价格、统一管理、统一服务的模式，提高烟花爆竹市场占有率的同时，做好烟花爆竹安全服务，逐步形成布局合理、安全便捷、管理有效的经营网络。

【深化改革】 合肥市供销社狠抓制度建设，强化管理能力，继续完善并实施《合肥市供销社目标管理考核实施办法》，实行薪酬与绩效挂钩的收入分配制度。出台《合肥市供销社系统服务型老体财务管理制度》，彻底解决改制后的各服务型老体现时负担与其拥有的社有资产和经济资源不平衡的矛盾，从而为构建和谐供销提供统一的财务保障。积极抓好招商引资工作，盘活存量资产。濉溪路农资分公司仓库的拆迁工作圆满完成，土地收储各项工作业已结束，即将进入全面开发阶段。中博会期间，与香港德盛国际有限公司签订总投资1亿元的农资仓储物流园项目计划，通过积极协调和努力，土地意向协议已签订，正在报批项目具体选址。积极参与发展金融服务业，不断拓展为农服务新空间。市供销社系统主动入股1700万参与组建合肥地区最大的小额贷款公司——合肥德善小额贷款股份有限公司。公司注册资本1.1亿元，以村镇银行为发展目标，开展为“三农”和中小企业服务，大力支持发展农村经济，有效地推动农业社会化服务体系建设。

（孙东风）

盐务

【概况】 合肥市盐务管理局（合肥市盐业有限责任公司）直面严峻经济形势，坚定信心，攻坚克难，实现经营管理再上新台阶。全年购进各类盐46416吨，其中食盐45005吨，完成省局核定计划的107.2%；全年销售各类盐46996吨，其中食盐45259吨（含纸塑小包装25657吨），完成省局核定食盐销量42500吨的106.5%；实现销售收入8573.99万元，合并利润867.4万元，汇总累计上缴利税775万元，商品销售收入费用率为39.94%。国有资产持续保值增值，年度资产保值增值率为113.5%。净资产持续稳定增长，年度合并净资产收益率为11.9%。

【食盐安全】 合肥市盐务管理局为维护盐业市场正常的经营秩序，确保全市食盐安全，共立案查处各类盐业违法案件144起，其中重大案件7起，结案率100%；出动执法人员检查2631人次，车辆684台次，行程52813公里，检查各类用盐户7759家，发放盐政宣传材料18000余份，查获各类私、劣盐61.3655吨，罚款34110元，没收盐品变价款7380.69元。认真履行监管职责，确保食用碘盐安全。整合市县执法资源，组织开展专项整治。全年共组织开展6次大的盐业市场专项整治行动。加大案件查处力度，确保案件办理质量。发挥舆论导向作用，营造和谐市场氛围。在“3·15”国际消费者权益日、“5·15”防治碘缺乏病日及“12·4”法制宣传日期间，广泛开展宣传咨询服务活动。通过摆放宣传展板、发放宣传手册、悬挂横幅、开展碘盐常识有奖问答、现场演示等多种方式宣传盐业法规，宣传食用碘盐、消除碘缺乏病危害的重大意义，传授辨别真假碘盐的方法。活动中共发放各类宣传材料5000余份，接受消费者咨询2000余人次，发放调查问卷1000余份，达到普及碘盐知识的作用。

【队伍建设】合肥市盐务管理局加强制度建设和队伍建设，牢固树立责任意识、大局意识和服务意识，全年共组织开展各类盐业法律法规和行政法规学习培训40余次，参加培训人员达70余人次。在市政府法制办举办的全市行政执法人员业务能力测试中，参加测试的人员取得平均81.2分的好成绩；对近一年经过市局办理的行政处罚案卷进行自查自评，严格对照评查标准，找出案件办理中存在的问题，并及时加以整改和完善，力争在连续两年获得全市行政处罚“十佳案卷”的基础上再创佳绩。在行政执法和行政执法监督中，认真贯彻落实《全面推进依法行政实施纲要》和省局、市政府法制办和市食品安全委员会有关会议、文件精神，做到严格执法不违法，执法到位不越位，树立“科学、公正、廉洁、高效”的行政执法形象，全年未发生一起因过错导致行政处罚错误或显失公平的行政复议、诉讼案件。

【网络服务】 合肥市盐务管理局为丰富客户信息，提升客户管理效率，市局将市区2000多家各类用盐户进行分解，组织人员对客户信息进行全面梳理，上至经理下至普通职工全部参与其中。在对各类用盐户进行回访的同时，规范供应盐种和范围，全面控制小包装食盐以外各类盐品的供应。市局对腌制盐用户实行严格的供应卡管理制度，并跟踪上门服务，与相关企业签订代办运输协议，对不规范用盐的企业和个人，坚决予以纠正并限期整改。全年共清理各类歇业户、停业户和搬迁户150多家，在梳理中还查处一批涉盐违法案件。为扩大网络销售，提升服务水平，完善非盐商品经营，公司出台《合肥地区非盐商品经营管理办法》（试行）。在省盐业总公司和合肥市商务局的大力支持和指导下，全面启动徽盐连锁“万村千乡工程”。通过店家筛选、店面改造、指导督促等方式开展徽盐连锁加盟店建设。当年底，徽盐连锁加盟店已挂牌47家，并全部验收合格，得到市商务局验收专家组的好评。为满足特殊消费群体的需求，市局在全市新增36家无碘盐供应网点，全市无碘盐供应网点已达到60家，改变过去网点少、供应范围窄、消费者购买不便的弊端，基本上消除全市无碘盐销售的盲点。

【内部管理】 2009年4月8日，市局通过中盐"AAA"达标专家组的考评验收，以265分（总分270分）的较高分数荣获全省首家"AAA"级食盐批发企业称号。公司实现降本增效。完善各项规章制度，确保公司发展需要。按照"破、立、改"的原则，对各项规章制度进行修订、完善。公司共制定、修改完善各项规章制度110个，业务流程17个，形成岗位职责明确，业务流程规范，人人按制度办事、事事按流程操作的工作局面。加强业务流程建设，提高信息化管理水平。整合财务管理系统与销售管理、库存管理系统，重新建立账套实现财务和业务一体化，定制统计软件，提高获取信息、统计数据效率性、准确性，提高商品的配送效率。加强经营预算化管理，为决策提供科学依据。科学编制年度经营预算，适时掌控各项财务指标完成情况，为决策提供科学信息。在日常票据审核和审批程序中，从严把关，保证国有资产保值增值。加强项目管理，严格履行审批手续，坚持降本增效促发展。自主技改，低投入高效率，325克小包装量产化工期缩短一个月，节约各项投资达200万元以上。改造供水系统，节约预算1.47万元，年节约水损等费用支出在8万元以上。严格执行省总公司关于项目管理相关规定，实行内审、外审相结合的方式，全年共审计大、小项目4个，核减金额2万余元。调整经营策略，盘活现有固定资产，年内撤销2个专营店，减少各项费用约6万元，增加出租收入近10万元。车辆管理，安全生产、综合治理等各项管理工作常抓不懈，效果显著，全年未发生任何一起责任事故。市局获评合肥市"文明单位"、"平安单位"。

【企业文化】 合肥市盐务管理局以打造两个金牌团队为目标，努力构建和谐企业文化。强化培训，努力打造金牌管理团队。组织全市盐政人员开展拓展培训，加强队员之间的沟通和交流，增强队员之间的理解与信任，达到"磨炼意志、陶冶情操、完善人格、熔炼团队、超越自我"的目的。强化营销技能培训，打造金牌营销团队。针对在食盐配送和非盐销售中发现的问题，以提高经营管理人员的业务水平和办事能力为目标，公司多次组织开展市场营销培训，让销售人员对营销既有理性了解，也有感性认知，有效提高销售水平。组织计算机知识和网络安全、生产质量、消防安全、岗位操作技能等方面的培训。据统计，全年共举办各种培训17次，参加培训的职工达到700余人次。

加强精神文明建设，努力践行科学发展观。扎实开展学习实践科学发展观活动。结合实际制定《开展深入学习实践科学发展观活动实施方案》，强抓各阶段落实工作。紧紧围绕"坚持科学发展，加速合盐腾飞"主题，开展主题调研活动，找准制约公司发展的突出问题，提出整改方案。创新活动载体，开展形式多样的主题教育活动。通过开展实践科学发展观活动，达到"党员受教育、发展上水平，群众的实惠"的目的。主动承担社会责任，结对帮扶长丰县杨庙镇新农村建设和杜集敬老院，捐助共建资金25000元。开展党组织结对共建活动。加强组织建设，发挥工、青、妇的桥梁纽带作用。根据工作需要，调整党支部，按照党章的有关规定，发展4名新党员，安排4名入党积极分子参加建党积极分子培训班的学习；健全工、青、妇等群众组织，并积极支持在其职责范围内开展工作。市局组织女职工"三八女子拔河比赛"；开展"每天读书一小时"活动和"迎七一"演讲比赛，《我们不可一日无盐》、《盐业就是我的家》分别参加省国资委和省总公司"庆国庆"主题演讲比赛，展现合肥盐业员工良好的精神风貌。在"八一"前夕，市局与三河镇湖光村联合举办合肥盐业"纪念建军82周年城乡共建活动"，组织开展慰问特困党员等。市局全年共获得省、市级各项荣誉数十个。

（彭 巍）

烟草专卖

【概况】 合肥市烟草专卖局（公司）解放思想，深化改革，提高队伍素质，完善体制机制，夯实管理基础，各项工作扎实有效，经济运行平稳良好，在全球性金融危机的大背景下，基本实现又好又快发展。合肥地区累计销售卷烟18.41万箱，比去年同期增长9.42%，实现税利11.04亿元，同比增长16.19%。

【专卖管理】 合肥市烟草专卖局（公司）注重加强执法主体建设，结合城市发展布局特点，抓好专卖基层管理。明确县（区）局一级行政执法主体，提出“两无两规范”的市场管理目标。加强县（区）局班子建设，成立党组、纪检组及党、工、团组织，并将行政执法权、行政许可权、预算内的经费使用权、股级干部选拔任免等权限下放至各县（区）局。积极将政法烟草联席会议制度和行政执法联席会议制度延伸至各县（区），并注重在执法检查、警力配备、价格认证、财力保障等方面的配合。出台《合肥市2009～2011年卷烟零售点合理布局规划》，绘制各县（区）行政区内卷烟零售网点合理布局规划电子版图，各县（区）局均召开零售网点合理布局听证会。积极组织参加优秀基层单位创建活动，开展县（区）局标准化建设，有序开展综合营业用房建设项目和队（所）建设项目，实行专卖人员准军事化管理。全年共查获涉烟案件1892起，其中5万元以上案件36起，20万元以上案件4起；移送司法机关拘留19人，判刑8人；成功破获1起符合国家局标准的涉烟网络案件，涉案价值达145万元；破获4起符合省级局标准的涉烟网络案件。全市市场净化率提高到97%以上，接近买不到假烟的目标。

【销售网络】 合肥市烟草专卖局（公司）加强营销主体建设，做好“商流、物流、资金流、信息流”的整合与贯通。实行“统一营销、中心管理”体制，设置七个区域营销部。建立专销联席会议制度，实现县级层面上的政企职能分开。积极延伸客户服务机构，开展标准化农村客户服务站建设。不断提高“订货服务、送货服务、结算服务、信息服务”质量，做到“市场需求基本满足，零售客户有所选择”。

【现代物流】 合肥市烟草专卖局（公司）全面推行“当日订单，当日分拣，当日送货”的新业务模式，节约运营成本，一线送货车辆由原有64部减少至37部。为卷烟客户提供贷记卡、借记卡服务，电子结算率提高到99%，大大降低资金安全风险。着手解决物流瓶颈问题，实施合肥物流基地分拣线改造工程。

【企业管理】 合肥市烟草专卖局（公司）积极探索市级公司烟草商业法人治理结构。依照《公司法》和现代企业制度的要求，构建现代企业法人治理结构，健全党组集体领导下的局长（经理）分工负责制，设立预算、投资、薪酬、招聘四个专业委员会，完善职工代表大会制度，建立科学和符合行业特色的领导决策机制。在制度管理方面，深入开展“全面规范梳理年”活动，对企业各类管理制度进行评价论证，编写烟草专卖典型案例，开展行政责任执法追究制度。在流程管理方面，全面开展流程再造，认真开展“三项检查”（工程投资项目、物资采购项目、宣传促销项目）和“小金库”专项治理，加强对外政（企）务公开力度，全面开展内部同级监管检查，并适时开展专项审计和专项督察。在预算管理方面，加强月度预算执行分析，严把无预算、超预算开支关，探索实施标杆管理，全面完成定额管理，控制成本费用。在安全管理方面，认真贯彻“预防为主”的方针，落实“谁主管、谁负责”、“一岗双责”安全责任制，开展“安全生产月”活动，始终抓好车辆安全管理，优化车辆配置，建立油耗考核奖惩制度，开发使用车辆管理软件，组织开展应急预案演练，增强应对突发事件的处置能力。

【信息化建设】 合肥市烟草专卖局（公司）完成县局至本级、本级至省局的带宽扩容工作，成功实施核心业务数据异地备份，积极探索实施“3G网络零售客户终端系统”项目。

【人力资源】 合肥市烟草专卖局（公司）深化人事用工分配制度改革，科学设置岗位，严格控制干部职数，从严从紧高效用工。成立资金管理中心，实行财务委派制度和信息技术人员派出制度。建立后备干部培养机制，打破身份界限，从基层管理人员中选拔10名中青年同志到中层管理岗位挂职锻炼。制定《科级干部管理规定》等人事制度，对干部的职数、选拔任用、转入非领导职务岗位及内部退养、交流轮岗等方面进行明确和完善。加强各县（区）局领导班子和领导干部队伍建设，抓好各单位、各部门负责人履职履廉制度的落实，扎实开展领导班子的考核和配备工作。继续深化薪酬分配制度改革，建立合理工资增长结构，努力实现“两个缩小和两个拉大”（努力缩小新老员工、市县之间的收入差距；努力拉大同岗位不同技能、同级别不同责任员工之间的收入差距）。在岗位管理和绩效考核上，建立增资晋级制度，逐步实现所有员工在组织、福利、薪酬方面的接轨。

【企业文化】 合肥市烟草专卖局（公司）深入学习实践科学发展观活动，通过广泛动员，精心组织，取得明显的活动成效，达到预期目标，使科学发展观深入人心，明确未来三年的发展方向，即“用三年多的时间，把合肥烟草发展成管理水平和营销能力在全国36个重点城市中进入‘第一方阵’的现代化烟草商业企业”。认真落实党风廉政建设责任制，加强廉政文化建设，坚持开展专题学习培训，推出形式多样的廉政宣传方式。积极做好信访、对外宣传和离退休人员服务等工作，全区逐步建立起离退休老同志工作机制，确保“两个待遇”落到实处。内部服务体系机制初步建立，机关办事效率进一步提高。关心职工身心健康，积极组织员工进行体检及乙肝、流感疫苗的接种。丰富职工业余文化生活，切实发挥共青团妇、学会等组织作用，组织开展建国60周年系列活动。积极关注社会公益事业，参加“金秋助学”、“警民共建”、“送温暖”等活动。

（李　燕）

非公有制经济

发展概况

【规模效益】 2009年，合肥市鼓励、支持和引导个体私营等非公有制经济发展，推进全民创业，非公有制经济克服金融危机等因素影响，遵纪守法、诚信经营，加强行业自律和商会建设，取得良好业绩。

截至年底，全市共有私营企业5.3万户，注册资金950亿元，较上年同期新增私营企业1.16万户，新增注册资金120亿元；个体工商户9.9万户，新增2.9万户，注册资金41亿元；外资企业1021户，新增132户。全市非公有制经济从业人员125万人，占全部从业人数的41%。规模以上工业非国有控股企业实现增加值484.4亿元，增长28.3%，高于全市平均增速1.1个百分点。非国有投资完成1482.15亿元，占全社会投资比重由上年同期57.8%提高到60%。其中民间投资完成1319.06亿元，同比增长43.1%，占全社会投资比重为53.4%，比上年提高3.2个百分点。全市非公有制经济实现增加值1110多亿元，比上年增长18%，超过全市GDP增长速度1个百分点；非公有制经济占全市GDP的比重达53%，比上年同期提高1个百分点。

2009年末，全市为非公有制经济提供的短期贷款余额为952亿元，同比增长24.2%，较上年同期提高10.5个百分点；全年新增190亿元，同比多增92亿元。全市担保公司担保贷款总额140.3亿元，其中2009年新增担保贷款90.3亿元，年末在保企业2193户，在保余额88.4亿元。

【优惠政策】 合肥市鼓励和扶持非公有制经济发展，制定实施了一系列优惠政策，2009年制定实施的主要有：1.《合肥市进一步加快个体私营等非公有制经济发展，推进全民创业的实施意见》，在发展新型工业化、现代服务业，以及推进科技创新、企业上市等方面，给予一系列的优惠条件；2.安排专项资金支持非公有制经济发展，设立中小企业发展专项资金，实施“工业小企业振兴发展计划”，全市支持经济发展的各类财政专项资金中，约80%用于支持非公有制经济发展；3.《合肥市中小企业贷款风险补偿专项资金使用管理办法》等相关奖励办法，对支持地方经济和中小企业发展做出贡献的金融担保租赁机构给予奖励，鼓励担保机构加大对非公有制企业和中小企业担保力度，努力破解制约企业发展的融资“瓶颈”；4.《关于鼓励创业促进就业工作的意见（试行）》，坚持政府促进、社会支持、市场导向、自主创业的基本原则，以高校毕业生、中等职业技术学校毕业生、登记失业人员、返乡农民工等为创业就业工作重点，加大政策扶持，加强创业服务，优化创业环境，着力发展各类微型企业和创业实体，推进各种形式创业，实现以创业促进就业；5.《合肥市金融机构支持地方发展考核奖励办法》，鼓励、引导金融机构加大信贷投放力度，为全市经济发展提供优质、高效的金融服务。

【扶持措施】 合肥市委、市政府高度重视非公有制经济发展，成立市发展非公有制经济工作领导小组，市委副书记、市长吴存荣担任组长，统筹全市推进非公有制经济发展工作。整合原市乡镇企业局、市工商行政管理局个私发展局和市经济委员会的相关职能，组建市中小企业局，负责全市中小企业（非公有制经济）发展工作。

对全市法律、财务、管理信息咨询、技术转移等中介机构资源情况进行全面摸底调查，整合社会各类服务资源，推进中小企业联合服务大厅建设工作，一期建设已完工并投入使用，建筑面积达3500平方米的综合性服务大厅也即将投入使用。

初步建成“中国中小企业网·合肥网”的市辖3县4区、3个开发区分网，支持引导县区加快中小企业服务中心建设。选择100户具备一定基础、成长性较好的“专精特新”非公有制企业，组织实施“一企一项”技术改造和技术创新项目，扶持其做大做强。

分季度组织开展4次银企对接活动，全年共举行52场次，组织推荐1815户中小企业参加，着力破解融资难题，签约项目395个，签约金额175.4亿元，落实各类贷款112.2亿元。建立市政府与中国人民银行合肥中心支行、各商业银行联席会议制度，定期研究解决中小企业融资瓶颈问题，建立解决中小企业融资长效机制。组织融资小分队深入工业园区、工业聚集区和创业基地，推动金融机构、担保公司与中小企业零距离接触、面对面沟通、一对一服务，帮助525户企业对接融资需求6.7亿元。会同中国人民银行合肥中心支行向商业银行推介3批计578户优质中小企业，新增贷款57.24亿元。发行两期“滨湖春晓”中小企业集合资金2亿元，支持近百家中小民营企业加快发展。全市共申报成立小额贷款公司34家，开业17家，发放小额贷款1133笔，贷款总额16.67亿元。开通合肥市中小企业金融超市网，着力解决中小企业融资信息不对称问题，促进金融超市成为银政企对接平台、金融产品的导购员、金融知识的大课堂。共有34家金融机构、400余种金融产品在网上展示，为全市中小企业提供有效的金融信息服务。

探索建立中小企业信用担保体系，初步形成市、县（区）信用担保机构为主体的中小企业信用担保体系。截至年底，全市建立市、县（区）二级中小企业信用担保机构66个，其中在市中小企业局备案的有31个机构，注册资本32.49亿元，全年担保企业6435户、担保总额276.55亿元，年末在保责任总额96.73亿元。

努力减轻企业负担。全市认定困难企业363户，涉及在职职工15万人。困难企业可缓缴社会保险费，累计缓缴养老保险费1.7亿元、医疗保险费5091万元。阶段性降低社会保险费率，分别将失业保险和生育保险缴费费率由2%、0.8%调整至1%、0.7%，将工伤保险缴费率降低30%，企业累计少缴失业保险费7530.4万元、工伤保险费1346.4万元、生育保险费596.9万元。帮助困难企业稳定岗位，累计支付岗位补贴资金1.02亿元、培训补贴1455万元，支持企业开展职工在岗培训。核销符合条件的困难企业欠缴养老保险费滞纳金，免收53户破产企业和19户困难企业2.8亿元滞纳金。对特殊困难企业准予依法延期缴纳税款，全年审批延期缴纳税款6.2亿元。对特定企业给予土地使用税优惠政策。落实国家、省公布取消和停止征收的行政事业收费政策，免收工业园区37项行政事业性收费，全年共为2305家企业办理免收费4261项，免收资金总额3.59亿元。全面清理经营性服务收费项目，全年共为企业减负2.54亿元，其中工业企业减负1亿元，非公有制经济减负占全市减负总额的85%以上。

全面清理、修订和废止不利于全民创业和非公有制经济发展的各项限制性规定，所有产业、行业及建设领域全部向非公有制资本开放。降低创业门槛，放宽注册资本、审批事项、经营范围、名称登记、前置审批项目等，为非公有制企业市场准入创造良好条件。放宽创业经营场所，整合各类培训资源，实施培训工程，加快创业园区建设，完善创业服务体系。为提高创业者的知识和管理水平，全市共举办各类创业辅导培训班27期，4130人次参加培训，相关部门主动跟踪学员创业情况，了解和掌握创业中存在的问题及困难，及时给予帮助和服务。

帮助企业开拓市场，搭建企业供需平台，举办工业产品供需对接会和工程机械设备供需对接会，落实152个供需项目签约，合同金额61.6亿元。围绕汽车、工程机械、家电、建材、电工电器、食品、环保设备等重点行业，制定帮助企业开拓市场总体工作方案和分行业子方案，有针对性地引导企业“请进来、走出去”。在政府采购、基础设施建设等方面，同等条件下优先使用本地产品，市政府全年完成本省企业采购合同1366份，合同总金额21亿元，占总采购项目的80%以上。

鼓励企业扩大出口，将省里颁发的企业进出口增量奖励资金983.7万元和超额奖励资金826.7万元及时拨付企业。对生产型出口企业增量部分，市财政按每增1美元奖励人民币0.02元的政策及时予以兑现。

为帮助企业找准市场、做好产销衔接，市里派出120名市直机关处级干部进驻企业，协调服务，化解企业生产经营中的难题。

保证企业用地需求，优化企业用地报批流程，建立全市重大项目、重点工程调度协调机制，优先保障工业项目用地指标，提前做好企业用地预测摸排，推动项目用地及时报批。新的征地报批流程施行征地预存（收）款制度，减少环节 17 个，单个项目征地报批时间缩短 90 天，共办结重点建设项目用地预审 97 宗，总用地面积 1335 公顷。

营造非公有制经济发展的良好环境，开展创建“平安企业”、推进“综治进民企”活动，把非公有制经济组织的社会治安综合治理工作纳入平安建设的总体部署，帮助非公有制企业解决由于内部管理不到位、影响企业自身发展等难题。

【商会发展】 非公有制经济组织在市工商业联合会的指导和监督下，组建阜亳商会、木业商会；筹建钢构、潮汕、蚌埠、安庆、台州、诸暨、老年产业、房地产、锁业等协会、商会；完成市宁波商会、永康商会、钢贸商会等 4 家商会的换届及周年庆典活动。泉州商会建成“华东建材城”，五金商会建成“五金国际商贸城”，汽配商会建成“华东汽配大市场”，温州商会在吴山镇筹建的“温商产业园”首批企业进驻园区，石材商会在肥西县建设的同福石材工业园于 10 月份部分投入使用，庐江商会建设的“庐商科技产业园”投入建设。

【回报社会】 合肥市非公有制经济企业及相关人士积极回报社会，踊跃投身光彩事业，在国有企业改造、城乡道路建设、学校建设、旅游资源开发等方面出资出力，推动经济社会发展。

安徽应流集团捐资 20 万元在黑石渡镇建立“应流老年公寓”，并计划每年出资 15 万元以上作为公寓运行费用。安联电脑集团向金寨县花石中心学校捐赠一座价值 20 多万元的电脑网络教室，向合肥警备区等军事单位捐赠电脑 10 多台。华泰集团、新华集团分别在舒城、巢湖、滁州等地兴建光彩小学。科大讯飞捐赠数万台智能语音教学设备给县区贫困小学。海汇集团为一名患白血病的学生捐献善款 2 万元。安徽黑白广告公司等数十家企业赴四川松潘慰问。华泰集团、安联电脑集团等一大批会员企业向台湾台风灾区捐献大量物资款项，受到社会各界广泛赞誉。

安徽科大讯飞信息科技股份有限公司总裁刘庆峰被表彰为全国优秀社会主义事业建设者。香港信地置业（合肥）有限公司董事长吴图平、安徽新华集团投资有限公司副董事长吴伟、安徽富光塑胶有限公司董事长吴秀杰、安徽安利科技投资集团有限公司董事长姚和平被表彰为省级优秀社会主义事业建设者。安徽万振建设集团董事万玉康、合肥裕森木业有限公司董事长曹昌仁、安徽腾辉置业有限公司董事长王木水等 57 位企业家被表彰为合肥市优秀社会主义事业建设者。

企业选介

【安徽安联控股集团】 创立于 1998 年 4 月 8 日，是一家集联想电脑销售、技术服务、系统集成、软件研发和通信工程设计、ERP 项目实施以及小额贷款、典当等业务为一体的现代化企业集团，下辖 10 余家成员企业、关联公司，拥有 500 多名员工，年产值 8 亿多元，集团董事长崔兴柏。安联集团先后被省、市政府及有关部门授予“全省百万职工跨世纪赶超工程功勋集体”、“突出贡献私营企业”、“诚信经营企业”和“优秀服务单位”等荣誉称号；连续 4 年被省政府授予“守合同重信用先进单位”称号，2007 年获国家工商总局授予的“守合同重信用单位”称号。安联集团总体业绩在安徽省 IT 业界排名第一，位列华东区域电脑分销商 5 强、安徽省软件企业 10 强、合肥市民营企业 10 强，曾位列全国民营企业 500 强、安徽省民营企业 10 强。

安联集团将提高自主创新能力放在企业发展的首位，运营方式由销售驱动转变为技术和市场双驱动，由单一产业转向投入金融、准金融等行业，实现多元化发展。“基于构件技术的森林防火监测及决策指挥系统”和“基于构件技术的林业移动单兵系统”被列为国家创新基金重点扶持项目，“基于构件技术的林业移动单兵系统”被列为国家火炬计划项目。与中国科学技术大学和淮河水利委员会联合开发“基于 CNGI 的流域防灾减灾智能信息与决策支持系统应用示范”项目，被国家发展和改革委员会列为“2009 年第二批产业技术研发资金高技术产业发展项目”。投入 7000 万元合资创办小额贷款公司和担保公司，教育软硬一体化产品获国家发明专利。建立以“发展企业、成就员工、回报社会”为核心价值观的企业文化体系，突出“以人为本”的核心理念，获“全国民营企业思想政治工作先进单位”荣誉称号。

【安徽鸿路钢结构（集团）股份有限公司】 是大型钢结构设计、制造和安装企业集团，具备钢结构制作特级资质、钢结构专业承包一级资格证，并获国家商务部对外承包工程经营资格证，在安徽钢结构行业率先通过ISO9001质量管理体系认证、ISO14001环境管理体系认证和OHSAS18001职业健康体系认证。集团拥有安徽合肥、湖北武汉、江西南昌三大生产基地，拥有生产厂房100万平方米，具备大规模各类钢结构件的生产能力。集团2009年产值达35亿元，上缴税金4100万元。连续数年被授予"安徽省民营企业20强"、"出口创汇50强"，安徽省著名商标、"钢结构件"安徽名牌产品等荣誉称号。集团董事长商晓波先后被授予2007年度浙商创新奖、2008年度安徽省十大经济人物、全国抗震救灾先进个人、安徽省"五一"劳动奖章等多项荣誉。

鸿路集团承建完工项目有格林纳达国家体育馆、南昌联发广场、山西侯马市庆丰新天地广场、芜湖会展中心、合肥五里庙装饰大世界、合肥财富广场、池州体育馆、重庆江北机场、福州火车站、用钢量25000吨的印度电厂、巴基斯坦及沙特阿拉伯王国NAJRAN6000T/D水泥窑尾工程、江苏东风悦达起亚、华润电厂、神龙汽车等500余项国内外著名工程。

【安徽中汽旅游汽车集团有限公司】 成立于1996年7月，注册资本2000万元。主要经营实体有出租汽车分公司、汽车维修公司、汽车销售公司、燕莎大酒店、金海棠温泉浴场、银通假日旅行社等多家分公司。先后被评为"安徽省百强民营企业"、省"就业和社会保障先进单位"、"合肥市文明单位"、"价格诚信十佳单位"等。中汽集团董事局主席姚燕良先后获"合肥市劳动模范"、"安徽省十大经济人物"、"庐州十大孝星"、"中国最具社会责任感杰出企业家"、"省市优秀特殊社会主义建设者"等称号"。

（余金凤　杨贤成）

经济监督管理

国民经济综合管理

【规划与调研】 2009年，合肥市发展和改革委员会完成协调和编制各类规划工作：1. 研究国家10大产业调整和振兴规划，并完善和实施《合肥市装备制造业专项规划》、《合肥市电子信息产业发展规划》、《合肥市集成电路产业发展规划》、《合肥市工业天然气专项规划》等专项规划；2. 协助编制《皖江城市带承接产业转移示范区规划》，并参与编制《合肥经济圈市场体系规划》、《合肥经济圈基础设施规划》，另完成《合淮同城化工业走廊规划》；3. 启动"十二五"规划编制工作，制定并实施《关于合肥市"十二五"规划编制工作的实施意见》。

调研工作方面，围绕皖江城市带承接产业转移示范区、合肥经济圈建设、合肥产业发展等重大问题开展研究，完成《合肥市产业发展分析报告》等20多篇调研报告，其中《合肥市承接产业转移研究与思考》、《电子信息产业发展研究与思考》分别获省发改系统优秀调研成果一、三等奖；完善经济动员潜力信息资料，调查上报21类食品工业企业，并落实相关物资储备任务，确定长丰畜禽养殖公司、江南机械公司等两家企业成为省级经济动员中心企业。

市发改委当年及时做好年度计划和经济形势分析工作，搜集国家宏观经济信息，每旬编印《经济信息参考》，及时提出应对国际金融危机的政策建议，为领导决策提供参考。

【区域发展】 2009年，市发改委做好区域合作发展工作：配合国家、省发改委做好皖江城市带承接产业转移示范区规划编制工作，并争取把合肥国家级新型平板显示基地、中低速柴油机船舶设备产业集群、出口加工区、合肥港综合码头工程等重大项目纳入规划；推进合肥经济圈建设，成立市"合肥经济圈"建设领导小组，编制合肥经济圈和合淮工业走廊规划，并提出合肥经济圈建设主要任务的分解意见；加强城市间合作，与南京、南昌、佛山及巢湖、阜阳签署合作框架协议，参加长三角合作交流活动，并扩大与长三角城市间的合作；做好国家颁布的《促进中部地区崛起规划》中的有关工作。

【争取资金和项目管理】 市发改委履行市落实国家宏观政策领导小组办公室职责，加强对中央安排的4万亿经济刺激计划项目资金的争取和管理工作，全年累计争取中央项目资金16.23亿元，其中中央投资15.16亿元，所获资金主要投向民生社会事业、节能减排、自主创新和结构调整等方面；并加强对项目的稽查和跟踪督查，配合中央检查组开展项目检查工作，推动中央新增投资建设的前三批195个项目全部开工，促进地方政府和企业配套资金完全落实到位。

推动企业上市工作方面市发改委推动安科生物、皖通科技公司实现股票成功上市，促进皖新传媒公司股票通过上市审核，并协助京东方一次完成120亿元股票定向增发工作，其中90亿元用于合肥六代线项目建设；挺进新开创业板，推动合肥市安科生物、荃银高科、南亚桑拿等3家企业成功进入首批105家受理企业之中，其中安科生物公司实现股票上市。截至年底，合肥市上市公司达19家，发行股票21只；支持3家企业发行企业债券40亿元，融资额居全国省会城市前列；推动发行两期、总规模3亿元的"滨湖·春晓"中小企业集合信托债券；支持筹建小额贷款公司36家，其中开业19家，放贷总额22.9亿元；加大金融开放创新力度，中国风险投资研究院合肥分院、安徽股权交易所两家金融机构在肥挂牌成立，各类风险投资公司发展到20家。

在间接利用外资方面，争取国外政府贷款，做好合肥利用德国政府3000万欧元贷款焚烧生活垃圾和发电项目的相关服务工作，并推进市第五人民医院（妇幼保健院）申请以色列政府贷款采购医疗设备项目；推动做好市五水厂改扩建工程利用丹麦政府贷款、市一院利用德国政府贷款建设市中心医院等在建外贷项目的相关工作，做好市第三人民医院利用以色列政府贷款采购医疗设备项目的跟踪落实工作；做好争取亚行贷款资金支持治理巢湖污染项目的有关工作。

【招商引资】 市发改委履行推进与中央企业合作发展工作领导小组办公室职能，同国务院国资委监管的35家中央企业达成82个合作项目，协议投资总额2062亿元，并将中建材、华电、中电、中油新能源、大唐电力等项目纳入市重大项目统一调度范畴；承办第四届中博会和第五届国际徽商大会交办的各项工作任务，推动合肥市成功签约24个项目，涉及高新技术、环保、物流、城市开发等领域。其中，外商投资项目15个、投资总额18.19亿美元，内资项目9个、投资总额83.8亿元；安排组织第三届家博会签约项目工作，其中合肥市签约项目48个，获投资71.2亿元；组团赴美国硅谷招商，有美洲锂能等3家高科技企业与合肥高新区签订合作协议。全市当年引进市外资金1040亿元，同比增长33%，新批外商投资企业59户，大陆轮胎、法液空等外资企业落户合肥。

【重点项目建设】 2009年，市发改委在推动市重点项目建设工作方面主要采取如下措施：强化政府投资管理，联合编报2009年合肥市优先安排的城市建设重点工程投资计划，涉及综合交通、环境整治、园林绿化等八大类60个项目，总投资386亿元；推进省“861”、市“1346”行动计划和市重大项目领导小组调度的重大项目，做好投资和项目建设工作，全年完成全社会固定资产投资2468.42亿元，同比增长34.3%，其中省“861”、市“1346”行动计划项目分别完成投资765亿元、727.5亿元，分别完成计划的124.5%和103%，同比分别增长53.6%和11.7%；完善重大项目调度机制，制定和实施《合肥市重大项目领导小组调度工作实施办法（暂行）》、《合肥市重大项目推进工作考核办法（暂行）》，并推进京东方六代线、熔安动力船用低速柴油机、三洋机电园、大陆轮胎、鑫昊PDP、彩虹高世代液晶玻璃基板、格力压缩机、合蚌客运专线、京福铁路安徽段、合肥火车站改造、铁路枢纽南环线和南客站、轨道交通1号线试验段等44个重大项目建设。

【项目编报与审批工作】 2009年，市发改委在项目编报和谋划方面，上报国家项目118个，总投资74.8亿元，申请中央资金23.23亿元，涉及自主创新、结构调整、节能减排、农村基础设施建设等方面；加大项目谋划力度，初步摸排2010年全社会固定资产投资项目3529个，总投资7512亿元，并编制完成《合肥市2010年政府投资项目计划（草案）》，初排项目655个，总投资1473亿元；安排城市轨道交通、液晶显示器件八代线、合肥电子信息基地、合肥公共安全基地等15个、总投资3849.30亿元的重大项目由省发改委列入省市共同谋划推进的第一批重大项目，另安排中电38所“顺星”小型卫星通信移动终端系统、江汽集团新能源客车研发及产业化等8个项目由省发改委纳入委托谋划重大项目之列。

在项目审批方面：推行所有项目进“中心”受理制度，全年行政服务中心窗口办理核准、备案、审批事项417件，项目总投资约1778亿元，实现全部按时办结、零投诉的结果；制作各类项目审批流程图，及时公布办事程序和审批信息。

【信用合肥建设】 市发改委在加强“信用合肥”建设方面，开展诚信兴商宣传月活动，会同13家部门和12家商业企业集中开展咨询宣传活动；开展企业信用评级工作，推荐38家企业参加省名牌产品评价工作，安徽长风农牧科技有限公司、安利合成革股份有限公司等4家示范企业获“信用安徽”建设专项资金支持，另组织评选出合肥名牌产品16个和合肥服务名牌3个。合肥市政府当年被选为中国城市十佳诚信政府。

【生态合肥建设】 市发改委推进“生态合肥”建设。在节能减排方面，完成投资31.69亿元，实施50个节能项目，并提前完成马钢（合肥）高炉喷煤改造和氯碱糊树脂循环利用等项目，另加快淘汰落后产能，关整小轮窑52座。推进巢湖流域综合治理工作，申报蔡田铺污水处理厂、三河镇污水处理厂、四里河综合治理等19个项目，累计争取中央资金2.3亿元。完成四里河、板桥河综合治理及二十埠河、塘西河、十五里河主要截污工程，铺设污水管网377公里，建成蔡田铺一期工程、十五里河、小仓房污水处理厂等项目，日新增污水处理能力18.7万吨。发展循环经济，推行清洁生产，取得良好效果。

【支持产业发展】 合肥市把产业结构调整放在更加突出的位置，推进合芜蚌自主创新试验区和科技创新型试点市建设，推动皖江城市带承接产业转移示范区规划上升为国家战略，并争创国家创新型城市试点，加快培育战略性新兴产业。组织项目申报，争取国家和安徽省投资农业项目资金约2.5亿元，其中中央资金2.05亿元。开展城乡一体化综合配套改革试点工作，参与起草《合肥市城乡一体化综合配套改革试验区建设实施方案》，并组织承担蜀山区“双置换”（农村宅基地使用权换住房、农村土地承包经营权置换城镇、社会保障）试点工作。推进新农村建设，累计流转土地4.8万公顷，并推动土地整治整村推进工程，新增耕地近2667公顷。开展引江济巢、外环生态长廊、中小河流治理规划、退耕还林计划调整等涉农项目前期和协调服务工作，并推动实施40座中小型水库除险加固工程，解决了17万人饮水安全问题。

推动重大工业项目建设，实现首台熔安船用柴油机成功下线；合肥市迄今最大的外商直接投资项目——大陆马牌年产425万条乘用车子午胎项目获国家发改委核准。推动重大项目上升为国家战略项目，促进京东方六代线项目被列入国家电子信息产业调整振兴规划、省自主创新头号重大项目，促进熔安动力、合钢搬迁等重大项目被列入国家十大产业调整和振兴规划。推进高新技术产业化工作，有14个高技术产业化及重大产业技术开发项目获国家2.7亿元补助资金，有15个高技术产业化及创新能力建设项目获安徽省资金支持。推动新成立省级工程研究中心1家、省级工程实验室7家，使全市拥有省级工程研究中心总数达16家，约占全省总数的60%，合肥市拥有的省级工程实验室占全省总数的78%。加速培育战略性新兴产业，编制实施电子信息、新材料、软件、节能环保、公共安全等八个新兴产业发展规划，谋划100多个战略性新兴产业项目，总投资逾1000亿元，并加快推进新型平板显示产业基地、公共安全产业基地建设，推动合肥公共安全创业投资基金成功列入国家参股创业投资基金首批试点计划，获国家和安徽省1亿元资金支持。

在交通能源基础产业建设方面，完成《合肥市城市热电联产规划》、《合肥市供热专项规划》、《合肥市工业用天然气专项规划》的编制和评审工作；推动龙泉山生活垃圾填埋气发电工程正式实现并网投产发电，促进众诚热电二期扩建和天源热电三期扩建工程建成运营，另推动完成皖能5号机组供热改造工程并投产，促进投资近7亿元，扩建皖能6号机组，还完成市生活垃圾焚烧发电厂项目评审工作；推动城市出入口道路建设，合六路延伸段、疏港公路建成通车，长江西路、裕溪路、南北一号线等三座高架桥及轨道交通一号线试验段工程全面开工；推动合武客运专线建成通车，促进合肥火车站改造、宁西复线、合蚌、合福客运专线、南站迁建、铁路枢纽南环线及南客站等项目开工建设，以及商杭客运专线、华东二通道电气化、合庐铜等项目建设；推进新桥国际机场、合肥港综合码头、派河码头及航道疏浚等工程建设；实现所有行政村通水泥路和98.3%行政村通班车。

在促进服务业发展方面，开展服务业发展相关规划及政策研究，编制和实施《合肥市现代服务业发展规划》、《关于我市现代物流业和商贸流通业发展情况的调研报告》、《合肥经济圈市场体系规划》等；并争取服务业引导资金，百大合家福股份公司现代物流体系建设项目、合肥国家棉花交易中心项目分获安徽省2009年服务业发展引导资金130万元和100万元支持；另丰富服务业项目库，指导各县区、开发区谋划55个重大物流项目。

【为开发区服务】 市发改委开展对全市开发区近年来建设发展情况的调研，并向安徽省争取到省级开发区基础设施贴息资金120万元为市开发区服务。加强工业园区和乡镇工业聚集区建设，支持县域工业经济发展，全市县域规模以上工业企业发展到756家，全年实现工业增加值198.7亿元，同比增长46.5%。会同市财政局等部门免收开发园区、乡镇工业园所属2305家企业各种行政性费用3.59亿元，并支持进行科技创新及产业结构优化升级资金8.86亿元。

【社会事业和民生工程】 市发改委争取国家和安徽省专项资金1.46亿元，支持农村卫生基础设施、农村初中校舍改造、中等职业教育、乡镇综合文化站，以及农民体育健身等项目建设。推进医药卫生体制改革。市发改委当年参与起草和推行《关于深化医药卫生体制改革的实施意见》，并拟定《关于加强合肥市基层卫生服务体系建设实施方案》，另加强对省基层医药卫生体制综合改革试点县、区（肥西县、庐阳区）的联系指导工作。推动合肥职教基地、渡江战役纪念馆、儿童福利中心、减灾救灾中心等重大社会事业项目建设，并促进市滨湖医院、省心脑血管病医院建成和开诊，另推进市二院新区、妇幼保健院东区等项目开工建设。推进农村卫生服务体系建设。市发改委当年会同有关部门编制和实施《县级医疗机构建设发展规划》、《合肥市2009年城市社区卫生服务设施建设方案》、《合肥市社区服务设施、儿童福利设施建设项目实施方案》等，并争取国家资金支持3个县级医院、10个社区卫生服务中心建设，另完成31个乡镇卫生院室和362个村卫生室建设任务。编制和实施《合肥市农村初中校舍改造工程需求规划》、《合肥市中等职业教育基础能力建设规划（二期）》等教育发展规划；推动新建、续建廉租住房29万平方米，发放补贴1830万元，以及对低收入住房困难家庭实现应保尽保工作。

（李书生）

国有资产运营和监督管理

【概况】 2009年，合肥市属国有及国有控股公司（市国资委为出资人）实现营业收入198.78亿元，实现利润总额20.28亿元，同比分别增长66.92%、194.77%；上缴税金12.09亿元，同比减少2%；拥有资产总额1223.97亿元，拥有净资产330.59亿元。

市国有资产监督管理委员会当年在国资监管工作方面实行“三个转变”：由以改革改制为主，向推动国有企业对外合作发展转变；由单纯监管企业的国有资产，向管理更多领域的国有资产转变；由资源分散发展，向资源优化集中发展转变。

【公用事业保障】 2009年，市国资委坚持政策向一线倾斜、资源向一线集聚、重心向一线转移的工作方针，增强城市公用事业保障能力；并通过抓服务质量，加强信息公开，尊重百姓知情权，在报刊、网络上开展群众对公用事业企业满意度测评，加大整改力度，提升群众满意度；另抓好内部管理，加强对职工总数的控制，提高劳动生产率，将成本控制纳入对公共事业单位考核的主要指标，降低营运成本，较好地完成了全市供热、供水、供气、公交、客运等保障任务。

【国有产权交易】 2009年，市国资委制定和实施市国资工作领导小组《议事规则》，规范国有产权交易、企业重大投资的决策程序和环节，做到公开透明、科学有效；并制定和实施《关于进一步加强国有产权转让工作的通知》，规范国有产权转让项目申报和审计、评估，以及国有产权转让项目招商工作。全年完成16宗国有产权项目转让工作，涉及企业30户，转让挂牌价逾2.6544亿元，成交价格近3.12亿元，增值4633.5万元，增幅17.46%。

【对外合作】 2009年，市国资委落实6个签约项目，累计吸引央企投资211亿元。主要开工建设合肥三洋产业园项目，投资150亿元；建设百大集团等与意大利梦尼特公司合资冷链物流设备制造项目，总投资额5亿元；完成京东方6代线项目定向增发工作，募集资金总额120亿元。

【资源整合与重组】 2009年，市国资委整合系统内资源，突出企业主业，并优化产业布局结构，增强了企业核心竞争力。全年清理处置辅业企业45户，其中关闭清算34户，挂牌转让5户，整体划转6户。其中，燃气集团、公交集团、客运总公司等基本完成主辅分离、辅业退出工作；城改集团完成对20多家公司的资产、项目、人员的整合工作，减少了管理层级，提高了运行效率；工投公司分别对位于市区内的氯碱化工、江淮化肥总厂实施了破产清算，并通过与中国盐业总公司合作，将市化工企业整合搬迁进入循环经济园，另推动开工建设总投资114亿的中盐元合肥化工基地项目。

【拓展监管领域】 2009年，市国资委树立“大国资”理念，采取多种方式整合更多领域内国有资产，实现资源共享、优化配置的目标。完成对长江剧院、解放电影院、光明影都、长淮影院、电影公司等7家国有电影文化企业的资产重组工作，组建市电影发行放映公司，当年就实现主营业务收入2766万元，获净利润逾500万元。实施合肥大剧院委托经营管理模式，获得成功，并通过公开招标的形式，引进北京保利剧院管理公司，确定每年将呈现不少于100场的高雅文艺演出。推动合肥体育中心通过公开招标方式确定“专业管家”——中体产业股份有限公司。推动市政府将合肥报业集团、文化系统内的曲艺团、歌舞团、庐剧院等公益性国有资产授权给市国资委监管。

【国资国企改革】 2009年，市国资委制定和实施企业负责人任期经营目标考核制度，并完善企业负责人年度经营业绩考核办法，以及企业投资监管、担保融资、子公司管理、审计评估、进人管理、捐赠及赞助、财务监督、法律事务等规章制度，并对系统内24户重点企业上年度经营目标完成情况进行考核，依据考核结果兑付年薪；同时优化考核指标，合理确定2009年度考核目标，与23户重点企业签订2009年经营目标责任书。

市国资委当年完成2008年度国有资产收益收缴工作，累计上缴金额2512万元，标志着市国有企业经营收益不上缴的历史从此结束；并制定和实施《关于进一步规范委属企业劳动关系完善用工管理的通知》，规范公司与职工的劳动关系。

（市国资委办公室）

工商行政管理

【概况】 2009年，合肥市工商行政管理机关出台并实施《关于进一步发挥职能作用，服务企业发展的若干意见》，降低市场准入门槛，搭建服务新平台，规范执法行为，帮助企业度过难关，支持企业做大做强。全市全年新登记各类市场主体4.68万户，注册资本（金）263亿元。其中，内资企业484户，外资企业116户，私营企业1.2万户，个体工商户3.4万户。截至年底，全市拥有各类市场主体15万户，拥有注册资本（金）2050亿元。在帮助企业解决融资难工作方面，办理股权出质登记157件，担保债权15亿元；并办理抵押登记257件，担保债权14.4亿元；另完成商标专用权质押价值登记7430万元。在促进县域经济发展工作方面，支持农资企业开展连锁经营，新增农民专业合作社241户；并开展红盾护农、经纪活农、合同帮农、商标富农等帮扶活动；另立案查处各类农资违法案件191件，案值236万元；还培育特色农产品品牌，全市涉农商标注册达2328件。在实施商标品牌战略工作方面，开展商标战略示范城市创建工作，推广商标授权经营制度，推荐69件商标申报省著名商标，推动“安利”和“丰大”2件商标获中国驰名商标称号。全市当年拥有各类注册商标1.4万件。其中，中国驰名商标10件，省著名商标147件，市知名商标182件，各项指标均居全省同行业领先地位。

此外，市工商行政管理机关当年开展协税护税工作，配合财税等部门加强涉税信息控管工作，增加了地方税收；并开展整治无照经营专项行动，把查处、取缔无照经营与保企业、保增长有机结合起来；另按期完成市场办、管脱钩工作，通过了省政府的验收。

市工商局当年被评为省工商系统目标考核优秀单位。

【整顿与规范市场秩序】 2009年，市工商局贯彻《食品安全法》，在全省率先制定《流通领域食品许可管理办法》，并推动《食品流通许可证》发放工作，开展流通环节食品安全监管和专项整治工作。在流通环节违法添加非食用物质和滥用食品添加剂专项整治工作方面，加强食品抽样检验，并完善索证索票、购销台账等制度；另设立322个农村食品安全示范店；全系统当年检查食品经营户6.6万户（次），查处各类食品违法案件464件，受理和处理消费者食品申诉和举报828件。在保护注册商标专用权执法行动工作方面，立案查处321件各类商标违法案件，收缴和销毁违法商标标识17.4万件，没收销毁侵权商品3.6万件。在整治虚假违法广告专项工作方面，监测各类广告281.8万条，查处146件广告违法案件，收缴虚假违法广告印刷品逾6万份。在打击非法传销行为工作方面，推进“创建无传销社区”活动，并开展直销企业整治和打击传销“百日行动”，采取“端窝点、施教育、抓遣送、重移送”等措施，捣毁传销窝点70处，驱散遣送传销人员2100人（次），将37人移送司法机关处理。在合同监管工作方面，开展合同“七进”（指进市场、商场、社区、街道、学校、军营、机关、农村）活动，建立合同帮扶指导工作机制；并查处合同违法案件283起，涉案金额220万元。在拍卖市场监管工作方面，备案拍卖活动802场（次），并与相关部门配合，规范商品房买卖和室内装饰装修合同条款。在市场主体监管工作方面，结合企业年检、个体验照工作，开展证照管理示范街活动，强化对“两虚一逃”（虚报注册资本、虚假数字，抽逃出资）行为的专项治理工作，查处取缔无照经营逾3500户（次）。在企业信用分类监管工作方面，对4.5万户企业的信用状况进行认定，对全市55个商品交易市场进行信用分类监管。在市场专项整治工作方面，查处

5起商业贿赂案件、10起虚假宣传案件；并抓好“限塑”工作，收缴不合格塑料袋逾380万只；另开展“家电下乡”市场专项整治工作，得到了国家工商总局的肯定。

【服务工作】 2009年，市工商局做好服务工作。围绕国庆60周年和第四届中博会、与央企对接会等重要活动，强化市场监管工作。在文明城市创建工作方面，组织发布公益广告13万条。在加强消费者维权工作方面，组织开展以“消费与发展”为年主题的3.15国际消费者权益纪念日活动；并推进“一会两站”（一会：在每个行政村建立消费者协会和基层分会；两站：红盾护农服务站、12315维权联络站）建设，以及12315维权网络站进商场、进超市、进市场、进企业、进农村工作，受理消费者申诉、举报和咨询3.2万起，办结率98%。在落实促进就业再就业政策工作方面，鼓励个体私营企业吸纳下岗失业人员，支持下岗失业人员、高校毕业生、退役军人自主创业，以创业带动就业。在参与社会治安综合治理工作方面，开展扫黄打非、校园周边整治等专项行动，取缔“黑网吧”89户，查扣电脑设备1656台。在法制建设工作方面，规范行政处罚、投诉举报、听证告知等执法行为，在执法中坚持教育与处罚相结合的原则，开展行政指导工作，并做好全系统执法证申领换发工作。全年受理行政复议案件9件，参加行政诉讼案件应诉8起，除1起当事人撤诉外，均以胜诉告终。

此外，市工商局强化基层基础建设，邀请2836名社会各界代表，对全市80个工商所和165名正副所长进行公开评议，平均满意率93.6%；并及时查办上级领导批办件和群众信访投诉42件，其中立案查处4件，行政问责35人（次）。在教育培训工作方面，安排19名县区分局局长参加国家工商总局行政学院培训，举办各级各类培训100个班（次），培训4620人（次）。该局工作人员在全省工商系统业务素质考试中获第一名。

（李雪松）

食品药品监督管理

【食品安全综合监管工作】 2009年，合肥市食品药品监督管理局贯彻《食品安全法》，实施食品安全综合监管工作。开展集中学习、宣讲《食品安全法》和以“保障食品安全，促进和谐消费”为主题的食品安全法宣传月活动。进行餐饮服务监管专题培训，参加由省食品药品监督管理局组织的《食品安全法》培训，并邀请专家到单位对相关人员进行授课培训。组织完成省人大执法检查组、全国人大执法检查组对合肥市贯彻《食品安全法》情况的检查。与卫生部门协调，实行工作职责“双委托”（即食品药品监管部门委托卫生行政部门履行餐饮服务环节的食品安全监管工作，卫生行政部门委托食品药品监管部门履行食品安全综合协调职责）制度。组织召开合肥市及市辖四区卫生监督所所长、卫生局长会议，协调解决日常执法中存在的困难和问题。

组织开展打击违法添加非食用物质和滥用食品添加剂专项整治工作，查处案件16起，得到省政府专项整治督查组的肯定。开展食品安全专项整顿工作，建立工作责任制和责任追究制、信息报送制度、重大事故应急制度，以及联席会议机制。对全市学校及周边区域开展为期40天的食品安全专项整治行动，收效良好。

利用网络宣传食品安全法律法规和饮食知识，并发布食品监管、检测和消费警示信息，全年发布信息359条。及时答复食品安全和餐饮服务许可监管方面的投诉咨询，并采取措施，为群众办理相关事宜提供方便，另及时办理2起政协委员提案，召开市食安办会议对提案进行现场答复。加强保健食品广告监测工作，全年监测和处理违法违规保健食品广告100条（次）。

合肥市全年没有发生重大食品安全事件。

【药品和医疗器械安全监管】 2009年，市食品药品监督管理局推动药品和医疗器械安全专项整治工作，规范药品和医疗器械市场秩序。

创新监管方式，以药品GMP认证、跟踪和飞行检查工作为重点，强化药品生产环节动态监管工作。全年出动检查人员逾590人（次），检查企业逾420家（次）（含驻厂数），对全市42家药品生产企业、3家医疗机构制剂室检查面达100%，并帮扶16家企业通过国家食品药品监督管理局和省食品药品监督管理局的认证或再认证工作。在全省率先建立药品生产企业监管工作联络员制度，将监管关口前移，并推行月度生产药品质量分析制度，加强企业药品生产检验过程中数据的收集，确保及时发现和消除药品安全隐患。对药品生产企业实施分类监管，对14家高风险药品生产企业派驻监督员。开展药品生产企业实验室检验考核工作。推进实施药品质量授权人制度，全市有34家企业实施了这一制度。

建立特殊药品经营企业和使用特殊药品企业巡查制度。开展禁毒宣传和预防教育活动，对定点经营麻黄碱复方制剂、易制毒化学品、蛋白同化制剂、肽类激素等的企业进行专项检查。对45家生产蛋白同化制剂、肽类激素，以及麻醉和精神药品企业换证材料实行审核和现场检查。

加大药品经营企业市场巡查力度，检查药品批发企业143家（次），检查覆盖率100%，巡查药品零售企业599家（次），检查覆盖率100%，发布巡查公告2期，对21家企业当场下达行政处罚决定书，并移送稽查部门查处4家企业，另取缔9家无证经营企业的生产资格。推动药品经营企业强化质量管理，全年受理GSP认证、复审申请企业246家，完成现场认证企业196家，其中通过认证企业188家。完善以“二书二证一合同”（指法人企业的任职书、法人授权委托书、身份证、市食品药品监督管理局培训上岗证以及经劳动部门鉴证的劳动合同）为主要内容的药品批发企业销售人员备案制，登记备案在册销售人员2160人，同比增加备案203人。初步建立药品市场退出机制，全年发布《药品经营许可证》注销通告5期，注销药品经营企业9家，有16家企业主动提出报停。深化农村药品“两网”（药品监督网、供应网）建设，并坚持“两网”建设与“新农合”（新型农村合作医疗制度）建设相结合，另推动和加强药品监督和供应网络体系建设，全市当年县、乡、村三级农村药品监管网络的覆盖率均为100%，药品配送进县到乡、进乡到村覆盖率分别达100%和96%。与市卫生部门组成“规范药房”建设联合工作组，检查、指导医疗机构按创建标准和要求改善药品质量管理。全市当年有22家县级以上医疗机构、48家乡镇卫生院、219家村卫生室药房达到“规范药房”标准，分别占应通过总数的100%、88.9%和56.9%。对双黄连注射液、糖脂宁胶囊等药害事件，及时启动应急处置机制，采取停售停用措施，全市全年未发生一起由此引发的严重药害不良反应事件。加大药品广告监测力度，规范广告发布行为，监测各类药品广告5420条（次），同比增长460%，其中移送市工商行政管理部门查处虚假违法药品广告594条（次），同比增长118%。开展甲型H1N1流感防控药品储备专项督查工作，强化药品储备调度，建立药械应急储备长效机制。

制定医疗器械生产企业日常监管工作计划，确定重点监管品种和检查频次，全年完成81家二类、三类生产企业的监督检查工作，并对7家一类生产企业进行核查。做好全国重点监控品种“定制式义齿”的专项检查工作，完善企业管理措施，提高义齿质量。推动全市6家生产医疗器械的企业通过质量体系认证，对3家生产防护服企业进行监督检查，提高产品质量，以适应甲流防控工作的需要。开展市场巡查，规范医疗器械监管，制定和实施《合肥市医疗器械市场巡查管理规定》，并规范全市医疗器械经营行为，保证经营医疗器械产品质量安全。全年对生产和经营医疗器械的734家企业进行各项检查，将其中检查出有问题的44家企业移交稽查部门立案查处，对60家撤离许可注册地址的企业上报省食品药品监督管理局予以发布公告注销。

市食品药品监督管理局当年先后获“全省稽查工作先进单位”、“安徽省农村药品两网建设工作先进单位”、“全省食品药品监管系统政务信息和新闻宣传工作先进单位”称号。

【依法行政】 市食品药品监督管理局推进依法行政工作。在队伍建设方面，通过参加和举办各类法制讲座和专题培训班，并组织38名执法人员参加省法制办组织的行政执法人员资格培训与考试，加强专业知识培训和学习。

在开展行政许可方面，加强制度建设，坚持用制度管人、管事，增强全系统依法监管的责任感和使命感。修订和实施《合肥市食品药品监督管理局窗口行政许可工作规范》，优化行政审批效率，增强窗口人员服务意识。开展以零推诿、零距离、零障碍、零积压、零差错为核心的“五零式”服务，全年受理办结各类行政许可事宜820件，均在规定的时限内办结，办结率达100%。制定和实施《合肥市行政审批初审材料审查制度》，优化行政审批初审材料的工作流程，并确保行政审批初审材料在规定的时限内办结。该局窗口和机关处室全年无群众不满意投诉，工作成效显著。

在依法行政方面，推行《合肥市药品和医疗器械行政处罚自由裁量权指导意见》，坚持处罚与教育相结合的原则，慎用自由裁量权，全年受理各类行政处罚案件426件，立案查处案件116件，没有发生一起行政投诉和行政复议、诉讼案件；并加强行政许可案卷管理，完善《药品监督行政许可执法文书样式》，建立健全常用行政许可案卷文书样式，做到行政审批行为规范统一，有关工作受到市法制办的通报表彰；另制定和实施《合肥市食品药品监督管理局推进政务公开实施方案》。此外，该局坚持执法回访制度，先后主动走访近60家企业，征求社会各界对该局行政许可、行政处罚的意见和建议，并及时做出反馈。

【监测药品不良反应和医疗器械不良事件】2009年，市食品药品监督管理局开展药品不良反应和医疗器械不良事件监测工作。通过走乡进镇进行宣传、接受咨询，以及开展“安全用药、家庭健康”知识竞赛等方式，向群众普及药品不良反应和医疗器械不良事件知识，提高群众合理用药意识。对药品生产和经营企业质量负责人开展培训，使他们了解相关法律法规，以及如何规范填写药品不良反应报告等。制定和实施《药品、医疗器械不良反应（事件）处置实施方案》，定期开展药品、医疗器械不良反应报告分析评价工作。

全市当年上报药品不良反应报告8746份，其中新的严重报告1288份，占上报报告总数的14.7%；并上报医疗器械不良事件报告232份，各项监测工作水平均处于全省同行业先进行列。

（市食品药品监督管理局办公室）

物价管理

【概况】 2009年，合肥市物价系统发挥价格调控职能，突出抓好“保增长、保民生、保稳定”等各项价格工作，查处各类价格违法案件215件，查出违法金额857万元，实施经济制裁279.09万元。其中，上缴财政109.32万元，退还用户169.77万元。

市物价局通过培训、考核，有效提高价格执法队伍的综合素质和依法治价水平，全年全市未发生一起价格行政复议案件，提高了价格依法行政工作水平，开展价格调研工作。

在宣传工作方面，市物价局当年抓好价格宣传工作，在电视、电台、报纸等媒体发布新闻稿件逾200篇，中央和省市媒体多次对该局采取的保增长、保民生、保稳定的价格举措进行专题报道，并给予肯定。该局当年还坚持以日常工作为基点，以重大活动为亮点，通过编发物价简报（107期）、网络平台发布信息、改版合肥价格信息网等方式，加强宣传工作，另向省物价局、市政府等部门报送信息逾300条。

市物价局当年获全国价格监管服务工作先进集体、全国收费管理工作先进集体、安徽省价格监管服务工作先进集体、安徽省物价系统目标任务考核第一名、安徽省价格政务信息工作先进集体、合肥市文明单位等称号。

【服务发展】 市物价局更新价格工作理念，跳出“就物价论物价”的思维定式，为发展服务。拓展价格监测服务职能。该局当年建立全市用电量、重点工商企业用电监测和主要生产资料价格监测月度分析报告制度，为政府分析经济形势和科学决策提供了准确依据。强化涉企涉民收费监管工作，优化发展环境。该局当年加大对国家和安徽省明令取消和停止征收111项收费落实情况的督查力度，并降低机动车安全技术检验费等7项行政事业性收费标准，另取消和降低市人才市场、职业技术培训指导中心和就业服务管理中心所涉的14项收费，还完成对全市680家行政事业性单位2008年度收费年审工作，年审率100%，年审收费额23.31亿元。确保中博会期间全市物价稳定。该局当年报请省政府和省物价局同意，在中博会期间对全市酒店宾馆客房、旅游景点、出租车和其他相关服务业等方面实行临时价格干预措施，并积极贯彻执行，确保了大会期间全市物价稳定。市物价局因此被市委、市政府通报表彰为“第四届中博会保障工作先进单位”。

【服务企业】 市物价局以服务企业“三保”（保增长、保民生、保发展）为主线，对企业实行清费减负工作，对合肥市经营性服务收费项目和标准进行全面清理，同省政府办公厅发布的《转发省物价局关于进一步运用价格政策促进经济平稳较快发展意见的通知》一并贯彻落实，作为合肥市推出的保增长、促发展的10条“新政”之一，范围涵盖工业、商业、教育、卫生、房地产等领域，包括181个收费类别、786个收费子项目，取消和暂停77个收费项目，另降低660项收费标准，全年减轻企业负担逾2.54亿元。推行减免收费政策，有效降低企业运营成本。推行“在开发园区工业投资项目免收37项行政事业性收费”政策。其中，质监、药监、税务、工商等20个项目是省级财政收费项目，由市财政代企业交费；房产、国土资源、价格、园林、建设劳动保障等17个项目，由市政府免予收费。据不完全统计，全市开发园区当年对工业投资项目免收各项收费金额累计达3.59亿元。争取价格扶持政策，服务地方经济发展。对滨湖新区建设20千伏电压等级电网建设按低电价标准执行，降低了新区电网建设和用电成本，并争取将市属符合条件的企业列入直购电试点单位，“京东方”投资项目就因此被列入试点，另对大型商贸企业暂缓执行峰谷分时电价政策，全市商贸企业当年降低用电成本逾7000万元，还对城市道路路灯执行峰谷分时电价政策，当年节约相关费用逾1000万元。推进供热价格改革。该局当年及时启动煤热价格联动机制，变暗补为明补。对155家工商企业蒸汽用户实施价格补贴，对重大工业项目免收供热专线管网工程费，为相关企业当年降低费用约3000万元。

【服务民生】 市物价局关注弱势群体，建立价格联动补贴机制。会同市民政部门建立价格上涨与提高特困群体生活补助联动机制，对特困户使用自来水、天然气的费用给予适当减免。科学规范幼儿园收费标准。该局当年出台《关于规范合肥市区幼儿园收费管理的通知》，规范市区各类幼儿园的收费行为。对部分幼儿园以“特色班”等方式在收费问题上打政策的擦边球等违规行为，在督促各幼儿园对照文件规定进行自查自纠的基础上，及时采取市、区物价部门上下联动，加大检查力度的方式，进行纠正，对查实的乱收费问题，责令相关单位退还10余万元多收费用。完善物业收费办法。按照创新管理、简化程序、提高效率、搞好服务的要求，对物业服务收费推行业主选择、合同约定等管理新模式，对每个小区物业服务收费采取备案审核，在自主约定的前提下，核发《收费许可证》的方式，化解、减少了物业服务收费矛盾。全年对152个小区700万平方米的物业收费进行审核，效果良好。强化价费政策调节工作，为畅通工程服务。分三个批次核准并公布环城路内1938个道路临时停车泊位的收费路段和标准，缓解了老一环内停车难、乱等问题。谨慎核准新投放的商务出租车运营起步价，化解了出租车运营矛盾，缓解了中博会期间打的难问题。还推进空调公交车实行季节性优惠票价政策，化解了公交运营矛盾。科学合理制定合肥市岛式站台公交票价，为发挥城市快速公交作用服务。落实基本药物价格制度。落实国家公布的296种2349个具体的剂型规格品基本药物零售指导价格，并加强监督检查。发挥12358价格举报电话功能。加强12358价格举报热线与政府12345热线的有机联动，全年受理来电、来访等群众举报和咨询8594件，其中政策咨询8420件，立案查处174件，办结率100%。

（潘曙生）

审　　计

【概况】 2009年，合肥市审计机关审计468个单位，审计调查31个单位，查出各类违规资金2.4亿元，促进财政增收节支5212万元。此外，市审计机关提出的审计建议，被有关部门采纳261条；并向社会公告10项审计结果；另向上级提交审计专题、综合性报告和信息简报，被有关领导批示和被各类载体采用计675篇（次）。首次向社会发布《合肥市2008年度市级预算执行和其他财政收支审计结果公告》，迈出了合肥市对本级预算执行审计结果向社会公告的第一步。市政府办公厅当年出台《合肥市审计结果公告试行办法》（自12月1日起试行）。此外，市人大常委会通过开展《审计法》执法检查，对近年来市审计工作的执法水平和成效给予肯定。市审计局当年获省审计机关“审计创新年”活动先进单位、省审计信息化工作先进单位等称号；蜀山区审计局被国家人事部、审计署表彰为全国审计机关先进集体。

【预算执行审计】 2009年，市审计局对市财政局组织市本级预算执行、市地税局税收征管和市属三大开发区预算执行情况，以及市经委、市检察院等10个部门2008年预算执行情况，就业再就业和其他社会保障、残疾人就业保障、市政养护等3项专项资金的使用管理情况进行审计，并加强对各单位落实审计整改措施的督促检查和报告工作。

【政府投资审计】 2009年，市审计机关落实《合肥市新增中央投资项目审计监督若干规定》要求，确保管好、用好新增中央投资资金。并完善投资项目审计组织方式，加强和完善对社会审计组织的使用管理工作，推行政府采购，实行公开抽签，严格考核制度，探索开创出一条规范使用社会审计组织参与大建设审计的成功模式，效果良好。

市审计机关当年加大对重点项目的跟踪或决算的审计工作力度，先后开展对长江西路高架桥、滨湖新区、渡江战役纪念馆等31个市属重点建设项目的跟踪跟进审计工作，并对113个竣工建设项目进行工程价款审计，另完成合肥外环森林生态长廊等6个项目的竣工决算审计工作。全年累计接审金额77亿元，审计完结工程价款34.50亿元，审计核减工程价款6.02亿元。对市辖三县政府投资项目开展审计调查，并提出有针对性的审计建议。全市各县区审计机关也开展投资项目审计工作，为各县区基础设施建设提供审计监督服务。

【专项资金审计】 2009年，市审计机关加强民生和涉农等专项审计工作，先后开展就业和其他社会保障、农业综合开发、退耕还林、农业产业化等资金运转情况，以及“保增长、扩内需、调结构”执行情况、合肥企业自主创新情况等方面14项内容累计20多亿元资金进行专项审计或审计调查；并完成对全市2008年5月至2009年9月30日为汶川地震捐赠资金物资的来源、支出和结存情况进行的跟踪审计工作，对有关调查结果还进行了公告。

【企业金融审计】 市审计局加强企业金融审计工作，参与合肥市《关于推进中小企业振兴计划解决企业流动资金问题的若干政策》等有关推动企业发展政策的制定与修改工作。按月核查合肥市工业发展专项资金和解决中小企业流动资金贷款贴息的申报与拨付情况。先后对新站区城开集团、高新区科实集团、市物资集团等企业开展资产负债损益审计。对市物资集团年薪制执行情况开展审计调查。开展安徽省取消收费的政府还贷二级公路锁定债务和里程情况审计工作，剔除公路部门自查债务余额逾4亿元。选择叉车集团、美菱集团等重点企业开展金融危机对合肥市企业影响情况的审计调查。对肥东县农村合作银行2008年度资产负债损益情况开展审计。

【经济责任审计】 2009年，市审计局试行《合肥市经济责任审计评价办法》，并据此开展对瑶海区委书记、区长及市台办、市经委、市公积金中心、市残联、市科协、市建设投资控股集团、市工业投资控股集团等12个部门、单位领导干部的经济责任审计工作。对领导干部遵守国家经济政策和财经法规、重大经济决策、内控管理制度建立执行、国有资产管理、部门经济指标完成及个人廉政建设等方面的情况进行分项审计评价后，再形成综合评价。

【专题审计事项】 2009年，市审计局完成党委、政府和上级审计机关临时交办的市地方铁路局改制、清产、核资和资产评估、市工商局与所办市场脱钩、资产认定等项工作。

【内部审计】 2009年，市内审协会开展行业管理和培训指导，各内审机构加强内部控制，全市215家内审机构完成7509项审计项目，查出损失和浪费3146万元，促进增收节支1.1亿元。

（徐俊军）

统　计

【概况】 2009年，合肥市统计局发挥统计工作信息、咨询、监督的职能，完成农业、工业、投资、建筑业、服务业、能源、贸易、外经、人口、就业、社会科技、城乡划分、群众安全感等各项统计调查工作，并坚持月度经济形势分析例会和季度部门分析会制度。编发的月度经济形势分析材料成为市委常委会每月研究全市经济形势的必备材料。完成市辖四城区、三大开发区经济运行考核工作，并配合有关部门开展政府目标管理考核工作。

市统计局当年在省统计工作综合考核评比中获第一名。

【统计服务】 市统计局坚持每月4日预报和5日快报统计制度，月度统计数据时效性在全省及中部省会城市统计局中名列第一。每月新增《重点工业行业专报》、《20强企业生产经营专报》、《中小企业专报》和《投资专报》等统计资料。利用统计部门行政记录，全面收集、整理工业经济运行、工业投资运行及生产要素保障等情况，新编印《工业及工业投资月度监测资料》。巩固和完善重点企业生产周报制度，完成《60户重点企业生产周报》（全年62期）。编印《合肥统计年鉴－2009》、《2008年合肥市国民经济统计资料提要》等资料，开辟新栏目，增加新内容。首次编印《领导干部统计知识200问》，省委常委、市委书记孙金龙为该书作序。参与《关于促进工业经济平稳较快发展的奖励政策》的研究和制定，负责奖励资金的审核和认定工作。为合肥京东方光电科技有限公司工作和熔安动力等重点项目建设提供统计服务。通过统计公众网，开设办事服务、领导信箱、在线咨询等条目设置，答复网民咨询逾150条，接待社会各界电话咨询上千次。

【统计分析】 市统计局加强统计分析工作，参与市委、市政府组织的赴部分省会城市调研活动，前往武汉学习考察，并撰写调研报告；全年撰写统计分析报告逾180篇。

组织人员撰写的《百舸争流涌庐州，奋楫争先媲两湖》统计分析报告获省统计分析报告一等奖，撰写的《立足当前全力保经济增长，着眼长远精心谋弯道超越》统计分析报告被确定为市委九届八次全体（扩大）会议的唯一参阅材料，撰写的《重点家电汽车产业生产情况的调研报告》、《县域突破成效显著 加快发展潜力巨大》等调研报告在2007～2008年度全市优秀调研成果评比中，分获一、三等奖；撰写的《我市家电产业现状分析》、《对当前我市工业投资运行情况的比较与分析》、《国际金融危机以来合肥市工业经济及房地产市场运行情况》等多篇统计分析报告获市领导好评。

【统计方法制度建设】 市统计局建立GDP联席会议制度，并尝试按月测算GDP，另开展普查年度GDP核算工作。推动县区季度能源核算下管一级工作，确保县区能源消费量数据与经济发展相协调。加强对国际金融危机下市重点企业、行业运行情况的统计监测工作，建立重大项目跟踪机制、重大项目信息统计和报送制度。建立合芜蚌试验区企业科技活动统计报表制度，并完成统计调查工作。编制文化产业试点实施方案和操作细则，丰富文化产业调查体系。整理服务业调查单位名录库，开展服务业调查各项前期准备工作。

【统计数据质量管理】 市统计局建立农业、工业、投资、能源、贸易等专业数据质量控制体系，加大专业统计数据实地抽查工作力度。实行GDP核算和主要专业下管一级工作制度，完善并实施季度联审和会审工作制度。在全省首创投资项目函询制度，加大重大项目核查工作力度。综合应用财政收入、税收、用电量、货运量、银行贷款等行政记录和相关资料，对统计数据进行协调性、匹配性审核评估。

【统计基层基础建设】 市统计局围绕“五化一有”（人员专职化、台账规范化、管理制度化、调查法制化、手段现代化、经费有保障）目标，组织市辖各县区统计工作人员前往六安、巢湖等县市考察学习统计基础工作先进经验。推行建立乡镇首席统计员制度。下发《关于规范规模以上工业统计报表工作的通知》，加强对重点企业统计报表工作的监督和管理。建立年耗能逾万吨标准煤的工业企业分能源消费品种台账、重点商业企业统计台账等，并自制和印发乡镇统计台账。健全投资统计资料管理制度，并制定商贸基层统计工作规范制度。培训工业、能源、投资、农村住户、月度劳动力调查、网上直报等方面的基层统计人员1600多人（次）。全市有489人参加统计从业资格考试，有111人参加统计专业技术资格考试。

【统计法制建设】 市统计局组织开展形式多样的新《统计法》和《统计违法违纪行为处分规定》宣传活动，并印发《统计法律知识手册》1万册，另在法制宣传日举办大型咨询活动。根据国家统计法的有关规定，检查357家单位有关统计方面的情况，并立案查处统计违法案件58件，另对3家有严重违反国家统计法情况的单位所暴露的相关问题进行公开曝光。审批有关部门统计调查项目，并规范窗口服务工作，简化办事程序，取得良好效果，获2009年度市行政服务中心“先进窗口”称号。组织执法人员开展业务学习，在第四批市行政执法人员业务能力测试中，该局参试执法人员获平均分第一名。

【经济普查】 市统计局参与第二次全国经济普查工作，完成全市经济普查的主体工作，普查登记3.2万法人单位、3.8万产业活动单位和17.7万个个体经营户，基本摸清了全市第二、三产业的规模、布局和结构，并修订上年GDP初步核算数。

当年被国务院第二次全国经济普查领导小组授予“全国经济普查先进集体”称号。

【人口普查】 市统计局推进第六次全国人口普查前期准备工作，完成城乡划分清查等基础性工作，成立市级人口普查机构，做到人员、经费、机构、办公场所“四落实”，并制定人口普查工作规划、制度；市辖各县区政府均组建了人口普查机构。

国务院人口普查领导小组办公室在合肥市蜀山区井岗镇开展全国唯一的第六次全国人口普查综合

试点工作。

【能源统计】 市统计局建立、完善市能源统计监测体系，先后制定和下发《合肥市单位 GDP 能耗统计指标体系实施方案》、《合肥市单位 GDP 能耗监测体系实施方案》、《合肥市全社会能源统计报表制度》、《合肥市县区、开发区季度能源总量核算办法》和《合肥市单位 GDP 能耗指标公报制度》，并强化对市辖各县区能源统计人员的业务培训和指导工作，另按季开展对市辖各县区能源核算数据的联审工作，实行数据下管一级的工作方式，确保了市辖各县区能源消费量数据能与经济发展情况相协调。

【劳动力调查】 市统计局按《国家统计局关于开展 2009 年大城市月度劳动力调查的通知》的要求，在合肥市开展大城市劳动力月度调查工作。该局工作人员规范操作，每个月对抽中的 7 个县区、15 个乡镇街道、30 个社区居（村）委会的 600 住户开展劳动力调查工作，并以稳定调查员队伍、提高数据质量为工作重点，另不定时开展多种形式的月度劳动力调查、工作检查及研讨会，总结经验，提高了就业、失业数据的统计质量。

【“两纲”监测统计】 市统计局开展市妇女儿童纲要监测统计工作，收集、整理、汇总、上报 2006～2008 年“两纲”监测统计数据，并撰写 2 篇“两纲”统计监测评估报告；另利用 DEVINFO5.0 建立市“两纲”数据库，做好“两纲”监测中期评估工作；还专门设立市“两纲”纲要监测网站，实现信息发布和网上直报管理功能，适时更新网站内容。

【R&D 资源清查工作】 市统计局组织市第二次全国 R&D 资源清查工作，通过建立清查机构、制定工作方案和领导小组职责、落实清查经费、召开部门协调会议、组织摸底调查，以及收集部门掌握的科技项目情况材料等方式，整理出 R&D 资源清查名录库，并开展第二次全国 R&D 资源清查其他前期准备工作。

【成本费用调查】 市统计局完成全市规模以上工业企业成本费用调查工作，并强化经济普查数据与成本费用调查的跨表审核工作力度，另确保成本费用调查数据与年报数据相统一、与历史增加值数据相衔接，还将成本费用汇总结果直接用于定期报表的计算。

全市当年有 426 户企业参加成本费用调查。

【县域及乡镇考核评价】 市统计局配合省直有关部门开展全省县域分类考核工作，并会同市直有关部门对乡镇经济社会发展综合考核评价体系进行修订完善，完成 2008 年全市“十强乡镇”（城区综合指数前两位和市辖三县综合指数前八位的乡镇）和“十快乡镇”（城区动态指数前两位和市辖三县动态指数前八位的乡镇）考核评价工作，其中“十快乡镇”评选为首次进行。

经过考核评选，肥西县、肥东县分别获一类县第一名和第七名，被省委、省人民政府授予“安徽省 2008 年度科学发展先进县”称号；井岗镇、滙河镇、桃花镇、店埠镇、上派镇、小庙镇、岗集镇、双墩镇、三河镇、桥头集镇被评为 2008 年合肥市“十强乡镇”，大杨镇、烟墩镇、白龙镇、小庙镇、桃花镇、紫蓬镇、包公镇、吴山镇、店埠镇、三十头镇被评为 2008 年合肥市“十快乡镇”。

【宣传工作】 市统计局发布《2008 年合肥市国民经济和社会发展统计公报》。发布 2008 年和 2009 年上半年全市经济运行情况。每月通过报刊、电视、网络等媒体发布经济运行情况。与报刊、电视台等合作，集中宣传建国 60 周年特别是 2005 年以来合肥市经济社会发展取得的成绩。

【统计信息化建设】 市统计局制定和实施《合肥市统计报表网上直报系统建设方案》，全面推进规模以上工业、能源、批发零售贸易、建筑、房地产开发、金融和保险等行业的专业报表联网直报工作，专业报表联网直报上报率逾 90%。开展网络与信息安全月报工作，在病毒控制中心专用服务器上安装系统控制中心、管理控制台，在客户端安装安全管理系统，有效提高了网络管理水平。推进网络提速、视频会议系统建设。推动长丰、肥东、肥西等县统计局建成独立的统计工作网站。

（刘晓明）

质量技术监督

【概况】 2009 年，合肥市质量技术监督局履行综合管理、行政执法和安全监察三大职能，开展“质量和安全年”活动，成立活动领导和督导小组，全面完成产品质量和食品安全专项整治任务以及其他各项工作任务。在推进质量提升工程工作方面，开展质量兴市、质量兴县（区）、质量兴企活动，起草并以市政府办公厅名义印发和实施《关于深入开展质量兴县（区）工作的通知》，肥西、长丰等县“质量兴县”试点工作通过验收，并启动新一轮活动。在抓好食品生产加工环节的质量安全工作方面，全系统以开展食品安全整顿和“四查、四建、四落实”（即：一查生产企业，督促企业建立全过程质量安全制度，落实企业主体责任；二查重点产品，建立风险预警和快速反应机制，落实防范风险的责任；三查重点行业和地区，建立重点区域治理整顿机制，推动落实地方政府责任；四查自身监管工作，建立协调有序、分工负责的工作机制，落实相应的监管责任）为主要内容，查找影响食品安全的重点企业、产品、区域和监管工作方面存在的突出问题，监督检查食品加工单位2467家（次），发现问题并下达整改通知310份，开展各级食品监督抽查3355批（次），合格率94.2%，立案查处违法案件41起，暂扣6家企业的食品生产许可证，吊销1家企业的食品生产许可证。在打击违法添加非食用物质和滥用食品添加剂专项整治工作方面，完成对全市652家食品获证企业和119家食品小作坊的食品添加物质使用情况的普查登记和审核把关工作。

开展食品企业环境卫生专项整治工作。督促32家企业进行厂房改造。加强豆制品专项整治工作，在蜀山工业园建设豆制品工业园。加大对违法案件查处力度，较好地处置了“吉祥蛋挞”企业用回收月饼制作酥点事件，维护了消费者的合法权益。组建市食品生产监督所，加强日常监管力量，实现由管产品向管企业转变。

特种设备安全监察工作。组织开展“三项行动”（小锅炉、冶金起重机械、压力管道）等专项整治工作，并推动市政府将小锅炉整治工作纳入当年重点工作目标，将特种设备安全指标列为考核县区政府指标之一。加大安全隐患治理工作力度，检查1663家特种设备使用单位，现场监督检查特种设备11357台（件），排查和治理385家有安全隐患单位，消除621项一般安全隐患。成功组织电梯、大型游乐设施、危化品和压力容器等4次事故应急演练，并完成中博会期间特种设备的安全保障任务。加强特种设备安全宣传教育，开展安全进校园、社区、公园活动。狠抓安全监察干部队伍建设，培训34名安全监察员、350名协管员、4500名行业人员。

开展产品质量监督工作加强源头监管工作，并开展企业产品质量监督巡查，各责任区巡查覆盖率和完成率均达100%。建立产品质量安全风险监控工作机制，严格生产许可，强化证后监管。突出重点企业和产品，进行产品质量监督抽查，全年抽查1611家生产企业3871组样品，质量综合合格率为95.32%，同比提高1.46个百分点;。开展后五类重点产品（即：絮用纤维制品、人造板、装饰材料、汽车配件、洗涤用品）专项整治活动，完成七个100%（即：5类产品生产企业100%建立质量档案、5类产品企业标准100%完成复审、属于生产许可证和CCC认证管理的5类产品生产企业100%获证、对所有后5类企业100%抽查一次、新获证5类产品100%抽查一次、5类产品生产企业100%索要索证、5类产品生产企业100%出厂检验）整治目标。

开展技术基础工作开展“关注民生、计量惠民”专项行动，完成“四个走进”和“四个百分之百”（即：“诚信计量进市场”，做到全市的143台公平秤的受检率达100%；“健康计量进医院”，保障在用计量器具的受检率达100%；“光明计量进镜店”，保证全市眼镜制配场所计量器具受检率100%；“服务计量进社区”，保障社区居民所提供的计量器具受检率100%）任务。完成强制检定计量器具建档工作，对用于贸易结算的强检计量器具网上录入建档数逾98%。成立计划科技认评处，加强对科技和认证认可工作的领导。开展认证执法监管试点工作，获得国家认监委和省质量技术监督局的肯定。

该局当年被省政府授予“全省实施技术标准发展战略先进单位”称号，并获省质监系统目标管理考核优秀单位称号。

【名牌战略】 市质监局推动龙头企业申报名牌，并发动辖区内符合条件的企业争创名牌，另动员和引导对地方经济有突出贡献的、产品商标注册地不在安徽的招商引资企业争创名牌产品，还支持合肥市第三产业大型企业争创首届安徽服务名牌，促进名牌产品向支柱产业、招商引资企业、先进制造业和现代服务业延伸。加强名牌产品的培育和申报工作。该局当年突出培育重点，选择基础管理较好的企业和有创牌潜力的产品，制定名牌培育方案，帮助企业完善相关基础工作。合肥市当年组织38家企业安排38个产品申报安徽名牌产品，其中

16家企业的16个产品被评为安徽名牌产品。在市级名牌评价工作方面，启动第三届合肥名牌产品和合肥服务名牌申报工作，全年评选出16个合肥名牌产品、3个合肥服务名牌。截至年底，合肥市拥有中国名牌产品10个、安徽名牌产品113个、合肥名牌产品41个、合肥服务名牌8个，各项指标在中部省会城市中位居前列。动员各行业企业参加2009年度省质量奖的申报。合肥市当年有8家企业获省质量奖，有4名个人获省质量先进个人奖。

【标准化工作】 市质监局推动技术标准战略的实施工作。会同市财政局制定和实施《合肥市技术标准发展战略奖励实施细则》，争取市政府对7项国家技术标准、4项行业技术标准的起草单位进行奖励，奖励金额180万元；并鼓励、支持企业参加国家和行业技术标准的制订工作，指导3家企业承担3项国家技术标准的起草任务，指导3家企业起草6项省级技术地方标准并由省质量技术监督局审批发布实施。在技术标准化示范企业创建工作方面，指导8家企业通过示范企业技术标准体系2A验收、6家企业通过示范企业技术标准体系3A验收、2家企业通过示范企业技术标准体系4A验收。在农业技术标准化工作方面，出台并实施《2009年全市农业标准化工作方案》，发布实施5项农业技术地方标准，还指导2个国家级农业技术标准化示范区和2个省级技术示范区建立技术标准体系并有效运行。在服务标准化试点工作方面，推动新长江物业、合肥联通等6家企业被列为“全省首批百家服务标准化试点企业”；并指导合肥市行政服务中心向国家标准委申报为国家级服务标准化试点单位，获得成功。

该局当年被省政府授予“全省实施技术标准发展战略先进单位”称号。

【“三大服务”工作】 市质监局在服务中心工作方面，狠抓质量兴市、技术标准、豆制品产业园、小锅炉综合治理、产品质量和食品安全等工作，向市委、市政府建言献策，取得积极效果，得到了市委、市政府的肯定。在服务企业方面，实行主要领导干部驻厂蹲点、为企业服务制度，对90户重点骨干企业实行对口联系，帮扶熔安动力、伊利乳业、格力电器、合肥海尔、日立建机、荣事达三洋、鸿路钢构等骨干企业解决生产经营中出现的实际问题，效果良好。在服务群众方面，开通两路12365热线，对群众投诉举报情况的处理率达100%，解决率逾90%。

【依法行政】 市质监局正确处理好监督和服务的关系，坚持处罚与教育相结合的原则，把重点放在督促和帮助企业加强质量管理、提高产品质量、为经济发展创造良好的环境上来。该局当年严格按程序办案，立案查处182起案件，无一起复议、诉讼撤销、败诉案件，案件执行率90%，结案率96%。完善执法监督机制。该局当年严格实行执法管理制度，印发和实施《行政执法错案责任追究办法》等，建立行政权力相互监督和制约的体制，使行政处罚的调查、审理、执行三个方面的工作相互制约，充分显现法制监督作用。全面推行说理式处罚措施。该局当年对涉及人民群众健康和安全的重点案件进行公开审理，有的实行阳光审案，并在审案中全面推行出示说理式执法文书制度。全年实行阳光审案4起，实行公开审理案件8起。加大执法工作力度，开展钢材、电线电缆、油漆涂料、建筑外窗、防水卷材、人造板、装饰材料等产品的专项执法检查活动，出动执法人员320多人（次），检查各类工地、加工单位和市场逾50处，并查办了一批重点案件，另结合时令特点，集中开展节日食品、夏季饮料、春秋农资、建材等执法打假行动，收到良好效果。

（吴 飞）

安全生产监督管理

【概况】 2009年，合肥市贯彻安全生产法律法规和方针政策，推进以“三项行动”（安全生产治理行动、执法行动、宣传教育行动）、“三项建设”（安全生产法制体制机制建设、保障能力建设、监管队伍建设）为主要内容的“安全生产年”活动。在“两节”、“两会”、“中博会”，以及国庆等重点时段，市委、市政府领导都分别带队督查各分管领域的安全生产工作。

合肥市全年发生各类生产安全事故2473起，造成348人死亡，死亡人数同比下降0.3%，占安徽省当年下达死亡人数控制指标349人的99.7%。其中，发生道路交通事故693起，死亡302人，同比下降0.33%，占安徽省当年下达此项死亡人数控制指标302人的100%；发生火灾事故1746起，死亡6人，同比上升500%，与安徽省当年下达此项死亡人数控制指标持平；发生工矿商贸事故 12 起，死亡 13 人，同比下降 23.5%，占安徽省当年下达此项死亡人数控制指标 15 人的 86.7%；发生建设施工事故 14 起，死亡 19 人，同比持平；发生铁路交通事故 8 起，死亡 8 人，同比下降 11.1%，超过安徽省当年下达此项死亡人数控制指标（7 人）的 14.3%；发生较大生产安全事故 4 起，同比下降 33.3%，占安徽省当年下达此项控制指标 6 起的 66.7%。

全市当年安全生产形势总体平稳，发生的各类生产安全事故造成的死亡人数低于控制指标 8.2 个百分点，发生的较大安全生产事故起数低于控制指标 16.6 个百分点，烟花爆竹、民爆、危险化学品、公路建设、水上交通等重点行业和领域未发生人员伤亡事故。

合肥市当年被全国安全生产月活动组委会评定为全国安全生产优秀城市。

【“安全生产年”活动】 合肥市推进“安全生产年”活动，成立由分管市长任组长、安委会部分成员单位参加的安全生产“三项行动”、“三项建设”领导小组，制定和实施《关于进一步推进安全生产“三项行动”的通知》，并建立“三项行动”和“三项建设”督查、通报、信息报送制度，另探索建立安全生产隐患排查治理、联合执法、宣传教育培训、长效监管等工作机制，分别采取巡检、抽检、互检等方式，深入基层、企业加强安全生产督促指导工作，均取得积极效果。

【安全监管】 市安全生产监督管理局建立由水上交通、特种设备、公路建设、民用爆炸物品、地方铁路及平交道口、农机道路交通等 6 项绝对指标在内的由 17 项指标构成的安全生产控制考核指标体系，对全市性的指标实行双向考核，并分别由市政府有关部门和县区政府负责控制，另通过签订安全生产目标责任书，将各类指标分解下达到 10 个县区政府（开发区管委会）和 23 家单位（当年新增市国资委、重点工程局等单位），各县区、各部门、各单位又将各项指标细化分解至乡镇（街道）、村（居）和有关部门、企业。

严格监督考核。合肥市当年坚持把安全生产工作作为各级领导班子政绩考核的重要内容，并将安全生产列入市目标管理考核体系。对上年度安全生产目标考核为优秀等次的单位，市政府予以通报表彰；对考核为不合格等次的单位，予以通报批评，实施安全生产“一票否决”制。另明确规定：凡发生一次死亡 10 人以上重大道路交通事故，或两次死亡 3 ~9 人较大道路交通事故，或发生一次死亡 3 人以上工矿企业安全生产事故，或未在规定时间内完成被列为省市级重特大安全隐患整治任务的单位，均列入不合格等次。

建立安全生产指标预警、通报、约谈等制度。合肥市当年对突破安全生产控制指标或达到控制指标的单位，及时发出预警通知，督促落实安全监管措施。全年相继对 2 个区（含开发区）和 1 个市直部门发出安全生产指标预警通知。并每季度在全市通报安全生产形势，还在《合肥晚报》等新闻媒体上予以公布。对安全事故多发的行业和区域，在发出安全生产指标预警通知的同时，约谈安全事故多发行业主管部门、地区政府负责人或企业负责人，提出加强安全生产工作的各项措施和要求，并督促其贯彻执行。

【依法行政】 2009 年，市安全生产监督管理局组织开展为期两个月的安全生产集中执法行动，出动执法检查人员逾 5600 人（次），开展各项执法检查逾 12760 次，检查企事业单位 19174 家，查处安全生产违法案件 3301 件，实施罚款逾 427 万元；并建立安全生产许可工作制度，严格按照规定审核、颁发有关证照，对高危行业建设项目全部实施安全“三同时”（生产经营单位新建、改建和扩建项目应建的安全设施，必须与主体工程同时设计、同时施工、同时投入生产和使用）制度。

合肥市当年在生产领域全面开展安全“打非治违”行动。在非煤矿山、危险化学品、烟花爆竹等领域开展的打非专项行动中，依法取缔非法生产经营行为 234 起，依法没收非法所得 65 万元。在开展劳动防护用品专项执法检查中，查处违法违规行为为 182 起，下达执法文书 91 份。在建设领域，开展执法行动 211 起，查处未办理施工许可和安全报建手续的工程项目 30 起，暂扣安全生产许可证 21 次，并建议给 2 家单位降低资质等级的处罚。在交通秩序管理方面，开展各类专项整治行动逾 10 次，查处各类交通违法行为 49.8 万起，罚款 6938.6 万元，扣留机动车 1.1 万辆，暂扣驾驶证 232 本。在消防领域，加强监督执法，检查单位 1.06 万家，督促整改一般火灾隐患 2332 处、重大火灾隐患 20 处，罚款 330.52 万元，查封 5 处严重危害公共安全的场所，没收假冒伪劣消防产品

1754件，对31名消防违法行为责任人实施行政拘留。在清理碍航渔具专项行动中，督促业主自拆渔具95道，强拆渔具74道，保障了航道畅通。在农机市场安全管理领域，对弄虚作假、套牌销售、违规办证等违法行为进行严厉查处，依法查扣无牌无证农机逾30台。

【安全生产隐患排查与治理】 市安全生产监督管理局在重点时段、重要时期，组织开展“迎中博”、汛期、“迎国庆”和冬春全市性安全生产大检查。组织开展安全隐患排查治理和督促检查行动，将每年3月作为市重大安全隐患排查月，集中开展重大安全隐患排查工作，以企业自查为主，各县区进行深入检查，市政府安委会进行督查。全市全年排查企事业单位32591家，查出各类安全生产隐患56265项，其中重大安全隐患132项，完成整改127项，对其余正在实施整改的5项安全隐患分别落实监控措施。市公安消防部门将重大火灾隐患排查整治作为火灾隐患整治的中心内容，将省政府挂牌督办的4处重大火灾隐患和16处市级重大火灾隐患，安排专人负责督促整改，做到全部消除。此外，建立重大危险源监控台账，对全市370处重大安全生产危险源全部安排专人负责。

【安全生产专项整治工作】 2009年，市安全生产监督管理局深化安全生产专项整治工作，规范安全生产秩序。

在非煤矿山领域，实施《合肥市非煤矿山专项整顿治理工作方案》，关闭、注销18门以下砖瓦厂和10万吨以下小采石厂129家；并开展尾矿库安全专项整治工作，政府和企业分别投入整改资金逾400万元、1450万元，对24座尾矿库存在的安全隐患实施综合整治，在全省率先完成对3座存在特大、5座存在重大安全隐患尾矿库的整治任务。

在危险化学品领域，实施《关于进一步加强危险化学品安全生产工作的意见》，强化危化品生产、经营、运输、储存各环节的安全监管，先后关闭3家小型化工企业，取缔非法经营网点100多户；并按照创建安全保障型城市要求和“产业集聚”与“集约用地”的原则，推动市区化工企业实行搬迁。

在烟花爆竹领域，开展氯酸钾产品专项治理行动，并对全市6家烟花爆竹批发企业的专用仓库集中进行烟花爆竹药物抽检。

在道路交通领域，开展摩托车专项整治行动，查处摩托车重点违法事件7575起，暂扣车辆3754台（次）；并开展酒后驾驶专项整治行动，查处酒后驾驶机动车事件207起，行政拘留醉酒驾车违法人71人；另开展涉牌涉证交通违法行为集中整治行动，查处各类交通违法事件85693起，罚款1254万元。

在建筑施工领域，开展建筑起重机械安全生产专项治理行动，抽查591台建筑起重机械，责令限期拆除2台塔吊，责令暂停使用54台塔吊、32台人货电梯，没收伪造特种作业证件逾60本，对9家建筑起重机械管理较差的施工总承包单位主要负责人进行约谈；并开展建设系统安全生产百日会战，对存在安全问题的51家责任单位、19个项目经理、11个项目总监实施行政处罚，责令149个存在安全问题的工程项目停工整顿，对5个存在安全问题的工程实行挂“黄牌”警告的处罚。

在消防领域，开展“皖春平和”系列行动和“百日重拳整治”行动，对公众聚集场所易燃可燃装修材料进行专项整治，检查单位963家，查处65家未办理消防行政许可单位、25家使用易燃可燃内装修材料单位、55家消防设施和安全疏散等不符合要求的单位，并开展高层、地下建筑消防安全专项整治行动，为3203幢高层建筑、654个地下建筑建立电子档案，对712栋高层公共建筑逐栋进行消防安全评估检查，另下发《责令改正通知书》74份，罚款114.7万元，责令26家单位停产停业，警告11人（次），行政拘留2人，查封4处严重违法场所。

此外，开展对工矿商贸企业作业场所粉尘职业危害、拖拉机变形运输机、“小锅炉”和气瓶充装等多项专项整治行动。

【安全生产应急管理】 合肥市加强安全生产应急管理，提高对突发事件的应对能力。市政府成立突发公共事件应急管理办公室和针对不同类别的突发公共事件专项应急指挥机构；市安全生产监督管理局设立安全生产应急救援办公室，组建液氯、液氨、成品油、城镇燃气、吊装和危化运输等6支专业应急救援队伍，并组建有12个专业、49人组成的专家队伍，另修订和实施《合肥市安全生产事故灾难应急救援预案》和非煤矿山等62个安全生产事故灾难类专项预案，还指导县区政府、市直部门和企事业单位编制准备对付各类安全生产事故灾难应急救援预案498项。

市政府有关部门当年联合组织开展天然气管道泄漏、公交车火灾、公园游乐设施停电、防空防灾、医院住院部大楼火灾等事故的市级综合或专项应急处置演练；市教育部门指导各类学校开展防震减灾、紧急疏散和逃生演练；市气象、水务、国土、文广、教育、安监等部门建立和完善预测、预报、预警机制，提高对各类突发事件的应急处置能力。全市各类企事业单位当年开展突发事件应急救援模拟演练107次，参演人员7567人。此外，市政府对发生在合肥市境内的两起危险化学品道路运输泄漏事故，立即启动应急预案，进行了成功的处置，得到国家总局应急救援指挥中心的肯定。

【安全生产责任追究制度】 市安全生产监督管理局严格执行《生产安全事故报告和调查处理条例》等规定，严肃安全生产事故查处，严格落实安全生产责任追究制度，及时上报各类生产安全事故和统计报表，做到无一起迟报、漏报、瞒报安全生产事故行为。全市各级安监、监察等部门严格按照“四不放过”（事故原因未查清不放过，事故责任人未受到处理不放过，事故责任人和周围群众未受到教育不放过，没有制订事故整改措施不放过）的原则，依法依规、实事求是地开展安全事故调查处理工作，全年立案查处安全生产事故18起，对18个单位和59名责任人实施行政处罚，并先后将3起安全事故处罚案件移交法院强制执行，另严格落实安全生产事故现场会、事故通报和事故单位全员培训制度，坚持用安全事故教训推动安全生产工作。此外，市安全生产监督管理局建立安全生产事故责任追究限时报结、联合督查和问责制度等，均取得良好效果。

【构建安全生产长效机制】 市安全生产监督管理局加强制度建设，建议市政府修订并实施《合肥市人民政府安全生产职责规定》，明确行政“一把手”负总责和“分级负责、属地管理”及“一岗双责”制度，另出台和实施《关于进一步加强危险化学品安全生产工作的意见》、《关于进一步加强肥东县尾矿库安全监管工作的若干意见》、《合肥市非煤矿山专项整顿治理工作方案》等。创新安全生产监管机制。该局当年制定并实施《合肥市推进企业安全生产ABC分类监督管理工作实施方案》，并采取措施激励企业强化安全生产主体责任意识。开展安全质量标准化创建活动。该局当年制定并实施《合肥市非煤矿山、危险化学品企业安全标准化试点工作实施方案》和《合肥市非煤矿山、危险化学品企业安全标准化建设工作手册》，并进行跟踪服务，另在建设、机械等行业开展安全质量标准化创建活动。市上海铁路局合肥工务段合肥采石场、肥西县凤凰石料有限责任公司当年被评为国家五级安全标准化企业，安徽氯碱化工集团有限公司、合肥安利聚氨酯新材料有限公司被评为国家二级安全标准化企业，位于高新开发区的浙商创业大厦B楼项目工地获国家级安全质量标准化示范工地称号。加强安全生产保障能力建设。该局当年建立300万元的安全生产专项资金和500万元的安全生产应急专项资金，并使用市政府拨付的1800万元购置一台73米高程的消防云梯车。另全面启动危险化学品、非煤矿山等高危行业安全费用提取和安全生产风险抵押金存储工作，全市26家化工企业提取安全费用9019.7万元，还督促154家非煤矿山企业和25家危险化学品生产、储存企业存储安全生产风险抵押金近2000万元。此外，劳动保障部门推行“五险”（医疗、失业、工伤、生育、住房公积金）捆绑征缴方式，促进了工伤保险政策的落实。强化职业卫生安全监管工作。该局当年把职业健康安全监管工作纳入安全生产年度工作要点，并作为目标考核内容，另建立职业病防治工作协调制度、例会制度、信息通报制度和部门联动机制，还开展职业危害专项检查、粉尘职业危害、粉尘与高毒物品危害治理等专项行动。采购数字粉尘仪、气体检测仪、数字温湿度计、声级计等检测仪器，提高了职业危害监管检测手段。此外，该局当年从法规制度体系、组织体系、宣传教育培训体系、投入保障机制等10个方面，开展安全监管体系建设课题研究。

【安全生产宣传工作】 市安全生产监督管理局加强安全生产宣传工作，组织开展“全国安全生产月”、“安康杯”竞赛、“青年安全示范岗”创建、有10万人参加的第二届“滨湖杯”安全生产知识竞赛活动，并组织参加全国职业安全健康知识竞赛、省安全生产行政执法知识竞赛活动，另组织开展以“保护生命，平安出行”为主题的交通安全专项宣教活动。推动安全文化建设。该局当年实施“1112工程”，编印各10万册的《合肥市民安全常识》、《企业职业健康指导手册》、《中小学安全常识》口袋书和20万册《合肥市中小学生交通安全教育卡》，均免费向市民发放，推进安全文化进社会活动。加强安全教育培训。该局当年贯彻市委组织部关于将安全生产、应急管理知识纳入党校干部教育培训内容的规定，通过培训重点提高企业领导干部和各类管理人员的安全生产意识。全年培训各类企业负责人、安全管理人员2632人（次），培训特种作业人员7144人（次）。构筑安全生产宣教平台。该局当年在合肥电台开设“安全360度”专题栏目，在《合肥晚报》定期设立安全生产宣教专版，传播安全发展科学理念，宣传安全生产方针政策，弘扬安全生产先进典型。

（周　雁）

教育　科技

教　　育

【概况】　2009年是合肥教育事业持续健康快速发展的一年，市辖四个城区全部进入全省义务教育均衡发展先进县（区）行列，合肥市被授予"全国推进义务教育均衡发展工作先进地区"称号，并且作为唯一的地级市被省教育厅批准为推进义务教育均衡发展省级实验区。普通高考本科达线人数首次突破万人大关。全国中等职业技能大赛上，合肥获奖总数占据全省一半以上。人民日报、光明日报、中国教育报、安徽日报等先后多次报道合肥教育改革发展的经验和做法。全市教育系统开展学习实践科学发展观活动。各参学单位既按要求完成各项具体任务，又结合教育实际创新学习实践举措，先后受到教育部和省、市科学发展观实践活动领导小组的肯定。

截至2009年底，合肥市有中等及中等以下各级各类学校1495所，其中小学730所、初中175所、普通高中81所、中等职业学校86所、职业初中3所、特殊教育学校4所、国防学校1所、幼儿园415所。

全市有中等及以下学校在校生90.65万人，其中小学33.42万人、初中21.01万人、普通高中11.01万人、中等职业教育学校15.55万人、在园幼儿9.24万人。全市有中小学教职工5.23万人，其中专任教师4.34万人。

全市有校舍建筑总面积793.36万平方米，体育场（馆）建筑面积437.79万平方米，图书馆（室）藏书总数1238.93万册，全年全市国家财政性教育经费投入35.21亿元。

【开展主题教育活动】　合肥市教育局广泛开展"提升素质科学发展"主题教育活动，全市教师认真阅读师德名著、《科普教育读本》，深入开展师德大讨论，积极参加合肥科技游、优秀教育工作者巡回报告会。庐阳区"我是庐阳教育人"、包河区"两情两德"等特色鲜明的主题教育活动不断涌现。全市教育系统掀起了加强学习、提升素质的新高潮。

【义务教育均衡发展】　合肥市教育局启动全市学前教育布点规划，将学前教育与义务教育、高中阶段教育同步规划，同步推进。全市学前教育布点规划已完成招投标工作并签订了合同。学前教育规划与《合肥市学前教育管理条例》和幼儿园标准化规范化建设工程互为补充，学前教育确立了新的发展起点。

义务教育均衡发展取得新突破。以庐阳城乡共同体学校捆绑、蜀山名校办分校、包河的名师工作室为主要代表的办学机制，收效明显，成绩显著，全市义务教育均衡发展工作获全国表彰。继续完善义务教育中小学招生"三严"政策，择校生比例控制在5%以下，走在全国前列。出台《关于合肥市2009年义务教育阶段学校招生工作的指导意见》，确保符合规定的适龄儿童和小学毕业生按学区入学。全市小学入学率99.92%，初中入学率99.54%，比上年分别增长0.01个百分点。农民工子女入学条件更加简化，全市农民工子女定点学校达到100所（市区83所）。市特教中心和三县特教学校共招收200多名三类残疾儿童入学，各区定点培智学校均正常招收学生入学，三类残疾儿童入学率92.11%。民族教育再传捷报，合肥35中西藏班中考成绩连续三年获全国第一。

优质普通高中教育资源继续扩大，新增省级示范高中2所，市级示范高中4所，省市示范高中招生计划占招生总计划的74.3%，比上一年增长12.4个百分点。省示范高中指标到校生比例继续提高，达到65%。全市普通高中录取人数32449

人，录取率58.5%，其中市区录取人数15197人，录取率67%。普通高考大放异彩，全市三本以上达线率比上一年提高4.5个百分点。合肥一中、六中、八中联合招生初见成效，首届毕业生三本以上平均达线率超过89%，较三校联招前提高了近20个百分点。

合肥四中整建制并入合肥六中，合肥一中老校区交与合肥六中办学。全市新建并交付使用学校7所，其中市区4所，三县3所；撤并或停止招生学校50所，其中市区12所，三县38所。

【职教基地建设】　市委副书记、市长吴存荣多次召开现场调度会，推进职教基地建设。职教基地新增建筑面积50多万平方米，完成固定资产总投资约15亿元，在建和建成教学、实训、生活设施约52万平方米。合肥幼儿师范学校新校区已顺利开学，已有17所职业院校签约，14所学校开工建设，7所入驻学校入住学生近2.7万人。合肥工业学校、合肥经贸旅游一期工程完成招投标，机械2号楼2.6万平方米建筑工程基本完工。

【中等职业教育】　中等职业教育继续推行阳光招生，中职教育招生31425人，完成教育厅下达合肥市的中职招生任务。组织首期中职教师创业教育培训，创业教育已纳入中职学校教学计划。成功举办和承办全市、全省职业教育技能大赛，参加全国职业教育技能大赛，合肥市获二等奖1个、三等奖11个，占据全省奖牌的半壁江山。

【民办教育】　进一步完善促进民办教育发展的政策措施，民办学校教师职称评定、招生就业、学籍和学历认可等均享受与公办学校同等待遇。省委常委、市委书记孙金龙专门就民办教育工作开展专题调研并作重要指示，鼓励优质民办学校做大做强。市教育局全年受理民办学校申报41件，审批民办学校9所。

【推进社区教育】　健全市、县、乡镇（街道）、村（居）一体化社区教育网络体系。蜀山区作为全国社区教育实验区，申报全国社区教育示范区，庐阳区申报安徽省社区教育示范区。实施教育富民工程，积极为返乡农民工、剩余劳动力开展各类社区和成人教育培训，逐步形成“政府统筹、部门配合、社会参与”的教育培训机制。三县12所重点农民文化技术学校建设不断加强，全国政协副主席罗富和调研长丰县农民教育工作，给予了高度评价。

【教师队伍建设】　结合国家、省实施的“农村义务教育教师特设岗位计划”，全年招考教师132名，解决了长丰县农村教师紧缺的问题。开展优秀教师支教活动，全市选派668名教师赴农村薄弱学校支教。安排3位教师参加第二批赴四川松潘支教，接待松潘6位教师来合肥市进行为期两个月的进修学习。

以“上好课”为专题开展继续教育，全市38000名教师全部参加培训，2.7万名义务教育学校教师参加省级“备好课”专题考核，8700名高初中、小学和职教、特教文化课教师参加了远程培训，4000多名教师参加了现代教育技术应用能力培训，2000多名中青年教师参加计算机应用能力竞赛。206位专业课教师参加国家级、省级和市本级培训，“双师型”教师比例比上年提高9.5个百分点，超省平均水平4.5个百分点。全市其他各级各类专题培训达1500多人次。

启动与国家教育行政学院合作举办的“合肥市中小学教育管理干部远程教育培训项目”，857名校长参加了培训。完成教育部、省教育厅下达的47位校长、教育管理干部的调学任务。安排县区（开发区）124名初中、小学校长参加中小学校长任职资格培训和提高培训。举办2009年度市属学校领导干部培训班，市属学校领导班子成员、局机关中层正职以上干部120多人参加培训。完成对市属学校113名校级干部、324名中层干部的民主测评。

开展国模（国优）、省模（省优）集体和个人评优推荐活动，弘扬优良师德师风。6人获得国模（国优）表彰，43人获省模（省优）表彰，教育部表彰先进集体1个，省教育厅表彰先进集体4个。

出台《合肥市中小学教研员培训实施方案》，推行教研员每周一天到校蹲点制度，加强教研员队伍建设，全年教研经费投入1296.4万元。全面总结教育部重点课题《有效推进合肥地区教师专业化发展》试点阶段工作，组织课题研究成果展示大赛，132所学校参加了课题实验，为教师搭建了专业发展的平台。此项工作得到了国家总课题组的高度肯定，11月14日《有效推进区域教师专业化发展》总课题组第八届全国年会在合肥召开，来自全国的近850名专家学者、校长教师参加了会议。

【校舍安全工程】　8月19日，市委市政府召开校舍安全工程会议，省委常委、市委书记孙金龙出席并作重要指示，市委副书记、市长吴存荣任校舍安全工程领导小组组长，副市长杨增权多次召开专题会议研究布置全市中小学校舍安全工程相关工作。市校安办按期完成全市1057所学校、总建筑面积596.3万平方米校舍排查鉴定任务，全市需加固或重建的校舍建筑共4430栋，建筑面积为314.3万平方米，需投入经费19.48亿。结合布局调整和学校标准化建设，制定了三年加固改造总体规划，加固改造设计工作已全面展开。合肥市面向全国公开招标选定校舍抗震鉴定单位的做法，得到了全国校安办的高度肯定，中国教育报作了专题报道。省校安办多次表扬合肥市推进中小学校舍安全工程工作，并在全省推广。

【教育民生工程】　2009年，全市预算共安排义务教育经费保障机制改革资金2.51亿元，累计下拨资金2.52亿元，惠及学生52.47万人，各县（区）1.52亿元的义务教育债务也已化解，并通过省级审计检查。全年共发放中等职业学校学生助学金3862.77万元，全市51565名中职学生获得资助，各中职学校足额提取学费收入的5%用于校内资助，并对家庭特别困难的学生给予学费减免。农村中小学建设工程已完成投资5350万元，项目开工率为100%，有12个项目完工或主体结构竣工，完工率为71%，其余5个在建。幼儿园标准化规范化建设工程已投入1252.89万元为32所幼儿园完成新建、改扩建工程项目，投入935.46万元为67所幼儿园购置教学设备。

【改革创新】　根据国家、安徽省实施义务教育绩效工资改革文件要求，合肥市实施义务教育绩效工资改革。制定《关于合肥市（区）属义务教育学校绩效工资实施意见》，全市义务教育学校绩效工资基础性部分全部兑现。出台《合肥市义务教育学校绩效考核方案指导意见》，指导各中小学完善内部考核制度，建立科学规范、切合实际的学校收入分配机制，全市义务教育学校奖励性绩效工资春节前将全部兑现。

深化人事管理制度改革。会同市编办完成全市新一轮中小学教职工编制核定和逐校核编测算定编工作。引入市场化管理模式，面向全社会公开招聘教师，全市共招聘教师1240名，新站区、市属学校对新招聘教师实行合同制管理。加强教师队伍管理，出台《合肥市中小学教师违反师德行为处理暂行办法》，开通举报热线，以刚性标准，倡导优良师德，规范处理程序，肥西县清退92名离岗教职工。推行教师调剂交流制度，127名教师在市属学校内合理流动，共有456人在城区区域内流动。取消新任校长行政级别，实行任期制管理，激励校长走学者型、教育家型的道路。

深化教育管理体制改革。落实各级政府法定职责，理顺市、县区教育管理部门职能，赋予县区级政府对义务教育阶段学校的管理职责和权限。合肥18中整体划归包河区政府管理，全市教育管理体制改革拉开序幕。

深化教育评价制度改革。对高中学校所取得的高考成绩、学业水平测试、新课程改革落实以及学生获奖情况进行综合评价。不按时开足开齐国家规定课程的，实行一票否决。通过改革教育评价制度，促进学校全面科学发展。

【依法治教】　合肥市《学前教育管理条例》获安徽省人大批准，颁布的《合肥市促进民办教育发展若干规定》于2010年2月1日实施。

开展并完成对全市10个县区2008年度教育工作督导考核，促进县、区政府依法履行教育职责。庐阳区、肥东县顺利通过省级教育督导考核，获优秀等次，瑶海区、蜀山区、包河区、长丰县和肥西县获良好等次。制定评估指标体系，开展新一轮民办普通高中、中等职业学校、义务教育阶段学校、幼儿园督导评估工作，促进民办学校健康规范有序发展。督查2007、2008年度“一站式”常规管理督导整改落实情况，提升学校管理水平。国家教育督导办公室，高度评价合肥市教育督政工作，认为具有代表性，值得借鉴。蜀山区被选定为全国义务教育均衡发展督导评估试点县区。

建立市教育局、县区教育局、学校三个层面的安全隐患台账。对市属学校上报的60处隐患，下达安全隐患督办通知书30份，并督促学校及时整改。积极协调相关部门做好26中液化气站重大隐患整治工作。建立“市教育系统安全保卫应急队伍”，应对市属学校突发性公共事件。开展“平安校园”的创建，启动第三批市级“依法治校示范校”评选，组织全市中小学幼儿园校车和校车驾驶员交通安全管理工作检查。强化保障机制，全市中小学、幼儿园68.877万学生参加了校方责任险，参保率达68.4%，34.47万学生参加了城镇居民基本医疗保险。建立传染病报告网络和应急处理机制，杜绝传染病疫情蔓延。

【素质教育】 合肥市教育局精心组织庆祝新中国成立60周年文艺活动和“祖国在我心中”读书演讲征文活动。开展“经典诵读”活动，全面普及普通话，提前两年完成合肥市语言文字工作“十一五”规划。“我爱你中国”红色经典歌曲合唱比赛历时5个月，数万师生参加演出，是全市教育系统近年来举办的规模最大、历时最长、参与人数最多的一次文化艺术活动，充分展示了广大师生热爱祖国、建设家乡的巨大热情。

贯彻落实《中小学班主任工作规定》，鼓励优秀教师担任班主任，建设稳定的德育队伍。结合城市文明创建、新中国成立六十周年、第四届中博会，开展主题教育，切实加强中小学生思想道德教育，瑶海区荣获“全国青少年文明礼仪示范区”称号。

加强体育卫生健康教育，先后被国家体育总局、教育部、团中央等部门授予“全国群众体育先进单位”、“第二届全国亿万学生阳光体育冬季长跑活动优秀组织奖”。组织参加省第九届中学生田径运动会，被组委会授予“体育道德风尚奖”。加强甲型H1N1流感防控培训和防控专题教育，保障青少年学生健康成长。

组织学生“合肥工业游”、“合肥科技游”活动，开展青少年科技创新教育。全国科技创新大赛获一等奖1个、二等奖3个、三等奖5个。中小学生电脑制作获全国一等奖1个，青少年信息学（计算机）全国比赛中为安徽省获得唯一银牌。全国电脑机器人大赛中获4金9银5铜，38中、42中将于2010年代表中国队参加世界级比赛。安居苑小学在韩国举行的第11届国际机器人奥林匹克竞赛总决赛中，一举获得“最佳技术”单项奖和B组2金1银3铜的优异成绩。合肥一中学生黄雍珉获全国中学生生物竞赛金牌。

【党风廉政、政风行风和行政效能建设】 合肥市教育局与所属县区教育主管部门、市属学校签订《党风廉政建设责任书》，建立健全教育系统惩防体系，加强反腐倡廉和政风行风建设。组织局机关党员干部和市属学校党政主要负责人前往市反腐倡廉警示教育基地，开展警示教育活动。推进廉政风险防范管理，制定《开展反腐倡廉制度建设巩固年活动实施方案》，排查出廉政“风险点”35个，针对“风险点”制定规章制度4项。继续推进教育内部审计，对35中等6所学校主要负责人进行任期经济责任审计，对七中等3校共4个维修项目进行财务审计。开展小金库专项治理，对部分市属学校和机关处室“小金库”自查工作进行督促检查。圆满完成由市教育局牵头的57件市人大代表、政协委员建议提案的办理工作。

加大对《安徽省中小学办学行为规范（试行）》贯彻执行情况的监督检查力度，出台《2009年合肥市治理教育乱收费工作实施意见》、《市教育局2009年纠风牵头工作实施方案》，严格实行责任追究制度，坚决治理教育乱收费。首次推出治理教育乱收费投诉办理情况“季度通报制度”。全省治理教育乱收费工作会议上，合肥市作专题经验交流发言。市教育局还下发《关于建立会计资料会审制度的通知》，率先在全省教育系统建立会计资料会审制度，省教育厅在全省教育系统介绍合肥市典型经验。

（马家松）

中国科学技术大学

【概况】 中国科学技术大学1958年成立于北京，是中国科学院所属的一所以前沿科学和高新技术为主、兼有以科技为背景的管理和人文学科的综合性全国重点大学。

截至2009年年底，学校有教职工3033人，其中专业技术人员2331人；中国科学院院士和中国工程院院士32人，第三世界科学院院士8人；教授（含研究员、教授级高级工程师）449人，副教授（含副研究员、高级工程师、高级实验师）684人，博士生导师635人（含外聘）。

学校有11个学院、26个系，以及研究生院、软件学院、继续教育学院、网络教育学院等，在上海、苏州分别设有研究院。有数学、物理学、力学、天文学、生物科学、化学共6个国家理科基础科学研究和教学人才培养基地和1个国家生命科学与技术人才培养基地，42个本科专业，46个学士学位授权点，133个硕士学位授权点，23个一级学科硕士学位授权点，18个一级学科博士学位授权点，5个专业硕士学位授权点，19个博士后流动站。现有博士研究生2242人，全日制硕士研究生7054人，非全日制专业学位硕士研究生1430人

（其中包括 MBA235 人，MPA228 人，工程硕士 900 人），另有中科院代培研究生 1068 人；本科生 7440 人。

建有国家同步辐射实验室、合肥微尺度物质科学国家实验室（筹）、火灾科学国家重点实验室、国家高性能计算中心（合肥）、蒙城地球物理国家野外科学观测研究站等 34 个国家和院省部级重点科研机构。

校园总面积约 145 万平方米，建筑面积 92 万平方米，拥有资产总值 8.9 亿元的先进教学科研仪器设备，图书馆藏书 188.75 万册，已建成国内一流水平的校园计算机网络，并初步建成若干科研、教学公共实验中心。

2009 年，学校提出了创建世界一流研究型大学的工作思路，即“135”创新发展工作思路。具体就是，一个目标：努力办成世界一流研究型大学。三角协调：在学校战略发展层面，构建学校“目标、管理、资源”的协调发展三角形。五个重点：把探索“所系结合”的新形式和新内容作为人才培养的创新点；把高端人才引进和青年教师培养作为队伍建设的支撑点；把通过系科调整、提高学科竞争力和活力作为学科建设的着力点；把围绕国家战略需求、服务区域经济社会发展作为社会服务的立足点；把建立与世界一流研究型大学相适应的现代大学制度作为学校改革的突破点。

【特色办学】 学校与中科院相关研究所合作，相继筹备和开办了华罗庚数学英才班、严济慈物理英才班、贝时璋生命英才班、应用物理英才班、力学英才班、王大珩光机电英才班和材料科学英才班 7 个“科技英才班”。学校还入选全国首批“基础学科拔尖学生培养试验计划”试点高校。

【研究生培养】 学校在研究生培养工作实践中，通过改革管理体制，构筑信息服务平台，强化研究生公共教学实验条件，先后推动建立了分类管理的“三大中心”，构建了研究生“五大公共实验平台”，搭建了研究生信息化管理“五大信息系统”，形成了具有特色的学位与研究生教育“3551 工程”。

【科研项目】 2009 年，学校共组织申报各类纵向科研项目 1100 余项，获批 485 项，总经费达 48857.94 万元。其中，国家自然科学基金获批经费首次突破亿元，达 11428.5 万元；面上项目和青年基金项目批准率分别达到 38.13% 和 45.04%，均列全国高校第一；新增杰出青年 3 人，创新研究群体 1 个，创新研究群体总数已达 8 个，位列全国高校第三。另有 8 个重大项目和重大科技专项项目获批立项。中科大校共牵头承担 12 项重大科学研究计划项目，仍居全国高校首位；ITER 计划项目 3 项，占全国高校承担项目总数的 3/4。截止到 2009 年底，科研经费到款 51194.26 万元，主要包括纵向科研项目经费 34076.74 万元，基地建设及运行费 13676.76 万元，基本科研业务费 2100 万元。

【科研成果】 2009 年，中科大共获得各类科技奖励 15 项，其中国家自然科学二等奖 1 项、安徽省重大科技成就奖 1 项、自然科学一等奖 1 项、何梁何利奖 2 项。根据中国科学技术信息研究所公布的 2008 年度中国科技论文统计结果，学校发表 SCI 收录论文 1544 篇，EI 收录论文 1135 篇，ISTP 收录论文 586 篇，其中在 Nature 及其子刊和 PNAS 上发表论文 4 篇。在首次公布的“表现不俗”论文统计中，入选 263 篇，入选比例居全国高校第一。学校“量子计算研究获重大突破”和“成功实现太阳能冶炼高纯硅”两项成果入选 2009 年度中国十大科技进展新闻，学校成为 2003 年以来连续 7 年有成果入选年度中国十大科技进展的唯一高校。同时，“基于自旋的量子调控实验研究”和“双功能单分子器件的设计与实现”两项研究成果入选 2009 年度中国高校十大科技进展，入选成果数位列全国高校榜首。全年共有 190 件专利获受理，115 件专利获授权（其中美国专利 1 件），25 件计算机软件获著作权颁证。

学校全年授予 542 人博士学位，2094 人各类硕士学位，又有 2 篇论文入选全国百篇优博论文，8 篇论文入选全国百篇优博提名论文，8 篇论文入选中科院优博论文。

【人才队伍】 2009 年，学校 1 人当选中国科学院院士；2 人当选第三世界科学院院士；8 人入选国家“千人计划”；5 人入选教育部“长江学者奖励计划；2 人获“长江学者成就奖”。引进各类人才 95 人，其中百人计划（含项目百人）18 名；正高 12 名，特任正高 8 名；副高 38 名，特任副高 19 名。聘请“大师讲席”1 名、“大师讲席（Ⅱ）”3 名；聘请新创讲席教授 2 名；聘请课程讲座教授 6 名，课程主讲教授 16 名；聘请客座教授 31 人，兼职教授 8 人；聘请外聘教员 12 名。

中科大全年主办、承办了 9 个国际学术会议，共邀请441位境外专家学者来校访问讲学，选派456人次出国访问、学习或开展合作研究与学术交流。

（郑红群）

合肥工业大学

【概况】 合肥工业大学是一所教育部直属的全国重点大学、国家“211工程”重点建设高校和“985工程”优势学科创新平台建设高校。

学校创建于1945年，1960年被中共中央批准为全国重点大学。刘少奇、朱德、邓小平等老一辈无产阶级革命家先后来校视察指导工作。1979年，邓小平同志亲笔题写了“合肥工业大学”校名；1995年，江泽民、李鹏、李岚清等中央领导同志为学校建校50周年题词。60多年来，学校以民族振兴和社会进步为己任，坚持社会主义办学方向，秉承“厚德、笃学、崇实、尚新”的校训，恪守“勤奋、严谨、求实、创新”的校风，形成了鲜明的办学特色，成为国家人才培养、科学研究和服务社会的重要基地。

学校占地面积199.399万平方米。图书馆藏书203.25万册，电子图书66.5万种、133.4万册，中外文现刊2983种，中外文电子期刊3.38万余种。学校设有19个学院（部）、60多个研究所、联合共建的国家工程实验室1个、国家技术转移示范中心1个、40多个省部级重点科研基地、1个国家甲级综合建筑设计研究院、53个教学实验室、13个校内实习实践基地、172个校外实习基地；拥有教学、科研仪器设备40416台（套），总价值39335.59万元，实验室基础设施及生活、体育、文化设施配套齐全。

学校现有教职工3737人，专任教师1835人，其中具有高级专业技术职务人员1326人；专任教师中具有硕士及以上学位的1461人，占79.6%。“长江学者奖励计划”特聘教授和讲座教授8人，国务院学位委员会学科评议组成员1人，国家级教学名师2人，国家级教学团队3个，国家基础课程和专业教学指导委员会委员25人，全国模范教师2人、优秀教师3人、高等学校优秀骨干教师3人，国家“百千万人才工程”第一、二层次入选者4人，中科院“百人计划”入选者2人，教育部“新世纪优秀人才支持计划”入选者9人，全国留学回国人员先进个人1人，霍英东教育基金会高等学校青年教师奖4人、青年教师基金1人，在职人员中享受国务院政府特殊津贴41人，安徽省教学名师13人、模范教师7人、优秀教师11人。同时，外聘担任学校教授的两院院士和知名学者120余人。形成了一支专兼职结合、师德高尚、素质优良、业务精湛、结构合理的高水平师资队伍。

学校有3个国家重点学科（其中一级学科国家重点学科1个，二级学科国家重点学科2个）、1个国家重点培育学科、27个省级重点学科；有10个博士后科研流动站、6个博士学位授权一级学科、25个博士学位授权点、83个硕士学位授权点；有建筑学硕士、工商管理硕士（MBA）、公共管理硕士（MPA）、工程硕士等5种专业学位授予权，其中工程硕士专业学位授权领域23个；有13个专业接受高校在职教师攻读硕士学位；设有66个本科专业。形成了“以工为主、理工结合、文理渗透”的多学科协调发展的学科专业结构。

学校有全日制在校本科生24920余人，硕士、博士研究生8300余人。“十五”以来，新增了国家工科机械基础课程教学备案基地和国家大学生文化素质教育基地；工业培训中心、机械工程实验室、新能源利用与电气控制实验教学中心获批国家级实验教学示范中心；入选国家大学生创新性实验计划学校，获批国家大学生创新性实验计划项目81项；建筑学、土木工程和英语专业通过国家专业教育评估，机械设计制造及自动化专业通过国家工程教育专业认证；承担国家级教改项目9项，省部级教改项目151项；8个专业获批国家级特色专业，2个专业获批省级教改示范专业；获国家级教学成果奖5项，省级教学成果奖27项；建成国家级精品课程12门，国家级双语教学示范课程2门，省级精品课程46门；获国家级精品教材2门，获国家级、省部级优秀教材奖6项，编写教材249部；49部教材遴选为国家级“十一五”规划教材；学校还被批准为全国大学英语教学改革试点单位。近几年来，学校本科生就业率保持在96%以上。60多年来，共为国家培养各类人才20万多人，逐步形成了“工程基础厚、工作作风实、创业能力强”的人才培养特色。

学校充分发挥学科优势，始终坚持科学研究面向经济建设主战场，注重瞄准国家战略目标和区域、行业经济社会发展的重大战略需求，以突出应用性研究、深化产学研合作、加强自主创新为主线，进一步明确基础性研究与应用性研究并举、以应用性研究为主的科技工作方针，坚持以服务求支持、在贡献中发展，倡导把“论文写在产品上、研究做在工程中、成果转化在企业里”，推动了科研特色和定位的形成。近年来，通过连续开展“科技发展年”、“科技创新年”活动，不断提升学校科技自主创新能力和对经济社会发展的贡献率。学校科研实力显著增强，近五年来，学校科研经费以每年40%的幅度递增，获批国家发明专利数量以每年60%的幅度递增，获批国家科技进步奖4项，省部级一等奖10项。

学校外事活动日趋活跃，国际合作与交流不断扩大，与德国斯图加特大学、汉诺威大学、美国乔治·梅森大学、澳大利亚国立大学、迪肯大学、韩国忠南国立大学等60多所世界知名大学建立了友好合作关系。近年来，我校还积极开展了多种形式的学生联合培养或出国留学项目，与美国、德国、英国、韩国等多所高校开展了“中美人才培养计划”、“赴德硕士生培养计划”等多个项目；与台湾云林科技大学等5所高校有交换生交流学习项目；来华留学生教育取得历史性突破。

安徽大学

【概况】　安徽大学是国家“211工程”重点建设高校，安徽省属重点综合性大学。作为安徽现代高等教育开端，学校1928年创建于当时省会安庆市。抗战期间，学校被迫西迁，并一度流散，1946年复校，为国立安徽大学。1949年12月迁至芜湖，几经调整，学校于1956年迁建合肥市，1958年全面恢复招生。伴随着我国改革开放和现代化建设的伟大进程，学校进入历史上发展最快最好的时期，尤其是进入国家“211工程”高校建设行列之后，更是实现了跨越式的发展。2007年11月学校以优秀成绩通过教育部本科教学工作水平评估。学校已全面启动“211工程”三期建设。

学校现有四个校区和一个大学科技园，校园面积达3200余亩，建筑面积110余万平方米，仪器设备总值3.55亿元，馆藏图书近270万册，电子图书112.4万册，中外文报刊9000多种，中外文全文电子期刊16000多种。现有教职工2557人，其中教学人员1477人，副高以上专业技术职称者800余人，有兼聘院士及兼聘特聘教授27名，国家杰出青年科学基金获得者1名，“国家百千万人才工程”和“国家有突出贡献的中青年专家”入选者4名，省学术和技术带头人为20名，“皖江学者”特聘教授和讲席教授入选者12名，“教育部优秀青年教师”及“教育部优秀人才支持计划”入选者5名，省级教学名师8人，安徽省高校“十五”优秀人才计划入选者63名，享受国务院和安徽省政府特殊津贴的专家126名。各类在校学生31000余人，其中本科生21000余人，研究生4600余人。有1个博士学位授权一级学科、5个博士后科研流动站、16个博士学位授权点、16个硕士学位授权一级学科、119个硕士学位授权点，4个专业硕士学位授权点和16个高校教师在职攻读硕士学位点；设有19个学院，68个本科专业，涉及理学、工学、文学、历史学、哲学、经济学、法学、管理学、教育学等9个学科门类；现有汉语言文字学和计算机应用技术2个国家级重点学科、25个省级重点学科；建有1个教育部人文社科重点研究基地、2个教育部重点实验室和1个教育部工程研究中心及1个获得国家CMA计量认证的现代实验技术中心，有3个省级高校人文社科重点研究基地、9个省级重点实验室、2个省级工程研究中心和2个安徽省科技创新公共服务平台，设有2个国家级和6个省级实验教学示范中心。建校以来，学校已为国家和地方建设输送17万余名优秀毕业生。学校分别与14个地市及12个大中型企业签订全面战略合作协议，为地方经济社会发展提供各方面的服务，已成为研究与解决安徽经济建设、社会发展重大问题的主要基地。学校是国家公布的华文教育基地和接收政府奖学金留学生的高校之一，与五大洲84所高校建立了姊妹学校关系，与智利圣托马斯大学、乌克兰的哈尔科夫大学合作设立孔子学院。

安徽医科大学

【概况】　安徽医科大学前身是创办于1926年5月的上海东南医学院。1949年底响应中共中央华东局“面向农村，走向内地”的号召，内迁安徽省，成为安徽省第一所高等医科院校。1952年改名为安徽医学院。1996年6月经国家教委批准，更名为安徽医科大学。学校位于安徽省会合肥市，分为3个校区，占地72万余平方米，建筑总面积70余万平方米。

学校坚持规模、结构、质量、效益协调发展，教育质量不断提高。学校的办学定位是建设高水平的教学研究型医科大学。学校将现代著名教育家蔡元培先生为学校前身东南医学院师生的题词“好学力行，造就良医”确立为校训，弘扬“爱国爱民，献身人类健康”的光荣传统，秉承“兴国、奉献、仁爱”的育人理念，倡导践行“求真、求精、求新”的校风学风。

学校现有基础医学院、公共卫生学院、口腔医学院、卫生管理学院、护理学院、药学院、人文社会科学学院、研究生学院、成人教育学院（继续教育学院）等24个直属教学机构。

学校拥有4所直属附属医院（第一附属医院、第二附属医院、第四附属医院、附属口腔医院——安徽省口腔医院）、3所非直属附属医院（附属省立医院、第三附属医院——合肥市第一人民医院、附属安庆医院——安庆市立医院）。坚持开放、合作、共赢的方针，与中国人民解放军军事医学科学院建立战略合作伙伴关系，并在解放军北京军区总医院、空军总医院、海军总医院、306医院、307医院、新疆自治区人民医院等建立临床学院，临床学院达39所，各专业实践教学基地100余所，分布于安徽省各地市及北京、上海、江苏、山东、浙江、广东、福建、新疆等省市区。

学校设有临床医学（七年制）和临床医学（五年制）、口腔医学、预防医学、生物技术、护理学、卫生事业管理、药学、中药学、医事法学、食品质量与安全等28个本科专业（方向）。拥有8个博士科学学位授权学科（药理学、皮肤病与性病学、老年医学、流行病与卫生统计学、免疫学、内科学、神经病学、少儿卫生与妇幼保健学），1个临床医学博士专业学位授予点、5个一级学科硕士学位授权学科、64个硕士学位授权学科。建立了药学、临床医学、公共卫生与预防医学3个博士后科研流动站。拥有皮肤病与性病学国家重点学科和19个省级重点学科；27个省级临床医学重点学科和重点扶持学科；建有2个教育部省部共建重点实验室、13个中央（财政部）与地方共建实验室，19个省级以上（重点）实验室（工程技术中心、科技公共服务平台），是国家药品临床研究基地。有2个安徽省科技创新团队，1个安徽省“115”科技产业创新团队。《流行病学》、《临床药理学》课程被评为国家级精品课程，预防医学、药学、临床医学专业获批为国家级高等学校特色专业建设点，临床药理学教学团队被评为国家级教学团队。获得国家级教学成果二等奖一项。

在校生共16000人，其中博士生171人、硕士生2164人、普通本科生13665人。另有留学生、港澳台研究生65人、成人教育学生6392人。

在职教职医护员工3733人，专任教师队伍中具有博士、硕士学位的教师占71.5%，博士生导师68人，硕士生导师648人，3人担任国家级专科学会主任委员（中华医学会皮肤性病专业委员会、中国药理学会临床药理专业委员会、中华预防医学会卫生事业管理分会），4人入选国家“百千万人才工程”第一、二层次人选，有教育部骨干教师2人，卫生部突出贡献中青年专家5人，“皖江学者”特聘教授2人，教育部高校医药学科指导委员会专家5人，省学术技术带头人及后备人选、省卫生系统学术技术带头人105人，省高校学科拔尖人才12人，省高校优秀中青年骨干教师29人，享受国务院及省政府特殊津贴201人。学校聘请18位海外教授，组建“海外兵团”，广泛吸引高层次人才。

学校藏书84万余册，中外文印刷期刊及网络电子版期刊30余万册，为全国生物医学文献资源共享网络安徽省级中心馆。

学校成立了临床药理、皮肤病、卫生事业管理等46个省、校级研究所。编辑出版的国家级及面向全国发行的期刊有《安徽医科大学学报》、《中国药理学通报》、《临床与实验病理学杂志》、《疾病控制杂志》等15种。近5年来，学校共承担“863”、“973”计划、国家科技支撑计划和国家自然科学基金项目等121项。国家自然科学基金立项数近年来保持安徽百所省属高校领先地位。共获得省级以上科技奖励76项，2005、2006年连续两年获得中华医学科技奖一等奖。2007年，获国家科技进步二等奖、教育部高校科学技术奖一等奖各一项。发表论文数在全国大学排名第49位，发表SCI期刊论文被引排98位。2009年在《新英格兰医学杂志》、《自然遗传学》等国际著名SCI刊物连续发表发现银屑病、红斑狼疮和麻风病易感基因论文，在复杂疾病易感基因研究上居国内领先水平。

【对外交流】　学校同德国、瑞典、美国、加拿大、日本、韩国以及台湾、香港地区的高等院校开展了密切的交流，双方互派专家学者、互派学生、相互交流信息资料、共同开展科研合作。学校与欧洲、美洲国家的主要合作项目有：欧盟第六次框架合作项目、中美艾十字项目、中加农村卫生服务利用检测和评价项目。学校选派中青年骨干教师和优秀学生赴瑞典卡罗林斯卡学院、德国乌尔姆大学和海德堡大学、加拿大大不列颠哥伦比亚大学等著名高校进修、攻读博士学位，同时也接收国外友好学校的学生来校见习。

安徽农业大学

【概况】　安徽农业大学为省属重点高校，是一所以农林学科为优势，农、工、理、经、管、文、法、医、教等多学科协调发展的教学研究型大学。学校源于1928年成立的省立安徽大学，1935年成立农学院，1954年独立办学，1995年更名为安徽农业大学。

学校为国家首批硕士学位授权单位，1998年被批准为博士学位授权单位。现有16个学院，全日制普通在校生25490人，其中硕士、博士研究生1600多人；教职工1670多人，其中教授134人，副教授333人，博士生、硕士生导师390多人，设有“皖江学者奖励计划”4个特聘教授岗位和3个讲席教授岗位；现有1个国家重点（培育）学科和16个省部级重点学科，2个博士后科研流动站，1个一级学科博士学位授权点，14个二级学科博士学位授权点，61个硕士学位授权点，67个本科专业；现有1个国家重点实验室培育基地，13个省部级重点实验室和工程技术研究中心，1个省级人文社科研究基地，8个省部级创新团队，5位国家现代农业产业创新体系岗位科学家，2位国家产业创新体系综合试验站站长。近五年来，学校主持国家重大科技专项及“973”、“863”、“948”项目和国家科技支撑计划、国家软科学计划、国家自然科学基金等国家级项目近百项，科技经费持续快速增长，获国家科技进步二等奖4项（1项主持，3项参与），获省部级成果奖励60多项，其中省科技进步（自然）一等奖4项。

学校坚持育人为本，德育为先，大力深化教育教学改革，努力培养适应社会需求的创新型创业型人才。近三年，学生在“挑战杯”竞赛等国家级和省级各类活动中荣获近200多项金银铜奖；学校荣获“全国先进基层党组织”、“全省先进基层党组织”、“全国大中专学生志愿者暑期‘三下乡’社会实践活动先进单位”、“安徽省毕业生就业工作标兵单位”、“安徽省高等学校思想政治教育工作评估优秀单位”等荣誉称号。

学校积极投身创新型国家和社会主义新农村建设，广泛开展产学研合作。瞄准国家和安徽省重大科技需求及重点支持领域，整合优势资源，积极融入国家科研平台和产业联盟，主动服务合芜蚌自主创新综合配套改革试验区建设，不断提升科技创新能力。深化与地方政府、龙头企业、农业园区的合作，打造产学研联盟，成立研发中心、成果转化中心，深化产学研合作，促进农业高新技术产业化，引领农业现代化建设。坚持服务“三农”的办学方向，积极拓展和延伸“大别山道路”，努力服务安徽崛起和社会主义新农村建设。据不完全统计，自1985年以来，学校累计推广各类实用技术和科技成果1500多项，培训各类学员200多万人，有100多项成果已发展成为省内主导产业，使10多万农民走上了致富路。学校先后被授予“全国科技扶贫先进集体”、“全国星火计划先进集体”、“中国技术市场协会金桥奖先进集体奖”等荣誉称号。2009年，中央电视台、新华社、光明日报、中国教育报、安徽日报、安徽电视台等几十家国家和省级主流媒体，200多篇（次）进行了相关报道。

合肥学院

【概况】　合肥学院是以工学、经济学、管理学为主，文学、理学、教育学等多学科协调发展的全日制普通本科高等学校。2009年，学院坚持以科学发展观为统领，以评建为主线，以育人为根本，全面提高应用型人才培养质量。

学院分为南艳湖、黄山路、宁国路三个校区。学院固定资产总值38332万元，图书馆藏书76.25万册，占地面积1583亩，其中建筑面积383011平方米。学院设有16个直属教学系部76个专业。此外，学院还设有基础实验与实践教学中心、图书馆、现代教育技术中心、学报编辑部、中德合作环境技术转化中心、房地产研究所、艺术设计研究所、大学生思想政治教育研究中心、外国文化研究所、基础教育研究所、中德过程－新能源技术研究所、发酵工程研究所、土木工程管理研究所、江淮文化研究所等教辅、科研机构。

2009年秋季，共录取普通全日制本、专科学生3524人，在校留学生158人，学院全日制在校生达13848人，一次就业率95.08%。成人教育学生1273人。学院有在职教职工896人，专任教师679人，其中正高职称41人，副高职称188人。国内外兼任教师183人。

学院被评为“合肥市关心下一代工作先进集体”，2人被评为省级教学名师，4人被评为省级模范教师、优秀教师。

【应用型人才培养】 学院高标准完成教育部教学工作状态数据采集，并完成教育部评估方案的调研工作，受到教育部评估中心和专家的好评。学院积极开展省级示范应用型本科院校的申报和创建，先后被批准为省级硕士研究生立项建设单位、省级示范应用型本科高校建设单位。

调整对等招生省份及投放专业，与16个省区签订430人对等招生协议。2009年学院文、理科100%的提档分数分别高于省控线24分、26分。新增“建筑学”和“动画”等与地方经济发展密切相关的专业。

《借鉴德国本科应用型人才培养体系的研究、创新与实践》项目获国家级教学成果二等奖，3个专业被批准为国家特色专业，2门课程被评为省级精品课程，《能力导向的会计学专业人才培养模式创新区》获批省级人才培养创新试验区。新增、修订教学管理制度12项，新建15个教学实习、教师实践及学生就业基地。成教院完成搬迁，全年培训4482人次。

围绕学院人才培养、评建、国庆60周年等中心工作，全年共编发校园网首页新闻368条，院内新闻1170多条，院报出报17期，在全国校报好新闻、安徽新闻奖（高校校报）、省高校校报好新闻评选中有8件作品获奖。新华社记者采写的“合肥学院应用型人才培养模式”内参，受到中央领导的重视。全年国家级媒体共刊发报道学院稿件10篇，其中《中国教育报》5篇、《光明日报》3篇、《新华每日电讯》1篇、《中国青年报》1篇。此外，《安徽日报》、《新安晚报》、《合肥晚报》等省市媒体共刊发稿件100余篇，安徽教育网采用稿件174条。

【学生素质教育】 学院出台学风建设六大工程系列文件，通过军训、校园科技文化艺术节、体育节、运动会、社会实践等活动，全面开展大学生思想政治教育工作。完善学生自管制度，加强思想政治工作队伍建设，将思想政治工作同为学生排忧解难、评优、评先等相结合。14位老师被评为优秀辅导员，40个班级获“优良学风班”光荣称号，428名同学被评为优秀学生干部，981名同学被评为“三好”学生，2011名同学获学年优秀学生奖学金。

2009年学院毕业生总数2706人，截至2009年8月31日，学院本科生就业率为96.17%，专科生就业率为96.86%，均位居全省前列。学生课外科技文化活动取得良好成绩，全年获得省级以上奖项90余项，比2008年增加20余项。其中，获第十一届全国大学生“挑战杯”竞赛二等奖3项、三等奖2项、世博会专项比赛一等奖1项，全国大学生电子设计竞赛一等奖，全国毕昇杯电子创新设计竞赛本科组一等奖，第三届全国计算机仿真大奖赛二等奖，第十五届全国大学生击剑锦标赛4金3银3铜和“体育道德风尚奖”。

【师资干部队伍建设】 学院落实新增142名教师编制，专门用于引进高层次人才和补充紧缺专业的师资力量，加强人才培养和引进工作，接收硕士18人，选送15名教师进修。全年副高以上职称新增38人，其中教授新增6人。博士61人，硕博学位比例达64%。学院师资队伍结构进一步优化，教师队伍整体水平进一步提高。教师实践教学能力培养加强，学院赴企业锻炼17人，学院与市人事局联合聘请企业高级管理人员、高工25人任兼职教授。

【科研服务地方】 学院修订科研管理制度4项。全年共受理申报各类项目258项，已获批立项117项。其中，国家自然科学基金项目2项、国家社科基金项目1项、教育部科学技术研究重点项目1项、教育部人文社科研究项目1项，均实现了零的突破。发表学术论文503篇，其中SCI、EI、ISTP国际三大检索收录61篇，比上年增加26篇。出版学术著作3部，参编教材22部。获得国家发明专利2项，申请专利4项。获合肥市第六届社会科学优秀成果奖6项。1项软科学研究成果被政府部门采纳应用。举办学术讲座50场，学术活动日趋活跃。新成立5个研究所，与省旅游局、省知识产权局、市房产局、市科技局、长丰县等开展产学研合作或横向课题研究10余项。学报获第二届全省高等学校“优秀学报”二等奖、全国高校科技期刊“优秀编校质量奖”，特色栏目影响力进一步扩大。

【改善办学条件】 优化融资结构，争取银行发放贷款14561万元。教学仪器设备值增加1400余万元，总值达9189万元，教学条件得到显著改善。完成审计金额7450万元，核减金额约800万元。加强国有资产管理，完成项目采购中标金额为1356万元，节约资金144万元。基本建设均造价降低达20%以上，节约资金4500万元。

推进宁国路校区教学区、黄山路校区教学区土地置换（出让）工作，南艳湖新校区二期建设项目的初步方案，已报市规划部门和市政府审批，新校区建设迎来重要发展机遇。

加大基础设施建设和教学设施投入，全国“四体会”综合球类馆和学院图书馆建设进展顺利。标准运动场项目开工建设。开展节约型校园建设，学院用电增容问题得到解决。

【对外合作与交流】 学院全年共接待德国、韩国、意大利、美国、西班牙、新西兰、印度、瑞典、智利、美国等国及香港、台湾地区近30个代表团。其中与韩国京仁教育大学建立友好合作关系，与美国陶森大学、印度阿恰雅学院等四所大学签署了合作备忘录。100多名留学生来学院留学或访学，其中31名韩国学生为学历教育。学院派出284名留学生分别赴德国、韩国、西班牙、意大利学习。18名外国专家在学院工作，3位德籍客座教授获“黄山友谊奖”。12名教师赴外进修、交流。积极开展引人引智，拓展与国外高校项目合作、科研合作，获安徽省引智工作先进集体。

（杨　梅）

科　　技

【概况】 合肥市科技工作紧紧围绕全市又好又快科学发展这一主题，以科技创新支撑和引领新型工业化，保增长、促发展，深入推进国家科技创新型试点市建设，取得明显成效。2009年，获得四项国家桂冠，合芜蚌自主创新综合试验区获得国家批复，首批国家创新型试点城市获得科技部批复，国家知识产权示范市获得批复，蝉联全国科技进步先进市。

【高新技术产业】 2009年，全市实现高新技术产值1445亿元，同比增长36.7%；实现增加值440亿元，占全市GDP比重21%，比上年提高2个百分点。

合肥市继续实施“科技创新型企业培育计划”，扶持企业尽快发展壮大。全市当年新增国家级创新型试点企业4家（安徽江淮汽车股份有限公司、合肥工大高科信息技术有限责任公司、合肥美亚光电技术有限责任公司、合肥通用机械研究院），省级创新型试点企业16家，市级创新型试点企业45家。新增高新技术企业109家，高新技术企业总数达到626家。

2009年6月29日，合肥公共安全技术研究院正式揭牌

【新兴产业】 市科技局组织编制完成汽车、装备制造、家用电器、电子信息、新材料、软件、节能环保、公共安全八大新兴产业发展规划。成功组建公共安全技术研究院；启动“合肥市区量子通信网络示范工程”；开展国家节能与新能源汽车示范推广试点，支持合工大、江汽、国轩高科等组建混合动力乘用车及核心零部件产业技术创新战略联盟，开发研制出混合动力功能样车，国内首条纯电动公交车线路正式营运。

培育“五大新兴”产业集群：一是以三十八所、芯硕半导体、捷敏电子、国晶电子、海尔信息等为主体的微电子产业集群；二是以国风、佳通、乐凯科技、杰事杰等为主体的新材料产业集群；三是以易能生物能源、国风生物能源、荣事达新能源、阳光电源、国轩新能源等为主体的新能源产业集群；四是以科大讯飞、科大恒星、科力信息、继远电网、皖通高速等为主体的软件产业集群；五是以美亚光电、安美达等为主体的食品安全检测装备产业集群。培育特色产业基地。新站区形成以合肥京东方、PDP、彩虹为代表的电子显示器件和电子元器件产业基地；高新区初步形成了动漫产业基地、服务外包基地和软件产业基地，公共安全产业基地正在培育发展中；经开区形成了以捷敏电子、芯硕、国晶微电子等为代表的电子信息产业基地；老城区形成了以中国科大、电子集团38所、合工大为代表的产业研发和人才培育基地。

【科技创新平台】 合肥市大力推进科技创新示范区建设，全年累计完成基础设施投资60亿元，建成道路约47公里，竣工房建面积110万平方米；科技创新公共服务和应用技术研发中心完成桩基工程。基本建成动漫产业发展基地一期工程，公共安全产业孵化基地、大学科技园（二期）和中试科研孵化基地全面开工。美芝压缩机、美国思科、安科生物等40余家企业签约入驻产业基地，部分企业建成投产。建成服务外包产业园一期，世界500强美国UPS公司后台服务中心项目签约入驻。

全市规模以上工业企业全部设立研发机构，新增国家级工程技术研究中心1家（国家饲料工程技术研究中心安徽分中心），省级工程技术研究中心15家，市级20家。省级以上工程技术研究中心已达到53家，其中国家级3家。

不断提升科技创新公共服务平台功能，动态更新各类科技资源，更新科技成果库1347项，仪器设备库1176台（套），企业技术需求库329项，备案专利库1610项，企业库806家，知名专家库1989人，科技中介机构库200家。完成科技成果登记335项，占全省49%，全年实现技术合同交易额超过25亿元。

全年新建科技企业孵化器、加速器面积6万平方米。全市已建有15个科技企业孵化器，其中国家级5家、省级7家。科技企业加速器面积近30万平方米。

深化产学研合作，初步确立了汽车自动化装备、锻压装备等14个、有90多家单位参加的产学研战略联盟试点，建立联盟资源共享机制；成立了合肥“科技路路通”分中心，新建10个“科技路路通”服务站。

【农村科技】 合肥市积极引导农业科技创新，组织农业企业申报国家和省级各类科技项目，共获得资金支持1000多万元。联合市农委培育建成市级以上农业科技示范园区97家，总面积近10万亩，总资产14亿元。依托市农业科技专家大院、农业科技示范园区建设的模式和平台，加强农业新技术、新成果的引进，农业科技专家大院已达40家。协同农委农业局引进蔬菜新品种22个，葡萄新品种19个。新建肥东撮镇李六村等10个新农村建设科技示范村，深入推进新农村科技促进行动。全市7个县区全部通过国家科技进步考核，5个县区成为国家科技进步先进县区。

【知识产权保护】 全市全年专利申请3536件，增长24.5%，其中发明专利1412件，增长75.4%。全市专利授权量2304件，增长76.3%，其中发明专利授权411件，增长36%，增速显著。12月，合肥市通过国家知识产权局组织的专家评审组验收，正式成为国家知识产权示范市。

【自主创新要素对接会】 第九届自主创新要素对接会共发布展示高新技术项目2000多项。举办首届自主创新大学校长论坛、公共安全、绿色家电、创新人才、中部经济5个大型主题论坛，开展项目—资本、人才、技术需求对接。参会企业约1700家，其中高新技术企业1200家，境外企业300家。参展项目3816项，比上年增加了349项。参会风险投资机构187家，近1600位国内外金融人才现场进行对接。对接会成功签约项目244个，总投资金额约828.4亿元，与上年相比增长72.4%。

【科技金融】 汇丰银行、进出口银行、华夏银行、九江银行、中安财险等纷纷落户合肥，合肥国际金融后台基地已开工建设。市创投引导基金参股成立了汇智创业风投基金和合肥高特佳创投基金，国家首批试点计划合肥公共安全创投基金正式成立。中国风险投资研究院合肥分院、安徽股权交易所挂牌，各类风险投资公司发展到20家。安科生物、皖通科技、皖新传媒成功上市，全市上市高新技术企业达到20家。支持商业银行建立小企业金融服务专营机构，举办季度银企对接，合肥市科技农村商业银行发放股权质押贷款近2亿元，全市金融机构投放支持创新的各类贷款达180亿元。

【科学进步奖励】

合肥市科学技术杰出贡献奖（2项）

1、拟 奖 人：金友华

工作单位：合肥荣事达三洋电器股份有限公司

2、拟 奖 人：杨安国

工作单位：安徽叉车集团有限责任公司

合肥市科学技术进步奖（48 项）

一等奖　6 项

1、安凯 HFF6120G03EV 纯电动公交客车的研制与应用

安徽安凯汽车股份有限公司，熊良平、程小平、孙尚志、陈顺东、吴俊、李俊松、汪中传、唐伟、王少凯、吕洪礼

2、大型生料立式磨粉磨技术的研究及装备开发

合肥水泥研究设计院、合肥中亚建材装备有限责任公司，邓小林、张志宇、叶卫东、袁凤宇、王国庆、华兆林、谭凤林、屠威、梅宏伟、方庆

3、钢管模压校直液压机生产线

合肥锻压机床有限公司，侯一江、应建明、王允刚、荣兆杰、叶保华、过坚、李潘伟、邓永清、贺剑利、王海龙

4、电信语音搜索平台

安徽科大讯飞信息科技股份有限公司，江涛、聂小林、章继东、张磊、王筱圃、郭正欧、黄勇、方健、梁浩、刘学松

5、水利防汛减灾视频监控报警联网系统

安徽广成科技有限责任公司，秦德斌、欧岩峰、刘兵、刘伟、李辉、凌红霞、吴鉴、赵阳、高杰、魏劲松

6、钢筋混凝土用热轧带肋钢筋盘条

马钢（合肥）钢铁有限责任公司，汪洋、张庆奇、许华安、丁涛、张庆、周晓冬、丁金华、徐慧敏、何勇、刘秀凤

二等奖　14 项

1、江淮“亮剑者”中卡系列产品开发

安徽江淮汽车股份有限公司，严刚、周福庚、钱友军、刘守银、王胜、张爱东、王香廷、邵刚

2、CPCD280～320－Vo 型内燃平衡重式叉车

安徽合力股份有限公司，张丽、张德进、周仕涛、毕胜、陈先成、李道亮、孙泉华、陈伟

3、优质汽油发动机缸体铸件生产工艺技术的研发及其产业化

合肥江淮铸造有限责任公司、合肥工业大学，叶天汉、陈翌庆、苏勇、韦民、赵永征、黄光伟、宋量、郑家福

4、宽带渐变线功分器

安徽海特微波通信有限公司，杨国胜、钟键、翟翔、王志、朱金华，戎续霞

5、SN－2000 水利枢纽工程管控一体化系统

合肥三立自动化工程有限公司，任传胜、孙敬华、蒋厚祥、张希俊、仇涛、贾旱雷、陆文涛

6、基于 32 位的 DSP 的电力负荷管理终端设计及关键技术研究

合肥工业大学、安徽科大鲁能科技有限公司，陶维青、易波、李林、金冶夫、徐凤侠、汪丽丽、孙敬旭、周天兵

7、环保型水性聚氨酯装修漆

合肥市科天化工有限公司，戴家兵，李维虎，赵曦，朱有奎，郭荣军

8、生物酶不对称氧化法生产 D－丙氨酸

安徽华恒生物工程有限公司，蒋光玉、黄建坡、唐思青、刘迎伟、陈效军、郑向辉、秦秀秀、张莉

9、可降解环保型仿布纸加工技术

合肥特丽洁卫生材料有限公司、黄山学院，张光明、王爱东、侯刚、张辉、王国琴、陈月云、吴祥智、夏鹏

10、合肥市流脑不同流行时期健康人群带菌率及免疫水平研究

合肥市疾病预防控制中心，王晓萍、靳玉惠、胡中旺、钱冰、黄泓滟、王蓓、岳峰、刘振武

11、显微技术治疗疑难根管的临床应用研究

合肥市口腔医院，姚莉莉、高云松、牛方、郭凤芹、王雅玲、汪涌、孙艳、徐勃

12、慢性中耳炎手术外耳道后壁和听力及通气道重建的技术研究

合肥市第一人民医院，张抗美、徐永田、冯益进、黄家英、张小青

13、杂粮系列产品深加工（禅食）项目

安徽燕之坊食品有限公司、江南大学食品学院，张丽琍、刘井山、于秋生、祁斌、张国农、吴雷、张雪利

14、优质高产两系超级稻丰两优香一号选育及产业化

合肥丰乐种业股份有限公司，张国良、徐继萍、高前宝、蒋继武、陈祥付、汪华春、刘训宝、方结云

三等奖　28 项

1、新型直驱式高速部分流泵

合肥华升泵阀有限责任公司、合肥工业大学，柴立平、何玉杰、石海峡、巫建波、李金根、李强

2、高速棒材多线切分轧制与导卫装置产业化

合肥市百胜科技发展股份有限公司，娄霆、张文斌、李运强、王巨

3、AK485 系列驱动桥总成

安徽安凯福田曙光车桥有限公司，牛家忠、陈晓明、孙筑和、郭飞航、陈满红、李琼

4、JLKΦ710/12 +18 +24 框型绞线机

合肥神马科技股份有限公司，周章银、谢警、蔚伟、范杨、程雪姣、雷丽君

5、整体包扎尿素合成塔

安徽六方深冷股份有限公司，孙国梁、陈辉煌、朱兴元、陈红梅、缪全德、陈林

6、高速越野叉车

安徽江淮银联重型工程机械有限公司，徐桂峰、李新霞、季宏伟、苏建红、韦辉、王福松

7、L832 抗菌系列斜开式滚筒洗衣机

合肥荣事达三洋电器股份有限公司，金友华、杨宇澄、朱向阳、张磊、糜屹冬、章杰

8、SHP72 系列高速列车复合材料热压成型生产线

合肥海德数控液压设备有限公司，陈刚、刘红梅、赵茂翠、翟华、姜孝杰、程坚

9、基于 GPRS 的智能机柜管理系统

合肥天智科技发展有限公司，罗晓革、程力、余晖、董明云、吴兆锋、梅新海

10、晶奇民政优抚对象医疗保障管理系统

合肥晶奇电子科技有限公司，卢栋梁、刘全华、李友涛、宋波、王奇、陈金彪

11、合肥市三维城市规划辅助决策系统

合肥市测绘设计研究院，郑建敏、刘道明、李大超、黄北新、程春阳、殷年

12、DSM—BUS 总线扩展技术在防眩光智能护眼动态节能数字高清流媒体电视上的应用

合肥海尔信息产品有限公司，荣保华，蔡克斌，陈龙，黄明镜，唐勇，董海健

13、基于双 CAN 总线分布式电源管理与控制系统

合肥同智机电控制技术股份有限公司，张红、李曦、彭松柏、季正峰、王文兵、邵越然

14、突发性环境污染事故应急监测与应急处理系统研究——以合肥市为例

合肥市环境监测中心站，李菁、尚广萍、曹勇、邹爱红、杨立武、陈飞

15、聚氯乙烯白色家电配件生产技术研究

安徽利华塑业科技有限公司、安徽建筑工业学院，张华庆、王峰、童彬、赵家菊、王晓燕

16、生态凝藻材料及工程装备

合肥东方美捷分子材料技术有限公司、安徽省环境科学研究院、中国电子科技集团 38 所、安徽建筑工业学院，朱守诚、张伟、汪方宝、刘瑾、褚维发、杨宏星

17、蒸汽辅助注塑成型技术的开发与应用研究

合肥海毅精密塑业有限公司，王雅涛、袁先圣、叶飞军、易学满、江鹄、江涛

18、2 型糖尿病患者的血糖正常一级亲属血管内皮功能及黏附因子活化研究

合肥市第二人民医院，戴武、韩晓芳、叶山东、刘克梅、钱梅梅、陈燕

19、超早期微创血肿清除术联合立止血治疗基底节区脑出血的临床研究

合肥市第二人民医院，吴君仓、徐文安、群森、张持、赵昊、洪玉娥

20、血液的长期保存——红细胞冻干及复水的优化研究

合肥市中心血站/安徽省血液中心、中国科学技术大学热科学和能源工程系，刘忠、何立群、吕蓉、方勤、舒志全、赵刚

21、合肥市城市道路绿化骨干树种选择的研究

合肥市林业和园林局，梁莉莉、洪家友、黄成林、姚晓洁、曹蕾、汪新华

22、过氧化脲凝胶用于无髓变色牙漂白治疗临床研究

合肥市口腔医院，何爱民、柳七零、汪涌

23、脐动脉血流在胎儿宫内状况评估的应用

合肥市第三人民医院，谢穗、杨丽华、王影、江世芳、吴艳、张斌

24、羊水细胞培养染色体检查在产前诊断中的应用

合肥市妇幼保健院，朱健生、董娟、季钢、曹武军、张玲、洪名云

25、高危儿的管理和早期干预

合肥市妇幼保健所，傅苏林、于爱萍、郭锋、杨珍珍、李培培、邵子瑜

26、黄鳝仿生态规模化繁育与网箱高效养殖技

术研究

安徽省肥西县廖渡黄鳝综合养殖农民专业合作社、安徽省农业科学院水产研究所，王永杰、江洪、王亚红、李艳和、佘磊、陈宇

27、种苗工厂化繁育技术的研究与推广

安徽农业大学、安徽肥东县绿皖园林建设有限公司，夏萍、江家伍、印崧、曹成茂、丁金锁、吴文先

28、合肥市蔬菜地土壤重金属污染阻断及修复技术应用研究

合肥市土壤肥料工作站、安徽省农科院土壤肥料研究所，王丽、蒋光月、宋兵、朱宏斌、张俊侠、朱奎峰

（洪　芳）

中科院合肥物质科学研究院

【概况】 中国科学院合肥物质科学研究院（以下简称合肥研究院）是在原合肥分院及各研究所的基础上于2003年5月重新组建而成，由安徽光学精密机械研究所、等离子体物理研究所、固体物理研究所、合肥智能机械研究所、强磁场科学技术中心、安徽循环经济技术工程院等研究单元组成，是一个多学科、综合性科学研究和人才培养基地。

成立于1970年12月，拥有激光大气传输和激光大气探测、激光光谱学、环境光学和环境监测技术、遥感和辐射定标与校正、新型激光器和晶体材料、医学光电子学和激光医疗仪器、光纤与光电子学、光电工程等优势学科。建有亚洲雷达观测网、亚太经合组织环境监测技术中心等合作项目和组织，主办编辑出版有《量子电子学报》和《大气与环境光学学报》学术刊物。

等离子体物理研究所成立于1978年9月，主要从事高温等离子体物理、磁约束核聚变工程技术及相关高技术研究和开发，是中国热核聚变研究的重要基地，也是国际受控热核聚变计划ITER中国工作组的重要单位之一。其自主建造的世界上第一个非圆截面全超导托卡马克EAST装置被誉为全世界聚变能开发的杰出成就和重要里程碑。该所编辑出版的《Plasma Science and Technology》是国内等离子体专业唯一的英文版学术期刊。

固体物理研究所成立于1982年3月，其创始人是著名物理学家、中国科学院院士葛庭燧研究员。主要开展纳米材料与纳米结构、计算材料物理、新型功能材料与固体内耗等方面的基础和应用基础研究。拥有国内一流的纳米材料合成、评价、功能材料结构表征、内耗及物性测试实验平台和固体微结构分析的大型仪器设备以及大规模高性能计算平台，每年发表的SCI论文数以及论文被引用次数和均篇引用率在全国科研机构中均名列前茅。

合肥智能研究所成立于1979年10月8日，前身为1962年建立的中国科学院华东自动化元件及仪表研究所，主要研究领域涵盖仿生感知、信息获取、智能农业信息系统、智能检测与控制、微纳米技术、先进制造、安全系统等；智能所是高新技术成果转化与产业发展的重要辐射源，现有控股或参股的高新技术企业6家，该所承办有《模式识别与人工智能》中文期刊和《International Journal of Information Acquisition》（《国际信息获取学报》）英文期刊。

中科院强磁场科学中心成立于2008年4月30日，主要承担国家“十一五”大科学工程“稳态强磁场实验装置”项目的建设任务。项目建设总目标是：建立40T级稳态混合磁体实验装置和系列不同用途的高功率水冷磁体、超导磁体实验装置，为开展凝聚态物理、化学、材料科学、生命科学和微重力等学科的前沿研究提供强磁场平台。项目建设期为五年。

安徽循环经济工程研究院是中国科学院配合中部崛起战略和合肥市创新型试点市建设与安徽省共同组建的高技术研发机构，主要开展以中国科学院为依托的科技成果产业化，使其发展成为提升区域科技创新能力的专业技术成果孵化和转化平台。现设有新能源工程、工业微生物技术、大气成分监测技术、电物理应用技术等孵化中心和餐厨废弃物处置工程技术研究中心等技术研发机构。

合肥研究院拥有40多个各类实验室、10多个大型技术物理实验平台，3个国家大科学工程中心以及1个国家级工程研究中心以及4个省部级工程研究中心，12个院省重点实验室。

研究院现有在职职工1706人，其中科研人员1299人，包括中国工程院院士2人，研究员177人，副研究员及高级工程师290人；现在岗中国科学院“百人计划”入选者15人、“国家杰出青年

科学基金”获得者4人，世纪百千万人才工程3人。在学研究生1233人，在站博士后43人；设有博士点7个，硕士点16个，博士后流动站5个。全年新进职工155人，其中70人具有博士以上学历。新接收入站博士后21人，新设“核能科学与工程”博士后工作站。

2009年在研项目400多项，其中新增项目168项，争取科研经费近7亿。新增项目中包括科技部基础研究计划18项，“863”项目9项，“973”课题18项，国家自然科学基金项目70项，其中重点项目2项、杰出青年基金1项；发表学术论文1000多篇，其中SCI论文300多篇，EI论文200多篇。申请专利155项，其中发明专利126项，软件著作权登记51项。专利授权115项，其中发明专利103项。发明专利的申请量及授权量比上年增加30%以上。

【重要科研与成果】　EAST春季运行针对ITER未来的许多关键科学技术问题开展了为期3个多月的物理实验，获得多项成果，特别令人瞩目的是在等离子体电流250kA、中心密度大于1.6x1019m－3、中心电子温度大于1500万度、拉长比为1.9的条件下，稳定重复的60秒非圆截面双零偏滤器位形等离子体放电，这是世界上唯一能获得大于60秒非圆偏滤器位形等离子体放电的托卡马克，受到国际聚变专家高度评价。专家认为EAST实验正朝着未来聚变堆发展的重要研究方向迈进。

等离子体所承担的ITER中国采购包任务正式启动，ITER项目装配大厅和千米超导电缆生产线已竣工。设计研制的中国第一个TF导体实验样品TFCN1，顺利通过国际测试并获得高度认可。大面积稳定染料敏化太阳电池在机制研究上获得突破，获得了12000小时光电性能稳定的老化数据。纳米敏感材料和纳米传感器研究方面取得一系列重要进展，不仅被选为国际著名学术刊物《纳米技术》（Nanotechnology）杂志封面，而且英国物理学会（IOP）还在其网站作了特别报道。多段纳米线与纳米管构成的异质分支纳米结构研究被Nature China作为研究亮点报道。东部大气层重要参数高分辨垂直分布探查工作获得了北京合肥等不同地区大气气溶胶的典型微物理特性及垂直分布结构特征。研制了隧道开放空间天然气泄漏激光检测仪和站场甲烷和硫化氢监测报警系统。“环保机动车尾气道边监测系统”、“城市空气质量连续自动监测系统”入选科技部首批认定的243个国家自主创新产品名录。

强磁场大科学工程所属各磁体装置、技术装备系统和科学实验测试系统建设工作全面展开。磁体装置和实验系统试运行方案，通过院大科学装置运行专家组审核，中心在组织机构建设、人才引进、设备招投标等方面趋于完善，各级负责人和骨干陆续到位、形成了一支由各专业层次人员构成的、精干的工程建设队伍。开展了在大口径超导磁体、水冷磁体，高功率高稳定度电源、大型去离子水冷却、大流量超临界氦低温迫流冷却、磁体装置与系统中央控制等方面的关键技术研发。首套组合显微测试系统研发已基本完成。伴随部分测试系统的试运行，中、低场下的科研工作已经逐步展开，在铁基超导、轨道派尔斯相变、自旋电子材料等研究方面取得了系列研究成果，发表论文40余篇。

【各项荣誉】　固体所与科大联合申报的“过渡族金属氧（硫）化物的电磁行为研究”获得国家自然科学二等奖；等离子体所“反应堆中子学方法与包层新概念研究”获安徽省自然科学一等奖；智能所“体育竞技项目综合测试与训练指导系统”获安徽省科技进步一等奖；等离子体所推荐的美国科学家文森特·陈，获国家国际科学技术合作奖；在第六届全球华人物理大会上，EAST团队获得海外华人物理学会自1993年设立该奖项以来颁发的第一个团队奖“2009年亚洲杰出成就奖”；纳米工程技术中心获得了安徽省高新技术领域“优秀中心”的称号。

等离子体所万元熙研究员当选中国工程院院士并荣获2009年度“何梁何利基金科学与技术进步奖”；智能所骆敏舟副研究员荣获“全国五一劳动奖章”；宋云涛研究员荣获“中国青年五四奖章”；张立德研究员被录入·中国专利发明人年鉴，并荣获国家知识产权局授予的“建国六十周年百名优秀发明家”荣誉称号；李淼被评为“全国民族团结进步模范个人”；谢品华获“全国三八红旗手”光荣称号。

【与地方和企业合作】　2009年度合肥研究院与地方和企业合作，新建安徽农业循环经济技术研究中心宣城分中心、台州中科科源数字化设备研发公司、中科院合肥技术转移中心黄山分中心、安庆分中心等。研究院最新技术成果如餐厨废弃物能源化处置、水体蓝藻检测仪、新型仿人手大负载多用途欠驱动手爪研制、金属分离技术应用、无机纳米聚酯制备技术等成功转移转化。固体所与企业联合组建的“纳米材料工程化应用技术研发团队”成功入选安徽省第三批“115”产业创新团队。组织院地项目对接洽谈活动80次，参与项目人员200多人次，推介最新科技成果60多项，对接企业150多家，成功转移转化项目60项，合同额达到6192万。全年合肥研究院院地合作辖区内的科学院已转化项目新增销售收入82.86亿元，研究院属企业总销售收入预计13338万元，利税3056万元，横向技术合同实际到款额3477.6万元，其中专利转化、许可收入285万元。

【对外交流】　合肥研究院全年出国访问215人次，接待来访184人。聘任国外客座研究员12人，其中6人获得中国科学院外国专家特聘研究员荣誉。召开国际会议9个。在国际组织任职（包括在ITER相关工作组任职）或担任国际期刊编委有50多人。与国外科学家共同发表学术论文73篇，新签订国际合作项目协议6个，合肥研究院被认定为首批“安徽省海外高层次人才创新创业基地”。

【信息化建设】　中国科技网合肥分中心和拥有国内计算物理领域运算能力最强集群系统的中国科学院超级计算合肥分中心先后落户科学岛，信息中心承担了对地区网单位用户的技术支持与服务。作为科技部重大专项《ITER国际高速数据专用网》项目成员单位，本年度完成了ITER Satellite系统在中科院合肥研究院的部署、调试和运行，实现了中国DA与IO间的VPN网络连接，标志着中国参与ITER工程协同设计平台搭建的实质性进展。IO的业务协作网（Collaborative Network）在中国正式落户，合肥研究院信息化建设工作又迈上新台阶。

（张凤萍）

防震减灾

【概况】　2009年，合肥市地震局紧紧围绕全市保增长、保民生、保稳定、促发展工作大局及现代化滨湖大城市建设总要求，坚持经济建设与防震减灾工作一起抓，积极履行《防震减灾法》所赋予的法定职能，依法防震，科学减灾，大力加强“三大工作体系”建设，全市地震灾害防御能力显著提升，防震减灾工作持续快速发展。继2008年后再次荣获全省市县防震减灾工作综合评比第一名。

【积极应对肥东地震】　2009年4月6日22时22分，肥东县梁园镇（北纬31°58′，东经117°30′）发生MS3.5级有感地震。震中区震感强烈，合肥市普遍有感。面对震情，市地震局积极应对：立即启动有感地震应急预案，震后10分钟内主要负责同志到岗，25分钟内所有工作人员到位；立即向市委、市政府、市人大和市政协汇报震情，先后拟定6期震情通报和转载1期省地震局重要公告，通过互联网和手机短信群发系统即时向市民公告震情；由分管副局长带队的现场工作队及时赶往肥东梁园地震现场，了解灾情，跟踪震情。认真接听市民咨询电话，先后接受近5万人次群众电话咨询，解答网民咨询30余次，迅速核实有关宏观异常现象，即时平息地震谣传和误传，维护了社会稳定。由于应对及时，处置得当，合肥市没有出现任何人员伤亡报告，得到了市委、市政府领导的肯定和赞许。

【地震预测预警】　市地震监测中心扩建项目初步设计方案通过了专家评审，建筑面积为1492m²，投资总额789.53万元。调整地震监测台网布局，将皖16井从科学分院调整到肥东县路口观测站并通过专家的检查验收，纳入省地震局统一管理。在市原有测震和地下水前兆观测手段的基础上增加了电磁波观测手段。加强群测群防信息站建设，下发了《关于加强地震群测群防工作的意见》，在已建成20个群测群防信息站的基础上，新建了7个信息站：长丰县下塘镇信息站、水湖镇信息站、三十头镇信息站、吴山镇信息站、庄墓镇信息站、朱巷镇信息站及蜀山区南岗镇信息站。

【地震应急】　根据《安徽省政府办公厅转发省地震局关于进一步做好2009年防震减灾工作意见的通知》要求，拟定了《合肥市地震灾害紧急救援队组建方案》。经市政府第46次常务会议确定，以市公安消防支队为主体成立“合肥市地震灾害紧急救援队”；成立了由地震、地质、水利、气象、卫生、工程抗震、路桥等专家组成的“地震灾害应急处置专家组”。立足于防大震、救大灾。从着重提高预案的可操作性和实效性，简化程序，突出政府及有关部门职责等对《合肥市地震应急预案》作了修订，并以市政府文件印发。

扎实推进社区、学校、企业地震应急系统建设。4月，与教育局联合下文《关于加强全市中小学校防震减灾宣传教育工作的通知》，对市属中小学校地震应急演练工作作了具体部署。6月，市地震局与市商务局、合肥百大集团经过积极沟通，就选择百大集团旗下的商场和超市开展地震应急疏散研究性演习事宜达成初步意见。7月，正式启动了企业地震应急系统建设试点工作。

【震害预防】 大力开展防震减灾法的宣传贯彻工作，积极营造依法行政的良好氛围。新修订的《中华人民共和国防震减灾法》于2009年5月1日正式施行。市地震局分别在机关内、系统内、全社会三个层次广泛开展《防震减灾法》的宣传贯彻工作。购置《防震减灾法》单行本3000本及法律释义200本，分送至市委、市人大、市政府、市政协四大班子领导及市防震减灾工作领导小组各成员单位。5月15日，联合市政府法制办举办全市《防震减灾法》学习宣传贯彻培训班，对全市地震系统、防震减灾工作领导小组成员单位、县区政府及市直有关部门法制工作机构负责人等进行了培训。

全年窗口直接办理172个项目，其中并联件79项，重大工程67项，安评结果核定24项，参加万达广场、东方商城、安徽名人馆、环巢湖南淝河大桥、新桥国际机场高速公路、国际会展中心、省公安指挥信息技术大楼等重大项目的论证、审查16次。地震安全农居工程建设有序推进。5月，市地震局结合学习实践科学发展观活动前往县区开展防震减灾工作调研，对地震安全农居工程建设情况进行了调查摸底，各县区按照“培训宣传、印发标准、典型示范”的步骤确定了10个试点村镇。按照全市统一部署，参加了全市市属中学、附中、民办及技校共1225所学校的校舍安全排查工作，现场指导校舍加固改造工程、校舍建设选址工作，督促建设单位严格执行国家有关部门发布的《汶川地震灾后重建学校规划建筑设计导则》，按照抗震设防要求进行校舍的建设和加固。

【防震减灾宣传】 市地震局与合肥人民广播电台联合创办了《防震与减灾》栏目，于《安徽省防震减灾条例》颁布实施13周年纪念日进行首播，每周三和周五固定播出，每期3分钟，全年播出104期。该节目围绕“防震与减灾”这一主题，共策划了“地震基本知识”、“地震监测”、“法律法规及依法行政”、“抗震设防”、“地震应急知识”、“自救互救知识”及“工作动态”等15个话题。结合修订后的《中华人民共和国防震减灾法》正式施行和国家首个“防灾减灾日”的确定，将5月份设定为“防震减灾宣传月”，围绕“依法防震、科学减灾、服务发展、营造和谐”宣传主题，以防震减灾法为宣传重点，积极开展“九个一”系列宣传活动，分别在广场、社区、集市设置宣传咨询台80余处，悬挂宣传条幅200余条，展出宣传展板500余块，刻录并发放光盘800余张，接受群众咨询近万人次，散发宣传材料20余万份。“7·28”期间，联手合肥百大集团，在庐阳区淮河路步行街鼓楼商厦广场、包河区马鞍山路合家福购物广场、百大鼓楼高新店广场开展以“加强震灾防御、保障经济发展”为主题的大型广场宣传活动。编印《地震基本知识》10万册、与科协联合印制《家庭地震应急三点通》挂图16000份、制作《应急避险与自救互救》及纪念汶川地震一周年活动展板200块，利用“防灾减灾日”、“国际民防日”、“全国安全生产月”、“国际减灾日”、“12·4”法制宣传周，采取市县区和群测群防信息站联动的形式向广大群众广泛宣传地震科普知识。积极组织面向领导干部的宣传教育活动，在市政府办公厅、文广新局、新安百姓讲堂、庐阳区政府、包河区政府、交通局等单位举办专题报告会和科普讲座近20场。

（丁　玲）

气　候

【概况】 2009年，全市年平均气温16.3℃，较2008年偏高0.1℃，较常年偏高0.8℃，为1997年以来连续第13年偏高。年降水量940.2毫米，较历史平均值偏少38.3毫米。全市年日照时数1726.6小时，比常年偏少250.1小时。

春季平均气温13.7℃，较常年偏高1.5℃，是自1997年以来连续第13年高于常年值。春季降水量112.1毫米，偏少36.2毫米，是自2004年以来连续第6年少于常年同期。

夏季平均气温27.5℃，较常年偏高0.8℃，高温日数15天，较常年偏多4天。夏季降水量403.3

毫米，较常年偏少38.9毫米，7月下旬至8月中旬出现近50年来罕见盛夏低温阴雨。6月28日入梅，7月15日出梅，入、出梅时间均偏晚，梅雨期偏短，梅雨量122毫米，仅为常年的4~5成。

秋季平均气温16.9℃，较常年偏高0.3℃，连续第9年偏高，也是2001年以来同期最低的一年。秋季降水量160.5毫米，较常年偏少31.8毫米。11月中旬出现区域性暴雪，此次降雪过程具有出现时间早，降雪范围广，过程来势猛，积雪深度大等特点。10月末至11月初的寒潮降温幅度为近10年来同期最强。

12月平均气温4.1℃，较常年偏低0.4℃。降水量52.2毫米，较常年偏多1.4倍。

高温日数偏多。全市夏季出现高温日数（≥35℃的天数）14.8天，比常年偏多3.7天。7月13~21日出现持续长时间的高温天气。其中7月18日肥西最高气温达39.4℃，为全市夏季最高气温。

无霜期延长。全年初终霜日均有所提前，其中终霜日出现在3月14日，比常年提早9天。初霜日11月3日，提早6天，全年无霜日233天，比常年偏多3天。

【天气气候事件】 2008年11月9日~2009年2月14日，全市降雨量偏少6~7成，排在历史同期少雨年的第2位。秋冬春连旱加之冻寒，造成小麦油菜大面积黄叶死苗。

6月5日、14日雷雨大风、飑线等罕见强对流天气袭击合肥市，造成人员伤亡、房屋倒塌、财产损失。

年内全市平均出现大雾天气15天。其中合肥24天，为最多。肥东12天，肥西17天，长丰10天，大雾给客、货运输造成不便，交通事故频发。

11月16~17日暴雪早袭，此次降雪过程具有出现时间早，降雪范围广，过程来势猛，积雪深度大等特点。初雪时间之早排在历史第三位（仅次于1959年11月9日和2000年11月11~12日），但是积雪深度、持续时间和影响之严重均超过前二者。

盛夏7月中下旬阶段性高温天气持续时间长，给工农业生产以及人民生活造成了一定影响。

（方　茸）

文化 新闻

文化 广播电视 新闻出版

【概况】 2009年，合肥市文化广电新闻出版系统先后获得全省新闻出版目标管理综合考核优秀奖、广播影视重点工作目标考核最佳奖、民生工程“农家书屋”考核排名第一名等多项荣誉。

【专业文化和社会文化】 全年共组织举办各类文艺演出370场（次）。纪念国庆60周年，先后与解放军总政歌舞团等单位举办“魅力合肥 创新之都”、“今天是你的生日”大型演出、全国体育大会倒计时1周年专场演出、第5届“歌唱祖国”合唱节、第7届“幸福家园”广场文化周、“平安合肥”、“走向文明”、“绿都之春”新年音乐会、第15届新春文化庙会，复排庐剧《村长娘子》巡演暨第2届“庐州放歌——百场文艺下基层”等大型演出和群众文化活动。市图书馆、少儿图书馆立足公共文化为民惠民宗旨，拓宽服务范围，提高服务水平，分别在天鹅湖大酒店、义城监狱设立阅览点，市总工会设立数字图书馆，建立全国首家“留守儿童图书馆”和全省首家“少儿盲文阅览室”，方便社区、基层群众的读书学习需要，保障了特殊群体未成年人的基本文化权益，得到省市领导肯定和中央媒体报道。

【文物考古】 市文物部门全面完成第3次全国文物普查实地调查阶段工作，卫立煌故居维修工程获得立项，完成市级文物保护单位高家祠堂的维修工程。

【广播电视宣传】 合肥电视台、合肥电台全年播发各类稿件1万9千余条，同比增长22%。对外宣传工作成效明显，市电视台、电台在中央电视台、中央人民广播电台、安徽电视台、安徽电台发稿300余条。其中，合肥电视台59篇稿件被中央电视台采用、《新闻联播》播出21篇，合肥电台荣获中央人民广播电台2009年度新闻报道优秀供稿奖。节目质量和编排改进明显，节目创优再获丰收，共有47件广播电视作品在省级以上评选中获奖，其中，获国家级奖项作品6件、安徽省级一等奖以上作品11件。合肥电视台制作的专题片《中国合肥》、《大跨越》、航拍片《俯瞰新合肥》受到广大观众赞扬。

【广播电视事业发展】 数字电视整转全面展开，平稳实施有线电视模拟信号关断工作，数字电视覆盖用户突破45万。广播电视安全播出继续加强，综合覆盖率达100%，行政村广播通播率99%，广播电视综合覆盖通播率位居全省前列。经营创收跨越增长，全系统经营创收总额3.53亿元，同比增长48.3%。

【文化广播基础设施建设稳步推进】 立足市情，针对城乡文化广播事业发展现状，市文广局调整文化资源配置，进一步加大对农村公共文化阵地建设的投入与倾斜，大力推进“杜鹃花”工程、广播电视“村村通”工程、农村电影放映“2131”工程、“农家书屋”工程。乡镇综合文化站建设和农村文化信息资源共享等民生工程、惠农工程成效显著，较好地满足了群众多层次、多方面的精神文化需求。合肥广电中心工程一期项目建成竣工，2010年3月部分投入使用。

【文化市场管理健康有序】 市文广局牢固树立政治意识、大局意识和责任意识，认真贯彻落实安徽省“扫黄打非”工作会议和省文化、广播、电视、新闻出版工作会议精神，依法履行工作职责，切实加大执法力度，着力解决热点突出问题，加强文化市场监管，促进文化市场繁荣。先后开展整治互联网低俗之风、清缴低俗音像制品，网吧、出版物市场专项整治，集中清理整顿非法销售、安装和使用卫星电视接收设施行动等系列净化社会文化环境、保护未成年人健康成长的专项行动。全年出动执法人员3100人（次），检查各类经营单位4512家（次），查处非法出版物窝点3处，查扣非法游戏机电路板233块、盗版音像制品1.3万张（盘）、盗版书刊2.2万册。进一步提高行政窗口服务效能，全年受理各类行政审批事项1651件，未发生1例投诉现象。使全市文化、新闻出版市场呈现出和谐有序、健康繁荣的发展环境，多次受到省市领导表扬。

2009年合肥市文艺创作演出获奖一览表

剧种	剧目名称	编演单位（个人）	奖项类别	获奖等级
庐剧	《村长娘子》	市庐剧院	安徽省“五个一工程”奖	
儿童剧	《山里的泥鳅》	市文广新局 戏曲艺术研究室　杨刚	国家舞台艺术精品现实题材优秀剧本、全国优秀儿童剧汇演	编剧二等奖
庐剧	《村长娘子》	市文广新局 戏曲艺术研究室　杨刚	安徽省社科奖	编剧二等奖
小品	《特殊答辩》	市歌舞团	全国第7届残疾人艺术节	优秀奖
声乐	《永别了爱恋的家》	市歌舞团　正思思	金钟奖（安徽赛区）	金　奖
声乐	《永别了爱恋的家》	市歌舞团　闫晓光	金钟奖（安徽赛区）	银　奖
声乐	《唐·卡洛》	市歌舞团　张研	金钟奖（安徽赛区）	银　奖
声乐	《玛伊拉变奏曲》	市歌舞团　刘胜男	首届中国民族歌曲 电视大奖赛	优秀奖
庐剧	《万年桥》	市庐剧院　孙绳骥	全省小戏调演	表演二等奖
庐剧	《万年桥》	市庐剧院　李琴	全省小戏调演	表演三等奖
庐剧	《新借罗衣》	市庐剧院　王佳佳	全省小戏调演	表演三等奖
庐剧	《卖棉纱》	市庐剧院　李楼、谢杨玲	全省小戏调演	表演二等奖
庐剧	《皖川情》	市庐剧院　王佳佳	全省小戏调演	表演二等奖

2009年度合肥市广播电视作品获奖简表

节目（作品）	作　者	单　位	获奖名称
评论《建立纠错机制是维护公平正义的重要保证》	胡心宇	合肥电台	安徽广播新闻奖 广播新闻类一等奖
新闻编排《合肥新闻联播》	王节、田海、徐玮、杨禹	合肥电视台	安徽电视新闻奖 新闻类一等奖
短消息《我省首例“零首付”注册企业诞生》	聂大地、吴小舰、陈斌	合肥电视台	安徽电视新闻奖 新闻类一等奖

节目（作品）	作　者	单　位	获奖名称
系列片《淮军》	叶海鹰、陈克勇、汪斌、黄大明、季宇、从晓阳、潘劲松、汪波、郭巍	安徽电视台 合肥市人民政府	安徽电视新闻奖 社教类特等奖
系列片《雪山风云——十八军进藏纪实》	黄大明、田海、邵光启、汤权福、季凯	合肥电视台	安徽电视新闻奖 社教类一等奖
社教播音《为新中国潜伏》	巩伟、李娜	合肥电台	安徽广播播音与主持奖 社教类一等奖
新闻主持《晚间播报》	卢静	合肥电视台	安徽广播播音与主持奖 新闻类一等奖
音乐节目《琵琶传情 且弹且谈》	洪卫、王飞飞、倪讴、陈强	合肥电台	安徽广播文艺奖一等奖
原创歌曲《桃花源》	洪卫、舒楠、陈强	合肥电台	安徽广播文艺类一等奖
文艺专题《我的故乡我的莲》	汪才泉、张超、张燕	肥西广播电视台	安徽电视文艺奖一等奖
通讯《为电视艺术执着奉献——访全国德艺双馨电视艺术工作者、国家一级导演夏进》	冯伟	合肥广播电视报社	安徽广播电视报刊 新闻奖一等奖
网络新闻《辉煌60年——千场电影进农庄公益电影放映活动启动》	梁越文、孙晓方、顾东风	合肥市文广新局	安徽广电系统 网络新闻奖一等奖
短消息《我国最大的船用低速柴油机生产基地在合肥起航》	方铮、吴军	合肥电台	安徽广播新闻奖 广播新闻类二等奖
短消息《中西部首个台湾居民个体工商户今天诞生合肥》	胡敬、孙宏婷	合肥电台	安徽广播新闻奖 广播新闻类二等奖
长消息《能说的我都告诉你们了》	陈瑞华、洪卫、刘敏	合肥电台	安徽广播新闻奖 广播新闻类二等奖
社教专题《国庆特别节目——“小东西、大时代、老故事”之60年收音机的发展》	朱顺晖、瞿古月	合肥电台	安徽广播新闻奖 广播社教类二等奖
科普性节目《甲流"出游"记》	陈习华、赵阳、倪讴、胡倩、王晓东	合肥电台	安徽广播新闻奖 广播社教类二等奖
社教栏目《今日交通》	周大为、洪卫	合肥电台	安徽广播新闻奖 “十佳”栏目
新闻评论《肥西医改试点调查》	姜维长、陆方晨	合肥电视台	安徽电视新闻奖 新闻类二等奖

节目（作品）	作 者	单 位	获奖名称
新闻专题《史上最牛小广告》	刘卉、王丰田、程铖、王芳、汪洁	合肥电视台	安徽电视新闻奖新闻类二等奖
文艺播音《乌衣巷口秦淮梦》	潘杰	包河区电台	安徽广播播音与主持奖二等奖
新闻播音《合肥新闻联播》	张洁	合肥电视台	安徽电视播音与主持奖二等奖
音乐节目《将军的摇篮——红色的经典旋律》	何寿章、罗飞、杨媛、龚力	合肥电台	安徽广播文艺奖二等奖
综艺节目《绿都之春——2009新春音乐会》	夏进、胡冬冰	合肥电视台	安徽电视文艺奖二等奖
消息《庐剧〈村长娘子〉首登省城舞台》	吴湘东、李贵宏	合肥广播电视报社	安徽广播电视报刊新闻奖二等奖
通讯《绿色电波爱心行动再启航——合肥电台故事广播走进乡村学校》	顾东风	合肥广播电视报社	安徽广播电视报刊新闻奖二等奖

（黄 嵩）

合肥晚报

【积极筹建合肥报业传媒集团】 合肥晚报社2009年全面推进组建合肥报业传媒集团的各项工作，目前拥有《合肥日报》、《合肥晚报》、《江淮晨报》、《今日生活报》、《合肥在线》“四报一网”，党报、都市报齐全，建立起日报、晚报、晨报、周报、手机报、网络等全媒体联动的发展格局。

【国家新闻出版总署李东东副署长视察报社】 2009年10月24日下午，国家新闻出版总署党组成员、副署长李东东一行7人，在省、市相关领导的陪同下到合肥晚报社视察，这是该报创刊52年来，国家新闻出版总署领导首次前来视察工作。

李东东向报社全体员工致以亲切慰问，参观了《合肥日报》采编大厅，听取党委书记、总编辑张向东情况汇报，欣然提笔写下“责任媒体主流权威”8个字，作为即将诞生的《合肥日报》创刊贺词，并向合肥晚报社赠送书刊。

【创办《合肥日报》】 近年来，合肥市经济社会发展和现代化城市建设步伐不断加快，各项事业蒸蒸日上，由《合肥晚报》同时承担市委机关报和晚报双重职能，难以适应新形势、新任务的要求，合肥的发展需要一份专职的市委机关报。2009年7月27日，市委常委会第18次会议决定：创办一份完全意义上的市委机关报——《合肥日报》，以更加充分地为合肥市经济社会发展和现代化滨湖大城市建设提供宣传服务。

通过紧张筹备，11月8日《合肥日报》正式创刊，从《合肥晚报》手里拿过了中共合肥市委机关报的接力棒，全面履行党报职能。它的创办是合肥新闻事业发展史和党建史上一件大事。

该报共设8个版：头版《要闻》；二版《政声新闻》与三版《民生新闻》对称设置，力求达到互文见义的效果；四版《经济新闻》；五版《时评》与《理论》、《县区》、《热线》轮版，其中，《理论》版每周至少2次，每次半个版面，力争在本版上办出特色，在全国同类报纸中办出影响；六版、七版、八版分别是《文体新闻》、《中国新闻》和《国际新闻》。

《合肥日报》采取“导读置顶”的新模式，把当天最精彩的新闻图文并茂地展现在头版报头上。

为更好地体现版式、风格的优越性，聘请视觉设计专家为其量身打造版式、栏目，设计并严格推行《合肥日报》VI 系统。

2010 年 1 月 11 日，在首届“中国媒体视觉影响力高峰论坛”颁奖晚会上，创刊仅 2 个月的《合肥日报》捧得了“中国十佳日报版面奖”。

【《合肥晚报》华丽转身】 《合肥晚报》创刊于 1957 年 4 月 1 日，作为市委机关报，坚持以中国特色社会主义理论体系为统领，牢牢把握正确舆论导向，积极发挥党报舆论引导作用，为合肥乃至安徽省经济社会稳定、快速、协调发展营造良好氛围，有力地配合了市委、市政府各个时期的中心工作，得到上级领导和广大读者的肯定与好评，形成“党报性质、晚报特色”的独特风格。

2009 年 10 月 12 日和 11 月 9 日，《合肥晚报》先后两次进行改扩版，强化“合肥晚报，合肥生活离不了”的办报理念和思路，顺利完成由党报向都市报的华丽转身。

在中国传媒大会北京年会上，《合肥晚报》荣获“金长城传媒奖 · 2009 中国最具创新城市晚报”称号；在首届“中国媒体视觉影响力高峰论坛”颁奖晚会上，获得“中国十佳晚报版面奖”。

【《江淮晨报》颠覆性崛起】 《江淮晨报》是合肥报业传媒集团的子报，创刊 10 年来，有过辉煌也经历曲折。为了尽快实现该报崛起和复兴，报社通过全国招聘的方式，聘任新一任总编辑，组建新一届晨报管理团队，通过内部改革，全面理顺晨报的管理、采编和经营体系。另在集团框架内，实行全员聘任制、绩效考评制等全新的人事和薪酬制度。经过深入讨论和审慎研究，《江淮晨报》将办报定位调整为“合肥、市民、早报”，2009 年 10 月 26 日以全新的姿态颠覆性改版，强化时政新闻与社区新闻，增加新闻总量，成为合肥纸媒第一张全彩报纸。

【《今日生活报》稳步发展】 2007 年 9 月 28 日创刊的《今日生活报》是安徽省第一份，也是目前唯一时尚类周报。通过不断提升报纸质量，牢牢掌握以“80 后”为主体、具有未来发展潜力、有清晰固定趣味的读者群，广告和发行收入随之取得较大幅度增长。

2009 年 5 月 7 日，在安徽省报刊工作会议上，《今日生活报》被列入安徽省精品名牌报刊。2010 年 4 月 23 日，在由全国妇联和品牌中国产业联盟共同主办的“2010 品牌中国高峰论坛”上，该报以其成熟的品牌运作经验和引领安徽潮流的尚媒姿态，荣获“2010 最受女性喜爱的十大品牌周刊”称号。

2008 年度《合肥晚报》、《江淮晨报》、《今日生活报》、《合肥在线》获奖作品一览表

标　　题	奖项	等级	体裁	作者	编辑
《老观念真的“害死人”》	安徽新闻奖	一等奖	通讯	朱杲、瞿晓陆	孙怀宾、陈定亮
《宿州万亩大白菜滞销（系列报道）》	安徽新闻奖	二等奖	消息	靳生、荣千里	吴庆保、熊国庆
《合肥将“有条件地”允许摆摊设点》	安徽新闻奖	二等奖	消息	陶菲菲、蒋勇	孙怀宾
《蔡永祥纪念馆竟成牛棚》	安徽新闻奖	二等奖	通讯	季东平、黄琼	熊国庆、周志成
《合肥，请别为开幕式太花钱》	安徽新闻奖	三等奖	消息	边冠峰	周东生
《少年班是否值得办下去?》	安徽新闻奖	三等奖	消息	屈凤丽	瞿晓陆、檀津生
《愚人节，医生“幽”死者家属一“默”》	安徽新闻奖	三等奖	消息	邢志鸿	巫业林、周东生
《除了三聚氰胺，奶里面还会有什么?》	安徽新闻奖	三等奖	言论	檀津生	傅学德
《40 分钟社区行——总书记感动万千市民》	安徽新闻奖	三等奖	通讯	汪雷、吴功胜、漆武	吴庆保、杨杰

标　　题	奖项	等级	体裁	作者	编辑
《“一个人的婚礼”打动许多人——新娘在皖披婚纱 新郎在川抗震灾》	安徽新闻奖	三等奖	通讯	杨春艳	周志成、刘刚
《树挪死人挪活 公务员能否“挪个窝”》	安徽新闻奖	三等奖	通讯	祝伟、朱杲	瞿晓陆
《水家湖站在“匪气蹭车”中走向萧条（系列报道）》	安徽新闻奖	三等奖	通讯	陈慧琴、李广松、宋敏	王璎
《梦里小巷几棵槐》	安徽新闻奖	一等奖	散文	戴煌	吴庆保、童教智
《除了三聚氰胺，奶里面还有什么》	安徽新闻奖	二等奖	杂文	檀津生	傅学德
《别以为世界很了解中国》	安徽新闻奖	二等奖	杂文	杨文军	王小波
《见证历史的人们》	安徽新闻奖	三等奖	散文	曹无为	廖且为
《从群众传媒看分众传播》	安徽新闻奖	一等奖	论文	傅学德、夏明桢	
《网络“把关人”概述》	安徽新闻奖	一等奖	论文	张春林、刘珍	吴国堂
《中部城市崛起的文化新航标》	安徽新闻奖	三等奖	论文	宁向东	
《改进重大主题报道的策略》	安徽新闻奖	三等奖	论文	熊兆巍、胡冬华	
《实施工作化生产提升都市报服务发展的能力》	安徽新闻奖	三等奖	论文	杨杰	
《15 年，百姓笑容见证发展历史》	安徽新闻奖	二等奖	网络	胡冬华	熊兆巍
《纪念改革开放 30 周年专题》	安徽新闻奖	三等奖	网络	集体	高勇
《江淮晨报》2008 年 5 月 19 日一版	安徽新闻奖	二等奖	版面		吴庆保、刘刚、吴涛
《奥运圣火耀庐州》	安徽新闻奖	二等奖	摄影	郑成功	徐闻季
《“和谐号”开上合宁高速铁路》	安徽新闻奖	三等奖	摄影	刘兵生	黄旭
《七旬老翁领着病妻再娶将爱进行到底》	安徽新闻奖	三等奖	摄影	马启兵	黄旭
《开庭推迟半小时 审判长庭上打电话》	赵超构新闻奖	一等奖	消息	王璎	周东生、甄奎、周纯
《12 年，为了一个共同的梦想》	赵超构新闻奖	二等奖	通讯	朱杲、李守君	周东生、甄奎、檀津生
《上海老知青感动小山村》	赵超构新闻奖	二等奖	通讯	杨耀东、李德久	邓奇
《巢湖“蓝藻肥”肥了我家田》	赵超构新闻奖	二等奖	图片类	李亚朝	徐闻季

标　　题	奖项	等级	体裁	作者	编辑
《跳楼“示众”，这样的游戏不好玩》	赵超构新闻奖	三等奖	言论	唐晓和	巫业林
《“汶川地震”系列报道经验浅谈》	第6届中国晚报优秀论文奖	三等奖	论文	邓奇	
《抓舌头》	“绿华杯”全国短篇小说大奖赛	一等奖	小说	李云胜	

（历笑然）

卫生　体育

卫　生

【概况】　2009年，合肥市卫生工作全面加强，各级卫生行政部门综合能力明显提高，医药卫生改革有序推进，公共卫生服务均等化进展顺利，社区卫生工作进入全省先进行列，新型农村合作医疗制度得到巩固完善，医疗质量和医疗服务水平进一步提高，甲型H1N1流感等重大疫情应对得力，医疗卫生项目建设稳步推进，被评为“全省卫生系统目标管理考核优秀单位”和“实施卫生民生工程先进单位”。

全市共有卫生机构793个，比上年增加78个。卫生床位25943张，每千人口医院、卫生院床位达5.19张。卫生人员共有36245名，其中：卫生技术人员30019名，每千人口卫生技术人员6.11名。执业医师和执业助理医师10759名，注册护士11951名，每千人口医生2.19名。人均期望寿命78.12岁；婴儿死亡率7.06‰，五岁以下儿童死亡率9.31‰，孕产妇死亡率19.35/10万。卫生总投入4亿元。

【医药卫生体制改革】　市卫生局积极推动医药卫生体制改革：一、基层医改开局良好。肥西县和庐阳区作为全省32个实施基层医药卫生体制综合改革试点县（区），围绕安徽省政府出台的“一主、三辅、五配套”9份文件，结合本地实际制定实施方案，实现基本药物以省为单位，网上公开招标采购、统一定价、统一配送、零差率销售。二、有效整合优质卫生资源。安徽医科大学第二附属医院、安徽省心脑血管病医院、合肥市滨湖医院顺利开诊；市二院新区和市妇幼保健院东区的建设项目6月26日开工；省立友谊医院和古巴国家医疗服务中心合作建设的安徽中古友谊眼科医院合作项目6月6日正式签约；合肥市卫生局与上海市卫生局签订了医疗卫生合作备忘录；吴祖泽院士工作站和邱蔚六院士工作站报省科技厅批准；邱蔚六院士领衔的上海九院口腔颌面外科合肥诊疗合作中心、戴尅荣院士领衔的上海九院骨关节外科合肥诊疗合作中心建成；上海瑞金医院等上海市各大医院在合肥滨湖医院设8个特色专科分中心；四川大学华西临床医学院确定市滨湖医院为其教学医院。三、积极探索公立医院改革。以市滨湖医院开诊为契机，探索建立公立医院新的管理机制和运行机制。寻求与医疗先进发达地区合作，汲取国内大型医疗机构的先进管理经验，提出“院长负责制、全院聘用制、岗位工资制、目标责任制”的公立医院发展架构。

【甲型H1N1流感和手足口病医疗救治】　5月初省暨合肥市成功组织甲型流感医疗救治演练。组织开展医务人员培训，举办医疗救治知识培训班，多次组织专家对市传染病医院ICU和负压病房建设进行论证和现场指导。各医疗机构共报告接诊手足口病临床诊断3084例，收治310例，组织市级专家组会诊10次，医疗救治工作及时、有序开展。

按照省卫生厅要求，市卫生局5月紧急选派11名业务娴熟、素质过硬的护理骨干，参加安徽省手足口病医疗队，赴河南省执行为期1个月的医疗救治任务。赴豫医护人员不辱使命，出色完成任务，受到河南省卫生厅和安徽省卫生厅高度评价。

【强化医院感染管理】　合肥市医院协会牵头组织开展各种专项检查，加强院内感染控制，保障医疗安全。印发《关于切实加强医院感染管理确保医疗安全的通知》，组织医院感染管理专项检查，促进各级医疗机构加强重点部位、重点环节的医院感染管理，强化薄弱环节，消除医疗安全隐患。加强血液透析管理，4月开展血液透析情况摸底调查，制定血液透析检查标准。5月初开展首轮血液透析专项检查，要求相关医院对存在的问题立即整改。12 月中旬再次组织专家进行专项检查，责令问题突出的 3 个医院当即停止血透业务，指导并督促其落实整顿措施。针对全国部分地区连续发生的多起医疗安全事件，12 月召开加强医疗质量安全管理工作会议，对几起医疗事件进行通报和深入剖析，提出加强医疗安全管理八项措施，要求各医院认真落实，强化医疗机构及其医务人员的安全意识。开展夜急诊专项检查。在“五一”、“十一”等重大节日前，对部分医院急诊和病区值班情况进行夜查，重点检查病区医护人员在岗在位情况、对重点病人掌握情况、病区急会诊到位情况、交接班制度执行情况等，促进医疗核心制度落实。

【实施惠民工程】　一是组织实施合肥地区医疗机构门急诊病历“一本通”，将此作为卫生为民办十件实事之一，受到社会普遍关注。二是组织实施民生工程及卫生支农项目。组织实施 2009 年贫困白内障患者复明民生工程项目。通过摸底筛查，统筹安排，共完成手术 1201 例，超额 101 例完成全年工作任务。组织实施 2008 年中央补助安徽省贫困地区儿童先天性疾病和贫困白内障患者复明救治项目，453 人获得救助。继续实施二级以上医疗卫生机构对口支援乡镇卫生院工作，确定市一院、市妇幼保健院对口支援长丰县 5 所乡镇中心卫生院。根据受援医院的需求，派出 10 名不同专业的医务人员驻点开展支援。三是做好贫困重度残疾人残疾评定工作。2009 年 5 月经组织协调，在 1 个月时间内完成 27462 位残疾人核残评定。下半年完成市民政部门“低保”扩面的重度残疾人约 9000 人核残评定。配合市残联开展第二代残疾人证换发工作，2 万余名残疾人残疾等级复核评定。

【贯彻《护士条例》】　合肥市护理质量控制中心成立，制定《合肥市护士定期考核实施方案（试行）》，启动护士定期考核工作。在“5·12”国际护士节庆祝大会上，对 20 名在护理岗位做出贡献的“优秀护士长”进行表彰。组织 30 护士参加省卫生厅急诊急救、重症监护、伤口、造口等专科护士选拔培训，组织 56 名护理管理人员参加安徽省护理管理干部岗位培训。

【加强血液管理】　扎实做好无偿献血宣传工作，与省卫生厅联合开展世界“无偿献血者日”宣传活动，加强志愿服务组织建设和管理，全年共接待无偿献血 79613 人（次），采集全血 25 吨。临床用血 100% 来自无偿献血，临床成分用血比例超过 97%。

【积极推动中医事业发展】　2009 年，完成 1 名中医临床学术和技术带头人培养工作。经积极申报，市一院获省卫生厅批准建立名老中医工作室。4 家中医院 4 项专科（专病）建设稳步推进。安排中医专项资金，重点支持市一院等 5 家医院中医科研项目。11 月开展全市中医药岗位练兵技能比赛，并组织参加全省中医药岗位练兵技能比赛，获得“最佳组织奖”。4 月组织中医专家深入肥西县城开展义诊咨询，深受群众欢迎。

【医政工作】　加强医师资格考试考务工作，完成 2521 人的报名资格审核，以及技能考试和综合笔试的组织工作。出色完成第四届“中博会”等省、市重大活动的医疗保障工作。组织开展 2009 年度医师定期考核。积极处理医疗纠纷，妥善处理人民来信、来电、来访 456 起，参与较大影响的医疗纠纷现场处理 7 起，办理尸检委托 10 例，指导市医学会组织完成医疗事故技术鉴定 20 例，较好地维护了医患双方的合法权益。开展征兵体检工作。全年办理“两会”提案、议案答复件 10 起，完成 15 家医院消毒供应室验收和 2 家医院内镜现场验收初审等。

【卫生应急与传染病防控】　市 120 急救中心接听受理急救电话 18.8 万个，急救行车 130 余万公里，有效急救派车 43308 次，抢救患者 44939 人（次）。参与应对一氧化碳中毒、火灾、塌方、爆炸、大型车祸等突发事故和突发公共卫生事件约 100 起，共派车 170 余次，抢救转运伤员患者 304 人（次）。参加省、市重大公共活动应急医疗保障 200 余次。

全市法定报告传染病总发病率 585.18/10 万，同比上升 15.5%。其中，报告乙类传染 16 种，计 11625 例，报告发病率 249.02/10 万，同比下降 0.14%。死亡 25 例，死亡率 0.54/10 万。

【甲型 H1N1 流感防控】　甲型 H1N1 流感为 2009 年度世界卫生组织号召全球防控的一种新型病毒引起的传染病。4 月下旬起，甲型 H1N1 流感疫情防控工作受到合肥市委、市政府高度重视，省委常委、市委书记孙金龙主持召开市委常委会，专题部署防控工作。市政府成立甲型流感防控工作领导小组，常务副市长张晓麟任组长，副市长张进、卢仕仁任副组长，卫生局、教育局、财政局等部门负责人任成员。市政府制定《合肥市应对甲型H1N1流感工作方案》，市卫生局组织各级各类医疗卫生机构，全力以赴投入到甲型H1N1流感疫情防控和患者医疗救治工作中。通过开展密切接触者追踪与医学隔离观察，加强疫情监测，设置定点医院，开展培训演练，做好物资储备和经费保障，处置学校暴发疫情，防控社区疫情流行，开展疫苗接种和建立免疫屏障，建立联防联控应急机制，使得甲型H1N1流感防治工作取得阶段性胜利。至8月底，对195名甲型H1N1流感密切接触者实施居家隔离7天时间的医学观察。加强对流感样病例的监测，采样检测1444人份，甲型H1N1流感610份阳性，阳性率42.2%。9－10月，及时有效地处置51所学校发生甲型H1N1流感聚集性疫情。指定省、市7所三级综合医院和市传染病医院为甲型H1N1流感重症病例定点救治医院，救治重症38例。

【手足口病疫情防控】 2009年，全市共报告手足口病临床诊断5426例，发病率116.68/10万，重症12例均治愈，无死亡病例，住院病例358例。病例以3岁以下散居儿童为主，占80.6%。幼儿园聚集性病例53例，患者241例，达到突发公共卫生事件报告2例。市政府及时成立手足口病防控工作领导小组，制定印发全市手足口病防控方案、医疗救治方案。社区卫生服务机构、乡镇卫生院、妇幼保健机构开展针对防治手足口病的健康教育，各级爱国卫生运动委员会牵头开展以预防春季传染病为重点的春季爱国卫生运动，从源头上控制和减少手足口病等季节性传染病的发生和流行。4月6日起，定点医院手足口病疫情实行日报告制度。4月9日起，幼儿园实行晨检制度。市、县区疾控中心做好手足口病等传染病监测报告工作，每周、每月定期分析疫情形势，对聚集性病例实行流行风险评估。为了加强幼儿园聚集性疫情处置，防止疫情传播扩散，对42所幼儿园（或班级）分别停课放假10－14天，被停课幼儿4291人。至6月底，手足口病疫情得到基本遏制。

【恶性疟疾疫情防控】 恶性疟是由恶性疟原虫感染所致的传染病，易发生重症病例或危及生命。合肥市近20年没有发生恶性疟，由于赴非洲务工人员返乡，将此传染病带回合肥。2009年下半年，全市共发生确诊的输入性恶性疟12例，其中死亡1例。疫情发生后，市卫生局分批组织举办医疗机构疟原虫镜检培训班，努力提高诊断水平。肥东县是本次恶性疟病例的主要居住地，在省、市卫生部门指导下，肥东县政府召开动员部署大会，对全县范围非洲务工返乡人员挨门逐户全面排查，及时检测、发现。共调查从非洲回国484人，血检101人。通过对病例现住地周围进行高效氯氰氰菊酯滞留喷洒，向附近居民开展疟疾防治健康教育，对同批回国人员采集末梢血检验查找疟原虫，对回国1个月内，且在国外有既往疟疾史人员发放双氢青蒿素哌喹片，进行预防性服药，规范治疗和管理现症病人。及时组织市辖三县开展恶性疟传播媒介专项监测调查，评估传播风险，通过对蚊种的鉴定，全市目前以中华按蚊为优势蚊种，未发现嗜人按蚊，使得恶性疟的本地传播可能性大大降低。

【疾病预防与控制】 2009年疾病预防控制工作有力有序。161家接种门诊100%通过了规范化接种门诊评审。积极开展高危行为干预，结核病防治发现率和治愈率不断提高，免费治疗肺结核病人3119例，免费查痰19156人（次），免费摄胸片7774人（次）。碘盐监测59个乡镇（街道）、227个村、1996户居民，碘盐合格率及居民合格碘盐食用率均为99.9%。当年完成562名贫困结核病人和27名艾滋病人的救助。

【完善基层疾病预防控制网络建设】 2009年开展城市社区合格防保站创建，加强城市社区疾病控制力量，创建18家社区合格防保站。三县农村继续开展星级防保站创建和合格防保站创建，创建16家星级防保站、1家合格防保站。累计创建星级防保站27所、合格防保站93所。

【甲流疫苗接种】 根据卫生部《2009年秋冬季甲型H1N1流感疫苗预防接种指导意见》，市卫生部门及时制定甲流疫苗接种方案，扎实开展甲流疫苗接种工作。截至年底，市直部门、学校、医疗卫生单位接种21222人，县区累计接种23182人，完成第一批次下拨疫苗任务数的70%。

【落实基本公共卫生服务逐步均等化项目】 根据安徽省基本公共卫生服务均等化项目实施要求，2009年，合肥市制定了九大类基本公共卫生服务逐步均等化项目实施方案，9月28日启动该项目。到12月底，建立居民档案项目，累计培训694人，建立健康档案78.1万份，其中4个城区和3个开发区共计75万份，农村三县建立档案31430份。健康教育项目，累计培训273人，开展讲座（培训）656次。免疫规划项目，累计培训854人。传染病报告管理项目，累计培训524人。慢性病管理，累计培训285人，32543名慢性病人纳入管理。重性精神疾病管理，累计培训251人，有210名病人纳入管理。

【卫生监督】　2009年，全市105个街道（乡镇）中，合格卫生监督工作站达95家，合格率90.5％。结合《食品安全法》、手足口病和甲型H1N1流感防控、“中博会”保障等中心工作，共组织培训24期、4000余人（次），提高了卫生监督队伍的综合执法能力。开展卫生监督量化分级管理A等级单位评审，食品A等级单位158家、公共场所A等级单位48家、沐浴场所A等级单位20家、游泳场所A等级单位6家，有效引导企业自主加强卫生管理意识。

开展打击非法行医专项行动，累计出动卫生监督执法3832人（次）、汽车974辆（次），取缔并公告无证诊所623户（次），营造打击非法行医的浓厚氛围。开展医疗机构依法执业和传染病防治专项执法检查，共出动卫生执法5985人（次），检查医疗机构1295家、临床用血单位66家，对405家存在问题的单位进行立案处罚。各卫生监督执法机构共受理群众投诉举报1041起，其中食品408起、医疗572起、公共场所29起，比上年同期增加12%。“蜀山区查处大地幼儿园细菌性食物中毒案”被评为“2009年度全省卫生执法十大典型案件”。在市政府法制办公室组织的所有执法机构行政处罚案卷随机抽查评比中，市卫生局卫生监督所制作的“合肥市荣事达水工业设备有限责任公司生产销售未取得卫生许可涉及饮用水卫生安全产品案”和“合肥市包河区逸德咖啡馆卫生许可案”分别被评为“十佳行政处罚案卷”和“十佳行政许可案卷”，并均排名第1。2009年，市卫生局被市委、市政府确定为行政处罚自由裁量权阳光行动试点单位和依法行政示范单位。

《食品安全法》6月1日起施行，按照法律法规规定，2009年5月底前，市卫生局分别完成与市工商局、市质监局食品流通领域单位和食品生产加工企业管理档案的交接工作。同时，受市食药监局委托，市卫生局继续进行餐饮环节的食品安全监管工作。

【妇幼卫生】　合肥市婴儿死亡率7.06‰，较上年下降1.04个千分点，其中新生儿死亡率5.20‰。5岁以下儿童死亡率9.31‰，同比下降0.83个千分点。出生缺陷发生率98.8/万，同比上升11.6/万。孕产妇死亡率19.35/10万，同比上升14.65/10万。

全市7岁以下儿童27.22万人，5岁以下儿童20.18万人，3岁以下儿童12.81万人，7岁以下儿童保健管理率79.9%，3岁以下儿童系统管理率78.8%，新生儿疾病筛查率82.7%，新生儿访视率83.6%，6个月内母乳喂养率88.6%，纯母乳喂养率67.5%。对5岁以下儿童16万人的体检资料进行分析，按WHO标准评价：体重<中位数-2SD达1744人，中重度营养不良患病率1.09%，身高<中位数-2SD达287人，生长迟缓性发生率0.18%，身高别体重<中位数-2SD达263人，消瘦发生率0.16%。对5岁以下儿童97246人的血红蛋白检查结果分析，中重度贫血患病237人，患病率0.24%。

全市活产4.13万人，产妇4.12万人，建卡3.61万人，建卡率87.59%；产检3.53万人，产检率85.45%；早检3.31万人，早检率80.06%；产后访视3.43万人，访视率82.94%；系统管理3.23万人，系统管理率78.04%；住院分娩率99.4%，高危产妇住院分娩率100%，剖宫产率36.46%，新法接生率100%，孕产期中重度缺铁性贫血发生率2.01%。出生体重<2500克427人，低出生体重发生率1.03%。围产儿死亡276人，死亡率6.66‰。

全市报告妇科病实查33.48万人，查出妇科病16.95万人，患病率50.63%。其中，阴道炎9.50万例，患病率28.37%；宫颈炎11.1万例，患病率33.14%；其他疾病依次为：尖锐湿疣116例、宫颈癌70例、卵巢癌28例、乳腺癌25例。

实施“儿童保健、孕产妇保健”两个基本公共卫生服务项目与“农村妇女增补叶酸预防神经管缺陷”重大公共卫生项目，印发《孕产妇保健服务券》和《儿童保健服务券》6万份、《访视券》1万份，为妇女儿童免费提供规定的妇幼保健服务。

全年举办妇幼保健专业继续医学教育培训班10期、讲座12期，472人（次）接受培训。举办育儿知识讲座48期、健康教育知识讲座14次，印发各类健康教育宣传品10多种、3万多份。

《出生医学证明管理系统》完成升级，90多家妇幼保健机构的《出生医学证明》发放与管理实现网络实时管理。继续开展乡镇卫生院规范化儿童保健门诊创建，全年有30家乡镇卫生院申报规范化儿童保健门诊建设项目，其中27家通过市卫生局的创建评审。合肥市妇幼保健院被评为“全国三八红旗集体”，并创建为全省第一家甲等三级妇幼保健机构。

【社区卫生】 2009年，合肥市继续扎实开展社区卫生服务机构示范建设，建立全科团队服务模式，调整和规范社区卫生服务站的布局。37所社区卫生服务中心、48所社区卫生服务站完成示范建设，瑶海区全面完成社区卫生服务站的调整工作。全市拥有社区卫生服务机构190所，其中，社区卫生服务中心47所、社区卫生服务站143所，主城区社区卫生服务覆盖率达95%以上。社区卫生服务体系建设得到完善。公共卫生服务和各项惠民政策进一步落实，9项基本公共卫生服务有效开展，社区卫生服务机构启用社区卫生信息管理系统，逐步实行电子健康档案管理。同时开展70岁以上老人免费体检等惠民政策深入人心。政府对社区卫生投入不断增加，市区两级财政社区卫生服务专项经费投入达4900余万元（含工作用房资金）。社区卫生体制改革不断深入。庐阳区有5所社区卫生服务中心开展基层医药卫生体制综合改革，包括制定基本药物目录、药品零差率销售和机构负责人竞聘上岗。包河区积极创新社区卫生人才引进机制，面向社会公开招考30名大学专科以上毕业生到社区卫生服务机构工作。11月上旬，全国社区卫生服务体系建设重点联系城市第三组片区交流研讨会在合肥顺利召开。

【卫生科技教育】 完成基层卫生人才年度培训目标。乡镇卫生院250多名卫技人员、104名内儿科医生和1200多名村医接受了系统培训；21名农村卫技人员参加大专入学考试；500余人中专教育进入第三学年；28名村医参加中医中专入学考试。250名执业医师接受全科医师岗位培训、232名护理人员接受社区护士岗位培训；20名全科骨干医师参加省级培训；17名通过中医全科医师岗位培训。随着培训工作的不断深化与细化，对基层卫生人员业务素质的全面提高将起到积极的推动作用。

完善继续医学教育管理模式。全年实施省级继续教育项目15个、686项目1个、市级项目415个，15000余名在职在岗人员接受教育。市属单位医风医德全员教育成效突出。按时完成人（禽）流感、甲型H1N1流感防治带教师资及全员培训任务。

科研学科建设有序进行。有1项技术列入安徽省科技国际合作计划，1项研究列入省科研计划，18项课题列入省重点学科建设计划，3项中医药科研列入省卫生厅计划；“CT导引125I粒子植入恶性骨肿瘤的疗效及细胞凋亡实验研究”获省科技进步三等奖，“经皮医用臭氧治疗椎间盘突出症的临床疗效观察”等8项科研成果，分获市科技进步二等奖、三等奖；40家单位的58个自然实验室完成备案工作。“合肥市社区卫生服务体系构建与发展研究”完成成果登记。

推动医学会专科分会组织建设。放射学、外科学、骨科学、儿科学、妇产科学、检验医学、核医学、耳鼻咽喉科学、放射技术等9个专科分会完成换届；成立重症、超声、急诊急救医学专科分会。

【卫生民生工程】 2009年，在民生工程实施工作考核中，市卫生局名列市直单位第一名，获得“优秀组织奖”。城乡卫生服务体系建设方面，改扩建乡镇卫生院10所、村卫生室72所，建设规范化社区卫生服务中心10所、社区卫生服务站37所。培训全科医师250人、社区岗位护士232人、全科医师骨干20人，超额完成安徽省卫生厅下达的培训任务。

全市实际参加农村合作医疗农民达221.59万人，参合率97.5%。全年参合农民累计176.7万人（次）获得补偿，住院医药费用补偿比达44.9%，切实减轻了参合农民的疾病经济负担。2009年元月1日，合肥市率先在所有市级定点医疗机构实行新农合即时结报，从此本市参合患者住院，真正实现了“在哪住院，在哪报销，当天出院，当天报销”，极大方便参合农民，体现了以人为本的服务理念和全心全意为人民服务的宗旨，从根本上扭转过去出院报销审批时间长、手续程序繁琐、透明度不够的局面，确保参合农民及时拿到补助，“新农合”资金运行安全。三县新型农村合作医疗信息化平台全面建成，成功实现与其辖区内所有定点医疗机构联网运行，同时实现了与部分省市级定点医疗机构的联网。

安徽省卫生厅下达合肥市重大传染病救治任务：救治贫困结核病人322名、艾滋病人27名。

全市累计救治贫困结核病人562名，完成省厅下达救治任务的174.5%，救治艾滋病人27名。免费治疗各类肺结核病人3119例，免费CD4检测492人（次），免费痰检19156人（次），X光检查7774人（次）。

省政府新增加“提高妇女儿童健康水平”民生工程项目，包括免费婚前医学检查、农村孕产妇住院分娩补助、基层妇幼保健机构能力建设和儿童计划免疫补助等4项工作。当年累计完成免费婚前医学检查25274对，婚检率52.51%，完成省卫生厅下达年度任务的179.25%；完成农村孕产妇补助21941人，完成省卫生厅下达年度任务的107.21%。2009年纳入基层妇幼保健机构能力建设计划的肥西县妇幼保健所、蜀山区妇幼保健站项目改扩建、装饰项目全面完成。儿童免疫规划项目，全市适龄儿童累计接种疫苗103.19万针（次），接种率99.7%。

【中央扩大内需卫生项目】 2008第4季度至2009年底，合肥市共争取新增中央预算内卫生项目投资计划54个。其中，县级医院1个，县级中医院2个，乡镇卫生院29个，社区卫生服务中心10个，村卫生室12个。计划总建筑面积75170平方米，计划总投资1.2亿元，其中中央补助6691万元。54个卫生投资项目全部开工建设，已有43个项目竣工。

【爱国卫生运动】 按照省政府部署，自2009年2月开展以整治城乡环境、防控春季传染病为主要内容的春季爱国卫生运动，广泛动员基层单位和广大群众，全面清理城乡环境卫生，解决“脏、乱、差”问题，使卫生面貌有较大改观，多次接受省爱卫会暗访和检查，得到充分肯定。春季爱国卫生运动期间，共清理暴露垃圾7656处约52099吨，清除露天粪坑1985处，清理污水沟塘1424处，组织5958家单位进行5519次卫生大扫除。开展环境消杀约700万平方米，使用药品7366公斤。城郊结合部、重点集镇、道路两侧初步实现了净化目标，乡村基本呈现村容村貌整洁有序。

市爱国卫生办公室、市疾控中心组织开展除“四害”培训班，对县区及从事病媒防治37人进行培训。投入经费10余万元，开展春季灭鼠活动，共投药11吨；动员乡镇（街道）、村（居）开展夏季灭蚊蝇、蟑螂活动。

市疾病控制中心消杀科承担合肥市病媒生物监测工作，依照监测方案要求，按照全市东、南、西、北、中5个方位选点，精心组织调查人员，按月安排夜间或早晨开展监测工作，圆满完成全年病媒生物监测工作。监测结果显示，鼠、蚊蝇、蟑螂密度控制在国家标准范围。

2009年农村改水受益率达100%，比上年度增长0.02个百分点；农村自来水受益率45.38%，比上年度增长7.08个百分点；农村卫生厕所普及率92.19%，比上年度增长2.21百分点；农村无害化卫生厕所普及率28.72%，比上年度增长1.28百分点。协助省爱卫会举办两次全省改厕现场会。3月18日上午，与会代表参观了包河区大圩镇沈福村改厕现场，该村420户2018人，近年来改厕290户，无害化卫生厕所普及率69%；自来水主管网已完成铺设，正在入户；建设排污管网，160户建立三格式污水处理池。11月23－24日，安徽省农村改厕项目现场会暨培训班在合肥市举行，会议代表赴肥西县，参观盐店乡西郑岗村和三河镇茶棚村改厕现场。

2009年完成了中央转移支付健康素养监测项目和中央转移支付烟控监测项目，启动以创建无烟医疗机构为主的烟草干预工作。市文明办、爱卫办联合制定印发《关于开展创建无烟医疗卫生机构活动的通知》，编制《职工控烟手册》。组织开展百家千场健康讲座和亿万农民健康促进行动。

当年创建省、市卫生镇各1个；创建省卫生村5个、市卫生村9个；创建省级卫生先进单位14家、市级卫生先进单位531家、卫生先进社区29家。

【合肥滨湖医院正式开诊】 2009年11月15日，合肥滨湖医院正式开诊。2006年12月该院成立项目办公室，2007年4月动工建设，规划占地面积200亩，建筑面积约31万平方米，床位3000张，总投资13.77亿元。项目分二期建设，一期工程23万平方米，床位2200张，包括门诊楼、急诊楼、医技楼、内科病房楼、外科病房楼，总投资约10.5亿元。滨湖医院首批拟开800张床位，工作人员按每床位1.5人配备，设临床、住院部和医技科室48个。开诊当天，原卫生部副部长、中国医院协会会长曹荣桂，原中国军事医学科学院院长、院士吴祖泽，原中国军事医学科学院院长（少将）孙建中，中华慈善总会副会长张道诚，中华慈善总会副秘书长麻贵林，省委常委、合肥市委书记孙金龙，副省长倪发科，省人大常委会副主任郭万清，省政协副主席、省慈善协会会长李宏塔，省卫生厅厅长高开焰等领导、院士、专家莅临现场，并参加开诊活动。

【合肥市一院荣获“全国百姓放心示范医院”称号】 合肥市第一人民医院2009年参与此项活动。经过医院创建，患者问卷调查，社会公示，标准考核，人大、政协、医院协会、卫生行政主管部门推荐，中国医院协会审核等10项程序，在考评检查过程中，获协会专家高度评价，顺利获得“全国百姓放心示范医院”荣誉称号，吴冬雷副院长被评为“全国百姓放心示范医院优秀管理者”。

该院坚持以科学发展观为指导，深入贯彻患者安全目标，严格落实全国百姓放心示范医院动态管理第三周期任务，充分发挥示范医院表率作用，坚持以病人为中心，积极参与各类教育和培训，提高医疗质量，提升全员素质，强化医疗安全意识，保障手术安全，合理用药，控制医院感染，预防和减少并发症，减少不良事件，减少医疗风险，减少医疗投诉，促进医患和谐。

（徐 斌）

体 育

【概况】 2009年，合肥市体育工作坚持贯彻落实党的十七大精神，贯彻落实胡锦涛总书记在北京奥运会和残奥会总结表彰大会上的重要讲话精神，以学习实践科学发展观活动为引领，以筹备第四届全国体育大会、备战安徽省第12届运动会为重点，广泛开展全民健身运动，全面加强后备人才培养，积极扶植体育产业，大力推进基础设施建设，实现了合肥体育又好又快发展。全年彩票销售额达3.16亿元，超额完成省体育局下达的2.43亿元基本任务和3.05亿元的上限任务，销量再创历史新高。

合肥市体育局等7个单位荣获“2005—2009年全国群众体育先进集体”称号，杨云等5人荣获“全国群众体育先进个人”称号，市体育局局长李殊出席全国群众体育表彰大会，受到胡锦涛总书记接见；市体育局荣获国家体育总局授予的“2009年全民健身活动优秀组织奖”，获“安徽省体育工作先进单位”、“安徽省体育彩票工作先进单位”、“安徽省体育彩票销售特别贡献奖”、“合肥市第11届文明单位”等称号。

【第四届全国体育大会筹备工作成效显著】 在原承办委员会工作机构的基础上，成立“四体会”组委会、纪律检查委员会和34个竞赛项目单项竞赛委员会；草拟组委会工作机构设置方案，明确1室16部工作职责及人员名单，推动体育大会从筹备阶段全面转入组织运行阶段。

建立相关工作制度，一是建立开放透明的工作机制。依托市政务平台，公开征求对各工作方案的意见。二是建立协调高效的调度机制。市长吴存荣不定期召开筹备工作专题会，副市长杨增权每周召开筹备工作例会。三是建立严格履职的督查机制。明确各部门职责分工，逐项分解落实工作任务，市政府专门印发《关于加强第四届全国体育大会督办工作的通知》。四是建立规范的财务预决算机制。按照节俭办会的原则制定了《四体会财务管理办法》，编制总体经费预算。五是建立严格的审计监督机制。

配合国家体育总局印发单项竞赛规程；确定竞赛场馆；制定竞赛组织总体工作要点，明确各节点时间任务；编制竞赛器材设备清单及预算；初排单项竞赛日程和竞赛总日程；草拟奖品设计方案、颁奖组织方案；与各单项竞委会对接工作，召开项目主管会议，进一步明确工作职责、内容、标准等；对竞赛项目辅助裁判员进行第一次培训；承接2009年全国航空航天模型锦标赛、2009年全国技巧冠军赛暨2010年全国体育大会技巧资格赛“四体会”竞赛项目预赛、测试赛；迎接国家体育总局各项目中心对单项竞赛筹备工作的检查指导。

在组织筹备竞赛工作的同时，市体育局积极承担省体育局交付的参赛任务，完善定向、无线电测向两个“四体会”项目金牌课题实施方案，开展组队、训练、参赛等备战工作。

2008年5月16日举办大型新闻发布会，国家体育总局、省、市领导出席，开启1周年倒计时牌，开通“四体会”官方网站，揭晓会徽和吉祥物。

2009年2月，启动会徽、吉祥物、口号、会歌、宣传画征集工作，得到全国各地大批创作者踊跃应征。经专家、体育界人士、社会代表等组成的评审组精心评审和公证人员全程监督，并经市政府常务会专题研究，选出会徽、吉祥物入围作品，经网上公开投票评选，最终确定中标作品。

【全民健身体系进一步完善】 市体育局突出“全民健身、健康合肥”主题，紧紧围绕庆祝建国60周年和6月10日安徽省“全民健身日”、8月8日全国首个法定“全民健身日”、5月16日“四体会”倒计时1周年等时间节点和重要活动内容，宣传贯彻《全民健身条例》、《安徽省全民健身条例》，广泛开展丰富多彩的全民健身主题活动。

主办和承办合肥地区第49届元旦越野赛暨迎新年健身走、市第2届农民篮球赛、市第11届“明日之星”棋类比赛、市直机关第6届登山比赛、第四届全国体育大会倒计时1周年庆祝活动、“天翼3G杯”合肥市万人长跑赛、安徽省“全民健身日”暨第2届体育彩票彩民运动会合肥市主会场、第5届“纽崔莱”健康跑、2009年中超乒乓球联赛（合肥赛区）、“温暖中国”中超足球慈善义赛、安徽省暨合肥市庆祝全国“全民健身日”、全国第11届运动会火炬传递、市直机关第3届运动会、市第2届农民运动会等活动，直接参与者达10万多人（次）。组队参加全国健身气功比赛，获得2枚银牌和1枚铜牌；组队参加全省首届农民篮球大赛，获得第5名并获“优秀组织奖”。“元旦越野赛跑暨健身走”入选全省“十大品牌活动”。

2009年，各县（区）全部成立全民健身工作委员会；完成124名社会体育指导员培训任务；继续加强健身气功站（点）、单项体育协会、体育健身俱乐部、晨（晚）练点的建设和管理。目前成立市级单项运动协会26个，县（区）法人体育社团24个，非法人体育社团60个，各类人群体育项目组织（团队）1500多个，注册晨（晚）练点395个。完成1个国家级青少年体育俱乐部、2个省级青少年体育俱乐部、1个县级全民健身广场、1个乡镇级全民健身广场的申报工作。

围绕农民体育健身工程和全民健身示范工程两项重点内容，着力加强全民健身设施建设，改善群众健身条件。拟定《2009年合肥市农民体育健身工程实施方案》和《合肥市农民体育健身工程管理办法》，圆满完成34个农民体育健身工程场地建设任务。

【竞技体育综合实力稳步提升】 完成2009年参赛省运会最后1年注册工作，注册运动员680人，3年合计注册运动员1624人，居全省首位，占安徽省青少年运动员注册总人数的13%；草拟《参赛省十二运会奖惩办法》，组织各训练单位及教练员代表进行研讨；组织332名运动员参加骨龄抽查检测；完成参赛全国第7届城市运动会首次报名工作。

组织各训练单位参加省常规赛，共有791人参加省第12届运动会田径、游泳等19个大项22个项目的常规赛，取得122项第1名、116项第2名、105项第3名。

省级示范高中和传统项目学校招收体育特长生92人，体育特色班招生270人；采取以奖代补形式，积极支持传统项目学校参加省级以上比赛，南门小学参加全国“向阳杯”乒乓球比赛，获得儿童甲组单打第1名、团体第2名、少年女团第5名、少年男团第8名。合肥工业大学附中女队、三中女队、五十中男队获得全国中学生手球锦标赛第3名。

积极做好安徽省参赛全国第11届运动会服务工作。合肥市输送全运会运动员41名，其中35人取得决赛资格，获得1项第2名、3项第4名、1项第5名、1项第6名。

国家体育总局和教育部联合下发《关于开展全国青少年校园足球活动的通知》，确定全国44座城市为首批布局城市，合肥市是安徽省唯一入选城市。市体育局联合市教育局抽调专人成立校园足球办公室。确定31所小学、16所初中共47所学校，作为全国青少年校园足球活动布局学校。经过前期工作和精心组织，12月19日，市校园足球联赛正式开赛，2010年4月底结束，47所布局学校的953名学生参加423场比赛。

【体育产业取得新发展】 市体育局承办中超足球、中超乒乓球、全国健美赛等高水平体育竞赛表演活动；制定体育行政处罚自由裁量权的适用细则，规范行政处罚行为；加大体育行政执法检查力度，上半年重点对全市游泳公开场所进行执法检查，根据存在的问题、隐患分别下达执法建议书，从源头上保护了健身消费者的权益。

（石　峰）

社会与民生

人力资源和社会保障

【概况】 2009年10月，原合肥市劳动和社会保障局与部分原合肥市人事局职能部门单位合并组建了合肥市人力资源和社会保障局。一年来，全局上下认真学习实践科学发展观，紧密围绕服务民生、服务发展、服务合肥市现代化滨湖大城市建设，通过狠抓目标管理、机关效能建设，结合机构改革大胆实践，实现全市人力资源和社会保障工作的全面发展，有力地保障了全市跨越式发展的大局。

全国首创的农民工培训券制度，得到学习实践科学发展观中央巡视组的充分肯定，接受中央电视台、中国劳动保障报、安徽卫视、安徽日报等多家媒体的专访。市就业创业和劳动监察两网化建设工作，在国家人力资源和社会保障部召开的经验交流会上发言。“2009年全国清理整顿人力资源市场秩序专项行动”被国家人力资源和社会保障部等三部委联合表彰；被全国妇女“双学双比”活动领导小组授予“全国城乡妇女岗位建功先进集体”称号；荣获2009年全国民营企业招聘周组织工作优秀城市；市就业服务管理中心荣获“全国劳务派遣诚信单位”；因普通高校毕业生就业工作突出，市政府被授予“省普通高校毕业生就业工作先进集体”。合肥市人力资源网在年度全国高校毕业生就业网络联盟招聘周活动中受到国家人社部和国家教育部联合表彰。市人事考试中心被安徽省人力资源和社会保障厅评为“2009年度人事考试工作优秀单位”。劳动保障工作目标管理和信访工作基础管理分别被省人力资源和社会保障厅考核为优秀和先进。民办职业培训学校审批和职业技能鉴定站（所）审批的审批做法在全省推广。社保基金内控制度获市反腐倡廉制度建设优秀奖。此外，人社局还荣获“全省社会保险费征收工作先进集体”、“市文明单位”、“市卫生先进单位”、“市双拥合格单位”、“政风行风评议先进单位”、“维护社会稳定先进单位”、“外宣先进单位”、“政务信息工作先进单位”、“保密工作优秀单位”、“会计基础工作规范化单位”、“12345政府服务热线优秀成员单位”、“第三届家博会先进单位”、“防范和处理邪教工作先进集体”、“实施妇女儿童发展纲要先进集体”、“四星级职工之家”、“五四红旗团委”等一系列荣誉称号。

一位农民工兴高采烈地领到了被追回的血汗钱。

【就业创业】 全市各项就业工作均超额完成省市下达的年度目标任务。全年新增就业10.96万人、下岗失业人员再就业2.97万人、就业困难对象再就业0.64万人、当年发放小额担保贷款4024.5万元，城镇登记失业率4.05%，举办“SYB”创业培训班，先后培训3600人。率先在全省建立创业服务大厅，直接向有志创业者提供政策咨询、创业培训、专家评析、项目推介等“一站式”创业服务。率先在全省建成4个包括大学生创业园、农民工创业园、下岗失业人员创业园在内的综合性创业园区。率先在全省对农民工创业园的建设、管理，实行统一名称、统一标牌、统一标识、统一简介、统一宣传栏、统一口号等“六统一”管理。率先在全省建立50个农民工就业状况观测点，为涉及农民工就业、创业的数据统计、跟踪调查、就业援助、创业帮扶等各项工作打好基础。率先在全省建立70家创业实训基地，为创业者免费提供创业实训。率先在全省建立创业示范点和开展GYB培训，营造更加浓厚的创业氛围，确保国家级创业型城市创建目标任务按时完成。率先推行新的小额担保贷款模式，采取“你贷款、我贴息”的办法，给予小额贷款资金贴息。此外围绕“促发展与保民生”这一中心工作，积极创新工作方式，开展全市用工调查，进一步完善人力资源市场信息发布、评估、统计与分析制度，依托“省会劳务协作圈”这一平台，积极开展跨地域劳务协作与交流。规范2万余户用人单位9.4万人的就业登记与录用备案。拓展劳动保障事务代理工作，规范劳务派遣工作，新增劳务代理人员1528人，新增劳务派遣员工2216人。指导各县区就业服务机构开展“劳动力市场下乡”以及“职介大篷车”活动，促进农村劳动力尽快实现就近就地转移62684人，全年累计达72万余人。全年接收进肥就业毕业生32000人，总就业率达88%。成功承办“2009年省暨合肥市高校毕业生就业见习计划启动仪式”，20家企业被授予“高校毕业生就业见习基地”和“高校毕业生就业见习单位”，完成省政府下达合肥市高校毕业生就业见习目标，新建“合肥毕业生就业网”，为4000余名未就业毕业生提供免费档案托管。全年共接转人事档案16437份，提供给类就业岗位319722个。

【人才队伍建设】 国际人才交流和海外人才吸引有新进展，全市执行引智项目35项，聘请国外专家73人次。在德国汉诺威设立首个海外人才工作站，筹建新的省级留学人员创业园。11位专业技术人员享受2008年度政府特殊津贴，7位被确定为安徽省学术和技术带头人，3位被确定为带头人后备人选。25位企业高级管理人员和技术骨干到合肥学院任兼职教授，20位教师到企业挂职，8家企业申请设立了企业博士后科研工作站。15名高层次人才获市人才发展资金145万元，13名创新创业人才获省人才发展资金83万元。编制并发布《2009年合肥市重点项目、单位和工程人才需求目录》。

根据国家、省市下达的考试计划以及承接的各类社会化考试任务，共完成130项考试报名及命题、考试、制卷、阅卷、统分等工作，考生总人数约为155159人。组织2009年度16个专业系列的职称评审笔试、面试答辩和评委会等工作，共受理申报材料6402份。同时完成2008年度3653名评审通过人员的职称评审材料分类整理、证书发放及抽查、送审等工作。组织开展公务员培训、军转干部培训、专业技术人员继续教育培训、企业高管培训、公务员招录考前培训、事业单位招聘考前培训和学历教育培训等共计9921人。年培养各类技能人才15万人，其中高技能人才1.5万人，中级技能人才7.5万人，实用型技能人才和初级技能人才6万人。全年共发放农民工技能培训券10万份，共培训农民工3.98万人。成功举办第十届全市职业技能竞赛和第二届全市高技能人才评选奖励活动。建立健全职业培训准入制度，促进培训事业健康有序发展。出台《合肥市事业单位岗位设置管理实施方案》，积极做好事业单位岗位设置的前期工作。

市社会保险办事大厅工作人员正在热情服务前来办事的人员

【维权维稳】 市人社局坚持以维护劳动者合法权益、维护社会稳定为工作目标，狠抓劳动保障监察队伍执法能力和工作作风的建设，确保“网格化、网络化”管理工作、农民工工资清欠两项重点工作的顺利开展。通过开展劳动年审、巡查农民工工资支付情况、清理整顿人力资源市场秩序、调研劳动用工情况、整治非法用工打击违法犯罪、农民工工资支付情况专项检查活动等5次专项执法检查活动，共为12583名劳动者追讨工资5544.4894万元。其中包括建设领域农民工4609人，金额2893.3766万元；清退风险押金13.2734万元，涉及劳动者301人，责令用人单位签订劳动合同65581份，督促补缴社会保险费8647.08万元。共受理举报投诉案件2580起，参与处理突发事件30起，依法作出行政处理、处罚决定31份，罚款金额45.88万元。书面稽核缴费单位8414户，参保职工572000人。年初，合肥市被国家人力资源和社会保障部确定为国家级劳动保障监察“两网化”管理工作试点城市。在此工作成果的基础上，立足实际，创新“两网化”管理新机制，形成“纵向到底，横向到边，职责明确，反应迅速”的新型执法监管体系。突出应对金融危机，以协调劳动关系三方机制为抓手，进一步健全共商共决和谐劳动关系的工作体系。引导和鼓励企业根据实际情况采取在岗培训、轮岗轮休、协商薪酬等措施，尽最大努力不裁员、少裁员，特别是引导国有企业带头不裁员，稳定和增加就业岗位。全年仅有27家企业裁减437名劳动合同期限内的员工，占同期在岗职工的0.09%。全年共受理各类劳动争议案件2420件，其中社会保险类案件765件、劳动报酬案件735件、经济补偿金类案件808件，办案时限内结案率为100%。

【基础建设】 深入开展学习实践科学发展观活动，积极推进机关机构改革及人员的融合。通过深入调研、广泛征询意见、分析检查等措施，理清发展思路，推进事业发展。推行“阳光政务”，将所有许可非许可项目、部分便民服务项目全部进市行政服务中心，全年共接待来人来电8000余次，受理办件项目5万余件，办理行政审批项目228件。坚持各项信访维稳制度，全年共受理各类信访维稳事项11028件，办理12345市长热线12110件，承办人大议案、建议和政协提案34件。组织廉政“风险点”排查，落实“小金库”专项治理要求，规范了行政执法裁量权。不断加强基层人力资源和社会保障平台建设，全市44个街道、63个乡镇（工业园区）均建立就业和社会保障事务所，372个社居委全部建立就业和社会保障工作站。

【健全保障体系】 2009年，合肥市社会保障体系进一步完善，各项社会保险的覆盖范围进一步扩大。全市养老、失业、职工医疗、工伤、生育等5项保险累计参保达342.9万人次，5项社保基金总收入61.4亿元，较上年增长12%。为减缓金融危机带给企业的不利影响，采取降低企业社会保险费缴费费率、缓缴社会保险费等措施，为12520多户企业降低费率，减轻企业负担1.07亿元，为82户企业实施缓缴社会保险费2.36亿元。

2009年，合肥市落实5项民生工程，全市119.1万居民和大学生参加城镇居民医疗保险，完成目标任务的122%；3.93万名农民工参加免费培训，完成目标任务的111%；2718名困难人员纳入养老保险社会统筹范围，471名未参保集体企业退休人员领取每月260元的基本生活保障，累计发放基本生活保障金73.89万；帮扶零就业家庭33户中的40人就业，累计帮扶3796户中的5085人就业；全市29.1万被征地农民纳入保障，已有6.54万人享受养老保障待遇，实现应保尽保。

出台《关于做好参保事业单位新增退休人员养老金审核发放工作有关问题的通知》，制定《合肥市工伤保险定点医疗机构及定点辅助器具配置机构管理办法》，下发《合肥市工伤康复管理暂行办法》。尽力完善各类保障，修订《城镇职工基本医疗保险暂行办法》，提高居民医疗保险住院基金的支付比例，扩大医保门诊特殊病范围。对新生儿实行特殊参保政策，出台一类低保和重度残疾居民参保优惠政策，调整在校学生和18岁以下非从业居民住院基金起付标准，居民统筹基金支付限额提高到12万元。解决1988年10月8日以前被征地农民养老保障问题，及时建立和完善被征地农民养老保障月报表制度和计算机应用系统。争取肥东县成为首批国家新农保试点县。建立生育保险计算机警示系统，推进退休人员社会化管理服务，全市18.8万退休人员社区管理服务率达94%。

推进全市“金保工程”建设，创新工作思路，加大系统硬件建设力度，科学设计应用软件，加强数据管理，提升劳动保障系统的整体服务水平。重点完成市城镇职工医疗保险系统升级改造、市工伤生育保险系统建设、市劳动合同及仲裁管理平台系统建设、市劳动监察“两网化”系统建设、市城镇居民医保扩面系统建设、市劳动和社会保障基层信息管理平台系统建设等工作。全年网上办理业务10.6万笔，查询94.23万人次。按照政府网站集群的统一要求，对市劳动和社会保障门户网站进行全面改版，整合市人力资源网及“合肥政府信息公开网”的资源，实现信息一致和互动，网站年总访问量达400多万人次。信息系统应用不断推广，系统日常生产数据量达750G，超过28017.46万条缴费信息和账务信息。

【参保情况】 企业养老保险：83.99万人参

保，占全省17%，位居全省第一，基金收入41.02亿元，征缴率96.52%。市区新增移交企业退休人员近1.1万人，全年共有企业退休人员18.8万，已实行社区管理17.7万，社区管理服务率达94%。市区年末月人均养老金1100.01元，平均比上年增加117.3元，月增养老金支出1796万元。

机关事业养老保险：全市机关事业单位养老保险参保单位854家，基本实现应保尽保，参保人数50421人，养老保险费收入4.67亿，支出5.53亿，基金征缴率为99%，离、退休人员养老金全面实现社会化发放。

被征地农民养老保障和农村社会养老保险：市区已有18万人纳入被征地农民养老保障，4.1万人领取养老保障金，共征收基金10.5亿元，累计支出22270.16万元。市辖3县经审核确认共有11.1万人参保，已有2.44万人领取养老保障金，累计支出8614.89万元。全市（含市辖3县）农村社会养老保险共有投保人员13.2万人，农保基金滚存积累总额为6422.756万元。新增农保投保人员2480人，缴纳保险费565.26万元；领取农村养老保险金有3520人，支付保险费102.21万元；退保800人，退保金额113.985万元。养老金做到按时足额发放。

医疗保险：城镇职工基本医疗保险88.09万（其中市本级参保人数77.7万人）人参保，征缴率98.50%，基金收入15.81亿元，支出11.67亿元，参保人员出院141622人次，享受特殊病门诊待遇的28046人，大病医疗救助的6583人次。城镇居民医疗保险119.13万人参保，完成目标任务的122.82%，基金收入1.95亿元，支出8200万元，参保人员出院34644人次，享受特殊病门诊待遇的6185人次，其中大学生医保基金收入3152.8万元，住院基金支出314.7万元，门诊统筹基金支出177.8万元。

失业保险：全市（含市辖3县）62.51万人参保，征缴率96.66%，基金收入31526.84万元，支出24896.41万元。全年接收登记失业人员2.12万人，其中接收国有、集体企业下岗失业人员8546人。4.09万人领取失业保险金，支付农民合同制工人一次性生活补助金2397人。对金融危机期间全市认定的314家困难企业支付岗位补贴12293.28万元，充分发挥失业保险基金稳定就业的作用。

工伤保险：58.99万人参保，完成目标任务的105.34%，征缴率96.66%，基金收入7557.28万元，支出3700万元，待遇支付总人数5231人。

生育保险：49.30万人参保，完成目标任务的104.90%，征缴率96.84%，基金收入7495.77万元，支出6962万元。

（刘谢晴）

人口和计划生育

【概况】 合肥市人口和计划生育委员会坚持以科学发展观为指导，以稳定低生育水平为核心，以破解重难点问题为突破口，以促进均衡发展为着力点，按照年年有进步、一年更比一年好的要求，勇于创新，争先进位，真抓实干，奋力拼搏，取得明显成效，圆满完成省下达的各项目标任务，人口出生率10.19‰，政策符合率92.3%。人口和计划生育工作受到安徽省政府表彰；城市和流动人口计划生育工作连续十年受到表彰；肥东县由计划生育三类县晋升为二类县，与长丰县同时受到省人口计生工作领导表彰；蜀山区获得“全国计划生育优质服务先进单位”称号。

【构建大统筹】 全市各级党委、政府始终把人口计生工作纳入本地经济社会发展总体部署，各综治部门能够发挥自身职能优势，协调解决人口计生方面的有关问题。市委、市政府主要负责同志亲自深入基层调研工作，召开综治部门座谈会，协调解决人口计生突出问题；分管领导不定期进行调研督查，召开协调会，督促各项工作落实；各县区党政负责同志经常过问人口计生工作，定期开展调研，召开工作调度会，狠抓各项工作落实，统筹解决人口问题的局面逐步形成。合肥市人口和计划生育委员会在统筹解决人口计生政策兼容、计生奖扶特扶制度、乡所村室建设、先进生育文化发展以及流动人口服务管理、出生人口性别比综合治理等方面取得成效。

【改革创新】 合肥市人口和计划生育委员会针对全市人口计生工作发展不平衡的实际，探索建立问题预警、工作调度等动态监控机制，在后进地区转化、综合治理责任落实等方面取得积极成效。一是实行三级预警机制，根据存在问题的程度，实行“红、黄、蓝”三色预警，分别下发预警通知书。有1个县人口计生委、7个乡镇街道被黄色预警。二是强化定期调度制度，实行市对县（区）季调度、县（区）对乡（镇、街道）月调度，及时发现问题，果断解决问题。先后召开7次调度会，22个后进及存在问题的乡镇、街道被直接调度。三是创设领导约谈制度，由市政府分管领导直接约谈县区主要领导，市人口计生委领导约谈乡镇、街道主要领导，帮助剖析原因，理清思路，指明努力方向，限期整改落实，共约谈28人次。四是建立县区主要领导计生警示信制度，告知市委、市政府抓人口计生工作态度及目标任务，告知省、市考核有关要求，告知存在突出问题和不足，告知建议采取的措施，告知市委、市政府执行“一票否决”的决心。共发出7封警示信，引起各级党政领导的高度重视。

【稳定低生育水平】 合肥市人口和计划生育委员会注重稳定低生育水平。一是着力夯实基层基础工作。将工作重心下移，将经费投入向基层基础倾斜，以健全“村（居）为主”工作机制为着力点，以创建示范村（居）为抓手，以加强队伍建设为推力，不断强化基层基础工作。二是着力掌握工作底数。在农村，实行分类管理、分类考核，建立数据分析、网上跟踪、调研督查等工作机制，督促基层摸清家底、掌握实情；在城市，积极发挥流动人口全员信息系统的功能，健全网格化管理工作机制，不断完善户况管理系统，确保流动人口信息掌握及时、跟踪到位。三是严抓违法生育查处，遏制政策外生育行为。严格社会抚养费征收管理，对违法生育典型案件，实行分级挂牌督办，逐一盘点销号。四是培育和传播新型生育文化，引导群众转变婚育观念。将新型生育文化建设与文明城市创建、新农村建设有机结合，大力培育和传播新型生育文化，合肥市申报的全国婚育新风进万家活动示范市通过国家验收评估。五是更加严格执行“一票否决”。从2009年起，被省列为重点管理、重点帮助的县，被市列为重点帮助的乡镇、街道，一律执行“一票否决”。六是强化队伍能力提升，增强执行能力。一方面提高业务能力，分层次、分业务，采取专家讲座、骨干授课、技能比武等形式，对基层340多名工作人员进行系统培训。另一方面，提升工作效能，扎实推进政务公开，大力加强政风行风建设，增强执行能力。

【性别比综合治理】 合肥市人口和计划生育委员会大力实施“性别平等促进工程”，大力推动出生人口性别平衡发展。一是注重源头治理，防范性别选择，构筑孕情跟踪、优质服务、B超管理、出生实名登记、村民自治的防范体系。二是构建导向体系，以“关爱女孩”为载体，建立宣传教育倡导、奖励扶助引导、养老保障解忧、妇女就业指导、女孩就学帮扶的导向体系，引导群众转变婚育观念。三是以打击“两非”大要案为抓手，增大“两非”案件的查处力度。实行联动办案，由市、县（区）分管领导亲自挂帅，从人口计生、卫生、公安、法制等执法部门抽调精兵强将组成专案组，形成有效的威慑力量。赋予人口计生部门高度裁决权，市政府下文赋予人口计生委最终裁决权，凡是计划生育违法案件都由市人口计生部门直接依据相关法规作出处罚决定，交相关部门执行。查处以省属某医院为代表的一批“两非”大要案。

【流动人口管理】 2009年，全市流出人口58.05万人，流入人口46.07万人。为加强流动人口计划生育服务管理工作，以落实“一盘棋”为平台，以推进均等化服务为载体，不断提升流动人口计划生育服务管理水平，一是提升信息化管理水平。发挥流动人口全员信息系统的功能，健全网格化管理工作机制，不断完善户况管理系统，确保流动人口信息掌握及时、跟踪到位。二是加强双向协作促进共同管理，严格实行市内双向协作，组织城区与市属三县签订双向管理协议。大力推动省内双向协作，充分利用省办公平台交流反馈流动人口信息，在社会抚养费征收、政策外怀孕补救措施等重难点问题上展开密切合作。积极拓展省际协作，全市先后与流出人口较为集中的上海市6个区、无锡市2个区结成合作互助单位，给21个省会城市发出双向管理协议书，共同推进流动人口服务管理“一盘棋”。

【利益导向】 合肥市人口和计划生育委员会积极构建计划生育利益导向体系，坚持用优惠政策激励人。大幅提高计划生育家庭奖励扶助、特别扶助标准，每人每年的奖励扶助金标准在国家和省标准的基础上，提高120元，全部由市财政承担。4339名奖励扶助对象和781名特别扶助对象，通过“一卡通”直接领取奖扶金472万元。共对15万户领取独生子女父母光荣证的家庭发放、兑现保健费1150多万元；对1530对放弃二孩指标夫妇，兑现一次性奖励123万元；为3399户二女长效节育措施的家庭，支付保险金71万元；对2234户二女长效节育措施的家庭，给予一次奖励201万元；组织对3677户困难计生家庭进行慰问，送去慰问金175万元。

（张　明）

民　政

【社会救助】　2009年，合肥市（含市辖3县）有840398人次享受城市低保（持有城市户口的低保户）待遇，发放保障金1.5亿元，人均月补差179元。全年发放农村低保（持有农村户口的低保户）金8851万元，年末享受人数110046人，人均月补差85.6元。从2009年4月1日起，合肥市农村低保（含市辖3县）再次提高标准、扩大覆盖面，3县农村低保保障标准提高到每年1000元/人，市区提高到每年1200～3120元/人。全年城乡医疗救助共138619人次，救助金额3153万元。适时启动应急预案，及时下拨省冬令款、春荒款、旱灾款、风雹新灾款等总计570万元，妥善安排受灾群众生活，组织当地群众开展生产自救。

2009年7月1日，《关于解决合肥市五保户医疗问题的实施意见》发布实施，基本解决五保户看病就医问题。五保户门诊费用按年人均120元纳入财政预算，市区由医疗救助资金承担，市辖3县由医疗救助资金及新型农村合作医疗（简称“新农合”）资金按5：5比例承担；市区五保对象参加城镇居民基本医疗保险以及市辖3县五保户参加新农合，全部由医疗救助资金代缴参保费；市区五保户住院1.2万元以内含目录内外药品全部由政府支付，市辖3县五保户在乡镇及县医院住院报销比例分别提高至90%和75%，护理费由政府统筹解决。这项政策是合肥市民生工程中一个重大突破，在全省也是首创。

全市（含市辖3县）共有农村五保30444人、敬老院117所，散居供养标准为每人每年1500～3120元，集中供养标准为每人每年2640～4320元，高于省定1200元标准，为全省最高。各县区五保供养资金全部打卡发放到位，全年发放五保供养资金5635万元，集中供养率达40%，农村五保对象生活得到切实保障。

省民生工程下达农村五保供养服务机构建设项目18个，床位任务为3195张；实际完成22个项目、3500张床位，超额完成省定任务，在全省产生良好的示范效应。7月，农村五保供养服务机构建设即“515敬老工程”获中华慈善突出贡献奖。8月，省民政厅组织召开全省43个市县农村五保供养服务机构建设合肥现场观摩会，合肥市在会议上作了经验介绍。

全市共救助流浪乞讨人员6380人次，其中站内救助5460人次、医院救助920人次、未成年人362人次，共护送121名职业乞讨者返回原籍，未发生一起责任事故，圆满完成维护第四届中国中部投资贸易博览会（简称“中博会”）及国庆60周年期间全市社会稳定任务。

【慈善事业】　截至2009年3月底，市慈善协会共接收来自全市党政机关、各类企事业单位、社会各界群众和外籍友人的“5·12”汶川大地震救灾捐赠款物共11956.52万元（其中：捐款11107.21万元，物资折合金额849.31万元），全部移交有关部门。

市民政局会同市直机关工作委员会等7家单位发起市直机关与敬老院结对帮扶活动，筹集到位帮扶物资折合人民币200万元。全国第五家、华东地区唯一一家以中华慈善冠名的“中华慈善合肥医院”经过近一年的筹备，于2009年11月15日正式开诊，为835人（次）减免医疗费232万元。在开展助学、助困活动中，直接受益的学生、困难家庭人员共1754人，资助金额185.2万元（含物资）。由市民政局、市慈善协会共同实施的“515敬老工程”项目获“中华慈善突出贡献项目奖”；在《环球慈善》、新华社、中国新闻社等20家新闻媒体联合发起的“2009中国爱心城市发现之旅”活动中，合肥市被评为“爱心城市”。

11月18日，合肥市“慈善一日捐”活动受到全市党政机关、企事业单位干部职工和市民的热烈响应，市慈善协会共收到社会各界捐款2234万元，其中市本级1121万元、县区1113万元。继2006年开展“慈善一日捐”活动之后，市本级直接接收捐款首次突破1000万元。这次活动的捐款中安排400万元用于2010年元旦、春节期间对全市低保家庭、下岗职工等困难家庭进行慰问。

【基层民主政治建设】　全市深入开展全国（全省）和谐社区建设示范单位创建活动，市民政局对41个申报单位进行全面检查和评估，迎接做好省民政厅检查验收协调工作。通过考核，全市社区建设整体水平受到省民政厅充分肯定。7月中下旬至9月上旬，组织开展全市城市社区居委会统一换届选举工作，共有231个社区完成换届选举，此次社居委统一换届选举实行100%直选。

针对社区规模不合理、社区配套设施不完备等情况，启动《合肥市社区配套设施建设规划》编制工作。该规划范围为合肥市市区，面积838.52平方公里，规划期限近期为2009～2012年，远期为2013～2020年。该规划的施行，将把社区配套设施建设列入城市公用建设配套项目，实行同步规划、同步建设、同步发展，对于夯实社区建设基础、完善社区服务体系、打造市民“十五分钟生活圈”具有重要意义，在全省为首创，在全国也属领先。出台《关于推进标准化示范社区建设的意见》，首批确定义仓社区等11个示范社区创建单位，市、区按1∶1配套，每个社区平均投入80万元。依据《合肥市建设工程规划核实管理暂行规定》，对全市21个新建住宅区的社区工作和活动用房进行专项验收，落实社区工作和活动用房7263平方米。此项举措有力地促进新建小区社区用房配套的落实，在全省属首创。

【双拥优抚安置】 2009年，合肥市被评为“安徽省双拥模范城”，市民政局被省政府授予“爱国拥军模范单位”称号。

全市优待各类优抚对象8897户（人），优待金总款为3538万元，发放抚恤补助款3644.5万元，保障了重点优抚对象的生活，市区重点优抚对象“三难”（生活难、住房难、医疗难）的突出问题基本得到解决。全市有13232人通过民政部门参加城乡基本医疗保障，全年500多名重点优抚对象享受医疗补助。及时完成企业退休的1953年底以后入伍的693名“参战参试”退役战士的核查、审核和认定工作。

共完成2318名退役士兵档案接收、审核、人员报到工作。组织812名退役士兵报名参加职业技能培训，增强退役士兵市场就业的竞争力。通过在市民政局网站创办“退役士兵招聘信息”、建立退役士兵QQ群等方式，为他们搭建招聘信息平台。全市自谋职业率实现85%目标，全市共发放1108人自谋职业一次性补助金9933万余元。将全市军休干部、军队无军籍职工及无经济收入的家属、遗属的医疗保障全部纳入市基本医保范围，同时大幅度降低财政医疗支出。及时转发省民政厅等6部门《关于印发〈安徽省移交政府安置的军队离退休干部住房制度改革工作实施方案〉的通知》。成立以市政府卢仕仁副市长为组长，市民政、财政、建委、国土、房产等部门参加的房改工作领导小组，按计划、分步骤着手实施军休干部房改工作。围绕服务国防建设要求，优质安全地完成部队调防和新老兵接转的军供保障任务。

【社会事务】 全市各级民政部门依法登记备案社会组织2017个，其中登记1567个、备案450个，市民政局制定了《全市性社会团体、民办非企业单位评估实施办法》。市委办公厅、市政府办公厅转发《市民政局关于推进社会组织管理工作改革与创新的实施意见》，全市63个市级行业协会完成脱钩任务。对应参加第三批学习实践科学发展观活动的92个新社会组织、党员542人进行指导，市深入学习实践科学发展观活动指导小组被评为全国学习实践活动指导工作先进单位，受到国家民政部表彰。

出台《加快推进全市地名公共服务工程建设的意见》，组织、指导市辖各县区开展农村地名标志设置工作，肥东县、长丰县提前1年全面完成村（居）、乡（镇）地名设标工作。完成第三批346条道路名称、39条道路起止点变更和32座桥梁名称规划的审核、报批工作。完成中博会期间重点道路路牌整改、住宅建筑物命名、更名、南淝河源审定等项工作。及时更新、补充地名数据信息，新开通“合肥区划地名网”。完成《合肥地名考》和《乡镇街道信息全书》组稿编纂准备工作。完成肥东县龙岗开发区整体移交瑶海区工作，解决了2002年合肥市区划调整后长达7年的历史遗留问题。组织合肥新站综合开发试验区与瑶海区对胜利路以东区域管辖界线的勘界工作，向市政府提出两区区域界线划分方案。开展合肥市合作开发园区行政管理状况调研，完成合作园区管辖范围勘界工作。全面完成2009年边界线联合检查工作，组织、指导各县、区签订创建平安边界协议书。

清明节、冬至期间，全市各殡葬单位共接待市民80万余人，其中清明节接待市民52万余人，创下历史新高。各主要殡葬单位墓区内未发现有燃放鞭炮和焚烧封建迷信祭祀品等不文明行为，群众祭祀活动中未发生一起因工作不力导致的重大责任事故，实现“文明祭扫，平安清明、冬至”的目标，社会各界给予高度评价，清明文明祭祀工作再次获得国家民政部通报表彰。

全市婚姻登记64188对，登记合格率100%，全市婚姻登记机关规范化建设进一步推进，合肥市、肥东县、肥西县、蜀山区婚姻登记处分别获“全国婚姻登记规范化建设达标单位”称号。

【社会福利】 全市共有各类社会养老机构36家，设置床位数4723张；新成立社会养老机构6家，设置床位数约600张，超过年初提出的床位数增加10%的目标任务。

2009年，全市福利彩票总销量达4.27亿元，居全省各市第一位，比上年同期增长38.69%，为国家筹集公益金1.49亿元，为市本级筹集可用公益金约5385万元。制定出台《新增投注站申办办法》，通过公开电脑摇号确保站点申办工作公开、公平、公正，受到社会各界一致好评。福利彩票发行工作通过ISO9001质量管理体系认证，基础管理和质量管理迈上新台阶，福彩营销宣传网络基础建立，公益品牌形象日益彰显，福利慈善理念深入人心。

（袁　荔）

老龄工作

【概况】 2009年，合肥市围绕“老有所养、老有所医、老有所学、老有所教、老有所为、老有所乐”6个“老有”工作目标，开展老龄调研、老年维权、老年宣传等各项老龄工作。合肥市老龄工作委员会办公室、长丰县老龄工作委员会办公室、蜀山区民政局被省老龄工作委员会办公室评为全省老龄工作先进单位，童俊、郭季文、刘苇、李丽、王晶等5人被评为全省老龄工作先进个人。合肥市老龄办、肥西县老龄办、长丰县老龄办、包河区老龄办、肥东县老龄办、蜀山区老龄办、庐阳区老龄办、瑶海区老龄办被省老龄办评为2009年度老龄宣传工作先进单位。

市老龄办会同市委政研室开展养老社会化情况调研，形成《关于赴南京等地考察城区社会化养老服务的调研报告》和《关于推进合肥养老服务社会化的调查与思考》调研报告。市老龄办会同市民政局、市公安局、市劳动和社会保障局、市卫生局、市中级人民法院、市司法局、市老年大学等单位开展老年人口和老龄事业基本信息统计，形成合肥市2008年老年人口和老龄事业统计资料，内容涵盖老年人口构成、养老保障、养老服务机构、老年医疗设施、老年教育、老年文化娱乐和老年维权等多项数据。11月，《合肥市养老机构布点与发展规划》通过招投标进入编制阶段。

【老龄人口状况】 截至年底，合肥市（含市辖3县）60岁及以上人口70.04万人，65岁及以上人口49.54万人，分别占全市总人口14.25%、10.08%。按地域和户籍构成分，60岁以上人口中，市区有25.98万人，三县有44.06万人，分别占37.09%、62.91%；非农业人口27.19万人，农业人口42.85万人，分别占老年人口38.82%、61.18%。

老龄化日益加快的同时，高龄化也日渐突现，70岁以上老年人口32.57万人，80岁以上老年人口10.17万人，分别占老年人口46.5%、14.52%。

【优待政策】 8月，合肥市发布实施《80岁以上老人高龄津贴发放实施办法》，自当年起每年为市区所有80~99周岁老人发放300元高龄津贴，并要求市辖3县参照该办法，结合当地实际情况，制定发放办法。该项政策的实施，在全省尚属创举。全年共为市区27862名高龄老人发放高龄津贴835.86万元。此外，为全市182位百岁老人发放长寿保健费每人每月200元，全年共发放43.68万元。

【老龄工作专项示范区（点）培育】 根据省老龄办《关于培育老龄工作专项示范区（点）的意见》要求，合肥市在为老服务和居家养老工作中，培育了一批特色鲜明、亮点突出的老龄工作专项示范区（点）。

长丰县投入资金6000多万元，建成面积3000平方米的县老年活动中心和11个面积均在500平方米以上的乡镇老年活动中心。坚持“高起点设计、高标准建设”要求，投入资金5000万元完成12所敬老院新建或改扩建项目，新增住房面积3.9万平方米，新增床位2284张。

【慰问活动】 元旦春节期间，市老龄委、市委组织部、市民政局组织开展市直机关领导干部慰问市辖3县高龄老人活动，60家机关单位慰问高龄老人共240名，慰问人数较往年多出1倍，给每位高龄老人送去不少于300元的慰问金或等值慰问品，折合人民币总额10万余元。

【维权活动】 市老龄办全年共办理涉老法律

援助案件123件，受理涉老案件536件，其中审结532件、执行122件，减免费用13.41万元。受理老年人信访1577人次，调处1577人次。

【评选活动】 根据省老龄办关于安徽省第二届“十大福星”和第四届“十大孝星”评选表彰活动部署，市老龄办组织推荐评选，经综合评定后上报参选名单，吴慧珍被评选为安徽省第二届“十大福星”。

为纪念新中国成立60周年，合肥市选送20件书画作品参加“迎国庆安徽省第二届老年人书画艺术展”现场展览，取得2个银奖、2个铜奖和11个优秀等次的好成绩。

【组织建设】 2009年6月，合肥市老龄工作委员会第三次全委会议召开，讨论《合肥市关于加快发展养老事业实施意见》和《合肥市开展居家养老社会化服务实施意见》，研究部署下一阶段工作任务。

市老龄办组织基层老龄工作干部参加全省基层老龄工作干部业务知识培训班，系统学习全省老龄化状况、发展趋势及应对战略，农村老年人收入风险与经济保障，基层老龄工作和老龄统计等方面业务知识。

长丰县委出台《关于进一步加强老龄工作的意见》，对老龄工作编制、人员、经费等方面作出明确规定，推动全县老龄工作和老龄事业健康发展。

（张世龙）

城镇居民生活

【概况】 2009年，合肥市贯彻落实中央加大投资、扩大内需的方针政策，采取一系列有效措施保增长、保民生、保稳定，使得全市经济和社会事业快速健康发展，居民收入呈平稳增长态势，消费水平明显提高，消费结构更加优化，人民生活进一步改善。居民消费价格总指数自2003年以来首次为负，同比小幅下跌。另外，由于政府关注低收入群体的保障问题，扩大社保覆盖面，社会保障制度日趋完善，居民的保障意识不断增强，社会保障支出稳步提高。

【居民收入】 2009年，合肥市城镇居民人均可支配收入为17158.47元，比上年同期净增加1567.88元，总量居全省第二位；增速同比增长10.1%，比全省平均水平高1.7个百分点，剔除价格因素影响，实际增长11.1%。

从收入构成看，工资性收入、经营性收入、财产性收入和转移性收入同比全面增长，居民收入呈现多元化发展态势。

工资性收入是收入增长的主要来源。2009年，合肥市人均工资性收入为12368.97元，同比增长5.5%，占家庭人均总收入的65.4%，对收入增长的贡献率为39.4%，比上年同期提高7.8个百分点。促使工资性收入继续增长的因素主要有：1.全市经济稳定增长为提高职工工资奠定基础；2.进一步深化机关事业单位工资制度改革、规范津贴及其示范效应带来的影响；3.各级各类人才和劳务市场不断培育和完善，高校毕业生和就业困难人员的就业工作得到高度重视，同时在政策扶持下使得一些失业和下岗者实现了再就业。

经营性收入小幅增长。随着“大发展、大建设、大环境”战略的稳步推进，个体私营经济不断发展，全市居民年人均经营性收入2029.09元，同比增长6.1%，对家庭总收入增长的贡献率为7.1%。

转移性收入是拉动居民家庭收入增长的最主要动力。在惠民政策指导下，合肥市转移性收入呈现快速增长的态势。2009年，合肥城镇居民人均转移性收入4212.09元，同比增长22.7%，占家庭人均总收入的比重由19.3%上升为22.3%，对收入增长的贡献率为47.2%，比上年同期提高20.7个百分点。转移性收入增长的原因主要有：1.捐赠收入大幅增长，人均捐赠收入674.17元，同比增长152.8%，对转移性收入增长的贡献率为52.4%；2.养老金和离退休金增加，人均养老金和离退休金为3035.7元，同比增长6.4%。此外，提取住房公积金也成为转移性收入增长的重要动力。2009年人均提取住房公积金达243.89元，同比增长189.7%。

财产性收入增幅居首。2009年，居民财产性收入同比大幅反弹，人均财产性收入为314.72元，同比增长48.6%，增幅居4项收入之首，对收入增长的贡献率达6.2%。财产性收入增长的原因主要有：1.居民家庭储蓄意愿增强，利息收入比上年同期增长104.0%；2.随着城镇居民财产保值、增值和投资意识的增强，居民收入渠道不断拓宽，此外股市回暖，居民投资信心有所上升，股息与红利收入成为财产性收入的新亮点，同比增长47.1%；3. 出租房屋收入增幅较大，户均出租房屋收入157.17元，同比增长43.0%。

【居民消费】 随着居民收入的提高和扩大内需刺激消费政策的逐步落实，全市居民消费水平稳步提高，消费领域不断扩大。2009年人均消费性支出为12694.82元，同比增长8.0%，剔除价格因素影响，实际增长9.0%。

从消费结构看，八大类支出呈“五升三降”的格局，其中居住、家庭设备用品及服务、教育文化娱乐服务类大幅增长，衣着、医疗保健类有所回落；吃、穿等生存型消费比重减少，住房、文教旅游等发展型、享受型消费比重提高，消费结构趋于优化。

食品支出小幅增长，恩格尔系数下降。2009年，全市城镇居民人均食品支出为4712.82元，同比增长1.2%，增幅比上年下降8.8个百分点，在各大类居民消费中，增幅较低。恩格尔系数为37.1%，同比下降2.5个百分点，表明居民消费结构的层次稳步提升。随着生活节奏的加快，居民饮食文化消费观念进一步转变，时尚、方便、快捷的就餐方式被越来越多的家庭认可，在外用餐逐渐被人们接受。全年人均在外饮食消费939.86元，同比增长5.8%。

居住类消费步入快车道，成为消费增长的主要推力。2009年，居住类人均消费支出为1682.75元，增幅由上年的23.8%上升至56.3%，对消费性支出增长的贡献率达64.3%，增幅和贡献率均居八大类支出首位。其中，随着居民生活的改善，人们对装修档次的要求越来越高，住房装潢支出是上年同期的2.45倍。

家庭设备用品及服务支出成为消费的新热点。人均用于此类的消费支出为820.4元，同比增长22.1%，增幅比上年高12.8个百分点，对消费增长的贡献率为15.7%。增长的主要原因是家用电器的更新换代和购置越来越频繁，使得耐用消费品支出增幅达69.3%。

教育文化娱乐服务类消费持续升温。2009年，此类消费人均支出1741.16元，同比增长13.1%。随着居民休闲娱乐意识不断加强，旅游等休闲消费快速增长，人均旅游支出增幅达62.5%，成为促进消费的新亮点。此外，居民教育投入继续增大，其中非义务教育学杂费支出增长189.9%。

医疗保健支出小幅回落。由于医疗改革的深入，全民医保、大病救助等惠民政策的落实，全市居民家庭医疗负担明显减轻。2009年人均医疗保健支出为581.75元，同比下降7.2%。

服务性消费成为家庭消费支出中不可缺少的重要组成部分。随着居民生活水平的提高和社会服务业的快速发展，居民家庭消费观念和生活方式逐步发生转变，家庭服务向社会化、市场化发展的趋势愈加明显，带动居民家庭服务支出明显增多。2009年，居民服务性消费支出为3568.30元，同比增长23.8%，占消费性支出的比重为28.1%，同比上升3.6个百分点。

【社会保障支出】 合肥市加大社会保障力度，增加民生投入，扩大社保覆盖面，改善了困难居民的生活条件，进一步完善了社会保障制度。此外，居民参与养老保险、失业保险及医疗保险等社会保障的意识不断增强，个人交纳的社保支出稳步提高。2009年，人均社会保障支出为1640.91元，同比增长6.8%。

社会保障支出增长的主要原因是个人交纳的医疗基金、养老基金和失业基金的增长，分别比上年同期增长32.9%、26.8%、7.3%。

【居民消费价格与商品零售价格水平】 2009年，合肥市居民消费价格总指数自2003年以来首次为负，同比小幅下跌0.9%。居民消费分类价格中，食品、医疗保健和个人用品、烟酒、家庭设备及维修服务类分别上升3.0%、2.6%、1.2%、0.9%，居住、交通和通信、娱乐教育文化用品及服务、衣着类分别下降12.8%、2.9%、1.5%、1.1%。其中，食品类价格拉动总指数上涨1.02个百分点，居住类价格影响总指数下降1.6个百分点。

2009年，合肥市商品零售价格水平同比下降0.2%。在16个大类中，有8类商品价格水平呈下降趋势，其中燃料类跌幅居首位，比上年下降9.3%，其次是金银珠宝类，下降8.3%；另有8类商品价格水平呈上升趋势，其中涨幅最大的是书报杂志及电子出版物，同比上涨5.2%。

（陆文珺）

人物　荣誉榜

全国五一劳动奖章获得者

吴存宏　荣事达集团研究院 院长

沙建华　安徽中烟工业公司合肥卷烟厂卷接包车间 维修班长

全国工人先锋号

合肥供水集团供水热线

安徽省五一劳动奖状

东华工程科技股份有限公司

安徽省劳动竞赛先进集体

东华工程科技股份有限公司
合肥集团有限公司
日立建机（中国）有限公司
中国农业银行安徽省分行营业部
合肥急救中心

安徽省劳动竞赛先进个人

尹晓明　合肥市公安局大通路派出所　主任科员

杨　忠　安徽电力肥西供电有限责任公司客户服务中心　抢修班长

邓宏莉　合肥市体育局业余学校　副校长

何清华　安徽福山特种钢有限公司　销售员

吴　军　安徽长丰双凤经济开发区管理委员会办事员

杨　伟　合肥市重点工程建设管理局　局长、党组书记

安徽工人先锋号

安徽伟宏钢结构有限公司工程部
合肥市瑶海区大建设指挥部建设管理科
合肥包河区市容环卫服务中心芜湖西路一班
合肥市蜀山区市容环境卫生管理局清洁二队

合肥市五一劳动奖状

南京医药合肥天星有限公司
马钢（合肥）钢铁有限责任公司
合肥市邮政局
中国移动通信集团安徽有限公司合肥分公司
合肥市运输总公司
中国电信合肥分公司
安徽红四方股份有限公司
合肥科技农村商业银行股份有限公司
合肥永达大厦
合肥市糖业烟酒有限责任公司
合肥城改投资建设（集团）有限公司
合肥市重点工程指挥部市政工程办公室
合肥市规划设计研究院
合肥市市政工程管理处
合肥市卫生局卫生监督所
合肥人民广播电台
合肥实验学校

合肥丰乐种业股份有限公司
合肥市董铺大房郢水库管理处
合肥市机关事务管理局
安徽电力肥东供电有限责任公司
肥东县投融资管理中心
肥东县自来水厂
肥西县桃花工业园拓展区建设指挥部
肥西县中医院
合肥温氏畜牧有限公司代塘种鸡厂
合肥广安塑钢门窗有限公司
合肥江淮铸造有限责任公司
长丰县国家税务局信息中心
合肥市瑶海区和平路街道办事处
绿宝电缆（集团）有限公司
合肥金钟纸业股份有限公司
庐阳区双岗街道社区卫生服务中心
合肥好帮手商贸有限责任公司
安徽益力集团
合肥市乐农新村小学
安徽联华实业股份有限公司
安徽中汽旅游汽车集团有限公司
合肥滨湖投资控股集团有限公司
合肥瑞星机械制造有限公司
合肥凌江汽车座椅有限公司
合肥荣事达三洋电器股份有限公司
安徽科大讯飞信息科技股份有限公司
安徽佳通轮胎有限公司
合肥锻压集团
合肥海恒投资控股集团公司
安徽省合肥汽车客运总站有限责任公司
合肥普尔德医疗用品有限公司
合肥市巢湖风景名胜区管理委员会
合肥市政务文化新区建设指挥部办公室

合肥市五一劳动奖章

杨　高　安徽电力建设第一工程公司　主任
方荣新　合肥美菱股份有限公司　分部经理
赵宏韬　安徽江淮航空供氧制冷设备有限公司　副总工程师
胡华海　合肥四方磷复肥有限责任公司　经理
王　毅　安徽轻工业技师学院　工会主席
潘晓燕　安徽省电力公司合肥供电公司　班长
王汝新　合肥市公路管理局肥东分局　班长
王义峰　安徽安利合成革股份有限公司　副总经理
胡　丛　安徽百大合家福连锁超市股份有限公司　经理
祁碧霞　中国人民财产保险股份有限公司合肥市分公司第三支公司　经理
董晓峰　徽商银行合肥分行　宣传专员
姚文兵　合肥市重点工程建设管理局　处长
沈良红　合肥热电集团有限公司　总经理
唐金山　宝业集团安徽有限公司　工程部经理
孙业飞　合肥市建筑事务管理处　主任
吴东斌　合肥市园林绿化工程管理站　站长
张乾坤　合肥市市政设计院有限公司
瞿晓陆　《合肥日报》总编助理、编委
黄忠锁　合肥市口腔医院　工会主席
严华兰　合肥市第三中学　教师
祝洪寿　合肥市动物疫病预防控制中心　检疫员
肖　乾　合肥市政协办公厅　科员
朱金宏　中共合肥市委党校　副主任
苏　青　合肥市人大办公厅　副处长
夏小超　合肥市公安局出入境管理局　科长
魏　国　合肥市公安局蜀山分局刑警一队队长
吴翠信　肥东县人民医院　护士
卞恒东　肥东县第四中学　教师
范传发　中共肥西县委督查室　主任
徐胜国　合肥市公路局肥西公路分局　工会主席
王金宇　长丰县地方税务局　科员
贺小明　合肥市瑶海区市容环境卫生管理局　班长
李　强　安徽瑶海钢结构股份有限公司　车间主任
葛敬高　合肥金强升科技发展有限公司
胡宏元　合肥庐阳工业区
李春梅　安徽省合肥市第四十五中学　校长
阮建层　合肥市三川钢件热镀锌有限公司　工会主席
李东平　合肥市庐阳区人民政府杏林街道办事处　党工委书记

王月仓　合肥市蜀山区重点工程建设办公室
陈桂林　合肥市蜀山区工会委员会
李　艳　安徽省中玉獭兔养殖有限公司
叶　菲　合肥紫金制管有限公司　副经理
郑国清　合肥市包河区市容环境卫生管理局副主任
吴应举　合肥常青机械制造有限责任公司销售经理
曹仁贤　合肥阳光电源有限公司　研究员
庄晓庆　合肥娃哈哈饮料有限公司　车间主任
徐国友　美的荣事达合资公司　车间主任
邢应超　合肥海尔信息产品有限公司制造部部长
陈沛彬　联合利华（中国）有限公司
凌德海　合肥新站综合开发试验区方庙街道汪塘社居委　副主任
王新华　合肥市巢湖风景名胜区管理委员会处长
裴　军　合肥政务文化新区开发投资有限公司开发部经理

第8届“合肥十大新闻人物”

丁　东　蜀地见义勇为献出年轻生命

2009年8月23日晚，四川省雅安市碧峰峡镇发生一起1死3伤的重大刑事案件。来自合肥市庐阳区大杨镇的37岁青年丁东，正在此地出差，为保护他人生命挺身而出，与持刀歹徒英勇搏斗时身负重伤，经过22天抢救，终因伤势过重不幸离世。雅安市人民政府和雅安市雨城区人民政府分别追授丁东“见义勇为勇士”和“见义勇为公民”光荣称号。

何进知　促成南淝河正源“诞生”

南淝河蜿蜒穿越庐州城而过，源头说一直争论不休，直到2009年8月，水文专家们与《合肥晚报》联合开展南淝河寻源之旅，通过多次反复的实地考察，最终确定了南淝河源头——肥西县高刘镇岗北村何老家西北侧附近的红石桥。合肥水文水资源局局长何进知是此次寻源活动的发起人，多次陪同水文专家顶着炎炎烈日，不畏艰辛，前往上游徒步考察寻源，最终将南淝河源头锁定在红石桥。

程永发　推行低保听证制第一人

2009年4月，合肥市全面推行低保听证制度，这在全省乃至全国都是史无前例。而合肥市城市居民最低生活保障管理中心主任程永发是听证制度的推手。他通过反复调研、摸索，制订了一套完整的低保听证程序与制度。自此合肥市共举行低保听证会50多场。阳光透明的政策实行后，群众反响极好。

贾贤海　有矛盾纠纷就找他

在骆岗街道，提起司法所调解委员会副主任贾贤海，几乎人人都会啧啧称赞。家里有矛盾，邻里有纠纷，居民与社居委有争吵，人们都去找贾贤海……只要有解决不了的矛盾，大家第一时间想到的就是贾贤海，他已经成为名副其实的“救火员”。

缪焕勤　18年来资助学生百余名

缪焕勤老人年近80岁，1991年从合肥铁路工程学校退休后，18年来从不间断，共资助学生100多人，自掏腰包数万元，帮他们完成学业，走上社会。2009年，面对铁路工程学校女生就业难的现实，她多方奔走，经过努力安排了29名女生就业。

轩玉红　马尾辫女硕士当上“小巷总理”

对于合肥首位硕士研究生“小巷总理”的轩玉红，她未来的路很长。在2009年庐阳区亳州路街道可苑社居委换届选举中，她被居民们一致推选为社居委副主任，很快走马上任。面对很多人对她去社居委工作不太理解、觉得大材小用的问题，她淡然一笑后严肃回答：我并不觉得自己是大材小用，因为学历并不能代表1个人的工作能力和经验。

耿　亮　4年守护绝症女友

2005年，还是学生的耿亮和女友陈盼攀相识。2006年初，女友被查出身患癌症。耿亮得知后，仍然坚守这份爱情。可惜，经过4年多抗争，女友还是不幸在2009年10月去世，而其家中早已债台高筑。耿亮毅然决定留在女友父母身边，要用打工挣来的钱，帮助这个凄楚的家庭、白发的双亲偿还数万元债务。

王　莹　追逐跆拳道的女孩

2009年9月9日，第11届全运会跆拳道决赛在山东省滕州市开打，安徽省名将、世界冠军王莹因为身体不适，在女子49公斤级比赛中仅取得1枚铜牌，虽然没能成功卫冕，但她坚韧不拔、坚持不懈的精神感染了无数人。

樊丽丽　花季少女有颗坚强心

2009年10月12日，《合肥晚报》以《公厕旁住着一位花季少女》为题，独家报道了樊丽丽在厕所旁与七旬奶奶相依为命的感人事迹。樊丽丽毫不气馁，坚强走下去的信念感动了无数市民和读者，更感动着这座城市。包括著名歌唱家吴娜在内的无数好心人，向她提供了无微不至的帮助和关怀。

季维柱 救人后他悄然离开

2009年农历正月初六，胡永金15岁的大女儿李青骑着父亲用来收破烂的三轮车，带着年仅3岁的妹妹胡梦琦在南淝河二道桥附近玩耍，途经大桥时，姐妹俩连人带车全都掉进河里。本在一起玩的表哥不会游泳，看着两个妹妹在水中挣扎，一个劲地呼救。

当时，季维柱老师刚好在出事地点约300米处钓鱼。听到呼声，他迅速从岸上跳了下去。路过的市苗圃职工李明智也跳入水中，两女孩脱险了。季老师和李明智却悄然离去。

合肥百年有影响的百名女性

政治界

龚氏三姐妹 中国近现代史上，合肥籍辛亥知名人物龚镇洲的3个女儿，各因其所发挥的独特作用，长留在人们的记忆中。

1. **龚普生**（1913—2007） 外交家，“龚氏三姐妹”中长女，参加“一二·九”学生运动，燕京大学和美国哥伦比亚大学毕业。新中国成立后，出任外交部国际条法司副司长、司长，1979年被任命为中国驻爱尔兰大使，是新中国150余位首任大使中首位女性，也是第二位驻外女大使。丈夫章汉夫，原外交部副部长。

2. **龚 澎**（1914—1970） 外交家，“龚氏三姐妹”中次女。参加“一二·九”学生运动，燕京大学毕业后赴延安，后在八路军总部和重庆中共南方局（红岩村）工作，任周恩来秘书兼英文翻译，抗战胜利后，曾任北平军调处中共新闻组长。新中国成立后，出任外交部情报司（新闻司）司长、部长助理。丈夫乔冠华，原外交部部长。

3. **徐畹球**（1916—2004） “龚氏三姐妹”中三女，自幼过继给上海启秀女中校长徐婉珊，与音乐家周小燕同窗。1946年出面为上海中共代表团寻租办公住宿地点（周公馆），美籍华人，为中西文化交流作出贡献。

朝曦读书会群英 中共地下党发起组织的进步社团。“九·一八”事变后，共产党员谢立惠等在合肥联系省立六女中爱国师生，1932年成立“朝曦读书会”，指导阅读马列主义书籍和进步书刊，排演新戏，散发宣传红军和抗日救国传单，秘密发展党员，成立六女中党支部。读书会主要成员有李仁、蔡柏、曾余、蔡善英、袁玉英等，抗战全面爆发前后，部分成员奔赴延安。

吴 絹（1917—1987） 1951—1953年曾任合肥市委书记兼市政协主席，后调华东局妇女工作委员会第二书记、《中国妇女》杂志社社长、全国妇联书记处书记、中国盲聋哑人协会主席，是第二至六届全国政协委员。

冯 战（1918— ） 先后担任合肥市西市区委副书记、市委组织部副部长、市第二、三届妇联主席，1980年成为市人大常委会首位女性副主任。

阮 方（1921—1997） 曾任合肥市人大常委会秘书长、市政协副主席。因组建合肥市少儿基金会，建立合肥市第一个少年宫，被誉为“合肥的宋庆龄”。

金翠珍（1926—2007） 1949年进军合肥的解放军指挥员之一，市政协第一届女委员，曾任长丰县委书记、区委书记、副市长、市人大常委会副主任。

赵宝玲（生年不详） 合肥市妇联首任主任。1952年8月当选为合肥市民主妇女联合会第一届执委会主任，9月被任命为合肥市委妇女工作委员会书记。

宣国英（1940— ） 全国劳动模范，革命烈士后代，合肥第一批纺织女工，原市总工会主席。1960年，她年仅20岁就成为全国劳动模范，受到中央领导接见，登上天安门观礼。走上市总工会领导岗位后，为工会事业发展作出了积极贡献。

朱维芳（1950— ） 上海下放知青，从基层教育工作者成长为合肥市第一位民主党派女副市长。现任安徽省人大常委会副主任、安徽省民进主委。

经济界

李广姐（1938— ） 发展乡镇企业女性带头

人，曾任原郊区花园村党支部书记、花园实业公司总经理。20 世纪 90 年代初带领村支部一班人，在 3 间牛棚办起铸件厂，后发展为花园机械总厂，成为全省明星企业。先后荣获“安徽省劳动模范”、“安徽省优秀乡镇企业家”等称号。

夏秀兰（1939— ）　“全国五一劳动奖章”获得者，原合肥淮上酒家经理，曾任市人大常委。她执掌的淮上酒家集餐饮、沐浴、洗染等“一条龙”服务为一体，是 20 世纪七、八十年代省城“国字号”知名餐饮企业。

康易成（1948— ）　原江淮汽车集团培训中心主任、JAC 大学校长、中国学习型组织理论实践的领跑者。开创了独特的 JAC 学习型组织模式，其实践成果获得“国家级企业管理现代化创新成果”一等奖。曾参与彼得·圣吉博士主持的 ELIES 国际项目，应邀参加在美国麻省理工学院举行的高层领导研讨会，多次应邀出席国际会议并演讲。

郑晓燕（1958— ）　合肥百货大楼集团股份有限公司党委书记、董事长、高级经济师、全国劳动模范。自 1978 年进入百货大楼工作以来，从 1 名营业员成长为企业董事长，并成功地将 1 个中型商场打造成安徽商业“龙头”。2009 年销售额规模突破 200 亿元，位列中国零售百货百强第 4 位、中国连锁百强第 14 位、中国服务业 500 强第 85 位、中国企业 500 强第 280 位、安徽企业 50 强第 9 位。是全国人大代表、市人大常委。

郭恒华（1964— ）　安徽华恒化工有限公司董事长，合肥市女企业家协会首任会长、省人大代表。参与组建并发展壮大合肥市女企业家协会，凝聚了一大批业绩卓著的女董事长、女厂长、女经理、女能人，会员已发展到 200 余家。先后荣获“全国三八红旗手”、“安徽青年五四奖章”、“合肥市十大杰出青年”等称号。

杨海樱（1979— ）　安徽樱艺缘文化传播有限公司董事长，原创动漫《黑脸大包公》连续剧制片人。2005 年从日本回国，到合肥创办企业，制作的《黑脸大包公》是第 1 部在中央电视台播放的合肥原创动漫，为推介合肥作出贡献。

文学艺术卫生界

龚家三代群芳

1. **龚维蓉**（1900—1982）　合肥四大家族之一“龚家”后代，著名的大医师，爱国人士，山东女子医学校毕业，知名妇外科专家，积德施善，家庭事业孤肩挑。先后任合肥基督医院住院医师，安徽省和平医院（今安徽省立医院）第一任副院长兼外科主任，1953 年创办合肥市妇婴保健院（现合肥市妇幼保健院），担任业务院长。1952 年被中央人民政府任命为首届安徽省人民政府委员会委员，同时长期担任安徽省妇联执委和安徽省政协常委。

2. **董善涵**（1929—1987）　龚维蓉儿媳，在学生时代就投身革命，考入华东革命大学，并担任学生会主席，是新中国培养的第一代新闻工作者，先在山东《大众日报》任编辑记者，后南下到上海新闻出版单位任职，又担任《安徽日报》、《合肥晚报》首批编辑记者，生前任安徽省妇联《家庭之友报》总编。著有《庐州胜貌》，安徽人民出版社 1986 年出版发行，约 16 万字，为最早宣传推介合肥的书籍之一。她多次被评为先进工作者、优秀共产党员，曾获得“安徽省三八红旗手”称号。

3. **项贤峻**（1953— ）　龚维蓉孙女，高级编辑，合肥电视台第一任女台长，是当年全国 4 名女台长之一。1986 年至 2001 年连任安徽省青年联合会第五、六、七、八届副主席。1988 年至 2003 年连任合肥市第十、十一、十二届人大代表。1998 年获首届安徽省“十佳电视艺术工作者”。2000 年被人事部、国家广播电影电视总局评为“全国广电系统先进工作者”（部级劳模），作品荣获中国新闻奖、中国电视奖等，历任合肥市广播电视局局长、市政府副秘书长、市侨联副主席等，兼任中国记者协会理事、安徽省记者协会副主席、安徽省影视家协会副主席。

丁　宁（1902—1978）　版本目录学家、著名女词人。长期从事安徽省图书馆古籍管理和收藏工作，遗著有《还轩词全集》等。诗词创作成就受到郭沫若、夏承焘、施蛰存等人高度评价。

张家四姐妹　清末淮军名将张树声曾孙女，父亲是近代教育家张武龄，母亲陆英，四姐妹个个兰心蕙质，才华横溢，喜文学，善写作，工昆曲，爱家乡，被称为“最后的大家闺秀”，中国近代著名的“合肥四姊妹”。

1. **张元和**（1907—2003）　“张家四姐妹”中长女，昆曲艺术家顾传玠之妻，著名昆曲度曲家（专工清唱的昆曲专家）。

2. **张允和**（1909—2002）　“张家四姐妹”

中次女，语言文字学家、“汉语拼音之父”周有光之妻，亲友们用“侠肝义胆”来赞誉她，研究昆曲和编辑家庭文学社刊《水》，是她晚年最感兴趣的两件大事。

3. **张兆和**（1910—2003） “张家四姐妹”中三女，作家、文物鉴赏家沈从文之妻，现代女作家，1932 年毕业于中国公学大学部外语系。毕业后任中学教师，1949 年就读于华北大学二部。后历任北京师范大学附中、师大二附中教师。《人民文学》编辑。1941 年开始发表作品。著有短篇小说集《湖畔》、《从文家书》等。

4. **张充和**（1914— ） “张家四姐妹”中四女，德籍犹太人傅汉思之妻，1949 年随丈夫赴美，50 多年来，在哈佛、耶鲁等 20 多所大学执教，传授中国书法和昆曲，为弘扬中华传统文化默默地耕耘一生。其书法、诗词、昆曲皆妙，白先勇称她为“琴曲书画，当今才女”。

朱子扬（1915— ） 西北医学院毕业，1948 年与丈夫龚兆庆在合肥前大街开设健华诊所，成为秘密联络点迎接解放。安徽医学院（今安徽医科大学）儿科教研室主任、教授，与丈夫合著《中毒急救手册》等。1959 年曾出席全国文教群英会。

王碧梧（1916—2002） 水彩画家，作品《紫薇花》入选第 3 届全国水彩、粉画展，《瓜叶菊》和《菠菜》入选全国水彩画大展。

宋亦英（1919 - 2005） 知名诗词作家、画家，国立北平艺术专科学校西画系毕业，1945 年参加新四军。新中国成立后，历任安徽省文化局美术工作室主任、省群艺馆副馆长。中国作家协会会员、安徽省诗词学会副会长。著有《宋亦英诗词选》、《春草堂吟稿》等。

余路迅（1921— ） 合肥地区知名妇科专家，原中国人民解放军第 105 医院副院长，1966 年首次创办 105 医院妇儿科。1958 年参加全国妇女建设社会主义积极分子代表大会，受到周恩来、刘少奇、邓小平等党和国家领导人接见，1960 年被评为“全国三八红旗手”。

汪赛进（1922— ） 1964 年倡导成立全省中等卫校护理学校教研组，1977 年参与安徽省护理学会恢复组建工作，被推选为理事长，期间组织编写并翻译 10 余本护理专著和教材。1997 年获第 36 届“南丁格尔奖”，时任国家主席、中国红十字会名誉会长江泽民为她颁奖。

邹人煜（1929— ） 资深新闻工作者、知名女词人、杂文家，《安徽老年报》创办者。著有《紫千集》、《世态百感》、《微思絮语》、《梅次集》、《子思集》等书籍。

严凤英（1930—1968） 原安徽省黄梅戏剧团副团长，全国政协委员，长期在合肥工作生活，黄梅戏一代宗师，在 1952 年上海举行的第一次华东戏曲会演，她以黄梅戏传统小戏《打猪草》和折子戏《路遇》，获得广泛赞誉，1954 年因在黄梅戏电影《天仙配》中饰演七仙女而扬名全国。

丁玉兰（1931— ） 国家一级演员、庐剧表演艺术家，擅演剧目《休丁香》、《秦雪梅观画》、《双丝带》、《借罗衣》等。1957 年 5 月 6 日在中南海怀仁堂，为毛泽东、刘少奇、周恩来、朱德等党和国家领导人演出，近年为庐剧艺术传承和发展继续作出贡献。

袁秀君（1931— ） 先后任职新华社和《安徽日报》社，资深新闻工作者、作家，曾任合肥市文联党组书记、主席兼《希望》杂志主编。

殷光兰（1935— ） 民歌演员，1955 年以《山王秧歌》开始，先后创作或演唱新民歌 800 多首，1959 年应邀参加国庆十周年观礼，先后 8 次赴京，受到毛泽东、周恩来等领导人接见，一些作品被译成英、法、世界语等文字，4 次荣获省级劳动模范。

柳 溪（1949— ） 本名柳淮青，合肥人民广播电台一级播音员。因主持《庐大姐拉家常》栏目蜚声省城，2003 年获第六届“金话筒”提名奖。

苗素娥（1950— ） 被誉为“人民的好医生”，合钢医院医生，为方便行动不便的患者和智残的儿童患者，在家庭开设“家庭病房”和“家庭幼儿园”，对患者进行全心全意的服务，先后获得安徽省卫生系统“先进工作者”、安徽省人民政府“健康卫士”奖章、 “安徽省劳动模范”等称号。

侯 露（1953— ） 全国政协委员，安徽省戏剧家协会副主席，国家一级编剧，知名剧作家，创作的大型话剧《风驰瑶岗》，被中宣部等六部委选为“纪念建党 80 周年 10 台优秀剧节目”中唯一一台话剧晋京演出，被专家评价为“填补了我国戏剧舞台上革命历史剧的一块空白”，荣获全国精神文明“五个一工程”奖、中国编剧最高奖“中国曹禺戏剧奖”剧本奖。创作的黄梅戏电影《徽商情缘》打出徽字牌，唱响黄梅戏。

马尔健（1957— ）　合肥市疾病预防控制中心主任，在合肥防治“非典”及参与汶川抗震救灾中表现突出，荣获“全国抗震救灾模范”、“全国三八红旗手”、“全国卫生系统先进个人”、全省“防治非典优秀共产党员”等称号。

刘　敏（1958— ）　国家一级演员、舞蹈表演艺术家、解放军艺术学院舞蹈系主任、全国政协委员、中国舞蹈家协会副主席。曾获全国中青年“德艺双馨”文艺工作者、“全国巾帼建功标兵”、全军“三八红旗手”等荣誉称号。

胥午梅（1962— ）　著名节目主持人，曾先后在安徽电视台、中央电视台《新闻30分》担任节目主播。

马　兰（1962— ）　“黄梅戏五朵金花”之一，国家一级演员，1983年至1998年历任第六、七、八届全国人大代表，原安徽省黄梅戏剧院副院长，1989年获得“全国先进工作者”称号。主演《女驸马》、《龙女》、《风尘女画家》、《无事生非》、《西厢记》、《劈棺惊梦》、《红楼梦》、《梁祝》、《秋千架》及电视剧《严凤英》等。她扮相俊美，气度不凡，功底深厚，荣获中国戏剧“梅花奖”、“文华奖”、“白玉兰奖”，电视“金鹰奖”和“飞天奖”最佳女主角奖等大奖，是迄今为止国内囊括舞台剧、电视剧表演全国最高奖项的唯一人。2007年获美国纽约市文化局、林肯表演艺术中心和美华协会颁发的“亚洲最杰出艺术家终身成就奖”。

吴　琼（1962— ）　“黄梅戏五朵金花”之一，国家一级演员，代表作品有《女驸马》、《孟姜女》、《天仙配》等。

袁　玫（1964— ）　“黄梅戏五朵金花”之一，1983年在大型电视连续剧《红楼梦》中扮演袭人。

吴亚玲（1961— ）　“黄梅戏五朵金花”之一，国家一级演员、安徽省政协常委，第19届中国戏剧“梅花奖”获得者。

杨　俊（1963— ）　“黄梅戏五朵金花”之一，后任湖北省黄梅戏剧院副院长。

程　红（1962— ）　李鸿章故居陈列馆馆长，合肥地区最早从事文物考古发掘的女性工作者，参加了李鸿章故居的保护、修复、开放的全过程，获得“全国文物安全保护卫士奖”。

王丽萍（1963— ）　曾长期在合肥工作生活，知名散文家、国家一级编剧，被媒体和观众誉为“金牌编剧”。创作的电影有《青春作证》、《绿色柔情》等，电视剧有《婆婆媳妇小姑》、《岁月如歌》、《爱情是蓝色的》、《错爱一生》、《2000年我们结婚》、《保姆》、《媳妇的美好时代》等。著有散文集《戏·颜》、《当我遇见你》等，曾主持合肥电台《东方有约》节目。

曹云霞（1963— ）　安徽医科大学副校长，医学博士。创立安徽省第一家生殖医学中心，主持诞生安徽省首例“试管婴儿”，是安徽省唯一一名中华医学会生殖医学分会委员，享受国务院特殊津贴。曾获“安徽省五一劳动奖章”、“卫生部有突出贡献中青年专家”、“安徽省十大创业女明星”等称号。

程晓英（1971— ）　歌唱演员。2003年获第2届“金色彼岸之声”全国新人新作歌手大赛民族唱法专业组银奖。2009年在国家大剧院举办《向祖国报告》个人独唱音乐会，是军旅歌唱家在国家大剧院音乐厅举办个人独唱音乐会的第一人。

李　琳（1972— ）　影视演员。代表作有《趟过男人河的女人》、《文成公主》、《历史的天空》。荣获大众电视“金鹰奖”最佳女主角和全国电视“十佳”演员称号。

六　六（生年不详）　原名张辛，现定居新加坡。2003年以小说《王贵与安娜》蜚声海内外，被看作继张爱玲、虹影之后，第三代海外华裔女作家代表，主要代表作还有《双面胶》、《蜗居》、《心术》等。

汤加丽（1976— ）　知名人体艺术模特，现任职于东方歌舞团。2002年推出《汤加丽人体艺术写真集》，成为国内人体艺术写真署名第一人。后又相继推出《汤加丽人体艺术摄影》、《汤加丽写真日记》，其人体艺术写真系列在国内产生广泛影响。

谢雨欣（1976— ）　影、视、歌三栖明星，个人精选唱片《谢雨欣——将爱情进行到底》曾获Channel［V］年度神州歌曲大奖、上海声像双白金唱片奖。

余　声（1987— ）　毕业于中国传媒大学南广学院，2009年获第59届世界小姐中国总决赛冠军。

科技教育界

孙靖松（1914—2003） 1989年获得“全国先进工作者”称号。上海大夏大学教育系毕业，知名教育家。解放后担任合肥女中教师和四中、十六中副校长，1982年白手起家，创办合肥中山业余学校，开创了安徽省社会力量办学之先河。原合肥市政协副主席、市民革副主委，两届全国人大代表。5个女儿皆学有所成，多从事教育事业。

徐玲君（1923— ） 知名小学教育专家，1978年被评为特级教师，是合肥市第一个女特级教师。曾获“全国三八红旗手”、“全国先进儿童少年先进工作者”等称号，撰有《谈计算能力的培养》等论文。

徐静斐（1929— ） 安徽农业大学蚕桑系教授，著名画家徐悲鸿之女。曾任全国蚕学会副理事长、安徽蚕学会理事长、安徽省科协副主席、国家农业部第4届学术委员会委员。先后获得“全国优秀教育工作者”、“全国五一劳动奖章”、农业部科技进步一等奖。

“三英一锦” 1930年代，合肥女中学生刘文英、张庆英、程振英和章天锦，因成绩优异、容貌秀美，且经常参加公共活动，在风气乍开的合肥引领时尚潮流，被合称“三英一锦”。其中，张庆英是合肥3个第一人——“放映电影第一人”、“小学女校长第一人”、“学体育的女教师第一人”。

伍小平（1938— ） 中国科学院院士，中国科学技术大学教授、博士生导师，曾获中国科学院重大科技成果奖一等奖、国家自然科学奖四等奖等。

胡于南（1938— ） 合肥知名家庭教育专家，原合肥市少年宫主任、中国青少年研究中心专家讲师团成员，曾被中共中央宣传部、中央文明委等10部委授予“银杏奖”、“终身成就奖”，长期在合肥人民广播电台、安徽人民广播电台开办《胡奶奶话成才》栏目，影响了合肥几代青少年成长。

施蕴渝（1942— ） 中国科学院院士、中国科学技术大学教授、博士生导师，2009年当选为第三世界科学院院士，先后获中国科学院自然科学二等奖、三等奖。

万先广（1943— ） 原合肥市聋哑学校校长，致力于特殊教育工作，1994年首次开办盲教育，陆续被评为全国特殊教育先进工作者、全国教育系统劳动模范，曾受到江泽民同志接见，并被授予“人民教师”奖章，获合肥市首批、第二批“专业技术拔尖人才”称号。

浦丽星（1953— ） 合肥市屯溪路小学高级教师、民盟包河区支部主委，在从教的40年中，兢兢业业，默默奉献，长期坚持帮助困难群体和弱势群体将自己所有的心血倾注在了学生身上，传道授业解惑，先后资助了百余名学生，给孩子们无微不至的关心和照顾，用爱心帮助贫困家庭的孩子健康成长。因热心社会公益，2008年被评为合肥市首届道德模范。担任市人大代表期间，呼吁更多的目光关注教育，关注贫困儿童，牵头提交的《合肥市中小学布局建设应与城市规划同步》议案，促进了《合肥市义务教育阶段学校规划建设的规定》出台。

史 敏（1960— ） 合肥通用机械研究院副院长，曾被评为“合肥市十大女杰”，获得国家科学技术进步二等奖、中国标准创新贡献一等奖、全国五一劳动奖章，享受国务院特殊津贴，主持完成国家高技术研究发展计划（863计划）1项，获得发明专利2项。

丛 爽（1961— ） 中国科技大学教授、中国自动化学会空间及运动体控制专业委员会委员、中国自动化学会制造技术专业委员会委员和自动化学会系统仿真专业委员会委员、“第三届全球智能控制与自动化大会WCICA2000”秘书长。

洪 波（1969—） 2005年2月牵头成立“格桑花西部助学协会”，利用格桑花西部助学网站作为平台募集资金，帮助西部地区贫困学生完成学业、为西部学校教师进行支教培训、为贫困地区学校修建校舍和图书馆，以实际行动支援青海省教育事业。

苏明娟（1983— ） 1991年，7岁的她是金寨县张湾小学一年级学生，因《中国青年报》记者解海龙所摄题为《我要读书》的“大眼睛”照片闻名遐迩，成为中国“希望工程”形象代表、北京奥运会安徽赛会志愿者招募形象大使。现供职于安徽省工商银行。

体育界

徐淑真（1938— ） 武术运动员，1958年获全国武术比赛一等奖，1964年获全国剑术冠军，被国家体育总局授予“中华武林百杰”，享受国务院特殊津贴。

范雪平（1974— ）　武术运动员，1994 年至 1998 年，连续 5 次蝉联全国武术锦标赛太极拳冠军，第 8 届全运会太极拳冠军，九运会太极拳、剑全能冠军，第 6 届世界武术锦标赛太极拳冠军，被誉为“太极皇后”。

金　晶（1981— ）　生于合肥，8 岁时因右腿肿瘤截肢，曾为中国轮椅击剑队队员，获得 2002 年韩国釜山远南残运会银牌和世界轮椅运动会铜牌。担任 2008 年北京奥运会境外（巴黎）火炬手，在火炬传递途中抵制“藏独”分子的干扰，用残弱的身躯捍卫着奥运精神而广为人知，以无惧无畏被誉为“守护祥云的天使”、“最美最坚强的火炬手”。现为上海市普陀区市政工程管理署工会副主席。

何朋娟（1983— ）　武术运动员，先后获全国武术散打锦标赛 48 公斤级第 2 名、全国武术散打冠军赛 52 公斤级第 3 名、第 6 届亚洲武术锦标赛武术散打 48 公斤级冠军。

李　娜（1984— ）　跳水运动员，奥运会冠军。1999 年世界杯女子 10 米跳台单人亚军、双人冠军，墨西哥跳水大奖赛总决赛女子 10 米跳台冠军，2000 世界杯女子 10 米跳台单人、双人冠军，悉尼奥运会 10 米台双人冠军（与桑雪）。

老红军、老干部、英烈和遗孀

童宜仙（1893—1941）　1929 年参加革命，合肥西乡第一位党员，1933 年后任合肥中心县委妇女部长、中心县委书记。1938 年任合肥西乡妇抗会主任，组建抗日武装，1941 年被捕遇难。

李真如（生卒年不详）　早年加入同盟会，“辛亥合肥三上将”之一范鸿仙遗孀。1914 年范鸿仙被刺后，孙中山召见李真如及幼子，允诺将为范举行国葬。1936 年范鸿仙灵柩移葬中山陵东侧，与西侧的廖仲恺墓形成犄角。1973 年，江苏省人民政府重修范鸿仙李真如合葬之墓。

龚夕涛（1902—1981）　合肥人，济南、天津女中毕业，抗日名将孙立人原配夫人。抗日战争中曾出任合肥青龙厂妇抗会理事长。晚年心系祖国统一大业，病故于合肥。

韩权华（1903—1985）　祖籍安徽，北京大学文科预科、女子师范大学音乐系毕业，师从著名音乐家刘天华，后赴美留学。1945 年 6 月中国远征军打通中印公路，取得滇西战役胜利后，她自美返回昆明，与合肥籍抗日爱国名将卫立煌结婚。1960 年卫立煌病逝后，韩权华为全国人大代表、人大主席团委员，周恩来称其为“起义将领四夫人”之一。

宋继蕴（1903—1934）　年轻时接触进步书刊，1924 年与刘敏（曾任合肥中心县委书记）结婚，后赴上海做女工工作。1933 年任中共合肥中心县委委员，翌年 6 月被捕，8 月英勇就义。

刘和珍（1904—1926）　原籍合肥，生于江西南昌，南昌女子师范学校毕业，考入国立北京女子高等师范预科，后升入女子师范大学英语系。1926 年 3 月 18 日参加在北京执政门前的请愿活动，被军警开枪打死，鲁迅曾作《纪念刘和珍君》文悼念。

萧晚滨（生卒年不详）　重庆大学毕业后赴法留学，结识在巴黎大学攻读化学的合肥人郑大章。1933 年郑大章获得法国国家理化博士学位后，谢绝导师居里夫人挽留携其归国，在北平中山公园来今雨轩举行婚礼。1940 年郑大章英年早逝后，深爱他的萧晚滨来到合肥，曾任合肥女子中学（今四中）校长。

史玉清（1916—1986）　1929 年参加中国工农红军，1937 年与坚守大别山 3 年的红二十八军政委高敬亭结婚，高罹难后含冤抚孤。1949 年随部队南下合肥，初任安徽省卫生厅人事科科长，后任合肥市牙病防治所所长。

刘桂英（1920— ）　17 岁入湘雅医院护士助理班学习，参加远征军在缅甸丛林从事战地救护，是“中国远征军唯一一位活着走出野人山的女兵”。

曾　菲（1921— ）　广东梅县人，合肥市荣誉市民。1938 年参加新四军，是著名书法家、版画家赖少其夫人，大力支持合肥建设赖少其艺术馆，2003 年向合肥市捐赠赖少其书画精品 300 件。

林　佑（1924— ）　原名龚维懿，生于合肥，民国北京政府时期山东省长龚积炳的“千金”，1939 年在肥东褚老圩参加新四军。1950 年代末中国科技大学成立后任党委委员、无线电电子学系党总支书记。是著名记者羊枣的儿媳，离休前曾任中国工艺美术总公司副总经理。

马毛姐（1935— ）　无为人，长期在合肥工作生活。1949 年 14 岁时，在渡江战役中护送解放军过江，途中遭敌军炮击负伤，冒着危险坚持掌舵，首批抵达长江南岸，战后被皖北区评为一等功臣，荣获“支前模范”称号。1951 年赴京观礼并受到毛泽东接见，为她题词：“好好学习，天天向上”。1954 年加入中国共产党，后担任合肥市第二轻工业局服装鞋帽工业公司副经理。

李素珍（1955—1996） 长年累月战斗在公安刑侦第一线，身患癌症仍坚持工作，被公安部追授“全国公安系统一级英雄模范”称号。

张秀云（1980—2005） 打工妹，2005 年，结婚仅 2 个月的她为救素不相识的 3 岁小男孩，献出了宝贵的生命，被合肥市见义勇为奖励基金会授予“见义勇为特等奖”。

先进模范、专家

闵惠卿（1900—1980） 民间手工艺人，擅长徽绣，1959 年曾前往北京参加全国群英会。

倪泽兰（1934— ） 基层干部，1954 年蹲点时写出的总结《肥东芦陈乡青春、陈祠农业生产合作社对多余劳动力的解决办法》，后收入《中国农村的社会主义高潮》一书，毛泽东亲自作 300 多字按语，这是毛主席第一次就合肥农村基层工作作批语，载入《毛泽东选集》第五卷。

王丽梅（1936— ） 高级城市规划师，合肥市女知识分子联谊会原副会长。参加修订合肥市总体规划，1982 年该规划获建设部优秀设计二等奖；参加琥珀山庄南村住宅小区规划建设试点，获建设部规划设计一等奖；1989 年获“全国三八红旗手”；1991 年获合肥市人民政府“七五期间有突出贡献的科技人员”称号。

李益如（1945— ） 合肥市第一个领办律师事务所的女律师。1993 年开办侨务律师事务所，1996 年与雷延平律师事务所合并。1988 - 1998 年间，曾担任市委、市政府法律顾问。

朱彦清（1946— ） 抗洪英雄，原长丰县史院乡仇嘴村妇联主任，在 1991 年抗洪抢险中全力救护 5 位残疾的“五保”老人，自己的儿子却不幸遇难，应邀赴京参加抗洪救灾巡回报告。

曹美珍（1952— ） 原安徽拖拉机厂工人、生产标兵，多次荣获“合肥市劳动模范”称号，1988 年被评为“安徽省劳动模范”，1991 年荣获“全国五一劳动奖章”。

胡道兰（1952— ） 原安徽第一镇常青镇的当家人。任内大力发展乡镇集体经济，经济综合实力排名安徽乡镇第一位，工作扎实，勤政为民，群众评价高，1999 年被评为全国“十佳”优秀公务员，2004 当选首届“庐州十大女杰”。

朱兴福（1956— ） 公交售票员，全心全意为乘客服务，被誉为“公交”名片。先后当选为中共十三大代表、中国工会十五大代表，并荣获“全国三八红旗手”、“全国五一劳动奖章”和“全国劳动模范”等称号。

顾晓明（1959— ） 出租车司机，合肥市“无偿献血者协会”首届理事会理事。十多年来累计捐献血液 35 次，献血量共计 19600 毫升，先后获得国家“无偿献血奉献奖”金奖 1 次、银奖 1 次、铜奖 2 次。

夏伦琴（1963— ） 肥西县铭传乡大葱协会会长，曾荣获“全国科普带头人”、“全国农村妇女双学双比活动女能手”、“安徽省劳动模范”、“安徽省百强蔬菜经纪人”等称号。

邓 玲（1964— ） 合肥供电公司客户服务中心包河营业厅经理、国家电网特等劳模。在供电系统开展志愿者服务，以她名字命名的志愿者服务队荣获“中国十大杰出青年志愿服务集体”。

薛文姐（1966— ） 当代“红嫂”。1991 年抗洪救灾中，为受蜈蚣咬伤的抗洪战士挤奶疗伤，中国人民武装警察部队司令部、政治部、后勤部向其颁发基层建设先进个人荣誉证书和纪念勋章，出席北京表彰会议，受到江泽民总书记等中央领导接见。

游传琴（1967— ） 燃气抄表工。连续 25 年实现见表率、无差错率、无事故率的“三个 100%”，创造零投诉、零违纪、零事故的“三零记录”。先后获得安徽省“江淮女职工跨世纪赶超立功标兵”、“安徽省劳动模范”、“安徽省三八红旗手”、“全国五一劳动奖章”、“安徽省首届道德模范”等称号。

葛 杨（1969— ） 公安民警，在基层公安工作中，善做思想感化工作，成功解救多名轻生者，帮扶多名处罚对象。2009 年度当选“中国好人”，荣登“中国好人榜”。

蒋秀芝（1972— ） 长丰县兴农草莓专业合作社理事长、水湖镇草莓协会会长，被誉为“草莓皇后”。曾获“全国农村妇女双学双比活动女能手”荣誉称号，2008 年被推选为奥运火炬手，参加合肥站圣火传递。

窦　艳（1985—1996）　长丰县罗塘乡小学生，1996年，为救落水儿童献出年仅11岁的幼小生命，被安徽省文明委评为“十佳”少年。

谭海美（1993—）　合肥幼儿师范学校学生，因在肥东县六家畈读小学期间，在学校组织成立“留守儿童互助小队”，2005年荣获第10届全国“十佳”少先队员，2006年当选“全国青少年身边最让我感动的人”，2008年被评为合肥市首届道德模范。

旅外和港台、外籍人士

李国彝（1905—）　合肥人，知名华裔诗人，北平中国大学商学系毕业，1949年初随丈夫范苑声去台湾，1979年当选为台湾“中华模范母亲”，1993年获“世界模范母亲”奖。2005年在山东泰山召开的第19届世界诗人大会上，以百岁高龄，与季羡林、高占祥同获由国际桂冠诗人联盟董事会授予的“世界桂冠诗人”称号。

吴世珊（1921—）　祖籍合肥，美籍华人，知名社会活动家。国立重庆教育学院毕业，1945年嫁给美国援华飞行员，战后作为第一个被批准进入美国的中国新娘，创办蜚声遐迩的“吴阿姨热线”，被尊为中国的“留学生妈妈”、“美国的雷锋”。美国华人妇女商会创会人、纽约皇后华人妇女会理事长、《妇女心声》总编辑、旅美加安徽同乡会名誉会长。合肥市荣誉市民。

阚家蓂（1921—）　旅美华人，原籍合肥，知名女词人。出版有杂文《思莼集》，散文集《大洋两岸》、《旅思乡情》，诗词《阚家蓂诗词集》等。另和其夫谢觉民合编英文版《中国分省地图集》。

吴静娴（1945—）　原籍合肥，生于贵州，1949年去台湾。曾分别入选台湾和香港“十大歌星”，1980年代末。因主演电视连续剧《星星知我心》而走上荧屏。之后相继出演《星星的故乡》、《京华烟云》、《长相忆》等，成为享誉海峡两岸的歌视明星。曾两度返乡探亲寻根。

丁竹君（1952—）　原籍合肥，其父丁玉麒赴台后出生于台湾，现居美国。创办慈善事业，1999年成立慈晖文教基金会，帮助家乡改善办学条件，资助合肥籍贫困大学生，捐款金额已超过100万元。合肥市荣誉市民。

赵诚惠（1958—）　合肥学院韩国籍教师。1996年以来，坚持为中韩之间文化教育交流而努力，同时设立韩语奖学金，捐赠大量韩语书籍。2002年9月，被中国政府授予外国专家中的最高奖项“友谊奖”。合肥市荣誉市民。

庄蕙瑛（1961—）　台湾澎湖人，教授，现在合肥定居，开发肥西荒山，帮助农民增收致富，并开展科普教育，义务为农村孩子辅导英语。

（市妇联）

县区概况

瑶 海 区

【概况】 2009年，瑶海区实现地区生产总值155亿元，增长14.6%。完成财政收入5.08亿元，增长10.8%。完成社会固定资产投资260.24亿元，增长33.3%。完成规模以上企业工业总产值175.7亿元，增长8.7%；实现工业增加值39.62亿元，增长14.6%。社会消费品零售总额41.8亿元，增长25.3%，增幅位于市区前列。城镇居民人均可支配收入17158元，农民人均纯收入7130元，分别增长10.1%和15%。成功创建“全国青少年文明礼仪教育示范区”、“安徽省义务教育均衡发展先进区”和“安徽省文化先进区”，蝉联“全国科技进步先进区”称号。

【经济】 2009年，瑶海区采取措施积极应对国际金融危机冲击，以“扩大投入、控制支出”为主线，确保经济平稳较快增长。全区规模以上工业企业达到156家，较上年净增37家。工业园区累计实现规模以上工业总产值66亿元，增长65.4%。

【城乡建设】 2009年，瑶海区集中力量保障裕溪路高架、东一环、二环、文忠路、二十埠河等项目建设，完成规划总长45.4公里道路、河道拆迁工作，累计完成各类拆迁达101万平方米。

新开工新海家园二期、三期、东七城中村、市二院以及马钢新征地、少筌家园二期、天水苑等11个恢复点项目，面积108.61万平方米。其中新海家园二期19万平方米即将竣工交付。新海家园一期、二期、文中苑、合钢三个自然村、方桥新镇一期、二期、少荃家园一期共52.06万平方米竣工交付，5471套住宅回迁安置。

玻璃厂、华贝厂旧城改造项目正在挂牌招商，中天左岸公馆拆迁工作进展明显，央企合作项目华润紫云府顺利实施，凤阳二村、钱大塘生活区、畜产公司等项目开工建设，矿机黎明村、金色梧桐、万和新城等项目开盘预售。

磨店区域暨职教新城总体规划获市政府通过。整体路网格局加快形成，公建服务配套逐步完善。征地拆迁任务基本完成。17所院校签约入驻，14所院校开工建设，建筑面积约124万平方米，7所院校2.7万师生正式入住。

2009年，瑶海区积极策划包装项目，全年谋划和筛选重大项目56个。18个“1346”项目累计实现投资64.3亿元，完成年度计划205.4%。新增中央预算内投资项目8个，争取中央投资1397万元，带动社会总投资6888万元。

砂轮厂厂区拆迁基本完成。港汇购物中心、圣大国际购物中心一期即将启动。锦绣豪庭、汽配城改扩建等项目开工建设。提前完成合肥机务段11.9公顷土地拆迁工作，为合肥火车南站迁建项目实施奠定基础。全市最大的旧城改造项目——坝上街及粮食二库综合改造项目快速推进，两个多月搬迁2400户，拆迁20多万平方米，占总量的98%，实现拆迁工作大头落地。

坚持集约节约利用土地，加大闲置、低效土地清查和指标置换力度。健全项目管理和定期调度机制，南亚机械、凯泉泵业等重点工业项目顺利开工，蓝都云庭、豪世优庭、玉承和花园等开发类项目加快实施。全年新开工项目59个，同比增长51.28%，计划总投资140.05亿元。特别是9、10月份通过组织集中开工活动，新开工项目10个，计划总投资11.78亿元。

2009年，瑶海区开展环保专项行动，新开工项目环保执行率、工业废水达标率100%，新修雨污水建设管网17.29公里。新建林地12.7公顷，实施道路景观绿化9.5公里，新增城区园林绿地

31.42 万平方米。

【招商引资】 2009 年，瑶海区围绕老城区、磨店区域和物流园区“一城两翼”规划布局，开展招商引资。签约投资 55 亿元的中建材液晶玻璃基板生产线项目。引入投资 30 亿元的浙江现代联合集团国际新城市综合建设和投资 20 亿元的周谷堆批发市场等物流项目。实现京福铁路安徽有限责任公司顺利入住。组织参加中国（合肥）自主创新要素对接会、中博会、省与央企调整结构发展合作会，签约乐购、大润发以及华润等世界 500 强和央企项目项目，协议引资额达 97 亿元。全年共引进项目 66 个，其中 20 亿元以上项目 4 个，亿元以上项目 11 个，实际引进市外资金 116 亿元，完成全年目标任务 145%，到位外资 8792 万美元，完成全年目标任务 112.7%，招商质量和引资总量实现质的突破。

2009 年，瑶海区加强对外交流。全年接待绍兴市镜湖新区、山东临清市、浙江上虞市等外地党政学习考察团 10 余批。

【政策扶持】 2009 年，瑶海区进一步健全领导联系重点企业、重大项目制度，全面落实各项扶持政策，免除园区工业投资项目行政事业性收费近 50 万元，配套市工业发展专项资金 834 万元，兑现绿宝电缆、氯碱化工等企业奖励资金 421 万元，为企业申报市工业平稳运行奖励资金 1683 万元，争取市贷款贴息及担保补贴 453.8 万元，通过担保渠道募集资金 3500 万元，保障企业正常生产经营。

2009 年，该区加大科技研发经费支持力度，深化企业科技服务，17 家企业通过高新技术企业认证，7 家通过创新型企业认证，促成国轩高科、长源液压等企业与中科大、合工大等科研所多项技术协作和成果转化。

【民生工程】 2009 年，瑶海区在财力有限的情况下，优先保证 25 项民生工程建设，其中区级配套资金 1682.6 万元全部拨付到位，同比增长 27.47%，投入之大、惠及面之广，为历年之最。

2009 年，瑶海区建立健全社会保障体系，全年为 29438 名符合条件的被征地农民发放养老保障金约 2612 万元。城市低保共保障 8.8 万户次 18.4 万人次，发放保障金约 2699 万元。城镇居民基本医疗保障参保人员 11.15 万人。累计培训农民工 3744 人，全年新增就业 1.46 万人，超额完成市政府下达的目标任务。建成农村公路“村村通”3 条共 5.4 公里，完成少荃湖、河东水库除险加固和砂轮小区改造工程，新增三格式卫生厕所 200 所，建设农家书屋 24 个、残疾人康复站 11 所。和居苑廉租住房项目三栋单体全部结构验收完毕，5 个卫生服务项目基本完工。

【加大改革力度】 2009 年，瑶海区国有资产管理和运营机制进一步健全，融资工作流程逐步规范，全年争取各类建设资金 6.5 亿元。理顺区小额贷款担保公司管理体制。成立国正小额贷款有限公司，新申报中创和源海两家小额贷款公司。成立大建设综合协调机构，搭建职教形成建设管理平台。启动政府机构改革。街道、乡镇内部职能整合试点工作基本完成。实现市工商市场及人员划转分流。市政下划工作稳步推进。社区资源整合取得明显进展。2009 年，该区财税政策进一步向基层倾斜，实施税收征管激励机制，充分调动各单位协税护税工作积极性。大建设资金拨付流程更趋规范，国库集中支付全面执行，政府采购范围逐步扩展，厉行节约成效突出，全年共节约政府资金 148 万元。

【社会事业】 2009 年，瑶海区继续巩固和谐稳定局面。和平路街道获得全国首批和谐社区建设示范街道称号。深入开展平安创建工作。大力开展党政领导干部接访、下访和“信访积案化解年”活动，着力提高应急处置能力，确保全国“两会”、“中博会”、“国庆”以及龙岗开发区交接期间社会稳定。全年接访群众 1485 批 8296 人次，化解疑难信访积案 50 件。加强食品药品安全监管。落实安全生产责任制，全面开展交通整治和建设领域安全检查，做好防雪抗冻工作。

组织“迎中博、讲文明、树新风”活动，完成城市公共文明指数测评任务。磨店乡被评为全国创建文明村镇工作先进村镇。拆除新增违法建设 51 处 6643 平方米。完成省市重大活动、重要节假日期间市容环境保障工作。全区市容环卫管理和城管行政执法工作水平居全市前列。

举办第四届“颂歌献给党”歌咏比赛等文体活动。国家级课题研究被评为全国先进。在全国机器人大赛上夺得“两金一铜”，保持全市领先。兑现义务教育阶段教师绩效工资，完成“校安工程”年度建设任务。全面完成新一轮社区卫生服务机构规划调整。做好手足口病、甲型流感防控工作。完善计生工作管理模式，全区人口出生率 7.98‰，政策符合率 99.43%。率先建成区残疾人服务中心。举办省暨合肥市“全国科普日”主题活动。创刊号《瑶海年鉴》出版发行。《瑶海区志》即将出版。民兵预备役、国防动员工作不断加强。外事侨务、民族宗教、保密档案、妇女儿童、老年等工作取得新成绩。

深入推进“家电下乡”、“双进工程”和“万村千乡市场工程”。古井瑞景名品中心、北京华联和平店等大型商场、超市销售额持续增长。三产服务业日益壮大。成立土地流转服务中心，完成流转土地面积133余公顷。调整农业产业结构1200亩，新增农业产业化企业4家。农村产业化水平达到新水平。

（瑶海区地方志办公室）

庐阳区

【概况】 2009年，庐阳区全年实现地区生产总值253.53亿元，同比增长17.2%；财政收入12.8亿元，增长3.7%，其中地方财政收入7.65亿元，增长14.3%；全社会固定资产投资290亿元，增长28.8%；社会消费品零售总额176亿元，增长18.5%；农民人均纯收入8606元，增长14%。全区规模以上工业总产值131亿元、增加值38亿元，分别增长34%和35%，其中庐阳工业区规模以上工业总产值76.2亿元、增加值20.5亿元，分别占全区总量的58%、54%。

【投资引资】 2009年，庐阳区把扩大有效投入作为“扩内需、保增长”的主抓手，千方百计抓好项目的引进和服务。以合肥承办第四届中博会、徽商大会、自主创新要素对接会等为契机，邀请中国平安、戴德梁行、香港万联等众多客商考察投资。并按照市里要求，选派2名区级干部离岗赴长三角、珠三角驻点招商，组建第六批28支招商小组。先后组团参加厦门投洽会、中国总部经济高层论坛、高交会等大型展会，走访苏宁电器、深圳茂业、福建融侨等百余家企业。全年引进内资项目286个、外资项目11个，到位内资130亿元、外资1.1亿美元，招商引资总量蝉联城区第一，荣获全省利用外资先进单位称号。贯彻落实国家宏观调控政策，争取中央新增预算投资项目6个，投入资金6895万元。切实加大与央企合作力度，确定合作项目9个，协议投资288亿元。建立重大项目现场办公和定期调度制度，完善“三个一批”项目推进机制，全年投资1000万元以上建设项目136个，实现投资131亿元，其中28个列入省“861”和市“1346”行动计划项目完成投资44.7亿元，投资引资总量创历史最好水平。

【第三产业】 2009年，庐阳区作为全省3个城市商贸服务业发展示范区试点之一，率先出台《关于进一步加快楼宇经济发展的意见（试行）》等三项扶持政策，全年拨付奖励扶持资金1033万元。在43幢商用面积5000平方米以上的重点楼宇设立“六大员”（即：由街道确定一名分管领导牵头做好联络服务工作，同时指定一名工作人员做好招商和信息沟通工作，安监部门确定一名办事员负责安全、消防管理工作，工商、税务部门各指定一名办事员负责楼宇企业注册服务，物业管理公司确定一名工作人员提供楼宇信息），在全区范围内开展调查摸底，建立楼宇资源信息库。新引进的世界500强企业汇丰银行入驻、英国乐购超市开业，台湾大润发项目开工建设。编制北一环商办新街区发展规划，加强淮河路步行街整治管理，启动桐城路花卉特色街和阜南路美食街创建工作。在亳州城、大西门等14个社区开展社区商业示范创建活动，完成城隍庙、中菜市等5个市场的划转接收工作。

【工业经济】 2009年，庐阳区强化工业经济运行调度能力，健全完善区级领导联系重点企业制度。全面落实推进中小企业振兴计划，为80家企业落实协议贷款5亿多元，为97户企业争取省、市奖励扶持资金1013万元，帮助企业获得贷款、技改等贴息资金550万元，庐阳区控股时雨小额贷款公司为70户中小企业提供贷款95批次1.05亿元。高度重视科技创新工作，合晶电子、星辰电缆等10家企业新认定为高新技术企业，永信信息、利特环保等8户企业被命名为合肥市科技创新型企业，通过2007－2008年度全国县（市）科技进步考核。加大财政投入支持工业区发展，启动多层标准化厂房建设，增强了工业区的服务功能。全年新建、续建工业项目88个，完成工业投资59亿元，增长34%。全区规模以上工业企业新增28户，达到129户，其中产值超亿元企业44户，皖能发电、天威合变产值超10亿元。

【新农村建设】 2009年，庐阳区加快农村基础设施建设，投资1359万元改造总里程15.8公里的崔谭路、范郢路等8条村村通道路，开工建设环湖北路污水管网，完成明星水库、东大坝水库除险加固工程，建成小钱郢新农村建设示范点，实施陈龙村土地复垦整理项目，从严查处违法用地行为。建立城乡一体的农村环境整治长效机制，完成合淮阜高速庐阳段生态林带建设，加强水源地生态环境保护，大力发展休闲观光农业，积极推进生态旅游，三国遗址公园被评为国家AAAA级景区，三十岗乡被评为国家AAA级景区、荣获安徽省环境优美乡镇称号，大杨镇被评为合肥市经济社会发展“十快乡镇”、荣获第四批全国创建文明村镇工作先进村镇称号。

【城区建设】 2009年，庐阳区坚持建管并重，城乡形象得到显著提升。不断推进城中村和危旧房改造，建成合肥铝厂危旧房改造一期工程，完成杨小郢、建材一厂、铁路北货场、郑湾等项目拆迁30多万平方米，启动万大郢、姜万郢城中村改造和建材三厂危旧房改造，全面完成龚大塘和寿春路156号小区综合整治工程。进一步加快大建设复建点建设，9幢9.23万平方米的宿州北路和劳动村拆迁复建点竣工，规划面积28.4万平方米的四泉花园、梧桐嘉园和森林公园二期复建点开工建设，建筑面积2万平方米的荣城花园北苑廉租房建设进展顺利，电厂复建点安置全面完成。继续按照“打通主动脉，健全微循环”的要求，开工建设淮北路、界首路等4条支路管网，改造维修北含山路、一里井巷等15条小街巷。切实做好“中博会”期间的街景整治和灯饰亮化工作，完成北一环、蒙城路等12条道路、624栋楼体的立面整治和93栋楼体的灯饰亮化任务，对15万平方米的城中村粉刷出新，新增街巷绿地约7万平方米，受到省政府的表彰。继续推进城市管理的网格化、信息化、机械化、市场化，建立以社区为单位的87个管理网格，建成城市管理监控指挥系统，投资200多万元加强城管执法队伍规范化建设，新增14台环卫作业机械设备，机械化清扫率达到80%，拍租逍遥津和人民广场地下通道等广告设置权，运用市场机制规范广告设置，提升城市形象。

【民生工程】 2009年，庐阳区按照“提标扩面、规范高效”的总体要求，投入资金9810万元大力实施26项民生工程，惠及群众达30多万人。在全省率先实施城乡低保并轨，并按城市低保水平提高农村散居“五保户”供养标准。将农村计生家庭奖励扶助和城乡计生家庭特别扶助标准在市定基础上翻一番，扶助金额为全省最高。比照省政府支持皖北计划生育政策，对落实措施的农村双女户发放一次性奖励金。扩大城乡医疗救助范围，为全区城乡低保对象和农村“五保户”代缴城镇居民基本医疗保险费用，为159名贫困白内障患者实施复明手术，荣获第一批全国白内障无障碍县区称号。全区开展落实保障政策并拓展扶持范围，全年为5964名到龄被征地农民发放养老保障资金1934万元，为1461名大中型水库移民发放后期扶持资金88.7万元，为1028名重度残疾人发放生活救助资金52.9万元，为全区农民免费办理政策性农业保险，为1483户农村家庭解决自来水开户费用。完成大杨镇敬老院改扩建工程，实施农村改水改厕391座。

【社会事业】 2009年，庐阳区继续巩固全省义务教育均衡发展先进区成果，建立城乡学校捆绑发展“共同体”，新建六安路小学荣城花园分校，实施合肥市第四十七中学改扩建和校舍安全工程，投入近6000万元实施义务教育阶段教师绩效工资，荣获全省教育强区称号，合肥市四十五中学被评为全省义务教育阶段唯一的全国教育系统先进集体。全区以全国城市公共文明指数测评为契机，广泛开展群众性精神文明创建活动，精心组织以庆祝建国60周年为主题的群众文艺活动，举办第六届庐阳文化艺术节，率先实现“农家书屋”全覆盖，在第二届农运会上取得良好成绩，荣获全国群众体育先进单位称号。以提高居民群众幸福感为重点，大力推进和谐社区建设，圆满完成社区居委会换届选举，被民政部命名为全国和谐社区建设示范城区，义仓社区、红旗社区被命名为全国和谐社区建设示范社区，义仓巷小区、大众巷小区、上城国际丁香苑荣膺首届由群众评选的合肥十大“最具幸福感”小区。以创建创业型城区为目标，设立总额为1000万元的创业专项扶持资金，建成全省首家城区农民工创业园和全省首家大学生创业园，全区新增就业人数14589人，被评为全省就业工作先进县区。按照“三主三辅”的要求，完成大杨、双岗、逍遥津等6个社区卫生服务中心及11个社区卫生服务站示范化建设，积极开展社区健康管理医生服务活动，有效防控甲型H1N1流感和手足口病聚集性疫情，全面实施免费婚检，对农村产妇分娩补助达到100%。以争创全国计划生育服务先进区为标杆，进一步强化计生利益导向机制和以村居为主工作责任机制，切实抓好违法生育和“两非”案件查处，全区出生人口性别比 110.7，政策符合率 99.4%。

高度重视公共机构节能工作，机关事务管理受到全省表彰。扎实推进国防后备力量建设以及新装备训练、战备规范化和民兵重点分队建设，双拥共建取得新进步。积极发展老龄、妇女儿童、未成年人保护和残疾人事业，区地方志工作连续第四年被评为全省先进，外事侨务、民族宗教、人防民防、物价、档案和防震减灾等项工作取得新成绩。

【民主与法治】 2009 年，庐阳区坚持依法治区，和谐庐阳统筹推进。高度重视民主法制建设，自觉接受区人大的依法监督和区政协的民主监督，主动听取社会各界的意见和建议，全年办理省、市、区人大代表建议和政协委员提案 155 件，办结率 100%。紧紧围绕“践行科学发展、打造首善之区”的主题，大力开展学习实践科学发展观活动，基本实现了干部受教育、发展上水平、群众得实惠的总体要求。出台《庐阳区人民政府重大行政决策规则》等三项制度，进一步规范了政府决策行为。创新财政体制机制，在全省率先实施国有资产信息化管理，扩大国库集中支付试点范围，推进财政管理科学化、精细化。严格落实党风廉政建设责任制，加强行政监察和经济责任审计，严肃查处违法违纪案件，党风廉政建设取得新成效。

扎实推进“法治庐阳”创建工作，进一步强化流动人口的服务和管理，严格落实信访维稳工作责任制，认真开展了矛盾纠纷排查、治安混乱地区和突出治安问题排查、校园周边环境排查，平安庐阳建设取得新成效。切实加强消防安全知识的宣传教育和应急演练。扎实开展安全生产“三项行动”、“三项建设”和全区建筑相关领域安全生产“百日行动”，全区安全形势明显好转。实施质量兴区三年行动计划，依立腾服装、本雅明涂料等 7 家企业分别荣获省、市级名牌产品称号。

（丁仕旺　王瑞刚）

蜀 山 区

【概况】 2009 年，蜀山区全年完成地区生产总值 213.9 亿元，同比增长 15.5%；实现财政收入 8.98 亿元，增长 6.7%，其中地方收入 6.38 亿元，增长 21.2%；完成固定资产投资 280.2 亿元，增长 33.3%；农民年人均纯收入 8786 元，增长 10.8%。

【经济发展】 2009 年，蜀山区产业结构进一步优化，三次产业比例由 0.4：42.9：56.7 调整为 0.3：42.3：57.4。工业经济运行质量不断提升，完成规模以上工业总产值 151.2 亿元，增长 27%；实现工业增加值 59.57 亿元，增长 20.9%；新增规模以上工业企业 19 家。工业投资 44.2 亿元，增长 41.2%；农村投资 5.42 亿元，增长 135.5%，总量和增幅为历年之最。新产业园区步入经济增长期、贡献期，实现工业总产值 32 亿元，税收突破 1 亿元大关。电力设备、医疗器械、生物能源板块聚集效应明显，高新技术企业占投产企业的 91%。南岗科技园合作发展势头良好，三洋机电、马牌轮胎等大型工业项目开工建设。商业服务业快速发展，实现社会消费品零售总额 101.9 亿元，增长 25%，高于全市增幅 5 个百分点。全年新开工项目 132 个，完成投资 137 亿元。省“861”项目、市“1346”行动计划项目分别完成投资 11 亿元、28.7 亿元，均超额完成计划任务。全区农牧渔业总产值 1.25 亿元，集中流转土地 400 公顷，成片造林 273 公顷，以隆平高科、荃银高科为龙头的合肥市农业科技研发基地正在加紧建设，梁墩农家美食街等项目推进。非公有制经济继续发展，新增注册个体工商户 2797 户、私营企业 1800 家。

【招商引资】 2009 年，蜀山区全年招商引资 110.6 亿元，增长 34%。先后组团参加中博会、厦洽会、高交会、家博会、央企推介会等，精心准备对接第二届中国商业地产年会，组织开展征集现代商务表述语等策划包装活动，“智汇蜀山，商迎四海”从全国 6000 多条征集语中脱颖而出。修订蜀山区商业网点规划，编制商业地块招商资源图，重点锁定全国百强地产企业，建立“一个中心、两个窗口、三项机制”，积极开展定向招商、专题招商、产业招商、驻外招商，大力度、高强度、快速度推进招商。推行重点项目全程包联制，定期分析调度，现场督查指导，多方协调服务。商业开发项目的谋划、招商、建设势头强劲。梅山新村、庐西园项目成功推介，商业楼宇面积占项目规划的 70% 以上。安粮城市广场、红星美凯龙七代店等开工建设，大唐国际广场、松芝万象城等一批商业综合体初具形象，苏宁电器城、天徽古玩城等投入运营，大洋百货、保利影院、冠军溜冰场等一批品牌商家先后签约。

【城乡建设】 2009年，蜀山区完成长江西路高架桥、新桥国际机场高速路、蜀山森林公园等14万平方米拆迁任务。丁香家园一期985户拆迁户、1101套住房回迁安置，二期封顶、三期进场施工，蜀山花园回迁楼竣工分配，新产业园区二期恢复点1432户拆迁户、1953套住房回迁安置。完成东兴街、三郢路等小街巷改造，东至路、皖河路等6条支路建设有序推进。城中村改造面上整体推进、点上重点突破，杜岗、胡小郢、北新庄、东新庄、沈小郢等项目拆迁工作顺利开展，4处开工建设，2处招拍挂出让。梅山新村旧城改造项目在全市首创“政府主导、市场运作”新模式。区财政投资500万元，摸排、整治、修缮23处市下划企业生活区、无主管生活小区公建配套设施，廉泉旧小区专项整治工程如期竣工。区法院审判综合楼、检察院技侦楼主体完工验收。南岗镇敬老院一期工程完工。源头治理小豆腐作坊安全隐患，全市首个豆制品加工基地项目建设方案获市政府批准。完成782栋楼体美化、61栋高楼灯饰亮化和49栋楼顶平改坡任务。对6公里南淝河蜀山段开展专项集中整治。建成清溪东路两侧景观绿地1.3万平方米，实施40处街头零星地块绿化，新增绿地4.1万平方米，植树1.9万株。加强城市管理和行政执法，迎接创建全国文明城市检查，公共文明指数测评位居全市前列，荣获中博会组织工作先进单位称号。新农村建设加快推进，建成农村公路7条、7.2公里，路面宽由省定标准3.5米提高到5米以上。完成危桥改造一座，董铺渡改桥项目即将开工建设。整修、开挖当家塘28口，疏浚、硬化渠道32公里。“清洁家园，绿化乡村”活动深入开展，初步建立农村道路、绿化管护工作常态机制。

【民生工程】 2009年，蜀山区全年实施28项民生工程，捆绑整合资金2.51亿元，惠及城乡居民40多万人。百岁老人和特困老人补助、城市居民最低生活保障等4个项目纳入区定民生工程。农村计生家庭奖励扶助金、特别扶助金标准在国家、省规定标准基础上翻一番；教育人均公用经费由省定小学生年人均30元、初中生年人均45元，分别提高到90元和110元，两项标准均为全省最高。免费为全体五保老人办理基本医疗保险，门诊费用按年人均120元标准纳入财政预算；1350名农村户口学生与城市低保家庭学生同等享受“两免一补”政策，两项举措为全省首创。5541名到龄被征地农民享受养老保障待遇。新建9个残疾人康复站，帮助71名贫困白内障患者重见光明。在全市率先推行低保听证会制度，增加了工作透明度和群众参与度。借助社区网格化管理，实现享受政策对象的信息及时、准确、动态掌握。通过惠民直达工程，实现11个项目、2652万元资金“一卡通”发放。全区新增就业人数16917人，占市下达任务的135%，荣获合肥市充分就业城区称号。兴建5400平方米农民工创业园和两条失地农民创业街，组织农民工技能培训4000人，发放扶持就业小额贷款55笔、748万元，安置172名残疾人就业。建立劳动、建设部门综合执法机制，受理劳动者投诉416起，调处劳动争议案件234起，清欠农民工工资2441万元。大幅提高环卫工人工资标准，全员办理社会保险。解决企业改制遗留问题，补缴2138名退休职工医保统筹费1539万元。

【社会事业】 2009年，蜀山区再获全国科技进步先进城区称号，申报认定国家级高新技术企业35家，全区专利申请和授权数量居全省各县（市、区）第二位，区科技企业孵化器由区级直接晋级省级，实力居省级科技企业孵化器前三强，并跻身国家民营科技园序列。社区工作不断向资源整合化、管理规范化、服务精细化迈进。以综合评分全省第一的成绩，成功创建全国和谐社区建设示范城区，一批社区分别被省、市授予为文明社区、平安社区、绿色社区、充分就业社区等特色示范社区。网格化管理纵深推进，不断调整完善管理方式和运行机制，培育、推广一批先进典型，中央六大媒体两次聚焦采访报道。在全省首设“青少年科技创新区长奖”，中小学生科技创新荣获8个国家级奖项。五十中南区、西园小学南区秋季挂牌招生。全区学生人数、微机台数比达9：1，为全省最高。在全市率先兑现教师基础性绩效工资2360万元，完成20所学校、4万多平方米校舍的加固维修。五十中东校区加快改造，新校区开工建设。改造建成全市一流的区老年大学。出台《蜀山区文化产业发展规划纲要（2009—2015）》，在全市率先成立区级群众文化协会，纪念建国60周年活动丰富多彩，建成16个农家书屋，新增25套文化惠民共享工程设备，29个项目列入《非物质文化遗产田野调查汇编·合肥卷》。在合肥市第二届农民运动会上获得优秀组织奖，金牌总数、团体总分位列城区之首。人口和计划生育政策符合率达 99.24%，成功创建全国计划生育优质服务先进区，荣获全国军民共建人口和计划生育先进单位称号。南岗卫生院、南七街道社区卫生服务中心等 4 个国债项目即将竣工。严格卫生监督执法，取缔 136 家无证诊所。手足口病、甲型流感等疫情防控有力，全国第二批艾滋病综合防治示范区工作富有成效。第二次全国经济普查、审计、侨联等工作荣获全国先进，国防建设、民防应急、民族宗教、外事侨务、妇女儿童、未成年人保护、地方志等工作都取得了新成绩。

【依法行政】 2009 年，蜀山区以“科学发展上水平，政府效能大提升”为主题，开展深入学习实践科学发展观活动。组织实施“十一五”规划中期评估。坚持每周预告工作安排、每月通报工作进度、每季度召开务虚会、不定期召开专题调度会、现场协调会，政府议事水平和执行能力不断提高。全年认真办理人大代表议案 5 件、建议 26 件、意见 33 条，政协委员提案 43 件。广泛接受社会监督、舆论监督。不断强化内部监督，审计查处违规资金 92 万元，政府采购节约资金 1615 万元，扎实开展村（居）“三资”清理和党政机关、事业单位“小金库”专项治理。出台《区政府行政问责暂行办法》。区行政服务中心受理行政审批服务项目 19.9 万件，“12345”热线受理群众来电 4702 件。加强法制宣传和依法治理，启动“法治蜀山”创建活动。调解民间纠纷 584 起，成功率达 98%，刑释解教人员 153 人帮教率达 100%。土地、环保执法和产品质量、食品药品安全专项整治取得实效，捣毁传销窝点 35 个、制假窝点 8 个。“平安蜀山”建设深入推进，荣获全省社会治安综合治理先进集体称号。破获各类刑事案件 4184 起，打击处理各类犯罪嫌疑人 566 人，摧毁犯罪团伙 47 个，现行命案破案率达 100%。信访接待 467 批、1833 人次，信访总量呈下降趋势。积极实施道路交通安全社会化管理，实现工矿商贸、危险化学品、烟花爆竹、特种设备等安全无事故。

包 河 区

【概况】 2009 年，包河区实现地区生产总值 288 亿元，同比增长 17.5%；完成全社会固定资产投资 465 亿元，同比增长 32.8%；实现规模以上工业产值 292 亿元、增加值 79 亿元，同比分别增长 21.4% 和 17.8%；引进内外资总量 161 亿元，同比增长 12.6%；完成区级财政收入 15.44 亿元，同比增长 32.4%。全年完成工业投资 80 亿元，同比增长 28.9%；完成社会消费品零售总额 112 亿元，同比增长 27%；城镇居民人均可支配收入达到 18122 元，农民人均纯收入达到 7056 元。

【产业经济】 2009 年，包河区工业经济稳步增长。汽车、电力两大产业实现产值均超百亿元，占全区比重超过 80%。航空产业园、江淮客车、安凯客车、安徽江淮汽车集团年产 3 万辆轻型客货车（M209）等重大项目正在建设当中，全年新增规模以上工业企业 51 家，新增产值超千万元企业 33 家。以大项目引领牵动的商贸服务业加快升级。万达广场、东方广场、滨湖国际会展中心、滨湖金融后台服务中心等大型现代服务业项目已开工建设，滨湖世纪城 Shopping Mall、皇家海域度假酒店、万国农贸市场、居然之家、永辉超市入驻滨湖新区。以休闲旅游为方向的都市型农业特色迅速发展，加快实施大圩土地整理和安徽滨湖现代农业综合开发示范区项目，开展“清洁家园、绿化乡村”大会战，精品打造圩西、磨滩、沈福等新农村建设示范点，滨湖旅游节、大圩葡萄节等节庆活动提升品牌。打造宁国路餐饮娱乐等项目，拉动城乡居民旺市消费。

【发展滨湖新区、工业园区】 2009 年，包河区突出“滨湖新区、包河工业区”两大平台。滨湖新区拓展到 30 多平方公里，入驻项目 120 多个，全年完成投资 131 亿元，占全区比重 28%；完成区级财政收入 1.2 亿元，拉动区级财政收入增长 10.3 个百分点，荣获“全国城市生态建设示范区”，滨湖优势效应加速放大。包河工业区完成工业投资 43.6 亿元，实现规模以上工业产值 83.4 亿元，规模工业企业达到 83 家，分别占全区比重达到 52.5%、28.6% 和 40.3%，园区工业主阵地效应更加凸显。强化“开放、创新”。组建长三角、珠三角驻点招商小组和 5 支专业招商小组，组团参加中博会、厦洽会、汽车零部件博览会、央企对接会等重大招商活动，与中粮集团、中电集团、中国五矿等中央企业签约合作项目 7 个，总投资额达到 64 亿元。全年实际利用外资 9760 万美元，实现进出口4.9亿美元。组建6家小额贷款、担保公司，构建起以滨投集团为主体的全区投融资体系，滨投集团成功发行信托计划6000万元，实现融资5.5亿元。加大企业自主创新扶持力度，全区高新技术企业增加到37家。

2009年，包河区荣获“全国科技进步先进城区”称号。

【城市建设】 2009年，包河区全年共完成滨湖新区、十五里河中段片区、路桥工程、水环境治理工程等拆迁任务290万平方米，超过前3年拆迁总和，在总体平稳的态势下确保了南北高架、轨道交通一号线、南环线、南淝河大桥等重大项目如期开工。先后完成11个城中村改造项目房屋丈量、项目立项、土地报批等前期工作，曙光文明村项目率先开工，杨小郢改造项目收储和出让方案通过市土委会审批。推进淝南家园、紫竹苑、民康·葛大店花园一期等7个复建点建设，完成全区2006—2008年底大建设拆迁户安置工作，7000多户拆迁群众搬入新居。加快老旧小区改造和城市支路网建设，完成高压开关厂生活区、水阳江路改造任务。强力推进园区大建设，重庆路完成路基工程，疏港大道竣工通车，包河工业区建成区域燃气覆盖率达到85%，水电和排水管道覆盖率达到100%。全面实施生态园林“五个一”工程，新增绿地465公顷，徽州大道成为“省级绿色长廊精品路段”。加强水环境治理，巢湖岸线生态环境综合整治和十五里河截污工程进展顺利，小仓房污水处理厂建设加快推进，塘西河、十五里河污水处理厂基本建成，全年共铺设污水管网42公里。

2009年，包河区完成占全市总量40%的道路景观整治和亮化任务，被省政府评为“第四届中博会组织工作优秀集体”。全区推进环卫市场化和生活垃圾一级收运方式改革试点，成立大圩、义城、烟墩城管执法中队，完善“重心下移、网格管理、长效考核”的城管新机制。城乡一体推进违法建设、市容卫生、店招店牌、摊群点和“三车”整治，主干道路机械清扫率达到80%，滨湖新区成为城市管理新高地。深入开展文明礼仪知识培训、道德模范学习、文明交通等群众性文明创建活动，全区各项公共文明指数明显上升，创建“全国文明城市”取得阶段性成果。

【社区建设】 2009年，包河区新增望湖城、沁心湖、滨湖明珠、滨湖家园、滨湖惠园、滨湖和园6个社区，完成全区社居委换届选举工作，义城、烟墩实现撤镇设街。推进人性化和谐社区建设，完善以就业保障、医疗卫生、文化科普、人口计生、维稳平安等为主要内容的社区公共服务体系，葛大店社区荣获“全国和谐社区建设示范社区”，包河区、芜湖路街道、南园社区、包河社区、金寨南路社区荣获“全省和谐社区建设示范单位”，南园社区、滨湖明珠社区成为“全市首批标准化示范社区”。

【民生工程】 2009年，包河区按照“扩面、提标、规范、高效”的总体要求，在市民生工程基础上，新增农村饮用水安全工程，并对农村低保、农村分散五保供养、中小学生均公用经费、政策性农业保险、农村改厕补助、计生家庭奖扶特扶等提高保障标准，全年26项民生工程共投入4.48亿元，其中区配套4.14亿元，惠及城乡居民26万人。全区五保供养1044人，享受城乡低保115920人次，城乡医疗救助8954人次，城镇居民医保145800人，城镇未参保集体企业退休人员基本生活费发放23人，大中型水库移民后期扶持562人，免费婚检2178对，农村孕产妇住院分娩补助1005人，计生家庭奖扶特扶479人，被征地农民养老保障54212人，城镇新增就业14285人，农民工技能培训3887人，“零就业”家庭援助299人，农村改厕200户，新建农村公路“村村通”31.8公里、“农家书屋”11个，建成区农民工创业园，完成老官塘水库除险加固任务，淝河镇、大圩镇基本实现安全饮用水到户。

【社会事业】 2009年，包河区启动实施校舍安全工程，新建、改扩建南苑学校、屯小滨湖校区、师范附小二小、外国语实验小学等7所中小学，引进西苑中学、寿春中学入驻包河区，区青少年素质教育基地建成使用，铁四局中学、66中、青年路小学等5所学校跻身全市特色中小学行列，全区荣获“全省推进义务教育均衡发展先进区”。启动实施教师绩效工资改革和事业单位岗位设置管理，公开招考和引进各类人才249人。以旅游、滨湖、包公为主题的文化活动精彩纷呈，参加市第二届农民运动会取得好成绩，大圩镇成为“中国民族民间文化之乡”，包公街道荣获“全国群众体育运动先进单位”。顺利完成区医院南迁与转型改革任务，新建省级规范化社区卫生服务中心1个、服务站7个，市级社区卫生服务示范中心4个、示范站11个，区公共卫生服务中心建成使用。长效化抓好性别比整治、流动人口计生管理和人口文化建设，全区出生人口政策符合率达到99.53%，望湖街道通过“省级计生工作示范街道”验收。建成社区残疾人康复服务站9个，实施重度残疾人生活救助923人，完成贫困白内障患者复明186例，包河区成为“全国残疾人社区康复示范区”创建单位。开工建设包河文化陵园，慈善、双拥、老龄工作取得新成绩。

【安全维稳】 2009年，包河区加强街镇综治工作中心和居村综治组织建设，推进创建“综治进社区”和“平安企业”，狠抓矛盾化解、治安防控、严打整治和流动人口管理，综治、信访、司法、调解“四位统筹”的大维稳机制进一步完善，国庆60周年安保有力，包河区被省委、省政府命名为“全省平安区”。应对有增无减的信访压力，深入开展“信访积案化解年”活动，坚持“区委书记大接访”制度，全年实现“零进京”上访，并荣获“全省信访工作目标管理优秀单位”。以安全生产“三项行动”、“三项建设”、“百日安全无事故”活动为抓手，重点领域专项整治和道路交通安全社会化管理成效明显，包河区成为“省级平安畅通县区”，区消防大队荣获“全省标兵大队”。启动实施《质量兴区三年规划》，食品安全监管常态有效，文化、医疗、卫生、劳动力等市场秩序健康有序。加强大应急管理，深入推进“人防民防进社区”，圆满完成“9.18”防空疏散演练任务，秸秆禁烧、手口足病和甲型H1N1流感防控等公共安全事件处置有力，区科技局荣获“全国防震减灾工作先进单位”，曙光社区成为全市唯一的“全国第一批综合减灾示范社区”。扎实开展国防动员和民兵预备役工作，区人武部被省军区评为“全面建设先进单位”。

【民主法治】 2009年，包河区加强政府自身建设、提高施政水平。群众反映集中的29个重难点问题得到有效解决；坚持土地节约集约利用，在全省首创联合土地动态执法巡查制度，全年共查处违法用地21宗，清理闲置土地24公顷；坚持环保优先，严格落实节能减排责任制和各项措施，万元GDP能耗下降5%；坚持民生为本，最大限度地将新增财力向困难群众倾斜，向社会公共服务薄弱环节倾斜，向基层和远郊镇街倾斜，全年对民计民生、社会事业、农业农村等领域投入4.68亿元，同比增长56%，占全年财政支出的39%。在创新服务上，突出“保企业”这个核心，制定落实工业扶持、企业融资、业态建设、考核激励等安商助企措施，帮助企业申报技改、节能、国债等项目175个，落实各项扶持资金近7500万元；突出“项目建设”这个着力点，深入开展“千名干部挂牌服务重点项目”活动，每月召开经济运行分析会，定期开展重点项目巡查督查，推行重大项目代理制度，强化土地、规划、环保等综合配套服务。在依法行政上，坚持在区委的领导下，对人大负责，自觉接受政协监督，全年共办结人大代表建议76件、政协提案128件，满意率分别达到98.7%和100%；建立常务会议学法制度，成立政府法律顾问团，大力推进规范性文件废、改、立，全面完成“五五”普法年度规划，“法治包河”创建有声有势，法律服务经济社会发展的作用明显增强；依法推进政府信息公开，淝河镇成为“全省村务公开民主管理示范乡镇”；支持工会、共青团、妇联、工商联等群团组织创造性开展工作，芜湖路街道团工委荣获“全国五四红旗团委”称号，友谊社区成为“市妇女儿童维权示范社区”。在勤政廉政上，持续开展机关效能建设，动真碰硬抓执行、务实高效谋发展的政风形成氛围；进一步扩大政府采购范围，全面实行日常办公用品定点采购和公务车辆定点保险、定点加油、定点维修，严控行政性开支；严格落实招投标制度，推行政府投资项目代建制；开展村居“三资”清理、直管公房清理和“小金库”治理，从源头上完善防腐拒变的长效机制；强化行政监察和审计监督，党风廉政建设责任制得到较好落实。

肥东县

【概况】 2009年，肥东县实现生产总值（GDP）186.81亿元，按可比价格计算，比上年增长19.1%。其中第一产业增加值34.79亿元，第二产业增加值99.73亿元，第三产业增加值52.28亿元，分别增长8.6%、26.4%、14.1%；三次产业结构由上年的22.0：50.4：27.6调整为18.7：53.5：27.9；人均GDP突破2000美元。按户籍人口计算，人均生产总值17091元（折合2502美元），比上年增加3484元，可比价增长22.4%。

2009 年肥东县生产总值　　单位：亿元

指　标	2009 年	比上年增长%
生产总值	186.81	19.1
第一产业	34.79	8.6
第二产业	99.73	26.4
工　业	77.33	26.3
建筑业	22.40	26.4
第三产业	52.28	14.1
交通运输、仓储和邮政业	8.46	11.8
批发和零售业	11.50	19.2
住宿和餐饮业	2.82	27.2
金融业	3.71	26.1
房地产业	8.37	10.7
其他服务业 17.439.8		

固定资产投资。该县全年完成全社会固定资产投资 180.3 亿元，比上年增长 49.9%。其中城镇固定资产投资 163.3 亿元，增长 53.3%，农村投资 17.0 亿元，增长 23.4%。全年房地产投资 29.2 亿元，比上年增长 31.4%。

投资结构进一步优化。第一产业完成投资 6.7 亿元，比上年增长 103.9%；第二产业完成投资 88.6 亿元，增长 63.8%，占全部投资的 49.1%，比上年同期提高 4.1 个百分点；第三产业完成投资 85.0 亿元，增长 35.1%。三次产业投资比例由上年的 2.7：45.0：52.3 调整为 3.7：49.1：47.2。

2009 年肥东县全社会固定资产投资 单位：亿元

指　标	2009 年	比上年增长%
全社会固定资产投资	180.3	49.9
城镇固定资产投资	163.3	53.3
按产业分：		
第一产业	6.7	103.9
第二产业	88.6	63.8
#工业	88.6	63.8
第三产业	85.0	35.1

【肥东经济开发区】　2009 年，肥东经济开发区完成固定资产投资 40.67 亿元，完成全年任务的 101.4%，同比增长 43.72%。其中工业投资完成 25.59 亿元，完成年初任务的 116.4%，同比增长 35.2%。完成规上工业产值 59.2 亿元，占全年任务的 105.71%，同比增长 70.61%。实现财政收入 5.64 亿元，其中税收收入 1.24 亿元（国税 4514 万、地税 7627.3 万），同比增长 39.3%。支出 5.4 亿元，其中基本支出 2950 万元，基本建设支出 23040 万元。

是年，该经济开发区被评为“全国农产品加工创业基地”。

肥东经济开发区全年招商引资到位资金 26.4 亿元，同比增长 20.49%，新签约项目 19 个，总投资额近 16.97 亿元。其中超亿元项目 7 家：中国合肥浦发装饰公司、澳大利亚老约翰鞋业公司、安徽爱就爱家具制造有限公司、安徽东泰纺织有限公司、安徽安佑饲料有限公司、上海亚银实业有限公司、福建好彩头食品有限公司。新增规上企业 17 家，累计 60 家（不含美菱）。新开工项目 30 个，其中工业类项目 26 个，基础设施类 3 个，三产类项目 1 个（徽商金属制品）。新投产企业 21 家，包括和诚、美菱包装、美菱汇邦、美菱橱柜、惠之园、力威数控、中南光电、群益木业等。出口加工区 44 个项目中主体在建项目 12 个，建成投产项目 2 个。

2009 年，该经济开发区投入约 4 亿元资金用于基础设施建设，共新建道路 6 条 6.53 公里，建供水管道 2.6 公里，架设和诚、万润 35 千伏线路 3.5 公里；完成新城家园一期恢复楼 6.5 万平方米，开工 4.5 万平方米；招标晨光花园三期 18 万平方米；完成晨光花园一、二期 15.2 万平方米恢复楼供水、供电项目。维护经济开发区生产生活环境，栽植各类苗木 26 万多株；设置定做开发区企业单位门户牌 200 余块，发放文明创建宣传材料 2500 多份。全年争取土地 7 个批次 226.4 公顷，其中以增减挂钩的方式，争取土地 107.7 公顷；以土地报批方式，争取土地 113.1 公顷；以项目单位申报市土地市场管理委员会争取计划指标 2 个批次 5.58 公顷。

该经济开发区安置 1482 套拆迁恢复楼 1312 户，安置面积 149875 平方米，入驻 95% 以上。审报被征地农民养老保险 6500 人，安排失地农民就业 312 人，发放农村特困群众最低生活保障金 47184 元，发放退耕还林补贴 88872 元，水库移民补贴资金18750元。开展为民服务全程代理，办理项目备案手续50宗，为110家企业办理290项工业项目免收费，免收金额1000万元。办理东辰苑小区220户居民土地分割证书，办理龙湖新村、五建七处175户居民土地使用证。

【合肥循环经济示范园】 2009年，合肥循环经济示范园完成固定资产投资25.3亿元，其中工业性投资15.5亿元。招商引资实到资金18.7亿元，其中省外资金12.4亿元，市外资金15.8亿元，分别为年初任务的117%、155%和132%。筹集建设资金1.4亿元。7家企业投入生产，11家企业在建；新增规上企业3家，实现工业产值3.2亿元，为县财政贡献税收、规费3000万元。

合肥循环经济示范园推进基础设施建设，提高接纳大项目的承载力。9月10日铁路专用线动工。专用码头纳入《合肥港总体规划》并获得交通运输部、省人民政府审批；完成专用码头地形图测量，项目用地纳入县土地利用总体规划修编大纲并获省国土资源厅复函审查同意；在编专用码头的可研、防洪、环评报告等；完成2.2公里的连接线施工图设计。完成污水处理厂土建任务，设备安装80%。开工建设人工湿地示范工程。工业水厂进入设计阶段，计划2010年开工建设。完成20KV变电站前期工作。11月6日天然气通气点火。以中盐项目的引进为契机，先后与中海油200万吨重油深加工项目、华润电力热电厂项目、中化2万吨苯胺和4.5万吨橡胶助剂项目进行对接并达成初步合作意向，其中12月20日签约热电厂项目。园区投入100万元用于对外宣传，进一步扩大园区影响力。组队参加徽商大会、中博会等大型会展20多次，在《经济日报》、《安徽日报》、《合肥日报》、《21世纪经济报道》、《香港商报》、《大公报》等知名主流媒体宣传报道50多次，散发各类宣传资料2万余份。委托县人事局招考引进对外宣传、人力资源管理等各类人才9名，其中研究生7名，本科生2名。成立法务审计部，制定《合同管理暂行办法》和《审计暂行办法》，对园区2006年后建设的近20项、投资额近5亿元的主要工程进行审计和决算，大幅节约建设资金。建设“新徽商精神”为核心的园区文化，坚持“周六正常上班，周日不保证休息”的工作机制，成立“服务中盐红四方项目领导小组”、“服务专用铁路项目领导小组”等专门服务保障机构。所有干部放弃国庆休假，进驻施工现场，用15天完成中盐2300米围墙工程建设。

在合肥循环经济示范园建成后，该园区先后投入5000多万元用于回迁工作。兴建31000平方米的“义和家园”三期Ⅰ标段11幢恢复楼工程；修建小区至店忠路连接线900米；完成小区道路、给排水、路灯工程等；兴办学校、幼儿园。申报2804名被征地农民的养老保险，养老金标准调至220元/月，698人已按月领取。“订单式”定期培训被征地农民，解决400多人再就业问题，人均月收入1000余元。园区注入120万元专项资金给“三村一社区（2009年3月份由园区托管的原桥头集镇刘集村、太平村和撮镇镇龙集村、义和社区”），以村为单位成立劳动服务公司，以服务企业建设为宗旨，承接围墙、辅助设施等工程，提高群众收入。

【农业】 2009年，肥东县粮食播种面积9.65万公顷，较上年减少0.12万公顷，同比下降1.2%；总产67.17万吨，同比增长2.1%。其中水稻栽插1.78公顷，单产7681.5公斤，同比增加235.5公斤，增幅3.2%，总产52.1万吨，增加1.9万吨，增幅4%。小麦播种4.03万公顷，同比减少6.9%，单产5205公斤，同比减少2.3%，总产8.2万吨，同比减少10.8%。油料播种面积6.0万公顷，增长12.9%，总产13.91万吨，增长9.5%。棉花播种面积0.47万公顷，下降14.5%，单产909公斤，总产0.48万吨，下降5.5%。蔬菜播种面积1.73万公顷，增长6.4%，单产20161公斤，总产34.88万吨。其中，新建钢架大棚133.3公顷、新增露地蔬菜1800公顷、新增水生蔬菜466.7公顷。规模特色种植基地1.33万公顷、设施农业总面积1333公顷多。全县“一村一品”示范村47个（省级2个），合肥市级“一村一品”专业村34个，当年新增34个。该县撮镇万亩露地蔬菜、万亩水生蔬菜和梁园镇、石塘镇等一批千亩以上的规模化蔬菜生产基地先后涌现，其中牌坊乡设施栽培面积266.7公顷多，成为市最大的反季节蔬菜基地；元疃镇丰宝年产鲜蘑菇700万公斤，成为市最大的食用菌生产基地。县无公害农产品产地规模8666.7公顷，其中，新增省农委无公害产地认证6个；认证为无公害农产品和绿色食品的42个，新增农业部无公害农产品认证6个，年产量13万吨。

2009年，市级以上农业产业化龙头企业65家，其中，省级9家，新增市级20家，来县投资的国家级农业产业化龙头企业7家、省级11家。龙头企业年营销收入60亿元，利税4.5亿元，出口创汇4000万美元，带动就业1.5万人，建立订单生产基地2万公顷，带动农户30万户。销售收入超亿元企业15个（较上年新增3个），其中超5亿元企业2个，超10亿元企业2个。肥东经济开发区农产品加工园初具规模。入园企业45家，其中投产企业30家，在建15家。农产品加工产值52亿元。2009年，该园分别被农业部认定为“全国第二批农产品加工创业基地”；被安徽省农业产业化工作指导委员会授予“安徽省农业产业化农产品加工示范园区”，其中“真心”牌瓜子、“鸿汇”牌蜂蜜、“燕之坊”牌粗粮生产基地落户园区。全县农民专业合作组织267家，其中合作社118家，会员逾2万户，新增59家农民专业合作社，增长63.9%。该县店埠镇、牌坊乡建立农村土地流转服务中心，此举受到农业部副部长陈晓华的肯定。全县农村土地流转面积1.68万公顷，占耕地总面积的21.2%。其中100亩以上规模经营4000公顷、500亩以上规模经营1533.3公顷、1000亩以上规模经营733.3公顷。全年培训新型农民5900人，推动农民转移就业3077人。开展农业综合执法工作，查获未审先推种子品种44个约3000公斤，质量不合格种子品种2个约800公斤，假种子品种1个约1000公斤；查获质量不合格肥料产品7个约40吨；查获标签不合格农药产品16个约1000公斤。总案值18.2万元，立案查处36起，办结26起。开展蔬菜农残检测36期，检测样品3580个，合格率96%以上，配合农业部进行检测5期，未发现农残超标。推进测土配方施肥项目，采集测试土壤样品1000个，研制肥料配方9个，发放施肥建议卡12万张，建立墒情监测点3个（其中国家级1个，省级2个），建配方肥销售网点105家，推广配方肥料2.6万吨；耕地地力评价工作通过省级验收。开挖“田头窖”覆盖油菜秸秆堆腐还田近4666.7公顷。11月10日，全国农作物秸秆综合利用经验交流会在该县现场观摩。

该县引进农业招商项目4个，到位资金3900万元。其中肥东牧场总投资6.5亿元，占地158.9公顷，已投资金1亿多元，从新西兰引进纯种荷斯坦奶牛3000头。争取省、市、县扶贫开发项目26个，资金229.5万元，其中省级项目17个，资金119.5万元；兴修砂石路12.2公里，扩建枣园14.3公顷、蔬菜大棚1.33公顷，扶持农民专业合作社2个，发展村民生产互助资金组织3个，受益人口25000人。争取江淮分水岭综合治理项目省级资金450万元，带动群众投资3800多万元，兴修大塘19口，中塘29口，打砖井20眼；实施拦水坝工程、集中供水工程、渠道整治工程、水电站改造等5处，新增和改善灌溉面积593.3公顷多，解决6200多人饮水困难，该县被省江淮分水岭综合治理办公室评为2008年度项目实施“优秀单位”。完成义务教育债务化解工作，偿还资金725.2万元，涉及15个乡镇，146个村，216个项目。开展村级“三资”清理工作。发放农民负担监督卡40500份，巩固农民负担监督管理成果，其中重点对众兴乡、牌坊乡等5个乡镇收取的农业生产性水费进行审核、把关。分别在石塘镇火龙村和梁园镇鲁岗村实施农村土地登记试点项目。审查审核四个乡镇两个园区9661户，33816人被征地农户的《耕地承包经营合同书》和《土地承包经营权证》。做好粮食直接补贴、农资综合补贴、良种补贴等7项农业补贴，补贴面积达466.8万亩次，补贴资金10651.7万元，户均补贴470元、亩均补贴约93元。

【农村能源】 2009年，肥东县新建920口户用沼气池，沼气池综合利用6800口。实施沼气技术治理养殖企业废弃物污染项目，完成30个规模养殖企业80处30立方米沼气工程（总池容2400立方米）和4个敬老院4处（总池容400立方米）小型沼气工程建设任务。建设合肥市鑫华养殖场700立方米大型沼气民生工程；发展以沼气为纽带的猪－沼－菜（粮、鱼等）能源生态农业模式示范户2000余户。探索能源建设管理服务新模式，建成农村沼气乡村服务网点8个。推广太阳能热水器1450平方米，太阳能光伏路灯220盏；打造白龙镇长王、陈集乡杨庄、众兴乡3个新农村示范点新能源利用示范工程。启动实施世行生态家园富民工程和沼气国债项目，完成960户项目建设任务，完成任务率116%。引进德国秸秆热解技术，用一个半月的时间完成项目建设，并投资450万元在撮镇镇建华社区建成农作物秸秆气化站，建成1000立方米的储气罐，可供1000户居民集中用气。完成陈集乡杨庄、牌坊乡敬老院等550立方米生活污水沼气净化处理工程建设任务。完成10个村400户新型农民专业技术培训任务。

【农业机械】 2009年，肥东县农业机械总动力53.95万千瓦，同比增长6.8%。有联合收割机778台，增长16.5%；农用拖拉机37540台，增长4.6%；农业运输车3697台。农机装备原值5.67亿元，同比增长11.6%。争取上级购机补贴资金951.5万元（其中中央财政补贴资金861.5万元），带动农民投资3846.4万元。补贴收获类机械118台，动力类机械184台套，耕整地机械186台套，种植类机械107台套，畜牧类机械19台套。

【新农村建设】 2009年，肥东县实施新农村建设项目共36个，总规模893公顷，涉及农户6409户，完成12个新村建设任务。新建房屋650栋2400套、32万平方米，其中2580农户、9000人口入住新居。实施新农村建设以来，经实施土地整理、缩村让地等项目，获建设用地周转指标627.3公顷。其中白龙镇长王村整村推进项目建设规模873.3公顷，涉及15个自然村，1227户，项目预算总投资1.38亿元；并与现代牧业公司等6家农业企业签订招商合同，规模流转土地533.3公顷多。中央政治局常委、中央政法委书记周永康、国土资源部部长徐绍史等亲临白龙镇长王村视察。该县完成50个自然村的环境整治任务，其中当年完成16个；2009年新修村村通道路37.3万米，硬化村内路38.3万米，硬化公共场所9.8万平方米，硬化沟渠6.1万米，清理垃圾44156吨，清淤13.9万米，种植草坪4.3万平方米，植树53万株，粉饰房屋27.5万平方米，建垃圾填埋场1.3万平方米。撮镇镇电站村、众兴乡梁宇村和八斗镇中胡村等7个村被评为"省级生态村"。撮镇镇建华村荣获"全国新农村建设电气安全示范点"称号。

【畜牧水产】 2009年，肥东县生猪存栏30.95万头、家禽802万只、奶牛8570头、山羊2.4万只，同比分别增长28.0%、16.3%、93.4%和2%；生猪出栏81.35万头、家禽2281万只、山羊2.6万只，同比分别增长8.5%、9.5%和持平；肉类总产11.01万吨，增长9.8%；水产品产量4.86万吨，增长20.3%；奶类总产2.44万吨，增长85.4%；禽蛋类总产3.78万吨，下降17.4%。有国家级水产健康养殖示范场1个、省级渔业标准化生态养殖示范区1个，市级标准化水产养殖示范区2个、市级水产良种场2家。至2009年，发展各类规模养殖场和养殖大户5000多个，规模养殖比重75%以上。2009年，再获"国家生猪调出大县"称号，奖励资金545万元。完成招商引资任务4000万元。引进安徽和威、四川通威、四川雨润、芳草渔药、安徽安泰、马鞍山现代牧业有限公司和福建龙岩双玉杜洛克育种有限公司等多家农业产业化龙头企业。

2009年肥东县被国家财政部列为现代农业生产发展肉禽产业项目实施县，规模养殖发展迅速。新增各类养殖场（小区）200多个，建设面积26万多平方米，总投资4亿多元。建成万头以上规模养猪场10家，7家通过市级验收，获得市奖补资金450万元；建成150头以上规模奶牛场32家，通过市级验收，争取省市奖补资金近900万元。

该县全年免疫注射禽流感疫苗787万毫升、口蹄疫疫苗143万毫升、猪瘟疫苗102万头份、猪蓝耳病疫苗105万毫升；打挂免疫耳标110.5万只，发放免疫证明80万张，发放畜禽防疫登记簿700多本。全年未发生批量家畜家禽死亡病例和畜产品质量安全事件。坚持春秋两季集中免疫与日常补栏家畜家禽的补免相结合，对规模养殖场实行程序免疫，对散养畜禽集中免疫，对漏免、补栏和已超过保护期的畜禽及时补免。县财政投入65万元，用于重大动物疫病强制免疫疫苗经费和防疫工作经费，其中补贴村级动物防疫员18万元。实行县防指成员单位联系乡镇责任制度，县防指办成立4个防疫工作督查组，加强督查。组成3个技术检测小组，全年随机抽取畜禽血样4000余份，及时通报检测情况；建立25家生猪规模养殖场可追溯体系，每月定期向国家农业部网上公布生产、用药等动态信息。

继续推进无规定动物疫病省级示范区项目建设。杨塘、八斗、白龙等3个动物防疫监督分所办公楼全面建成并正式投入使用。县动物疫病检测实验室建筑面积220平方米，现改造一新。县动物防疫监督所、县动物疫病预防控制中心以及店埠动物防疫监督分所办公用房计1400平方米开工建设，2010年上半年交付使用。推行乡镇动物防疫办公室规范化建设。建立起定人、定责、定区域、定对象的"片警式"、"户籍式"监管新体系。规范畜禽水产品质量安全监管工作。推行官方兽医监管制度，监管屠宰、流通、经营环节，开展质量安全专项整治活动等。全年出动执法人员200人次，检查兽药饲料经营店、农贸市场等畜产品经营场所1000家次，没收、销毁假劣过期兽药80多箱，剔除不合格生猪80多头。推广先进适用技术，出动防疫宣传车辆31台次，印发宣传材料2.5万份，开辟宣传专栏98块，悬挂宣传标语100多条，举办培训班15次、培训人员4600人次。其中，举办4期养殖大户养殖技术培训班，2期乡镇动物防疫办公室主任和村级防疫员培训班。分期分批举办养猪、养鱼、养鸡和奶牛养殖技术培训班和动物疫病防治技术专题培训班等。

【林业】 2009年，肥东县完成人工成片造林773.9公顷，其中退耕还林133.6公顷，经济林66.67公顷，风景林333.3公顷，一般社会造林240.3公顷。完成退耕还林补植补造672.6公顷。完成外环森林生态长廊二期工程长廊建设28.8公里，造林422.8公顷，完成中日友好林四期工程造林120公顷。

该县打造森林旅游产业，涌现红石嘴生态园、五柳山庄、芳草地、沁园春等生态旅游基地。完成肥东县巢湖流域生态防护林体系建设项目可研编制和项目申报工作。完成合肥白马山生态旅游度假区项目总体规划和专家论证，拓宽白马山向北经城山村至石长路长3.5公里、路基宽9米、路面宽7米的水泥路。招商引资安徽加乐农业科技公司等12家企业，投资建设合肥外环森林生态长廊肥东段两侧苗木花卉产业带533.3公顷多。组织17家苗木花卉企业，参展中国合肥第七届苗木花卉交易大会。安徽亿本园林公司、宁国恩龙林业公司等5家企业投资开发荒山造林上万亩。做好林政资源管理工作。建立森林防火专业队、半专业队7支，配备森林防火专用车1辆，购置灭火机、防火服、铁扫把等200多件套。开展松材线虫病除治工作，除治店埠镇昂集村疫点染病松林73.7公顷。完成全国第七次森林资源连续清查。林改确权发证率95%。“绿盾三号”专项行动出警53次，清查非煤矿山及采石塘口71家，查处违法占用林地20家，办理临时使用林地审核同意书45件38.57公顷，收缴森林植被恢复费75万元，清查木材加工点8处，清查木材交易市场或收购点18处，接受群众举报23起，依法查处14起，罚款11万元。保护野生动物，查处解救或放生野生青蛙3万只、蛇2000条以及猫头鹰、獐、天鹅等野生动物。基本完成安徽省森林病虫害防治隔离试种苗圃基地项目。新录用2名森林公安公务员。县林场申报安徽省国有林场危旧房改造项目，新建入场水泥路1.5公里。组建县林业综合执法大队，成立县林业规划设计室。

【工业】 2009年，肥东县实现工业增加值77.33亿元，同比增长26.3%。其中，规模以上工业企业完成工业总产值235.2亿元，实现工业增加值67.52亿元，按可比口径计算，比上年增长29.7%。在规模以上工业企业中，轻工业实现增加值26.36亿元，同比增长31.4%，重工业实现增加值41.16亿元，同比增长28.7%。规模以上工业企业数271户，净增66户（注：规上工业财务指标不包含龙岗开发区10、11、12三月数据）。各类型企业共同发展，国有企业实现增加值2.78亿元，比上年下降3.9%；集体企业实现增加值1.39亿元，同比增长53.1%；股份制企业实现增加值51.15亿元，同比增长42.3%；外商及港澳台投资企业实现增加值10.82亿元，同比下降3%；其他类型企业实现增加值1.36亿元，同比增长16.3%。该县年工业产值超10亿元企业3家；超亿元企业42家，比上年增加12家。企业主营业务收入155.7亿元，同比增长46.2%，实现利润总额4.4亿元，同比增长46.9%（不含龙岗开发区10－12月数据）。全年完成工业投资88.6亿元，同比增长63.8%，占县年度计划的140.2%。招商引资引进工业项目57个，其中千万元以上的55个，五千万元以上的22个，工业项目到位资金70.4亿元，占全县总量的56%。万元GDP能耗0.967吨标准煤，下降19.89%（含龙岗开发区），超额完成市政府下达4.3%的目标任务。

该县对50户重点工业企业经营生产运行情况进行跟踪。层层分解工业生产年度目标任务到各单位和重点企业；坚持工业经济月度预测和汇总分析制度。完成县“十一五”工业发展规划中期评估，分析研究家电、机械加工、起重机械、纺织等行业，为完成规划发展目标作参考；初测2015年、2020年工业发展中长期目标。组织食品、纺织、建材、通用设备制造、电力设备制造等50家企业参展市2009年工业产品供需会；组织企业参展第九届中国（合肥）自主创新要素对接会和第三届中国（合肥）国际家用电器博览会。建立规模企业档案，数据和资料实现微机管理。组织开展“四个一”活动，为企业或项目解决问题148个。组成县优化工业经济发展环境工作联合督查组，督察组走访107家企业，督查100个联系人的工作，为企业协调问题20余个。组织企业负责人参加国家中小企业银河工程培训班和省市县组织的各种培训400多人次。指导企业编制省财政专项资金支持项目22个，其中有6个项目争取到省企业技术改造贴息专项资金123万元。获得市县两级固定资产投资奖励资金320.3万元。扶持45家良好型企业争取省财政资金588.11万元的贷款贴息和担保费。县内3家省级企业技术中心和7家市级企业技术中心，获企业技术中心和新产品开发奖励资金50万元。

2009年，继续加大中小企业信用担保工作，县中小企业信用担保公司实现担保余额5371万元，累计实现担保余额7946万元，累计担保笔数63笔，累计贷偿率为“零”，担保企业新增销售收入21411万元，新增利税1844万元，累计担保企业新增就业人数1827人。组织200多家企业参加市、县召开的银企对接会。协助市中小企业局举办4次银企对接会；组织120家中小企业参加市2009年首届银企对接会，2家中小企业与肥东农村合作银行达成360万元的贷款协议。

做好节能降耗工作，成立县节能降耗工作领导小组，制定《肥东县2009年节能工作要点》，分解落实任务。编制13个节能与资源综合利用技改项目，总投资53170万元。设立2处居民高效照明产品申购点，销售节能灯40590只。组织申报二电厂为中央预算内投资备选项目；博亿建材、奥来新能源、大来建材等9家企业申报省资源综合利用认定，减免税额826万元；组织万润食品、福达中板、四方磷复肥等企业的10个项目申报2009年省节能与资源综合利用财政专项资金项目，其中4个项目获得省专项资金90万元。监测4家市重点耗能企业的用能情况，摸排出52家年综合能耗达1000吨标准煤的企业，进行监测、跟踪、能源消费统计、管理。建立企业及重点项目用电月监测制度，编排“系统紧急事故”、“系统电网超供电能力”和“电网迎峰度夏错避峰”三个拉限电序位表。

【国内贸易】 2009年，肥东县实现社会消费品零售总额35.82亿元，同比增长23.4%。按照地区：县以上完成零售额17.04亿元，同比增长23.1%；县以下完成零售额18.78亿元，同比增长23.6%。按照行业：批发业零售额8.15亿元，同比增长23.2%；零售业实现零售额23.47亿元，同比增长23.1%；住宿和餐饮业实现零售额4.05亿元，同比增长25.9%；其他行业实现零售额0.16亿元，同比增长21.4%。集市贸易成交额16亿元，同比增长18.5%；完成商业投资14亿元，同比增长16.6%。

年末，该县共有农家店566家，其中乡级店157家（日用品店76家，农资店81家）；村级店409家（日用品店269家，农资店140家）。该县乡镇所在地平均建设乡级农家店8.7个，村级农家店占村居委总数的119.9%。初步形成以城区店为龙头，乡、镇店为骨干，村级店为基础的农村消费经营网络。开展家电下乡工作，备案登记29家销售企业，172家销售网点，该县家电、汽车、摩托车下乡销售家电29221台，销售汽车、摩托车4184辆，发放财政补贴1500万元，居市第二位。引进联家购物中心肥东店项目，项目总投资3200万元，仓储500多平方米，经营面积6000多平方米，其中农副产品经营面积约3000多平方米，经营品种2万多个，年销售额7000多万元。加强屠宰管理，定点屠宰生猪10.8万头，同比增长8%；建成并投入使用县城关生猪机械化屠宰厂。落实备案制度，促进酒类流通和再生资源备案管理。对县内加油站进行安全生产大检查，打击成品油市场违法经营行为。加强运行监测，建立10个监测点，每月四次向商务部和省商务厅直报市场运行监测信息；依托“肥东商务之窗”，编报“周末市场行情”，发布10个大类50多个品种市场行情；“肥东商务之窗”点击率140万人次，上传各类商务信息2200条。推进企业改制，筹集资金500万元，办理33人退休手续；基本完成县五交化公司、食品厂拆迁安置楼建设；收储并上市出让老城关屠宰场土地。成立市场服务中心，接收40名工商局划转人员，并核实移交资产。强化安全生产工作，与各企业签订目标责任状，开展安全隐患排查整治专项行动，组织安全检查12次，排除安全隐患10多处。

【对外经济】 2009年，肥东县发生进出口实绩的企业共33家，全年实现进出口总额9997万美元（含龙岗），同比增长24.86%。其中，出口创汇7584万美元，同比增长19.92%；进口2413万美元，同比增长43.46%，连续八年进入全省进出口“十强县”行列。全年实际利用外资2812.5万美元，同比增长15.67%。该县新批外商投资企业3家，新批项目合同外资897万美元；增资项目1家，合同外资65万美元；2009年度合同外资962万美元。2009年度该县外派劳务8100人次，实现外派劳务收入3.5亿元。规范外派劳务行为，取缔8家黑中介和2家异地经营的中介公司，工商部门对10家违规经营的中介公司不予年检；加强外派劳务服务中心管理，实行应急处理备用金管理制度，进入中心集中办公的12家中介公司各交纳10万元备用金。帮助企业争取国家和省级政府扶持资金100多万元。

【招商引资】 2009年，肥东县全年到位资金125.8亿元（含龙岗开发区），同比增长30.2%。其中市外资金96.7亿元，同比增长21%，省外资金63亿元，同比增长15%。全年引进工业项目57个，工业项目到位资金70.4亿元，占全县总量的56%，三产服务类及基础设施项目到位资金48.9亿元，占全县总量的39%，农业类项目到位资金6.5亿元。

全年先后接待泉州市企业与企业家联合会、台湾中华青年企业家协会以及重庆建工集团、上海德俊化工、国能生物发电集团、TESCO乐购等200多家意向投资企业的投资考察；组团参加中博会、自主创新要素对接会、高交会、安徽（苏州）承接长三角转移洽谈会、中国国际工业博览会等大型招商活动，并组织开发园区、重点目标单位参加招商顾问一日行、深圳商会合肥行、皖籍知名企业家合肥行等推介活动，积极开展项目对接工作；完善招商项目库，编制光伏电子照明产业园、LOW－E汽车镀膜玻璃、通用设备制造产业园等招商项目，协议投资199.4亿元。

【财政】 2009年，肥东县完成财政收入14.01亿元，同比上年增长19.6%，占年度预算的103.8%，同比增收2.3亿元，同比增长19.6%。其中：上划中央收入完成4.4亿元，比上年增收0.8亿元，同比增长22.2%；完成地方财政收入9.62亿元，同比增长18.5%，比上年增收1.5亿元。完成各项工商税收95178万元，比上年增长14%；完成契税及耕地占用税15282万元，比上年增长43.6%；完成政府非税收入23174万元，与上年基本持平。

全年完成财政支出20.8亿元，同比增长20.8%。其中县财政配套1.5亿元实施32项民生工程；投入农、林、水事务支出30811万元，发放涉农补贴24项19630万元，惠及24.9万多农户。发放义务教育教师绩效工资5076.4万元，拨付中小学校舍安全工程资金2866万元；落实计生资金2000多万元，发放计生奖励扶助金139.1万元；落实政法部门各项支出9651万元；落实工商系统办管脱钩改革，财政专项补助资金88万元；完成社会保险基金征缴收入15718万元，同比增长3.02%，完成社会保险基金支出19307.8万元，同比增长8.2%。拨付工业园区基础设施建设和企业技术改造、贴息等方面补贴资金近4500万元；增资县担保公司1440万元；发放41户规模以上企业奖励资金260万元；拨付家电、汽车、摩托车下乡财政补贴1400万元；免收园区工业投资项目行政事业性收费1915万元。

继续推进各项财政改革。在县直部门全面开展国库集中收付制度改革，建立信息体系，形成财政部门与县直部门、人民银行和代理银行的信息联结。完善县乡财政管理体制，实行税收属地征管、税收总额分成，理顺县乡财政分配关系。指导乡镇编制预算，提高乡镇政府依法自主理财水平。规范乡镇财务管理，落实督察责任和追究制度。出台《肥东县村级公益事业建设一事一议财政奖补试点工作实施方案》，并开展试点工作。

【金融】 2009年，肥东县金融业机构各项存款余额110.2亿元，比年初增加24.3亿元，同比增长28.2%，为近年来最快水平。其中，居民储蓄存款余额71.9亿元，比年初增加10.9亿元，占存款余额的65.3%，企业存款17.4亿元，比年初增加8.9亿元。金融机构各项贷款余额51.5亿元，比年初增加14.8亿元。其中：工业贷款3.4亿元，比年初增加2.0亿元，农业贷款9.6亿元，比年初增加0.2亿元。

【邮政电信】 2009年，肥东县邮政业务收入3288万元。年末本地电话用户21.0万户，比上年下降3.1%。其中住宅电话用户18.1万户，下降8.8%。移动电话用户27.1万户。互联网用户2.8万户，增长21.7%。

【供电】 2009年，肥东供电公司完成供电量76685万千瓦时，同比增长18.3%；完成售电量71354万千瓦时，同比增长18.36%；实现电力销售收入38386万元。综合线损完成6.95%。完成售电均价537.97元/千千瓦时。自1986年10月30

日至当年底，连续安全运行8458天。

该公司完成35kV高亮输变电工程；35kV王铁、长乐变电站所用电源改造；35kV城东变电所、王铁变电所直流改造；改造5项输电线路升高项目；消除2处输电线路跨越铁路的安全隐患。完成2237万元137个农网完善工程。新建和改造台区123个，10kV线路14条。完成2个“电气化镇”、15个“电气化村”建设任务。延伸推进“内查管理，外查偷漏”营销专项治理活动，查处高压专用变窃电户5户，低压窃电户18户，追补电量169120kWH，追缴电费583081元，其中追回147691元，违约使用电费435390元。该县供电公司是省公司ERP建设第一批推广单位，在21个省级ERP上线单位的省公司下属子公司中，业务量第一，在全省ERP上线单位中，转资数第一。开发的“宏”技术运用，被省公司ERP项目办推选在全省SAP上线单位中推广。

【国土资源】 2009年，肥东县耕地面积12.3万公顷，其中基本农田11.16万公顷，基本农田保护率91%。当年共投入资金360万元，修建完善基本农田保护设施，县、乡、村逐级签定各类农田保护责任状358份。完成建设项目用地预审及规划审查55宗，面积506.3公顷，其中市级立项2宗、县级立项53宗。招拍挂出让国有土地使用权188宗，面积368.4公顷，成交额21.67亿元。其中，经营性用地15宗，面积75.2公顷，成交金额15.95亿元，工业用地173宗，面积293.2公顷，成交额5.72亿元。上报各类建设用地29个批次，面积493.7公顷，获省政府批准516.5公顷（含上年度上报今年获批）。其中，市政府正常下达计划报批9个批次，面积59.7公顷；争取省政府独立选址项目7个，面积120.6公顷；建设用地置换报批5个批次，面积132.8公顷；增减挂报批1个批次，面积37.6公顷；违法用地查处补报7个批次，面积143公顷。县级土地利用总体规划修编大纲得到省政府批准。开展集体土地“三权”颁证工作，完成集体土地所有权发证337宗、集体建设用地使用权发证34宗、农宅登记发证6.7万户。办理各类土地登记3530宗，其中，国有土地登记2665宗，集体土地登记发证748宗，抵押他项权利登记117宗。批准农民建房4个批次426户，面积5.13公顷。实施国家和市、县三级土地整理项目153个，总规模3266.7公顷，10个项目通过验收，获省厅确认新增耕地563公顷；白龙长王“整村推进”试点成功实施，引起了国土资源部的高度关注，政治局常委周永康、国土资源部部长徐绍史、副部长鹿心社等先后到合肥专题调研。实施2007年以来获取批准的12个批次建设用地置换和4个批次“增减挂”项目，总规模893.3公顷，规划新增耕地680公顷，其中506.7公顷挂钩指标经过批准。完成白龙清水、白龙长王、八斗西张、众兴华光、陈集杨庄、马湖小陶等9个村庄，4个窑厂的复垦任务，归还耕地指标238.7公顷。清理5宗闲置土地，面积155.4公顷，收回土地使用权1宗，立案调查并上报市政府4宗。查处违法用地27宗，结案率74%，涉及面积8公顷，制止违规建设120余起，下发停建通知书96份，收缴罚没款62.67万元。调解土地纠纷21起，答复法律法规和业务咨询30余起。

继续规范矿业秩序，修编县矿产资源第二轮规划通过省级专家组评审，报省厅待批。制定《肥东县地质灾害隐患排查鉴定工作实施方案》，开展地质灾害气象信息预警，发送预警信息13条，涉及910人次。整治矿区，维护生态环境。争取1100万元经费补偿被关闭的龙泉山18家矿山企业。出让86家矿权，征收采矿权价款241.2万元，实现矿产资源补偿费征收入库58.3万元。

【交通运输】 2009年，肥东县公路总里程3459.7公里（不含城市道路），其中高速公路107.1公里，省道93公里，重要县道137.6公里，一般县道343公里，乡村公路2779公里，公路密度156.2公里/百平方公里。

共建村村通水泥路1332公里，提前一年实现“村村通”水泥路目标。当年新建“村村通水泥路”404公里（含提前实施57.2公里）。基本完工33个标段的水泥砼路面。完成国债项目范栏路、石高路长33公里的一期土方工程。完成范栏路、石高路砂石铺设任务。完成范同路八斗至双庙段改造工程二灰碎石基层。完成省交通厅下达的四房桥、五七桥、沙河桥等3座渡改桥工程255延米建设任务，项目投资400多万元。完成15个危桥改造项目，投资421.6万元。完成合店路一期（包公铜像至312国道口）改建工程和合宁高速公路四改八扩建工程，并竣工通车；完成南淝河大桥、环巢湖道路工程建设项目准备工作。

继续推进乡镇公路养护体制改革。18个乡镇成立乡镇公路管养机构，专人负责养护，制定乡镇公路管养制度和办法，签定在册公路养护合同。县抽派、培训31名基层交管站人员，协助乡村公路养护和监督管理。依据养护工作考核结果，拨付养护资金158万元。实现日常养护常态化，县道路肩除草3遍，路面清扫16万平方米/月，维修道路面坑槽2遍，修补坑槽1.25万平方米，基层补强0.45万平方米。完成花梁路续建工程3公里大修改造；完成马店路、章杨路5.2公里大修养护工程；完成马店路8公里养护中修工程以及太长路、陈石路抢修任务。加强路政管理。抽调运管部门8名人员充实到路政执法队伍。加大路面巡查密度，干线公路每天巡查不少于1遍，支线公路每4天不少于1遍，发现、查处违法建房4户，拆除违法建设62平方米，清理路面堆积物828处4785平方米，清除路肩种植物30起720平方米。治理超限运输，采取日常巡查与夜查、突击检查相结合的形式，查处超限运输车辆900台次，查处严重超限运输车辆123台，卸载、转载货物2000余吨，罚款15万元。

肥东县层层分解安全管理责任，与涉渡的4个乡镇及3个监管职能部门签订安全生产目标管理责任书，与85家企业签订安全生产责任书，组织6次道路运输企业安全检查，更换安装安全警示标志标牌213套，增设238块；在县运管所增设安全监督股，专人专职负责安全监管工作，水上交通连续15年安全无事故。

【水利】 2009年，肥东县累计降雨量为913.7毫米，比上年多62毫米。全年未出现大面积连续干旱现象。2008－2009年度，累计完成农建投资1.07亿元，其中中央财政投资3850万元，省级财政投资3200万元，市县乡财政投资2850万元，群众自筹资金800万元；投入劳动工日22.4万个；出动机械台班9.6万个；完成土石方405万方；修复水毁工程21个；疏浚河道15.8公里；清淤渠道167千米；新增蓄水能力248万方；解决5.98万人饮水安全。征收水资源费200.6万元。

2009年初，抗旱保苗工作中投入抗旱人数10.8万人、资金190万元、机械1.12万台套，浇灌面积3.3万公顷。在夏栽工作中，全县累计提、引、放水计1.4亿方，其中龙塘、高塘、十八联圩等泵站累计提水220万方，从省淠史杭管理总局引水2800万方；投资25万元，清淤滁河干渠从殷旁冲闸至新向阳村6公里长的渠道，确保灌区内乡镇夏栽工作顺利完成。投资80万元完成店埠河薛小郢段护堤除险加固工程、投资120万元完成秦桥电灌站技改项目。

全年完成2007年度省级10座小（二）型水库的决算审核和验收工作；完成2007年度国家级小（一）型水库稻香水库的扫尾、决算审核和验收工作；完成2007年度省级9座小（一）型水库和2008年度12座省级小（二）型水库的施工和决算审核、验收工作；完成2008年度余六、迎春2座国家级小（一）型水库的扫尾和决算审核、验收工作；在建2009年度省级14座小（二）型水库、6座国家级小（一）型水库。基本完成管湾、岱山水库除险加固任务。开展农村饮水安全工作，其中投资1201万元，铺设白龙、陈集等乡镇自来水管网72.2公里，兴建陈集乡水厂枢纽工程；投资1826万元，铺设张集、杨店等乡镇管网453.2公里，为涉及到不安全饮水乡镇的6.1万人用上自来水提供基础条件。发放水库移民直补资金1433.76万元；完成2008年度水库移民人口自然减员核查、统计、上报工作；完成2008年度水库移民人口信息更新工作；编制《肥东县库区和移民安置区2006－2010年后期扶持项目规划》，规划总投资额2638.1万元，省局已批复；完成投资642万元的2008年度第一、二批110个项目，并通过省级验收；完成投资503万元的2008年度第三批后期扶持项目68个。完成2009年度26座危桥改造工程。开展原水安公司企业改制，安置200余名职工。

该县完成驷马山滁南片改造工程的可行性研究报告并上报，获得批准，总投资1500万元；完成刘桥坝、民主坝、马湖坝等3座闸坝的安全鉴定工作；协助完成肥东县店埠河河道整治规划，上报市水务局并通过审查；编报驷马山灌区农业灌溉用水负担改革试点方案，上报省水利厅待批。投入10多万元对水政水资源管理开展系列宣传，印制和散发宣传资料2600份，增设大型公益宣传牌2座；纠正管湾、岱山水库围库造塘、店埠河挖堤以及占用众兴电站渠埂修建建材厂等10多起水事违法行为；清理行政审批项目，保留行政许可16项，非行政许可审批1项；按时按程序办理完结行政许可项目11项；办理人大议案7件，政协提案1件；普查全县入河排污口，清查排污口22座，并分类和GPS定位；修订众兴水库饮用水源安全预案，增加10块水源地保护界牌。

【建筑业】 2009年，肥东县建筑业企业完成施工总产值109.6亿元，同比增长20.1%；外出施工产值92.7亿元，实现建筑业增加值27.8亿元。发放施工许可证113个，总建筑面积162.3万平方米，总造价15.4亿元。提前开工项目106个，建筑面积67万平方米，造价3.9亿元。建筑业从业人员16.5万人，输出建筑劳务13.6万人，出国建筑劳务4400人。建筑施工市场遍布25个省、市、自治区，其中，2009年新开辟宁夏石嘴山市市场。

建筑业企业117家，其中壹级资质总承包企业6家，贰级资质总承包企业21家，叁级资质总承包企业10家，专业承包资质企业35家，劳务分包资质企业45家。壹级建造师注册91人，壹级临时建造师17人，贰级建造师206人，贰级临时建造师318人。其中，2009年根据建设厅要求，该县357人符合三级项目经理转型二级临时建造师条件，通过318人。同时，开展3个班次377人参加的岗位技能培训、鉴定工作，均取得职业技能岗位证书；培训施工员109人，培训质检员99人；对1197人参加非国有经济组织职称评审人员开展培训，并均取得相应职称。

新增建筑项目762个，建筑面积291.71万平方米；工程竣工验收备案195个，面积66.94万平方米。皇马花园1#楼等9个单体工程获市“琥珀杯”，是历年优质工程最多的一年。盛世明珠大厦等3个单体工程申报市优质结构工程。继续推行住宅工程质量分户验收制度和建筑工程质量保证金制度，做好建筑节能工作。服务新农村建设和乡镇民生工程，开展在建中小学校校舍抗震加固工作。

开展建筑业安全生产工作。全年两次召开“肥东县建筑业安全生产工作会议”，各乡镇、园区和建筑施工企业主要负责人及部分建设方、监理企业代表参加，与各施工企业签订《安全生产工作目标管理责任状》。在“安全生产月”期间，制作宣传气球1个，发放宣传资料400余份，接受市民咨询80余人次，建筑工地悬挂大型条幅标语150余条，小型条幅标语1000余条。开展安全隐患排查。出动巡查组232次，涉及47家建筑企业所有施工现场，发出隐患整改通知书232份，排查出隐患1141条，督促按照“三定”整改。在开展迎国庆60周年安全生产督查暨建筑市场综合执法检查期间，对153个工程项目开展大检查，发出执法检查意见书148份，并对违法行为作出处理。开展安全生产百日会战，督查项目41处，并及时处理隐患。实施施工现场重大危险源公示制度，规范危险性较大工程专家论证制度，全年对12个危险性较大工程进行专家论证。及时处理荣华府B区地下车库基坑支护工程引起县医院住院部大楼周边地坪变形开裂的安全隐患。指导企业创“市级文明示范工地”7个，面积达15万平方米。

加强对建筑市场的执法监察工作，查处违法违规项目21起，结案17起，正在调查处理4起。该县建管局做好农民工维权工作，接待拖欠工程款投诉4起、拖欠农民工工资咨询132起，涉及农民工人数2300人，其中正式受理63起，解决拖欠工程款额3100万元；深入工地现场解决农民工工资拖欠引发的突发事件5起，处置紧急事件1起。

共有新型墙材生产企业23家，年生产能力17亿块标砖；新型墙材年产量5亿块标砖，同比增长5倍，黏土实心砖产量下降至3亿块标砖；当年新建、改建、投产新型墙材生产企业18家，新增新型墙材生产能力13.5亿块标砖。取缔淘汰3家18门以上轮窑企业，淘汰山王大韩轮窑厂等18座18门以下小轮窑。

【城建】 2009年，肥东县开工建设站北路东段工程，总投资1500万元，完成路面浇筑和雨污水工程；定光河桥工程开工建设。投资485万元完成通济桥新桥绑宽工程。实施县城三化（绿化、美化、亮化），完成高速龙塘出入口、县城合蚌路、南环路、撮镇大转盘等处的绿化和改造任务；绿化包公大道两侧、店埠河两岸；店埠河公园三期开园纳客；完成沿河东路中段路灯改造、包公大道肥东段的路灯安装。建设生态环保工程。新建县城污水处理厂二期工程，工程完成过半；完工包公大道雨水箱涵；贯通店撮路雨水管道工程、站北路至撮镇大转盘段管道、店撮路至团结路穿路管，雨水排放顺畅；开工建设八斗路桥以北店埠河治理工程（二期工程延伸）。建设旧城改造拆迁恢复楼和保障性住房工程。推进沿河东路北段旧城改造工程，1#－19#楼多层主体竣工，同步开展配套工程建设；4幢高层中的20#、21#楼建至8层，22#、23#楼完成桩基；龙泉路改造拆迁恢复楼工程为五个拆迁安置点共7栋楼，其中3幢楼竣工。八斗路拆迁恢复楼、2幢廉租房建设工程竣工。市政设施维护，完成青春街、新街、梁园路、包公大道、浮槎路、沿河东路、沿河西路、人民路、县政府广场等路段的路面维修。

【房产管理】 2009年，肥东县完成房地产开发投资25.52亿元（含龙岗开发区，下同），其中住宅投资18.32亿元，同比分别增长21.14%和11.34%；新开工面积129.24万平方米，其中住宅82.15万平方米，同比分别增长47.15%和20.37%；商品房销售备案8578起75.16万平方米，同比分别增长23.07%和14.22%，交易额25.57亿元，同比增长30.13%。

把实现符合条件的低收入家庭“住有所居”列入32项民生工程之一，出台《肥东县廉租住房实物配租管理办法》和《肥东县2009年度廉租住房实物配租实施方案》，建立住房保障信息网络和管理系统，完善纸质与电子档案相结合的城镇居民住房保障工作信息管理系统。发放店埠镇和撮镇镇354户最低收入家庭、129户低收入家庭廉租住房租赁补贴164万元，受惠人数1144人。建设两期490套2.45万平方米廉租住房，其中完成光大居委会和镇北居委会的90套4500平方米第一期廉租住房建设任务，第二期400套2万平方米廉租住房正在建设。

有物业服务企业50家，其中当年新增7家；物业管理总面积357万平方米，其中当年新增物业面积41万平方米，从业人员1462人，新建住宅区前期物业管理落实率100%。开展争创县级“物业管理优秀示范住宅小区”评比活动，东方花园等3个住宅小区被评为2009年度肥东县“物业管理优秀示范住宅小区”。归集物业维修资金1750万元，累计归集6700万元。全县7个小区成立业主委员会。严格商品房预（销）售许可制度，实施“两书一册”制度，《房地产开发项目手册》填报验核率和“两书”发放率100%。规范拆迁管理，受理行政裁决案件4件，召开拆迁听证会4次，调解会6起，依法行政裁决4件，接待群众来电来访80人次。规范房地产市场管理。严把市场准入关，严格中介从业人员资格管理和中介机构资质管理，查处非法中介机构和中介行为。完善二手房资金托管制度，依法查处房地产开发企业违规销售案件3起。

【环保】 2009年，肥东县城镇生活污水处理率70%，工业二氧化硫排放量达标率98.7%，工业废水排放量达标率98.9%，工业烟尘排放量达标率100%。全年完成205家企业的排污申报工作，依法向195家企业征收排污费，到账资金217万元。举办3期185家企业参加的排污申报企业培训班。

在开展污染减排工作中，分解目标任务，与责任单位层层签订责任状，实行考核制度。实现店埠镇（老城区）、肥东新区辖区内污水处理厂收水范围内的污水全收集处理；全面截污店埠河（县城段）；按照国家要求，完善县污水处理厂中控平台系统建设；实现县污水处理厂（一期）满负荷运行；完成县污水处理厂（二期）建设任务的25%左右；完成合肥循环经济示范园污水处理厂80%的建设任务；即将开工建设撮镇镇污水处理厂（一期）。执行环保制度，源头控制污染总量。执行环境影响评价和“三同时”制度，把总量削减指标作为建设项目环评审批的前置条件，严禁新上建设项目突破总量控制指标。申报环保专项资金项目12个，获中央、省级环保专项资金补助1910万元。整治企业违法排污，落实整治责任人和督办责任人。开展环境整治专项行动。排查整治饮用水源保护区、钢铁、化工、造纸、电镀、畜禽养殖、屠宰、垃圾处理场、城镇污水处理厂、涉铅涉砷、“两高一资”、尾矿库等行业，解决环境热点、难点问题。管理建设项目环境保护，新建项目环评执行率96.8%。完成“三同时”验收企业37家，“三同时”执行率95.2%。开展环境宣传活动。利用六五世界环境日、3.15消费日、12.4法制日等重大节日开展宣传工作。其中，在六五世界环境日，悬挂宣传横标50幅，张贴宣传漫画40多张，印发各类宣传资料1000多份。创建绿色学校，申报并验收6所绿色学校。

开展生态环境建设和饮用水源保护工作。撮镇镇电站村、众兴乡梁宇村被省环境保护局授予第三批“省级生态村”称号。管理饮用水源，拟定《肥东县城镇饮用水水源保护区划定方案》，获省政府批准；拟定《肥东县乡镇集中式饮用水水源保护区划定方案》。在秸秆禁烧期间，组织执法人员对5个重点禁烧区乡镇及交通干线进行巡查；中、高考期间，采取向各建筑工地散发文件通知、电视字幕宣传、派驻考点执法人员、24小时值班等措施，查处各类噪声扰民行为。该县环保局成立信访中队；开通24小时环境热线；受理信访投诉

206件，查处206件，回复率100%，群众满意率71%。

【计生】 2009年计生统计年度，肥东县出生人口10966人，出生率10.02‰，出生人口政策符合率85.40%，出生人口性别比117.56，其中，一孩性别比101.81，二孩性别比151.93，政策内孕情掌握率4.18‰。做四项手术16318例，其中：放置宫内节育器10181例，皮下埋植285例，男性绝育11例，女性绝育3348例（二女孩夫妇绝育796例），新技术2099例，其他394例，期内手术新帐完成率102.72%，二女结扎率82.15%。

强化计生组织领导，制定出台《2009年人口和计划生育目标管理责任制考核办法》、《2009年有关单项工作考评细则及奖励倒扣分办法》以及《肥东县人口和计划生育工作预警机制实施方案》；细化综合治理成员单位工作职责及奖惩意见，初步形成综合治理人口和计划生育问题的新格局。其中，店埠镇推行“全貌划片、户况显示、综合服务、动态管理”的工作新方法，确立城区计划生育综合改革框架。坚持每月分析计生相关数据，监控重点工作指标均数，对指标在均数以下的乡镇分程度发放绿、黄、红三色“预警”通知书，当年对6个乡镇实施黄牌预警。

2009年，肥东县以“月评”深化社会抚养费征管工作机制，全年征收社会抚养费1424万元，征收到位率45%。计生统计年度内，立案查处“两非”案件104件，侦破104件，结案104件；其中刑拘2人，判刑1人，开除公职2人，党内严重警告9人，取消党员预备资格1人，行政撤职3人，行政降级5人，行政记大过4人，行政记过11人，吊销执业许可证（执业证书）9件，查收B超机2台，没收医疗器械10件，收缴罚没款63万元。

全年足额兑现30546户独生子女保健费。兑现1465名奖扶对象和98名特扶对象139万元。全额报销群众四项手术发生的费用，巩固免费技术服务项目。

【卫生】 2009年，肥东县卫生系统在职在岗职工2109人，其中：卫生技术人员1600余人（高级22人，中级290人）；执业（助理）医师605人，执业护士440人；具有大专以上学历840人（其中本科172人）。村卫生室医务人员1216人。医疗机构总床位数3300张，其中县直医疗卫生机构681张，乡镇卫生院1245张，村卫生室1374张。每千人口床位数约3张。诊疗疾患75.3万人次（不含卫生室），实现业务收入1.9亿元，同比增长17.7%。其中县直医疗机构业务收入13000万元，同比增长13.8%；乡镇卫生院业务收入6500万元，同比增长26.1%。

推进重大传染病人医疗救治与生活救助。当年救助贫困结核病人125例，救助人数占全年任务的183.82%，发放省补救助资金6.1万元，资金使用率100%。把结核病纳入新农合报销，可报销辅助治疗、检查费用的50%，报销最高限额2000元。扩大免疫规划实际接种25万针次，超额完成任务。开展婚前医学检查4654对，完成年任务175.6%；农村孕产妇住院分娩补助8489人，完成年任务107.5%。完成庐州卫生科技学校及白龙、八斗、石塘、富旺4所卫生院民生工程和国债项目建设任务；新建县中医院门急诊综合大楼；完成县精神卫生防治院门急诊综合大楼工程征地、围墙建设任务；黄栗、龙城等卫生院采取“三个一点”（卫生院支持一点，自身筹集一点，社会赞助一点）的筹资办法，建设医疗用房。205个村卫生室实现一体化管理，其中当年新建成85个村卫生室。从10月份启动促进基本公共卫生服务均等化工作起，开始实施建立居民健康档案等9项基本公共卫生服务项目和补种乙肝疫苗等6项重大公共卫生服务项目。7000座改厕任务分解到12个乡镇53个村居，确定12个乡镇改厕工作联络员。发放儿童和孕产妇服务券、补服叶酸。

开展卫生监督工作，办理各类审批事项2083件；立案查处违法案件127起，结案106件；受理投诉举报24起。出动人员5682人次，车辆1256台次，检查单位4162家次。开展元旦、春节、“五一”、国庆、中秋等节假日期间公共卫生监督检查、学校及周边餐饮单位专项执法检查。完成县人大、政协两会、中高考期间卫生安全、马政寺三月三文化旅游庙会、白龙鲜枣文化节等公共卫生保障任务。开展医疗机构及传染病防治监督检查。开展打击非法行医专项行动，取缔无《医疗机构执业许可证》行医60人，立案58件；治安拘留1人。组织卫生法律法规知识宣传5次，接受群众咨询1.3万人次，散发宣传材料2.6万份，制发卫生监督信息35条。

有效预防控制传染病，未出现一例死亡病例。

防控出国劳务人员非洲恶性疟疾传播。采取晨午检、留校、居家隔离观察、住院治疗等有效手段，防控甲型H1N1流感；县疾控部门接种季节性流感疫苗3万多支，分期分批完成4万支甲型H1N1流感疫苗接种任务，未出现预防接种异常反应。加强艾滋病防治，防治知识培训率100%；开展娱乐场所高危行为干预工作，干预2100人次，干预场所覆盖率达标100%；门诊接待咨询395人次，干预对象艾滋病知晓率90%以上。加强结核病防治工作，发现新涂阳结核病人423例，任务完成率100%，新涂阳结核病人治愈率88%。开展A+C流脑疫苗应急接种；按时完成麻疹疫苗强化免疫工作任务，接种率98.8%。全年接种乙肝疫苗4.7万针次，按时完成上级下发的乙肝疫苗补种任务。加强突发公共卫生事件有效处置。及时、依法、科学处理传染病暴发疫情21起、非职业性一氧化碳中毒事件1起、流脑聚集性病例2起、食物中毒事件2起。

加强妇幼保健工作。加强《母婴保健法》宣传及母婴保健工作。依法加强对从事母婴保健服务机构人员进行重新审查登记和培训。加强出生医学证明管理，认真落实出生实名登记工作。加强儿童系统管理。7岁以下儿童健康体检59861人，儿童保健覆盖率86%；系统管理46670人，系统管理率77.9%；筛查出高危和体弱儿童60人，体弱儿管理率100%；创建规范化儿保门诊6家。母乳喂养率95%；5岁以下儿童死亡率7.9‰；婴儿死亡率6.3‰，与上年相比下降1.1‰。孕产妇建册率85.5%，系统管理率76.3%；产后访视率80.2%；住院分娩人数10797人，新法接生率100%。做好新生儿疾病筛查和听力筛查工作，筛查8772人，新生儿疾病筛查率80%；听力筛查4165人。

加强医政管理，开展“以病人为中心，以提高医疗服务质量为主题”的医院管理年活动。抓好继续医学教育培训工作，加强业务人员技术考核，建立业务人员技术档案。处理医疗纠纷10余起。成立县医疗卫生财务核算中心，统一管理乡镇卫生院财务。实行药品定点采购统一配送，规范药品购销渠道和行为。县财政增加1000万元，用于兑现乡镇卫生院退休人员退休费和死亡职工遗属补助费。公开招募20名医学卫生类大专以上毕业生到乡镇卫生院工作，公开招录45名大专以上医药卫生类毕业生到县直医疗卫生单位和乡镇卫生院工作。

【教育】 2009年，肥东县现有学校354所，其中高级中学1所，完全中学14所，初级中学29所，九年一贯制学校12所，完全小学210所，特教学校1所，职业学校4所。职业教育学生12628人，普通高中学生24951人；初中生60647人，小学生72813人；特殊教育学校学生81人。学前三年入园率77.9%；小学学龄儿童入学率100%；初中学龄人口入学率99.74%；连续三年未发生小学生辍学情况；初中生年辍学率0.85%；三残儿童入学率92.6%；高中阶段毛入学率83.99%。

2009年高考本科达线3114人。其中一本556人，二级学院本科和民办院校本科2558人。中考600分以上4583人。职业教育招生4533人，同比净增441人，增幅10.8%。职业学校与普通高中招生人数比例1：2.1。职业学校毕业生2312人，就业率95.8%。

获省教育强县称号、县党政领导干部教育工作督导考核获省优秀等次。该县教育局被评为全国“有效推进区域教师专业化发展”2007－2008年度研究与实验工作先进单位，国家“十一五”重点课题研究工作优秀组织奖，作为深入学习实践科学发展观活动先进单位，参加“合肥市科学发展在基层先进典型报告团”。

继续深化教育改革。改革教育局机关内部机构。实行普通中学学业考试、考查和综合素质评定相结合的招生和评价制度改革。实施义务教育阶段学校教师绩效工资。推进新课程改革。健全教育发展的政策措施，制定并印发《关于进一步加强教师队伍建设的意见》、《关于建立民办教育联席会议制度的通知》以及中小学建设工程、幼儿园标准化规范化建设、中小学校舍安全工程实施方案等文件。同时注重教育内涵发展，提高教育教学质量。举办多场爱国主义教育报告会，开展“文明礼仪”教育实践、“迎中博　讲文明　树新风”等系列活动。开展“美在文明，爱在礼仪”实践活动。实施素质提升工程。招录198名新教师；培训教师1.5万人次、校长360人次。开展对教师“备好课”专题考核；举办教育干部春训班，培训中小学校长和机关干部580名。提升学校办学水平。8所学校分别被评为全省家教名校和第二批未成年人思想道德建设示范学校，25所学校分别被评为合肥市“平安校园”、“绿色学校”、“特色小学”、

"特色初中"。刘道存老师被评为全国模范教师，宣洙老师荣获全国中青年教师语文课堂教学大奖赛一等奖，汪玉强老师荣获"全国自制教具能手"称号，王福华等8位教师分别被评为省模范教师和优秀教师。在国家"十一五"重点课题"学生学业成就评价案例研究"工作中，2所学校获优秀单位奖，3位老师获优秀指导奖，12位老师被评为先进个人。素质教育工作取得新成绩。中小学生参加市级以上比赛，获省特等奖1人，二等奖2人，市团体一等奖1个，特等奖1人、一等奖8人，二等奖2人。推进布局调整，肥东六中建成并使用，合并撮镇二中和撮镇中学。11所完全小学被调整为教学点，撤销17个教学点，分流安置1867名学生。

继续落实教育惠民政策，投资1972万元新建7所中小学，其中建成6所，在建1所。资助中职学生4000人，县财政配套资金66.2万元。13万义务教育阶段学生的杂费和教科书费全免，发放1368名义务教育阶段贫困寄宿生生活费补贴，预算内公用经费标准进一步提高。石塘学区中心幼儿园、绿野仙踪幼儿园两所幼儿园接受市级一类园评估。完成校舍排查鉴定工作，制定三年加固改造规划，当年完工47个学校59个项目。安排700万元义保结余资金实施薄弱学校改造工程。投入210万元为长临河中学新建学生宿舍。争取社会企业捐资259万元，新建5所小学教学楼、2所小学综合楼。投入204万元新建12个农村卫生新校园沼气公厕。

【旅游】 2009年，肥东县可统计旅游接待人数158万人次，同比增长22%。旅游综合收入1.2亿元，同比增长21%。长临河镇、古城镇被评为省级优秀旅游乡镇。岱山湖景区晋升为国家4A级旅游景区。

制定《岱山湖景区创建4A旅游区整改计划》；完成岱山湖景区游客接待中心、演法禅寺一期别院项目主体工程建设任务，安奉释迦牟尼佛像于演法禅寺，推进"老人与湖"项目，举行佛像开光暨别院落成庆典仪式，完成220米环湖小道建设，装潢、维修、更换景区部分设备。当年该景区接待游客48万人次，实现经营收入560万元，同比增长15%。

2009年，肥东县推动乡村旅游发展，先后投入200万元建设白马山乡村旅游示范点隔离试种苗圃综合大楼，白马山至石长路的进出口道路竣工并通车。投资120万元新建面积1600平方米丰宝旅游接待中心，内设总台服务部、餐厅、客房部、展示中心、会议室、棋牌室、运动室等。灵芝盆景进入市场，计划2010年开发灵芝盆景生产流水线参观项目。开工建设汇景生态园生态休闲广场、文化娱乐广场和面积2400平方米欧式综合接待中心等项目。在建沁园春、管湾水产养殖场等农家乐项目基础配套设施、娱乐设施。涌现新向阳、红绿枣业等一批农家乐。长临河和古城镇通过省优秀旅游乡镇验收。突出红色旅游特色。建成瑶岗渡江战役总前委旧址纪念馆4000平方米"鱼水情广场"；维修总参谋处旧址，修旧如旧；新建旅游公厕一座；投资80万元建设一幢上下两层文物库房。扩建青龙厂新四军第四支队东进抗日纪念馆三期工程，完成2190平方米的三层楼主展馆（合肥地区党史纪念馆和抗日纪念馆）土建工程。出台长临河古街保护开发规划，计划保护性开发，形成四顶山滨湖旅游区建设联动效应，增添肥东环巢湖旅游带亮点。改善马政寺、龙泉寺、定光寺等宗教文化旅游项目交通、内部配套设施等。

多方位宣传旅游，在肥东高速路出道口等位置设置旅游标识牌、指示牌等；组织旅游企业参加国内旅游交易会、中博会、大连旅交会、第四届中国（合肥）徽菜美食旅游节等推介旅游产品；组织白马山、沁园春等农家乐点参加市第三届乡村旅游节，扩大知名度；通过《安徽经济报》、《合肥晚报》等媒体推介肥东旅游；制作《包公桑梓地魅力新肥东》电视风光宣传片；举办马政寺三月三文化旅游庙会、第二届建华荷花节、首届鲜枣节等节庆活动；推进环巢湖旅游线路整合和宣传；推出"众兴一日游"、"长临一日游"及"白龙一日游"等旅游线路。

旅游局组织人员赴黄山太平区学习旅游管理和经营经验，参加《旅行社管理条例》，红色旅游开发、营销等培训。在节庆和黄金周前，对岱山湖、春博山庄等景区进行安全检查，排除安全隐患，没有发生一例安全事故。

【文化广电】 2009年，肥东县举办《忠诚的礼赞》——组工专场文艺演出。举办春节系列文化活动。春节团拜会文艺演出。春节乡镇文艺调演在店埠河公园广场举办3天，16个乡镇选送40多个节目参加演出。开展11场业余剧团展演。举办"2009肥东马政寺三月三文化旅游庙会"开幕式专场文艺演出暨文化系列活动。纪念渡江战役胜利60周年系列活动：4月22日下午，在店埠河公园广场举办庆祝渡江战役胜利60周年纪念大会暨文艺演出；革命战争影片放映周；十万市民游瑶岗活动；纪念渡江战役胜利60周年书法联谊会。7月17日举办以“旗帜·崛起”为主题的县深入学习实践科学发展观专场文艺演出。9月17日下午，庆祝建国六十周年暨肥东建县60周年《歌唱祖国》广场文艺演出在店埠河公园文化广场拉开帷幕。规范网吧市场经营秩序。网吧市场天天查，24小时畅通12318文化市场举报电话；全年出动车辆200台次，执法人员780人次，检查网吧1200家次，受理举报案件30起，立案查处违规接纳未成年人的网吧130家。取缔无证经营电子游戏赌博机近30家，收缴具有赌博功能电子游戏机120台，查扣电子游戏机电路板近600多块。清缴低俗盗版音像制品。检查音像制品经营单位470家次，清缴盗版低俗音像制品3万盘（张）。封堵、查缴政治性非法出版物。检查印刷企业120家，检查书店、书摊167家次，取缔流动书摊点17处，收缴非法印刷品3000份。

完成文物野外普查工作，普查文物点762处，其中新发现677处，复查78处，消失7处。配合省考古研究所对化工园古墓葬进行发掘、整理，清理35个墓葬。完成对六家畈古民居一期维修工程。渡江战役总前委旧址纪念馆，于5月21日被中宣部公布为全国第四批爱国主义教育示范基地，是省唯一入选全国30家爱国主义教育示范基地单位。在县图书馆建立文化信息资源共享工程县级支中心。15个乡镇有数字电影放映机，其中当年新增10部；全年放映4600场，放映覆盖率100%；开展“辉煌60年—安徽省千场电影进农庄”活动。编辑出版3期《热土》杂志。出版发行《新世纪肥东优秀文艺作品选》。为101个村“农家书屋”配套2万元书报刊及桌椅，培训村级图书管理员。按40万元、面积不少于300平方米标准兴建张集、桥头集2个乡镇标准化乡镇综合文化站。包公镇大邵洋蛇灯传承人—邵传富，被国家文化部列入第三批国家级非物质文化遗产代表性传承人。申报撮镇龙灯、撮镇扎彩、“公和堂”狮子头、梁园“三绝”、石塘驴巴、周氏仙姑庙会为第二批市级非物质文化遗产。投资3000万元新建县文化广电大厦，规划为地下1层，地上22层，楼高约70米，建筑面积近2.6万平方米。

2009年，肥东县广播电视经营收入1300万元，肥东电视新闻播出新闻2650条，广播播发稿件2800篇，制作电视专题45篇。其中围绕中心开辟《深入开展学习科学发展，推动肥东新跨越》广播电视专栏，播出新闻350条；推出新中国成立60周年大型系列报道《辉煌的足迹》，播出38集，播出时长152分钟。开办《东视零距离》民生新闻栏目等。注重节目创新创优，于7月1日改版扩容《肥东新闻》电视栏目，由过去的每周五档改为每周六档，实行男女对播。选送《肥东新闻》、《瑶岗》、《庆祝渡江战役胜利60周年文艺演出》，参加省县级台电视节目技术质量奖（金帆奖）评选，分获新闻类、专题类、综艺类三个一等奖。《东视零距离》获视频图形技术片头类二等奖。肥东广播电台录制并选送的《追忆似水年华》、《呵护》，获省县级台广播电视技术质量奖语言类二等奖，《肥东门歌》获戏曲类节目二等奖。开展外宣工作，全年在中央电视台播出新闻3条，省电台25条，省电视台51条，市电台153条，市电视台310条。

投入近800万元，更新广播电视设备。广播实施直播，电视编辑、播出系列采用数字化设备。其中铺设有线电视网络近10公里，开通静安瑞泰花园三期、东方花园四期、绵羊水岸二期，海州·景秀世家五标段，步行街二期等小区有线电视。当年开通数字电视信号，完成本地节目数字化改造，转换数字电视用户9000多户。依法查处私拉偷接有线电视信号用户200多起，没收私装卫星小锅150套。成立广播电视安全播出应急领导小组，实行分工责任制，全年未发生一起安全播出责任事故。

【社会保障】 2009年，肥东县城镇新增就业岗位5137人。安置下岗失业人员1861人，就业困难人员再就业503人。免费再就业培训542人，免费职业介绍2218人，新增劳务输出13964人，职业技能鉴定3941人，免费创业培训119人。发放下岗失业人员小额贷款428万元。城镇登记失业率4.0%。发放96名未参保集体企业退休人员基本生活费21.95万元；城镇居民医保参保89344人，完成年任务127.6%；5067位被征地农民领取养老保障金1668.9万元；培训技能型合格农民工5175人，完成年任务107.8%；发放四户“零就业家庭”补贴资金2600元。

征收社会保险基金近2.16亿元，其中：养老保险年末参保人数31360人，养老保险金1.38亿元，基金征缴率97.09%；失业保险年末参保人数12522人，失业保险金540万元，基金征缴率98.78%；医疗保险年末缴费人数39698人，医疗保险金6880万元，基金征缴率98.33%；工伤保险年末参保人数10407人，工伤保险金233万元，基金征缴率98.98%；生育保险年末参保人数7482人，生育保险金94万元，基金征缴率98.99%。支出各项社会保险基金近2亿元，其中养老保险基金支出1.34亿元，医疗保险基金支出0.6亿元，失业保险基金支出472万元，工伤生育保险基金支出130万元，农村社会养老保险基金支出39万元。

2009年12月，该县经国务院批准列为国家新农保制度首批试点县。当月起，12万名60周岁以上农村老年人享受到每月60元基础养老金待遇。

开展劳动维权，全年受理举报投诉案件105起，结案105起，结案率100%；为510人追讨拖欠工资146.79万元；清退风险抵押金1.26万元，涉及劳动者20人；督促补签劳动合同8644人；行政处罚1起，罚款金额1万元，清退童工1名。劳动用工登记备案844户，签订劳动合同备案11011人，解除劳动合同备案4199人。受理劳动争议案65件，审理结案65件，结案率100%。

2009年，肥东县发放城市低保供养资金及生活补贴1281.74万元。当年，城镇低保提标至220元/月，经公示、入户调查和核销，享受对象减少到2301户3899人，人均补差标准由95.85元增加到150.87元。发放农村居民最低生活保障资金及一次性生活补贴2837.91万元。农村低保提标为1000元/年，共14088户33557人，年人均补差标准由460元增加到846元。在册五保供养对象8848人，其中集中供养2838人，分散供养6010人；提高供养标准，分散五保提高到1800元/年，集中五保提高到2640元/年；当年发放分散五保供养资金1743.46万元。解决五保对象医疗难问题，规定门诊费按每人每年120元由城乡医疗救助资金和新农合资金等额包干分担，同时规定住院、特殊病门诊的报销比例等。筹集医疗救助资金402.5多万元，其中县级配套44.5万元，救助患大病和边缘人群470人次，支付大病医疗救助金136.36万元。

实现“515”敬老工程项目18个乡镇全覆盖，其中，第二批8个乡镇“515”敬老院已投入使用，第三批6个乡镇“515”敬老院主体工程基本建成，县配套建设资金400万元。打造包公镇和众兴乡敬老院为精品敬老院，县财政专项安排150万元作为管理经费。稳步发展社会福利事业。成立肥东县慈善协会；打卡发放1112名六十年代精减下放人员社会定补134.4万元；打卡发放176名一代上海下放居民、383名随行上海下放居民定期生活困难补助金145万元；办理15名符合条件私自收养子女收养登记手续；资助10名新入学家庭贫困重点院校大学生爱心助学款3万元；打卡发放50名特困家庭救助资金5万元。发放46位百岁老人高龄补贴11.04万元，申报26位新增百岁老人高龄补助，调查摸底80－90周岁老人，慰问9个乡镇80户特困老人，送去慰问金约2.4万元，办理老年人优待证4019本，其中70周岁以上老龄证3357本。开展灾害救助，下拨救灾款160万元。建立县乡（镇）村三级灾害信息员队伍400人；接收并分发送温暖活动捐款393万元（其中县政府60万元）；为5937人下拨棉被1590件、棉衣1000件，下拨冬春期间救灾款114.5万元。落实优抚政策。发放3342名优抚对象定恤、定补和残疾抚恤金762.1万元，兑现2231户优待对象优待金802.9万元；代缴一至六级残疾军人和符合参加城镇居民医疗保险及新型农村合作医疗重点优抚对象参保、参合资金128.5万元，发放农村重点优抚对象医疗补助金5.3万元，支付企业军转干部特困救助金1.6万元；解决20户重点优抚对象住房难问题；发放172名新中国成立前参加革命工作重点优抚对象慰问金5.5万元。开展双拥工作，拨款70万元对7处革命烈士纪念建筑物整修、维护，统一刻制并树立烈士墓碑176块；组织私营企业主到驻军部队进行慰问，协调相关部门为部队3名随军随调家属解决安置就业，为军营配送10台电脑及法律书籍开展智力和法律拥军活动。接收农村退役士兵329人、城镇退役士兵144人（含转业士官16人）。安置城镇退役士兵就业3人，自谋职业141人，发放自谋职业金1254.2万元。17人参加“雨露计划—碧桂园项目”培训，6人参加“阳光创业”技能培训，30名转业士官参加为期10天“创办你的企业”（SYB）培训班。

2009年，肥东县登记各类残疾人63697人。其中视力残疾12561人，听力残疾13568人，言语残疾924人，肢体残疾16708人，智力残疾4866

人，精神残疾6153人，多重残疾8917人。贫困残疾人16529人，占残疾人26%。当年现场换发二代残疾证近2万本。完成白内障复明手术106例，完成任务数141.3%。根据省政府对“贫困重度残疾人生活特别救助”的规定，给予低保内重度（二级以上）残疾人非农业户口每月50元、农业户口每月30元补助，当年办理生活特别救助手续7981人（农业7219人，非农业672人），发放救助金300.3万元。免费发放50个轮椅给重度下肢残疾人。用国家彩票公益金救助贫困精神病患者，100名患者免费服药，12名患者免费住院，50名患者享受住院补贴和80名患者获药费补助。完成6名聋儿听力语言康复训练；免费为3名贫困肢体残疾儿童实施矫治手术；免费安装普及型假肢8例。征收残疾人就业保障金400万，其中征收县机关事业单位残保金110万元；核残企业749家。培训残疾人1654名，其中培训城镇残疾人200名，农村残疾人1454名。组织6名盲人到市残联参加盲人按摩培训，3名残疾人参加市残联技能大赛。继续实施贫困残疾人危房改造项目，完成200户贫困残疾人无房户、危房户的房屋新建或改造工程。筹集58.6万元，无偿提供给586名残疾人作为创业启动资金。继续开展“百头小牛进农户”项目，年投入18.6万元，免费为90户贫困残疾人每户送去一头小牛或者四只小羊。筹集24万元用于春节前走访慰问600户特困残疾户。

【民生工程】 2009年，肥东县实施33项民生工程，全年各级财政投入资金6亿元，其中县财政配套1.5亿元，资金拨付率100%，绝大多数项目建成并投入使用，110万城乡居民受益。

完成农村低保扩面提标工作，农村居民最低生活保障标准由上年的900元提高到1000元，补差水平由人均460元提高到810元；纳入农村低保人数33557人，打卡发放低保金2840万元。推进县内8819名农村五保供养提标工作，农村“五保”分散供养标准由上年的1460元/年提高到1800元/年，集中供养标准由上年的2160元/年提高到2640元/年，打卡发放五保金1743.5万元。提高城乡医疗救助水平，全年拨付困难群众大病救助资金411万元；救助城乡大病患者470人次（是上年的1.5倍），发放救助资金136.4万元；对3616名五保对象实施小额临时医疗救助，拨付资金108.5万元；资助“三无”人员、农村五保户、低保户和重点优抚对象“参合参保”44329人，资助资金135.8万元。完善城镇居民基本医疗保险制度，重新修订保险办法，提高城镇居民医保报销比例；城镇居民参保人数89359人，比上年净增6920人，其中学生及18周岁以下儿童69316人、其他城镇非从业人员20043人。全年各级财政补助资金461万元，为1792名参保居民报销医药费745万元，比去年同期增长359%。对符合政策规定的城镇未参保集体企业退休人员，按每人每月220元发放基本生活费，全年发放99人未参保集体企业退休人员资金26.4万元。全年拨付资金132万元，培训农民工5175人，完成目标任务107%。全面建立被征地农民养老保障制度，提高被征地农民保障标准，由原来的每人每月180元提到220元；33816人纳入被征地农民养老保障范围，6635人领取养老保障金，发放养老保障金2491万元。实施“零就业家庭”就业援助工程，全年帮助4名“零就业家庭”人员实现就业，发放补贴资金.2600元。推进新型农村合作医疗制度，当年，新型农村合作医疗筹资标准为100元/人；全县参合农民近87万人，参合率97.37%，较上年提升0.2个百分点，当年筹资8695.29万元，历年滚存结余2281万元，可使用资金近1.1亿元。受理参合农民住院医疗费用补偿55026人次，住院补偿金额9212万元，住院实际补偿比44.35%；住院分娩补偿4206人次，补偿金额131.3万元；慢性病补偿1112人次，补偿金额104.3万元；门诊统筹补偿37.9万人次，补偿金额300万元。住院、分娩、慢性病和门诊统筹补偿共9748万元，占当年新农合基金112.1%，占累计新农合基金88.81%。全年各级财政补助资金6956.2万元，为参合农民报销医药费9747.8万元。

2009年，肥东县推进重大传染病病人医疗救治和生活救助保障制度，对符合条件的艾滋病、结核病等重大传染病病人及时进行救治，并对其医疗救治费用按规定给予减免。全年救治贫困结核病人129人，发放救助资金6.28万元。全年拨付资金645.3万元，完成婚前医学检查4654对，完成计划任务175.6%；补助8501名住院分娩农村孕产妇资金255万元，完成计划任务107.5%；接种24万针次，完成目标任务115%。继续免除城乡义务教育阶段学生学杂费，免除义务教育阶段教科书费用，并补助贫困寄宿生生活费，提高义务教育阶段生均公用经费标准。全年下拨教育经费保障资金6859.9万元，惠及中小学生130234人；为2218名义务教育阶段贫困寄宿生发放生活费补助170.7万元。落实高校和中职学校家庭经济困难学生资助制度，全年发放助学金743万元，4147名中职学生获得资助。落实大中型水库移民后期扶持政策，全年发放直补资金1437.8万元，直补人口23822人；投资1145万元，完成2008年第一、二、三批项目178个。完善农村部分计划生育家庭奖扶制度，打卡发放1564名计生奖扶对象奖扶资金139.1万元。建立城镇低收入家庭住房困难保障机制，对483户符合条件的城镇低收入住房困难家庭实施廉租住房补贴，全年发放补贴资金163.9万元。建立政策性农业保险制度，全年完成水稻保险6.29万公顷，油菜保险4.9万公顷，小麦保险8533公顷，能繁母猪保险60399头，奶牛保险264头；完成油菜理赔1.33万公顷、300万元，水稻理赔1.33万公顷、541万元，能繁母猪理赔2074头、207万元，奶牛理赔220头、110万元。各级财政投入资金246.6万元，完成新型农民培训任务5900人。

肥东非遗项目简介

肥东洋蛇灯（国家级非物质文化遗产） 肥东县包公镇大邵村邵姓村民擅长玩洋蛇灯，2008年被列入国家非物质文化遗产。大邵村位于该镇的东山山沿，村风淳厚，民风淳朴。洋蛇灯的产生来源于一个美丽传说。据传六百多年前，即元末明初，邵姓婆媳为躲避元兵迫害，在一山洞栖息。不巧正好遇到明兵追赶元兵，元兵也到山洞藏身，见婆媳二人，欲图不轨。这时，山风大作，雷电交加，暴雨倾盆，一条数丈长的白蟒飞下山崖，直扑山洞，口吐蛇珠，直逼元兵，元兵惊散逃遁，婆媳得救。三月后媳妇生下一子，取名“思明”。邵思明长至18岁时，母亲告知当年事，邵思明为报恩，发动全村邵姓村民扎洋蛇灯，玩洋蛇灯，纪念这一逢凶化吉的日子。自此，邵姓代代相传，每18年玩一次，每一次增加一节（1.6米）现洋蛇灯长度已达104米。洋蛇灯工艺技巧复杂，绑、扎、凿、勾、翘、压等方法，全凭老艺人的经验，师徒传承，其他方法无可替代。

蛇身用竹子篾成鳞状，外蒙白布，不绘鳞，蜡烛插在一个圆形的上下垂直能转的直径上。不论侧旋，还是翻滚，烛心始终朝上，蛇珠亦能随烛转动。出灯时，前面四对牌灯，一对写风调雨顺，一对写国泰民安，一对写洋蛇灯的来历，一对写灯艺简介；牌灯后有两个“三眼铳”，装置火药，以炮助威。后面紧跟20管笛子，两个大抬鼓。头出，音乐鼓点平缓。尾出，音乐鼓点轻快，流畅。头尾双出，音乐节奏急促铿锵亢奋，给人以超乎寻常、振奋人心之感。

舞蛇时队员们齐心协力，上下翻腾，大有金蛇狂舞之感，盘起时蛇身塔有6米高，洋蛇腹内，烛光闪烁。仪式结束时，在洋蛇回村大约距村一里处，用三眼铳鸣炮迎接，邵姓人家，张灯结彩，给蛇神洗尘。

打莲湘（市级民间舞蹈类非物质文化遗产） 打“莲湘”在肥东县石塘镇盛传。“莲湘”的产生来源于民间对清朝乾隆帝微服私访的传说。相传乾隆皇帝经常微服私访，为掩饰身份，有时不带随从，只身出来。来到乡下，难免遭恶犬的袭击。有一次行至江南某山，见山高林密，翠竹葱葱，便坐在竹荫下休息，后心中一动，若我随身带只竹竿，既可防身，又可扮成乞丐，不是更好吗？于是随手折了一根青竹，大约三尺三长。带着这根竹竿，乾隆又开始他的微服旅程。歌词为证：“小小莲湘三尺三，出在江南毛竹山……”。在以后的微访过程中，他又感觉到竹竿过于单调，就在竹子中间挖了几个洞，里面串上铜钱。这样，竹竿摆动既能发出清脆悦耳的声音，又能引起乡下人的注意，便于召集贫苦大众，了解他们的生活和心声。渐渐地，这种道具便在底层的贫苦农民中间流传开来。最初的叫法是“连响”，意思是能连续发出响声。后来，艺人们在表演中逐渐丰富表演内容，增加节拍，完善动作，使整个表演更加丰富，节奏感更强。在以后的演变中逐渐叫成了现在的名称“莲湘”。

“莲湘”一般为春节期间表演，以烘托节日气氛，活跃农村生活。每次开演时由领队去庙宇烧香祈拜，燃放烟花，才能正式表演。表演内容多为祈求风调雨顺，以及群众生活密切相关的故事。

马政娘娘庙会（市级民俗类非物质文化遗产） 马政寺相传建于明初，为祭祀明太祖之妻马政娘娘而建，香火盛隆，沧海桑田而失祀。马政寺地处肥东县众兴乡境内，距肥东县城约25公里，距市中心21公里，该寺占地80亩左右，迄今已六百年之久。据碑文记载，清钦差大臣四川方伯公龚仰遽出使英、法、俄之前许愿，归来重建，时都三进，延以回廊，光以色墙，浮雕四壁，庙貌巍峨。后曾于日军侵华时期、文化大革命期间被毁，地方民众几次恢复。1982 年建草堂三间，1997 年建砖瓦结构三间，现已构成两路大殿，一路大殿建设面积 350 平方米，二路大殿建设面积 1500 平方米。

马政寺是合肥地区最大的寺院，它反映出传统文化与民俗、民风的和谐相处。马政寺庙会期间，方圆数十里的民众扶老携幼从四面八方赶来，亦有从北京、上海、天津、南京等城市赶来的香客，有香客数万之多，香火鼎盛。

肥东革命遗址遗迹简介

陈集乡革命烈士纪念碑 该碑位于肥东县陈集乡的一个林场。碑高 4 米、宽 1.5 米，水泥结构，碑文为“革命烈士永垂不朽”。此碑建于 1984 年，是为纪念解放战争时期新四军在陈集乡阵亡的近 100 名革命烈士。

据当地年长村民回忆，1945 年 10 月下旬的一天，国民党一股约 200 多人的部队，从定远方向南下合肥，暂时驻扎在陈集约 2、3 天时间，后被新四军侦察部队发现。10 月 27 日深夜，新四军第二纵队司令员罗炳辉调集部队约 200 人，追赶到陈集与国民党军队展开一场恶战，战斗一直到次日天快亮的时候才结束。在这次战斗中新四军伤亡较大，近 100 名指战员光荣牺牲。国民党部队也被消灭 40 余人，并在临走时以当地老百姓向新四军告密为由，放火烧毁民房 200 多间，烧死农家妇女 2 名。战斗结束后，当地老百姓把革命烈士遗体集中就地掩埋在现在的陈集中学的南边。1984 年，经上级拨款，烈士的尸骨重新迁至现在的乡林场中间，并修建一座直径约 2.5 米、高 3 米的烈士墓，墓前竖立高大的革命烈士纪念碑。

梁园抗日阵亡将士陵园 该陵园位于肥东县梁园镇南 1000 米、合蚌路东 100 米处。陵园占地面积约 2000 平方米，四周由砖砌成围墙。园内有纪念塔、纪念碑墙，碑高约 30 米，由水泥、钢筋、砖、人造大理石构成。碑文为“梁园抗日阵亡将士爱国精神永存”。碑墙长约 15 米、宽 3 米，由水泥、砖构成。该陵园由肥东县人民政府于 2001 年 9 月建造。碑墙记载着三次抗日反击战的过程，全文如下：

“自一九三七年“七·七”事变，日本帝国主义发动了长达八年之久的侵华战争，犯下人类历史上最野蛮、最残酷的罪行。就连地处偏僻农村的小镇梁园也未能幸免，当年驻梁园的新四军、国民革命军和人民群众屡遭日机的狂轰滥炸和日伪军的烧杀淫掳。面对日本侵略者的暴行，在抗日民族统一战线的旗帜下，团结御敌，保卫家园。在这片土地上先后进行了三次规模较大的抗日反击战，给日寇以沉重打击，表现出中华民族不畏强暴的英雄气概和万众一心反抗侵略的爱国精神。

一九三九年二月十九日，日军纠集一千多人，分两路偷袭梁园、东山口的新四军支队八团驻地，经过激烈战斗，敌人终于被我英勇的新四军八团击溃，日军伤亡百余人，我方也有部分同志牺牲。

一九四一年一月二十三日，日军集中约三千兵力，分两路扫荡新四军津浦路西根据地及梁园、古河（属全椒县）一带的国民革命军。五天后，日伪军又集中一千多人，再次袭击梁园镇，遭到国民革命军三八师八二八补充团一部和新四军四支队八团二营的顽强反抗，共击毙敌人三百余人，我方也有伤亡。

一九四二年一月十七日，四千多日伪军在六架飞机掩护下，从合肥、店埠、古河、下塘分四路进犯梁园镇，驻守该镇的国民革命军一七一师在五一一团二营和五一二团一营官兵与数倍敌人进行殊死搏斗，两天共击退镇北、镇南一千三百多敌人的多次进攻，打死日伪军百余人，战马十四匹。第三日拂晓，日伪军再次发动疯狂进攻，双方展开肉搏战，终因力量悬殊，日寇攻入镇内，实施惨无人道的“三光”政策，杀害居民一百八十多人，烧毁民房二千一百多间。在此危急时刻，我新四军四支队九团二营闻讯赶来援救，迫使日伪军仓皇逃回合肥。”

黄疃庙战斗纪念碑 该碑坐落在肥东县张集乡黄疃集南 500 米。碑建于 2002 年 4 月，高 3 米，钢筋、水泥、砖结构，碑上为“人民英雄永垂不朽”。碑前有一个直径约 3 米、高 1.5 米的坟墓，墓内埋藏着牺牲战士的遗骨。有碑铭志：

“黄疃庙战役简介：一九四五年新四军（由谭震林、彭明治任正、副指挥）在黄疃庙、王子城、八斗岭一带进行的一次规模较大的“反围剿”战役。国共两党投入的兵力各达一万余人，战役持续六昼夜，中间经历了王子城战斗、大小鲁庄战斗、第一次黄疃庙战斗、上下何家战斗、八斗岭及大塘赵“围歼战”、第二次黄疃庙战斗、三师独立旅南下等九个战斗，新四军先后攻克王子城、八斗岭、黄疃庙、广兴集、鸡鸣桥等国军据点，生俘国军一七一师五一二团团长谢克、击伤五一一团黄团长；国军伤亡三千五百人，新四军伤亡二千五百人。”

（黄庆梅）

肥西县

【概况】 2009年，肥西县全年实现地区生产总值（GDP）214.6亿元，按可比价格计算，比上年增长21.8%。其中，第一产业增加值32.5亿元，增长7.1%；第二产业增加值128.8亿元，增长32.1%，其中工业增加值107.6亿元，建筑业增加值21.2亿元；第三产业增加值53.2亿元，增长11.6%。三次产业结构为15：60：25。与上年相比，第二产业比重提高4个百分点；第一产业和第三产业比重分别下降3个和1个百分点。按户籍人口计算，人均生产总值为23916元，比上年净增6712元。全年完成全社会固定资产投资204.5亿元，增长47.6%，其中工业投资94亿元，增长26.5%；财政收入20.2亿元，增长27.5%；全年实现消费品零售总额为30.5亿元，增长23.3%。全年引进市外资金110亿元，其中省外资金75亿元，增长41.5%，境外资金4464万美元，增长24.0%。

2009年，规上工业产值、固定资产投资继续位居全省第一。

2009年，财政收入201630万元，比上年增收43524万元，增长27.5%。其中地方财政收入102030万元，增收17784万元，增长21.1%。全年财政支出206220万元，增支47716万元，增长30.1%。规模以上工业企业完成总产值368.1亿元，实现增加值99.2亿元，增长50.7%。全年农林牧渔业完成总产值54.7亿元，农民人均纯收入6047元，增长11.7%。

新增市级农业产业化龙头企业13家、农副产品加工项目8个；新增苗木基地533.3公顷；新认定“一村一品”专业示范村22个，廖渡村被评为国家级专业示范村；连续三次授予“全国科技进步先进县”称号，在安徽省排名第一。中国·合肥苗交会首次在中国中部花木城成功举办，全国21个省、市组团参会，成功签约项目8个，总交易额4.84亿元。第四届中博会、自主创新要素对接会、家电博览会、金寨南路地产推介会成果丰硕，共签约项目47个，协议投资130亿元。

2009年全县地区生产总值　　单位：亿元

指　　标	绝对数	比上年增长%
全县生产总值	214.6	21.8
第一产业	32.5	7.1
第二产业	128.8	32.1
工　业	107.6	33.6
建筑业	21.2	26.0
第三产业	53.2	11.6
交通运输、仓储和邮政业	6.0	6.3
批发和零售业	13.2	19.7
住宿和餐饮业	2.9	19.0
金融业	3.1	11.1
房地产业	6.8	13.5
其他服务业	21.2	7.7

【农业】 2009年，肥西县全年粮食种植面积8万公顷，与上年基本持平，其中稻谷种植面积为6.56万公顷；优质小麦种植面积1.18万公顷；油料种植面积3.79万公顷；棉花种植面积7866.7公顷。全年粮食产量55.3万吨，比上年增产2.4%。油料产量9.7万吨，增产14.6%。棉花产量0.7万吨，增产1.4%。全年农林牧渔业实现增加值32.5亿元，与上年同期相比增长9.7%，其中，农业增加值15.5亿元，林业增加值0.6亿元，牧业增加值12.8亿元，渔业增加值3.0亿元，农林牧渔服务业增加值0.5亿元。

2009年主要农产品产量

产品名称	单位	绝对值	比上年增长%
粮食	万吨	55.3	2.4
油料	万吨	9.7	14.6
其中：花生	万吨	2.5	6.7
油菜籽	万吨	7.2	17.7
棉花	吨	7461	1.4
蔬菜	万吨	21.3	12.0

加大苗木花卉、畜禽业、菜瓜果、水产业、花生和蚕桑业等现代城郊型特色农业发展。全县已建成规模化养殖小区380个，其中市级标准化养殖小区200个（新增15个），拥有“肥西老母鸡、益农、森森、合肥温氏”四大禽业公司和年出栏生猪万头以上的华杰、永丰、恒盛、承阳、潜溪山庄等专业养猪基地。苗木花卉产业全年新增大苗基地533.3公顷，累计销售各类苗木花卉5亿株（盆），实现销售收入超7亿元。至年底，全县苗木花卉生产基地面积1.12万公顷，苗木花卉经营户2万多户，专业园林绿化公司300多家，苗木经纪人3000多人。全县菜瓜果生产面积1.64万公顷，总产29.5万吨；花生面积5200公顷，总产2.5万吨。全年新增桑园面积200公顷，养蚕3.96万张，产鲜茧1550吨。被评为农业部“一村一品”特色产业示范村1个，省级2个，市级51个（新增22个）。当年种植业建立农产品标准化生产基地16个，认定“三品”生产基地26个，建立市、县级以上农业科技示范园区33家，直接带动农户近2万户，户均增收1200多元。

实施一大批农业重点项目，主要为现代农业项目、省水稻产业提升行动、标准粮田建设项目、1.33万公顷全国绿色食品原料（水稻）标准化生产基地项目、油菜和水稻高产示范创建活动、测土配方施肥项目、农机化项目、江淮分水岭综合治理和扶贫项目等。粮食优质率达77%，同比增长5%。其中水稻核心示范区平均亩产达650公斤，比非核心区增产18%，百亩攻关田平均亩产达766.23公斤；万亩高产油菜创建示范片平均亩产208.4公斤，比目标单产增产19.8%；全县龙头企业水稻订单生产面积达到1.33万公顷；出现20亩以上种粮大户3707户，50亩以上的种粮大户545户，100亩以上种粮大户206户、500亩以上种粮大户32户，千亩以上种粮大户2户。江淮分水岭综合治理区农民人均纯收入达6070元，市级扶贫整村推进项目官亭镇芦塘村改善180公顷耕地灌溉条件，改善了1693人的交通条件；互助资金试点新成立3个村民生产发展互助资金会，新入户会员150户。

肥西县实施进村入户“百千万”行动。共举办种养加各类培训班和科技讲座40多期，培训农民2万多人次，印发明白纸5万多张，举行大型科普赶集。并且陆续从山东、江苏和广东等地引进数十名各类专业技术人员和企业管理人员；从省市农业大专院校和科研院所聘请20多位专家教授为科技顾问，定期到基地、企业进行技术培训和指导；从县级农技推广部门中选派30多名技术骨干派驻规模生产基地、重点龙头企业，实行一对一帮扶，开展技术指导。并且加强信息服务，县、乡两级以及部分龙头企业和农村合作经济组织建立了农业信息网站，初步形成下联各乡镇、龙头企业、产销大户，上联国内外的农业信息传输系统。全年网上发布各类农业技术、产品供销等信息1000多条，开展农技“110”咨询服务400多次。

2009年，制定出台全县农产品质量安全管理实施意见，制发了30多个特色农产品标准化生产技术规程，引导、指导龙头企业、种养大户推行标准化生产；全县已建成国家级农业标准化基地2处，省级2处，市级11处（新增3处），协助制定6项国家标准，制定9项地方标准，认证三品总数达72个（新增14个）；全县现有农业产业化龙头企业72家，其中省级4家，市级56家（新增13家），县级12家，营销收入30多亿元，有三家企业年销售收入已达亿元以上。该县共发展各类农民专业合作组织239个（新增41个），其中发展农民专业协会103个，农民专业合作社136个，发展会员数2.8万人，带动非成员农户数4.9万户，占全县农户总数的23.9%。至年底，全县拥有部级示范社1个，省级示范社5个，市级示范社28个（新增10个），县级10个。合作组织覆盖全县林业、蚕桑、禽业、水产、蔬菜、花生等六大产业。2009年，该县先后组织县龙头企业和合作经济组织，参加省政府组织的上海、广州、杭州、济南等名优农产品交易会，扩大了产品知名度，提高了市场竞争力。全县农副产品注册商标150余件，通过ISO9001质量管理体系认证产品24个。被评定为省名牌农产品7个，安徽省著名商标3个。在首届肥西十大知名品牌评选中，涌现出“三岗”苗木、“正旺”牌老母鸡和土鸡蛋、“皖中”牌花生、“蜀牛”牌白条鸡、“天都”牌食用菌、“汪德荣”牌小磨麻油等一批地方名优特产品。2009年森森集团与麦德龙公司签订年出口欧洲市场10万吨冰鲜肉禽协议，老母鸡集团在省内外设立了80多家“肥西老母鸡”专卖店，志诚蜂业在合肥设立6家蜂产品专卖店，金香味小磨麻油已进入省内外多家超市，赵氏源“绿仙子”精制茶油已打入上海市场。

【新农村建设】 新农村建设继续抓好官亭、严店两个整村推进试验区的后续配套工作。两个试验区房建工程和公建项目已全部完成，95%的村民入住新区，项目区已流转土地0.2万公顷多，福建景南、合肥丰隆等龙头企业相继入驻投产。

2009年，官亭镇江夏店社居委按照镇域总体规划，抓住建设用地置换机遇，在集镇周边规划建设东苑新村、西苑新村，两个规划点共400多户作为集镇的延伸建设。已置换6个自然村庄，新增耕地34.3亩，建成200多套欧式建筑风格的房屋，供电、供水基础设施齐全，医疗卫生、公共服务、商业贸易等配套设施齐备。全县采用代建置换、联建置换模式已新建示范村15个（全县累计建成示范中心村65个）；结合全县开展文明新村建设，选择国、省、县道沿线乡镇、村庄及"千村百镇"、"十镇百村"、"221"示范村等，抓好村庄环境整治。全年共改水改厕改厨4000多户，新修示范村区间道路100多公里，新安装路灯500盏，实施村庄环境整治工程16个，全县累计实施村庄环境整治示范工程100个。其中柿树岗乡在周桥新村实施了"2+5"（"2"是指以农户和保洁员两个操作主体，"5"是指有机、无机和建筑3类垃圾，用作沼气投料、入窖沤肥、回收利用、入炉焚烧和填塘平地5种治理方法）农村垃圾治理模式试点，采取乡奖励一点、村补贴一点、农户拿一点的方式筹措资金10万元，建设一座处理200户垃圾能力的焚烧炉；修建115口沤肥窖，购置2辆垃圾清运车，给179户配齐垃圾分类所需的"两桶一袋"等硬件设施，由村民理事会聘请2名保洁员，制定保洁制度，完善村规民约，取得了很好的效果。

【土地流转】 2009年，继续大胆探索农村土地流转模式改革，先后完成了三河镇木兰村土地流转合作社村级层面的试点和丰乐镇土地流转中心乡镇层面试点，出台《土地承包经营权流转工作二十条》。在全面总结试点经验的基础上农村土地流转在全县范围内全面推开。至年底，全县土地流转面积已达1.65万公顷（当年新增0.33万公顷），50亩以上流转大户560多户，规模流转面积达6000公顷，其中33.3公顷以上的规模种植（养殖）大户45户，流转土地面积达2666.6公顷，占土地流转总面积的16.2%；县级成立了农村土地承包经营权流转中心，各乡镇成立了农村土地承包经营权流转分中心，成立了45个土地流转合作社，建立了肥西县农村土地流转信息网。

【农机装备】 2009年，全年农机总动力已达到53.8万千瓦，新增动力3万千瓦，增长6%。拖拉机拥有量达3.73万台，增长3.3%，其中变型运输机5977台，大中型拖拉机780台；新增大中型拖拉机185台，增长27.5%。联合收割机达到634台，新增129台，增长18%。水稻插秧机达到172台，新增92台，增长53.5%。机动喷雾喷粉机1575台，农机具总量达9.1万台套。全年实现机耕作业面积5.82万公顷，机收稻麦5.17万公顷，机收油菜20公顷，机插秧4733公顷，机械深施化肥1.33万公顷，机械化秸秆还田（灭茬旋耕）1.93万公顷，其中小麦全秸秆机械化还田733.3公顷。新成立农机合作社5个，农机合作社组织机收稻麦1.56万公顷，机耕3.42万公顷，共创纯收益收入1819.1万元。全年共检验拖拉机（含拖拉机变形运输机）3270台，联合收割机270台，新办拖拉机入户1127台（含变形运输机）、联合收割机190台，培训拖拉机驾驶员298人，联合收割机驾驶员40人。全县全年没有发生一起重特大农机安全事故。

【林业】 2009年4月，肥西县全年完成成片造林391公顷，占市下达任务的170%；完成退耕还林补植补造306公顷、后续产业造林109公顷；完成绿色长廊建设265.5公里，占市下达任务的133%；完成苗木花卉生产基地建设800公顷；乡村绿化196个、庭院绿化3180个、渠道绿化45条、农庄游园18处，超额完成义务植树任务。通过桃花工业园高压走廊苗木景观带建设，成功打造近千亩的合铜路严店段苗木花卉标准化产业带，开启合六叶高速绿色长廊暨苗木标准化产业带及肥西入城口幸福坝义务植树基地建设。完成退耕还林补植补造306公顷，后续产业造林108.9公顷，退耕还林保存率达到100%。

肥西县获得全省绿化模范县称号，并全面启动创建全国绿化模范县工作，已通过省级专家组评审。同时，该县全面启动以明晰林业产权为核心的集体林权制度改革。按照"分股不分山，分利不分林"的原则，印发《肥西县集体林权制度改革实施方案》。全县完成集体林权勘界、确权发证任务近1.53万公顷。其中，用材林3066.7公顷、防护林1.04万公顷、经济林266.7公顷、苗圃地200

公顷。全县共发放林权证7111本，发证宗地数9900余宗，完成应发证面积的98%。据不完全统计，因林权流转变更集体林权30余起，已流转集体林权面积752.4公顷，正在办理流转手续和待流转的有近万亩。完成森林资源连续清查（一类清查）任务，全县共完成178个固定样地的复位、调查与统计工作，并通过华东林业调查规划院和省规划院专家抽样核查。受理并核发林木采伐许可证39份，采伐林木蓄积3460.4立方米，完成低产林改造面积87.2公顷。办结征占用林地审核审批13宗，征占用林地面积18.03公顷。全县建国家级测报点1个，市级测报点3个，县级测报点6个。监测网络覆盖到全县所有主要树种和每块林分。年初分析预测全县2009年发生面积大约为2873公顷，当年实际发生3060公顷，预测误差186.7公顷，测报准确率为93%。全年检查苗木产地面积1.06万公顷，产地检疫率达到94.5%。统计林业有害生物实际成灾率为2.1‰。林业有害生物防治作业面积1933公顷，无公害防治率达79.3%。

同时，进一步加强执法力度，全年受理并查处各类破坏森林资源案件17起。其中滥伐林木案件3起，违法运输木材案件4起，违法运输野生动物及制品案件4起，擅自改变林地用途案件6起。处理各类违法人员17人，其中刑事拘留1人，取保候审4人，林政处罚17人，挽回直接经济损失200万元。

肥西县在中国中部花木城承办“2009中国·合肥苗木花卉交易大会”。会期实现现场交易额738万元；达成8个项目协议，资金总额3.8亿元；23个项目达成意向性协议，资金总额9050万元；总交易额4.84亿元。同时获得大会组委会颁发的“优秀组织奖”和特装展“特别奖”两个奖项。

【养殖业】 全年出栏肉猪37.6万头，增长2%；出栏家禽6200万只，增长17.5%，肉类总产量12.1万吨，增长10.7%。水产品产量3.6万吨，增长8.4%。奶牛917头，较去年增长11%以上；蛋奶产量6.4万吨。

2009年，肥西县在防控禽流感等重大动物疫病中，部署早、行动快、成效好，春秋两季集中5种疫病的强制免疫率均达100%，免疫畜禽的血清效价保护率达到国家的要求。防疫工作实现“零疫情零染人”目标，全县动物防疫密度、免疫抗体合格率、免疫证明发放率、耳标打挂率、免疫档案建档率全部实现了100%的目标。全年共发放禽流感疫苗1474万ml，猪口蹄疫疫苗62万ml，牛羊口蹄疫疫苗18万ml，猪瘟疫苗66万头份，猪高致病性蓝耳病疫苗75万ml；防疫高致病性禽流感6700万只次，防疫猪高致病性蓝耳病55.7万头次，防疫猪瘟55.7万头次，防疫牲畜口蹄疫60.2万头次。全年共采样检测家禽血清9124份，家畜血清2183份，经过省、市、县多次血清抽样抗体检测，抗体合格率全部达到国家规定标准。对全县出栏1000头以上的规模养猪场率先实施动物标识体系建设和生产信息报送工作，实现对生猪从出生、饲养到调运、交易和屠宰上市的全程适时监管。全年检疫活畜38.5万头，家禽6500万羽，处理病害畜禽产品3680公斤。检查养殖企业43家，养殖大户86户；抽检水产品样本88个，经市畜牧水产局统一检测，全部合格，没有发现药残和重金属超标等现象。全年共出动执法人员2800多人次，车辆320趟次，立案查处案件36件，涉案金额11.5万元，发放责令整改书25份。

2009年，肥西县充分利用上级惠农政策，继续发展规模养殖小区建设和标准化养殖基地建设，全年已验收第三批中央预算内投资建设标准化养猪小区13个，市级标准化养殖小区9个，市级名特优水产品养殖基地19个，省级鳜鱼繁育基地1个，省级标准化水产品基地建设1个；获得省级蛋鸡奖补项目2个；申报国家无公害农产品（猪）1个；申报市级农业科技示范园33个；全县发展规模养殖户（企业）达1800多个；成立各种养殖业协会和养殖业经济合作组织10个；完成了肥西县养殖业2010年－2020年规划编制工作。

【水利建设】 2009年，肥西县完成重点水利工程建设任务，即12座小型病险水库除险加固、解决农村安全饮用水8.6万人、年度农村危桥除险加固31座、潭冲河主体工程和潭冲路建设、小蜀山分干渠枝花树等5处滑坡治理、省级投资临岗排灌一站技改、高效节水灌溉、大中型水库移民后期扶持等工程项目。完成潜南干渠等16条200公里长的渠道清淤整治、乡村排灌站技改及小型农田水利基本建设年度任务。以上两项累计完成投资33140万元，其中县级投资21390万元，乡村和群众投入1200万元，累计完成土石方420万立方米，超额完成年度计划任务，并获全省第十四届农田水利基本建设“江淮杯”银杯奖。

此外，滨湖泵站更新改造、磨墩水库除险加固等大型水利基础设施开工建设；实施巢湖流域丰乐河综合治理工程，该工程完成后，将使丰乐河堤防安全标准得到大幅提升。完成了2009－2010年度水利重点项目和农田水利基本建设方案编制并全面开工。

【工业】 全年全部工业实现增加值107.6亿元，比上年同期增长33.6%，其中，全部国有及年产品销售收入500万元以上的非国有工业企业（以下简称规模以上工业）完成总产值368.1亿元，实现增加值99.2亿元，增长50.7%，年末规模以上工业企业287家，比上年增加87家。全年规模以上工业实现产品销售收入161.1亿元（不包括市属企业），比上年同期增长42.8%，综合经济效益指数为315.3%，产销率97.3%。

全县在建工业项目308个，其中新开工项目110个，全年累计完成工业投资94亿元，同比增长26%；其中225个技改项目完成投资64亿元，占全县工业投资的68%。是年，江淮汽车生产轿车6.5万辆，产销率达94%，完成年产值110亿元，同比增长40%；格力空调年生产空调500万套，产销率达96%，年产值达120亿元。此外，园区建设稳步推进，全年共完成桃花工业园合作区、紫蓬、小庙、山南等工业聚集区6平方公里工业平台建设任务；全县工业平台面积已达57.55平方公里，完成基础设施投资55亿元。

【建筑业】 全年全社会建筑业完成总产值50.7亿元，实现增加值21.2亿元，比上年同期增长33.7%。资质及以上建筑企业55家，实现利润总额29139万元，增长22.7%。年内房屋建筑施工面积392万平方米，比上年增加33万平方米。

全年先后组织4家建筑企业参加安徽省建筑劳务输出及企业合作对接会，成功与江苏签订4000人的成建制劳务输出意向性协议。同时做好企业资质申报工作，全年共受理21家企业申报企业资质专项、增项工作；其中新办企业9家，升一级企业1家，升二级企业6家。完成农民工培训人数达3000人次。全县建筑业总产值约30亿元，在外地完成产值约8亿元。

【固定资产投资】 全年完成全社会固定资产投资204.5亿元，比上年增长47.6%。其中，城镇投资161.1亿元，增长42.6%；房地产投资32.7亿元，增长100.1%；农村非农户固定资产投资41.5亿元，增长72.3%；农村个体固定资产投资1.9亿元，增长28.3%。全年第一产业投资3.3亿元，第二产业投资93.7亿元，其中，工业投资93.7亿元，第三产业投资107.4亿元。

开展“企业服务年”活动，全年共抽调200多名得力干部对全县规上企业进行驻点帮扶；举办了5次银企对接活动，帮助企业融资9.15亿元；组建8支产品促销小分队，帮助企业促销产品1000多万元；组织专家对全县规上企业开展惠企政策宣传活动，先后组织三批200多人次企业家参加培训。新选派240名年轻干部驻点挂牌帮扶投资额在3000万元以上的120家在建、新建工业项目。全县已支付企业固定资产投资奖励2513.84万元，兑现规上企业主营业务收入和工业产值增量奖励资金1674.17万元。组织企业申报财政专项资金支持项目，共申报项目24个，其中13个项目已获得支持资金249万元。另外，对涉企收费项目进行全面清理，梳理出涉企收费项目158项。凡属政府买单的涉企收费均有政府买单，减轻工业企业负担2700多万元；运用价格政策出台了一系列减负政策，为企业减负3000多万元。同时帮助企业争取项目资金，其中5个项目被列为安徽省技术改造“百千工程”，4个项目被列为安徽省“专精特新”项目，全年共争取到省级技术改造专项补助资金130万元；重视“双千”工程申报工作，先后两次召开项目申报培训会议。全县已成功申报“双千工程”技改项目300个，总投资达201亿元。

【“千亿大桃花”工业板块】 2009年，桃花工业园全年共完成工业产值291亿元，占全县工业总量的79%；新增工业平台3平方公里，累计建成面积达46平方公里，占全县72.4%。完成固定资产投资43亿元，增长20%；实现规上工业产值176亿元，增长30%；税收突破10亿元，财政总收入13.5亿元，增长33%。综合实力继续位居省级工业园区十强。园区年产值5000万以上的企业30家，其中亿元以上的企业达19家；江汽集团全年产值突破百亿元，达113亿元。全年亿元以上项目共22个，其中在建15个、建成7个；千万元以上项目87个，其中新建28个、续建59个；12月份15家企业集中开工。全年新增规上企业18家，总数达73家。

与高新区合作开发的柏堰科技园，已建成面积

7平方公里；与桃花镇合作的拓展区，已经签约项目40多家，其中在建项目22家、建成投产项目3家，完成投资约12亿元；与紫蓬镇合作开发泗洲村，合作面积4平方公里，完成拆迁群众安置房选址、规划评审等工作。大桃花板块共实现规模以上企业工业产值382亿元，完成工业投资59亿元，实现税收13.6亿元。全年新引进项目32家，其中投资亿元以上项目11家，共协议资金38亿元；引进市外资金27亿元，同比增幅30%；利用外资2000万美元。

创新土地管理模式。首先从源头加强管理，即在项目洽谈、签约时就按照投资额、投资强度、亩均税收、从业人员数量等指标，合理确定土地供应量，避免企业贪多求大、占多建少。其次进行分期供地。对分期建设的项目，实行分期供地；对项目单位不履行合同约定，未能及时开工、建设、竣工投产的，将停止供地，严格清理；对被确定为闲置低效用地的项目，严格按照法律法规执行，收回或督促加大投入。全年共收回闲置用地8宗13.3公顷、督促低效用地16宗96公顷增加投入。再次建设标准化厂房。为集约节约土地，园区兴建标准化厂房供中小企业租购经营。一期建成标准化厂房13栋，完成建筑面积6.5万平方米。同时加快民生工程建设。共建成安置房套数4186户，安置面积40.6万平方米，投入资金达5.5亿元。其中，顺和家园一期工程总建筑面积32万平方米，工程总投资约4亿元，安置群众3138户近万人。商铺、会所、农贸市场、学校、景观齐全，首次将天然气、数字电视引进安置小区。该安置小区实现一次性拆迁、一次性安置、一次性建设，开创园镇（桃花工业园与桃花镇）合作共建安置小区新模式，为千亿大桃花发展腾出巨大空间。桃花社区安置点，为全县首家高层安置点；已建成面积3.6万平方米，安置居民288户，园区各安置点全部接通燃气。

推进“千亿大桃花”工业板块建设。以桃花、小庙、紫蓬为节点的“金三角”园区、新港工业园和新型工业示范园建设加快；国家级合肥出口加工区获省政府批准，已上报国家部委待批；乡镇工业聚集区水、电、路等基础设施不断完善；新增工业平台6平方公里，全县园区建成面积达57.6平方公里。柏堰科技园二期10平方公里启动规划建设，新港工业园二期56平方公里签订合作协议。是年，对新老区加强改造，完成了紫蓬路、丹霞路、青龙潭路等4条道路道排及路面改造，实施玉屏路、始信路等4公里供水设施建设及卧云新村供水改造；佛掌路等4条道路亮灯；青龙潭路等3条道路燃气管道完工；江汽JAC大学等污水管道建成。同时，完成与桃花镇合作开发平台3平方公里建设任务，一期10平方公里范围内32公里路网建成。完成水电、道排、路灯、燃气、标志标牌等市政配套工程8项，扩大了园区发展空间。此外，工业园在全省县域省级开发区首次发行信托产品，园区已成功融资7亿元。是年与徽商银行签订战略合作协议，授信贷款额度20亿元；与园区企业一次性签订贷款额高达9100万元，并启动中小企业融资平台。

【招商引资】 肥西县建立“县领导带头、口长单位牵头、部门和乡镇捆绑、专业小分队主动出击”的联动招商机制，积极开展“百日招商大冲刺”，组建7支口长单位招商小分队和12支产业招商小分队，选派4名县领导分别驻长三角、珠三角等地招商，重点围绕汽车、家电等主导产业，引进龙头项目和产业链延伸项目63个。新增中央投资项目57个，争取资金2.4亿元；推进与央企合作，签约项目15个，协议金额278亿元。全年引进以福建景南公司为代表的农业项目27个，项目总投资12.673亿元，其中超亿元项目3个。

全年新引进项目116个（5000万元以上项目56个，亿元以上项目27个），引进市外资金110亿元，增长43.49%。其中省外到位资金74.2亿元，增长46.5%，到位境外资金4464万美元，增长24%。市外资金和境外资金到位总量均居三县之首。由世界500强英国乐购集团在桃花工业园投资5亿元的特易购商业（安徽）有限公司已开工建设，投资1.5亿元的厦门合兴包装股份有限公司（上市公司）即将开工，国内500强南京医药集团投资5亿元的健康产业园已签约，联强国际安徽运筹中心、深圳铭基食品有限公司等国内外知名企业，已经或即将落户肥西县。全年完成进出口总额9600万美元，增长0.5%，其中出口总额8350万美元，增长0.6%。

【城市建设】 肥西县成功申报三河镇、三河镇茶棚村、山南镇小井庄、上派镇三岗村一镇三村为省农村清洁工程试点镇村，争取小城镇建设专项资金90万元。三河镇、紫蓬镇、山南镇三个项目获得合肥市2009年度小城镇建设以奖代补资金420万元。

加大对污水设施建设及管理力度。上派镇总投资约4600万元，建设排污管道长29公里，污水提升泵站一座；紫蓬山管委会与紫蓬镇镇区总投资3500万元，建设排污管道长13.5公里，建有污水处理厂一座；三河镇镇总投资4050万元，建设排污管道长16.91公里，污水处理厂一个；桃花工业园与桃花镇总投资约9000万元，建设排污管道长54公里。全年争取污水管网建设资金780万元。

以金寨南路综合改造为中心的城市建设全面铺开，投资7亿元的金寨南路综合改造工程拆迁超过18万平方米。围绕金寨南路，成功推介15宗80公顷经营性用地，成交金额18亿元。老中街、城关粮站、金寨南路改造拆迁近50万平方米，查处违法建设1.1万平方米。新开工安置点建设20万平方米，南郢、丽景湖、李湾安置点建成，回迁4000多户。房地产开发销售两旺，全年开发商品房270多万平方米，销售量增长120%，全县18层以上在建高楼30多栋。森林大道、潭冲路全线贯通，云谷路、仙霞路、青年南路竣工，建成6车道宽道路60公里。人民西路、老中街商住中心快速推进，百大商住中心启动建设。张郢小学、钱江大酒店、县委党校等一批重点工程基本建成，有的已投入使用。全年重点工程建设政府投资近25亿元。同时，该县进一步加大查处违法建设力度，全年共查处违法建设151户11157平方米，现场拆除5420平方米，下发责令整改通知书159份，限期拆除通知书20份。

建设中的城市生态工程潭冲河、潭冲水库一期综合治理主体竣工，派河污染综合治理顺利实施，城区和桃花工业园新老区污水实现全截留、全处理。农村生活污水处理示范工程有序推进，三河、紫蓬山污水处理厂投入使用。翡翠路、青龙桥、人民东路和花岗路景观绿化工程竣工，人民西路游园广场建成开放。集镇建设进一步加快，基础设施更加完善。投资近5000万元，建成6个乡镇自来水厂。农村电力配套建设得到加强，成为省首批新农村电气化县。桃花工业园拓展区区域性环评获得批准，新建项目环评和“三同时”执行率分别达100%、98.6%，工业污染物达标排放率100%，大气及水环境质量进一步改善。

【市容整治】 肥西县开展乱摆摊、乱堆放、乱张贴、乱停放、乱倾倒“五乱”专项整治，共取缔无证流动摊点75个，清除乱堆放264处，清理乱张贴、乱涂写6456处，处罚乱倾倒14余起。签订“门前三包”责任书2800余份，签约率100%；垃圾袋装率达到98%以上；取缔店外店、占道经营3080起，清理乱晾晒3100次；规范自行车、摩托车停放秩序，纠正乱停放4450多次。全年共办理查处各类案件91起，其中一般程序案件59起，简易程序案件32起；下达责令整改通知书450份，依法进行登记保存违规违章经营物品25起。中博会期间，肥西县加大了市容市貌整治力度，对包公路、巢湖中路进行立面整治。组织20名执法人员、120名工人对全长约1.3公里道路进行全面整治，共拆除破旧遮阳棚198个、无主广告265平方、防盗窗42个，清洗墙面59411.40平方、粉刷34425.47平方、景观围墙376米、空调机移位107个、空调机做外罩247个，墙面美化510平方，改变道路面貌，美化了县城环境。是年3月份，县城乡生活垃圾综合治理工程经国家发改委批准为新增中央投资项目，首期900万元国债已到位；项目中的四座垃圾中转站已建成2座。

推进执法延伸工作，先后制定《肥西县城市管理行政执法督查办法》、《肥西县城市管理行政处罚程序暂行规定》、《肥西县城市管理行政执法责任追究暂行规定》等相关配套制度10多项，制作城市和乡镇行政处罚流程示意图。此外，强化执法人员法律知识和业务技能培训，让每个执法人员会执法、执好法。上半年，先后配合桃花工业园、桃花镇、柏堰科技园等乡镇（园区）执法所（分局）开展一系列市容环境整治行动，有效改善了当地的市容市貌。

【安全生产】 开展“安全生产年”活动，全面落实安全监管职责，建立健全人防应急工作机制，开展“9.18”防空防灾应急疏散演练，有效处置“5.19”过境运输车辆二甲苯泄漏突发事件，受到市政府通报表彰。

是年，全县开展拉网式大检查1次，专项检查5次，配合市建委检查2次。累计检查755个单体工程，312个项目，巡查2766人次。发出安全监督意见书近600份，提出安全隐患整改意见约7800条，发现重大安全隐患险情120多个，全年无一起重大安全生产事故；争创省级安全质量标准化示范工地1个，市级安全质量标准化示范工地

5个。

同时，对全县13家液化气经营企业、1家管道天然气企业，进行安全生产隐患自查和检查，专项安全检查6次，不定期安全检查30次，共查处违规经营3件，下达《限期整改通知书》6份。对全县10座水厂建立了安全生产隐患排查台账，实行隐患排查周报制。全年为全县各建筑企业送检的砂石、水泥、红砖、钢筋等材料检测单位数达4800多组，结构回弹检测近1027幢，面积约386万平方米。

【商贸】 全年实现消费品零售总额为30.5亿元，增长23.3%，其中，批发零售业增长22.8%，住宿餐饮业增长29.62%。全年进出口总额达10309万美元，比上年同期增长7.9%，其中，出口8550万美元，增长3.9%。是年，该县贯彻落实国家一系列扩大消费政策措施，建立健全农村流通网络，开展家电下乡活动。全县备案登记销售企业31家，销售网点188个，培训财政、商务、销售企业及网点工作人员260人；组织6次家电下乡检查，召开4次销售企业座谈会。全县已销售家电下乡产品33465台（部），实现销售额6792.68万元，兑付农户补贴830.87万元，在合肥地区位居第一。

推进“万村千乡”市场工程，全县新建并验收合格“农家连锁店”165家，累计建成445家，乡镇、村级农家店覆盖面分别达100%和50%；“肥西县新农村商网”发布各种信息5121条，实现网上交易3200万元，有效地促进了农户增收。“商务之窗”全年发布信息21574条，居全国商务之窗之首。扎实开展“家电、汽车、摩托车下乡”活动，销售38000台（辆），销售额1.4亿元，补贴农户1670万元，全市领先。粮食清仓查库工作被评为全国先进。

该县生猪定点屠宰管理规范有序。全年查处私宰案件2起，查处销售违规肉品案件7起，没收违规肉品388公斤。申请法院强制执行1起，已办结。城关定点屠宰率100%，乡镇达98%以上。全县定点屠宰生猪78894头，占计划87.2%。规划建设8个机械化屠宰厂，已有6个建成投产；花岗、山南2个机械化屠宰厂正在建设中。同时对成品油市场加强规范，仅上半年就完成了全县成品油供应企业的年审工作，其中中石化23个，中石油11个，社会加油站7个。

【工商管理】 肥西县新增个体工商户4742户、私营企业608户、农民专业合作社96户，分别比上年净增14%、13.1%和21%。规范市场执法行为，查处各类经济违法案件328件，无一例行政复议、诉讼或被撤销案件。该县开展了第二届十大知名商标评选认定工作，争创中国驰名商标1件、省著名商标2件、市著名商标4件，全年成功注册商标114件，正在申请商标注册476件。全年开展节日市场、红盾护农、无照经营、“黑网吧”、劳务市场等各类专项整治28次；查获不合格肥料145吨、农药3200袋（瓶）、假种子1.6吨；取缔黑网吧42户、非法劳务中介36户；销毁各类非法出版物1.3万本（套）、假冒伪劣烟花爆竹价值达6.5万元。查处虚假广告63条；取缔无照经营307户，推行了14条持照经营示范街活动；开展打击传销、规范直销专项行动5次。全年受理投诉案件102件，万元以上案件5件，申诉举报办结率达100%，为企业和消费者挽回经济损失46万元。招商引资企业100%在县注册登记，对农民专业合作社、特殊群体和四川地震灾区来肥西从事个体经营的实行零收费，共免收各类费用87.6万元。

【旅游】 2009年，肥西县全年完成国际旅游外汇收入134万美元，国内旅游总收入12.8亿元，全年接待游客190万人次，同比增长21.8%。紫蓬山创建国家4A旅游景区获得成功，启动三河镇国家5A旅游景区创建工作，并被纳入国家、省市旅游局创建计划。是年，该县紫蓬镇荣获全省最佳旅游乡镇，山南镇、铭传乡荣获全省优秀旅游乡镇，A级景区、星级农家乐总量继续保持全市第一。成功举办全国山地自行车赛、三河民间文化艺术节、安徽省青年集体婚礼等一系列节庆活动。开通了三河至南京周末旅游直通车，全年接待南京游客7000人次。三河—万佛湖—皖西大裂谷线路在武汉、郑州初步打开市场，国庆期间接待武汉游客1000多人次。

此外，森林大道、紫蓬山腹地公路竣工；西庐寺复建、三河美食城、肥西老母鸡家园二期、花木城二期、刘老圩复建、刘铭传墓园建设、舒王墓复建、紫蓬农家乐聚集区等旅游项目顺利推进。全年在建各类旅游项目计83个，投资总额达14.3亿元；其中新投资项目38个，投资总额2.78亿元。

【环境保护】 2009年，肥西县完成环境污染治理投资300万元。工业废水排放量达标率为

100%，烟尘排放量达标率为100%。年末自然保护区2个，总面积156.7平方公里。

年初，按照合肥市政府目标责任书要求，将主要污染物减排任务细化分解，以政府文件下发至乡镇、园区管委会及县直有关单位，并将其纳入县政府目标管理考核内容，由县政府与各乡镇和园区签订了“减排目标责任书”，实行问责制和一票否决制度。当年淘汰18门以下小轮窑16座，先后关、停高能耗高污染企业27户，累计实现节能近5万吨标准煤。此外，组织申报节能项项目，全年成功申报并组织实施重点节能技改项目7个，总投资6.5亿，涉及节水、节电和资源综合利用等五个方面，完成投资近5亿元。加强对市属38家重点节能单位的监管，仅龙源化工通过企业节能技术改造，实现节能9000余吨标煤；全县共推广节能灯4万只，全面完成市下达任务，全县万元GDP能耗为0.95吨，同比下降8.46%，超额完成市政府下达降低4.3%的目标任务。该县节能工作累计投入1468万元，实施重点节能项目7个，推广节能新技术3项。获得“合肥市节能先进单位”称号。

继续加大对三河、紫蓬两座污水处理厂施工进度的督查。三河厂4月份投入试运营，紫蓬厂基本竣工；完成了花岗、小庙、山南等污水处理厂建设的规划、选址等前期各项准备工作。并督查上述区域内的生活污水及生产废水支管网与主管网对接，消灭污水收集死角和盲点。开展排污许可证的核发，强化对重点排污企业的日常监管，以及县域内重点河流、水系水质监测，确保城乡水环境尤其是饮用水水源安全。对2008年桃花工业园区内已被关停取缔的燃煤锅炉开展后督查，巩固该区域内的减排成果。

全年审批建设项目226件，环评执行率100%，完成“三同时”验收54家，“三同时”执行率98.6%，“两率”同比分别提高1个百分点和0.8个百分点。全年受理各类环境信访投诉216起，比上年增加一倍多。依法征收排污费160多万元。全年共实施污染投诉监测13次，出具有效数据81个；完成53家企业的申报监测，取得有效数据461个；完成委托方委托监测30家，取得有效数据317个；参与新建企业、功能区环保评估工作，取得有效背景值936个。

大力开展生态县建设，不断优化全县生态环境。一是继续开展环境优美乡镇、生态示范村创建与申报工作。已完成山南镇和高店乡的省级环境优美乡镇和山南小井庄等五村的生态示范村的申报。二是加强饮用水源地保护。完成了山南、小庙、花岗等7个乡镇饮用水水源地保护区划定方案的制定。三是认真开展农村环境综合整治。大力推广农村生活污水处理示范工程。在继续推广“分散式人工湿地污水处理工程”和“潜流式人工湿地”污水治理技术的同时，启动了农村垃圾治理工程。此项工作分别在柿树岗乡新街村、高刘镇开展试点。四是加强规模化养殖厂污染防治和综合利用。已争取省级环境治理资金180万元，建设大型沼气工程，对畜禽粪便、生产废水采取资源化综合利用或生化处理，实现达标排放。合肥华杰畜禽养殖有限公司、潜溪山庄农业科技有限公司、合肥永丰畜禽养殖有限公司、老母鸡生态家园已投入600多万元治理资金，分别建成生化污水处理设施及大型沼气综合利用工程。潜溪山庄农业科技有限公司以沼气为纽带，综合利用畜禽粪便，按照猪——沼——菜（林）、猪——沼——鱼模式发展循环经济和生态养殖的做法，受到省环保厅的充分肯定，在全省农村环保暨生态创建现场会被列为2个参观点之一。

【邮政电信】 全年邮电业务总量38285万元，比上年增长44.3%。其中，电信业务总量34607万元，增长49.8%；邮政业务总量3678万元，增长7.0%。年末本地电话用户19.8万户，移动电话用户22.2万户，宽带用户2.7万户。

【电力供应】 2009年，肥西供电公司完成供电量13.14亿千瓦时，增幅全省第一，总量全省第二；线损率6.85%，完成上级下达指标。至年底，肥西电网实现安全生产3127天。

加快电网建设快速，坚持主、配、农网统筹推进，协调发展。全县第6座110千伏柏堰变电站竣工投运，保障了入园企业的可靠供电。相继完成35千伏严店支线新建、江夏和严店2个变电站改造，进一步完善了主网结构。农网完善工程加快推进，与一、二期农网改造相衔接。计划投资2696万元、项目93个，累计开工项目67个，建成投运项目37个，农村电网状况得到进一步改善，为“家电下乡”做好供电保障。

【交通运输】 全年实现交通业增加值6亿元，年各种运输方式完成客货运输周转量比上年增长12%。年末全县民用汽车拥有量6.4万辆。

开展安全隐患排查。对道路运输严格按照“三把关、一监督”和反“三违”、反交通运输企业“三超”要求，对运输企业的驾驶员教育培训、人员从业资质、车辆技术状况、车辆进出站安检、违禁物品查堵情况以及客运站场基础设施的安全状况逐一进行排查。重点排查县内4家客运企业、7家客运站、6家有资质的货运企业和1家危险品运输公司，抽查车辆1000余台次；对管养的266公里路段进行全面排查，出动路政执法人员近1000人次，清除路障5000多立方米，清理路肩搭设摊棚2起，办理路政处罚案件6起，查处超限运输车辆20多辆。对县、乡村道路上的所有危桥、危涵全部过筛式检查一遍，逐一登记建档；对全县已建成的村村通水泥路，逐条完善安全标志，保证道路通行安全。排查渡口11道，水上运输企业3家，并对存在安全隐患的花岗镇黄泥滩渡口锈蚀渡船已进行除锈打漆；撤销官亭镇仓房渡口。对王刘道班危房设立禁止入住标牌、重大隐患已落实专人负责，其中检测站垮塌的车辆检测车间已经重建。出动路政执法人员20余人次，清除占用公路用地农作物6处、拆除非公路标牌11块、清理堆积物120多立方。

当年，全县新修“村村通”水泥路269公里，提前1年全面完成建设任务；新修“村村通延伸工程”1000公里；村村通班车通达率97.6%，农村生产生活条件明显改善。

【财税】 全年财政收入201630万元，比上年实绩增收43524万元，增长27.5%。其中地方财政收入完成102030万元，同比增长17784万元，增长21.1%；上划中央收入完成99600万元，同比增收25740万元，增长34.8%。全年财政支出完成206220万元，同比增支47716万元，增长30.1%。

采取多种措施增加财政收入。一是摸排税源，加强征管。于6月份开始在全县范围内开展以规范纳税基础信息为重点的税源普查以及税收专项检查工作，进一步整顿和规范税收征管秩序，堵塞税收漏洞，增加财政收入，实行对重点企业分人分户重点监控。同时加强非税收入管理，对新开征的收入项目探索新的管理办法。全年财政收入突破20亿元大关，地方财政收入突破10亿元大关，税收收入占财政收入的比重达到87.7%，比上年提高0.6个百分点。

二是帮扶企业，培育税源。建立县领导联系亿元企业制度，选派240名干部驻企帮扶，组建8支产品营销小分队，切实解决企业生产、销售、用地、用水、用电、用工等方面困难和问题。县财政投入8391万元资金，用于企业技改、贷款贴息、固定资产投资和规上企业新增产值奖励等；中小企业税收贡献逐步加大，年入库税收1000万元以下的企业，全年累计入库税收7.4亿元，占全县税务部门入库税收的44%。

【金融保险】 年末全县金融机构各项存款余额111.2亿元，增长34.8%；城乡居民储蓄存款余额63.3亿元，增长22.5%。金融机构各项贷款余额51.1亿元，比上年末增长40.2%。

【科技】 2009年，肥西县拥有各类研发机构达16家，高新技术企业22家，高新技术产品38个；各级创新型企业12家，其中国家级研发中心达2个。全年实现高新技术产业产值190亿元，增长45%；实现增加值55亿元，增长57%，高出全省平均水平。全县拥有中国名牌产品2个，中国驰名商标2件，省著名商标10件。全年专利申请数达467件，是上年的2倍；全年专利授权数407件，总量居全省第二位，万人授权量居全省第五位。培育2家县级专利试点企业，丰乐农化公司被认定为国家知识产权试点企业。4月份，该县被国家知识产权局认定为全国首批知识产权强县工程试点县；6月份被科技部表彰为“全国科技特派员工作先进集体”，连续三次获得“全国科技进步先进县”称号。

继续选派18名各类科技人才，赴25个企业及重点示范园开展服务。全年投入科技特派员专项经费25万元，其他社会投入1000多万元。科技特派员引进新品种13个，推广新技术25项；开展技术培训98期次，培训农民1.1万人次，发放各种技术资料1.5万份，带动600多户农民户均增收3000元以上。帮助县内4家企业争取科技部中小企业创新资金230万元；8家企业获得合肥市“合芜蚌”650万元科技创新专项资金支持奖励；铭传乡大葱协会获省科技项目支持。县本级实施科技项目三批，分别为重点科研项目、科技特派员专项、科技孵化器种子资金专项，共安排科研经费50万元。

2009年9月，桃花科创中心被认定为首批“省级科技企业孵化器”。该中心引进23家中小科技企业、9家科技中介机构入驻，入驻率100%。入驻企业研发项目达100多项，涉及光电、信息、节能环保、新能源、生物医药、新型建材等领域；大部分是为汽车、家电配套的上下游项目。从事产品研发的教授、专家11人，硕博士生20多人，申报知识产权16项。

【文化文物】 2009年，肥西举办国庆六十周年系列文化活动128场。建成5个乡镇综合文化站、45个农家书屋。年初，对上年建好的35个农家书屋进行检查完善，补缺补差，举办“农家书屋管理员培训班”，邀请合肥市新华书店专业人员就图书的分类、管理，对管理员们进行培训。5月21日，新闻出版总署到该县检查验收农家书屋工程，三河镇茶棚村农家书屋受到了领导的一致好评，顺利通过验收。

2009年，全县12支放映队为群众送电影3887场，财政投入近400万，其中数字电影3609场，胶片电影278场，已超额完成上级下达的放映3600场任务。同时，该县完善文化信息资源共享工程建设，县级支中心机房面积达20平方米，符合国家标准。支中心现有电脑存量达到60台，为广大读者阅读电子图书、查找网上信息搭建更宽广的平台。全县共建成340个村级基层服务点，分别进行近3万元的实物配置，总投入近500万，基本建成资源丰富、技术先进、服务便捷、覆盖城乡的数字文化服务体系。

实施刘铭传旧居保护维修工程。已先后拆除108间部队翻建的危旧房屋，组织省文保中心专家对圩内遗址进一步考古发掘，并编制完成《刘铭传旧居保护维修方案》；投资450万元完成圩内一期工程建设，重建东大门（护门楼）、盘亭、荷花池和部分围墙。

2009年，肥西县承担“中国·合肥苗木交易大会”开幕式文艺演出。并与北京战友歌舞团联合主办“CCTV激情广场爱国歌曲大家唱安徽肥西篇”文艺演出。结合三河、紫蓬、三岗等地旅游宣传，开展丰富多彩的节假日文化活动，打造出三河水文化、三岗苗木花卉、农家乐、肥西老母鸡、紫蓬笑翻天等文化品牌。

加大文化市场管理力度。在全县范围内先后开展4次大规模的网吧专项整治行动，开展“抵制互联网低俗之风”专项行动；相继取缔7家“黑网吧”，收缴电脑主机及其配套器材94台，对网吧的服务器进行检查，卸载违规下载的各类信息260多条；立案查处违规接纳未成年人、上网未登记、擅自卸载经营技术管理措施等违规行为32起。对文化娱乐场所各种违规违法行为开展集中整治，严厉打击赌博、色情表演等违法行为；联合工商、公安等部门在全县开展查处取缔无证照经营的专项整治活动，先后取缔无证照歌舞厅7家、电子游戏室8家。同时加强音像和出版物市场的管理，集中力量对全县的书报刊和音像经营单位进行多次拉网式清查，重点是政治性非法出版物和淫秽、低俗音像制品，共查缴政治性非法出版物214册，音像制品5736盘，取缔无证照音像和书报刊摊点11处，移交公安机关行政拘留2人。

开展县文物保护和普查工作，与各乡镇政府、园区管委会签订《肥西县第三次全国文物普查责任书》，将文物普查工作纳入县政府年度目标管理考核。结合“三普”工作建立文物三级保护网络体系，实现县、乡、村三级保护网络，并由乡镇统一规格制作保护标志牌，已有9个乡镇完成立牌工作，其余正在陆续进行。全县野外普查基本结束，共普查文物点503处，其中现存文物点436处，消失文物点67处。在现存文物点中属于复查的为245处，新发现文物点191处，其中古建筑123处、古遗址186处、古墓葬94处、近现代重要史迹及代表性建筑33处。同时开展抢救性发掘工作。完成了严店、桃花、小庙等多处墓葬的发掘清理工作。

【广播电视】 县广播电视共发新闻稿件5209条，其中电视新闻2415条，广播新闻2784条；专题节目《派河风》48档、《社会与法》48档。肥西电视台在中央电视台共播发新闻7条，在省电视台发稿16条，市电视台发稿413条；肥西县广播电台在中央人民广播电台播发新闻6条，在省电台、《安徽日报》发稿128条；在市电台、《合肥晚报》发稿120条。电视专题《派河风》、《社会与法》在合肥电视台播出专题及新闻34期，配合中央七套制作播出反映该县规模养殖业的专题报道。广播电视外宣工作全市第一。年初，《肥西新闻》节目中开设“百姓纪事”专栏，节目贴近基层、贴近群众和生活，与时政新闻形成互补，受到大众欢迎。

农村广播网建设。全年完成5个乡镇93个村室“村村通”全无线广播覆盖工程，新建7个乡镇广播站和133个村广播室的无线可寻址调频广播系统。全年共完成12个乡镇226个村广播室，建成161个村级广播网。

【教育】 全县共有普通中学50所，比上年减少1所；专任教师2811人，比上年增加1.8%；在校学生47635人，比上年增加2.3%。小学181所，同比减少23所；专任教师3085人，同比减少0.5%；在校学生数60937人，同比减少2.3%。全县高考报名人数9202人，比上年增加182人；应届本科达线950人（不含艺体），比上年738人（不含艺体）净增212人。中考报名7668人，比上年减少1482人。

是年，全县享受义务教育经费保障人数89435人，其中初中生27136人，小学生62299人。义务教育保障经费资金共4599.34万元。其中中央公用经费2010万元、免费教科书1049.14万元、寄宿生生活费补助60万元；省级公用经费1340万元。县级安排贫困寄宿生生活费补助60万元、公用经费140.2万元，全部纳入年初财政预算，义务教育经费分四批全部拨付到位，贫困寄宿学生生活补助费120万共资助3200人次，分春、秋两学期直接打卡发放。同时，该县招聘初中教师20名、小学教师90名，实行考编与选岗相结合，全部充实到农村边远学校任教。另外通过绿色通道，引进15名具有研究生以上学历的优秀高中教师充实到肥西中学、肥西三中任教。依据《关于肥西县2009年暑期教师调配工作实施意见》，选调27名农村完中教师到县城高中任教；面向全县初中选调20名专业教师，从北张、中派两校选调30名专业教师到上派初中任教，缓解了城区学校教师不足的矛盾。并对离岗教职工进行离岗清理，全县各级各类学校共清理出离岗教职工92名。

县政府印发《肥西县中小学校舍安全工程实施方案》。全年共排查267所学校1869幢校舍，排查总面积近90万平方米；完成全县中小学校舍信息录入、视频、照片制作工作，拍摄视频近2000个，照片8000张。校舍抗震鉴测校舍308幢、面积40万平方米。其中满足抗震7度设防的校舍62幢、面积14.6万平方米；建议拆除的校舍20幢、1.2万平方米；其余243幢、24万平方米的校舍需加固改造。当年先期投入加固重建项目资金1930万元，拟加固重建20所学校的23个项目，其中，16个项目竣工，7个项目开工。是年，肥西县新建学校3所，改扩建学校3所，计划建筑面积23300平方米，实际总建筑面积29000平方米。紫蓬镇中心学校、马河湾小学、金桥职高上派校区三个民生工程项目，已于9月1日投入使用。苏小小学教学楼、三河杨婆小学2个项目至年底完工，张郢小学建设工程已接近尾声。

【卫生】 2009年，肥西县共有医院、卫生院等卫生机构36所，床位2041个，卫生机构从业人员2553人，其中专业技术人员2289人，执业（助理）医师805人，注册护士541人。

乡村医疗卫生机构的基础建设得到进一步发展。新建成的小庙、山南、花岗、铭传、柿树、袁店、长岗等7所卫生院投入使用；三河、高店、金牛、桃花、清平卫生院和精神病院等6所卫生院住院楼工程大部分完成主体。30个村卫生站新建和改扩建任务全部完成，建筑面积3300平方米，总投资185万元。另外，建筑面积55000平方米的县医院住院病区已经封顶，建筑面积5000平方米的县中医院门诊综合楼工程、建筑面积2600平方米的县保健所住院综合楼工程均在建设中。

2009年，肥西县启动甲肝、乙肝、麻疹、风疹、腮腺炎、A群流脑及C群流脑、狂犬病等免疫接种效果监测工作；对374名儿童开展了抗体检测，总检测项目2394项。及时有效处理16起风疹疫情，对4725名学生进行应急接种。是年该县肿瘤随访登记工作列入国家项目监测点，共报告肿瘤病例800例，报告发病率为0.88‰。癫痫防治工作继续推进，共筛查癫痫病人941人，入苯巴比妥组治疗癫痫病人539人，非苯巴比妥组管理的病人24人，发放苯巴比妥药品7512瓶，随访癫痫病人131078人次。开展医疗机构消毒质量监测，完成乡级以上医疗机构29家、村卫生站207家，监测覆盖率100%。

为进一步做好全县结核病控制工作，该县组织乡村医生培训，培训8期600多人次。开展密切接触者检查，对有症状者免费摄片胸部，免费做PPD试验，完成任务的112.3%（556/495）。结核病专科门诊累计接诊初诊病人1740例，明确诊断为活动性结核病的有654例，新发涂阳355例，完成全年任务数的100.6%（355/353）。累计救助病人104例，发放救助金额69127.4元，完成民生工程救助任务的177.8%（104/60），经费使用进度完成128.9%（69127.4/54000）。

针对手足口病、恶性疟和甲型H1N1流感疫情形势。对医务人员进行全员培训，建立重点人群包保责任制，加强疫情监测，实行疫情日报告和24小时值班制度。全县共报告手足口病410例和甲型H1N1流感确诊病例14例，未出现重症病例和死亡病例；4起手足口病聚集性病例和15起流感样病例聚集性疫情均得到及时有效处置。在恶性疟防治中，共摸排登记出国人员1751人，出国返乡人员665人。对67名出国返乡人员进行血检疟原虫，对6名对象人员进行清理复治，对2名密切接触者进行预防性服药，积极有效地处理1起输入性恶性疟疫情。

2009年，肥西县启动9项国家基本公共卫生服务项目和6项重大公共卫生服务项目。全县建立居民健康档案52493人，完成任务的124.7%；管理高血压病人4878人，完成任务的154.2%；管理糖尿病病人844人，完成任务的71.6%；管理65岁以上老人7831人，完成率85.4%；管理重性精神病病人206人，完成任务的144.1%。为孕产妇建立保健手册，开展规范的孕产期保健服务，全县孕产妇建卡率84.3%，住院分娩率99.9%。为3岁以下儿童建立儿童保健手册，开展规范的儿童保健服务，系统管理率85.3%。继续实施农村改水改厕项目，当年新增无害化卫生厕所1000座，完成任务的100%，农村卫生饮用水卫生监测达100%。实施麻疹强化免疫接种，摸底120417人，实种118118人，接种率98.09%。对全县农村妇女孕前和孕早期进行免费补服叶酸，为15岁以下人群补种乙肝疫苗工作。

完善新型农村合作医疗管理，县、乡、村三级医疗卫生机构全部实行信息化管理。推行县外即时结报制度，在市直8家医院开展即时结报，与安医二附院等4家省级医院实现网上即时结报。2009年全县参合农民共有709757人，参合率96.7%，共筹集资金近7100万元，全县新农合资金支出7732万元，住院补偿42314人次，补偿金额6822万元；住院分娩补偿5713人次，补偿金额156万元；慢性病补偿3001人次，补偿金额167.7万元；门诊统筹补偿支出706万元。

【食品药品监管】 2009年，组织相关食品监管部门开展“元旦春节”、“五一”期间、“中博会”期间、紫蓬山全国山地自行车比赛期间、“中高考”期间等多个专项整治，以及“餐饮消费环节打击违法添加非食用物质和滥用食品添加剂专项整治工作”、“手足口病防治工作和医疗救治工作的卫生监管工作”、“合肥市再次掀起整顿医疗市场，打击非法行医工作”等7项专项执法工作。开展“肥西县十佳示范学校食堂”、“合肥市合格卫生监督工作站”创建活动；15所示范学校食堂均取得B级卫生许可证，10家卫生监督工作站通过“合肥市合格卫生监督工作站”考核验收，全县29家卫生监督工作站全部创建合格。全年开展卫生监督执法检查16795户次，对严重违反卫生法律、法规和规章的行为实施了行政处罚1054起，罚款达642750元，没收药品器械78箱（件），销毁和没收不合格食品236公斤。

同时，先后开展整治非药品冒充药品专项行动、甲型H1N1流感防控药品医疗器械监督检查、“两节”期间药械市场专项检查、特殊药品及含麻黄碱复方制剂专项检查等专项检查活动，发现劣药十多个批次，发现万元以上的大案3起，其中1件近10万元，总涉案金额15余万元。全年共检查药品零售企业127家，覆盖率约72%。监督抽样并送检50批次，已收到省药检所出具药品检验报告书16份，检验不合格3个批次，阳性率达18.7%。全年共受理举报投诉8起，查处药械案件15件，其中查处假劣药品案件12件（假药案件2件，劣药案件10件），查处医疗器械案件1件，其他案件2件，按一般程序处理案件13件，简易程序2件，下达处罚决定书14件，结案14件，结案率93%。

县、乡、村三级农村药品监管网络覆盖率继续保持100%，药品配送进县到乡、进乡进村覆盖率达到100%和96%，全面保障了人民群众用药质量。创建36家医疗机构“规范药房”，其中县直（含二级以上）医疗机构3家，乡镇2家，村级医疗机构31家；全县县直及乡镇以上医疗机构“规范药房”达标率达100%、村级医疗机构达50%以上。

肥西县被确定为安徽省32个基层医药卫生体制综合改革试点县（市、区）之一。全县所有基层医疗卫生机构（包括村卫生站）全部建立基本药物制度，在全省率先实行药品零差率销售。同时深入基层医疗卫生机构调查摸底，对执行药品零差率情况进行检查。将原来使用的近800种药品及时更新，及时调整价格，一律按照进价销售。新华社、人民日报、安徽日报、新安晚报、安徽电视台、中安在线、合肥晚报、合肥电视台等中央、省市18家新闻媒体集中采访、连续报道了该县医改工作。

【人口与计生】 全县年末总人口897127人，其中非农业人口139806人。出生人口10133人，出生率为11.3‰。死亡人口4808人，死亡率为5.4‰，人口自然增长率为5.9‰。

截止到2009年末，全县共有各种社会福利收养性单位58个，床位4570个。参加基本养老保险的职工29058人，参加医疗保险的职工29610人；参加失业保险的17501人；参加农村合作医疗709757人。城镇居民最低生活保障6256人，农村居民最低生活保障29795人。全县城镇在岗职工平均工资29700元，农民人均纯收入为6047元，分别比上年增长10%和11.7%；农民人均生活消费支出为3701元。

肥西县对全县乡镇、园区、城镇街道社居委、县直单位、县人口和计划生育工作综合治理责任部门进行全覆盖考评，分别制订考评和奖惩办法。每年确定2个重点管理乡镇，1个重点管理园区，3个重点管理社居委，10个重点管理村，其中对年度考评得分倒数的1个乡镇、1个社居委、3个村实行有条件末位淘汰，人口计生责任人就地免职。确定60个计生工作后进村，由乡镇党政班子成员带队进村驻点抓转化。同时，从县直单位选派20名优秀党员干部，下派到问题比较突出的20个计划生育后进村任村党组织负责人，专抓人口计生工作，确保一年内实现转化目标。

加大财政投入，将二女绝育户一次性奖励由原来的300元提高到2000元；独女领证户和二女绝育户新农合保险个人交纳部分由县财政承担；推行计划生育妇幼幸福安康、手术健康、计生干部意外伤害三大保险；实行计划生育乡所村室以奖代补，开展县直单位结对帮扶援建村级计生服务室活动。县财政兑现村级计划生育信息员补助工资等，全年投入计生经费1300万元。县拨出专项奖金40万元，用于奖励人口和计划生育工作先进单位和先进个人。全年征收社会抚养费721万元，突破“两非”案件45起。

公开招录16名乡镇计生服务所专业技术人员，全县乡镇计生服务所人员80%以上转为财政编制；并且将计生干部的业务培训和素质教育，纳入县党校常规授课内容，以提高计生干部队伍执政水平和管理能力；加大乡所村室的建设力度，全县新建乡镇计生服务所5个，改建和扩建村级计生服务室128个；全县有12个乡计生服务所达到国家三部委标准，325个村级计生服务室全部达到优质化标准。

【社会保障】 2009年，肥西县新增就业5979人；登记失业人员再就业3789人；就业困难人员再就业1028人；提供免费职业介绍488人，新增转移农村劳动力就业10188人；发放《就业失业登记证》5457本，城镇登记失业率为4.1%；开展职业技能鉴定4050人，获得职业资格证书4029人。拨付社会保险补贴、公益性岗位补贴、农民工技能培训补贴、职业技能鉴定补贴等各项就业专项资金1128万元。累计发放小额担保贷款963万元，落实灵活就业人员3000余人，社保补贴400多万元。新增个体工商户4745户，新增私营企业662户。建立创业实训基地6家，实训人员283人；新增创业基地面积5000平方米，创办非正规就业劳动组织65个，以创业带动就业19596人。对困难企业给予减负，全县认定三批12家困难企业，缓缴社会保险费377万元；降低三项保险费率减收取3.6万元，发放培训补贴和岗位补贴94.82万元。年初，联系248家企业举办返乡农民工专场招聘会和用工对接会，提供岗位13000多个，有5000名返乡农民工与企业达成了就业意向。同时，加大技能、创业培训和技能鉴定工作力度。全年共举办计算机技能培训4期，培训农民工127人，举办创业培训班3期，培训110人。农民工技能培训5174人，组织开展职业技能鉴定4050人，核发职业资格证书和专项能力证书4029本。

五项社会保险稳步推进。全年养老保险参保29058人，征收1.89亿元，为9815名离退休人员发放养老金10560万元；失业保险参保职工17501人，征收失业金344.8万元，为282名下岗失业人员发放266.6万元的失业金，失业金实现100%社会化发放；城镇职工医疗保险参保29610人，征收医保金4367万元，发生住院3582人次，支付费用4026万元。城镇居民医疗保险参保人数105810人，全年完成住院审核3097人次，统筹基金支付735.8万元。工伤保险参保13132人，征收工伤保险费164万元，为151名工伤职工赔付59万元工伤保险待遇；生育保险参保职工10616人，征收生育保险基金107万元，为69人支付了44万元生育保险费。此外，全年为下岗失业人员及自由职业者办理养老保险1万多人次，征收养老保险费1.1亿多元，档案托管3000余份，并做好小集体企业职工补保缴费和数据信息录入工作。对全县14个乡镇初审上报的小集体人员进行审核，符合条件的达龄人员出具缴费通知，给予归档和信息录入；对未达龄的人员出具确认通知，在劳动保障代理所补缴。全县符合参保达龄人员1898人，未达龄446人，有2344名小集体企业人员纳入了社会养老保障体系。

进一步完善被征地农民养老保障体系，成立由国土、财政、公安和劳动保障等部门组成的审核组，为全县32600名被征地农民办理了报批材料、会签手续和登记发证工作。新征土地实现即征即保，切实维护被征地农民合法权益，解除他们的后顾之忧。根据县政府会议纪要精神，及时调整被征地农民养老保障待遇，由原先每人每月170元，调整至现在每人每月220元。为达龄6923名被征地农民发放养老金2337万元；为达龄1320名农保参保人员发放农保金30.8万元；1420名村干部参加养老保险，征收养老保险费284万元。加大用人单位遵守劳动合同、清欠农民工工资、“四小”企业等专项行动检查监督力度。检查涉及用人单位751户，涉及劳动者40103人，督促用人单位签订劳动合同1663份，责令办理社会保险费登记83户，补缴社会保险费21.2万元，清欠农民工工资48.4万元。全年劳动合同登记备案8000人，共受理劳动争议案件55件，已结案47件。为工伤职工进行维权，全年受理工伤案件252宗，办结工伤案件221宗，工伤认定行政复议2宗，行政诉讼1宗。其中，工伤案件受理数比去年同期增长了30%，工伤复议和诉讼案件减少了50%。

全县成立17个社（居）委，其中上派镇11个，三河镇5个，小庙镇1个，全县退管人数9815人，社（居）委管理服务对象有9737人，社会化管理率达到99.2%。在市属三县中率先实现退管服务工作向城关以外的偏远乡镇延伸。

【民生工程】 2009年，肥西县累计投资6.28亿元（其中县本级资金1.83亿元），实施33项民生工程。投资额度比上年增加2.01亿元，增长47%。财政补贴农民资金26项，补贴金额2.17亿元。农村低保、五保供养、城镇未参保集体企业退休人员基本生活保障提标扩面。建成廉租住房176套，发放廉租住房补贴74万元，303户困难家庭受益。救助城乡困难群众、大病患者、贫困重度残疾10075人，发放救助资金442万元。资助各类困难学生6900人，发放补助金660多万元。完成阳光工程、农业专业技术、农民工技能培训10500人。拨付社会保险补贴、职业技能鉴定等各项就业专项资金1128万元；全省农村一次性安置户数最多的桃花工业园顺和家园安置点一期工程投入使用，安置群众3138户。实施教育民生工程项目6个，投入校舍维修资金3800万元，维修改造项目60个，引进民办教育资源，加速推进高中教育布局调整。推进县乡村卫生服务体系建设，县医院住院病区、县妇幼保健所住院综合楼主体工程竣工，花岗、山南、铭传、柿树、小庙等卫生院门诊综合楼全面建成，新建、改扩建60个农村卫生站。

全县发放各类惠农补贴项目29个，发放资金1.76亿元。继续实行农民负担监督卡制度，“一事一议”筹资和预收生产性水电费，全部入卡并报县农监办批准。下发《肥西县村集体经济组织财务管理示范制度》，进一步规范了农村集体经济的管理；完成了农村义务教育清财化债工作，并兑付下剩债务277万元。完成水稻参保面积5.5万公顷，高出目标任务9个百分点；完成小麦参保1.34万公顷，油菜参保2.09万公顷；完成能繁母猪参保3.19万头，高出目标任务35个百分点。加强对农村劳动力和农民专业技术的培训，全年培训2011人，指导2571人，超额完成全年任务；组织农技人员、龙头企业、合作经济组织、种养大户300多人参加省、市举办的培训班。

将农村沼气项目被列为民生工程，全县1000口8立方米户用沼气池已全部完工；建成25口50立方米沼气池和一座50立方米生活污水净化沼气工程；另外建造了1100立方米大型沼气工程一座，完成了40个农村能源服务网点建设任务。同时将免费婚检工作纳入民生工程，全年免费婚检4524对，完成省厅下达任务的178.1%（4524/2540）。在全县范围内开展“降低孕产妇死亡率和消除新生儿破伤风”项目工作，对住院分娩的农村产妇实行每人300元的定额补助，为5680名住院产妇进行补助，完成率103.3%（5680/5500）。儿童免疫规划接种率以乡镇为单位均达95%以上。

【救灾救助】 全县有五保供养对象9674人。其中集中供养对象2972人，集中供养率31%；分散供养对象6702人。集中供养每人每年2640元，分散供养每人每年1860元，全年共发放五保供养金2058万元。该县现有五保供养服务机构51个，其中农村敬老院37所，五保老人之家3个，集中居住点11个。全县有4个“515敬老工程”项目竣工，可增加床位800张，入住五保对象560余人，集中供养率可提高到39.5%。

2009年11月中下旬，肥西县遭到了强降雪袭击，发生了低温冷冻雨雪灾害，平均降雪量达22厘米，造成全县受灾人口6458人，紧急转移208人；农作物受灾面积12902公顷，其中成灾面积8107公顷；倒塌房民44户98间，损坏房屋302间；倒塌蔬菜大棚699个面积41公顷、畜禽大棚面积38.2公顷，死亡大牲畜8头、家禽5.8271万只、苗禽3.884万只。交通、教育、卫生、文化、工矿企业等基础受到不同程度损失；全县因灾直接经济损失达1.283亿元，其中农业直接经济损失1.2484亿元。

【优抚安置】 2009年，肥西县获得“省级双拥模范县”称号。全县优待金标准达到5600元，优待面遍及18个乡镇单位1649人，总金额达到569.1149万元，优待金由县财政统一垫付，通过“一卡式”及时发放，确保“八一”前兑现。根据上级要求，对1954年11月1日以后入伍，参加对敌作战和核试验的退役人员进行摸排登记，及时确认身份并发放生活补助金。全县享受定补定恤重点优抚对象4160人，共发放金额860多万元；重点优抚对象医疗救助29人，计26600元。全县共接收转业、复员、退伍军人428人：其中农村252人，移交包河区、蜀山区20人，经市安置办审批符合2009年货币化安置条件157人。

【社会组织管理】 截止到2009年11月底，肥西县登记农村专业经济协会68家，其中养殖类17个、苗木花卉类6个、种植类6个、农机类3个、有机农业开发类1个，会员总数近10万人，占全县农业人口20%。在坚持“民办、民管、民受益”的原则下，培育发展畜禽、渔业、苗木花卉、蚕桑等覆盖六大农业特色产业带的县级农村专业经济协会，初步形成了县级协会为龙头、乡（镇）级协会为主体、村级协会为补充的组织网络体系，全县农村专业经济协会已基本覆盖各乡镇。

（黄雅玲）

长丰县

2009年，长丰县以保增长、促发展为总体要求，主要指标跃上新的平台，提前实现“十一五”规划主要目标。地区生产总值突破100亿元，达132.22亿元，按可比价格计算，同比增长20.4%。其中：第一产业实现增加值32.49亿元，增长8.6%；第二产业实现增加值67.62亿元，增加31.5%；第三产业实现增加值32.11亿元，增长13.3%。财政收入突破10亿元，达10.02亿元，增长29.6%；全部工业总产值突破200亿元，达228亿元，增长44.3%，农民人均纯收入突破5000元，达5185元，增长12.7%；全社会固定资产投资148.9亿元，增长48%；招商引资到位资金120亿元，增长38.8%；社会消费品零售总额18.5亿元，增长20.8%。全年金融机构年末各项存款余额62.4亿元，增长28%；各项贷款余额31.1亿元，增长29.2%。三次产业比例调整为24.6∶51.1∶24.3，按户籍人口计算，人均地区生产总值16399元，比上年增加2926元；节能减排完成既定任务，全年万元生产总值能耗比上年下降6.5%，化学需氧量排放总量比上年减少3.0%，二氧化硫排放总量比上年减少2.1%。

长丰县2009年地区生产总值构成

指标名称	绝对数	比上年增长%
地区生产总值	132.22	20.4
第一产业	32.49	8.6
第二产业	67.62	31.5
工　业	53.62	33.4
建筑业	14.00	25.7
第三产业	32.11	13.3
交通运输、仓储和邮政业	9.78	13.4
批发和零售业	3.91	18.6
住宿和餐饮业	1.61	20.0
金融业	2.63	25.9
房地产业	4.08	10.9
其他服务业	10.10	9.7

【工业】 2009年，长丰县全年工业总产值，规模以上企业户数双超“200”，规模以上企业净增46户，达225户，实现产值174.27亿元，增长41%，其中产值超亿元企业29户，比上年净增4户，伊利产值突破10亿元，鸿路钢构产值超过35亿元，丰德科技等6户企业被新认定为国家级高新技术企业，荣事达太阳能、江淮铸造被认定为省级企业技术中心；汽车零部件、现代建材、食品加工等支柱产业完成产值超百亿，双凤开发区工业总产值首次突破100亿元，与新站区合作的共建国家级平板显示产业基地、岗集镇、双墩镇获全市“十强乡镇”，三十头镇、吴山镇跻身全市“十快乡镇”。

全年工业对GDP增长的贡献率达55.2%，工业占GDP比例为40.6%，较上年提高5.4个百分点，规模以上工业实现主营业务收入152.63亿元，同比增长57.4%；实现利税总额15.38亿元，增长73.2%；工业企业经济效益综合指数262.6%，比上年提高35个百分点。

2009年长丰县规模以上工业企业主要产品产量

产品名称	单位	产量	比上年增长%
小麦粉	吨	54371	18.0
精制植物油	吨	38969	137.3
乳制品	万吨	17	13.2
饲料	万吨	29.38	89.2
纸制品	吨	19752	28
家具	万件	8.5	2.8
水泥	万吨	193	-3.5
钢结构	万吨	65	70.6
钢铸件	吨	71514	3.9
太阳能热水器	台	11030	24.2
起重机	台	471	-56.1
变压器	万千伏安	112	109.5

长丰县2009年度工业发展二十强企业排行榜

单位：万元

单位	工业总产值				入库税金				名次
	实绩	位次	增幅%	位次	实绩	位次	增幅%	位次	
合肥丰德科技有限公司	20000	11	33.3	10	2212.5	3	520.0	3	1
安徽鸿路钢结构(集团)股份有限公司	350441	1	70.9	7	3426.2	2	6.3	16	2
合肥伊利乳业有限责任公司	100197	2	26.9	11	6136.4	1	25.8	14	3
合肥朝阳柴油机有限公司	56644	4	836.1	1	272.2	13	2030.1	1	4
合肥星通橡塑有限公司	28610	6	37.8	9	1059.8	5	81.4	10	5
安徽金星预应力工程技术有限公司	20003	9	252.4	2	168.8	15	825.8	2	6
安徽省庐峰镀锌有限公司	10153	16	18.0	13	342.4	11	48.5	12	7
合肥荣事达太阳能科技有限公司	20000	11	98.8	4	622.6	7	159.2	8	8
安徽省花园油脂工贸有限公司	20001	10	70.2	8	47.6	18	280.4	6	9
合肥景喜电气设备有限公司	9563	17	-27.2	19	97.7	17	306.2	5	10
合肥恒大三益电机电泵有限公司	13516	14	100.0	3	38.1	19	306.3	4	11
合肥江淮铸造有限责任公司	26722	7	19.5	12	919.6	6	-26.9	19	12
合肥万向钱潮汽车零部件有限公司	22839	8	73.1	6	550.7	9	119.5	9	13
安徽金诚汽车科技有限公司	11767	15	9.3	15	450.6	10	64.0	11	14
安徽长丰海螺水泥有限公司	33068	5	-28.3	20	1624.7	4	22.8	15	15

单位	工业总产值				入库税金				名次
	实绩	位次	增幅%	位次	实绩	位次	增幅%	位次	
合肥鼎力锻造有限公司	9149	18	13.9	14	568.1	8	-6.8	17	16
合肥明双机械科技有限公司	15888	13	4.8	17	108.1	16	-47.6	20	17
合肥立华畜禽有限公司	58571	3	83.1	5	28.9	20	36.0	13	18
合肥万安汽车零部件有限公司	6362	19	-13.1	18	249.1	14	-20.1	18	19
合肥市华丰印务有限公司	18100	12	7.4	16	273.1	12	164.2	7	20

长丰县2009年度工业发展十强村排行榜

单位：万元

单位	工业投资				工业总产值				入库税金				名次
	实绩	位次	增幅%	位次	实绩	位次	增幅%	位次	实绩	位次	增幅%	位次	
双凤开发区耿店居委会	60045	2	80	9	343063	1	79	5	5852	2	72	5	1
双凤开发区代岗居委会	41042	5	82	8	236509	2	80	4	9305	1	71	6	2
岗集镇南洪居委会	71060	1	108.5	5	101756	3	62.4	6	1613	5	85	4	3
三十头镇瓦岗居委会	47730	4	89.6	7	20684	10	249.6	1	135	10	130.2	2	4
岗集镇岗集居委会	47838	3	90.2	6	88103	5	54.3	8	2170	4	19.9	9	5
吴山镇井岗居委会	22661	6	125.3	3	34679	8	98.5	2	563	8	103.3	3	6
双墩镇双墩居委会	15114	7	128	2	88787	4	10	10	2419	3	22	8	7
杨庙镇四树村委会	6912	10	109.6	4	37276	7	90	3	154	9	203	1	8
下塘镇南圩村委会	12935	8	234.8	1	45490	6	20.5	9	1134	6	7.6	10	9
水湖镇水湖居委会	11575	9	75	10	21392	9	60	7	771	7	39	7	10

长丰县2009年度工业发展十快村排行榜

单位：万元

单位	工业投资				工业总产值				入库税金				名次
	实绩	位次	增幅%	位次	实绩	位次	增幅%	位次	实绩	位次	增幅%	位次	
双墩镇大陆居委会	25341	5	929.8	1	27158	7	38.5	10	939	5	36.5	8	1
双凤开发区徐桥居委会	37164	2	98	7	76050	2	97	6	3448	1	95	5	2
庄墓镇侯集村委会	2854	10	180	2	5415	9	186	2	31	10	182	2	3
双凤开发区凤霞居委会	32773	4	95	8	50797	4	98	5	1785	2	94	6	4
罗塘乡甲道村委会	10434	8	100.2	6	31322	5	62.3	7	123	9	278	1	5
朱巷镇朱巷村委会	3198	9	159.3	3	4928	10	195.6	1	195	8	115.6	4	6
吴山镇五十埠居委会	20350	7	142.3	4	22752	8	125.4	3	277	7	128.6	3	7
岗集镇三十埠居委会	50332	1	111.2	5	75776	3	58.2	8	1178	4	35.4	9	8
岗集镇前丰居委会	36375	3	53.1	10	94431	1	53.2	9	1370	3	26.4	10	9
三十头镇三十头居委会	23508	6	84.5	9	29692	6	106.5	4	286	6	41	7	10

【农业】 2009年，长丰县把提升农业、致富农民作为保增长促发展的重要基础，新农村建设“十大工程”全面实施。是年，长丰举办第九届草莓节，长丰草莓通过央视七套走向全国；全县草莓种植面积突破12万亩。罗塘马铃薯、吴山南(冬)瓜、双墩树莓花卉等5个示范园起步建设，全县新增蔬菜1.7万亩。全县粮食总突破60万吨，连续六年丰产丰收，被评为全国粮食生产先进县；大力推进规模化养殖，新增畜禽养殖小区27个，规模养殖比重为80%以上，连续三年被认定为全国生猪调出大县；新增市级农业产业化龙头企业11家，年产值过亿元龙头企业达10家，争创无公害农产品7个，绿色食品9个；全国首家县级农村综合产权交易管理服务中心成立；完成新农村示范点村庄整治34个；扶贫开发、江淮分水岭综合治理工作获全省先进；启动实施杨庙、朱巷2个整村推进项目；完成合肥外环高速、蒙城北路和合水路等绿色长廊建设，全县新增成片造林593公顷。

2009年长丰县主要农业产品产量

产品名称	单位	产量	比上年增长%
粮食	万吨	60.61	2.1
#小麦	万吨	21.61	5.6
水稻	万吨	44.2	1.4
油料	万吨	6.93	-0.1
#油菜籽	万吨	6.56	-0.5
棉花	吨	5859	3.6
蔬菜	万吨	21.42	12.2
肉类	万吨	11.7	6.2
#猪牛羊肉	万吨	7.52	5.1
蛋类	万吨	2.44	32.6
水产品	万吨	3.07	19.0

2009年，长丰县全年粮食作物种植面积9.11万公顷，比上年扩大2.6%；油料种植面积3.15万公顷，比上年扩大5.5%；棉花种植面积0.56万公顷，比上年下降7.5%；蔬菜种植面积0.97万公顷，比上年扩大11.8%。草莓收获面积0.58万公顷，比上年扩大19.6%。

全年粮食总产量60.61万吨，比上年增长2.1%，油料产量6.93万吨，比上年下降0.1%；棉花产量5859吨，增长3.6%；蔬菜产量21.42万吨，增长12.2%；草莓产量12.7万吨，增长45.8%。

全年肉类总产量11.7万吨，比上年增长6.2%；水产品产量3.07万吨，增长19.0%。

年末农业机械总动力58.6万千瓦，比上年增长9.9%；农用拖拉机60019台，增长5.6%；农用运输车5438辆。化肥施用量（折纯）63324吨，下降4.7%；农村用电量12660万千瓦时，增长22.3%，全年有效灌溉面积6.53万公顷。

【商贸流通】 长丰县全面启动《全县商业网点专项规划》编制工作，全县现有超千平方米卖场达20余家，各类连锁超市200多家，全年完成189家标准化农家店和2家农产品配送中心建设；完成水湖草莓交易市场改造工程，长丰国际大厦全面封顶，完成6000平方米百大商城项目签约落地工作；全面销售家电下乡产品27949台，销售金额5255.98万元，补贴到位资金609.49万元，补贴兑付率列全市首位；全县对外贸易完成进出口总额2403万美元，其中出口2279万美元。实际利用外资2498万美元，同比增长39%。新增外资企业4家，全县外资企业35家，全年外派劳务1000多人。

是年，长丰县实现初值消费品零售总额为18.69亿元，比上年增长22%。其中：县城零售额7.46亿元，增长21.6%；县以下零售额11.23亿元，增长22.3%。分行业看，批发零售贸易业零售额16.19亿元，增长21.7%，食宿和餐饮业零售额2.44亿元，增长24.2%。

【城市建设与建筑业】 2009年，长丰县完成“五湖连珠”景观风貌区概念性规划，启动区生态景观水系规划、双凤工业拓展区控制性详规以及核心区供热、燃气等专项规划，阜阳北路（长丰段）主路面通车，工业大道、物化路、龙湖路西段建成通车，济河路主体工程完工，蒙城北路延伸段、龙湖路东段、杨庙路开工建设，启动区路网框架全面拉开，核心区井字型道路即将成型。县城建设方面，长丰西路、南一环东路，双墩路建成通车，县委党校新校区建成使用，县中医院综合楼主体竣工，城北公园建成开放，防洪渠景观长廊、长淮南路绿化工程全面完成。

2009年，该县房地产开发完成投资12.39亿元，同比增长10.7%；总预售面积65.64万平方米，同比增长50.5%；总销售面积40.11万平方米，同比增长6.1%；销售总套数4407套，同比增长10.6%（其中南部3992套，县城415套），总销售额12.98亿元，同比增长22.5%，销售均价3236元/平方米，同比增长15.4%。

全年建筑业增加值14亿元，增长25.7%。三级资质以上建筑企业完成总产值30.89亿元，增长45.7%；实现利润总额1.2亿元，比上年增长42.9%；房屋建筑施工面积135.07万平方米，比上年增长36.6%；房屋竣工面积34.52万平方米，增长108.3%。

【固定资产投资及重点项目】 长丰全县全年施工项目522个，比上年增加43个，其中新开工项目337个，比上年增加78个，当年投产项目272个，比上年增加24个。全年完成全社会固定资产投资148.86亿元，同比增长48.0%。其中，工业投资81.05亿元，增长53.2%，城镇50万元以上项目完成投资111.24亿元，增长55.7%；农村非农户完成投资17.35亿元，增长28.9%。全年纳入“五个一批”管理的重点项目881个，其中，当年建设项目369个，累计完成投资116.7亿元；工业项目建设272个，完成投资66亿元。列入市“1346”的38个项目，完成投资28.6亿元，点年度计划的150.5%；列入省“861”行动计划的15个项目，完成投资12.8亿元，占年度计划的173%，淮南铁路电气化改造，合蚌铁路客运专线等项目进展顺利，皖能长丰电厂通过评审。

【交通】 2009年，长丰县完成县乡公路建设里程262.2公里，总投资10299万元。一是完成县重点公路工程41.1公里；二是完成村村通水泥路新增项目221.1公里，计完成路肩培土785公里，硬化路肩725公里；三是完成枣林桥、安费塘桥、小井桥、马塘桥和马郢桥5座危桥改造工程。

处理道路病害26700平方米，修整路肩66524平方米，对水（家湖）—庄（庄墓）路、庄（庄墓）—大（大顺）路进行改扩建，分别建成长11公里，9-12米宽和长9公里，6米宽水泥砼路面。全县农村公路养护工作连续四个季度获全市评比第一名。

2009年，该县完成陶楼和杜集2个客运站和60个候车厅、60个招呼站建设工程，全县263个行政村已通班车行政村259个，规划的79条村村通班线已开通77条，行政村班车通达率为98.48%，共投放农村客运班车，完成客运量700万人次，旅客周转量45140万人公里，实现货运里760万吨、货物周转量80840万吨公里。

【旅游】 长丰旅游紧紧围绕“打基础、抓开发、树品牌、拓市场、增效益”的工作思路，重点打出“生态”牌，“草莓”牌，“桃花”牌，实现该县旅游业又好又快发展。县财政拿出130万元，用于对重大旅游项目，重要节庆活动，创建国家旅游A级景区，省市星级农家乐优秀旅游乡镇等给予奖补。参加第三届合肥农村旅游节，第四届中国（合肥）徽菜美食旅游节，合肥（紫蓬山）旅游总动员，中博会，第八届中国（芜湖）国际旅游商品博览交易会，2009年中国国内（大连）旅游交易会，2009年中国（昆明）国际旅游交易会，浙江义乌旅游商品交易会等会展，重点推出长丰的草莓采摘，陶楼的桃花和长丰油菜花。特别是接待的省外旅客量大幅增加，主要客源来自上海、江苏、湖北、江西等地。

2009年，长丰全县旅游景区接等人数突破180万人，同比增长20%，旅游总收入4.5亿元，同比增长1倍。已创建国家4A级旅游景区2个，3A景区1个，创建省最佳旅游镇1个，星级农家乐11个。

【司法行政】 长丰县在全市率先启动“1+4”联防联调工作，实现该县与周边土县区相连乡镇（区）联防联调工作无缝对接；排查化解各类矛盾3162件，制止上访342件，防止矛盾激化86件，其中，重大疑难纠纷237件。纠纷调解成功率96%以上；举办各级、各类普法骨干培训班22期，举办各类讲座30余场，举办各级各类领导干部法制讲座36场次；律师参加信访接待等中心工作100余次，办理民事案件406起，刑事案件78起，非诉讼案件123起，行政诉讼案件6起，全年接听“148”热线并解答电话咨询2091次，接待来访1087人（次），报送有重要参考价值的“148”信息67条，全县92名帮教安置对象，236名社区矫正对象无一脱管、无一漏管、未出现一例重新犯罪。

【检察】 2009年，长丰县检察院共受理提清逮捕犯罪嫌疑人260人，经审查批准和决定逮捕241人，同比上升14%；受理移送审查起诉248件413人，经审查提起公诉196件299人，同比上升23%和32%；其中，批准逮捕故意杀人、强奸、重伤害、聚众斗殴等严重暴力犯罪嫌疑人54人，提起公诉99人，依法不批准逮捕10件13人。

立案查办贪污贿赂、渎职侵权等职务犯罪案件7件13人，其中贪污案5件11人，受贿案1件1人，渎职侵权案1件1人；侦查终结并提起公诉5件10人，法院作有罪判决4件9人。通过办案为国家挽回直接经济损失70余万元，涉农职务犯罪2件，涉案5人，涉案金额十余万元。

诉讼监督方面，向公安机关发出《要求说明不立案理由通知书》20件，依法监督公安机关立案20件20人；对不构成犯罪或无逮捕必要的，决定不批捕13人；提请市检察院抗诉4件，市检察院审查后支持抗诉3件；向长丰县人民法院发出再审建议3件。

2009年，长丰县人民法院新收刑事、民事、行政和执行等各类案件3117件，同比增长16.31%；结案3106件，同比增长6.7%，年终总结案率为99.2%，在全市法院中名列第二位，受理各类刑事案件214件，同比增长9.3%，结案率100%，在判决且已发生法律效力的312名案犯中，被判处十年以上十五年以下有期徒刑10人，五年以上不满十年有期徒刑23人；三年以上不满五年有期徒刑10；三年以下有期徒刑、拘役、缓型260人，单处罚金6人，免于刑事处罚3人。

新收各类民商事案件2133件，同比增长32.98%，审结2123件（含旧存），同比上升27.28%；结案率为99.4%，同比持平，新收并审结行政诉讼案件23件，结案率为100%；审结婚姻家庭案件661件，审结人身损害赔偿案件442件，为受害人落实赔偿款3015万余元，审理合同类案件556件。

全年民事案件调解结案743件，原告撤诉435件，调解撤诉率为55.9%，在全市法院中名列第一。判决维护行政机关具体行为11件，裁定驳回原告起诉的3件，驳回原告诉讼请求的2件，准予原告撤回起诉6件，判决撤销行政机关具体行政行为1件。执结新收执行案件685件，结案率为98.99%。

是年，长丰县人民法院获得省高院“全省法院调解工作先进集体”，该县双墩法庭被评为“全省优秀人民法庭”。

【文体】 长丰县成功举办了长丰县首届运动会、文化艺术节、组团参加市第二届农运会，取得团体总分第2名，岗集镇被评为全国群众体育先进单位；5个乡镇综合文化站建成，42个农家书屋投入使用，数字电视整体转换稳步推进，是年，长丰县成为全国县级国营剧团改制工作试点县。

年末，长丰全县共有专业剧团1个，图书馆1个，藏书7.5万册，文化广播站16个。

【卫生、人口与计划生育】 长丰县率先在全省实现城镇居民医疗保险并入新型农村合作医疗进行“六统一”管理，县中医院项目主体完工，庄墓、吴山、朱巷、夏店等卫生院项目竣工投入使用，杨庙中心卫生院污水处置配套工程开工建设，计生工作在全省二类县稳步前进，出生人口政策符合率93.63%。年末，长丰县户籍总人口80.63万人，比上年增长0.9%。其中：非农业人口10.28万人，农业人口70.35万人，全年出生人口9384人，出生率11.6‰。

2009年，长丰县共有卫生机构48个，比上年增加5个，其中，医院、卫生院31个。医院、卫生院拥有床位1359张，比上年增加119张；卫生技术人员1300人，比上年增加141人。其中：执业医师和职业助理医师551人，注册护士325人。

【民生、社会保障】 2009年，长丰县实施了33项民生工程，累计投入资金63045万元，其中，县财政配套14341万元，政策惠及93.4万人次。一是发放补助9949万元，支持建立城乡群众普遍受益的社会保障体系，38000多名农村困难群众享受最低生活保障，10013名农村困难群众享受供养补助，113名未参保集体企业退休人员纳入基本生活保障范围，对特殊困难的计划生育家庭903人实行奖励扶助，对5457名重度残疾人实施生活救助，按600元/人·年的标准对30313名大中型水库后期移民实行直接补助，对232户低收入住房困难家庭实行廉租房补贴，按照城镇居民最低生活标准，将10893名被征地农民全部纳入基本养老范畴；投入建设资金5265万元，新建乡镇敬老院5所，新增床位1032张，开工建设6.6千万平方米廉租住房；二是支持提升医疗卫生事业发展水平，新型农村合作医疗和城镇居民医疗保险制度覆盖率达90%以上，参合、参保人数达到70.5万人，报销医疗费用8032万元；发放补助救助资金418万元，对11880名低保对象、农村五保、重点优抚对象、重大传染病人实施医疗救治和生活救助，安排资金381万元新建标准化村级卫生室38所，社区卫生服务中心（站）5个；三是支持各类教育均衡发展，加大教育设施建设力度，安排资金2684万元，新建、改扩建学校各2所；四是投入资金268万元建设农家书屋，乡镇综合文化站和农民体育健身中心；五是支持劳动者创业就业，安排资金1556万元实施就业援助，鼓励创业稳定就业。

年末，长丰全县参加基本养老保险职业人数2.22万人，比上年增长9%；参加失业保险职工人数1.39万人，比上年增长0.3%；参加基本医疗保险人数3.31万人，比上年增长9.9%；参加农村合作医疗人数63.66万人，增长3.9%；农村居民养老保险参保人数0.42万人。全年城市居民最低生活保障救济人数8033人，农村居民最低生活保障救济人数3.86万人，农村五保户供养人数0.98万人。

【招商】 长丰县适应招商引资形势变化新要求，进一步创新招商机制，抽调县领导牵头负责重点区域招商工作，增设北京、武汉、昆山商务代表处，组建县招商中心，聘请招商顾问，加快专业化招商步伐。组织开展招商引资“百日会站”，组团参加中博会，江淮汽车配套会等大型节会，自主成功举办上海温州等11场招商推介会。全年到位内资首次突破百亿元，直接利用外资2498万美元，新引进超亿元项目35个，总投资283亿元的京东方8代线项目落户该县托管区。是年，该县招商引资总额120亿元，增长38.8%。万安汽车制动关键零部件等142个千万元以上项目开工建设；江淮铸造2万吨铸件等141个千万元以上项目竣工投产；丰大食品工业园等38个市“1346”项目。国轶钢管等15个省“861”项目，超额完成年度投资计划。

【财政】 长丰县全年财政收入10.02亿元，比上年增长29.6%。其中：地方财政收入6.23亿元，增长28.1%。全部财政收入中，增值税增长36.4%，营业税增长16.4%。全年财政支出15.55亿元，比上年增长27.2%。其中：教育支出增长11%，医疗卫生支出增长46%，文化体育与传媒支出增长64.1%，社会保障和就业支出增长97.8%。

【金融、保险业】 长丰县抓住银根放宽机遇，与徽商银行等多家银行合作，不断壮大北城融资平台，全年融资10亿元，较上年翻一番，着力改善金融生态环境，培植县域金融新生力量，农村合作银行，科源村镇银行水湖支行、鸿路和恒泰小额贷款公司挂牌运营。

2009年末，长丰县各金融机构人民币存款余额62.4亿元，比年初增加13.64亿元，同比增长28%。其中：城乡居民储蓄存款35.55亿元，比年初增加4.68亿元，同比增长15.2%；金融机构贷款余额31.07亿元，比年初增加7.07亿元，同比增长29.5%。

全年保险系统保费收入1.34亿元，比上年减少24.7%。其中：财产险保费3367万元，比上年增长18.6%；人寿险保费收入1亿元，比上年减少32.9%。赔款和业务支出2605万元，比上年下降8.5%，其中，财产险业务赔款支出2445万元，下降10.4%；人寿险业务赔款与给付160万元，增长35.6%。

（李　标）

村镇介绍

撮　　镇

肥东县撮镇是皖中名镇，也是安徽省会合肥市“141”东部组团的重要组成部分，是肥东县的经济中心。撮镇辖10个社居委、9个行政村，总面积116.7平方公里，人口11万。撮镇先后跻身于全国重点镇、全国第一批发展改革试点镇、安徽省环境优美乡镇、安徽省优秀旅游乡镇、安徽省产业集群专业镇和安徽省第一批扩权强镇试点镇。2009年，全镇实现工业总产值49.8亿元，完成全社会固定资产投资25.48亿元，招商引资到位资金12.48亿元，实现财政总收入2.61亿元，农民人均纯收入7520元。

钟灵毓秀，人文底蕴厚重。泱泱皖中腹地，滔滔巢湖之滨，孕育了撮镇这座物华天宝、人杰地灵的千年古镇。据《中国地理大辞典》记载，春秋时期，大教育家孔子驱车周游列国讲学，途经此镇，巧遇顽童在路中撮土筑城为戏，孔令拆城让车，顽童与孔答辩：“唯有车让城，岂有城让车”，后因顽童见孔讲理智，则拆城让车，孔见顽童出言不凡，下车曰：“地多一撮，书重百城”，撮镇由此得名。宋代清正廉洁、执法严峻，被誉为清官典范的包拯，清代直隶总督北洋通商大臣李鸿章，原国务委员、中顾委常委张劲夫，现任中央政治局常委、全国人大常委会委员长吴邦国等，都是诞生于这方热土的杰出代表。合肥市第一个国家级文物保护单位——渡江战役总前委旧址瑶岗纪念馆就坐落在这里。

区位独特，水陆交通便捷。撮镇是合肥东部重要的枢纽镇，境内三级航道南淝河、店埠河黄金岸线绵延数十公里，航结巢湖、通江达海，在建码头2个，年吞吐量800万吨。淮南复线、沪汉蓉、京福高铁等8条高速汇集于此，合宁高速、合马路、店忠路横穿全镇，骆岗机场近在咫尺。在撮镇的任何地方，都可以5分钟内到达绕城高速，通达全国，实现1小时到南京、2小时到武汉、3小时到上海的便捷出行。一期投资14.6亿元的裕溪路高架桥使撮镇直达合肥市区10分钟的梦想变成现实，2010年合肥裕溪东高架直接延伸至店忠路，让撮镇完全拥入合肥现代化滨湖大城市的怀抱。

经济繁荣，特色产业明显。撮镇、龙塘工业聚集区和合肥青年工业园，入驻企业400家，其中规模以上企业近百家。已初步形成了以海合钢管、瑞宏铸造、丰华集团等为龙头的机械加工业集群，以SK集团、东华建材、鹏巢水泥等为龙头的建材工业集群，以鸿汇食品、锦泰糖业、家家宜食品、金龙饲料等为龙头的农副产品加工业三大产业集群。随着合肥裕隆农机大市场、华东国际建材城、安粮国际钢材大市场、红星美凯龙家私汽配广场、中国中部义乌小商品博览城和丰瑞金属城等一批大型市场集聚，充分发挥撮镇京福等八条高速交汇、皖港、东华等三个在建码头和两条铁路专用线以及扼守合肥“东大门”的独有交通优势，撮镇正在打造省级开发区——合肥东城商贸物流产业开发区，蓬勃发展的现代物流业，势必让撮镇工业经济发展腹地跨越合肥，辐射全国，走向世界。

田园秀色，生态环境良好。在撮镇莲池成片、鱼塘连接、稻浪滚滚、碧波荡漾，自然景色与人文景观相交融，田园风光与农家风情相辉映。特别是围绕“红色、绿色、古色”做文章，将发展旅游与建设城镇、传承文化、对外开放有机结合，使得旅游这一朝阳产业在撮镇不断发展。

伴随着合肥现代化滨湖大城市建设，撮镇这座拥有省城合肥东南门户的千年古镇正焕发勃勃生机。在科学发展观的指引下，撮镇作为一个生态文明、经济发达、社会和谐、人居优美的特色城市组团正在合肥东部快速崛起。

（朱祥峰）

附　录

重要文件辑存

合肥市服务业环境保护管理办法

第一条　为加强服务业的环境管理，根据《中华人民共和国环境保护法》、《中华人民共和国环境影响评价法》、《建设项目环境保护管理条例》等有关法律、法规，结合本市实际，制定本办法。

第二条　凡在本市市区范围内从事服务业的企业和个体经营者（以下简称服务业经营者），均需遵守本办法。

本办法所称服务业，是指向周围环境直接或者间接排放污染物的下列行业：

（一）宾馆、旅馆服务业；

（二）餐饮服务业；

（三）娱乐服务业；

（四）沐浴服务业；

（五）机动车辆维修、保养、清洗服务业；

（六）五金修配、加工等服务业。

以上服务行业的具体经营项目（以下简称服务业经营项目）由市环境保护行政主管部门会同市工商行政管理部门公布。

第三条　市环境保护行政主管部门对服务业环境保护工作实施统一监督管理。

工商、规划、文化、房产、市容、公安、商务、交通、建设、城市管理行政执法等行政主管部门根据各自职责，协同实施本办法。

第四条　规划、建设、商务等行政主管部门在旧城改造和新区建设中，应当依据专项规划的内容和规模规划建设服务业网点。

设立餐饮业的建筑物在设计时应当设计餐饮业专用烟道，安排废气、污水、噪声等污染物防治设施的安装位置。

第五条　下列区域禁止设立服务业经营项目：

（一）居民住宅楼；

（二）商住综合楼中与居住层相邻的楼层；

（三）饮用水水源一级、二级保护区内。

除前款规定外，禁止在湖泊、河道水面和不符合第四条第二款要求的商住综合楼内设立餐饮业经营项目；禁止在商住综合楼内设立娱乐业经营项目。

第六条　严格控制在距离居民住宅楼、医院、学校、疗养院、党政机关15米范围内设立产生烟尘、油烟、废水、恶臭、噪声等污染的服务业经营项目。

在前款规定的区域内，确需设立产生烟尘、油烟、废水、恶臭、噪声等污染的服务业经营项目的，建设单位应当征求项目所在地周边有关单位和公众的意见，在办理环境影响评价文件审批手续时，应当同时附上对周边有关单位和公众的意见采纳或者不采纳的说明；征求意见可以采取公告、召开听证会等形式。

在本条第一款规定范围内新建、改建、扩建的服务业经营项目，市环境保护行政主管部门在审批环境影响评价文件之前，认为需要征求项目所在地利害关系人意见的，可以通过公告或者听证会等形式征求经营者和项目所在地直接利害关系人的意见。

第七条　物业所有人或者管理人不得违反第五条的规定将物业出租、出借给其他单位或者个人兴办服务业经营项目。

第八条　新建、改建、扩建服务业经营项目，其经营者应当依法办理建设项目环境影响评价文件审批手续。

服务业经营项目投入经营或者使用之前，其配套建设的污染防治设施应当经过市环境保护行政主管部门验收；未经验收或者验收不合格的，不得投入经营或者使用。

服务业经营项目环境影响评价文件未经环境保护行政主管部门审批或者未予批准的，工商行政主管部门不得发放营业执照。

第九条　新建、改建、扩建的服务业经营项目应当使用天然气、煤气、液化石油气、电等清洁能源。

现有服务业经营项目尚未使用清洁能源的，应当在市人民政府规定的期限内改用清洁能源。

第十条　产生油烟污染的服务业经营项目，其经营者应当遵守下列规定：

（一）配套设置经国家认可的单位检测合格的油烟净化装置，油烟经处理后应当符合国家和地方规定的排放标准；

（二）油烟应当经专用烟道排放，管道高度应当高于其建筑物顶层，且排放口应当避开易受影响的建筑物。

禁止油烟无组织排放或者经城市排水管网排放。

第十一条　未经市环境保护行政主管部门批准，服务业经营者不得擅自拆除或者闲置污染物防治设施。

服务业经营者应当按照有关规定对油烟净化装置进行定期维护和保养，保证其油烟净化装置正常发挥功效。

第十二条　服务业经营项目产生的污水排入公共排水管网的，应当设置隔油和残渣过滤装置，达到公共排水管网排放标准。

在无公共排水管网的区域内新建、改建、扩建产生污水的服务业经营项目的，应当配套建设相应的污水处理设施，保证污水达标排放。

第十三条　服务业经营项目产生的边界噪声应当符合国家规定的环境噪声排放标准。

经营中的文化娱乐场所，其经营、管理者应当采取有效措施，使其边界噪声不超过国家规定的环境噪声排放标准。

第十四条　服务业经营项目产生的生活垃圾应当按照城市市容环境卫生管理的要求收集、运输和处置。

服务业经营者应当按照规定单独收集、存放本单位产生的餐厨垃圾和废弃食用油脂，并交城市生活垃圾收集、运输企业运至规定的城市生活垃圾处理场所，不得擅自排放、倾倒。

第十五条　服务业经营者应当按照国家有关规定，向市环境保护行政主管部门申报污染防治设施和污染物排放情况；污染物排放情况有重大改变的，应当及时申报。

直接向环境排放污染物的服务业经营项目，其经营者应当依法缴纳排污费。

第十六条　对造成严重环境污染的服务业企业，由市环境保护行政主管部门责令其限期治理；被责令限期治理的企业，应当如期完成治理任务，并及时向市环境保护行政主管部门申请验收；逾期未完成治理任务的，或者经治理后污染物排放仍未达到国家规定的排放标准的，由市环境保护行政主管部门报市人民政府按照规定的权限责令停业或者关闭。

被责令停业或者关闭的服务业企业仍继续经营的，供电企业应当予以断电。

第十七条　市环境保护行政主管部门或者其他依照法律规定行使环境监督管理权的部门，有权对辖区范围内的服务业经营项目进行现场检查。被检查者应当如实反映情况，不得拒绝检查和弄虚作假。检查人员应当为被检查者保守技术秘密和业务秘密。

第十八条　在本办法施行前已经取得工商营业执照但违反本办法第五条规定的服务业经营项目，排放污染物符合国家规定排放标准或者依照本办法第十六条的规定经治理后符合国家规定排放标准的，可以继续经营，但不得进行改建、扩建，不得改变为其他服务业经营项目。

第十九条　在本办法施行前已经取得工商营业执照且不违反本办法第五条规定的服务业经营项目，尚未办理环境影响评价文件审批手续的，其经营者应当自本办法施行之日起6个月内向市环境保护行政主管部门申请补办手续；逾期未补办环境影响评价文件审批手续或者未予批准的，由市环境保护行政主管部门按照法律、法规有关规定予以处罚。

在本办法施行前已经开业且不违反本办法第五条规定，但未办理环境影响评价文件审批手续及工商营业执照的服务业经营项目，市环境保护行政主管部门应当按法律、法规有关规定予以处罚，并同时抄送工商行政主管部门依法处理。

第二十条　违反本办法第七条规定，物业所有人或者管理人知道或者应当知道租赁人、借用人、承包人将其物业用于兴办服务业经营项目而仍然出租、出借的，由有关行政主管部门责令其立即停止违法行为，没收违法所得，并处2万元以下罚款。

第二十一条　违反本办法第八条第二款规定，服务业经营项目需要配套建设的污染治理设施未经验收或者验收不合格即投入经营或者使用的，由市环境保护行政主管部门责令停止营业，并按照有关法律、法规规定予以处罚。

第二十二条　违反本办法第十条规定，服务业经营者未采取有效措施，致使排放的油烟对附近居民的居住环境造成污染的，由市环境保护主管部门责令限期改正，并处2000元以上1万元以下罚款。

违反本办法第十一条第二款规定，服务业经营者未按有关规定对油烟净化装置进行定期维护和保养，致使油烟净化装置不能发挥功效的，由市环境保护行政主管部门责令其改正，给予警告；拒不改正的，对个人可以处200元以上1000元以下罚款，对企业可以处1000元以上5000元以下罚款。

第二十三条　违反本办法第十二条规定，服务业经营项目排入公共排水管网的污水达不到排放标准的，由排水管理机构责令限期改正，并按照规定予以处罚。

第二十四条　违反本办法第十四条规定，将废弃食用油脂擅自排放、倾倒或者交由非专业处置单位和个人收集、处理的，由城市管理行政执法部门依法予以处罚。

第二十五条　违反本办法其他规定，法律法规已有处罚规定的，依照其规定。

第二十六条　有关处罚按照规定应当相对集中行使的，应当由城市管理行政执法部门行使。

第二十七条　肥东、肥西、长丰三县可以参照本办法执行。

第二十八条　本办法自2009年3月1日起施行，市政府1997年4月23日发布的《合肥市饮食娱乐服务业环境保护管理办法》（市政府令第57号）同时废止。

合肥市人民政府关于修改《合肥市已购公有住房上市交易管理暂行办法》的决定

合肥市人民政府关于修改《合肥市已购公有住房上市交易管理暂行办法》的决定

现决定对《合肥市已购公有住房上市交易管理暂行办法》作如下修改：

删除第十四条。

此外，对条文顺序作了相应调整。

本决定自公布之日起施行。

《合肥市已购公有住房上市交易管理暂行办法》根据本决定作相应修改，重新公布。

合肥市已购公有住房上市交易管理暂行办法

（1999年5月27日合肥市人民政府令第73号发布，根据2007年10月31日合肥市人民政府令第129号修改，根据2009年1月16日合肥市人民政府令第143号第二次修改）

第一章　总　　则

第一条　为了搞活我市房地产市场，规范职工已购公有住房上市交易行为，推进住房商品化、社会化进程，根据省政府《安徽省职工所购公有住房上市交易管理暂行办法》和建设部《已购公有住房和经济适用住房上市出售管理暂行办法》，结合本市实际，制定本办法。

第二条　本市市区（含开发区）职工按房改政策购买的公有住房以及职工享受国家优惠购买的经济适用房、安居房、解困房、集资建造的住房（以下统称已购公有住房）首次进入市场交易的，适用本办法。

第三条　已购公有住房上市交易应当遵循自愿、公平、合法的原则。

第四条　合肥市房地产管理局主管本市行政区域内已购公有住房上市交易管理工作。

国土资源、财政、地税、物价、工商等有关部门应当按照各自职责，配合房地产行政主管部门做好已购公有住房上市交易管理工作。

第二章　上市交易的一般规定

第五条　已购公有住房在取得房屋所有权及土地使用权证后，即允许其上市交易，但下列已购公有住房不得上市交易：

（一）机关办公区内、学校教学区内的住房；

（二）违反房改政策规定购买的住房或以低于

房改政策规定的价格购买且未按照规定补足房价款的住房；

（三）住房面积超过省人民政府规定的控制标准，或者违反规定利用公款超标准装修，且超标部分未按规定退回或补足房价款及装修费用的住房；

（四）已确定属房屋拆迁范围内的住房；

（五）产权有争议的或者共有人不同意出售、未经抵押权人书面同意转让的住房；

（六）上市出售后形成新的住房困难的住房；

（七）擅自改变房屋使用性质的住房；

（八）其他依法不得上市交易的住房。

本条前款第（一）项规定的已购公有住房确需上市交易的，应当征得原产权单位的书面同意。原产权单位享有以同等条件优先购买、交换、租赁权利。

第六条 已购公有住房上市交易的，买卖当事人应当签订书面买卖合同，并向房屋所在地房地产交易管理部门申请办理交易过户手续，凭房屋所有权证书向国土资源管理部门申请办理土地使用权变更登记手续。

第七条 出售、出租以成本价购买的公有住房，在按本办法的规定缴纳有关税费后，所得售房款或者租金收入归职工个人所有。

第八条 职工以标准价购买的公有住房，在按房改政策规定补交成本价与标准价的差额过渡为成本价后出售、出租的，按本办法的规定缴纳有关税费后，出售、出租所得收益归职工个人所有。

第九条 出售、出租以标准价购买的公有住房，在按本办法规定缴纳有关税费后，所得售房款或租金收入由职工和原产权单位按各自的产权比例进行分配。原产权单位应得售房款和租金收入部分，由房地产行政主管部门代收并于30日内退给房屋产权单位。原产权单位撤销的，交市房改部门在市财政国库中心开设的售房款账户。

出售、出租以标准价购买的公有住房，应当出具原产权单位同意出售、出租的书面证明，并确定出售者和原产权单位各自的产权比例，在同等条件下，原产权单位有优先购买权或者租赁权。

第十条 职工以成本价购买的公有住房可以相互交换或者与私房、商品房交换，交换价值相等的，免征契税和土地收益。

职工以标准价购买的公有住房，在按房改政策规定补交成本价与标准价的差额及利息过渡为成本价后可按本条前款规定进行交换。职工购买公有住房时，与原产权单位另有约定的，按照约定办理。

第十一条 职工以成本价、标准价购买的公有住房可以依法设定抵押权，并依法到房地产行政主管部门办理抵押登记手续。

职工以标准价购买的公有住房设定抵押权时，应当出具原产权单位同意抵押的书面证明。

第十二条 已购公有住房上市交易后，原提取的住房维修资金转移至新房屋产权人名下，用于该房屋共用部位、共用设施设备的维修。

第三章 优惠政策

第十三条 职工出售、出租已购公有住房，除国家另有规定外，实行以下优惠政策：

（一）按安徽省财政厅、地方税务局、建设厅《关于个人所购公有住房上市交易税收问题的通知》（财税法字〔1998〕419号）和省地方税务局《转发国家税务总局关于个人住房转让所得征收个人所得税有关问题的通知》（皖地税〔2006〕129号）的规定享受税收政策照顾；

（二）按照每平方米6元的标准缴纳交易手续费，买卖双方各半；

（三）出售方暂按成交价的1%向市人民政府缴纳土地收益；

（四）出租方按物价部门核定的标准缴纳租赁手续费。

第十四条 已购公有住房因城市建设需要拆迁的，在取得完全产权后，视同私房，按拆迁政策给予拆迁补偿和安置。

第十五条 已购公有住房上市交易过程中所涉及的各项税费，由市房地产行政主管部门在办理交易过户手续时代征代缴。

第四章 监督管理

第十六条 产权人出售已购公有住房，应当向办理交易手续的房地产交易管理部门如实申报成交价，不得隐瞒或作不实申报。

申报价格明显低于市场平均价格的，按市场价格或评估价格计征税费，高于市场平均价格的，按实际成交价计征税费。

第十七条 已购公有住房出售或者交换以后再次进入市场的，按照私房交易的有关规定办理。

已购公有住房上市交易后，除购房面积未达标准部分可以继续享受房改优惠政策外，本人及其配偶不得再按房改政策或者享受国家优惠政策购买公有住房。

第十八条　市房地产主管部门应当将已购公有住房上市交易的情况逐月抄送市国土资源管理部门。

第五章　法律责任

第十九条　违反本办法第五条的规定，将不准上市出售的已购公有住房上市交易的，由市房地产行政主管部门处以1万元以上3万元以下罚款。

第二十条　违反本办法第十七条第二款的规定，由市房地产行政主管部门责令退回所购房屋，不予办理产权登记手续，或者按照商品房市场价格补齐房价款，并处1万元以上3万元以下罚款。

第二十一条　房地产行政主管部门的工作人员玩忽职守、滥用职权、徇私舞弊、贪污受贿，由任免机关或者行政监察机关给予行政处分；情节严重、构成犯罪的，依法追究刑事责任。

第六章　附　　则

第二十二条　市辖肥东、肥西、长丰三县的职工已购公有住房上市交易，经县人民政府决定，可参照本办法执行。

第二十三条　本办法自公布之日起施行。本市过去有关规定与本规定不一致的，以本规定为准。

合肥市人民政府关于废止《合肥市勘察设计市场管理规定》的决定

为维护法制统一，现决定废止《合肥市勘察设计市场管理规定》（1995年2月20日合肥市人民政府令第25号发布，根据1998年9月17日合肥市人民政府令第69号修改，根据2004年6月30日合肥市人民政府令第109号第二次修改）。

本决定自公布之日起生效。

合肥市人民政府关于修改《合肥市城市集中供热管理暂行办法》的决定

现决定对《合肥市城市集中供热管理暂行办法》作如下修改：

一、将名称修改为《合肥市城市集中供热管理办法》。

二、第九条修改为：“在已建成的热电联产集中供热和规划建设热电联产集中供热项目的范围内，不得再建燃煤自备热电厂或永久性燃煤锅炉房，不得再扩建小锅炉。在热电联产集中供热工程投产后，在供热范围内经批准保留部分单台容量14兆瓦（20吨/时）以上的锅炉作为供热系统的调峰和备用外，其余小锅炉应当限期拆除。

在现有集中供热范围内，不得有分散燃煤（重油）小锅炉运行。已有的分散燃煤（重油）锅炉应当限期停运。”

三、第十条修改为：“在集中供热管网范围内新建住宅小区、公共设施、企业等需要集中供热的，应当将集中供热管网纳入配套设施，同时设计、同时施工、同时交付使用。

建设单位在集中供热工程设计前应当向供热企业提交用热申请，设计方案应当征求供热企业的意见。供热工程竣工后，建设单位应当组织供热企业参加供热工程专项验收，验收合格方可投入使用。

热用户需要改造用热系统的，应当向供热企业提交申请及改造方案，经同意后方可施工。用热系统改造竣工后，应当向供热企业提交竣工技术资料，经供热企业查验合格后方可用热。

新建、改建和扩建城市道路应当按规划预留集中供热管道敷设位置。”

四、第十一条修改为：“城市集中供热工程的设计、施工、监理，必须由具有相应专业资质的单位承担。”

五、第十五条第一款修改为：“供热企业一般年份应当按照自当年12月5日起至次年3月5日止的供热期对居民热用户供热，居民热用户设有采暖设施的居室温度不得低于摄氏16度。”

增加一款，作为第二款：“居民供热应当以物业管理区域为单位，由业主共同决定是否供热并选择按面积或者按表计量方式计收热费。”

六、第十九条修改为：“需集中供热的新建建筑应当安装热量计量和调控装置以实现分户循环、分户控制，以表计量；既有建筑供热设施应当逐步改造，以实现分户循环、分户控制，以表计量。

既有建筑改造供热设施时，供热企业应当协助，所需费用由热用户承担。”

七、第二十条增加一款，作为第二款：“居民热用户的供热价格，实行基本热价和计量热价相结合的两部制热价；暂不具备两部制热价计量条件的建筑，应当创造条件实行按照两部制热价计收热费。”

八、第二十七条修改为：“热用户不得有下列行为：

（一）放弃维护管理，造成用热系统漏水或者漏汽；

（二）擅自连接或者隔断供热设施；

（三）擅自增加、减少供热管线或者散热设施，扩大用热面积；

（四）擅自改变热用途；

（五）在供热设施上安装放水装置，窃用热水；

（六）其他危害供热设施和影响供热效果的行为。”

九、增加一条，作为第三十一条：“供热企业违反本办法有关规定，由市建设行政主管部门按下列规定予以处罚：

（一）违反本办法第十五条第一款规定，未能按时供热的，应当按照推迟供热日数退还热用户热费，并处以1万元以上3万元以下的罚款；因供热企业的责任连续2天以上供热低于摄氏16度的，责令改正，应当按照少供热日数退还热用户热费，并按供热建筑面积每平方米2元处以罚款；

（二）违反本办法第十五条第四款规定，擅自停止供热或者暂停供热未及时通知用户的，责令改正，并处2000元以上5000元以下的罚款；

（三）违反本办法第三十条规定，对由其负责维修、养护的供热设施发生突发性事故不及时抢修的，处2000元以上5000元以下的罚款。”

十、第三十一条改为第三十二条，修改为：“违反本办法第二十五条、第二十六条规定，损坏公共供热设施的，由市建设行政主管部门责令恢复原状、赔偿损失；对从事非经营性活动的，处以200元以上1000元以下的罚款；对从事经营性活动的，处以1000元以上5000元以下的罚款。”

十一、第三十二条改为第三十三条，修改为：“违反本办法第二十七条规定，由市建设行政主管部门责令改正、赔偿损失；对从事非经营性活动的，处以200元以上1000元以下的罚款；对从事经营性活动的，处以1000元以上5000元以下的罚款，对违反第（二）、（三）、（四）、（五）项规定并有违法所得的，处以5000元以上2万元以下的罚款。”

此外，对条文顺序作了相应调整，对个别文字作了修改。

本决定自2009年3月1日起施行。

《合肥市城市集中供热管理暂行办法》根据本决定作相应修改，重新公布。

合肥市城市排水管理办法

第一章 总 则

第一条 为规范城市排水管理，保障城市排水设施安全运行，改善水环境，根据《中华人民共和国水污染防治法》、《合肥市市政设施管理条例》及有关法规、规章，结合本市实际，制定本办法。

第二条 本办法适用于本市市区范围内的排水及其相关管理活动。

本办法所称城市排水，是指对城市产业废水、生活污水（以下统称污水）和大气降水（以下简称雨水）接纳、输送、处理、排放的行为。

本办法所称城市排水设施包括公共排水设施和自建排水设施。公共排水设施是指接纳、输送、处理、排放城市污水和雨水的公共管网、沟（河）渠、泵站和污水处理厂及其附属设施；自建排水设施是指产权人自行投资建设用于本区域排水的管道、沟渠、泵站和污水处理设施。

第三条 城市排水遵循统一规划、配套建设、集中处理与分散处理相结合、污水处理与综合利用相结合的原则。

第四条 市建设行政主管部门主管城市排水管理工作，其所属的市排水管理机构负责城市排水的日常管理工作。

环保、规划、财政、公安、价格、城市管理行政执法等部门应当按照各自职责，共同做好排水管理工作。

第五条 任何单位和个人有依法排水和保护排水设施的义务，对违法排水和损坏排水设施的行为有举报的权利。

第二章 规划与建设

第六条 市建设行政主管部门应当会同规划等有关部门，根据城市总体规划，编制本市的排水专业规划，报市人民政府批准后组织实施。

各区建设行政主管部门、开发区管理机构应当依据市排水专业规划，组织编制辖区内排水专业规划，并报市建设行政主管部门备案。

第七条　新建、改建、扩建排水设施应当实行雨水、污水分流；雨水管道和污水管道不得混接。

现有的排水设施未实行雨水、污水分流的，应当按照雨水、污水分流的原则逐步进行改造。

城市污水管网未覆盖的区域以及再生水需求量大的地区，应当规划建设小型污水处理厂。

第八条　市建设行政主管部门应当按照排水专业规划，制定城市排水管网、泵站、污水处理厂等公共排水设施的年度建设计划并组织实施。

各区、开发区应当根据市建设行政主管部门制定的年度建设计划，配套建设辖区内相应的排水设施。

第九条　建设项目应当按照排水专业规划将排水设施建设纳入项目配套建设计划，与建设项目同时设计、同时施工、同时投入使用。

市规划行政主管部门在审批建设项目的设计方案前，应当征求市排水管理机构的意见。

第十条　排水设施的工程设计、施工、监理应当执行国家和地方有关技术标准和技术规范，并依法实行招标投标。

承接排水设施设计、施工、监理的单位，应当具有相应的资质等级。

第十一条　排水设施竣工后，建设单位应当及时组织有排水管理机构参加的验收；未经验收或验收不合格的，不得投入使用。

第十二条　现有和经规划确定的排水设施用地，未经法定程序调整，不得改变用途。

第三章　排水管理

第十三条　在城市污水管网覆盖区域内，排水单位和个人应当将污水排入城市污水管网及其附属设施。

禁止将污水排入雨水管网或者将雨水排入污水管网。

第十四条　向城市污水管网及其附属设施排放工业废水、医疗污水的企事业单位、污水处理厂以及将污水直接排入自然水体的排水单位，应当依法向环境保护部门申请办理排污许可证。

排放工业废水、医疗污水的企事业单位以外从事生产、经营活动的单位和个人，向城市污水管网及其附属设施排放污水，应当向市排水管理机构申请办理城市排水许可证。

第十五条　环境保护部门在核发排污许可证前，应当就项目污水是否排入城市污水管网事宜征求市排水管理机构的意见。

市排水管理机构为排放工业废水、医疗污水的企事业单位办理接入城市排水管网手续时，应当查验环境保护部门核发的排污许可证或者准予试生产的证明。

第十六条　申请办理城市排水许可证，应当提供下列材料：

（一）排水许可申请表；

（二）排水情况说明（含企业经营范围、水量、污水处理工艺等）；

（三）排水设施平面图；

（四）依法应当提供的其他资料。

第十七条　符合下列条件的，市排水管理机构应当自受理申请之日起20个工作日内核发城市排水许可证：

（一）污水排放口的设置符合城市排水专业规划的要求；

（二）排放的污水符合国家和地方标准；

（三）已按照规定建设相应的污水处理设施；

（四）已在排放口设置专用检测井。

重点排水户除符合前款条件外，还应当具备对水质、水量检测的能力和相应的检测制度。

对各类施工作业临时排水中有沉淀物，足以造成排水管网及其附属设施堵塞或者损坏的，除符合第一款条件外，应当修建预沉设施。

第十八条　城市排水许可证的有效期为5年。期满需要继续排放污水的，排水单位和个人应当在有效期届满30日前，向市排水管理机构提出申请。市排水管理机构应当根据申请，在有效期届满前作出是否准予延续的决定。

因建设施工需要向城市污水管网及其附属设施临时排放污水的，排水许可证的有效期由市排水管理机构根据排水状况具体确定，但最长不得超过施工期限。

第十九条　排水单位和个人取得城市排水许可证后，应当及时到市排水管理机构办理接管手续。

市排水管理机构应当对接管情况进行监督检查，防止发生错接、漏接、不接等情况。

第二十条　取得城市排水许可证的排水单位和

个人，应当按照许可的内容排放污水。

排水单位和个人需要变更排水状况时，应当提前15日向市排水管理机构申请变更登记，经批准后方可排放。

第二十一条 在汛期或者发生排水设施冒溢等特殊情况时，排水单位和个人应当服从排水管理机构的统一调度，按照要求排放污水。

第二十二条 排水单位和个人因意外事故致使有毒、有害或者易燃、易爆物质排入排水设施的，应当立即报告排水管理机构和环境保护部门，并采取应急措施，防止危害发生或扩大。

第二十三条 环境保护部门负责对向城市污水管网及其附属设施排放工业废水、医疗污水的企事业单位、污水处理厂以及将污水直接排入自然水体的排水单位的排水水质、水量进行监测和检查；市排水管理机构负责对其他排水单位和个人的排水水质、水量以及污水管网内的水质、水量进行监测和检查，并建立相应的排水监测档案。

排水单位和个人应当配合做好水质、水量监测和检查工作。

市排水管理机构和环境保护部门应当定期互相通报监测信息。

第四章 排水设施的管理和维护

第二十四条 公共排水设施由排水管理机构或其委托的单位负责管理和维护。

排水设施养护、维修可以通过招标投标方式选择维护单位，并逐步实行市场化运作。

自建排水设施由产权人或其委托的单位负责管理和维护。

第二十五条 维护责任单位应当根据国家和地方有关标准制定维护计划和检查巡视制度，对排水设施进行养护维修，保证排水设施安全运行。

第二十六条 排水设施因破损等原因发生冒溢等事故时，维护责任单位应当立即组织抢修，采取有效措施，尽快恢复排水设施运行，并及时向排水管理机构报告。

抢修排水设施时，有关单位和个人应当支持、配合，不得阻挠。

第二十七条 因公共排水设施抢修或特殊维护作业需暂停排水的，排水管理机构应当提前告知沿线排水户，并且尽快恢复正常排水。

对生产、生活可能造成严重影响的大范围暂停排水，应当报经市或者区人民政府批准，并发布通告。

第二十八条 在城市公共排水干线管道两侧各5米内和支线管道两侧各3米内进行施工作业，影响排水设施安全的，建设单位或者施工单位应当在施工前与维护责任单位商定保护措施，并由维护责任单位监督实施。

第二十九条 因建设工程需要改变排水设施的，建设单位应当报经排水管理机构批准，所需费用由建设单位承担。

第三十条 禁止下列损坏排水设施的行为：

（一）向排水管网及其附属设施倾倒垃圾、粪便、渣土等易堵塞物；

（二）将油污（油烟）、施工泥浆直接排入排水设施；

（三）向排水设施排放有毒、有害、易燃、易爆等物质；

（四）堵塞排水设施；

（五）擅自占压、拆卸、移动、穿凿排水设施；

（六）擅自向排水设施加压排水；

（七）损害排水设施的其它行为。

第三十一条 污水处理厂排放的水质应当符合国家和地方规定的排放标准，并接受排水管理机构和环境保护部门的监督。

污水处理厂应当安装进出水流量计和在线监控装置，并与排水管理机构和环境保护部门的监控中心连网。

第五章 法律责任

第三十二条 排水单位和个人违反本办法规定，有下列行为之一的，由城市管理行政执法部门给予警告，责令限期改正，并可处以罚款；造成排水设施损坏的，应当依法承担赔偿责任：

（一）在城市污水管网覆盖范围内不将污水排入污水管网的；

（二）将雨水排入污水管网的；

（三）未取得城市排水许可证向城市排水管网及其附属设施排放污水的；

（四）超过城市排水许可证规定的有效期限向城市排水管网及其附属设施排放污水的；

（五）违反城市排水许可证规定的内容，向城市排水管网及其附属设施排放污水的。

有前款第（一）、（二）项行为的，处以2000元以上1万元以下的罚款；有前款第（三）、（四）、（五）项行为的，处以1万元以上3万元以下的罚款。

第三十三条 违反本办法规定，有下列行为之一的，由城市管理行政执法部门给予警告，责令限期改正，并处以罚款；造成排水设施损坏的，应当依法承担赔偿责任：

（一）向排水管网及其附属设施倾倒垃圾、粪便、渣土等易堵塞物的；

（二）将油污（油烟）、施工泥浆直接排入排水设施的；

（三）向排水设施排放有毒、有害、易燃、易爆等物质的；

（四）擅自在公共排水设施防护范围内进行施工作业，影响排水设施安全的；

（五）堵塞排水设施的；

（六）擅自占压、拆卸、移动、穿凿排水设施的；

（七）擅自向排水设施加压排水的。

有前款第（一）项行为的，处以100元以上500元以下的罚款；有前款第（二）、（三）、（四）项行为的，处以5000元以上1万元以下的罚款；有前款第（五）、（六）、（七）项行为的，处以1万元以上3万元以下的罚款。

第三十四条 排水单位违反水污染防治有关法律法规规定的，由环境保护部门依法予以处罚。

第三十五条 盗窃、损坏排水设施或者阻碍国家机关工作人员依法执行公务的，由公安机关按照《中华人民共和国治安管理处罚法》予以处罚；构成犯罪的，依法追究刑事责任。

第三十六条 排水设施维护责任单位不及时清淤或抢修，造成排水单位或个人损失的，应当承担相应的赔偿责任。

第三十七条 主管部门及排水管理机构不按照本办法规定履行职责的，对直接负责的主管人员和其他直接责任人员依法给予处分。

主管部门及排水管理机构工作人员滥用职权、徇私舞弊、玩忽职守的，依法给予处分；涉嫌犯罪的，移交司法机关依法处理。

第六章 附 则

第三十八条 市辖三县的城市排水管理，参照本办法执行。

第三十九条 本办法自2009年3月1日起施行。1999年11月22日市人民政府发布的《合肥市城市污水排放管理办法》（市人民政府令第76号）同时废止。

合肥市再生资源回收利用管理办法

第一章 总 则

第一条 为加强再生资源回收行业管理，促进循环经济发展，节约资源，保护环境，根据国家有关法律法规，结合本市实际，制定本办法。

第二条 本办法所称再生资源，是指在社会生产和生活消费过程中产生的，已经失去原有全部或者部分使用价值，经过回收、加工处理，能够使其重新获得使用价值的各种废弃物。

再生资源的主要品种包括：废旧金属、废旧电子产品、报废机电设备及其零部件、废造纸原料、废轻化工原料、废玻璃及其他可回收利用的废弃物品等。

第三条 本市行政区域内再生资源的回收利用及监督管理，适用本办法。

法律法规和规章对危险废物、报废汽车等回收利用管理另有规定的，从其规定。

第四条 市供销合作社负责全市再生资源回收管理工作。县、区供销社或者县、区人民政府确定的有关部门负责本辖区再生资源回收管理工作（以下统称主管部门）。

市发展改革部门负责全市再生资源综合利用管理工作。县、区发展改革部门负责本辖区再生资源综合利用管理工作。

规划、公安、工商、商务、环保、市容、财政、房产、国土、税务、经贸、科技、城市管理行政执法等部门，按照各自职责共同做好再生资源回收利用管理的相关工作。

街道办事处、乡（镇）人民政府和社居委、村委会应当配合主管部门做好本辖区内的再生资源回收利用管理工作。

第五条 再生资源行业协会应当制定行业自律规范，配合主管部门研究制定行业发展规划、产业政策和相关技术规范。

再生资源行业协会应当接受主管部门的业务指

导，并协助相关行政管理部门对再生资源回收利用行业实施监督管理。

第六条 鼓励单位和个人减少浪费、厉行节约，保护、积攒和交售再生资源，促进再生资源的充分利用。

第七条 鼓励企业和个人投资再生资源回收利用体系建设。支持、鼓励企业整合行业资源，实现规模化经营。

第二章 回收管理

第八条 本市再生资源回收管理，建立以社区绿色分类回收、环保流动回收为基础，以集散交易市场为载体的回收网络体系，实现再生资源产业化、资源化和无害化。

第九条 市主管部门应当会同发展改革、规划、环保、工商、国土等有关部门及县、区人民政府根据城市总体规划和再生资源回收行业的发展状况，编制再生资源回收行业产业发展规划和再生资源回收体系建设规划，经市人民政府批准后实施。

县、区主管部门应当根据再生资源回收体系建设规划，确定本辖区再生资源社区回收网点的设置。

第十条 市主管部门应当会同环保、工商、公安、质监、市容等相关部门，制定再生资源回收网点建设规范。

第十一条 制定再生资源回收行业产业发展规划、再生资源回收体系建设规划以及再生资源回收网点建设规范，应当征求行业协会、科研机构以及社会公众的意见。

第十二条 铁路、港口、机场、军事禁区和金属冶炼企业周围200米范围内及市区主次干道两侧，不得设立再生资源回收站点；已经设立的，应当逐步迁出。

第十三条 新建住宅区应当按照再生资源回收体系建设规划要求预留建设社区回收站点所需场地。

已建成的住宅区，由业主大会或者业主委托的物业服务企业按照再生资源回收体系建设规划提供建设社区回收站点所需场地；不能提供回收站点所需场地的，县、区主管部门应当和业主协商，设立流动回收站点。

第十四条 申请设立再生资源回收企业和个体经营者，其场所及选址应当符合再生资源回收体系建设规划，其场地建设和设施配备应当符合再生资源回收网点建设规范。

申请设立再生资源回收企业和个体经营者，在向工商行政管理部门办理工商登记前，应当征求主管部门的意见。主管部门应当在7个工作日内，就其选址、场所和场地建设是否符合再生资源回收体系建设规划和网点建设规范提出意见。

再生资源回收体系建设规划确定的社区回收体系以及重要的废旧物资集散市场、再生资源加工中心应当通过招标投标方式确定投资经营者；符合条件的投标人不足3人的，可以采取谈判方式确定投资经营者。

第十五条 从事再生资源回收的单位和个人，应当符合工商行政管理登记条件，依法办理营业执照。

工商行政管理部门在办理企业营业执照时，应当在经营范围中注明是否包含生产性废旧金属的回收。

个体工商户以及经营范围不包括生产性废旧金属的企业不得回收生产性废旧金属。

第十六条 政府部门之间应当建立再生资源管理的电子数据平台，实现再生资源行业管理信息共享。

第十七条 再生资源回收站点、回收人员及其运输工具实行统一标识管理，具体办法由市主管部门会同有关部门制定。

第十八条 再生资源的分拣、处理、集散、储存，应当在按照规划建设的集中分拣处理场所内进行。

再生资源社区回收站点内只能对再生资源进行简单分类，不得从事再生资源拆解、清洗等可能产生环境污染的加工业务。

第十九条 再生资源回收经营者在收购、储存、运输、处理再生资源过程中，应当遵守下列规定：

（一）加强火源、电源安全管理；

（二）22时至次日6时不得在居民区内从事收购、装卸、金属拆解活动；

（三）不得占道经营；

（四）保持周边环境卫生整洁并定期消毒，严格控制噪声、粉尘、污水、异味等污染，不影响周边居民工作和生活环境；

（五）法律、法规、规章的其他相关规定。

再生资源回收行业及经营者的经营规范由市主管部门制定，制定规范应当征求行业协会的意见。

第二十条 再生资源回收经营者不得回收下列物品：

（一）公安机关通报寻查的赃物或者有赃物嫌疑的物品；

（二）无合法来源证明的特殊行业专用器材和市政公用设施及其零部件；

（三）枪支、弹药、爆炸物品、剧毒、放射性物品及其容器；

（四）法律、法规规定禁止回收的其他物品。

第二十一条 再生资源回收企业回收生产性废旧金属时，应当对物品的名称、数量、规格、新旧程度等如实进行登记。

出售人为单位的，应当查验出售单位开具的证明，并如实登记出售单位名称、经办人姓名、住址、身份证号码；出售人为个人的，应当如实登记出售人的姓名、住址、身份证号码。

登记资料保存期限不得少于两年。

第二十二条 市政公用设施建设、维修、管理单位需要处理废旧市政公用设施的，或者特殊行业单位需要处理废旧专用器材的，应当出售给指定的再生资源回收企业。从事废旧市政公用设施及特殊行业专用器材回收的企业名录，由市主管部门会同市公安、环保、工商等部门从生产性废旧金属回收企业中公开招标选定。

通过拍卖方式出售再生资源的，拍卖人应当查验竞买人的营业执照。未办理工商登记或者登记的经营范围与所拍卖的再生资源不符的，不得参加竞买。

第二十三条 再生资源回收经营者在经营活动中发现有公安机关通报寻查的赃物或者有赃物嫌疑的物品时，应当立即报告公安机关。

公安机关对再生资源回收经营者在经营活动中发现的赃物或者有赃物嫌疑的物品应当依法予以扣押，并开列扣押清单。有赃物嫌疑的物品经查明不是赃物的，应当依法及时退还；经查明确属赃物的，依照国家有关规定处理。

第二十四条 再生资源回收可以采取上门回收、流动回收、固定地点回收等方式。

再生资源回收经营者可以通过电话、互联网等形式与居民、企业建立信息互动，实现便民、快捷的回收服务。

第二十五条 再生资源回收企业运输或者委托他人运输废旧市政公用设施或者特殊行业专用器材的，应当提供相应的证明文件。证明文件应当列明运输物品的品种、数量、运输目的地等事项。公安机关应当依法对运载废旧市政公用设施或者特殊行业专用器材的车辆、船舶进行查验。

交通主管部门在管理过程中发现违法运输废旧市政公用设施或者特殊行业专用器材的，应当及时通报所在地公安机关。

第二十六条 企事业单位产生的再生资源，应当出售给再生资源回收经营者。其中生产性废旧金属只能出售给具有生产性废旧金属回收资格的再生资源回收企业。

生产企业需要以再生资源为生产原料的，应当向经工商登记注册的再生资源回收经营者采购，不得向未经工商登记或者超出核准经营范围的经营者采购或者非法自行收购。

第二十七条 任何单位和个人发现违法收购、处置生产性废旧金属或者市政公用设施的，应当及时向主管部门、公安机关和工商行政管理部门举报。

第二十八条 主管部门应当组织再生资源从业人员进行培训，逐步实现持证上岗。培训工作可以委托行业协会实施。

第三章 综合利用管理

第二十九条 市发展改革部门应当会同市供销合作社编制再生资源综合利用发展规划和年度计划，纳入国民经济和社会发展规划和计划。

第三十条 鼓励单位和个人投资建设技术含量高、工艺先进的再生资源综合利用项目。符合有关规定的，可以享受高新技术企业、项目和技术改造项目的相关优惠政策。

政府每年安排专项资金支持再生资源利用科研与技术开发项目。

第三十一条 建设再生资源综合利用项目，应当按照规定进行环境影响评价。

第三十二条 鼓励企业在可回收利用的产品及零部件的包装物上标注可再生标识。

提倡企业利用自身生产过程中产生的可以利用的再生资源；不能自行利用的，应当及时向回收经营者交售。

第三十三条 鼓励优先购买再生资源利用

产品。

在性能、技术、服务等指标相等条件下，政府采购应当优先采购再生资源利用产品。

第四章 法律责任

第三十四条 未依法取得营业执照擅自从事再生资源回收经营业务的，由工商行政管理部门对有固定场所的经营者、城市管理行政执法部门对流动经营者依照《无照经营查处取缔办法》等相关规定予以查处。

凡超出工商行政管理部门核准的经营范围的，由工商行政管理部门按照有关规定予以处罚。

第三十五条 再生资源回收企业违反本办法第二十一条第一、二款规定，收购生产性废旧金属未如实进行登记的，由公安机关依照《废旧金属收购业治安管理办法》的有关规定予以处罚。

违反本办法第二十一条第三款规定，登记材料保存少于两年的，由公安机关责令改正，并处以500元以上1000元以下的罚款。

第三十六条 违反本办法第二十三条规定，发现赃物或者有赃物嫌疑的物品未向公安机关报告的，由公安机关给予警告，处以500元以上1000元以下的罚款；造成严重后果或者屡教不改的，处以1000元以上5000元以下的罚款。

第三十七条 违反本办法第二十条规定收购禁止收购的物品，或者违反第二十二条的规定收购废旧市政公用设施或者特殊行业专用器材的，由公安机关按照《中华人民共和国治安管理处罚法》第五十九条的规定予以处罚。

第三十八条 再生资源回收经营者违反本办法有关环境保护、市容环境卫生、市政设施管理等有关规定的，由相关部门依法予以处罚。

第五章 附 则

第三十九条 本办法所称“生产性废旧金属”，是指生产经营过程中产生的，已失去原有全部或部分使用价值的金属材料和金属制品。

本办法所称“特殊行业专用器材”，是指铁路、油田、供电、电信、矿山、水利、测量等行业的专用器材。

第四十条 本办法实施前已办理工商营业执照从事再生资源回收的经营者，应当在规定的期限内到工商行政管理部门办理营业执照换发登记。

本办法实施前已设立的再生资源回收站点，不符合环境保护、消防或者再生资源回收网点建设规范要求的，应当按照要求予以整改。

第四十一条 本办法自2009年5月1日起施行。

合肥市建筑垃圾管理办法

第一条 为了加强城市建筑垃圾管理，提高城市市容和环境卫生质量，根据《中华人民共和国固体废物污染环境防治法》、《城市市容和环境卫生管理条例》、《合肥市市容和环境卫生管理条例》等有关法律法规的规定，制定本办法。

第二条 本办法所称建筑垃圾，是指新建、改建、扩建和拆除各类建筑物、构筑物、道路、管线等以及居民装饰装修房屋过程中所产生的弃土、弃料及其它废弃物。

第三条 本办法适用于本市市区建成区内建筑垃圾的倾倒、运输、中转、回填、消纳、利用等处置活动。

第四条 城市建筑垃圾管理工作实行统一领导、分区负责，专业管理和群众管理相结合，教育和处罚相结合的原则。

市市容和环境卫生行政主管部门（以下简称市容部门）是本市建筑垃圾管理的行政主管部门，负责组织实施本办法。

各区市容部门、开发区相关管理部门根据市市容部门的统一安排，负责本辖区内建筑垃圾的具体管理工作。

建设、规划、环境保护、公安、国土资源、交通、质量技术监督、绿化等部门应当按照各自职责，共同做好建筑垃圾管理工作。

第五条 任何单位和个人不得随意倾倒、抛撒或者堆放建筑垃圾。

第六条 因工程建设等原因产生的建筑垃圾，建设单位应当按照本办法规定承担处置责任。

产生建筑垃圾的建设单位应当在工程开工前15日内，向市市容部门申报建筑垃圾处置计划，办理建筑垃圾处置核准手续。

建设单位办理建筑垃圾处置核准手续应当提供下列资料：

（一）建设工程规划许可证或者拆迁许可证；

（二）建筑垃圾处置计划（建筑垃圾产生总

量、计划处置外运量、土方工程计划施工工期)；

(三) 计算建筑垃圾处置量的图纸资料。

市市容部门应当自受理之日起7个工作日内核发建筑垃圾处置核准证明文件。

第七条 施工单位在开工前，应当与所在区市容部门(开发区相关管理部门) 签订市容环境卫生责任书，对施工过程中产生的建筑垃圾及时清理，保持施工现场整洁。

施工现场出入口的道路应当硬化，配置相应的车辆冲洗设施，保持驶离工地的车辆清洁。

第八条 建设单位或者施工单位处置建筑垃圾，应当委托已取得《建筑垃圾运输经营许可证》的企业运输。

第九条 从事建筑垃圾运输的企业，应当具备下列条件并向市市容部门申请办理《建筑垃圾运输经营许可证》:

(一) 具有工商营业执照，符合货物运输经营活动的相关规定；

(二) 有已安装符合标准的全密闭运输机械装置的运输车辆，车辆核定总载重量不少于80吨；

(三) 有健全的安全生产管理制度。

个人和未取得《建筑垃圾运输经营许可证》的企业不得从事建筑垃圾运输活动。

第十条 市市容部门应当自受理之日起7日内作出是否核准的决定，对核准的企业颁发《建筑垃圾运输经营许可证》，并将其从事建筑垃圾运输的车辆予以登记。

市市容部门应当将取得《建筑垃圾运输经营许可证》的运输企业及已登记的车辆予以公示。

第十一条 取得《建筑垃圾运输经营许可证》的运输企业在承运建筑垃圾前，应当持与建设单位或者施工单位签订的委托运输协议向市市容部门申请办理建筑垃圾单车运输证。

市市容部门应当在2个工作日内核发建筑垃圾单车运输证。建筑垃圾单车运输证应当记载建筑工地名称、运输企业名称、车牌号、行驶的路线和时间、建筑垃圾倾倒地点等事项。

第十二条 建筑垃圾运输企业在运输建筑垃圾时应当遵守下列规定:

(一) 使用经核准的车辆运输；

(二) 实行密闭化运输，不得遗撒、泄漏；

(三) 按照核定的时间、路线、地点运输和倾倒建筑垃圾并随车携带建筑垃圾单车运输证；

(四) 遵守交通规则和环境噪声管理的相关规定。

第十三条 建筑垃圾消纳专用场地的建设纳入市容和环境卫生事业发展规划。市规划部门应当会同市容、建设、国土资源、环境保护等部门，根据城市建设和管理需要，统一规划、合理布局。

建筑垃圾消纳专用场地应当配备相应的摊铺、碾压、降尘、照明等机械和设备，有排水、消防等设施，出入口道路应当硬化并设置规范的净车出场设施，保持驶离场地的车辆清洁。

第十四条 各类建设工程、开发用地需要回填、利用建筑垃圾的，经市市容部门实地勘察，可以作为建筑垃圾消纳场所。

市市容部门应当建立建筑垃圾综合利用信息平台，分类提供建筑垃圾产生、利用的信息。

第十五条 建筑垃圾处置实行收费制度，收费按照价格部门核定的标准执行。

第十六条 居民因装饰、维修等产生的零星建筑垃圾，应当按照物业管理单位或者社区居民委员会指定的地点统一堆放，并按规定交纳有关费用；物业管理单位或者社区居民委员会负责统一清运。

零星建筑垃圾运输应当采用袋装或者密闭的方式，运输过程中不得遗撒、泄漏，并在市容部门核定的地点倾倒。

第十七条 任何单位和个人不得将建筑垃圾混入生活垃圾，不得将危险废物混入建筑垃圾，不得擅自设立消纳场所受纳建筑垃圾。

第十八条 禁止涂改、倒卖、出租、出借或者以其他形式非法转让建筑垃圾处置核准文件。

第十九条 违反本办法第六条规定，建设单位擅自处置或者超出核准范围处置建筑垃圾的，由市容部门责令限期改正，并处以5000元以上3万元以下的罚款。

第二十条 违反本办法第七条规定，施工现场不符合要求的，由市容部门责令施工单位限期改正，并处以500元以上1000元以下的罚款。

第二十一条 违反本办法第八条规定，建设单位或者施工单位将建筑垃圾交给未取得《建筑垃圾运输经营许可证》的企业或者个人运输的，由市容部门责令限期改正，并处以1万元以上5万元以下的罚款。

第二十二条 违反本办法第九条规定，未取得《建筑垃圾运输经营许可证》擅自从事建筑垃圾运输活动的，由市容部门责令改正，并处以5000元以上3万元以下的罚款。

第二十三条 运输企业违反本办法第十二条规定，有下列行为之一的，由市容部门责令改正，并处以罚款：

（一）使用未经登记的车辆从事建筑垃圾运输活动的，处以每车1000元的罚款；

（二）未按照规定的时间、路线、地点运输和倾倒建筑垃圾的，处以每车100元以上200元以下的罚款；

（三）未随车携带单车运输证的，处以每车100元的罚款；

（四）未按照规定采取密闭化运输的，处以2000元以上1万元以下的罚款。

第二十四条 违反本办法规定，有下列行为之一的，由市容部门责令改正，并处以罚款：

（一）违反本办法第十七条规定，将建筑垃圾混入生活垃圾或者将危险废物混入建筑垃圾的，对单位处以3000元以下的罚款，对个人处以200元以下的罚款；

（二）违反本办法第十七条规定，擅自设立消纳场所受纳建筑垃圾的，对单位处以5000元以上1万元以下的罚款，对个人处以3000元以下的罚款；

（三）违反本办法第十八条规定，涂改、倒卖、出租、出借或者以其他形式非法转让建筑垃圾处置核准文件的，处以5000元以上2万元以下的罚款。

第二十五条 城市管理行政执法部门应当加强对建筑垃圾运输、处置的监督检查，及时查处违反本办法的行为。

城市管理行政执法人员徇私舞弊、滥用职权、玩忽职守的，依法给予处分。

第二十六条 肥东、肥西、长丰三县可以参照本办法执行。

第二十七条 本办法自2010年2月1日起施行，市政府2004年8月1日发布的《合肥市建筑垃圾管理办法》（市政府令第110号）同时废止。

合肥市机动车停车场管理办法

第一章 总 则

第一条 为促进本市机动车停车场建设，规范机动车停车场管理，满足停车需求，改善交通状况，根据《中华人民共和国城乡规划法》、《中华人民共和国道路交通安全法》、《合肥市道路交通安全条例》等有关法律、法规的规定，结合本市实际，制定本办法。

第二条 本市市区范围内机动车停车场的规划、建设和管理，适用本办法。

第三条 本办法所称机动车停车场（以下简称停车场）是指供机动车停放的露天或者室内场所，包括公共停车场、专用停车场和道路临时停车泊位。

公共停车场是指根据规划独立选址建设的、公共建筑配套建设的以及在道路范围以外临时占地设置的，主要供社会车辆停放的机动车停放场所。

专用停车场是指主要供本单位、本居住区机动车停放的停车场所。

道路临时停车泊位是指市公安机关交通管理部门会同市政管理部门依法在城市道路上施划的机动车临时停车场所。

第四条 市公安机关是本市停车场管理的行政主管部门，市公安机关交通管理部门负责具体行政管理工作。

市规划、建设、国土资源、工商、价格、财政、税务、房地产、城市管理等有关部门按照各自职责，做好停车场相关监督管理工作。

第五条 鼓励单位和个人投资建设公共停车场，鼓励专用停车场向社会开放，推广在停车场管理中应用智能化、信息化手段。

第二章 规划与建设

第六条 公共停车场的建设实行统一规划、统一管理和“谁投资、谁受益”的原则。

公共停车场专项规划由市规划主管部门会同市建设、公安机关交通管理、交通等部门根据城市总体规划和交通需求状况编制，报市人民政府批准后实施。

根据规划投资建设公共停车场享受的优惠政策由市建设行政主管部门会同市公安机关交通管理、财政部门拟定，报市人民政府批准后执行。

第七条 根据交通流量状况，在停车位供需紧张的区域和公共交通枢纽附近，应当规划建设公共停车场。

第八条 市建设行政主管部门根据公共停车场

专项规划，编制公共停车场年度建设计划，报市人民政府批准后实施。

第九条 公共停车场建设项目由市建设、规划、国土资源主管部门联合向社会发布。

属于出让土地使用权的公共停车场建设项目，应当依法采取招标、拍卖、挂牌方式办理供地手续。

属于划拨土地使用权的公共停车场建设项目，应当依法采取公开招标的方式，选择公共停车场建设项目的投资建设、经营者；没有投标人且确需建设的项目，经市人民政府批准后，纳入市政基础设施建设计划。

第十条 新建、改建、扩建各类建筑及居住区，应当按照国家和本市设置标准配建停车场，配建的停车场应当与主体建筑同时设计、同时施工、同时验收。

第十一条 公共停车场和专用停车场的设计方案，应当符合国家和本市设置标准和设计规范，设计方案应当征得市公安机关交通管理部门的同意。

第十二条 公共停车场、专用停车场建设竣工后，经市公安机关交通管理部门参加验收合格方可交付使用。

第十三条 鼓励单位和个人利用待建土地、自用场地开办临时公共停车场。

设立临时公共停车场，应当经市公安机关交通管理部门批准，申领临时停车场许可证；其中，利用待建土地的，还应当征求国土资源、规划主管部门的意见。临时停车场许可期限不得超过一年。

举办大型活动需要设立临时公共停车场的，应当按照前款规定程序办理。大型活动结束后，举办者应当及时将临时公共停车场恢复原状。

第十四条 申领临时停车场许可证，应当提交下列材料：

（一）有效的场地证明；

（二）停车场设施清单和停车场相关图则；

（三）停车场内部管理制度；

（四）法律、法规规定的其他材料。

第三章 公共停车场管理

第十五条 政府投资建设的公共停车场，应当采取公开招标的方式，选择专业停车场管理单位进行经营管理，出让经营权的收入全额上缴财政，实行收支两条线管理。

单位和个人投资建设的公共停车场，产权人可以自行经营管理，也可以委托专业停车场管理单位进行经营管理。

第十六条 公共停车场经营者应当依法办理工商、税务登记手续。

公共停车场经营者应当自领取营业执照起15日内，向市公安机关交通管理部门办理备案登记手续。备案事项发生变更时，应当自变更之日起10日内补充备案。

第十七条 任何单位和个人不得擅自改变已建成的公共停车场的功能，或者将停车泊位挪作他用。因修改、调整城市规划确需改变公共停车场用途的，由市规划主管部门征求市公安机关交通管理部门的意见后进行审批。

第十八条 公共停车场的经营者应当履行下列职责：

（一）向价格主管部门申领经营性收费许可证；

（二）在停车场出入口的显著位置设置统一的公共停车场标志、价格部门监制的明码标价公示牌；

（三）执行市公安机关交通管理部门制定的公共停车场管理规范；

（四）负责进出车辆的查验、登记；

（五）维护场内车辆停放秩序和行驶秩序；

（六）按照核定或者约定的标准收费，使用税务统一发票；

（七）做好停车场防火、防盗、安全保卫等工作；

（八）协助疏导停车场出入口的交通；

（九）按照有关规定和标准，将停车管理纳入合肥市机动车停车场管理系统，使用规定的pos机等收费方式。

第十九条 机动车驾驶人驾车进入公共停车场，应当遵守停车场的管理规定，在划定的停车泊位或者准许停放的地点按照规定停放。

机动车驾驶人驾车进入公共停车场，应当领取停放凭证并妥善保管，爱护和正确使用收费设备，按照规定交纳停车费。

第二十条 公共停车场经营者对进入停车场停放的车辆应当发放停放凭证，并在车辆离开停车场时查验收回。

第二十一条 车辆有下列情形之一的，不得进入公共停车场：

（一）装载各类有毒化学制品、工业原料的；

（二）装载石油、天然气等易燃、易爆危险品的；

（三）装载其他对人体有害、严重污染环境的危险品的。

第二十二条 市公安机关交通管理部门应当组织指导公共停车信息系统的建设，推广应用智能化、信息化手段管理公共停车场，负责公共停车信息系统的运行，并及时向社会发布相关信息。

第四章 专用停车场管理

第二十三条 专用停车场应当配置必要的通风、照明、排水、消防、防盗等设施，并保持其正常运行。

专用停车场应当配备相应的管理人员，指挥车辆有序进出和停放，维护停车秩序，做好停车场防火、防盗等安全防范工作。

第二十四条 禁止将专用停车场挪作他用。

第二十五条 机关、医院等行政事业单位办公场所以及社会公益性场所的停车场，在满足本单位停车需求的前提下，应当允许在工作时间前来办理事务的车辆免费停放。

第二十六条 居住区没有停车场或者停车场停车位不足时，需要占用物业管理区域内业主共有的道路或者其他场地停放机动车辆的，应当确保消防通道和道路畅通。

已经成立业主大会的居住区，停车位施划方案由业主共同决定，物业服务企业组织实施；尚未成立业主大会已经实行物业管理的，由前期物业服务企业依据临时管理规约征求业主意见后施划；未实行物业管理的，由社区居民委员会征求业主意见后施划。

第二十七条 居住区停车场的停放服务费实行政府指导价，其收费标准按照下列规定确定：

（一）产权属建设单位的，停放服务费的收费标准由市价格主管部门根据停车场建设成本和经营管理成本等情况确定；

（二）产权为业主共有的，停放服务费的收费标准应当征求业主的意见，由市价格主管部门根据停车场管理成本确定。

第二十八条 鼓励专用停车场在满足本单位停车需要的前提下，向社会提供免费或者经营性停车服务；向社会提供经营性停车服务的，按照本办法公共停车场管理的有关规定执行。

第五章 道路临时停车泊位管理

第二十九条 机动车道路临时停车泊位由市公安机关交通管理部门会同市政管理部门负责施划。

第三十条 市公安机关交通管理部门应当会同市政管理部门，根据城市总体规划和城市道路交通专业规划编制施划方案，报市人民政府批准后执行。编制施划方案应当遵循下列原则：

（一）符合区域道路停车总量控制要求；

（二）与区域停放车辆供求状况、车辆通行条件和道路承载能力相适应；

（三）区别不同区域、不同时段的停车需求。

施划方案应当公开征求社会公众的意见。

道路临时停车泊位应当根据道路交通实际状况，适时进行调整。

第三十一条 施划道路临时停车泊位应当符合下列要求：

（一）避开公共停车场、专用停车场的出入口，并保持适当间距；

（二）在主次干道的路外停车场无法满足需求的，可以在非机动车道上设置道路停车泊位；

（三）车行道施划停车标线后剩余的路幅宽度不得影响车辆正常通行；

（四）人行道施划停车标线后剩余的路幅宽度不得小于1.5米；

（五）占用人行道施划停车泊位，应当采取加固措施。

第三十二条 下列区域不得施划道路临时停车泊位：

（一）占用消防通道、盲道、无障碍坡道的；

（二）设有燃气管道、光缆线路等地下设施的；

（三）能够提供充足停车泊位的公共停车场服务半径200米以内的；

（四）道路交叉口、学校出入口、公共交通站点、急救站、加油站和消防站附近30米范围内的；

（五）其他不宜设置的区域。

第三十三条 市公安机关交通管理部门应当在道路临时停车泊位使用、变更前，将施划地点、停车种类及其他规定事项进行公告。

因紧急情况或者举行大型活动，市公安机关交通管理部门可以在道路范围内确定临时停车区域或者对原划定的停车泊位进行临时调整，并应当将调整情况以显著标志予以告知。

对严重影响机动车正常行驶的道路临时停车泊位，市公安机关交通管理部门应当及时撤销。

第三十四条 任何单位和个人不得擅自设置道路临时停车泊位，不得阻碍或者设置障碍影响临时停车泊位的使用。

第三十五条 市价格主管部门应当根据地理位置、停车供求状况，在广泛征求社会公众意见的基础上，遵循科学、合理、方便的原则确定道路临时停车泊位收费路段和收费标准。

机动车在道路临时停车泊位收费路段及收费时间内停放的，应当按规定缴纳停车费。

第三十六条 道路临时停车泊位管理者应当遵守下列规定：

（一）设置道路临时停车泊位标志，保持停车标志、标线清晰和完整；

（二）管理人员佩戴统一标识，指挥车辆有序停放，维护停车秩序；

（三）按照市价格主管部门核定的标准收取停车费，使用统一票据，公示停车服务内容、收费标准、收费依据以及监督电话；

（四）将停车管理纳入合肥市机动车停车场管理系统，推广使用停车自动管理设施。

第三十七条 机动车驾驶人在道路临时停车泊位停放车辆，应当遵守下列规定：

（一）在划定的停车泊位内按道路顺行方向或者指定方向停放；

（二）爱护和正确使用收费设备；

（三）服从管理人员的指挥，按规定缴纳停车费，并做好车辆安全防范措施；

（四）不得停放装有易燃、易爆、有毒、有害等危险物品的车辆。

第六章 法律责任

第三十八条 违反本办法第十三条规定，未经市公安机关交通管理部门审批擅自设立临时公共停车场的，由市公安机关交通管理部门责令改正，并处以1万元以上3万元以下的罚款。

第三十九条 违反本办法第十六条第二款规定，公共停车场经营者未按照规定办理备案登记手续的，由市公安机关交通管理部门责令改正，可以并处200元以上1000元以下的罚款。

第四十条 违反本办法第十七条、第二十四条规定，将停车场挪作他用的，由市公安机关交通管理部门责令限期改正；拒不改正的，按照挪用泊位的数量，每个泊位处以每日100元的罚款。

第四十一条 公共停车场经营者违反本办法第十八条第（二）、（三）、（九）项规定的，道路临时停车泊位管理者违反本办法第三十六条第（一）、（二）、（四）项规定的，由市公安机关交通管理部门责令改正，可以并处200元以上1000元以下的罚款。

第四十二条 机动车驾驶人违反本办法第十九条第一款、第三十七条第（一）、（二）项规定的，由市公安机关交通管理部门处以警告或者200元的罚款。

违反本办法第二十一条、第三十七条第（四）项规定，机动车驾驶人驾驶装载危险物品的机动车辆进入非专用停车场的，由市公安机关交通管理部门责令机动车驾驶人立即驶离，并处以200元以上1000元以下的罚款；拒绝驶离的或者机动车驾驶人不在现场的，可以将机动车拖移至安全地点停放。

第四十三条 违反本办法第三十四条规定，擅自设置道路停车泊位的，由市公安机关交通管理部门责令改正，并按照擅自设置停车泊位的数量，每个泊位处以500元的罚款。

阻碍或者设置障碍影响道路临时停车泊位使用的，由市公安机关交通管理部门责令改正，按照影响使用的停车泊位的数量，每个泊位处以500元的罚款。

第四十四条 违反本办法第十九条、第三十七条规定，机动车驾驶人不按规定缴纳停车费的，停车场（泊位）经营者、管理者可以在其补交费用之前，拒绝为其提供停车服务；对于拒绝交费并强行停放的车辆，可以在其补交费用之前采取限制驶离的措施，并及时向有关部门报告。

第四十五条 对违反规划、建设、工商、价格等有关管理规定的，按照有关法律、法规的规定处理。

有关处罚按照规定应当相对集中行使的，由城市管理部门行使。

第七章 附 则

第四十六条 本办法自2010年2月1日起

施行。

合肥市大蜀山风景名胜区管理办法

第一章　总　　则

第一条　为加强大蜀山风景名胜区管理，有效保护与合理利用风景名胜区资源，根据国务院《风景名胜区条例》、《城市绿化条例》等有关法律、法规，结合本市实际，制定本办法。

第二条　本办法所称大蜀山风景名胜区（以下简称景区）是“合肥环城——西郊风景名胜区”的组成部分，具体范围以省人民政府批准的范围为准。

第三条　景区的保护和管理应当遵循科学规划、严格保护、统一管理、合理开发、永续利用的原则。

第四条　市林业和园林行政主管部门负责景区的规划、建设、保护、管理和利用工作，其所属的景区管理机构负责日常管理工作。

市建设、规划、国土、财政、民政、宗教、工商、环保、公安、城市管理等有关部门应当按照各自职责，协同做好景区有关监督管理工作。

第五条　任何单位和个人都有保护景区资源、自然生态环境和设施的义务，有权举报、制止破坏景区资源、自然生态环境和设施的行为。

第六条　景区内基础设施建设与改造、绿化养护、山林抚育、林木更新、病虫害防治、森林防火等费用应当纳入市财政预算，专项使用，接受监督。

第二章　规划和建设

第七条　景区的建设、保护、管理和利用，应当符合景区规划。

第八条　景区规划应当按照法定程序编制、修订。

编制、修订景区规划应当对现有自然景观和人文景观予以充分保护，并广泛征求有关部门、社会公众和专家的意见；必要时，应当进行听证。

第九条　批准后的景区规划应当向社会公布。

景区规划应当严格执行，任何单位和个人不得擅自变更；确需变更的，应当按原审批程序报批。

第十条　景区内的各项建设活动，应当符合景区规划，经市林业和园林行政主管部门审核后，并依照有关法律、法规的规定办理审批手续方可实施。

建设项目的选址、布局、高度、体量、造型、风格和色调等，应当与景区景观和环境相协调。

建设项目中防治污染的设施，应当与主体工程同时设计、同时施工、同时投入使用。

第十一条　景区范围外延一定的区域为建设项目控制区，建设项目控制区内各项建设活动应当与景区景观要求相一致，不得损害景区的自然风景；具体范围由市规划主管部门会同林业和园林行政主管部门提出并报市政府确定。

第十二条　景区内已经建成的破坏景观、污染环境、妨碍游览的建设项目，应当按照景区规划和景观要求限期迁出或者拆除，并依法给予补偿。

景区内废弃、闲置的国有土地，应当按照规划要求逐步调整为景区建设用地，实施绿化。

景区内的集体所有土地，由市人民政府依法逐步征收，交由景区管理机构实施绿化；未征收前，所有权人或者使用权人不得擅自改变土地用途。

第十三条　景区内不得规划建设以市政功能为主的道路，已建的环山道路和广场应当逐步实施亮化措施。

第十四条　在景区内施工的单位，施工过程中应当采取有效措施保护自然景观和人文景观的原有风貌，以及周围植被、地貌和水体；施工结束后，应当及时清理场地，恢复环境原貌。

第三章　保护、管理和利用

第十五条　景区管理机构应当根据景区规划，合理利用景区资源，改善交通、服务设施和游览条件。

第十六条　景区内的水体、林木、植被、野生动物、地形地貌等自然景观以及园林建筑、文物古迹等人文景观及其所处的环境，均属风景名胜资源，应当依法予以保护。

景区管理机构应当建立健全景区资源和设施保护的各项制度，制定保护措施，落实保护责任。

第十七条　景区内应当按照保护生态兼顾观赏的原则，进行绿化造林和林项改造。

禁止擅自在景区内砍伐、移植树木，猎捕野生动物，采集标本、野生药材。

第十八条　景区管理机构应当设立防火机构，

配置必要的消防设施，制定护林防火安全预案，做好森林火灾的预防和扑救工作。

景区内各有关单位应当积极配合景区管理机构做好护林防火及其他管理工作。

第十九条　景区管理机构应当做好森林病虫害防治工作，保护林木、植被和动、植物物种的生长栖息条件。

第二十条　禁止在景区内修坟立碑；无主坟由景区管理机构按照有关规定处置。

第二十一条　景区内宗教活动场所的管理，按照国家有关宗教活动场所管理的规定执行。

第二十二条　在景区内设置、张贴商业广告，举办大型游乐等活动，应当经市林业和园林行政主管部门审核后，依照有关法律、法规的规定报有关主管部门批准。

第二十三条　景区内经营服务网点的设置，由市林业和园林行政主管部门按照批准的景区规划统一布局，并与周围景观相协调。

第二十四条　经批准在景区内从事经营活动的单位或者个人，应当在指定的地点、区域和规定的营业范围内依法经营，不得在指定的营业地点、区域外揽客、兜售商品，不得在景物周围圈占摄影位置。

第二十五条　禁止大中型货车进入景区环山道路，其他车辆应当按照规定路线行驶，并在指定的地点停放。

双休日、节假日及防火期，除专用游览观光车辆、施工车辆等特殊车辆外，禁止机动车辆进入景区环山道路。

第二十六条　确因教学、科研活动需要，在景区内采集标本、进行土壤剖面分析、化验的，应当经过景区管理机构同意，并及时恢复原貌。

第二十七条　景区内禁止下列行为：

（一）攀折花木，采摘花果；

（二）在景物或者设施上涂写、刻划或者损毁园林建筑、雕塑、小品及其它设施；

（三）随意倾倒垃圾、废渣、废水等污染物；

（四）乱丢果皮、纸屑、包装袋等废弃物；

（五）野外用火，焚烧冥纸、枯枝落叶；

（六）在景区水体洗涤、游泳；

（七）在非指定场所吸烟；

（八）进行开荒等破坏景观、植被、地形地貌的活动；

（九）其他破坏景区资源、有碍景观、妨碍游览、违反公共秩序的行为。

第四章　法律责任

第二十八条　违反本办法规定，有下列行为之一的，由市林业和园林行政主管部门按照《风景名胜区条例》的有关规定予以处罚：

（一）未经市林业和园林行政主管部门审核，在景区内从事建设活动的；

（二）施工单位在施工过程中，对周围植被、地貌和水体造成破坏的；

（三）未经市林业和园林行政主管部门审核，在景区内设置、张贴商业广告，举办大型游乐活动的；

（四）进行开荒、修坟立碑等破坏景观、植被、地形地貌的活动的；

（五）在景物或者设施上刻划、涂污、粘贴的；

（六）在景区内乱扔果皮、纸屑、包装袋等废弃物的。

第二十九条　违反本办法规定，有下列行为之一的，由市林业和园林行政主管部门责令改正，并按照下列规定予以处罚：

（一）违反本办法第二十四条规定，在指定的营业地点、区域外揽客、兜售商品或者在景物周围圈占摄影位置的，处以50元以上200元以下的罚款；

（二）违反本办法第二十五条规定，机动车辆进入景区环山道路的，处以100元以上500元以下的罚款；

（三）违反本办法第二十七条第（六）、（七）项规定的，可以处以20元以上100元以下的罚款。

第三十条　违反本办法规定的其他行为，按照《风景名胜区条例》、《合肥市市容和环境卫生管理条例》、《合肥市城市绿化管理条例》等规定，应当给予行政处罚的，由有关部门依法处罚。

第三十一条　违反本办法规定，市林业和园林行政主管部门、有关行政管理部门及其工作人员有下列行为之一的，由有管理权限的部门责令改正，对直接负责的主管人员和其他直接责任人员依法给予处分：

（一）未按景区规划擅自批准建设项目的；

（二）未依法对景区及建设项目控制区内的建

设活动履行监督管理职责，致使景区环境被破坏的；

（三）未依法对景区资源和设施履行保护职责，造成资源和设施被破坏的；

（四）未依法履行环境保护职责，造成环境污染的；

（五）未依法履行安全监管职责，出现安全事故，造成人员伤亡和财产重大损失的；

（六）违法实施行政许可、收费、处罚的。

第五章　附　　则

第三十二条　本办法自2010年2月1日起施行。

地方法规

合肥市科学技术进步条例

（1998年10月30日合肥市第十二届人民代表大会常务委员会第六次会议通过 1998年12月22日安徽省第九届人民代表大会常务委员会第七次会议批准 2009年4月30日合肥市第十四届人民代表大会常务委员会第九次会议修订 2009年6月20日安徽省第十一届人民代表大会常务委员会第十二次会议批准）

第一章　总　　则

第一条　为促进本市科学技术进步，推动经济建设和社会发展，根据《中华人民共和国科学技术进步法》和国家、省有关法律、法规，结合本市实际，制定本条例。

第二条　本条例适用于本市行政区域内从事科学研究、技术开发、科学技术应用、科学技术知识普及以及相关服务和行政管理活动的国家机关、社会团体、企事业单位以及其他组织和个人。

第三条　坚持科学发展观，把科学技术放在优先发展的地位，贯彻实施自主创新、重点跨越、支撑发展、引领未来的科学技术（以下简称科技）工作指导方针，构建区域科技创新体系，加快创新型城市建设。

第四条　市、县（区）人民政府应当重视科技知识普及，提高全体市民的科学文化素质，依法保护知识产权，营造尊重劳动、尊重知识、尊重人才、尊重创新的文化氛围，鼓励、支持技术创新和科学探索等科技进步活动。

第五条　市、县（区）人民政府建立与高等学校、科研院所联系制度。

市人民政府聘请的有关专家、学者和企业代表，在本市科技发展规划、重大科技项目立项、科研攻关、科技创新、科技成果产业化等方面，提供决策咨询。

第六条　市、县（区）科技行政主管部门是同级人民政府综合管理科技进步工作的职能部门，对本地区科技进步工作进行指导、协调、服务和监督管理。各有关部门按其职责负责本部门的科技进步工作，接受同级科技行政主管部门的业务指导。

第二章 科技研究、开发与推广应用

第七条　市、县（区）人民政府负责制定本地区科技发展规划；科技行政主管部门负责制定和组织实施科技开发计划和科技成果推广计划。

第八条　市、县（区）人民政府加强科技创新公共服务平台建设，为科技创新型企业提供服务。科技创新公共服务平台建设办法，由市人民政府另行制定。

各级科技行政主管部门应当创造有利条件，支持知识产权服务机构、技术交易机构、科技评估咨询机构等科技中介服务机构的发展。鼓励科技中介机构与法律、会计、资产评估等服务机构和投融资机构协调配合，为科技创新的全过程提供综合配套服务。

鼓励建立各类科技企业孵化器，推动市场、技术、资本和人才的有效结合，促进科技型中小企业发展。

鼓励高等学校、科研院所以及其他组织，以仪器设备、科技文献等各种科技资源面向社会提供服务，促进科技资源的整合与共享。

第九条　市、县（区）和乡（镇）人民政府应当组织农业新品种、新技术的研究开发和推广应用，建立农业科技示范基地、示范点，发展优质、高产、高效农业。

第十条　县（区）设立农科所和农业技术推广中心，乡（镇）设立农业技术推广站，行政村配备农业技术推广人员。

鼓励各类科技推广组织和个人进行农业技术承

包和农业技术推广服务工作。

第十一条　经国家、省、市批准的技术开发、科技攻关用房和中间试验、开发性试验室及企业技术中心、工程（技术）研究中心、重点实验室和产品质检中心等科技基础设施建设投资，免征城市建设基础设施配套费，在建设用地方面优先给予支持。

第十二条　高等学校、科研院所和企事业单位在技术开发、技术转让和与之相关的技术咨询、技术服务方面的技术性收入，经市科技行政主管部门认定，按照国家有关规定享受税收优惠。

第三章　高新技术及其产业

第十三条　坚持引进和培育并举的方针，加快高新技术产业发展，运用高新技术改造、提升传统产业，推进汽车、家用电器、装备制造等支柱产业发展，加快电子信息、软件、新材料、新能源、公共安全、节能与环保、生物技术及新医药等新兴产业发展。

第十四条　市、县（区）人民政府应当加快创新载体建设步伐，推进国家和省级开发区的建设，优化高新技术产业发展的环境和管理体制，制定切实可行的高新技术产业发展规划。

第十五条　市、县（区）人民政府鼓励企业根据市场需求和行业特点，在科技投入、技术改造和新产品开发等方面制定具体规划并组织实施。

对主持或主要参与制定国际、国家和行业技术标准的高新技术企业、创新型企业以及企业开发的具有自主知识产权的技术和有市场前景的高新技术产品，优先给予支持。

第十六条　高新技术企业、创新型企业和高新技术产品、重点新产品，依法享受税收减免政策。

鼓励引进符合国家产业政策的高新技术企业。

对于自主创新的产品、服务或者需要重点扶持的产品、服务，在性能、技术等指标能够满足政府采购需求的条件下，政府采购应当购买；首次投放市场的，政府采购应当率先购买。

第十七条　鼓励建立和完善以企业为主体的技术开发体系。鼓励企业建立或联合高等学校、科研院所建立技术开发机构，建立多种形式的产学研战略联盟。

鼓励开展科技合作，支持国外科研机构、企业以及投资商和外地企业在本市建立技术开发机构。

鼓励企业平等参与实施各类科技计划项目；鼓励企业联合科技研究开发机构、高等学校共同实施。

第十八条　鼓励高等学校、科研院所在本市创办高新技术企业、创新型企业或以技术开发、技术入股等形式与本市企业联办高新技术企业、创新型企业。

第四章　科技人员

第十九条　加强技术人才、管理人才和学科带头人的选拔与培养。支持科技人才承担国家、省重大科技计划项目，培养科技创新领军人才和优秀创新团队。鼓励企业与高等学校、科研院所合作培养研究开发型人才和复合型人才。发展职业教育，加强职工技能培训，培养高技能人才。财政应当安排专项资金用于科技人才队伍建设。

第二十条　市、县（区）人民政府应当制定政策、措施，鼓励引进专业技术人员和留学回国人员来本市工作。

对于引进具有突出成就的高级人才，在科研条件、医疗保健、子女随迁和配偶就业等方面优先给予帮助。

第二十一条　实行科技人员继续教育制度。有关部门和企事业单位应当保证科技人员参加继续教育的时间、经费和其他必要条件。

第二十二条　实行专业技术职务聘任制度。科技人员根据其学术水平、业务能力和工作实绩，通过评审或考试可以取得相应的专业技术职务任职资格和职业资格；对于学术造诣较深、贡献突出的专业技术人员，可以破格晋升专业技术职务任职资格。对于在农村专门从事农业技术推广的科技人员，以其技术推广实绩作为职称评聘的主要依据。

第二十三条　科技人员在完成本职工作的前提下，可以利用工余时间依法从事创新创业、科技服务活动，其收入受法律保护，但不得侵害本单位和他人知识产权、经济权益。

鼓励科技人员的科技成果在本市转化和产业化。

鼓励科技人员自由探索、勇于承担风险。对于承担探索性强、风险高的科学技术研究开发项目的科技人员已经履行了勤勉尽责义务仍不能完成该项目的，给予宽容。

第二十四条　在科研开发中做出突出贡献的科

技人员，按规定享受政府特殊津贴；承担国家、省、市重大科研项目的科技人员，应当享受补贴和奖励；在危险和恶劣的环境中工作的科技人员，由所在单位给予补助。

第二十五条 各级人民政府应当为高等学校毕业生科技创新创业提供条件，鼓励并引导金融、风险投资及担保机构为大学生创新创业提供贷款和担保。

鼓励高等学校毕业生到乡（镇）、村从事农业科技工作，待遇按有关规定办理。

第五章 科技资金投入

第二十六条 市、县（区）人民政府应当将科技经费列入同级财政预算，科技经费的增长幅度高于同级财政经常性收入的增长幅度。市级科技经费（包括应用技术研究与开发资金和科技创新基金等）应当高于本级财政预算支出的2.5%；县（区）不低于本级财政预算支出的1.5%；乡（镇）应当安排专项费用，用于科技成果的推广。

科技经费实行专款专用。财政、审计部门应当对其使用、管理进行监督。

第二十七条 市级、城区科普经费应当不低于行政区域总人口年人均1元，县级科普经费应当不低于县域总人口年人均0.80元，专项用于各地区的科技普及、宣传活动。各级财政应当逐年提高用于科普的经费。

第二十八条 市人民政府设立自主创新专项资金。市本级财政每年安排专项资金用于国家、省、市自主创新政策的落实，推进合肥国家科技创新型试点市建设和合芜蚌综合配套改革试验区建设。

支持符合条件的高新技术企业利用资本市场推动企业自身发展。

鼓励和引导金融、风险投资机构和社会资金加大对创新型企业的支持力度，加快企业发展。

第二十九条 鼓励和引导企业增加研究、开发和技术创新的投入。企业开发新技术、新产品、新工艺发生的研究开发费用可以按照国家有关规定，税前列支并加计扣除。

第三十条 各级财政的支农专项资金用于农业科技开发和科技成果推广项目的比例应当不低于40%。

市、县（区）财政应当核拨农技人员的科技活动经费。

第六章 考核与奖励

第三十一条 市人民政府实行科技进步工作考核制度。对县（区）科技进步状况定期进行考评，作为考核县（区）科技进步工作的依据。

县（区）、乡（镇）人民政府领导人员实行科技进步目标责任制，由其上一级人民政府组织考核。

对国有（含国有控股）企业负责人的业绩考核，应当将企业的创新投入、创新能力建设、创新成效等情况纳入考核范围。

第三十二条 市人民政府设立科技进步奖，对在本市经济建设、社会事业发展中研制开发和应用推广先进科技成果，完成重大科技工程、计划和项目，改进科技管理等项工作中成绩显著的组织或者个人，颁发荣誉证书并给予物质奖励。市人民政府设立突出贡献奖，对在本地区做出突出贡献的科技人员实行奖励。奖励办法由市人民政府另行规定。奖励经费列入年度财政预算。

第三十三条 企事业单位将职务科技成果转让给他人的，应当从转让该项科技成果所取得的净收入中，按不低于20%的比例，对直接完成该项科技成果及其转化作出重要贡献的人员给予奖励。

第三十四条 企事业单位独立研究开发或者与其他单位合作研究开发的科技成果转化成功后，单位应当连续三至五年从实施该项科技成果新增税后利润中提取不低于5%的比例，对完成该项科技成果及其转化做出重要贡献的人员给予奖励。

企事业单位对在科技进步工作其他方面，做出突出贡献并取得明显经济效益的人员，依照本条第一款规定给予奖励。

第七章 法律责任

第三十五条 科技进步考核不合格的单位，由上级机关责令其限期改正，并依法追究单位主要负责人和有关责任人员的责任。

第三十六条 在科技成果鉴定、专业技术职称评定和科技项目认定工作中弄虚作假、徇私舞弊的，其鉴定、评定、认定结果无效，并依法追究有关责任人员的责任。

第三十七条 在新技术、新产品开发和科技成果申报中采取欺骗手段，获取优惠待遇或者奖励的，由科技行政主管部门会同税务等部门取消其已取得的优惠待遇和奖励，追回已减免的税款和奖金，并依法追究直接责任人员和相关人员的责任。

第三十八条 虚报、冒领、贪污、挪用、截留科技经费的，由上级机关责令限期归还；情节严重的，依法追究直接责任人员的责任。

第三十九条 侵害本单位技术权益、擅自转让本单位科技成果的，给单位造成经济损失的，依法追究直接责任人员的责任。

第四十条 科技行政主管部门和其他有关部门及其工作人员违反本条例的，对直接负责的主管人员和其他直接责任人员依法给予处分。

第八章 附 则

第四十一条 本条例自2009年8月1日起施行。

合肥市市容和环境卫生管理条例

（1997年9月26日合肥市第十一届人民代表大会常务委员会第三十八次会议通过 1997年11月2日安徽省第八届人民代表大会常务委员会第三十四次会议批准 2009年4月30日合肥市第十四届人民代表大会常务委员会第九次会议修订 2009年6月20日安徽省第十一届人民代表大会常务委员会第十二次会议批准）

第一章 总 则

第一条 为加强市容和环境卫生管理，创造整洁、优美、文明的工作和生活环境，促进社会主义物质文明和精神文明建设，根据有关法律、法规，结合本市实际，制定本条例。

第二条 本条例适用于市区建成区和县人民政府所在地镇建成区。

第三条 市容和环境卫生工作，实行统一领导、分级负责、以块为主、条块结合、专业人员管理与群众管理相结合、教育与处罚相结合的原则。

第四条 市市容和环境卫生行政主管部门（以下简称市容部门）主管本市市容和环境卫生工作。县、区市容部门负责本行政区域内的市容和环境卫生管理工作。

市市容部门可以依法委托开发区管理机构负责本区域内的市容和环境卫生管理工作。

街道办事处、镇（乡）人民政府在职责范围内做好辖区内的市容和环境卫生管理工作。

规划、建设、公安、工商、园林、国土、房产、环保、卫生、城市管理行政执法等部门按照各自的职责共同做好市容和环境卫生管理工作。

第五条 各级人民政府应当把市容和环境卫生事业发展纳入国民经济和社会发展计划。市市容部门应当根据城市总体规划编制全市市容和环境卫生事业发展规划，报市人民政府批准后实施。

各级人民政府及有关部门应当重视环境卫生设施建设，将环境卫生设施建设支出纳入财政预算。

第六条 各级人民政府应当鼓励、支持市容和环境卫生科学研究与技术开发，推广市容和环境卫生先进技术，实现资源的高效利用和循环使用，推行市容和环境卫生管理社会化、市场化、产业化、信息化，推行市容和环境卫生作业机械化，提高市容和环境卫生水平。

第七条 各级人民政府及有关部门应当加强市容和环境卫生管理方面法律、法规的宣传教育工作，增强公民的法制观念以及市容和环境卫生意识。

第八条 任何单位和个人都有享受良好的市容和环境卫生的权利，有维护市容和环境卫生、爱护公共环境卫生设施的义务，有权对违反本条例的行为进行劝阻和举报。

任何单位和个人都应当尊重市容和环境卫生工作人员的劳动，不得妨碍、阻挠市容和环境卫生工作人员履行职责。

市容和环境卫生工作人员应当遵守职业道德，文明作业。

第二章 市容和环境卫生责任区制度

第九条 实行市容和环境卫生责任区（以下简称责任区）制度。

责任区是指单位或者个人所有、使用或者管理的建筑物、构筑物或者其他设施、场所及周边一定范围内的区域。

责任人是指拥有、使用或者管理建筑物、构筑物或者其他设施、场所的有关单位和个人。

第十条 责任区的责任要求是：

（一）市容整洁，无乱设摊、乱搭建、乱张贴、乱涂写、乱刻画、乱吊挂、乱堆放、乱停放等情形。

（二）环境卫生整洁，无裸露垃圾、粪便、污水，无污迹，无渣土，通道无积雪。

（三）按照要求设置废弃物收集容器，环境卫生设施整洁、完好。

第十一条 责任人应当按照责任区的责任要求履行职责，维护好责任区内的市容和环境卫生，对责任区内发生的损害市容和环境卫生的行为及时予以劝阻和制止，并告知市容部门依法查处。

第十二条 责任区及其责任人按照下列规定确定：

（一）城市主次道路和绿化隔离带、高架桥、立交桥、人行天桥、地下通道、公厕等公共区域，由市容部门或者其他管理维护单位负责；

（二）小街巷由街道办事处、镇（乡）人民政府负责；实行物业管理的居住区，由物业服务企业负责；未实行物业管理的居住区，由原产权单位或者街道办事处、镇（乡）人民政府负责；

（三）机场、车站、铁路、停车场、公园、广场、街头游园以及专用道路，由管理者或者经营者负责；

（四）各类市场由开办者负责；

（五）城市水域和水域岸坡、码头、装卸作业区及其专用道路，由管理者或者经营者负责；

（六）建筑工地由施工单位负责，待建地块由使用权人负责；

（七）机关、团体、部队、院校、企事业单位及周边区域，由所在单位负责；经营门点及周边区域，由经营者负责；

（八）举行大型户外活动所涉区域，在活动期间，由组织单位负责。

责任交叉或者不明确的地区，由市容部门确定。

第十三条 责任区的具体范围和责任要求，由县、区市容部门书面告知责任人并与其签订市容和环境卫生责任书。

第十四条 市容部门应当对责任区制度的实施进行指导、监督。

第三章 市容管理

第十五条 城市中的建筑物、构筑物和各类设施应当保持完好、整洁、美观，符合国家和本市城市容貌标准。

市市容部门应当会同规划、建设等有关部门，根据国家城市容貌标准，结合本市实际情况，制定本市城市容貌标准，报市人民政府批准后公布实施。

第十六条 主要道路两侧建筑物、构筑物和设施的所有权人、使用人或者管理者应当按照规定对建筑物、构筑物和设施的外部进行清洗、粉刷和修饰；对影响市容的脏污、缺损，应当及时清除和修复。

临街建筑物的阳台、窗外、屋顶和外走廊，不得违法搭建或者堆放、吊挂有碍市容的物品。主要道路两侧建筑物封闭阳台、安装晾衣架的，应当符合城市容貌标准。

在建筑物上安装空调室外机、排气扇（管）、防盗窗（网）、遮阳篷、太阳能热水器等，应当符合城市容貌标准。禁止在临街墙体2米以下设置空调室外机和排气扇，空调室外机的冷却水应当引入室内或者下水道，不得随意排放。

第十七条 主要道路两侧的建筑物，应当选用透景、半透景的围墙、栅栏或者花坛、草坪等作为分界，不得新建实体围墙。现有实体围墙，应当逐步改造或者拆除。

第十八条 城市中的照明、供电、给排水、供气、供热、道路交通、通讯、园林绿化、雕塑、防洪、防震等市政公用设施应当与周围环境相协调，其管理者应当加强维护和管理，保持设施的整洁、完好。

第十九条 在城市道路上空及楼宇之间设置的架空管线应当符合城市容貌标准，其中主要道路和重点地区的公共场所上空不得新建架空管线设施；对现有不符合城市容貌标准的，应当逐步改造或者拆除。

第二十条 任何单位和个人不得擅自在城市道路范围内和公共场地堆放物料、搭建建筑物、构筑物或者其它设施。确因建设等特殊原因需要临时堆放和搭建的，应当经市容部门同意后，按照有关规定办理审批手续。

第二十一条 任何单位和个人不得擅自占用城市道路、桥梁、地下通道及其他公共场所摆设摊点、兜售物品。

在不影响城市交通和环境卫生的情形下，市、县人民政府可以确定特定路段、时间段，允许摆摊设点。进入特定路段摆设摊点的经营者，应当按照市容部门的要求，在规定的地点、时间范围内经营，配备经营设施和卫生设施，并保持周围市容和环境卫生整洁。

第二十二条 沿街和广场周边的经营者不得超出门窗、外墙进行店外经营、作业、堆放货物或者展示商品。

第二十三条 工程施工单位应在批准的占地范围内作业，并按照规定设置临时围墙、围栏，实行封闭式施工。

施工单位不得擅自在施工工地以外堆放机器设备、物料和垃圾；施工用水按照规定排放，不得外泄污染路面；工程竣工应当及时拆除临时设施，清除物料并平整好场地。

施工现场出入口的道路应当硬化，配置相应的车辆冲洗设施，保持驶离工地的车辆清洁。

待建地块应当设置实体围墙，其高度、形式和外墙色彩应当符合城市容貌标准。围墙内不得积存垃圾及杂物。

第二十四条 在城市道路范围内和公共场所举办社会、文化、商业活动，应当经市容部门批准，并按照有关规定办理相关审批手续。

举办者应当在批准的时间和地点范围内开展活动，并保持活动场地整洁。

第二十五条 禁止在城市道路范围内和公共场地借助护栏、电线杆、树木、绿篱等吊挂、晾晒物品。

第二十六条 按规定设置的户外广告、标牌、画廊、橱窗、路名标志、阅报栏、宣传栏、亭棚等，应当保持整洁、美观、牢固。影响市容市貌或者危及安全的，设置者应当及时整修、加固或者拆除。

设置户外广告应当符合户外广告设置规划和技术标准，并按照市容部门的要求设置。

第二十七条 任何单位和个人不得在城市建筑物、构筑物和其他设施以及树木上涂写、刻画。

在城市建筑物、构筑物和其他设施上悬挂、张贴宣传品等，应当经市容部门批准。经批准设置的沿街条（横）幅，设置单位应当在期满后及时撤除。

街道办事处、镇（乡）人民政府或者物业服务企业应当在街巷、居住区内选择适当地点设置公共张贴栏。零星张贴宣传品的，应当张贴在指定的公共张贴栏中。

在主要道路两侧和重点地区不得散发印刷品广告。

第二十八条 本章规定的主要道路和重点地区的范围，由市、县人民政府确定并公告。

第四章 环境卫生管理

第二十九条 城市道路、公共场所应当定时清扫保洁。

在城市中心区和繁华地段清扫保洁，应当避开人流高峰时段，并采取降尘措施。禁止将垃圾扫入城市排水设施和绿化带。

第三十条 禁止下列影响环境卫生的行为：

（一）在公共场所随地吐痰、便溺，乱扔皮壳、纸屑、烟蒂、饮料罐、包装物、口香糖等废弃物；

（二）焚烧树枝树叶、垃圾、冥纸或者其他废弃物；

（三）违反规定倾倒垃圾、粪便、污水；

（四）在城市道路范围内或者公共场所从事机动车辆清洗、维修经营活动。

第三十一条 禁止饲养鸡、鸭、鹅、兔、羊、猪等家禽家畜。因教学、科研及其他特殊需要饲养家禽家畜的，应当经市容部门批准，并与住宅区隔离。

单位和个人饲养信鸽、宠物的，不得影响环境卫生；宠物在公共场地产生的粪便，饲养人应当立即清除。

第三十二条 集贸市场的开办者应当保持市场及周围环境整洁，按照垃圾日产生量设置垃圾收集容器，并做到垃圾日产日清。

第三十三条 破挖城市道路应当管理好现场，保持清洁，并及时恢复原状。清掏窨井的渣土、淤泥，应当及时清运。

临街树木、绿篱、花坛（池）、草坪等，应当保持整洁、美观。栽培、整修或者其他作业留下的渣土、枝叶等，应当及时清除。

第三十四条 从事饮食、车辆清洗、维修以及再生资源回收和废弃物接纳作业的单位和个人，应当采取有效措施防止污水、油污外泄和废弃物向外洒落，保持经营场所周围环境整洁。

第三十五条 市容部门对城市生活垃圾和建筑垃圾实行统一管理，集中消纳处置。

第三十六条 运输生活垃圾、建筑垃圾、砂石以及液体、散装货物的车辆，应当密闭，不得遗撒、泄漏。

第三十七条 城市生活垃圾的治理，实行减量化、资源化、无害化的原则。

市、县人民政府应当有计划地发展清洁能源，改变燃料结构，鼓励和支持有关部门组织净菜进城和回收利用再生资源，减少城市生活垃圾。

产生城市生活垃圾的单位和个人，应当按照市人民政府确定的生活垃圾处理费收费标准和有关规定缴纳城市生活垃圾处理费。

第三十八条 本市逐步实行生活垃圾的分类投放、收集、运输和处置。分类投放、收集的标准和方法，由市、县市容部门制定并予以公告。

任何单位和个人应当按照市容部门规定的时间、地点、方式将垃圾投入指定的生活垃圾收集容器。

废旧家具等大件生活垃圾，应当按照市容部门的规定投放。

城市生活垃圾应当及时收集清运，并送至垃圾处理场统一处理，做到日产日清。

第三十九条 宾馆、饭店、餐馆以及机关、院校等单位应当按照规定单独收集、存放本单位产生的餐厨垃圾和废弃食用油脂，并交城市生活垃圾收集、运输企业运至规定的城市生活垃圾处理场所。具体办法由市人民政府另行制定。

第四十条 医疗机构、疗养院、生物制品厂、屠宰场等单位应当设置便于识别的分别存放生活垃圾、医疗垃圾、有毒有害废弃物的容器。

医疗垃圾、有毒有害废弃物应当按照国家有关规定处理，禁止进入生活垃圾收集、处理场所。

第四十一条 处置建筑垃圾的单位，应当向市容部门提出申请，经核准后，方可处置。

建设单位或者施工单位应当委托具有相应资格的运输单位及时清运、处置工程建设过程中产生的建筑垃圾。

运输建筑垃圾的单位应当按照规定的路线、时间、地点运输和倾倒建筑垃圾。

第四十二条 居民装饰、装修、维修房屋产生的建筑垃圾，应当堆放到物业服务企业或者社区居民委员会指定的地点，不得混入生活垃圾，并按照规定交纳清运费用。物业服务企业或者社区居民委员会应当及时清运。

第四十三条 推行环境卫生服务市场化。鼓励符合条件的单位和个人兴办环境卫生服务企业。

由财政性资金支付费用的城市生活垃圾清扫、收集、运输、处置服务项目，市容部门应当制定方案，逐步实行通过招标方式确定服务企业。

从事城市生活垃圾经营性清扫、收集、运输、处置服务的企业，应当按照规定取得市容部门颁发的服务许可证。市容部门应当对环境卫生服务企业加强监督管理。

第五章 环境卫生设施建设与管理

第四十四条 市、县市容部门应当会同规划等部门，根据城市总体规划和国家规定的城市环境卫生标准，编制环境卫生设施专业规划和年度建设计划，并组织实施。

环境卫生设施规划用地纳入城市规划黄线保护。

第四十五条 城市环境卫生设施，应当符合国家规定的城市环境卫生标准。

第四十六条 城市新区开发、旧城改造、道路新建拓建、住宅区建设以及建设大型公用建筑，开发建设单位应当依照国家有关规定和城市环境卫生专业规划，配套建设环境卫生设施，并与主体工程同时设计、同时施工、同时交付使用，所需经费纳入建设工程概算。

市容部门应当参与环境卫生设施规划设计方案的审查和环境卫生设施的竣工验收。对不符合城市环境卫生标准的，不得开工；已经投入使用的，市容部门应当责令建设单位限期改造。

第四十七条 市容部门应当按照城市环境卫生设施专业规划，组织新建、改建或者督促有关单位新建、改建公共厕所。新建、改建的公共厕所应达到国家规定的二类以上标准。

集贸市场、广场、大型商场（店）、住宅区、公园、旅游景点、影剧院、各类车站、公交始末站、机场、港口和其他人流量较大的公共场所，应当按照规定设置公共厕所，并设立明显标志和指示牌。

第四十八条 责任人应当按照规定在城市道路两侧、公共场所、单位大院、住宅区设置封闭式废物箱、垃圾房（箱）。

举行大型户外集会和其他大型活动的单位，应当在集会、活动地点设置临时废弃物收集容器、流动厕所。

第四十九条 环境卫生设施的产权单位或者管理者，应当加强对环境卫生设施的管理，定期清洗、清掏、消毒和更新维修，保持其整洁、完好和有效使用。

第五十条　任何单位和个人不得擅自占用规划确定的环境卫生设施用地或者改变其使用性质，不得擅自拆除、迁移、侵占、损坏环境卫生设施。

因特殊需要占用环境卫生设施用地或者改变其使用性质的，应当经市容部门同意后，报原审批机关批准。

因建设需要拆除、迁移环境卫生设施，建设单位应当事先提出等量补偿或者易地建设方案，报市容部门批准后实施。

第六章　法律责任

第五十一条　有下列行为之一的，由市容部门责令其停止违法行为，限期改正、拆除或者采取其他补救措施。拒不改正的，按照下列规定处以罚款：

（一）违反第十一条、第十三条规定，责任区的责任人未履行责任的，处以二百元以上一千元以下的罚款。

（二）违反第十六条第二款规定，在临街建筑物的阳台、窗外、屋顶和外走廊违法搭建、堆放、吊挂有碍市容的物品或者封闭阳台、安装晾衣架不符合城市容貌标准的，处以二十元以上五十元以下的罚款；违反第三款规定，在建筑物上安装空调室外机、排气扇（管）、防盗窗（网）、遮阳篷、太阳能热水器等不符合城市容貌标准的，处以五十元以上二百元以下的罚款。

（三）违反第十九条规定，在城市道路上空及楼宇之间设置的架空管线不符合规定的，处以五百元以上一千元以下的罚款。

（四）违反第二十五条规定，在城市道路范围内和公共场地借助护栏、电线杆、树木、绿篱等吊挂、晾晒物品的，处以五十元以上二百元以下的罚款。

（五）违反第三十三条规定，破挖城市道路、清掏窨井、整修树木或者其他作业留下的渣土、淤泥、枝叶未及时清除的，处以二百元以上一千元以下的罚款。

（六）违反第三十七条第三款规定，未按照规定缴纳城市生活垃圾处理费的，对单位处以应交城市生活垃圾处理费三倍以下且不超过三万元的罚款，对个人处以应交城市生活垃圾处理费三倍以下且不超过一千元的罚款。

第五十二条　有下列行为之一的，由市容部门责令其停止违法行为，限期改正、拆除或者采取其他补救措施，并可以按照下列规定处以罚款：

（一）违反第二十条规定，未经批准在城市道路范围内和公共场地堆放物料的，处以一百元以上五百元以下的罚款；未经批准搭建建筑物、构筑物或者其他设施的，处以五百元以上二千五百元以下的罚款。

（二）违反第二十一条第一款规定，擅自占用城市道路、桥梁、地下通道及其他公共场所设摊经营、兜售物品的，处以一百元以上五百元以下的罚款；违反第二款规定，进入特定路段摆设摊点的经营者，未在规定的地点、时间范围内经营或者未按照要求配备经营设施和卫生设施并保持周围环境卫生整洁的，处以五十元以上二百元以下的罚款。

（三）违反第二十二条规定，沿街和广场周边的经营者超出门窗、外墙进行店外经营、作业、堆放货物或者展示商品的，处以一百元以上五百元以下的罚款。

（四）违反第二十三条规定，施工现场和待建工地不符合要求的，处以五百元以上一千元以下的罚款。

（五）违反第二十四条第一款规定，未经市容部门批准在城市道路范围内和公共场地举办社会、文化、商业活动的，处以五百元以上二千元以下的罚款；违反第二款规定，未在规定的时间、地点范围内开展活动或者未保持公共场所整洁的，处以一百元以上五百元以下的罚款。

（六）违反第三十条第（一）项、第（二）项规定，在公共场所随地吐痰、乱扔皮壳、纸屑和烟蒂的，处以二十元的罚款；随地便溺、乱扔其他废弃物、焚烧树枝树叶、垃圾、冥纸或者其他废弃物的，处以五十元的罚款；违反第（三）项规定，未按照规定倾倒粪便、污水的，对单位处以二百元以上一千元以下的罚款，对个人处以十元以上五十元以下的罚款；违反第（四）项规定，占用城市道路或者公共场所从事机动车辆清洗、维修经营活动，影响环境卫生的，处以二百元以上一千元以下的罚款。

（七）违反第三十一条第一款规定，未经批准饲养家畜家禽的，责令限期处理或者予以没收，处以五十元以上二百元以下的罚款；违反第二款规定，饲养人未即时清除在公共场地遗留的宠物粪便的，处以五十元以上二百元以下的罚款。

（八）违反第三十四条规定，从事饮食、车辆清洗、维修以及再生资源回收和废弃物接纳作业的单位和个人，未采取有效措施造成污水、油污外泄或者废弃物向外洒落的，处以二百元以上一千元以下的罚款。

第五十三条 有下列行为之一的，由市容部门责令其停止违法行为，限期改正、拆除或者采取其他补救措施，并按照下列规定处以罚款：

（一）违反第二十六条第二款规定，不按照要求设置户外广告的，处以二百元以上一千元以下的罚款。

（二）违反第三十六条规定，运输液体、散装货物未采取密闭措施的，处以二百元以上一千元以下的罚款，密闭不严密导致泄漏、遗撒的，处以二百元的罚款；运输生活垃圾、建筑垃圾、砂石未按照规定采取密闭措施的处以二千元以上一万元以下的罚款，密闭不严密导致泄漏、遗撒的，处以二百元以上一千元以下的罚款。

（三）违反第三十八条规定，随意倾倒、抛洒、堆放生活垃圾的，对单位处以一千元以上五千元以下的罚款，对个人处以二百元以下的罚款。

（四）违反第三十九条规定，未按照规定收集、存放餐厨垃圾和废弃食用油脂的，处以二百元以上一千元以下的罚款。未按照规定运输、处理餐厨垃圾和废弃食用油脂的，处以一千元以上五千元以下的罚款。

（五）违反第四十一条第一款规定，擅自处置或者超出核准范围处置建筑垃圾的，处以五千元以上三万元以下的罚款；违反第二款规定，建设单位或者施工单位将建筑垃圾交给未经核准从事建筑垃圾运输的单位运输的，处以一万元以上五万元以下的罚款；违反第三款规定，未按照核定时间、路线、地点运输和倾倒建筑垃圾的，处以每车一百元以上二百元以下的罚款。

（六）违反第四十二条规定，将建筑垃圾混入生活垃圾的，对单位处以五百元以上二千元以下的罚款；对个人处以五十元以上二百元以下的罚款。

第五十四条 违反第十六条第一款规定，主要道路两侧的建筑物、构筑物和设施的所有权人、使用人或者管理者未按规定对建筑物、构筑物和设施的外部进行清洗、粉刷和修饰，或者对影响市容的脏污、缺损未及时清除和修复的，由市容部门责令其限期改正；拒不改正的，市容部门可以代为清洗或者粉刷、清除和修复，所需费用由违法行为人承担。

第五十五条 违反第二十七条第一款、第二款规定，在城市建筑物、构筑物、其他设施以及树木上涂写、刻画或者乱悬挂、乱张贴的，市容部门应当责令其清除，并可处以一百元以上五百元以下的罚款；对乱涂写、乱刻画、乱张贴的，建筑物、构筑物及其他设施的所有权人或者管理者、使用人应当协助市容部门追查违法行为人，及时清除乱涂写、刻画、张贴造成的污损；对违法行为人拒不清除乱悬挂物品的，市容部门可以强制清除；违法行为涉及通讯号码，追查时需要采取措施的，通讯经营管理单位应当予以配合。

违反第二十七条第四款规定，在主要道路两侧和重点地区散发印刷品广告的，由市容部门对单位处以二百元以上一千元以下的罚款，对个人处以五十元以上二百元以下的罚款，并没收散发的剩余印刷品。

第五十六条 违反第五十条规定，擅自占用规划确定的城市环境卫生设施用地的，由市容部门责令限期拆除占用规划用地的建筑物、构筑物。逾期未拆除的，市容部门可以组织拆除；损坏各类环境卫生设施及其附属设施的，由市容部门责令恢复原状，并可处以五百元以上一千元以下的罚款；擅自拆除、迁移环境卫生设施或者未按批准的拆迁方案进行拆迁的，由市容部门责令停止违法行为，限期清理或者采取其他补救措施，并可处以一千元以上五千元以下的罚款。

第五十七条 凡不符合城市容貌标准和环境卫生标准的建筑物、构筑物和设施，由市容部门责令限期改造或者拆除；逾期未改造或者未拆除的，经县级以上人民政府批准，由市容部门组织拆除。

第五十八条 对违反本条例规定、有碍城市市容和环境卫生的行为，市容部门可以暂扣违法经营的物品和实施违法行为的工具，责令违法行为人到指定的地点接受处罚。

第五十九条 市容部门在作出行政处罚决定之前，应当告知当事人作出行政处罚决定的事实、理由、依据及当事人依法享有的权利。对违法情节轻微并及时纠正，未造成危害后果的，不予行政处罚。

第六十条　各级市容部门应当建立市容和环境卫生行政执法监督举报制度，公布举报电话。

任何单位和个人发现破坏市容和环境卫生、损坏环境卫生设施或者市容和环境卫生行政执法人员违法执法的行为，可以向市容部门举报。市容部门接到举报事项应及时进行调查，并于5个工作日内将处理情况告知举报人。

第六十一条　市容和环境卫生行政执法人员不得有下列行为：

（一）不按照法定程序进行行政执法；

（二）收缴罚款不出具专用收据；

（三）打骂、侮辱当事人；

（四）故意损坏、擅自处理或者侵占当事人物品；

（五）其他违法行为。

违反前款规定的，依法予以处分。

第六十二条　侮辱、殴打正在执行公务的行政执法人员或者拒绝、阻挠其执行公务的，由公安机关依据《中华人民共和国治安管理处罚法》予以处罚。

第六十三条　违反本条例规定的行为，应当由其他有关管理部门依法予以处罚的，从其规定。

第七章　附　　则

第六十四条　三县其他建制镇建成区的市容和环境卫生管理，可以参照本条例执行。

第六十五条　本条例自2009年8月1日起施行。

合肥市人民代表大会常务委员会关于修改《合肥市人民代表大会及其常务委员会立法条例》的决定

（2009年4月30日合肥市第十四届人民代表大会常务委员会第九次会议通过 2009年6月20日安徽省第十一届人民代表大会常务委员会第十二次会议批准）

合肥市第十四届人民代表大会常务委员会第九次会议决定对《合肥市人民代表大会及其常务委员会立法条例》作如下修改：

一、条例第十七条第一款修改为：“市人民代表大会常务委员会主任会议（以下简称主任会议）可以向常务委员会提出地方性法规案，由常务委员会会议审议。”

二、条例第十八条第一款修改为：“拟提请常务委员会会议第一次审议的地方性法规案，一般应当在常务委员会会议召开三十日前报送常务委员会办公厅。”

三、条例第二十一条第二款修改为：“常务委员会会议第一次审议地方性法规案，在全体会议上听取提案人的说明，印发或者听取常务委员会有关工作委员会对法规草案审查意见的报告，由分组会议审议。”

第三款修改为：“常务委员会会议第二次审议地方性法规案，法制委员会在全体会议上作关于法规草案修改情况和主要问题的汇报，由分组会议审议。法制委员会根据常务委员会组成人员的审议意见，在全体会议上作关于法规草案审议结果的报告，并提出法规草案修改稿，由分组会议审议。”

四、条例第二十二条第二款修改为：“经常务委员会会议一次审议即可以表决的地方性法规案，在全体会议上听取提案人的说明，印发或者听取常务委员会有关的工作委员会对法规草案审查意见的报告，由分组会议审议。法制委员会根据常务委员会组成人员的审议意见进行统一审议，在全体会议上作关于法规草案审议结果的报告，并提出法规草案修改稿，由全体会议审议。”

五、条例第二十四条修改为：“法制委员会根据常务委员会组成人员的审议意见和有关工作委员会以及其他方面提出的意见，对法规案进行统一审议，提出修改情况的汇报或者审议结果的报告及草案修改稿，对重要的不同意见应当在修改情况的汇报或者审议结果报告中予以说明。对常务委员会有关的工作委员会的重要意见没有采纳的，应当向其反馈。”

六、条例第三十八条增加一款作为第二款：“主任会议可以根据实际情况对年度立法计划作出部分调整，并报省人民代表大会常务委员会。”

本决定自2009年9月1日起施行。

《合肥市人民代表大会及其常务委员会立法条例》根据本决定作相应修改，重新公布。

合肥市道路交通安全条例

（2009年8月27日合肥市第十四届人民代表大会常务委员会第十二次会议通过 2009年10月23日安徽省第十一

届人民代表大会常务委员会第十四次会议批准）

第一章　总　　则

第一条　为维护道路交通秩序，预防和减少交通事故，提高道路通行效率，根据《中华人民共和国道路交通安全法》、《中华人民共和国道路交通安全法实施条例》、《安徽省实施〈中华人民共和国道路交通安全法〉办法》等法律法规，结合本市实际，制定本条例。

第二条　本市行政区域内的车辆驾驶人、行人、乘车人以及与道路交通活动有关的单位和个人，应当遵守本条例。

第三条　各级人民政府以及开发区管理机构应当建立道路交通安全协调机制，实行道路交通安全防范责任制和交通事故责任追究制，认真履行社会化管理职责，按照要求做好道路交通安全社会化工作。

市、县（区）人民政府以及开发区管理机构，应当将道路交通安全事故隐患治理、道路交通事故社会救助、道路交通安全宣传教育及道路智能交通建设、道路交通安全设施建设纳入道路交通安全管理规划，所需经费由同级财政予以保障。

第四条　县级以上人民政府公安机关交通管理部门以及相当于同级的公安机关交通管理部门负责本辖区内的道路交通安全管理工作。

安全生产监督、交通、规划、环保、市容、园林、教育、农业（农业机械）、城市管理行政执法、卫生、质量技术监督、工商等相关职能部门，应当依据各自职责，做好道路交通安全的相关工作。

第五条　市、县（区）人民政府以及开发区管理机构应当聘用道路交通安全协管员。道路交通安全协管员在公安机关交通管理部门的组织指挥下，协助交通警察维护道路交通秩序。

鼓励单位和个人在公安机关交通管理部门的统一组织下，进行道路交通安全志愿服务，协助交通警察维护道路交通秩序，宣传道路交通安全法律法规。

第六条　新闻、出版、广播、电视等有关单位，应当加强道路交通安全法律法规等公益宣传，播发道路交通安全管理信息，引导公众积极维护交通安全。

公安机关交通管理部门应当通过互联网、新闻媒体等途径公告道路交通安全管理措施，提供道路交通安全咨询，发布相关道路交通安全信息。

第二章　车辆和驾驶人

第七条　机动车排放大气污染物应当符合国家和地方机动车污染物排放标准，不符合机动车污染物排放标准的车辆，公安机关交通管理部门不予办理相应登记手续，不得核发检验合格标志。

第八条　依法应当登记的非机动车，车主应当自购车之日起30日之内携带有效证明及车辆到公安机关交通管理部门办理有关登记手续。未依法登记的，不得上道路行驶。法律、法规另有规定的除外。

第九条　禁止任何单位和个人生产、销售非标准车。

非标准车不得上道路行驶。

本条例实施前非标准车已办理临时通行标志的，在准许通行的有效期限内，可以上道路行驶；上道路行驶时，应当随车携带临时通行证，并遵守机动车通行有关规定；同方向划有两条以上机动车道的，应当在最右侧车道行驶。非标准车不得载人；载物时，按照非机动车载物规定执行。

第十条　市区停止办理摩托车的注册登记，因公务需要的除外。外地注册登记的摩托车（含三县）不得迁入市区登记。

市人民政府根据社会经济发展和道路交通安全状况，可以对摩托车的通行采取限制措施，具体管理办法另行制定。

第十一条　从事垃圾与渣土运输的机动车辆应当按照公安机关交通管理部门的规定，在驾驶室顶部、车身或者车厢后部、侧面等部位喷涂号牌放大号码。

市容管理部门核定运送建筑垃圾、渣土的车辆和行驶路线时，应当征求公安机关交通管理部门的意见。

第十二条　车辆号牌、临时通行标志应当悬挂在规定的位置，不得故意遮挡、污损，并保持端正、清晰、完整，禁止涂描、倒置、折叠、重叠或者有其他妨碍号牌识别的行为。禁止安装、使用可变式号牌或者其他影响交通技术监控设备识别的装置。

禁止在机动车上安装、使用接收交通技术监控设备信号或者影响交通技术监控设备正常使用的装置。

第十三条　任何单位和个人不得有下列行为：

（一）擅自改变机动车和非机动车已登记的结构、构造；

（二）改动、拆除电动自行车限速装置或者对人力三轮车、自行车加装动力装置；

（三）伪造、变造或者使用伪造、变造的非机动车号牌或者非机动车登记证、非标准车的临时通行标志或者临时通行证；

（四）使用其他车辆的号牌、非机动车登记证、临时通行标志或者临时通行证。

第十四条　驾驶人驾驶车辆上道路行驶前，应当对车辆的安全技术性能和车辆号牌以及放大号码进行认真检查；不得驾驶安全设施不全、机件不符合技术标准或者有妨碍号牌和放大号码识别情形的车辆上道路行驶。

第十五条　公安机关交通管理部门和农业（农业机械）主管部门应当建立拖拉机、变型拖拉机以及驾驶人的登记、检验、考试、发证、交通违法和交通事故处理等信息互通机制，并互相提供即时查询。

农业（农业机械）主管部门在办理拖拉机、变型拖拉机以及驾驶人业务时，应当核查交通违法和交通事故处理等相关信息，对于有交通违法行为和交通事故未处理完毕的，不得办理相应的登记、检验等手续。

第十六条　机动车驾驶人联系方式和机动车所有人姓名（单位名称）、住址、联系方式等信息变更的，应当在变更后30日内向公安机关交通管理部门备案。

第三章　道路通行条件

第十七条　新建、改建、扩建城市道路，应当同步规划、设计智能交通项目、监控设备、交通信号灯、标志、标线等交通安全设施，并与道路建设主体工程同步施工。交通安全设施未经验收或者验收不合格的，不得投入使用。

城市道路以及道路配套设施的规划、设计、建设和竣工验收，应当征求公安机关交通管理部门的意见。

城市停车场（库）的规划和建设应当符合道路通行条件，适应车辆停放需求。

第十八条　在交通事故多发或者存在严重交通安全隐患的路段，道路管理养护部门应当会同公安机关交通管理部门设置警告标志、减速或者防护设施。

公安机关交通管理部门发现已投入使用的道路和配套设施等存在交通安全隐患的，应当及时会同安全生产监督部门向有关责任主体单位提出整改意见；必要时向当地人民政府报告，当地人民政府应当及时作出处理决定。

第十九条　道路两侧及隔离带上设置的管线、照明、广告牌等设施或者种植的植物不得影响道路交通安全，出现损坏或者照明不足，遮挡路灯、交通信号灯、交通标志等妨碍安全视距、影响道路交通安全情形的，交通、建设、电力、市容、园林、通讯、市政等相关单位应当及时进行修复或者排除。

禁止在道路交通安全设施上晾晒物品。需要在交通隔离护栏上悬挂横幅或者设置宣传标牌的，应当经公安机关交通管理部门同意。

第二十条　任何单位和个人不得占用道路进行打谷晒场、晾晒物品、堆物作业和其他妨碍道路交通安全的活动。

第二十一条　因工程建设需要占用、挖掘道路，应当事先征得道路主管部门的同意；影响交通安全的，还应当征得公安机关交通管理部门的同意。

施工单位应当在施工路段两端设置明显的安全警示标志和安全防护设施。需要车辆绕行的，应当在绕行处设置标志。施工完毕应当及时清除道路上的障碍物，消除安全隐患，经道路主管部门和公安机关交通管理部门验收合格，方可恢复通行。

第二十二条　道路作业单位在道路上进行维修、养护、保洁、绿化等作业时，应当采取必要的交通安全防护措施。作业人员应当穿着醒目的安全防护服装，使用喷涂或者粘贴有醒目反光材料的车辆。

道路作业单位在高架道路、立交桥、下穿道路等特殊路段进行作业的，应当按照公安机关交通管理部门同意的方案进行作业。

第二十三条　开辟、调整公共汽车、长途汽车的行驶路线和站点，建设、交通部门应当会同公安机关交通管理部门按照安全、畅通的要求确定。

第四章 道路通行规定

第二十四条 公安机关交通管理部门根据道路条件和通行需要，可以按照车型划分车道，并设置车道标志、标线。

车辆应当按照规定的车道行驶，不得骑跨道路中心线、车道分隔线行驶，不得任意掉头。

第二十五条 在设置公交专用车道的路段，公共汽车应当在专用车道内行驶；遇到转弯或者遇有障碍时，可以临时借用其他车道，转弯或者超越障碍后须及时驶回公交专用车道。

公交专用车道仅供公共汽车、校车通行，其他车辆不得在公交专用车道内行驶；执行紧急任务的警车、消防车、救护车、工程救险车等特种车辆，可以借用公交专用车道行驶；遇特殊情况时，其他车辆可以在交通警察的指挥下借用公交专用车道行驶。

第二十六条 车辆通过有方向指示信号灯并设置待行区的交叉路口时，应当根据信号指示依次进入待行区停车等候。

第二十七条 驾驶人驾驶车辆在道路上行驶时，应当遵守下列规定：

（一）不得转借或者使用他人机动车驾驶证；

（二）听从交通警察的指令，接受检查，不得驾车驶离现场；

（三）不得有吸烟、饮食、穿着拖鞋、拨打接听手持电话、查看信息、翻阅书籍和报刊资料、观看电视以及其他妨碍安全驾驶的行为；

（四）机动车确需借用非机动车道、人行道行驶的，时速应低于20公里，并确保安全；

（五）不得用非牵引车牵引货运用途的挂车；

（六）不得用全挂车、载运危险物品的机动车牵引故障机动车；

（七）不得用摩托车、非标准车和电动自行车牵引、助推其他车辆；

（八）单位接送职工上下班的机动车辆，应当在公安机关交通管理部门指定的地点停靠；

（九）轮式专用机械车上道路，应当按照公安机关交通管理部门指定的时间和路线行驶；

（十）机动车等待通行信号或者前方受阻临时停车时，不得允许乘车人上下车辆；

（十一）不得在城市禁鸣区域内违反规定鸣喇叭；

（十二）主动避让执行任务的警车、消防车、救护车、工程救险车，不得有阻碍、穿插、尾追等行为。

第二十八条 车辆通行应当遵守以下规定：

（一）禁止正三轮摩托车、畜力车、人力客运三轮车在市区道路上行驶；

（二）特型机动车、重型和中型载货汽车、重型和中型专项作业车、重型和中型全挂以及半挂车、轮式专用机械车、低速载货汽车、三轮汽车、拖拉机、变型拖拉机以及运输危险物品的车辆不得进入市区二环路以内（不含二环路）道路行驶；

（三）外地大型载客汽车以及外地（含三县）摩托车、取得外地临时通行标志（含三县）的非标准车不得进入市区二环路以内（不含二环路）道路行驶；

（四）本市大型和中型载客汽车、外地中型载客汽车不得进入市区一环路以内（含一环路）道路行驶；

（五）载货汽车不得进入市区环城公园路以内（含环城公园路）道路行驶；

（六）人力平板车、人力货运三轮车不得进入市区一环路以内（含一环路）道路行驶。

上述车辆因特殊情况确需通行的，应当经市公安机关交通管理部门同意，并按照指定的时间和路线行驶。

第二十九条 高架道路和立交桥，禁止行人和下列车辆通行：

（一）摩托车、非标准车、残疾人机动轮椅车、电动自行车、自行车以及其他非机动车；

（二）特型机动车、重型和中型专项作业车、轮式专用机械车以及运输危险物品的车辆；

（三）重型和中型载货汽车、重型和中型全挂、半挂车；

（四）低速载货汽车、三轮汽车、拖拉机、变型拖拉机；

（五）悬挂试验车临时号牌的车辆。

从事高架道路和立交桥养护、维修、保洁作业的专用机动车，不适用前款规定。

第三十条 除第二十八条、第二十九条规定外，其他需要限制通行的车辆和区域，由市、县公安机关交通管理部门根据道路交通状况和机动车排气污染防治的需要决定，并向社会公告。

第三十一条 在高架道路、立交桥桥面或者下穿道路行驶时，不得超过规定的时速；不得逆向行驶、倒车或者停车。

机动车在高架道路、立交桥或者下穿道路发生故障的，驾驶人应当将机动车移至道路右侧车道或者就近驶离；暂时无法移动的，应当立即开启危险报警闪光灯，设置警告标志，请求救援车、清障车对故障车辆进行拖曳、牵引，必要时迅速报警，车上人员不得在车道内活动或者逗留。

第三十二条 公共汽车应当按照规定的路线行驶，在规定的站点距路沿五十厘米以内停靠，上下乘客后立即驶离。因特殊情况需要临时调整行驶路线、站点的，应当经公安机关交通管理部门同意。

多辆公共汽车同时进入同一个站点停靠的，应当依次进站，并按照停靠的先后顺序依次离站。

第三十三条 出租车应当按照规定停车，上下乘客时应当停靠在距路沿五十厘米以内。在设有定点停车处的路段，应当在定点停车处停靠，上下乘客后立即驶离，不得停车候客。

定点停靠的路段和定点停车处由公安机关交通管理部门统一划定，并向社会公布。

其他各类营运车辆不得在停车场、站以外的城市道路上停车上下乘客或者等客。

第三十四条 非机动车辆通过有交通信号控制的交叉路口，应当按照交通信号灯和交通标志、标线指示行驶，遇有停车信号时，应当停车等候，不得从路口外绕行。在公安机关交通管理部门允许通行非机动车的人行道上行驶时，应当避让行人。

非下肢残疾人不得驾驶残疾人机动轮椅车。自行车、电动自行车在城市道路上行驶时可以限带十二周岁以下未成年人一人。其他非机动车在城市道路上行驶时不得带人。

第三十五条 行人或者乘车人应当遵守下列规定：

（一）不得钻爬、跨越、倚坐道路隔离设施；

（二）不得在车行道上停留、招呼车辆以及有其他妨碍道路交通安全的行为；

（三）不得在禁止停车的路段和逆行方向的道路一侧拦乘车辆；

（四）妥善看管携带的宠物，不得妨碍交通；

（五）不得乘坐明知驾驶人未取得驾驶证或者饮酒后驾驶的机动车。

第三十六条 任何人不得指使、强迫、教唆他人饮酒后或者服用国家管制的精神药品、麻醉药品后驾驶机动车。

第五章 事故预防与处理

第三十七条 市、县（区）人民政府以及开发区管理机构应当按照预防和减少交通事故，保证道路交通安全、畅通的原则，制定应对自然灾害、恶劣气象条件、环境污染以及其他影响道路交通安全的突发事件的应急预案。

公安、安全生产监督、交通、环保、卫生以及其他相关部门应当根据应急预案制定本部门的具体实施方案。遇有应急预案所规定的情形发生时，各有关部门应当立即启动应急预案，及时沟通、反馈信息，密切配合。

第三十八条 道路交通事故当事人无正当理由不到公安机关交通管理部门接受事故调查的，公安机关交通管理部门应当在道路交通事故认定书中注明。其他当事人可以持道路交通事故认定书，就损害赔偿问题向人民法院提起民事诉讼。

第三十九条 发生交通事故后，车辆驾驶人有下列行为之一的，承担全部责任；但是，有证据证明对方当事人也有过错的，可以减轻责任：

（一）发生交通事故后驾驶车辆或者遗弃车辆离开现场的；

（二）报案后无正当理由离开现场后又返回的；

（三）送伤者到医院后逃匿的。

第四十条 公安机关交通管理部门应当建立举报交通肇事逃逸事故奖励制度。对于举报属实的，给予举报人物质奖励，并为举报人保密。

第四十一条 本市行政区域内发生的轻微交通事故，按照市公安机关交通管理部门的规定实行快速处置。

第六章 法律责任

第四十二条 公安机关交通管理部门及其交通警察对道路交通安全违法行为，应当及时纠正，并依法予以处罚。对于道路交通安全违法行为情节轻微、未影响道路通行和安全的，指出违法行为，给予口头警告后放行。

第四十三条 违反本条例第八条规定，驾驶未经公安机关交通管理部门依法登记的非机动车上道路行驶的，由公安机关交通管理部门处以 30 元罚款，并可以扣留车辆至处罚执行完毕和当事人提供相应合法证明为止。

第四十四条 违反本条例第九条第一款规定，生产、销售非标准车的，由质量技术监督或者工商等部门依法予以处罚。

违反本条例第九条第二款、第三款规定，驾驶非标准车上道路行驶，有下列情形之一的，由公安机关交通管理部门处以200元罚款并可以扣留车辆：

（一）未取得临时通行标志或者临时通行标志超过有效期限的；

（二）未随车携带临时通行证的；

（三）未按规定车道行驶的；

（四）违反规定载人载物的。

第四十五条 违反本条例第十一条第一款规定，从事垃圾与渣土运输的机动车辆，不按规定喷涂号牌放大号码的，由公安机关交通管理部门处以50元罚款，并责令改正。

第四十六条 违反本条例第十二条规定，上道路行驶的机动车和非标准车悬挂的号牌、临时通行标志或者安装、使用的装置，有下列情形之一的，对驾驶人处以50元罚款，情节严重的，处以200元罚款。公安机关交通管理部门应当强制拆除、收缴非法装置，并可以扣留车辆至违法状态消除或者恢复原状：

（一）未悬挂在规定的位置或者故意遮挡、污损的；

（二）未保持端正、清晰、完整或者有涂描、倒置、折叠、重叠以及有其他妨碍号牌识别行为的；

（三）安装、使用可变式号牌或者其他影响交通技术监控设备识别装置的；

（四）安装、使用接收交通技术监控设备信号或者影响交通技术监控设备正常使用装置的。

上道路行驶的非机动车有前款所列情形之一的，由公安机关交通管理部门对驾驶人处以30元罚款并可以扣留车辆，收缴非法装置。

属于车辆所有人或者管理人责任的，对车辆所有人或者管理人予以处罚。

第四十七条 违反本条例第十三条第（一）项、第（二）项规定，擅自改变机动车已登记的结构、构造的，处500元以下罚款；擅自改变非机动车已登记的结构、构造，改动、拆除电动自行车限速装置，或者对人力三轮车、自行车加装动力装置的，处以30元罚款。有上述行为的，由公安机关交通管理部门予以强制拆除、收缴非法装置，并可以扣留车辆至违法状态消除或者恢复原状。

违反本条例第十三条第（三）项、第（四）项规定，伪造、变造或者使用伪造、变造以及使用其他非机动车、非标准车的号牌、非机动车登记证、临时通行标志或者临时通行证的，由公安机关交通管理部门予以收缴，扣留车辆，并对非机动车的违法行为处以50元罚款，对非标准车的违法行为处以200元罚款。

第四十八条 违反本条例第十九条第一款规定，在道路两侧及隔离带上设置的管线、照明、广告牌等设施或者种植的植物，出现损坏或者照明不足，遮挡路灯、交通信号灯、交通标志等妨碍安全视距、影响道路交通安全情形的，由公安机关交通管理部门责令行为人或者相关责任单位排除妨碍或者及时修复。拒不执行的，处以500元以上1000元以下罚款；情节严重的，处以1000元以上2000元以下罚款，并强制排除妨碍或者及时修复，所需费用由行为人或者相关责任单位负担。

违反本条例第十九条第二款规定，在道路交通安全设施上晾晒物品或者未经公安机关交通管理部门同意，在交通隔离护栏上悬挂横幅或者设置标牌的，由公安机关交通管理部门强制排除妨碍并可对行为人处以200元罚款。

违反本条例第二十条规定，占用道路进行打谷晒场、晾晒物品、堆物作业或者进行其他妨碍道路交通安全活动的，由公安机关交通管理部门强制排除妨碍。

第四十九条 违反本条例第二十一条、第二十二条规定，影响道路交通安全，有下列情形之一的，由公安机关交通管理部门责令行为人停止违法行为；有第一项、第五项行为的，可以并处200元以上1000元以下罚款：

（一）未征得公安机关交通管理部门的同意，占用、挖掘道路的；

（二）施工单位未在施工路段两端设置明显的安全警示标志和安全防护措施或者未在绕行处设置标志的；

（三）道路作业单位在道路上进行维修、养护、清扫、绿化等作业时，未采取必要的交通安全防护措施，未使用喷涂或者粘贴有醒目反光材料车辆的；

（四）施工完毕后，未经道路主管部门和公安机关交通管理部门验收合格，即恢复通行的；

（五）道路作业单位在高架道路、立交桥、下穿道路等特殊路段进行作业，未征得公安机关交通管理部门同意的。

第五十条　违反本条例第三十二条、第三十三条，驾驶公共汽车、出租车以及其他各类营运车辆违反规定行驶或者停车的，由公安机关交通管理部门处以100元罚款。

第五十一条　驾驶摩托车、非标准车、残疾人机动轮椅车、营运人力三轮车以及加装动力装置的非机动车在市区禁止通行的道路上行驶或者违反规定带人的，公安机关交通管理部门可以扣留车辆，并对驾驶人依法予以处罚。

依照前款规定被扣留的车辆，由市人民政府收购、置换或者托运回原籍，托运的相关费用由车辆所有人承担。逾期不接受收购、置换或者托运的，由公安机关交通管理部门依法处置。

第五十二条　低速载货汽车、三轮汽车、拖拉机、变型拖拉机违反道路交通安全管理规定以及非机动车驾驶人拒绝接受罚款处罚的，公安机关交通管理部门可以扣留车辆。

第五十三条　公安机关交通管理部门依法扣留的车辆，驾驶人或者所有人、管理人在规定的期限内不来处理以及因当事人原因无法依法返还的，公安机关交通管理部门可以将车辆送交具有相应资质的机构依法拍卖、拆除、报废解体。

第五十四条　对通过照相、摄像、测速仪、酒精测试仪、称重仪、交通违法自动记录系统以及其他交通技术监控检测设备获取的资料认定的交通安全违法行为，公安机关交通管理部门可以对违法的机动车驾驶人、所有人或者管理人依法予以处罚。

第五十五条　公安机关交通管理部门及其交通警察不严格执法或者有违法违纪行为的，依据《中华人民共和国道路交通安全法》第一百一十五条的规定，对直接负责的主管人员和其他直接责任人员给予相应的行政处分。

第五十六条　安全生产监督、交通、规划、环保、市容、园林、教育、农业（农业机械）、城市管理行政执法、卫生、质量技术监督、工商等部门及其工作人员，不履行相关职责，造成重特大交通事故或者其他严重后果的，对直接负责的主管人员和直接责任人员依法给予相应的行政处分。

第七章　附　　则

第五十七条　本条例所称非标准车，是指设计最高时速、空车质量、外形尺寸以及其他车辆要素既不符合非机动车产品国家标准，又不符合机动车产品国家标准的由动力装置驱动、牵引的轮式车辆或者机具（含所有两轮、三轮、四轮及多轮车型或者机具）。

本条例所称高架道路是指与地面保持一定空间的道路和列入高架道路交通管理的地面连接道路。

本条例中市区道路的范围，由市人民政府根据本市社会经济发展的状况确定并公告。

第五十八条　本条例自2010年1月1日起施行。2004年8月20日安徽省第十届人民代表大会常务委员会第十一次会议批准的《合肥市城市道路交通安全管理条例》同时废止。

合肥市市直机关公务员转任办法

（2009年8月27日合肥市第十四届人民代表大会常务委员会第十二次会议通过 2009年10月23日安徽省第十一届人民代表大会常务委员会第十四次会议批准）

第一条　为深化干部人事制度改革，规范公务员转任工作，建设高素质公务员队伍，根据《中华人民共和国公务员法》和有关法律法规，结合本市公务员转任工作实际，制定本办法。

第二条　本市市级直属机关科级及科级以下公务员的转任，适用本办法。

第三条　本办法所称公务员转任，是指公务员在同一职务层次、不同职位之间进行的转换岗位任职。

公务员转任包括以下三种形式：

（一）跨部门转任：指公务员在不同部门之间的转任；

（二）部门内转任：指公务员在同一部门内不同机构之间的转任；

（三）系统内转任：指市中级人民法院、市人民检察院、市公安局、市司法局所属监狱劳教系统公务员在本系统内不同单位之间的转任。

市中级人民法院、市人民检察院、市公安局、市司法局所属监狱劳教系统公务员在本系统同一单位内部的转任，视为部门内转任。

第四条 公务员转任遵循公开、公平、公正，德才素质与职位要求相适应，尊重个人意愿与服从组织安排相结合的原则。

第五条 公务员转任应当具备拟任职位所要求的资格条件，在规定的编制限额和职数内进行。

第六条 市公务员主管部门负责公务员转任的组织实施和指导、监督工作。市直各部门负责本单位公务员转任管理工作。

市公务员主管部门应当建立公务员转任信息管理系统，为公务员转任做好服务与保障工作。

第七条 公务员在同一部门、单位或者同一岗位工作时间达到规定年限的，或者按规定需要任职回避的，应当按照本办法转任。

第八条 担任科级领导职务的公务员有下列情形之一的，应当进行跨部门转任：

（一）在同一部门担任同一层级领导职务满 8 年的；

（二）在同一部门连续担任正副科级领导职务满 10 年的。

科级及科级以下非领导职务公务员在同一部门工作满 12 年的，应当进行跨部门转任。

第九条 担任科级领导职务的公务员有下列情形之一的，应当进行部门内转任或者系统内转任：

（一）在同一内设机构担任同一岗位领导职务满 5 年的；

（二）在同一内设机构连续担任正副科级领导职务满 7 年的。

科级及科级以下非领导职务公务员在同一部门同一岗位工作满 5 年的，应当进行部门内转任或者系统内转任。

第十条 不属于本办法第八条、第九条规定应当转任的公务员，可以自愿申请转任。

第十一条 本办法规定应当转任的公务员有下列情形之一的，可以不转任：

（一）离国家规定的退休年龄不满 5 年的；

（二）因健康原因不宜转任的；

（三）因生育、挂职锻炼期间不宜转任的；

（四）其他原因不宜转任的。

第十二条 公务员有下列情形之一的，不得进行跨部门转任：

（一）涉嫌违法违纪正在接受审查尚未作出结论的；

（二）上一年度考核为不称职的。

第十三条 公务员部门内转任工作，由市直各部门自行组织实施，并报市公务员主管部门备案。

部门内转任的公务员每年度不得超过本部门科级及科级以下在岗在编公务员人数的 30%。

第十四条 公务员跨部门转任、系统内转任工作每两年集中实施一次。

市公务员主管部门应当根据符合跨部门转任条件公务员的情况，研究制定公务员跨部门转任集中实施方案，并于上半年组织实施。

市中级人民法院、市人民检察院、市公安局、市司法局应当制定本系统集中转任的实施方案，报市公务员主管部门批准后组织实施。

第十五条 公务员因任职回避等特殊原因需要及时进行跨部门转任或者系统内转任的，由各部门提出，报市公务员主管部门批准后实施。

第十六条 各部门每两年跨部门转任的公务员，不得超过本部门科级及科级以下在岗在编公务员人数的 15%。

符合本办法第八条规定条件的公务员，除因比例限制外，应当在集中转任中实现跨部门转任。

市中级人民法院、市人民检察院、市公安局、市司法局所属监狱劳教系统每两年系统内转任的公务员，不得超过本系统科级及科级以下在岗在编公务员人数的 20%。

市中级人民法院、市人民检察院、市公安局、市司法局所属监狱劳教系统公务员参加跨部门转任的具体比例，由市公务员主管部门会同市中级人民法院、市人民检察院、市公安局、市司法局确定。

第十七条 各部门在转任工作中，应当按照规定研究决定转任人选和职位，不得借转任突击提拔或者超职数配备干部，不得借转任对公务员进行排挤或者打击报复。

第十八条 需要按照法定程序选举或者任免的公务员，转任时应当按照法定程序办理。按照规定需要离任审计的，应当进行审计。

第十九条 转任的公务员应当服从转任决定，按时办理工作交接手续并报到。

第二十条 跨部门转任的公务员一年内不再安排转任。确因工作需要进行部门内转任或者系统内转任的，应当报市公务员主管部门批准。

第二十一条 违反本办法第十七条规定，不按照规定研究决定转任人选和职位，借转任突击提拔、超职数配备干部，或者借转任对公务员进行排济或者打击报复的，按照规定追究单位主要负责人的责任。

第二十二条 违反本办法第十九条规定，公务员拒不执行转任决定的，给予警告、记过或者记大过处分；情节较重的，给予降级或者撤职处分；情节严重的，给予开除处分。

第二十三条 市公务员主管部门应当严格执行转任工作的各项规定，自觉接受监督。

市公务员主管部门的工作人员违反本办法规定，在公务员转任过程中滥用职权、玩忽职守、徇私舞弊的，依法予以处分。

第二十四条 市公务员主管部门、监察部门负责对公务员转任工作进行监督检查，受理有关举报、申诉，制止、纠正违反本办法的行为，对有关责任人及时予以处理。

第二十五条 本办法自2010年1月1日起施行。

合肥市城市绿化管理条例

（1997年9月26日合肥市第十一届人民代表大会常务委员会第三十八次会议通过 1997年11月2日安徽省第八届人民代表大会常务委员会第三十四次会议批准 2009年10月31日合肥市第十四届人民代表大会常务委员会第十三次会议修订 2009年12月16日安徽省第十一届人民代表大会常务委员会第十五次会议批准）

第一章 总 则

第一条 为加强城市绿化建设和管理，改善城市生态环境，增进人民身心健康，根据有关法律、法规，结合本市实际，制定本条例。

第二条 本条例适用于本市城市规划区的城市绿化规划、建设、保护和管理。

第三条 市人民政府城市绿化行政主管部门（以下简称市绿化行政主管部门），负责本市的城市绿化工作；县、区绿化行政主管部门负责各自区域内的绿化工作。

市绿化行政主管部门可以委托开发区管理机构负责本区域内的绿化工作。

本市其他各有关部门按照各自职责协同实施本条例。

第四条 各级人民政府应当把城市绿化建设纳入国民经济和社会发展规划，提高城市绿化覆盖率和绿化水平。

机关、团体、部队、企事业单位和具有劳动能力的适龄公民都应当积极参加全民义务植树活动和履行其他绿化义务。

鼓励单位和个人以投资、捐资、认建、认养等形式，参与绿化的建设和养护。投资、捐资、认建、认养的单位或者个人可以享有绿地、树木一定期限的冠名权。

第五条 任何单位和个人都有享受良好绿化环境的权利，有保护绿化和绿化设施的义务，对破坏绿化和绿化设施的行为，有权进行劝阻、投诉和举报。

第六条 各级人民政府应当加强城市绿化的科学研究，保护植物多样性，鼓励选育与引进适应本市自然条件的植物，优化植物配置，推广生物防治病虫害技术，促进绿化科技成果的转化，提高城市绿化的科学技术和艺术水平。

第二章 规划与建设

第七条 市人民政府应当组织市规划行政主管部门和市绿化行政主管部门共同编制本市绿地系统规划，并纳入城市总体规划。

城市绿地系统规划应当确定城市绿化目标和布局，规定城市各类绿地的控制原则，按照规定标准确定绿化用地面积，分层次合理布局各类绿地。

第八条 任何单位和个人不得擅自变更城市绿地系统规划。确需对城市绿地系统规划作出变更的，由市人民政府提出，市人大常委会审议后，由原批准机关审批。

第九条 市、县规划行政主管部门应当会同绿化行政主管部门按照绿地系统规划划定城市绿地的控制线（简称绿线），并向社会公布，接受公众监督。

第十条 城市新建区绿化用地面积应当不低于总用地面积的38%，改建区绿化用地面积不低于总用地面积的25%。

第十一条 城市各类建设项目，应当配套安排相应的绿化用地，其所占建设用地面积的比例为：

（一）居住区不低于40%。

（二）新建的城市主干道不低于30%，次干道不低于25%；改建、扩建的主次干道不低于20%。

（三）机关团体、文化娱乐、教育体育、卫

生、科研院所等单位不低于35%。

（四）大型商业、服务业设施不低于20%；对有大气、噪声污染的厂矿企业单位不低于30%，产生有毒有害气体及污染的工厂，应当按国家规定设立防护林带。

（五）铁路、高速公路、河道两侧及水工程周围应当按照国家规定配套建设防护林带。

属于旧城区改造的，绿地率可以相应降低，但一般不低于前款规定标准的5个百分点。

鼓励屋顶绿化、垂直绿化、市政基础设施垂直与平面相结合的绿化。

第十二条 加强公园、游园、街头绿地建设，实施规划建绿、见缝插绿、拆违建绿。五百米半径内应当规划建设一处一千平方米以上的绿地，一千米半径内应当规划建设一处五千平方米以上的游园，二千至三千米半径内应当规划建设一处综合性公园。

第十三条 在城市规划和建设中应当体现绿化优先，合理安排地上、地下管线的位置及走向。地上管线应当有利于保持树形完整及生长，地下管线应当按有关规范，与树木及其他绿化设施保持距离，必要时采取保护措施。

第十四条 城市道路应当栽植行道树。行道树应当选择适宜的树种，胸径不得小于八厘米。

行道树栽植应当符合行车视线、行车净空和行人通行的要求。

道路红线外两侧零星空地，由道路建设单位同步实施绿化。

第十五条 建设项目绿化用地面积，因条件限制达不到第十一条规定比例的，应当报市、县人民政府批准，实行易地统一绿化。

单位和居住区有可以绿化的空地，应当限期绿化，不得闲置。

城市主干道实体围墙，应当逐步改造为透景围墙，做到庭院绿化与街道绿化融为一体。

空置土地具备绿化条件的，土地使用人应当进行临时绿化。

第十六条 城市基础设施的建设和维修，涉及城市绿化时，在设计中和施工前，应当制定绿化保护方案，并征求市、县绿化行政主管部门的意见。

第十七条 市、县、区人民政府应当在年度预算中安排城市绿化专项资金，保证城市绿化建设、管理和维护需要，并应当随公共绿化面积及财政收入的增加而相应增加。

机关、团体、部队、企事业单位应当根据本单位的绿化任务安排绿化经费。

建设单位在新建、扩建城市道路、居住区时，应当安排绿化的建设费用。

第十八条 城市各类绿化工程的设计、施工、监理，应当委托持有相应资质等级证书的设计、施工、监理单位承担。

第十九条 工程建设项目的配套绿化工程设计方案，按照基本建设程序审批时，应当有市、县绿化行政主管部门参加审查。

公园绿地、居住区绿地、风景林地和道路绿化等绿化工程的设计方案，应当按照规定报市、县绿化行政主管部门审批。

建设单位应当按照批准的设计方案进行施工。设计方案确需改变时，应当经原批准机关审批。

第二十条 绿化工程应当与建设工程的主体工程同时规划，同时设计，同时交付使用。

确因季节原因不能同时交付使用的，应当报市、县绿化行政主管部门备案，绿化工程完成的时间不得迟于主体工程投入使用后的六个月。

第二十一条 政府投资建设的各类绿化工程，应当经绿化行政主管部门验收合格后方可移交。

其他绿化工程，建设单位应当在验收合格之日起十五个工作日内，将验收资料报送市、县绿化行政主管部门备案。

第三章 管理和保护

第二十二条 城市绿化管理保护责任按照如下规定确定：

（一）政府投资的绿地，由市、县、区绿化行政主管部门和相关部门负责；

（二）单位或者个人投资的绿地，由产权人或者经营管理者负责；

（三）实行物业管理的居住区的绿地，由物业服务企业负责；未实行物业管理的居住区的绿地，由产权单位或者街道办事处、镇（乡）人民政府负责；

（四）建设工程用地范围内保留的绿地由建设单位负责。

责任交叉或责任不明确的绿地由绿化行政主管部门确定责任单位。

政府投资的城市绿地的养护，应当逐步通过招标方式确定养护单位。

各养护单位应当按照国家和本市绿地、行道树的养护技术标准进行养护。

第二十三条　任何单位和个人不得擅自占用城市绿化用地。因建设需要临时占用城市绿化用地的，应当经绿化行政主管部门审核同意，按有关规定办理临时用地手续。临时占用结束后，委托具有资质的单位在规定期限内恢复原状。

第二十四条　任何单位和个人不得擅自改变已建成绿地的使用性质。确因国家建设或者其他特殊情况需要改变的，应当经绿化行政主管部门审查后，按照规定程序报批。

第二十五条　城市内的树木花草所有权受国家保护，其权属规定如下：

（一）政府投资和群众义务种植的树木花草，归国家所有；

（二）各单位在其用地范围内种植的树木花草，归本单位所有；

（三）居民庭院内个人种植的树木花草，归个人所有。

第二十六条　城市的树木，不论其权属，不得擅自迁移和砍伐。确需迁移和砍伐的，应当经绿化行政主管部门批准，并按规定补植或者采取其他补救措施。

因抢险救灾和处理突发事故确需修剪、砍伐树木的，有关部门可以先行砍伐、修剪，在三日内向绿化行政主管部门补办手续，并按规定补植或者采取其他补救措施。

第二十七条　城市的古树名木，实行统一管理，分别养护。绿化行政主管部门应当对古树名木建立档案和标志，划定保护范围，加强养护管理。在单位管界内或者居民庭院内的古树名木，由该单位或者居民负责养护，禁止擅自砍伐或者移植。绿化行政主管部门应当加强监督和技术指导。

第二十八条　经绿化行政主管部门批准，符合下列条件之一的树木，其所有者应当及时砍伐更新：

（一）发生严重病虫害已无法挽救或者自然枯死的；

（二）严重妨碍交通、电力、通信、建筑物及其他设施或者人身安全的；

（三）树龄已达到更新期的。

第二十九条　禁止下列损坏城市绿化及其设施的行为：

（一）损坏花坛、绿篱、栏杆、草坪的；

（二）钉栓刻划树木、攀折花木的；

（三）围圈树木、就树建房或者晾晒衣物、悬挂标牌的；

（四）污损建筑小品、雕塑及其他绿化设施的；

（五）在花坛和草坪上堆放物料或者倾倒垃圾、化学物品及液化气残渣的；

（六）在绿地内设摊经营或者停放车辆的；

（七）在绿地内种植蔬菜或者其他农作物的；

（八）其他损害绿化及设施行为的。

第四章　法律责任

第三十条　违反本条例规定，有下列行为之一的，由绿化行政主管部门予以处罚：

（一）违反本条例第十八条规定，未取得资质证书或者超越资质等级从事城市绿化工程设计、施工、监理的，责令其限期改正，对设计或者监理单位处以合同约定的一倍以上二倍以下的罚款；对施工单位处以工程合同价款百分之二以上百分之四以下的罚款；建设单位委托不具有相应资质等级的单位承担设计、施工、监理任务的，责令限期改正，可以并处一万元以上三万元以下的罚款。

（二）违反本条例第二十条规定，建设单位未按规定完成绿化工程建设的，责令限期完成；逾期未完成的，处以未完成绿地建设预算费用一倍以上三倍以下的罚款。

（三）违反本条例第二十二条规定，养护单位未按照养护技术标准进行养护的，责令限期改正，逾期不改正的，处以二千元以上一万元以下的罚款。

（四）违反本条例第二十三条规定，擅自占用城市绿化用地的，责令限期退还、恢复原状，可以并处所占绿地面积每平方米五百元以上一千元以下的罚款；造成损失的，应当负赔偿责任。

（五）违反本条例第二十六条规定，擅自砍伐、移植树木的，责令停止侵害，按规定补植树木或者采取其它补救措施，并处每棵二百元以上一千元以下的罚款。

（六）违反本条例第二十七条规定，损害古树名木正常生长的，处以一千元以上五千元以下罚款；擅自迁移、砍伐古树名木，或者致使古树名木枯死的，处以古树名木价值一倍以上五倍以下罚款。

（七）违反本条例第二十九条规定，损坏城市绿化及其设施的，责令限期改正，赔偿损失，可以并处二百元以上一千元以下的罚款。

第三十一条 绿化行政主管部门以及其他有关行政管理部门的工作人员玩忽职守、滥用职权、徇私舞弊的，由其所在单位或者上级主管机关给予行政处分。

第五章 附 则

第三十二条 本条例所称城市绿地包括：

（一）公园绿地：指向社会公众开放，以游憩为主要功能，兼具生态、美化、防灾等作用的绿地；

（二）防护绿地：指城市中具有卫生、隔离和安全防护功能的绿地；

（三）附属绿地：指城市建设用地中绿地之外各类用地中的附属绿化用地；

（四）生产绿地：指为城市绿化提供苗木、花草、种子的苗圃、花圃、草圃等圃地；

（五）其他绿地：指对城市生态环境质量、居民休闲生活、城市景观和生物多样性保护有直接影响的绿地。

第三十三条 本市规划区外的其他建制镇城市绿化管理，可以参照本条例执行。

第三十四条 本条例自2010年2月1日起施行。

合肥市学前教育管理条例

（2009年10月31日合肥市第十四届人民代表大会常务委员会第十三次会议通过 2009年12月16日安徽省第十一届人民代表大会常务委员会第十五次会议批准）

第一章 总 则

第一条 为加强学前教育管理，提高保育与教育质量，促进学前教育健康发展，根据《中华人民共和国教育法》等法律、法规，结合本市实际，制定本条例。

第二条 本条例适用于本市行政区域内的学前教育。

本条例所称学前教育，是指对学龄前儿童实施的保育与教育。

本条例所称学前教育机构，是指幼儿园、托儿所及其他对学龄前儿童实施保育与教育的机构。

本条例所称学前教育设施，是指用于学前教育的房屋、场地和其他配套设施。

第三条 学前教育应当遵循保育与教育相结合的原则，对学龄前儿童实施体、智、德、美诸方面的教育，促进其身心全面健康发展。

第四条 市、县（区）人民政府应当根据本行政区域内社会经济发展状况，制定、公布并实施学前教育发展规划，促进学前教育均衡发展。

县（区）人民政府应当举办发挥示范作用的学前教育机构。

鼓励和支持公民、法人和其他组织以各种形式依法举办学前教育机构。

第五条 市、县（区）教育行政部门主管本行政区域内学前教育工作，并配备专职人员负责学前教育的日常管理工作。政府相关部门按照各自职责，协同做好学前教育管理工作。

第六条 市、县（区）人民政府应当建立由各相关部门参加的学前教育联席会议制度。

第二章 设立与审批

第七条 举办学前教育机构应当符合本地学前教育发展规划，并具备下列条件：

（一）有组织机构和章程；

（二）有符合规定标准的固定场所和配套设施；

（三）有必备的办学资金和稳定的经费来源；

（四）有符合国家规定的保育与教育人员。

第八条 申请设立学前教育机构，举办者应当向所在地县（区）教育行政部门提交下列材料：

（一）拟办学前教育机构的地点、环境、设施、设备及布局方案；

（二）举办者的法人资格证明或者个人身份证明；

（三）拟办学前教育机构的章程；

（四）拟聘用工作人员的资格证明、健康证明；

（五）拟办学前教育机构的场地证明和必备资金证明；

（六）公安消防部门出具的消防安全证明；

（七）法律、法规规定的其他材料。

第九条　县（区）教育行政部门应当自受理行政许可申请之日起三个月内作出行政许可的书面决定。作出准予行政许可决定的，应当在十日内核发行政许可证照；不予行政许可的，应当说明理由。

未经行政许可，任何单位和个人不得擅自举办学前教育机构。

第十条　学前教育机构取得办学许可后，应当依法到相关机关登记。

第十一条　学前教育机构变更行政许可事项的，应当到原行政许可、登记机关办理变更登记。终止办学的，应当依法进行财务清算，妥善安置在学儿童，原行政许可、登记机关予以注销登记。

第三章　保育与教育

第十二条　学前教育机构应当按照规定的年龄段招生。招生简章和广告应当客观真实，并事先报县（区）教育行政部门备案。

学前教育机构的招生与班额设置，应当符合有关规定。

第十三条　学龄前儿童入学应当在卫生行政部门指定的卫生保健机构进行健康检查，凭健康检查证明等资料办理入学手续。

学前教育机构每年应当按规定对在学儿童组织体检。

第十四条　学前教育机构应当为学龄前儿童提供安全、健康、丰富的生活和活动环境，满足学龄前儿童各方面发展的需要。

学前教育机构应当根据学龄前儿童的实际状况，合理选择教育内容与方法，以游戏为基本活动形式，不得违背学前教育规律。

第十五条　学前教育机构工作人员应当尊重、爱护学龄前儿童，严禁歧视、侮辱、虐待、恐吓、体罚或者变相体罚学龄前儿童。

第十六条　学前教育机构的负责人、教师、保健员、保育员等应当符合国家规定的任职资格或者条件。

学前教育机构工作人员应当取得健康合格证明并每年进行健康检查。慢性传染病、精神病患者以及法律法规规定不宜从事学前教育工作的其他疾病患者，不得在学前教育机构工作。

第十七条　学前教育机构应当建立安全制度和卫生保健制度，严禁设置威胁学龄前儿童安全的建筑物和设施，严禁使用有毒、有害物质制作教具、玩具和用具，严禁组织学龄前儿童参加商业性活动和无安全保障的其他活动。

学前教育机构的房屋、活动场所、设施、设备、交通工具等有可能发生危险时，举办者、学前教育机构应当采取措施，防止事故发生。

第十八条　学前教育机构应当制定突发性事件应急预案，发生食物中毒、传染病流行等突发性事件时，应当采取紧急措施，妥善处置，并及时报告当地卫生行政部门和教育行政部门，不得瞒报、延报和漏报。

第十九条　鼓励学前教育机构与家庭、社区密切合作，面向家长开展多种形式的早期教育宣传、指导等服务，促进学龄前儿童家庭教育质量的不断提高。

乡（镇）人民政府、城镇街道办事处应当组织协调学前教育机构以及有关部门和社团开展学前教育活动。

第四章　经　　费

第二十条　学前教育机构的经费由举办者依法筹措，保证必备的办学资金和稳定的经费来源。

学前教育机构可以依法接受公民、法人或者其他组织的捐赠。

第二十一条　学前教育机构可以按照有关规定收取保育与教育费，但不得跨学期收费。

第二十二条　公办学前教育机构的保育与教育费实行政府定价。

民办学前教育机构依据办学成本，合理确定保育与教育费标准，报所在地物价和教育行政部门备案后公布执行。

民办学前教育机构备案应当提供备案报告和定价测算资料。物价部门应当依法审查备案资料，对不符合备案要求的，责令限期改正。

第二十三条　学前教育机构为在学儿童提供就餐服务的，可以收取伙食费。

收取的伙食费应当全部用于在学儿童伙食，不得克扣、侵占，并按实际核算成本每月结算，张榜公布。

第二十四条　学前教育机构的收费应当开具税务或者财政部门核发的票据，组织在学儿童体检代为收取的费用，应当提供医疗机构开具的合法票据。

学前教育机构所收费用应当全部纳入机构资金账户，逐项设立科目，独立核算，专款专用。

第二十五条 学前教育机构不得收取与学龄前儿童入学挂钩的赞助费、支教费等，不得用收费兴趣班、实验班等活动代替正常教育教学活动。

第五章 学前教育保障

第二十六条 市、县（区）规划行政部门应当会同教育行政部门，根据国家和本市配套建设学前教育设施的有关规定，合理布局学前教育设施。

城市新建、改建居住区，应当按照规划要求和国家建设标准，同步配套建设学前教育设施。属于政府投资的，应当在竣工验收后二个月内移交县（区）教育行政部门。

第二十七条 任何单位和个人不得改变学前教育设施的用途，不得侵占、挪用、损坏学前教育设施，不得在学前教育机构周围设置有危险、有污染或影响学前教育机构通风、采光的建筑和设施，不得干扰学前教育机构正常的工作秩序。

第二十八条 新建、改建、扩建学前教育设施，按照中小学建设减免费用的有关规定减免相关费用。

学前教育机构缴纳的水、电、燃气和物业管理等费用，执行中小学校缴费标准。

第二十九条 市、县（区）人民政府应当设立学前教育专项经费，扶持农村和社区的学前教育机构，培训学前教育机构工作人员，奖励优秀学前教育机构和工作人员，资助家庭经济困难或残疾学龄前儿童接受学前教育。

第三十条 县（区）人民政府每年度财政性教育经费应当按不低于5%的比例安排学前教育经费。

第三十一条 学前教育机构应当依法保障教师及其他工作人员的工资、福利待遇，并按规定为其缴纳社会保险费。

第三十二条 民办学前教育机构在教研活动、等级评定、人员培训、表彰奖励等方面，与公办学前教育机构享受同等待遇。

民办学前教育机构工作人员在资格认定、职称评定、教育科研项目的申请、评优、科研成果鉴定等方面，与公办学前教育机构工作人员享有同等权利。

第三十三条 教育行政部门应当建立学前教育管理信息平台，公布学前教育政策法规、考核评估等信息，公布学前教育机构的章程、机构基本情况、收费情况、接受政府资助和奖励、社会捐赠、财务审计结果等信息。

第三十四条 市、县（区）人民政府教育督导机构应当对学前教育发展规划的制定与落实、经费的投入与使用、保育与教育质量、管理水平、教师待遇等事项进行督查，并纳入年度教育工作督导考核范围。

第六章 法律责任

第三十五条 违反本条例规定，未经许可擅自举办学前教育机构的，由教育行政部门责令限期改正，符合本条例规定的学前教育机构条件的，可以补办审批手续；逾期仍达不到办学条件的，责令停止办学，给他人造成经济损失的，由举办者承担赔偿责任。

被责令停止办学的，由教育行政部门向社会公示。

第三十六条 违反本条例规定，有下列情形之一的学前教育机构，由教育行政部门视情节轻重，责令限期整顿、停止招生、停止办学：

（一）房屋、设施、设备不符合国家安全标准、卫生标准的，妨害学龄前儿童身体健康或者威胁学龄前儿童生命安全的；

（二）工作人员不符合国家规定的任职资格或条件的；

（三）教育内容和方法违背学前教育规律，损害学龄前儿童身心健康的。

第三十七条 违反本条例规定，有下列情形之一的学前教育机构，由教育行政部门责令限期改正，并予以警告；有违法所得的，退还所收费用后没收违法所得；情节严重的，责令停止招生、吊销办学许可证：

（一）发布虚假招生简章或者广告的；

（二）擅自变更学前教育机构许可登记事项的；

（三）擅自终止办学的。

第三十八条 违反本条例规定，有下列情形之一的单位或者个人，由教育行政部门责令改正，并对直接责任人员给予警告，可以并处二千元以上一万元以下的罚款，或者由教育行政部门建议有关部门对责任人员依法处理：

（一）克扣、挪用学前教育机构经费的；

（二）克扣在学儿童伙食费的；

（三）组织在学儿童参加商业性活动和无安全保障的其他活动的；

（四）改变学前教育设施用途的；

（五）侵占、挪用、损坏学前教育设施的；

（六）在学前教育机构周围设置有危险、有污染或影响学前教育机构通风、采光的建筑和设施的；

（七）干扰学前教育机构正常工作秩序的。

第三十九条 违反本条例规定，有下列情形之一的学前教育机构，由教育行政部门责令改正；有违法所得的，责令退还所收费用；对直接负责的主管人员和其他直接责任人员，依法给予行政处分。

（一）收取与学龄前儿童入学挂钩的赞助费、支教费的；

（二）用收费兴趣班、实验班等活动代替正常教育教学活动的；

（三）所收费用未实行独立核算、专款专用的。

第四十条 违反本条例规定，未按照规划和标准配套建设学前教育设施的，由规划和国土行政部门依照有关规定予以处理。

第四十一条 市、县（区）人民政府教育行政部门及其他相关部门工作人员在学前教育管理工作中滥用职权、徇私舞弊、玩忽职守的，由其所在单位或者上级行政主管部门依法给予行政处分。

第七章 附 则

第四十二条 本条例自 2010 年 2 月 1 日起施行。

专 文

合肥市承接产业转移示范区建设研究报告

合肥是皖江城市带承接产业转移示范区的核心城市，是安徽加速崛起的核心增长极，在我省承接产业转移、参与泛长三角发展分工中具有重要的战略地位。在当前复杂多变的国际、国内发展形势下，如何把握国际国内产业转移的新趋势，结合合肥发展的阶段特征和在区域发展中的优势，抓住机遇，以产业结构升级和产业布局优化为主线，打造具有区域乃至全球竞争力的产业基地是非常必要的。

一、国际国内产业转移现状及趋势

（一）国际产业转移现状及趋势

20 世纪 50 年代以来，已经经历了三次大的国际产业转移：一是 20 世纪 50 年代美国将钢铁、纺织等传统产业向日本、联邦德国等国转移，集中力量发展半导体、通讯、电子计算机等新兴技术密集型产业；二是 20 世纪 60—80 年代，日本、联邦德国等国将附加值较低的轻工、纺织和机电等劳动密集型和资源密集型产业转移到新兴工业化国家和地区（如亚洲“四小龙”等），重点发展集成电路、精密机械、精细化工、家用电器、汽车等附加值较高的技术密集型产业；三是 20 世纪 90 年代以来，欧美和日本等发达国家和亚洲“四小龙”等新兴工业化国家将自身不具有竞争优势的产业向以中国为代表的发展中国家转移，重点发展自身具有竞争优势的产业。通过三轮国际产业转移，全球主要生产要素实现优化组合，生产链条上下游紧密联系，发达国家与发展中国家市场进一步融合。

当前，随着全球经济的减速，产业转移速度出现放缓势头，产业结构面临调整，发达国家出现了产业回归或再工业化等新的趋势。但经过本轮经济调整之后，国际产业转移速度仍然会加快，新的产业格局会逐渐形成，产业转移的规模会不断扩大，层次不断提升，方式不断创新。主要表现为以下特征：一是大企业主导产业链整体转移，众多配套企业追随大集团、大公司的项目布局，形成跟随转移，在承接地“无中生有”，催生新产业。二是产业转移区域集中化，不同国家、不同地区的同行业企业基于市场容量、配套能力等向同一地区转移，形成趋同转移，推动承接地产业集群。三是企业按产业价值链配置资源，将低端生产环节向资源地转移，将高端决策、研发、营销环节迁入中心城市，形成了分离转移。四是转移日益向高科技化、服务化方向发展。以发达国家为主导、以信息技术和生物技术为核心的高技术产业，成为产业结构调整转移的重心。五是跨国证券投资和并购日益成为国际产业结构调整和转移的主要方式，服务业外包发展迅猛。

（二）国内产业转移现状及趋势

改革开放30年来，我国东部沿海地区率先抓住国际产业转移的良好机会，已经越过初级工业化阶段，开始迈入高级工业化阶段，进入产业结构调整和市场拓展阶段，加之土地、劳动力、能源等供给趋紧，企业商务成本升高，资源环境约束矛盾日益突出，向中西部地区转移的趋势日趋明显。国家大力实施中部崛起战略，推进东部沿海地区产业优化升级，出台十大产业调整振兴规划，使中部地区成为承接国内外产业转移的重点区域，承接产业转移的空间进一步增大。

在今后一个时期里，东西部产业转移趋势还会继续加强并呈现新特点：一是产业转移的层次会逐步提高，产业转移的重点由以前的劳动密集型产品，向资本密集型产业、技术密集型产业转化；二是生产能力转移不再是个别企业的孤立行为，产业转移从原来的单个项目、单个企业，或者说是单个产业，转变为包括产业的整体性转移。不同产业之间的相互整合，也从单纯的制造业向制造业、服务业和研发业转移，转移的领域更宽、更大；三是产业转移的主导角色转变，从政府的主导作用向企业主导作用转变，企业主导作用越来越强；四是中西部承接产业转移面临更大的挑战。一方面，东部地区产业转移指向不仅仅是中西部，还包括国外（如东南亚地区），同时，在东部地区政府导向下，向本区域欠发达地区转移的影响不可小视。另外，传统产业转移采取梯度方式，主要着眼于劳动力优势与区位优势；而资本密集型产业、技术型产业转移更注重承接地的技术、人才、研发能力等综合优势与信息基础设施、体制条件等。

二、合肥承接产业转移的现实基础

（一）合肥承接产业转移现状

近年来，合肥坚持以加快发展为第一要务，以招商引资为第一要事，全面推进“大招商、招大商”，主动出击，积极承接产业转移，一大批10亿、20亿、甚至上百亿的大项目落户合肥。2005－2008年，全市累计引进省外资金1376亿元，年均增长62.5%，占全省引资总量约五分之一。省外投资80%来自长三角、珠三角和环渤海三大经济圈，其中引进长三角地区资金646亿元，占引资总量的47%，长三角地区已成为合肥外来投资的主要来源地。2006－2008年，全市实际利用外资29.34亿美元，年均增长28.9%，占全省总量的29.2%。大规模承接国内外产业转移，使合肥成为全国发展速度最快的省会城市。2005－2008年，全市地区生产总值从878.41亿元上升到1664.84亿元，财政收入从130.88亿元上升到301.21亿元，规模以上工业总产值由880.82亿元增加到2078.37亿元。2008年，地区生产总值、规模以上工业增加值、地方财政收入、全社会固定资产投资等主要经济指标增幅居全国省会城市第一位。目前，全市新增就业的70%来自招商引资来的企业，规模以上工业产值增量的70%来自招商引资来的企业。

（二）合肥承接产业转移的比较优势

1、区位优势。合肥地处江淮之间，居皖之中，具有承东启西，连南接北，紧邻长三角，承接梯度转移的区位优势。合肥是中部地区距离长三角最近的省会城市，是长三角向中部地区产业转移和辐射的最接近区域。以合肥为中心，半径500公里的范围涵盖了中、东部7省1市，拥有5亿多人口，是全国消费市场最广、消费能力最强、消费潜力最大、消费层次最高的区域，具有吸引产业转移的巨大市场容量。

2、交通优势。合肥是建设中的全国区域性综合交通枢纽，有10条铁路线在合肥交汇，与公路、水运、航空等构成了四通八达的立体交通体系。特别是合宁高铁、合武高铁建成，极大地缩短了合肥至上海、南京、武汉的时空距离，近三年来，合肥强力推进城市基础设施大建设，累计完成投资459.3亿元，完成路桥工程386项，在建57项，建设道路总长962.3公里，已建成664.6公里；桥梁101座，已建成78座。目前，环城高速全线贯通，新桥国际机场、合肥港综合码头建设加快推进，“一环六射”的高速路网已经形成，基本实现合肥经济圈主城区“1小时通勤圈”，合肥交通优势日益显现，城市承载力和产业支撑力大幅提升。

3、成本优势。合肥综合商务成本约为沿海地区的75%。劳动力丰富，而且成本较低，在岗职工平均工资相当于长三角的77.8%，相当于珠三角的91.6%。合肥职业教育发达，拥有各类职业学校109所，在校生19.2万人，各级专业技工22.8万人，能够保障产业转移的用工需求。土地资源相对宽松，人均拥有土地面积是长三角的1.2倍，是珠三角的1.6倍，投资成本较低。合肥经济圈内资源丰富，淮南是国家级亿吨级煤炭生产基地之一，巢湖是全国五大淡水湖之一，六安霍邱20亿吨的铁矿资源在华东地区位于首位，具备为产业转移提供各种要素保障的条件。

4、产业优势。合肥具备全方位承接产业转移的现代产业体系，先后被国家确定为加工贸易梯度转移重点承接地、国家汽车及零部件出口基地、中国服务外包基地城市和国家级动漫产业基地。目前已形成汽车、家电、装备制造、电子信息等八大重点产业。家电产业汇集了美的、海尔、长虹、美菱、三洋、格力、华凌等知名家电企业，是全国家电产品种类最多、品牌集中度最高的地区。汽车产业拥有江淮、安凯、昌河等3家整车企业和300多家配套企业，是国内车型系列最全的城市。合力叉车、日立挖掘机市场占有率居国内前列。合肥具有承接产业转移的良好载体，现有2个国家级开发区和7个省级开发区，基础设施完善、产业特色鲜明、产业承载和配套能力较强。

5、科教优势。合肥是我国重要的科教基地，是中西部科教资源比较集中的地区之一，是全国唯一的科技创新型试点市、世界科技城市联盟会员城市、全国技术创新试点市、全国制造业信息化重点城市、国家知识产权示范城市、全国科技进步示范市。全市拥有中国科技大学、合肥工业大学等高校59所，中国科学院合肥物质研究院等各类科研机构200多家，省部级重点实验室33个，技术研究和开发机构358家，两院院士31人，拥有科技人员30余万人，居全国同类城市前列。近年来，积极推进科技创新试点市和合芜蚌自主创新综合配套改革试验区建设，初步形成产学研有效结合的运行机制，形成社会化、网络化的科技创新中介服务体系，实现主导产业、重大项目、重点学科、科技研发的互动融合，科技对产业发展支撑作用日益明显。

6、金融优势。合肥金融业发达，是区域性金融中心，基本形成涵盖银行、证券期货、保险、金融控股公司、金融中介组织等在内的较完备的金融体系。近年来，伴随着合肥经济跨越发展，合肥金融业发展较快，在肥设立总部的金融机构有7家，国内金融机构在肥设立的省一级分支机构约30家，各类金融和准金融机构网点超过1000家。金融业的快速发展，为产业转移提供了良好的融资服务条件。

7、环境优势。近年来，合肥以营造合法高效的政务环境为核心，真正把合肥打造成为中西部乃至全国审批环节最优、办事效率最高、服务意识最强的地区之一。通过坚持不懈地抓效能建设，全市各级服务意识普遍增强，办事效率显著提高，发展环境不断优化，合肥先后被评为“全国十大经商成本最低城市”、“浙商投资最佳服务城市”、“跨国公司眼中最具投资价值及投资潜力的中国城市”、“中国大陆最佳商业城市”。作为国家首批命名的园林城市，近年来，合肥积极推进生态园林城市建设，城市绿地率达到38.91%、绿化覆盖率达到43.93%、人均公共绿地面积11.44平方米，全年空气质量良好率超过300天，城市绿化三项指标均接近生态园林城市标准，基本形成宜居宜业的良好城市生态环境。

当前，合肥在承接产业转移中仍然存在着许多需要解决的问题：一是城市综合服务功能需要进一步提升；二是区域功能定位与产业布局需要进一步明晰；三是城市经济发展空间需要进一步拓展；四是产业配套能力需进一步提升；五是重点领域的改革和体制机制创新需要进一步推进

三、承接产业转移的总体思路和发展目标

（一）总体思路

以科学发展观为指导，牢牢把握国内外产业转移和促进中部地区崛起的战略机遇，充分发挥合肥比较优势，优化空间布局，创新体制机制，扩大对外开放，积极参与泛长三角区域发展分工与合作，大力承接国内外产业转移，加快合肥产业集聚和产业结构优化升级，努力把合肥建设成为中西部地区开放程度最大、体制机制最优、产业集中度最高、生态环境最好的承接产业转移示范区。

——全国重要的先进制造业和现代服务业基地。在承接产业转移中推动产业结构优化升级，大力承接发展现代制造业、高技术产业和以金融、物流、信息服务为主的生产性服务业，培育一批在国内外具有较强竞争力的优势产业和高技术产业集群。

——中西部地区科学承接产业转移的示范区。把承接产业转移与提高自主创新能力结合起来，大力推进自主创新综合配套改革和其他各项改革，深入推进体制机制创新，在重点领域和关键环节实现突破，使合肥成为中部地区承接产业转移的先行区和体制机制的创新区。

——安徽加速崛起的核心增长极。抓住承接产业转移契机，增强合肥产业集聚和辐射能力，推动优势产业集聚，培育发展新优势，提升合肥综合竞争力，使合肥成为合肥经济圈的“发动机”、安徽加速崛起的“增长极”，引领和带动全省经济的发展。

——皖江城市带承接产业转移示范区的核心城市。充分发挥合肥在推进皖江城市带承接产业转移建设中的龙头带动作用，利用合肥区位、交通、科教、产业、环境等优势，进一步优化发展环境，加强基础设施建设，增强产业配套和服务能力，降低生产要素配置成本，使合肥成为环境最佳的产业转移承接地。

（二）发展目标

通过大规模承接国际及东部地区产业转移，到2015年达到以下主要目标：

1、经济实力显著增强。全市地区生产总值达到6000亿元，占全省总量的24%以上；人均地区生产总值达到12500美元；全市工业增加值达到2400亿元；2009—2015年，全社会固定资产投资累计超过24000亿元；财政收入突破1000亿元，地方财政收入突破500亿元。

2、产业结构持续优化。基本建成以高技术产业为先导、先进制造业为支撑、现代服务业全面发展的现代产业体系。在汽车、装备制造、家电、电子信息、新材料、冶金、化工等产业，形成一批集聚度高、带动力强、销售收入超千亿元的产业集群。

3、体制机制日趋完善。经济外向度大幅提高，利用国内外资金年均增长50％以上。与长三角在体制机制、基础设施、市场体系等方面实现全面对接，形成良好的政务环境、政策环境、法制环境和市场环境，形成城乡统筹、一体化发展的体制机制。

4、生态环境更加良好。污染物排放得到有效控制，空气质量进一步提高，巢湖综合治理取得明显成效，城市综合服务功能显著提升，基本形成产业生态、人文生态、环境生态协调发展的城市综合环境。

四、承接产业转移的总体布局

大力优化提升城市核心区，积极完善拓展产业集聚区，重点建设城市发展新区，形成“一核、四区、四带”的承接产业转移示范区总体布局，基本形成与合肥城市功能相适应的产业空间发展格局。

1、优化提升城市功能核心区

在以老城区、政务文化新区为核心的主城区，重点建设中央商务区。结合老城区改造，打造国内知名的商业服务中心区和特色商业街区，建设若干个集购物、餐饮、休闲、娱乐、景观为一体的大型购物中心。以高端商务服务业为龙头，大力承接发展商务、金融、教育、卫生、休闲、文化传媒、中介服务等产业，形成商务服务发达、功能齐备的现代商务中心功能区。

在滨湖新区，重点建设现代服务业功能区。大力承接发展金融、会展、商务、旅游、中介服务等产业，逐步形成区域金融中心、行政中心、商务中心、会展中心和总部经济集中区。

2、完善拓展四大承接产业转移新区

依托国家级和省级开发园区，集中力量，集聚资源，在主城区西南、西部、北部和东部，打造四大承接产业转移新区，成为体现合肥产业优势，最具经济活力、市场竞争力、产业辐射力的战略增长极。

——派河南岸先进制造业新区。规划面积180平方公里，以经开区、桃花工业园等为依托，沿合安高速、合铜高速向南拓展，建设北接经开区、东至宿松路、南至丰乐河、西至合九铁路（复线）的先进制造业特色产业新区。重点承接发展汽车、装备制造、家电等产业。

——西部高技术产业新区。规划面积120平方公里，以高新区、蜀山经济开发区、合肥国家科技创新型试点市示范区等为依托，沿长江西路、宁西铁路向西拓展，建设北至长江西路、东接科技示范区、南至合九线、西至外环高速的高技术产业特色产业新区。重点承接发展电子信息、新材料、新能源、生物医药、公共安全等高技术产业。

——合淮新型重工业新区。规划面积约100平方公里，以新站区、瑶海工业园、双凤经济开发区、庐阳工业园为依托，建设北至外环高速、东至大众路、南至淮南线、西接双凤经济开发区，位于合淮工业走廊南端的新型重工业新区。重点承接发展铝材深加工、光电产业、输变电设备、汽车零部件、钢结构件等产业。

——东部重化工业新区。规划面积约150平方公里，以循环经济示范园、肥东新城开发区为依托，沿合巢芜高速、合宁高速向东拓展，建设东至合徐高速—方兴大道一线、南至方兴大道、西至外环高速—店埠河一线、北至合六叶高速的重化工业特色产业新区。重点承接发展新型化工、钢材深加工等产业。

3、延伸发展四大产业带

结合合肥经济圈建设，以合肥市主城区为中心，四大承接产业转移新区为支点，依托交通干线，向城市外围延伸拓展，联动周边市县打造四条产业带。

——合铜安产业带。以派河南岸先进制造业新区为支点，依托合安、合铜高速公路，合九铁路（复线），形成合铜安产业带。重点发展汽车制造、冶金产业。

——合六叶产业带。以西部高技术产业新区为支点，依托合六叶高速公路形成合六叶产业带。重点发展汽车及配件、高新技术产业。

——合淮蚌产业带。以合淮新型重工业新区为支点，依托合淮阜、合徐高速公路，合淮铁路，形成合淮蚌产业带。重点发展新型重工业。

——合巢芜产业带。以东部重化工业新区为支点，依托合巢芜高速公路、合巢铁路形成合巢芜产业带，重点发展钢铁深加工和新型化工产业。

五、承接产业转移的重点和方向

1、发展壮大先进制造业

重点承接发展大中型装备制造、汽车、家用电器、冶金和化工产业，鼓励发展其他先进制造业，提高研发能力和制造水平，到2015年，先进制造业实现产值6000亿元以上。

大中型装备制造业。依托合力叉车、日立建机、熔安动力、合锻集团、天威合变、合肥ABB、东华工程等骨干龙头企业和通用机械研究院、水泥研究院，延伸产业链，提升系统集成能力。重点承接发展挖掘机、叉车、装载机、压路机、吊车等整机制造技术和生产环节，积极引进发动机、电池及驱动控制系统、变速箱、减速机、液压系统、电子电器等配套企业，承接发展特高压和超高压大容量变压器、低损耗低噪音变压器、组合式变压器和新型干式变压器等输变电设备制造技术和生产环节，承接船用动力系统、大型工业动力装置、大型快速液压设备和水泥、化工、环保等成套装备的集成制造技术及生产环节，吸引相关配套企业集群发展。

汽车产业。以汽车产业基地建设为重点，大力发展大型客车、新能源汽车、低排量轿车，加大整车制造技术的引进和自主研发，提高载货车、客车及客车底盘、商务车、低排量轿车等优势产品的设计、制造和集成能力，加强工程车、消防车等特种车和新能源汽车的研发和技术储备，重点承接自动变速箱、汽车发动机、电子控制系统、汽车电池等关键零部件的制造技术和生产环节，形成较大规模整车和成套自动传动装置生产能力。

家用电器制造业。以美的-荣事达、海尔、长虹-美菱、格力、三洋-荣事达、欧力、尊贵等骨干企业为龙头，积极引进国内外知名家电研发机构，重点在冰洗产品嫁接电子信息技术的研发上实现突破，形成具有自主知识产权的信息家电核心制造技术，保持家电主导产品的技术领先优势。主动承接国内外彩电、空调、冰箱、洗衣机及其他家电整机和龙头配套企业，承接发展集成电路、新型显示、压缩机、冷凝器、蒸发器、电机等核心零部件生产，提高核心配套件本地配套率，建成国际知名的家电产业基地。

冶金产业。结合国家已经批准的马钢（合肥）公司搬迁改造规划，对合肥市区的钢铁冶炼能力实施迁建，建设优特钢生产基地。推进中铝电解铝项目，实现煤电铝联营，承接形成电解铝—铝板材—铝制品深加工产业链。以热交换器用冷凝管、换位导线及组合线、电解铜箔、特种线缆等产品为重点，承接发展铜加工业。发展金属冶炼设备。

化工产业。支持联合利华整合全球生产基地，支持佳通轮胎公司做大做强，推进德国大陆公司合肥高档乘用车轮胎项目建设。围绕盐煤化工、精细化工，加快推进中盐项目，承接发展精细化工、纯碱、氯碱及下游产业。围绕石油化工，加快桑铌科技项目建设，承接发展焦化、炼化等系列石油化工产品，特别是大力发展高分子材料等本地急需化工产品。鼓励发展化工装备研发制造。

2、加快发展高技术产业

重点承接发展电子信息、新材料、节能环保、生物医药和公共安全等高技术产业，积极承接航空航天、军事、海洋等其他高技术产业。到2015年，高技术产业形成产值3000亿元。

电子信息产业。依托合肥京东方、芯硕半导体等骨干企业，大力发展信息家电、基础电子材料及元器件、汽车电子、光电显示和智能语音产业，重点承接发展等离子（PDP）、光学投影（DLP）和

LED 等新型显示器件产业和超大规模集成电路、数字化音视频产业、高密度激光视盘机等产业及相应的上下游配套行业，加快形成集群分布、分工明确、互相支持的完整产业链。同时瞄准国际 IT 产业发展的最新前沿，不断引进最先进的研发技术和高端制造行业，加快承接发展软件外包，打造中国服务外包基地，努力使合肥成为国内外具有一定影响力和知名度的电子信息产品的研发、制造、销售基地。

新材料产业。围绕信息、生物、重大装备、新能源等产业发展的需求，以杰事杰、合肥乐凯、开尔纳米、桑铌科技等骨干企业为龙头，重点承接发展特种功能材料、高性能结构材料、纳米材料、复合材料、环保节能材料、大规模集成电路外延材料和封装材料。鼓励企业利用技术优势向下游产品延伸，通过引进战略伙伴、技术入股、兼并重组等方式，建设一批重大产业化项目，在更多新材料领域争得主导地位。

节能环保产业。以光伏和生物能源产业、建筑节能产业、燃料电池和高能电源产业、新型化工产业为重点，以易能生物、阳光电源、国轩高科、国祯环保、罗宝建材等骨干企业为龙头，积极承接太阳能光伏、生物能源、燃料电池、高能电源、建筑节能、精细化工领域的骨干企业来肥发展，支持锂离子动力电池、大功率并网逆变器、风力发电机组、光伏电池控制系统及燃料敏化太阳能电池技术开发和产业化项目。

生物医药产业。重点承接发展基因药物、合成药物、生物医学工程产品、现代中药等。集中开发一批掌握自主知识产权的新型疫苗、生物试剂和基因工程药物。开发和推动生物农业产品产业化，发展超级杂交稻、优质高产小麦、转基因棉花以及畜、禽、水产等育种业，推进生物农药、生物肥料、动物新型疫苗的规模化生产。以发酵工程、酶工程和微生物应用为重点，推广应用生物制造技术。发展可替代石油化工产品的生物基材料。

公共安全产业。以应急救援、食品安全、交通安全、火灾监控、信息安全产业为指引，依托电子科技集团 38 所和中国科技大学等高校和科研院所，建设国家公共安全信息技术研究院和应急信息技术重点实验室等公共安全技术研发平台和产业化载体，承接发展应急装备产业、食品安全检测产业、大空间火灾安全监控系统、自主消防灭火系统、微型自动扫描灭火系统、量子保密通信技术、信息安全控制系统等核心技术的研发和制造环节，形成自主知识产权和自主品牌，建成国家公共安全产业研发和生产基地。

3、大力发展现代服务业

抓住当前国际和东部沿海服务业加速转移机遇，大力承接发展金融服务、现代物流、会展旅游、动漫创意、房地产、中介服务等现代服务业，提升具有区域优势的金融、文化创意、房地产和商贸等支柱产业，培育发展空间较大的动漫创意、旅游会展、现代物流、文化休闲和中介服务等潜力产业。

金融服务业。以资源集聚和金融创新为重点，着力吸引国内外银行、保险、证券、信托、基金和风险投资等各类金融机构落户合肥，重点开发面向高技术企业的投融资服务、面向城市基础设施和开发园区建设的投融资服务、面向广大中小企业的融资担保服务等金融创新服务品种，建设辐射全省的区域性金融服务中心。

现代物流业。围绕新桥机场空港、合肥新港、铁路枢纽，加快申报合肥出口加工区和保税物流中心，在合肥东部、西南部、北部和西部（空港）建立四大物流园区，积极引进国内外知名物流企业，发展专业物流基地、物流园区，支持物流企业通过重组转型、整合并购、战略联盟等方式做大做强，加速融入长三角大物流圈，逐步形成区域性现代物流中心。

旅游会展业。深度挖掘、整合、开发各种旅游资源，承接发展旅游相关产业，积极引进战略投资者，建设一批有牵动性、有影响力的旅游大项目，形成若干个特色明显、吸引力强的休闲旅游集聚区。充分利用全省旅游资源，加速融入长三角旅游网络，逐步形成全省旅游中心城市和长三角观光休闲度假基地。依托合肥区位优势、产业优势和环境优势，加强与全国行业协会、国际会展机构的交流合作，积极承办各类国际国内会议，大力引进国内外知名品牌会展和会展公司，形成一批具有产业和地方特色的专业化会展品牌，使合肥成为在中部地区乃至全国具有一定影响力的区域性会展城市。

中介服务业。大力发展法律、会计、审计、税务、咨询、评估、广告、策划、调查、人力资源、经纪代理等中介服务业，推动中介服务产品和方式创新。大力引进国际国内著名的会计、法律、咨询、评估等中介服务企业，借鉴国际中介服务的先进理念、手段和技术，提升我市中介服务业的服务水平，推进中介服务向市场化、规模化、国际化方向发展。加快发展具备涉外高端服务功能的中介服务机构，为我市经济国际化、城市国际化提供支撑。

4、积极发展现代农业

围绕都市型现代农业发展，加大农业结构调整力度，完善农业基础设施和产业体系，促进农业产业化、特色化、规模化。积极吸引长三角等沿海龙头企业投资建设农产品批发交易市场、冷链物流系统、配送中心和连锁农家店，提供多种形式的农业生产经营服务。抓好高科技农业示范区、现代设施农业区、绿色园艺区、集约种养区、名特优水产养殖区发展，大力引进国内外农业龙头企业，重点承接发展种业、蔬菜园艺业、苗木花卉业、特色种植业、畜禽加工业和休闲观光农业，构筑特色成块、产业成带、集群发展的现代农业新格局，建成中部地区重要的农副产品加工基地和面向长三角的优质农产品供应基地。

六、承接产业转移的保障措施

（一）建立工作推进机制

成立高规格的承接产业转移工作领导机构，负责全市承接产业转移的指导、协调和联络、调度工作。建立部门联席会议制度，定期研究制定承接产业转移的政策措施，解决重大产业转移项目落户问题，及时协商解决承接产业转移工作中出现的新情况和新问题。当前要着重做好以下工作：一是在承接产业转移示范区规划的基础上，结合土地利用整体规划和城市总体规划，加快编制和实施《合肥市承接产业转移工作实施方案》，有序承接产业转移。二是建立重大招商项目协调制度，加快编制完善产业发展规划和产业转移指导目录，选准承接的重点产业和承接点。三是充分利用中博会、世博会、自主创新要素对接会等各类投资贸易活动平台，建立与拟承接的国际国内500强企业“一对一”联系机制，主动加强与长三角等东部沿海地区政府和有关部门、行业协会、大型企业集团的联系，建立合作关系，共同推动企业到我市投资发展。

（二）提升园区产业承载力

围绕承接产业转移集聚区建设，编制完善开发园区规划，整合现有开发区、工业园区，形成规模集聚效应，促进集约发展。向国家申报设立合肥出口加工区和保税物流中心。强力推进开发区、工业园区基础设施大建设，加快完善开发区、工业园区基础设施和配套设施，增强园区吸纳和承接大产业、大项目的能力。创新园区管理体制和开发机制，支持有条件的园区按市场运作方式，成立具有独立法人资格的基础设施建设开发公司，实行综合开发，滚动增值，逐步建立起长期、稳定的园区基础设施建设投融资机制，推进园区上规模、上等级、上水平。探索与发达国家和沿海先发地区在我市合作建设产业转移示范园区，鼓励发展共建共享、收益分成的“飞地经济”。以承接产业转移为契机，建立完善项目进入与退出机制，实行“腾笼换鸟”，优化产业结构，推动开发园区转型升级。

（三）加大财政政策支持力度

在已出台的一整套支持新型工业化、现代农业、现代服务业和自主创新政策体系的基础上，进一步完善促进承接产业转移的相关财政政策。整合设立合肥市承接产业转移专项资金，重点对承接产业转移的基础设施和重大产业项目建设给予以奖代补。设立创业引导基金，支持产业升级、创业投资和高技术企业发展。对属我市鼓励类产业转移企业，自投产起一定时期内，按企业利税进行配比奖励，奖励资金作为政府对国有企业的资本金注入，待企业形成规模后择机推出。建立工业用地开发成本补贴机制，2009年起，市财政每年从房地产等经营性用地项目的土地出让金纯收益中，按一定比例安排用于工业园区、承接产业转移集聚区基础设施建设。鼓励转移企业整体收购我市国有企业，被收购企业原有的不良资产，经有关部门批准可予以核销，非经营性资产准予剥离。

（四）加快综合交通枢纽建设

全方位推进公路、铁路、水运、航空等现代交通网络与沿海发达地区对接。积极推进合肥铁路枢纽南环线和高铁站、合蚌客运专线、西合线增建二线及既有线电气化改造、京福高铁（合肥段）、商杭客运专线（合肥段）等重大项目建设，使合肥成为7条国家铁路干线交汇的铁路枢纽。围绕四大产业带，重点建设以合肥为中心，连接淮南、六安、巢湖、芜湖、安庆、铜陵等周边城市的快速公路网，加快形成由合宁高速、合徐高速、合芜高速、合淮阜高速、合安高速、合六叶高速和环城高速构成的一环六射高速公路体系。加快合肥城市轨道交通工程建设，规划建设连接周边城市的城际快速轨道交通，打造合肥经济圈内城市主城区“1小时通勤圈”。

积极推进合宁高速扩建工程、合肥新桥国际机场专用高速公路工程、淮南能源城至合肥煤炭外运通道、合淮阜高速公路至长丰县城连接线、合六高速公路至肥东县县城连接线等重点项目建设。

以引江济巢工程为契机，加快推进合肥港综合码头、派河码头、裕溪和巢湖复线船闸建设，实施合裕线航道、派河航道以及店埠河、丰乐河航道升级改造，打造合肥江淮流域内河航道中心，实现通江达海目标。

加快新桥国际机场及配套工程建设，建设合肥航空枢纽。结合合肥综合交通枢纽建设，加快空港物流园区建设，大力发展第三方物流，构建物流信息平台建设，推进区域内的口岸通关一体化，加快构建便捷通畅、安全高效的现代化综合物流体系。

（五）提高金融服务水平

建立协调机制，搭建融资服务平台。鼓励金融机构为转移企业提供开户、结算、融资、财务管理等金融服务，引导金融机构根据企业需求开展业务创新，及时满足转移企业多元化的金融服务需求。对牵动性强的重大转移项目，开辟信贷支持“绿色通道”。凡转移落户企业在原属地的资信评级结果和信用记录，各商业银行应给予参照和使用，并在风险可控的情况下，依据原有的资信评级结果和信用记录给予相应的信贷支持。设立风险投资引导基金，积极指导和帮助转移企业在境内外上市融资，支持有实力的转移企业发行企业债券和短期融资券，允许转移企业以股权融资、项目融资和资产证券化融资等方式筹集资金。在风险可控的条件下，积极探索对鼓励类产业转移企业工业知识产权和非专利技术等无形资产的质押贷款。对积极为产业转移项目承贷、并达到一定额度的金融机构，政府将给予奖励。

（六）确保产业转移项目用地

开设土地审批“绿色通道”，优先审批产业转移项目用地及配套设施用地。对于科技含量高、经济效益好、资源消耗低、环境污染少的产业转移项目，优先安排用地指标，并优先安排用电、用气、用水计划和指标。对于列入国家和省重大建设项目的产业转移项目，确需调整土地利用总体规划的，依法及时予以调整。创新工业用地计划分配方式，实行差别供地机制，确保成长前景好、投入强度大的企业以及低能耗、低污染、效益好的转移企业用地。鼓励企业提高项目容积率，对建设多层标准厂房的，给予一定的配套设施补偿费。深入推进节约集约用地试点工作，完善土地使用“双向约束”机制，确保企业用地合法合规，促进按时开竣工、按期投产增效。

（七）增强区域自主创新能力

全力推进国家科技创新型试点市和合芜蚌自主创新综合配套改革试验区建设，建设国家高技术产业基地，争创国家创新型城市，提高产学研结合的层次和水平，促进科技与经济互动融合，为转移企业提供强大科技支撑。支持企业与合肥以及长三角地区高校、科研院所通过联合开发、委托开发、共建经济实体等形式，建设产学研战略联盟，共建企业技术中心、人才培养机构。依托合肥雄厚的科技资源，大力引进国内外知名高技术企业，重点培育一批具有增长潜力的高技术产业集群。以科技创新示范区为依托，规划建设面向全省、辐射全国的科技成果转化交易服务平台，促进科技成果在合肥的转化和产业化。加强民营科技企业创业服务中心、高新技术创业服务中心、软件园等各类科技企业孵化器建设，建设一批面向社会开放、服务中小企业、研究开发产业共性与关键性技术的综合性、专业性公共技术平台，提高培育高技术企业能力。

（八）提供转移企业用工和人才保障

加快劳动力市场建设，不断延伸就业服务，形成统一开放、竞争有序、城乡一体的劳动力市场。围绕转移企业的用工需求，制定鼓励政策措施，组织开展各类专场招聘会，进一步提高各级政府促进农村剩余劳动力到转移企业就业的组织化程度。加快合肥职教城建设，针对合肥承接产业转移重点，整合各类培训资源，建立技能人才校企合作培训制度，及时拓展符合企业需求的专业，开展订单和定向培训，为转移企业提供数量足够、技能熟练的劳动用工。大力实施人才集聚工程，编制完善《合肥市紧缺人才需求目录》，结合重大产业项目转移，采取团队引进、核心人才带动引进、高新技术项目引进等方式，大力引进海内外高层次人才来肥创新创业。开辟高层次人才引进的“绿色通道”，消除人才引进特别是境外人才引进的制度障碍。

（九）建设宜居宜业生态环境

大力推进生态文明建设，抓好城市环境综合治理，精心做好“水文章”、“绿文章”，努力使合肥天更蓝、地更绿、水更清、景更美、空气更清新，成为一座宜居宜业、生态环境良好的城市。组织实施“水环境治理三年行动计划”，开展水系治理、截污治污、调水补水、监控调度和生态重建。以争创全国生态园林城市为抓手，加快构建“翠环绕城、园林楔入、绿带分隔、点线穿插”的大绿化格局，真正让市民出门500米见绿、1000米见公园广场。加强巢湖水环境综合治理，贯彻实施《巢湖流域水环境综合治理总体方案》，建立环巢湖城市联动协作机制，在城市污水处理、工业污水治理、生态修复与保护、湖泊污染应急工程、节水减排建设等方面，联手申报、开工建设一批重大项目，力争2010年基本不再让一滴污水流入巢湖。加快推进环巢湖生态湿地保护工程、巢湖沿岸“生物多样性”工程、沿巢湖绿化防护林工程、环巢湖“退圩还湖”工程，促进巢湖水质不断改善。引江济巢工程是根本改善巢湖水质的关键工程，加快工程前期准备工作，力争年内开工建设，工程完成后，巢湖每年可实现安全自流引江水10亿立方米以上。组织实施淠史杭灌区续建配套与节水改造工程，规划建设引响（洪甸）入肥工程。坚持承接产业转移与可持续发展相结合，加强节约资源、能源和环境保护工作，把污染总量削减指标作为建设项目审批的前置条件，严格控制新建项目污染物排放，实现可持续发展。

（十）提升政府服务效能

深入推进效能建设，创新行政管理体制，转变政府职能，简化审批程序，提高行政效能，建设服务型政府，不断提高政府执行力和公信力，形成行为规范、运转协调、公正透明、廉洁高效的管理体制和运行机制，营造承接产业转移的良好政务环境。继续深入推进行政审批制度改革、城市管理体制、财税体制以及事业单位改革，全面清理面向企业的行政和事业性收费项目，进一步取消和降低收费项目和标准，切实减轻企业负担。建立健全全方位的投资环境监督体系，加大对投资投诉案件的协调查处力度，对影响投资的违法违纪行为，依法依纪处理。

（市发改委）

合肥市城市管理体制情况及改革建议方案

现代城市的生存和运营，一般包括发展、建设、管理（含养护）三大任务。多年来，我市一直沿袭城市管理和养护作业等事权高度集中在市级的“倒金字塔形”城市管理体制。这种体制在城区规模不大的时候发挥了较好作用，但随着现代化滨湖大城市建设的快速推进，城市区域以每年15平方公里的速度不断扩大，现有的城市管理体制与城市快速发展实际不相适应，制约了城市管理水平进一步提高，影响了城市魅力充分展现。

近期，我们根据市领导指示，先后就城市管理体制改革问题对各区、开发区和市直部门进行了多次调研，并与市建委、财政局、编办、园林局专门赴青岛、石家庄、厦门等城市学习考察。通过综合分析和审慎研究，参考其他城市改革经验，我们认为，要全面提升城市管理水平，必须更新理念，遵循现代城市运营规律，把城市管理置于与城市发展、城市建设相同甚至更加重要的地位；必须改革市级政府部门建管兼理的体制机制，明晰事权，实施建管分离；必须调整市区两级管理权限，推进城市管理重心下移，权利下划，全面实现属地化管理；必须剥离城市管理部门的作业功能，实施管养分离，与此同时，建立城市管理作业市场的技术门槛，消除体制性障碍，大力推进市场化运作。

一、目前我市城市管理的基本情况

我市城市管理方面的职能主要分散在市级的市容局（执法局）、建委、园林局、房产局、水务局等部门承担。其中，市容局（执法局）负责环卫设施、环境卫生、垃圾清除、户外广告、渣土管理、行政执法和全市高架路桥清扫工作；市建委负责市政设施（主要包括道路、桥涵、排水设施及其附属设施）的建设、管理、养护和公用事业（企业）单位管理工作；市园林局负责市属公园、道路绿化、游园广场等方面的管理和养护工作；市房产局负责城市住宅小区的物业管理等工作；市水务局负责城市防洪和城市河道的管理工作。市公安局等其他市直部门负责相应行业的管理工作。各区政府主要承担辖区内的除市级管理范围之外的部分主次干道、小街巷的市政设施、园林绿化等管理养护和市容环卫、行政执法工作和无主管部门小区的物业管理工作。

本文主要就市容环卫、市政设施、园林绿化和住宅小区物业管理等四个方面进行报告。

（一）市级职能部门管理情况

1、市容环卫（行政执法）。（1）责任主体。市市容局（城市管理行政执法局）作为责任主体，承担全市市容管理、环境卫生管理和城市管理行政执法工作等职责。（2）管理范围。自2005年实行城市管理重心下移下划了事权、财权、行政处罚权和绝大多数行政许可权，主要承担规划、指导、督查、问责等宏观管理职能。部分职能处室直接承担建筑渣土清运查处、环卫基础设施管理，直属的龙泉山生活垃圾处理场、机械化清扫队等事业单位负责生活垃圾收集处理、立交桥清扫保洁、主次干道洒水、冲洗等具体作业工作，其中，机械化清扫队负责五里墩、美屯、金屯、金寨路和四里河5个立交桥45万平方米清扫工作。（3）经费模式。2005年底市市容局的主次干道保洁、生活垃圾转运、环卫设施建设等下划到区级管理，市级预算不再安排相应经费。（4）人员概况。2008年，市机械化清扫队编制14个，实有13人（另有退休1人），人员工资40.5万元，占管养经费的21.9%。

2、市政设施（涵盖范围见注释）。（1）责任主体。市建委作为责任主体，承担城市建设、管理、养护等职责，市政设施主要通过直属的市政工程管理处、排水管理办公室等单位对全市城区的市政道路、桥涵、排水设施、照明设施及其附属设施实施管理养护工作。（2）管理范围。道路165条（5条快速路、42条主干道、51条次干道、67条支路），总长399.99千米，总面积1275.26万平方米；桥梁82座；窨井盖和排水井盖63944个；路灯54540盏；景观灯88403套；路名牌1118个；绿化面积33.12万平方米；机动车辆冲洗点297个；无障碍牌1112个；排水管网1167.22千米；污水泵站13座；排涝泵站33座；管理河道51.4千米；中水处理厂1个。市级管辖的市政设施覆盖全市绝大部分地区。（3）经费模式。市政设施管养实行“人事合一”经费模式（市政设施管养经费包含设施养护费用和人员经费两部分），经费主要从城建税、基础设施配套费以及建委系统收费中安排。每年市政大中修、城市主次干道日常养护、路灯电费等费用由市财政专门安排。（4）人员概况。2008年，市政工程管理处编制448个，实有1306人（另有离退休160人），人员工资1669.3万元，占拨付经费的38.4%；排水管理办公室编制692个，实有1751人（另有离退休12人），人员工资272.7万元，占拨付经费的12.5%。

3、园林绿化。（1）责任主体。市园林局作为责任主体，承担全市园林绿化相关行业管理职责，主要通过直属的9个公园管理处、绿化施工养护管理处、园林绿化工程管理站和市苗圃等事业单位直接从事园林绿化管理养护工作。（2）管理范围。9个公园管理处负责管理公园总计1253.15万平方米。绿化施工养护管理处负责城区道路绿化、游园广场、公共绿地的养护管理工作，主要包括：市区二环路以内91条主次干道179.80万平方米绿地；潜山路等招标、委托道路44条，委托养护绿地103.38万平方米，合计204.24万平方米；景区、广场绿地26.47万平方米；其他养护绿地166.84万平方米。市园林局直管绿地总计577.35万平方米，基本覆盖全市。（3）经费模式。绿化设施管养实行“人事合一”经费管理模式，经费主要从城建税、基础设施配套费中安排。重点绿化工程和公园建设、改造均由市财政和建投公司安排资金。（4）人员概况。2008年，9个公园管理处编制1225个，实有1006人（另有离退休657个），人员经费2481.7万元，占全部拨付经费的99.3%（其中野生动物园和三国遗址公园无经费）；绿化施工养护管理处编制259个，实有227人（另有离退休93人），人员经费5521.3万元，占拨付经费的47%。

4、物业管理。（1）责任主体。市房产局作为责任主体，承担市、区两级物业管理机构的职能，负责全市物业企业资质管理、物业专项维修资金管理、直管公房管理、物业管理项目招投标、老旧小区整治、物业管理小区创建和业主委员会备案等工作。（2）管理范围。覆盖全市城区内的所有物业企业及其行业管理所有内容。（3）经费模式。物业管理处作为市房产局内设处室，为行政编制，财政经费正常拨付。（4）人员概况。物业管理处编制3人，实有3人。

5、老旧小区管理。据统计，全市四个城区和新站区共有458个遍布城区的规模不等、彼此分割的各类单位小区、直管公房小区、城中村。以前，市财政安排专项资金购买公益岗位，各区招聘一定数量的“4050”人员负责这些小区的治安巡逻工作，再由市劳动保障部门根据规定拨付一定比例资金。目前，原有政策时效已经结束，并且公益岗位随着治安巡逻人员退休等因素自然减员，这部分老旧小区日益成为城市管理的难点。由于历史上形成的原因，目前暂由各区属街道、社居委负责管理。

（二）区级政府管理情况

各城区城市管理项目，主要通过区级政府职能部门及其直属事业单位负责管理养护工作。总体而言，区级城市管理职责、权限和范围较小，经费保障机制较差。

1、市容环卫（行政执法）。由区市容局（行政执法局）按照定人、定时、定岗、定责、定标准、网格化管理方式负责辖区内市容环卫和行政执法工作。经费主要来源于区财政拨款，市财政核定市容环卫管理支出下划基数和城建税收入基数，纳入市对区财政结算体制基数。市、区按4：6和5：5比例分配城市生活垃圾处理费和建筑垃圾处理费，但生活垃圾处理费收缴率一直不高。从2008年起市级财政承担城区环卫设施新建项目的70%经费。

2、市政设施。主要通过区建设局直属的自收自支事业单位管理养护。各区主要承担辖区内部分主次干道、支路、街巷市政设施、区属道路、排水排污管道等管理养护工作。市政设施养护维修费用由区财政拨付。

3、园林绿化。一般由区林业局、绿化办或园林局按照多块牌子一个机构方式负责管理，通常以设立直属事业单位按照条块结合、属地管理、分级负责方式负责除主次干道、市级公园以外辖区内绿化建设管养工作。经费由区财政拨付，部分经费通过自收自支解决。工业园区绿化管养由相应管委会负责。

4、物业管理。市房产局在各区设立了事业单位的房产分局，主要负责住房保障方面事务，没有物业管理职能。各区政府一般通过指定某个单位协助市房产局在辖区内开展物业管理工作，区级政府因无机构、无人员、无职责等因素难以有效发挥小区物业管理作用。

（三）开发区管理情况

开发区城市管理职能机构基本上按照“建、管、养”分离和市场化模式对市政设施、园林绿化、市容环卫进行管理养护，行政执法由各开发区城市管理执法分局（大队）负责。

1、市容环卫（行政执法）。（1）高新区由城市管理执法分局负责，2008年底原有区属市容环卫工人80%实现社会化，并实现80%区域环卫作业市场化养护管理，基本形成了“以事核费，以费养事，养事不养人”机制。管理费用和人员工资实行预算管理，由区财政统一支付。（2）经开区由社发局（执法分局）负责，通过社区管理委员会采用市场化运作，将道路保洁承包给物业公司。保洁经费、行政执法人员经费由区财政全额承担。（3）新站区由城市管理行政执法分局负责，经费由管委会全额财政拨款。（4）政务区市容环卫工作通过委托社会化公司实施管理。

2、市政设施。（1）高新区市政设施（包括道路、排水、路灯等）由建设发展局建成后移交给城市管理执法分局管理，通过公开招标方式确定养护单位，实现规范养护管理。管理费用和人员工资实行预算管理，由区财政统一支付。（2）经开区市政设施由建设发展局规划，代建单位建设后交区建管中心管理，养护企业负责养护。（3）新站区由建设局市政处承担辖区内部分市政设施管理养护工作和小街巷改造工作等，市政处为全额拨款事业单位。（4）政务区由指挥部办公室委托区属园林工程公司进行管理，公司通过市场化运作招聘人员进行养护，采购设备超过10万元的纳入政府招标采购项目。经费经过决算、审计、审核后区财政支付。

3、园林绿化。（1）高新区由区绿化办等相关部门建成后，移交城市管理城法分局管理，通过公开招标方式确定维护养护单位。（2）经开区由区建设发展局负责绿化建设，区建设管理中心负责监督管理，区内5家养护单位竞争负责辖区8个游园广场、720多万平方米公共绿地管理养护。建设及养护经费由其财政局概算、决算、审计后统一支付。（3）新站区由建设发展局负责园林、绿化规划、管理、监督工作。（4）政务区由指挥部办公室委托区属园林工程公司进行管理，该公司通过市场化运作招聘人员进行养护作业。经费由区财政支付。

4、物业管理。除市房产局2007年3月将物业管理部分职能委托经开区房产中心实施外，其他开发区均无物业管理职能和机构。

（四）现有城市管理体制主要弊端及其原因

1、管理、作业等事权高度集中在市级政府部门，管理难以到位。除市容环卫和行政执法在2005年实施重心下移，主要由区级负责外，市市容局（行政执法局）还依然负责全市生活垃圾处理、户外广告审批等管理工作。市政设施、园林绿化的管理养护事权绝大部分由市级负责，市、区两级的物业管理职能全部由市房产局负责，市级集中了城市管理的大部分管理权。这种“倒金字塔形”的管理体制，难以调动城区管理的积极性、主动性和创造性。

在市级层面，由于受人力、物力等因素制约，只能根据管护项目轻重缓急分批实施，影响管理效果。在区级层面，不承担主要管理养护职责，基本处于无责、无权、无钱、无事状态，缺乏主动性和责任感，导致许多工作需要市级行政推动才能完成。市级管理养护范围覆盖面太宽，必然造成“管得着的看不见，看得见的管不着、不去管”、“条条纵向不到底、块块横向不到边”的粗放式管理局面，管理效率低、成本高，效果差。

2、市级管理职能分散交叉，多头管理，资源重复浪费。市级职能部门分工不清、职能交叉重叠，造成多头管理，容易产生“都管又都不管”现象。如市建委承担机场路等绿化管理养护工作，市园林局也承担琥珀潭－黑池坝等区域灯饰工程建设管理工作，市建委与市园林局管理范围存在交叉；同时，市建委直属的排水办负责南淝河部分灯饰工程建设管理，与市政工程管理处管理范围也有交叉。在一条道路上，市政及其排水等基础设施维护、绿化带管养、环卫保洁作业等由市建委、园林局、市容局等多个部门分别管理。这种管理主体多元化容易导致各自为政，相互之间无法形成协同效应，多方协调导致管理资源重复浪费，久为社会诟病。

3、财政保障不足，分配方式单一，制约管养水平提高。目前城市管理实行“人事合一”财政供养体制，多年来，城区面积急剧扩大、管养标准不断提升、综合管理成本大大增高，但市财政下拨经费基数并没有随之同步增长，按照旧有标准拨付的城市管养经费缺口较大。如按照1994年《全国市政工程设施养护维修估价指标》标准拨付管养经费，造成市政设施等实际管理维护投入不足，科技含量、机械化装备等作业水平也难以提高。各区建设规模和扩张速度大不相同，但是长期以来市财政下划各区的用于城市管理养护的城建税基数为同一比例，全部定为30%，造成老城区基础设施陈旧、管养任务重但管养经费少的局面。例如2008年，市财政下划瑶海区30%城建税收入为1991万元，同期包河区则为6087万元。

4、体制改革力度不大，推进艰难，阻碍城管作业市场化进程。多年来，市级管理部门实行“建管合一、管养合一”体制，造成政事不分、事企不分和管养不分，绝大部分管养事项由系统内自建、自管、自养。2008年，市容局、建委、园林局有城市管理方面的事业单位18个，总编制2408个，实有3221人，离退休967人，全年工资6473.5万元，占全部拨付经费的22%，“以费养人”现象严重（见附件1）。如市政工程管理处编制448人，实有1306人，人员工资占38.4%；市园林下属单位编制1619人，实有1357人，人员工资占拨付经费的90%。由于市级职能部门所属单位和人员占据城市管理项目，难以引入竞争机制，阻碍了城市管养作业的市场化进程。各开发区一般采取“建、管、养”分离模式，但大部分通过组建国有企业承接市政设施、园林绿化等管理养护工作，市场化的公开、平等原则体现不够。

5、高位监管缺失，激励约束作用不强。多年来，我市城市管理主要还是靠行政性推动和运动式管理，缺乏高位监管协调组织，也没有建立制度化、规范化、科学化的长效管理机制。目前，市容环卫管理和城管执法工作已纳入市级政府目标考核，但市政设施管理、园林绿化等管理工作尚未全面纳入市区两级政府目标考核范围。在实际工作中，单纯依靠市级职能部门通过行政“问责”推动区级管理，不仅效果不佳，而且难以长久，无法调动区级的积极性和主动性，难以形成长效管理机制。综合执法与专业执法部门脱节，城市综合执法力度受到限制。

6、城市管理存在空白点和薄弱环节。多年以来，城市管理只负责道路桥梁、地下管网、河道广场、公园绿地等等，作为城市组成细胞的居民小区则由物业公司管理。在计划经济的体制下，机关和企事业单位多实行自建宿舍区、自行管理的传统做法，形成了大大小小规模不等的生活小区。城市规模的不断扩大，在城市的核心和边缘地区造就了很多“城中村”。房屋制度改革以后，房产部门对于出售给私人的直管公房的管理任务也随之消失。这三种情况造成的无主管部门、无物业管理的小区一直未被纳入城市管理的范畴，以至于这些小区（含城中村）成为城市管理的空白区域。据统计，全市这样的无物业管理、无主管部门的城市小区达458个。政府对此管理缺失，没有针对性的政策和相应的管理部门，现由区属街道和社居委做些补救性质的管理，其管理水准之低和脏乱差程度与现代化大城市的管理要求极不对称。

二、推进城市管理体制改革的总体思路、基本原则和重点内容

城市管理作为一个开放的复杂系统，是城市建设、发展和综合实力的一个重要标志，也是促进城市持续发展的重要环境。建设现代化滨湖大城市、拓展城市功能空间、开发城市形象资源和建设公共服务型政府都离不开城市管理创新。

城市管理创新，首先是管理理念创新。在新一轮城管体制改革中，一是要确立城市管理出生产力的理念，二是要确立政府提供公共服务的理念，三是要确立效率优先的理念，四是要确立分级分权的理念，五是要确立市场化运作的理念，六是要确立社会化参与的理念。

据此，提出总体思路、基本原则和重点内容。

（一）总体思路

深入贯彻落实科学发展观要求，遵循现代城市管理基本规律，大胆创新，按照建管分离、管养分离、属地管理、市场运作的思路，整合、优化市级政府部门城市管理方面的职能、机构，明确划分市区管理的责任和权限，形成市控区统、条块互动、以块为主的城市管理新模式。

（二）基本原则

1、机构整合、职能优化原则。按照精简、统一、效能目标，归并城市管理职能机构，推行大城管体制，城市管理部门总揽城市管理事权，发挥协同效应，提高城市管理效能。

2、建管分离、权责一致原则。按照城市的建设、管理、发展功能进行职能划分，推进实施“建管分离”管理体制，进一步划分和明确建设、管理两个部门职责，形成专业化管理格局。

3、重心下移、费随事转原则。以下放事权、人权、财权为核心，干净、彻底、全部推进城市管理作业事项向区下划。根据事权调整，合理分配市、区两级政府财权，使事权与财权有机统一。

4、属地管理、权责一致原则。区级政府承担城市管理主要责任，市级政府部门负责协调、规划、监管。坚持责任与权利相一致，激发属地管理主体积极性，形成综合管理合力。

5、管养分离、市场运作原则。坚持社会化、市场化、专业化改革，加大“事改企”改革和城市管理市场化运作改革推进力度，实现管养分离。建立技术门槛，消除体制性障碍，制定分级分类作业标准，形成专业化作业新格局。

（三）重点任务

1、更新理念，遵循现代城市运营规律，把城市管理置于与城市发展、城市建设相同甚至更加重要的地位。

2、改革市级政府部门建管兼理的体制机制，明晰事权，实施建管分离。

3、调整市区两级管理权限，推进城市管理重心下移，权利下划，全面实现属地化管理。

4、剥离城市管理部门的作业功能，实施管养分离；与此同时，建立城市管理作业市场的技术门槛，消除体制性障碍，大力推进市场化运作。

三、推进城市管理体制改革的建议方案

（一）成立城市管理指导协调委员会（以下简称城指委）和城市管理委员会（以下简称城管委）。建立统一指挥、综合协调、监督有力的城市管理领导机制，提高城市管理决策的科学性、权威性。市长任城指委主任，常务副市长任常务副主任，分管市长任副主任，各区、开发区主要领导、市直相关部门主要负责人为成员，主要负责全市城市管理工作统筹规划、综合协调、监督检查和研究解决重大问题等。城市管理指导协调委员会下设城市管理委员会为城指委办事机构，承担城指委日常工作，主要负责制订城市管理总体目标、年度重点目标及管理规范与作业标准，对各区的指导、协调、监督、考核、评比、奖励等。建议以市容局为主体成立城市管理委员会，原市建委的公用事业和市政设施管理、市园林局的园林绿化、市房产局的物业管理等城市管理职能、机构和人员并入城管委或实施归口管理，新设城市管理指挥中心和督察支队作为直属机构，形成市建委专司城市建设、市城管委主管城市管理、市发改委负责城市发展的现代城市运营新格局。

（二）制定城市管理事权下划方案，推进城市管理重心下移。综合考虑各类管理事项实际情况、区级管养能力和作业水平以及养护作业市场成熟程度等因素，分类操作、分批实施，持续推动各类事务管理权限彻底下放，用两到三年的时间，实现城市管理作业全部下划城区。

1、市容环卫方面。（1）户外广告管理。城市管理局负责城区高速路口、快速路、主干道、重点区域以及市政设施和重大活动时的户外广告的审批和管理。根据城区区域功能不同，将户外广告区域分为严禁区、控制区、一般区和集中展示区（主要在商业区），制定相应的审批标准和管理方式。各区负责本辖区范围内除市管理范围之外的户外广告的审批和管理。市、区在各自管理范围内分别制定户外广告的具体规划，报市户外广告委员会批准后实施。户外商业广告按照有偿使用原则，通过招标和拍卖等方式设置使用权，筹集资金用于城市管理。（2）科学制定市容环卫管理规范和标准，将“特定路段、时间段摆摊设点许可权”、“建筑垃圾处置许可权”、“从事城市生活垃圾经营性清扫、收集、运输、处置服务的企业许可权”下放区级管理。（3）将高架路和立交桥的环卫保洁工作按属地下划各区管理，对跨区的如金寨路高架路指定由包河区管理。（4）将龙泉山生活垃圾处理厂划归所在区管理。

2、市政设施方面。对技术资质要求高、区级作业力量弱、市场成熟度低的市政设施，本着“围绕发展、系统规划、急用先改、分批实施”方案，按照“三步走”的思路，先期实施市政设施重心下移、属地管理；二是在建立健全市政设施养护市场准入和考核机制，培育养护作业市场成熟的基础上，实施管养分离；三是分流安置养护作业人员，推行养护市场化运作。重心下移范围包括本市行政区划内道路、桥梁、排水、照明等市政设施的行政许可、日常管理、养护维修和机动车辆冲洗管理。（1）综合考虑区级管养能力和作业水平，先行将一般的主次干道、支路、街巷（具体名称）管理维护下放区级负责（明确区与区之间管护交点和范围）；3 年内培育作业市场成熟，完成剩余主干道和快速路移交区级管理工作。以后新增市政道路，由市级建设完工，经验收合格后，备齐要件，移交所在区管养。（2）除高架桥、立交桥、跨河桥、下穿桥（具体名称）等大型桥梁设施暂由市级负责，其余城市桥梁随同道路同步下划，3 年内培育市场成熟并将其余桥梁下划属地管理。（3）城市排水设施随同道路下划各区管理。（4）城市功能照明设施在区级技术、设施成熟后，3 年内全部下划区级管理。（5）城市景观照明设施全部下划各区管理。制定《合肥市城市灯饰管理办法》，明确灯饰设置的区域范围、设置条件、设置标准、亮化时间及其他具体要求，对规定区域范围内符合灯饰条件的建筑物产权单位，必须进行灯饰亮化，电费由产权单位承担；属财政供给经费的市级预算单位，电费补贴列入部门预算安排。（6）机动车辆冲洗管理下划各区负责。（7）市政设施方面行政许可，除国家明文规定由市级审批许可的，其余的全部下划区级管理；市级有规定的可以通过委托方式下放区级管理，市级要建立健全管理规范和标准，负责指导、监督、检查等职责。

3、园林绿化方面。（1）将全市道路绿化、街头游园下放各区管理（明确区与区之间管护交点和范围）。（2）将市属直管公园按照属地下放区级管理。

4、物业管理方面。区级政府设置物业管理机构，承担辖区物业管理职责，推动城市管理向社区、居民小区和各类社会单位延伸。（1）将三级物业管理企业资质核发许可权下放区级行使。（2）强化物业企业城市管理功能，推进城市管理全城区覆盖。（3）制定和推进实施老旧小区改造规划和管理方案。（4）制定住房维修基金征集单位向政府物业管理部门移交和使用办法。

按照“人随事走、费随事转”原则，除市级保留管理事项需要的人员、设备等以外，将市级管养单位的机构、人员、设备按照各区作业量比例下划区级管理。按照“老人老待遇、新人新办法”和“核定支出、减员销编、逐步消化”和事业改制等方式，保障下划人员的身份、职务和工资待遇不变，人员经费纳入下划基数，妥善处理好改革过程中的人员分流安置问题。

（三）完善财政保障机制。针对下划经费不足问题，结合重心下移改革，改革现行市区财政供给体制，责成市财政局、市城管委和各区政府以城市基础设施现状、辖区面积和实际管养工作量、历年城建税征收额度等因素为变量，重新确定市与区的城建税分成比例。重新确定城市管理项目定额标准，结合物价系数，核定下划各区支出基数。对重心下移后各区新增设施量，按照“市保基数、区保增长”的原则，由各区承担管养经费。根据社会发展和城市管理水平提高的实际，以后每三年核定一次支出基数，使年度预算编制符合实际，为城市管理提供充足的财政保障。改革城市生活垃圾处理费收缴方式，实行水费捆绑支付办法，原市级40%分成全部下划区级使用。

（四）全面推进城市管理类事业单位改制。按照“建管分离、管养分离、重心下移、市场运作”的思路，推进市属事业单位改制。在推进城市管理重心下移、事权下划的同时，大力推进政事分开、事企分开，组建独立多元投资养护主体，为推进城市管理社会化、市场化、专业化创造条件。事改企全面推行之后，改变“人事合一”经费模式，实行按具体管理任务核定经费。待市场化条件成熟，市财政不再核定下拨人头经费，各市场主体均通过市场化途径和招投标市场取得养护作业项目和经费。对市级市政、排水、园林绿化等管理机构进行改革，将市政、排水、绿化管养等作业职能，从政府管理职能中剥离，对现承担此类职能的单位进行脱钩改制，使其成为自主经营、自负盈亏、自我约束、自求发展的法人实体和市场竞争主体。市级市政、排水及园林绿化管理机构成为没有基层单位的管理部门，减少管理环节，精简现有人员。

（五）大力推进城市管理作业市场化。建立城市管理作业市场的技术门槛，消除体制性障碍。全面推进城市管理部门与作业实体分离改革，实施管养分离。管理人员实施监督考核，作业人员组建公司负责项目养护工作。制定完善行业管理规范、技术标准、招标办法、准入机制、监管考核等规定，营造公平竞争环境，培育市场主体，鼓励社会力量参与城市管理。市政设施和园林绿化事权下放后，市、区两级市容环卫、市政设施、园林绿化等养护作业全面引入竞争机制，通过公开招标方式，择优选择管养单位，实行“花钱买服务，养事不养人”。对以道路、桥梁和河道为载体的市容环卫、市政设施、园林绿化等实行“捆绑组合、三位一体”综合作业养护，通过公开招标，明确作业责任主体，签订管养合同，实行综合承包制度，提高养护效率和质量，走城管作业市场化、社会化、专业化道路。

（六）建立综合执法协调机制。进一步理顺专业执法和综合执法的关系，建立城市管理与其他行政管理部门之间协同配合机制。一是建立“两级执法、以区为主”城市管理行政执法体制。市执法局负责跨区域、专业性强以及有重大影响的城市管理行政违法案件，并对区级执法工作进行指导和监督。区执法局管辖本行政区域内的城市管理违法案件。二是建立执法联动机制。借鉴青岛等地做法，建立完善《合肥市城市管理行政许可告知和责任追究制》，建立执法部门与规划、建设、公安、交通、工商、文化、卫生、环保、消防等部门之间的案件移送与执法联动机制，形成城市管理行政审批部门与执法部门信息联系、案件移送、执法联动、配合协作、相互监督等制度。三是建立城市管理公安保障机制。结合我市实际，借鉴石家庄模式，市公安局在各个城市管理行政综合执法部门派驻2名警察担任队长和指导员，并配备一定数量的协警参与城市管理执法，建立城市管理公安联动机制。

（七）建立健全监督考核机制。建立奖优罚劣、公平公正的综合监督考核机制，出台考核办法，细化考核内容，量化考核指标，保障考核目标长效化。一是建立综合考核办法。制定《合肥市城市管理综合考核办法》，将原由市政、环卫、园林等部门组织的考核合并为综合考核，每两个月对各区进行一次综合考核。对创建、节庆、会议等全市重大活动，及时调整和确定考核重点，发挥综合考核的导向和督办作用。考核结果定期在电视、报纸等媒体上向全市通报，并将城市管理和综合执法纳入市政府对区级政府目标考核。二是推行城市管理保证金制度。各区主要领导和分管领导向市政府缴纳管理保证金，根据年度城市管理考核情况和名次，按照先进重奖、落后重罚的原则兑现奖惩。三是实行城市管理以奖代补专项资金制度。制定《合肥市市政设施管理考核办法》，对各区的设施维护工作进行量化、细化、标准化管理。市财政集中环卫清扫保洁作业经费1500万元（每个区、开发区200万元，政务区100万元）实行以奖代补，并从中划出50万元作为奖励基金。以奖代补依据每月的公示结果和城市管理局的奖罚意见按季兑现，拨付到各区财政。奖励基金专项用于对年终环境卫生评比先进区和先进个人的奖励。市财政集中园林绿化养护经费360万元（每个区、开发区50万元，政务区10万元）实行以奖代补，并从中划出50万元作为奖励基金，专项用于对年终园林绿化评比先进区和先进个人的奖励。

（八）建立城市管理责任区制度。政府实施的城市管理范围一般只是城区公共的点、线、面上很小的一部分，大量孤立存在的各类单位办公、居民住所等区域不在日常管理范围。建立城市管理责任区制度，推进城市管理社会化，明确政府机关、企事业单位、各类社会团体和城市居民的城市管理责任和义务，形成以区为主、条块结合、部门联动、社会单位和市民参与的全面管理局面，提高城市管理水平。

附件：

1、主要城市管理部门直属事业单位情况一览表

2、现行城市管理部门职能机构主要业务情况

（市政府研究室　高晓光　夏　飞）

注：市政设施主要包括城市道路、桥涵、排水设施、照明设施及其附属设施。

1、城市道路。规划红线以内道路及其地上、地下空间。包括：车行道、人行道、路肩、路坡、路沟、停车场、广场、与新（扩）建道路同步移交的挡土墙、道路分隔带、路名牌、护栏等。

2、城市桥涵。跨河桥、立交桥、人行天桥、高架桥、人行地下通道、涵洞、隧道、桥涵附属设施（桥名牌，挡土墙，桥栏杆，人行扶梯，限高、限长、限载标志牌、桥梁测量标志等）；桥梁净空、涵洞前后30米及桥梁上下游60米的河道。

3、城市排水设施。雨污水管道、进水口、出水口、雨水井、检查井、明渠、暗渠、排水泵站、涵闸；城市污水处理设施；市区范围内的河道、护堤、护坡、防洪墙等城市防洪设施。

4、城市照明设施。指城市功能照明和景观照明的总称，主要用于城市范围内道路、街巷、桥涵、河道、隧道、广场、公园、公共绿地和建筑物等功能照明设施与夜间景观照明设施。

（市政府研究室）

合肥市老旧小区改造和管理情况调研报告

推进老旧小区改造和管理是改善居民生活环境的重要措施，也是城市现代化的必然要求。近年来我市按照“世界眼光、国内一流、合肥特色”目标，着力推进“大发展、大建设、大环境”建设，城市建设和发展取得了显著成效。但与城市建设相比，我市老旧小区改造相对不快，老旧小区管理相对落后，不仅影响了这部分居民生活环境的改善，也影响了城市形象的提升，一定程度上成为经济社会协调发展的制约因素。根据市政府多位领导批示，我们对城区、开发区和市房产局、财政局、国土局、规划局、公安局、公基金管理中心等18家单位和部门进行了初步调研，现将有关情况汇报如下。

一、老旧小区基本情况

（一）老旧小区界定的范围

1、老旧小区一般是指建设年代久远、房屋功能简单、基础设施不全、公用配套残缺、综合管理困难的集中成片居住区域。老旧小区是相对于住房制度改革以来新建商住小区而言，主要包括机关、事业、企业单位1995年以前在国有土地上建设的职工楼院，以及已经出售的直管公房小区、房改房小区和拆迁安置小区。其中，包含经市房屋安全鉴定办公室鉴定为危房或建设年代较久、房屋结构简陋、室内使用功能不全，破损程度较重的房屋集中连片的居住小区。

2、城中村主要是指城市建成区范围内部分农用地、村民住宅用地、自留地，基本具备撤队转户条件或已转户，但未办理国有土地使用权证，以居住功能为主的农村社区。城中村土地为集体所有制性质。由于城中村是特殊原因下形成和街道直管，其改造、管理等机制与国有土地上的各类住宅小区不同，并且2008年市政府已经出台了《合肥市城中村改造暂行规定》（合政〔2008〕27号），因而本调研报告未将城中村纳入老旧小区一并考虑。

（二）老旧小区形成的原因

老旧小区的成因是多方面的，但主要有以下几种：

一是国有、集体企业兴建的职工生活小区，因企业改制、破产等原因形成的老旧小区，如丝绸厂生活区等。

二是重点工程及拆迁回迁住宅小区，如太湖新村等；

三是被征地农民回迁建设安置的生活小区，如锦绣老小区等。

四是机关、事业单位兴建的职工小区，通过出售和住房改革等方式形成的住宅小区，如科研所宿舍等。

由于历史原因，这些小区规划设计不合理、建设标准低、基础设施不全、公用配套不完善、管理机制不灵活等都与现代新建商住小区形成强烈反差。同时，不少老旧小区责任主体逐步退出，房屋

产权多元化，小区维护和管理资金渠道逐步枯竭，后续管理衔接不顺畅等原因，导致这些小区逐步沦为成为城市的落后地带，变成了老旧小区。据市政法委调查，全市无人防、无物防、无技防的“三无”小区达526个，其中相当一部分就是本文所指的老旧小区。

（三）尚未改造的老旧小区分布情况

从初步统计来看，目前全市市区尚未改造的老旧小区共有337个，其中259个小区占地8052亩（另有78个小区缺少数据），房屋建筑面积7665670平方米，居民121274户，人口356419人。各城区老旧小区具体分布如下：

瑶海区：136处，其中58个小区占地2833亩（另有78个小区缺少数据），房屋建筑面积4470821平方米，居民66513户，人口196649人。在已知占地面积的58个小区中，占地5亩以下的1个，5－10亩的6个，10－20亩的8个，20－30亩的11个，30亩以上的32个。（详见附表1）

庐阳区：130处，占地2666亩，房屋建筑面积1626091平方米，居民29832户，人口85640人。其中，占地面积5亩以下的61个，5－10亩的29个，10－20亩的17个，20－30亩的4个，30亩以上19个。（详见附表2）

蜀山区：20处，占地492亩，房屋建筑面积374972平方米，居民5238户，人口16508人。其中，占地面积5亩以下的3个，5－10亩的3个，10－20亩的3个，20－30亩的3个，30亩以上的8个。（详见附表3）

包河区：18处，占地582亩，房屋建筑面积450343平方米，居民8469户，人口27460人。其中，占地面积5亩以下的1个，5－10亩的1个，10－20亩的4个，20－30亩的4个，亩30以上的8个。（详见附表4）

经开区：7处，占地629亩，房屋建筑面积252111平方米，居民2565户，人口6823人。占地面积均为30亩以上。（详见附表5）

新站区：26处，占地497亩（其中1个小区缺乏数据），房屋建筑面积491332平方米（其中1个小区缺少数据），居民8657户，人口23339人。在25个已知的小区中，占地面积5亩以下的5个，5－10亩的8个，10－20亩的3个，20－30亩的3个，30亩以上的6个。（详见附表6）

这些小区的数量、规模、建筑密度和人口等方面分布不均，特别是庐阳、瑶海两区的老旧小区数量、建筑面积、户数、人口等四个方面均占市区老旧小区的80%，其改造任务较为艰巨。

（四）已经改造的老旧小区情况

2007－2009年，市财政投入1717.55万元，带动区级财政投入945.12万元，改造了四个城区14个小区（含正在改造的），平均每个小区市财政投入122.68万元（区级67.51万元），涉及房屋建筑面积80.14万平方米，居民12640户，人口42656人。（详见附表7）

（五）老旧小区普遍存在的主要问题

一是基础设施不全。由于早期规划设计和配套建设缺陷，多数老旧小区雨水与生活污水排水管线没有分离，供电、供气、通讯、绿化、环卫、消防等基础设施不全，不能满足现代生活需要。

二是公共配套缺乏。多数老旧小区没有物业管理用房、各类车库，没有教育、文化、体育等活动场所，缺少社区管理、商业服务、医疗服务等场所，部分小区拥有公共配套设施被挤占挪作他用。

三是维修资金短缺。老旧小区房屋维修需求较大，小区道路、排水管线、环卫绿化等基础配套设施年久失修，按照原来标准缴存和现代物价水平使用的维修资金相对不足，无法满足当前的各类设施的维修需要。

四是房屋产权多元化。随着住房制度改革，有的老旧小区原建设（产权）单位逐步淡出，有的不复存在，原建设（产权）单位及其职工、转购小区房屋社会人员，形成了老旧小区房屋产权多元化现象，导致运行机制也各不一样。

五是安全隐患严重。多数没有封闭围墙和监控设备等物防、技防设施。由于管理主体不明确，违章搭建现象普遍，流动人口较多，物业服务费标准低且收缴率低，物业企业不愿接管导致这些小区人防缺失。不少原建设单位没有向责任主体或属地政府移交小区、居民等信息资料，属地街道因人力物力限制，一般只能代管小区环境卫生，其他社会管理困难较多。

二、老旧小区改造和管理中存在的问题及其原因分析

（一）老旧小区改造存在的问题及其原因分析

老旧小区改造受政策、规划、成本等多方面因素影响，主要存在以下几个方面问题：

1、缺乏具体政策。一是相关政策已停止执行。

2003年4月18日出台的《关于加强城市危旧房改造的通知》（合政〔2003〕50号）已从2006年停止执行，采取一事一议方式办理。二是缺乏具体执行办法。2008年4月3日出台的《关于深入实施民生工程的意见》（合政〔2008〕33号），提出“积极推进老旧小区改造工程”，对4个小区进行综合整治，但缺乏具体实施办法。三是拆迁改造阻力较大。《合肥市城市房屋拆迁货币补偿基准价格、产权调换差价及临时安置补助费标准》（合政秘〔2006〕32号）文件，拆迁改造补偿安置标准与当前物价水平差距较大，拆迁改造阻力较大。老旧小区改造缺乏规范、系统的政策，客观上造成老旧小区改造工作进展迟缓。

2、改造计划有限。2007－2009年市财政支持改造的老旧小区只有14个，平均每年每个城区只改造1个。目前，市小区办（市房产局）每年下达各区的老旧小区改造计划也仅为1－2个项目，改造计划较少。老旧小区改造缺乏整体规划，如果按照每年改造30个的进度，目前337个小区也需要10年左右的时间才能完成改造。

3、维修资金不足。一是房屋维修资金少。住房改革时按照《关于印发合肥（市区）1999年度出售公有住房的规定的通知》（合房改组字〔1999〕3号），售房单位按照实际售房款总额的20%提取维修基金，截止2009年6月，维修基金缴存单位566个，除退付维修基金285万元外，缴存余额只有2848万元。二是维修基金难以为继。根据规定，售房单位提取维修基金并负责售房后5年内的共用部位和公共设施维修养护工作，一些老旧小区房屋维修基金早已用完。按照当前物价水平，原来缴存的维修资金较少，不仅难以满足现在维修需要，更是无法为继。三是维修基金难以使用。老旧小区房屋产权多元化，维修基金使用缺少统一的申请主体，并且我市没有出台公有住房维修基金使用管理办法，维修基金使用缺少执行依据。

4、政府投入不大。一是市级投入较少。2007－2009年，市财政从城市建设维护费中分别安排老旧小区整治补助资金367.55万元、600万元和750万元，累计1717.55万元，改造项目14个。改造内容主要是拆除区域内违章建筑；翻修部分道路和下水管道；维修自行车库、路灯；补栽补种、绿化美化小区环境；新建物业管理用房；完善环卫设施；落实管理单位等7项内容，消防设施、供水、供电、供气等问题没有纳入改造范畴。二是区级配套资金难以到位。老旧小区分布不均，如瑶海、庐阳两区均在130处以上，再加财政紧张，由市、区按6：4比例共担的改造配套资金难以有效落实，影响老旧小区改造进度和效果。

5、组织协调困难。老旧小区改造程序复杂，没有强有力的组织领导，实际操作困难不少。一是涉及部门多。老旧小区改造是一项系统工程，涉及建设、规划、国土、房产、财政、公安、环保、园林、供电、通讯等十多个部门，仅由区级政府负责改造，难以有效协调众多市直部门。二是操作程序多。老旧小区形成原因复杂，土地和房屋产权多元化，拆迁改造的操作程序与一般商业开发区别不大，在拆迁成本核算等方面不可预见因素很多，在实际工作中很难操作。三是优惠政策落实难。诸多优惠政策是开发企业参与老旧小区拆迁改造的动力之一，在落实过程中，审批环节多，运转周期长，一定程度上影响了开发企业的积极性。

6、拆迁改造成本较高。部分老旧小区不适宜保留需要整体拆迁改造的，一些问题协调困难。一是拆迁安置成本高。老旧小区多处于中心城区，生活便利，违章搭建多，建筑密度大，绝大多数居民要求原地安置，但原地安置支付补差、增购等费用与居民收入悬殊较多，难以协调，拆迁安置成本较高。二是开发建设成本高。老旧小区改造受小区规模、土地成本、规划控制、施工环境等多种因素影响，开发建设成本较高，许多开发企业望而却步。

（二）老旧小区管理中存在的问题及其原因分析

1、管理主体不明确。目前老旧小区改造的市级主管部门为市小区办（市房产局），实施主体为区级政府，而管理主体不明确。由于老旧小区房屋产权多元化，没有统一的管理主体，属地街道因维稳需要才代管这些小区的环境卫生和治安巡逻等事务。同时，改造后的老旧小区无法找到接管主体，后续管理跟不上，导致改造的环卫设施、绿化场所等得不到有效管护，改造效果大打折扣。

2、缺少业主委员会。2005年市人大常委会通过了《合肥市物业管理条例》，但因物业管理体制不顺，区级政府没有正式物业管理机构，再加上业主自治理念落后等原因，大部分老旧小区没有成立自己的业主委员会，也无法有效开展自治管理工作。多数老旧小区依赖原单位、属地街道等解决一些问题，难以实现长效管理。

3、物业企业不愿接管。老旧小区多数没有封闭式围墙、物业管理用房、监控设备等基础安防设施，流动人口又多，物业管理成本较高。同时，老旧小区居民弱势群体相对较多，习惯享受原单位或属地街道免费提供的“福利式”服务，不少居民不愿意花钱购买物业服务，导致进驻的物业企业因费用收缴率低，难以维持正常运转而被迫退出。物业企业不愿接手老旧小区成为普遍现象。

4、综合管理困难。一是专职管理人员不足。2008 年 9 月出台《关于进一步加强流动人口服务和管理工作的意见》（合办〔2008〕48 号），明确提出了“结合合肥实际，按照中央综治委 1000 ∶ 1 的要求，配备流动人口和出租屋专管人员”，目前 4 个城区及 3 个开发区实际配备 370 名流动人口专管人员，总数不足难以有效开展工作。并且这些专管人员仅由社居委管理和使用，与公安机关等配合不够密切，没有真正发挥应有作用。二是相关政策连续性不够。2001 年以来，市委、市政府出台政策，通过政府购买等公益岗位方式，帮扶“4050”人员、“零就业家庭”等就业困难人员实现再就业，负责老旧小区巡逻等管理事务，截止到 2008 年底，公益性岗位累计安置就业困难人员 10000 人。今年，该项政策今年已经执行到期，新的政策尚未出台。再加上原有公益岗位人员自然减员和公益岗位不再增补，老旧小区治安巡逻人员减少，安全隐患相对增多。三是垂直单位管理不畅。部分条条单位自建小区的资料、社会事务没有移交地方管理，如蚌埠铁路分局所属铁静苑等生活小区，铁路职工以没有上级文件为由不配合登记，导致该小区计划生育等社会事务无法开展。这些小区有不少房屋对外转售，这部分人员也难以有效管理。

三、推进老旧小区改造和管理的总体思路

老旧小区的形成有其特殊的历史背景，在全面推进现代化滨湖大城市建设过程中，推进老旧小区改造和管理工作，是改善居民生活环境，全面提升城市形象，促进经济社会协调发展的必然要求，也是学习贯彻落实科学发展观的重要体现，对于增投资扩消费、保增长惠民生都具有重要意义。

（一）指导思想

以科学发展观为指导，根据城市建设发展需要，本着“政府主导、市场运作，条块结合、以块为主，责任分担、综合整治”的原则，以“提升城市形象，完善城市功能，改善居民生活环境”为落脚点，科学合理规划，整体统筹运作，分类推进，逐步实施，原则上用 3 年时间基本完成市区老旧小区改造工作，改善居民生活环境，建立完善长效管理机制。

（二）基本原则

一是坚持政府主导、市场运作原则。充分发挥各级政府在老旧小区主导作用，制定相关配套政策，统筹城市建设与改造管理关系，通过市场运作引进社会资本参与改造工作。

二是坚持条块结合、以块为主原则。建立市区联动、以区为主工作机制，各区负责组织实施，市直部门积极配合，推进老旧小区实现长效管理。

二是坚持责任分担、综合整治原则。依法按章办事，明确各类责任主体分担职责，分类分步推进改造管理，综合整治基础和公用配套设施，完善老旧小区正常功能。

（三）总体目标

改造工作要达到修缮房屋，延长使用寿命；完善配套，保障居住安全；改造道路，通畅小区交通；整修管线，方便生活需要；拆违增绿，净化美化环境；倡导物管，巩固整治成果的总体目标。

（四）工作重点

一是房屋改造。对破损的公用部位、阻塞的下水管道、渗漏的墙体屋面等进行改造，达到房屋结构安全，公用设施正常使用，上下水管道畅通的要求；选择影响景观的平顶房屋实施“平改坡”。

二是专项改造。对雨污水管道更新改造，实现雨水、污水管道分流，疏通和整修雨、污水管网；增设和整修小区内路灯设施；自来水实施一户一表改造；整理、整修或更新供电、电信、燃气等管线和设施设备，做到合理分布，有条件的地方做到管线入地等。

三是环境改造。建成封闭型的安全住宅小区，对道路、围墙、栅栏、环卫设施等进行整修，安装监控设施；依法拆除占用道路、绿地建筑物，保证汽车通道宽度不低于 4 米，自行车通道不低于 2 米，消防通道通畅；条件许可的地方增加绿化面积；根据条件解决居民停车问题。

四是长效管理。建立完善老旧小区物业管理制度，建设必要的公用配套设施，指导、督促改造后小区建立业主委员会，分类推进物业管理；按照规定配备各类专管人员，促进老旧小区实现长效管理。

四、推进老旧小区改造和管理的政策建议

（一）成立老旧小区改造管理领导小组。老旧小区综合整治是一项复杂的系统工程，涉及各区政府（部分管委会）和建设、规划、国土、财政、房管、公安、城管、民政、供电等诸多单位，综合协调仅靠个别部门则难以承担。成立以市政府主要领导任组长，分管领导为副组长，各区政府（部分管委会）和部门负责人为成员的城市老旧小区改造管理领导小组，建立市政府统一部署、区政府组织实施、市区部门密切配合的工作机制，保障老旧小区改造管理工作高效推进。在市房产局下设办公室，房产局局长兼任办公室主任，牵头会同有关部门做好改造计划、项目、方案、协调、检查、考核工作。

各区政府（管委会）负责辖区内老旧小区改造的组织实施工作，制订实施改造计划和具体方案，配合市直职能部门开展专项整治工作，协调处理改造管理过程中各种矛盾。其他有关市直部门按照职责做好老旧小区的改造和管理相关配合工作。

（二）制定老旧小区维修基金管理使用办法。目前，房屋维修基金由市公积金管理中心和市房产局分别各管一块，给申请使用主体使用这部分资金带来很多不便。建议根据我市实际，调整公积金管理使用办法。

一是制定公有住房维修基金使用管理办法，以便主管部门能够依法执行，保障老旧小区责任主体按照规定申请使用这部分维修资金。

二是根据（合政〔2006〕111号）文件，维修基金缴存单位办理维修基金过户手续，将缴存的公有住房维修基金过户给所在区政府主管部门统一管理。

三是改变公有住房维修基金管理分散状况，将1999－2002年间公积金管理中心提取管理的公有住房维修基金和2002年以后市房改办提取管理的公有住房维修基金对应下划区级主管部门管理，以方便缴存单位或小区业主统一核算和申请使用维修基金。

（三）制定老旧小区改造配套政策。对新建小区国家和地方都制定了建设、管理方面的法规条例，但对老旧小区改造、管理缺少相应政策。制定老旧小区改造政策，明确老旧小区原管理（产权）单位、现在业主或使用人、属地街道等相应职责。

一是明确房屋维修主体职责。借鉴武汉市做法，对房屋专有部分管养由业主自己负责，对房屋共有部分管养由业主按拥有物权份额共同负责；对单位自管和直管公有住房（包括房改已售的房屋）共有部分的管养，由房屋管理（产权）单位负责；对房屋管理（产权）单位因破产等原因撤销或注销的，由其上级主管部门（单位）负责该房屋共有部分的管养；若房屋管理（产权）单位的上级主管部门（单位）也已撤销的，由所在地的区人民政府组织协调，并依法确定该房屋共有部分的管养责任。

二是老旧小区内道路、绿化和供、排水等市政公用设施设备的管护，由相关专业部门（单位）按照职能分别负责。

三是对老旧小区内共用部位共用设施设备需要中修、大修、更新和改造的，在经公有住房住宅专项维修资金列支范围内专有部分占建筑物总面积三分之二以上的业主且占总人数三分之二以上的业主讨论同意后，可按规定使用公有住房住宅专项维修资金，由物业服务单位（机构）和业主持有关材料，向负责管理公有住房住宅专项维修资金的部门申请列支；尚未筹集住宅专项维修资金的，由原售房单位和业主依法筹措。

四是在老旧小区改造中，规划部门要根据老旧小区实际情况，因地制宜批准补建物业管理用房、车库等部分小区公用配套设施，减轻改造后续社会化管理难度。并明确公用配套设施的挤占腾退、回购等政策。

五是对需要整体拆迁改造的老旧小区，要因地制宜给予不同的优惠政策。对单体危旧房屋和占地面积较小、改造价值低的老旧小区，可以与周边较大小区捆绑改造。参照美菱老厂区模式，通过土地收储和净地拍卖方式进行开发建设，对这部分居民实行集中、就近或异地安置，对其中面积较小的建设公共绿地、街头游园等公益性设施。

六是适时修改有关文件。目前，《合肥市城市房屋拆迁货币补偿基准价格、产权调换差价及临时安置补助费标准》（合政秘〔2006〕32号），补偿安置标准与当前经济发展和物价水平差距较大，如环城公园以内住宅拆迁货币补偿每平方米2850－3000元，环城公园路以外至一环路以内1900－2350元，一环路以外与二环路以内1450－1750

元，二环路以外 950－1200 元，非住宅拆迁货币补偿基准价也悬殊较大，应及时修订，以减少老旧小区拆迁改造阻力。

（四）加大改造投入力度。2007－2009 年市级财政投入了 1717.55 万元改造了 14 个小区，目前市区尚未改造的老旧小区还有 300 多个，改造任务较为繁重，需要各级政府加大投入，才能尽快解决老旧小区改造。

一是要结合城市整体改造规划，统筹兼顾，在不影响规划的情况下，最大限度合理利用小区闲置土地或简陋房屋进行二次开发，增加小区正常管理"造血"功能，也适当增加政府改造老旧小区资金投入。

二是对部分有责任主体的小区，应明确管理（产权）单位承担部分改造责任，分担一定比例改造资金。

三是对无责任主体的老旧小区，明确市、区按照 6：4 比例承担部分老旧小区改造资金。业主和使用人也要适当承担部分责任。对庐阳区、瑶海区老旧小区数量较多的应区别对待，要加大市级投入比例，给予政策倾斜。

（五）建立长效管理机制。结合本轮政府机构改革，设置区级政府物业管理机构，完善物业管理体制机制。借鉴武汉市做法，制定我市老旧小区物业管理办法，根据老旧小区房屋、环境、配套设施和房屋产权的状况、居民的承受能力、服务需求以及消费意愿的实际情况，以社区为界，因地制宜，划分 1 个或多个物业服务区域，确定具体运作模式，巩固老旧小区改造成果。

一是对社区内原规划建设的住宅区或相对独立且配套设施比较齐全的住宅区（院落），可依法成立业主大会并选举产生业主委员会，以业主委员会为实施主体，通过合同（协议）等书面约定，选聘有专业资质的物业公司提供服务，或将所需服务的内容分别委托专业服务单位提供服务，或动员和组织业主或使用人自行提供服务。

二是对社区内单位自管住宅区（院落）或直管公有住房比较集中的住宅区（院落），可建立房屋管理（产权）单位负责召集，社区居委会和专业部门（单位）及业主、使用人代表组成的联席会议制度，通过共同协商达成管理服务协议，由房屋管理（产权）单位负责牵头统一管理服务。

三是对社区内房屋用途多样，且产权复杂，又难以围墙建院的住宅区，可建立社区居委会负责召集，房屋管理（产权）单位、专业部门（单位）和业主、使用人代表组成的联席会议制度，通过共同协商达成社区物业服务公约，成立中介服务机构等社会组织，以有偿微利的方式提供物业服务。

四是建立激励约束机制。支持社区成立中介机构等社会组织主动承接老旧住宅区物业服务。建立社区中介物业服务机构等社会组织年度考评激励制度，根据其服务内容、质量和规模等考评情况，对考评达标的每年度按 2—3 万元的标准给予奖励。

（六）建立完善相关管理政策。在没有推进老旧小区改造和管理工作之前，必须尽快出台完善有关政策，与原先政策保持顺畅衔接，直接有效保障老旧小区治安巡逻等方面管理事务正常运行。

一是继续出台新的公益岗位政策。因公益岗位自然减员和减人消岗等原因，目前公益岗位上的治安巡逻人员仅有 1544 人。建议在新出台政策中继续向就业困难群体倾斜的同时，适当增加一定数量符合条件的高校毕业从事公益岗位，既解决公益岗位人员年龄偏大、文化偏低、能力偏弱问题，也可以缓解高校毕业生就业问题（先就业、再择业），促进提升老旧小区管理水平。

二是要求各区政府（管委会）严格执行《关于进一步加强流动人口服务和管理工作的意见》（合办〔2008〕48 号），按照中央综治委 1000 ：1 的要求配备流动人口和出租屋专管人员。同时，明确规定专管员要配合派出所社区民警开展人口、出租房管理工作，实现信息资源共享，共同做好老旧小区的各项管理工作。

（七）改革保障性用房供应模式。老旧小区改造目的是为改善居住环境，提升居民的居住水平，考虑拆迁改造小区居民经济能力，应改革保障性用房供应结构。在适当增加廉租房供应比例，提高保障性用房可持续利用效率的同时，改革经济适用房供应方式。建议借鉴江苏淮安经济适用房共有产权模式，政府以减免土地出让金等收益占经济适用房屋 30%－50% 股权，购买者占 50%－70% 股权，购买者在条件允许的情况下可以购买政府股权，实现房屋个人全部所有，政府也可以通过股权增值增加保障性住房供应能力。这种模式可以消除经济适用房申购人未来 70 年内不再符合申购条件的制度缺陷，也可以盘活经济适用房在市场上不能流通而积压的资金，从而实现保障性住房投入可持续利用。

（八）加强宣传教育。通过各类新闻媒体广泛宣传报道老旧小区改造和管理的重要意义，强化老旧小区业主和使用人以及原产权单位等责任意识，积极开展自我管理和实施社会化管理。街道、社居委要发挥贴近群众的优势，充分利用社区各类资源，通过发放《致辖区群众一封信》、恳谈座谈、主动上门等各种形式，大力宣传物业管理和治安防范知识，促进提高老旧小区管理水平。

（市政府研究室）

统筹城乡发展的重要支点

——关于我市小城镇建设情况的调研报告

2009年12月5日中央经济工作会议提出，“要以扩大内需特别是增加居民消费需求为重点，以稳步推进城镇化为依托，优化产业结构，努力使经济结构调整取得明显进展”，“要把解决符合条件的农业转移人口逐步在城镇就业和落户作为推进城镇化的重要任务，放宽中小城市和城镇户籍限制”。因此，大力推进小城镇建设已成为中央下一步实施拉动内需、调整经济结构、统筹城乡发展的重要着力点。

近年来，我市以大力推动省城乡一体化综合配套改革试点市建设为契机，切实抓好以城带乡工作，促进小城镇快速发展，城镇化进程明显加快。但是，小城镇建设在实际操作实施中，还面临着诸多问题和矛盾。近期，我室对全市小城镇建设作了调研，针对小城镇建设现状，提出发展思路和政策建议。

一、我市小城镇建设特点、重要作用及成功做法

我市三县除3个城关镇外，共有33个镇、19个乡，其中有中心镇9个。总计建成区1.03万公顷，人口51.7万；道路总长466.3公里，供水普及率73%，燃气普及率35.4%，人均公园绿化面积1.82平方米，垃圾处理率63.9%，全市城镇化率由2005年的55.8%提高到64.2%。

我市小城镇建设的三个主要特点是：

（一）小城镇建设发展增速较快。合肥市城镇化率由2005年的55.8%，2007年为60.2%，迅速提高到2008年的64.2%；同期，2008年我省城镇化率为40.5%，我市城镇化率高于全省21.9个百分点。

（二）城镇化水平大幅度提高。围绕“141”城市规划布局，合肥市把小城镇建设纳入到整体建设的大格局中。比如以店埠镇为核心的东部组团、上派镇的西南组团、双墩镇、双凤工业园区的北部组团，均按照大城市的标准进行规划和建设。按照新的标准，全市行政村规划编制推进迅速，目前已达53%；突出以城带乡，实现城市基础设施建设向中心镇延伸，建成老城区与各城市副中心及中心镇的“一刻钟快速交通网”；突出公用设施网覆盖中心城镇，供水管网、燃气管网、公交线网、污水处理管网等统筹向中心镇延伸，有力提升了对产业、人口的吸纳能力；以中心镇为带动，三县的固定资产从2005年的75.3亿元增加到2008年的360亿元，规模以上工业增加值由62亿元增加到172亿元。

（三）特色镇建设初具规模。肥西利用良好的区位、交通和历史文化等优势，把三河、紫蓬山、刘老圩等打造成知名的历史文化旅游名镇；大董岗、上派以花生、苗木花卉两大特色市场，实现以贸活商、以商促工，以商兴农；桃花工业园的南岗、柏堰、烟墩三个分区，发挥近城近企优势，初步形成半月形环城近郊特色工业经济带；长丰县岗集汽配镇、吴山美食旅游镇、下塘建材镇等，“草莓之乡”、“贡鹅之乡”、“龙虾之乡”、“仔猪之乡”等各具特色的小城镇也相继建成，有力地促进了县域经济的发展和市场功能的完善。

近年来，我市推进小城镇建设的成功做法包括以下四个方面：

（一）政策上优先扶持。2006年起，我市实施了“十镇百村”示范工程，提出在示范镇村建设基础上侧重于镇区建设，重点发展二三产业，繁荣小城镇经济；建立城乡规划一体化管理新体制，把握经济发展和城镇化进程加快的趋势，按城市社区标准规划建设近郊村镇，引导和推动工业向园区集中、人口向城镇集中、农民向居民点集中。同时，为发挥各项支农项目资金作用，我市探索了对小城镇建设项目进行集中打包，有针对性的投入，重点支持小城镇建设，先后确定肥西三河、肥东双墩等13个试点小城镇建设，积极发挥了带动和辐射作用

（二）基础设施上倾斜。包河区通过整合支农资金和城镇建设资金，以镇区道路、供水建设为重

点，分批建设和分类指导；三十岗乡、三河镇、吴山镇等10多个小城镇集中资金，用于市政道路建设和改造、自来水厂建设等，充分发挥了规模效应和带动作用。2009年，我市又提出重点推进“1918”新市镇建设，即加速构建以中心城区为一级城镇，店埠、上派、双墩等9个镇为二级城镇，井岗、磨店、三河、岗集等18个镇为三级城镇，采取大中小并举发展、科学合理的市域城镇规模等级结构，促使卫星城市、新市镇建设成为带动区域发展的经济、文化、服务中心，成为支撑合肥现代化滨湖大城市建设的产业重镇、集聚人口的中心强镇，发挥城市和城镇在带动农村、推进城乡一体化发展中的作用。同时还加强小城镇面向农村服务的基层站所建设，在95%以上的乡镇建立农业信息综合服务站、农资市场、乡镇连锁超市，有力保障了小城镇发展。

（三）探索创新机制。肥西县通过组建国有资产运营公司，改进项目包装，主动借“市”融资。2007年以来，共向国家开发银行、商行、农行等金融部门融资12亿多元，3年累计完成大建设投入20多亿元，极大地缓解了建设资金不足。肥东县积极探索小城镇建设投资多元化机制，在积极争取投资的同时，通过政策引导、规划调控等措施，广泛吸收社会资金投入小城镇建设，2008年肥东县小城镇市政公用设施共计投入33445万元，建成投产自来水厂8座，解决了20.5万人用水；城区绿化由建成区向规划区扩展，建成区绿化面积648.1公顷，人均22.4平方米。肥西县探索招投标和建设管理体制改革，成立招投标管理委员会、招投标管理局和招投标中心，撤并县建管局，组建县重点工程建设管理局，实现了建设工程规划、设计、招投标、建设、监理、验收全面分开，确保公开、公平、公正操作，最大限度地提高了资金使用效益。创新管理机制。比如肥东县在加强小城镇的建设同时，积极探索小城镇管理工作，在撮镇镇综合推行了人事管理制度、行政管理权限、财政管理体制、土地管理体制、城市建设和管理体制，进行了大胆的改革和创新，审批制度等方面也下放了部分县级管理权限，有效促进了该镇的要素集聚，2008年该镇完成社会固定资产投资18.8亿元，较上年增长67.3%，实现工业总产值40.3亿元，较上年增长60.5%财政收入1.6亿元，农民人均收入达到6100元，均实现大幅度增长。

（四）发展镇域服务业。小城镇服务业是镇域内重要产业和县域经济发展的助推器，通过推进城镇建设为契机，加快城镇建设步伐，注重三次产业协调发展。比如以工业园区和乡镇工业集中区为载体，大力发展先进制造业、城市配套工业和农副产品加工业，提升产业层次；依托小城镇的产业、区位和交通优势，着力发展现代服务业，结合城镇建设规划，优化商业网点布局，整合提升商贸业形态，培育具有地方特色的专业市场、商贸中心。目前全市各区域组团均发展出了一批规模型新城镇，比如三河镇、大圩镇等一批乡镇被批准和评定为中国历史名镇、都市生态乡镇，带动了小城镇服务业发展，提高了居民的生活水平，服务了其他行业，吸纳了城镇居民就业，也活跃了小城镇经济。

小城镇建设在我市现代化大城市建设的总体战略中起到了重要作用。其具体表现是：

（一）成为促进我市城乡经济统筹发展的重要纽带。小城镇作为“农村之首”、“城市之尾”，无论是城市带动农村，还是工业反哺农业，离开小城镇这一重要纽带，都无法实现。城市的现代化物质文明和精神文明，只有以小城镇为基础，才能尽快为分散的农民所享受。因此，小城镇的发展，对于缩小城乡差别、工农差别，促进城乡协调发展，具有十分重要的作用。肥东县采取典型引路，试点带动的方法，充分发挥小城镇的纽带作用，重点发展石塘镇的食品加工业、桥头集镇的矿产资源和建材产业、店埠镇的机械电子和环保材料业、撮镇的建材和农机业等，不仅仅为城市工业配套，还初步实现了农民工人化、城乡一体化。

（二）成为城乡要素资源双向流动的一个重要节点。小城镇一头联系着农户、一头联系着城市和经济先发地区，汇聚了大量的信息流、物流和资金流。我市各种农产品资源丰富，已经形成了各类特色产品有180余类，特别是长丰草莓、肥西大白鹅等行业，其影响已经遍及长三角一带。长丰县根据自然优势和经济特点确定了发展模式，调整产业结构，形成了商贸、工贸、农贸、资源、综合等不同类型的小城镇，建成有一定规模且管理较规范的交易市场29个，成为城乡要素资源双向流动的重要节点。经验表明，建设好一处小城镇，就能发展一个地方生产，繁荣一个地方的经济，富裕当地的群众。

（三）成为吸引农业剩余劳动力就业的重要途

径。农地流转加速，农业规模化经营逐步形成，使农村形成大量富余劳动力；而城市经济快速发展，也导致农村人口向城市流动。据统计，2008 年底我市农业人口达到 279 万，富余劳动力达 106 万。这么多的农村富余劳动力都向城市转移是不现实的，其根本出路还是在于积极发展小城镇，引导部分劳动力到小城镇就近转移和就地创业、就业。2009 年春节前后，为解决好返乡农民工就业，肥西县分别在官亭镇、上派、山南镇小井庄、高刘镇连环村举办了返乡农民工专场招聘会和用工对接会，为农民工提供岗位 13000 多个，实现就地就业。上派镇 2008 年该镇居民可支配收入 7200 元，农民人均纯收入 5978 元，分别比上年增长 24% 和 15%，肥东县撮镇通过招商引资发展工业，吸引当地农民在本地就业，人均纯收入达到 6100 元，比当年全市农民人均纯收入的 4486 元还多出 1600 元左右。

（四）成为启动农村消费市场的引擎。小城镇建设滞后大中小城市发展速度已是不争的事实。无论是在农田水利建设、小城镇基础设施建设方面，还是在城镇居民住房以及各种消费方面都昭示着小城镇发展的潜力巨大。根据调查结果，85% 以上农村居民认为建房和上学是家庭消费支出的最大费用，61.5% 的农村居民愿意在政府资助下实施集中居住，如果有一定的经济实力，63% 的农村居民选择在乡镇或者县城购买楼房。由此可见，农村消费的最大热点在住房消费，农民建房、购房意愿很强，如果当地政府科学有序地推动县城以及小城镇建设，吸引有条件的农民入住，不仅能够有效改善住房需求，推进城镇化进程，还可以带动对家具、家电等消费品的需求，进而启动农村消费市场。

二、我市小城镇建设面临的主要问题及政策建议

（一）小城镇建设面临的主要问题

一是小城镇发展不平衡。小城镇的发展不平衡源于投入不平衡，致使小城镇建设呈现强者愈强，弱者愈弱的局面。肥东的店埠、撮镇等发展建设迅速，城镇功能不断完善，而经济欠发达地区的小城镇发展则受资金制约，发展缓慢局面依然没有改观。长丰县非农业人口仅 10 万人左右，城镇化率比较低；双墩、岗集、三十头、吴山等镇因靠近合肥，受大城市辐射影响，发育稍快，但与省城周边城镇和北城区建设要求相比，还有很大差距；下塘、杨庙、朱巷、庄墓等镇近几年城镇建设缓慢，人口及城镇规模基本没有增加。

二是规划水平和建设档次不高。认识不足，导致规划和建设过程成为“两张皮”。不按规划使用土地和进行建设的现象比比皆是，已规划的小城镇建设离规划标准要求还有相当差距，建设中也普遍存在品位不高，精品意识不强，建筑样式和建筑立面鲜有地方特色。比如长丰县虽然县城和各乡镇总体规划已于 2006 年修编完善，但部分建制镇控制性详细规划尚未编制，影响了城镇建设和项目落地。有的镇政府为了省钱、省地或避开矛盾困难，擅自更改规划，随意建设；少数乡镇加快城镇建设和招商引资的心情过于迫切，只顾眼于利益，引进一些影响城镇环境的淘汰项目，有的沿城镇主干道开发低档次商住楼，大大降低了城镇品味，降低了土地效益。

三是土地严重制约小城镇发展。从各县调研的情况看，用地制度制约，是当前小城镇发展的重要障碍之一。在小城镇发展过程中，无论是基础设施和居住区、商业区的建设，都涉及到用地问题。从了解的情况看，小城镇土地利用率和产出率较低，住宅以低层为主，城镇农民住房建新不拆旧；工业用地布局混乱，大部分按照有求必应的方式进行供地，没有很好地按照企业的行业类型、生产特点、投资情况、产出状况进行用地定额把关和合理布局，导致一方面城镇规模快速外延扩张，另一方面又存在大量新的闲置土地，使得小城镇现有建设用地中建筑容积率不高，土地利用率和产出率较低。

四是城镇建设资金投入不足。按照联合国推荐的发展中国家城镇基础设施年均投资应占 GDP 的 3%—5% 测算，2008 年合肥市 GDP1630 亿元，对应对小镇基础设施的投资应为达到 48.9 亿元，但是我市财政的奖补资金为 2000 万元，所产生的拉动效应有限，其他方面的奖补资金也很分散，小城镇建设资金来源主要依靠县、镇两级政府，而地方有限财力直接导致资金投入明显不足。从调研情况来看，大多数小城镇仍然沿袭着传统的投资方式，各种基础设施建设主要依赖政府投资，而政府财政投入犹如杯水车薪，使城镇基础设施建设严重滞后，多元化的筹资体系尚未从根本上形成。由于大部分小城镇没有走出一条充分运用市场机制筹措建设资金的道路，缺乏融资能力和融资主体，运作经费不足，难以投入足够的资金来建设基础设施和公用设施。比如长丰县建制镇都建有自来水厂或接通了自来水，但供水能力有限；污水处理设施方面除县城建有污水处理厂，岗集、三十头污水接入合肥市污水处理厂外，其他建制镇污水大多没有经过处理而随意排放。

五是小城镇管理体制滞后。由于对小城镇建设的重要性认识不足，导致城镇化发展思路不稳定。行政管理上，城镇综合改革滞后，镇政府责任重，但权利小，许多事情是看得见却管不着，导致镇政府在城镇化建设过程中的角色定位失调。财政体制上，当前的财政管理体制弊端也导致小城镇在城镇化进程中缺少必要的资金支持。户籍制度上，小城镇户籍管理制度改革还仅仅局限在试点的层面上，农村人口向小城镇转移的制度性障碍仍未消除，农民城镇化转移不彻底，人口城镇化不稳定。

（二）加快小城镇发展的政策措施

1. 科学合理做好小城镇规划。

一是实行“梯度战略”发展小城镇。即根据小城镇发展不平衡的现状和区域经济实力有限的情况下，在区域布局上实行梯度发展战略。通过制定优惠政策，广泛吸引域内外人口、资金、技术、产业向发展经济基础好，基础设施相对完善，产业基础相对健全的中心镇、建制镇集中；再以此为中心，吸引、带动周边落后的小城镇发展；在全市范围内，把小城镇发展纳入到城乡一体化建设总体进程中，统筹考虑。比如肥东县在小城镇建设中应率先发展县城店埠镇、经济中心镇撮镇镇，资源富集镇桥头集等乡镇，以点带面，逐步推进小城镇建设。由于我市小城镇总量并不多，建议进一步摸清我市小城镇的具体情况，统一布局，梯度进行，分类指导，协同发展。

二是因地制宜、合理确定小城镇的规模。对于乡镇企业比较发达且分布比较集中、城镇密度比较高的地区，建议鼓励小城镇集中合并，选择以中心城镇为中心，其他城镇分布周围的方式，形成小城镇的集群发展模式。对乡镇企业不发达的地区，应注重大力发展经济，培育实力，为小城镇的建设创造条件。对有大型企业的地区，可在其周围建立城镇，加大小城镇整合力度，扩大规模，控制数量，适时撤并镇域面积小、人口少、城镇化水平低、经济实力弱的乡镇，突出区位优势、产业优势、规模优势、资源优势，整体推进小城镇集群发展。

三是严格编制和执行规划。规划编制，适度体现超前性、连续性、可操作性，贯彻“一张蓝图绘到底”的思想，突出自己的特色，切忌千篇一律。目前，我市各县建制镇总体规划已修编结束，下一步一定要严格实施规划，需要调整的，按照程序进行审批。应实事求是、因地制宜的分步实施，要建一片，成一片，提高投资效益，不能盲目拉大城镇框架。尤其要抓好近期建设规划、各功能区的控制性详细规划以及交通、供排水、供电、环保、垃圾等基础设施和公用设施的专项规划。在总体规划的指导下，对镇区近5年内的重要基础设施、公共服务设施、中低收入居民的住房建设以及生态环境保护等内容进行统筹安排，合理布局；对小城镇规划区内的重要区块如旧城改造、产业园区等要编制控制性详细规划；做好城镇重要地段、重要节点的设计，做到细微处见精致，有效控制其平面布局、建设容量和风貌特色，提升建设品味和档次。在规划编制过程中，突出“以人为本”，广泛听取群众意见，让城镇居民参与到小城镇建设的方方面面，通过公示、听证等形式，增加公众参与度，从而提高规划的可操作性和执行力。

2. 加大小城镇建设有效投入。

一是积极拓宽小城镇建设的投资渠道。坚持财政投资、启动民资、招商引资、银行贷资、对上争资等多资并进，按照资源配置市场化、建设投入多元化的要求，建立起多元化的投融资体系。实行“政府引导、政策扶持、市场运作、社会参与”的原则，积极开展招商引资，动员和鼓励各行各业、各个方面和广大人民群众参与小城镇基础设施和公益设施建设，逐步建立健全以政府投资拉动社会投资新型的多元化投入机制。

二是创新小城镇建设投融资体制。在增加地方财政支持城镇化建设资金投入的同时，可以收储经营国有资产、金融借贷、BT融资、发行债券等多种形式，形成政府引导、市场运作的多元化、多渠道的融资体制，实现城镇化建设资金的良性循环和滚动发展。

三是发展农村中小金融机构。重点是支持以服务农村为主的地区性中小金融机构建设，鼓励发展各种微型金融服务、村镇银行，和农村金融合作组织；支持建立政府扶持、多方参与、市场运作的农村信贷担保机制，扩大农村有效担保物范围；支持发展农业政策性保险，稳步扩大财政扶贫互助资金试点范围。比如长丰县科源村镇银行，重点向小城镇居民、农民发放贷款，到2008年12月末，贷款余额达1.56亿元，为小城镇经济发展提供了有力的金融支持。

四是提升小城镇土地收益。建立一种基于小城镇土地开发利用的“收购、整理、储备、出让”的土地机制；小城镇规划区房地产开发、商业、旅游、娱乐等经营性用地项目，必须通过公开招标、拍卖、挂牌交易出让，实现土地资本化和建设资源的良性循环；小城镇存量建设用地有偿使用费，专项用于小城镇基础设施建设和土地开发。

五是加大小城镇经营力度。适度放开市政公用设施投资建设和经营权，鼓励各种社会资本投资建设城镇基础设施和文化、教育、卫生、体育等公益事业。城镇基础设施、公用事业项目等可以采用特许经营权（BOT）、转让资产权益（TOT）等方式吸引社会资本参与开发建设。

3. 推进小城镇综合管理体制改革

一是管理权限下沉。建议实施强镇扩权，扩大镇级管理权限，让更多的公共资源下沉各镇，调动镇级谋划发展的积极性，增强镇级发展动力。重点在经济管理权限、城镇建设管理权限、社会管理和公共服务权限、财力支配权限、人事和机构管理权限五个方面，按照“权随责走、财随事转、人随事走”的原则，全面深化乡镇机构综合改革工作，合理划分镇政府的职责和权利，赋予小城镇一定的镇级经济管理权限；通过委托、授权和直接设置派出机构等多种形式，延伸规划、建设、环保、交通和安全生产等镇级部门职能，加强对城镇公共管理和社会服务，条条管理的部门要相应扩大派驻机构的管理权限。

二是加大财政资金向镇域倾斜。在小城镇公共财政方面，以建立城乡一体化的公共财政体制目标，进一步完善上级对镇的分税制财政体制。根据镇经济发展和收支状况，合理确定分成比例，规范转移支付，加大财政资金向镇的倾斜力度，不断壮大城镇化建设及其对新农村建设辐射带动能力的财力支撑。

三是逐步取消城乡户籍差异。在小城镇户籍制度改革上，积极争取城乡户籍管理制度改革试点，探索放开小城镇户口的办法和措施，建立城乡统一的户籍登记管理制度，真正消除依附在户籍制度上的就业、教育、社会保障等各种城乡差别待遇和对农民的身份歧视，降低农民进城镇的门槛。加快探索小城镇养老、保险、子女上学等社会保障制度的建立，探索和完善医疗、养老保险、劳动就业、文化教育等体制改革，解决进镇农民的后顾之忧。

四是小城镇综合执法要集中。鼓励各地整合执法力量和执法权力，集中执法，对违法建设、环境卫生、扰乱市场经营等实行综合执法，加大执法力度，提高执法成效。重点是加强小城镇污染治理，事实“村搜集、镇转运、县处理”模式，逐步实现小城镇垃圾定点存放、定时转运、集中处理，改善卫生条件和人居环境；控制乡镇企业污染，严防污染物向农村蔓延。

4. 扶持镇域特色产业

一是因地制宜，集中特色产业。结合我市小城镇的区位特征、地形地貌、资源环境、产业结构、经济状况等情况，按照旅游型、产业结构调整型、商业贸易型、工业园区型、重点工程带动型等进行分类指导；积极搭建发展平台，引导二、三产业向小城镇集中，形成集约发展优势，节约上下游企业生产成本，按照“专业突出”、“特色明显”的原则，推进“工业进集中区、住宅进社区、商贸进市场、农业进基地”，培育各具特色的工业镇、商贸镇、旅游镇，逐步形成与新型小城镇相适应的现代产业体系，在条件相似的地域范围内，要突破行政区划的限制，促进特色经济带或经济圈的形成。比如岗集镇的汽车配件，双墩镇、双凤的新型建材和食品加工，三十头镇的服装制造，下塘镇的新型建材等。

二是把有限的资金侧重于本区域特色产业。小城镇经济发展必须要把经济效益、对劳动力的吸纳以及市场前景作为产业结构是否优化的重要衡量标准，立足于本地的资源条件，形成较有特色的产业及产品结构。对于少数产业基础较为薄弱的建制镇也要把发展特色经济、培育支柱产业摆到突出位置，从本镇实际出发，挖掘自身的比较优势，优化发展环境，加大招商引资力度，提高自我集聚、自我积累、自我强化的能力。

5. 逐步开展建设用地使用权流转

一是明确规范集体建设用地使用权流转。按照“产权明晰，用途管制，节约集约，严格管理”的总体要求，对凡符合土地利用总体规划、依法取得并已确权为经营性的集体建设用地，可允许出让、转让等多种方式有偿使用和流转，并逐步推出其他符合条件的集体经营性建设用地市场；积极争取上级部门试点“农村集体建设用地使用权出让和转让”，对集体建设用地有偿使用的原则、范围、操作程序、收益分配管理等环节规范。

二是制定集体土地收益分配办法，增加农民财产性收入。尽快出台和试行集体建设用地有偿使用收益的分配办法，保障集体土地所有权人和使用权人在集体建设用地有偿使用和流转等的土地权益；明确集体建设用地所有者和使用者各自权利，在不改变所有权性质的前提下，通过市场决定权利主体和权利内容，建立相应的土地登记制度。

三是充分利用土地整理，优化土地布局。充分发挥农村建设用地整理的契机，挖掘农村建设用地整理的潜力。积极引导农民全力参与，结合撤乡并镇、迁村并点、撤村建居民、旧村整治、“空心村”改造、居民翻建改建、农村基础设施建设、农村公共公益事业建设等的实施，因地制宜开展土地挂钩（置换）、土地权属调整以及废弃闲置地的开发利用等多种形式的农村建设用地整理，优化建设布局，增加新增建设用地流量；建议进一步推广肥西官亭镇的土地整理经验。

四是结合新农村建设重点项目来促进小城镇建设。抓紧整合所有支农资金和项目，改变以往各部门分散投入、撒“胡椒面”的做法，集中财力做好某个方面的工作；加大“整村推进”力度，规范运作，做好大规模土地整理和宅基地整理工作；统一规划建设小城镇住宅区，把原先分散、规模小、设施配套差的居住区进行调整，以有利生产、方便生活、促进节约集约用地原则，规划居住区，鼓励人口向小城镇积聚，从而发挥小城镇在形成城乡经济社会一体化新格局中的传递和服务作用。

小城镇建设是一项长期而宏伟的工程，正迎来历史的发展机遇。要以科学发展观为指导，以统筹城乡、区域协调发展，推进社会主义新农村建设为目标，通过政府推动、政策扶持、体制创新、市场运作，努力把小城镇建设成布局合理、特色明显、经济发达、功能齐全、环境优美、生活富裕、辐射能力强、带动效应好、集聚集约水平高的小城市。

（注：本文中的小城镇包括合肥市的建制镇、中心镇和集镇）

（市政府研究室）

2009 年合肥市国民经济和社会发展统计公报

合肥市统计局　国家统计局合肥调查队

2009 年，是实施“十一五”规划的关键之年，也是进入新世纪以来我市经济发展最为困难、最具挑战性的一年，更是经受严峻考验并取得可喜成绩的一年。一年来，在市委、市政府的坚强领导下，全市人民以科学发展观为统领，坚持扩内需与稳外需相结合，保增长与调结构相结合，谋创新与促发展相结合，抓经济与重民生相结合，在一系列政策调控措施作用下，经济运行逐渐朝着积极方向转化，企稳回升态势进一步巩固，经济社会呈现和谐共进的良好发展局面。

一、综 合

经济发展迈上新台阶。初步核算，全市实现生产总值（GDP）2102.12 亿元，比上年增长 17.3%。其中，第一产业增加值 108.69 亿元，增长 6.2%；第二产业增加值 1104.98 亿元，增长 22.5%；第三产业增加值 888.45 亿元，增长 12.4%。三次产业结构由上年 5.9：50.0：44.1 调整为 5.2：52.6：42.2。按常住人口计算，人均 GDP 达到 41543 元（折合 6082 美元），比上年增加 5718 元。

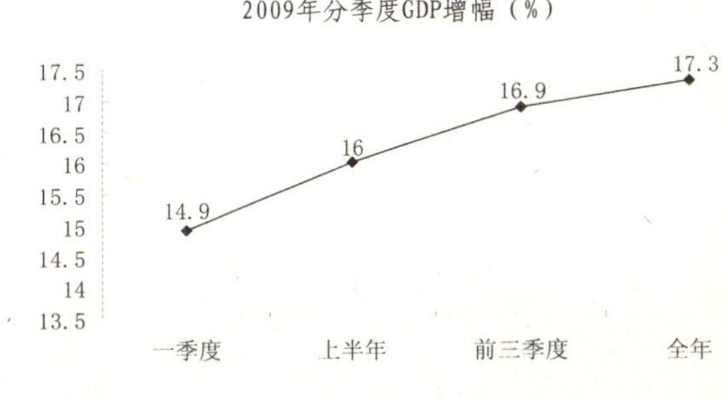

2009 年地区生产总值

单位：亿元

指　标	绝对数	比上年增长(%)
生产总值	2102.12	17.3
第一产业	108.69	6.2
第二产业	1104.98	22.5
工业	840.48	24.2

指　标	绝对数	比上年增长(%)
建筑业	264.50	15.9
第三产业	888.45	12.4
交通运输、仓储和邮政业	103.89	7.1
批发和零售业	190.86	16.7
住宿和餐饮业	28.55	13.6
金融业	115.89	15.6
房地产业	108.53	8.6
其他服务业	340.75	11.8

物价水平小幅下跌。城市居民消费价格总水平为99.1%，下跌0.9%。八大类消费价格“四升四降”，食品类、医疗保健及个人用品类、烟酒及用品类、家庭设备用品及维修服务类价格比上年分别上涨3%、2.6%、1.2%和0.9%；居住类、交通与通信类、娱乐教育文化用品及服务类、衣着类价格分别下降12.8%、2.9%、1.5%和1.1%。全年工业品出厂价格下降1.5%；原材料、燃料、动力购进价格下降4.8%。

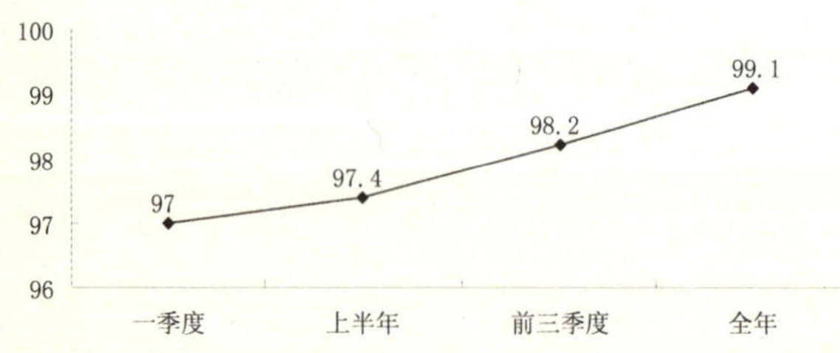

2009 年城市居民消费价格指数

指　标	价格指数(上年=100)
居民消费价格总指数	99.1
其中：食品	103.0
烟酒及用品	101.2
衣着	98.9
家庭设备用品及维修服务	100.9
医疗保健及个人用品	102.6
交通与通信	97.1
娱乐教育文化用品及服务	98.5
居住	87.2

就业形势保持稳定。全年新增就业人数10.96万人，其中被企业（单位）吸纳就业人员8.87万人；失业人员再就业人数14.51万人，其中被企业（单位）吸纳就业人员8.31万人；下岗失业人员再就业2.97万人；“零就业家庭”援助项目提供就业岗位1485个；年末城镇登记失业率为4.05%。

二、农 业

农业生产全面丰收。全市粮食播种面积278.36千公顷，与上年基本持平，产量190.4万吨，比上年增长2%，连续6年实现丰收。其中，夏粮播种面积56.93千公顷，产量29.3万吨；秋粮播种面积218千公顷，产量158.9万吨；早稻播种面积3.43千公顷，产量2.2万吨。全年油料、棉花、蔬菜播种面积分别为134.75、18.98和48.04千公顷，其中，油料、蔬菜分别比上年增长12%和6.6%，棉花下降6.4%；产量分别为31.73、1.89和99.88万吨，增长1.1%、1.2%和8.5%。

年末全市生猪存栏111.7万头，增长6.2%；出栏肉猪224.5万头，增长7.5%；出栏家禽1.19亿只，增长13.1%；禽蛋产量12.9万吨，增长9.5%；牛奶产量6.25万吨，增长45%；肉类产量36.82万吨，增长8.6%。水产品产量12.62万吨，增长15%。

全年农林牧渔业总产值185.79亿元，按可比价格计算增长6.5%。其中，农业产值88.31亿元，增长3.5%；林业产值4.17亿元，增长1.7%；牧业产值73.05亿元，增长9.7%；渔业产值16.33亿元，增长13.4%；农林牧渔业服务业产值3.93亿元，下降6.4%。

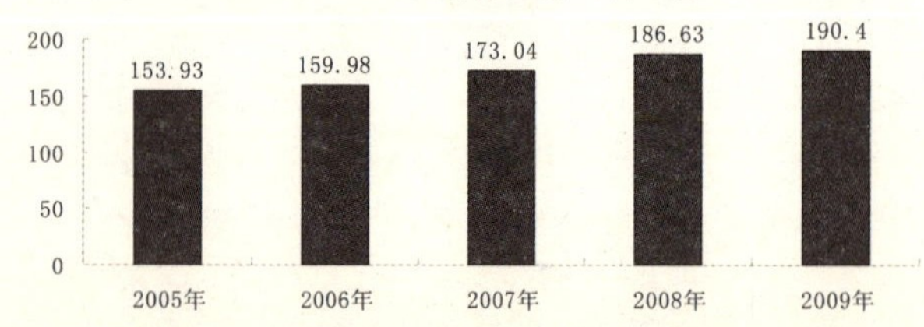

2009 年主要农产品产量

单位：万吨

指　标	绝对数	比上年增长(%)
粮食	190.40	2.0
油料	31.73	1.1
其中:油菜籽	26.88	8.9
棉花	1.89	1.2
蔬菜	99.88	8.5
瓜果	35.72	10.9
肉类	36.82	8.6
其中:猪牛羊肉	19.00	7.1
奶类	6.25	45.0
其中:牛奶	6.25	45.0
蛋类	12.88	9.5
水产品	12.62	15.0

现代农业加快发展。我市以“稳粮、扩菜、强畜、兴果、重加工”为发展方向，着力打造“35116”现代特色农业工程。年末市级以上“一村一品”专业示范村 225 个；市级以上龙头企业 243 家；新增农民专业合作组织 230 家；新增中国名牌产品 2 个，省著名商标 8 个。丰乐生态园、包河区大圩、肥西三岗被列为全国农业观光旅游示范点。

新农村建设全面发展。年末，农业机械总动力 178.63 万千瓦，比上年增长 6.9%。拥有农用拖拉机 13.14 万台，增长 4.4%；农用运输车、排灌动力机械分别为 1.11 万辆和 2.7 万台，与上年基本持平。化肥施用量（折纯）19.17 万吨，增长 1.5%。农村用电量 5.06 亿千瓦时，增长 18.9%。有效灌溉面积 244.28 千公顷，保持上年水平。全年实施 40 座中小型水库除险加固工程，解决 17 万人饮水安全问题，农村饮水安全覆盖率达 86.4%；完成农村公路建设投资 6.7 亿元，新建农村公路 956.6 公里，全市行政村水泥（沥青）路通达率 100%。

三、工业和建筑业

工业生产快速增长。全市 1761 户规模以上工业企业完成工业总产值 2749.16 亿元，实现增加值 767.51 亿元，按可比口径计算，增加值比上年增长 27.2%。规模以上工业企业中，轻工业实现增加值 314.94 亿元，比上年增长 36.1%；重工业实现增加值 452.57 亿元，增长 22%，轻、重工业比例由上年 37.2：62.8 调整为 41：59。股份制企业实现增加值 461.96 亿元，增长 34.2%；大中型企业户数从 2008 年的 110 户提高至 166 户，实现增加值 528.96 亿元，增长 23.3%。

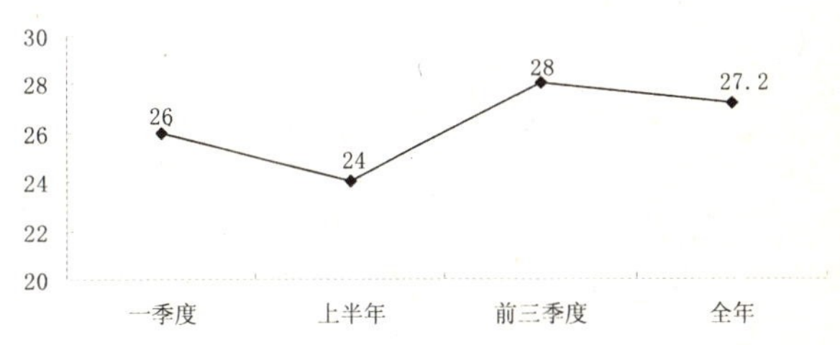

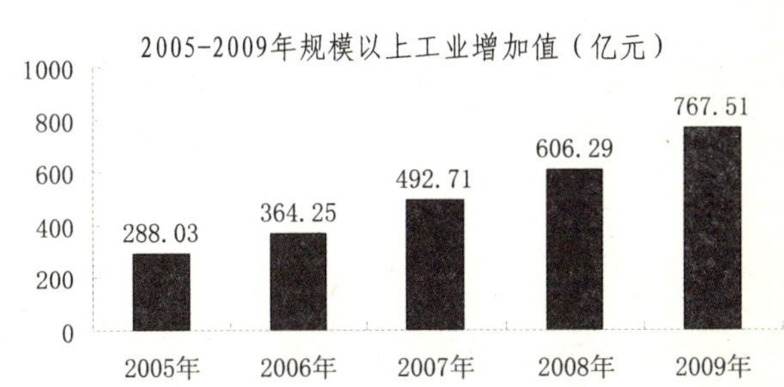

2009 年规模以上工业增加值

单位：亿元

指　标	绝对数	比上年增长(%)
规模以上工业	767.51	27.2
其中:轻工业	314.94	36.1
重工业	452.57	22.0
其中:国有企业	87.80	16.0
集体企业	7.18	23.0
股份合作企业	3.92	35.9
股份制企业	461.96	34.2
外商及港澳台投资企业	198.31	17.9
其他企业	8.35	28.1
其中:国有控股企业	283.11	25.4
其中:大中型企业	528.96	23.3
其中:国有	84.3	16.2

重点行业支撑作用增强。全市 33 个工业行业

中，有30个增加值实现增长。汽车、装备制造、家用电器、化工及橡胶轮胎、新材料、电子信息及软件、生物医药和食品及农副产品加工等八大产业共实现增加值530.27亿元，增长27.1%。其中，汽车、家用电器两大产业分别实现增加值84.67和147.96亿元，增长37.7%和58.7%；电冰箱、洗衣机、彩色电视机、空调器产量分别为1270.09、991.96、315.37和519.28万台，增长37.4%、40.5%、47.6%和186.8%；汽车产量39.06万量，增长53.9%。

2009年规模以上工业中八大产业增加值

单位：亿元

指 标	绝对数	比上年增长(%)
规模以上工业增加值	767.51	27.2
其中：八大产业	530.27	27.1
汽车	84.67	37.7
装备制造	128.35	12.0
家用电器	147.96	58.7
化工及橡胶轮胎	55.83	26.1
新材料	9.06	-12.9
电子信息及软件	19.01	9.8
生物医药	7.84	13.2
食品及农副产品加工	77.55	15.7
八大产业占全市工业比重	69.1	

企业效益大幅攀升。规模以上工业企业实现主营业务收入2279.63亿元，比上年增长25.5%；实现利税205.6亿元，增长52.6%，其中利润总额115.1亿元，增长80.6%；企业亏损面16.6%，同比减少0.6个百分点，亏损额为9.6亿元，下降27.3%；工业经济效益综合指数为289.7%，比上年提高27.8个百分点。

建筑业保持较快发展。全市拥有资质等级以上建筑施工企业699个，完成总产值1062亿元，比上年增长28.1%。建筑企业全年人均劳动生产率19.21万元，增长4.8%。全年房屋建筑施工面积7320.31万平方米，增长7.9%，其中新开工面积3758.91万平方米，增长18.6%；房屋建筑竣工面积2733.91万平方米，增长22.1%。建筑业从业人员53.39万人，增长22.4%。

四、固定资产投资和城市建设

投资规模继续扩张。全社会固定资产投资2468.42亿元，比上年增长34.3%。其中，城镇投资2357.78亿元，增长33.9%；农村投资110.64亿元，增长42.5%。国有及国有控股投资986.27亿，增长27.2%；非国有投资1482.15亿元，增长39.4%，非国有投资中，外商及港澳台投资163.09亿元，增长15.4%；民间投资1319.06亿元，增长43.1%。市区投资1956.6亿元，增长30.6%；县域投资511.82亿元，增长50.1%。

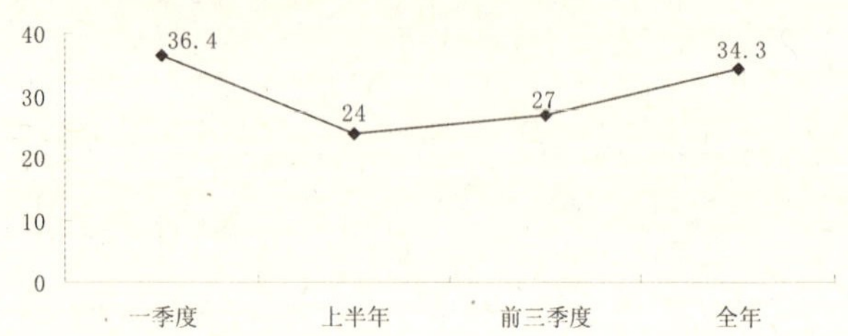

投资结构更趋优化。第一产业完成投资26.8亿元，比上年增长28.8%；第二产业771.13亿元，增长37.8%。第三产业1670.49亿元，增长32.8%，三次产业投资比例由上年的1.1：30.4：68.5调整为1.1：31.2：67.7。从行业看，工业投资752.20亿元，增长40.4%，其中八大产业投资400.76亿元，增长45.6%。第三产业投资中，房地产开发投资670.36亿元，增长18.5%，铁路运输业增长1.62倍，电信和其他信息传输服务业增长1.2倍，餐饮业增长1.08倍，居民服务和其他服务业增长1.07倍，卫生、社会保障和福利业增长1.08倍。

重点项目进展顺利。全年50万元以上施工项目4793个，比上年增加1359个。其中，新开工项目3532个，增加1390个。竣工项目3603个，同比增长1.23倍。"1346"项目累计投资721.86亿元，"861"项目投资765.03亿元。熔安动力首台机下线，海尔冰箱二期、格力电器一期等项目建成投产，京东方六代线、大陆轮胎一期、江汽两万辆客车基地、三洋机电产业园等开工建设更加有力保证了项目的扩张。

城市建设日新月异。全年完成市政基础设施投资261.71亿元，比上年增长14.3%。市政道路、桥梁等公共设施累计完成投资221.39亿元，同比增长10.8%。全年完成了801项城建工程，建成道路708.3公里、桥梁87座，完成污水管网建设长度335公里。南岗公路、疏港公路等城市出入口道路建成通车，长江西路、裕溪路、南北一号线等三座高架桥及轨道交通一号线试验段全面开工，合肥火车站改造、新桥国际机场建设顺利进行，畅通一环、改造二环等路桥工程加快推进。

五、国内贸易

消费市场繁荣活跃。全年实现社会消费品零售总额703.42亿元，比上年增长19.6%。分城乡看，城市消费市场实现零售额620.12亿元，增长19.1%；县及县以下零售额83.3亿元，增长22.9%。分行业看，批发零售业实现零售额614.47亿元，增长19.9%；住宿餐饮业零售额87.92亿元，增长17.2%。

限额以上批发零售业零售额中，建筑及装潢材料类比上年增长43.4%，汽车类增长36.1%，服装、鞋帽、针纺织品类增长20.2%，粮油、食品、饮料、烟酒类增长20%，家用电器和音像器材类增长11.8%。全年新建万村千乡农村连锁店614家；备案家电下乡销售网点785个；举办中博会、农机展等各类会展132场。

六、对外经济和旅游

外贸形势逐渐好转。合肥地区进出口总额64.28亿美元，比上年下降16.6%，其中出口44.48亿美元，下降18.1%。

从出口商品类型看，机电产品、高新技术产品出口分别下降22.9%和26.7%。其中，橡胶轮胎、电冰箱、货运机动车辆等主要出口商品分别下降18.2%、20.6%和50%。全年对外经济合作新签合同额5.3亿美元，比上年下降57%，完成营业额12.2亿美元，比上年增长30%，外派劳务人员9641人，增长13%。

2009年分季度进出口总额增幅（%）

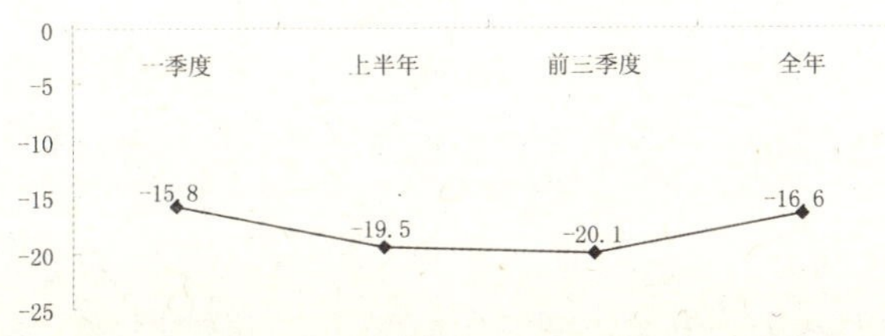

招商引资质量提高。全年新批外商投资企业59户，实际利用外资13亿美元，增长8.4%。其中，外商直接投资8.57亿美元，增长11%；工业实际利用外资5.86亿美元，增长34%。全年共有5家境外世界500强企业在我市注册了6家外商投资企业。

旅游业发展形势喜人。全年共接待国内外游客1731万人次，实现旅游总收入172.88亿元，分别比上年增长27.7%和30.5%。其中，接待入境游客20.03万人次，增长35.7%。全年成功创建紫蓬山森林公园、岱山湖风景区和三国新城遗址等3个国家4A级景区。

七、交通和邮电

交通运输能力增强。全年旅客运输量17317.21万人，比上年增长16.7%。其中，公路15044万人，增长16.8%；铁路2101.25万人，增长15.1%；民航171.96万人，增长28.5%。全年货物运输量15911.96万吨，比上年增长23%。其中，公路13665万吨，增长29%；铁路1075.93万吨，下降16.2%；民航1.31万吨，增长18.5%；水运1169.72万吨，增长10.8%。年末民用汽车保有量30.31万辆，比上年增长28.1%，其中轿车14.85万辆，增长39.6%。私人汽车保有量17.62万辆，增长41.8%，其中轿车11.42万辆，增长48.8%。

邮电通信业稳步发展。全年邮电业务收入100.25亿元，比上年增长25.3%。其中，电信业务收入96.16亿元，增长25.2%；邮政业务收入4.09亿元，增长26.6%。全市年末固定电话用户为159.56万户，比上年减少6.93万户。移动电话户数为308.11万户，增加39.63万户。基础电信运营企业计算机互联网用户数41.21万户，增长50.6%。

八、财政、金融和保险

财政实力进一步增强。全年完成财政收入341.91亿元，比上年增长13.5%。地方财政收入180.9亿元，增长12.4%，其中税收收入154.34亿元，增长15.2%；实现增值税、营业税、耕地占用税和契税21.26、67.29和18.13亿元，分别增长27.6%、17.2%和3.5%。财政支出245.86亿元，增长18.7%。其中，一般公共服务支出25.36亿元，增长11%；教育支出30.05亿元，增长21.1%；社会保障和就业支出23.03亿元，增长10.5%；城乡社区服务支出64.57亿元，增长2.8%。为开发园区和乡镇工业聚集区2305家企业免收行政事业性费用3.59亿元。

金融信贷增长较快。年末全市金融机构人民币各项存款余额3735.31亿元，比年初增长38.2%。

其中，企业存款1909.03亿元，增长45.9%；居民储蓄存款1031.81亿元，增长22.6%。金融机构人民币各项贷款余额3492.53亿元，比年初增长35.9%。其中，短期贷款952.13亿元，增长24.8%；中长期贷款2454.72亿元，增长42%。

保险业稳步发展。全市保险机构实现保费收入40.82亿元，比上年增长7.8%。其中，财产险保费收入12.33亿元，增长15.9%；人寿险保费收入28.5亿元，增长4.6%。全年各项赔款与给付支出14亿元，比上年下降27.7%。其中，财产险赔款与给付7.08亿元，下降5.1%；人寿险赔款与给付6.93亿元，下降41.8%。

九、教育和科技

教育事业全面发展。全市共有普通高等院校43所，比上年增加1所，普通本专科在校学生35.21万人，增加5.19万人，在校博士生和研究生2.61万人。普通中等专业学校32所，增加4所，在校学生7.81万人。职业中学45所，在校学生6.66万人。普通中学256所，在校学生32.02万人，其中初中21.01万人，高中11.01万人。小学730所，在校学生33.42万人。幼儿园415所，在园幼儿4.58万人。全市专任教师数6.31万人。其中，普通高等学校1.98万人，普通中学1.84万人，小学1.68万人。全年义务教育经费机制改革惠及学生52.47万人，其中市区20.34万人，农村32.13万人。

高新产业生机勃勃。全市高新技术企业完成产值1445亿元，其中新增高新技术企业109家。全年完成农业新技术试验示范科研项目30项；实现专利授权2304件，比上年增长95.9%。强化产学研合作机制，全市产学研战略联盟14个，工程技术研究中心36家；中国风险投资研究院合肥分院、安徽股权交易所挂牌，各类风险投资公司发展到20家。安科生物成为全省首家创业板上市企业。

十、文化、卫生和体育

文化事业亮点纷呈。举办“新春文化庙会”等大型文化活动，组织《庐州放歌》百场文艺下基层、“平安合肥”法制宣传进社区等专业文艺演出，涌现出《庐韵三章》、《今天是你的生日》等一批优秀庐剧和歌舞类优秀作品。全年三县建设乡镇综合文化站10所，农家书屋207个；数字电视整体转换43万户，广播电视综合覆盖率100%。年末全市图书馆图书藏有量371.8万册，增长20.8%。

卫生事业统筹推进。年末全市共有卫生机构793个（含村卫生室、科研院校和计生服务站），其中医院、卫生院223个，社区卫生服务机构199个；卫生机构床位数2.59万张，其中医院、卫生院2.55万张。全市专业卫生技术人员3万人，其中执业医师9215人、注册护士11951人。每千人拥有医院床位数5.2张、拥有卫生技术人员6.1人。婴儿死亡率7.06‰，产妇住院分娩率99.4%，新农合参合率为97.54%。

体育事业欣欣向荣。在全国第十一届运动会中，我市共输送运动健儿41名，其中35人获得决赛资格。以备战省第十二届运动会为重点，筹备第四届全国体育大会为契机，广泛开展全民健身运动。全年主办和承办了合肥市第49届新年健身走活动，第二届农民篮球赛，万人长跑赛，全国第十一届运动会火炬传递活动，明日之星棋类比赛等，直接参与活动人数达17万多。圆满完成了34个农民体育健身工程场地建设任务。全年体育彩票销售额达3.15亿元，再创历史新高。

十一、人口、人民生活和社会保障

人口总量平稳增长。年末户籍总人口491.43万人，比上年增加4.69万人。其中，市区人口208.58万人，增长2.5%；非农业人口213.7万人，增长1.8%。全年出生人口50036人，出生率10.2‰，比上年下降0.4个千分点；死亡人口16050人，死亡率3.3‰，下降0.4个千分点；人口自然增长率6.9‰，与上年持平。年末常住人口510万人，增加9万人。城镇化率64.1%，比上年提高1.7个百分点。

城乡居民收入提高。全年城镇居民人均可支配收入17158元，增长10.1%；人均消费性支出12695元，增长8%，其中居住类支出增长56.3%，家庭设备用品及服务支出增长22.1%，旅游支出增长62.5%。全年农民人均纯收入6065元，增长13%；人均生活消费支出3714元，增长0.3%。居民住房条件进一步改善。城镇居民人均住房建筑面积26.1平方米，农村居民人均住房使用面积为33.47平方米，分别比上年提高0.3和0.53平方米。

社会保障更加完善。全年共83.65万人领取城市居民最低生活保障金，发放城市低保金1.51亿元。农村低保人数11万人，发放农村低保金

8850.88万元。城乡13.86万人享受医疗救助。年末养老保险、失业保险、城镇居民医疗保险、工伤保险、生育保险参保人数分别为83.99万人、62.5万人、119.13万人、58.99万人和49.3万人。全市29.23万被征地农民全部纳入养老保障范围，被征地农民参保率达100%；“515敬老工程”覆盖全部乡镇，发放五保供养金5635万元，集中供养率达40%。全年累计发行福利彩票4.27亿元，增长23.8%。

十二、生态环保和安全生产

生态建设全面推进。全年累计完成城市绿化投资8.56亿元，比上年增长3.79倍。完成人工造林2.9万亩，新增城市园林绿地1.11万亩，城市绿地率达40.2%，人均公园绿地12.15平方米。“清洁家园、绿化乡村”启动行政村数604个，新增庭院绿化4.59万处，道路绿化2134公里，成片造林4712亩。

环境保护成效显著。全市共有市县级环境监测站4个，环境噪声达标区31个，烟尘控制区23个；全年空气质量优良天数达到317天，优良率86.8%；国控省控重点排污企业废水达标率100%，生活垃圾无害化处理率100%，饮用水源水质达标率100%；超额完成GDP能耗下降4%的目标。

安全生产秩序井然。全年亿元GDP生产安全事故死亡率0.17，比上年下降19%；工矿商贸企业从业人员10万人生产安全事故死亡率1.83，比上年下降23.1%。全年共发生道路交通事故693起，道路交通万车死亡率5.01，下降18.5%。人民群众对我市社会治安满意率为96%，比上年提高1个百分点。

注：1、本公报数据为初步统计数。

2、全市生产总值和各产业增加值按当年价计算，增长幅度按可比价计算。

3、主要工业产品产量增幅按可比口径计算。

索 引

主题部类索引

本索引采取主题分析索引法，按索引词首字汉语拼音字母顺序排列，同声同韵字按声调、同音字按笔画顺序排列，若首字相同则按第二字音序排列，依次类推。索引词后的阿拉伯数字表示该词所在页码，数字后的英文字母a、b分别表示该页文字的左右栏。

A

B

C

D

E

J

K

L

M

N

P

Q

R

S

T

W

X

Y

Z

（吴海升）

图书在版编目(CIP)数据

合肥年鉴.2010/《合肥年鉴》编辑部编著.—合肥：
黄山书社,2010.9
ISBN 978-7-5461-1525-2

Ⅰ.①合… Ⅱ.①合… Ⅲ.①合肥市—2010—年鉴 Ⅳ.①Z525.41

中国版本图书馆 CIP 数据核字(2010)第 185391 号

黄山书社出版发行

(合肥市政务区翡翠路 1118 号出版传媒广场)

*

正文印制:安徽快马印务有限责任公司

彩图策划:合肥维纳文化传播有限公司

开本:889×1194 1/16 印张:36.5 插页:68 字数:950 千

2010 年 9 月第 1 版 2010 年 9 月第 1 次印刷

定价:160 元